lonely planet

马来西亚

本书作者

伊莎贝尔·阿尔比斯顿（Isabel Albiston） 布雷特·阿特金森（Brett Atkinson）
格雷格·本奇维克（Greg Benchwick） 奥斯汀·布什（Austin Bush）
安妮塔·伊莎斯卡（Anita Isalska） 罗伯特·斯科特·凯利（Robert Scott Kelly）
西蒙·里奇蒙德（Simon Richmond） 理查德·沃特斯（Richard Waters）

中国地图出版社

计划你的行程

DAVID KIRKLAND/DESIGN PICS/GETTY IMAGES ©

淡水虾，ULU ULU RESORT（见515页）

NIKADA/GETTY IMAGES ©

双子塔（见57页）

在路上

目录

在路上

ELENA ERMAKOVA/SHUTTERSTOCK ©

沐昀 摄

沙捞越巴哥国家公园
（见438页）

蓝屋（见153页），乔治市

哈桑纳尔博尔基亚清真寺（见500页）

了解马来西亚

生存指南

特别呈现

欢迎来马来西亚

遍布野生动物的热带雨林、风景如画的海滩、恬静悠闲的岛屿、诱人的美食以及多种族文化——马来西亚连同相邻的文莱、新加坡在历史上紧密相连，成为东南亚的美妙三重奏。

热带雨林

这一地区的标志性景观就是赤道上的热带雨林。作为地球上最古老的生态系统之一，广袤的原始森林被冠以国家公园和自然保护区的名义得以保护，免遭破坏。这里林荫密布，泥泞难行，河流蜿蜒，看似难以穿越，宛如小说《黑暗之心》中的场景再现。但如果由护林员领路，你就能注意到此地令人难以置信的生物多样性，这里既有生长在潮湿洼地的猪笼草、藤蔓和兰花，也有针叶树和杜鹃花等高海拔植物。

令人惊艳的野生动物

在这里，最美好的旅行体验就是在自然栖息地中邂逅野生动物。最常见的是成群的昆虫以及五彩缤纷的鸟群，如果幸运的话，或许还有机会看见一只正在觅食的马来貘，或是在丛林树冠枝丫上晃荡的银叶猴和红毛猩猩。海洋中也同样丰富多彩：深潜或浮潜，你将穿梭于成群的热带鱼和色彩斑斓的珊瑚礁之间，与海龟、鲨鱼和海豚一起畅游。即使不离开市中心，世界级的吉隆坡飞禽公园也有观赏野生动物的大好机会。

城市探险

在马来西亚的首都吉隆坡，传统的马来乡村生活与21世纪的摩天大楼双子塔比邻，顾客们穿梭往来于潮湿的菜市场和装有空调的购物中心之间。但如果你想造访不太热门的景点，就到文莱首都斯里巴加湾市一游吧，这个低调朴实的城市拥有一座景色如画的水上村庄，是全球最大的高脚屋村庄。

文化飨宴

联合国教科文组织世界遗产名录上的马六甲和乔治市（槟城）是有500多年历史的东南亚文化和贸易枢纽，拥有无与伦比的历史建筑与文化景观。穆斯林马来人、不同宗教信仰的华人、印度教徒或穆斯林印度人，与生活在马来半岛与婆罗洲、被统称为达雅克人（Dayaks）的原住民部落混居在一起。每个种族都拥有自己的语言和文化习俗，这些均体现在他们的节日活动和美食中。

我为什么喜欢马来西亚

本书作者 西蒙·里奇蒙德（Simon Richmond）

没有比马来西亚、文莱和新加坡这三个迷人的国家更有资格代言东南亚的了。从多年前第一次在吉隆坡的户外小吃摊津津有味地大吃叻沙米粉、品尝滋滋作响的沙嗲鸡肉，再到如今惊喜地看着新加坡发展成为艺术、建筑和文化重镇（见Lonely Planet《新加坡》），这里都令人陶醉。无论是探索乔治市的文化遗产，还是乘坐长船前往沙捞越的最深处，最友善的当地人都会和你做伴，成就一次美妙的探险。

关于作者的更多信息，见589页。

上图：金马伦高原（见129页）的茶园

马来西亚亮点

0 100 km
0 60 miles
SOUTH CHINA SEA
南海
THAILAND
泰国
兰卡威
在奢华的度假村中放松
(188页)
金马伦高原
茶叶种植园和愉悦的漫步
(129页)
哥打巴鲁
传统马来文化的中心
(301页)
停泊岛
两个环绕着白色沙滩的极乐小岛(312页)
塔曼奈加拉国家公园
马来西亚首屈一指的国家公园
(290页)
刁曼岛
这个美丽的小岛正是放松休闲的绝佳去处(249页)
乔治市
马来西亚的美食之都，拥有不拘一格的建筑(153页)
黑风洞
石灰岩岩洞中的印度教节庆热点(100页)
吉隆坡
唐人街、双子塔和绝妙的街边小吃(50页)
马六甲
被列入世界文化遗产的历史名城(211页)
海拔高度
1500m
1000m
500m
200m
0
Taman Negara Perlis
玻璃市州立公园
Padang Besar
PERLIS 玻璃市
Bukit Kayu Hitam
Kangar 加央
Pulau Langkawi
凌家卫岛(浮罗交怡岛，兰卡威)
Alor Setar
亚罗士打
KEDAH
吉打
Penang National Park
槟城国家公园
Sungai Petani
Keroh
Pinang (George Town)
槟城(乔治市)
Butterworth
北海
Pulau Penang
槟榔屿
PULAU PINANG
槟榔屿
Taiping
太平
Grik
Tasik Temenggor
Royal Belum State Park
Tak Bai
Pengkalan Kubor
Sungai Golok
Kota Bharu 哥打巴鲁
Rantau Panjang
Pulau Perhentian
巴兴地岛(停泊岛)
Pulau Lang Tengah
浪中岛
Pulau Redang 热浪岛
Merang 甘榜美兰(墨浪)
Kuala Krai
Kuala Terengganu
瓜拉丁加奴(瓜拉登嘉楼)
Pulau Kapas 棉花岛
Marang
马朗(马兰)
Tasik Kenyir
肯逸湖
KELANTAN
吉兰丹
Gunung Tahan
大汉山
(2187m)
TERENGGANU
丁加奴
(登嘉楼)
Kuala Dungun
SOUTH CHINA SEA
南海
Kuala Kangsar
Gua Musang
话毛生
Ipoh
怡保
Tanah Rata
丹那拉打
Taman Negara
塔曼奈加拉国家公园
Kenong Rimba State Park
肯浓森林公园
PERAK
霹雳
Pulau Pangkor
邦咯岛
Pulau Pangkor Laut
绿中海岛
Lumut
卢穆特
(红土坎)
Gopeng
务边
Bidor
Kuala Lipis 瓜拉立卑
Cherating
珍拉丁
Selim River
Jerantut
PAHANG
彭亨
Kuantan 关丹
Kuala Selangor
瓜拉雪兰莪
Fraser's Hill 福隆港
Kuala Kubu Bharu
新古毛
SELANGOR
雪兰莪
Temerloh
Tasik Chini
珍妮湖
Batu Caves 黑风洞
KUALA LUMPUR 吉隆坡
Shah Alam 沙阿兰
Pelabuhan Klang
巴生港
Klang
Putrajaya
布城
KLIA Airport 吉隆坡机场
Tasik Bera
Strait of Malacca
马六甲海峡
Morib
Seremban
芙蓉
NEGERI SEMBILAN
森美兰
Endau-Rompin National Park
兴楼云冰国家公园
Pulau Tioman
雕门岛
(刁曼岛)
Port Dickson
波德申(亚兰)
Gemas
MELAKA
马六甲
Seribuat Archipelago
柔佛群岛
Pulau Tinggi
丁宜岛
Mersing
丰盛港
Melaka
马六甲
Kluang
居銮
Muar
麻坡
JOHOR
柔佛
Batu Pahat
巴株巴辖
(峇加兰港)
Kota Tinggi
哥打丁宜
Johor Bahru
新山(柔佛巴鲁)
Pontian Kechil
SINGAPORE
新加坡
Straits of Singapore
新加坡海峡
PULAU SUMATERA
苏门达腊岛
INDONESIA
印度尼西亚

基纳巴卢山
东南亚的最高峰（354页）
西必洛猩猩保护中心
能看到婆罗洲的姜黄色巨兽（376页）
斯里巴加湾市
文莱首都有全球最大的高脚屋村落（497页）
拉让河
造访婆罗洲丛林中的长屋（460页）
古晋
时髦、精致、历史感和多民族的交融（417页）
达努姆谷
丛林、侏儒象和猩猩（388页）
岩都榜鹅
丛林中的岩石构造令人叹为观止（408页）
西巴丹岛
仙本那群岛的潜水胜地（394页）
柯拉比高原
清冽的空气、友好的微笑，伴你踏上绝佳的徒步之旅（485页）
SOUTH CHINA SEA
南海
Nansha Qundao(P.R.C.)
南沙群岛（中国）
Zengmu Ansha(P.R.C.)
曾母暗沙(中国)
SULU SEA
苏禄海
PHILIPPINES 菲律宾
海龟群岛
LAUT SULAWESI
苏拉威西海
PULAU KALIMANTAN
加里曼丹岛
INDONESIA
印度尼西亚
SABAH
沙巴
SARAWAK
沙捞越
BRUNEI
文莱
BANDAR SERI BEGAWAN
斯里巴加湾市
Pulau Balambangan
Pulau Banggi 邦吉岛
Pulau Malawali
Pulau Jambongan
Kudat
古达
Sikuati
Kota Belud
哥打贝卢(古打毛律)
Kinabalu National Park
基纳巴卢国家公园
Mt Kinabalu
基纳巴卢山(4095m)
Tunku Abdul Rahman National Park
东姑阿都拉曼国家公园
Tuaran
Kota Kinabalu
哥打基纳巴卢(亚庇)
Ranau
拉瑙
Tambunan Rafflesia Reserve
Papar
Tambunan
Mt Trus Madi (2640m)
Telupid
Crocker Range National Park
克罗克岭国家公园
Keningau
Pulau Labuan
纳闽岛
Beaufort
Tenom
Sipitang
实必丹
Batu Punggul
岩都榜鹅
Lawas拉瓦斯
Limbang林梦
Ulu Temburong National Park
乌鲁淡布隆国家公园
Maliau Basin Conservation Area
马廖盆地保护区
Gunung Mulu (2377m)
Pulong Tau National Park
Bario
巴里奥
Kelabit Highlands
柯拉比高原
Gunung Mulu National Park
姆鲁山国家公园
Sandakan山打根
Sepilok Orang-Utan Rehabilitation Centre
西必洛猩猩保护中心
Gomantong Caves
哥曼东洞穴
Danum Valley Conservation Area
达努姆谷保护区
Lahad Datu
拿笃
Sabahat
Madai Caves
Semporna
仙本那
Tun Sakaran Marine Park
Pulau Mabul
Pulau Sipadan
Tawau
斗湖
Kuala Belait 马莱奕
Kuala Baram
Miri 米里
Lambir Hills National Park
兰卑尔山国家公园
Marudi
马鲁帝
Niah National Park
尼亚国家公园
Similajau National Park
西米拉遥国家公园
Bintulu
民都鲁
Mukah
Belaga
美拉牙
Sibu
泗务
Batang Rejang 拉让河
Kapit
加帛
Sarikei
Sematan
士马丹
Bako National Park
巴哥国家公园
Kuching 古晋
Kubah National Park
库巴国家公园
Bau
石龙门
Sri Aman
Serian
Lubok Antu
Gunung Gading
加丁山
(906m)
海拔高度
1500m
1000m
500m
200m
0
0 100 km
0 60 miles

马来西亚 Top 19

1

街边小吃

1 什么用餐环境、餐桌礼仪都不必过分讲究，即便没有屋顶也无所谓。在这里，最可口的马来西亚美食都藏身于最简陋的环境之中。数不胜数的流动摊位、大排档以及小餐馆为食客供应各种美食，其中许多使用的都是代代相传的秘方。这里可供选择的各式美食实在多得惊人，让人眼花缭乱。在同一条美食街，比如槟榔屿州乔治市的Lg Baru（见172页），你就能尝到马来美食、中国地方菜、印度菜以及西餐。图为亚庇的街头大排档（见347页）。

在西巴丹岛潜水

2 西巴丹岛（Pulau Sipadan；见394页）仿佛拥有世界上最斑斓多彩的海洋生物，它们把该岛的海中峭壁当作最豪华的寓所。这里有各种各样的海鱼、软体动物和爬行动物，无论是常见物种还是珍稀品种，在此都可以一见芳踪。这些海洋生物五彩斑斓，几乎用尽了全世界所有的颜色。它们生于斯、玩于斯、猎于斯、食于斯，而幸运的潜水者可以和它们在海底共舞。无论是潜水老手还是潜水新兵，西巴丹岛是所有人的终极海底冒险乐园。

LANO LAN/SHUTTERSTOCK ©

2

REINHARD DIRSCHERL/GETTY IMAGES ©

槟榔屿州乔治市

3 乔治市（George Town；见153页）曾一度遭到当地人遗弃，也被旅游者忽视，却成功凭借相对先进的发展思维成了这个地区最热门的旅游景点之一。自2008年被列为联合国世界文化遗产之后，乔治市就掀起了一股持续至今的文化保护热潮，市中心独具魅力的店屋摇身一变，成了小型博物馆、迷人的精品旅馆和时髦的咖啡馆。我们是不是还没告诉你这里是马来西亚最好的几种美食的故乡？图为乔治市世界文化遗产公司总部（见158页）。

金马伦高原

4 迷雾笼罩的山峦、都铎式建筑、四驱车、松饼、草莓和茶园，这些看似毫不相干的事物都汇聚在这个毫无东南亚风情的旅游胜地。自助徒步、自然团队游和农业观光旅游等活动使金马伦高原（Cameron Highlands；见129页）成为马来西亚比较值得一游而且容易到达的景点之一。该地区全年气候凉爽，是避暑的最明智选择。

在停泊岛浮潜

5 马来半岛东部的许多岛屿都提供无与伦比的海底活动，但若论浮潜的话，没有哪里能超越令人惊叹的停泊岛（Pulau Perhentian；见312页）。这里的海水清澈湛蓝，周边海域有大量斑斓多彩的海洋生物，珊瑚礁就在浅海处。在大多数时间里，你只需在长滩的防波堤内浮潜，就能看到名副其实的彩虹般的鱼群。

基纳巴卢山

6 这座花岗岩山是马来西亚最高的山脉，也是婆罗洲北部主要地理特征的代表，被当地人视为神灵的聚居地，也让无数挑战者筋疲力尽。基纳巴卢山（Mt Kinabalu；见354页）无所不包，是婆罗洲最热门的旅游胜地之一。不过别担心，呼吸着沙巴高山的清爽空气，你将尽享最自由奔放的时刻。如果幸运的话，你还能在山峰上眺望远处的菲律宾；就算天气阴霾也不影响兴致，反正登山本身就已经让人兴奋了。

古晋

7 古晋（Kuching；见417页）是婆罗洲最时尚、最精致的城市，集古朴旧城、芬芳河滨、各种价位的美味佳肴和与伦敦不相上下的时髦夜店于一身。但真正吸引游客的其实是周边的自然景观，一般可安排一日游前往。清晨时分，可以去寻找半野生猩猩的足迹，或一睹巨型大王花的风采；落日时分，可乘坐到南海的游船，沿岸寻觅长鼻猴和野生鳄鱼的身影，同时享用新鲜的海鲜和爽口的蕨菜。图为古晋的印度街区（见423页）。

在刁曼岛放松

8 以下哪一项是你最感兴趣的活动：在刁曼岛（Pulau Tioman；见249页）西部沿岸从北到南的几十个美丽宁静的海滩中任选一处下海悠游？在华拉村（Kampung Juara）正式挑战岛屿东面的海浪并来一次尽兴的冲浪？如果你更想在丛林中远足，刁曼岛的无数小径将挑战你的体力、耐力与方向感。此外，你还可以在瀑布边乘凉，在吊床上花一整天阅读一本好书……抑或什么都不做，纯粹发发呆。这些（包括其他旅游项目）在刁曼岛都触手可及。欢迎来到天堂。

7

ANDREW WATSON/GETTY IMAGES ©

8

DIDIER MARTI/GETTY IMAGES ©

K.JORGEN/GETTY IMAGES ©

MATT MUNRO/LONELY PLANET ©

KARL LEHMANN/GETTY IMAGES ©

西必洛猩猩保护中心

9 红毛猩猩是独特的灵长目动物：肌肉结实而又体态优美，拥有原始力量又不失温驯克制，而且还非常讨人喜爱。它们的熠熠双眼之下隐藏着智慧，有时还闪过一丝忧伤。登上西必洛猩猩保护中心（Sepilok Orangutan Rehabilitation Centre；见376页）的瞭望台（诚然，这里经常是拥挤不堪的），游客们便可仔细观察它们的生活习性，这绝对是沙巴旅游的亮点之一。

造访长屋

10 要了解原住民文化，没有比造访长屋（住上一晚最好）更好的方法了，即便里面已经有了一些现代设施。实际上，整座村庄都在一个屋檐下，房屋比两个足球场还长，里面住着许多家庭，每一户都直通一个开放式的公共场所，在这里可以进行商贸、社交和庆典活动。乘船前往偏僻的巴当艾（Batang Ai；见454页），可以找到受现代生活影响最小的长屋。图为巴当艾地区的长屋（见455页）。

在柯拉比高原徒步

11 在长屋之间徒步，沿途呼吸清冽的空气，欣赏翠绿的稻田，享用当地美食，这就是婆罗洲的最佳旅游体验。然而，当地人的热情友善才是此处真正的亮点，他们总以亲切的笑容热情款待游客。前往偏僻的沙捞越东北角（见485页）的路途本身就充满了乐趣，你可以选择乘车，12小时的颠簸能让屁股开花；也可搭乘只有19个座位的双涡轮螺旋桨飞机，来一趟惊险的飞行之旅。

12

JASON ISLEY - SCUBAZOO/GETTY IMAGES ©

13

GAVIN HELLIER/ROBERTHARDING/GETTY IMAGES ©

峇都榜鹅

12 深入马廖盆地保护区(Maliau Basin Conservation Area; 见404页)附近婆罗洲腹地的旅行者并不多。那是他们的损失，因为峇都榜鹅(Batu Punggul; 见408页)不可思议的岩层就像插入天空的一把石灰岩尖刀，更重要的是，四周的原始丛林是充满惊喜的岛上最令人叹服的景点之一。要到达这里，你需要经过泥泞的河流，在古树的树冠下穿行。此行的奖赏：所有攀岩者都想挑战的一块利齿状岩石，以及探险者在旅行之中获得的禅定体验。

哥打巴鲁的市场

13 哥打巴鲁(Kota Bharu; 见301页)是马来西亚手工艺品中心，来到这里的游客常在蜡染、绣上金线的手织面料、手工银制品、手雕木偶、当地制作的风筝等传统物品间流连忘返。中央市场和毗邻的Buluh Kubuh市场是购买香料、铜器和其他当地特产的好去处。你还可以骑着自行车到处逛逛，从小镇到月光海滩(PCB)，沿途皆是各式各样手工艺品的制造厂和工作室。

塔曼奈加拉国家公园

14 游览塔曼奈加拉国家公园(Taman Negara; 见290页)，就如同穿越时空回到这片土地未开化的岁月，原始丛林代替了无数的橡胶树和油棕榈种植园。在浓荫蔽日、寸步难行的丛林中，参天古树蔓生出庞大的板状根系，四处生长着矮小的菌类、兰花以及其他珍稀美丽的植物。这里也是大象、老虎、花豹、鼯鼠、蜥蜴、猴子、鹿、貘和毒蛇的家园。

水上村庄

15 婆罗洲正急速走向现代化，不过即便是被高科技武装的创业者，也只是刚搬离水上村庄（kampung ayer）的一代人。一些人在水上村庄长大，一些人仍选择居住于水上。世界上最大的水上村庄（见497页）簇拥着文莱首都斯里巴加湾市，这里的居民有一些过着低调的生活，还有一些则开上了豪华跑车，不过回家还需要停好车后再搭船。在这里，怀旧与发展均发生于木桩之上，二者混杂于一体，令人沉醉。

CRAIG PERSHOUSE/GETTY IMAGES ©

16

17

马六甲文化街夜市

16 马六甲最大的派对就在每周五和周六的夜晚举办，那时，Jln Hang Jebat会有大受欢迎的文化街夜市（Jonker Walk Night Market；见227页）。文化街的起点就位于荷兰红屋河对岸的街灯照耀处，你可以一路穿过人群，朝Jln Tokong Besi的卡拉OK舞台漫步而去。沿途，你会经过售卖各种物品的摊位，从便宜的内衣和小饰品到新鲜的甘蔗汁，应有尽有。你可以一边吃着街头美食，一边与摊贩讨价还价，或者在Geographér Cafe（见226页）来一杯冰啤酒，看人来人往。

黑风洞的节庆

17 这座神圣的印度教神殿总是呈现一派花团锦簇、人头攒动的热闹景象，尽可能选在节庆期间造访。最大型的庆典是大宝森节（Thaipusam；见101页），每逢此时，会有成千上万的信徒聚集在这个吉隆坡北部数公里处的巨大石灰岩上。43米高的穆鲁甘神（Lord Murugan）守卫着通往石窟主殿的272级台阶；一群活泼的猕猴也聚集在此，仿佛神殿的护法一般，不过它们不仅对游客毫无惧怕之意，有时还会出其不意地偷袭。图为信徒背负沉重的赎罪架。

在兰卡威岛尽情享乐

18 兰卡威岛（Pulau Langkawi，又译凌家卫岛、浮罗交怡岛；见188页）被誉为“吉打的宝石”，此地洁白的沙滩、僻静的度假屋、潜水场所和茂密的原始森林绝非浪得虚名。作为免税岛，兰卡威的酒售价便宜，散发些许派对气氛。岛上还有大量适合孩子参与的活动，是举家出游的理想之地。最重要的是，兰卡威绝不仅仅是一座度假岛屿，还保留着独特的乡村风情。

吉隆坡唐人街

19 点燃的盘香烟雾盘旋而上，珍珠项链般的花环悬挂在印度教神像颈上，召集教徒祷告的呼唤声掺杂着烦扰的车笛声，这是吉隆坡唐人街常见的街景。在这个城市里，佛教寺庙、印度教神殿与伊斯兰清真寺毗邻而居，构成巴生河边这个象征多元文化的马来西亚社区（见51页）。千万不要错过日间营业的Madras小巷熟食摊和热闹非凡的茨厂街（Jln Petalin）夜市！

18

19

行前参考

更多信息，请参考"生存指南"章节（见551页）。

（见551页）

货币
马来西亚令吉（RM），文莱元（B$）。

语言
马来语，英语，汉语方言（以粤语和闽南话为主），泰米尔语。

签证
马来西亚个人旅游签证自签发日起有效期90天、停留期30天，目前开通电子签和eNTRI计划。文莱旅游签证和落地签最长为14天。

现金
马来西亚90%的自动柜员机可使用银联卡取现，文莱的花旗银行和汇丰银行可用银联卡取现。各大商场都接受信用卡。

手机
大多数手机可以使用当地SIM卡。外国手机必须开通漫游。中国旅行者在造访马来西亚和文莱时，支持GSM制式的手机均可以漫游通话，国际漫游的开通和资费请咨询各大运营商。

时间
格林尼治标准时间/世界调整时间（GMT/UTC）加8小时，和北京没有时差。

何时去

旺季
（12月至次年2月）

➡ 学校假期之后紧接着春节，期间旅游费用会上涨，因此预订交通服务与酒店房间很重要。

➡ 马来半岛东海岸以及沙捞越西部正逢季风期。

平季
（7月至11月）

➡ 7月至8月，炎热的天气使得大量海湾国家的游客来此避暑，这个地区进入俗称的"阿拉伯季节"。

➡ 马来半岛西海岸沿线的季风期持续至9月。国内"十一"假期的机票十分紧张。

淡季
（3月至6月）

➡ 尽量避免在这个最多雨潮湿的时段出行。

➡ 避开拥挤的旅游人群的畅游好时机。

网络资源

马来西亚旅游局（www.tourism-malaysia.cn）国家官方旅游网站。

文莱旅游局（www.visitbrunei.cn）大量有用的信息。

Lonely Planet（www.lonelyplanet.com）提供资料、预订服务、讨论区以及其他资讯。

磨房论坛（www.doyouhike.net）游记、攻略和其他。

重要号码

国家代码	马来西亚☎60；文莱☎673
国际直拨号	马来西亚和文莱☎00
报警	马来西亚☎999；文莱☎993
急救和火警	马来西亚☎994；文莱☎991（急救），☎995（火警）
查号服务	马来西亚☎103；文莱☎113

汇率

人民币	CNY1	MYR0.6
文莱元	BND1	MYR3
港币	HKD10	MYR0.57
澳门元	MOP10	MYR0.55
新台币	TWD10	MYR1.5
新加坡元	SGD1	MYR3.04
美元	USD1	MYR4.4
欧元	EUR1	MYR4.72
英镑	GBP1	MYR5.11

最新汇率见www.xe.com。

每日花费

经济：低于RM100

- 宿舍床位：RM15~50/ B$10~25
- 集贸市场和美食广场用餐：RM5~7/B$2~6
- 地铁票：RM1~2.5

中档：RM100~400

- 中档酒店双人间：RM100~400/B$70
- 中档餐馆两道主菜：RM40~60/B$10
- 较好的酒吧里的鸡尾酒：RM30~40

高档：高于RM400

- 豪华酒店双人间：RM450~1000/B$170
- 在高档餐厅用餐：RM200/B$20
- 3日潜水课程：RM800~1000

营业时间

银行 周一至周五10:00~15:00，周六9:30~11:30

酒吧和夜店 17:00至次日5:00

咖啡馆 8:00~22:00

餐馆 正午至14:30和18:00~22:30

商店 9:30~19:00，购物中心10:00~22:00

抵达马来西亚和文莱后

吉隆坡国际机场（见93页）快铁（RM55）从5:00至次日1:00，每15分钟1趟，30分钟可抵达吉隆坡市中心；公共汽车（RM12）从5:00至次日1:00，每20分钟一班，1小时可抵达吉隆坡市中心；出租车费用RM75~100，到吉隆坡市中心需1小时。

文莱国际机场（见508页）开往斯里巴加湾市的公共汽车（B$1）车次频繁，运营至17:30。出租车费用为B$15。用时均为15分钟。

当地交通

长途汽车 马来半岛几乎没有不通长途汽车的地方，但在文莱比较有限。

火车和地铁 马来西亚的火车比长途汽车还要慢，线路的覆盖率也远远不足，前往少数偏僻地点较为有用。

小汽车 租一辆车探索马来西亚和文莱内陆是个好主意，不过要避免在城里驾车。

飞机 飞机可飞往各大城市、岛屿和一些较偏僻的景点。

关于**当地交通**的更多信息见563页。

如果你喜欢

令人惊叹的建筑

龙山堂邱公司(Khoo Kongsi)乔治市最令人眼花缭乱的宗祠建筑群，装饰华丽。(见160页)

双子塔(Petronas Towers)这两座钢筋水泥建筑是马来西亚现代建筑的典型代表。(见57页)

布城(Putrajaya)展现马来西亚的城市规划和拱形建筑设计理念。(见106页)

荷兰总督府(Stadthuys)马六甲的地标，被认为是亚洲最古老的荷兰建筑。(见213页)

旧皇宫(Istana Lama)这座漂亮的黑色硬木宫殿由99根柱子支撑。(见114页)

寺庙和清真寺

天后宫(Thean Hou Temple)装饰华丽的多层华人寺庙，在这里可以看到吉隆坡的壮观景色。(见67页)

国家清真寺(Masjid Negara)这座现代风格的国家清真寺是马来西亚历代总理的安葬之处。(见64页)

乌布甸清真寺(Masjid Ubudiah)瓜拉江沙的金顶明珠，由殖民时代的建筑师A.B.哈巴克(AB Hubback)设计。(见142页)

马六甲海峡清真寺(Masjid Selat Melaka)清晨和黄昏的景色最美，这座清真寺仿佛悬浮在水面上。(见220页)

极乐寺(Kek Lok Si Temple)36.5米高的观音菩萨青铜像俯瞰着这处佛教圣地。(见165页)

哈桑纳尔博尔基亚清真寺(Jame' Asr Hassanil Bolkiah Mosque)这是文莱最大的清真寺，有29个圆拱金顶，内部装饰同样华丽恢宏。(见500页)

风景名胜

双溪巴拉斯宝乐茶园(Boh Sungei Palas Tea Estate)凝视山间青翠的茶园，享用一杯茶。(见134页)

基纳巴卢山(Mt Kinabalu)如果天气晴朗，你就能在马来西亚的最高峰上眺望到最美的景色。(见354页)

升旗山(Penang Hill)在乔治市上方这处凉爽的休养胜地可以眺望槟城一侧的大陆，景致清晰可见。(见161页)

吉隆坡塔(Menara Kuala Lumpur)可360度观赏这座城市的露天观景台和旋转餐厅。(见51页)

全景兰卡威(Panorama Langkawi)乘坐缆车前往玛金章峰峰顶眺望岛屿彼端。(见189页)

传说、传统和民俗

蓝屋(张弼士故居；Blue Mansion)这座位于乔治市的翻新老宅蕴含了丰富的风水知识和当地传说。(见153页)

兴楼云冰国家公园(Endau-Rompin National Park)丛林徒步时，留意传说中的断齿鬼——马来西亚版的野人。(见245页)

马六甲的三轮车 三轮车上最亮眼的是装饰用的彩灯和卡通贴纸。(见228页)

远古巨石 森美兰州和沙捞越的柯拉比高原四处散落着这些神秘的岩石。(见114页、486页)

文化中心(Gelanggang Seni)在哥打巴鲁的文化中心观看马来武术和皮影戏。(见301页)

非凡的博物馆

伊斯兰艺术博物馆(Islamic Arts Museum)穆斯林手工艺者与艺术家深受信仰的启发和影响，创作出令人赞叹的优美艺术品。(见60页)

民族博物馆(Ethnology Museum)保存了婆罗洲丰富原住民文化的古晋宝库，引人注目。(见424页)

上图：马来西亚布城（见106页）的清真寺
下图：槟榔屿州乔治市（见162页）的街头艺术

峇峇-娘惹文化博物馆（Baba & Nyonya Heritage Museum）土生华人的奢华建筑，导览游生动有趣，展现了马六甲的历史。（见218页）

沙巴博物馆（Sabah Museum）标志崭新，讲解清晰，完美地介绍了沙巴的民族和环境。（见337页）

美术馆和街头艺术

乔治市（见162页）、**吉隆坡**（见66页）、**唐人街**和**瓜拉登嘉楼**（见324页）年轻人奇思妙想的油画佳作。

Sekeping Tenggiri 这家位于吉隆坡的客栈拥有马来西亚现代艺术作品的最佳私人收藏。（见77页）

马六甲的画廊 形形色色的小型画廊分布在这座被联合国教科文组织认定的世界文化遗产古城中。（见219页）

欣汽车站艺术中心（Hin Bus Depot Art Centre）乔治市新兴的艺术中心，露天区域满是街头涂鸦。（见161页）

手工艺品与购物

Little Penang Street Market 每月的最后一个周日举办备受欢迎的露天工艺品集市。（见176页）

古晋主要集市（Kuching's Main Bazaar）这个市场售卖达雅克手工艺品，包括纺织品、篮筐和面具。（见433页）

国家纺织博物馆（National Textiles Museum）欣赏工艺精湛的编织、刺绣、针织和蜡染印花产品。（见57页）

Central Market Shops 位于艺术装饰风格的建筑内，20世纪30年代曾经是生鲜市场，如今是高档购物场所。（见89页）

Publika 新颖的吉隆坡购物中心散发着艺术气息，有几家美术馆，每月举办一次工艺品集市。（见91页）

花园和公园

吉隆坡森林生态公园（KL Forest Eco Park）穿越这一隅原始雨林内新建的树冠步道。（见51页）

柏达那植物园（Perdana Botanical Garden）这座宁静的公园可追溯至19世纪80年代，内有专门的兰花和木槿园区。（见63页）

黄健勋艺术园（Art & Garden by Fuan Wong）在槟城这座奇特的花园内，神奇美妙的植物与现代艺术相得益彰。（见183页）

热带香料园（Tropical Spice Garden）槟城的另一处绿洲，展示了该地区丰富多彩的可食用植物。（见181页）

太平湖公园（Taman Tasik Taiping）乘坐天鹅船，划过这座在古老的锡矿基础上建成的苍翠花园。（见144页）

岛上消遣

邦咯岛（Pulau Pangkor）在马来西亚西海岸游客罕至的岛屿海滩放松。（见136页）

刁曼岛（Pulau Tioman）陡峭的绿色山峰四周环绕着绿松石色的海水，遍布珊瑚。（见249页）

棉花岛（Pulau Kapas）在这座美丽的东海岸岛屿赶海和浮潜。（见322页）

丁宜岛（Pulau Tinggi）这座死火山属于拥有64座美丽岛屿的柔佛群岛。（见244页）

东古·阿卜杜勒·拉赫曼国家公园（Tunku Abdul Rahman National Park）从亚庇（哥打基纳巴卢）出发可轻松前往公园内的5座岛屿进行跳岛游。（见352页）

仙本那群岛（Semporna Archipelago）这是一片潜水者的乐土，也是海上吉卜赛人漂浮社区的所在地。（见394页）

不可思议的洞穴

罗摩衍那洞（Ramayana Cave）黑风洞里最迷幻、最具视觉享受的洞穴。（见100页）

怡保的洞穴寺庙（Ipoh's Temple Caves）半日游即可轻松观赏这三座非凡的佛教寺庙。（见123页）

阶梯石洞（Stepping Stone Cave）穿过石灰岩壁的一条狭窄过道通向吉兰丹这处洞穴的一个隐蔽洞室里。（见311页）

玻璃市州立公园（Taman Negeri Perlis）公园里遍布洞穴，生活着丰富的野生动物，还有马来西亚唯一的半落叶林。（见210页）

巫鲁山国家公园（Gunung Mulu National Park）探寻规模惊人的洞穴。（见479页）

尼亚国家公园（Niah National Park）这里的洞穴凝结出钟乳石，是蝙蝠的阴暗巢穴。（见469页）

哥曼东洞穴（Gomantong Caves）教堂般宏伟的洞室内挤满了蝙蝠、蟑螂、蝎子和金丝燕。（见382页）

邂逅动物

吉隆坡飞禽公园（KL Bird Park）绝妙的鸟类公园，有大约200种鸟从巨大的树冠下飞过。（见61页）

珍拉丁（Cherating；见284页）、**刁曼岛**（见252页）和**停泊岛**（Pulau Perhentian；见314页）为保护濒危海龟做出贡献。

亚庇湿地中心（Kota Kinabalu Wetland Centre）泥沼中有龙虾、乌龟、泽巨蜥以及种类纷繁的候鸟，令人惊叹。（见338页）

西必洛（Sepilok；见376页）、**Rasa Ria Resort**（见364页）和**实蒙古野生动物中心**（Semenggoh Wildlife Centre；见444页）观赏可爱的红毛猩猩。

每月热门

最佳节庆

大宝森节，1月或2月

春节，1月或2月

中元节，8月

乔治市音乐节，8月

1月

新年期间是旅游旺季，也是马来半岛东海岸和沙捞越的季风期。

大宝森节（Thaipusam）

众多信徒聚集于吉隆坡以北的黑风洞和槟城的Nattukotai Chettiar寺庙，以身体穿刺等方式大肆庆祝这个盛大的印度教节日。这个节日一般在1月中旬至2月中旬举行。（见101页）

2月

春节是这个地区的盛大节日，也宣告着旅游旺季的到来。请尽早预订机票与酒店。

春节

舞龙和游行象征着新一年的开始，各个家庭开门迎客。最近两年的春节日期为2018年2月16日和2019年2月5日。

4月

F1马来西亚大奖赛（Petronas Malaysian Grand Prix）

世界一级方程式赛车在东南亚的赛事通常于3月底或4月初在雪兰莪的雪邦（Sepang）国际赛道举行，历时3天。相关节庆活动和舞会则在吉隆坡举行。

5月

卫塞节（Wesak Day，Vesak Day）

这是纪念佛陀诞生、成道与涅槃的节日。吉隆坡和其他主要城市都会举行各种仪式来庆祝这个重要的佛教节日，包括象征解救受困灵魂的放生笼中鸟仪式。卫塞节将在2017年5月10日和2018年5月29日举行。

6月

正值学生假期的旅游旺季，也是最炎热的一个月，做好挥汗如雨的准备吧。2017年和2018年，斋月的大多数日子都在这个月。

沙捞越丰收节（Gawai Dayak）

庆典从5月31日傍晚开始，在6月1日到6月2日举办，这是沙捞越原住民庆祝稻米丰收的节庆。

端午节

农历五月初五，为纪念投江自尽的屈原而流传至今的华人传统节日。习俗有吃粽子、赛龙舟等，别忘了品尝当地独特的娘惹粽子。在槟城还有赛龙舟比赛。

开斋节（Hari Raya Aidilifitri）

斋月结束后就是持续一个月的开斋派对，你可以参加很多公共活动，享用大量免费的马来美食。位于布城的马来西亚总理官邸将在这一天开放，供游人参观。（见539页）

7月

7月是马来西亚婆罗洲的旅游旺季，要预订活动门票、团队游与住宿。

热带雨林世界音乐节（Rainforest World Music Festival）

为期3天的音乐盛典（www.rainforestmusic-borneo.com）于7月的第2周在古晋附近的沙捞越文化村举行。

文莱苏丹诞辰

热闹的官方庆典（www.royalbirthday.org.bn）于7月15日（苏丹诞辰日）举行，盛大的军事庆典由苏丹本人亲自主持。

8月

这段时间，大量阿拉伯游客和欧洲游客涌入，特定的住宿场所需要预订。

乔治市艺术节（George Town Festival）

乔治市出色的艺术、表演和文化节日（http://georgetownfestival.com），其间举办的活动包括国际艺术展和原创街头表演，在北海（Butterworth）也有外围活动。

中元节

华人社区在节日期间会在露天的舞台表演戏剧，并以各种食品祭拜祖先。节日一般在8月底或9月初（农历七月十五）。

马来西亚国庆日

8月31日的午夜时分，马来西亚人民将共同庆祝这个马来西亚于1957年取得独立的日子。2017年将举办60年大型庆祝活动，包括次日清晨马来西亚各地的庆祝游行与庆典活动。

9月

印度尼西亚农民焚烧作物，从森林和田野飘来的烟雾使这一地区被雾霾笼罩。

10月

马来半岛西海岸的季风期开始了，但季风强度和降雨量还不足以影响大部分行程。

屠妖节（Deepavali，排灯节）

印度教徒在屋外点燃小油灯，祈求神灵罗摩（Rama）与拉克希米（Lakshmi）的保佑。印度企业以此作为财政年度的起始时间，各地的"小印度"都张灯结彩以示庆祝。

12月

这是充满节日气氛的一个月（马来半岛东海岸有季风雨），标志着一年即将结束。

旅行线路

2周 马来西亚和新加坡精华之旅

这条线路挑选两国精华景点，以城市探险为主，不过也有机会体验该地区惊人的生物多样性。

前3天可以用来游览马来西亚的首都**吉隆坡**。在那里，你可以探索唐人街的多元文化，在高耸入云的双子塔上惊叹不已，还可以了解伊斯兰艺术博物馆的宝贝。

接着前往**塔曼奈加拉国家公园**。你可以在这座壮观的国家公园游览两天，体验树冠步道，也可以进行短途的丛林徒步。然后返回吉隆坡，搭乘内陆班机到槟城，花3天时间体验世界文化遗产**乔治市**的独特风情，并游览极乐寺（Kek Lok Si Temple）等精彩景点。

古城**马六甲**是另一处联合国世界文化遗产，值得多逗留几晚，但最好避开周末的人潮。最后，穿过长堤直抵新加坡，享受旅途的最后几天时光。你可以在琳琅满目的商场里疯狂血拼，在小吃摊上品尝各种美食，前往滨海湾（Marina Bay）参观炫目的太空时代建筑，游览世界一流的新加坡夜间动物园，尽享夜间的动物探险（见Lonely Planet《新加坡》）。

5周 全景之旅

从马来半岛出发，在婆罗洲的荒野结束，这条线路包括经典景点、几处独辟蹊径的宝地和无所不包的放松时间。

用一周的时间来参观**吉隆坡**及周边地区，除观光游览之外，还可以逐渐适应当地生活。以吉隆坡为大本营，可以进行下列一日游行程：黑风洞（Batu Caves）；展示马来西亚现代建筑的布城（Putrajaya）；还可以前往皇家故都**瓜拉雪兰莪**观赏河畔飞舞的萤火虫，距离吉隆坡仅2小时车程。

在**怡保**稍事休整，这里有些不错的殖民时代建筑和就餐场所。你的第2周旅行可以前往气候凉爽的**金马伦高原**，漫步于令人心旷神怡的翠绿茶园之中。紧接着前往西海岸，搭乘渡轮到**邦咯岛**。

接下来前往槟榔屿州的**乔治市**体验古城的独特魅力，被列为世界文化遗产的乔治市多姿多彩，有令人陶醉的街景。这座大岛也是马来西亚第一美食天堂。这里距离**兰卡威**仅需一趟短途飞行，可以在兰卡威休闲的度假屋、迷人的海滩和幽静的森林中享受度假时光。

第4周，跨越马来半岛中部山脊前往**哥打巴鲁**，这是了解马来传统文化的最佳地方。沿着东海岸的海滩和岛屿一路游览，可选择在**停泊岛**、**珍拉丁**和**刁曼岛**逗留几天。**肯浓森林公园**的森林探险可以避开拥挤的人群。

第5周，飞往沙捞越的**古晋**，以此为根据地游览长屋或在**巫鲁山国家公园**徒步。从沙捞越可以经由陆路或水路进入文莱首都**斯里巴加湾市**游览，然后再前往沙巴。

在沙巴首府**亚庇**，你会面临终极挑战——攀登**基纳巴卢山**。如果你不想登山，也可以选择造访**西必洛猩猩保护中心**，与可爱的红毛猩猩来一次近距离接触。

2周 沙巴—沙捞越

这条精选线路适合时间不够的旅行者，可游览马来西亚婆罗洲的最佳景点，包括国家公园和蜿蜒的河流，还可尽享闲逛长屋的时光。

以**亚庇**为起点，东南亚城市生活在这里被浓缩得触手可及，而且你得花上一两天时间搞定沙巴著名景点**基纳巴卢山**的许可证。可以考虑沿**保佛**棕色的河流一日游（包括自助餐），或者在**马里马里文化村**了解些许当地文化。

从亚庇乘飞机至**米里**，然后前往**巫鲁山国家公园**，那里有世界上最大的洞穴，还有几条极具挑战性的丛林探险路线，包括漫长的猎头小径。再次穿过米里，乘飞机至**古晋**。沙捞越的首府是真正有魅力的地方，你很容易就会多待几天。最后，在城中自由消磨时间，参观近郊的**实蒙古野生动物中心**和**巴哥国家公园**，有时间的话还可以前往**安娜莱斯长屋**等长屋游览。

4周 极致婆罗洲

这趟婆罗洲（加里曼丹岛）畅游之旅包括该岛5条最佳的徒步线路，还可以享受世界级的潜水和浮潜，并与濒危野生动物不期而遇。

从**古晋**出发，探索当地长屋和**巴哥国家公园**。然后乘飞机到**米里**，那里是前往以下景点的大本营：令人印象深刻的**尼亚国家公园**；**巫鲁山国家公园**，那里有更多洞穴，可以沿猎头小径心惊肉跳地徒步至尖峰；以及长满葡萄藤的柯拉比高原上的**巴里奥**。

经由陆路旅行至文莱的友善之都**斯里巴加湾市**。另外，安排时间前往这个苏丹国家的**乌鲁淡布隆国家公园**，那是一片狭长质朴的原始雨林。

在**亚庇**放松一番，然后将目光投向**基纳巴卢山**。在**西必洛猩猩保护中心**与猩猩亲密接触，接着在古老的**山打根**短暂停留。雄浑的基纳巴唐岸河可以为野生动物的爱好者提供许多照片。如果有时间，可以徒步穿越**达努姆谷保护区**。若是天气适宜，可以从**仙本那**前往**仙本那群岛**的出色潜水地点。

3周 北部明珠之旅

环游马来西亚半岛北部，尽享田园风光的岛屿、马来文化、雨林和山间度假胜地。

前往**珍拉丁**东海岸胜地之前，用几天时间游览**吉隆坡**。之后前往**瓜拉登嘉楼**，可以去逛逛热闹的唐人街，并参观登嘉楼州立博物馆。

接着从瓜拉勿述前往著名的停泊岛群岛。**大停泊岛**上游客较少，但这里与**小停泊岛**一样充满魅力。之后返回马来半岛，在**哥打巴鲁**逗留一两天，参观博物馆，观赏文化活动，逛一逛夜市。接下来前往霹雳北部偏僻的**皇家贝莱州立公园**。

在吉打的首府**亚罗士打**体验更多马来文化，再从玻璃市港口搭乘渡轮直达**兰卡威**。在那里，你可以选择日光浴、跳岛游或林中探险等各种活动。之后飞往槟榔屿的必去之地**乔治市**，在**福隆港**的山间度假胜地凉快凉快，然后返回吉隆坡。

3周 南部舒适之旅

马来半岛南端同样可以提供各种旅行体验，另外从这里往返新加坡非常便利，适合作为这趟旅行的起点和终点。

记得要留出几天时间来游览这个半岛的众多景点。如果你预算有限，那么与新加坡只隔一条长堤的**新山(柔佛巴鲁)**可以作为一个更为经济实惠的旅游根据地。这里市容整洁，尤其值得留意的是各式街边小吃和免税酒。

悠闲的河滨小镇**麻坡**具有殖民时代色彩，非常值得一游。以此为根据地，可以攀登位于**金山国家公园**的柔佛最高峰金山。还可以在世界文化遗产**马六甲**逗留几日，感受经久不衰的葡萄牙与荷兰风情。

兴楼云冰国家公园有马来半岛仅存的低地森林。拥有迷人海景的**刁曼岛**是岛屿天堂的代名词。你还可以前往包含64座小岛的**柔佛群岛**进行跳岛游和潜水。

计划你的行程

户外探险

从轻松的自然小径到具有挑战性的原始雨林腹地徒步，该地区的国家和州立公园提供各种各样的选择。你还可以攀登高山、探索山洞、发掘到处是海洋生物的热带海底世界，外加冲浪和白水漂流。

徒步

如果你想知道一亿年前的生命大概是什么模样，可以来这个地区的原始森林中徒步，这里未受冰河时期气候变化的影响，仍保持着原本的模样。这些珍贵的热带雨林被划为国家公园保护区，除了旅游业外，其他商业活动一概被禁止。

1938年，英国人在这一地区设立了第一座国家公园，为如今马来西亚最著名的塔曼奈加拉国家公园（Taman Negara；见290页）打下基础，今日塔曼奈加拉国家公园的版图横跨登嘉楼、吉兰丹与彭亨三州。除此之外，马来西亚还拥有27座国家与州立公园（其中23座位于马来西亚婆罗洲），它们是由政府管辖的各种自然保护区、野生动物和鸟类保护中心以及海洋生物保护区。即使是在吉隆坡市中心，你也可以去吉隆坡森林生态公园（KL Forest Eco Park；见51页）里舒展筋骨；城北还有马来西亚林业科学研究所（Forestry Research Institute of Malaysia；见101页），你可以去探索绚丽的林间小径和树冠步道。

文莱的乌鲁淡布隆国家公园（Ulu Temburong National Park；见514页）占地500平方公里，允许游客入内的面积仅1平方公里，但也足以展示这片雨林最原始的风情。

最佳户外活动

最佳丛林徒步

塔曼奈加拉国家公园（见290页）、马廖盆地保护区（见404页）、柯拉比高原（见490页）、兴楼云冰国家公园（见245页）、乌鲁淡布隆国家公园（见514页）

最佳登山

基纳巴卢山（见354页）、金山（见241页）、巫鲁山（见479页）、大汉山（见292页）、特鲁斯马迪山（见407页）

最佳潜水和浮潜

仙本那群岛（见394页）、停泊岛（见312页）、热浪岛（见321页）、刁曼岛（见249页）、柔佛群岛（见242页）

最佳探洞

巫鲁山国家公园（见479页）、尼亚国家公园（见469页）、哥曼东洞穴（见382页）、风洞自然保护区（见449页）

何时去

马来西亚有雨季和非雨季的区分，但全球变暖也影响到了当地的雨季，因此每年的降雨量都有很大不同。总之，无论何时来此，不管在这片土地的哪个角落，你都难逃全身湿透的命运——不是被雨浇湿，就是被汗水浸透！

真正受到季节影响的其实是游客数量。在旅游旺季，有经验的向导和住宿往往非常紧俏。来自北半球的旅行者一般趁暑假来此旅行，所以如果你计划在七八月前来徒步，就要尽早预订。同时要特别留意地区性旅游高峰，比如春节是中国旅客涌入的时段；而日本游客则往往在4月底和5月初的“黄金周”期间蜂拥而至。

许可证、向导与预订

这个地区的国家公园和自然保护区都象征性地收取门票费（约RM10）。在有些地方，如果你想徒步或参加其他活动，如钓鱼或爬山，可能需要额外付费申请许可证并雇用向导，基纳巴卢山（见354页）和巫鲁山国家公园（见479页）的观光条例尤为严格。

在大部分国家公园里，住宿通常不成问题，从青年旅舍到豪华度假村，各种住宿类型应有尽有。交通与住宿大多由私人经营，一般都需要预订并先付定金。

许多国家公园都拥有路标明显的日间步道，可供游客独自前往，但大多数需要过夜的长途徒步一定要雇用向导。长途徒步通常没有步道地图，人迹罕至的路径也不设路标。富有经验的向导能根据你的体力提醒你前行，而不是任由你闲庭信步。可先尝试一趟短程的导览徒步游，以了解自己在热带雨林环境下徒步的能耐，然后再参加长途探险。

在沙巴、沙捞越与文莱，国家公园的观光条例非常严格，只允许合格的向导带团。我们曾听说过由不具备资质的向导带队的旅游团被禁止入内而打道回府的事。因此，在你雇用向导之前，要先和其他旅行者交换意见，并要求向导出示国家公园颁发的合格证件。

日间徒步向导有时可以在国家公园总部雇到，但如果要进行长途林间探险，就要事先联系旅行社或者自由职业向导了。向导费一般以日计算，为RM50~200，具体费用根据计划的徒步时间和路线的难易程度而定。

最佳野生动物观赏地点

塔曼奈加拉国家公园（见290页）这是马来西亚最古老且最负盛名的国家公园，是各种野生动物的家园，从萤火虫到大象应有尽有。

皇家贝莱州立公园（Royal Belum State Park；见149页）拥有多达10种犀鸟以及大多数马来西亚大型哺乳动物。

基纳巴唐岸河（Sungai Kinabatangan；见382页）在这条沙巴最长的河流岸边，可以见到野生猩猩和婆罗洲侏儒象。

巴哥国家公园（Bako National Park；见438页）该公园的山坳和小径是邂逅长鼻猴的最佳地点之一。

乌鲁淡布隆国家公园（见514页）位于文莱淡布隆地区，从树冠步道望去，景色令人惊叹。

登山与攀岩

在婆罗洲的原始森林中耸立着一些声名显赫的高山。即使是不热衷登山的人也一定听说过高达4095米的基纳巴卢山，它是喜马拉雅山与新几内亚岛屿之间的最高山峰，奇形怪状的峭壁吸引着人们前来征服。山脚是气候潮湿的热带雨林，随着山体向上延伸，植被逐渐减少，温度也逐渐降低，山顶已是寸草不生的高山气候岩石地带，还时有降雪。从山脚到山顶的变化仿佛是施了魔法一般。除了由热至冷的温度变化外，奇特的山顶高原也使基纳巴卢山跻身世界上最有趣的山峰之一。一些人觉得它有美国约塞米蒂国家公园（Yosemite）的神采，另一些人则认为它具有智利百内国家公园（Torres del Paine）的风韵，但不管怎么说，基纳巴卢山

负责任的徒步

丛林徒步是这个地区的最佳旅行体验之一。不过缺乏经验的徒步者需要做好心理准备，在这里徒步就如同在桑拿房中背负着沉重的砖块整日不间断地行军。要想尽可能地减少旅途中的痛苦，最好提前做好以下准备：

- 如果在森林中过夜，要备好两套衣服：一套徒步时穿，一套在夜晚换上（这件要放在塑料袋中以保持干燥）。出发后没几分钟你就会全身汗流如注，徒步穿的衣服会湿透，而且全程都不会干。
- 一般情况下，穿着轻便短裤与T恤即可。但如果要穿越植被茂密的丛林，则要穿长裤和长袖衫。衣物应以宽松为佳。
- 携带速干衣物。棉制衣物不容易干，只有带回城里的洗衣店才能烘干。
- 林间夜晚寒冷，要带一件保暖的外套。
- 除非需要更有力的踝关节支撑，否则穿上一双防滑运动鞋即可。你也可以在当地购买一双“乡村版阿迪达斯”，这种当地人穿的徒步鞋由塑胶制成（就像Crocs的升级版），外形很像阿迪达斯足球鞋，价格便宜（一双不到RM10），大受向导和搬运工的欢迎。
- 临行前，上网购买一双浅色的防蚂蟥袜子，这在当地不容易买到。
- 徒步需饮用大量水。如果距离很远，你得带上净水器或净水剂，比如碘片（多数人会选择后者以减轻背包重量）。
- 循序渐进，不要操之过急，先从短程的日间徒步开始，然后再安排长途徒步。
- 除非是在设有明显路标的普通步道上徒步，否则必须雇用向导。
- 穿着宽松内衣以防衣物透湿而造成皮肤发炎，携带爽身粉以备不时之需。
- 如果佩戴眼镜，则需做好眼镜的防雾处理。在眼镜店购买防雾剂喷在镜片上即可。
- 注意背包的防水，以防背上的汗水渗透，或考虑带防水背包。
- 相机要放进装有干燥剂的密封容器中。
- 带好防晒霜、驱蚊剂、水壶和手电筒（头灯更佳，因为不占手）。

如果计划爬山或探洞，还需注意以下几点：

- 雇用当地向导，这是途经各部落领地时了解当地风土人情的最佳方式。
- 不要乱丢垃圾，带来的东西都要带走。也不要把垃圾一埋了事，你看不见不等于动物找不到。
- 如果没有卫生间，要在距离水源至少100米开外的地方挖一个15厘米深的洞来掩埋排泄物和厕纸。尽量少用厕纸，并用土和石头盖住一切东西。
- 无论路标是否清晰，都一定要沿着路标走。在丛林里另辟蹊径会打扰当地人的生活，更是会惊扰植物和野生动物。

每一处都充满了地地道道的婆罗洲色彩。

沙巴的第二高峰特鲁斯马迪山（Trus Madi，2642米）的攀爬难度要远高于基纳巴卢山，而且安排行程也非常不易。

巫鲁山（Gunung Mulu，2376米）虽然没有基纳巴卢山那么高，却享有同等知名度，这要得益于其被列入联合国世界遗产名录的殊荣。如果你热衷于自虐式玩法，往返5日的登顶线路或许正合你意。而那些热衷于体验原始自然风情的游客，则可以穿越低处的龙脑香林，直达杜鹃花丛和山地森林。

山打根群岛（Sandakan Archipelago）

巫鲁山国家公园的洞穴（见479页）

中的柏哈拉岛（Pulau Berhala）是攀岩爱好者的首选之地。Fieldskills Adventures（见342页）组织此地的攀岩旅游活动。

马来半岛的金山（Gunung Ledang，1276米）是热带登山运动的入门首选。塔曼奈加拉国家公园也有几处登山的好去处，比如高2187米的大汉山（Gunung Tahan），要征服这座山需7~9天的时间。刁曼岛的瓜拉（Juara）也有攀岩活动。

费用

向导费每日RM100~200，其他费用还包括国家公园门票（RM1~15）和登山许可证（基纳巴卢山的登山许可证需要RM106）。

行前准备

马来西亚的登山是森林徒步的升级版，更消耗体力，更具心理挑战，同时也更陡峭。做好准备吧！陡峭的山路会让你双腿发软，越往上爬就越冷。

如果计划长途徒步或登山，要尽早预订。许多组织徒步活动的旅行社也组织登山活动。在沙捞越的柯拉比高原（Kelabit Highlands），一些有经验的向导可带领你登上两座人迹罕至的山峰——巴杜拉威山（Batu Lawi）和穆鲁德山（Gunung Murud）。

登山爱好者或许可以看看约翰·布里格斯（John Briggs）的《马来西亚山峰——实用指南》（*Mountains of Malaysia—A Practical Guide and Manual*，1988年）。参考网站有Climb Malaysia（www.climb.my）。

探洞

如果能把马来西亚的石灰岩山体切下来一片，山体内面很可能看起来就像一块瑞士奶酪。很久以前，马来西亚人在此生活，他们采集燕窝，发起战争，并在这些山洞（gua）中埋葬死者。如今，这个国家的隐蔽山洞（包括一些世界上最大的洞穴）寂静无声，仅剩潺潺的地底水流、钟乳石的滴水声，以及金丝燕和蝙蝠拍打翅膀的声音。

沙捞越的巫鲁山国家公园是最佳的探洞景点，拥有世界第二大洞穴通道鹿洞（Deer Cave，长2公里，高174米）、世界最大的洞室沙捞越洞室（Sarawak Chamber，长700米，宽400米，高70米）和亚洲最长的洞穴清水洞（Clearwater Cave，长107公里）。在这个公园中，有些洞穴可供非专业探洞者游览，比如那些通向尼亚国家公园的山洞，洞内有维修良好的走道，非常安全可靠。

其他面向游客开放的山洞还包括黑风洞中的黑洞（Dark Cave）、石山（Gunung Stong）州立公园之中及周边的各种山洞、塔曼奈加拉国家公园中的山洞和沙巴的哥曼东洞穴（Gomantong Caves）。

行前准备

在通往地心的漆黑的通道里才发现自己患有幽闭恐惧症，那可真是叫天天不应、叫地地不灵。在出发之前，要自行检查是否有类似的恐惧症或恐高症（有的洞穴需要从陡峭的山壁降落）。如果你对行程有任何顾虑，要尽早和向导沟通。

要做好在混有蝙蝠粪便的淤泥中爬行的心理准备，最好穿着打算丢弃的旧衣物，有些向导和旅行社也会提供探洞时穿的衣物。

水中探险

潜水与浮潜

合理的价格、各种各样的潜水点和便捷的交通，这使马来西亚成为既适合初学者，也适合老手的一流潜水胜地。最常见的潜水方式是从岛屿岸边乘船前往海中的潜水点，也有一些岸边的潜水点，例如沙巴的西巴丹岛（Pulau Sipadan）只要从岸边入海，就能享有绝佳的潜水体验。你还可以乘船远航，虽然要在船上待几天时间，但可以挑战更远的潜水点。

马来西亚的潜水设施相当完善，租用装备也很方便，大多数地方都提供全球认证的开放水域潜水执照（PADI）课程。

何时去

11月初至次年2月末，东北季风给马来半岛东海岸带来强风和降雨，这期间，大部分潜水中心都会停止营业。季风过后，海水的能见度开始好转，8月至9月海水的能见度最高，也是潜水的高峰期。在西海岸，情况正好相反，9月至次年3月是潜水的最佳季节。在马来西亚婆罗洲，季风的影响相对较小，降雨量平均，全年都适合潜水活动。

费用

两次下潜加租用装备，潜水中心收费一般是RM200~300；含三次下潜的西巴丹岛一日游收费是RM250~500（确认是否包含公园费用）；开放水域潜水执照课程费用为RM800~1200。许多度假村和潜水机构还提供潜水套餐，价格相去甚远。

马来西亚十大国家和州立公园

公园	特色	活动	最佳游览时段
巴哥	海滩、长鼻猴	海岸散步、徒步	5月至9月
巴当艾	满是红毛猩猩的原始森林	徒步	全年
兴楼云冰	低地森林、奇异的植物、瀑布和河流	徒步、观察野生动物	4月至9月
巫鲁山	洞穴、尖峰、猎头小径	洞穴探险、徒步、登山	5月至9月
基纳巴卢	基纳巴卢山	登山	5月至9月
尼亚	洞穴	洞穴探险、徒步	5月至9月
槟城	半对流湖、猴子	徒步	4月至7月
玻璃市	旺布玛山洞、短尾猴、马来西亚唯一的半落叶林	洞穴探险、徒步	6月至8月
塔曼奈加拉	树冠步道、隐蔽处、丛林小径、河流	徒步、观赏野生动物、划船漂流	4月至9月
敦沙卡兰	沙滩环绕的岛屿、色彩斑斓的礁石	浮潜、潜水	全年

负责任的潜水

潜水或浮潜时，要注意以下事项，以保护海底生态环境和美丽的珊瑚礁：

- 不要在有珊瑚的海域下锚，也不要将船撞上珊瑚礁。
- 身体不要接触活体海洋生物，也不要让潜水装备划过珊瑚礁。
- 摆动脚蹼时要注意，踢起海底的沙石、大动作造成的涌波都会伤害脆弱的海洋生物。
- 要练习控制浮力。在海里下降的速度太快会撞到珊瑚礁。
- 不要在潜水点的珊瑚礁上采集（或购买）珊瑚和贝壳。有些潜水点有法律明文禁止采集珊瑚或贝壳。
- 一定要把你制造的垃圾和所有你发现的废弃物带走。
- 不要喂鱼，这会扰乱鱼类的进食习惯，并影响它们的健康。

潜水前后

虽然在一些潜水胜地（如刁曼岛）可以临时参加潜水活动，但为了避免等候（有时必须等上一两天），最好还是预订。西巴丹岛的潜水条例严格，每天最多只允许120人潜水，需要预订。

要特别注意，在乘坐飞机之后不宜马上潜水，因为机舱的低气压和脱水都是潜水的不安全因素；同样，在潜水后的24小时之内，也不宜飞行。

观鸟

马来西亚的热带丛林和岛屿是600多种鸟的家园。下面是主要的观鸟地点：

- 巴哥国家公园（见438页）
- 拉沙多角森林保护区（Cape Rachado Forest Reserve；见115页）
- 兴楼云冰国家公园（Endau-Rompin National Park；见245页）
- 福隆港（Fraser's Hill；见103页）
- 巫鲁山国家公园（见479页）
- 肯浓森林公园（Kenong Rimba State Park；见297页）
- 兰卑尔山国家公园（Lambir Hills National Park；见471页）
- 基纳巴卢山（见359页）
- 皇家贝莱州立公园（见149页）
- 塔曼奈加拉国家公园（见290页）

皮划艇与白水漂流

马来西亚有群山、雨林和奔腾的河流，成为白水漂流和皮划艇爱好者的理想之选。

在马来半岛，新古毛（Kuala Kubu Bharu）是白水漂流的热门景点，雪兰莪河（Sungai Selangor）沿岸都有白水漂流与皮划艇活动。推荐信誉良好的Pierose Swiftwater（见105页）。

从怡保（Ipoh）向北开车20分钟即可到达Sungai Kampar河边的务边（Gopeng），那里的**My Gopeng Resort**（☎016-549 3777, 05-242 3777; www.mygopengresort.com; 每人 RM150~288）提供白水漂流和其他户外探险活动。

白水漂流在沙巴十分热门。亚庇（Kota Kinabalu，哥打基纳巴卢）的漂流公司带游客前往城南的保佛区（Beaufort Division），在巴达斯河（Sungai Padas）进行3~4级的白水漂流。基纳巴卢山周边的Sungai Kiulu水流较为和缓，适合初学者。

古晋的**Kuching Kayak**（☎082-253005; www.kuchingkayak.com; 269 Jln Padungan）和**Borneo Trek & Kayak Adventure**（http://rainforestkayaking.com）都提供皮划艇活动。

游艇

游艇俱乐部可提供乘坐游艇出海的活动，还可提供航海教学。提供以上服务的俱乐部包括：瓜埠（Kuah）的**Royal Langkawi Yacht Club**（☎04-966 4078；www.langkawiyachtclub.com）、巴生港（Pelabuhan Klang）的**Royal Selangor Yacht Club**（☎03-3168 6964；www.rsyc.com.my），以及波德申（Port Dickson）的Avillion Admiral Cove（见115页）。

你还可以乘船在湖泊、河流与红树林中探险。日落时分，穿越古晋湿地国家公园（Kuching Wetlands National Park）的红树林，找寻鳄鱼和萤火虫的踪迹，体验奇幻的旅程。在瓜拉雪兰莪（Kuala Selangor）乘船欣赏萤火虫也是非常热门的活动。

在宽广的河面上，能看到俗称“飞行棺材”的船只。这种游船长而狭窄，约70个座位，船顶上还可坐人。它们装有动力强劲的引擎，能在激流中逆流而上。

冲浪

说到冲浪，马来西亚不及印度尼西亚，但在海浪翻涌的季风季，马来西亚的珍拉丁和刁曼岛的瓜拉（Juara）也会迎来川流不息的冲浪者。另外，你可以在刁曼岛和珍拉丁租赁冲浪板，在珍拉丁租赁风筝冲浪设备，而且两地均提供这些活动的课程。

虽然有一阵子没更新，但Surfing in Malaysia（http://surfingmalaysia.blogspot.com.au）的有用链接可以为冲浪者提供更多的信息。

计划你的行程

和当地人吃喝

在马来西亚和文莱，像当地人那样吃吃喝喝是小菜一碟。食物绝对可口，卫生标准可达到东南亚最高水平，多数摊贩会说英语。当地人对美食的痴迷非同寻常，也就是说，游客经常会淹没在美食的海洋里。

全年饮食

出于对美食的热爱，每逢佳节，马来西亚人和文莱人都必定特备适于佳节享用的美食。

春节（1月/2月）

在春节前的几周，家家户户的桌上都会摆上鱼生，这道菜以生鱼片为主，搭配各种蔬菜、泡菜、柚子片和酥脆的小饼皮。

斋月（6月/8月）

斋月期间，特色美食夜市从傍晚就开始忙碌起来，入夜后更是热闹非凡，提供各种各样的马来美食。

屠妖节（10月/11月）

在印度教的屠妖节期间，你在印度社区会发现很多甜点，例如炸糖圈（jalebi，裹着糖浆的油炸面食）和姆鲁固饼（muruku；咖喱叶油炸面食）。

美食体验

一生难遇的美食

乔治市，Teksen（见171页）与店屋密不可分的传奇，烹制几近完美的中式菜肴和中式-马来菜肴。

怡保，Lim Ko Pi（见123页）在怡保的这家老城餐馆，菜单和店内的氛围一样怀旧。可以选择精心烹制的椰浆饭（nasi lemak，将米饭和配菜放在椰奶中烹制）、焦糖炖猪肉或柔滑的甜点奶油冻。

巴生，Seng Huat Bak Kut Teh（见109页）在著名且与其同名的排骨汤发源城镇喝上一碗这种口味的清汤。

哥打巴鲁，夜市（见307页）哥打巴鲁夜间美食中心的特色是出售香辣烤鸡（ayam percik，将腌制的鸡肉穿在竹签上）的忙碌摊位。

亚庇，Alu-Alu Cafe（见347页）这家餐馆的美味海鲜均来自可源源不断供应的食材——这里没有鱼翅。

吉隆坡，Rebung（见83页）充满乡村风情的迷人餐馆，提供菜品多样的马来特色自助餐，是仅次于马来私房家常菜的绝佳选择。

古晋，Dyak（见431页）将传统的达雅克家常烹饪和新鲜的丛林食材转化成不同寻常的美食，比如木薯叶鸡肉和菠萝猪肠。

瓜拉登嘉楼，Madame Bee's Kitchen（见328页）这家土生华人古宅餐厅位于紧凑的唐人街，提供登嘉楼叻沙（laksa，香辣米粉汤）。

兰卡威，Siti Fatimah（见202页）由烤鱼（ikan bakar）、鸡肉、羊肉咖喱和独特的素菜组成的午餐盛宴似乎永不停息，只吃一盘怎么够。

马六甲，Kocik Kitchen（见225页）这家正宗土生华人餐馆坐落于马六甲的唐人街，菜单上最抢眼的就是罗望子炖鱼头和椰子菠萝虾。

劳勿，Restoran Ratha Raub（见298页）去这个小城镇朝圣美食，在质朴的乡村环境中品尝鱼头汤。

福隆港，Ye Olde Smokehouse Fraser's Hill（见105页）这幢迷人的殖民地时代别墅提供英国乡村酒店的传统菜肴。

督亚冷，Luen Fong Restaurant（见128页）沿公路旅行，穿越霹雳的坚打河谷（Kinta Valley）时，这家餐馆多汁的淡水虾和考究的清蒸鱼值得绕路前来。

斯里巴加湾市，Thiam Hock Restaurant（见506页）老字号中餐馆，以咖喱鱼头闻名。

物美价廉

乔治市，Lg Baru（New Lane）Hawker Stalls（见172页）槟城几乎所有便宜的美味都在这条狭窄的小巷内。

怡保，Restaurant Lou Wong（见123页）怡保的招牌菜芽菜鸡（ayam tauge，多汁的鸡肉搭配大量酥脆的豆芽）在这家当地最受欢迎的餐馆里堪称完美。

而连突，小吃摊（见289页）略过而连突的正式餐馆，转而前去Jln Pasar Besar的大排档品尝美味的冬阴功汤（tom yum，酸辣汤）。

新山（柔佛巴鲁），Reaz Corner（见236页）在市中心这家露天咖喱小店找个角落就座，观看世间百态。

巴生，Asoka（见110页）在巴生的小印度，酥脆的多莎饼（dosa，薄如纸片的大米和豆饼）和多种印度甜食最受欢迎。

哥打巴鲁，Kedai Kopi White House（见307页）这家安静的咖啡馆历史悠久，椰酱（kaya）面包片搭配溏心蛋和冰咖啡是最佳早餐。

烹饪课程

标准的一日烹饪课程通常先从到市场挑选食材开始，然后准备酱料，学习制作咖喱、汤品、沙拉和甜品。

- 乔治市，Nazlina's Spice Station（见163页）
- 乔治市，Penang Homecooking School（见163页）
- 马六甲，Nancy's Kitchen（见220页）
- 哥打巴鲁，Roselan's Malay Cookery Workshop（见304页）
- 亚庇，Equator Adventure Tours（见341页）
- 吉隆坡，LaZat Malaysian Home Cooking Class（见68页）
- 古晋，Bumbu Cooking School（见426页）

亚庇，夜市（见336页）巨大的美食小吃中心，你可以在无尽的马来美食中间吃出一条路。

吉隆坡，Imbi Market（见78页）无疑有当地最好的早餐选择，包括润饼卷（popiah，类似春卷，不过不是油炸的）、蛋挞和多种面条。

关丹，Akob Patin House（见282页）这家河畔餐馆提供与之同名的当地鱼，使用发酵的榴莲酱汁（tempoyak）调味。

兰卡威，瓜埠夜市（见201页）在一周内的不同日子，这个流动夜市会在不同的地点出现，你可以从烤鸡肉串摊位一路吃到水果摊位，再到炒面摊位。

马六甲，Jonker 88（见224页）沉迷于种类繁多的甜点菜单，各种各样的珍多冰（cendol）、刨冰甜点配班兰条、豆子和椰肉等。

米里，Summit Café（见476页）柯拉比（Kelabit）菜式的新鲜材料来自丛林，想想野猪肉和蕨菜心搭配巴里奥（Bario）有名的米饭。

芙蓉，Haji Shariff's Cendol（见113页）品尝同名的经典马来甜品或独特的啰啰（rojak，一种水果沙拉）。

丹那拉打，Restaurant Bunga Suria（见135页）在金马伦高原这家便宜的餐厅里，用椰果酸辣酱涂满蒸米浆糕（idli，用发酵的大米和小扁豆制成的蛋糕，可口柔软），或者被大蕉叶特色菜撑破肚皮。

斯里巴加湾市，Tamu Selera（见505页）老式小贩中心，位于树木成荫的公园内，提供便宜可口的烤鱼和炸鸡（ayam penyet，"打碎"的炸鸡）。

敢于尝试

敢于冒险的美食家一定要品尝以下当地特色美食：

肉骨茶（Bak kut teh）由猪骨和猪的各部位（包括内脏）炖煮而成的美味汤品。

Kerabu beromak 兰卡威的特色菜肴，将筋道的海参切成条状，以椰奶、辣椒和柠檬汁调味，成为一种诱人的特色"沙拉"。

Perut ikan 这道槟城娘惹椰浆咖喱菜用鱼杂、菠萝和新鲜香料烹制而成，酸甜香辣，不过略带鱼腥味。

Siat 经过翻炒，白白胖胖的西米虫就变成了金黄色酥脆小吃，其口感让人想起可口的猪油渣。

Sup torpedo 马来牛鞭汤，据说有壮阳的功效。

当地特色

马来西亚和文莱的种族构成类似，又均为热带气候，而且一度都是香料贸易之路上的重要口岸。因此，它们香气袭人的菜肴都以共同的基本食材为主料。不过，当地的饮食还是存在一定的地区差异。

饮品

酒鬼们不必担心：虽然这是以穆斯林为主的地区，但各地通常都有酒水提供。在马来西亚大部分地区很容易找到啤酒和烈酒，只是贵一些。但是文莱禁酒，只有在酒店吧台才能找到酒，或者需要携带入境并申报。

马来西亚

亚参叻沙（Asam laksa）粗米粉配味道浓烈的汤汁，里面有鱼肉和香草，这是槟城最著名的菜肴之一。

芽菜鸡 嫩鸡肉搭配粗豆芽，在怡保最受欢迎。

珍多冰 椰奶里放有一条条短而精致的绿豆粉，用马六甲著名的棕榈糖增加甜味，浇上刨冰，是这座城市的招牌甜点。

炒粿条（Char kway teow）这道菜肴与槟城密不可分，柔滑的炒米粉搭配饱满的虾仁、咸咸的鸟蛤、耐嚼的中国香肠、酥脆的豆芽、鸡蛋和少许红辣椒。

鸡饭球 闽南风味的鸡肉和香米被揉成小丸子，这是马六甲最受喜爱的菜肴之一。

魔鬼咖喱 一种起源于马六甲葡萄牙裔欧亚混血（Kristang）社区的浓烈咖喱食品。

腌鱼肉（hinava）一种沙巴菜肴，用酸橙汁和香草腌制的生鱼片。

马来炒面（Maggi goreng）炒速食面，是吉隆坡随处可见的深夜小吃。

蓝花饭（nasi kerabu）被花染成蓝色的米饭，拌香草和佐料，搭配多种浇头，在吉兰丹备受喜爱。

沙捞越叻沙 细米粉搭配咖喱汤，浇头是虾肉、鸡肉和炒鸡蛋。

椰花酒（tuak）沙捞越原住民酿造的一种米酒。

文莱

硕莪糊（ambuyat）用长长的竹叉叉起这种黏稠多筋的西米粉"粥"，蘸各种蘸料。

胡椒炖肉（daging masak lada hitam）一种常见的牛肉菜肴，先煸炒食材，再加入咖喱炖煮。

椰奶咖喱虾（udang sambal serai bersantan）大虾搭配浓郁的椰奶咖喱。

关于该地区的更多菜肴，见257页。

如何吃

吃什么

几个世纪的贸易、殖民和移民都为马来西亚和文莱打上了美味饮食的烙印，如

INMAGINEASIA/GETTY IMAGES ©

上图: 马来炒面
下图: 正在用餐的当地人

此多元的菜式需要马不停蹄地吃上好几个月才能吃遍。没有哪个亚洲国家能将三大饮食传统——中国、印度和马来群岛——结合得如此紧密。因此这里的菜肴既具有显著的单一文化性（想想中国的云吞面和印度南部被称为多莎的卷饼），又具有多元文化性（比如魔鬼咖喱，这是一种起源于马六甲葡萄牙裔欧亚混血社区的咖喱菜，将欧洲的红酒醋、印度的黑芥菜籽、中国的酱油和马来的石栗相结合），令人迷惑却愉快。

米 当地人很难在米饭（nasi）和米粉（mee）之间做出选择，几乎所有餐食里都有其中一种。稻米可以加水或汤煮成粥（congee或bubur）；可以加辣椒和葱制成炒饭（nasi goreng）；可以塞进用蕉叶作衬的竹筒蒸煮，然后切开浸入椰肉蔬菜汤，做成马来菜团。白色和黑色的糯米是当地甜食的常见原料。稻米研磨成的粉末加水发酵成为糊状，可以制成印度蒸米糕，搭配炖小扁豆（dhal）和煎糕（apam，用特殊的凹底锅制成的酥脆耐嚼的馅饼）同食。该粉末还可以加料捏成甜团，比如椰丝球（onde-onde，撒上椰肉碎并用班兰叶染色的球，里面裹着半液体状的马六甲棕榈糖）。

米粉 米粉种类多样，既有又宽又扁的粿条，又有细米粉（mee hoon或bee hoon）。猪肠粉（chee cheong fun，煮米粉片）被削成条状，浇上棕红色的甜辣酱；粗短的螺蛳粉（loh see fun，字面意思是"鼠尾粉"）在瓦煲内加入老抽煮制而成。黄色的圆形面条以印度穆斯林的嘛嘛档炒面（mee mamak）为基础。华人最喜爱的云吞面在该地区随处可见，里面有细细的鸡蛋面、清爽的肉汤和柔滑的云吞。

咖喱 该地区的咖喱源于香料——捣碎的辣椒酱和香料，比如蒜、葱、香茅草（serai）、姜黄（kunyit）和山奈（lengkuas）。干香料——芫荽籽、茴香籽、孜然、葫芦巴——也可以被囊括其中，尤其是在印度菜肴里面。

肉和鱼 一个人的宗教信仰常常影响着菜肴的蛋白质含量。猪肉（babi）是伊斯兰教的禁忌，却是中餐的常用食材。鸡肉（ayam）在马来西亚和新加坡相当常见，在文莱却大多出现在特殊场合（就像牛肉和水牛肉一样）。本地牛肉（daging）肉质较硬，最好用慢火长时间烹制，比如椰奶仁当（rendang）。中式牛肉面的特色是细嫩的牛肉块和有弹性的肉丸，面汤油亮味淡，加入榨菜增色。印度穆斯林极为擅长制作羊肉，值得找找羊肉汤（sup kambing）：在浓郁的汤中炖羊排（和其他部位，如果你想的话），加入大量香料和辣椒调味，搭配切片白面包同食。这里有漫长的海岸线和丰富的河流、数量众多的河流入海口，这意味着海鲜在该地区许多居民的食物构成中占据重要地位。

蔬菜 喜爱蔬菜的人可以吃个痛快了。所有以米饭为基础的马来餐食都包括杂菜（ulam）和新鲜香草，可以单独吃，也可以蘸酱吃。杂菜是精选的新鲜焯水蔬菜，包括龙豆、黄瓜、秋葵、茄子和新鲜的臭豆（legume petai，因为强烈的大蒜味道而得名）。印度人在烹制菜花和卷心菜、菠菜、玫瑰茄（结实的叶子有一种诱人的酸味）等绿叶蔬菜时会搭配椰奶和姜黄。其他绿色蔬菜——地瓜叶（daun ubi）、空心菜（kangkong）、西兰花和黄花芥菜——会跟辣虾酱（sambal belacan）和蒜一起炒。虽然素食者的确存在，但严格素食者在该地区可不好过，因为即便是素菜也可能会加入少许肉或鱼的酱汁。

甜食 当地人对甜食（kuih）充满热情，街角、人行道和市场都有等待顾客的蛋糕和点心摊贩。很多甜点里有碎椰肉或椰奶，还有棕榈糖，还经常会加入甜味和咸味调料来改善口感。

用餐礼仪

如果用手抓食，要注意：

➡ 先洗手。在马来餐室里，请将手放在托盘上，用餐桌上"茶壶"里的水洗手。

➡ 只能用右手的指尖抓起食物。

➡ 在公用餐盘里取餐不能用手，而要用公用餐具。

饮食禁忌：

➡ 不要请穆斯林喝酒或吃猪肉（也不要当面提起"猪肉"）。

➡ 不要把筷子戳在饭碗中——对华人来说，这是向死人供奉之意。

花点儿心思品水果

这里全年都有水果，比如菠萝、西瓜、木瓜、番石榴。4月和5月是吃芒果的月份，12月至次年1月和6月至7月，跟着鼻子走，去尝尝气味臭名昭著且让人或爱或恨的榴莲。若是不喜欢这个水果之王，你可以在市场和街边摊位上找找其他名气稍逊的热带水果，包括：

番荔枝 番荔枝的绿皮疙疙瘩瘩，内藏黑色硬籽和绵软香甜的果肉，有颗粒状的质感。

蛇皮果 得名于其鳞状果皮，外观看上去像是变异的草莓，柔软的果肉尝起来像是没熟的香蕉。

尖不辣 马来西亚的面包果，是大个儿的绿色水果，果皮像是出自《神奇四侠》里的石头人，种子和果肉经常和咖喱一起烹制或炒制。

人参果 人参果的浅褐色果皮下藏着超级甜的果肉，口感有些类似椰枣。

杜古 剥开这种水果（也被称为dokong和langsat）淡黄色的果皮，可以发现芳香璀璨的瓣状果肉，口味类似荔枝。

榴莲 由于浓郁的气味和武器一般的外形，榴莲可能是东南亚最"臭名昭著"的水果，果肉能让人想起从奶油冻到洋葱的各种东西。

刺果番荔枝 刺果番荔枝有香气，但粒状果肉发酸，有黑色硬籽。只有变软才算成熟，几天内就会变质，所以要迅速吃掉。

莲雾 瘦长的粉色或红色水果，果皮光滑，有光泽，白色的果肉水汪汪的。它是炎热天气里理想的解渴水果。

龙眼 一种硬硬的小圆果，类似迷你荔枝，果肉香甜。

山竹 山竹藏在紫色的坚硬外壳内，白色肉瓣部分芳香宜人，有的内含需要吐出的硬核。

菠萝蜜 被尊为世界上最大的水果，形状如同巨大的绿色豆荚，有许多蜡状的黄色部分，口味让我们想起水果味的口香糖。

柚子 柚子的绿色果皮厚实，内藏酸甜果瓣。

红毛丹 关于红毛丹像什么，人们各持己见，不是所有的说法都能在体面的场合复述。红毛丹长毛的壳里有半透明的香甜果肉，你可以用牙齿刮掉种子。

杨桃 杨桃的黄色果肉酸甜，被很多人认为能够降低血压。

何时吃

在习惯于"一日三餐"的人眼中，马来西亚当地人好像总在不停地吃。事实上，他们并不严格遵守早中晚三顿饭的模式，每天会吃上五六顿。早餐一般边走边吃，人们会选择用香蕉叶或褐色纸袋外带的椰浆饭、一次性碗装的面条、烤面包、鸡蛋和印度煎饼之类的简单小吃。

上午茶点时间会吃一点儿小吃，比如一个咖喱角（karipap，油炸酥皮点心，内馅是肉、鱼和咖喱土豆）。午餐时间通常是12:30，如果你想到受欢迎的餐厅用餐，请记得避开这一时段。

这里深受英国人的影响，也有喝下午茶的习惯。下午茶通常是喝咖啡或茶，配上甜食或小吃，如糖水（tong sui）和各式印度油炸面食、木薯片、甘薯片和香蕉片，当然，还有当地风格的甜品（kuih）。

何处吃

许多当地人都认为最好吃的食物（或者说最划算的食物）出自街边的小吃摊。确实如此，大多数这类美食一旦出现在餐馆的菜单上，就会变得大为逊色。因此如果你想吃到最原汁原味的地道菜肴，一定要光顾小吃

斋戒与飨宴

通常无须为避开斋月而特意推后前往马来西亚的行程。虽然在斋月期间穆斯林从日出到日落之间不能进食，但华人与印度餐馆还会继续营业，以招待马来西亚的大量非穆斯林食客。将近傍晚时分，斋月市集如雨后春笋般出现在马来西亚的各个角落，人潮开始涌入。这是品尝马来风味小吃的最佳时机，有些食品是专为佳节烹制的，有些则是家庭小吃，其他时期吃不到。斋月期间马来西亚最大的市集就位于吉隆坡的甘榜巴鲁（Kampung Baru）。你可以先逛逛市集，挑选晚餐，但别急着当众开始吃。为尊重穆斯林，必须等到傍晚时分，清真寺的祷告召唤声响起才可开始进食。唯一的例外是在文莱，在斋月期间，白天只有酒店客房送餐服务能够提供吃食。

摊。走进街边的流动摊贩、咖啡店或食肆，先在一家或几家小摊上点一堆美食，然后找个座位坐下（一般都会与人拼桌），等食物送上桌时再付款。卖饮料的摊贩会主动上前兜售。马来西亚与文莱的街食都安全卫生，但肠胃敏感的食客需要慢慢适应。

旧式咖啡店（Kopitiam）通常是由华人经营的简单店面，一般不设空调，只装有风扇。提供米粉、米饭、浓咖啡和其他饮料，全天供应溏心蛋和涂上椰酱的烤面包。

餐馆（Restoran）这里有各种级别的餐馆，既有经营数十年的中式简陋大排档，也有装潢时髦、设有吧台的高级国际餐厅，还有介于两者之间的中式海鲜餐厅（巨大的鱼缸里有可现场挑选的生鲜）以及在许多马来西亚商场都能找到的咖啡馆。

市场（Pasar）可以考虑去逛逛市场。早市通常有售卖咖啡的华人排档与制作拉茶和煎饼的印度摊贩。一定要尝尝椰浆饭，它通常会配上江鱼仔（ikan bilis，小小的沙丁鱼干和凤尾鱼干）、花生碎和特制辣酱，用香蕉叶包成粽子的形状。自己取餐然后付钱。

夜市（Pasar malam）另一个觅食的好去处，在这里能找到各种美食，从叻沙到油炸甜面圈，应有尽有。

地区速览

吉隆坡

美食
购物
美术馆

美味佳肴

让味蕾带领你走遍吉隆坡吧。你可以在阿罗街、Imbi Market或唐人街的沿街小摊前，挤在当地人中大快朵颐；也可以在十五碑品尝各种印度食品，在甘榜巴鲁品尝马来美味；还可以在双子塔的金三角和孟沙尝到各国风味。

超级购物

吉隆坡有众多现代化大型商场、东南亚日间生鲜市场和几处热闹的夜市，最著名的是唐人街Jln Petaling沿线。装饰艺术风格的中央市场在艺术品和手工艺品方面很有优势。

当代艺术

可以在国家视觉艺术馆或新落成的伊力哈木美术馆欣赏马来西亚充满蓬勃生机的现代艺术，还可以参观相对较小的商业展览，比如去Wei-Ling Gallery。

见50页

雪兰莪和森美兰

野生动植物
美食
建筑

与野生动植物接触

在马来西亚林业科学研究所和黑风洞附近邂逅蹦蹦跳跳的猴子。前往福隆港、波德申（亚兰）附近的拉沙多角森林保护区和瓜拉雪兰莪沿海的红树林观鸟。

美食冒险

前往巴生的小印度品尝地道的印度次大陆美味和可口的肉骨茶。芙蓉的美味体验从牛丸面到珍多冰，不一而足。

建筑奇观

布城的人工湖边林立着一幢幢宏伟壮丽的现代建筑，神安池的旧皇宫则是一座漂亮的黑色硬木宫殿。

见98页

霹雳

建筑
美食
自然

殖民时代建筑

怡保及周边的坚打河谷仿佛能让人重返马来西亚的殖民时代，太平也有一些值得参观的历史建筑，而在瓜拉江沙则可游览熠熠生辉的清真寺和皇宫。

美食胜地

霹雳州最大的城市怡保是马来西亚最佳美食胜地之一，这里有出色的中式地方菜系，还有一些美味的马来食肆和散发着艺术气息的咖啡店。

丛林和红树林

霹雳的皇家贝莱州立公园林深树茂，玛唐红树林保护区泥泞多树。怡保之外的务边也有生机勃勃的自然风景。

见117页

槟城

建筑
美食
博物馆

世界遗产

乔治市被列为联合国世界文化遗产绝对名副其实，这里有数不尽的旧式店屋、宅邸、华人会馆、市场和庙宇，都具有极高的保护价值。

美食

乔治市是马来西亚的美食之都，是我们最喜爱的东南亚吃喝地点。这里有优质的小贩中心、街边摊贩和现代的餐饮场所。

博物馆与美术馆

乔治市的街道本身就犹如一个露天博物馆，并且这座城市的出色博物馆和现代美术馆寓教于乐，定能让你流连多日。

见151页

兰卡威、吉打和玻璃市

海滩
自然
美食

秀美海滩

兰卡威的海滩世界闻名，白沙细致，海水清澈，与其他东南亚景点相比，开发较少。

山区森林

兰卡威岛的古老森林并非只是美丽的背景，可以搭乘"全景兰卡威"缆车从上方探寻，也可以进入山林徒步探险，或者从众多瀑布中挑一处近距离观察。

各国美食

兰卡威岛有种类极为丰富的外国风味餐厅，从泰国餐厅到土耳其风味，应有尽有。这座岛的免税地位也意味着酒吧不会把你的钱包掏得太狠。

见186页

马六甲

遗产
美食
购物

边走边看的文化遗产

丰富多彩的博物馆可以让人了解马六甲的历史、文化与建筑。不过更好的体验方式是漫步走过华人店屋、荷兰殖民时代的建筑、华人庙宇、印度教神殿、清真寺和基督教堂。

坐享美食

早餐吃点心，午餐吃盛在香蕉叶上的咖喱菜，晚餐吃娘惹风味特色菜，马六甲提供种类繁多的各国和地区菜式。

购物选择

在唐人街选购小饰品和娘惹珠鞋，或者前往有空调的大型现代商场购买电子产品和名牌商品。不要错过文化街夜市。

见211页

柔佛

自然
潜水
夜生活

马来西亚荒野

兴楼云冰国家公园虽然名气不如塔曼奈加拉国家公园，但这也正是其魅力所在。你可以穿越茂密的雨林，沿着清澈的河流来到澎湃的瀑布前。

尚不为人熟知的岛屿

鲜为人知的柔佛群岛不是旅游热点，却吸引了一些旅居新加坡和马来西亚的消息灵通的外国人。在这里，你能找到宁静的海滩、绝佳的潜水点和适合举家出游的住宿地。

免税畅饮

Zon是位于新山（柔佛巴鲁）的免税海港，该地区满是各式各样的酒吧和夜店，一家家逛下来也不会花光你的钱。

见232页

彭亨和刁曼岛

海滩
丛林
美食

海滩生活

海滨城市彭亨拥有极为悠闲的冲浪小镇珍拉丁。刁曼岛拥有超过8处美好的海滩地区可供选择。

丛林探险

塔曼奈加拉国家公园的广阔丛林中有许多徒步和与野生动物近距离接触的机会。刁曼岛的小径能让你快活地穿上徒步靴。

美食之旅

关丹是美食爱好者之城，从公共汽车站旁边便宜又好吃的食品摊到Ana Ikan Bakar Petai餐馆这样难找却合算的海鲜天堂，应有尽有。美食旅行者一定想去劳勿朝圣，尝尝著名的咖喱鱼头。

见248页

东海岸岛屿、吉兰丹和登嘉楼

岛屿
丛林
文化

水中探险

这里拥有东南亚最漂亮也最易抵达的小岛。马来半岛的东海岸吸引着游客前来潜水、浮潜与游泳。

另辟蹊径

吉兰丹荒凉的内陆游客罕至。在美丽的丛林城镇达蓬（Dabong）落脚，准备山间徒步、溯溪和洞穴探险，还可游览令人惊叹的瀑布。

文化洞察

吉兰丹是马来西亚穆斯林和泰国佛教徒交相混杂的地带，是进行文化探索的绝佳地点，而更靠南的登嘉楼则为游客提供了探索马来文化的机会。

见300页

沙巴

野生动物
徒步
潜水

野生动物

沙巴是某些全球最珍稀的野生动物的家园，比如标志性的红毛猩猩，而四周的海洋里栖息着丰富多样、色彩斑斓的海洋生物。

丛林徒步

沙巴多山的腹地是徒步者的乐土，你将穿越湍急的河流进行探险，这些河流发源于并流经世界上最原始的森林。

潜水与浮潜

潜水地点之于沙巴就像美食之于法国。可以在仙本那群岛之类的地方潜水，不夸张地说，著名的西巴丹是世界上最好的潜水地点。

见334页

沙捞越

徒步
山洞
野生动物

徒步

从巴里奥出发，徒步前行至峇加拉兰或巫鲁山峰顶，能让经验丰富的徒步者无比振奋。就算仅在古晋周边的国家公园轻松漫步，也会被热带雨林重重包围。

洞穴探险

进入风洞、仙人洞和尼亚国家公园的巨大洞窟中，观赏钟乳石的同时别忘了侧耳倾听蝙蝠在黑暗中飞舞的声音。但要论规模和尺寸，你一定无法抗拒巫鲁山国家公园中的鹿洞和长达700米的沙捞越洞室的魅力。

野生动物

长鼻猴在巴哥国家公园大嚼树叶，红毛猩猩在实蒙古自然保护区内晃来荡去，河口的鳄鱼潜伏在古晋湿地国家公园泥泞的河水中。

见416页

文莱

美食
建筑
自然

为美食疯狂

禁酒但不限制沉溺美食，在这里大肆开心一番吧。这个苏丹国家为美食疯狂，新餐馆的开业通常会是一场盛大的社交活动。

宏伟建筑

文莱占地面积虽小，却拥有宏伟的建筑，例如苏丹闪闪发光的皇宫、金碧辉煌的帝国酒店、华丽的清真寺以及世界上最大的水上村庄。

原始森林

文莱在保护其广阔的原始森林方面令人敬佩。出色的国家公园受到严格管理，为婆罗洲的众多小动物提供了绿色的栖息地。

见495页

在路上

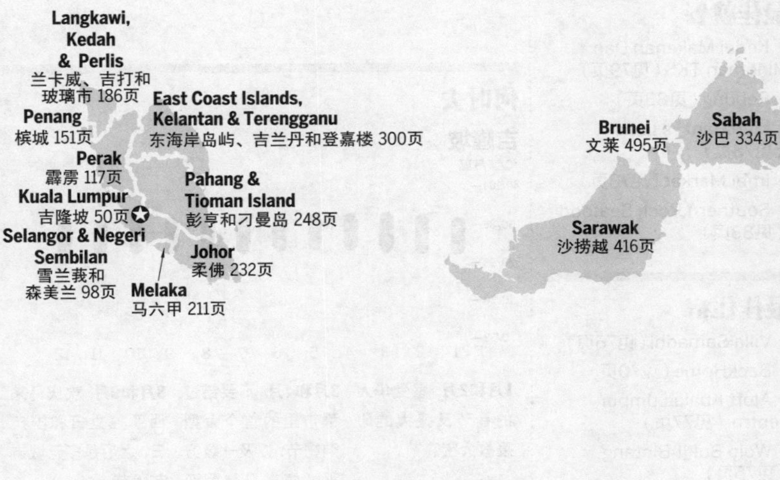
Langkawi, Kedah & Perlis
兰卡威、吉打和玻璃市 186页
Penang
槟城 151页
Perak
霹雳 117页
Kuala Lumpur
吉隆坡 50页
Selangor & Negeri Sembilan
雪兰莪和森美兰 98页
Melaka
马六甲 211页
East Coast Islands, Kelantan & Terengganu
东海岸岛屿、吉兰丹和登嘉楼 300页
Pahang & Tioman Island
彭亨和刁曼岛 248页
Johor
柔佛 232页
Brunei
文莱 495页
Sabah
沙巴 334页
Sarawak
沙捞越 416页

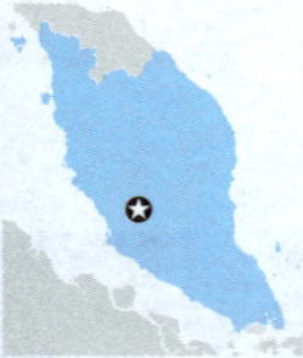

吉隆坡

☎03/人口：163万/面积：243平方公里

包括 ➡

最佳就餐

- Kedai Makanan Dan Minuman TKS（见79页）
- Rebung（见83页）
- Merchant's Lane（见78页）
- Imbi Market（见78页）
- Southern Rock Seafood（见83页）

最佳住宿

- Villa Samadhi（见76页）
- BackHome（见70页）
- Aloft Kuala Lumpur Sentral（见77页）
- Wolo Bukit Bintang（见75页）
- E&O Residences Kuala Lumpur（见71页）

为何去

锡矿工人在丛林中开辟出这片基地还不足两个世纪，吉隆坡就已经发展成了一个富饶的21世纪大都会，其非凡的文化多样性令人叹服。这个都市由马来原住民、华人探矿者、印度移民及英国殖民者共同塑造，各个族群皆留下了无法磨灭的历史印记，并与本地让人着迷的文化传统融为一体。

吉隆坡没有太多非去不可的重要景点。这里奇妙的魅力在于紧挨着殖民地风格建筑的古刹和清真寺、规模庞大的购物中心和高耸的摩天大厦，路边摊上堆满了味道刺鼻的榴莲和冒牌手袋，单轨列车快速穿行在枝繁叶茂的丛林中，当地人在设有Wi-Fi的咖啡馆里品着卡布奇诺咖啡，或在街边美食摊大快朵颐。

何时去

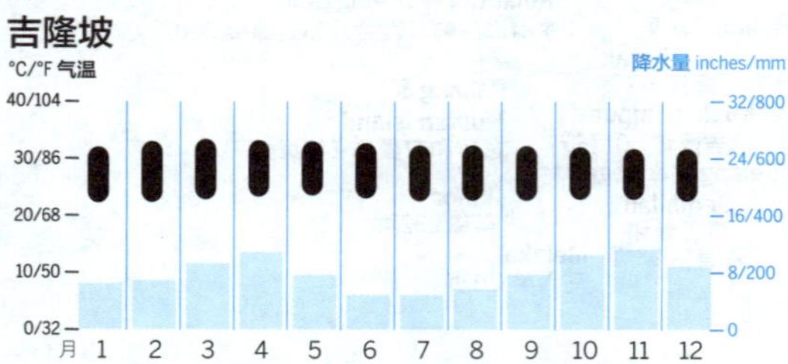

1月和2月 感受华人的春节及盛大的印度教大宝森节。

3月和4月 不要错过都市里的首个大型购物节，以及一级方程式赛车马来西亚大奖赛。

8月和9月 欢庆马来西亚独立日和国庆日，之后是多元城市艺术节。

历史

1857年，87名探寻锡矿的华人矿工在巴生河（Klang River）和刚巴克河（Gombak River）的交汇处登陆，并且想当然地给这个地方取名为“吉隆坡”，意即“泥泞的河口”。在短短一个月内，这些探矿者很多死于疟疾和其他热带疾病，只有17名生还。但是他们在安邦（Ampang）发现的锡矿却吸引了更多矿工到来，于是吉隆坡迅速变成了一座喧嚣、吵闹和充满暴力的新兴小镇。

正如马来半岛其他地区一样，吉隆坡当地的苏丹指定了一位代理人[即甲必丹（Kapitan China）]，统一管理那些想要暴富却又不服从统治的华人采矿者和他们的秘密团体。其中最成功的代理人叶亚来（Yap Ah Loy，他于1868~1885年担任甲必丹）在任期间十分冷酷，如今他被誉为吉隆坡的创立者。

正当叶亚来好不容易建立起统治秩序时，当地的苏丹为争夺霹雳州（Perak）的统治权而展开斗争。吉隆坡迅速卷入其中，并于1881年被战火夷为平地。这使英国政府代表弗兰克·瑞天咸（Frank Swettenham）制订的一个大胆计划得以实施，那便是将中央政府从巴生（Klang）迁往吉隆坡。1886年，连接吉隆坡和巴生的铁路建成通车；1887年，上千座砖砌建筑完工；1896年，吉隆坡成为刚刚成立的马来联邦（Federated Malay States）的首都。

“二战”期间，日本军队野蛮地占领了吉隆坡。此后，英国殖民者曾短暂地恢复了对吉隆坡的统治，但很快被推翻。1957年，马来西亚宣布独立。

1969年5月13日是吉隆坡历史上最黑暗的一天，马来人和华人之间的种族冲突夺走了上千人的生命。一年后，当地政府暂缓选举——从那以后，吉隆坡的市长就一直由联邦直辖区长官任命。1974年，雪兰莪（Selangor）苏丹将这座城市的土地割让给联邦政府，吉隆坡联邦直辖区正式成立。

景点

吉隆坡市中心的紧凑程度令人惊讶——从唐人街走到小印度（Masjid India）只需10分钟左右，有一些景点之间的距离实在太近了，步行往往还快过搭乘公共交通工具或者打车（车辆反而很容易被困在车流和复杂的单行交通系统里）。

唐人街、独立广场和咖啡山

★ 吉隆坡塔 塔

（Menara Kuala Lumpur, KL Tower；见54页地图；☎03-2020 5444；www.menarakl.com.my；2 Jln Punchak；观景台 成人/儿童 RM52/31，露天平台 仅限成人 RM105；⊙观景台 9:00~22:00，21:30以后停止售票；🚇KL Tower）虽然没有双子塔高，但421米的吉隆坡塔从咖啡山山顶拔地而起，最适合观赏城市风景。这座高耸的尖塔四周环绕着一小片原始雨林，是世界上第四高的通信塔。顶端的球体（其形状灵感源于马来西亚的玩具陀螺）内有旋转餐厅、276米高的**室内观景平台**，以及最刺激的300米高的**露天平台**，天气情况允许时才能上去。

免费班车从Jln Punchak路口大门处出发，你也可以穿过吉隆坡森林生态公园及其新的树冠步道到达。

★ 吉隆坡森林生态公园 自然保护区

（KL Forest Eco Park, Taman Eko Rimba KL；见54页地图；www.forestry.gov.my；⊙7:00~19:00；🚇KL Tower）这片茂密的低地龙脑香林位于市中心，占地9.37公顷，其中高耸的新**树冠步道**不可错过。这是马来西亚最早受保护的丛林（1906年起），这座公园俗称“咖啡山”（Bukit Nanas）。几条不长的小径从Jln Ampang或Jln Raja Chulan蜿蜒向上穿过公园。在**森林信息中心**（Forest Information Centre；见54页地图；☎03-2026 4741；www.forestry.gov.my；Jln Raja Chulan；⊙9:00~17:00；🚇KL Tower）**免费**可领取小径的基本地图。

马哈马里安曼庙 印度教寺庙

（Sri Mahamariamman Temple；见54页地图；163 Jln Tun HS Lee；⊙6:00~20:30，周五 至21:30；Ⓜ Pasar Seni）**免费**这座热闹的印度教寺庙（马来西亚最古老的，据传也是最富有的）建于1873年。马哈马里安曼是印度南部的母神，也被称为“雪山神女”（Parvati）。她的神殿在这栋建筑后面，左侧是象头神毗那夜迦（Ganesh）的神殿，右侧是穆鲁甘神（Lord Murugan）。大宝森节期间，这座寺庙的穆鲁甘神将乘坐一辆银色的马车前往黑风洞。

吉隆坡亮点

1 在**吉隆坡森林生态公园**（见51页）的树冠步道上尽览树梢风景，然后在**吉隆坡塔**（见51页）300米高的室外平台感受刺激。

2 欣赏**双子塔**（见57页）流光溢彩的外观，然后登上观景台。

3 不论日夜，唐人街的**茨厂街市场**（见89页）都是生机勃勃的就餐、购物和观看人来人往的地方。

4 站在吉隆坡昔日殖民地的中心**独立广场**（见56页）上，领略周围历史建筑的风采。

5 前往**吉隆坡飞禽公园**（见61页）观赏那些身披霓羽的美丽生物，飞禽公园是葱郁的阿卜杜勒·拉扎克遗产公园中的明珠。

6 在**伊斯兰艺术博物馆**（见60页）欣赏来自伊斯兰世界各处的精美艺术品。

7 在**阿罗街**（见79页）尽情探索各种街边美食。

Sentul LRT
Sungai Gombak
Jln Pahang
Lake Titiwangsa
蒂蒂旺沙湖
Titiwangsa Lake Gardens
蒂蒂旺沙湖公园
Sungai Bunus
Titiwangsa LRT
Jln Tun Razak
TITIWANGSA
蒂蒂旺沙
见蒂蒂旺沙地图(67页)
Jln Semarak
PWTC LRT
Chow Kit Monorail
见小印度、甘榜巴鲁村和邱奇地图(64页)
Jln Raja Muda Abdul Aziz
CHOW KIT
邱奇
Jln Daud
KAMPUNG BARU
甘榜巴鲁村
Kampung Baru LRT
Damai LRT
Jln Tunku Abdul Rahman (TAR)
Sultan Ismail LRT
Medan Tuanku Monorail
Jln Raja Abdullah
Muslim Cemetery
Jln Yap Kwan Seng
KLCC LRT
Jln Ampang
Ampang Park LRT
Jln Tun Razak
Bandaraya LRT
Jln Dang Wangi
Dang Wangi LRT
Bukit Nanas Monorail
Jln Ampang
2 Petronas Towers
双子塔
Kuala Lumpur City Centre (KLCC) Park
Bank Negara KTM
MASJID INDIA
小印度
Menara Kuala Lumpur
吉隆坡塔 1
KL Forest Eco Park 1
吉隆坡森林生态公园
Jln Langgok Golf
Jln Kia Pinang
Raja Chulan Monorail
见吉隆坡会议中心广场及周边地图(58页)
Masjid Jamek LRT
Jln Raja Chulan
4 Merdeka Square
独立广场
Jln Alor
阿罗街
7
Jln Bukit Bintang
Bukit Bintang Monorail
Jln Bukit Bintang
Petaling Street Market
3 茨厂街市场
Jln Pudu
Jln Imbi
Royal Selangor Golf Club
Plaza Rakyat LRT
Pasar Seni LRT
Imbi Monorail
Hang Tuah Monorail
Hang Tuah LRT
Kuala Lumpur
Maharajalela Monorail
见唐人街、独立广场和咖啡山地图(54页)
见金三角地图(72页)
Jln Kampung Pandan
PUDU
富都
Pudu LRT
Jln Pasar
Jln San Peng
Jln Cochrane
Jln Istana
Jln Yew
Royal Museum
Jln Loke Yew
Jln Sungai Besi
Jln Cheras
Chan Sow Lin LRT
轨道交通系统
KTM
LRT
MRT

Chinatown, Merdeka Square & Bukit Nanas 唐人街、独立广场和咖啡山

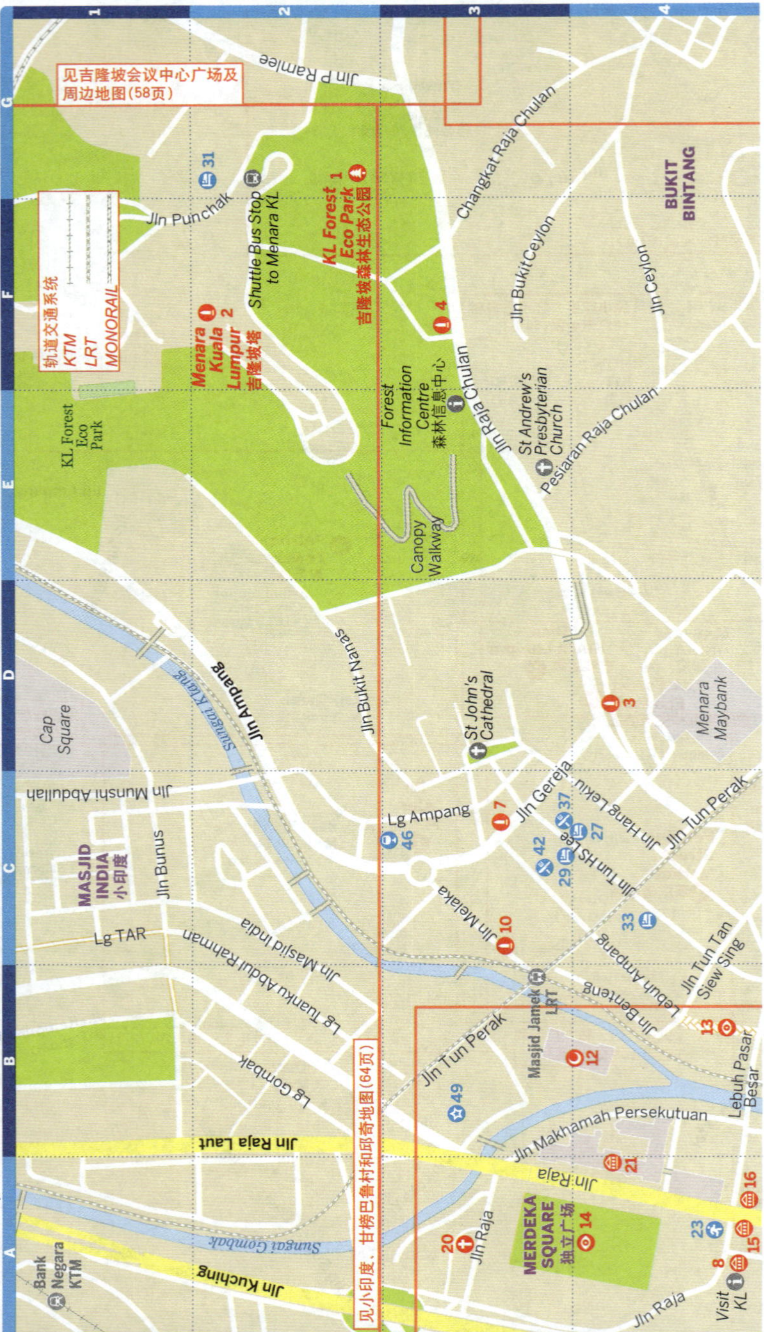

见金三角地图(72页)
见阿卜杜勒·拉扎克遗产公园和十五碑地图(62页)
Jln Galloway
Jln Sin Chew Kee
Hang Tuah Monorail
Hang Tuah LRT
Jln Hang Tuah
Tung Shin Hospital 同善医院
Jln Pudu
Jln Hang Jebat
Stadium Negara
Plaza Rakyat LRT
Left-luggage Counter 行李寄存处
Court Hill Ganesh Temple
Jln Stadium
Stadium Merdeka
Jln Wesley
Pudu Sentral
Transnasional Express
Lg Hang Jebat
Maharajalela Monorail
Guan Yin Temple
Jln Maharajalela
Chan She Shu Yuen Clan Association Temple
Jln Tun Tan Cheng Lock
Jln Sultan
Jln Hang Lekir
CHINATOWN 唐人街
Petaling Street Market
Lebuh Pudu
Madras Lane
Bulatan Merdeka
Bangkok Bank Bus Stop
Rapid KL 信息咨询处
Jln Hang Kasturi
Pasar Seni LRT
Sungai Klang
Jln Kinabalu
Jln Tun Sambanthan
Main Post Office 邮政总局
Jln Sultan Hishamuddin
Kuala Lumpur
A
B
C
D
E
F
G
5
6
7
8

Chinatown, Merdeka Square & Bukit Nanas
唐人街、独立广场和咖啡山

独立广场 广场

（Merdeka Square，Dataran Merdeka；见54页地图；Ⓜ Masjid Jamek）马来西亚于1957年在这片宽敞的广场上宣布独立。广场四周环绕着遗产建筑，比如宏伟的**苏丹阿卜杜勒·萨马德大厦**（Sultan Abdul Samad Building；见54页地图；Jln Raja；Ⓜ Masjid Jamek）和**圣玛丽大教堂**（St Mary' s Anglican Cathedral；见54页地图；☎03-2692 8672；www.stmaryscathedral.org.my；Jln Raja；Ⓜ Masjid Jamek），二者均由A.C.诺曼（A.C.Norman）设计。广场上巍然屹立着旗杆，马来西亚国旗随风飘扬。在英国统治的年代，这座广场是板球场，被称作"运动场"（Padang）。

占米清真寺 清真寺

（Masjid Jamek，Friday Mosque；见54页地图；紧邻Jln Tun Perak；⏲9:00~12:30和14:30~16:00，周五关闭；Ⓜ Masjid Jamek）**免费**由英国建筑师A.B.哈巴克（A.B.Hubback）设计，采用优雅的莫卧儿风格，这座洋葱顶的清真寺坐落于刚巴克河和巴生河的交汇处。在本书写作期间，作为"生命之河"（River of Life）项目的一部分，四周的景观被重新设计，原先向下通向河流的台阶也被恢复。在礼拜时间之外，你可以参观内部，不过着装要得体，进入礼拜大厅前记得脱鞋。

仙四师爷庙 华人寺庙

（Sin Sze Si Ya Temple；见54页地图；Jln Tun HS Lee；⏲7:00~17:00；Ⓜ Pasar Seni）免费 吉隆坡最古老的华人寺庙，由甲必丹叶亚来下令修建，供奉在叶亚来成为甲必丹的过程中发挥了重要作用的两位中国移民——仙师爷和四师爷。若干漂亮的物品装饰着寺庙，包括两块悬挂的雕版，但最有特色的是近乎边境风格的氛围。这里依然是重要的社区寺庙，场面和1864年开放日那天万人出席的场面差不多。

国家纺织博物馆 博物馆

（National Textiles Museum，Muzium Tekstil Negara；见54页地图；☎03-2694 3457；www.muziumtekstilnegara.gov.my；Jln Sultan Hishamuddin；⏲9:00~18:00；Ⓜ Masjid Jamek）免费 这座杰出的主题博物馆所占据的建筑采用优雅的莫卧儿风格，最初是为铁路工程部门修建的。较低楼层的展品展示了纺织历史，尤其是金锦缎（songket）等马来西亚纺织品，还有传统制作工艺和器具。华丽的服装和面料样品比比皆是。较高的楼层包括主题更具体的马来西亚纺织品和设计图案，还有个人装饰品，比如首饰和头饰。

吉隆坡市美术馆 博物馆

（KL City Gallery；见54页地图；☎03-2691 1382；www.klcitygallery.com；27 Jln Raja，Merdeka Sq；门票 RM5；⏲9:00~18:30；Ⓜ Masjid Jamek）信息中心位于前政府印刷局（Government Printing Office；建于1898年），参观关于吉隆坡历史的小型展览之前，先到那里领取宣传册，了解旅游信息。2楼有吉隆坡的大比例模型，你可以观看一段介绍这座城市过去、现在和未来的7分钟影片。

音乐博物馆 博物馆

（Muzium Musik，Music Museum；见54页地图；www.jmm.gov.my；Jln Raja，Merdeka Sq；⏲9:00~18:00；Ⓜ Masjid Jamek）免费 这座新博物馆有一层楼的展品介绍该地区的各种传统音乐，从中你可以了解到原住民（Orang Asli）相信音乐可以阻挡邪灵。建筑本身是独立广场周边最显眼的一幢，曾经是渣打银行大厦（Chartered Bank Building），建于1891年。

迷族当代艺术空间 美术馆

（Lostgens'；见54页地图；www.facebook.com/lostgens；3rd fl，8c Jln Panggung；⏲周二至周日 13:00~19:00；Ⓜ Pasar Seni）免费 这处当代艺术空间举办各种艺术个展和联展，包括有趣的装置艺术和视频作品。欲知馆内美术课程和上面一层的表演空间Findars（见89页）的讲座详细信息，请查看其Facebook页面。

吉隆坡会议中心广场及周边

★双子塔 塔

（Petronas Towers；见58页地图；☎03-

在吉隆坡的……

两天

在Imbi Market吃早餐，然后前往吉隆坡塔顶端，如果天气状况允许（并且你不恐高的话），可以在露天平台上欣赏风景。然后顺着咖啡山树冠步道走回去，留意猴子。

下午探索唐人街，在中央市场购买纪念品，欣赏独立广场四周的遗产建筑。最后在茨厂街尝尝小吃，逛逛夜市。

第二天，探索阿卜杜勒·拉扎克遗产公园，顺道去吉隆坡飞禽公园和伊斯兰艺术博物馆或国家博物馆。黄昏时分，在吉隆坡会议中心广场仰望灯火辉煌的双子塔。逛逛Suria KLCC商场，那里和Pavilion KL一样，有很多就餐场所。最后到阿罗街搜罗夜宵摊位。

三天

第三天就去蒂蒂旺沙湖观赏壮阔的城市天际线风光，再去附近的国家视觉艺术馆观光。漫步甘榜巴鲁村的马来人聚集区，然后搭乘出租车前往富丽堂皇的天后宫。在孟沙吃晚餐，再去Mud看音乐剧，或者看看双子塔音乐厅或No Black Tie有没有演唱会。

KLCC & Around 吉隆坡会议中心广场及周边

KLCC & Around 吉隆坡会议中心广场及周边

重要景点
1 伊力哈木 D1
2 双子塔 B2

景点
3 吉隆坡会议中心广场水族馆 C3
4 马来西亚古迹保护机构 D4
5 国家石油公司画廊 B2
6 吉隆坡会议中心广场公园 C3
国家石油公司科学馆 .... （见5）
7 阿布瑟曼酋长故居 D4

住宿
8 E&O Residences Kuala Lumpur A4
9 Fraser Place Kuala Lumpur A3
10 G Tower Hotel E1
11 Hotel Maya A2
12 Impiana B3
13 MiCasa All Suite Hotel F2
14 Villa Samadhi G2

就餐
15 Acme Bar & Coffee D1
Cantaloupe .... （见21）
Little Penang Kafé .... （见32）
16 Living Food E2
17 Mama San B2
18 Nasi Kandar Pelita C1
Strato .... （见21）
19 Sushi Hinata A4
20 Thai Syok C2
21 Troika Sky Dining D1
22 Wondermama C1

饮品和夜生活
Fuego .... （见21）
23 Heli Lounge Bar B4
24 Marini's on 57 .... B2
25 Neo Tamarind A3
26 Tate E1

娱乐
27 双子塔音乐厅 B2
28 KL Live A3
29 Saloma A2

购物
30 Avenue K C1
31 Prototype Gallery C2
32 Suria KLCC B2

2331 8080；www.petronastwintowers.com.my；Jln Ampang；成人/儿童 RM84.80/31.80；⏲周二至周日 9:00~21:00，周五 13:00~14:30关闭；🚻；Ⓜ KLCC）仿佛《飞侠哥顿》（*Flash Gordon*）电视剧里那对银色火箭，双子塔代表着吉隆坡从锡矿矿工的棚户区到21世纪大都市的腾飞。1440张45分钟导览票——包括第41层连接双塔的人行天桥和第86层370米高的观景平台——半数要在网上预订，否则就得早去。

即便完工日期要追溯至1998年，但这座由阿根廷设计师西萨·贝利（Cesar Pelli）设计的不锈钢外层的闪亮塔楼（作为马来西亚国家石油和天然气公司的总部）依然是当代吉隆坡的象征。88层的双子塔将近452米高，是世界上最高的双子楼，底座是模仿阿拉伯式花纹的八角形。每座塔身分五个层次的设计也是受伊斯兰元素的影响——"五"代表伊斯兰教中的五功，顶部耸立的63米塔尖让人联想到清真寺的宣礼塔和伊斯兰教之星。夜晚灯光亮起时，双子塔尤其令人一眼难忘。

★伊力哈木 美术馆

（ILHAM；见58页地图；www.ilhamgallery.com；3rd & 5th fl, Ilham Tower, 8 Jln Binjai；⏲周二至周六 11:00~19:00，周日 至17:00；Ⓜ Ampang Park）**免费** 浮华的伊力哈木塔有60层，由福斯特建筑事务所（Foster + Partners）设计，而吉隆坡最新的公共美术馆为你提供了近距离欣赏这座建筑的绝世良机。伊力哈木美术馆以展示现当代马来西亚艺术为己任，于2015年8月以侯赛因·埃纳斯（Hoessein Enas，1924~1995年）的轰动性作品展成功揭幕。这里没有长期展览，每隔三四个月就会更换展览。讲座、演出和课程也被列入计划。

吉隆坡会议中心广场公园 公园

（KLCC Park；见58页地图；KLCC, Jln Ampang；⏲7:00~22:00；Ⓜ KLCC）这座公园是端详双子塔的最佳位置。傍晚，似乎城里所有人都会来到这里，观看闪耀的塔楼直插夜空。每天20:00、21:00和22:00，Suria KLCC前面的交响乐湖（Lake Symphony）有喷泉表演。

"生命之河"和遗产步行线路

吉隆坡的名字正是由泥沙大量淤积的巴生河和刚巴克河赋予的，翻译过来就是"泥泞的交汇处"。两条水道的交汇处、优美的占米清真寺（见56页）的所在地点，如今就是这个雄心勃勃的"生命之河"项目中心。项目预算超过10亿美元，目标之一就是在2020年以前让如今污染严重的河水干净到足以开展休闲活动；另一个目标是美化市中心的河岸。在巴生河上承载Lebuh Pasar Besar的桥梁将被扩建，成为部分仅限步行的广场，河畔的走道将为开展各项活动及欣赏该地区的历史建筑提供场地。

这项工程还包括设计贯穿唐人街的遗产步行线路，那里的**巴刹广场**（Medan Pasar；见54页地图；ⓂMasjid Jamek）已经仅限步行。我们调研时，这条路线正处于竖立路标阶段，可以沿途寻找刷成红色的金属**雕像**（见54页地图；www.kuenstephanie.com；Bangkok Bank Sq，Lebuh Pudu）。雕塑根据屈内·斯特凡妮（Kuen Stephanie）描绘马来西亚生活场景的剪纸艺术品创作。Masjid Jamek LRT车站旁边的Jln Melaka还有真人大小的**雕像**（见54页地图；Jln Melaka；ⓂMasjid Jamek），是根据漫画家拉（Lat）笔下的诙谐人物创作的。

吉隆坡会议中心广场水族馆 水族馆

（Aquaria KLCC；见58页地图；☎03-2333 1888；www.aquariaklcc.com；Concourse，KL Convention Centre，Jln Pinang；成人/儿童 RM53/42；⏲10:30~20:00，19:00停止进入；🚻；ⓂKLCC）这座令人印象深刻的水族馆位于吉隆坡会议中心（KL Convention Centre）的地下层，亮点是90米长的水下隧道，可以更近地欣赏沙虎鲨和巨大的苏眉鱼等水生动物。每天都有各种鱼和水獭的投喂时段，周一、周三和周六还会投喂巨骨舌鱼、电鳗和鲨鱼（见网站时刻表）。另外还有自由式潜水（RM424）、笼中潜水（RM211）和适合6~13岁儿童的"与鲨同眠"（Sleep With Sharks；RM211）活动。

国家石油公司画廊 美术馆

（Galeri Petronas；见58页地图；☎03-2051 7770；www.galeripetronas.com.my；3rd fl，Suria KLCC，Jln Ampang；⏲周二至周日 10:00~20:00；ⓂKLCC）**免费**忘却浮华的消费主义，到艺术画廊来感受文化气息吧，这里展出一流的当代摄影和绘画作品。现代化场地宽敞明亮，有趣的展览由专业策划，而且每几个月就会更换一次内容。

国家石油公司科学馆 博物馆

（Petrosains；见58页地图；☎03-2331 8181；www.petrosains.com.my；4th fl，Suria KLCC，Jln Ampang；成人/13~17岁/儿童 RM26.50/21.20/15.90；⏲周二至周五 9:30~16:00，周六和周日 至17:00；ⓂKLCC）这个位于吉隆坡会议中心广场的科学馆互动性很强，寓教于乐，设有各种有趣的按钮和手柄供参观者动手参与，在这里参观几个小时也不会觉得乏味。许多活动和展品侧重于展示石油给马来西亚带来的好处，此馆的赞助者是谁应该不难猜到。说句题外话，"sains"的发音不是"sayns"，而是"science"（科学）。

阿布瑟曼酋长故居 历史建筑

（Rumah Penghulu Abu Seman；见58页地图；2 Jln Stonor；建议捐赠 RM10；⏲团队游 周一至周六 11:00和15:00；单轨铁路 Raja Chulan）这栋精致的高脚木建筑于1910年至20世纪30年代分阶段修建，后来迁移至**马来西亚古迹保护机构**（Badan Warisan Malaysia，Heritage of Malaysia Trust；见58页地图；☎03-2144 9273；www.badanwarisan.org.my；2 Jln Stonor；⏲周一至周六 10:00~17:30；单轨铁路 Raja Chulan）**免费**的场地内。在团队游时间以外，你可以到各处走走（由于修建时考虑到了通风，你可以轻松看见里面）。看看房屋下方令人叹赏的手工雕凿独木舟。这条船曾被用于吉兰丹的宗教仪式，船首雕刻了一只外表奇异的鸟。

⊙ 阿卜杜勒·拉扎克遗产公园和十五碑

伊斯兰艺术博物馆 博物馆

（Islamic Arts Museum，Muzium Kesenian Islam Malaysia；见62页地图；☎03-2274 2020；

巴生谷轨道交通地图

www.iamm.org.my; Jln Lembah Perdana; 成人/儿童 RM14.85/7.40; ⏲10:00~18:00; 🚉Kuala Lumpur）吉隆坡杰出的伊斯兰艺术博物馆收藏有一些全世界最经典的伊斯兰装饰艺术精品。即便不提这些展品本身的卓越品质——包括精美绝伦的纺织艺术品、地毯、珠宝、烧制有书法的陶器，光凭精雕细琢的穹顶和釉面砖，这座博物馆本身也是一个奇迹。这里有一家不错的中东餐馆，还有吉隆坡最好的博物馆礼品商店，销售来自伊斯兰世界的精美工艺品。

★ 吉隆坡飞禽公园 鸟舍

（KL Bird Park；见62页地图；☎03-2272 1010; www.klbirdpark.com; Jln Cenderawasih; 成人/儿童 RM50/41; ⏲9:00~18:00; dKuala Lumpur）这个超级飞禽公园占地21公顷，内有200多种鸟类，大概3000只，多来自亚洲。公园分为四个区域：前两个区域的鸟儿在巨大的遮篷下自在地飞翔；第三个区域的特色是本地的犀鸟；而第四个区域展示了笼中鸟，没那么令人愉悦。

Tun Abdul Razak Heritage Park & Brickfields
阿卜杜勒·拉扎克遗产公园和十五碑

Tun Abdul Razak Heritage Park & Brickfields
阿卜杜勒·拉扎克遗产公园和十五碑

重要景点
1 伊斯兰艺术博物馆 C3
2 吉隆坡飞禽公园 C3
3 天后宫 C7

景点
4 大佛寺 B6
5 吉隆坡蝴蝶公园 C2
6 国家清真寺 C3
7 国家纪念碑 B1
8 国家博物馆 B4
9 吉隆坡老火车站 D3
10 柏达那植物园 B2
11 皇家博物馆 D5
12 山姆汉口通寺 C5

活动、课程和团队游
Majestic Spa （见15）
YMCA （见17）

住宿
13 Aloft Kuala Lumpur Sentral B5
14 吉隆坡希尔顿酒店 B4
15 Majestic Hotel D3
16 PODs B5
17 YMCA C5

就餐
18 ABC Stall C5
19 Ammars B5
20 Annalakshmi Vegetarian Restaurant B6
21 Brickfields Pisang Goreng C5
22 Hornbill Restaurant C2
23 Little India Fountain Hawker Stalls B5
24 Southern Rock Seafood A6
25 Vishal D4

购物
26 DR.Inc A5
27 Nu Sentral B5
28 Wei-Ling Gallery C4

吉隆坡老火车站 历史建筑

（Old KL Train Station；见62页地图；Jln Sultan Hishamuddin；Kuala Lumpur）这座建于1910年的火车站（2001年其交通枢纽地位被吉隆坡中央火车站取代）是吉隆坡最具特色的殖民时代建筑之一，十分宏伟，逐渐老化的建筑由英国建筑师A.B.哈巴克设计，采用莫卧儿（或者印度-撒拉逊）风格。建筑外墙粉刷了白石膏，每层都有成排的键孔和马蹄形拱门，用于通风，屋顶以大圆角阁和洋葱圆顶为装饰。2014年的《建筑学文摘》（*Architectural Digest*）将其收入全世界最美丽的26座火车站名单。

国家博物馆 博物馆

（National Museum，Muzium Negara；见62页地图；03-2282 6255；www.muziumnegara.gov.my；Jln Damansara；成人/儿童 RM5/2；9:00~18:00；随上随下的巴士游，KL Sentral，之后换乘出租车）展览品质不一，不过总的来说，这家博物馆提供了了解马来西亚历史的丰富视角。最好的展览是“早期历史”，有新石器和青铜时代的文物；还有“马来王国”，重点介绍了马来群岛上伊斯兰王国的崛起。在外面找找绚丽的传统高架房屋、来自沙捞越的古老墓柱、定期更换的展览（额外收费），以及两个免费的出色小展厅：**原住民工艺品博物馆**（Orang Asli Craft Museum）和**马来世界民族学博物馆**（Malay World Ethnology Museum）。

柏达那植物园 公园

（Perdana Botanical Garden；见62页地图；03-2617 6404；www.klbotanicalgarden.gov.my；7:00~20:00；；Kuala Lumpur）免费 吉隆坡最古老的公园（建成于19世纪80年代），展示种类丰富的本地和外国植物，有蕨类植物、珍稀树种，还有作为马来西亚地名来源的树木、草药和水生植物等。花园布局合理，有木板路和眺望台，但几乎没有指示牌。如果你想了解更多，可以预订周日8:00和10:00的免费步行导览游。

国家纪念碑 纪念碑

（National Monument；见62页地图；Plaza

Masjid India, Kampung Baru & Chow Kit
小印度、甘榜巴鲁村和邱奇

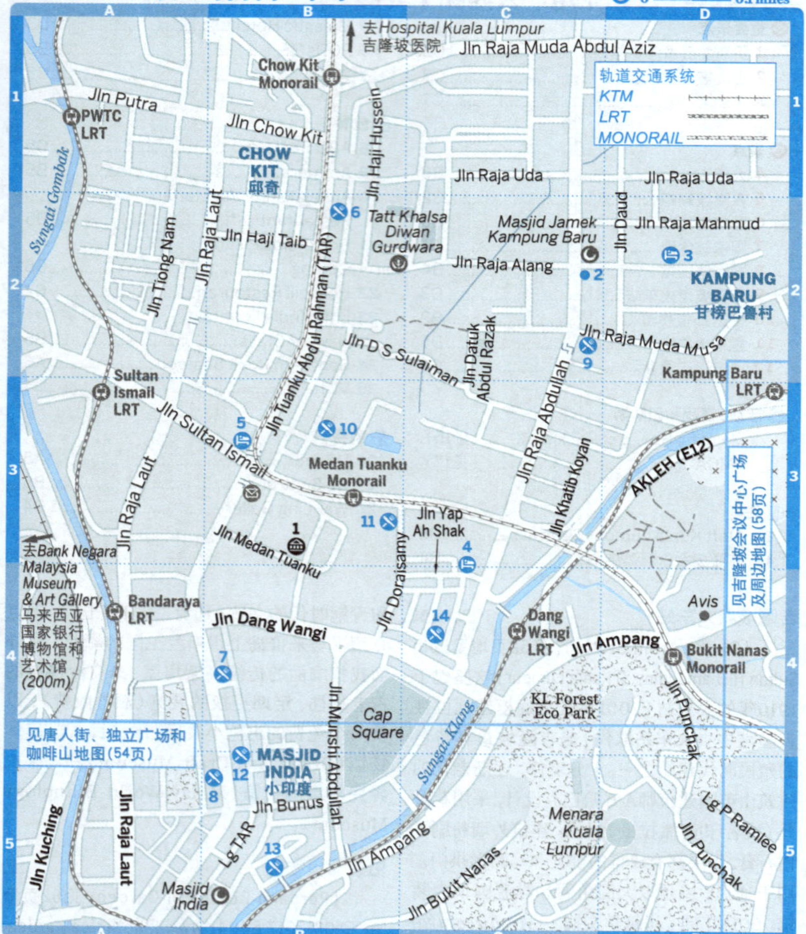

Tugu Negara, Jln Parlimen；⌚7:00~18:00；Ⓜ Masjid Jamek，之后换乘出租车）**免费** 这座令人印象深刻的纪念碑纪念的是20世纪50年代与马来西亚共产党交战时阵亡的战士，可以看到公园对面美丽的城市风景。这座尚武的巨型青铜雕塑由费利克斯·韦尔登（Felix de Weldon）于1966年建造，美国华盛顿特区的硫磺岛纪念碑（Iwo Jima monument）也是他的杰作。四周蔚蓝的池水和形态优雅的亭子使其赏心悦目。

国家清真寺

清真寺

（Masjid Negara, National Mosque；见62页地图；www.masjidnegara.gov.my/v2/；Jln Lembah Perdana；⌚9:00~12:00、15:00~16:00和17:30~18:30，周五早上关闭；🅁Kuala Lumpur）**免费** 这个建于20世纪60年代的巨型清真寺是吉隆坡马来穆斯林礼拜的主要地点，整体的设计风格是从麦加的大清真寺（Grand Mosque）中得到的灵感。可以容纳15,000名礼拜者，它那伞状的蓝砖顶层有18个端点，象

Masjid India, Kampung Baru & Chow Kit
小印度、甘榜巴鲁村和邱奇

征着马来西亚的13个州和伊斯兰教的五功。清真寺里高达74米的宣礼塔召集穆斯林祷告时，声音响彻整个唐人街。这里也欢迎非穆斯林在祈祷时间以外参观，有为着装不够适合的人准备的长袍。

吉隆坡蝴蝶公园　　野生动物保护区

（KL Butterfly Park; Taman Rama Rama; 见62页地图; ☎03-2693 4799; www.klbutterflypark.com; Jln Cenderasari; 成人/儿童 RM20/10; ⊙9:00~18:00; 🚉Kuala Lumpur）宣称是世界上最大的封闭蝴蝶公园，这里是近距离接触在马来西亚发现的1100多个蝴蝶品种中大概100种的理想场所，包括鸟翼蝶、优雅的凤蝶，以及五彩斑斓的虎斑蝶和斑粉蝶。这里还有一座爬虫馆，在马来西亚巨大的蜈蚣和蜘蛛面前瑟瑟发抖吧。

山姆汉口通寺　　华人寺庙

（Sam Kow Tong Temple; 见62页地图; 16 Jln Thambapillai; ⊙7:00~17:00; 单轨铁路 KL Sentral）**免费** 1916年，由兴化氏族兴建，这座"三教"寺庙拥有漂亮的福建风格庙顶，优雅的弧形屋脊如燕尾一般，越往末端越细。屋顶多姿多彩的雕龙及其他雕像实际上为立体镶嵌景观，这是中国南方寺庙的另一种传统装饰特色（尽管这些都是新作品）。进去找找原寺庙的照片，那是一座茅草屋顶的简易木结构建筑。

大佛寺　　佛教寺庙

（Buddhist Maha Vihara; 见62页地图; ☎03-2274 1141; www.buddhistmahavihara.com; 123 Jln Berhala, Brickfields; 🚉KL Sentral, 单轨铁路 KL Sentral）1894年，由僧伽罗移民修建，它是吉隆坡小乘佛教的重要寺庙之一。卫塞节（Wesak Day，即佛诞日）前后，各种活动使这里尤其忙碌，大规模的游行队伍及多辆花车从这里出发，环游这座城市。

小印度、甘榜巴鲁村和邱奇

甘榜巴鲁村（Kampung Baru）　　街区

19世纪90年代，英国人正式设置了这块马来地区，其魅力就在于漫步街道。你也可以

> **前往阿卜杜勒·拉扎克遗产公园**
>
> 阿卜杜勒·拉扎克遗产公园（Tun Abdul Razak Heritage Park）最知名的依然是其殖民地时代的曾用名：湖园（Lake Gardens），一个看起来像是被铁路线和公路线与城市分割开来的葱郁孤岛。然而，这里还是可以步行到达：从中央市场（Central Market）的人行天桥走到Kompleks Dayabumi，然后向南绕过邮局后面，再过通往国家清真寺的地下通道。还有一些行人过街天桥通往火车站，你也可以从那里步行到达公园。进了公园，你可以在主要景点之间乘坐随上随下的电车（成人/儿童 RM2/1; 9:00~18:00）。

跟随城里**Kampung Baru Walking Tour**（见64页地图；☎03-2698 0332；www.visitkl.gov.my/visitklv2；⊙周二、周四和周日 16:30~19:00）的导游游览此地，活动免费。马来传统的木制房屋坐落在郁郁葱葱的花园中，人们几十年如一日平静地生活着。可以在路边低调的咖啡馆和摊位一路享用马来家常美食。

陆家别墅 历史建筑

（Loke Mansion；见64页地图；☎03-2691 0803；273 a Jln Medan Tuanku；⊙周一至周五 9:00~17:00；单轨铁路 Medan Tuanku）这里曾经是白手起家的锡矿大王陆佑的宅邸，一度濒临废弃，后被Cheang & Ariff律师事务所挽救。1942年，日本在该城的最高指挥部就设在这里。遭受多年冷落之后，这座别墅被精心修复。只有预约才可参观内部，但你随时可以驻足在车道上欣赏刷成白色的外部。

马来西亚国家银行博物馆和艺术馆 博物馆

（Bank Negara Malaysia Museum & Art Gallery；☎03-9179 2784；www.museum.bnm.gov.my；Sasana Kijang，2 Jln Dato Onn；⊙10:00~18:00；🚇Bank Negara，之后换乘出租车）**免费** 这座设计出色的小型博物馆综合设施侧重于银行、金融和货币，毫不沉闷。亮点包括古代钱币收藏（及追溯其历史的时尚互动屏幕）、银行私人艺术藏品馆、由100万RM1组成的3米超现实隧道（在儿童馆里），还有鲜为人知的伊斯兰银行系统的历史（必须遵守伊斯兰律法，包括禁止高利贷）。

蒂蒂旺沙

★**蒂蒂旺沙湖公园** 公园

（Titiwangsa Lake Gardens，Taman Tasik Titiwangsa；见67页地图；Jln Tembeling；单轨铁路 Titiwangsa）如果你想饱览如画的城市天际线美景，那么就去蒂蒂旺沙湖和它周围怡人的树林公园看看吧。如果你觉得精力充沛，就去租一艘划艇、慢跑、打网球，或探索附近漂亮的别墅街区。热恋中的情侣最喜欢来这个公园。往东步行10分钟可以到达单轨车站。

国家视觉艺术馆 美术馆

（National Visual Arts Gallery，Balai Seni Lukis Negara；见67页地图；☎03-4026 7000；www.artgallery.gov.my；2 Jln Temerloh；⊙10:00~18:00；单轨铁路 Titiwangsa）**免费** 坐落于一片锥形街区，国家视觉艺术馆展示马来西亚现当代艺术。各种临时展览展出本地和本区

吉隆坡新兴街头艺术

随着槟城乔治市街头艺术革命的成功，吉隆坡也掀起了一波大规模建筑涂鸦运动，其中一幅还是被当作槟城宠儿的立陶宛艺术家埃内斯特·扎哈莱维克（Ernest Zacharevic）绘制的。在Jln Gereja停车场旁边Wisma Allianz的墙壁上就能看到他的巨幅壁画，画的是**独木舟里的小男孩**（见54页地图；Wisma Allianz，33 Jln Gereja；Ⓜ Masjid Jamek）。

在2014年马来西亚国家石油公司赞助的**“我的祖国”**（#tanahairku）街头艺术项目中，16位艺术家在这座城市的各处创作出6幅巨大的壁画。你现在依然可以在唐人街和咖啡山之间的Jln Raja沿途建筑上看到一些，其中包括一幅颜色鲜艳的壁画，就在咖啡山脚下一排破损的**店屋**（见54页地图；Jln Raja Chulan；🚇KL Tower）对面，还有描绘戴着虎头帽的小男孩的巨幅**壁画**（见54页地图；Jln Raja Chulan；🚇Muzium Telekom）。

还是在唐人街，由平面艺术家转型为街头艺术家的翟建治（Kenji Chai）在Nando的建筑侧面绘制了一只巨大的**公鸡**（见54页地图；Jln Tun Tan Cheng Lock；Ⓜ Plaza Rakyat）。吉隆坡城市学院（Kuala Lumpur Metropolitan College，简称KLMCU）的学生们也曾致力于在**Pasar Karat**（见54页地图；Jln Petaling和Jln Sultan之间的小巷；Ⓜ Pasar Seni）一带绘制各种有趣的壁画。Pasar Karat每天都有从7:00经营到10:00的跳蚤市场。

另外，找找**“地区创意和生活艺术”**（#districtcreative #artforlife；见72页地图；Jln Imbi；单轨铁路 Imbi）的“色彩爆炸”，它俯临Park Royal Hotel对面的Jln Imbi停车场，还有Jln Ampang的Wisma Central的天花板壁画，由Prototype Gallery（见90页）的经营者创作。

Titiwangsa 蒂蒂旺沙

域艺术家的作品，还有一些从馆内永久珍藏的4000件作品中选出来的展品，总之值得前来一看。馆藏作品包括祖尔基弗利·穆赫德·达哈兰（Zulkifli Moh'd Dahalan）、黄海昌（Wong Hoy Cheong）、艾哈迈德·福阿德·奥斯曼（Ahmad Fuad Osman）和著名的蜡染艺术家蔡天腾（Chuah Thean Teng）的作品。底层的国家肖像馆（National Portrait Gallery）也会举办展览，定期更换。

吉隆坡市中心以外

★天后宫 华人寺庙

（Thean Hou Temple；见62页地图；☎03-2274 7088；www.hainannet.com.my；紧邻Jln Syed Putra；⏲8:00~22:00；单轨铁路 Tun Sambanthan）坐落于枝繁叶茂的Robson Heights顶端，这座壮观多层的华人寺庙供奉着天后，可以俯瞰吉隆坡的美妙景色。这座寺庙1989年由雪兰莪和联邦直辖区海南协会（Federal Territory Hainan Association）开设，既可以作为拜神场所，又可以充当实用的活动空间，比如举办婚礼。近年来，它本身也是一个旅游景点，尤其是在华人节日和庙里众多神祇的诞辰日期间。

你可以在寺庙顶层近距离观赏装饰屋檐的镶嵌龙凤图案。想到达这座寺庙的话，可以坐出租车，也可以乘坐单轨列车到Tun Sambanthan车站下车，从天桥上穿越Jln Syed Putra路，然后步行上山。

Titiwangsa 蒂蒂旺沙

重要景点

1 蒂蒂旺沙湖公园 C1

景点

2 国家视觉艺术馆 C2

住宿

3 Vistana A2

就餐

D'Istana Jalamas Café ....（见4）

娱乐

4 国家大剧院 B2

5 Sutra Dance Theatre B1

皇家博物馆 博物馆

（Royal Museum, Muzium Diraja；见62页地图；www.jmm.gov.my/en/muzium-diraja；Jln Istana；成人/儿童 RM10/5；⏲9:00~17:00；🚗）耗资8亿马来西亚令吉的国家皇宫（Istana Negara）是马来西亚国家首脑的住所，位于城北，于2011年开放，曾经的宫殿现在成了皇家博物馆。你可以游览宅邸的前两层，它最初是华人锡业巨头陈荣在1928年修建的住所。宫殿的外观采用不拘一格的欧式装饰风格，看起来和陈荣那个年代的样子大体相同。

MAP 美术馆

（☎03-6207 9732；www.facebook.com/mapkl；Publika, 1 Jln Dutamas, Solaris Dutamas；⏲10:00~21:00；🚗）MAP是前卫商场Publika

的文化根基，它会在White Box（"白匣子"）空间举办优秀的艺术和摄影展，而Black Box（"黑匣子"）举办的活动从马来西亚死亡金属乐队演出到重要的公共活动和产品发布，应有尽有。Publika商场位于阿卜杜勒·拉扎克遗产公园地区西北约3公里处。

活动

精武体育馆 游泳

（Chin Woo Stadium；见54页地图；☎03-2072 4602；www.chinwoo.org.my；Jln Hang Jebat；游泳 成人/儿童 RM5/2；⏲周一至周五 14:00~20:00，周六和周日 9:00~20:00；Ⓜ Pasar Seni）这座历史悠久的体育馆坐落在可俯瞰唐人街的山顶，亮点是50米长的室外游泳池。注意：泳衣必须都是紧身的，禁止穿宽松的短裤，即使内带网眼衬里的也不可以，你还需要戴泳帽。体育馆每周一的19:30开设各种瑜伽课程，这里还有羽毛球场（可租球拍）。

Spa Village 水疗

（见72页地图；☎03-2782 9090；www.spavillageresort.org；Ritz Carlton，168 Jln Imbi；护理 RM350~1000；⏲10:00~22:00；单轨铁路 AirAsia-Bukit Bintang）提供室内、室外美容和按摩服务，有一个感官室和一个带瀑布的室外泳池。

Asianel Reflexology Spa 水疗

（见72页地图；☎03-2142 1397；www.asianel.com；Pamper fl，Starhill Gallery，181 Jln Bukit Bintang；护理 RM100起；⏲10:00~21:00；单轨铁路 AirAsia-Bukit Bintang）高档足底按摩水疗，侧重足底按摩，不过也提供全套身体服务。

Kenko 水疗

（见72页地图；☎03-2141 6651；www.kenko.com.sg；5th fl，Pavilion KL，169 Jln Bukit Bintang；护理 RM39起；⏲10:00~22:00；单轨铁路 AirAsia-Bukit Bintang）这家总部在新加坡的反射疗法和按摩连锁分店受人欢迎，提供各种局部和全身按摩及指压疗法。如果你想去除脚上的死皮，这里还有受欢迎且非常卫生的鱼疗。

成功时代广场主题公园 游乐场

（Berjaya Times Square Theme Park；见72页地图；☎03-2117 3118；www.timessquarekl.com/themepark；Berjaya Times Sq，1 Jln Imbi；成人/儿童 RM51/41；⏲周一至周五 正午至22:00，周六和周日 11:00~22:00；单轨铁路 Imbi）虽然位于商场内，但这里有标准尺寸的过山车，还有很多适合青少年的惊险游乐设施以及适合家庭的温和游乐设施（避开DNA Mixer，除非你想再次看见吃下去的椰浆饭）。

课程

直接向名单上的机构核实价格、课程安排和详情。

★ LaZat Malaysian Home Cooking Class 烹饪课程

（☎019-238 1198；www.malaysia-klcookingclass.com；Malay House at Penchala Hills，lot 3196，Jln Seri Penchala，Kampong Sg；⏲周一至周六 10:00~14:00）逛完市场之后，前往本查拉山（Penchala Hills）西北枝繁叶茂的郊区，在传统的马来家庭里亲自参与烹饪课程。

Bayan Indah Culinary Retreat 烹饪课程

（www.bayanindah.com）向友善的食谱作者Rohani Jelani学习制作传统马来西亚菜肴，课堂上学员可亲自下厨，课程最后大家一起坐下来享用当天烹制的食物。上课地点在美丽宁静的乡村，可过夜。

Starhill Culinary Studio 烹饪课程

（见72页地图；☎03-2782 3810；www.starhillculinarystudio.com；Starhill Gallery，Muse fl，181 Jln Bukit Bintang；公开课 RM168~258；⏲周二至周日 9:00~18:00；单轨铁路 AirAsia-Bukit Bintang）在2~3小时的课程中（通常侧重于一道菜），你不只能在这间设计周到、闪闪发亮的厨艺工作室里获得高级指导，还能好好吃一顿。每天的课程不同，包括马来和娘惹（土生华人）菜肴、日本菜式，以及亚洲和西方甜点。另外可以安排私教课程。

School of Hard Knocks 课程

（☎03-4145 6122；http://visitorcentre.royalselangor.com/vc2；4 Jln Usahawan 6，Setapak Jaya；30分钟课程 RM63.60；⏲9:00~17:00；Ⓜ Wangsa Maju，之后换乘出租车）这个著名的锡器皿制作中心提供趣味课程，你可以自己制作

锡碗，需要预约。

YMCA 语言课程

（见62页地图；☎03-2274 1439；www.ymcakl.com；95 Jln Padang Belia，Brickfields；monorail KL Sentral）成为会员，你就可以参加马来语课程，还有泰语、普通话、广东话和日语课程。你还可以在这里学习武术及各种舞蹈。

团队游

Simply Enak 美食游

（☎017-287 8929；www.simplyenak.com；团队游 RM200~250）前往邱奇、茨厂街和甘榜巴鲁村的每日团队游，可以与当地的行家一同体验正宗的马来西亚美食。

Food Tour Malaysia 美食游

（www.foodtourmalaysia.com；步行/驾车 团队游 RM110/160）由专业导游引导，步行游览吉隆坡最好的一些街头美食和就餐地点。在首都以外，他们还提供怡保（Ipoh）的全天美食团队游，外加槟城美食游。

KL Hop-On Hop-Off 巴士游

（☎1800-885 546；www.myhoponhopoff.com；成人/儿童 24小时票 RM45/24，48小时票 RM79/43；⏰9:00~20:00）这趟双层空调旅游大巴提供无线上网，白天每30分钟一班，沿城里各主要旅游景点环行。在吉隆坡会议中心广场、Jalan Bukit Bintang、吉隆坡塔、唐人街、独立广场和阿卜杜勒·拉扎克遗产公园等地都有停靠站。游客可以上车买票，全天有效，不限次数，可根据自己的喜好随时上下车。

节日和活动

在马来西亚人民欢庆春节、大宝森节、国庆日和印度教的屠妖节（Deepavali，亦称排灯节）等重大节日时，吉隆坡都有表演庆典。

吉隆坡酷乐艺术节 艺术节

（Cooler Lumpur Festival；www.coolerlumpur.com；⏰6月）这个多领域艺术节每年有不同的主题，通常在6月举办，会在Publika（见91页）举行活动。

免费步行导览游

Visit KL（见92页）经常提供两种免费步行导览游，非常适合观赏历史遗迹和当地景点：

➡ 独立广场，周一、周三和周六 9:00~11:45

➡ 甘榜巴鲁村，周二、周四和周日 16:30~19:00

可以拨打☎03-2698 0332或通过电子邮件pelancongan@dblk.gov.my预订，最好提前24小时。

如果想自己步行游览，可以选择3条有路标的**遗产步行线路**，这是“生命之河”项目的一部分，也在唐人街和咖啡山地区。

多元城市艺术节 文化节

（DiverseCity；http://diversecity.my；⏰9月）吉隆坡的国际艺术节贯穿整个9月，活动安排得满满当当，从当代和传统的舞蹈、音乐剧到文学朗诵、戏剧和视觉艺术，不一而足。

吉隆坡国际爵士乐和艺术节 爵士乐

（KL International Jazz & Arts Festival；www.klinternationaljazz.com；⏰9月）9月，这个节日在马来亚大学（University of Malaya）的校园内举行，届时有出色的艺术家演出阵容。

吉隆坡塔顶跳伞节 探险运动

（KL Tower BASE Jump；www.kltowerjump.com；⏰9月至10月）每年9月或10月，国际定点跳伞大赛在此举行，只有在这一天，人们才可以合法地从吉隆坡塔上跳下来。

吉隆坡渣打银行马拉松 体育节

（Standard Chartered KL Marathon；www.kl-marathon.com；⏰10月）10月，超过17,500名赛跑选手跑上街道，参加这场国际马拉松赛事。

住宿

吉隆坡到处都有住宿场所，无论是肮脏破烂且连窗户都没有的狭小房间（唯一的吸引力就是价格低廉），还是昂贵奢华的宫殿，应有尽有。

带孩子玩吉隆坡

吉隆坡各地有许多专门为“小不点”提供娱乐的景点。阿卜杜勒·拉扎克遗产公园是个不错的起点，尤其是里面的吉隆坡飞禽公园（见61页）和柏达那植物园（见63页）的游乐场和划船水塘。吉隆坡会议中心广场公园（见59页）的瀑布戏水池也非常适合喜欢水的宝宝，毗邻的儿童游乐园和吉隆坡会议中心广场水族馆（见60页）亦是如此。

孩子们还会喜欢上吉隆坡的商场。成功时代广场有一座室内主题公园（见68页），而吉隆坡周边还零星地分布着更多的主题公园，包括潮湿且原始的双威水上乐园（Sunway Lagoon；见109页）。想参加贴近大自然的活动，可以前往吉隆坡森林生态公园（见51页）的树冠步道和马来西亚林业科学研究所（Forestry Research Institute of Malaysia；见101页）。

入住之前一定要问问是否打折，中高档旅馆通常有促销，比起门市价格能帮你节省不少费用，而网上预订几乎总是可以得到更便宜的价格。只有在公共节假日的时候才需要预订，不过那时酒店不提供优惠。

在吉隆坡，经济型住宿（$）指的是提供宿舍床位或带浴室但价格不超过RM100的双人间；中档旅馆（$$）为带浴室、价格在RM100~400的双人间；高档酒店（$$$）收费在RM400以上。列出的所有经济型住宿都是净价，但是很多住宿地点还要在房价基础上加收10%的服务费和6%的税（以++表示）。

唐人街及周边

★ BackHome 青年旅舍 $

（见54页地图；☎03-2022 0788；www.backhome.com.my；30 Jln Tun HS Lee；铺/双/三 含早餐 RM53/134/192起；❄@📶；Ⓜ Masjid Jamek）这家别致的旅馆主要面向有品质追求的背包客，抛光混凝土的地面光鲜亮丽，简单的装修充满了禅意，浴室设有很棒的花洒淋浴，中央庭院长满细芽的树木令人心旷神怡。外面的街道很嘈杂，如果你睡得浅，这家青年旅舍可以提供耳塞。这里有家很酷的咖啡厅LOKL（见78页），别错过。

★ Reggae Mansion 青年旅舍 $

（见54页地图；☎03-2072 6877；www.reggaehostelsmalaysia.com/mansion；49-59 Jln Tun HS Lee；铺/双 RM50/150起；❄@📶；Ⓜ Masjid Jamek）比一般背包客旅舍更高级，在唐人街的中心拥有自己的旅馆，经营有方。白色仿殖民时期的风格既古朴又不失当代气息，包括豪华的咖啡厅、屋顶酒吧，还有一个小型影院。

Lantern Hotel 酒店 $

（见54页地图；☎03-2020 1648；www.lanternhotel.com；38 Jln Petaling；房间 含早餐 RM98起；❄📶；Ⓜ Pasar Seni）再也找不到哪家酒店比设计时尚的Lantern Hotel更靠近唐人街中心了。简单的白色房间以青柠色或橘红色墙壁为特色，全都自带卫生间——最便宜的房间没有窗户（但也隔绝了外边市场的噪音）。在凉爽的露台上可以俯瞰茨厂街市场，这也是个巨大的优势。

Paloma Inn 酒店 $

（见54页地图；☎03-2110 6677；www.hotelpalomainn.com.my；12-14 Jln Sin Chew Kee；铺/标单/双 含早餐 RM 42/95/128起；❄@📶；单轨铁路 Hang Tuah）坐落于经过粉刷的战前店屋的小巷里，Paloma是游客常来常往的好地方，经营良好、安静，而且位于中心地段。VCR咖啡馆（见84页）就在角落，意式浓缩咖啡很棒，步行10分钟即可加入Chankit Bukit Bintang的夜生活。周五至周日的房费略高。

Explorers Guesthouse 青年旅舍 $

（见54页地图；☎03-2022 2928；www.theexplorersguesthouse.com；128-130 Jln Tun HS Lee；铺/双 带共用卫生间 含早餐 RM35/97.50起；❄@📶；Ⓜ Pasar Seni）唐人街比较吸引人的青年旅舍之一，这里的大厅舒适宽敞，通向干净通风的房间和屋顶露台，墙壁刷得五颜六色，略带艺术风情。

Hotel Chinatown (2) 酒店 $

（见54页地图；☎03-2072 9933；www.hotelchinatown2.com；70-72 Jln Petaling；标单/双 RM70/91起；❄@📶；Ⓜ Pasar Seni）如果你只是要给自己找个便宜的房间，这个地方就行。最便宜的房间没窗户，但也避开了主街的嘈杂。大厅有舒适的休闲区、图书交换区和钢琴。

Hotel 1000 Miles 酒店 $$

（见54页地图；☎03-2022 3333；17 & 19 Jln Tun HS Lee；房间 含早餐 RM104起；❄@📶；Ⓜ Masjid Jamek）将人带回20世纪60年代的暧昧氛围（吉隆坡的黑白相片、20世纪中叶流行的一些现代家具），这家鲜艳的新酒店有路边即视感和友好的管理人员。房间都是套间，很不错。在本书写作期间，他们正计划增设电梯和屋顶咖啡馆。

5 Elements Hotel 酒店 $$

（见54页地图；☎03-2031 6888；www.the5elementshotel.com.my；lot 243, Jln Sultan；标单/标双/双 含早餐 RM150/180/190起；❄@📶；Ⓜ Pasar Seni）这是家可靠的精品风格旅馆，提供各种房间，其中一些还能看到吉隆坡塔。我们特别喜欢贯穿走廊和卧室墙壁的感性主题的设计。

AnCasa Hotel & Spa Kuala Lumpur 酒店 $$

（见54页地图；☎03-2026 6060；www.ancasa-hotel.com；Jln Tun Tan Cheng Lock；双 含早餐 RM258起；❄@；Ⓜ Plaza Rakyat）促销房费（包括周五至周日房费RM160）让这里成为唐人街最好的中档旅馆之一。舒适的房间内设备齐全，店内有一家巴厘岛风格的水疗店。它还经

酒店式公寓

住在吉隆坡，尤其是长期住宿，这里的酒店式公寓是你的最佳选择。单间房和套房往往比等价的高端酒店房间更大、设施更齐全。许多酒店式公寓散布在城市各个角落。短期住宿通常包含早餐。我们的首选为：

Fraser Place Kuala Lumpur（见58页地图；☎03-2118 6288；http://kualalumpur.frasershospitality.com；lot 163, 10 Jln Perak；公寓 RM370起；❄@📶🏊；单轨铁路 Bukit Nanas）公寓设计得色彩缤纷，拥有良好的工作空间和步入式衣帽间。顶尖设施包括室外无边泳池、健身房、桑拿浴室和游戏室。

E&O Residences Kuala Lumpur（见58页地图；☎03-2023 2188；www.eoresidences.com；1 Jln Tengah；单床公寓 RM461起；❄@📶🏊；单轨铁路 Raja Chulan）一旦你在这些设计优雅的公寓里住上一夜，很可能就不想离开了。公寓里的家具线条明快，还有醒目的当代艺术品。景观庭院里有不错的健身房和大型室外游泳池。楼里的Delicious Cafe提供自助早餐。

MiCasa All Suite Hotel（见58页地图；☎03-2179 8000；www.micasahotel.com；368b Jln Tun Razak；公寓 RM420起；❄@📶🏊；Ⓜ Ampang Park）可以选择单卧、双卧或三卧套间——全都价格合理，有木地板和厨房。可以在棕榈树环绕的巨大泳池旁休息放松，也可享用小型水疗设施及美食餐馆Cilantro。

Pacific Regency Hotel Suites（见54页地图；☎03-2332 7777；www.pacific-regency.com；Jln Punchak, Menara Panglobal；公寓 含早餐 RM465起；❄@📶🏊；单轨铁路 Bukit Nanas）与吉隆坡其他五星级酒店的类似标准房间相比，这些高档的自助式单间和酒店式公寓性价比更高。可以要求看看比较新的房间。入住后可前往顶层享受屋顶游泳池和酒吧Luna。

Invito（见72页地图；☎03-2386 9288；www.invitohotelsuites.com.my；1 Lg Ceylon；公寓 RM550起；❄@📶🏊；单轨铁路 Raja Chulan）位置热闹，设施优良，大小刚好的游泳池、按摩浴缸和健身房让这家自助单间和公寓式时尚酒店脱颖而出。所有套间都有阳台，紫色和银色的装饰相当有品位。

Golden Triangle 金三角

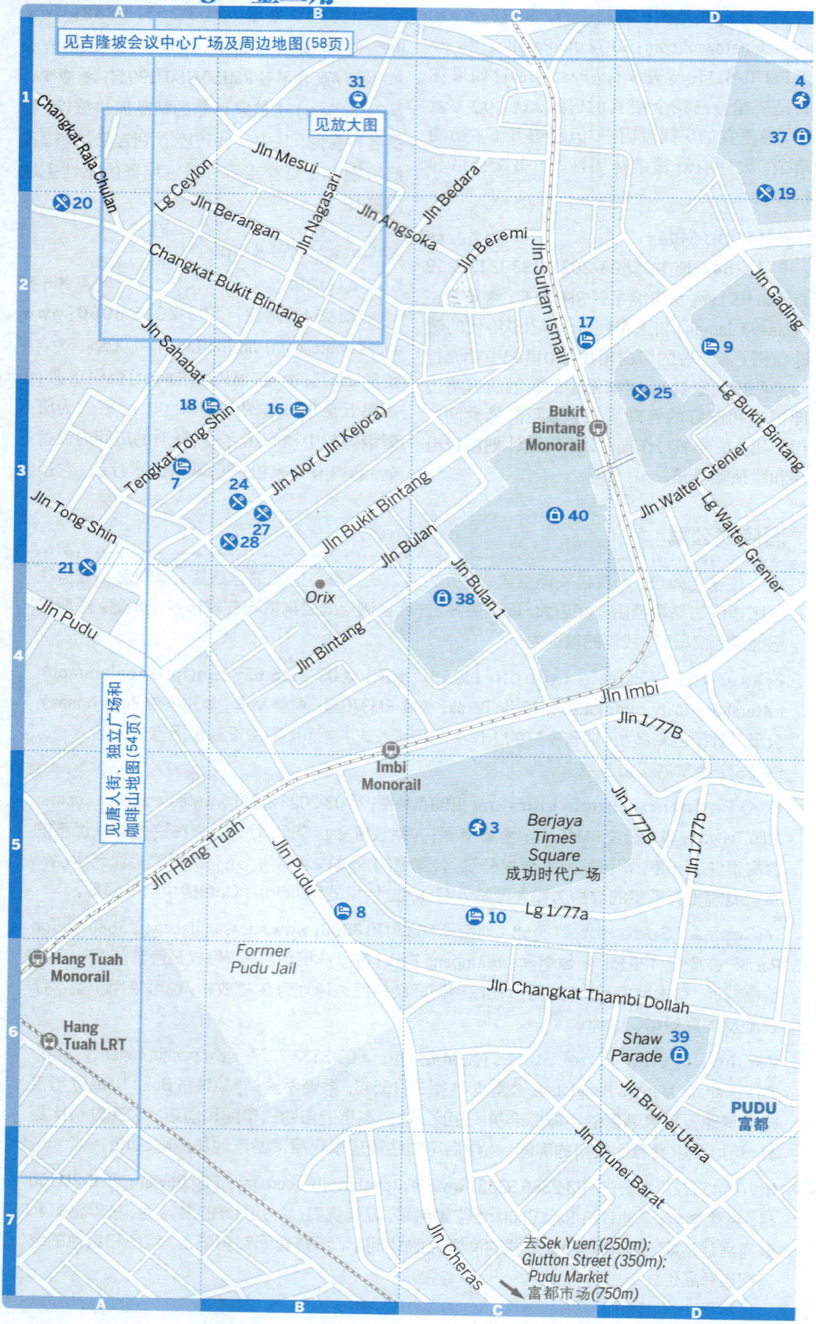

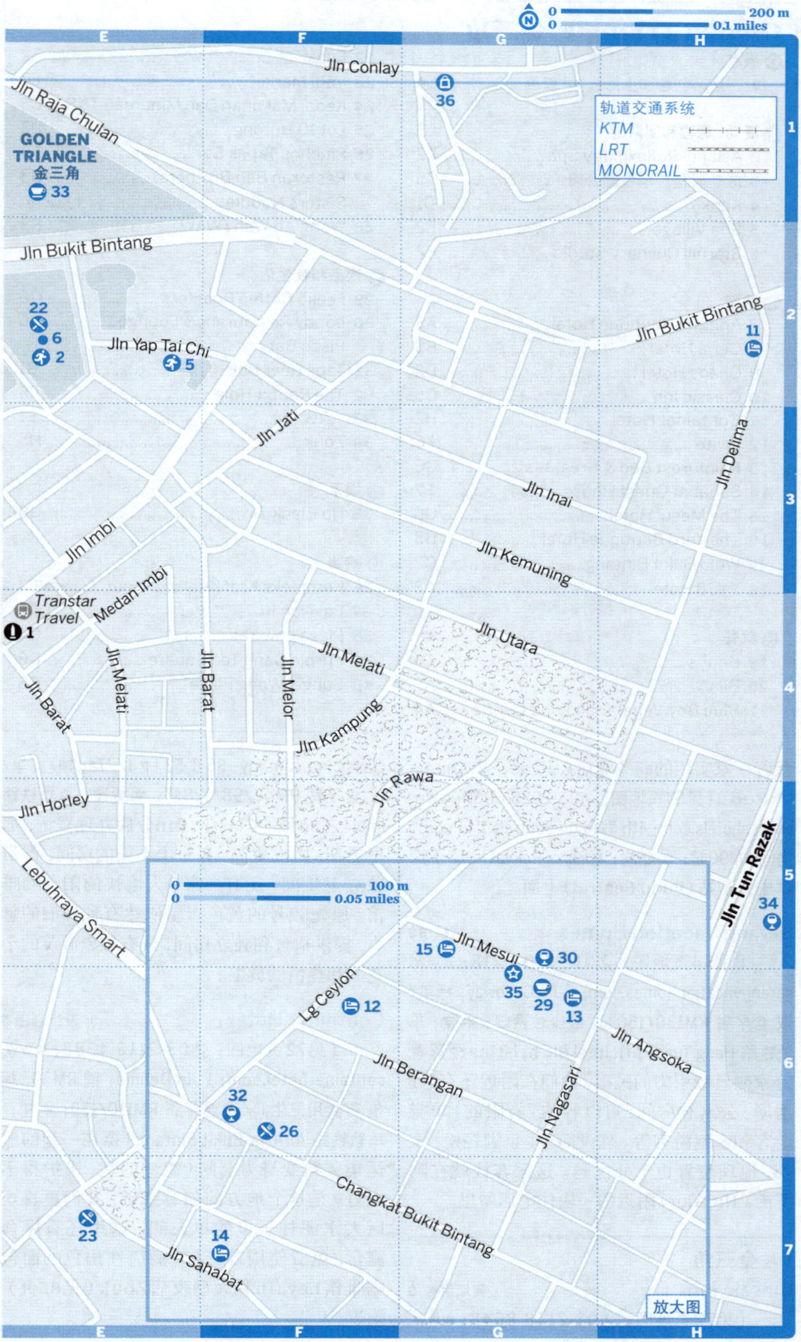
0 200 m
0 0.1 miles
E
F
G
H
1
2
3
4
5
6
7
Jln Conlay
36
轨道交通系统
KTM
LRT
MONORAIL
Jln Raja Chulan
GOLDEN TRIANGLE
金三角
33
Jln Bukit Bintang
22
6
2
Jln Yap Tai Chi
5
Jln Bukit Bintang
11
Jln Jati
Jln Delima
Jln Inai
Jln Imbi
Jln Kemuning
Transtar Travel
1
Medan Imbi
Jln Utara
Jln Melati
Jln Melati
Jln Barat
Jln Melor
Jln Barat
Jln Kampung
Jln Rawa
Jln Horley
Jln Tun Razak
Lebuhraya Smart
0 100 m
0 0.05 miles
34
15
Jln Mesui
30
35
29
13
Lg Ceylon
12
Jln Angsoka
Jln Berangan
32
26
Jln Nagasari
Changkat Bukit Bintang
23
14
Jln Sahabat
放大图

Golden Triangle 金三角

景点

1 "地区创意和生活艺术"壁画 ... E4

活动、课程和团队游

2 Asianel Reflexology Spa ... E2
3 成功时代广场主题公园 ... C5
4 Kenko ... D1
5 Spa Village ... E2
6 Starhill Culinary Studio ... E2

住宿

7 Anggun Boutique Hotel ... A3
8 Ceria Hotel ... B5
9 Chaos Hotel ... D2
10 Classic Inn ... C5
11 Container Hotel ... H2
12 Invito ... F6
13 Rainforest Bed & Breakfast ... G6
14 Sahabat Guest House ... F7
15 The Mesui Hotel ... G5
16 The Yard Boutique Hotel ... B3
17 Wolo Bukit Bintang ... C2
18 YY38 Hotel ... A3

就餐

19 Ben's ... D1
20 Bijan ... A2
21 Blue Boy Vegetarian Food Centre ... A4
22 Enak ... E2
23 Imbi Market ... E7
24 Kedai Makanan Dan Minuman TKS ... B3
25 Lot 10 Hutong ... D3
26 Pinchos Tapas Bar ... F6
27 Restoran Beh Brothers ... B3
Sisters Noodle ... (见27)
28 Wong Ah Wah (WAW) ... B3

饮品和夜生活

29 Feeka Coffee Roasters ... G6
30 Lobby Restaurant & Lounge ... G5
Pisco Bar ... (见13)
31 Taps Beer Bar ... B1
32 The Rabbit Hole ... F6
33 TWG Tea ... E1
34 Zouk ... H5

娱乐

35 No Black Tie ... G6

购物

36 Kompleks Kraf Kuala Lumpur ... G1
37 Pavilion KL ... D1
38 Plaza Low Yat ... C4
39 Purple Cane Tea Square ... D6
40 Sungei Wang Plaza ... C3

营着一家实用的商务酒店**AnCasa Express @ Pudu**(见54页地图;☎03-2026 6060;www.ancasahotels.com;4th fl, Pudu Sentral, Jln Pudu;房间 RM90起;❄@📶;Ⓜ Plaza Rakyat),位于富都中央车站(Pudu Sentral)上面。

Sarang Vacation Homes 客栈 $$

(见54页地图;☎012-210 0218;www.sarangvacationhomes.com;6 Jln Galloway;标单/双 含早餐 RM130/150起,最少住两晚;❄📶;单轨铁路 Hang Tuah)Michael和Christina经营着这家颇具吸引力的民宿。他们在附近还有5处房屋、公寓和房间,可以容纳(有限的)单身游客和家庭游客等。陈设简单,氛围轻松、亲切,地理位置也十分优越。这家客栈就在阿罗街(Jln Alor)附近的一块住宅店屋里。

金三角

Classic Inn 青年旅舍 $

(见72页地图;☎03-2148 8648;www.classicinn.com.my;36 & 52 Lg 1/77a;铺/标单/双 含早餐 RM40/98/128起;❄@📶;单轨铁路 Imbi)在36号的Classic Inn分店办理登记,那里更新,档次更高,有一尘不染的房间,都带独立卫生间,还有一家令人愉快的阳台咖啡馆。原先52号的黄色店屋依然有种怀旧的魅力,提供宿舍和独立房间,还有枝繁叶茂的小花园和热情的员工。

Container Hotel 设计酒店 $

(见72页地图;☎03-2116 4388;www.containerhotel.com;1 Jln Delima;铺 RM39,标单 带共用卫生间/双 含早餐 RM110/139;❄📶;单轨铁路 AirAsia-Bukit Bintang)摞在一起的船运集装箱变身为套间(遗憾的是,维护得不太好)是这个地方的创意基础。我们更喜欢巨大水泥柱子里的单人间。这里还有屋顶露台,免费使用自行车。酒店在出色的面包咖啡馆Levain和大型夜店Zouk(见85页)附近。

Rainforest Bed & Breakfast 客栈 $

（见72页地图；☎03-2145 3525；www.rainforestbnbhotel.com；27 Jln Mesui；铺/双/标双 含早餐 RM37/115/130；❄@📶；单轨铁路 Raja Chulan）郁郁葱葱的植物或在分层阳台婀娜生长，或低垂下来，很是醒目，与这家高品质青年旅舍的"热带雨林"店名相得益彰。内部亮红色的墙壁和木制装潢的客房（部分无窗）别具视觉特色，还有一些中国陶俑摆饰。位置最适合前去享受夜生活、咖啡馆和餐馆。

★ Wolo Bukit Bintang 精品酒店 $$

（见72页地图；☎03-2719 1333；www.thewolo.com；Jln Bukit Bintang和Jln Sultan Ismail交叉路口；房间 含早餐 RM270起；❄📶；单轨铁路 AirAsia-Bukit Bintang）霓虹灯和贴着镜子的电梯将你飞速送进昏暗的走廊，墙布起伏。进入房间，床垫就像蒲团一样被放在金黄色的木地台上，淋浴和厕所藏在人造皮革包着的门后。氛围具有摇滚明星风采，颠覆了中档标准。

在我们调研期间，新开的一家现代亚洲风味餐馆进驻了曾经的阁楼套间，由Troika Sky Dining（见81页）的团队经营。

The Mesui Hotel 精品酒店 $$

（见72页地图；☎03-2144 8188；www.themesuihotel.com；9 Jln Mesui；房间 含早餐 RM277起；❄📶；单轨铁路 Raja Chulan）这颗小小的明珠在一栋好像由巨大的积木建成的老建筑内雕琢而成。Loft房间可以让你透过标志性的圆形大窗户凝视街道。其他实用紧凑的房间从内部庭院采光，庭院里的一面墙上爬满了青翠的植物。

Anggun Boutique Hotel 酒店 $$

（见72页地图；☎03-2145 8003；www.anggunkl.com；7-9 Tengkat Tong Shin；双 含早餐 RM350起；❄📶；单轨铁路 Imbi）这家精品酒店由两座20世纪20年代的店屋合建而成，风格典雅，散发着热带风情。房间内有四柱床、深色木地板和当地的手工艺品。在本书作者调研期间，这里正计划开设一家底层餐馆和酒吧，还有屋顶水疗店。避免入住朝向喧闹大街的房间，否则可能需要使用耳塞。

The Yard Boutique Hotel 酒店 $$

（见72页地图；☎03-2141 1017；www.theyard.com.my；lot 623, 51d Tengkat Tong Shin；双 RM160起；❄@📶；单轨铁路 AirAsia-Bukit Bintang）这处多少有些时尚的绿洲距离阿罗街的餐馆和Changkat Bukit Bintang街的酒吧都只有几步之遥。当代设计风格的房间很舒适，物有所值。需要携带耳塞，以阻隔街道上的噪音。

YY38 Hotel 酒店 $$

（见72页地图；☎03-2148 8838；www.yy38hotel.com.my；38 Tengkat Tong Shin；标单/双/阁楼房间 RM130/150/360起；❄📶；单轨铁路 AirAsia-Bukit Bintang）这里的房间大部分很不错，无多余装饰。另外，7楼提供的17间复式客房富有创意，每间可睡3人，主题都很有趣，从玛丽莲·梦露到马戏团和树屋……如果你是带孩子旅行，这里非常合适。

Chaos Hotel 酒店 $$

（见72页地图；☎03-2148 6688；www.chaos-hotel.com；lot B1, Fahrenheit 88, 179 Jln Bukit Bintang；标单/双 RM135/168起；❄📶；单轨铁路 AirAsia-Bukit Bintang）把自己的酒店叫作"Chaos"（混乱）似乎是在冒险，但这个新酒店实际上经营良好，有紧凑整洁的极简主义风格房间。房间内有露出砖的水泥墙、木制设施和时髦的画。

Ceria Hotel 酒店 $$

（见72页地图；☎03-2143 1111；www.ceriahotel.com；270 Jln Changkat Thambi Dollah；标单/双 RM98/138；❄📶；单轨铁路 Imbi）一栋老店屋被巧妙地改造成了这家有44个房间的酒店，裸露的砖墙只是炫酷的复古设计特色的一个体现。不是所有房间都有窗户，但都面积适中，品质比同等价位的类似酒店略胜一筹。另外，这里有一家不错的附属咖啡馆，可以吃早餐。

Sahabat Guest House 客栈 $$

（见72页地图；☎03-2142 0689；www.sahabatguesthouse.com；39-41 Jln Sahabat；双 含早餐 RM115起；❄@📶；单轨铁路 Raja Chulan）这家被粉刷成蓝色的客栈经营良好，提供14间整洁的卧室，有套内小卫生间，还有贴满生动图案壁纸的装饰墙，前面还有绿草如茵的花园可供休闲放松。周五至周日的房费稍高。

吉隆坡会议中心广场及周边

Impiana
酒店 $$

（见58页地图；☎03-2141 1111；www.impiana.com；13 Jln Pinang；双 含早餐 RM350起；❄@📶🏊；单轨铁路 Raja Chulan）这个新颖巧妙的酒店别致宽敞，房间铺着镶木地板，还有很多诱人的设施，包括水疗和无边泳池。Club Tower的房间比较新，价格更贵，可以看到吉隆坡会议中心广场的风景。

★Villa Samadhi
酒店 $$$

（见58页地图；☎03-2143 2300；www.villasamadhi.com.my；8 Jln Madge；房间 RM600起；❄@📶🏊；Ⓜ Ampang Park）住在这座体现东南亚风情的华丽精品别墅里，让人无法想象自己其实是在吉隆坡的中心。房间以黑色抛光混凝土墙、竹和再生木为主材，配以豪华灯具、悠闲的中央游泳池、葱绿的枝叶、屋顶酒吧（有免费赠送的鸡尾酒）以及贴心的现代马来菜餐厅Mandi Mandi，都是城市压力的解药。

Hotel Maya
酒店 $$$

（见58页地图；☎03-2711 8866；www.hotelmaya.com.my；138 Jln Ampang；房间/套 含早餐 RM817/1160起；❄@📶🏊；单轨铁路 Bukit Nanas）它仍然是吉隆坡最时尚的酒店之一，但那些铺着讲究木地板的单人公寓和套间都有了岁月的痕迹。门市房价含机场接送及其他服务。优惠价大约是门市价的五折，但只包括早餐和无线上网服务。这里的水疗池尤佳。

G Tower Hotel
酒店 $$$

（见58页地图；☎03-2168 1919；www.gtowerhotel.com；199 Jln Tun Razak；房间 RM425起；❄@📶🏊；Ⓜ Ampang Park）位于办公大楼的较高楼层，酒店格局纤长流畅，富有奢华气息。只有酒店住客和租客才可以使用健身房、无边泳池、顶楼休闲吧、餐厅和酒吧。卧室的黑白色调添加几许精致。入住时要求楼拐角处的房间，空间较宽敞，最好能看到Tabung Haji的景观。

小印度、甘榜巴鲁村和蒂蒂旺沙

The Reeds
精品酒店 $

（见64页地图；☎03-2602 0330；www.thereedshotel.com；9 Jln Yap Ah Shak；铺/标单/双 RM45/90/120起；❄📶；单轨铁路 Medan Tuanku）住在Reeds便于在Jln Doraisamy就餐和享受夜生活及探索附近的甘榜巴鲁村。它刷成了青绿色，采用精品设计风格，有各种各样的房间。有趣的装饰包括古老的中国海报、特色墙上的图案墙纸，以及非常舒适的休闲/大厅区域，内有咖啡吧。

Tune Hotel Downtown Kuala Lumpur
酒店 $

（见64页地图；☎03-2694 3301；www.tunehotels.com；316 Jln TAR；房间 RM75起；❄@📶；单轨铁路 Medan Tuanku）这个干净的地方经营良好，价格便宜，因为基本房价只包括房间——空调、毛巾、洗漱用品和Wi-Fi都要额外付费。提前6个月在网上订房就有可能以低于RM50的超低价订到一个带浴室的房间。

Bagasta
精品酒店 $$

（见64页地图；☎03-2698 9988；www.bagasta.com.my；56 Jln Raja Alang；房间 RM180起；❄📶；Ⓜ Kampong Baru）这家牛排餐馆上面现代公寓内的小酒店不是甘榜巴鲁村古老的木制宅邸，但提供了欣赏该地区美景的好视角。宽敞简单的房间里摆有当地工艺品，点缀着马来设计，与其他中档住宿选择相比更有特色。

Vistana
酒店 $$

（见67页地图；☎03-4042 8000；www.vistanahotels.com；9 Jln Lumut；房间 含早餐 RM333起；❄@📶🏊；Ⓜ Titiwangsa，单轨铁路 Titiwangsa）距离蒂蒂旺沙车站和一个宜人的河畔美食广场只有几步之遥，这个不错的中高档住宿有大小适宜的精装修房间，还有公共区域。小游泳池也值得一提。

阿卜杜勒·拉扎克遗产公园、十五碑和孟沙巴鲁

PODs
青年旅舍 $

（见62页地图；☎03-2276 0858；www.

podsbackpacker.com; 1-6, 30 Jln Thambipillay; 铺/标单/双 带共用卫生间 RM35/60/80; ❄📶; 🚉KL Sentral, 单轨铁路 KL Sentral)破产了?这家简朴的背包客住处每周二免费提供公共房间里的长沙发。这里还有RM15住宿6小时的选择。要注意的是,房间之间的隔断很薄,床垫在地上。底层有一家令人愉悦的咖啡馆,可以吃早餐。

★ Aloft Kuala Lumpur Sentral 酒店 $$

(见62页地图; ☎03-2723 1188; www.starwoodhotels.com/alofthotels; 5 Jln Stesen Sentral; 房间 RM318起; ❄@📶🏊; 🚉KL Sentral, 单轨铁路 KL Sentral)Aloft为谷歌一代的年轻创意人员设计,将工业风格与塑料材料相结合。员工非常友好,每个设计美观的宽敞房间都有诙谐的卡通艺术品,一定能让你会心一笑。一定要给它巨大屋顶上的游泳池、酒吧及其提供的俯瞰吉隆坡的极佳视野点个赞。

★ Sekeping Tenggiri 客栈 $$

(☎017-207 5977; www.sekeping.com; 48 Jln Tenggiri; 房间 RM330起; ❄📶🏊; Ⓜ Bangsar)这里是个理想的住处,还可以参观建筑师Ng Seksan顶级的马来西亚当代艺术私人珍藏(陈列在隔壁的楼里)。客栈用混凝土、木材和金属丝装饰,以回收材料巧妙地制成灯具,而这里本来粗糙奢华的风格因满目青翠的花园和凉爽的跳水池变得柔美。

YMCA 酒店 $$

(见62页地图; ☎03-2274 1439; www.ymcakl.com; 95 Jln Padang Belia; 双和标双 RM116, 标三 带共用卫生间 RM138; ❄📶; 🚉KL Sentral, 单轨铁路 KL Sentral)这里距离中央车站比较近,提供一尘不染的房间,设有电视、电话,以及在便宜旅馆中难得一见的正经衣柜而非墙上的衣钩。这里有洗衣设施、商店和咖啡馆,以及只有会员(每年RM85)可租用的网球场,会员还可以享受九折房费。

Majestic Hotel 历史酒店 $$$

(见62页地图; ☎03-2785 8000; www.majestickl.com; 5 Jln Sultan Hishamuddin; 房间 含早餐 RM400起; ❄@📶🏊🐾; 🚉Kuala Lumpur)最初于1932年开业,"二战"前其在吉隆坡的地位堪比新加坡的莱佛士(Raffles)酒店。这家酒店关闭了很长时间,一直在进行精心修缮,不过大部分客房都在新建成的翼楼。令人愉快的特色有兰花温室、两个游泳池和一处不错的水疗(护理RM350~1000),后者的装饰风格受查尔斯·瑞尼·麦金托什(Charles Rennie Mackintosh)影响。在其网站预订最合算。

吉隆坡希尔顿酒店 酒店 $$$

(Hilton Kuala Lumpur; 见62页地图; ☎03-2264 2264; www.hilton.com; 3 Jln Stesen Sentral; 双/套 RM555/1856起; ❄@📶🏊; 🚉KL Sentral, 单轨铁路 KL Sentral)希尔顿采用漂亮的当代设计,与隔壁的Meridien酒店共享景色非凡的园景游泳池和水疗。打开推拉门,浴室和卧室就连起来了。窗口外是鳞次栉比的城市天际线景观,客房从地板到天花板都以醒目的材料装饰而成。

就餐

吉隆坡犹如一场不间断的盛宴。你可以在非常高雅的酒店里进餐,也可以在不计其数的街边小吃摊上和当地居民一起享用小吃——食物都很好吃,而且不用花很多钱。最好的美味经常来自小吃摊、廉价的咖啡馆(kopitiam)和平价餐馆(restoran)。不必担心,小吃摊的卫生条件通常很好。但如果你不喜欢吃大排档,或者偏爱有空调的就餐环境,购物中心里有很多不错的美食广场。

唐人街和咖啡山

Madras Lane Hawkers 摊贩 $

(见54页地图; Madras Lane; 米粉 RM5~6; ⏰周二至周日 8:00~16:00; Ⓜ Pasar Seni)从关帝庙旁边进去,就能找到这条布满小贩摊档的小巷。最好来吃早餐或午餐,最棒的摊位包括一个提供10种酿豆腐(yong tau fu;蔬菜中填入豆腐、鱼肉和猪肉糜)的小摊。肉骨茶(bah kuh teh;猪肉和草药炖汤)和咖喱叻沙摊位也不错。

Sangeetha 印度菜、素食 $

(见54页地图; ☎03-2032 3333; 65 Lebuh Ampang; 餐 RM10; ⏰8:00~23:00; 🖉; Ⓜ Masjid

Jamek）这家经营良好的素食餐厅供应印度南部风味小吃，如蒸米浆糕（idli；口味极佳，入口柔软，用米、小扁豆粉发酵制成的糕点）和马沙拉多莎饼（masala dosa；用米和小扁豆粉发酵制成的薄饼，包着调味土豆馅料）。

Lai Foong 摊贩 $

（见54页地图；Kedai Kopi Lai Foong, 138 Jln Tun Tan Cheng Lok；米粉 RM8；⌚7:00~15:30；Ⓜ Plaza Rakyat）这家老式小贩咖啡馆从1956年营业至今，得名于货摊，一直烹制牛肉丸米粉。周一，你可以点这里的特价"棍蛋汤"，用牛鞭和牛宝制作。

大楼里的其他摊位营业时间更长。

★ Merchant's Lane 创意菜 $$

（见54页地图；☎03-2022 1736；Level 1, 150 Jln Petaling；主菜 RM20~30；⌚周四和周日至周二10:30~18:00，周五和周六 至22:00；📶；单轨铁路Maharajalela）在街区尽头仔细寻找它那狭窄的门洞，里面有向上通往这家魅力咖啡馆的楼梯。挑高的咖啡馆内氛围轻松，员工年轻、时尚、友好，食物非常可口，东西方菜肴混搭，比如意大利炒面和日式可口馅饼"御好烧"。

Old China Café 马来西亚菜 $$

（见54页地图；☎03-2072 5915；www.oldchina.com.my；11 Jln Balai Polis；主菜 RM11~21；⌚11:00~23:00；Ⓜ Pasar Seni）位于古老的洗衣店行会大厅内，这家老牌餐馆不仅能让你一直感受复古魅力，还提供物有所值的土生华人美食。尝尝牛肉仁当、多汁的娘惹炸鸡，以及美味的开胃菜，比如"大礼帽"（一种小点心，形状类似一顶帽子，里面塞进蔬菜）。

> **ⓘ 美食博客**
>
> 吉隆坡人对他们最喜欢的美食地点都有自己的看法，而且他们也非常乐意上网分享己见。
>
> **Fried Chillies**（www.friedchillies.com）这里有最富激情的美食爱好者提供的真实点评，还有视频片段。
>
> **Eat Drink KL**（http://eatdrinkkl.blogspot.co.uk）关于吉隆坡和巴生谷的数百条评论，还有能让你在选中店面获得优惠的应用。

Ikan Panggang 摊贩 $$

（见54页地图；☎019-315 9448；Jln Hang Lekir；主菜 RM15；⌚周二至周日 17:00~23:00；Ⓜ Pasar Seni）丰隆银行（Hong Leong Bank）外边的这家摊位只有"Ikan Panggang"（意为"烤鱼"）的招牌，但你可以在此大吃香辣鱼、辣海鲜和美味鸡翅。提前下单：一份锡纸包海鲜大约需要20分钟才能煮熟，借这个时间你可以逛一逛市场。

LOKL 各国风味、马来西亚菜 $$

（见54页地图；http://loklcoffee.com；30 Jln Tun HS Lee；主菜 RM15~22；⌚周二至周日8:00~20:00；📶；Ⓜ Masjid Jamek）从别具一格的名字、精致的设计到回味无穷的爽心美食，例如海南油炸肉饼三明治和烤面包甜点，LOKL的一切都恰到好处。这里还是唐人街少数几家提供西式早餐（8:00~11:00）的地方。

Restaurant Malaya Hainan 马来西亚菜 $$

（见54页地图；☎019-329 7899；lot 16, section 24, Jln Panggong；主菜 RM12.50~17.50；⌚10:00~22:00；Ⓜ Pasar Seni）很高兴看到这家长期关闭的仿都铎式和热带风格的邮局被改造成为一家吸引人的餐馆，人们可以坐在凉风习习的露天就餐区或复古主题的室内，从各种各样的殖民时代风格的海南和娘惹菜肴中选择，比如烤鸡、参巴酱虾和甜酸鱼。

Atmosphere 360 马来西亚菜、各国风味 $$$

（见54页地图；☎03-2020 2020；www.atmosphere360.com.my；Menara Kuala Lumpur, 2 Jln Puncak；自助午餐/下午茶/晚餐 RM92/60/208；⌚11:30~15:00和18:30~23:00；🚌KL Tower）从塔顶旋转餐厅可以看到360度的景色。午餐和晚餐自助餐提供种类丰富的马来菜肴，不过要碰运气。要预先订餐（可以在网上进行），尤其是在日落时分，但你也可以在路过时来享用傍晚茶点。注意：需要穿正式的休闲服装。

金三角

★ Imbi Market 摊贩 $

（见72页地图；ICC Pudu Jalan 1/77c；菜肴

不要错过

阿罗街

阿罗街(Jalan Alor)上林立的餐馆和摊位吸引着每个人,从打扮亮丽的辣妹到手头紧张的背包客。每天从下午5点直至深夜,这里就会变成露天的美食街,延绵的塑料桌椅中,许多摊贩纷纷喊破喉咙以招揽生意(最好避开纠缠不休的那些)。大多数地方提供酒精饮料,你可以品尝到几乎所有已知的马来餐和中餐,包括烤鱼、沙嗲串、蚝油芥兰和蛙腿炒面。泰国菜也颇受欢迎。特别推荐以下:

Wong Ah Wah(WAW;见72页地图;1-9 Jln Alor;小份菜肴 RM10~15;⏲17:00至次日4:00;单轨铁路 AirAsia-Bukit Bintang)是喝啤酒、吃夜宵的理想地点,位于街道南端,以其当真能让人上瘾的鸡翅闻名,还提供各种各样的其他菜肴。

Restoran Beh Brothers(见72页地图;21a Jln Alor;菜肴 RM5~10;⏲24小时;单轨铁路 AirAsia-Bukit Bintang)是这条小吃街上少数全天候营业的商家之一。你可以白天来这里尝尝点心,或去**Sisters Noodle**(见72页地图;21a Jln Alor;米粉 RM6;⏲7:00~16:00;单轨铁路 AirAsia-Bukit Bintang)摊位上试试用米酒做的醉鸡米粉。

Kedai Makanan Dan Minuman TKS(见72页地图;32 Jln Alor;小份主食 RM15~35;⏲17:00至次日4:00;单轨铁路 AirAsia-Bukit Bintang)这家小店不是游客常去的地方,位于吉隆坡最热闹的美食街上,提供香辣的川菜。从辣椒油炸鸡到埋在一堆让嘴发麻的炸辣椒下面的火辣鸡肉,一切都很棒。

RM5~10;⏲6:00~14:00;🚗)在富都市场灰白色的美食广场中可能缺少了一些老Imbi市场的气氛,但原先的老摊主依然在这里提供同样美味的早餐。不要错过Ah Fook Chee Cheong Fun(lot G-31)新鲜的咖喱辣酱米粉和其他令人垂涎的配菜。有几个摊位集中在一个独立的餐厅里,Ah Weng Koh Hainan Tea位于主市场外,在那里你还能找到Sisters Crispy Popiah精致的摊位,他们供应咖椰酱吐司、茶和咖啡。

Lot 10 Hutong

摊贩 $

(见72页地图;Basement, lot 10, 50 Jln Sultan Ismail;菜肴 RM9~18;⏲10:00~22:00;单轨铁路 AirAsia-Bukit Bintang)Lot 10 Hutong是第一家鼓励小贩在地下美食广场开设分店的商场。它将一些品牌请进了设计周到的空间,比如从1945年就出售牛肉粉的Soong Kee。另外可以找找Kong Tai的蚵仔煎、Hon Kee的广式粥和Kim Lian Kee的福建面。

Blue Boy Vegetarian Food Centre

中国菜 $

(见72页地图;☎011-6695 0498;Jln Tong Shin;主菜 RM3~10;⏲8:00~18:00;🖉;单轨铁路 Imbi)这家著名的小贩式咖啡馆由钟清泰(Chung Ching Thye)及其儿子经营了40年,位于小巷里一栋公寓的地下,提供素食。如果你绕开几个使用鸡蛋的摊位,它还是严格素食的。尝尝炒粿条(辣椒豆豉酱炒粉)。

Pinchos Tapas Bar

西班牙小吃 $$

(见72页地图;☎03-2145 8482;www.pinchos.com.my;18 Changat Bukit Bintang;小吃 RM14~30;⏲餐食 17:00~23:00,酒吧 周二至周日 至次日3:00;单轨铁路 Raja Chulan)这里有地道的西班牙小吃,由西班牙人经营,平时挤满了当地西班牙语社群。单人用餐很理想,一组人用餐也有乐趣,因为可以尝尽菜单上的各道美食。

Ben's

各国风味 $$

(见72页地图;☎03-2141 5290;www.thebiggroup.co/bens;Level 6, Pavilion KL, 168 Jln Bukit Bintang;主菜 RM10~40;⏲周日至周四 11:00~22:00,周五和周六 至午夜;📶;单轨铁路 AirAsia-Bukit Bintang)餐饮集团BIG的旗舰品牌,提供内外俱佳的餐饮服务。诱人的东西方爽心美食系列极具吸引力,采用时髦的起居室设计风格。每张桌子上都有盒子,里面

值得一游

富都餐饮

富都（Pudu）曾经是吉隆坡边缘的一座华人村庄，如今已是这座城市不可或缺的一部分。值得探访的不仅是这里热闹的新鲜农产品市场，还有一条奇妙的小贩摊档小巷和一家全城最好的中餐馆。

Glutton Street（Pudu Wai Sek Kai；Jln Sayur；面条 RM5~10；⌚11:00至午夜，多数摊位17:00开始营业；Ⓜ Pudu）虽然紧邻游客区，但在当地也很有名，这个小贩摊档小巷在富都市场（Pudu Market；见91页）附近，最适合晚上游览，不过有些商家全天营业，比如Jln Pudu街角的客家面摊。夜间美食包括让人上瘾的炸鸡和烤鱿鱼干，全都价格低廉。

Sek Yuen（☎03-9222 0903；315 Jln Pudu；主菜 RM20~40；⌚周二至周日 正午至15:00和18:00~22:00；Ⓜ Pudu）Sek Yuen是富都的名店，过去60年里一直占据着这栋饱经风霜却依然漂亮的装饰艺术风格建筑。几位老厨师在烧柴火的厨房里辛勤劳作，已经为三代人提供过同样老派的广东菜。五花肉、柴鸡和脆皮烤鸭都是经典菜肴。

放了食谱和谈话主题的卡片，相当有创意。在Suria KLCC、Publika和Bangsar Shopping Centre有其他分店。

★ Bijan　马来西亚菜 $$$

（见72页地图；☎03-2031 3575；www.bijanrestaurant.com；3 Jln Ceylon；主菜 RM30~90；⌚16:30~23:00；单轨铁路 Raja Chulan）吉隆坡最好的马来西亚餐馆之一，Bijan在延伸至热带花园的精致用餐空间中提供烹饪技艺高超的传统风味。非试不可的佳肴包括香茅咖喱干牛肉（rendang daging）、槟城风味咖喱姜黄鱼（masak lemak ikan）和罗望子烤鳐鱼（ikan panggang）。

Enak　马来西亚菜 $$$

（见72页地图；☎03-2141 8973；www.enakkl.com；Feast fl，Starhill Gallery，181 Jln Bukit Bintang；餐 RM70~100；⌚正午至午夜；单轨铁路 AirAsia-Bukit Bintang）隐藏于Starhill宴会楼后面的Enak值得去寻觅，这里的马来西亚菜肴经过复杂的改进之后，精致无瑕地呈现于人们面前。

吉隆坡会议中心广场及周边

Nasi Kandar Pelita　嘛嘛档 $

（见58页地图；www.pelita.com.my；149 Jln Ampang；菜肴 RM3~9；⌚24小时；Ⓜ KLCC）这家出色的连锁嘛嘛档（mamak，印度裔马来穆斯林经营）在Jln Ampang的分店全天候供餐。各种摊位上的菜肴包括场面壮观的印度煎饼和烤酱鸡（hariyali tikka，印度筒状泥炉烤薄荷调味鸡）。

Little Penang Kafé　马来西亚菜 $

（见58页地图；☎03-2163 0215；Level 4，Suria KLCC，Jln Ampang；主菜 RM12~16；⌚11:30~21:30；Ⓜ KLCC）这里供应地道的槟城美食，包括咖喱米粉（香辣汤面，里面有虾）等特色菜。用餐高峰时间，此地会排长队。

★ Acme Bar & Coffee　各国风味 $$

（见58页地图；☎03-2162 2288；www.acmebarcoffee.com；unit G1 The Troika，19 Persiaran KLCC；主菜 RM30~60；⌚周一至周四 11:00至午夜，周五 至次日1:00，周六 9:30至次日1:00，周日 至午夜；Ⓜ Ampang Park）眨眼间，你仿佛就穿越到一个位于纽约、巴黎或悉尼的别致小酒馆。如果你不是很饿的话，可以试试这里美味的小吃，比如块菌根菜炸薯条和凉蜜豆，分量较大的菜肴有红烧羊肩肉等。这里是在周末慵懒地享用早午餐的好地方。

Thai Syok　泰国菜 $$

（见58页地图；☎03-2181 8314；地下层，Wisma Central，Jln Ampang；主菜 RM12~26；⌚周一至周六 11:30~21:00；📶；Ⓜ KLCC）在这家老式商场的地下层，墙壁上遍布有趣的街头艺术。就像在泰国的街头摊位，你可以坐在矮桌旁边的板凳上享用传统菜肴，比如金边粉、班兰鸡、芒果糯米饭，以及盛在挖空的菠萝里的菠萝炒饭。

Mama San 印度尼西亚菜 $$

（见58页地图；☎019-787 5810；www.mamasankualalumpur.com；lot 46, ground fl, Suria KLCC, Jln Ampang；主菜 RM35~65；📶；Ⓜ KLCC）原Bali Mama San在吉隆坡的分店，在Suria KLCC众多风味的小吃店中，这家时髦新店位置优越，可以俯瞰公园喷泉。菜单上满是诱人的亚洲食材，比如姜花、柠檬叶、罗望子和辣椒。菜肴品质有些参差不齐，所以要仔细选择。不要多点，因为分量很大。

★ **Sushi Hinata** 日本菜 $$$

（见58页地图；☎03-2022 1349；www.shin-hinata.com；St Mary Residence, 1 Jln Tengah；午餐/晚餐 套餐 RM77/154起；⏲周一至周六 正午至15:00和18:00~23:00；单轨铁路 Raja Chulan）在柜台上，用手捏起由日本名古屋专业厨师提供的绝妙寿司（每次只做一份）品尝一番。这里还有单独的隔间，适合较为私密的晚餐。怀石料理风格的全套菜式是能吃的艺术品。

Troika Sky Dining 法国菜、意大利菜 $$$

（见58页地图；☎03-2162 0886；www.troikaskydining.com；Level 23a, tower B, The Troika, Persiaran KLCC；Ⓜ Ampang Park）融餐馆和酒吧于一体的Troika亮点是精致的就餐环境，从这里可以看到吉隆坡会议中心广场闪亮的高层建筑。试试**Cantaloupe**（午餐套餐 RM140，主菜 RM75起；⏲周一至周五 正午至14:00，每天 18:30~22:30）的现代法国菜，还有**Strato**（午餐套餐 RM50起，比萨 RM30~50；⏲正午至15:00和18:00~23:00）以家常、地道为宗旨的意大利菜（不过味道很难让我回想起妈妈做过和牛或猪蹄意大利饺）。

小印度、甘榜巴鲁村和蒂蒂旺沙

★ **Yut Kee** 中国菜、各国风味 $

（见64页地图；☎03-2698 8108；1 Jln Kamunting；餐 RM6~15；⏲周二至周日 8:00~17:00；单轨铁路 Medan Tuanku）这里是这家备受喜爱的咖啡店（从1928年开始营业）的新店，但怀旧的陈设、经典的海南和殖民地风格经典饮食一如既往。尝尝鸡排、猪肉面包（猪肉馅法式面包片）、家常椰奶酱（kaya）面包片或福建面。

Kin Kin 中国菜 $

（见64页地图；40 Jln Dewan Sultan Sulaiman；面条 RM7.50；⏲7:30~18:30；单轨铁路 Medan Tuanku）这家外观极简的店铺以辣椒板面闻名全城。这些"干"面条上面有软软的煮蛋、猪肉丁、江鱼仔（炸小凤尾鱼）、炸洋葱和特色香辣酱，给人以味觉的享受。如果你不吃猪肉，员工可以给你做一份加蘑菇的。

Capital Café 马来西亚菜 $

（见64页地图；213 Jln TAR；菜肴 RM4~6；⏲周一至周六 10:00~20:00；Ⓜ Bandaraya）自从1956年开业以来，这个纯正的马来西亚咖啡馆就有华人、马来人和印度人一起工作，演绎出色的马来经典菜肴，比如炒面、啰喏（rojak，浸在花生调味酱里的沙拉）和烤肉串（仅在晚上提供）。

Ikan Bakar Berempah 摊贩 $

（见64页地图；Jln Raja Muda Musa；餐 RM5~10；⏲7:00~22:00；Ⓜ Kampung Baru）这家出色的烤鱼摊位于铁棚屋顶下面的小贩摊档市场内，是甘榜巴鲁村最佳用餐地点之一。在烤架边挑选鱼，再从长长的自助餐桌上加些乡村风格的配菜。

D' Istana Jalamas Café 马来西亚菜 $

（见67页地图；Jln Tun Razak, Lake Titiwangsa；主菜 RM5~10；⏲周一至周五 7:00~20:00；Ⓜ Titiwangsa，单轨铁路 Titiwangsa）这家店是蒂蒂旺沙地区的就餐好选择，位于Istana Budaya（国家剧院）的咖啡馆提供诱人的马来自助餐和咖喱鱼头等广受欢迎的嘛嘛档美食，还有沙拉、小吃和新鲜的水果。尝尝当地的咖啡：现场过滤，不是简单的冲泡。阳台座位有树荫。

如果剧院里有演出，这家咖啡馆周末也会营业。

Limapulo 马来西亚菜 $$

（见64页地图；☎03-2698 3268；www.facebook.com/pages/Baba-Can-Cook/635621076504974；50 Jln Doraisamy；主菜 RM17~45；单轨铁路 Medan Tuanku）它的口号是"爸爸会做"，这位爸爸就是和蔼的约翰大叔，在这家氛围独

特、受人欢迎的餐馆里，他总会跟客人打招呼。娘惹风格的烹饪非常朴素，菜肴有炖鸡（ayam pongteh）和参巴酱臭豆虾等。

Coliseum Cafe 各国风味 $$

（见64页地图；☎03-2692 6270；100 Jln TAR；菜肴 RM13~49，工作日 午餐套餐 RM24~29；⏰10:00~22:00；Ⓜ Masjid Jamek）自从英国小说家萨默塞特·毛姆（Somerset Maugham）吃了这里滋滋作响的著名牛排和海南鸡块之后，这家马来西亚经营时间最长的西餐馆（从1921年开始营业）似乎一点儿没变。完全的复古风格，受到当地人喜欢，爽心食物的确恰到好处。就算你不饿，也值得顺便到其附带的酒吧坐坐，那里就像一个殖民时代的时间胶囊。

Saravana Bhavan 印度菜 $$

（见64页地图；☎03-2698 3293；www.saravanabhavan.com；Selangor Mansion，Jln Masjid India；餐 RM10~20；⏰8:00~23:00；✎；Ⓜ Masjid Jamek）这家全球连锁餐馆提供你能在吉隆坡找到的最优质印度饮食。他们的小份香蕉叶午餐相当可口，你还可以尝尝印度南部的传统菜肴，比如马沙拉多莎饼。

不要错过

周末夜市

小印度夜市（Masjid India Pasar Malam；见64页地图；Lg Tuanku Abdul Rahman；街头饮食 RM5~10；⏰周六 15:00至午夜；Ⓜ Masjid Jamek）每个周六，从15:00前后至深夜，Jln TAR和小印度之间的小巷Lg Tuanku Abdul Rahman都会排满长长的摊位。裹着头巾和穿着T恤的卖家之间有很多摊位提供美味的马来、印度和中国小吃，还有五颜六色的以豆浆和水果为主的饮品。

孟沙周日市场（Bangsar Sunday Market；Pasar Malam；见83页地图；Jln Telawi 2的东边停车场；摊贩饮食 RM4~6；⏰周日 13:00~21:00；Ⓜ Bangsar）每周一次的市场，虽然大多数人是奔着新鲜的农产品来的，不过这里也是一处摊贩美食区。摊位上出售沙嗲烤肉串和各种米粉，包括亚参叻沙（asam laksa；叻沙搭配虾滑和酸角味肉汤）、猪肠粉（chee cheong fun；米粉）和炒粿条。

阿卜杜勒·拉扎克遗产公园和十五碑

Annalakshmi Vegetarian Restaurant 印度菜 $

（见62页地图；☎03-2274 0799；www.facebook.com/AnnalakshmiVegetarianRestaurantKualaLumpur；Temple of Fine Arts，116 Jln Berhala；晚餐 主菜 RM10~15；⏰周二至周日 11:30~15:00和18:30~22:00；✎；🅡 KL Sentral，单轨铁路 KL Sentral）在Temple of Fine Arts别致的主厅内部，这家备受好评的素菜馆设定了晚间用餐一口价，而每天的自助午餐为RM16；或者你可以选择在比较低调的Annalakshmi Riverside就餐，该店就在主建筑后面的停车场旁边，那里秉持“自由用餐，自由付费”的宗旨。

Vishal 印度菜 $

（见62页地图；☎03-2274 1995；22 Jln Scott；餐 RM5.80起；⏰7:30~22:45；✎；单轨铁路 Tun Sambanthan）找张桌子坐下，让服务员帮你把食物放在香蕉叶上。如果你很饿，可以吃标准餐搭配各种配菜或分量巨大的鸡肉饭。闲来吃点儿小吃，喝一杯印度奶昔，倍感清爽。

Hornbill Restaurant 马来西亚菜、各国风味 $$

（见62页地图；☎03-2693 8086；www.klbirdpark.com；KL Bird Park，920 Jln Cenderawasih；主菜 RM13~27；⏰9:00~20:00；📶；🅡 Kuala Lumpur）在这里可以就近观赏吉隆坡飞禽公园里的鸟儿，这个质朴的地方提供价格还算公道的美食。可以像当地人一样吃椰浆饭（椰汁蒸米饭，搭配炸凤尾鱼和花生）和炒面，也可以用炸鱼薯条、家常鸡肉或牛肉汉堡哄哄孩子。

孟沙巴鲁及周边

Chawan 马来西亚菜 $

（见83页地图；☎03-2287 5507；http://site.chawan.com.my；69g Jln Telawi 3；主菜 RM5~10；⏰8:00至午夜；Ⓜ Bank Rakyat-Bangsar）这家别致的现代咖啡店提供马来西亚各地出产的

Bangsar Baru 孟沙巴鲁

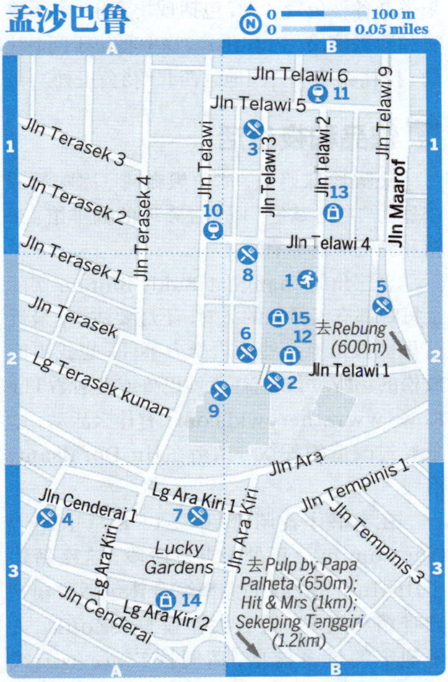

Bangsar Baru 孟沙巴鲁

活动、课程和团队游

1 Hammam Spa............B2

就餐

2 Acme South............B2
3 Ashley's By Living Food............B1
4 Bangsar Fish Head Corner............A3
5 孟沙周日市场............B2
6 Chawan............B2
7 Restaurant Mahbub............A3
8 Sri Nirwana Maju............B2
9 Wondermama............A2

饮品和夜生活

10 Bilique Bangsar............A1
11 Ril's Bangsar............B1

购物

12 Bangsar Village I & II............B2
13 Never Follow Suit............B1
14 Pucuk Rebung............A3
15 Silverfish Books............B2

超浓咖啡，在吃完仁当牛肉和牛皮纸包装的椰浆饭后不妨来一杯刮刮油。据悉，2020年这家餐厅已经停业。

Bangsar Fish Head Corner　　摊贩 $

（见本页地图；Lg Ara Kiri；主菜 RM3~20；⏲周一至周六 9:00~18:00；Ⓜ Bank Rakyat-Bangsar）如果不喜欢吃鱼头（鱼的种类丰富多样），你还可以点咖喱饭和美味的炸鸡。这条街上还有别的小贩摊档，出售其他菜肴。

Restaurant Mahbub　　印度菜 $

（见本页地图；☎03-2095 5382；www.restoranmahbub.com；17 Lg Ara Kiri 1；主菜 RM7~15；⏲7:00至次日2:00；Ⓜ Bangsar）餐馆经营已久，餐桌都摆到街上去了，这里以美味多汁的蜂蜜鸡肉印度香饭著称。

★ Rebung　　马来西亚菜 $$

（☎03-2283 2119；www.restoranrebungdatochefismail.com；4-2 Lg Maarof；自助午餐/傍晚茶点/晚餐 RM40/35/50；⏲正午至22:00；❄📶；Ⓜ Bangsar）耀眼的明星主厨Ismail是这家吉隆坡顶级马来餐馆的厨师，所提供的佳肴正宗且口味一流，因此广受推崇。自助餐推出各式出色的菜肴，通常只有在马来家庭里才找得到，有几种是现场制作的，如可口的onde onde（以粗糖做馅的汤圆）。

★ Southern Rock Seafood　　海鲜 $$

（见62页地图；☎03-2856 2016；www.southernrockseafood.com；34 Jln Kemuja；主菜 RM35~52；📶；Ⓜ Bangsar）为吉隆坡高档餐馆供货的鱼贩如今自己做生意，并且非常出色。鱼和海鲜（尤其是种类多样的牡蛎）品质一流，做法简单，味道鲜美。蓝色和白色装饰让你想起波光粼粼的地中海夜晚，而不是泥泞的巴生河。

★ Sri Nirwana Maju　　印度菜 $$

（见本页地图；☎03-2287 8445；43 Jln Telawi 3；餐 RM10~20；⏲10:00~13:30；Ⓜ Bangsar）孟沙（Bangsar）当然还有更漂亮的印度餐馆，但是如果能以低价吃到可口的食品，谁还在乎店面的装饰呢？早餐供应印度抛饼，全天都有咖喱蕉叶饭。

Wondermama　　马来西亚菜 $$

（见本页地图；☎03-2284 9821；http://

wondermama.co; Bangsar Village I, 1 Jln Telawi 1; 主菜 RM16~26; ⌚周一至周四 9:00~23:00, 周五和周六 至23:30, 周日 至22:30; 📶; Ⓜ Bangsar)这家适合家庭光顾的两层餐馆体现了传统与当代的交融，餐馆提供马来西亚现代创意美食。双子塔对面还有一家分店**Wondermama**(见58页地图; http://wondermama.co; ground fl, Ave K, 156 Jln Ampang; 主菜 RM16~26; ⌚10:00~22:00; Ⓜ KLCC)。

Acme South 美国菜 $$

(见83页地图; ☎03-2283 6288; www.acmesouth.com; lot 10, Bangsar Village I, Jln Telawi 1; 主菜 RM19~59; ⌚周一至周五 10:00至午夜, 周六和周日 至次日1:00; 📶; Ⓜ Bangsar)卡真(Cajun)风味的餐厅，推荐菜肴包括美味的熏鸡、黑安格斯牛胸肉、什锦饭、秋葵汤和鸡肉华夫饼。他们还提供全天的早餐，可以在绿叶植物装饰的凉爽空间中用餐。

Ashley's By Living Food 各国风味 $$

(见83页地图; ☎017-325 3663; www.ashleys.my; 11 Jln Telawi 3; 主菜 RM25; ⌚周一至周五 10:30~23:30, 周六和周日 8:30~23:45; 🌿; Ⓜ Bangsar)尽管不是完全素食，但这个散发着艺术气息的质朴餐厅可以让你品尝到精心准备的新颖素食菜肴，比如素叻沙。他们会尽可能使用有机食材并提供其他(对吉隆坡来说)的少见菜式，比如无麸巧克力蛋糕和在40°C以下烹制以保留营养、肌理和口味的“生食”。

吉隆坡会议中心广场附近的**Living Food**(见58页地图; www.livingfood.com.my; Menara Tan & Tan, Jln Tun Razak; 主菜 RM20~30; ⌚周一至周五 8:00~17:00, 周日 9:00~17:00; 📶🌿; Ⓜ Ampang Park)也由同一位经营者管理。

吉隆坡市中心以外

The Bee 各国风味 $$

(☎03-6201 8577; www.thebee.com.my; 36b, Level G2, Publika, 1 Jln Dutamas 1, Solaris Dutamas; 主菜 RM15~20; ⌚周一至周四 10:00至午夜, 周五 至次日1:30, 周六 9:00至次日1:00, 周日 9:00至午夜; 📶; 🚗)位于Publika购物中心，提供的汉堡和三明治物超所值。沙拉非常美味，本地冰激凌也很诱人，Two Man Tent的咖啡泡得恰到好处。这里有个舞台，常常用来举办各种免费活动，包括现场音乐、电影放映和即兴演出。Publika购物中心位于阿卜杜勒·拉扎克遗产公园地区西北约3公里处。

饮品和夜生活

想喝珍珠奶茶、冰镇黑咖啡、冰啤酒或浓烈的“兰博基尼”吗? 吉隆坡的咖啡馆、茶馆和酒吧应有尽有。

金三角的Changkat Bukit Bintang实际上每晚都有无休止的派对，不过要注意，最近这里被报道有一些酒后暴力事件。想找更能放松的场所，可以前往孟沙巴鲁或者看看The Row(www.therowkl.com)有什么活动，这条经过改造的餐饮一条街在Jln Doraisamy沿线。

在本书作者调研期间，TREC(http://trec.com.my)正处于开发阶段，这座新建于Jln Tun Razak的大型综合体包括餐馆、咖啡馆和酒吧，还有大型夜总会Zouk。关于泡吧的更多信息，请阅读*Time Out*或*Juice*。

唐人街及周边

★ **Aku Cafe & Gallery** 咖啡馆

(见54页地图; ☎03-2857 6887; www.oldchina.com.my/aku.html; 1st fl, 8 Jln Panggong; ⌚周二至周日 11:00~20:00; 📶; Ⓜ Pasir Seni)这家悠闲的咖啡馆提供优质手工滴滤咖啡，RM10起。这里还有薄荷和柠檬冰咖啡等风味饮品及蛋糕和咖啡馆简餐。这里的展览每月更换，另外出售一些漂亮的当地手工纪念品。

Reggae Bar 酒吧

(见54页地图; www.facebook.com/reggaechinatown; 158 Jln Tun HS Lee; ⌚11:30至次日3:00; Ⓜ Pasar Seni)位于唐人街最活跃的地段，旅行者三三两两地聚集在这个气氛热烈的酒吧里。酒吧设有户外座位，一眼望去尽是熙熙攘攘的人流和车流。提供啤酒优惠、台球桌和酒馆食物，直至深夜。

VCR 咖啡馆

(见54页地图; ☎03-2110 2330; www.vcr.

十五碑的街头小吃

十五碑有不少街头摊贩提供美味的小吃，探索该地区的时候可以品尝。

Ammars（见62页地图；Asia Parking，Jln Berhala；豆粉油圈 RM1；⏲7:00~19:00；🚉KL Sentral，单轨铁路 KL Sentral）经营这家摊位的友善家庭在巨大的锅里煎炸美味的印度小吃，比如茴香籽风味的豆粉油圈（vadai）。

Brickfields Pisang Goreng（见62页地图；Jln Thambapillai和Jln Tun Sambanthan交叉路口；油煎饼 RM1.20；⏲10:00~18:00；单轨铁路 Tun Sambanthan）这里提供美味的香蕉油煎饼和咖喱泡芙。

ABC Stall（见62页地图；Jln Tun Sambanthan 4，7-11店外；珍多冰 RM1.90；⏲10:00~22:00；单轨铁路 Tun Sambathan）清新的椰子汁、刨冰（ais cendol）及其他甜点可以让你凉快凉快。

Little India Fountain Hawker Stalls（见62页地图；Jln Tun Sambanthan & Lg Chan Ah Tong；菜肴 RM5~10；⏲24小时；🚉KL Sentral，单轨铁路 KL Sentral）想找便宜的小吃，比如印度煎饼或蕉叶饭，可以探索下花哨的中央喷泉对面的这座综合楼。

my；2 Jln Galloway；⏲8:30~22:00；📶；单轨铁路 Hang Tuah）位于通风良好的战前店屋，VCR提供一流的咖啡、全天优质早餐和甜点。客人群体年轻多元，不过所有人都能宾至如归。在这家店后面找找Jln Sin Chew Kee，那里有一排适合拍照的、绚丽多彩的店屋。

Barlai 鸡尾酒吧

（见54页地图；☎03-2141 7850；http://thebiggroup.co/bignightout/barlai；3 Jln Sin Chew Kee；⏲周二至周四 16:00至午夜，周五 至次日2:00，周六和周日 9:00至次日2:00；📶；单轨铁路 Hang Tuah）这家清凉的酒吧位于一流的出租公寓Sekeping Sin Chew Kee的底层，里面有舒适的角落，外边有枝繁叶茂的庭院。据悉，2020年这家酒吧已经停业，改为只售金酒的Pahit。

金三角

★ Pisco Bar 酒吧

（见72页地图；☎03-2142 2900；www.piscobarkl.com；29 Jln Mesui；⏲周二至周日 17:00至深夜；单轨铁路 Raja Chulan）来到这家花哨的西班牙小吃店，在舒适的裸砖室内或到处都是植物的庭院里喝些皮斯科酸酒。厨师有一半秘鲁人血统，所以这里的酸橘汁腌鱼自然很棒。周五和周六夜晚，楼上的舞池常常被DJ掌控。

★ Zouk 夜店

（见72页地图；www.zoukclub.com.my；436 Jln Tun Razak；门票 RM50起；⏲周二至周日 21:00至次日3:00；单轨铁路 Bukit Bintang，之后换乘出租车）如果你在吉隆坡想去一家夜店，那就来这家。Zouk的新位置在新兴的TREC娱乐中心，周围提供不少于9个DJ空间、酒吧和一家咖啡馆。另外如果你带上证明游客身份的护照，就可以免费进入这座大型综合体中的几家营业场所。各个场所的入场费不同。

Taps Beer Bar 精酿啤酒

（见72页地图；www.tapsbeerbar.my；One Residency，1 Jln Nagasari；⏲周一至周六 17:00至次日1:00，周日 正午至次日1:00；📶；单轨铁路 Raja Chulan）Taps专营来自世界各地的纯正麦芽啤酒，定期轮流供应多达80种自酿鲜啤，现场供应14种扎啤。周四至周六 21:30有现场音乐，周日全天是“欢乐时光”。Taps也提供酒吧食物（有几种马来西亚菜肴）和周日烤肉。

Feeka Coffee Roasters 咖啡馆

（见72页地图；www.facebook.com/feeka.coffeeroasters；19 Jln Mesui；⏲周一至周四 9:00~22:00，周五至周日 至23:00；📶；单轨铁路 Raja Chulan）经过最小限度改造的店屋坐落在时髦的Jln Mesui，Feeka就在这里提供优质的咖啡（选择微量咖啡豆或以意式浓咖啡为主体的饮品）和食物（从煎蛋饼和手撕猪肉三明治到蛋糕）。这里有漂亮的树荫庭院，楼上还有展览空间，可以在那里消磨时间。

The Rabbit Hole 酒吧

（见72页地图；☎010-899 3535；www.rabbithole.com.my；lot 14 & 16，Changkat Bukit Bintang；⏰周日至周四 11:00至次日2:00，周五和周六 至次日3:00；单轨铁路 Raja Chulan）没有任何证据显示这里有爱丽斯或仙境（像店名"兔子洞"说的那样），但它仍是吉隆坡比较欢快的酒吧之一，位于最吵闹的夜生活地带的尽头。这里有许多座位和各种不同主题的区域，还有长吧台和台球桌。

TWG Tea 茶馆

（见72页地图；www.twgtea.com；Level 2，Pavilion KL，168 Jln Bukit Bintang；⏰10:00~22:00；单轨铁路 AirAsia-Bukit Bintang）这家吉隆坡分店的源头是新加坡TWG，提供超过450种的茶叶及茶饮，太不可思议了，一壶约RM21起。逛商场期间，你可以在这个奢华漂亮的地方恢复体力。这里还有包装漂亮的茶叶礼品。除了下午茶（RM30.50起）外，这里直到中午都还提供早餐（RM32）。

吉隆坡会议中心广场及周边

★ Heli Lounge Bar 鸡尾酒吧

（见58页地图；☎03-2110 5034；www.facebook.com/Heliloungebar；Level 34，Menara KH，Jln Sultan Ishmail；⏰周一至周三 17:00至午夜，周四至周六 至次日3:00；📶；单轨铁路 Raja Chulan）如果天气给力，这里无疑是观看吉隆坡夕阳西下的最佳地点。在你与直升机停机坪边缘及令人赞叹的360度视野之间，除了你的荔枝马丁尼和站着的鸡尾酒侍者外，什么都没有。稳住双手，因为你一开始得在下面略有些俗气的吧台购买饮品并自己带上去。周末入场时，通常会被要求买上一瓶酒。

★ Marini's on 57 酒吧

（见58页地图；☎03-2386 6030；www.marinis57.com；Level 57，Menara 3，Petronas KLCC；⏰周日至周四 17:00至次日1:30，周五和周六 至次日3:00；Ⓜ KLCC）这里大概是欣赏双子塔高层最近的酒吧了，豪华的内部设计和细心的服务为优美的景色锦上添花。（建议）预订时要注意，这是一家热闹的酒吧，不是那种欣赏双子塔风景的休闲威士忌酒吧。另外，这里对着装也有要求。

★ Fuego 酒吧

（见58页地图；☎03-2162 0886；www.troikaskydining.com；Level 23a，Tower B，The Troika，Persiaran KLCC；⏰18:30至午夜；Ⓜ Ampang Park）Fuego是Troika综合设施的一部分，作为高档餐馆，这里的环境同样精致，对面吉隆坡会议中心广场公园的风景令人瞠

秘密酒吧

吉隆坡许多屋顶酒吧都有开阔的天际视野，对其厌倦之后的治疗良方就是探索众多零散的秘密酒吧。对懂行的玩家来说，这些地下酒吧风格的秘密酒吧也能提供优质酒水及鸡尾酒。除了以下几家之外，还可以在网上找找44 Bar（www.facebook.com/44Bar）目前的地址，这家非常神秘的酒吧每隔几个月就会换个地方。

Omakase + Appreciate（见54页地图；www.facebook.com/OmakaseAppreciate；地下室，Bangunan Ming Annexe，9 Jln Ampang；⏰周二至周五 17:00至次日1:00，周六 21:00至次日1:00；📶；Ⓜ Masjid Jamek）这家舒适复古的鸡尾酒吧是吉隆坡最好的秘密酒吧之一，可以来啜饮精致的调和酒，比如伯爵红茶马丁尼。寻找入口也是乐趣的一部分：找找写着"no admittance"（闲人免进）的招牌。

Tate（见58页地图；☎03-2161 2368；http://thebiggroup.co/bignightout/tate；ground fl，Intermark，182 Jln Tun Razak；⏰周一至周六 17:00至次日2:00；📶；Ⓜ Ampang Park）在购物中心开设一家"秘密"的地下鸡尾酒吧都快成自嘲了，但一旦你到了那里，精致的氛围连同舒适的皮扶手椅和出色的鸡尾酒酒单，会让深夜喝酒放松成为一种再完美不过的体验。据悉，2020年这家酒吧已经停业。

吉隆坡的LGBT

吉隆坡的LGBT（同性恋、双性恋和跨性别者）群体圈子虽小，但很友善，除了少数中坚力量外，流动性相当大。可查看www.utopia-asia.com，前往最新聚会地点。

Marketplace（☎03-2166 0750；http://mpkualalumpur.com/；4a Lg Yap Kwan Seng；服务费RM40；⏲22:00至次日3:00；ⓂKLCC）从餐馆的屋顶可以看到双子塔的绝美景色，随着周六的夜晚变成周日的清晨，吉隆坡的同性恋群体在这里劲舞畅饮，尽情享乐。周五夜晚也是"友善之夜"。

Lobby Restaurant & Lounge（见72页地图；☎03-2141 3779；www.facebook.com/LobbyRestaurantLounge；One Residency 1, Jln Nagasari；单轨铁路 Raja Chulan）周五夜晚，这家原本普通的餐馆和酒吧将显示出其真实面貌。不管是穿着浮夸的同伴、"Funny Bone"表演中离经叛道的成员，还是其他变装女歌手，LGBT友善人群已经沉迷到无论是谁表演都要欢呼的地步。入口紧邻Jln Mesui。

Bilique Bangsar（见83页地图；www.facebook.com/biliquekl；34a & 36a Jln Telawi；ⓂBangsar）每个月的第二个周五，孟沙巴鲁的这处场所会举办Rainbow Rojak（www.facebook.com/RainbowRojak），即全城最酷的LGBT派对。

Moontree House（见54页地图；www.moontree-house.blogspot.com；1st fl, 6 Jln Panggong；⏲周三至周一 10:00~20:00；📶；ⓂPasar Seni）位于唐人街的一栋古老店屋里，除了是精心准备手工滴滤或虹吸咖啡的安静场所外，Moontree还出售漂亮的手工艺品和女性文学作品，而且有可能是打探零散的吉隆坡女同性恋圈子的最佳地点。

目。酒吧专营创意鸡尾酒和西班牙小吃，而其姊妹场所**Claret**（⏲16:00至次日1:00）提供精细的葡萄酒酒单。

Neo Tamarind 酒吧

（见58页地图；☎03-2148 3700；www.tamarindrestaurants.com；19 Jln Sultan Ismail；⏲17:00至午夜；单轨铁路 Raja Chulan）在其缅甸-泰国风味的姊妹餐馆Tamarind Hill旁边，这家精致的餐馆兼酒吧就像一股巴厘岛之风飘入了吉隆坡的心脏地带。你可以在闪烁的灯光中和流淌着"瀑布"的长吧台旁啜饮鸡尾酒，如果想先吃点儿晚餐，泰国和中南半岛的食物也很可口。据悉，2020年这家酒吧已经停业。

小印度

Butter & Beans 咖啡馆

（见64页地图；☎03-2060 2177；www.facebook.com/butterbeans.my；42 Jln Doraisamy；⏲9:00~23:00；单轨铁路 Medan Tuanku）Jln Doraisamy刚刚被改造成The Row，已经入驻了几家时髦的咖啡馆和餐馆，可以来这里喝冰咖啡及其他饮品。隔壁是Slate，一个举办活动和音乐演出的空间。

孟沙巴鲁

Ril's Bangsar 鸡尾酒吧

（见83页地图；☎03-2201 3846；www.rils.ccm.my；30 Jln Telawi 5；⏲10:00至次日2:00；📶；ⓂBangsar）楼下有一家优质的牛排餐馆，但主营的是楼上禁酒令时代风格的鸡尾酒吧。调酒师在这里尽展创意，周末还有现场音乐（爵士、节奏布鲁斯、灵魂音乐）。周三的"提基夜晚"为女士免费提供精选鸡尾酒。

Hit & Mrs 鸡尾酒吧

（☎03-2282 3571；http://thebiggroup.co/bignightout/mrs；15 Lg Kurau；⏲周二至周六17:00至次日1:00；📶；ⓂBangsar）在孟沙主商业区外面的安静街道上和Hit餐馆的上面，你能找到这家Mrs鸡尾酒吧。藤椅和磨砂玻璃展现出复古的设计风格，炫酷而又让人放松，提供非常精致的鸡尾酒及其他酒单。

Pulp by Papa Palheta 咖啡馆

（www.facebook.com/PULPbyPapaPalheta；29-01 Jln Riong；⏲周二至周五 7:30~22:00，周六

和周日 9:00~22:00；🛜；Ⓜ Bangsar）这家来自新加坡的高档咖啡烘焙店的优质咖啡值得期待。当代风格的咖啡馆类似棚屋，位于举办展览和各种活动的前印刷厂APW（www.apw.my/home）的院子里。除了咖啡外，他们还提供来自日本的精酿啤酒和美味的小吃，比如松露爆米花和牛角三明治。

☆ 娱乐

吉隆坡的娱乐选择丰富多样，包括各种现场音乐、戏剧和舞蹈。主流电影在商场里的电影院放映，门票大约RM14。文化中心偶尔放映艺术电影。

★ 双子塔音乐厅 演出场所

（Dewan Filharmonik Petronas；见58页地图；☎03-2051 7007；http://mpo.com.my；售票处，Tower 2，Petronas Towers，KLCC；⏲售票处周一至周六 10:00~18:00；Ⓜ KLCC）若有机会在双子塔底层的华丽音乐厅观看一场演出，那可千万别错过。优秀的马来西亚爱乐乐团（Malaysian Philharmonic Orchestra）在这里演出（通常是周五和周六晚上及周日午后演出，也有其他时间），其他本地和国际乐团也是如此。参加音乐会需着正式休闲装。

★ Mud 剧院

（见54页地图；www.mudKL.com；Panggung Bandaraya，Jln Raja；门票 RM60；⏲表演 15:00和20:30；Ⓜ Masjid Jamek）这是一项政府资助项目，这场富有活力的音乐剧将马来西亚现代主题与吉隆坡早期的历史插曲相结合。才华横溢的年轻演员阵容倾尽所有，观众参与环节很有趣。该剧在历史悠久的美丽剧院内上演。这座宁静怡人的礼堂是根据马来西亚风筝的形状设计的。

★ No Black Tie 现场音乐

（见72页地图；☎03-2142 3737；www.noblacktie.com.my；17 Jln Mesui；入场费 RM50；⏲周一至周日 17:00至次日1:00；单轨铁路 Raja Chulan）一不留神你可能就会错过这个集现场音乐小型场馆、酒吧和日本小酒馆于一体的迷人所在，它就隐藏在一片竹林后面。忠实的顾客亲切地称它为NBT，马来西亚的音乐会钢琴家Evelyn Hii是这里的业主。她总能独辟蹊径地寻找有才华的歌手与词曲作者、爵士乐团和交响乐团来此表演，每日大约21:30开始演出。

吉隆坡表演艺术中心 表演艺术

（Kuala Lumpur Performing Arts Centre，简称KLPAC；☎03-4047 9000；www.klpac.org；Jln Strachan，Sentul Park；🚆Sentul）作为Sentul West更新项目的一部分，这个现代派表演艺术中心逐步推出各种前卫的表演活动，包括戏剧、音乐剧和舞蹈。另外提供表演艺术课程，免费放映艺术电影（无删节版）。观看戏剧之余，还可以漫步在宁静繁茂的庭院或者享用晚餐。Sentul Park位于蒂蒂旺沙湖公园以西2.5公里处。

国家大剧院 表演艺术

（Istana Budaya，National Theatre；见67页地图；☎03-4026 5555；www.istanabudaya.gov.my；Jln Tun Razak，Titiwangsa；门票 RM100~300；单轨铁路 Titiwangsa）这里有大型戏剧和舞蹈表演，以及国家交响乐团（National Symphony Orchestra）和国家合唱团（National Choir）的演出。高耸屋顶的设计灵感来自马来传统的植物装饰——槟榔叶，立有圆柱的内部让人想起守旧的殖民主义。着装要求：不允许穿短裤和短袖衬衫。

KL Live 现场音乐

（见58页地图；☎03-2162 2570；www.kl-live.com.my；1st fl，Life Centre，20 Jln Sultan Ismail；单轨铁路 Raja Chulan）吉隆坡现场音乐界的福音，由国内外大牌艺术家和DJ组成的阵容令人瞩目，这个宽敞的地方挤满了摇滚和流行音乐迷。

Sutra Dance Theatre 舞蹈

（见67页地图；☎03-4021 1092；www.sutrafoundation.org.my；12 Persiaran Titiwangsa 3，Titiwangsa；单轨铁路 Titiwangsa）位于蒂蒂旺沙湖附近，曾是马来西亚舞蹈界传奇人物拉姆·易卜拉欣（Ramli Ibrahim）的住所，如今被改造成展示印度古典舞蹈的地方，同时也是舞蹈工作室、美术馆、摄影馆和文化中心。近期活动见其网站。

Saloma 卡巴莱歌舞

（见58页地图；☎03-2161 0122；www.saloma.

com.my; 139 Jln Ampang; 演出 RM60，自助餐和演出 RM100; ⏲演出 20:30~21:30; 单轨铁路 Bukit Nanas）作为观众，你将有机会欣赏有趣的马来西亚歌舞表演，套餐可包含自助晚餐。

Findars

现场音乐

（见54页地图; www.facebook.com/FINDARS; 4th fl, 8c Jln Panggung; Ⓜ Pasar Seni）想了解当地及来访音乐家和表演艺术家（他们经常周末登台）的详细演出信息，可查看这个前卫的形象艺术空间的Facebook页面。古怪的街头艺术风格咖啡馆兼酒吧连同黑武士（Darth Vader）面具，本身就是一件装置艺术品。

购物

从街头市场的冒牌货，到五光十色购物商场（营业时间10:00~22:00）里的正牌名品，吉隆坡足以满足你的购物欲。服装、摄影器材、电脑和电子产品的价格都很优惠。你也可以找到来自全国各地的原创手工艺品，以及有趣的当代艺术作品。国家纺织博物馆（见57页）和伊斯兰艺术博物馆（见60页）的商店都塞满了有趣的东西。

唐人街

★ Peter Hoe Beyond

艺术品、工艺品

（见54页地图; ☎03-2026 9788; 2nd fl, Lee Rubber Bldg, 145 Jln Tun HS Lee; ⏲10:00~19:00; Ⓜ Pasar Seni）位于历史悠久的Lee Rubber Building的2层，Peter Hoe的迷人商场是一家吉隆坡的公共机构。在这里，你能找到各种新颖的织物产品，比如桌布、窗帘和长袍（很多是印度手工印花，直供Peter Hoe），商场里还有编织篮子、挂灯、刺绣垫子、银制品、蜡烛和很多小玩意儿。这里还有一家很棒的咖啡馆。

Central Market Shops

艺术品、工艺品

（见54页地图; www.centralmarket.com.my; Jln Hang Kasturi; ⏲10:00~22:00; Ⓜ Pasar Seni）这座20世纪30年代的装饰艺术风格建筑内有许多出售马来西亚艺术品和工艺品的商店，包括蜡染服装、帘布、金锦缎、月亮风筝（wau bulan）、篮子和Royal Selangor锡器，此外也少不了日常生活中的老物件。不要错过附属建筑内迷人的民族艺术博物馆（Museum of Ethnic Arts），该博物馆由私人经营，里面的多数物品均可出售。

民族艺术博物馆

古玩

（Museum of Ethnic Arts; 见54页地图; ☎03-2301 1468; 2nd fl, The Annexe, 10 Jln Hang Kasturi; ⏲11:00~19:00; Ⓜ Pasar Seni）免费 虽然宣称是博物馆，但几乎所有东西都对外销售，这里的部落私人艺术藏品来自婆罗洲，不同一般。你还能发现娘惹陶器、西藏唐卡、水墨画、瓷器、刺绣壁挂、手工雕刻的盒子、木门，以及来自马来西亚等国的各种有趣之物。这里还有一处当代艺术品的展览馆。

茨厂街市场

市场

（Petaling Street Market; 见54页地图; Jln Petaling; ⏲正午至23:00; Ⓜ Pasar Seni）这个夜市两头有仿中式牌坊，它受到大肆宣扬，充分诠释了马来西亚人对山寨商品的温和态度。上午10点左右，商人们开始挤进茨厂街，直到市场摊位将里面挤得水泄不通为止，商品从Gucci手袋仿品到一串串荔枝，一应俱全。如果你想拍照或游览不那么拥挤的市场，就下午过来。

金三角

★ Pavilion KL

商场

（见72页地图; www.pavilion-kl.com; 168 Jln Bukit Bintang; ⏲10:00~22:00; 单轨铁路 AirAsia-Bukit Bintang）Pavilion KL是吉隆坡购物商场中的标杆。除了众多耳熟能详的国际品牌，这里也提供一些优良的本地商品，包括原英属印度地区的时装、制作精良的亚麻织品以及男女丝绸和棉制服装，还有更实惠的Padini Concept Store。想去日本区瞧瞧，可以到6楼的东京街（Tokyo Street）摊位享用各种日式美食。

Kompleks Kraf Kuala Lumpur

艺术品、工艺品

（见72页地图; ☎03-2162 7533; www.kraftangan.gov.my/en/craft-complex-2; Jln Conlay; 博物馆 成人/儿童 RM3/1; ⏲9:00~20:00; 单轨铁路 Raja Chulan，之后换乘出租车）这个大型商场是政府投资的企业，主要针对团队游客而设，但里面的店铺还是值得逛逛的，看一看印花布和时装、木雕品、锡器、编织篮、玻璃器皿和陶器。你也可以在附近的Craft Village观看艺术家和工匠工作，或者去附属的工艺博物馆（Muzeum Kraf）看一看。

Sungei Wang Plaza 商场

（见72页地图；www.sungeiwang.com；Jln Sultan Ismail；⊙10:00~22:00；单轨铁路 AirAsia-Bukit Bintang）这里比较容易迷路，但到处都是面向年轻人的服饰，是吉隆坡比较有意思的商场之一。Sungei Wang Plaza侧重于街头时装和特价商品，而非耀眼的国际品牌。Parkson Grand百货商店偏安一隅。4层还有一家邮局、各种快餐店和一个小贩中心。

Purple Cane Tea Square 茶

（见72页地图；☎03-2145 1200；www.purplecane.my；1st fl，Shaw Pde，Changkat Thambi Dollah；⊙11:00~21:30；单轨铁路 Imbi）在这家茶叶零售商的主要分店，提供的一切都和茶叶有关（特别是销售优质普洱茶）。如果你想尝尝与茶叶有关的菜肴，这里还有一家附设的餐馆。Purple Cane还出售由扶助贫困女性机构Salaam Wanita（www.ehomemakers.net）制作的再生纸篮和纸袋。

Plaza Low Yat 电子产品

（见72页地图；http://plazalowyat.com；7 Jln Bintang，紧邻Jln Bukit Bintang；⊙10:00~22:00；单轨铁路 Imbi）这里是马来西亚最大的IT商场，6个楼层都是电子产品和相关服务商店，顶层的商店提供修理服务。据报道，这里曾出现过信用卡资料在交易后被盗取的现象，所以最好使用现金。

吉隆坡会议中心广场及周边

Suria KLCC 商场

（见58页地图；☎03-2382 2828；www.suriaklcc.com.my；KLCC，Jln Ampang；⊙10:00~22:00；ⓂKLCC）即使购物让你无聊得要哭，但你一定能在双子塔脚下这座令人满意的购物中心找到一些有趣的东西。这里主要是国际品牌，但你也能发现一些当地零售商的产品，包括Royal Selangor的锡器、Vincci的鞋子和饰品，还有Aseana的设计时装。

My Batik Visitor Centre 时装

（☎016-220 3190，03-4251 5154；www.mybatik.org.my；333 Persiaran Ritchie，紧邻Jln Ritchie；⊙8:00~17:00；ⓂAmpang Park，之后换乘出租车）My Batik由艺术家Emilia Tan开设，位于一处有鸡蛋花树的漂亮场地内，出售五彩斑斓的蜡染时装，举办展会，并向大人和小孩儿提供DIY蜡染绘画课程（周末很受家庭欢迎）。室外的Green Tomato Cafe全天提供西式早餐。打电话可预先安排蜡染培训课。

Prototype Gallery 艺术品

（见58页地图；www.facebook.com/prototypegallery；Level 2，Wisma Central，Jln Ampang；⊙周二和周四至周六 10:00~18:00；ⓂKLCC）这家小画廊展有各式当地艺术品，从3D打印物品到印刷品和杂志，不一而足，你还有机会看到这座老式商场的天花板上刚刚绘制的奇妙壁画。多数周末，他们还会开设Junk-ED工艺品和二手市场。

Avenue K 商场

（见58页地图；www.avenuek.com.my；156 Jln Ampang；⊙10:00~22:00；ⓂKLCC）Avenue K倚靠时尚零售商H&M的大型分店，近年来经过重大改造，如今到处都是商店和吸引人的就餐地点。此外，这里还有不少娱乐场所，比如Breakout密室逃脱的分店和互动史前展览Discoveria（discoveria.com.my）。

孟沙巴鲁和十五碑

★ DR.Inc 家庭用品

（见62页地图；☎03-2283 4698；http://naladesigns.com；8 Jln Kemuja；⊙9:00~19:00；📶；ⓂBangsar）Lisette Scheers是Nala品牌背后的创造者，该品牌包括家庭用品、文具、饰品及其他富有艺术感的物品。她的所有产品都体现出鲜明的本地审美和当代风格，漂亮地陈列在这家你做梦都想共享到Instagram的概念商店和超酷的咖啡馆里。

她还在这里提供素描和印花课程，详细信息见网站。

★ Never Follow Suit 时装

（见83页地图；☎03-2284 7316；28-2，

传统干鲜食品市场

在吉隆坡，西式的超市比亚洲常见的半户外干鲜食品市场更为普遍。然而，一些传统市场仍然存在，值得一游。

富都市场（Pudu Market；Jln Pasar Baharu；⏲4:00~14:00；Ⓜ Pudu）早点儿到达，就能体验吉隆坡最大的生鲜市场最疯狂的时刻。在这里，你能找到所有你想象得到的水果、蔬菜、鱼和肉——从现场剁下的鸡爪到黄貂鱼片或猪鞭。

邱奇新市场（Bazaar Baru Chow Kit，Chow Kit Market；见64页地图；469-473 Jln TAR；⏲8:00~17:00；单轨铁路 Chow Kit）这家混乱的日常生鲜杂货市场服务于邱奇的华裔和马来裔工人阶级。密集的小路狭窄拥挤，架子上满是水果、蔬菜，以及各种便宜的服装和电子产品。你还可以在这里品尝小贩和咖啡店饮食，狭小的小店多年来从未变过。

唐人街生鲜市场（Chinatown Wet Market；见54页地图；紧邻Jln Tun HS Lee；⏲7:00~15:00；Ⓜ Pasir Seni）如果你想要一只刚拔完毛的鸡，就来这里。市场挤在Jln Petaling和Jln Tun HS Lee之间的昏暗小巷里，是当地人购买食品杂货的地方。

Jln Telawi 2，Bangsar Baru；⏲11:00~21:00；Ⓜ Bangsar）这家别具一格的服饰店隐藏在二楼，你一定能在这里找到独一无二的东西。新衣服和增值回收的二手服饰像艺术品一样展示着，店面新潮，有种怀旧时尚风格。

★ Bangsar Village I & II 商场

（见83页地图；www.bangsarvillage.com；Jln Telawi 1和Jln Telawi 2交叉路口，Bangsar Baru；⏲10:00~22:00；Ⓜ Bangsar）这两家姊妹购物商场通过廊桥连接，销售高档时尚商品，包括本土设计师品牌，例如Dude & the Duchess的Richard Tsen、鞋店Thomas Chan，以及中国风的女士服装Desiree。这里还有适合儿童的游乐中心，而出色的**Hammam Spa**（见83页地图；☎03-2282 2180；www.hammamspas.com；3rd fl，Bangsar Village II，Jln Telawi 1；护理 RM168起；⏲10:00~22:30；Ⓜ Bangsar）和**Silverfish Books**（见83页地图；☎03-2284 4837；www.silverfishbooks.com；2nd fl，Bangsar Village II，Jln Telawi 1，Bangsar Baru；⏲10:00~22:00；Ⓜ Bank Rakyat-Bangsar）总是当地人津津乐道的话题。

Wei-Ling Gallery 艺术品

（见62页地图；www.weiling-gallery.com；8 Jln Scott，Brickfields；⏲周一至周五 10:00~18:00，周六 至17:00，周日仅限预约；🚉KL Sentral，单轨铁路 KL Sentral）这家古老店屋的最上面两层已经被别出心裁地改建成了一个当代画廊，专门展示当地艺术家的作品。注意：隔壁店屋前面的金属安全门也是艺术品。

Pucuk Rebung 艺术品

（见83页地图；☎03-2094 9969；18 Lg Ara Kiri 2，Lucky Gardens；⏲周三至周日 10:30~17:00；Ⓜ Bangsar）专营古玩和艺术品，这里是在吉隆坡寻找当地优质工艺品和较为高档的马来民族物品的最佳地点之一。值得前来随意看看，还可以与和蔼的老板、曾经的银行家亨利·邦（Henry Bong）闲聊一番。

Nu Sentral 商场

（见62页地图；www.nusentral.com；201 Jln Tun Sambanthan；⏲10:00~22:00；🚉KL Sentral，单轨铁路 KL Sentral）这家闪亮的多层商场连接单轨铁路和吉隆坡中央车站的总站。众多商店包括Parkson百货商店的分店和MPH书店，还有GSC影城和美食广场，以及Breakout（www.breakout.com.my）密室逃脱。

吉隆坡市中心以外

★ Publika 商场

（www.publika.com.my；1 Jln Dutamas，Solaris Dutamas；⏲10:00~21:00；🚗）艺术、购物、就餐和社交在吉隆坡最具创意的商场里和谐交融，从孟沙往北开车10分钟即可到达。MAP（见67页）作为文化重心，有种类多样的展览、演出和演讲。中央广场周一大多会免费放映电影，每个月的最后一个周日，这里会举办不错的手工艺品集市。

Mid Valley Megamall 商场

（www.midvalley.com.my；Lingkaran Syed Putra；⏲10:00~22:00；🚉Mid Valley）这个商场有300家零售店、两家百货公司（Metrojaya和Jusco）、18块银幕的电影院、保龄球馆、大型美食广场，甚至还有绚丽多彩的印度教寺庙，规模之大简直难以形容，足以让你一连几天乐不思蜀。紧邻的快速电车（KL Komuter）Mid Valley车站方便更多人前来购物。

Royal Selangor Visitor Centre 艺术品、工艺品

（☎03-4145 6122；http://visitorcentre.royalselangor.com；4 Jln Usahawan 6, Setapak Jaya；⏲9:00~17:00；Ⓜ Wangsa Maju）坐落于市中心东北方向8公里处的Royal Selangor Pewter Factory是世界上最大的锡制品生产商，充满延展性的锡铜合金制成的纪念品非常有吸引力。另外，公司出售Comyns品牌的银制品及Selberam珠宝首饰。Selangor的产品也在吉隆坡各大商场销售，包括Suria KLCC和Pavilion KLCC。

ℹ 实用信息

移民局

移民局（Immigration Office；☎03-6205 7400；69 Jln Sri Hartamas 1，紧邻Jln Duta；⏲周一至周五 7:30~13:00和14:00~17:30；🚗）处理签证延期，办公室在Publika商场对面。

上网

网吧现在很少见。如果你有能够连接Wi-Fi的设备，数百家咖啡馆、餐馆、酒吧和很多酒店都可以使用Wi-Fi免费上网。

媒体

Juice（www.juiceonline.com）这本月刊主攻酒吧和夜店的相关内容，在高端酒店、餐馆和酒吧都可免费索取。

Time Out Kuala Lumpur（www.timeoutkl.com）登载吉隆坡当前的活动。

Poskod Malaysia（http://poskod.my）关于这座城市和巴生谷（Klang Valley）地区的出色网络杂志。

医疗服务

药房遍布全市，最常见的是Guardian，在大多数商场都可以找到。

吉隆坡医院（Hospital Kuala Lumpur；见67页地图；☎03-2615 5555；www.hkl.gov.my；Jln Pahang；Ⓜ Titiwangsa，单轨铁路 Titiwangsa）城市主要医院，位于城北。

同善医院（Tung Shin Hospital；见54页地图；☎03-2037 2288；http://tungshin.com.my；102 Jln Pudu；Ⓜ Plaza Rakyat）拥有中医诊室的综合医院。

Twin Towers Medical Centre KLCC（见58页地图；☎03-2382 3500；http://ttmcklcc.com.my；Level 4, Suria KLCC, Jln Ampang；⏲周一至周六 8:30~18:00；Ⓜ KLCC）位于双子塔附属商场内，位置便利。

现金

银行和自动柜员机到处都有。货币兑换处兑换现金和旅行支票（有时）提供比银行更好的汇率，营业时间较长，周末也上班，一般在购物商场里都有。

邮局

邮政总局（Main Post Office；见54页地图；www.pos.com.my；Jln Raja Laut；⏲6:00~23:30；Ⓜ Pasar Seni）位于中央市场的河对岸，邮局商店提供打包服务，价格合理。

旅游信息

Visit KL（见54页地图；☎03-2698 0332；www.visitkl.gov.my；KL City Gallery, Merdeka Sq；⏲9:00~18:30；📶；Ⓜ Masjid Jamek）城市官方旅游局，位于吉隆坡市美术馆（见57页）。除了许多有用的宣传册和地图，它还经营独立广场和甘榜巴鲁村免费步行游。

马来西亚游客中心（Malaysian Tourism Centre；见58页地图；☎03-9235 4800；www.matic.gov.my/en；109 Jln Ampang；⏲8:00~22:00；单轨铁路 Bukit Nanas）有关于吉隆坡和马来西亚各地的旅游信息。这里的剧院还上演免费的传统舞蹈和音乐演出（周一至周六 15:00~15:45），巧克力商场Cocoa Boutique里也有一处分支机构。总办事处在一栋建于1935年的漂亮别墅里，当时它是橡胶和锡业大亨余东璇的宅邸。

州际长途汽车票价

目的地	票价	行程	车站
亚罗士打	RM43	5小时	富都中央车站
北海	RM35	4.5小时	富都中央车站
金马伦高原	RM35	4小时	富都中央车站
怡保	RM28	2.5小时	富都中央车站
而连突	RM18.40	3小时	柏格里宁汽车站
新山(柔佛巴鲁)	RM34.30~40	4小时	富都中央车站，TBS
哥打巴鲁	RM44	8小时	TBS
瓜拉登嘉楼(瓜拉丁加奴)	RM43	8小时	TBS
关丹	RM24.30	4小时	富都中央车站，柏格里宁汽车站
卢穆特	RM27.70	4小时	富都中央车站
马六甲	RM10~12.50	2小时	富都中央车站，TBS
丰盛港	RM30	5.5小时	富都中央车站
槟城	RM30~40	5小时	富都中央车站
芙蓉	RM6	1小时	TBS
新加坡	RM45~50	6小时	富都中央车站，TBS
双溪大年	RM40	5小时	富都中央车站
太平	RM35	3.5小时	富都中央车站

到达和离开

飞机

吉隆坡国际机场(Kuala Lumpur International Airport，简称KLIA；☎03-8777 7000；www.klia.com.my；🚉KLIA)吉隆坡的主要机场，有两个航站楼，位于城市以南约55公里处。其中，KLIA Ⅰ航站楼主要运营马来西亚航空公司和其他航空公司的航班，KLIA Ⅱ航站楼主要运营亚航、马印航空等廉价航空公司的航班。

梳邦机场(SkyPark Subang Terminal，Sultan Abdul Aziz Shah Airport；☎03-7842 2773；www.subangskypark.com；M17，Subang)飞萤航空(Firefly)、成功航空(Berjaya Air)，以及亚洲航空(Air Asia)和马印航空(Malindo Air)的一些国内航班从市中心以西约23公里处的梳邦机场起飞。

长途汽车

吉隆坡有许多长途汽车站，唐人街东部的富都中央车站(Pudu Sentral)和市中心以南14.5公里处的Terminal Bersepadu Selatan(TBS)是主要车站。其他长途汽车的线路由以下公司运营：

Aeroline(见58页地图；☎03-6258 8800；www.aeroline.com.my；Ⓜ K_CC)每天往来新加坡(RM95，每天6班)、槟城(Penang；RM60，每天2班)和新山(Johor Bahru；RM60，每天1班)的长途汽车从Jln Ampang的Corus Hotel门口发车，位于吉隆坡会议中心广场的东北。

Nice(见62页地图；☎013-220 7867；www.nice-coaches.com.my；🚉Kuala Lumpur)从位于Jln Sultan Hishamuddin的吉隆坡老火车站外面出发，开往新加坡(RM82起，每天7班)、槟城(RM74起，每天多达6班)及马六甲(RM33起，每天3班)。

Transtar Travel(见72页地图；☎03-2141 1771；http://transtar.travel；单轨铁路 Imbi)长途汽车从Overseas Restaurant对面的135 Jln Imbi出发，开往新加坡(RM37起，每天4班)。

富都中央车站

这个拥挤的车站仍然让人不想久留。靠近主入口处有个咨询台，后方有旅游警察和**行李寄存处**(见54页地图；每件行李每天 RM2~5；⏲8:00~23:00)。

车站里面有几十家长途汽车公司的售票窗

吉隆坡国际机场转机停留酒店

如果你所需要的只是在航班抵离前后梳洗一番，吉隆坡有几个不错的转机住宿选择。

Capsule by Container Hotel（☎03-7610 2020；www.capsulecontainer.com；L1-2 & 3, Gateway, KLIA Ⅱ；标单3小时 RM50起；❄@📶；🚆KLIA）堆叠在一起的转运集装箱被巧妙地改造成胶囊式的房间，适合短时间停留（最短3小时）。这个当代设计风格的临时住处在吉隆坡国际机场2号航站楼旁边。

Sama-Sama Express KLIA（☎03-8787 3333；www.samasamaexpress.com；Mezzanine Level, Satellite A Bldg, KLIA Ⅰ；双6/8小时 RM382/435；❄@；🚆KLIA）在航站楼内，所有房间都自带卫生间和电视。该公司还在吉隆坡国际机场2号航站楼经营一家分店，在吉隆坡国际机场1号航站楼外边还有一家提供全方位服务的高档酒店。

口。员工会喊出目的地的名字，买票时你最好反复确认票面上的出发时间，因为有些员工会卖出还有数个小时才发车的票。长途汽车从地下层的平台（有编号）出发。

主要的运行路线车票充足，车次多到你在现场买票都可以轻易买到下一班车的座位。然而，为了省却不必要的麻烦，车票最好至少提前一天买好，如果碰到假日高峰期，最好提前几天购票。特别是去往金马伦高原（Cameron Highlands）和东海岸目的地，更要尽早买票。

Transnasional Express（见54页地图；☎1300-888 582；www.transnasional.com.my）是这里规模最大的长途汽车公司，提供去往多数主要目的地的长途汽车服务。

TBS

从吉隆坡中央车站（KL Sentral）向南约15分钟可抵达，连接Bandar Tasik Selatan铁路枢纽，这个新建的**Terminal Bersepadu Selatan**（TBS；☎03-9051 2000；www.tbsbts.com.my；Bandar Tasik Selatan；Ⓜ Bandar Tasik Seletan，🚆Bandar Tasik Seletan）提供前往吉隆坡以南各目的地[包括芙蓉（Seremban）、马六甲、麻坡（Muar）、新山（柔佛巴鲁）和新加坡]、吉兰丹（Kelantan）及登嘉楼州（Terengganu）东北的线路。

中央艺术坊车站

中央艺术坊车站（Pasir Seni Station）在唐人街中央艺术坊轻轨站（Pasar Seni LRT）旁边，有班次频繁的长途汽车服务，前往吉隆坡以西巴生谷的目的地，包括沙阿南（Shah Alam；RM3）和八打灵再也（Petaling Jaya；RM3）。

柏格里宁汽车站

这座汽车站（Pekeliling Bus Station）位于靠近蒂蒂旺沙轻轨站（Titiwangsa LRT）和单轨铁路车站的地方，紧邻Jln Tun Razak。长途汽车由此前往瓜拉立卑（Kuala Lipis；RM14.70，3小时，每天11班）和劳勿（Raub；RM9.20，2小时，每天12班）。包括**Plusliner**（见62页地图；www.plusliner.com）在内的一些汽车公司运营前往关丹（Kuantan；RM24.30，4小时，每天12班）的长途汽车，很多班次途经淡马鲁（Temerloh；RM12.40，2小时）。开往而连突（Jerantut；RM18.40，3小时，每天9班）的长途汽车也经过淡马鲁。

租车

想租一辆小汽车游览马来西亚半岛风光，吉隆坡是最理想的租车地点了。但是，要从吉隆坡复杂的交通系统（而且大多数道路是单行道）中冲出重围，就需要拿出胆量来。

Avis（见64页地图；☎03-2162 2144；www.avis.com.my；Rennaissance KL Hotel, 128 Jln Ampang；⏲周一至周五 8:00~18:00，周六和周日 至17:00；单轨铁路Bukit Nanas）KLIA Ⅰ & Ⅱ也有一处预约柜台。

Hertz（见58页地图；☎03-2026 2497；www5.hertz.com；Wisma MPL, Jln Raja Chulan；⏲周一至周六 8:00~18:30，周日 至13:30；单轨铁路 Raja Chulan）在KLIA Ⅰ、KLIA Ⅱ和梳邦机场也有办公室。

Orix（见72页地图；☎03-2142 3009；www.orixauto.com.my；Ground fl, Federal Hotel, 35 Jln Bukit Bintang；单轨铁路 Imbi）在KLIA Ⅰ也有一个租赁柜台。

出租车

长途出租车从富都中央车站的二楼发车，速

度一般和长途汽车差不多。如果不想等凑够四个人再出发，就必须包下整辆出租车，司机的报价应该包含全部过路费。

出租车固定包车费

目的地	费用
福隆港	RM200
金马伦高原	RM400
云顶高原	RM60
怡保	RM280
新山（柔佛巴鲁）	RM480
卢穆特	RM400
马六甲	RM220
槟城	RM550

火车

吉隆坡是**快速电车**（Keretapi Tanah Melayu Berhad；☎1300-885 862；www.ktmb.com.my；⊙信息咨询处 9:00~21:00，售票处 6:30~21:30）国家铁路系统的枢纽。所有的长途火车都是从吉隆坡中央车站发车。大厅内的信息咨询处可以查询列车时刻表，也可以检查是否还有空座。

每天都有开往北海（Butterworth）、新山（柔佛巴鲁）和泰国等地的列车。火车速度很慢，但车票很便宜，硬座相对卧铺更是如此。快速电车（KTM Komuter）有列车往返于吉隆坡与巴生谷、怡保、芙蓉之间。

ℹ 当地交通

吉隆坡中央车站是吉隆坡轨道城市网络的核心枢纽。这些交错复杂的轨道交通网络包括快速电车、吉隆坡国际机场特快列车（KLIA Ekspres）、吉隆坡国际机场经停列车（KLIA Transit）、轻轨（LRT）和单轨铁路（Monorail）等交通系统。可惜的是，这些交通系统是分别修建的，大多没有整合统一。各线基本各自为政，车票仅能在本系统使用，有一些车站可以在系统间换乘，但换乘通常极为不方便。尽管如此，你仍然可以综合利用铁路和单轨把吉隆坡市区大部分地区转个遍，还能避开城市中心区域严重拥堵的交通。要是赶上了2017年新建成的地铁系统，就可以用一张单程票乘坐吉隆坡/巴生谷地区所有的列车线路。

抵离机场

吉隆坡国际机场

从吉隆坡国际机场1号和2号航站楼前往市区最快捷的方式就是乘坐**吉隆坡国际机场特快列车**（KLIA Ekspres；www.kliaekspres.com；单程成人/儿童 RM35/15），首班5:00发车，末班车凌晨1:00发车；每15分钟一班。到达吉隆坡中央车站之后，你可以继续乘坐快速电车、轻轨、单轨列车或者出租车前往你的目的地。KLIA Ⅰ和KLIA Ⅱ两个航站楼之间有机场快线相连通，车程约3分钟。

吉隆坡国际机场经停列车（KLIA Transit；单程成人/儿童 RM 35/15）也同样往返于机场和中央车站之间，但是途中停靠3个不同的站点（Salak Tinggi、布城和Cyberjaya，以及Bandar Tasik Selatan）。

如果你打算去吉隆坡国际机场搭乘马来西亚航空公司（Malaysia Airlines）、国泰航空公司（Cathay Pacific）、文莱皇家航空公司（Royal Brunei）或阿联酋航空公司（Emirates）的航班，可以在中央车站把行李交给航空公司托运，然后轻装前往机场。

从吉隆坡出发的火车的票价

目的地	豪华座	高档座	经济座
北海		RM34	
金马士		RM20	
怡保		RM22	RM12
新山（柔佛巴鲁）	RM64	RM33	
巴丹勿刹		RM44	RM24
太平		RM28	RM18
淡边	RM50	RM17	RM11

最经济的选择是乘坐**机场巴士**(Airport Coach; www.airportcoach.com.my; 单程/往返RM10/18),1个小时到达吉隆坡中央车站。如果你购买RM18的往返票,机场巴士就可以送你到任何一家吉隆坡市中心的酒店。如果购买RM25这档的往返票,可在返程前往机场时也享受机场巴士的酒店接送服务。巴士车站在候机楼内,有明显的标志。连接吉隆坡国际机场和吉隆坡市中心的其他公共汽车公司有**Skybus**(www.skybus.com.my; 单程 RM9.50)和**Aerobus**(www.aerobus.my; 单程RM9)。

从吉隆坡国际机场发出的出租车执行固定的预付券措施。标准出租车收费是RM75(乘车人数不超过3人);高级出租车可容纳4人,费用为RM103;家庭型汽车最多可容纳8人,费用为RM200。整个行程约1小时。出机场大厅之前就要买好出租车预付券。乘出租车去机场的乘客要和司机确认车费中本身就包括了过路费,从唐人街或Jln Bukit Bintang到机场至少需要RM65。

梳邦机场

从市中心到梳邦机场乘坐出租车用时30分钟至1小时,取决于交通状况,费用为RM40~50。

Trans MVS Express(☎019-276 8315; http://klia2airporttransfer.com)在9:00~21:00,整点运营从吉隆坡市中心至梳邦(RM10; 1小时)的公共汽车; 5:00~23:00,从梳邦至吉隆坡国际机场1号和2号航站楼(RM10,1小时)的车辆大概2小时一班。

自行车

蒂蒂旺沙湖公园出租自行车。Cycling Kuala Lumpur(http://cyclingkl.blogspot.co.uk)是很棒的资源,有骑行线路图和关于如何在吉隆坡道路上保证安全的很多详细信息。

KL By Cycle(见54页地图; ☎03-2691 2382; www.myhoponhopoff.com; Dataran Merdeka Underground Mall, Merdeka Sq; 每小时 RM10,押金 RM100; ⏲9:00~18:00; Ⓜ Masjid Jamek)吉隆坡市美术馆对面地下商场的服务台出租普通自行车,费用包括头盔。

公共汽车

尽管有许多小公司,但吉隆坡的大多数公共汽车基本属于**Rapid KL**(☎03-7885 2585; www.rapidkl.com.my)和**Metrobus**(☎03-5635 3070)这两家公司。在唐人街靠近Pasir Seni车站附近有一个**信息咨询处**(见54页地图; ⏲7:00~21:00),你也可以在那里乘坐免费的Go KL City Bus(www.gokl.com.my)前往金三角和吉隆坡会议中心广场。

Rapid KL公共汽车标志清楚地显示目的地,因此乘坐最方便。它们分为四种路线: Bas Bandar(路线开头为B字母; RM2)在市中心以内运行; Bas Utama(路线开头为U字母; RM3)往返市中心和各郊区; Bas Tempatan(路线开头为T字母; RM 1)在周边的郊区内部运行; Bas Ekspres(路线开头为E字母; RM3.80)是到偏远郊区的公交特快线路。

当地公共汽车从位于市区各处的6个小车站

乘车卡

在吉隆坡/巴生谷地区,如果使用一张充值乘车卡支付交通费用,会比现金票价优惠一些。

- MyRapid(www.myrapid.com.my)可以用于Rapid KL公共汽车、单轨铁路以及Ampang和Kelana Jaya轻轨线。这种卡售价RM20(包括RM5押金),可以在单轨和轻轨车站购买。无论是搭乘列车还是公共汽车,只需轻触检票口,就会自动扣除相应的票价。RapidKL也提供Rapidpass Flexi Touch'n Go卡,有效期从1天至30天不等(售价RM10~150)。
- Touch'n Go(www.touchngo.com.my)可以用于所有公共交通,以及全国各地的公路收费站和部分停车场。这种卡售价RM10,可再充值RM10~200,可以在My News店购买。
- KL TravelPass(www.kliaekspres.com/deals/kl-travelpass)其实就是包括一次乘坐吉隆坡国际机场特快列车单程/往返的Touch'n Go卡,外加RM10押金(RM50/85),可以在吉隆坡国际机场航站楼和吉隆坡中央车站购买。

出发，唐人街地区较常上下车的车站有Jln Sultan Mohamed（通过Pasar Seni）、Bangkok Bank（在Lebuh Pudu）和Medan Pasar（在Lebuh Ampang）。

吉隆坡单轨铁路

空调**单轨铁路火车**（www.myrapid.com.my；RM1.20~4.10；⏲6:00至午夜）从吉隆坡中央车站开往蒂蒂旺沙湖，连接了吉隆坡市很多旅游景点。

快速电车

快速电车（KTM Komuter；www.ktmb.com.my；RM1起；⏲6:45~23:45）以吉隆坡中央车站为枢纽，有两条线路：丹绒马林（Tanjung Malim）至双溪加笃（Sungai Gadut），以及黑风洞（Batu Caves）至巴生港（Pelabuhan Klang）。列车6:00~23:45运营，15~20分钟一班。车票RM1起（一站地）。

轻轨列车

轻轨列车（Light Rail Transit，简称LRT；☎03-7885 2585；www.myrapid.com.my；RM1.10；⏲6~10分钟一班，6:00~23:45，周日和节假日至23:30）系统有三条线路：Ampang/Sentul Timur、Sri Petaling/Sentul Timur及Kelana Jaya/Terminal Putra。由于每条线都是由不同公司修建的，因此整个网络未能整合统一。从一条线换乘另一条线需要辗转穿越无数通道，上楼梯，乘电梯，甚至要在地下走几个街区，非常麻烦。

你可以通过售票员或电子售票机买票。轻轨列车每天6:00~23:45运营，6~10分钟一班。如果你要在吉隆坡待一段时间，不妨购买一张充值卡。

出租车

➡ 空调出租车不计其数，在不下雨的非高峰时间打车并不困难。

> **吉隆坡的新地铁**
>
> 全称是巴生谷地铁项目（简称KVMRT；www.mymrt.com.my），包括以轨道交通为基础的公共交通网络建设，连同现有的地铁系统，旨在疏解困扰大吉隆坡/巴生谷地区的交通拥堵问题。如今正在修建的是双溪武洛（Sungai Bulo）至加影（Kajang）的51公里长的新线路，这条线路中有9.5公里要在地下运行，开凿隧道正对吉隆坡市中心的部分区域造成破坏。第一段从双溪武洛至士曼丹（Semantan），于2016年年底通车。该线路通往加影的余下部分将于2017年完工。

➡ 普通的红白出租车（teksi bajet）前3分钟的车费为RM3，每延长36秒加收RM0.25。午夜至6:00加收计价器显示金额的50%。

➡ 蓝色出租车更新、更舒适，前3分钟起价RM6，每增加36秒加收RM1。夜间还要加收50%的费用。

➡ 有些出租车司机不熟悉某些地理位置，还有些司机不打表，虽然法律规定必须全程使用计价器。常在豪华酒店外或著名旅游景点（例如吉隆坡飞禽公园）招揽生意的出租车司机尤其不遵纪守法。

➡ 吉隆坡中央车站和一些大商场（如Pavilion KL和Suria KLCC）使用预付券系统付费，车费通常比使用计价器的稍贵一点儿。

➡ 在智能手机或平板电脑上下载My Teksi预订应用。My Teksi的司机必须使用计价器，该应用能让你在预订之前就了解大概费用。

➡ 即使在交通状况一般的时候，花费RM10的计价器车费，你也可以到达市中心的各个地点。

雪兰莪和森美兰

包括 ➡

最佳建筑

- 布城（见106页）
- 神安池（见114页）
- 班泰村和竹仔积（见114页）
- 芙蓉（见111页）
- 青枝艺术中心（见103页）

最佳自然景观

- 赤岭瀑布（见105页）
- 拉沙多角森林保护区（见115页）
- 马来西亚林业科学研究所（见101页）
- 福隆港（见103页）
- 黑风洞（见100页）

为何去

走出吉隆坡城区吧，你将遇见的那些马来西亚最佳景点就是对勇于探险者的回报。从神圣的黑风洞到茂盛的马来西亚林业科学研究所，这两个景点均在从吉隆坡出发的半日游范围之内。中途可驻足观赏的美景包括葱郁的福隆港和瓜拉雪兰莪的王朝故都，还可观赏野生动物，并享受宁静的马来西亚乡村气氛。

在吉隆坡以南，马来西亚的行政中心布城展示着令人惊叹的现代建筑和绿色城市规划。再往南走，你可以了解米南加保文化并品尝当地美食。

可以考虑租一辆车，探索重量级景区：行驶在两边是吊脚楼和古代巨石的乡村小径上，探索殖民时代的山间度假胜地，中途下车畅游瀑布，并在传统的路边摊用餐。

何时去

瓜拉雪兰莪

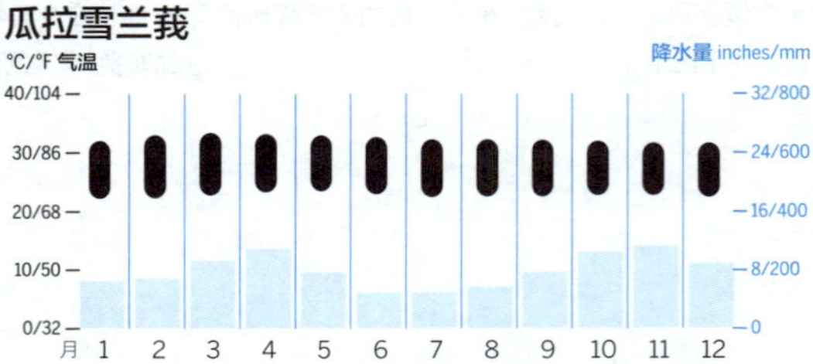

1月和2月 大宝森节期间，黑风洞被朝圣者团团围住。

3月和4月 在拉沙多角森林保护区观赏一年一度的猛禽北飞大迁徙。

6月 摆脱低地的炎热，参加福隆港国际观鸟大赛。

雪兰莪和森美兰亮点

❶ **福隆港**（见103页）殖民时代的山间度假胜地草木繁盛，适宜观鸟。

❷ 探索**芙蓉**（见111页）周边的米南加保村庄、木制宫殿和巨石。

❸ 徒步登上20米高的**赤岭瀑布**（见105页），然后一猛子扎下去游泳。

❹ 在**布城**（见106页）中心湖里乘小船欣赏马来西亚里程碑式的新建筑。

❺ 在**马来西亚林业科学研究所**（见101页）的树冠步道上从树顶俯瞰丛林生活。

❻ 在**黑风洞**（见100页）探寻印度教圣地和自然历史。

❼ 徒步穿过郁郁葱葱的丛林，前往**拉沙多角森林保护区**（见115页）隐蔽的海滩。

历史

在15世纪，如今的雪兰莪和森美兰等地都在马六甲苏丹国的控制之下。然而随着雪兰莪的布吉人（Bugis）的势力日渐增长（布吉人是擅长航海而又好战的马来定居者，从苏拉威西迁徙而来），从苏门答腊来的米南加保定居者感到越来越不安全，于是他们向故乡寻求庇护。苏门答腊派来了一位米南加保王子梅乐瓦（Raja Melewar），他于1773年被任命为第一任森美兰最高统治者（yang di-pertuan besar）。在这个最初的联盟基础上，出现了由9个城邦组成的松散联邦。彼时，森美兰的王都设立在神安池（Sri Menanti）。

随着马六甲在16世纪初落于葡萄牙人之手，对雪兰莪控制权的争夺也同样激烈，而其中部分的原因是由于这里丰富的锡矿储量。到了18世纪中期，布吉人以瓜拉雪兰莪（Kuala Selangor）为核心，建立了苏丹国。又过了一个世纪，随着锡矿贸易的繁荣和新建不久的吉隆坡城华人社区日渐富裕，雪兰莪的各酋长和采矿者之间冲突不断，两大势力内部矛盾丛生，最终导致了一场漫长的内战，锡矿产量因此大减，吉隆坡也遭到摧毁。1874年内战结束之后，英国人开始执掌政权，苏丹被迫接受在巴生（Klang）设立英国人驻扎点。在随后的25年中，该国经济繁荣，这主要得力于锡价的再度上扬。

森美兰州也有丰富的锡矿储量，所以在19世纪的大半时间里，同样遭受着由贪欲驱动的骚乱和政治动荡之苦。在梅乐瓦王子死后，最高统治者的头衔由几个苏门答腊酋长先后继承，1824~1832年，锡矿引发了好几场持久战，最终森美兰州与苏门答腊断绝了政治联系。

英国驻扎官弗兰克·瑞天咸（Frank Swettenham）诱使雪兰莪州、森美兰州、霹雳州及彭亨州的苏丹们结成联盟，并最终在1896年组成马来联邦（Federated Malay States）。该联邦行政首府设在凤凰涅槃般变换新颜的吉隆坡，到了20世纪初，这里已经成为一座繁荣有序的城市。1974年，雪兰莪州的苏丹将吉隆坡交给马来联邦，沙阿兰（Shah Alam）转而成为雪兰莪州的首府。在20世纪90年代后期，联邦行政中心布城（Putrajaya）也从雪兰莪州中分离出来。

雪兰莪（SELANGOR）

黑风洞（Batu Caves）

这片巨大的石灰岩洞群是马来西亚的国宝和最神圣的印度教圣地之一，位于吉隆坡以北13公里处，120多年来，其中的寺庙一直吸引着朝圣者。据称美国自然学者威廉·霍纳迪（William Hornaday）于1878年发现了这些洞穴，但（收集海鸟粪的）华人定居者一直都知道这里，当然当地的原住民也是如此。

猴子和人一样喜爱黑风洞，这些五彩斑斓的洞穴始终是引人入胜的游览之地（有人说这里虽然俗气但又令人兴奋）。每到1月下旬或2月上旬，在大宝森节（Thaipusam）的3天时间内，数万朝圣者蜂拥而至。无论什么时间前来，都要计划好足够的时间游览黑洞（Dark Cave），了解该地区的自然历史。

注意：每个洞都有不同的门票（主要的庙洞免费），而且开放时间不定。

景点和活动

庙洞 洞穴、印度教圣陵

（Temple Cave；⏲8:00~20:30；🚉Batu Caves）免费 1890年，吉隆坡马哈马里安曼庙（Sri Mahamariamman Temple）的创建者K.塔姆布萨米·皮莱（K Thambusamy Pillai）将穆鲁甘神（Lord Murugan）的雕像放置在黑风洞的主洞，即所谓的庙洞（实际上是两个由一小段台阶相连的巨大洞室）。在通向圆形主洞室的272级台阶底部矗立着一尊42.7米的穆鲁甘金色雕像。该雕像是在2006年竖立的，据说是世界上最大的穆鲁甘像。

第一个洞室内部，台阶顶部是在岩壁上雕刻出来的6个穆鲁甘神龛。第二个洞室是穆鲁甘的妻子瓦利·德瓦奈（Valli Devanai）的神庙。8:30~16:00是祷告时间。

穆鲁甘是湿婆和印度教战神的儿子，在泰米尔（Tamil）及泰米尔人移居的地区受到普遍崇拜。

罗摩衍那洞 洞穴、印度教圣陵

（Ramayana Cave；门票 RM5；⏲8:30~18:00；🚉Batu Caves）在参观黑风洞时，也许没

不要错过

黑风洞的大宝森节

每年1月底或2月初，数万朝圣者齐聚黑风洞，参加印度教的大宝森节。这是一次展示热情和社区精神的机会，感人、喧闹、令人崇敬。穆鲁甘神的银色战车从吉隆坡唐人街的马哈马里安曼庙出发，一路威风凛凛地前行。行进缓慢的队伍大概于午夜出发，清晨某个时间抵达洞穴。数千名朝圣者跟着战车，很多人呈现出不同程度的恍惚入神状态。

和世界各地的大宝森节一样，穆鲁甘的信徒带着“赎罪架”（kavadi；字面意思是“重担”）。这份重担经常是一罐牛奶，它是献给穆鲁甘的祝福。有的信徒会头顶罐子，然后真的将连有链子的铁钩勾在胸前和背后的皮肤上以保持平衡。最令人印象深刻的献身行为还有带上重量级“赎罪架”（vel kavadi）——巨大的金属笼子或祭坛，也是用铁钩穿刺在皮肤上。笼子上的孔雀羽毛就是穆鲁甘神的象征。

到达之后，朝圣者带着“赎罪架”走上272级台阶，到达庙洞。在那里，印度教的祭司将解除他们的重担。那些身体被刺穿的人会拔出铁钩，用柠檬和灰处理伤口。

无论什么时候，现场可能都有好几万人。虽然拥挤，但尚能忍受，你可以轻松穿过人群，去看看游行队伍。

最好8:00之前抵达洞穴（最好从唐人街就开始跟着大部队）。如果想看看庙洞内的活动，应该在5:00到达。洞外的许多摊贩和商店提供食物和水（不过如果打算进庙洞，还是要自己带一些）。

大宝森节的具体日期通常会在当地报纸上公布，但你也可以联系马哈马里安曼庙（见51页）。

有哪个洞穴能比这座罗摩衍那洞更引人注目了。这里虽然有些过度装饰，但仍令人乐在其中，洞内浮夸的立体雕塑演绎着印度史诗《罗摩衍那》中的故事。在入口附近找找巨大的婆迦哩纳（Kumbhakarna）雕像，他是罗波那（Ravana）的兄弟和沉睡者（曾经一睡就是6个月）。高高的洞穴内部顶端是天然形成的林伽，这些阴茎形状的石笋是湿婆的象征。

黑洞 团队游

（Dark Cave；☎012-371 5001；www.darkcavemalaysia.com；成人/儿童 RM35/25；⏲周二至周五 10:00~17:00，周六和周日 10:30~17:30；🚉Batu Caves）在向上通往庙洞途中的第204级台阶处，有岔路通向黑洞，整个洞穴群的考察路径长达2公里，45分钟的导览游会参观其中的800米。团队游会带你穿过7个不同的洞室，沿途的石灰岩引人注目，其中就有绚丽的流石。你会发现用于挖取海鸟粪的大坑，可能还会遇到两种蝙蝠和上百种其他生物，包括罕见的螳蛸。

团队游每隔20分钟出发，由马来西亚自然协会（Malaysian Nature Society）组织。若要进入洞穴深处，至少需要凑足10人（每人RM80）才能参加3~4小时的探险游，且至少要提前一周预订。

到达和离开

吉隆坡快速电车（KTM Komuter）从吉隆坡中央车站（KL Sentral）出发（票价RM2.60，30分钟，15~30分钟1班），以黑风洞站为终点站。

乘出租车从吉隆坡出发，车费为RM20~30。

马来西亚林业科学研究所（Forestry Research Institute of Malaysia）

不再有交通和空调机的喧嚣，只有鸟鸣和无处不在的苍翠欲滴，这里就是**马来西亚林业科学研究所**（FRIM；☎03-6279 7592；www.frim.gov.my；成人/儿童 RM5.30/1.05，带数码单反相机 再加RM5.30；⏲5:30~19:30；🚉吉隆坡快速电车至甲洞中央车站，之后换乘出租车）。该机构位于吉隆坡西北约16公里处，占地将近600公顷，成立于1929年，目的是研究雨林的可持续管理。马来西亚林业科学研究所作为一座巨型公园，丛林中有安静的道路和完善的小径。这里还有各种各样的植物和野生动物可以探索，从叶猴和五颜六色的鸟儿到本地的果树和古老珍稀的龙脑香科树木，不一而足。

带上野餐在公园里享用，因为里面的食堂营业时间不可靠。

景点和活动

木屋（Wooden Houses） 建筑

在足球场远端寻找那几座漂亮的传统硬木高脚屋吧！这些房屋从马六甲和登嘉楼（丁加奴）迁至这里，极具地域特色，例如使用的屋顶材料（瓷砖搭配聂帕榈叶）以及其他特征。

树冠步道 步行

（Canopy Walkway；门票 成人/儿童 RM10.60/1.05；周二至周四、周六和周日 9:30~13:30）马来西亚林业科学研究所的亮点就是这条树冠步道，其高居于森林地面以上30米处，令人眩目。这条200米长的步道带你进入树林中，欣赏雨林和远处令人惊叹的吉隆坡高楼。马来西亚林业科学研究所的一站式中心（FRIM's One Stop Centre；周一至周四 8:00~17:00，周五 8:00~12:15和14:45~17:00，周六和周日 9:00~15:00）位于紧邻主路的右侧，距离大门入口约1公里，从那里沿一条陡峭的道路可以到达步道。

从树冠步道下来后，道路会带你穿过丛林来到一处阴凉的野餐区，这里的众多小瀑布带来阵阵凉意。返回的旅程同样要经过树冠步道，将花费2小时左右。请自带饮水。

树冠步行的最佳时段是10:00前后，既避过了早晨的高峰期，又能避开下午下雨的时间。注意：在每年夏季维护的3周和天气恶劣时，树冠步道将关闭。

徒步和骑自行车

环绕公园的宁静道路令人愉悦，适合漫步，不过这里也有穿越雨林、标志清晰的小径。公园外可以租到普通自行车，每天RM5~8。不要在公园内租车，否则一天结束后，你还得走回大门口搭乘出租车返回吉隆坡。

到达和离开

乘坐吉隆坡快速电车到甲洞中央车站（Kepong Sentral；RM2.50），然后再乘出租车（RM5）。记得安排出租车稍后来接你回去。

国家动物园（Zoo Negara）

国家动物园 动物园

（National Zoo；03-4108 3422；www.zoonegaramalaysia.my；成人/儿童 RM53/27，大熊猫 RM85/43；9:00~17:00）国家动物园占地超过62公顷，环绕着一个中心湖，位于吉隆坡东北13公里处，是各种本地野生动物的家园，也栖息着老虎及来自亚洲和非洲其他地区的动物。最受欢迎的新展馆是大熊猫馆。虽然有些笼子不免狭窄，但这里依然是亚洲较好的动物园之一。

想作为志愿者在这里工作一天也是可以的，详情可见网站的安排。

从吉隆坡市中心到这里的出租车费是RM25~35，你也可以乘坐从中央市场（Central Market）出发的16路城市巴士（Metrobus）。

云顶高原（Genting Highlands）

03

虽被称为山间避暑地，云顶却已是一处高度开发的现代度假地。其位于海拔2000米处，距离吉隆坡以北约50公里，和马来西亚其他山区避暑地的老派英式风格截然不同。这里没有步行线路，没有古香古色的石头村庄，总之就没有让人四处漫步欣赏山景的公共空间。云顶存在的理由就是云顶名胜世界（Resort World Genting；03-2718 1888；www.rwgenting.com），这个流光溢彩的浮华之所被宣传为马来西亚唯一的赌场。

到2017年，20世纪福克斯世界将开放，包括拥有1万个座位的体育场和基于《冰河世界》（*Ice Age*）、《少年派的奇幻漂流》（*Life of Pi*）和《博物馆奇妙夜》（*A Night At the Museum*）等电影打造的主题公园。

在本书写作期间，游客可以参加一日游前往云顶。它包括到达山脚的公共汽车旅程，那里3.4公里长的云顶缆车（Genting Skyway;

单程 RM6.30；⌚7:30至午夜）将飞速向上行驶11分钟，从热带雨林上空滑过。不用担心没有进餐的地方，这里有便宜的快餐店和嘈杂的美食广场。如果想过夜，这处度假村有6家酒店可选（网上预订）。

整个2016年，云顶看上去就是一片大型建筑工地。

ℹ 到达和离开

假定新的主题公园会沿用现在的交通方式，Genting Express Bus Services的大巴7:30发车，然后9:00~19:00从吉隆坡的富都中央车站（Pudu Sentral；成人/儿童 RM11/9.90，1.5小时）整点返回。8:00~20:00，吉隆坡中央车站（RM10.70/9.60）也提供同样线路的服务。价格包括乘坐Skyway缆车往返。在这些地点，你还可以参加Go Genting Package Day Tour（RM70），费用包括往返吉隆坡的交通、乘坐云顶缆车和任意一座主题公园的门票或一顿套餐。

从吉隆坡出发的出租车费用至少是RM100。

福隆港 (Fraser's Hill, Bukit Fraser)

☎09

在马来西亚所有的山间度假胜地中，吉隆坡以北100公里左右的福隆港保留了最完整的殖民时代魅力，因此仍然吸引了一部分游览过金马伦高原（Cameron Highlands）的游客。这对你来说，或许是个好消息。度假地分散于蒂蒂旺沙山脉（Titiwangsa Range）7座林木茂密的小山之中，这处凉爽、安静且开发程度较低的胜地提供绝妙的徒步和观鸟机会，从村庄中心漫步片刻即可到达。此外，福隆港还有一些出色的旧式住宿选择和令人赞叹的美食，是吉隆坡附近最佳夜宿疗养胜地之一。

该胜地（海拔为1220~1524米）得名于路易·詹姆斯·福隆（Louis James Fraser），这位敢于冒险的苏格兰人在19世纪90年代移居马来西亚，想在该国红火的锡矿生意中一试身手。福隆成立了骡队，将矿石运出小山，他还经营赌馆和鸦片烟馆。但是1917年，当新加坡的主教弗格森·戴维（Ferguson-Davie）来此地寻找福隆时，发现福隆本人和他创造的一切都已经消失无踪了。虽然没找到这个苏格兰人，但主教认为该地区有成为山间度假胜地的潜力，并在返回新加坡后写了一份报告给高级专员。数年后，这个马来西亚丛林腹地中的"小英格兰"开始发展起来。

> **当地知识**
>
> **青枝艺术中心**
>
> 青枝艺术中心（Rimbun Dahan；http://rimbundahan.org）是一处私人产业，每年只向公众开放几次（可在网上查询日期）。该中心是一幢19世纪的传统马来房屋和花园，也是传统和当代艺术的展览馆。中心的建筑由希查斯·卡斯图里（Hijjas Kasturi）设计，该建筑师的作品还有吉隆坡引人注目的朝圣基金局（Tabung Haji）和马来亚银行大厦。从甲洞（Kepong）驾车往西约20分钟即可到达，距吉隆坡1小时车程。

👁 景点和活动

可以租脚踏船（每15分钟RM8）探索曾经的水库——阿伦湖（Allan's Waters）。

Fraser's Hill Golf Club 高尔夫

（☎09-362 2129；Jln Genting；果岭费 RM40，俱乐部 RM40；⌚8:00~18:30）村庄广场以东就是这个风景如画的9洞高尔夫球场，它也是马来西亚最古老的高尔夫球场之一。住在该地区酒店的客人可以享受8折优惠。

Paddock 骑马

（短途骑乘 成人/儿童 RM5/4；⌚周一至周五 9:00至正午和14:00~16:30，周六和周日 至19:00）位于高尔夫球场以东的这片迷人小围场提供路程很短的骑乘，骑的都是退役的温和马匹。

观鸟

福隆港的主要魅力就是这里丰富多彩的动植物，尤其是鸟类——这里已发现了260种鸟，令人惊讶的是其中205种都是马来西亚特有的。

鸟类解说中心 博物馆

（Bird Interpretation Centre；⌚10:00~17:00）**免费** 想要大概了解鸟类世界，就去参观村庄广场对面高尔夫球场会所2层的鸟类

Fraser's Hill (Bukit Fraser) 福隆港

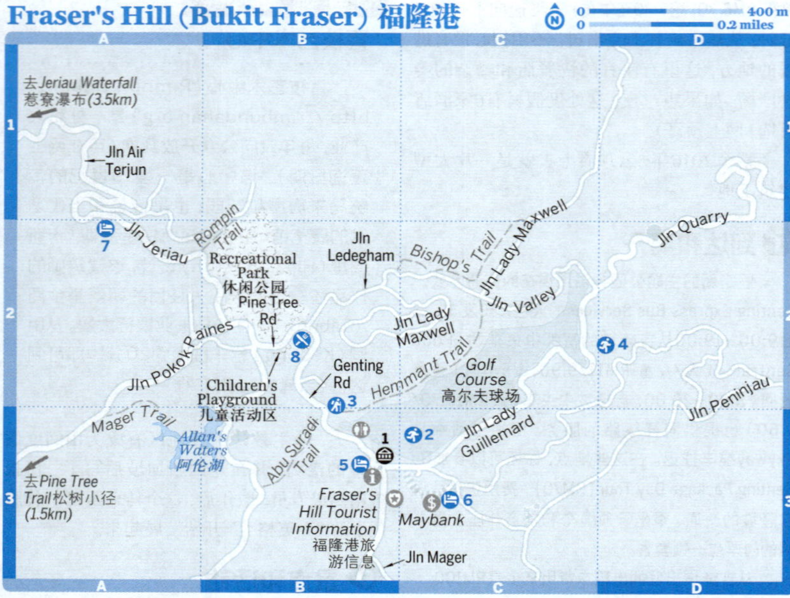

Fraser's Hill (Bukit Fraser) 福隆港

景点

1 鸟类解说中心 B3

活动、课程和团队游

2 Fraser's Hill Golf Club C3
3 赫曼特小径 B2
Mr Durai .... (见6)
4 Paddock D2

住宿

5 Puncak Inn B3
6 Shahzan Inn Fraser's Hill C3
7 Ye Olde Smokehouse Fraser's Hill A2

就餐

8 Hill View B2
Scott's Pub & Restaurant .... (见5)

解说中心。

Mr Durai 观鸟

（☎013-983 1633; durefh@hotmail.com; Shahzan Inn Fraser's Hill, Jln Lady Guillemard; 每支团队 半天/全天 RM200/400）想找马来西亚最好的观鸟向导，请联系Shahzan Inn Fraser's Hill里目光锐利的Mr Durai。

徒步

从村庄主要地区可以前往很多小径，你也可以仅仅沿着主路漫步。这里车流稀少，而且马来西亚的司机一般都非常礼貌。在Puncak Inn的前台领取一张包括小径信息的地图，或者在鸟类解说中心拍摄一张大地图。大多数徒步小径曾经是婚礼线路或勘测线路，路标清晰且相当笔直，不会让你迷路。

惹寮瀑布（Jeriau Waterfall） 瀑布

位于城镇中心西北约4公里处，沿着Jln Air Terjun就能到达这处可以游泳的瀑布。从公路到瀑布还需要爬山20分钟。

赫曼特小径（Hemmant Trail） 徒步

这条相对平坦、宽阔的小径在高尔夫球场上方延伸1公里。从村庄广场步行几分钟即可到达小径起点。

松树小径（Pine Tree Trail） 徒步

福隆港地区最出名的小径就是这条5公里长的松树小径，往返需要8~10小时。你不需要向导，但必须先在村庄的警察局登记。如果你没有交通工具的话，要走很远才能到小径的起点。

节日和活动

国际观鸟大赛（International Bird Race） 节日

5月或6月，福隆港将举办国际观鸟大赛。比赛期间，各支观鸟队伍要在规定的时段内相互竞争，看谁观测和记录的品种最多。

住宿

这里有各种类型的住宿选择，从殖民时代的别墅到现代公寓，一应俱全；工作日期间通常会有小幅度优惠。

关于房间、小屋和别墅的详细信息，查询Highland Resthouse Holdings Bungalows（www.hrhbungalows.com）网站，从RM220的房间到RM1400~2000的整栋别墅均有租赁。

★ Ye Olde Smokehouse Fraser's Hill 酒店 $$

（☎09-362 2226；www.thesmokehouse.my；Jln Jeriau；双/套 含早餐 RM280/400起；📶）从裸露的横梁、烧原木的壁炉、四柱大床和印花棉布可以看出，这家酒店在营造英式氛围上可谓不遗余力。即使你不在这里过夜，也可以中途造访酒吧喝上一杯，或者吃一个绝妙的馅饼，再或者来点儿午餐烤肉。15:00~18:00，可在花园露台喝下午茶（RM18），俯瞰林木茂密的山谷。

Puncak Inn 酒店 $$

（☎09-362 2007；puncakinn2@yahoo.com；Jln Genting；房间 含早餐 RM100，村舍RM130~300；@📶）这个地方有福隆港地区最物超所值的住处，位置处于中心，十分便利。除了酒店外，他们还出租单间公寓和有2~3间卧室的公寓，以及4座小木屋，可住4~15人。

Puncak Inn有一家宜人的庭院餐馆，可俯瞰村庄广场，提供西餐和马来菜肴。

Shahzan Inn Fraser's Hill 酒店 $$

（☎09-362 3300；shahzan7@yahoo.com；Jln Lady Guillemard；房间 RM230起；📶）这里俯临高尔夫球场（酒店客人去高尔夫球场可打8折），是福隆港最现代的住处。

值 得 一 游

赤岭瀑布和新古毛

从吉隆坡前往福隆港的车程将穿越景色优美的密林和崎岖的山峦。出发大约1.5小时之后，经过55号联邦公路上蜿蜒的雪兰莪水坝（Selangor Dam）没多远，留意右侧**赤岭河鱼类保护区**（Santuari Ikan Sungai Chiling）的入口。周末的时候，你一定不会错过这个地方，因为外边会停放很多车辆。

你能在保护区里找到一块高低不平的露营地，还有一条备受欢迎的小径，通往赤岭河上20米高的**赤岭瀑布**（Chiling Waterfalls；门票 RM1；⏲周六和周日 8:00~18:00）。从与露营区隔着一小块场地的人行小桥出发，步行1.5小时即可到达瀑布。过桥前，要在旁边的小屋登记。

这条线路的路标清晰，不过建议跟团或找个向导，因为你得过5次河，有遇上山洪暴发的风险。**Happy Yen**（☎017-369 7831；www.happyyen.com；团队游 每人 RM320）组织从吉隆坡前往瀑布的团队游，你也可以从许多徒步团队里选一个参加。

瀑布底部是个大型天然游泳区，对很多人来说，这是徒步至此的唯一目标。不过，露营地周边的河流区域也很宜人，有很多鱼。注意：瀑布和露营地只有周末才开放。

附近的新古毛（Kuala Kubu Bharu）是一个被称为KKB的小镇，是更多水上活动的起点，特别是在雪兰莪河（Sungai Selangor）等当地河流上漂流。推荐**Pierose Swiftwater**（☎013-361 3991；www.raftmalaysia.com）。

新古毛与吉隆坡之间有快速电车（RM8.70），你需要在挠万（Rawang）换乘。

餐饮

走进福隆港，你就会看到无数出售食材的商店。这里还有两处小贩摊档综合市场：一处在高尔夫球场旁边，与鸟类解说中心在同一个设施中；另一处则要从村庄广场往山上走10分钟才能到。

所有酒店都有餐厅，Ye Olde Smokehouse（见105页）酒店的餐厅味道最佳。

Hill view 各国风味、中国菜 $

（3 Food Garden, Pine Tree Rd; 主菜 RM12~20; ⏲10:00~21:00）这个小摊由一家人经营了数代，提供简单菜肴。从村庄广场往山上走10分钟，在小贩美食广场里就可以找到这个摊位。

Scott's Pub & Restaurant 英国菜 $$

（www.thesmokehouse.my; Jln Genting; 主菜 RM18~25; ⏲周四至周二 11:00~22:00）这家酒馆（与Ye Olde Smokehouse由同一家公司管理）再现了老英格兰掠影。你可以在这里喝一杯，全天供应的早餐、酿馅鸡、牛排和三明治也令人满意。

实用信息

福隆港旅游信息（Fraser's Hill Tourist Information; ☎09-517 1623; www.pkbf.gov.my; Puncak Inn, Jln Genting）提供信息、地图和小册子，位于Puncak Inn的大厅。

马来亚银行（Maybank; Shahzan Inn, Jln Lady Guillemard; ⏲周一至周四 9:15~16:30，周五 至16:00，自动柜员机 6:00至午夜）接受信用卡，可兑换外币和旅行支票，有自动柜员机。

到达和离开

去福隆港，要经过赤岭瀑布和新古毛。你可以乘坐快速电车前往新古毛，然后搭乘出租车（单程RM80）。但是，新古毛基本上没有出租车，所以不要傻等，最好让你住的酒店安排一辆。从吉隆坡出发的出租车费用约为RM200。

如果自己开车，请注意福隆港没有加油站。最近的加油站得在劳勿（Raub）和新古毛才能找到。

布城（Putrajaya）

☎03/人口：68,000

郁郁葱葱、精心维护的草木，以及一系列让人震撼的雄伟现代建筑，眼前呈现的这一切美景都属于布城（又称普特拉查亚），它位于吉隆坡以南25公里、吉隆坡国际机场（KLIA）以北20公里处。布城占地49.32平方公里，曾经是生产橡胶和棕榈油的种植园，如今是联邦政府的行政中心（人口几乎全是穆斯林）。在20世纪90年代早期，布城的主要构想人前总理马哈蒂尔（Dr Mahathir）几乎是一拍脑袋就做出了兴建该城的决定。

就展示城市规划及宏大的建筑野心而言，布城令人印象深刻，不过与其预计将超过30万的人口相比，这里还有很大的发展空间。这里的确是个奇怪的游览地点，城市的核心是一片占地6平方公里的人工湖，四周都是景观公园及风格各异的建筑和桥梁，在华灯闪烁时更是漂亮。

景点和活动

湿地公园 公园

（Taman Wetland; ☎03-8887 7773; ⏲公园 9:00~19:00，自然解说中心 周二至周五 9:00~17:00，周六和周日 8:30~17:30，周五 12:45~14:30 关闭）从布城广场（Dataran Putra, Putra Square）搭乘出租车行驶不远，就来到了这个宁静悠远的地方，这里有安宁的天然小径、水生动物、水禽、飞舞的蝴蝶，以及俯临湖泊的野餐桌。沿公路或步道从自然解说中心前行约1公里，有出租皮划艇、独木舟和自行车的船库（9:00~19:00）。

植物园 花园

（Taman Botani; ☎03-8887 7770; Presint 1; ⏲周六至周四 9:00~13:00和14:00~18:00，周五 9:00至正午和15:00~18:00）这个占地93公顷的地方就在城镇以北，以优美的热带花园著称，还有游客中心、湖畔餐馆和铺着精美瓷砖的**摩洛哥式凉亭**（门票 成人/儿童 RM3/1）。游客可乘坐电车（RM4）在花坛和栈桥之间行驶，你也可以租用自行车（每小时RM4）。到这里需要乘坐出租车。

Cruise Tasik Putrajaya 乘船游

（☎03-8888 5539；www.cruisetasikputrajaya.com；Perahu Dondang Sayang船 成人/儿童 RM40/20，Belimbing巡游 RM50/35；⊙周一至周四 10:00～18:30，周五至周日 至21:30）这家机构就位于布城桥靠近布城广场一端的下方，提供两种巡游布城湖的选择：类似贡多拉的Perahu Dondang Sayang船随时出发，船程25分钟；带空调的Belimbing船提供45分钟巡游，每隔约1小时发船。

若是到得早，13:00之前还有时间较短的空调船巡游（用时25分钟），周六的20:30和21:30有月光巡游。

Putrajaya Sightseeing 团队游

（☎03-8890 4788；Putrajaya Sentral；成人/儿童 RM20/10；⊙周五 15:00，周六至周四 11:00和13:00）团队游在城镇内12个景点逗留。可以现场买票（刚出站台区域后），但要提前打电话确定出发时间，因为时间经常会更改。

建筑

雄伟的建筑排列在布城大道（Persiaran Perdana）两侧，设计风格相当多元。道路的起点是圆形的布城广场，一直到高耸如宇宙飞船一般的**布城会议中心**（Putrajaya Convention Centre；☎03-8887 6000；第5区），沿途都值得一游。途中，可以看到莫卧儿建筑风格的**司法宫**（Istana Kehakiman；Persiaran Perdana）、**布城行政中心**（Kompleks Perdadanan Putrajaya；Putrajaya Corporation Complex；Persiaran Perdana）前面醒目的伊斯兰现代主义建筑风格大门（由钢片格栅组成），以及**苏丹阿比丁清真寺**（Tuanku Mizan Zainal Abidin Mosque；Iron Mosque），该清真寺透过**Kiblat Walk**人行过街天桥对面的大门可以看到。斋月期间，这座人行天桥是多姿多彩的大型集市场所，你可以在白色的帐篷城里品尝特色食品。

布城广场的两侧分别是**总理府**（Perdana Putra；总理及下属官员在此办公）和高耸的**布城清真寺**（Putra Mosque；⊙非穆斯林 周六至周四 9:00～12:30、14:00～16:00和17:30～18:00，周五 15:00～16:00和17:30～18:00）。这座清真寺可容纳15,000名信徒做礼拜。其绘有白色图案的绚丽粉红穹顶显然是受到了伊朗萨法维王朝风格的影响。在礼拜时间之外，穿着得体的非穆斯林游客可游览清真寺。

布城有9座桥梁，建筑风格各不相同。最长的桥长达435米，即**布城桥**（Putra Bridge），此桥仿照伊朗伊斯法罕（Esfahan）的赫久大桥（Khaju Bridge）建造。另外值得拍照留念的是未来主义建筑风格的**帆状标志大桥**（Wawasan Bridge），该桥连接着布城的第2区和第8区。

从**布城湖**（Putrajaya Lake）可以看到这些桥梁和建筑的最美风景。

雪邦国际赛车场

雪邦赛道（Sepang Circuit；☎03-8778 2222；www.sepangcircuit.com），距离吉隆坡以南65公里。每年3月或4月，一级方程式赛车马来西亚大奖赛（Malaysian Grand Prix）就在此举行。门票最低只要RM80，但你要是想进入主看台，起价RM340。大奖赛的3天里，该赛道和吉隆坡会议中心广场（KLCC）之间有往返班车。

一年四季，这里接连不断地举行其他汽车和摩托车赛事——可浏览网站查询详情。工作日期间，可以提前打电话预订比赛设施团队游，包括浏览**汽车博物馆**（www.jmm.gov.my/en/national-automobile-museum-sepang；博物馆 免费，赛车场团队游 成人/儿童 RM56/26.50；⊙周一至周五 9:00～18:00）。

食宿

布城香格里拉酒店 酒店 $$$

（Putrajaya Shangri-la；☎03-8887 8888；www.shangri-la.com/kualalumpur/putrajayashangrila；Taman Putra Perdana，第1区，房间RM380起；❄@🛜≋）从这家有品位的酒店能看到布城湖对岸秀美的山麓景观，还提供物有所值的周末套餐，网上经常有促销活动。

Pullman Putrajaya Lakeside 度假村 $$$

（☎03-8890 0000；www.pullmanputrajaya.com；2 Jln P5/5，Presint 5；房间 RM350起；❄@📶🏊）靠近会展中心，位于布城湖畔，这座大型度假设施将马来西亚传统建筑元素融入其中。客房和度假设施良好，还有一家位于湖上的露天海鲜餐厅。

Selera Putra 美食广场 $

（餐 RM10~15；⌚9:00~21:00）前往布城广场楼下的美食广场，一边享受各种便宜的马来西亚美食，一边欣赏湖畔景色。

Alamanda 美食广场 $$

（www.alamanda.com.my；餐 RM20；⌚10:00~22:00）布城这家时尚的商场里有数家餐馆，还有一个很棒的美食广场。当地政府工作人员都在此进餐，你不妨也在此吃点儿东西。需要搭乘出租车或自备交通工具来这里。

ℹ 实用信息

旅游信息处（Tourist Information Booth；Dataran Putra；⌚8:00~13:00和14:00~17:00，周五 12:45~14:45关闭）非常有用的信息咨询处。周末这里出租自行车（每小时RM6）。

ℹ 到达和当地交通

往返于吉隆坡中央车站（单程 RM9.50，20分钟）和吉隆坡国际机场（单程 RM6.20，18分钟）的吉隆坡国际机场经停列车（KLIA transit）经停布城中央车站（Putrajaya Sentral）。

公共汽车从火车站出发，前往布城广场附近；乘出租车到那里需要RM15；而包出租车进行1~2小时的景点游览（推荐）需要RM40/80。

八打灵查亚和沙阿兰（Petaling Jaya & Shah Alam）

☎03

沿着Klang Hwy向吉隆坡西南行进，雪

值 得 一 游

从吉隆坡出发的岛屿一日游

如果你正在寻找从吉隆坡出发独辟蹊径的一日游，试试乘坐渡轮到吉胆岛（Pulau Ketam），或者经由公路至凯里岛（Pulau Carey）。

吉胆岛（Crab Island；www.pulauketam.com）迷人的渔村建在泥滩上方高高的柱子上。除了拍照和找家餐馆享用中式海鲜午餐外，在这里没别的事可做，不过大多数人觉得这就很好。

渡轮就从快速电车线路的终点巴生港站（Pelabuhan Klang Station）街道对面的渡轮站出发。从7:45开始，空调渡轮（成人/儿童 往返 RM14/7，30分钟）大概每小时发1班，穿越红树林。这里还有20分钟船程的敞篷船（RM10）。末班渡轮17:30（周末18:00）从吉胆岛返回。

凯里岛 虽然大部分被油棕榈种植园覆盖，但在这座岛上，双溪本邦村（Kampung Sungai Bumbon）的原住民村庄——**玛美里族文化村**（Mah Meri Cultural Village；http://mmcv.org.my；门票 RM6；⌚9:00~18:00）值得参观。如果你自己没有交通工具，查看网站上的团队游套餐（最少两人），或者在巴生租一辆出租车前往凯里岛（往返加上在岛上待两三个小时的费用为RM120~150）。

玛美里族（Mah Meri，还可拼为Hma' Meri）是塞诺伊人（Senoi）的分支，生活在雪兰莪海岸。他们以技艺娴熟的木雕和滑稽的超大面具而闻名。顺便去拜访村庄博物馆，看看他们出色的艺术品展览，每件艺术品都配有讲解当地传说的文字（比如一个本族人受到一头被困笼中的老虎的启发，制作出了他们最具代表性的木雕）。

你可以在村庄中心订购木雕，或者买几个不那么贵但依然漂亮的棕榈叶折纸作品或用露兜树叶子制成的编织篮和垫子。你还可以租一辆晃晃悠悠的自行车（每小时RM15）去探索岛上的其他地区。从双溪本邦村岔路上至主路，找找前往双溪南眉村（Kampung Sungai Rambai）的路标，然后左转。在“Balai Origami”（折纸中心）的标志处右转，前往**折纸中心**，没准儿你能幸运地在那里看到现场折纸表演。

兰莪牌楼标志着吉隆坡市和雪兰莪州之间的界线。一过边界，八打灵查亚的郊区直通州首府沙阿兰。途中需要经过吉隆坡交通状况最差的地方，需耗费几小时才能到达景点，计划前往游览时，一定要考虑到这个因素。

景点和活动

苏丹萨拉赫丁·阿卜杜勒·阿齐兹·沙阿清真寺
清真寺

（Masjid Sultan Salahuddin Abdul Aziz Shah；☎03-5159 9988；⊙9:00至正午、14:00~16:00和17:00~18:30，周五 11:30~15:00关闭）它被称作"蓝色清真寺"，是东南亚第二大清真寺（可以容纳多达24,000名礼拜者），特点是拥有世界上最大的（宗教建筑）圆顶和最高的宣礼塔群，每座都超过140米。

双威水上乐园
主题公园

（Sunway Lagoon；☎03-5639 0182；www.sunwaylagoon.com；3 Jln PJS, 11/11 Bandar Sunway；成人/儿童 RM150/120；⊙10:00~18:00）这里曾经是锡矿和采石场，现在这个多区域的主题公园有80处景点，包括滑水道和世界上最大的人造冲浪海滩。

巴生和巴生港（Klang & Pelabuhan Klang）

☎03

巴生坐落在吉隆坡以西约30公里处，这里是雪兰莪的王朝故都。如果要出城好好玩一天，可以前往附近的凯里岛旅行，并在充满活力的小印度（Little India）赶赴一场奢华盛宴。由于拥有漂亮的装饰艺术风格的苏丹苏莱曼皇家清真寺（Masjid Di Raja Sultan Suleiman），清真寺建筑迷应该考虑将巴生列为必须参观的地点。

乘坐快速电车到达巴生很方便。从城镇再向前5站，就到了终点站巴生港。来到这里的主要是为了搭乘渡轮到东门答腊或吉胆岛。

景点

巴生面积不大，完全可以步行游览。Jln Tengku Kelana是多姿多彩的小印度（Little India）的核心地区。这个小印度一直比吉隆坡的小印度更热闹，更适合拍照，尤其是在疯狂的印度教节日屠妖节（Deepavali）前后。

苏丹阿卜杜勒·阿齐兹皇家展览馆
博物馆

（Galeri Diraja Sultan Abdul Aziz；☎03-3373 6500；www.galeridiraja.com；Jln Stesen；⊙周二至周日 10:00~17:00）免费 这栋粉刷成白色的殖民地时期宏伟建筑建于1909年，里面是略有些趣味的皇家画廊，主要展现雪兰莪苏丹国的历史（该政权可上溯至1766年）。馆内展品丰富多彩，有各种皇室徽章、礼品和文物，还有王冠上宝石的复制品。

沿Jln Stesyn直行出火车站，大概经过3个街区，左手边就是这座博物馆。

阿南莎皇宫
宫殿

（Istana Alam Shah；Jln Istana）这里是雪兰莪苏丹的宫殿。在还没迁都到沙阿兰的时候，这里曾经是苏丹的皇宫。虽无法进入，但对面宜人的公园视野还不错。

沿Jln Stesyn直行出火车站，然后沿着向山上延伸的道路继续前行。阿南莎皇宫就在公园对面的左侧。

苏丹苏莱曼皇家清真寺
清真寺

（Masjid Di Raja Sultan Suleiman；Jln Kota Raja）这座前国家清真寺于1934年开放，装饰艺术和中东的影响在此完美融合，令人赞叹。有几位苏丹的陵寝就在这里。走进清真寺，欣赏其中的彩绘玻璃穹顶吧。

出了火车站沿Jln Stesyn直行，经过几个街区后在十字路口左转，这座清真寺在道路左侧再过几个街区的地方。

注意：我们拜访这里的时候，只能进入院子的前门，未能进入正在维修的清真寺内部。

就餐

印度小吃是巴生的亮点，但并不是唯一的选择。镇上的华人社区以发明了肉骨茶（bak kut teh，加大蒜和五香粉等配料的猪肉排骨汤）而名满天下。

Seng Huat Bak Kut Teh
马来西亚菜、中国菜 $

（☎012-309 8303；9 Jln Besar；主菜 RM11~20；⊙7:30至正午和17:30~20:30；🖉）如果你喜

欢味道香而不冲的肉骨茶，不妨来这家小餐馆，出了火车站往右两个街区就是（就在巴生桥下）。来此用餐一定要趁早，因为猪肉一般等不到餐馆打烊就会卖光了。

Asoka 印度菜 $

（105 Jln Tengku Kelana；主菜 RM5~9；⏲8:00~22:00）小店提供印度美食，选择丰富，有多种甜品、果汁和酥脆的印度多莎饼（dosai），配以椰汁酸辣酱。

Sri Barathan Matha Vilas 印度菜、中国菜 $

（34-36 Jln Tengku Kelana；主菜 RM6~11；⏲6:00~21:00）这家餐馆的招牌菜印度香辣炒面（mee goreng）诱惑难挡。在餐馆门口就可以看见大厨在一口大铁锅旁翻炒着美味的辣炒面。

到达和当地交通

快速电车从吉隆坡中央车站开往巴生（RM5.40，1小时，20~30分钟1班）。

巴生的长途汽车站在巴生河对面，想从火车站到这里，出站向右走然后过桥。想找前往瓜拉雪兰莪的长途汽车，就过桥左转，过7-11大概一个街区后在天桥下等待。长途汽车每隔1小时左右发车（RM6）。

在火车站外可以打到前往凯里岛（往返RM120~150）的出租车。

从巴生坐5站快速电车就到了巴生港站（RM6.40），车站距离渡轮码头仅几步之遥。从此地可乘船前往吉胆岛及印度尼西亚苏门答腊岛的丹戎巴来（Tanjung Balai；单程RM155，4小时，每天1班，周日除外）和杜迈（Dumai；RM130，3.5小时，周四和周六）。

想得知渡轮时间，可致电**Pelabuhan Klang Ferry Terminal**（☎前往杜迈 03-3167 7186，前往丹戎巴来 03-3165 2545）。

瓜拉雪兰莪（Kuala Selangor）

☎03

瓜拉雪兰莪远离游客线路，拥有友善的乡村氛围和一些值得户外徒步的景点，包括位于红树林里的自然公园、古老要塞的遗址和雪兰莪河（Sungai Selangor）沿岸夜间的萤火虫表演。这座城镇适合放松休闲，如果你有交通工具，附近有大片美丽的乡村可供探索。

当荷兰人于1784年侵入雪兰莪之后，曾一度征服了这座宁静古都的山顶要塞。易卜拉欣苏丹（Sultan Ibrahim）在一年后将其收复。这座小城后来又卷入雪兰莪内战（1867~1873年），城堡部分遭到摧毁。城堡遗址坐落在皇家山（Bukit Malawati）上，这座青山俯瞰着城镇和大海。

景点和活动

瓜拉雪兰莪自然公园 野生动物保护区

（Taman Alam Kuala Selangor Nature Park；☎03-3289 2294；www.mns.org.my；Jln Klinik；成人/儿童 RM4/1；⏲8:00~18:00）这座公园位于雪兰莪河河口处、皇家山的山脚，占地240公顷，以3种生态系统为特色，即次生林、人工湖和可以看到海景的红树林，都值得探索。一条3公里长的小径可以到达所有地方，小径包括红树林上方一段架高的步道和几处架高的瞭望台。这里是邂逅各种野生动物的神奇所在，包括鸟类（迁徙季节从9月开始）、野猪、弹涂鱼和猴子。

皇家山（Bukit Malawati） 观景点

沿着风景优美的绿地走到皇家山顶，路不算长，可欣赏到对面点缀着红树林的海岸风光。这里曾经是行政和军事要塞，今天却只剩下断壁残垣、大炮和用于折磨叛徒的毒井。山顶是英国人建的灯塔（可追溯至1910年），那里风景如画，还有一处平台供人观赏夜晚的新月。从山上继续往下是皇家陵墓（Royal Mausoleum），这是雪兰莪最早的三位苏丹的墓地。

登上皇家山的道路的起点基本在城镇边缘。登山之路是顺时针环形向上的，只需要不到一个小时，你就可以登顶了。

温顺的银叶猴在这里出没，但请不要投喂。

关丹村 野生动物观赏

（Kampung Kuantan；每艘船 RM53；⏲19:45~22:00）瓜拉雪兰莪地区观赏萤火虫的主要地点是城镇以东9公里处的关丹村。在这里，马来式木船（按需驶离）可搭载4人，在河上航行45分钟到达"演出之树"，游客在这里观赏炫目的萤火虫表演。不建议在满月或下雨的夜晚前往，因为那时的萤火虫不是最亮的。带上防蚊液，最方便的前往方式是自备交通工具。

住宿

Taman Alam Kuala Selangor Nature Park 木屋 $

（☎03-3289 2294；www.mns.org.my；Jln Klinik；木屋 RM30，度假木屋 RM60）公园入口的住处有简单的人字形小木屋或两床的度假木屋（一张单人床和一张大床），有风扇和附设浴室。这里不向个人旅行者提供饮食，但城镇的餐馆离这里只有几步之遥。

De Palma Hotel Kuala Selangor 酒店 $$

（☎03-3289 7070；www.depalmahotel.com；Jln Tanjung Keramat；房间 含早餐 RM210起；）这家体面的小型度假村位于皇家山入口以北约1.5公里处（沿着路标走），在维护得不错的度假木屋里提供各类住宿。另外，度假村可向住客提供山地自行车，还安排去关丹村观看萤火虫的夜晚之旅（两人RM90）。

就餐

如果你想吃海鲜，就得去Pasir Penambang。这是一个位于河北岸的小渔村，不少海鲜餐馆夹杂其间。如果你没自备交通工具，可请酒店安排一辆出租车（RM10~15）。

Auntie Kopitiam 中国菜、马来西亚菜 $

（No C3, Jln Sultan Ibrahim；餐 RM5~12；6:00~18:00）位于皇家山入口对面主路上的这家老派咖啡店（kopitiam；1935年开张）提供马来西亚人最爱的美食，例如椰浆饭（nasi lemak；椰浆蒸米饭，搭配江鱼仔、花生和咖喱菜肴）和海南鸡排。Auntie更加现代的姊妹店Auntie Foo就在前面一个街区处，有Wi-Fi以及开往巴生和吉隆坡的长途汽车时刻表。

到达和离开

在巴生可搭乘156路长途汽车前往瓜拉雪兰莪（RM6，1小时，半小时1班）。在吉隆坡的巴刹广场（Medan Pasar；就在中央市场前面）汽车枢纽可搭乘141路长途汽车（RM7.40，2小时，半小时1班）到达。

到了瓜拉雪兰莪，你需要坐一小段出租车到达目的地。因此，最好在吉隆坡包一辆全天或半天的出租车（让吉隆坡的出租车同意单程送你至瓜拉雪兰莪会很难），或者在吉隆坡找一家类似Viator（www.viator.com）的机构，参加萤火虫团队游。

森美兰（NEGERI SEMBILAN）

芙蓉（Seremban）

☎07 /人口：550,000

和吉隆坡一样，芙蓉的兴建也是由于19世纪这里发现了锡矿，它见证了勘探者涌向这个原来被叫作"双溪乌戎"（Sungai Ujong）的小村庄。如今芙蓉是森美兰州首府，距离吉隆坡东南64公里，是个低调了很多的城市。尽管通常会被国外旅行者忽视，但如果你要去海边的度假胜地波德申（Port Dickson），这里值得驻足。你还可以将其作为探索附近村庄的落脚地，这些村庄包括拥有漂亮传统木屋的神安池、竹仔积（Terachi）和班泰村（Kampung Pantai）。

摄影爱好者会喜爱这座城镇不拘一格的建筑，这里有殖民时代的湖园和白色大楼，一排排店屋与马六甲的同样漂亮，还有几座杰出的米南加保木结构宫殿。芙蓉的绝大部分居民是华人和印度人，很明显，这里会有当地特色美味。

景点

州立博物馆 博物馆

（Muzium Negeri, State Museum；Jln Sungai Ujong；周二、周三、周六和周日 10:00~18:00，周四 8:15~13:00，周五 10:00~12:15和14:45~18:00）免费 这座博物馆颇为有趣，值得参观，可对森美兰州的巨石文化稍作了解，再看看大楼外边两座华丽的木建筑。**暗邦丁宜宫**（Ampang Tinggi Palace；1870年）和**森美兰州房屋**（Rumah Negeri Sembilan）都是从该州的其他地点搬迁于此并重建的，这些米

Seremban 芙蓉

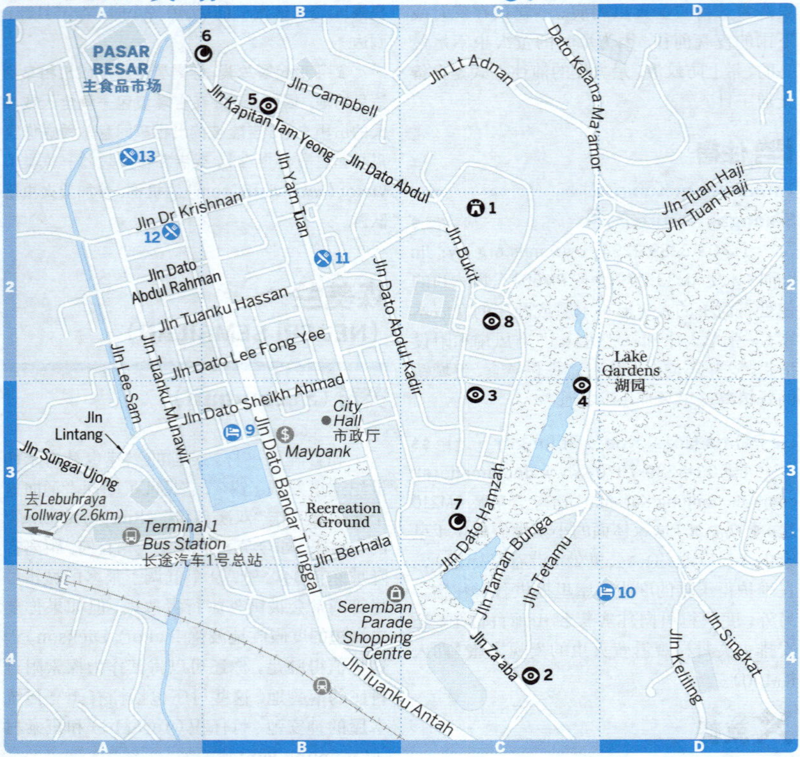

Seremban 芙蓉

景点

1 大王宫 C2
2 乔治五世学校 C4
3 森美兰州工艺中心 C3
4 湖园公园 C3
5 雷神道观 B1
6 占米清真寺 B1
7 州立清真寺 C3
8 州立图书馆 C2

住宿

9 Carlton Star Hotel B3
10 Royale Bintang Resort & Spa Seremban D4

就餐

11 Haji Shariff’s Cendol B2
12 Kee Mei Siew Pao A2
13 Sin Yee Kee A1

南加保建筑的典范一定能激发你前往该州各地看看的好奇心。

传统高脚屋在通风方面充满了智慧，两座建筑都要爬短梯子进入。暗邦丁宜宫的外墙上也有雕刻漂亮的叶形镶板。森美兰州房屋有米南加保房屋标志性的拱形屋顶（就像水牛角），在它的尽头有一座当地传统清真寺，带有层叠式金字塔形屋顶，可以去看看那里美丽的蚀刻版画。

公园在市中心以西3公里处，如果你没有交通工具，可以在搭乘出租车前往神安池的途中顺便来此看看。

住宿

芙蓉缺少出色的住处，所以可以考虑白天来参观，晚上住在吉隆坡。此外，波德申和马六甲距离这里也都只有大约1个小时的车程。

Carlton Star Hotel 酒店 $

（☎07-762 5336；www.carltonstar.com；47 Jln Dato Sheikh Ahmad；房间 RM100起；❄📶）在长途汽车1号总站（Terminal 1 Bus Station）的步行范围内，这家酒店有老化乏味的商务型房间。

Royale Bintang Resort & Spa Seremban 酒店 $$

（☎07-766 6666；www.royalebintang-seremban.com；Jln Dato AS Dawood；房间 RM300起；❄📶🏊）这家度假村风格的四星级商务酒店拥有舒适的客房，还有许多餐厅和休闲设施（包括带水滑道的游泳池、健身中心，以及通向附近湖园的慢跑小路），工作人员也很愿意为你提供帮助。

就餐

★ Haji Shariff's Cendol 甜点 $

（44 Jln Yam Tuan；珍多冰/啰喏 RM1.30/3.50起；⏲周六至周四 11:00~18:30）Shariff家族三代人一直向爱好刨冰的当地人提供美味的刨冰，小碗的甜蜜珍多冰（cendol；班兰叶口味的甜点，搭配刨冰、红豆、棕榈糖浆和椰汁）让人精神一振。如今他们的店铺位于一家1919年建造的店屋中，房屋漆成绿色，颇为醒目。他们还供应本地风格的马来啰喏（rojak；什锦蔬菜搭配浓郁的虾酱汁），用辣番茄而非酱油调味。

★ Sin Yee Kee 中国菜 $

（Stall 742，upper fl，Pasar Besar Seremban，Jln Dato Bandar Tunggal；面条 RM6；⏲周五至周三 7:30~15:00）在充满活力的白天，在城镇边缘看起来像仓库的建筑中，芙蓉主食品市场上面的美食广场里有很多热门小摊正在起锅。这个由家族经营的牛肉面摊自20世纪60年代经营至今，当然备受欢迎。

Kee Mei Siew Pao 马来西亚菜 $

（Jln Dr Krishnan和Jln Dato Bandar Tunggal交叉路口；猪肉包子 RM1.70；⏲8:00~18:00，每个月的第二个和第四个周二关门）这个简单的店面是购买芙蓉著名的包子（pao）的好地方。

到达和离开

快速电车往返于吉隆坡中央车站和芙蓉之间

湖园和殖民区

湖园公园（Lake Gardens park）树木繁茂宜人，园内两个细长的湖泊是芙蓉老殖民区最引人注目的地方。这里很受当地情侣的青睐，在你从火车站步行一大圈来到这里的时候，可以看到他们在此惬意地闲逛。先往东走到乔治五世学校（King George V School；Jln Za'aba），它曾是殖民时代芙蓉的最高学府，如今依然是一所当地中学。附近的州立清真寺（Masjid Negeri；Jln Dato Hamzah）外边有9根柱子，代表芙蓉原先的9大封地。

往北步行不远是如今关闭的森美兰州工艺中心（Kompleks Kraf Negeri Sembilan；Jln Bukit和Jln Sehala交叉路口），位于一幢漂亮的1912年宅邸内，这座宅邸曾经是英国驻扎官默里上尉（Captain Murray）的住所。同时期新古典风格的州立图书馆（State Library；紧邻Jln Dato Hamzah）更加宏伟，曾经是殖民管理办事处。这座建筑修建于1912年，由A.B.哈巴克（AB Hubback）设计，这位建筑师还负责修建了吉隆坡的很多遗产建筑。虽然不能进入，但在路口的山顶可以拍一张精彩的照片。过了马路就是大王宫（Istana Besar；Jln Bukit；⏲不对公众开放），该宫殿是森美兰州苏丹的住所。

如果继续往东走，很快就能到达华人店屋区。就像通常的马来西亚城镇一样，你能找到各种拜神的地方，如雷神道观（Taoist Liesheng Temple；51 Jln Kapitan Tam Yeong；⏲日间开放）。在道路前方的拱形通道里找找少见的Milk Maid Milk彩色广告，浓缩的牛奶被直接蚀刻在人行道上。继续往前，看看建于1924年的占米清真寺（Masjid Jamek；Jln Tun Dr Ismail），这座马六甲风格的清真寺有层叠金字塔式屋顶和类似灯塔的宣礼塔。

另辟蹊径

巨石和米南加保

芙蓉周边的数个村庄是整个马来西亚最具田园风情的地方。山峦青翠，树木茂密，稻田伸展至山谷，然而俘获你心的却是村庄里的传统木屋，其中很多是迷人的米南加保风格。

米南加保人最初来自西苏门答腊，至少自15世纪开始他们就在马来半岛生活，主要定居在如今的森美兰州境内。米南加保人信仰伊斯兰教，但将更古老的万物有灵论和传统习俗"亚达特"（adat）融入日常生活之中。他们虽已融入马来人中很长时间了，但米南加保文化的某些特色依然存在。最引人注目的是该地区独特的传统建筑：阔大的弧形屋顶和象征着水牛角的有尖角的山形墙。

在芙蓉的州立博物馆（见111页）、古老的皇城神安池，尤其是梦幻般的村庄**班泰村**和**竹仔积**，都可以看到这种建筑风格的典范。班泰村就在芙蓉以北的86号联邦公路（Federal Rte 86）沿线，而竹仔积在51号公路通向神安池的岔路以东27公里处。在竹仔积，除了非常适合拍照的房屋，不能错过的还有**古老的巨石**，在村口前面就有路标"Tapak Megalitik"（"巨石地点"）。

马来西亚半岛各处零散分布着数百块巨石，其中大多数集中在马六甲和森美兰。它们的起源和作用尚不清楚，年代也无法确定，不过在穆斯林的墓地里经常能发现它们（就像在竹仔积）。从米南加保人到达这里的年代开始，巨石可能有几百年历史了，或者甚至有几千年的历史了。当地人称其为"活石"（Batu Hidup），或许是指由于周边的土地侵蚀，它们似乎正逐年生长。出乎意料的是，人们并不觉得巨石是神圣的。

如果你有时间，可以考虑经由51号公路一路前往**瓜拉比拉**（Kuala Pilah）。这座美丽的城镇有数排五彩缤纷的华人店屋和马来西亚最有趣的华人寺庙之一——**三圣宫**（Sansheng Gong，Sansheng Temple；Jln Dato Undang Johol）。它是全国第一座供奉关公的寺庙，以刷了灰浆的人物和木雕作为装饰。进入寺庙往右走，找找神龛，其特色是两尊护送死者灵魂进入阴间的守卫雕像。**黑白无常**在马来西亚被当作财神来崇拜，你可以看到它们面前供奉的黑啤酒和香烟。寺庙的路对面是供奉森美兰州第一任英国驻扎官（1889~1897年）马丁·利斯特（Martin Lister）的牌楼。

（RM8.70，1小时15分钟，每半小时1班）。这里还有往返吉隆坡的长途汽车，令人惊讶的是，这里的长途汽车还通往马来西亚（甚至新加坡）的中心城市，虽然你很有可能用不到它们。长途汽车从**长途汽车1号总站**发车。

火车站和汽车站外还有长途出租车，前往各个目的地都有固定价格。前往波德申（亚兰）海滩度假胜地的单程票价为RM60；往返神安池的费用为RM100，包括在村庄的时间。

神安池（Sri Menanti）

☎06

整洁而宁静的神安池距离51号联邦公路（Federal Rte 51；芙蓉至瓜拉比拉的公路）6公里。这里是王朝旧都，400多年前，从苏门答腊来的米南加保移民最初在此定居。如今神安池四周一片宁静，能打断这幽静的只有鸟鸣。这个安宁、自由的小村庄坐落在高山峡谷中，周围是生长着热带雨林的葱郁山丘。小村四周是简朴的民居，还有小鸡在村里四处溜达。

从芙蓉搭乘出租车往返神安池，外加1小时的停留时间，费用是RM100。

景点

旧皇宫 宫殿

（Istana Lama，Old Palace；⌚10:00~18:00，周五 12:30~14:45关闭）免费 宏伟的旧皇宫是一座深色硬木宫殿，修建于20世纪初，用于临时代替在断崖岭战争（Bukit Putus War）中被英国士兵摧毁的更古老的宫殿。在王宫里，你可以参观国王和王后的寝宫、孩子的游乐室、一间宽阔的餐厅和很大的餐桌，此外，还有波纹短剑和皇家徽章。

4层楼经过布置，中间有长廊和与众不同的山形塔楼，宫殿以建筑过程中没有使用一颗钉子而闻名。宫殿由99根柱子撑起，其中很多雕刻着叶片形状的图案，据说每根柱子都代表着这一名森美兰州具有传奇色彩的宗族（luak）战士。你还可以登上顶层俯瞰花园的美景。

2014年，宫殿开始维修，替换了很多老化的支柱。预计这项工作至少要持续3年，其间游客还是可以游览庭院和宫殿外围。

大王宫（Istana Besar） 宫殿

刚过神安池的小湖园就是大王宫，森美兰州首领（Yamtuan Besar）住在这座令人印象深刻的现代白色宫殿里。宫殿最初修建于20世纪30年代，不对公众开放。

皇家墓园（Makam Di Raja） 墓地

清真寺外围区域面朝主路方向的是皇家墓园，墓园里有一栋具有独特维多利亚-摩尔风格的凉亭。走入大门，正对面显眼的陵墓就是东古·阿卜杜勒·拉赫曼（Tuanku Abdul Rahman）之陵，他是马来西亚独立后的第一位最高元首（yang di-pertuan agong）。

住宿

Sri Menanti Resort 酒店

（☎06-497 0049；房间/度假木屋 RM160/210）Sri Menanti Resort在旧皇宫旁边，有维护得还不错的房间，包括观赏湖上方的水泥度假屋，你可以在那里钓鱼。在本书写作期间，这家度假村还没有面向个人住客的餐馆，不过路边有几家小餐馆。

波德申（Port Dickson）

☎06

波德申（亚兰）是距离吉隆坡最近的海滩地区，极受当地人、新加坡人和居住在此的外国人喜爱。该地区海岸线优美，适合作为不错的歇脚处，甚至是从城市出来一日游的好地方，但自己没有车辆的话，在这里到处转转有些困难。

注意：人们所说的波德申通常是指那里的海岸线，真正的波德申本身是一座小而无趣的城镇，位置也较靠近内陆。

景点和活动

海岸线长20多公里，其中大部分没有开发，度假村外边有几处受欢迎的公共海滩区域。如果你游览海滩，要注意马来当地的礼法规矩：不要穿着暴露；如果你们是一对情侣，要尽可能减少公开表示亲昵的行为。

拉沙多角森林保护区 自然保护区

（Cape Rachado Forest Reserve，Tanjung Tuan Forest Reserve；门票 RM1；⏲7:00~20:00）波德申地区的重头戏是占地80公顷的拉沙多角森林保护区。这片低地丛林树木参天，海滩幽静，是理想的海龟产卵地点，每年还有超过30万只候鸟在这个中途停留地歇息。简单的小径网络从主路延伸出去。记得多带水。

主路贯穿波德申，沿其中一条岔路前行2公里就是这个保护区。你可以在Ilham Resort停车，然后徒步穿过森林保护区，再前进1公里，就到了**拉沙多角灯塔**（Tanjung Tuan lighthouse，rumah api）。这座灯塔最初由葡萄牙人于1528年修建，是马来西亚最古老的灯塔，一般不向公众开放。不过，你可以绕到灯塔前面，欣赏壮观美景。如果天气晴朗，还能看到马六甲海峡对面38公里外的苏门答腊岛。

Avillion Admiral Cove 划船

（☎03-2730 9988；www.avillionadmiralcove.com；Jln Pantai）这座大型度假村和码头在会所前方右侧的Eco-ride Centre中，为非住客提供各种水上活动。你可以租皮划艇（每小时RM22）和香蕉船（每人每小时RM27）、乘船巡游（每人RM180，10:30、14:00和17:00），或者在落日巡游和价值RM425的浮潜套餐上挥霍一把。

住宿

以下费用指的是周末价格。工作日的房费通常要低15%，节假日高峰时期要高出10%。

★Avillion Port Dickson 度假村 $$

（☎06-647 6688；www.avillionportdickson.com；Jln Pantai；房间 含早餐 RM385起；❄📶🏊）

不要错过

迁徙猛禽

大约2月中旬至4月中旬，迁徙的猛禽（如红隼、隼和鹰）会从苏门答腊经由拉沙多角森林保护区（见115页）飞往亚洲大陆。没人能担保你会幸运地看到猛禽，不过，11:00~15:00，在拉沙多角灯塔附近看到猛禽的概率最大。那时候一天积蓄的高温所产生的上升暖气流能够帮助鸟类飞翔。

每年约有25种猛禽飞往北方度夏，飞越马六甲海峡几乎耗尽了它们的所有力气。精疲力尽的鸟儿飞得很低，你甚至可以在相当近的距离观赏猛禽。鸟儿在傍晚或晚上才到达，常常会在保护区过夜歇息和恢复体力，然后再次出发，踏上漫长的征程。自然学家指出，如果没有这个森林繁茂的宝贵保护区，许多猛禽会死于力竭或饥饿。

在猛禽迁徙高峰期会举办**猛禽观赏节**（Raptor Watch Festival；https://mnsraptorwatch.wordpress.com），通常是在3月的第一周。欲了解下一次节庆的更多信息和具体日期，可访问每年更新的网站。

这里设计美观，植物茂盛，有莲花池、飞鸟乐园、凤梨植物和棕榈树。住宿亮点是水上的度假屋，它们带有巨大的露台，涨潮时你可以从露台下水游泳。即便是这里最便宜的房间也比其他任何地方都精致，敞亮的房间内配有硬木地板、典雅的木家具和石板材质的浴室。

附近还有几家很好的餐厅，以及配备水滑梯的超大游泳池、网球场和一家健身房。

Grand Beach Resort Port Dickson 度假村 $$

（☎06-647 4090；www.grandbeachresortpd.com；Jln Pantai；房间 含早餐 RM320起；❄📶🏊）名字有点儿夸张，但这家米南加保风格的度假村有面朝大海的房间，全都带小阳台，还拥有一整片特别出色的海滩。Admiralty Cove提供所有设施和租赁选择，沿海滩走几分钟即可到达。

由于这个地方受到会议团体的欢迎，所以有时会让人觉得非常忙碌。注意：节假日的高峰期间，房间价格几乎翻番。

PNB Ilham Resort 度假村 $$

（☎06-662 6800；www.ilhamresort.com；Batu 10，Tanjung Biru；房间 含早餐 RM240起；❄📶🏊）挨着拉沙多角森林保护区的Ilham是一座大型度假村，位于平静的海湾里，有一段安静的白沙滩。与其他度假村相比，这里的英语服务并不周到。

★ **Thistle Port Dickson Resort** 度假村 $$$

（☎06-648 2828；www.thistle.com/Malaysia；Jln Pantai；房间 含早餐 RM745起；❄@📶🏊）这座高档度假村坐落于90英亩的景观庭院内，特色是3公里长的私人海滩、高尔夫球场、巨大的游泳池、漂亮的风景、健身中心等。

就餐

所有度假村内都有餐馆（和几家酒吧），多数都对非住客开放。

如果你有交通工具，也可以试试主路旁边各种涌现出来的当地饮食摊。海鲜是特色，但你也能找到泰国咖喱和马来主食，比如沙嗲烤肉串和鲜榨果汁。

Crow's Nest 马来西亚菜 $$

（Avillion Port Dickson；主菜 RM35~55；⏱7:00~23:00；📶）想找一流的海岸风景和美味的马来食物，试试Avillion Port Dickson这家通风良好的餐馆。

到达和当地交通

从吉隆坡到波德申可以搭乘公共交通工具。先乘坐吉隆坡快速电车到芙蓉，然后在长途汽车1号总站搭乘出租车（RM60）到达目的地。汽车站外边的出租车费用固定，所以不会多收钱。

然而，海滩区域周边没有公共交通。如果需要，可以让你住的度假村安排出租车，但要做好等上1小时的准备。

霹雳

☎05/人口：2,352,743/面积：21,035平方公里

包括 ➡

最佳就餐

- Restaurant Lou Wong（见123页）
- Barracks Cafe（见135页）
- Luen Fong Restaurant（见128页）
- Lim Ko Pi（见123页）
- Restoran Pasir Bogak（见140页）

最佳住宿

- Sekeping Kong Heng（见122页）
- Tiger Rock Resort（见140页）
- Lakehouse（见133页）
- Adeline's Villa（见127页）
- Belum Eco Resort（见150页）

为何去

崖顶寺庙、漫过洪水的荒野、如今以芽菜鸡闻名的矿业城镇——霹雳的亮点多元而有趣，但不知怎么回事，马来西亚这块崎岖的区域一直没有获得世人的关注。

花些时间，一层层剥开霹雳州的外壳，你会获益匪浅。漫步穿过怡保的古镇，找找历经沧桑的宅子、工艺品店和美食。坐落在城市之外的洞穴寺庙摇摇欲坠，让你精疲力竭而又心生敬畏。你可以在务边漂流凉快凉快，或者游览太平殖民时代的建筑，又或者北上前往未受到破坏的皇家贝莱州立公园。邦咯岛的海滩虽然比不上马来西亚半岛东岸的海滩，但阳光明媚的岛上海风习习，拥有许多可以看见犀鸟的地点。霹雳也是探索金马伦高原（严格来说，位于彭亨州）的最佳起点。这些微风轻拂的山间度假胜地曾经备受英国殖民者喜爱，如今吸引着渴望逃离闷热低地的游客——他们还能在这里品尝直接采自产地的茶。

何时去

怡保

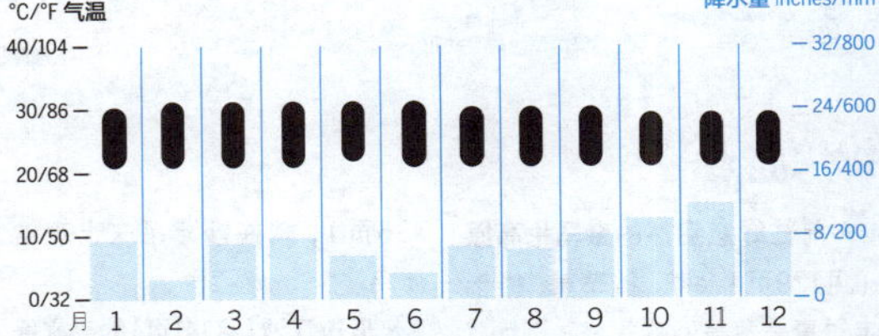

12月至次年2月 在邦咯岛的海滩晒得冒汗，或者去霹雳州的高原凉快凉快。

6月至8月 在贝莱拿起望远镜观鸟，或者在金马伦高原感受凉意。

9月至11月 霹雳降雨较多的月份，前往怡保或太平，在城里休息一下。

霹雳亮点

1. 前往绿意盎然的**金马伦高原**（见129页）品茶、摘草莓、徒步走过青苔覆盖的森林。
2. 在改头换面的**怡保**（见125页）大啖美食，从芽菜鸡到一流的印度菜式。
3. 去隐于世外的**邦咯岛**（见136页），躺在沙滩吊床上观赏犀鸟。
4. **瓜拉江沙**（见141页）的皇家景观和丰富的建筑令人眼花缭乱。
5. 惊叹于怡保附近非凡的**洞穴寺庙**（见123页）。
6. 研究**太平**（见144页）的殖民时代建筑和街头美食。
7. 让你的徒步靴在**皇家贝莱州立公园**（见149页）的水上仙境里沾点儿泥泞。
8. 在**务边**（见126页）周边的荒野漂流、探洞和漫步。

历史

今日的霹雳州苏丹国历史可以追溯至16世纪初，当时马六甲最后一位苏丹的长子穆扎化沙苏丹（Sultan Muzaffar Shah）在霹雳河（Sungai Perak）畔开启了一个新的王朝。这里丰富的锡矿资源使其迅速成为贪婪的邻州和外国势力竞相争夺的目标。

17世纪，荷兰人一度试图垄断锡矿贸易，但没有得逞。如今，在邦咯岛（Pulau Pangkor）和霹雳河口仍然能够看到荷兰人遗留的堡垒。18世纪，南边的布吉人（Bugis）和北边的暹罗人（Siamese）通过协商试图控制霹雳州，但在19世纪20年代，由于英国的干涉，他们的野心化为泡影。

英国曾一直不愿干涉马来半岛的事务，但由于对海峡殖民地的投资不断增长，再加上霹雳州的锡矿资源非常丰富，英国开始关注此地。锡矿也吸引了大量的中国移民。很快，他们形成帮派，与当地马来酋长结盟，争夺矿场的控制权。

霹雳州苏丹王国陷入一片混乱，皇室之间争夺继承权，这让英国人有机可乘。1874年，英国入侵霹雳州，这是马来半岛上第一次真正的殖民入侵。总督安德鲁·克拉克（Andrew Clarke）在邦咯岛召集了一次会议，会上阿卜杜拉苏丹（Sultan Abdullah）击败王位之争中的另一位主要竞争者伊斯梅尔苏丹（Sultan Ismail）继位。随后签署的《邦咯条约》（*Pangkor Treaty*）规定苏丹必须接受一位英国驻扎官，除马来风俗和宗教以外，其他一切事务都要征求驻扎官的意见。一年后，英国以废除王位为要挟，迫使阿卜杜拉苏丹同意由英国官员作为其代表管理国家。

霹雳州的酋长们联合抵制英国统治。1875年11月，英国驻扎官詹姆斯·伯奇（James W.W.Birch）在巴西沙叻（Pasir Salak）遭人暗杀。英国殖民政府派出军队，发动了一场短暂的霹雳战争（Perak War）。阿卜杜拉苏丹被流放，英国人扶植了一名新苏丹上台。第二任英国驻扎官是休·劳（Hugh Low）爵士。他曾在婆罗洲积累了管理经验，能说一口流利的马来语，而且还是一位著名的植物学家——劳氏猪笼草（Nepenthes Lowii）就是以他的名字命名的。他成功地控制了锡矿的税收，并且将霹雳州的行政事务处理得井井有条。1877年，他向马来西亚引进了第一棵橡胶树，还试着种植茶叶和咖啡。与此同时，苏丹仍保留其地位，但权力逐渐丧失，成了靠薪金度日的傀儡。

1885年，霹雳州修建了一条从太平（Taiping）到文德港[Port Weld，现名“瓜拉十八丁”（Kuala Sepetang）]的铁路，用来运输锡矿。这是马来西亚最早的铁路，它的建成使太平和怡保（Ipoh）迅速发展。1896年，霹雳州与雪兰莪州（Selangor）、彭亨州（Pahang）、森美兰州（Negeri Sembilan）共同组成了马来联邦。尽管经历了日本的入侵和第二次世界大战，英国驻扎官（后来的顾问）制度还是一直延续了下来，直到1948年霹雳州被纳入马来亚联合邦之后才宣告结束。1957年，霹雳州加入刚刚独立的马来西亚联邦。

怡保（IPOH）

人口：710,000

怡保正在静悄悄地复兴。直到今天，尽管马来西亚游客常来这里品尝芽菜鸡（ayam tauge）和怡保著名的白咖啡，但也很少会盘桓超过一个周末；背包客则将这座宜人的中型城市当作吉隆坡和槟城之间的过夜地点。最近，人们对怡保遗产的全新热情使古老的店屋被修复，新咖啡馆和工艺品店在具有历史特色的建筑之间涌现。同时，全新的住宿场所纷纷开张，从青年旅舍到豪华酒店，一应俱全。

享受怡保的关键是体验社区邻里的氛围。人行道似乎是为凉拖设计的，而景点分布在一大片区域内，从老城区富有魅力的巷弄和恢复活力的历史建筑开始。拿起一张小径地图，寻找最好的遗产建筑和街头艺术。此处以南，怡保的小印度有炫丽的商店和一些美味的小餐馆。

在河流以东的怡保新城区，聚在一起的餐厅提供地区传统菜肴，比如芽菜鸡及附近最香嫩爽滑的豆花。这处美食中心以北就是城市比较高档的酒店聚集区，酒店多在光鲜的Parade购物中心旁边。随着怡保实力的增强，这里已成为适宜而又令人兴奋的

Ipoh 怡保

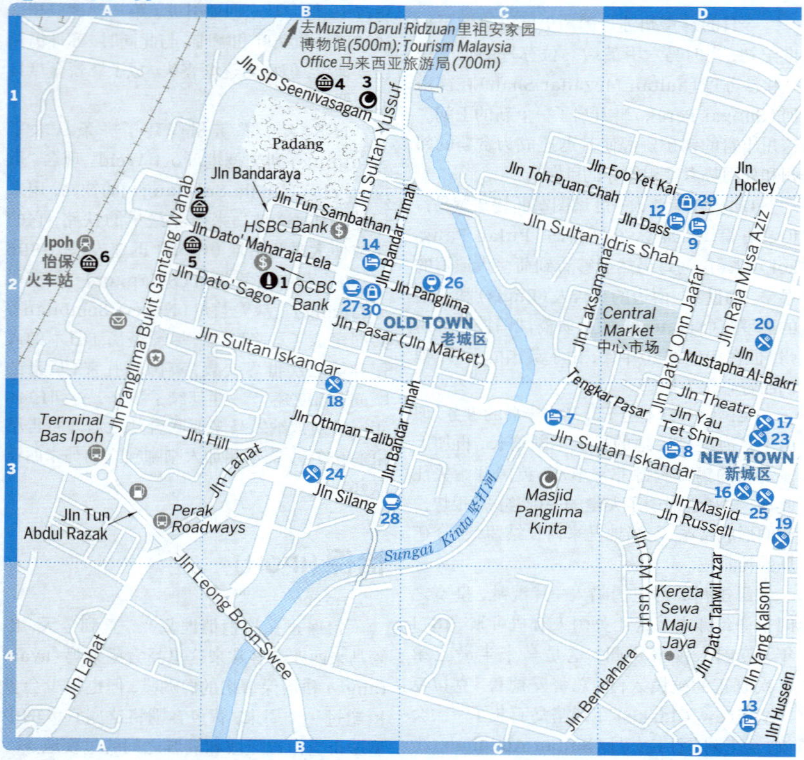

城市歇息地，更不用说它还是前往金马伦高原（Cameron Highlands）或邦咯岛（Pulau Pangkor）旅行的便利门户了。

景点

怡保多数宏伟的殖民时期建筑都在坚打河（Sungai Kinta）以西的老城区。

伯奇纪念钟楼 纪念碑

（Birch Memorial Clock Tower; Jln Dato' Sagor）**免费** 这座钟楼有一座1.98米的大钟，建于1909年，用于纪念霹雳州第一任英国驻扎官詹姆斯·伯奇。1875年，伯奇在巴西沙叻被当地的马来首领刺杀。为了展示文明的进程，钟楼的横饰带刻有摩西、佛陀、莎士比亚和查尔斯·达尔文等人的塑像，而先知穆罕默德的人像已被移去。

钟楼所在的马路以暗杀伯奇的一名刺客重新命名。如今，他们被视作民族主义者，而伯奇被人记住的是他对当地风俗的漠视。

里祖安家园博物馆 博物馆

（Muzium Darul Ridzuan; 2020 Jln Panglima Bukit Gantang Wahab; ⏲9:30~17:00）**免费** 草地（padang）北面的这座博物馆置身于一座别墅之中，别墅由一位富有的华人锡矿主建于1926年。博物馆的特色是展示霹雳州锡矿（楼下）和林业（楼上）的发展史。相比之下，一些临时展览更加有趣，但最有趣的是建筑后面"二战"期间的地堡。我们到访的时候，博物馆正在进行翻新，但还可以接待参观者。

火车站 历史建筑

（Train Station; Jln Panglima Bukit Gantang Wahab）可以追溯至1914年，怡保优雅的圆顶火车站融合了摩尔式建筑和维多利亚时代建筑的特点，采用英属印度（Raj）的设计风格，

被当地人称为"泰姬陵"。

市政厅

历史建筑

（Town Hall；Jln Panglima Bukit Gantang Wahab, Dewan Bandaran；⊙8:00~17:00）怡保闪亮的白色市政厅可追溯至1916年，是拍摄婚纱照的热门场所。游客通常可以进去逛逛，在较高的楼层可以看到殖民时代风格的火车站美景。

法院大楼

历史建筑

（Court House, Mahkanah Tinggi；Jln Panglima Bukit Gantang Wahab）怡保法院大楼建于1928年，由A.B.哈巴克（AB Hubback）设计，他同时也是怡保火车站和市政厅的设计师。法院大楼不对外开放。

印度清真寺

清真寺

（Masjid India Muslim；Jln SP Seenivasagam；⊙8:00~17:00）1908年为当地印度裔人群修建，采用莫卧儿风格，只允许穆斯林入内。

圣迈克尔学院

历史建筑

（St Michael's Institution；Jln SP Seenivasagam）草地北侧的圣迈克尔学院是一座三层的新哥特式殖民时期学校，有拱形走廊。这所学院是天主教徒拉萨尔（La Salle）兄弟在1912年创办的，不对外开放。

活动

步行是游览怡保老城区所有殖民时期建筑的最佳方法。你可以利用非常棒的《怡保遗迹步道》地图1和地图2来自由探索。地图可以到怡保旅游信息中心和Kong Heng Block（见124页）地区各处广告牌处领取。

定期的遗产导览游已经不组织了，但当地导游**拉贾先生**（Mr Raja；☎012-524 2357）和**罗斯利·林**（Roselyn Lim；☎012-500 9400）可以根据要求，带领团队步行游览（RM250起）。

住宿

大多数住宿场所都在坚打河以东的新城区。

Eloft

青年旅舍 $

（☎017-336 5592；115 Jln Sultan Iskandar；铺 含早餐 RM30；❄📶）Eloft是怡保最友好的背包客住所，于2015年7月开业。部分由志愿者管理，有一间14张床位的混住空调宿舍、一处宜人的公共区和可俯瞰热闹的Jln Sultan Iskandar的阳台。出租自行车（6/24小时RM8/20）。按铃进入（大门容易被错过）。

Abby By The River

青年旅舍 $

（☎05-241 4500；www.abbyhotel.my；Jln Laxamana和Jln Sultan Iskandar交叉路口；铺/双/标三 RM35/100/125起 P❄📶）这家霹雳连锁住宿的怡保分店坐落在Sultan Iskandar桥边，位置优越，适合探索新老城区。可以选择3床位的男女分住宿舍、双人间或可容纳3人的家庭间。房间足够舒适，但遗憾的是，乏味的内部会让人想起医院。

Hotel Robin

酒店 $

（☎05-242 1888；100~110 Jln Mustapha Al-Bakri；房间/套 RM56/85起；❄📶）毫无魅力，但房间干净，老板会说英语。

Ipoh 怡保

景点

1 伯奇纪念钟楼 B2
2 法院大楼 A2
3 印度清真寺 B1
4 圣迈克尔学院 B1
5 市政厅 A2
6 火车站 A2

住宿

7 Abby By The River C3
8 Eloft D3
9 French Hotel D2
10 Hotel Ibis Styles E4
11 Hotel Robin E3
12 Pi Hotel D2
13 Ritz Garden Hotel D4
14 Sekeping Kong Heng B2
15 WEIL Hotel F3

就餐

16 Famous Mee Hakka D3
17 Funny Mountain Soya Bean D3
18 Lim Ko Pi B3
19 M. Salim D3
20 Medan Selera Dato' Tawhil Azar D2
21 明阁 E2
22 Nasi Lemak Ayam Kampung E4
23 Restaurant Lou Wong D3
24 Sri Ananda Bahwan Banana Leaf B3
25 新泉芳咖喱面茶餐室 D3

饮品和夜生活

26 Big John's Music Shack C2
27 Roquette Cafe B2
28 新源隆白咖啡 B3

购物

29 跳蚤市场 D2
30 Kong Heng Block B2

★Sekeping Kong Heng 精品酒店 $$

（☎012-227 2745；www.sekeping.com/kongheng/home.html；74 Jln Bandar Timah；房间RM220～800；❄📶🏊）房间和公寓坐落在Jln Panglima（Concubine Lane）对面的小巷边，与怡保其他所有地方都不同，每一块仿旧木镶板和裸露的砖墙都会唤起乡愁。这幢经过细心翻新的建筑是建筑师的梦想之地：高天花板的房间俯瞰着遍布藤蔓的小巷，公寓里摆有轮毂及其他杂物。酒店还有一处秘密的游泳池，以及布置得稀奇古怪的公共区。

房间的风格类型和价格多样。注意：有的公寓是网格墙壁是露天的，不是封闭的，不适合睡觉浅的人。我们到访的时候，酒店正扩建针对背包客的单人间（RM80）。

Pi Hotel 酒店 $$

（☎05-255 2922；http://hotelpi.com.my；Jln Veerasamy；双RM94～125；P❄📶）这家中档酒店的房间舒适别致，装饰着黑白照片、红色软包床头和鼓舞人心的警句。笑容满面的员工确保你能住得愉快。每周日，酒店附近一周一次的二手市场虽然嘈杂但体验愉快，要利用好地下停车场。

WEIL Hotel 酒店 $$

（☎05-208 2228；www.weilhotel.com；292 Jln Sultan Idris Shah；双 含早餐 RM290起；❄📶）这家崭新的高档酒店“WEIL”是将创建者的名字倒了过来，在我们去的时候表现一般。不过，员工接待热情，就餐区域非常时髦，自助早餐丰盛。房间的风格更像是商务型而非豪华型，但床相当舒适，卫生间非常有品位。WEIL坐落于Parade购物中心旁边，非常适合购物者，不过若是前往老城区，你可能需要找一辆出租车（约RM10）。

French Hotel 酒店 $$

（☎05-241 3030；www.frenchhotel.com.my；60～62 Jln Dato'Onn Jaafar；双RM138～178；❄📶）这家酒店雅致、时尚，但缺乏它自己所宣称的法国风情，不过很具现代感，且在新城区，位置便利。

Hotel Ibis Styles 酒店 $$

（☎05-240 6888；www.accorhotels.com；18 Jln Chung On Siew；双RM179起；P❄📶）能令人联想到柚子的色彩和活泼的设计让Ibis胜过一般的连锁酒店，友好的员工和舒适的公共区让它成为从交通拥堵的新城区回来后恢复精神的港湾。房间一尘不染，对空间的利用非常合理。

Ritz Garden Hotel 酒店 $$

（☎05-242 7777；www.ritzgardenhotel.

com; 86 Jln Yang Kalsom; 双/标三/套 含早餐 RM145/200/260起; ❄@📶🏊)这家酒店以前一度很风光并且昂贵，现在则是可靠的中档价位住宿选择，依然固执地保留着20世纪80年代的感觉。房间实用，员工友好，不过附加设施的质量尚需改进，比如Wi-Fi和游泳池。

Banjaran Hotsprings Retreat 度假村 $$$

(☎05-210 7777; www.thebanjaran.com; 1 Persiaran Lagun Sunway 3; 别墅 含早餐 RM1329起; ❄@📶🏊)怡保东北8公里处的石灰石悬崖底，有一个独家水疗度假胜地。此地有26幢别墅，内有通天然温泉水的私人游泳池和按摩浴缸。水疗活动包括热蒸汽洞穴和冰浴。度假村可以安排接送住客。

Indulgence 精品酒店 $$$

(☎05-255 7051; www.indulgencerestaurant.com; 14 Jln Raja Dihilir; 双/套 含早餐 RM340/540起; P❄📶)这家20世纪30年代风格的宅邸有7间风格不同的房间，从泰式到洛可可式，各不相同。如果你能够忍受市中心以东稍微不便的位置，以及从Parade购物中心步行10分钟才能到达的距离，这些豪华的房间会带给你难忘的住宿体验。

就餐

★Lim Ko Pi 中国菜 $

(☎05-253 2898; 10 Jln Sultan Iskandar; 主菜 RM12; ⏲8:30~18:00)这家悠闲的咖啡馆从五颜六色的瓷砖到漂亮的内部庭院，都散发着浓郁的怡保旧日辉煌气息。食物包括大分量的虾仁炒饭、咖喱米粉和甜熏猪肉，最好搭配制作精致的白咖啡。与怡保的很多小餐馆相比，这里的服务相当从容。

Lim Ko Pi作为一家甜品店也很不错：可以选择一碟珍多冰（刨冰甜点配绿粉、糖浆、水果和椰奶）、花生碎冰激凌圣代，或者（我们最喜爱的）焦糖全脂奶油冻。

★Restaurant Lou Wong 马来西亚菜 $

(☎05-254 4190; 49 Jln Yau Tet Shin; 主菜 RM12; ⏲正午至22:00)这里是品尝怡保备受爱戴的招牌菜的地方——芽菜鸡。你得挤在从Lou Wong一直排到马路上的塑料凳子上，但

怡保的洞穴寺庙

怡保周边的岩石景观是名副其实的洞穴蜂巢，其中很多与宗教密切相关。几处这样的崖顶冥想地点和遍布钟乳石的寺庙逐渐成为大型建筑。虽然很难乘坐公共交通工具到达，但这三座寺庙便于进行驾车半日游或导览游。当地向导拉贾先生（见121页）可以带两三名旅行者前往三座洞穴寺庙旅行，费用约为RM350，包括停下来吃早餐、喝传统的白咖啡。

霹雳洞（Perak Tong; ⏲9:30~16:00）由一名佛教高僧修建于1926年，这座洞穴寺庙是怡保参观人数最多的洞穴寺庙，拥有壮观的景色。它坐落于怡保以北6公里处，延伸入兔子窝一般的洞穴网络，亮点是闪闪发光的12米高的坐佛。佛陀及诸圣的鲜艳壁画装饰着洞穴的墙壁，其中一些是20世纪90年代才绘制的。洞穴外边有陡峭的步行台阶和小径，通向可以俯瞰怡保壮观景色的地方（想要攀登的话，得在15:30前到达）。

从当地汽车站开往瓜拉江沙（Kuala Kangsar）的长途汽车在霹雳洞停车。安静的**极乐洞**（Gua Kok Look Tong; ⏲7:00~17:00）远离旅游小径，洞中的佛像闪现在朦胧的钟乳石之间。三位圣人占据了中央洞窟，往后则是一尊乐呵呵的中国弥勒佛（即未来佛），与三位菩萨一同安坐。洞穴后面是观赏花园，有池塘和宝塔。从三宝洞步行过来要很久，抵达这里最简单的方式就是参加导览游或者在怡保乘坐出租车（单程约RM35）。

三宝洞（Sam Poh Tong; ⏲9:00~15:30）于1890年被一位僧侣首次发现，位于怡保以南5公里处，如今是三宝洞寺庙，仍然被追求独自冥想的僧尼使用。寺庙内有一尊卧佛，两边是较小的雕像，但主要景点是“龟池”，当地人会将乌龟放生在里面，希望抵消他们的罪业。这里还有一座花园，装饰着花岗岩柱和小桥。从怡保当地汽车站开往务边的长途汽车途经这座寺庙。

水煮鸡肉的柔滑口感搭配一大碗米饭和丰满的豆芽，会让你不虚此行。

Sri Ananda Bahwan Banana Leaf 印度菜 $

（☎05-253 9798；7 Persiaran Bandar Timah；主菜 RM5；⏰早餐、午餐和晚餐；✎）怡保一些最棒的印度饮食就出自小印度这家朴素的自助餐馆。用一片松软的多莎饼（dosa；薄如纸片的米粉和小扁豆粉薄饼）就着酸辣酱和黄豆汤，或者要一份丰盛的香蕉叶特色菜，里面有堆得像小山一样的米饭和五香秋葵。留点儿肚子，打包一盒出色的印度奶酪蛋糕（barfi），这种糕点类似软糖，口味从腰果味到巧克力味，不一而足。

Funny Mountain Soya Bean 中国菜 $

（49 Jln Theatre；主菜 RM1.20；⏰10:30起；✎）Funny Mountain因为两种菜肴大受欢迎：豆花和豆浆。豆花里加了一点儿糖浆，柔滑香甜；豆浆浓郁提神，有原味和烧仙草味（RM2.50）。这家店10:30开始营业，豆花卖光就关门，所以要早点儿到，做好排队的准备。

M. Salim 印度菜 $

（☎05-255 5786；Jln Yang Kalsom和Jln Che Tak交叉路口；主菜 RM7.50；⏰周六至周四 6:30~21:30，周五 至13:00和14:00~21:30）这个一切从简的忙碌清真餐厅提供出色的饮食。面对一排散发着丁香香气的印度香饭、细腻的咖喱鸡或著名的鱼头咖喱，偶尔粗鲁的服务也会迅速被抛诸脑后。

> **怡保冰球的吃法**
>
> 怡保的怀旧潮流从室内设计蔓延到食物等各个方面，因此一种叫冰球（ais kepal）的冰冻小吃也再度流行起来。
>
> 观看这种可以吃的“炮弹”是如何做出来也是一种乐趣。冰球主要是用刨冰打出来的，浇上荔枝、蔗糖等糖浆，然后用棕色的蜡纸蓬松地包起来。吸吮糖浆的时候，需要反复转动冰球。冰球迷会左右手各拿一张纸（他们一般会给两张），用纸张翻动正迅速融化的冰球。试着在怡保老城区Kong Heng Block的Bits & Bobs（RM3）用黏糊糊的手指捧起一颗冰球吧。

Medan Selera Dato' Tawhil Azar 马来西亚菜 $

（Jln Raja Musa Aziz；主菜 RM2~8；⏰晚餐）作为“儿童乐园”更出名，这个小贩中心的大多数马来摊位都围绕着放满秋千和滑梯的小广场。

Nasi Lemak Ayam Kampung 马来西亚菜 $

（43-45 Jln Ali Pitchay；主菜 RM5.50~30；⏰16:30至次日0:30）这家著名的餐馆有各种改良的椰浆饭[nasi lemak；用椰奶煮的米饭，配上炸江鱼仔（沙丁鱼干或凤尾鱼干）、花生和咖喱菜]。为丰富的菜单增色的还有面糊章鱼、酸辣胡椒鳗鱼汤，以及甜咸口味刚刚好的芒果糯米布丁。

饮品

Big John's Music Shack 酒吧

（☎05-241 1617；24 Lg Panglima；⏰周五 18:00至午夜，周六 至次日1:00）周五和周六晚上，这家无拘无束的英国主题复古酒吧会回荡起现场布鲁斯和摇滚音乐。可以在英联邦的旗子下面吃套餐（RM12.95起）、喝啤酒，跟喜爱交际的老板约翰（John）闲聊打发时间。

Roquette Cafe 咖啡馆

（☎05-241 2616；101 Jln Sultan Yussuf；咖啡 RM9；⏰10:00~18:00；📶）这家俗气又有趣的咖啡馆里回响着流行乐和乡村背景音乐，提供怡保最完美的白咖啡。木地板、老式打字机和塞满中国儿童读物的图书室赋予它一种与众不同的魅力，不过大多数时尚顾客会专注于免费Wi-Fi。咖啡、马卡龙和开心果奶油蛋糕让体内的热量不断攀升。

购物

★Kong Heng Block 工艺品

（75 Jln Panglima；⏰周三至周一 9:00~22:00）殖民时代，紧密相连的店铺外墙曾围成了这座城市唯一的大型商店区。如今，一些工艺品商店纷纷在怡保老城区这片灯火辉煌的中庭四周涌现。这里生动有趣的独立卖家包括Ipoh Craftnerds和Living Art，它们叫卖从古怪的珠宝首饰、手工明信片到老箱子和陶

怡保最佳美食

据说，怡保赢得美食之城的美誉完全是因为这里的水。当地人认为，城镇周围丰富的岩溶沉淀物渗入地下水，独特的水质赋予了这座城市饮食独特的品质。基于这一点，我们在此推荐怡保最好吃的菜肴和餐馆：

咖喱面（Curry mee）米粉和面粉混合而成的面条，配以鸡肉、猪肉和虾，淋上飘着油花的肉汤。尽管有争议，但咖喱面煮得最好吃的地方据说是**新泉芳咖喱面茶餐室**（Xin Quan Fang；174 Jln Sultan Iskandar Shah；主菜 RM3.80起；⏲早餐及午餐），但那里需要等待较长时间。这家人在这里卖咖喱面已经几十年了，好这口的食客可不是为了上菜快才来的。

芽菜鸡（Ayam tauge）细嫩的水煮鸡肉配上怡保饱满的豆芽和米饭（米饭是用鸡汤煮成的）或一碗米粉。这道菜大概是最能代表怡保的菜肴。Restaurant Lou Wong（见123页）提供城里最好的芽菜鸡，附近还有几家可以一较高下的餐馆，也能烹制出这道美味的菜肴。

白咖啡（Kopi putih）英文中称为"怡保白咖啡"，这种用棕榈油烤制咖啡豆的方法据说是**新源隆白咖啡**（Sin Yoon Loong；15A Jln Bandar Timah；咖啡 RM1.40起；⏲周一至周六 7:00~18:00）首创的。

客家面（Hakka mee）一碗扁面条加上咸猪肉碎，辅以一碗盛有鱼肉丸、猪肉丸和豆腐的肉汤。最好吃的客家面在**Famous Mee Hakka**（163 Jln Sultan Iskandar Shah；主菜 RM3；⏲7:00至正午）。

广式点心（Dim sum）怡保的华人社区多数是广东移民，所以这里理所当然有出名的广式点心。虽然**明阁**（Ming Court；32-36 Jln Leong Sin Nam；点心 RM3~5；⏲周三至周一 6:00至正午）不比附近的其他点心店华丽，但备受当地人喜爱。

器等一切东西。别忘了在Bits & Bobs（RM3）驻足，吃一份冰球。在奢华的连锁咖啡馆Plan B旁边寻找它们。

跳蚤市场 市场

（Flea Market；Jln Horley；⏲周日 6:00至正午）这个繁忙的跳蚤市场每周日早上几乎占满了Pi Hotel周边的街道。

实用信息

怡保医院（Ipoh Hospital；☎05-208 5000；http://hrpb.moh.gov.my；Jln Hospital）怡保的主要医院位于市区东北约1.5公里处，打车来这里费用约RM10。

坚打医疗中心（Kinta Medical Centre；☎05-242 5333；www.kintamedicalcentre.com；20a Jln Chung Thye Phin）这家新开的城镇医疗中心有24小时急诊室。

马来西亚霹雳旅游局（Tourism Malaysia Perak；☎05-255 9962，05-255 2772；www.tourism.gov.my；12 Medan Istana 2 Bandar；⏲周一至周五 8:00~17:00）马来西亚旅游局的霹雳办事处位于怡保老城区以北。

到达和离开

飞机

怡保的**苏丹阿斯兰沙国际机场**（Sultan Azlan Shah Airport；www.ipoh.airport-authority.com）位于怡保市中心东南约3公里处，从市中心乘坐出租车的费用为RM20。在本书写作期间，**飞萤航空**（Firefly；☎国际 03-7845 4543；www.fireflyz.com.my；苏丹阿斯兰沙国际机场）、**虎航**（Tiger Air；☎新加坡 0065 3157 6434；www.tigerair.com）或**马印航空**（Malindo Air；☎03-7841 5388；www.malindoair.com）每天有3班直飞新加坡的航班（RM209起），每天还有1班直飞新山[柔佛巴鲁（Johor Bahru）]的航班（RM60起）。

长途汽车

Terminal Bas Ipoh（Medan Kidd）和Perak Roadways运营前往霹雳州及周边目的地的线路。若是路途更长或前往州外，适合的车站是Terminal Amanjaya。

大多数旅行者会抵达怡保的长途汽车站

Terminal Amanjaya（☎05-526 7818，05-526 7718；www.peraktransit.com.my；Persiaran Meru Raya 5），位于怡保以北约8公里处。116路公共汽车（RM2）往来于Amanjaya和更靠近市中心的Medan Kidd车站之间，出租车费用为RM20~25。以下线路均从Amanjaya发车。

目的地	票价	行程	发车班次
金马伦高原	RM18.50~20	2小时	频繁，9:30~17:30
北海/乔治市	RM20	2小时	频繁，8:30~20:30
吉隆坡（吉隆坡国际机场1号和2号航站楼）	RM20起	2.5~3小时	每小时，4:30~21:30
亚罗士打	RM29	4小时	频繁，9:00~16:00
马六甲	RM36~40	5小时	频繁，9:30至次日0:45
哥打巴鲁	RM40	6小时	9:30、10:00、11:30和22:00
合艾（泰国）	RM55	6~7小时	9:30
新山（柔佛巴鲁）	RM60	7小时	频繁，9:00~23:00
新加坡	RM56~75	8小时	频繁，8:30~10:30和20:30~23:00

Perak Roadways（☎05-254 4895；Jln Tun Abdul Razak）位于Medan Kidd车站东南的Shell站附近，运营开往卢穆特（Lumut）和宜力（Gerik）的长途汽车。

目的地	票价	行程	发车班次
宜力（前往皇家贝莱州立公园）	RM14.40~18	2.5~3小时	9:00、12:30、15:30和18:45
卢穆特（前往邦咯岛）	RM8.50	2小时	每天8班（6:30~19:00）

火车站附近有州内巴士车站**Terminal Bas Ipoh**（Medan Kidd Bus Station；Jln Tun Abdul Razak, Medan Kidd），它经常被称为Medan Kidd，位于火车站以南的一个环岛旁，前往霹雳州各地的线路从这里发车。

目的地	票价	行程	发车班次
务边	RM2.70	40分钟	每15分钟，6:00~18:15
瓜拉江沙	RM6.20	1.5小时	每15分钟，5:30~20:45
太平	RM10	1.5小时	每天9班
丹那拉打（前往金马伦高原）	RM16.80	2.5小时	8:00、11:00、15:00及18:00

火车

怡保火车站在北海（Butterworth）至新山（柔佛巴鲁）的主干线上（借助一段区间列车与新加坡相连接）。火车开往吉隆坡（RM25~40，2.5~3.5小时，每天8班）和北海（RM11~33，2.5~4小时，每天4班），开往北海的几班车继续开往泰国的合艾（Hat Yai；RM46~90，8小时，每天1班）。关于票价和时刻表的最新信息，查看www.ktmb.com.my。

当地交通

交通混乱，人行道不平整，怡保并不是最适合步行游览的城市。尽管如此，还是可以简单地步行探访新老城区，可以乘坐**出租车**（☎05-253 4188）穿梭来往于两地之间。想去城外的景点，你需要乘坐公共交通工具或者租车。

想要包车，可联系当地导游拉贾先生（见121页），游览怡保周边景区的费用约为每天RM350。你也可以通过**Kereta Sewa Maju Jaya**（☎05-255 5510，019-556 2158，012-520 3588；www.carrentalipoh.com；Jln CM Yusuff；⏲8:00~20:00）租车。

务边及周边（GOPENG & AROUND）

如果厌倦了城市，而且你的胃也经不起再来一次街头美食狂欢的话，不妨前往务边的群山。位于怡保东南20公里处的务边曾经是出产锡矿的边远村落，现在多少有些冷清。其与一处囊括洞穴、湍流和丛林的起伏地带接壤，漂流、游绳下降、徒步及其他刺激肾上腺素的大胆之举在这片荒野中都有可能实现。

景点

椰壳洞
洞穴

（Gua Tempurung；☎05-318 8555；团队游 成人 RM6~22，儿童 RM2.50~11；⏲周六至周四 9:00~17:00，周五 9:00~12:30和14:30~17:00）离务边约7公里处的“椰子洞”因圆顶状的内部而得名。近乎2公里长的洞穴在山下迂回。你能在洞里找到不少激发想象力的巨大钟乳石和扭曲的石灰岩柱。跟随导览游参观，可选择简单的40分钟Golden Flowstone步行游或预订3.5小时的小径游，身上沾上水和泥巴在所难免。这里不适合幽闭恐惧症患者。

如果你没有交通工具，务边的许多度假村可以安排团队游。最后进入时间是16:00。

沉香茶谷
农场

（Gaharu Tea Valley；☎05-351 1999；www.gaharu.com.my；团队游 成人/儿童 RM10/5；⏲9:00~18:00）这座300英亩的沉香种植园相当于务边附近的小型金马伦高原。这里游客不少，导游对沉香的治疗功效及其在中东和中国文化中的地位赞不绝口，外加类似“情人树”这种做作的景点。不过，观景台可以俯瞰植物园，咖啡馆提供茶叶蛋等小吃，从务边的丛林里大汗淋漓地出来之后，它还是一处令人愉悦的休憩场所。

坚打自然公园
野生动物保护区

（Kinta Nature Park）免费 带上望远镜，在巴都牙也（Batu Gajah）以南6公里处的这座野生动物园寻找鹳嘴翠鸟、黄胸织布鸟、水獭和蜡皮蜥。尽管拥有一流的观鸟条件，但这座公园还没有引起大多数游客（或投资者）的注意。观景点不受待见，而且没有游客或信息中心。可以骑自行车独自游览，不过在这片草木丛生的偏僻地方，我们建议乘坐四驱车，带着向导——在务边的酒店询问，或者到住在怡保的拉贾先生（见121页）那里碰碰运气。

遗址屋
博物馆

（Heritage House；Jln Pasar；捐款进入；⏲周六和周日 9:00~15:00）这是一间经过重建的店屋，里面保留了原来的家具，可进行非正式游览。紧邻务边纪念碑环岛。

务边博物馆
博物馆

（Muzium Gopeng；Jn Eu Kong；捐款进入；⏲周五至周二 9:00~17:00）散乱收集了一些老式的家具用品和古董家具，以及展示当地历史的藏品。

活动

度假村可以安排由导游带领的户外活动，包括漂流（半天 每人RM150起）、游绳下降（半天 每人RM100）、探索洞穴（半天 每人RM40起），以及寻找大王花（半天 每人RM55起），在向导的带领下步行前往这种气味刺鼻的寄生花的开花地点——不过不保证能看见。漂流及一些难度较高的探洞活动，必须8人以上方能成团。一般而言，参团的人越多，单价就越低。如果你是一个人或者同行人数不多，就提前几周预订，也可以加入一个人数较多的团队。总之，时间越灵活越好。

食宿

4家户外度假村零散分布在务边以南和以东约6公里处，全都距离徒步、漂流及其他户外活动地点仅咫尺之遥。房费包括住宿和饮食，务边以西的高档度假村Clearwater Sanctuary是个例外。

Nomad Adventure Earth Camp
客栈 $

（☎03-7958 5152；www.nomadadventure.com；Kampung Chulek；铺/标三/四 含餐 RM50/210/280；P 📶）荒野行家Nomad Adventure可以为团体客人安排惊险刺激的短途旅行，包括河上漂流、瀑布绳降、高空滑索和登山。你得预订半日游才能入住Earth Camp。这里有各种住宿类型，从建在温室里的24人宿舍到树屋，再到朴素的3人和4人的平房，选择多样。

电风扇缓解了炎热，卫生间是公用的，4人间的Matahari Villas除外。会根据要求提供蚊帐。至少提前24小时预订住宿和活动。单人和小团体旅行者有可能加入人数较多的团队。

★Adeline's Villa
度假村 $$

（☎05-359 2833；www.adelinevilla.com；每人共用/标双平房 含餐 RM220~273；❄）这是该地

另辟蹊径

坚打河谷遗产圈

霹雳的名字（马来语中的“银色”）被认为源于闪亮的锡矿，怡保周边的大部分地区均建立在锡贸易的基础上。19世纪70年代兴起于坚打河谷的繁荣城镇或许已经失去了（金属或其他的）光泽，但它们构成了从怡保出发的有趣的半日游。

从怡保出发，沿5号公路向南，经过人口稀少的**巴班村**（Kampung Papan）。这座小城镇有一些迷人的历史建筑，不过大多数都荒废了，令人遗憾。

大约20公里后，你会到达**巴都牙也**。这座小镇自19世纪初以来就是一个重要的定居点。城镇的名字意为“石头大象”，源于坚打河水面下方两块大象形状的岩石。如果早上到达，花些时间在出色的**Restoran Ganapathi**（☎013-493 3006; 155 Jln Besar, Batu Gajah; 主菜 RM2~6; ⏰6:00~20:00）吃点儿新鲜的烙饼，喝点儿咖啡。

巴都牙也拥有丰富多彩的殖民时代建筑，包括宅邸、壮观的新古典主义**法院大楼**（Court House; 1892年）、奶黄色的**圣约瑟夫教堂**（St Joseph's Church; 1882年）、**老火车站**（Old Railway Station），以及可关押450多人的**坚打监狱**（Kinta Gaol）。其他可以拍照的素材还有金色圆顶的现代**清真寺**和保存完好的**小墓地**（God's Little Acre Cemetery）。想要深入游览，查阅出色的地图《巴都牙也遗产自驾线路》（*Batu Gajah Heritage Driving Trail*），可从怡保的旅游办事处领取。

离开城镇，驾车南行9公里，找到**TT5锡挖掘船**（TT5 Tin Dredge）。这辆如今已弃用的挖掘船可追溯至1938年，是马来西亚最早使用的型号之一。我们到达的时候，这座露天博物馆不接待游客，所以在专门前往之前要向当地人确定一下。

肚子咕咕叫了吗？那就驾车继续向南，到达**督亚冷**（Tanjong Tualang）小镇。**Luen Fong Restaurant**（☎05-360 9267; 19 Jln Pasar, Tanjong Tualang; 主菜 RM20~48; ⏰正午至14:00和17:00~20:00）提供无可挑剔的蒸鱼、姜蒜爆淡水虾，以及其他许多海鲜大餐（电话预约，免得失望）。督亚冷位于巴都牙也以南20公里处或TT5锡挖掘机以南12公里处。

回到巴都牙也，沿A8号公路往东行驶约7公里，你将到达**凯利城堡**（Kellie's Castle; 成人/儿童 RM5/3; ⏰9:00~18:00），也被称为“凯利的蠢行”（Kellie's Folly），这座英国人留下的古怪建筑由出生在苏格兰的种植园主威廉·凯利·史密斯（William Kellie Smith）委托修建。不仅砖头，就连工匠和劳工都是从印度请来的。如果这座建筑能够完成，它会是马来西亚最壮观的住宅之一。不过，史密斯在1926年逝世，这座房子也荒废了。如今，它是个受到精心维护的旅游景点。

距离城堡约500米处有一座**印度教神庙**，是史密斯在一种神秘疾病导致多名工人病逝时为工匠所建的。为了表达对史密斯的谢意，劳工们为他造了一尊雕像——身穿白色西装，头戴遮阳帽，与印度教神像一同立在寺庙屋顶。

继续往东约7公里，直至到达1号公路（Hwy 1）；或者向南转而前往务边——该镇的中心是锡矿时代的历史遗址之一；又或者北驾驶13公里回到怡保。

这里的公共交通不频繁，所以想要环游坚打河谷，你需要一辆车。雇一名司机比单租一辆车更好。拉贾先生（见121页）是坚打地区的首府巴都牙也的当地人，可以驾车带小团体前往环线各处的景点（RM300起）。

区最精致的住处。这家热情的客栈有10个房间，位于可爱的木头别墅里，最多可容纳9人。

Gopeng Rainforest Resort 度假村 **$$**

（☎012-516 8200; www.gopengrainforest.com; Kampung Geruntum; 每人 RM98~118）位置非常理想，但住宿设施非常简单：客房里铺着床褥，只有风扇，浴室是公用的。但食物和活动风评甚佳。

Clearwater Sanctuary 度假村 **$$$**

（☎05-366 7433; www.cwsgolf.com.my;

Batu Gajah；房间 RM250~475；❄📶🏊）这座洋溢着乡村风情的庞大度假村自称为高尔夫度假村，不过除了绿地，这里还有网球场、景观游泳池和有很多虾和鲶鱼的湖泊。住宿舒适，从树木旁边的安静平房里可俯瞰湖面，家具陈设令人满意。员工可以帮助安排从射箭到钓鱼的各种活动。

Clearwater坐落于巴都牙也以东，位于怡保以南约15公里处，最好自己有车。

到达和离开

务边长途汽车站位于1号公路以东约300米处。频繁往返于务边和怡保之间15公里路程的穿梭巴士在6:30~22:30运营（车费RM3，30分钟）。从吉隆坡富都中央车站（Pudu Sentral）开往怡保Amanjaya车站的Sri Maju长途汽车在务边镇（RM19.30）停车。

金马伦高原 (CAMERON HIGHLANDS)

深吸一口高原的芳香气息，你的汗水和压力就会蒸发掉。在马来西亚最大的山间度假地区，桉树送来清新的微风，茶园若隐若现地延伸至远方，草莓田在大棚下打盹。

从北到南，金马伦高原大致包括直冷甲（Tringkap）、碧兰璋（Brinchang）、丹那拉打（Tanah Rata）、冷力（Ringlet）及其周边。尽管严格来说高原位于彭亨州内，但这些地方要从霹雳州前往。高原以1885年绘制该地区地图的探险家威廉·金马伦爵士（Sir William Cameron）的名字命名，并在英国殖民时期得到开发。20世纪30年代，花园、别墅甚至高尔夫球场纷纷出现，让金马伦高原成为被热晕的英国人的避暑胜地。

在1300~1829米的高度，温度很少会升至30℃。这种清爽的天气吸引了一拨拨游客周末来此采摘草莓和品茶。旅游业是该地的主要产业，所以安静沉思估计会被建筑工地的喧嚣打断，山顶景色有时也会被大型度假村遮挡。

然而，高原文雅的茶文化、徒步小径和适宜的温度依然令人无法抗拒。这里有注重生态的徒步、未经探索的森林和几座有趣的寺庙等待被发现，你还是能在观光客的嘈杂中寻到安静。

景点

金马伦高原的许多景点被粉饰成纪念品商店，兜售游客很少体验过的薰衣草或蜂蜜。茶园的景色和热茶一样，值得一赏。

金马伦印度茶园 茶园

（Cameron Bharat Tea Plantation；见130页地图；http://bharattea.com.my；⏲8:30~19:00）免费 位于丹那拉打以南约4公里的路边，这片茶园拥有令人惊叹的景色。这里没有导览团，但你可以在茶园里的各个区域随处逛逛。园内还有个迷人的小茶馆，可以俯瞰茶园风光。另一家分店（⏲7:30~18:00）位于东北12公里以外，在去往向碧兰璋的主路旁，同样设有咖啡厅，但景色稍逊。

三宝寺 佛教寺庙

（Sam Poh Temple；见130页地图；Brinchang）免费 要说山区中意想不到的景点，这座为了纪念航海家郑和的三宝寺可算数一数二了。寺庙就在碧兰璋下面，距离主路约1公里，是重视建筑的集大成之作。除了纪念明朝航海家郑和外，这里还供奉着据说是马来西亚第四大的佛像。

时光隧道 博物馆

（Time Tunnel；成人/儿童 RM5/3；⏲9:00~18:00）时光隧道（毗邻角林草莓农场）不太像博物馆，更像是金马伦高原往昔物品的怀旧展示，有关于马来西亚历史的英文展览，周围是生锈的"好立克"（Horlicks）招牌、古老的理发椅，以及20世纪70年代当地城镇的明信片。

角林草莓农场 农场

（Kok Lim Strawberry Farm；见130页地图；Brinchang；⏲9:00~17:00）位于碧兰璋北边。只需支付RM30，你就能采摘一段时间，然后将1公斤亲手摘的草莓带回家。

玉蜂谷养蜂场 农场

（Ee Feng Gu Honey Bee Farm；见130页地图；www.eefenggu.com；Brinchang；⏲8:00~19:00）免费 养蜂场位于碧兰璋东北约3公里处，有适合儿童的室内迷宫（成人/儿童 RM3/2）和可以带回家的各种优质蜂蜜主题礼物。

Cameron Highlands 金马伦高原

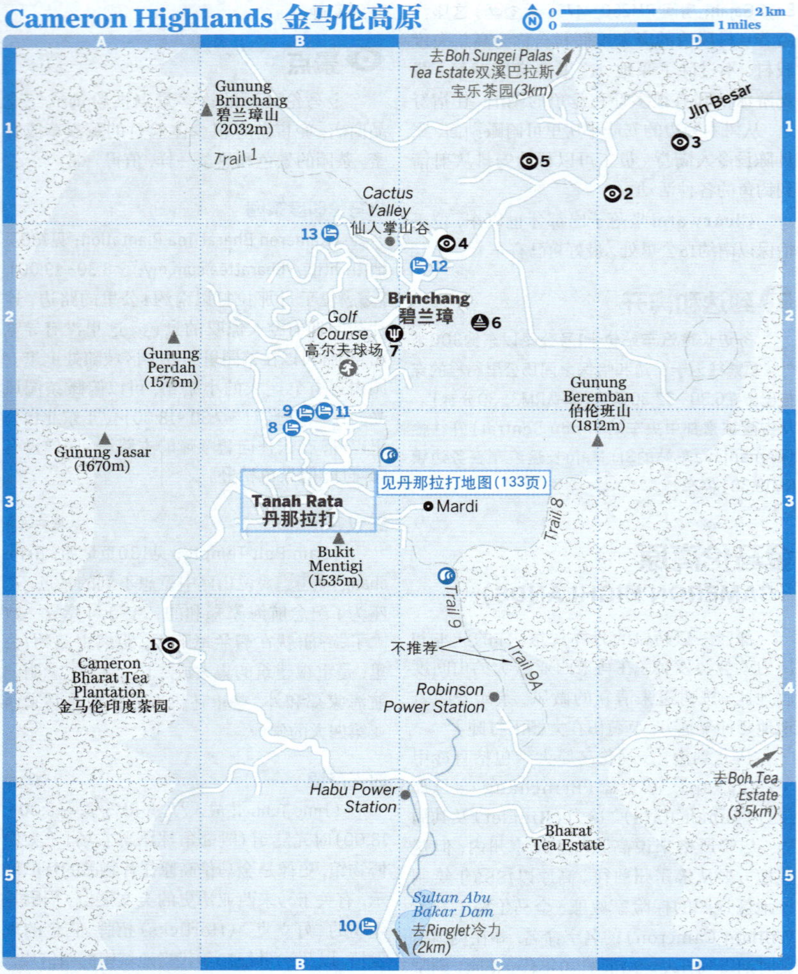

Cameron Highlands 金马伦高原

景点

1 金马伦印度茶园 A4
2 金马伦高原蝴蝶农场 D1
3 玉蜂谷养蜂场 D1
4 角林草莓农场 C2
5 拉玉山草莓农场 C1
6 三宝寺 C2
7 泰达尤萨帕尼神庙 B2

住宿

8 Bala’s Holiday Chalet B3
9 Hotel De’La Ferns B3
10 Lakehouse B5
11 Smokehouse B3
12 Snooze C2
13 Strawberry Park Resort B2

金马伦高原蝴蝶农场 农场

（Cameron Highlands Butterfly Farm；见本页地图；http://cameronbutterflyfarm.com.my；Kea Farm；成人/儿童 RM5/3；⏲周一至周五

9:00~18:00，周六和周日 8:00~19:00）这个受欢迎的景点拥有许多种热带蝴蝶，包括雄伟的Raja Brooke蝴蝶，还有一些看起来相当抑郁的爬行动物。

拉玉山草莓农场 农场

（Raaju's Hill Strawberry Farm；见130页地图；☎019-575 3867；Brinchang；⏲8:30~18:30）当地人私下告诉我们说拉玉的草莓是城镇里最甜的。据说，这里的水果口感特别好是因为暮霭会沉入这座山谷中的草莓农场。如果草莓采摘（两个人一斤草莓 RM30）听起来是特别辛苦的工作，你一定能在拉玉的咖啡馆找到些感兴趣的东西——茶或者司康饼套餐（RM16），以及浓郁的草莓汁（RM6）。

泰达尤萨帕尼神庙 印度教寺庙

（Sri Tehndayuthapany Swamy；见130页地图；Brinchang；⏲6:00~18:00）这个色彩斑斓的印度教圣地位于碧兰璋南部。我们参观寺庙的时候，泰米尔纳德邦风格（Tamil Nadu-style）的雕塑正在进行翻新。

☞ 团队游

金马伦高原的景点之间距离遥远，加上公共交通不畅，因此游客都倾向于参加导览游。多数行程是游览茶园、采摘草莓和农场半日游。

金马伦高原徒步

除了参观茶园和草莓园体验英式风情以外，金马伦高原的主要娱乐活动是徒步。起伏群山上方的景色值得攀登，徒步者会发现，与马来西亚其他地方相比，这里的凉爽天气是一种令人期待的解脱。与此同时，热爱自然的人可以欣赏小径旁边的兰花和猪笼草。

黄色和黑色的路标标明了小径，但很多小路的维护情况不是很好，可能湿滑且难以看清。走上任何一条小径之前，都要问问当地人它的安全情况，Father’s Guest House的工作人员会认真留心小径、线路和徒步安全情况。应该带足水、食物和雨具，以防意外的风雨，将你计划的线路和预计返回时间告知你住的客栈，最好还是找一位当地向导。以下是热门徒步线路的备选名单：

1号徒步小径 这条困难路线的正式起点是碧兰璋山（Gunung Brinchang；2032米）顶峰的1/5白色石碑处，但1号徒步小径陡峭、泥泞且杂草丛生，经常关闭维修，所以不建议下山时走这条线路。反之，你可以从路径的终点出发，即从仙人掌山谷（Cactus Valley）以北1/48白色石碑处向上攀登。这段路程耗时约2.5小时。从山顶沿着柏油道路步行7公里返回碧兰璋，途经茶园，大概需要2小时。

4号徒步小径 这条比较受欢迎的路径起点就在河边，刚过丹那拉打的Century Pines Resort。它通往巴力瀑布（Parit Falls），但沿途堆满了附近村庄的垃圾，而且缺乏田园风情。从高尔夫球场南端向南延伸出来的主路也通往瀑布。这两条路都长约0.5公里。

8号徒步小径 这条路在罗宾逊瀑布（Robinson Falls）前分出一条岔路——9号徒步小径。它是一条通向伯伦班山（Gunung Beremban）的陡峭山路，全程需要3小时。只有经验丰富的徒步者才能尝试这条艰难的线路。

苔藓森林（Mossy Forest） 如果你更喜欢漫步，而不是在陡坡上徒步，这里有一条走起来轻松的木板路，其中一小段穿过苔藓森林，路的起点在碧兰璋山顶峰以南2公里的宝塔处。在我们调研期间，因为乱丢垃圾，这条木板路不向游客开放，但空置几个月之后，它应该会重新开放。当它不开放时，探索该地区的最佳方式是经由Eco Cameron（见132页）这样的机构参加一次导览徒步，这是进入穿越该森林部分地带的受保护小径的唯一方式。

警告：9号和9A徒步小径 我们到访的时候，徒步者正被叮嘱避开这些线路，因为发生了一系列针对游客的抢劫和袭击。在本书写作期间，那些线路也被认为是不安全的，我们也强烈建议你避开它们。出发之前，一定要找当地人询问小径的安全情况。

★ Eco Cameron 团队游

（见133页地图；☎05-491 5388；www.ecocameron.com；72-A Psn Camellia 4, Tanah Rata；团队游 RM50~120；⊙8:00~21:30）这家机构专营金马伦高原自然游：徒步、兰花步行、观鸟和寻找昆虫。最迷人的是穿越苔藓森林的导览徒步——Eco Cameron有进入一条受保护小径的特权。

Jason Marcus Chin 团队游

（☎010-380 8558；jason.marcus.chin@gmail.com；半/全天团队游 RM50/90起）非凡的自然向导Jason Marcus Chin会按照要求带领游客徒步，一路上还会跟你分享绝妙的动植物知识。

CS Travel & Tours 团队游

（见133页地图；☎05-491 1200；www.cstravel.com.my；47 Jln Besar, Tanah Rata；⊙7:30~19:30）这家旅行社组织高原上备受欢迎的"郊区半日游"，出发时间是8:45和13:45（成人/儿童 RM25/20）。游览时间较长的"冒险之旅"一日游（成人/儿童 RM80/70）还包括探访碧兰璋山和一座原住民村落。

住宿

丹那拉打是金马伦高原上最受欢迎的住宿地点，有成片的酒店和数不清的餐馆、旅行社。北部4公里外的碧兰璋也有很多酒店，但大多以国内游客为目标。预订之前先研究一下地图，因为很多酒店，尤其是丹那拉打以外的酒店只适合开车的旅行者前往。

4月、8月和12月的学校假期是金马伦高原的旅游高峰期。在上述时间内，应该预订妥善。周末和节假日的价格大概会上涨25%。

酒店基本上都没有空调，不过在金马伦高原，其实也不需要空调。金马伦高原的网络情况不太可靠，所以对配备Wi-Fi的说法不要尽信。

★ Father's Guest House 客栈 $

（见133页地图；☎016-566 1111；www.fathersguesthouse.net；4 Jln Mentigi, Tanah Rata；铺/双/标三/四 RM210/74/95/127起；P @ 📶）令人满意的双人间和干净的10人宿舍让登记入住Father's的旅行者松了一口气。友好的员工会透露当地的掌故，额外的好福利还有吹风机、良好的Wi-Fi信号、免费的茶和咖啡，以及一间咖啡馆。

Snooze 客栈 $

（见130页地图；☎014-669 0108, 016-666 2102；chsnooze@gmail.com；4 Jln Besar, Brinchang；双/标三/四 RM88/120/145起；📶）Snooze明亮欢快的房间物超所值。对有的人来说，纸杯蛋糕壁纸和金凤花床单可能有点儿庸俗，但这家干净的客栈有友好的服务，是碧兰璋比较好的住处之一。这里有绚丽多彩的休息区，可以乘凉或玩耍，还有冰箱和洗衣设施，外加家庭房。路边的Snooze Too还有更多住处。

Eight Mentigi 客栈 $

（见133页地图；☎05-491 5988；www.eightmentigi.com；8a Jln Mentigi, Tanah Rata；标单/双/四 RM50/70/150起；P @ 📶）这里的房间从6张床位的宿舍到宽敞的家庭房都很朴素，但老板史密斯（Smith）为这家井井有条的青年旅舍营造了热情的氛围。主要缺点是位置，虽然距离丹那拉打的主街只有一步之遥，但是靠近一处建筑工地。比较好的双人间费用约为RM90。

Daniel's Lodge 青年旅舍 $

（见133页地图；☎05-491 5823；www.daniels.cameronhighlands.com；9 Lg Perdah, Tanah Rata；铺 RM15，房间 RM40~100，不带卫生间 RM20~60；@ 📶）在这家也被称作Kang's的老牌青年旅舍，背包客的影响力依然强大。住宿没法靠舒适取胜，但除去这里破旧的感觉，它还算是一个有额外优势的实用地方，比如Wi-Fi、洗衣服务和丛林主题的酒吧。

Bala's Holiday Chalet 客栈 $$

（见130页地图；☎05-491 1660；bala.reservations@gmail.com；房间 RM140~250，套 RM280~380；P @ 📶）这些村舍的每一处屋檐都爬满藤蔓，独具特色。这里原本是修建于20世纪30年代的寄宿学校，仿都铎风格的建筑感觉有点儿老化，卫生间相当容易潮湿。不管怎么说，花园和古怪的拿破仑石雕为这里增添了不少魅力。错层大套间适合家庭。

Bala's位于丹那拉打以北1.5公里处的

Tanah Rata 丹那拉打

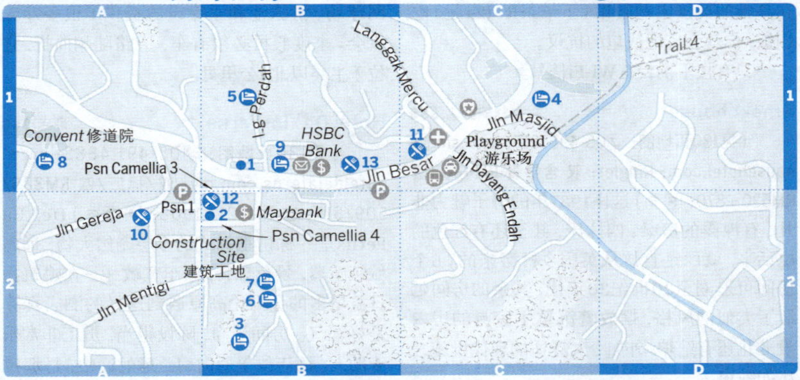

Tanah Rata 丹那拉打

活动、课程和团队游

1 CS Travel & Tours........B1
2 Eco Cameron........B2

住宿

3 Arundina........B2
4 Century Pines Resort........C1
5 Daniel's Lodge........B1
6 Eight Mentigi........B2
7 Father's Guest House........B2
8 Heritage Hotel........A1
9 Planter's Hotel........B1

就餐

10 Barracks Cafe........A2
KouGen........（见9）
11 Lord's Cafe........C1
May Flower........（见2）
12 Restaurant Bunga Suria........B2
13 Restoran Sri Brinchang........B1

一条陡峭路上，所以你得自己开车才能住在这里。

Arundina
客栈 $$

（见本页地图；☎05-491 1129；www.arundina.com; 17 Jln Mentigi, Tanah Rata; 双/标三 含早餐 RM169/219起；🅿📶）这家热情的客栈位于丹那拉打郊区，有令人满意的高天花板房间，其中很多可以俯瞰花园。充满活力的淡紫配色实则赞美了客栈名字的来源——当地竹叶兰（Arundina graminifolia）。活泼的员工和公共阳台让客栈充满愉快的氛围。这里还有现成的咖啡和茶。

Planter's Hotel
酒店 $$

（见本页地图；☎05-490 1001；www.plantershotel.com.my; 44a Jln Besar, Tanah Rata; 双/标三/四 RM125/185/225；📶）如果你不需要多余的装饰或气氛，又想住在丹那拉打的活动中心，那么这家酒店就是一个理想选择。高级客房很大，但标准间没有窗户。周五至周日的房价会提高约20%。

Heritage Hotel
酒店 $$

（见本页地图；☎05-491 3888；www.heritage.com.my; Jln Gereja, Tanah Rata; 双/标三/套 RM226/284/500起；📶）这家仿都铎风格的大型酒店有些地方稍有褪色，但房间宽敞。最舒服和现代的房间在豪华的翼楼。酒店内的便利设施使其凌驾于竞争对手之上：这里有儿童娱乐室、洗衣机、台球室、内有皮革沙发的休闲室、精心打理的花园，还有店内酒吧Vintage——非常适合高原上从不缺少的下雨天。

★ Lakehouse
精品酒店 $$$

（见130页地图；☎05-495 6152；www.lakehouse-cameron.com; 房间 含早餐 RM900，套 RM1050~1200；🅿❄@📶）这家酒店的英国乡村庄园氛围是金马伦高原上最正宗的。Lakehouse有19间豪华的房间，内有四柱床和木地板。这个迷人的地方位于冷力以北2公里处，价格昂贵，但在休闲壁炉旁喝杯鸡尾酒，在高雅的英国主题餐馆（下午茶RM24起）吃顿饭，你就会忘记钱包的抗议。

只有楼下前台有Wi-Fi信号。

Smokehouse 精品酒店 **$$$**

（见130页地图；☎05-491 1215；www.smokehousehotel.com；Ringlet；双 含早餐 RM440，套 RM520~870；Ⓟ📶）这座1937年的房子魅力非凡，有裸露的房梁、四柱床，甚至还有红色的电话亭，就像是直接从英国乡村搬来的。6个房间可追溯至20世纪30年代，其余的房间延续了类似的风格，摆放着沉重木家具的房内没准儿还有壁炉，外加令人舒适的现代设施，比如纱窗。

这里还有一家优秀的餐馆，提供传统英式下午茶和经典的英国菜肴，还有各种素菜。位于丹那拉打以北约2公里处通向碧兰璋的路上。

Strawberry Park Resort 度假村 **$$$**

（见130页地图；☎05-491 1166；www.strawberryparkresorts.com；Brinchang；房间 RM600，套 RM800~2300；@📶🏊）如果你正在寻找一个纵容自己远离城镇车流的地方，推荐Strawberry Park。尽管最受大型旅游团的青睐，这里依然保持了宁静的气质。整齐的单色细节赋予这栋维护良好的别墅一种现代感，网球场、游泳池和水疗设施提供了很多疗养机会。来度假村必须有车，道路陡峭曲折，它位于主路以北2公里处。

Hotel De' La Ferns 酒店 **$$$**

（见130页地图；☎05-491 4888；www.hoteldelaferns.com.my；双/标三/四 RM385/509/615，套 RM721~1908；Ⓟ@📶）De' La Ferns是一栋仿都铎式的多层庞然大物，远离城镇喧嚣，景色独特，停车宽敞——在建筑物日益增多的金马伦高原遇到这样的酒店真算是好福气。房间干净，陈设得当，员工非常乐于助人。酒店位于通向碧兰璋的途中、丹那拉打以北约1.5公里处。

Century Pines Resort 酒店 **$$$**

（见133页地图；☎05-491 5115；www.centurypinesresort.com；42 Jln Masjid；含早餐 房间 RM320~450，套 RM450~900；Ⓟ📶）这家酒店处于如此众多的都铎式巨大宅邸之间，位于丹那拉打东部边缘，凭借马来风情脱颖而出，有大象雕刻、彩绘玻璃镜子和精致的地毯。气派的大理石前台上方是枝形吊灯，与此相比，房间不如预期的好，但陈设得当，非常舒适。

值得一游

宝乐茶园品茶赏景

即使你是咖啡死忠，也别错过美得惊人的**双溪巴拉斯宝乐茶园**（Boh Sungei Palas Tea Estate；☎05-496 2096；www.boh.com.my；⏲周二至周日 9:00~16:30）**免费**，这是个位于山丘和茶树之间青翠得近乎超脱尘世的地带。

狭窄的道路途经员工宿舍和印度教神庙（采茶工人大多是印度人），通往现代化的游客中心，在此你可以目睹茶叶生产过程，还可以在**咖啡馆**（⏲周二至周日 9:00~16:30）里一边品茶，一边俯瞰茶园。在营业时间内，提供免费的15分钟导览游，演示制茶过程。对于真正的爱茶之人，我们推荐茶园里1小时的**赏茶之旅**（Tea Appreciation Tours；成人 RM37.10；⏲周二至周日 9:00和11:00），行程包括游览茶园、参观工厂及品茶。其他团队游有时在13:00和15:00开始，可提前打电话了解。

茶园位于碧兰璋以北的山区、通往碧兰璋山的路旁。穿行于丹那拉打和甘榜拉惹（Kampung Raja）的公共汽车会经过碧兰璋山的转角处。从这里走4公里长的蜿蜒道路，然后再走15分钟的下山路，才能到达游客中心。

宝乐茶园还拥有另一个几乎同样令人印象深刻的**茶园**（www.boh.com.my；⏲周二至周日 9:00~16:30）**免费**，位于丹那拉打东南方向，距离主路7公里。那里有间小型咖啡馆，营业时间内，提供15分钟的导览游。从丹那拉打到其中一座茶园的出租车费用约为RM40。

当地知识

PARTHIPAN RAMADASS：茶叶专家

我们曾向双溪巴拉斯宝乐茶园（见134页）的茶叶专家和团队游工作人员请教过茶叶生产的艺术。

一杯好茶的标志是什么？那完全取决于你的偏好。香气不能太淡，但也不能呛鼻。无论茶水多么浓郁，都应该是橘黄色的；如果是黑色的，那就太浓了或者被染了色。

如何准备一杯完美的茶？始终要用散茶而不是茶包——叶子应该是打开的。以茶匙为计量标准——每人一茶匙，每个茶壶一茶匙。如果要为两个人泡茶，需要3茶匙茶叶。如果为4个人以上泡茶，就得在茶壶里多加一茶匙（5个人就是7茶匙茶叶）。最好使用瓷壶或陶壶，因为玻璃和金属散热太快，无法真正泡出好茶。

茶里可以加入什么？茶里只能加牛奶、蜂蜜或柠檬。一杯茶不应该加两茶匙以上的牛奶。不过，不要遵循英国人先加奶的做法，应该先加茶，再加奶，这样杯子才能吸收热量。

就餐

丹那拉打集中了本地区大多数餐馆，中国、印度和马来风味争奇斗艳，此外还有殖民时代留下的英国早餐和司康饼。酒店餐厅里有更高档的饮食。近年来，丹那拉打的餐饮水平有所提升。

Restaurant Bunga Suria　印度菜 $$

（见133页地图；66a Persiaran Camellia 3, Tanah Rata；套餐 RM6~10；⏲7:00~22:00；✍）这是丹那拉打最让大众满意（且最不浮躁）的印度餐厅，有物超所值的香蕉叶特色饭和各种精选咖喱菜。但这里真正擅长的是早餐，用刚出锅的蒸米浆糕（idli；松软可口的米粉和小扁豆粉发糕）蘸些椰果酸辣酱，沉迷于美味吧。

Restoran Sri Brinchang　印度菜 $

（见133页地图；25 Jln Besar, Tanah Rata；主菜 RM4~20；⏲7:00~22:00；✍）这个热闹的地方将香辣茄子、油炸薄饼和米饭堆在香蕉叶上作为午餐，而最令这家店自豪的是从印度泥炉里直接端出来的童子鸡。

Lord's Cafe　咖啡馆 $

（见133页地图；Jln Besar, Tanah Rata；主菜 RM2.50~4.90；⏲周三至周五和周一 10:00~21:00，周六 至18:00）丹那拉打的星巴克在争议声中刚刚开张，虽然被它的霓虹灯威胁，但装饰得好像祖母客厅一般的Lord's Cafe有信心生存下去。这里的特色有浓稠的芒果及香蕉拉西（lassis）和苹果派，蛋糕和冰激凌圣代是菜单上的明星。顺着基督教的标牌，在Marrybrown快餐店楼上找到这家咖啡馆。

★ Barracks Cafe　创意菜 $$

（见133页地图；☎011-1464 8883；1 Jln Gereja；主菜 RM15；⏲周二至周日 10:00~21:00）这家崭新的餐馆在经过改造的英国军营内，需要承受一种有趣的身份危机。大理石桌子环绕着汩汩的喷泉，瓦楞铁墙壁上装饰着一幅士兵用枪打出的蝴蝶壁画。与不拘一格的装饰相匹配的是菜单中多样的选择，从印度马沙拉（masala）羊肉到汉堡包不一而足。酸奶奶昔和罐装鸡尾酒（RM7.90）非同一般。

KouGen　日本菜、韩国菜 $$

（见133页地图；☎012-377 0387；35 Jln Besar, Tanah Rata；主菜 RM13~20；⏲正午至21:00）丹那拉打这家友好的小餐馆有开放式厨房，里面正混搭出日本菜和韩国菜的跨界组合。可以选择寿司、石锅拌饭（bibimbap；一锅热乎乎的米饭、鸡蛋、肉、蔬菜等）、泡菜（kimchi）炒饭（火辣的发酵大白菜）和各种各样的面条。面条上面浇放上配菜，比如烤鸡肉串（yakitori）和刚蒸好的豆子。

May Flower　中国菜 $$

（见133页地图；☎05-491 4793；81a Psn Camellia 4, Tanah Rata；火锅 每人 RM16，主菜 RM7~24；⏲午餐和晚餐；✍）这个地方有几种火锅（被称为汽锅），你可以随意选择海鲜、肉和蔬菜放在汤里涮一涮。食材多样，有牡蛎、海蜇、豆腐等。

实用信息

在丹那拉打的Jln Besar可找到**邮局**（见133页地图）、**医院**（见133页地图）和**警察局**（见133页地图）。

到达和离开

长途汽车

丹那拉打的**长途汽车站**（见133页地图）被称为Terminal Freesia，位于Jln Besar最东边。每天都有抵达塔曼奈加拉国家公园（Taman Negara）和停泊岛（Perhentian Islands）的长途汽车和船联程组合。长途汽车的时刻表变化频繁，但我们前往时，以下线路还在运营。

目的地	票价	行程	发车班次
碧兰璋	RM2	20分钟	6:30~18:30，每隔2小时发车
怡保	RM18	2小时	8:00~14:30
吉隆坡	RM35	4小时	8:30~17:30，每天6班
马六甲	RM65	6小时	9:30
槟城	RM32	5小时	8:00和14:30
新加坡	RM125~140	10小时	10:00

出租车

出租车（见133页地图）在Terminal Freesia候客。我们到访的时候，长途车费是固定的，前往怡保RM160，前往吉隆坡RM350，前往槟城（北海）RM360。布告栏上列出了前往很多目的地的标准费用。

当地交通

虽然我们不推荐搭便车，但有些游客会搭便车往返丹那拉打和碧兰璋，甚至去往更远的茶园。

公共汽车

6:30~18:30，往返丹那拉打和碧兰璋的长途汽车每隔2小时左右发车。

出租车

你可从丹那拉打乘坐出租车前往碧兰璋（RM8）、冷力（RM25）和宝乐茶园（RM40）。前往其他目的地（包括徒步路径起点和茶园）的价格可参考Terminal Freesia出租车站张贴的价格表。包车游览的费用为每小时RM25。

邦咯岛 (PULAU PANGKOR)

人口：25,000

当你在珊瑚滩（Coral Beach）的吊床上轻轻摇曳时，可能不会想起邦咯岛动荡的过往。然而，这座"美丽的岛屿"曾经是海盗的藏身之处，并在争夺马六甲海峡控制权的斗争中起到了一定的作用。17世纪，荷兰人为了垄断霹雳州的锡矿资源在此修建了一个堡垒，但是很快就被当地统治者赶了出去。1874年，一名苏丹为争夺霹雳州王位而寻求英国的帮助，二者随后签订了《邦咯条约》（*Pangkor Treaty*），从此霹雳州进入了英国驻扎官统治的殖民地时期。

现在，这里唯一的喧闹来自叽叽喳喳的猴子和犀鸟。在岛上各处都很容易遇见野生动物，而NGO ECOMY（http://ecomy.org）新发起的生态旅游辅助项目似乎也将推动当地野生动物旅游业的发展。

邦咯岛低调的乡村氛围和海滩活动使其成为躲避尘世的宜人地点。虽然这里不缺周末度假的马来西亚人，可被"冲上"邦咯岛海岸的外国游客几乎没有，或许是因为这里的海滩并不算是马来西亚最好的。

想见识邦咯岛的另一面，可以漫步穿过吉灵丸（Sungai Pinang Kecil，简称SPK）等村庄或绚丽多彩的格东湾（Teluk Gedong），该村北边是一家气味刺鼻的渔场。当然，这一切的前提是你要能让身体离开海滩吊床。

景点

这个岛屿的东海岸有两座渔村：**吉灵丸**和**大丸**（Sungai Pinang Besar，简称SPB）。沿东海岸向南延伸的道路在邦咯镇西转，穿越岛屿直奔**邦咯后**（Pasir Bogak），那里有一片优质（但拥挤）的海滩。从这里开始，道路向北通往**尼巴湾**（Teluk Nipah），那里是另一片拥挤的海滩，但是个进行水上活动或浮潜的理想地点。继续北行，是邦咯岛最好的（公共）海滩**珊瑚滩**。通向岛屿最北端的道路途经机场。

荷兰要塞　遗迹

（Kota Belanda；见138页地图；⏲24小时）**免费**在邦咯镇以南1.5公里处的格东湾，有座建于1670年、在1690年遭洗劫的荷兰人要塞。1743年，荷兰人重建这一要塞，仅仅5年后就因不断遭到当地武士的袭击而不得不永远放弃。这座古老的要塞已完全被丛林吞没了，直到1973年才用遗留的砖块重建。

刻字石 历史遗址

（Batu Bersurat；见138页地图）免费 在格东湾水滨区有一块巨大的石雕，上面刻有荷兰东印度公司的标志和其他一些涂鸦之作，其中一幅模糊的画面表现的是一只老虎偷走了一个孩子。据说，曾经有一名当地欧洲高官的孩子在岩石边玩耍，随后就失踪了。荷兰人传出了老虎绑架孩子这个想法，不过孩子更有可能是被幻想破灭的当地人绑架了。

邦咯岛美术馆 博物馆

（Galeri Pangkor；见138页地图；⊙8:00~17:00）免费 可俯瞰码头的这座单厅美术馆是躲避阳光的宜人歇脚处。美术馆有种类不多的手工艺品和家具，包括精心编制的篮子和传统乐器，还有关于岛屿历史的英文讲解。

福临宫 华人寺庙

（Foo Ling Kong；见138页地图；⊙7:00~19:00）免费 颜色鲜艳的桥梁、卡通老虎雕像和纪念品摊位，这座岛内寺庙几乎快成了一座主题公园。鼓励捐款，将钱放在门口的马口铁罐子里。

灵慈宫 寺庙

（Lin Je Kong Temple；见本页地图；⊙24小时开放）免费 这座迷幻的小型寺庙在珊瑚滩的北部边缘，值得留意，里面有巨型蘑菇、乌龟、美人鱼和唐老鸭的雕像。

活动

在酒店或邦咯后和尼巴湾的海滩上都可以租用浮潜装备、船和摩托艇。乘坐15分钟的**香蕉船**，费用为RM15~25，而乘坐小船前往附近岛屿**浮潜**的费用约为每人RM25。

住宿

尼巴湾拥有邦咯岛上最美丽的海滩及最多的住宿选择。南部的邦咯后有好几家大型中档度假村。邦咯镇（Pangkor Town）和吉灵丸的住处更有当地风情。

在高峰期（周六和周日，以及假日）和非高峰期（周一至周五，或周日至周四），大多数住宿的房价往往会有很大的变动。以下列出的房价是非高峰期和淡季的价格。如果没有预订，要在春节等主要节假日找到住处几乎不可能。

尼巴湾

Nazri Nipah Camp 客栈 $

（见本页地图；☎017-604 4942；铺 带电风

Teluk Nipah & Coral Beach 尼巴湾和珊瑚滩

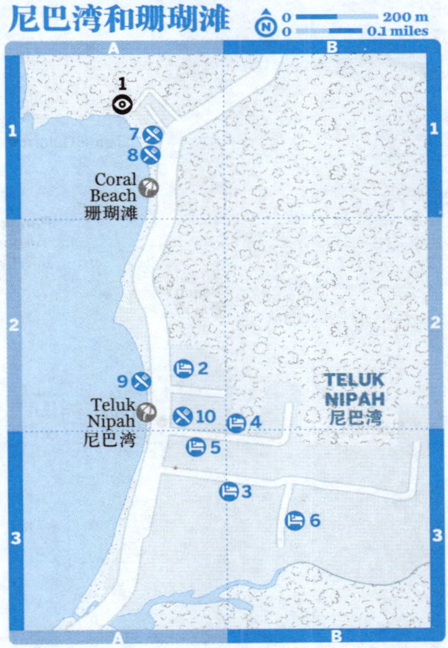

Teluk Nipah & Coral Beach 尼巴湾和珊瑚滩

景点

1 灵慈宫 A1

住宿

2 Anjungan A2
3 Budget Beach Resort B3
4 Nazri Nipah Camp B2
5 Pangkor Bayview A3
6 Seagull Beach Resort B3

就餐

7 Daddy's Café A1
8 Danny & Zharif Corner A1
9 傍晚海鲜摊 A2
10 Nasi Campur A2

Pulau Pangkor 邦咯岛

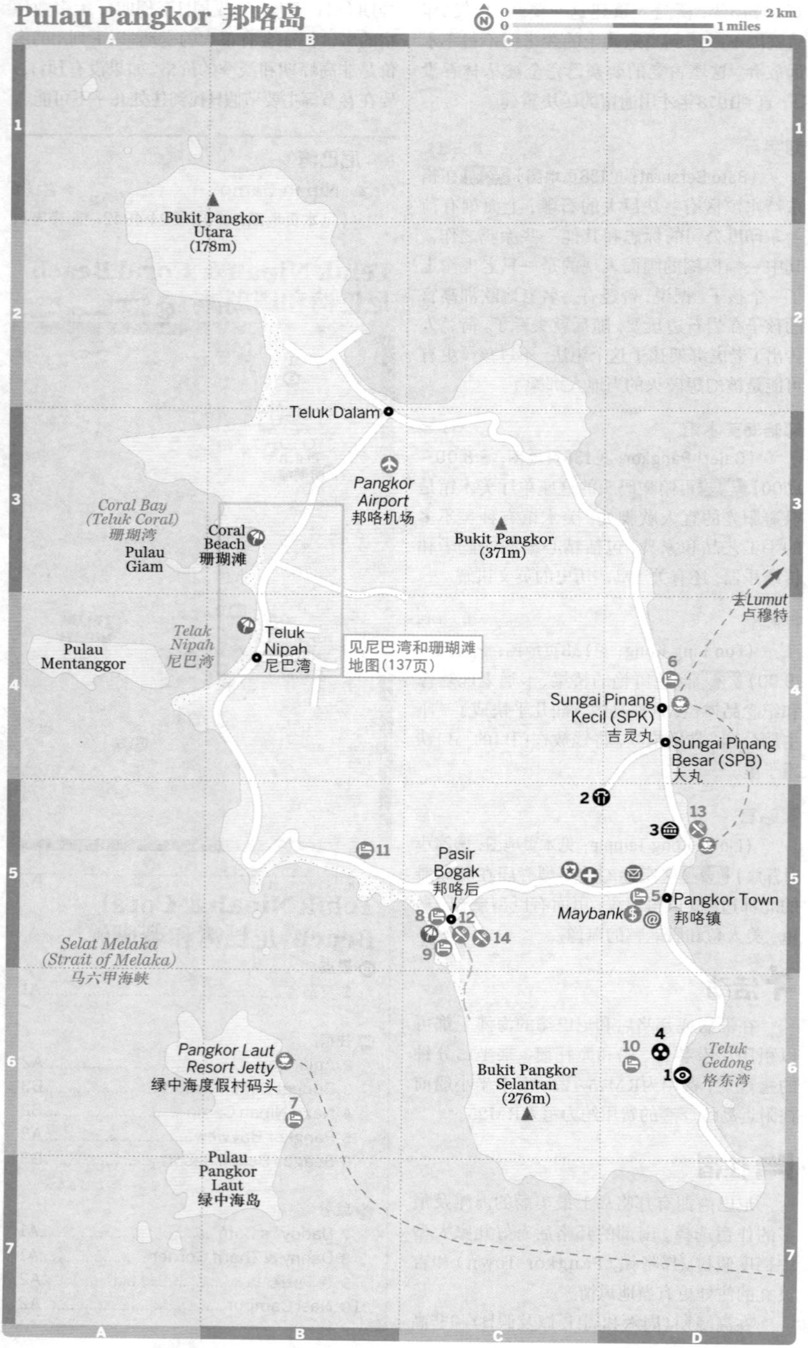

Pulau Pangkor 邦咯岛

扇/空调 RM25/30，房间 RM60~80；❄📶）这个雷鬼音乐主题的住处是背包客的最爱，房间从简单的A形小屋到带卫生间的平房，不一而足。虽然住处简朴，但Nazri Nipah以悠闲的氛围、乐于助人的员工和僻静的啤酒花园而备受喜爱。

Budget Beach Resort 酒店 $

（见137页地图；☎05-685 3529；www.budgetbeachresort.com；双/标三/四 RM80/100/120；❄📶）酒店名字有点儿自嘲，其实名不副实，这里的平房简单干净，配有空调和电视，友好的服务和宜人的户外区让这里比邦咯岛千篇一律的度假区更胜一筹。

Seagull Beach Resort 客栈 $

（见137页地图；☎05-685 2878；www.seagullbeachvillageresort.com；房间 RM100起；❄@📶）Seagull的朴素住所坐落于远离尼巴湾主路的丛林之中，是个一切从简的不错住宿选择。猴子在独立小屋之间逡巡，乐于助人的老板能够组织活动。家庭房间比可以住3人的平房宽敞得多，所以值得每晚多花RM10。

Anjungan 酒店 $$

（见137页地图；☎05-685 1500；www.anjunganresortpangkor.com；双/标三/四 RM175/225/275起；❄📶🏊）在这座尼巴湾最时髦的度假村里，精心打理的平房内有简朴的瓷砖地板和漂亮的装饰品，比如荷兰陶瓷灯具和柳条椅。最时髦的房间环绕船形游泳池，还有儿童戏水池和家庭房间。具体位置在尼巴湾主街北侧，安静且适合家庭，服务专业。

Pangkor Bayview 酒店 $$

（见137页地图；☎05-685 3540；www.pangkorbayview.com；双/标三/四 RM160/220/240；❄📶🏊）虽说房间不能在选美比赛中胜出，但这座简朴的度假村有小游泳池，步行不太远就是海滩。

邦咯后

Vikri Beach Resort 度假村 $$

（见138页地图；☎05-685 4258；www.vikribeach.com；双/标三/四 RM90/150/180；❄）花园中的Vikri度假村位于海滩旁的街道对面，有十几间以木头和砖头砌成的简单平房。度假村的环境宁静，让人有宾至如归的感觉，厨房提供自制的印度食品（需要提前通知，且只供应给房客）。问问员工哪里最有可能遇见野猪，它们每天傍晚会在度假村附近冒险游荡。

Pangkor Sandy Beach Resort 度假村 $$

（见138页地图；☎05-685 3027；www.pangkorsandybeach.com；双/标三 含早餐 RM210/265起，平房 RM315；❄📶🏊）在到处都是"老前辈"的业内算是年轻的度假村，Sandy Beach有面朝小游泳池的房间，还有3间海滩平房。

Sea View Hotel 度假村 $$

（见138页地图；☎05-685 1605；www.seaviewpangkor.com；双/标三 含早餐 RM160/188，平房 RM216~264；❄📶🏊）这家海滨度假村有老式海滨度假的氛围，有一座迷人的游泳池，但简朴的砖结构小屋不免让人觉得单调。

东海岸村庄

★ Pangkor Guesthouse SPK 客栈 $

（见138页地图；☎011-3551 4728；www.spkpangkorguesthouse.blogspot.com；Sungai Pinang Kecil；双/标三 RM80/100；❄📶）想要沉

浸于当地生活，那就离开海滩度假村，下榻游客罕至的渔村吉灵丸。会说英语且热情的老板Joyce Guok很会算账，能为你提供关于当地就餐和村庄周边团队游的建议。除了双人间和三人间外，客栈还有家庭房间，可以容纳五六个人（RM150~180）。

BestStay Hotel
酒店 $

（见138页地图；☎05-685 3111；www.beststay.com.my；Pangkor Town；双/标三 RM130/180；❄📶）这家经济型酒店的房间普通却超值，额外优势有优质的Wi-Fi（在邦咯岛不多见）。老板Simon和Rachel和蔼可亲、乐于助人，而且对赶早或晚间渡船的人来说，这里的位置是个不错的选择。

★ Tiger Rock Resort
精品酒店 $$$

（见138页地图；☎019-574 7183；www.tigerrock.info；Teluk Gedong；每人 含全食宿 RM630~790；❄@📶🏊）🍃这个僻静的休养之所坐落在丛林之中，有8间迷人的房间。从图书室到阳台，目之所及都是叶子花的景致；服务堪称典范，还有个12.5英亩的院子，在经济和豪华之间实现了精妙的平衡。酒店不接待没有预订的客人，至少要提前7天订房。

酒店依照可持续发展的环保理念建设，全部使用当地材料，不使用重型机械。屋舍根据地形设计，而不是推倒树木开辟场地。提供的饮食严格取自当地。Tiger Rock在格东湾的荷兰要塞后面，位置多少有些隐蔽。要来这里，可在码头搭乘出租车（RM15）。

绿中海

Pangkor Laut Resort
度假村 $$$

（见138页地图；☎05-699 1100；www.pangkorlautresort.com；房间 RM860~2310，套 RM2990~5500；❄@📶🏊）绿中海是位于邦咯后对面的私人小岛，岛上有马来西亚最高级的旅游开发项目之一。这个极其豪华的度假胜地遍布倚山别墅、海滨别墅和水上别墅，内有特大号的床铺、阳台和极大的浴室。

餐饮

尼巴湾和珊瑚滩

傍晚海鲜摊
马来西亚菜 $$

（Evening Seafood Stalls；见137页地图；主菜 RM3~20；⏲晚餐）每到傍晚时分，尼巴湾的街头都会出现各色排档，售卖马来风味菜肴。这里只提供几种海鲜菜肴，享用你选的香辣蟹、泰式蒸鱼和参巴虾吧。最好的美食供应时间是17:00~21:30，时间越晚，剩下的东西越少。

Danny & Zharif Corner
咖啡馆 $

（见137页地图；☎017-561 5105；主菜 RM5；⏲周六至周四 7:30~19:30）在延伸到珊瑚海滩的这家友好小餐馆里找个座位，大嚼可口的胡萝卜蟹肉馅饼或种类不多的米粉和面条。喜欢甜食的旅行者会更喜欢配以蜂蜜或巧克力的甜点烙饼。

Nasi Campur
马来西亚菜 $

（见137页地图；主菜 RM2~6；⏲早餐和午餐）服务有些生硬，但在这个地方驻足享用西式和马来式早餐及便宜量大的午餐，堪称物超所值。早餐大概从7:00持续至8:00，午餐从正午开始——早点儿就餐能吃到最好的点心。

Daddy's Café
各国风味 $$

（见137页地图；☎013-208 0404；主菜 RM15~48；⏲11:00~23:00）如果你想一边啜饮加菠萝的饮品，一边凝望大海，Daddy's是个理想场所。位于珊瑚海滩的这家咖啡馆提供当地和各国风味饮食，从肉馅皮塔饼到多汁的烤鸡，还有佐餐的鸡尾酒（RM21）。相对于分量来说，价格稍贵，但氛围和景色是极好的弥补。

邦咯后

Restoran Pasir Bogak
中国菜 $$

（见138页地图；主菜 RM8~44；⏲18:00~22:00）这里是当地人享用中式海鲜大餐及啤酒的地方（我们怀疑这家餐馆很可能汇集了当地所有啤酒品牌）。干辣鸡搭配辣酱和咖喱叶是中国、印度和马来的融合美食，令人享受。蒸鱼烹制精心，但你要弄清楚按照重量定价的海鲜菜单，它会让毫不知情的旅行者荷包受损。

Guan Guan Seafood
中国菜、各国风味 $$

（见138页地图；主菜 RM7~20；⏲午餐和晚餐）简单的中式海鲜餐馆，除了常见的海鲜外，也提供好几样准西式菜肴。

邦咯镇

邦咯镇有几家门庭若市的华人茶室

（kedai kopi）。略微往北，Sungai Pi-nang Besar是享用传统中式早餐的好地方。

Pangkor Kopitiam 马来西亚菜 $

（见138页地图；主菜 RM4.50~18.90；⏲8:00~23:00；📶）渡轮站的食物几乎无法让人产生兴趣，但这家码头茶室烹制各类出色的泰式和马来炒饭（RM4.50）和令人满意的叻沙（laksa；RM5）。这里有良好的空调设备，可以看到海岸上挤挤挨挨的船艇，还有Wi-Fi。

实用信息

岛屿上的**医疗诊所**（见138页地图；☎05-685 4048）和**警察局**（见138页地图；☎05-685 1222）都位于邦咯镇西部，在前往邦咯后的路上。邦咯镇有好几家银行及一家网吧。

到达和离开

卢穆特是前往邦咯岛的关口。这个小镇有许多长途汽车路线，如果遇到困难，**Brezza Hotel**（☎05-683 3786；Lumut；双/标三 RM88/130）是一个便利的住宿地点，从码头往西走一小段路即可到达。

船

7:00~20:30，从卢穆特码头前往邦咯岛的船只每隔30~45分钟发船（往返RM10）。从卢穆特出发的许多船在到达邦咯镇之前都会先在吉灵丸停靠，因此别急着下船。从邦咯岛出发的船在6:30~20:30运行。在非旅游高峰期，你可以在任意码头买到票，因此无须提前订票。

Pangkor Laut Resort有自己的渡轮服务，从卢穆特发船。

长途汽车

从前往邦咯岛的码头短暂步行即到达卢穆特简陋的巴士站，这里有巴士通往马来西亚各地及其他国家。

目的地	票价	行程	发车班次
北海	RM18	3.5小时	每天8班
怡保	RM8.50	2小时	每天10班
哥打巴鲁	RM44.40	8小时	每天2班
吉隆坡	RM37	4小时	每天10班
马六甲	RM43.80	8小时	每天4班
新加坡	RM67	8~9小时	每天3班

有关橡胶的小知识

19世纪70年代末，英国驻扎官休·劳爵士在他位于瓜拉江沙的花园中栽种了许多橡胶树，人们怀疑这些树种是从巴西偷运过来的，或来自伦敦的Kew Gardens。到了1888年，充气轮胎问世，而20世纪初汽车开始普及，对橡胶的需求猛增，于是橡胶种植园遍布全国。几乎所有新种植园中的橡胶树种都源自休·劳最初种植的橡胶树或新加坡的Botanic Gardens。在瓜拉江沙的**District Office**（Jln Raja Chulan），你还能看见一棵最早的橡胶树。

当地交通

当地没有为游客服务的公共汽车，因此你不得不使用邦咯岛粉红色的小巴出租车，运行时间为6:30~21:00。从邦咯镇码头出发，1~4人的费用为：邦咯后（RM10）、尼巴湾（RM15）、岛屿北部目的地（RM20）。往返尼巴湾和邦咯后的费用为RM10~15。

这座岛屿非常适合有信心的摩托车手和自行车手。但是，迂回曲折的道路和咄咄逼人的司机意味着这个地方不适合初学者。在邦咯城、邦咯后和尼巴湾，有许多地方提供租车服务，摩托车每天最低大约RM30，自行车RM15。**Ah Toh Rental**（☎012-602 0409）出租小汽车，每天约为RM80。

瓜拉江沙（KUALA KANGSAR）

人口：39 300

这座皇城一直是马来西亚最具历史决定性的地方。瓜拉江沙（KK）是英国人的第一个据点，19世纪70年代，通过在王室安插驻扎官，英国人控制了整个马来半岛；它还是马来西亚橡胶工业的诞生地；另外，1897年，第一届杜尔巴（Durbar）或称马来苏丹（Malay sultans）会议在此召开。

尽管过去一个多世纪以来，怡保和太平的快速发展将瓜拉江沙甩在了身后，但这座繁忙的城镇依然以霹雳最引人注目的建筑而生辉。殖民建筑散落在瓜拉江沙忙碌的市中心，而城镇东南华丽的皇宫和金顶清真寺也抢尽了风头。景点虽然不多，但维护良好，融合建筑（融合摩尔、文艺复兴和新古典主义风格）值得让

Kuala Kangsar 瓜拉江沙

Kuala Kangsar 瓜拉江沙

重要景点

1 乌布甸清真寺 D3
2 苏丹阿兹兰沙阿美术馆 C3

景点

3 地区办事处 B1
4 斯干达利亚皇宫 D3
5 肯那岸皇宫 D3
6 马来大学 B1

住宿

7 Kangsar Hotel B2

就餐

8 Medan Cendol Dan Laksa C1

你从交通便利的怡保或太平来此一日游。

景点

瓜拉江沙最好的景点分布在市中心的东南地区，最好驾车探访。如果搭乘公共交通前往，可以考虑找一个出租车司机带你到达三大景点——肯那岸皇宫（Istana Kenangan）、乌布甸清真寺（Masjid Ubudiah）和苏丹阿兹兰沙阿美术馆（Sultan Azlan Shah Gallery），进行半日游。

★乌布甸清真寺 清真寺

（Masjid Ubudiah, Ubudiah Mosque; Jln Istana; 捐款进入; ⌚9:00至正午、15:00~16:00和17:30~18:00）这座金色圆顶的宏伟建筑是霹雳第28任苏丹伊德里斯沙阿（Idris Shah）在病愈之后下令修建的。乌布甸清真寺意为“臣服于安拉的清真寺”，由设计了霹雳许多殖民时期建筑的建筑师A.B.哈巴克策划修建。从意大利进口的大理石为这栋亮白的建筑加了一条淡紫色的带子。1913年工程开工时，两头争斗的大象破坏了大理石，导致建筑进度落后。最终，这座清真寺于1917年建成。

但这位苏丹没能亲眼看到乌布甸清真寺完工。将近一个世纪之后，在2003年，大规模的翻新工程结束。只要游客着装得体，就可以进入。即使不进入内部，漫步穿过院子欣赏一下外观，也不虚此行。

肯那岸皇宫 博物馆

（Istana Kenangan, Muzium Diraja Perak; Jln Istana; ⌚周六至周四 9:30~17:00，周五 9:30~12:15、14:45~17:00）免费 肯那岸皇宫也称为“记忆宫殿”，整座宫殿全部由木头和竹子建

造而成，没用一根钉子。建于1926年，在现霹雳州苏丹皇宫斯干达利亚皇宫建成之前，它充当临时皇宫。由于被用于皇室成员下葬前的临时停柩地，这里还被称作"死者宫殿"。

由于正在进行翻新，我们调研的时候无法参观内部，但重新开放的时候会有关于该州历史及霹雳王室的展览。

★苏丹阿兹兰沙阿美术馆 博物馆

（Sultan Azlan Shah Gallery；Istana Kota；☎05-777 5362；Jln Istana；成人/儿童 RM4/2；⏲周六至周四 10:00~17:00，周五 10:00至正午和14:45~17:00）这座前皇宫也被称作"城宫"（Istana Kota）和"上宫"（Istana Hulu），是文艺复兴、新古典和摩尔风格的醒目混搭。建成于1903年，它的大理石走廊如今正举办展览，展示霹雳第34任苏丹阿兹兰沙阿的生活：他的太阳镜、护照、鞋，以及一座存放劳斯莱斯及其他奢华车辆的独立建筑。

其他皇室珍宝包括宝剑和精致的波状刃短剑（kris），以及你见过的最华丽的摇篮。另外也展示国礼，包括一个破纪录的1.37米长的蘑菇。展览并没有提及皇室对这个巨型蘑菇的反应。

斯干达利亚皇宫 皇宫

（Istana Iskandariah；Jln Istana）这座皇宫是霹雳州苏丹的正式住处，也是马来西亚最迷人的皇宫。这座两层的河畔宫殿建成于1933年，将阿拉伯元素和艺术装饰建筑风格完美地融合在一起，看上去像是迈阿密南海岸的旅馆和一座清真寺的组合。虽不对游客开放，但值得漫步路过。

马来大学 历史建筑

（Malay College；Jln Tun Abdul Razak）位于城市北边的马来大学是第一所提供英式教育的马来学校，培养从事公务工作的马来精英分子。这所大学绰号为"东方伊顿"，建成于1905年，20世纪50年代，《发条橙》（*A Clockwork Orange*）的作者安东尼·伯吉斯（Anthony Burgess）在此任教，完成了他的第一部作品。这里不对游客开放。

住宿

瓜拉江沙的景点一天就能轻松逛完，但若你决定盘桓些时日，繁忙的镇中心有几家经济型酒店。

Kangsar Hotel 酒店 $

（☎05-776 7301；www.kangsar-hotel.com；32 Jln Kangsar；双 RM69~88，标三/四 RM118/128；❄📶）这家一切从简的酒店提供简单而舒适的房间，正位于镇中心。周末的房间价格会上涨至RM79~138。

就餐

Medan Cendol Dan Laksa 马来西亚菜 $

（Jln Temenggong和Psn Sungai Perak交叉路口；主菜 RM2~6；⏲午餐）这家令人愉快的露天饭馆主要出售叻沙、珍多冰，后者是一种由椰奶、班兰粉、豆子和棕榈糖浆制成的刨冰甜品，还提供很多种炒饭和粉面类菜肴。早点儿去（从正午开始）才能吃到最新鲜的食物。

实用信息

Persiaran Bendahara和Jln Kangsar沿途有银行及自动柜员机。

旅游信息中心（☎05-777 7717；Jln Kangsar；⏲周二至周五 8:00~19:00，周六至14:00）私营的旅游信息中心在钟楼附近，有乐于助人且会讲英语的工作人员。

到达和离开

长途汽车站（Jln Raja Bendahara）位于市中心附近，时刻表和票价很容易变化。

目的地	票价	行程	发车班次
太平	RM4	1小时	频繁，6:00~19:00
怡保	RM6.20~15.50	2小时	每天9班，7:00~17:00
北海	RM9.70	2小时	11:15和16:15
卢穆特（前往邦咯岛）	RM10.50	2小时	11:30、17:00和22:00
吉隆坡（吉隆坡国际机场）	RM22~25	3小时	每天12班，8:30~23:45
马六甲	RM45	5小时	11:45
哥打巴鲁	RM29.10	6小时	10:15和22:45
新加坡	RM55	9小时	9:30

瓜拉江沙的火车站位于城镇的西北部，交通不太便利。每天有3班列车前往吉隆坡（RM26~44，3.5~5小时），有4班列车前往北海（RM17~23，1.5~2.5小时）。你可登录www.ktmb.com.my查询车费和发车时间表的最新信息。

太平（TAIPING）

人口：217,647

当地人称赞太平（“平安之城”）开创了马来西亚第一家博物馆、第一条铁轨，以及第一份英文、马来文和泰米尔文报纸。然而，还是太平“雨城”的称号根深蒂固。城市东边青翠的湖园和令人耳目一新的山间度假胜地，还有太平山（Bukit Larut），是马来西亚半岛最潮湿气候的恩赐。如今这座城市似乎平凡普通，但漫步探索保存完好的殖民时代建筑将使你不虚此行，如果能一路驻足品尝街头美食，则会更完美。外国游客不多，但太平注重休闲的酒店和适合儿童的景点适合短期休假，受到马来西亚大家庭甚至更大规模的团队游的垂青。

景点和活动

太平湖公园 花园

（Taman Tasik Taiping, Lake Gardens; Jln Kamunting Lama）免费 乘坐天鹅船（每人RM10）在太平湖公园里来回穿梭，或者在野餐间隙从容漫步于这处62公顷的美丽之境。湖园建于1880年，原址曾是一座废弃的锡矿。太平是马来半岛年均降水量最大的城市之一，所以公园内的植物蓊蓊郁郁。

霹雳博物馆 博物馆

（Muzium Perak; ☎05-807 2057; www.jmm.gov.my; Jln Taming Sari; 成人/儿童 RM5/2; ⏲9:00~18:00）维护良好的霹雳博物馆收纳了关于该地区野生动物、传统工艺品和多元文化习俗的一系列藏品，还算有趣。模型展览让专门介绍原住民传统和丰富多彩的霹雳动物的展厅充满活力。似乎是为太平诸多的雨天所设计，即使塞满独木舟和古怪的劳斯莱斯的户外区域也有顶棚。展览有许多英文讲解，不过孩子们可以直奔大象骨架。

太平动物园和夜间动物园 动物园

（Zoo Taiping & Night Safari; ☎05-808 6577; www.zootaiping.gov.my; Jln Taman Tasik; 动物园 成人/儿童 RM16/8，夜间动物园 成人/儿童 RM20/10; ⏲每日 8:30~18:00，夜间动物园 周日至周五 20:00~23:00，周六 20:00至午夜; Ⓟ）就动物园来说，这是一处受到良好维护的空间，有包括大象、老虎和马来棕熊在内的诸多本地“著名居民”。虽然这个马来西亚首座夜间动物园获得的评价褒贬不一，但你有机会看到许多夜间动物。太平动物园位于市中心以东约2公里处，乘坐出租车前往的费用约为RM10。

诸圣堂 教堂

（All Saints'Church; Jln Taming Sari; ⏲周日 8:00至正午）这座木结构教堂的历史可追溯至1886年，它是马来西亚最古老的圣公会教堂之一。墓地里埋葬着早期的殖民者，其中多数人死于热带疾病，也有的因为无法领取殖民退休金以便回到英国或澳大利亚而老死于此。

联邦战争公墓 公墓

（Commonwealth Allied War Cemetery; Jln Bukit Larut; ⏲24小时）这个小型公墓里矗立着一排排在“二战”期间牺牲的英国、澳大利亚和印度军人的墓碑。所在的绿地被主路一分为二，公墓位于太平市中心以东约2公里处，在前往太平山的路上。乘坐出租车前往的费用约为RM10。

缅甸池 河流

（Burmese Pools; Jln Bukit Larut）免费 这是一个很受欢迎的戏水点，位于太平市中心以东约3公里处，在前往太平山方向的路旁，乘坐出租车前往的费用为RM10。开放时间取决于天气。

住宿

Sojourn Beds & Cafe 青年旅舍 $

（☎012-464 3443; www.sojournbc.com; 54 Jln Kota; 铺 RM35; 📶）太平市中心终于有一个让背包客休息、睡觉和社交的地方了。Sojourn位于20世纪30年代的店屋内，4人宿舍比一般青年旅舍吱吱嘎嘎的上下床略胜一筹：每张床都是加固吊舱的一部分，更具私密

Taiping 太平

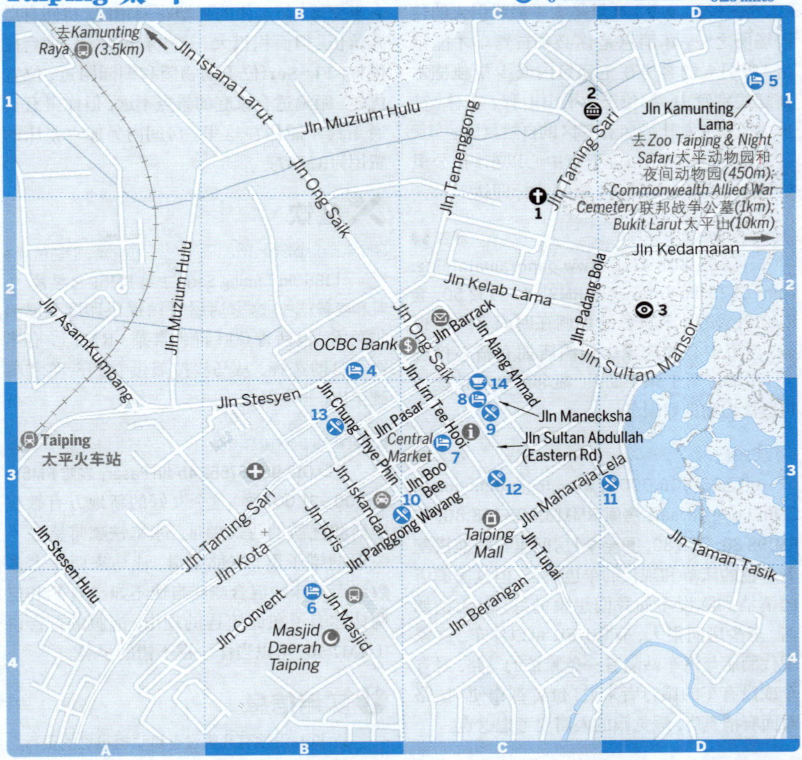

Taiping 太平

景点

1 诸圣堂 C2
2 霹雳博物馆 C1
3 太平湖公园 D2

住宿

4 Cherry Inn B2
5 Hotel Seri Malaysia D1
6 Legend Inn B4
7 Panorama Hotel C3
8 Sojourn Beds & Cafe C3

就餐

9 Kedai Kopi Prima C3
10 Larut Matang Food Court C3
11 Pusat Makanan Taman Tasik D3
12 Pusat Penjaja Taiping C3
13 Sri Annapoorana B3

饮品和夜生活

14 Espresso Yourself C3

性，较少受到上铺晃晃悠悠的影响。阳台平台和休闲区域提供了聊天空间，可以使用储物柜，还有Wi-Fi。

Cherry Inn 酒店 $

（☎05-805 2223；17 Jln Stesyen；双/四RM60/120起；❄📶）外观是舒适的小旅馆，内部像是专门展示浮夸中国风的博物馆。在和蔼可亲的老板带领下，你会发现房间宽敞、干净、设施齐全。比较便宜的房间有公用卫生间。这里还有双卧公寓，价格是RM250。

Sentosa Villa 酒店 $$

（☎05-805 1000；www.sentosa-villa.com；

Jln 8, Taman Sentosa；房间 RM138~338，别墅RM208~628；❄📶）这里是太平最吸引人的住宿场所之一，坏消息是你必须自驾车才能抵达。吸引人的客房在主建筑内或少量独栋木制复式别墅中，都位于太平山山脚。丛林、徒步小径和流水让酒店有郊区的自然氛围。

Sentosa Villa位于市中心以东约3公里处、前往太平山的路旁，跟随路标即达。

Panorama Hotel 酒店 $$

（☎05-808 4111；www.panoramataiping.com；61-79 Jln Kota；房间 RM95.40~132.50，套RM212；❄📶）米黄色的色调在时尚方面不得分，但市中心的这家中档酒店拥有精心打理的大房间。员工乐于助人，毗邻的咖啡馆提供可口食物和良好服务。

Legend Inn 酒店 $$

（☎05-806 0000；www.legendinn.com；2 Jln Long Jafaar；房间 RM113.80~158.80，套RM198.80~388.80；P❄📶）房间里花哨地搭配着金色的床罩和现代的单色垫子，但这家酒店的清洁和陈设不如我们想象的好。但无论如何，至少房间很大，有Wi-Fi，可以停车。这家现代酒店与汽车站隔着一条繁忙的马路，对有车或没有车的旅行者来说，位置都很便利。路对面有清真寺，睡觉浅的人需要考虑这点。

Hotel Seri Malaysia 酒店 $$

（☎05-806 9502；www.serimalaysia.com.my；4 Jln Sultan Mansor；双/标三 RM158/202；P❄📶🏊）与宏伟的雕塑花园相比，房间有点儿落伍，但面积很大。这里有游泳池，前台提供Wi-Fi。Seri位于动物园和湖园附近，位置优越，距离适合家庭的景点不远，但你得有交通工具才能住在这里。房间内另加一张床的费用为RM37。

餐饮

Sri Annapoorana 印度菜、尼泊尔菜 $

（166 Jln Taming Sari；主菜 RM6；⏲早餐、午餐和晚餐；✎）这家店屋餐馆提供印度和尼泊尔菜肴，包括香蕉叶特色素菜（RM7），有丰富的自助选择，从马沙拉煎蛋卷到菠菜和咖喱羊肉，一应俱全。

Espresso Yourself 咖啡

（☎012-969 6765；45 Jln Pasar；咖啡 RM5；⏲9:00~21:00；📶）这个友好的新地方有教室座椅和优质的西式咖啡。冰拿铁咖啡盛在不一般的罐子里，浓郁柔滑，让马来西亚大多数淡而无味的混合咖啡自愧不如。Wi-Fi和空调让你有了在此流连的理由，饱腹的百吉饼（RM7.50）可以当作一顿不错的早餐。

实用信息

Jln Kota沿途有几家设有自动柜员机的银行。

游客信息中心（Tourist Information Centre；355 Jln Kota；⏲周一至周六 10:00~17:00，周日

街头美食城市

在最受喜爱的美食排行榜上，太平紧随槟城和怡保之后，拥有极其丰富的街头美食。

Pusat Makanan Taman Tasik（Jln Maharaja Lela；主菜 RM3起；⏲24小时）这个湖畔摊贩广场和咖啡店有出色的摊位可供选择，提供的菜肴从咖喱面到烤鱼（ikan bakar），不一而足。

Kedai Kopi Prima（Jln Kota和Jln Manecksha交叉路口；主菜 RM5起；⏲10:00至午夜）到了晚上，这家大而忙碌的中式咖啡厅就会将餐桌摆到街上，有好几个摊位售卖中国菜和马来菜。

Pusat Penjaja Taiping（Jln Tupai；主菜 RM3起；⏲9:00~23:00）这片露天美食广场提供鱼片粥、鸡排和点缀着水果的冰饮料。

Larut Matang Food Court（Jln Panggong Wayang；主菜 RM3起；⏲11:00~19:00）这个满是沙砾的美食广场在午餐时间最好、最热闹，其中的中国菜和马来菜各占一半。找找当地人最喜欢的Omar's Popiah摊位，你可以在那儿大嚼酥脆硕大的蔬菜面饼卷。

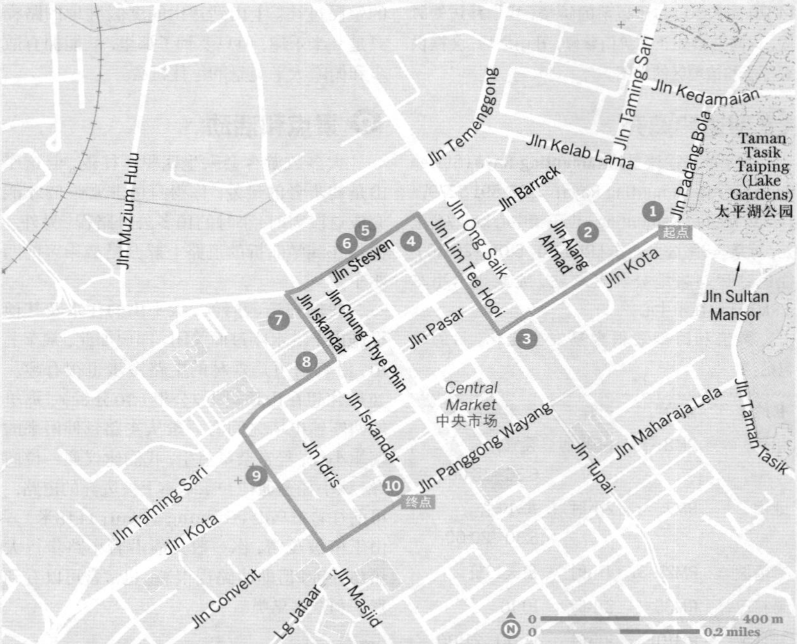

步行游览
殖民时代的太平：步行城市

起点： 太平图书馆
终点： HOTEL PEACE
路程： 2公里；1~2小时

漫步于保存完好的历史建筑之间，你仍能感受到这座殖民时代基地的昔日繁华。这条步行游览线路囊括了太平最著名的殖民时代建筑，从宗教遗迹到州立机构，无所不包。

从❶**太平图书馆**（Perpustakaan Taiping；1882年）出发，这幢红顶的公共图书馆入口处有壮观的柱子。附近新古典主义风格的白色❷**地区办事处**（District Office）位于Jln Alang Ahmad。沿Jln Kota继续南行，一直到❸**古钟楼**（Jam Besar Lama；1890年；我们到访时正在翻新），它曾经是太平消防站，如今是旅游信息中心。

在Jln Lim Tee Hooi右转，到达Jln Stesyen，左侧的❹**城镇招待所**（Town Rest House；1894年）曾是的州长住所（正在进行翻新）。Jln Stesyen对面是殖民时代的❺**爱德华七世学校**（King Edward Ⅶ School；1905年），"二战"期间，这里的教室被日本人用作刑讯室。往西走就是太平最早的❻**火车站**——太平是马来西亚第一条铁路的起点。这条铁路1885年开通，延伸13.5公里至文德港（Port Weld；瓜拉十八丁），如今已不复存在。

沿Jln Stesyen继续朝西走，你会看到❼**圣乔治学校**（St George's School；1915年）。沿Jln Iskandar往南走，然后右转进入Jln Taming Sari，你将在这里找到太平的❽**小印度**。顺着这条街西行，直到Jln Masjid，对面是❾**老城区清真寺**（Old Kota Mosque；1897年），这座太平最古老的清真寺以其六边形设计而出名。

沿Jln Masjid向南走，在Jln Panggong Wayang左转，能看到❿**Hotel Peace**，土生华人风格的设计以彩绘玻璃、灰瓦和石柱上漆成金色的咆哮狮头为特色。最好避开这家脏乱的酒店，不过楼下的咖啡店是吃河粉和喝饮料的好地方。

14:00~18:00）位于以前的钟楼，我们拜访的时候，这间办事处正在关门整修，开门之后，会提供宣传册和该地区的地图。

到达和离开

太平的长途汽车站**Kamunting Raya**（Stesen Bas Ekspres Kamunting Raya；☎05-891 5279；Taman Medan Kamunting）位于镇中心以北7公里处，可乘坐8路公共汽车（RM1.20，6:00~20:30）往返这里与当地公共汽车站，或乘坐出租车（RM10）前往市中心。

票价和时刻表很容易发生变化，目的地包括：

目的地	票价	行程	发车班次
怡保	RM8~13	1.5小时	频繁，6:30~18:00
北海	RM7	2小时	每小时，6:30~20:00
吉隆坡	RM27~31	4小时	每天13班
哥打巴鲁	RM35	8小时	10:10
新加坡	RM101	9小时	11:00、21:00、22:30和23:00

当地公共汽车从Masjid Daerah Taiping对街的当地公共汽车站发车，出租车也从汽车站附近出发。目的地包括：瓜拉江沙，6:00~20:30，每半小时发车一趟（RM3.90，1小时）；卢穆特（前往邦咯岛），每天一班，7:00发车（RM10，3小时）。

太平的火车站位于镇中心以西1公里处，在吉隆坡—北海线上。每天有3~4班列车前往吉隆坡（RM28~53，3~6小时），有3班列车前往北海（RM15~23，1~1.5小时）。

太平周边（AROUND TAIPING）

太平山（Bukit Larut）

位于太平东北的太平山（也称Maxwell Hill）是马来西亚历史最悠久的山间度假胜地，位于海拔1036米的高处。这片平静而散发幽香的地方发展不如金马伦高原，所以优雅的平房和安静的小径能让你窥见霹雳更真实的殖民过往。上山到达山间度假胜地的路程只是一半乐趣，但只要到了那里，就能拥有散步和俯瞰太平美景的绝佳机会。

景点和活动

大多数游客会乘坐四驱车往返，但这座山是徒步者的最爱。你得身体非常强健才能完成这段需时4小时的10多公里路程。另外，你得在陡峭曲折的道路上躲开搭载乘客的四驱车。

我们到访的时候，太平山的住宿及其他设施由于洪水刚过而关闭。即便如此，乘车上山，沿着两边是森林的主路漫步也很有趣。如果你想在山顶再走2公里（30分钟），那里的两座输电塔之间有一条从主路延伸出来的崎岖小径，经常杂草丛生，我们建议雇一位向导。该小径会通往一条基本上被废弃的道路，可前往希贾乌山（Gunung Hijau；1448米）。由于植被茂密，你一般只能沿着小路步行大概15分钟，但即使路程很短，也常常可以看到猴子和众多鸟类。

到达和离开

太平山是从太平出发进行一次愉快半日游的目的地，从太平出发的出租车费用为RM10。私家车不准进入向上通往太平山的道路，这条路只对定时从山脚出发的国营路虎车开放（往返RM6）。理论上，8:00~15:00，路虎车约每小时发车，但它们一般会等到有足够的游客才出发。车程约25分钟。

瓜拉十八丁（Kuala Sepetang）

从瓜拉十八丁小镇向槟城蜿蜒延伸的红树林环绕着水道，这片陆地和海洋交界处的红树林支撑起了丰富的生态系统，如今被认为是重要的防波堤以及抵御海啸和洪水的天然屏障。

瓜拉十八丁附近的玛唐红树林保护区（Matang Mangrove Forest Reserve）被视为环境保护的杰出榜样。这里最有名的是萤火虫，它们每天夜晚就像小彩灯一样闪闪烁烁。尽管有一家银行和几家餐馆，但城镇本身单调乏味，在有些地图上的名字依然是老叫法——“文德港”（Port Weld）。

景点和活动

瓜拉十八丁有一家**木炭工厂**和一座小**清真寺**，但来这里的主要原因还是红树林保护区。

玛唐红树林保护区 自然保护区

（Matang Mangrove Forest Reserve；⌚周一至周五 8:00~17:00）保护区的入口处距离瓜拉十八丁约500米。蜿蜒的木板路从这里穿越一小部分保护区。光滑的水獭、豹猫和猕猴是这个景区的住客，你不太可能会看到罕见的鸟类和蜥蜴。如果从太平乘坐长途汽车来到这里，看到右侧标明"Pejabat Hutan Kecil Paya Laut"的牌子时，请司机让你下车。

如果你想住下，这里的住宿条件非常简朴，坐落在水边的高脚A字形小屋可以住4~8人。若想自己支帐篷，由于场地限制，需要去信息中心询问。

KS Eco Tours 团队游

（☎012-514 5023；www.kualasepetang.com）这家公司热衷于保护脆弱的生态系统，推动以环保的方式探索该地区。套餐包括在老码头和渔村附近的30分钟乘船游（每人RM15，最低RM80），还有萤火虫半日游（RM350，最少10人）。

到达和离开

6:05~19:00，蓝色的77路Omnibus每隔40分钟会往返于太平当地汽车站及瓜拉十八丁（30分钟，RM2），你可以要求在保护区下车。

贝莱-天猛莪雨林（Belum-Temenggor Rainforest）

霹雳的最北端有马来西亚半岛最大的原始丛林——贝莱-天猛莪雨林。这片区域北接泰国，东临马来西亚的吉兰丹州，在1972年天猛莪大坝（Temenggor Dam）建成后，一部分区域被洪水淹没。

117.5公顷的皇家贝莱州立公园（Royal Belum State Park）就处于这片绿色的荒野中。公园的观鸟体验一流，10种犀鸟全都在古树上聒噪。貘、马来熊、老虎和黑豹也栖息于此。寻找贝莱的大型动物需要碰运气，概率很低，除非你在黎明或黄昏时雇一名向导。不过，即使野生动物很害羞，贝莱壮观的森林还是散发着魅力，纠结的树根庇护着兰花，巴掌大小的蟋蟀飞快地掠过林中空地。

景点

皇家贝莱州立公园 公园

（Royal Belum State Park；Belum-Temenggor Forest Reserve；www.royalbelum.my）贝莱-天猛莪雨林内的这座州立公园于2007年宣布成立，目的是保护这里丰富的野生动物，包括老虎、貘、黑豹和苏门答腊犀牛——虽然后者如今恐怕已经在马来西亚灭绝了。探索需要许可证和向导，酒店可以帮忙处理此事。预订住宿和旅行需要提前两周，以便有时间弄到许可证（你需要传一份护照扫描件）。如果直接申请，联系**霹雳州公园委员会**（Perak State Park Corporation；☎05-791 4543；1st flr,

当地知识

贝莱的最佳"打开方式"

水上的皇家贝莱州立公园需要在向导的带领下乘船游览，包括住宿、游玩和公园许可证的套餐组合受到游客青睐，而且的确物有所值。普通项目有自然徒步、参观大王花生长地点及原住民村庄（该地区只有一座村庄接待游客）。

一些经营者与原住村民之间建立了密切的关系，但很多旅行者会对大量游客对着当地人拍照的行为感到不适。你可能更愿意躲开这些短途旅行者。重量级的寄生花朵大王花无法保证一定能见到，所以要注意那些保证能见到它们的团队游。

当地人说寻找蝴蝶最好是在4月、5月、11月和12月。观赏犀鸟的最佳月份是8月和9月，而候鸟会在11月和12月到来。水獭和老鹰全年可见，还有种类极其丰富、让人大开眼界的蘑菇、野花和昆虫。

Government Complex Building, Jalan Sultan Abd Aziz, Gerik)。

住宿

虽然以下住宿都不是位于州立公园内，但都处于游览保护区的理想位置。

★Belum Eco Resort 度假村 $$

（☎05-281 1288，05-281 0834；www.belumecoresort.com.my；全包 3天2夜 每人 RM590~650）这座生态友好型的私人岛屿完全与世隔绝。在这个偏僻的地方，住宿非常朴素（可以选择平房或船屋上的空房），但氛围友好，食物丰盛，主人Steve Khong见多识广，乐于助人。收费含往返小岛的船费、三餐、住宿和游览。

平房取材于当地的天然材料，白天断电，该地区的导览游侧重于对环境影响最小的活动，力图让游客了解当地野生动物和生态系统。拉开平房的房门，看看天猛莪湖（Lake Temenggor）上斑驳的晨曦，那一定会令你一眼难忘。提前订房，以便保证你能够享受到它。

Belum Rainforest Resort 度假村 $$$

（☎05-791 6800；www.belumresort.com；含早餐 房间 RM700~900，套 RM1000~1100；P ❄ @ 🛜 ≋）这座砖头和竹子混搭的度假村与毗邻的雨林融为一体，还有豪华的装饰和独具氛围的水疗。房间舒适但普通，所以与你的收获相比，付出的太昂贵，不过我们发现提前打电话能得到大幅度优惠。这里可以安排游览保护区的活动（短途步行/全天游RM90/370）。

到达和离开

抵达贝莱最灵活的方式就是驾车。

乘坐公共交通工具的话，有两种方式可前往贝莱：乘坐长途汽车前往宜力（Gerik，有时也拼成Grik，读作“Greek”），在该镇的长途汽车站乘坐出租车继续接下来的40公里行程，到达万津岛码头（Jeti Pulau Banting），再乘船前往Belum Eco Resort（如果已经预订）或其他度假村（RM60）。

或者从北海、怡保、瓜拉江沙或太平出发，乘坐开往哥打巴鲁的长途汽车，然后请司机让你在万津岛码头或位于76号公路附近的Belum Rainforest Resort下车。司机会要求你支付前往哥打巴鲁的全票。

离开贝莱时，可乘坐从哥打巴鲁出发的长途汽车，但发车时间不确定，因此你可能必须乘坐出租车到宜力（RM60），然后从那里转乘长途汽车。从宜力车站出发的长途汽车发车情况如下：

目的地	票价	行程	发车班次
怡保	RM13.10	3小时	9:00和16:00
哥打巴鲁	RM29.10	4小时	11:45
吉隆坡	RM33.40	4~6小时	10:00、17:00和23:30

槟城

☎04/人口：165万/面积：293平方公里

包括 ➡

最佳就餐

- Teksen（见171页）
- Lg Baru（New Lane）Hawker Stalls（见172页）
- Pulau Tikus Hawker Stalls（见172页）
- China House（见173页）
- Hai Boey Seafood（见185页）

最佳住宿

- Campbell House（见168页）
- Museum Hotel（见169页）
- 23 Love Lane（见168页）
- Lone Pine Hotel（见181页）
- Ren i Tang（见166页）

为何去

位于亚洲大国和强大的欧洲殖民帝国的交界之处，长期以来，槟榔屿汇集了两部分亚洲的精粹，并与欧洲及中东市场的重要输出口岸相连接。

这段历史造就了马来西亚最多元、最国际化和最令人振奋的文化，而这种文化的巅峰无疑就是槟城的主要城市乔治市，它的市中心忠诚地延续了旧日亚洲风情：想想蹬着三轮车路过水渍斑斑的华人店屋，以及空气中萦绕着的蓝色香火。

不过，若是因此而忽视了槟城丰富的热带特色、棕榈环绕的海滩和渔村、山间丛林，以及种植着肉豆蔻和榴莲等作物的农场，那就太可惜了。

迄今为止，我们尚未发现比槟城更紧凑、更便利、更激动人心的奇异东方风情的缩影。

何时去

乔治市

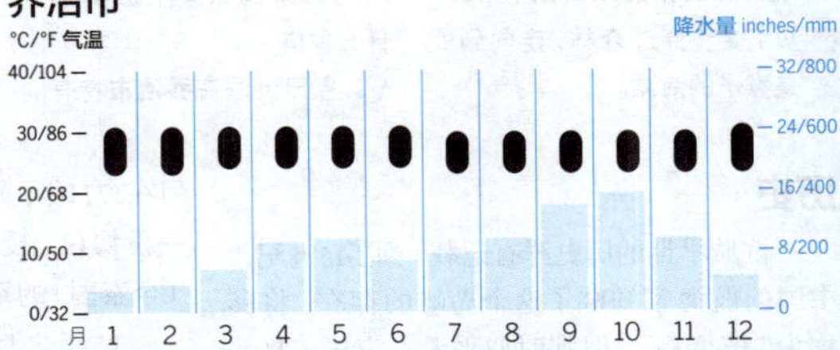

1月至2月 如果在春节期间游览乔治市，需预订住宿。

6月至7月 槟城最有名的榴莲及其他水果的旺季。

11月至12月 槟城的"冬天"是游览岛屿最舒适的时节。

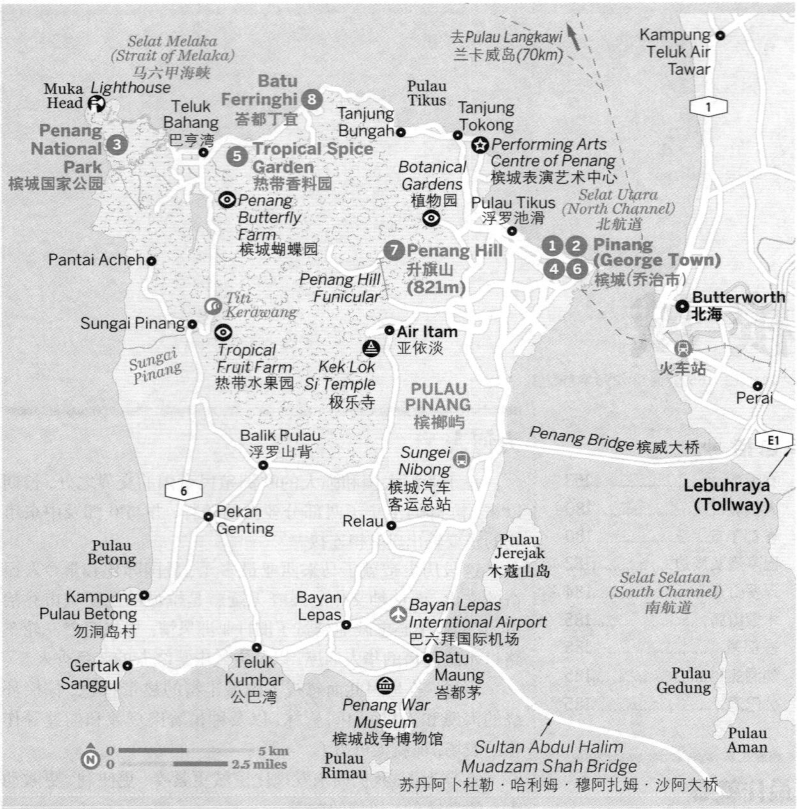

槟城亮点

❶ 大啖**乔治市**的无数**摊贩美食**（见172页）。

❷ 在**蓝屋**（见153页）上一节模拟的风水速成课程。

❸ 在**槟城国家公园**（见183页）徒步穿过森林，走向到处是猴子的海滩。

❹ 借助**乔治市**的**步行团队游**（见159页），领略这座城市街边的建筑遗产。

❺ 在**热带香料园**（见181页）熟悉自家调味架上放的都是什么香料。

❻ 整日沉溺在**乔治市**特有的**遗产酒店**（见168页）中。

❼ 在**升旗山**（见161页）山顶享受清冽的空气和迷人的岛屿风光。

❽ 在**峇都丁宜**（见180页）的度假村晒晒日光浴，喝杯鸡尾酒。

历史

槟城早期的历史鲜有记载。到了15世纪，中国的航海家知晓了这个岛屿的存在，将其称为“槟榔岛”，但那时似乎无人定居该岛。直到18世纪，苏门答腊的殖民者到来，并在巴都蛮（Batu Uban）及现在的乔治市南部区域定居下来。这个岛由吉打（Kedah）苏丹控制，但在1771年，苏丹同英国东印度公司签署了第一份协议，授予其贸易权，以换取对抗暹罗（今泰国）的军事援助。

15年之后，弗朗西斯·莱特（Francis Light）船长根据1791年签署的协议，代表东印度公司接管槟城。由于接管日期恰是王子生日，于是莱特将槟城改名为“威尔士王子岛”

(Prince of Wales Island)。莱特允许新的定居者能开垦多少土地就圈多少地，并设立贸易免税港，营造出自由宽松的氛围，迅速吸引了亚洲各地人士前来定居。到18世纪和19世纪之交，槟城居民已逾1万人。

在1826年，槟城一度成为海峡殖民地（包括马六甲和新加坡）的首府，直到后来被更为繁荣的新加坡取代。19世纪中期，槟城在对中国的鸦片贸易中扮演了重要角色，这项贸易的收入占据整个殖民地财政收入的一半以上。它曾是一片危险的粗野之地，因妓院、赌场泛滥而臭名昭著，而这些妓院和赌场均由华人帮会操纵。

“一战”时期，槟城没有什么动静，但“二战”时则完全不同。当日本人的进攻之心昭然若揭之时，槟城的欧洲居民迅速撤离，只留下一些毫无反抗之力的百姓。日本于1941年12月19日（珍珠港事件后仅仅12天）占领槟城。接下来的三年半时间，是槟城历史上最黑暗的时期。

战争结束之后，一切都变了。当地英国人英勇无畏的形象已彻底毁灭，英国帝国主义殖民统治的结束也似乎迫在眉睫。海峡殖民地最终于1946年瓦解。槟城在1948年成为马来亚联合邦的一个州，1963年成为独立后的马来西亚的13个州之一。

由于在1969年，其自由港地位被撤销，槟城经历了几年的经济衰退及高失业率。但在之后的20多年间，它将自身建设成为亚洲最大的电子制造中心之一，有时甚至被称为“东方硅谷”。现在，槟城是马来西亚自独立以来唯一一个华人通过竞选赢得首席部长的州。

是岛还是州？

大陆海岸沿线一带被称为“韦尔斯利省”（Seberang Perai或Province Wellesley）的地方，是槟城的大陆部分，许多人甚至不知道它属于槟城。槟城在地理和行政上均被分为两部分：槟榔屿（Pulau Pinang, Penang Island）位于马六甲海峡中，是一座面积293平方公里的岛屿；韦尔斯利省位于半岛上，是一片面积为760平方公里的狭长地带。乔治市位于槟榔屿，是州府所在地，而北海（Butterworth）则是韦尔斯利省最大的城市。但令人疑惑不解的是，很多人把乔治市也称为“槟城”。

乔治市（GEORGE TOWN）

人口：510,996

将三种独特的古老文化及本土和殖民建筑融合在一起摇晃上几个世纪，再加上迅速发展的旅游景观作为装饰，你就得到了一杯迷人的城市鸡尾酒——乔治市。

乔治市最显著（也最受吹捧）的景观便是建筑。城市里衰败浪漫的店屋很可能激发一些游客撤离的冲动。但也许，这座城市像电影场景一般混杂的建筑、人和文化会给人留下更深的印象。在乔治市，你能在小印度发现华人寺庙，在唐人街找到清真寺，还有西方风格的摩天大楼和英国殖民时期建筑上方闪闪发光的大型购物中心。

这种兼收并蓄的混乱意味着乔治市是一座让探险家不虚此行的城市。躲开拥挤的城市交通，路过中式店屋时，人们可能在用明火烘焙咖啡豆，或者在为某个典礼雕制巨型香烛。迷失于迷宫般混乱的大街小巷之中，与装饰着一串串纸灯笼的神祠和出售印度香料的芳香店铺擦肩而过。或者，你可能会被带到乔治市发展迅速的艺术场所及其现代咖啡馆或有趣的酒吧里。

然而，这次探险归根结底的最大奖赏也许是美食。乔治市是马来西亚（即使不是东南亚）的美食之都。这里有5种独特的菜系、便宜可口的露天摊贩中心、备受称赞的海鲜和极其著名的水果，是那种无论品质还是数量都值得夸耀的地方。

为此，我们要干上一杯。

景点

联合国教科文组织世界遗产保护区内

★蓝屋（张弼士故居） 历史建筑

（Blue Mansion; www.thebluemansion.com.my; 14 Lebuh Leith; 成人/儿童 RM16/8; ⌚团队游 11:00、14:00和15:30）这座宏伟的“蓝屋”有38间房、220扇窗户，建于19世纪80年代，在20世纪90年代进行了全面整修，其设计风格

George Town 乔治市

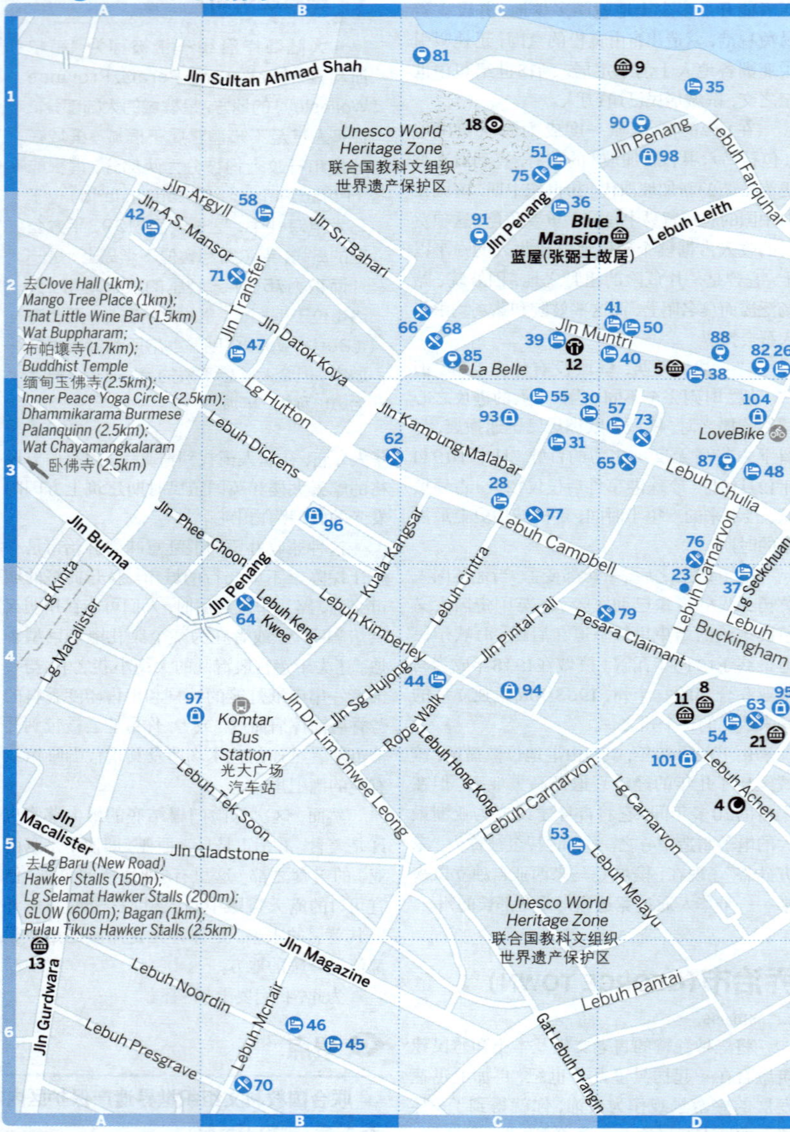

东西合璧，配有百叶窗、新艺术风格的彩色玻璃、精美的地砖，以其稀有的面貌展现了富有的海峡华人所推崇的混合建筑风格。它独特的蓝色色调（在乔治市风行一时）是以靛蓝色为基础调配粉刷而成的。

时长1小时的导览游（包括在门票费用里）可以让你一窥内部并深入了解中国传统建筑。

该建筑由客家商人张弼士（Cheong Fatt Tze）督建。他年少时身无分文离开中国，最

终在整个东南亚建立起庞大的金融帝国，为自己赢得了两个称号——“东方的洛克菲勒”和“最后的红顶商人”。

★ 槟城土生华人博物馆　　博物馆

（Pinang Peranakan Mansion；www.pinangperanakanmansion.com.my；29 Lebuh Gereja；成人/儿童 RM21.20/10.60；⏲9:30~17:30）这座惹人注目的浅绿色建筑可跻身于乔治市最令人称叹的翻新旧居之列。自助游能让你看到每一扇门、每一堵墙及拱门上的雕饰，上面还刷

George Town 乔治市

重要景点

1 蓝屋（张弼士故居）……D2
2 龙山堂邱公司……E5
3 槟城土生华人博物馆……F3

景点

4 亚齐清真寺……D5
5 相机博物馆……D2
6 谢公司……E5
7 姓周桥……F6
8 孙中山槟城基地纪念馆……D4
9 埃内斯特·查卡勒维克美术馆……D1
10 康华里城堡……G2
11 乔治市世界文化遗产公司总部……D4
12 天后宫……C2
13 欣汽车站艺术中心……A6
14 叶祖意故居……G2
15 观音寺……E3
16 甲必丹吉宁清真寺……E4
17 槟城博物馆……E2
18 新教徒公墓……C1
19 马里安曼兴都庙……E4
20 潮州庙……E4
21 叶公司……D4

活动、课程和团队游

22 Metro Bike Easy Green Travel……E6
23 Nazlina's Spice Station……D4
24 槟城古迹信托会……G3

住宿

25 23 Love Lane……E2
26 80's Guesthouse……D2
蓝屋……（见1）
27 Broadway Budget Hotel……E3
28 Campbell House……C3
29 China Tiger……F4
30 Chulia Heritage……C3
31 Cintra Heritage House……C3
32 Coffee Atelier……E3
33 Couzicats……F3
34 East Indies Mansion……F4
35 东方大酒店……D1
36 Hotel Malaysia……C2
37 House of Journey……D4
38 Moon Tree 47……D2
39 Muntri Grove……C2
40 Muntri Mews……D2
41 Muntri Mews Residence……D2
42 Museum Hotel……A2
43 My Chew Jetty……F6
44 New Asia Heritage Hotel……C4
45 Noordin Mews……B6
46 Noordin Street House……B6
47 Penaga Hotel……B2
48 Reggae Penang……D3
49 Ren i Tang……F4
50 Ryokan……D2
51 Segara Ninda……C1
52 Seven Terraces……E3
53 Sinkeh……C5

着一层金箔；偌大的房间均配有华贵的镶有珍珠贝的木家具，还摆放着迷人的古玩；色彩明艳的油画和身着华服的家族黑白照片使得墙面也生动起来。

这所房子属于郑景贵（Chung Keng Quee），他是19世纪的商人、某个帮会的老大、社区的顶梁柱，还是那个时代峇峇娘惹中最有钱的富商之一。

参观完故居之后，不要错过相邻的宗祠——郑景贵宗庙（Chung Keng Kwi Temple）。

姓周桥 历史街区

（Chew Jetty; Pengkalan Weld）在18世纪末和19世纪初，乔治市的姓氏桥曾是当时世界上最繁荣的港口之一，为源源不断涌入的移民提供了大量的工作机会。很快，在码头附近，华人宗族社区发展起来，沿着岸边建起了水上屋和高脚屋，这些码头及居住区逐渐成为今日为众人所熟知的姓氏桥。而今，最大和最完整的遗迹就是姓周桥。

如今，姓周桥包括75栋高脚屋、几座华人神祠、一间社区会堂及许多旅游设施，全都以高架木步道相连接。这里是溜达的好地方，有停靠的渔船、在家做饭的当地居民和四散奔跑嬉戏的小童。如果喜欢这样的氛围，这里还有一处家庭住宿（见167页）。

如果对姓周桥的历史感兴趣，或者想了解关于乔治市其他姓氏桥的更多信息，可以在槟城古迹信托会（见178页）或乔治市世界文化遗产公司总部（见158页）领取小册子《乔治市的姓氏桥》（*The Clan Jetties of George Town*）。

54 Straits Collection D4
55 Time Capsule Hotel C3
56 Victoria Inn F4
57 Yeng Keng Hotel D3
58 Yes Hotel B2

就餐

59 BTB E5
China House .... （见59）
60 Da Shu Xia Seafood House E5
61 Edelweiss E4
62 Hameediyah B3
63 Jawi House D4
64 Joo Hooi Cafe B4
65 Junk Cafe D3
66 Kafe Kheng Pin C2
67 Karai Kudi F4
68 Kashmir C2
69 Kebaya E3
70 Lebuh Presgrave Hawker Stalls B6
71 Nasi Padang M nang B2
72 Quay Café G4
73 Sky Cafe D3
74 Sri Ananda Bahwan F3
75 Sup Hameed C1
76 Teksen D3
77 Tho Yuen Restaurant C3
78 Veloo Villas F3
79 Yin's Sourdough Bakery D4

饮品和夜生活

80 Alabama Shake F3
81 Beach Blanket Babylon C1
82 Behind 50 Love Lane D2
83 Canteen E5
84 Constant Gardener F2
Farquhar's Bar .... （见35）
85 Georgetown Wines C2
86 Jing-Si Books & Cafe G4
Kopi C .... （见59）
87 Micke's Place D3
88 Mish Mash D2
89 QEII G4
90 Slippery Senoritas D1
91 Soho Free House C2
92 Ten Yee Tea Trading F4

购物

93 Ban Hin C3
94 Bee Chin Heong C4
95 China Joe's D4
96 Chowraster Bazaar B3
97 Komtar A4
98 Little Penang Street Market D1
99 Muda House E3
100 ottokedai F5
101 Rozanas Batik D5
102 Shop Howard E4
103 Tropical Spice Garden In Town F4
104 Unique Penang D3

槟城博物馆 博物馆

（Pinang Museum；www.penangmuseum.gov.my；Lebuh Farquhar；门票 RM1；⏲周六至周四 9:00~17:00）槟城博物馆包括该岛屿多族群的历史、习俗和传统的展览，配有照片、视频、文献、服装、家具及其他标志清晰的迷人展品。楼上是历史艺术馆，展有19世纪早期罗伯特·史密斯船长（Captain Robert Smith，东印度公司工程师）的水彩画和一些展现旧时槟城风景的图片。

相机博物馆 博物馆

（Camera Museum；www.penangcameramuseum.com；49 Jln Muntri；成人 RM20，儿童 RM5~10；⏲9:30~18:30）这座有趣的新博物馆专门介绍关于摄影的一切，从底层的照片展览到相机历史的翔实展示，还有从暗箱到模拟暗室的互动展览。

孙中山槟城基地纪念馆 博物馆

（Dr Sun Yat Sen's Penang Base；120 Lebuh Armenian；门票 RM5；⏲周一至周六 10:00~17:00）孙中山是1911年中国辛亥革命的领导人，这次革命建立了亚洲第一个共和国——中华民国。1910年，孙中山及其家人在乔治市居住了约6个月，这栋房子是其政党的重要会议地点。如今，这座建筑是记录孙中山先生槟城时光的博物馆。即便你对历史不感兴趣，里面重新修葺过的令人称赞的古董店屋也值得一游。

叶祖意故居 博物馆

（House of Yeap Chor Ee；www.houseyce.com；4 Lebuh Penang；成人/儿童 RM13/免费；⏲周一至周五 10:00~18:00）这座博物馆坐落于经过精心修复的三层店屋之中，用以纪念曾居住于此的叶祖意先生，剃头匠出身的他最

联合国教科文组织和乔治市

2008年，乔治市具有历史特色的市中心被联合国教科文组织认定为“世界文化遗产”，因其特有的建筑特色及文化市镇景观在东亚及东南亚国家中独一无二。“核心”地区包括1700栋建筑和一处“缓冲区”，东起水滨，西至Jln Transfer和Jln Dr Lim Chwee Leong，这些地区的建筑已经被列出详细目录并受到严格的分区法规的保护。

在**乔治市世界文化遗产公司总部**（George Town World Heritage Inc. Headquarters；www.gtwhi.com.my；116-118 Lebuh Acheh；⊙周一至周四 8:00~13:00和14:00~17:00，周五 8:00~12:15和14:45~17:00）可以了解联合国教科文组织认定情况的详细信息。这里的《珍惜建筑遗产》（*Value Your Built Heritage*）是一本介绍乔治市店屋的袖珍手册，内容翔实，引人入胜。关于这座城市建筑的另一本出色指南是槟城古迹信托会（Penang Heritage Trust；见178页）的《乔治市世界遗产建筑步行游》（*George Town World Heritage Site Architectural Walkabout*）。

普遍看来，联合国教科文组织的认定对乔治市而言是一件好事，有助于这座城市保留古老的感觉并使其从改造中获益。这次认定似乎点燃了居民对本地文化的兴趣，有人称，对吸引本地年轻人回到这座在20世纪八九十年代不断受到“人才外流”困扰的城市也会起到作用。

“（联合国教科文组织的认定）在某些方面有帮助，”知名的传统倡导者、槟城古迹信托会的主席邱思妮（Khoo Salma）解释说，“但在某些方面，（它）加速了破坏，是一把双刃剑。”

在2008年联合国教科文组织认定的激发下，旅游业的繁荣持续至今。曾经废弃的古老建筑被希望借此牟利的开发者抢占，房产价格一路高涨。如今，传言称，店屋可以卖到百万美元以上。而且，在乔治市的每一条街道上，“遗产”酒店和故作可爱的咖啡馆随处可见。

“投资者希望快速得到回报。”邱思妮解释说，“所以，遗产建筑被改造成酒店和咖啡馆。有的还不错，但很多草率和非法的改造也对这些有形的遗产造成了破坏。”据邱思妮说，繁荣正对当地人造成负面影响，“再也无法支付房租的长期租户正在迁出，有的人实际上是被精品酒店赶出来的”。

“当前的挑战是如何保存这些无形的文化遗产。”邱思妮说，“践行传统、节日等的正是城市居民。（我们）保护文化遗产，怎么能无视居民？”

终成为银行家。除了家族照片和纪念品，该博物馆还有一些有趣的展览，表现了中国移民到槟城的经历。

新教徒公墓 墓地

（Protestant Cemetery；Jln Sultan Ahmad Shah；⊙24小时）**免费** 在木兰树下，你可以看到弗朗西斯·莱特船长和许多其他人的墓，包括官员、商人、水手，还有在义和团运动中逃到槟城并死于高烧的中国基督徒。同时，这里还葬着年轻的军官托马斯·里奥诺文斯（Thomas Leonowens），他的妻子安娜（Anna）后来成为暹罗国王的家庭教师，这一故事经音乐剧《国王和我》（*The King and I*）而为人所知。

想了解墓碑背后的故事，可以考虑在槟城古迹信托会（见178页）或乔治市世界文化遗产公司总部（见本页）领取一本内容翔实的小册子《乔治市红毛路新教徒公墓》（*George Town's Northam Road Protestant Cemetery*）。

埃内斯特·查卡勒维克美术馆 美术馆

（Ernest Zacharevic x E&O；www.facebook.com/ErnestZacharevicxEnO；ground fl，Eastern & Oriental Hotel，10 Lebuh Farquar；⊙周三至周一 10:00~17:00）喜欢乔治市的街头艺术？那就买一幅定制的印刷品带回家；或者，也可在这座

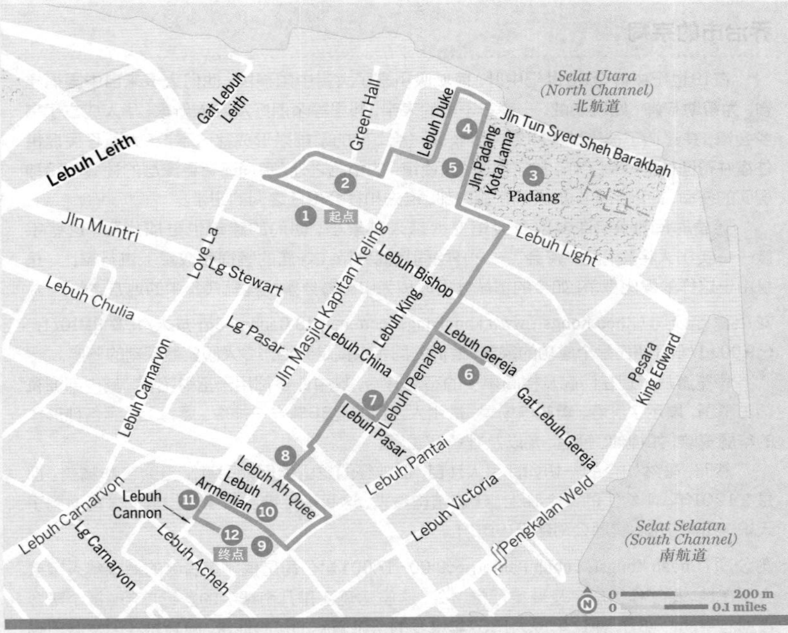

步行游览
双腿走遍五大文化

起点: 槟城博物馆

终点: 龙山堂邱公司

路程: 2.25公里; 3~4小时

这条步行线路将带你一窥乔治市的多元文化: 英国、印度、马来、峇峇娘惹和中国。

从❶**槟城博物馆**(见157页)向西走,然后向北前往水滨,经过❷**最高法院**。注意詹姆斯·理查森·洛根(James Richardson Logan)的雕像,他是殖民时代有色人种的支持者。沿Lebuh Duke向北走到水边,然后顺着Jln Padang Kota Lama南行,经过广阔的❸**田野**及宏伟的❹**大会堂**和❺**市政厅**。沿Lebuh Light继续向东,再沿Lebuh Penang朝南走。然后沿Lebuh Gereja稍微向东绕路,可以找到令人印象深刻的❻**槟城土生华人博物馆**(见155页),这里曾是乔治市一位著名的峇峇娘惹商界大亨的住所。

回到Lebuh Penang,向南进入❼**小印度**,深深地吸入一口囊括了各种香料的空气;如果到了午餐时间,就用一份正宗的南印度式香蕉叶塔哩(thali)餐补充体力。在Lebuh Pasar往西走,经过出售南亚乳白色甜食的商店,然后在Lebuh King转向南边❽**Lebuh King和Lebuh Ah Quee的交叉路口**,不夸张地说,它是槟城文化交界的范例。你的南边是华人会馆和一排排褪色的华人店面;你的北边是一座小型印度清真寺;街道对面就是一家马来西亚大饭店。

沿Lebuh Ah Quee朝东走,然后顺着Jln Pantai向南,你就到了❾**Lebuh Armenian**,位于乔治市如今修复程度最高的街道之间,曾是华人帮派的中心和1867年暴乱的主要冲突地区。沿经过翻新的店屋往西漫步,一直到❿**谢公司**(Cheah Kongsi; 见160页),这是槟城最古老的海峡华人宗亲会所在地。

穿过街道,前往Jln Masjid Kapitan Keling的街角,还有建于1924年的亮绿色福建宗祠⓫**叶公司**(Yap Kongsi; 见160页)。顺Lebuh Cannon南行,飞快地走进装饰华丽的⓬**龙山堂邱公司**(Khoo Kongsi; 见160页),它是这座城市最引人注目的会馆。

乔治市的宗祠

在19世纪中叶至20世纪中叶，槟城吸引来了大量中国移民，他们大多来自中国福建省。为帮助叔婶、姑表亲戚、一表三千里的表亲、邻里等亲朋好友融入新家，华人成立了宗乡会馆，并建造了被当地人称为“kongsi”（会馆）的宗祠以形成社区意识，为新移民提供住宿并帮助他们找到工作。除了扮演“大使馆”的角色之外，宗祠还有更深层的社会和精神层面的使命，即维系不断扩大的宗族内部、祖先和社会责任之间的纽带。

随着时间推移，许多宗乡会馆变得越来越繁盛，他们的建筑也更加华丽。这些宗族——英国人将其称为“帮会”——开始同其他会馆在寺庙的装饰和数量上进行攀比。正是由于这样的攀比竞争，如今的槟城才得以成为中国海外宗祠建筑最集中的地方之一。

龙山堂邱公司（Khoo Kongsi；www.khookongsi.com.my；18 Cannon Sq；成人/儿童 RM10/1；⏲9:00~17:00）邱氏是个成功的宗族，他们的同名宗祠是乔治市令人印象最深刻的一座。

导览游从出现在门廊及楼阁亭子的石雕开始，其中许多都用于招财招福。其内部饰有精美壁画，展示了庆寿、婚礼等场景，最引人注目的是36尊守护神像。屋脊上布满各种形象的华丽瓷雕，如神仙、鲤鱼、龙以及鲤鱼跃龙门。

然而，虽然如今的一切如此引人注目，但曾经的龙山堂邱公司甚至更为奢华精美。那是在1901年，刚竣工的某个晚上，建筑结构着火，这起事件被看作是龙山堂邱公司遭到了天妒。目前的龙山堂邱公司建于1906年。

谢公司（Cheah Kongsi；Lebuh Pantai；⏲9:00~17:00）谢公司是槟城最古老的海峡华人宗亲会所在地。除了作为庙宇及聚集厅堂之外，这座建筑还是几个帮会的登记总部。每个帮会占据庙宇的一部分，使这里成为1867年爆发的帮派骚乱的核心地带。随着打斗越发激烈频繁，人们在这里和龙山堂邱公司之间修建了一条秘密通道以便快速撤离。

潮州庙（Teochew Temple，韩江家庙，Han Jiang Ancestral Temple；Lebuh Chulia；⏲9:00~17:00）这座建于1870年的宗祠由华人工匠于2005年翻建，着重展示了潮州华人家族的移民历程和文化。

叶公司（Yap Kongsi；71 Lebuh Armenian；⏲9:00~17:00）这里的主要建筑最早建于1924年，采用海峡融合派建筑风格，如今被刷成独特的浅绿色，而且不总是面向公众开放。如果关门了，可以去参观附近的周氏宗祠（Choo Chay Keong）。

以画家埃内斯特·查卡勒维克的作品为特色的美术馆买一幅原作回去。

亚齐清真寺 清真寺

（Acheen St Mosque；Lebuh Acheh；⏲7:00~19:00）免费 亚齐清真寺建于1808年，由一位富有的阿拉伯商人建造，是乔治市最古老的乡村地区的马来和阿拉伯商人的宗教中心。其埃及风格的尖塔与众不同，因为大多数马来清真寺是摩尔式的尖塔。

天后宫 华人寺庙

（Hainan Temple；Jln Muntri；⏲9:00~18:00）免费 这座寺庙供奉妈祖娘娘，她会保佑船员平安。该庙始建于1870年，直至1895年才完工。于1995年百年纪念之时进行了彻底翻新，重新打造了其游龙纹柱及各种精美的雕饰。

康华里城堡 历史遗址

（Fort Cornwallis；Lebuh Light；成人/儿童 RM20/10；⏲9:00~19:00）这里就是莱特船长于1786年来到荒无人烟的槟榔屿时的登陆地点。他在此建立了自由港，以期将贸易从英国的竞争对手荷兰那里吸引过来。

1808~1810年，犯人劳工用石头代替了后来的木制城堡，独特的星形外墙在御敌时可以布置成交叠的火力区。然而，鉴于其规模，这座现代堡垒并无特别令人印象深刻之处，只有耸立的外墙环绕着内部相当简陋的公园。

莱特用查尔斯·康华里(Charles Cornwallis)的名字命名这座城堡,此人最出名的事迹或许就是在约克镇战役中向乔治·华盛顿投降,实际上结束了美国的独立战争。

马里安曼兴都庙　印度教寺庙

(Sri Mariamman Temple; Jln Masjid Kapitan Keling; ⌚7:00~19:00) **免费** 马里安曼兴都庙建于1883年,是乔治市中最古老的兴都教神庙。对当地南印度人而言,这座寺庙充当着类似华人宗祠的角色,寄托了人们对故土的怀念,也是凝聚侨居社区的纽带。这是一座典型的南印度寺庙,以塔门(gopuram,即入口处之塔)为主体。

槟城大宝森节(见164页)的游行队伍通常从这里出发。在10月的Vijayadasami庆典期间,印度教庙宇神灵会被从这里请出来,置于木战车之上,绕邻里四周转上一圈。

我们在城镇期间,这座寺庙刚刚翻新完毕。

甲必丹吉宁清真寺　清真寺

(Masjid Kapitan Keling; Lebuh Buckingham和Jln Masjid Kapitan Keling交叉路口; ⌚7:00~19:00) **免费** 槟城第一批印度穆斯林定居者(随东印度公司而来的驻军)于1801年建立了甲必丹吉宁清真寺。这座清真寺顶部为黄色,是典型的印度伊斯兰风格,同时,它的建筑形式为单尖顶,在日落时无比庄严。游客需在清真寺管理人员许可后方可进入。

联合国教科文组织世界遗产保护区外

★升旗山　山丘

(Penang Hill; www.penanghill.gov.my; 缆车成人/儿童 RM30/15; ⌚6:30~23:00) 升旗山顶的海拔高出乔治市821米,从山顶可以看到整个岛及大陆的壮观景象。

可以乘坐缆车到达山顶,到了周末及公共假期,队伍很长,甚至需要等30分钟。要来此处,从维尔德码头(Weld Quay)、槟城光大广场(Komtar)或者Lebuh Chulia可搭乘车次很多的公交204路(RM2.70)至亚依淡(Air Itam)。从乔治市中心打出租车花费约RM25。

这里的温度通常比海平面低5℃左右,是躲避下方湿热的便利休养地。这里有几座花园、一家美食广场、一座装饰华丽的印度教寺庙和一座清真寺,还有David Brown's——一家殖民时代风格的英国餐馆,从惠灵顿牛排到傍晚茶点,应有尽有。从上面的缆车站延伸出的道路出发,步行5公里,用时约1.5小时就能到达植物园。

植物园　花园

(Botanical Gardens; www.botanicalgardens.penang.gov.my; Waterfall Rd; ⌚5:00~20:00) **免费** 槟城的植物园曾是花岗岩采石场,由查尔斯·柯蒂斯(Charles Curtis)建于1884年。他是一位不知疲倦的英国植物爱好者,收集了许多原始样本,并成为植物园首任负责人。现在,这座30公顷的花园包括蕨类假山、兰花馆和莲花池。你还可以去深入丛林的柯蒂斯小径(Curtis Trail,1.5公里)走走。

这些花园也被称为"瀑布花园",因为这里有从升旗山上倾泻而下的溪流;又被称为"猴园",因为这里有许多长尾猕猴四处乱窜。不要喂这些猕猴,它们真的会咬人,而且如果被撞见,你还将面临RM500的罚款。

槟城植物园位于乔治市东北8公里处,可从光大广场或者维尔德码头乘坐公交10路(车费RM2.70)到达这里,乘出租车至少要RM25。

欣汽车站艺术中心　美术馆

(Hin Bus Depot Art Centre; www.facebook.com/hinbusdepot; 31A Jln Gurdwara; ⌚正午至19:00) **免费** 这座优雅破败的前汽车站已经成为乔治市新兴艺术界的中心。露天场地以街头艺术为装饰,室内区域每隔几个月就会更换展览,还有一家咖啡馆。查阅该中心的Facebook页面,看看你在城里的时候有什么活动。

比·南利故居　博物馆

(P Ramlee House; 4A Jln P Ramlee; ⌚周二至周四、周六和周日 10:00~17:00,周五 10:00至正午和15:00~17:00) **免费** 这座博物馆院落致力于纪念马来西亚的超级巨星比·南利(P Ramlee)。南利以歌唱闻名于世,同时也演戏并担任导演,一生之中演出及导演了66部电影作品。尽管游客可能并不熟悉他的作品，但院子及展览还是挺有趣的，在博物馆礼品商店有一些花里胡哨的纪念品出售。

比·南利故居位于乔治市西部约5公里处，乘坐出租车至此的费用为RM15。

比·南利的音乐不断回荡在整个院落，这里由3个区域组成：表演艺术中心、存放有关南利生平物品及照片的小型博物馆，以及南

不要错过

乔治市的街头艺术

忘记店屋和小贩摊档吧，如今乔治市的一切都和街头艺术有关。

这种潮流要追溯至2010年，那时，槟城州政府委托工作室Sculpture At Work（www.sculptureatwork.com）在城镇各地制作一系列卡通铁艺作品。被固定在乔治市街道墙壁上的这些3D艺术品诙谐详细地介绍了当地的习俗和传统，与城市历史中心的自然美景形成了奇特的对比。

然而，乔治市真正的街头艺术明星无疑是立陶宛艺术家埃内斯特·查卡勒维克（Ernest Zacharevic; www.facebook.com/Ernestzachas）。为了迎接2012年的乔治市节，查卡勒维克被委托在乔治市中心完成一系列公共绘画，其中一些绘画与自行车、摩托车等物品及建筑特色相结合。这种艺术红极一时，打铜仔街（Lebuh Armenian）的一件作品连同长长的队伍和纪念品摊位顺理成章地成了旅游地点。

2015年，我们与查卡勒维克交谈过，我们将他的评论在篇幅和清晰性方面做了调整，内容如下。

你在乔治市的第一件街头艺术作品是什么？是一幅当地女性的肖像。那是我来到槟城的第一天，或者第二天，我在街上画素描的时候遇见了她。我们其实没法儿交流，但她的长相非常与众不同。受到这次邂逅的启发，我想，留下一幅画也不错。没什么计划，我只是买了一捆蜡笔，然后在墙上画出草图。过了几天，它就消失了。

你的画现在很受欢迎，但人们刚开始是什么反应？刚开始的反应是惊讶。马来西亚没什么街头艺术，所以人们觉得涂鸦不太光彩，对我的做法感到惊讶。我对这些画引起了人们的注意倒不觉得吃惊，但对于它们能持续这么长时间、变得这么流行，有些惊讶。

你画的场景是来自你的想象，还是照片？两者的结合。我去过很多地方旅行，总是在拍摄见到的环境和人。有时，一幅画的基础是一张具体的照片，有时就是照片的结合体。

你的画如今出现在乔治市的T恤、笔记本和其他纪念品上，明显没有经过你的同意。你做何感想？我尽量保持距离，不加干涉。我只想继续画画，不想雇律师。虽然我不赞成，但可以把它当作免费的广告，而且它还有助于当地的生意。

现在，你有了自己的画廊（埃内斯特·查卡勒维克美术馆；见158页），还与乔治市的美术馆（欣汽车站艺术中心；见161页）建立了合作关系，你还有了自己的工作室，你会离开街头艺术吗？在街上工作比较辛苦，那意味着你要独自工作，遇到的阻碍更多，但那也更有挑战性，更令人振奋。我一直试图引导人们对公共艺术的兴趣和热情，鼓励他们远离纪念品商店。

查卡勒维克的成功激发了类似作品的出现，比如“101只迷途小猫”（101 Lost Kittens）是受2013年乔治市节委托创作的一系列壁画，目的在于引起人们对流浪动物以及许多私人资助的公共艺术案例的关注。它还为更多的商业盗版提供了启示，比如街头艺术主题的咖啡馆和“3D艺术”博物馆。

《标记乔治市》（*Marking George Town*）是一份展示埃内斯特·查卡勒维克及以上提到的其他艺术家作品位置的地图，在槟城环球旅游（见178页）的办事处可以找到。

利的出生地，这是一座建于1926年的简陋乡村房屋，已经过彻底修葺。

课程

除了下列地方之外，你还可以在热带香料园（Tropical Spice Garden；见181页）参加烹饪课程，报名Rozanas Batik（见176页）的蜡染课程和Royal Selangor（见177页）的制锡课程。

Nazlina's Spice Station 烹饪课程

（☎012-453 8167；www.penang-cooking-class.com；2 Lebuh Campbell；课程 RM160；⏲课程 7:30~12:30和14:30~17:30）活泼热情的Nazlina会教你如何烹制那些让你在槟城深深迷恋的菜肴。课程从逛早市和吃一顿当地早餐开始，然后是三四道菜的讲解。下午的课程是严格素食/素食。

Penang Homecooking School 烹饪课程

（www.penanghomecookingschool.com；课程 RM270~320；⏲周一、周三和周五）每周三次，Pearly和Chandra会打开家门，教授游客如何制作印度、娘惹和街头菜肴。课程范围和时间灵活（见网站），学费不定，取决于你想学做多少道菜。半日课程包括交通和逛市场。

Inner Peace Yoga Circle 瑜伽

（☎016-411 0153；www.innerpeaceyogacircle.com；293 Jln Burma；临时课程 RM20）提供不同类型的瑜伽学习，还包括静修及导师培训项目。网站上有课程表。

团队游

乔治市有各种自助游线路，从美食步行之旅到侧重于传统贸易或建筑的团队游，可从州立旅游办事处或槟城古迹信托会（见178页）取阅路线指导手册。同样，槟城全球伦理计划（Penang Global Ethic Project；www.globalethicpenang.net）整合了一项“世界宗教之旅”，可以带你浏览基督教、伊斯兰教、印度教、锡克教、佛教和华人传统宗教等各种宗教的标志性形象及庙宇等。

如果不喜欢步行，可以考虑蜿蜒环行于联合国教科文组织保护区的**随上随下公共汽车**（Hop-On Hop-Off；www.myhoponhopoff.com/pg；成人/儿童 每24小时 RM45/24，每48小时 RM79/43；⏲9:00~20:00）。这是快速浏览整个城市全貌的好方式，你可以在17个停靠站中的任意一处上下。

乔治市遗产步行 步行游览

（George Town Heritage Walks；☎016-440 6823；joannkhaw@gmail.com；团队游 RM180起）同Joann Khaw一起探索乔治市及更远的地方。Joann Khaw是槟城本地人士、文化遗产专家，同时也引领槟城内地的建筑及美食之旅，还有其他一些旅游项目。短途旅行至少要求两人结伴，需要提前告知。

槟城古迹信托会 步行游览

（Pinang Heritage Trust，简称PHT；☎04-264 2631；www.pht.org.my；26 Lebuh Gereja；团队游 RM200；⏲周一至周五 9:00~17:00，周六 至13:00）这家致力于保护古迹的机构一直组织备受赞誉的乔治市步行游，共有4种不同的步行游，从宗教主题的漫步到探索乔治市的小印度，全都由经验丰富的导游带领。步行游要求至少两人，通常持续约三小时，需要预订。

Metro Bike Easy Green Travel 自行车游

（☎04-229 6434；www.metrobike.com.my；8A Pengkalan Weld；团队游 RM40起）这家机构提供多种乔治市常规及比较专业的自行车（和三轮车）主题游。游览从公司在姓氏桥的自行车租赁点出发。

Food Tour Penang 团队游

（☎012-212 3473；www.foodtourpenang.com；团队游 每人 RM160）出色的早午餐（9:30~13:30）和晚餐（17:00~21:00）团队游包括大约6处乔治市街头美食市场和受到当地人爱戴的店屋餐馆，由于包含了全部的餐饮，所以可以空着肚子来。

EatingAsia Culinary Excursions 步行游览

（www.eatingasiaculinaryexcursions.com；US$105）美食博客“EatingAsia”制作团队提供3小时的乔治市及更远地方的私人美食团队游；对于3人以上的团队，团队游的价格可以降至每人US$95。

节日和活动

槟城节日活动可在槟城旅游官网Visit Penang（www.visitpenang.gov.my）上查询。想找规模更小且更适合自己的活动，查阅网上（www.facebook.com/TheFreeSheetPenang）的"Penang Free Sheet"或很多客栈和咖啡馆的布告栏。

1月至4月

大宝森节 宗教节日

（Thaipusam；⏲1月至2月）新加坡和吉隆坡也会庆祝这个自虐式的节日，但不及槟城热闹。马里安曼（Sri Mariamman）、Nattukotai Chettiar和山顶瀑布（Waterfall Hilltop）寺庙是主要活动中心。

春节 新年

（Chinese New Year；⏲2月）乔治市人民尤其喜好庆祝的节日。龙山堂邱公司（见160页）会装饰一新迎接节日，城中到处都有舞蹈和中国戏剧表演。

元宵节 文化节

（Chap Goh Meh；⏲2月至3月）在此期间，本地女孩会将橘子扔进海里。传说女孩可以"抛良橘，得佳婿"，男孩会观察这些扔橘子的女孩，然后通过媒人联系相中的女子。另外，只有在新年期间才能看到娘惹表演的东当沙央（dondang sayang，自发式传统马来情歌）。

槟城世界音乐节 音乐节

（Pinang World Music Festival；www.facebook.com/penangworldmusicfestival；⏲4月）为期两天的音乐节聚集了众多国内外音乐家。

5月至8月

槟城国际龙舟节 文化节

（Pinang International Dragon Boat Festival；www.facebook.com/penangdragonboat；⏲5月）五彩斑斓、热火朝天的龙舟节在巴亨湾大坝（Teluk Bahang Dam）举行，可观赏传统龙舟。

乔治市节 表演艺术

（George Town Festival；www.georgetownfestival.com；⏲8月）一场为期一个月的艺术与表演盛会，庆祝教科文组织授予槟城的荣誉。

饿鬼节（中元节） 文化节

[Hungry Ghosts Festival（Phor Thor）；⏲8月至9月]据说在农历七月十五那天，地狱所有的大门都会打开。为了满足那些饿鬼，槟城会准备供奉的食物，并表演木偶戏和露天中国戏曲以取悦它们。这是城中很魔幻的一段时光。

不要错过

走上街头

近几年来，也许是受到城市街头美食的启发，与文化、艺术和表演相关的几项活动走上了乔治市的街头。

（合法）占领海滩街[Occupy Beach Street（Legally）；www.facebook.com/occupybeachstreet；Lebuh Pantai；⏲周日 7:00~13:00] 每到周日，Lebuh Pantai[也被称为"海滩街"（Beach St）]及相连的小街道都会禁止车辆通行，取而代之的是艺术家、表演者和小贩营造出的狂欢节般的氛围。

月末的周五、周六和周日（Last Fri, Sat, Sun of the Month；www.facebook.com/LFSSPenang）就像名字所显示的，每月最后一个周末会有一系列活动，主题在传统、娱乐、文化和自然之间轮换。之前的活动包括中国戏剧、现场古典音乐、墓地游和槟城植物园导览步行游。查看Facebook页面，看看你在城镇期间有什么活动。

打铜仔街达人秀（Armenian Street's Got Talent；www.facebook.com/armeniansgt；Lebuh Armenian；⏲周六 17:00~22:00）每逢周六晚上，打铜仔街就会成为业余的露天百老汇，举行武术、击鼓等表演。

另辟蹊径

槟城佛教

马来西亚的官方宗教是伊斯兰教，但当地的华人大多信佛。作为马来西亚华人数量最多的州之一，槟城的佛教组织不同寻常地保持了多样性和增长，他们不只接受传统的中国佛教，也认可泰国和缅甸的佛教教义。

极乐寺（Kek Lok Si Temple；www.kekloksitemple.com；⏲7:00~21:00）是马来西亚最大的佛教寺庙，也是国家的标志性建筑之一。1890年由移民过来的华人佛教徒所建，是马来西亚华人组织的基石。马来西亚华人社团资助了极乐寺长达20年的建设（且仍在不断增加）。

寺庙在距离乔治市中心8公里的亚依淡。出租车起价约RM25，你也可以乘坐204路公共汽车（RM2.70）。

要到达入口，先要穿过迷宫般的纪念品摊位，越过乌龟密布的龟池及幽暗的鱼池（均为放生池），直至到达**万佛塔**（Ban Po Thar；门票 RM2）。万佛塔有7层，高达30米。设计风格是缅甸式塔顶，中国式塔底，泰国式中层。可乘**缆车**（单程/往返 RM3/6；⏲8:30~17:30）到达最高点，上有一尊高36.5米的青铜观音像。

这一片还有其他几座寺庙、商店和一家**素菜馆**（主菜 RM5起；⏲周二至周日 10:00~19:00；✎）。

卧佛寺（Wat Chayamangkalaram，Temple of the Reclining Buddha；Lg Burma；⏲7:00~18:00）是典型的泰式佛教寺庙，带有尖檐屋顶和吊顶，内有一尊33米长的卧佛披着金箔番红花色长袍。

这座寺庙位于乔治市中心西北方2.5公里处，乘坐出租车费用约为RM15。

缅甸玉佛寺（Dhammikarama Burmese Buddhist Temple；Lg Burma；⏲7:00~18:00）是缅甸国土之外少有的一座缅甸佛教寺庙。寺中通道上展现着一系列描述佛祖生活的镶板画，画中人物身着典型的缅甸僧袍，佛像眼睛浑圆，面容安详地看着祷告者。这是槟城首座佛教寺庙，建于1805年，这些年已经过大量翻修改建。

这座寺庙位于乔治市中心西北方2.5公里处，乘坐出租车费用约为RM15。

布帕壤寺（Wat Buppharam；8 Jln Perak；⏲8:00~18:00）这座泰国寺庙里有一尊著名的立佛，已有百年历史，佛像外包金箔，如家猫大小。

若你想求神问事，跪于佛像之前，清心敬佛，默想需佛解答之事，问题答案需是简单的是或否；同时祈求，若答案是肯定的，则佛像变轻。然后试着抱起佛像。为确认答复，再默想一遍问题，但这次祈求如果答案是肯定的，佛像变重，然后试着再次抱起佛像。当佛像变重时是无法抱起来的，但当它变轻时又使人如举鸿毛。

要去布帕壤寺，沿Jln Burma朝西北前行，过了Hotel 1926约500米后，在Jln Perak右转，这座寺庙就位于这条路的前方约150米处。

观音寺（Kuan Yin Teng，Temple of the Goddess of Mercy；Jln Masjid Kapital Keling；⏲24小时）该寺庙供奉的是大慈大悲观世音菩萨——代表仁慈、好运、平和及生育的菩萨。19世纪早期，寺庙由第一批来槟城定居的福建人和广东人所建，这座寺庙没有太多特别之处，但其在华人社区的地位很重要，信众甚多。它似乎永远都包围在烟雾缭绕之中，庙堂之外的香炉中，信众烧的纸钱升起袅袅青烟，庙堂内香烛烟气氤氲。

9月至10月

中秋节 文化节

（Lantern Festival；⏲9月）全岛通过吃月饼的方式庆祝佳节，而相传古时月饼曾在起义中被用来传递秘密信息。

屠妖节 宗教节日

（Deepavali；⏲10月至11月）这是印度教的光明之节，他们会在小印度或歌载舞庆祝此节。

槟城展销会 狂欢节

(Pesta Pulau Pinang; www.facebook.com/PestaPulauPinang; ⏲11月至12月)一年一度的槟城展销会期间，乔治市会举办各种各样的文艺活动、游行和游艺集市。

住宿

如今，乔治市拥有的各种住宿选择完全可以满足你对一个老牌且正在发展的旅游目的地的期望，从最破旧的青年旅舍到最豪华的酒店，应有尽有，尤其还有一些非常迷人的精品酒店。

这座城市大多数经济型酒店位于Love Lane和Jln Muntri沿线。如果你的预算低于RM100，最有可能的住宿选择就是宿舍床位，尽管有几个地方可以提供RM200以下的私人房间。至于中档酒店，乔治市数十座店屋已经被改造为小型"遗产"酒店，不过现在这个名称也可能用于所有住宿场所。另外值得注意的是，改造店屋内的房间经常没有独立卫生间。高档住宿是乔治市的优势，具有独特神韵的小酒店令人印象深刻。

一般来说，酒店价格周末和节假日上涨。虽然乔治市有各种住宿选择，但几乎每家都可能被迅速住满，所以一定要预订，特别是快到节假日的时候，比如春节。

联合国教科文组织世界遗产保护区内

Ryokan 青年旅舍 $

(☎04-250 0287; www.myryokan.com; 62 Jln Muntri; 含早餐 铺 RM34~50，房间 RM158; ❄@📶)这家奢华背包客青年旅舍自诩为极简主义——不见得是日系风格。这里有4~6人间(还有两个仅限女性入住的房间)，房间均为白色。公共电视间及阅读室同样别致，并配有iPad。配备独立卫生间的独立房间氛围相同，只是没有窗户，空间不大，感觉要价略高。

80's Guesthouse 青年旅舍 $

(☎04-263 8806; www.the80sguesthouse.com; 46 Love Lane; 含早餐 铺 RM36~39，房间带公用卫生间 RM63~99; ❄@📶)此处20世纪80年代的主题居然包括来自20世纪50年代的电影海报，令人迷惑，但不会影响简约舒适的宿舍(从4床位到6床位)和房间，所有住所共用中间的卫生间。

Time Capsule Hotel 青年旅舍 $

(☎04-263 0888; www.timecapsule.my; 418 Lebuh Chulia; 铺 含早餐 RM55; ❄@📶)如果你追求20世纪80年代日本上班族的感觉，或者只想省钱，可以考虑入住这家独特的新青年旅舍。登记之后，被带到床位之前，你会得到装着洗漱包和拖鞋的袋子，如果需要的话，还有睡衣。床位是具有未来感的舱室，配备电视、Wi-Fi、灯和保险柜。

Broadway Budget Hotel 酒店 $

(☎04-262 8550; www.broadwaybudgethotel.com; 35F Jln Masjid Kapitan Keling; 房间 RM77~157; ❄📶)如果你愿意为了省钱而牺牲氛围，可以考虑Broadway。房间完全不加装饰，大多很小，但干净且位置居中，而且带独立卫生间。

House of Journey 青年旅舍 $

(www.facebook.com/houseofjourney; 45 & 47 Lg Seckchuan; 含早餐 铺 RM30~35，房间 RM100~120; ❄📶)这里的宿舍大多普普通通，但6个单独的房间相对划算，虽然狭小且并非都带独立卫生间。

Reggae Penang 青年旅舍 $

(☎04-262 6772; www.reggaehostelsmalaysia.com; 57 Love Lane; 铺 含早餐 RM30~40; ❄@📶)这里非常适合喜欢交际的旅行者，庞大的遗产建筑有4~12人间，均为上下铺，配有独立照明、电源及免费Wi-Fi。大厅有台球桌及咖啡店，感觉更像一间酒吧而非旅馆。附近的Lebuh Chulia还有一家分店。

Couzicats 青年旅舍 $

(☎04-261 3296; 84 Lebuh Gereja; 铺/房间 RM25/65; ❄📶🏊)如果房间名字[醉酒，绝对伏特加(Drunk,Absolute Vodka)]还不够明白，那么老板宣称的"每天有派对"应该能让你搞清楚这家自称"派对青年旅舍"的氛围。同样，服务标准不会很高，但宿舍床位和房间干净且相对舒适。

★ Ren i Tang 酒店 $$

(☎04-250 8383; www.renitang.com; 82A

Lebuh Penang；房间 含早餐 RM218~455；❄📶）漫长精心的整修将曾经的中药批发店改造成为温馨宜人的小酒店。房间保留了这栋建筑曾经迷人的生活气息，房间类型、大小和布局不一。我们特别喜欢转角的Tub Room，里面配备了木浴盆和芳香的浴盐。

Cintra Heritage House 酒店 $$

（☎04-262 8232；www.cintrahouse.com；1 Lebuh Cintra；含早餐 房间 RM100~180，套RM230；❄📶）凉爽宽敞的房间有独立卫生间，一般低于RM200这条价格分割线。虽然房间没有配备电视，但友好的员工和相连的咖啡馆足以分散你的精力。

Sinkeh 酒店 $$

（☎04-261 3966；www.sinkeh.com；105 Lebuh Melayu；房间 含早餐 RM198~280；❄📶）没错，Sinkeh位于一幢古老的店屋里，但与其竞争对手不同，现代的混凝土、玻璃和钢铁奠定了这里的基调。即便如此，这里也还是服务热情，房间舒适，只是不是特别宽敞。

Chulia Heritage 精品酒店 $$

（☎04-263 3380；www.chuliaheritagehotel.com；380 Lebuh Chulia；房间 RM90~280；❄📶）"白房子"这个名字可能更适合这家酒店。它位于一栋全白的旧式豪宅之中，不大的房间全部装饰成纯白色，当然还搭配白色的家具及设施。十分纯粹、干净，不过稍微有些缺少氛围（更不用提色彩了）。最便宜的房间不带窗户，且共用浴室。

New Asia Heritage Hotel 酒店 $$

（☎04-262 6171；www.newasiahotel.net；71 Lebuh Kimberley；房间 RM98~158，套RM158；❄📶）就像这里声音粗哑却友善的经理告诉我们的那样，"这家酒店最重要的就是每个房间都一模一样"。他说得没错。这家中档酒店朴实无华，但干净舒适，24个房间都有电视、空调和实用的家具，不过几个房间稍微大一点儿，并有大阳台。

Moon Tree 47 酒店 $$

（☎04-264 4021；moontree47@gmail.com；47 Jln Muntri；房间 RM70~290；❄📶）这栋杂乱的店屋氛围时髦复古，服务友好，对年轻情侣或单身旅行者来说是很有趣的选择。然而需要指出，有的人可能会对酒店相当粗糙的设施和外貌望而却步。主建筑内3个紧凑的房间共用卫生间，其他5个房间空间更大，有独立卫生间。

Victoria Inn 酒店 $$

（☎04-262 2278；www.victoriainn.com.my；278 Lebuh Victoria；含早餐 铺 RM53，房间 RM121.90~159；❄📶）这里只有少许时髦之处，即仿木地板、泼洒的绘画和墙上槟城的艺术照片，除此之外，它也就是一家标准的中档酒店，有不错的床、电视、空调及配套卫生间。

Hotel Malaysia 酒店 $$

（☎04-263 3311；www.hotelmalaysia.com.my；7 Jln Penang；房间 含早餐 RM140~190；❄@📶）它当然不是城里最性感的酒店，但宽敞的房间刚经过翻新，拥有挺括的床单，提供专业的服务，还可以看到槟威大桥（Penang Bridge）的风景，这些使这家酒店在千篇一律的同类对手之中脱颖而出，物超所值。

Yeng Keng Hotel 历史酒店 $$

（☎04-262 2177；www.yengkenghotel.com；362 Lebuh Chulia；含早餐 房间 RM286~423，套RM423~495；❄@📶🏊）Yeng Keng是由一家具有150年历史的酒店改建而成，有相当小的房间，间或以略显俗气的中式风格装饰，但便利的位置和诱人的游泳池足以让你忽视这一点。

Segara Ninda 酒店 $$

（☎04-262 8748；www.segaraninda.com；20 Jln Penang；房间 RM100~180；❄@📶）这栋优雅的百年老宅曾是古丁谷梅（Ku Din Ku Meh）在城中的住所，他是位富有的木材商，并兼任殖民地行政长官。这所老宅经过精心的改造，保留了原有的风格，如木制雕花通风板、楼梯以及瓷砖地板。相比之下，16间客房陈设简单，但这个地方会让人产生一种宾至如归的感觉。

My Chew Jetty 家庭寄宿 $$

（☎013-438 1217；www.mychewjetty.com；Chew Jetty；房间 含早餐 RM148~168；❄📶）要

体验当地生活，就在乔治市最大的姓氏桥旁边面朝码头的这户家庭订一间普通房，你会临时借宿于本地家庭。卫生间共用，老祖母的房间会传来电视声。

Penaga Hotel 历史酒店 **$$$**

（☎04-261 1891；www.hotelpenaga.com；Lg Hutton和Jln Transfer交叉路口；含早餐 房间RM370~501，套 RM549~954；❄@☜≈）这家酒店占据了一个城市街区的大部分，分为三部分：一排适合家庭的两层小房屋、公寓大小的套间，以及宽敞的房间。全都装饰着原创艺术品、老式主题的陈设，还有些许迷人的风情，比如牛皮地毯和20世纪中叶的家具。设施有游泳池、中央花园和咖啡店。

东方大酒店 酒店 **$$$**

（Eastern & Oriental Hotel，简称E&O；☎04-222 2000；www.eohotels.com；10 Lebuh Farquhar；套 含早餐 RM960~3910；❄@☜≈）东方大酒店可追溯至1885年，是极少数能将丰富的历史特色优雅地延续至今的酒店之一。我们喜欢最初的遗产翼楼里的套间，它们利用硬木古玩和老式主题的陈设，将现代的舒适和殖

乔治市最好的遗产酒店

熟视无睹数十年之后，当地人（和越来越多的外地人）已经开始意识到乔治市建筑的价值，于是将很多建筑改造成为该地区比较独特的住宿场所。

的确，如今的乔治市拥有如此众多的所谓"遗产酒店"，以至于这个词语被用于描述从青年旅舍到毫无特点的现代酒店的各种住处。基于这一点，以下所列的地方是我们认为能够体现"遗产"真正含义的，即保留了旧世界的内在魅力及这座城市建筑的神韵。

Campbell House（☎04-261 8290；www.campbellhousepenang.com；106 Lebuh Campbell；房间 含早餐 RM350~460；❄@☜）这家酒店可追溯至1903年，而今它作为一家体贴周到的豪华酒店重获新生。欧洲经营者将他们的奢华品牌经营经验应用到酒店的管理当中，包括来自本地的芳香盥洗用品、浴室精美的娘惹风格墙砖、胶囊咖啡机以及品质上好的床垫。除此之外，还有卓越的服务和客人一边倒的积极反馈。所以强烈推荐！

23 Love Lane（☎04-262 1323；www.23lovelane.com；23 Love Lane；房间 含早餐 RM800~1200；❄@☜）这栋古董建筑的主结构（曾经的主楼）和附属建筑（曾经的厨房或者马厩）内共有12间客房，雅致的古董家具及陈设与现代化设施和艺术气息完美融合。大片的开放区域和高高的天花板使得凉风阵阵吹入，公共区域营造出一种安静平和的氛围，酒店的服务更是让客人有种宾至如归的感觉。

Straits Collection（☎04-262 7299；www.straitscollection.com；89-95 Lebuh Armenian；套 RM530~570；❄@☜）如果探索完乔治市之后，你幻想入住一间经过翻新的华人店屋，那么可以考虑住在这里。每间房都是一座独立的房子（但没有厨房设备），装饰着耀眼的艺术品、具有地域特色的古董、颜色鲜艳的垫子和地毯。每个房间都不一样，但都有些令人印象深刻的细节，比如光线充足的庭院、木质的日式澡盆或者旧式推拉门。

蓝屋（☎04-262 0006；www.thebluemansion.com.my；14 Lebuh Leith；房间 含早餐 RM800~1050；❄@☜≈）如果你对蓝屋（见153页）印象深刻，那就不必离开。这座故居博物馆也是槟城第一批精品酒店之一，经过最近的翻新，可以跻身全城最佳行列。房间宽敞凉爽，配备迷人的古董家具。不过最好的是，你有机会在这座城市最有代表性的一幢建筑中吃饭、睡觉和生活。

Coffee Atelier（☎04-261 2261；www.coffeeatelier.com；47-55 Lg Stewart；套 含早餐 RM380~440；❄☜）与城中其他华而不实的历史酒店不同，它是由两座建于1927年的店屋改建而成，给人一种绝妙的质朴感受，斑驳的漆面、别出心裁的原创家具使这里显得更加个性鲜明。每栋房屋都被分成两部分，一层有一间较小的次卧，底层有巨大的庭院式卫生间。

东方大酒店

时髦的东方大酒店（见168页）始建于1884年，前身是19世纪殖民时期的豪华酒店，由亚美尼亚裔的萨尔基斯兄弟（Sarkies Brothers）提格拉姆（Tigram）和马汀（Martin）所建。这两兄弟是东方最著名的酒店业巨子，后来在新加坡建造了来福士酒店（Raffles Hotel）。

20世纪20年代，萨尔基斯兄弟将东方大酒店擢升为苏伊士东方高端酒店（Premier Hotel East of Suez）。高级殖民地官员、富有的农场主及商人时常流连于酒店豪华的大厅中，使东方酒店成为槟城上流社会的社交中心。鲁德亚德·吉卜林（Rudyard Kipling）、科沃德爵士（Noel Coward）、萨默塞特·毛姆（Somerset Maugham）不过是曾入住于此的众多名人中的一部分。

当房间月租从200英镑涨至350英镑时，萨尔基斯兄弟差点关闭东方大酒店，但在阿夏克·萨尔基斯（Arshak Sarkies）的坚持下，东方大酒店仍然继续经营。阿夏克·萨尔基斯是萨尔基斯家的另外一个兄弟，一个天生的赌徒。他的喜好具有传奇色彩——有人称他打理东方大酒店不是为了挣钱，而是为了消遣。就在去世前不久，阿夏克开始对酒店进行大规模装修。这笔花销，连同朋友们未偿还的借款，最终在1931年导致了家族生意的破产。

20世纪90年代，东方大酒店关闭，陷入困境，但一个大的改建计划拯救了它的命运。2001年，东方大酒店重新开张营业，作为一家全套房的豪华大型酒店，所有的房间都十分宽敞而雅致，并以最精美的殖民时代风格进行装潢设计。

民时代的风格完美结合。海景房间值得多花些钱。

East Indies Mansion 酒店 **$$$**

（☎04-261 8025; www.eastindies.com.my; 25 Lebuh China; 房间 含早餐 RM285~650; ❄📶）这栋中式店屋已经被改造成僻静的小酒店了。7个房间截然不同，有的占据两层，但同属一种设计主题，即融合复古风情和鲜艳色彩的厚实家具，更不用说露天庭院及其他吸引人的公共区域了。

China Tiger 公寓 **$$$**

（☎012-501 5360，04-264 3580; www.chinatiger.info; 29 Lebuh China; 房间 RM500; ❄@📶）出门在外也想感觉像在家一样？可以考虑住在China Tiger两个开放式房间里。房间类似公寓，最多可住5人，空间大，自然光线充足，有实用的小厨房，可以做饭。

Muntri Mews 酒店 **$$$**

（☎04-263 5125; www.muntrimews.com; 77 Jln Muntri; 房间 含早餐 RM380; ❄@📶）若得知原先的马厩如今成为富有魅力的精品酒店，这栋建筑的原主人一定会震惊不已。13个房间氛围简约，类似单间公寓，每间都有复古主题的家具、引人注意的黑白瓷砖卫生间，以及巨大的双人床。

如果客满，可以考虑道路前方联营的**Muntri Grove**（☎04-261 5107; www.muntrigrove.com; 127 Jln Muntri; 房间 含早餐 RM400; ❄📶🏊）的类似房间，或者街道对面**Muntri Mews Residence**（☎04-263 5125; www.muntrimewsresidence.com; 64 Jln Muntri; 房间 含早餐 RM550; ❄📶）的店屋式宽敞房间。

Seven Terraces 酒店 **$$$**

（☎04-264 2333; www.7terraces.com; Lg Stewart; 套 含早餐 RM550~2200; ❄@📶🏊）这家酒店是由一排相连的7间店屋改造而成的，有资格获得"乔治市中心地段最豪华住宿地点"的称号。它有18间两层的套房（包括3间面积更大的公寓式套房），面积很大，有一种王室的感觉，以各种古董原件、复制品及现代物件装饰。客房环绕着漂亮的中央庭院。

联合国教科文组织世界遗产保护区外

★ **Museum Hotel** 酒店 **$$**

（☎04-226 6668; www.museumhotel.com.my; 72 Jln AS Mansor; 房间 含早餐 RM176~500; ❄@📶）舒适迷人，服务卓越，物超所值，

Museum Hotel是中档酒店的一颗明珠。坐落于由经过翻新的店屋组成的宏伟城市街区内，这里的22个房间从紧凑舒适的单人间到较大的房间，全都以古玩作装饰，具有老式主题设计感，品位高雅，还有能干的员工在打理。

Noordin Street House 酒店 $$

（04-262 7173；www.noordinstreethouse.com；71 Lebuh Noordin；房间 含早餐 RM315~450；）这家具有家庭氛围的迷人精品酒店脱胎于杂乱的店屋。吸引人的公共空间与8间不拘一格的房间几乎同样值得注意，包括游泳池和餐馆。

GLOW 酒店 $$

（04-226 0084；www.glowbyzinc.com/penang；101 Jln Macalister；房间 含早餐 RM175~390；）这是一家有魅力的连锁酒店，空间宽敞，位置靠近众多街头美食，物超所值。这家朝气蓬勃的酒店有很多惹人喜欢的地方，位于Jln Penang路口以北约700米处。

Palanquinn 精品酒店 $$

（04-227 1088；www.palanquinn.com；20 Lg Bangkok；房间 RM200~350；）Palanquinn由三座可追溯到1927年的老房子组成。我们特别喜欢那里的大浴室——大部分房间的浴室为可伸缩式屋顶。而且你很难找到比Kelvyn更温和有礼的主人了。

Lg Bangkok在Jln Burma旁，Jln Transfer北边约2.5公里处，从乔治市中心乘出租车的费用约为RM15。

Yes Hotel 酒店 $$

（04-226 6501；yeshotelpenang@gmail.com；60 Jln Transfer；房间 RM89~159；）从外表看，Yes是一栋不怕羞的难看建筑，但里面则显示出中档酒店所具备的优点——空调、电视、独立卫生间，整体感觉崭新整洁，尽管乏味。

Noordin Mews 酒店 $$

（04-263 7125；www.noordinmews.com；77 Lebuh Noordin；含早餐 房间 RM365，套 RM500~694；）由于老广告和复古家具，这两座经过翻新的店屋具有一种吸引人的20世纪中叶氛围。游泳池和远离主要游客区的僻静位置是额外优势。

Clove Hall 酒店 $$$

（04-229 0818；www.clovehall.com；11 Jln Clove Hall；套 含早餐 RM575~675；）爱德华时代的盎格鲁-马来住宅内有6间豪华套房，如果你想体验被当作20世纪初的大人物来接待的感觉，就应该去Clove Hall。在被告知这座建筑最初是萨尔基斯兄弟在槟城的第一处住所后，它的优点也就不足为奇了。

Jln Clove Hall与Jln Burma的交叉路口在Jln Transfer以北约1公里处，从乔治市中心乘坐出租车到这里的费用为RM15。

Mango Tree Place 酒店 $$$

（04-246 2132；www.mangotreeplace.com.my；29 Jln Phuah Hin Leong；房间 含早餐 RM280~480；）开放的空间、原始的色彩、迷人的家具和自然的光线为这些可追溯至1934年的店屋营造出别样的氛围。底层的房间配有花园露台，楼上的房间有两间卧室。

Jln Phuah Hin Leong紧邻Jln Transfer以北约1公里的Jln Burma，从乔治市中心走很长一段路或者搭乘出租车可以到达，费用RM15。

G Hotel 酒店 $$$

（04-238 0000；www.ghotel.com.my；168 Persiaran Gurney；含早餐 房间 RM763~923，套 RM1033~2383；）在酒店的303间客房里，你可以看到一系列极简抽象派和立体派艺术作品。不同的色块组成了一些几何图形，使得G酒店有种马来西亚的曼哈顿之感。想找更时髦的感觉，可以考虑G的小姊妹、毗邻的G Kelawai。

该酒店位于乔治市中心西北3.5公里处，乘出租车费用约为RM20。

就餐

我们就是要站出来说：乔治市是东南亚最棒的美食城市。它无疑是最多元化的，在一个街区，你就能找到马来、中国各地、嘛嘛档（mamak；印度清真/南亚饮食）、印度各地、土生华人或娘惹（结合中国和马来饮食，有时还有泰国饮食）及其他融合当地菜和中国菜的独特饮食。最棒的是，这些美食的品质不错，而且当地人对美食的态度和游客一样狂热。

乔治市餐饮界的另一项优势是随意。你会看到，在乔治市就餐并不一定要去餐馆。这座城市的小贩中心（见172页）非常有名，是便宜可口又随意的就餐中心。

联合国教科文组织世界遗产保护区内

Veloo Villas
印度菜 $

（22 Lebuh Penang；主菜 RM2起，套餐 RM5~9.50；⏲7:00~22:00；✍）抛开对服务和氛围的在意来吃一顿饭，只关注这里充满活力和趣味的南印度菜式。在11:00~16:00前来，可以吃到丰盛多样的米饭套餐，或者别的时间来吃多莎饼（dosa；薄如纸张的米粉和小扁豆面饼）及其他小吃。

Sup Hameed
马来西亚菜 $

（48 Jln Penang；主菜 RM3起；⏲24小时）表面上看来，这家店同马来西亚随处可见的扁担饭（nasi kandar；受到南亚穆斯林影响）小店没什么不同，而且我们尤其不建议你白天过来用餐。但是等到晚上，Hameed会在路边支上几张桌子，奉上极为浓郁的肉汤（sup kambing，羊肉汤），一同端上来的还会有几片白面包。

Sky Cafe
中国菜 $

（Lebuh Chulia；主菜 RM1~6；⏲11:00~14:00）这颗明珠位于乔治市游客最密集的中心，但不知为何，前来光顾的几乎全是当地人（人数多，热情高）。早点儿来，侧面的窗口开放3小时，出售的叉烧和烧肉被认为是全城最好的。

Hameediyah
马来西亚菜 $

（164 Lebuh Campbell；主菜 RM5~35；⏲周六至周四 10:00~23:00，周五 10:00~12:30和14:00~23:00）这家店的历史可追溯至1907年，据说是马来西亚最古老的扁担饭餐馆，它看上去的确如此，且直到最近才因为迫切需要而进行了翻新。除了米饭上搭配的浓郁咖喱之外，还可以尝尝印度煎饼（murtabak），这是一种以剁碎的羊肉、鸡肉或蔬菜、鸡蛋和香料为馅的抛饼（roti prata）。

Yin's Sourdough Bakery
面包房 $

（11 Pesara Claimant；主菜 RM4.50~25；⏲周一至周五 7:00~18:00，周六 至14:00；❄✍）厌倦了米饭？腻歪了面条？那就来这里寻找全城最好的面包吧。这里为你呈上独具创意的三明治、点心和早餐。

Tho Yuen Restaurant
中国菜 $

（桃园茶楼；92 Lebuh Campbell；点心 RM1~5；⏲周三至周一 6:00~15:00）这是我们最喜欢的中式点心餐厅，整个早上都会挤满独自看报或者闲谈聊天的当地人，但一般还是能挤进去的。服务员只会很少的英文，但会努力跟你讲清楚推车上有什么。

Karai Kudi
印度菜 $

（20 Lebuh Pasar；套餐 RM8~18，主菜 RM3~24；⏲11:00~23:00；❄✍）来这家餐馆，午餐时间（11:00~16:00）可以吃到美味超值的南印度香蕉叶套餐，早餐和晚餐时间提供印度南北风味。

Quay Café
素食 $

（2 Gat Lebuh Gereja；主菜 RM5~15；⏲周一至周六 11:00~14:30；❄✍）具有现代感的自助餐厅，提供亚洲口味素食菜肴。推荐套餐，尤其是面条，还有新鲜果汁和花草茶。

Sri Ananda Bahwan
印度菜 $

（55 Lebuh Penang；主菜 RM3起；⏲7:00~22:00；✍）提供当地式样的快餐（但要好得多），这个地方热闹而忙碌，从泥炉鸡（tandoori chicken）到印度素菜，什么都迅疾无比。

★ Teksen
中国菜 $$

（18 Lebuh Carnarvon；主菜 RM10~28；⏲周三至周一 正午至15:00和18:00~21:00）这个地方总是挤满了幸福的当地人，因为它是全城（在乔治市这样的地方，已经可以说明很多了）最美味、最老牌的餐馆之一。你基本上不会错过这里，也不要错过最受欢迎的“双面辣椒烤猪肉”，那真是不得不尝的美味，而且一定要问问当日的特色菜。

摊档天堂

来到乔治市，却不去摊档吃东西，就好像过巴黎而不入卢浮宫一样。这件事确实必须要做。城内及周边有无数小贩中心，从店屋内的"咖啡馆"到露天聚集的流动摊位，小吃琳琅满目。

注意：摊档的经营时间灵活，所以若是你去的时候他们不在那儿，也别惊讶。好办法就是避开周一和周四，许多小贩通常那两天在家休息。

Lg Baru (New Lane) Hawker Stalls (Jln Macalister和Lg Baru交叉路口；主菜 RM3起；⏲晚餐）问问当地人他们最喜爱的摊档是哪家，他们总是会提到这场夜晚街头盛典。这里几乎什么都有，但我们喜欢炒粿条摊位，这里除了海鲜辣炒粿条之外，还有极好的乌打（otak otak；一种蒸鱼咖喱）。

Lg Baru与Jln Macalister的交叉路口在它与Jln Penang交叉路口的西北约250米处。

Pulau Tikus Hawker Stalls (Solok Moulmein和Jln Burma交叉路口；⏲6:00~14:00）在又一顿乏味的客栈早餐让你沮丧之前，考虑前往这片忙碌的早市。一些咖啡馆出售福建面、咖喱面、什锦面（mie goreng）及其他拥有忠实粉丝的菜肴。

市场位于浮罗池滑（Pulau Tikus）警察局对面，Jln Penang以北约2.5公里处，乘出租车过来大约花费RM20。

Lebuh Presgrave Hawker Stalls (Lebuh Presgrave和Lebuh Mcnair交叉路口；⏲周五至周三 16:30至午夜）这个露天小贩集市的一个著名福建面摊吸引了很多人，但还有不少摊位值得转转再吃一顿，比如从卤肉到出售难得一见的土生华人/娘惹菜肴的摊位等。

Sea Pearl Lagoon Cafe (紧邻Jln Tanjong Tokong；主菜 RM8起；⏲周四至周二 17:00~22:00）这个简朴的小贩中心位置特殊，似乎藏在一座可以看到北海峡（North Channel）的华人寺庙建筑群内，其中的美食使得Sea Pearl成为市中心以外最受欢迎的就餐场所之一。

Sea Pearl Lagoon位于乔治市西北7公里处的丹戎托克（Tanjong Toking）。乘坐出租车至此至少需要花费RM25。

Joo Hooi Cafe (愉园餐室；Jln Penang和Lebuh Keng Kwee交叉路口；主菜 RM3起；⏲11:00~17:00）这家小贩中心可以媲美一站式购物中心，小小的店屋将槟城所有最美味的菜肴汇集一处，有叻沙（laksa）、啰喏（rojak；酥脆的水果和蔬菜沙拉，味道浓郁、略甜）、炒粿条和城里最著名的珍多冰（刨冰里有弯弯曲曲的粉条，搭配棕榈糖和椰奶）摊位。

Gurney Drive Hawker Stalls (Persiaran Gurney；主菜 RM3起；⏲17:00至午夜）槟城最著名的美食区，毗邻大海，坐落在现代摩天大楼之间。叻沙摊位（试试11号摊位）和Ah Chye的美味啰喏尤其出名。

Persiaran Gurney位于乔治市以西约3公里处，在格尼广场（Gurney Plaza）附近。搭乘出租车至此至少要花RM20。

Kafe Kheng Pin (群宾茶餐室；80 Jln Penang；主菜 RM4起；⏲周二至周日 7:00~15:00）在这个传统氛围的小贩中心，必须要吃的是有具有传奇色彩的卤肉和精美的海南鸡饭（将鸡肉与肉汤和米饭同蒸）。

Lg Selamat Hawker Stalls (Jl Macalister和Lg Selamat交叉路口；⏲周三至周一 正午至19:00）这条同名街道的南端与Kafe Heng Huat关系密切，因烹制全城最美味的炒粿条而备受称赞，毗邻的摊位出售卤肉、啰喏、云吞面及其他槟城中国主食。

Lg Selamat与Jln Macalister的交叉路口在其与Jln Penang交叉路口的西北约500米处。

Jawi House
马来西亚菜 $$

（www.jawihouse.com; 85 Lebuh Armenian; 主菜 RM16~27; ⏲周三至周一 11:00~22:00; ❄）这家舒适的店屋餐馆专门经营独特的清真菜肴，在当地家庭或庆典以外很难找到。我们喜爱香喷喷且肉很多的"爪夷香饭"（Jawi briyani），但你可能喜欢用一种花来调味的"柠檬饭"。

Da Shu Xia Seafood House
中国菜 $$

（Tree Shade Seafood Restaurant; Gat Lebuh Armenian和Lebuh Victoria交叉路口；主菜 RM10~50; ⏲周四至周二 11:00~15:30和17:00~22:00）新的位置没有了店名中的树荫，这个露天棚子依然是当地人前来享用美味便宜的海鲜的地方。在前面的托盘里挑选水产，员工会为你炒、蒸或烤好，还可以做汤。

Kashmir
印度菜 $$

（105 Jln Penang; 主菜 RM7.90~59.90; ⏲11:00~22:00; ❄）最近的搬迁让这里的感觉更像酒吧而非餐馆。但是放心吧，Kashmir美味的泥炉炭烤不受影响。周到的服务、坚定的印度音乐（周六和周日夜晚有现场音乐）和鸡尾酒让一切变得完美。

Junk Cafe
美国菜 $$

（401 Lebuh Chulia; 主菜 RM19.50~22; ⏲周四至周二 正午至22:00; ❄）有人说这家悠闲的汉堡吧是全城最好的，饮品单不长，气氛有趣，不拘一格。Junk还是一家酒吧。

Edelweiss
瑞士菜 $$

（38 Lebuh Armenian; 主菜 RM18~39.50; ⏲周二至周五 正午至15:00和18:30~22:00，周六正午至22:00，周日 正午至19:00; ❄）类似德国咖喱肠和德国小香肠这样的菜品可能会带来一股德国风情，但奶酪火锅和瑞士煎土豆饼巩固了Edelweiss的瑞士特色。摆满古玩的餐厅令人愉快，还有进口啤酒可以选择。

★ China House
各国风味 $$$

（☎04-263 7299; www.chinahouse.com.

当地知识

刘美荫：美食作家

刘美荫（Bee Yinn Low）是土生土长的槟城人、畅销书作家，还是备受欢迎的美食烹饪网站Rasa Malaysia（www.rasamalaysia.com）的博主。

槟城美食与马来西亚其他地方的美食有什么不一样的呢？槟城华人众多，因此你在这里可以找到数不清的中式美食。同时，这里还是海峡移民定居地，因此可以找到娘惹（土生华人）饮食，即一种香气浓郁且相当美味的菜式，将中国菜与当地的香草、香料、食材及作物相结合。槟城周边的大海还提供了丰富多彩的新鲜海产品，例如虾、贝类、鱼等，被广泛应用于当地的小贩饮食中。

哪几道美味佳肴是来到槟城的游客必须要品尝的呢？炒粿条，宽米粉同虾、鸟蛤和中国香肠一起翻炒；福建虾面，即面条配上海鲜高汤，加上虾、肉，撒上葱花而成；亚参叻沙，米粉加酸辣鱼汤，配上香草和青菜；还有咖喱面，面条加上香辣咖喱高汤，配以炸过的豆泡和贝类。

哪个小吃中心是游客绝对不能错过的呢？傍晚时分，去New Lane（也被称为Lg Baru；见172页），尝尝这个地区的街头小吃。

那餐厅之中有哪些值得推荐呢？我喜欢Hai Boey Seafood（见185页），这是家很不错的海鲜餐厅，靠近公巴湾（Teluk Kumbar）海滩。食物味道很好，景色也很不错，特别是在日落时分。

哪些水果或产品是游客不能错过的呢？槟城有些品种的榴莲是这一地区最好的，像奶油一样，口感丰富，香甜可口。

有没有哪种饮品是槟城特有的？肉豆蔻果汁，你可以在任何一家咖啡店买到。

my; 153 & 155 Lebuh Pantai; ⏲9:00至午夜）我们从哪儿开始？连起来的3间店屋以餐厅、咖啡馆/面包房Kopi C（见176页）为特色，还有酒吧Canteen（见本页），更不用说商店和画廊了。

核心就餐场所**BTB**（主菜 RM44.52~76.32; ⏲18:30~22:30; ❄✎）的菜单相对简短，但听上去具有异国情调，包括马来西亚、中东和地中海菜肴，例如孜然羊排搭配熏茄子泥和茄子姜花参巴酱。

Kebaya
土生华人菜 $$$

（☎04-264 2333; www.seventerraces.com; Seven Terraces, Lg Stewart; 晚餐套餐 RM120; ⏲周二至周日 18:00~22:00; ❄）Kebaya设在一间以华丽古玩藏品为装饰的庄严餐厅内，以现场钢琴弹奏为背景。土生华人菜只有晚餐套餐，在视觉效果上足以与环境匹配，但味道上还欠些火候。

联合国教科文组织世界遗产保护区外

Nasi Padang Minang
印度尼西亚菜 $

（92 Jln Transfer; 主菜 RM4起; ⏲11:00~19:00）比起品质，自助式餐馆通常都是以量取胜，但这里巴东风格的印度尼西亚咖喱、炒菜、汤、沙拉和烧烤菜肴始终鲜亮可口。

Nyonya Breeze Desire
土生华人菜 $$

（1st fl, Straits Quay, Tanjung Tokong; 主菜 RM9.90~44.90; ⏲11:00~22:00; ❄）这家以土生华人（或娘惹）菜式吸引人的老字号已经搬到商场里极度缺乏魅力的地方，但食物更胜以往，有几种沙拉（kerabu）和炸鸡（inche kabin）等主食。

Straits Quay位于丹戎托克，在乔治市西北约7公里处，从乔治市中心乘坐出租车过来大约花费RM25。

饮品和夜生活

除了大型酒店自营的酒吧和几家破旧的酒吧及俱乐部之外，乔治市没有多少像样的酒吧。但它正在发展，而且有了几个适合晚上出去玩的地方。

酒吧分散在全城各地，但位于Jln Penang最北端的这条路是乔治市极具商业氛围的娱乐街。另一处热闹且比较实惠的夜生活地区是Lebuh Chulia和Love Lane交叉路口，附近是背包客酒馆聚集区。

★ Canteen
酒吧

（www.chinahouse.com.my; China House, 183B Lebuh Victoria; 菜肴 RM10.60~61.48; ⏲9:00~23:00）这里可算得上是乔治市最接近嬉皮风格的酒吧了——如果不那么浮华的话。“Canteen”有种艺术/仓库氛围，从21:30开始有现场音乐表演，提供很棒的酒吧小吃。从海滨街（Lebuh Pantai）上唐人厝（China House）入口也可进入酒吧。

Mish Mash
酒吧

（www.mishmashpg.com; 24 Jln Muntri; ⏲周二至周日 14:00至午夜）Mish Mash给乔治市的酒吧界带来了极不寻常的酒，更不用说城市酒吧亟须的气质了。来这里是奔着全城储备最丰富的吧台、美妙的鸡尾酒和最棒的非酒精饮品（尝尝“传统姜汁汽水”），还有满满的烟草柜台。这里还有食物，虽然我们对于将Mish Mash列为就餐地点表示犹豫，但依然推荐。

Alabama Shake
酒吧

（www.facebook.com/cjalabamashake; 92 Lebuh Gereja; ⏲16:00至深夜）这正是普通的美国酒吧——如果普通的美国酒吧位于马来西亚，由一个喜欢社交的塞尔维亚人和一个当地人经营的话，应该就是这个样子。回头想想，这家以前名为B@92的酒吧就不怎么普通，从美国主题鸡尾酒到慢慢做好的手撕猪肉三明治，这一切正好对路。

Micke's Place
酒吧

（94 Love Lane; ⏲正午至深夜）这家不拘一格的酒吧-餐馆是该地区经营时间最长和最有趣的背包客酒吧。你可以拉开一把涂鸦椅子，听听老式背景音乐，吸一回水烟，认识新朋友。

Behind 50 Love Lane
酒吧

（Lebuh Muntri; ⏲周三至周一 18:00至次日1:00）袖珍的复古主题酒吧-餐馆，尽管比较接近背包客居住地，但仍有众多本地追随者。酒吧播放经典摇滚音乐，还有些许西式佳肴（RM14.90~18.90）。

Beach Blanket Babylon 酒吧

（32 Jln Sultan Ahmad Shah；⏲正午至午夜）露天的环境和放松的氛围与这家酒吧所在的宏伟建筑形成鲜明对比。美味的当地菜肴搭配饮品，还可俯瞰北海峡的户外景色。

That Little Wine Bar 葡萄酒吧

（www.thatlittlewinebar.com；54 Jln Chow Thye；⏲周一至周六 17:00至午夜）这是一家由一位德国厨师和他太太经营的别致舒适的酒吧。可在此享用葡萄酒（每杯价格RM20起）和香槟鸡尾酒，还可以考虑搭配小吃（RM18~58）或分量更大的主菜下酒（RM28~58）。

Jln Chow Thye紧邻Jln Burma，位于Jln Transfer西北约1.5公里处。乘出租车到这里的话，大约花费RM15。

Bagan Bar 酒吧

（Macalister Mansion，228 Jln Macalister；⏲17:00至次日1:00）这个时髦、昏暗的地方由天鹅绒装饰，可能是城里面最高雅的酒吧了——通过他们的着装要求就能看出来（不得穿短裤、T恤或者人字拖）。这里晚上9点开始会有现场音乐表演。

Bagan位于Jln Penang路口以北约1公里处。

Georgetown Wines 酒吧

（www.facebook.com/georgetownwines；19 Lebuh Leith；⏲周二至周日 17:00至午夜）乔治市现在的风潮是葡萄酒吧。这家酒吧巧妙地建在过去的马厩中，更加吸引人。在酒窖中间走走，或者要一杯特选葡萄酒，但最好去别的地方吃晚餐。

Gravity 酒吧

（Rooftop，G Hotel Kelawei，2 Persiaran Maktab；⏲18:00至次日1:00）没错，它是酒店的池畔酒吧。但微风习习的屋顶位置和俯瞰岛屿的美景让Gravity成为理所应当的饮酒地点。

G Hotel Kelawai位于乔治市中心西北约3.5公里处，乘坐出租车至此的费用应为RM15。

Farquhar's Bar 酒吧

（Eastern & Oriental Hotel，10 Lebuh Farquhar；⏲11:00至午夜）E&O Hotel里一家英国殖民时期风格的酒吧，提供啤酒、传统酒吧食物和鸡尾酒。周四到周六有现场音乐表演，欢乐时光从17:00持续至20:00。

乔治市街道名

由于每条路都有马来语及英文两种名称，找到你自己所在的位置会有一点点复杂。尽管路标上写明了两种语言的路名，但仍然会令人困惑。我们主要是用马来语的路名。下面是一些主要街道两种语言的路名：

马来文	英文
Lebuh Gereja	Church St
Jln Masjid Kapitan Keling	Pitt St
Jln Tun Syed Sheh Barakbah	The Esplanade
Lebuh Pantai	Beach St
Lebuh Pasar	Market St

更糟糕的是，有时Jln Penang可能就是指Jln Pinang或者是Penang Rd，但是，那里还有一条Penang St，也可能被称为Lebuh Pinang。同样，Chulia St就是指Lebuh Chulia，但是还有一条Lorong Chulia，即便是出租车司机也会犯迷糊。

Soho Free House 酒吧

（50 Jln Penang；⏲中午至午夜）这间酒吧早早便播着20世纪80年代的老调流行音乐，店内一位华裔客人一边吃着香肠和土豆泥，一边与几个外国人把酒言欢。

QEII 酒吧、夜店

（8 Pengkalan Weld；⏲周一和周二 18:00至次日1:00，周三至周六 13:00至次日2:00，周日 15:00至次日2:00）水上露天的QEII拥有马六甲海峡的360° 景色，还有不错的烈酒和啤酒可供选择。

Slippery Senoritas 夜店

（2 Jln Penang）这家店是Jln Penang上段的酒馆和夜店街里经营时间最长的。可以来这家适合交友的夜店享受现场音乐、无数饮品，以及酒吧员工展示的汤姆·克鲁斯式鸡尾酒表演。

不要错过

傍晚茶点

槟城的英国人、中国人及印度人的传统文化皆爱茶道，至今仍然得以保持。而近代来到乔治市的移民则引进了西式咖啡文化（外加优质的咖啡）。

Suffolk House（www.suffolkhouse.com.my；250 Jln Ayer Itam；双人傍晚茶点 RM90；⌚14:30~18:00）想体验最地道的英国茶文化，可以来到这座乔治王朝风格已有200年历史的建筑之中享受下午茶，配上松饼和黄瓜三明治，既可以在茶餐厅里享用，也可以在花园里。

Suffolk House位于乔治市以西约6.5公里处，乘坐出租车到这里的费用约为RM25。

David Brown's Tea Terrace（www.penanghillco.com.my；Penang Hill；下午茶 RM24~70；⌚9:00~18:00）位于升旗山山顶，若想体验殖民时代的傍晚茶点（15:00~18:00），这里或许是全岛最具氛围的地方。

Ten Yee Tea Trading（33 Lebuh Pantai；⌚周一至周六 9:30~18:30）这里出售中国茶叶，有趣的地方在于决定选择买哪种茶叶。花上RM20，选一种茶叶（最多可以5人共同饮用），然后热情的老板林（Lim）会向你演示正确的泡茶方式。

Jing-Si Books & Cafe（31 Lebuh Pantai；⌚周一至周六 11:00~19:00，周日 8:00~18:00）这是一片能让精神平静下来的心灵绿洲，这个中国台湾佛教团体用来布道讲义的地方很安静，在这里喝一壶有趣的茶或者咖啡便能够让心灵重获安宁，所有这一切只要RM5。

Kopi C（www.chinahouse.com.my；China House，153 & 155 Lebuh Pantai；主菜 RM10起；⌚9:00至午夜）这家咖啡店兼面包房位于规模庞大的唐人厝中，西式咖啡很不错，还有一些最棒的蛋糕和冰激凌（别错过咸焦糖味道的），是我们在东南亚尝过的味道最好的。

Constant Gardener（www.constantgardener.coffee；9 Lebuh Light；⌚9:00~18:00）适合正经喝咖啡的正经场所，这个新地方用来自马来西亚及其他地方令人垂涎的咖啡豆制作拿铁，提供外观朴实的点心。

购物

Little Penang Street Market 市场

（www.littlepenang.com.my；⌚每月最后一个周日 10:00~17:00）每月的最后一个礼拜天，Jln Penang上段的人行道会举办露天小市场，商品包括马来西亚艺术品和工艺品（想想玩具、蜡染、陶器、T恤和手绘瓷砖），还有瓶装酸辣酱等的物品。

Unique Penang 手工艺品

（www.uniquepenang.com；62 Love Lane；⌚周日至周五 18:00至午夜，周六 21:00至午夜）这家店屋艺术画廊里出售年轻的店主克洛维斯（Clovis）和乔伊（Joey）以及乔伊的学生们的油画作品。正如他们所说，油画没法塞进背包里，所以这里几乎所有作品都制有明信片大小的版本以供选择。

ottokedai 手工艺品

（174 Lebuh Victoria；⌚10:00~22:00）这家迷人的小商店有各种精心摆放的当地商品，从食品到印刷品，无所不包。

Tropical Spice Garden In Town 手工艺品

（Lebuh China；⌚9:00~17:00）与峇都丁宜的热带香料园（Tropical Spice Garden；见181页）联营，这家芳香的商店出售香皂、精油、干香料及其他与香料有关的商品。

Shop Howard 手工艺品

（154 Jln Masjid Kapitan Keling；⌚10:00~18:00）关于当地主题的独特明信片、艺术品、照片、手工艺品和书籍，全都出自当地艺术家之手。

Rozanas Batik 手工艺品

（81B Lebuh Acheh；⌚周一至周六 正午至

18:00）这是一家店屋工坊，特色是店主手工自制的精美蜡染作品。关于这种手艺，如果你想了解更多，可以在隔壁的工作室直接参加2小时的临时课程（费用为RM25~100）。

China Joe's

手工艺品

（95 Lebuh Armenian；⊙10:00~19:00）来这儿看看布艺品，既有新品也有老物件，如盒子、文具、包袋等，还有一些漂亮的亚洲风格小摆件。

Muda House

手工艺品

（8 Muda Lane；⊙9:00~18:00）如果店主就在附近，你可以在这家改建过的店屋精品店里挑几块富有当地特色的手绘瓷片（产于越南），店里还有一些富有当地风情的小摆件。店中营业收益用于救助流浪动物。

Straits Quay

商场

（www.straitsquay.com；Jln Seri Tanjung Pinang, Tanjung Tokong；⊙10:30~22:00）槟城最炫的购物中心，建在市中心外一片翻建的土地上。如果你对购物没有兴趣，这里还有槟城表演艺术中心（Performing Arts Centre of Penang；www.penangpac.org）。此外还有几家高档餐厅和酒吧。

Straits Quay位于乔治市西北约7公里处。101路和104路公共汽车经过这家商场（RM4），乘坐出租车到这里的费用约为RM25。

Royal Selangor

手工艺品

（www.visitorcentre.royalselangor.com；3A-G-1, Straits Quay, Jln Seri Tanjung Pinang, Tanjung Tokong；1小时课程 RM63.60；⊙10:30~22:00）这是马来西亚锡制品的头号品牌，不仅储备了现场商品，还有一间制锡工坊（11:00、14:30和16:30；大约1小时RM63.60）。

Straits Quay位于乔治市西北7公里处，可乘坐101路和104路公共汽车（车费RM4）过来，打车的费用约为RM20。

Ban Hin

古玩

（Lebuh Chulia；⊙9:00~19:00）这家旧店屋摆满了旧广告、箱子、瓶瓶罐罐、陶器、玩具及其他诸如此类的老物件。

Chowraster Bazaar

市场

（Jln Penang；⊙8:00~18:00）你可以去这个老市场体验一下那种热热闹闹的露天市场的氛围。这里到处是小吃摊和小商小贩，出售头巾、蜡染布衫、布艺品和卡峇雅（kebaya；搭配纱笼穿的短衫）。

Bee Chin Heong

古玩

（58 Lebuh Kimberley；⊙10:00~20:30）这家店挺有意思，出售色彩绚丽、五花八门的宗教塑像、家具和寺庙用品等。如果你想找那种中式大型睡榻、供在家里的神龛，或者打算花RM55,000置办一尊高达2米的木雕佛像，就来这里吧。即便是什么也不买，这里也值得一逛。

Gurney Plaza

商场

（Persiaran Gurney；⊙10:00~22:00）除了300多家商店之外，槟城最大、最醒目的购物中心还囊括了电影院、小型主题公园、健身中心和健康沙龙会所。

Gurney Drive位于乔治市西3公里处，乘出租车来此的费用约为RM15。

Komtar

商场

（Jln Penang；⊙10:00~22:00）这是槟城最早的购物中心，位于64层的地标建筑之中（曾是马来西亚最高的建筑）。数百家店铺聚在一起，让人觉得像是在旧市场。大楼在2016年经过翻新，如今建成了马来西亚最高的玻璃栈道。

ℹ 实用信息

移民局

移民局（Immigration Office；☎04-250 3410；29A Lebuh Pantai；⊙周一至周四 7:30~13:00和14:00~17:30，周五 7:30~12:14和14:45~17:30）

上网

网吧正在面临消亡，我们只在La Belle（见179页）见过一家。不过几乎所有住宿的地方都会提供Wi-Fi，还有很多地方有电脑终端可供客人使用。另外，很多餐厅、咖啡厅和购物中心也提供Wi-Fi服务。

医疗服务

槟榔屿医院（Hospital Pulau Pinang；☎04-222 5333；http://hpp.moh.gov.my/v2/；Jln Hospital）岛上最大的公共医院，提供普通医疗护理和急诊

抵离北海

北海（Butterworth）是一座位于槟城大陆部分（也被称为韦尔斯利省）的城市，是槟城火车站所在地，也是发往槟城岛的渡轮的出发地。除非你乘火车，或者坐大巴从其他地方到达繁忙的北海汽车站，否则你没有必要在这里花费时间。

如果身在北海，前往乔治市最便宜的方式是乘坐**渡轮**（成人/车辆 RM1.20/7.70；⏲5:30至次日1:00）；渡轮站通过人行通道与北海汽车站和火车站相连通。从5:30到21:30，渡轮每10分钟1班，接下来到23:15是20分钟1班，再往后直至次日凌晨1:00是1小时1班。全程大概需要花10分钟时间，只收从北海到槟岛的票钱，返程免费。

如果你选择乘出租车去北海或者从北海出发去乔治市（大约RM50），要穿过13.5公里长的槟威大桥（Penang Bridge）。在大陆收费站需要付RM7的过路费，但返程免费。值得注意的是，2014年开通了又一座桥梁——24公里恢宏的苏丹阿卜杜勒·哈利姆·穆阿扎姆·沙阿大桥（Sultan Abdul Halim Muadzam Shah Bridge），连接岛东南端的峇都茅（Batu Maung）和大陆上的巴都加湾（Batu Kawan）。需要在大陆的收费区支付RM8.50通行费，不过返程不收费。

服务。

卢源来专科医院（Loh Guan Lye Specialist Centre；☎04-238 8888；www.lohguanlye.com；19 Jln Logan）想解决更具体的健康问题，可以前往这家私营医院。

槟城教会医院（Penang Adventist Hospital；☎04-222 7200；www.pah.com.my；465 Jln Burma）非营利性质的医院和健康中心。

现金

大多银行办事处都在Lebuh Pantai和Lebuh Downing，靠近邮局，且多数银行提供24小时自动柜员机服务。Lebuh Chulia西北边有几家货币兑换商，那里下班时间比银行晚，且汇率更优惠。

邮局

邮局（Lebuh Downing；⏲周一至周六 8:30~18:00）岛上的邮政总局。

旅游信息

槟城环球旅游（Penang Global Tourism；☎04-264 3456；www.mypenang.gov.my；Whiteways Arcade，Lebuh Pantai；⏲周一至周五 9:00~17:00，周六 至15:00，周日 至13:00）州立旅游机构的这处游客中心是获取地图、小册子和当地信息的最佳综合地点。

槟城古迹信托会（☎04-264 2631；www.pht.org.my；Lebuh Gereja；⏲周一至周五 9:00~17:00，周六 至13:00）来到这个优秀的小型中心，了解关于槟城历史和文化、保护项目和自助步行游的信息，或者参加该组织的出色导览游。

马来西亚旅游局（Tourism Malaysia；☎04-262 0066；www.tourism.gov.my/en/my；10 Jln Tun Syed Sheh Barakbah；⏲周一至周五 8:00~13:00和14:00~17:00）这是政府的旅游办事处，提供涉及全国的一般旅游信息，附近还有该机构的槟城分支机构（☎04-262 0202；11 Lebuh Pantai；⏲周一至周五 8:00~13:00和14:00~17:00），提供该州的具体信息。

到达和离开

飞机

槟城的**巴六拜国际机场**（Bayan Lepas International Airport；☎04-643 4411；www.penangairport.com）位于乔治市南18公里处。机场有十几家航空公司，可以飞往各国目的地，包括中国大陆、中国香港、中国台湾、印度尼西亚、泰国、新加坡，以及许多国内目的地。机场有常见的货币兑换商、租车点及**马来西亚旅游服务柜台**（☎04-642 6981；Bayan Lepas International Airport；⏲7:00~22:00），柜台内有几份基本的小册子和地图。

船

几家运营商，包括**Langkawi Ferry Service**（简称LFS；☎04-264 2088；www.langkawi-ferry.com；PPC Bldg，Lebuh King Edward；⏲周一至周六 7:00~17:30，周日 至15:00），已经合并，共同提供至兰卡威的渡轮服务（成人/儿童 单程 RM68.10/49.20，往返 RM136.20/98.40；1.75~2.5小时）。船

离开去兰卡威的时间为8:15、8:30和14:00，从兰卡威返航的时间为10:30、14:30和17:15，须提前几天订票以保证有座位。

长途汽车

所有到乔治市的长途汽车都会到达槟城汽车客运总站（Sungei Nibong Bus Station），就在槟威大桥南面。开往北海的长途汽车会停在北海汽车站。从槟城汽车客运总站到乔治市乘出租车的费用约为RM25，从北海出发则高达RM50。

去往马来西亚国内各城市的旅客可以在槟城汽车客运总站乘车，也可以在**光大长途汽车站**（Komtar bus station; www.rapidpg.com.my; Jln Penang）乘车，后者更为方便，去往其他国家的长途汽车只能从光大长途汽车站上车。需要注意的是，发往泰国的是公共汽车是小型面包车[除了到合艾（Hat Yai）]。另外，可以分别在素叻他尼（Surat Thani）和合艾换乘，安排前往阁沙梅岛（Ko Samui）和阁披披岛（Ko Phi Phi）的交通。

目的地	票价	行程	发车班次
怡保	RM25	2.5小时	7:00~19:30，发车5班
合艾（泰国）	RM35	4小时	5:00~16:00，发车4班
吉隆坡	RM38	5小时	每30分钟1班，7:00至次日1:00
丹那拉打（前往金马伦高原）	RM40	5小时	8:00和14:00
哥打巴鲁	RM45	7小时	9:00和21:00
马六甲	RM50	7小时	9:00和23:30
瓜拉登嘉楼（瓜拉丁加奴）	RM55	8小时	20:20
新山（柔佛巴鲁）	RM60	9小时	8:00~23:00，发车4班
新加坡	RM60	10小时	21:00
曼谷（泰国；在素叻他尼转车）	RM130	20小时	5:00和20:30

火车

槟城火车站挨着北海的渡轮码头、汽车站和出租车站。每天有4趟火车开往吉隆坡（6小时，RM19~138），另外还有两趟相反方向的列车开往泰国合艾（4小时，RM24~156）。登录网站www.ktmb.com.my查询最新票价及时刻表信息。

当地交通

抵离机场

槟城巴六拜国际机场位于乔治市南18公里处。去乔治市中心大多地方的出租车费用固定为RM44.70，乘坐出租车到市中心大约需要30分钟。401路公交每日往返机场（RM4），6:00~23:00每半小时1班，停靠光大广场和维尔德码头，至少需要1小时。

自行车

Gat Lebuh Armenian和Lebuh Victoria交叉路口附近有几个地方提供自行车一日租赁，大约RM12。

如果想找更专业的，可以考虑**LoveBike**（☎012-476 9918; 31 Love Lane; 每6小时 RM10~25; ⌚9:30~21:30）。

公共汽车

槟城公共汽车是由政府所有的**Rapid Penang**（☎04-238 1313; www.rapidpg.com.my）公司运营。车票费用为RM1.40~4。大多线路是从**维尔德码头公交总站**（Weld Quay Bus Terminal; 19-24 Pengkalan Weld）发车，中途在光大广场和Jln Chulia停靠。

目的地	公共汽车	载客点
峇都丁宜	101	维尔德码头，Lebuh Chulia，光大广场
槟城国际机场，公巴湾	401	维尔德码头，Lebuh Chulia
关仔角	103	维尔德码头，亚依淡，光大广场
升旗山	204	维尔德码头，Lebuh Chulia，光大广场
槟城汽车客运总站	401	维尔德码头，Lebuh Chulia，光大广场
巴亨湾	101, 102	维尔德码头，巴六拜国际机场

小汽车

La Belle（☎04-262 7717; www.labelle.net.my; 440B Lebuh Chulia; 每24小时 摩托车 RM30~70，

小汽车 24小时 RM100~300；⌚9:00~13:00和14:00~22:00）经营乔治市外的汽车租赁业务。槟城国际机场还有几家租车公司，包括：

Avis（☎04-643 9633；www.avis.com；⌚7:30~21:30）

Hertz（☎04-643 0208；www.hertz.com；⌚周一至周六 7:30~22:00，周日 8:00~16:00）

Kasina（☎04-644 7893；www.kasina.com.my；⌚周一至周六 7:30~22:00，周日 8:30~17:00）

New Bob Rent-A-Car（☎04-642 1111；www.bobcar.com.my；⌚周一至周五 8:00~22:00，周六和周日 至20:00）

摩托车

可以从很多地方租到摩托车，包括Lebuh Chulia附近的小旅馆和商店。手动挡车起步价大约是24小时RM30，自动挡车则是24小时RM40。

出租车

槟城出租车都有计价器，但几乎所有司机都不用，所以出发前要先谈好价钱。去市中心以外的景点，乘出租车价格一般是RM15起。在槟城街（Jln Penang）、龙城酒店（Cititel Hotel）、维尔德码头公交总站，还有光大广场附近的公交站可以拦到出租车。

三轮车

乘坐人力三轮车是一件很有趣的事。如果乘人力三轮车游览乔治市的大街小巷的话，价格大概是每小时RM40，跟出租车价格一样。出发之前务必谈好价钱。在Jln Penang北端有三轮车在等生意。

大槟城（GREATER PENANG）

峇都丁宜（Batu Ferringhi）

多年以来，在旅游机构的大力宣传下，人们主要是冲着峇都丁宜明媚的阳光和海滩来到槟城的。而事实是，这里跟马来西亚最好的沙滩完全没有可比性：海水没有你想象中那么干净，游泳时总会遇上水母，沙滩上也有些脏乱，特别是周末一大群一日游的游客到来之后。但是，它是岛上交通最方便的沙滩，能够使人享受片刻城市生活之外的乐趣。

活动

沙滩一带有很多水上运动装备租赁机构，选择包括冲浪（RM70/15分钟）、划香蕉船（RM25/人）和帆伞运动（RM150/次）。

之后你可能想要做舒缓身心的按摩。这里提供各种足疗服务，30分钟的深度按摩服务费用约为RM40。

节日

槟榔屿爵士音乐节 音乐节

（Pinang Island Jazz Festival；www.facebook.com/PenangIslandJazzFestival；⌚12月）会有许多国内外音乐家出现在峇都丁宜，表演场地不固定。

住宿

峇都丁宜有很多针对家庭游客的高价连锁度假酒店，还有不少价格极高的家庭旅馆式经济酒店，中档酒店的选择很少。

该地区绝大部分住宿场所和餐馆位于与海滩平行的城镇主街Jln Batu Ferringhi沿线。加油站路口附近有一些中档场所，而峇都丁宜的多数经济型住所在清真寺后面，位于主路的海滩一侧。

Roomies 青年旅舍 $

（☎04-881 1344；www.roomiespenang.com；4th fl, 76C-4 Jln Batu Ferringhi；含早餐 铺RM35，房间 RM140~160；❄📶）如果不介意集体式住宿，Roomies是峇都丁宜迄今为止最有吸引力的经济型住宿选择。宿舍里有10张床，宽敞、明亮、干净。Roomies还有两个单独的房间。

Roomies位于Parkroyal对面一栋高高的白色建筑内，差不多就在峇都丁宜中心。

Baba Guest House 客栈 $

（☎04-881 1686；babaguesthouse2000@yahoo.com；52 Batu Ferringhi；房间 RM65~100；❄📶）这幢摇摇欲坠的建筑属于一个华人家庭。房间很大，一尘不染，只是空空荡荡的。半数房间共用卫生间。稍贵的空调房里配有冰箱和淋浴。

Baba大致位于峇都丁宜的中心，就在清真寺后面。

值得一游

热带香料园

巴亨湾和峇都丁宜之间就是**热带香料园**（Tropical Spice Garden；☎04-881 1797；www.tropicalspicegarden.com；Jl Teluk Bahang；成人/儿童 RM26/15，含团队游 RM35/20；⏲9:00~18:00）。这是一处芳香的热带绿洲，拥有500多种丰富植物，主要是可使用的药草和香料。

若想搭乘公共汽车至此，可乘坐任何一辆开往巴亨湾的公共汽车（RM4），告诉司机你想在这里下车。

你可以自行探索此处，或者参加团队游——每天4次，分别在9:00、11:30、13:30和15:30出发。

香料园还提供**烹饪课程**（成人/儿童 RM233.20/116.60；⏲课程 周一至周六 9:00~13:00），这里有一家不错的商店，餐馆值得转转，花园对面的路边就有一片美丽的白沙滩。

Tree Monkey（Tropical Spice Garden, Jln Teluk Bahang；主菜 RM16.80~48.89；⏲9:00~23:00）是最好的露天餐厅，四周是绚丽的花园，可以欣赏海景。泰国老板会指导烹制种类繁多的美味泰国菜肴，包括几种“餐前小吃”套餐（RM38~168）。

Tree Monkey位于热带香料园，可在峇都丁宜乘坐101路公共汽车（RM1.40）或出租车（大约RM10）前去。

Shalini's Guest House 客栈 $

（☎012-407 3822；www.shanilisguesthouse.blogspot.co；56 Batu Ferringhi；房间 RM60~250；❄📶）在这座海滩上古老的两层房屋里可以获得宾至如归的感觉。房间简单但很干净整齐，有些还带阳台，大多带独立卫生间。

Roomies Suites 酒店 $$

（☎04-881 1378；www.roomiespenang.com；4th fl, 1-9B Eden Parade, Lg Sungai Emas；房间 含早餐 RM140~180；❄📶）与其姊妹店的标准一致，但更侧重于独立房间，Roomies Suites无疑是峇都丁宜最好的中档住宿选择。这里的13间房间时髦宽敞，由友好的店主打理。

Roomies Suites位于峇都丁宜加油站路口附近的Eden Parade购物中心4层。

EQ 酒店 $$

（☎04-885 1533；www.eqferringhi.com；17 Lg Sungai Emas；房间 RM108~188；❄📶）如果你需要中档酒店，而且不会太介意它毫无特色和不在海滩上的话，这个地方就适合你。房间宽敞，配备空调、电视和感觉很大的卫生间，内有热水，还有衣帽架。

EQ位于Eden Parade购物中心后面，靠近路口的加油站，附近还有几家类似的地方。

D'Feringghi 酒店 $$

（☎04-881 9000；www.dferingghihotel.com；66 Jln Batu Ferringhi；房间 RM138~254；❄📶）这家酒店不会激发你寄一张明信片回家的念头，但是价格很有竞争力。房间很干净，至少在峇都丁宜而言，价格不贵。

坐落于Tarbush餐厅对面，距沙滩仅几步之遥。

★ Lone Pine Hotel 度假村 $$$

（☎04-886 8686；www.lonepinehotel.com；97 Jln Batu Ferringhi；含早餐 房间 RM480~800，套 RM900~2000；❄@📶🏊）Lone Pine的历史可以追溯到20世纪40年代，是峇都丁宜最早和最好的几个度假村之一。90间客房宽敞明亮，多多少少都有些特别之处，比如私人瀑布池或私人花园。酒店庭院给人一种步入国家公园的感觉，甚至还有吊床悬挂在松树之间（事实上是木麻黄树），中央有一个巨大的“盐浴”池。

Lone Pine大致位于峇都丁宜加油站路口的对面。

Rasa Sayang Resort 度假村 $$$

（☎04-881 1966；www.shangri-la.com；Jln Batu Ferringhi；含早餐 房间 RM835~1795，套 RM2425~8000；❄@📶🏊）槟城唯一的五星级

度假村，给人一种南柯一梦的感觉。酒店的房间很大，配有精致的实木家具，床上铺着云朵般的白色羽绒被，每个房间都带阳台，还有许多房间可享海景。

如果从乔治市过去，Raya Sayang是你在峇都丁宜看见的第一批度假村之一。

Parkroyal　　度假村 $$$

（☎04-881 1133; www.parkroyalhotels.com; Jln Batu Ferringhi; 含早餐 房间 RM370~670，套 RM675~2400; ❄@📶🏊）酒店外观为20世纪80年代风格，让人很容易猜到内部的样子：309间标准客房舒适而低调。度假村的园景也是它值得留宿的理由，院子里有两个水池，还有大片可供晒太阳的草坪，门前就是漂亮的沙滩带。

这里大致位于峇都丁宜商业街的中心，在Holiday Inn对面。

Hard Rock Hotel　　度假村 $$$

（☎04-881 1711; www.penang.hardrockhotels.net; Jln Batu Ferringhi; 含早餐 房间 RM700~920，套 RM1000~3800; ❄@📶🏊）如果你能忍受陈旧、高度拘谨的酒店氛围（还有对甲壳虫乐队纪念品的执着热爱），这家度假村会是个挺有意思的住处。这里特别注重为家庭服务，有适合儿童玩乐的游泳池、儿童套房、青少年主题游乐场（配有台球桌和电子游戏机）。

Hard Rock就在峇都丁宜主街以南。

Holiday Inn Resort　　度假村 $$$

（☎04-881 1601; www.holidayinnresorts.com/penang; 72 Jln Batu Ferringhi; 房间 含早餐 RM290~420; ❄@📶🏊）非常忙碌的大型度假村，客房分布在主路两侧。而且这还是一个很适合家庭住宿的地方，配有大型游泳池，还有儿童主题套房，配有电视、录像和游戏机。这里还有适于成人的网球场和健身房。

大致位于峇都丁宜商业街中心，挨着Parkroyal。

餐饮

多数非清真餐馆会提供啤酒，但酒店以外的海滩酒吧很少提供，Bora Bora（Jln Batu Ferringhi; ⏲周日至周四 正午至次日1:00，周五和周六 至次日3:00）大致位于主街中心，是个例外。

Long Beach　　马来西亚菜 $

（Jln Batu Ferringhi; 主菜 RM4起; ⏲18:30~23:30）这片热闹的小吃中心有常见的中式面条、印度面包、咖喱肉和马来海鲜菜肴。

餐厅差不多在峇都丁宜主街区的中心位置，离加油站路口不远。

Tarbush　　中东菜 $$

（www.tarbush.com.my; Jln Batu Ferringhi; 主菜 RM25~60; ⏲10:00至次日1:00; ❄）中东居民将他们的菜式带到峇都丁宜，主路旁就有几家黎巴嫩餐厅。其中最好的可能是这家吉隆坡餐馆帝国的分店了。我们喜欢两种开胃菜拼盘，那种将鹰嘴豆泥、羊肉丸面饼（kibbeh）等一切汇集在一起的美食。

Tarbush基本上位于城镇中心。

Ferringhi Garden　　各国风味 $$

（Jln Batu Ferringhi; 主菜 RM25~350; ⏲17:00至午夜; ❄）每个人都会爱上这里的户外环境——赤色陶瓦，围绕着柱子的阔叶树，更不用说以海鲜为主的菜单。白天，相连的咖啡馆提供优质的早餐和纯正的咖啡（这在峇都丁宜是比较罕见的）。

餐厅位于Holiday Inn以南约一个街区处。

ℹ 到达和离开

乔治市从维尔德码头和光大广场出发的101路公共汽车可以到达峇都丁宜，耗时约30分钟（车费RM4）。从乔治市乘出租车来峇都丁宜的费用为RM40起。

ℹ 当地交通

峇都丁宜的大部分地方可以步行到达。如果你想前往更远的地方，可以考虑在位于城镇南端、清真寺对面的**Bike Discovery**（☎04-881 2820; 78 Jln Batu Ferringhi; 每24小时 RM40~250）租一辆摩托车。

巴亨湾及周边（Teluk Bahang & Around）

如果说峇都丁宜是槟城的坎昆或者巴厘

岛，那巴亨湾就是距繁华之地数里之遥的那片宁静（有时甚至是死寂）的沙滩。大多数人是冲着槟城国家公园来这里的，其实这里还有其他几处景点，并提供住宿。

景点

★ 槟城国家公园 国家公园

（Penang National Park; Taman Negara Pulau Pinang; ☎04-881 2016; ⏲8:00~17:00）免费 槟城国家公园的面积仅有23平方公里，可谓马来西亚最小的国家公园，也是2003年最新获得国家级资质的公园之一。作为槟城的亮点，这里有一些有趣且富有挑战性的森林路线，还拥有这座岛屿最好和最宁静的海滩。

在乔治市乘坐开往巴亨湾的公共汽车101路（RM4）可以到达公园。

从巴亨湾公共汽车总站步行到公园入口没多远。从入口大约花20分钟便能轻松走到250米长的吊桥通道，我们到访时，由于升级改造，这条步道正处于无限期关闭之中。从这里，你可以选择往西前往姆卡角（Muka Head），或者南下到达可拉竹海滩（Pentai Kerachut）。

最省事的行程是闲逛15分钟向西去土昆湾海滩（Teluk Tukun beach），这里是土昆河（Sungai Tukun）流入海洋的地方。这里还有一些小泳池可以游泳。按照这条路线，沿着海岸走大约25分钟到马来西亚海洋研究所私立大学。那里有一个供给码头，还有Tanjung Aling，是很不错的海滩，可以停下好好休息一会儿。从这里再沿着海滩走45分钟即到人鱼湾（Teluk Duyung），也被称为“猴子海滩”，因为很多猴子在姆卡角（Muka Head）海滩上蹿下跳。然后再走30分钟，姆卡角就位于岛最西北角的海岬上，海岬顶端是不得入内的1883年灯塔和亚齐式墓地。从这里观看到的周边风景极好，爬山费的力气和出的汗水也都值得了。

相对长并且麻烦一点儿的路线是从吊桥向南走，去往可拉竹海滩（Pantai Kerachut），这片白沙滩是野餐的好去处，也是海龟筑巢的地方。在常有人走的清晰小径上大概步行1.5小时可到达海滩。途中会遇到一片不同寻常的分层湖，它是很罕见的自然奇观——上面是淡水，下面是海水，二者分离开来互不相融，构造出一个独特的微型生态系统。从Kerachut海滩继续走约40分钟可达到更远处的甘比湾（Teluk Kampi），这是公园里最长的海滩，海边的战壕是“二战”时期日本侵略时留下来的。

公园入口附近的几家经营商可以安排在多个地点搭船；在人鱼湾（猴子海滩）出发的费用为RM40，从可拉竹海滩出发RM80，从甘比湾出发RM90。

黄健勋艺术园 花园、美术馆

（Art & Garden by Fuan Wong; 成人/儿童RM30/15; ⏲周四至周一 9:00~17:30）从某家的榴莲果园沿山坡上去就是这座令人惊叹的概念花园，也是黄健勋将他奇特美妙的植物藏品与玻璃雕塑和装置相结合的地方。其他艺术家的创意作品散落在花园各处。这里还有咖啡馆和礼品店，以及令人激动的升旗山景色。

热带水果园 农场

（Tropical Fruit Farm; ☎012-497 1931; www.tropicalfruitfarm.com.my; 团队游 成人/儿童RM42.40/31.80; ⏲9:00~17:00）巴亨湾南边约8公里处，是一处10公顷的山区农场，种植至少有250种热带和亚热带果树，有本地品种，也有杂交品种。1小时的团队游包括水果自助餐和一杯新鲜果汁。

在巴亨湾乘坐501路公共汽车可以到达热带水果园（RM2）。

逃生主题公园 游乐园

（Escape; ☎04-881 1106; www.escape.my; 282 Jln Teluk Bahang; 成人/儿童 RM60/50; ⏲周二至周日 9:00~18:00）这里对所有家庭都很有趣，但要注意：在这家蝴蝶园附近的新生态主题游乐园里，与孩子们相比，探险游戏和景点对成年人更具挑战性，其中有些涉及攀登和跳跃。

逃生主题公园位于巴亨湾环岛以南约1公里处，可以乘坐101路公共汽车到达（RM4）。

槟城蝴蝶园 花园

（Penang Butterfly Farm; www.butterfly-insect.com; 830 Jln Teluk Bahang; 成人/儿童RM27/15; ⏲9:00~17:00 我们到访时，这里刚刚整修完成。里面有150多种蝴蝶，多达上千

不要错过

浮罗山背叻沙

众所周知，当地人横贯岛屿，就为了这座城镇的招牌菜浮罗山背叻沙（laksa Balik Pulau）。这是一种美味的浓鱼汤米粉，加入切碎的生菜、薄荷叶、菠萝片、洋葱和鲜辣椒。在镇上最著名的摊位、位于浮罗山背主环岛以北的**Nan Guang**（67 Jln Besar；主菜 RM3起；⊙周三至周日7:30~17:00）来上一碗（最好搭配当地的"白色"豆蔻汁）。

只，还有一些奇特的昆虫、蜥蜴和蜘蛛。

这座蝴蝶园坐落于巴亨湾环岛以南约1公里处，乘坐101路公共汽车可以到达（RM4）。

餐饮

几个有经济头脑的巴亨湾当地人加入了家庭旅馆行业。这些旅馆大多在通向海边的小路或通往槟城国家公园的道路边。房价低至RM18，通常朴素而干净，住在这些地方额外的收获是可以了解更多当地文化。

在向东通往峇都丁宜的路上的购物区里有几家咖啡店，那里的中国菜和海鲜价格挺实惠，还有几处扁担饭（nasi kandar）类型的餐饮，比如说**Restoran Khaleel**（Jln Teluk Bahang；主菜 RM4起；⊙24小时），这里提供可口的印度馅饼和多莎饼。

Hotel Sportfishing 酒店 $$

（☎04-885 2728；Jln Nelayan；房间 RM134~139；❄📶）可能是巴亨湾最舒服的住处了，普通而干净的二层楼房位于沙滩边，可以看到渔港码头。

Sea Princess Hotel 酒店 $$

（☎04-346 0981；811A Jln Hassan Abas；房间 RM130~200；❄📶）你不会错过巴亨湾主街沿线这座色彩艳丽的三层大厦。18间房间崭新、干净、宽敞，只是缺乏特色，由热情的老板监管。

到达和离开

101路公交车从乔治市中心出发，每30分钟一班，沿北海岸线绕巴亨湾一圈（车费RM4）。从乔治市中心乘出租车来这里的费用是RM50起。

浮罗山背（Balik Pulau）

浮罗山背的意思是"岛屿另一侧"，是槟城主要的内陆居民点。它是一座忙碌而有魅力的小镇，有一条古老的店屋街道，四周是稻田以及榴莲、丁香和肉豆蔻园。

城镇里缺少住宿场所，也就是说，对过夜的游客来说，浮罗山背并不便利，但如果你要继续前往岛上的其他地方，这里可以充当不错的午餐地点。

景点

乔治市ottokedai（见176页）出售的小册子《我的浮罗山背》（*My Balik Pulau*）和多家旅游办事处均有的地图《探索浮罗山背》（*Discover Balik Pulau*）是了解该地区小景点、文化和历史的出色指南。

耶稣圣名天主教堂 教堂

（Holy Name of Jesus Catholic Church；Jln Bukit Penara；⊙白天开放）免费 就坐落在城镇中心以北，现在的建筑可以追溯至1897年。地面瓷砖是由法国神父设计的，彩绘玻璃是从比利时进口的，大钟来自法国。依托背后的丛林，教堂的双子塔赫然高耸。

食宿

浮罗山背有几个家庭寄宿选择，会说中文很方便。乔治市Yin's Sourdough Bakery（见171页）的殷（Yin）可以帮忙安排住宿。该地区的住宿场所还有城镇以南约8公里处的Malihom。

Malihom 高级度假村 $$$

（☎04-261 0490；www.malihom.com；Kiri N/t 168 Bukit Penara Mukim 6；平房 全包 RM850~980；❄@📶🏊）这里的住处是9间有百年历史的米仓，位于518米高的山顶，经过整修和合并。但你不会只想待在里面的，绕着这个小地方走一圈，可以全方位欣赏山林、大海和几个小村庄的景观。鉴于位置独特，Malihom与世隔绝，住宿全包，包括三餐。

这家高级度假村位于浮罗山背和双溪峇都村（Kampung Sungai Batu）之间蜿蜒的6

槟城 浮罗山背

号公路(Rte 6)旁边,坐落于陡坡顶端。需要乘坐度假村的四驱车才能上去。

到达和离开

在乔治市和巴六拜(Bayan Lepas)分别搭乘502路和401E路公共汽车(票价约为RM4),在峇都丁宜乘坐501路公共汽车(RM3.40),可以到达浮罗山背。

木蔻山岛(Pulau Jerejak)

距槟城东南海岸线1.5海里,森林茂密的木蔻山岛曾是麻风病人和囚犯隔离区。在乔治市世界文化遗产公司总部(见158页)可以见到对岛上往昔生活的展示。

如今,这座岛屿是Jerejak Resort & Spa(☎04-658 7111; www.jerejakresort.com; 房间 RM220~420; ❄@🛜🏊)的所在地,不过根据客人反馈,通过一日游套餐(成人/儿童 RM85/65)游览度假村可以使用游泳池并参加其他活动,包括射箭和攀岩,可能比在这里过夜更明智。

度假村拥有自己的码头,6:30~22:30,发船时间约为每2小时1班(成人/儿童 RM20/16)。没有公交车开往码头,从乔治市乘出租车过来费用约为RM50。

峇都茅(Batu Maung)

峇都茅是槟城的深海渔港,岸边依然有几条刷着亮漆的破旧渔船。随着巴六拜工业区(Bayan Lepas Industrial Zone)逐渐开发和通向大陆的第二座大桥完工,曾经在这里发现的生物多样性红树林沼泽已经踪迹全无。

海边的郑和三保宫(Sam Poh Footprint Temple; Jln Maung; ⏲白天)免费供奉的是航海传奇人物郑和,也被称为"三保"。寺庙将岩石上的巨大脚印视若神灵,传说脚印属于这位中国著名的航海家(另一方面,当地的印度教徒相信脚印来自哈奴曼,马来人则认为脚印是巨人留下的)。

槟城战争博物馆(Pinang War Museum; ☎04-626 5142; www.facebook.com/PenangWarMuseum; Bukit Batu Maung; 成人/儿童 RM30/15; ⏲9:00~23:00)位于陡峭的峇都茅上方。它的前身为英国殖民者的碉堡,建于20世纪30年代,在"二战"期间被日本侵略者当作监狱及刑讯营。现在,一度破败不堪的建筑已经被修葺一新,作为对那段黑暗岁月的纪念。在这里可以看到营房、军火库、厨房、炮台和一些其他设施。同时也提供惊险刺激的夜游和真人战争游戏(RM75起)。

附近还有槟城水族馆(Penang Aquarium; Pekan Batu Maung; 成人/儿童 RM5/2; ⏲周四至周二 10:00~17:00),里面的25个水箱里养着五颜六色的鱼。

307路公交开往峇都茅,每半小时一班,从维尔德码头和光大广场(RM4)出发。乘出租车来这里的费用约为RM50。

勿洞岛村(Kampung Pulau Betong)

这是个非常偏僻的小渔村,有赏心悦目的甘榜式房屋和花花草草,码头停靠着五颜六色的渔船。大概在17:30的时候,渔船会在码头附近的小市场出售捕获的鱼。403路公交车从浮罗山背出发,可以到达这个小市场(车费RM1.40)。如果你再接着向前走1.5公里,就会来到巴西班让沙滩(Pantai Pasir Panjang)。它是一片原始空旷的如粗糖般的白色沙滩,是岛上比较漂亮的景点之一,但只有少数人会来到这里。沙滩后面是培训新入伍毕业生的国家服务培训中心(National Service Training Centre)。如果下水,要当心那里有很强的暗流。

公巴湾(Teluk Kumbar)

槟城人来到公巴湾时,脑子里想的只有一件事:吃。虽然现在一些房地产公司着手开发此地,但村庄仍然宁静美丽。在一个马来小吃摊停下来,点一份马来虾面(mee udang; 辣面条加上虾烹制),或者去Hai Boey Seafood(海尾海鲜; ☎013-488 1114; 29 MK9 Pasir Belanda; 主菜 RM10起; ⏲17:30~22:30),它或许是槟城最著名的海鲜餐厅之一,周末或节假日需要打电话预订座位。

401路和401E路公共汽车经过公巴湾(车费RM4),乘出租车过来的费用约为RM60。

兰卡威、吉打和玻璃市

☎04/人口：230万

包括 ➡

最佳就餐

- Muda Coffee Shop（见207页）
- Siti Fatimah（见202页）
- Nasi Lemak Ong（见207页）
- 兰卡威的夜市（见201页）

最佳住宿

- Bon Ton（见198页）
- Temple Tree（见198页）
- Ambong Ambong（见199页）
- Tanjung Rhu Resort（见200页）
- Datai Langkawi（见200页）

为何去

吉打州和玻璃市州代表的乡村田园生活对马来身份的认同至关重要。石灰岩柱冲破翠绿的稻田，田里贡献出该国大米产量的大半。来过这里的外国人不多，实际上，大部分的游客听到“吉打”大概都会一脸茫然。因为几乎所有人都只知道该州最大的岛屿：兰卡威岛（凌家卫岛）。这也不难理解，因为兰卡威秀丽清澈的海水和宽广惬意的海滩确实很吸引人。古老的雨林带直抵海岸，而岛屿的各个角落似乎只是重复着内陆翠绿富饶的地貌。

玻璃市虽然叫作“市”，却是马来西亚最小的州，因此更加不起眼。与吉打州一样，它也毗邻泰国，但大部分游客只是在赶往那里时匆匆经过玻璃市。那是他们的损失，这个位于马来西亚腹地的友好角落值得一探。

何时去

瓜拉吉打

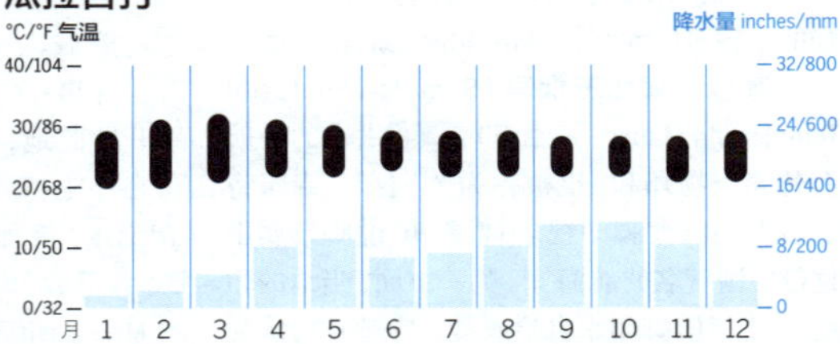

2月和3月 一般是这一带最干燥的月份，气温也可能相对高。

4月至10月 一年里最多雨的时节，偶有热带风暴，游客稀少。

7月 通常是兰卡威最凉爽的月份。

兰卡威、吉打和玻璃市亮点

❶在兰卡威**七仙井**（见191页）的淡水池或**榴莲谷**（见192页）的瀑布纳凉。

❷ 乘坐**全景兰卡威**（见189页）观光缆车，登上海拔708米的玛金章峰峰顶，饱览兰卡威全岛的美景。

❸ 在**亚罗士打**（见205页）缅怀马来西亚贵族昔日的风采。

❹ 在**兰卡威岛**（见188页）迷人的海滩上享受休闲时光。

❺ 探寻**玻璃市州立公园**（见210页）的石灰岩洞穴和偏僻的边境感觉。

❻ 划独木舟穿越**喀斯特地质森林公园**（见191页）的红树林。

吉打（KEDAH）

在旅行者看来，马来西亚有两个吉打：一个是热带岛屿兰卡威及其周边小岛；另一个则是偏僻而又乏人问津的吉打内陆农村，被称为马来西亚的“饭碗”。

旅游宣传册常以“充满阳光”和“天堂”来形容兰卡威。值得庆幸的是，那里的海滩确实是实至名归，而且它还是一直保留了马来人根基的岛屿。所以，如果你和大部分人一样行程表上只包括兰卡威的话，别担心，你还是有机会体验两个吉打的。

历史

石器时代就有人类居住于吉打，而最早被发掘的一些考古遗址靠近日莱峰（Gunung Jerai）。近期在布秧谷（Lembah Bujang）发掘的物品可追溯到4世纪的印度教-佛教时期，而现今的皇室也可追溯到该时期。

布秧谷的发现表明这里是后来发展为马来文化根基的印度教-佛教文明在马来亚半岛上的摇篮，该文明可能早在110年就已形成。吉打也是最早和印度商人接轨的地方之一，印度商人最终把伊斯兰教带入了马来西亚。

7~8世纪，吉打是苏门答腊（Sumatra）室利佛逝帝国（Srivijaya Empire）的一部分，但后来被暹罗人控制。直至15世纪，马六甲王朝（Melaka）的崛起将伊斯兰教带到该地区。到了17世纪，吉打遭到了已经征服了马六甲的葡萄牙人以及亚齐人的进攻，后者认为吉打威胁到了他们的香料生产。

苏丹希望英国人会保护吉打免受暹罗的蹂躏，便在18世纪末将槟城（Penang）交给英国人。然而在19世纪初，吉打再一次被暹罗控制，直至20世纪初，暹罗才将统治权交给英国。

吉打（连同吉兰丹）在"二战"时期是马来亚最早被日军侵略的地方，而"二战"后，吉打在不情愿的情况下于1948年成了马来亚联邦（Federation of Malaya）的一部分，然后于1957年宣布独立。

兰卡威岛（凌家卫岛，Pulau Langkawi）

人口：94,777

兰卡威岛又被称为凌家卫岛（也称浮罗交怡岛），可称得上是"热带天堂"的代名词。自2008年起，岛上清澈的海水、干净的沙滩和未经污染的森林让这个岛屿正式获得"吉打之珠"（Langkawi Permata Kedah）的称号。这里自1987年起便是免税的购物天堂，而在更早之前便一直吸引着外来游客前往。这里虽然吸引了大量游客，然而以面积为478.5平方公里的兰卡威为主的这99座岛屿，却没有因为过度开发而面目全非。在距离主海滩不远的地方就能感受到马来西亚悠闲的田园风情，包括传统的乡村和悠闲的氛围。和许多热带岛屿一样，这里有许多水疗设施、海鲜餐馆以及海滩酒吧，但是当地人依然继续着他们延续世代的生活方式。

景点和活动

瓜埠和周边

瓜埠（Kuah）是兰卡威的主要城镇，除了几家不错的餐馆之外，游客在此停留的主要原因不外乎是光顾银行、搭乘渡船和免税购物。

兰卡威传奇公园 公园

（Lagenda Langkawi Dalam Taman；见190页地图；Jln Persiaran Putra；⏲9:00~19:00）免费 河滨有一座风景迷人的主题公园，公园以民间传说为主题。湖边的塑像星罗棋布，讲述着兰卡威的各个传说（有英文布告板）。公园深受慢跑人士的喜爱。

兰卡威飞禽公园 动物园

（Langkawi Bird Paradise；见190页地图；☎04-966 5855；www.langkawiwildlifepark.com；1485 Jln Kisap，紧邻Jln Air Hangat；成人/儿童RM36/20；⏲8:30~18:00）这里虽然有许多动物（特别是珍禽），却鼓励游人喂食，实际上，动物的栖息场所似乎也欠理想，我们之所以把它列在这里，是因为我们不鼓励大家参观。它位于瓜埠以北约3公里处。

珍南海滩

海底世界 水族馆

（Underwater World；见194页地图；☎04-955 6100；www.underwaterworldlangkawi.com.my；成人/儿童RM40/30；⏲10:00~18:00）壮观的外立面使其或多或少地成为珍南主街的地标，这座水族馆以500种不同的海洋及淡水生物为特色，还有跳岩企鹅。有些展区（特别是热带雨林区）设计得很好，而其他的似乎很小，需要清洗。

稻田公园 博物馆

（Laman Padi，Rice Garden；见194页地图；☎04-955 3225；lamanpadi@ladaeco.my；成人/儿童RM10/5，团队游RM25/10；⏲9:00~18:30）这个多少有些荒废之感的"生态旅游"景点包括了随处可见水牛和鸭子的水稻田。提前打电话预订团队游，甚至还能亲自体验种稻。这里还有一座专门介绍稻米种植的博物馆、一家餐馆，以及让你一边享受泰式按摩

一览兰卡威的海滩

兰卡威岛很大，面积将近500平方公里。岛东南部的瓜埠是主要的城镇，也是乘坐渡轮的登陆点，但是那里没有海滩。

珍南海滩（Pantai Cenang）这座绵延两公里的狭长沙滩是岛上发展得最好、活动最密集的海滩。景色迷人，有白沙、碧海和绿色的棕榈树。到处都有水上运动，海水适合游泳，但要注意水母（见197页）和飞驰而过的高速摩托艇。

珍南海滩有一些相当不错的高级度假村，以及兰卡威大部分的经济和中价位的住宿场所。到了晚上，许多侨民、国内游客、背包客、跟团游客都会在这里吃吃喝喝、闲逛作乐。

中央海滩（Pantai Tengah）从珍南海滩继续往南走，就会看见兰卡威较高贵的一面，因为顺路拐个弯，就到了高档的中央海滩。这是个较小较窄的海滩，和珍南海滩相比，连水上运动也显得较静。这里有几家设备齐全的大型度假村、高级餐厅和酒吧，以及几家较便宜的酒店。

立咯海滩（Pantai Kok；见190页地图）立咯海滩在岛的西部，珍南海滩以北12公里处，正对着石灰岩山和丛林环绕的美丽海湾。当地人喜欢这里的海滩，人们通常会在树下野餐。这里也有几家高级度假村，而其中几家还拥有自己的私家海滩。

达泰湾（Teluk Datai；见190页地图）岛最西北部的达泰湾拥有岛上最美丽又僻静的海滩，但除了那里的两家豪华度假村的住客，其他人不允许进入该海滩。

丹绒鲁（Tanjung Rhu；见190页地图）北部的丹绒鲁是兰卡威诸海滩中较大较好的一个。被大块石灰岩包围起来的海水构成了一个怡人的海湾。天气晴朗时，这里的夕阳赋予了“令人惊叹”这个词语全新的含义。这里的水较浅，退潮时可以循沙洲步行过海，抵达邻近小岛（只要不是在雨季）。住宿由两家高级度假村提供。

一边安逸地看着稻穗随风摇摆的**Nawa Sari Spa**（见194页地图；☎014-253 4489；Laman Padi；按摩 RM35~80；⏲11:00~19:00）。

中央海滩

中央海滩上主要的狭长地带是岛上很多水疗设施的聚集地。按摩的平均收费是每小时RM150左右，而脸部护理及其他项目大约RM60起。许多水疗服务提供免费接送，可致电询问详情。

Alun-Alun Spa 水疗

（见194页地图；☎04-955 5570；www.alunalunspa.com；Jln Teluk Baru；⏲11:00~23:00）Alun-Alun在岛上有三家分店，口碑很不错，所用的香薰调和精油也在店内售卖。

Ishan Spa 水疗

（见194页地图；☎04-955 5585；www.ishanspa.com；Jln Teluk Baru；⏲11:00~20:00）这里提供非常奢华的护理，专注于马来西亚传统按摩手艺，包括令人精神焕发的竹子按摩和自然疗法，比如外敷花园里种植的草药。

Sun Spa 水疗

（见194页地图；☎04-955 9287；Jln Teluk Baru；⏲13:00~22:00）这里提供价格亲民但与众不同的套餐。

立咯海滩及周边

东方村 游乐园

（Oriental Village；见190页地图；☎04-959 4959；www.orientalvillage.my；Burau Bay；⏲大部分商店 10:00~19:00）这座像迪士尼乐园的开放式购物商场里有几家快餐店和低劣的纪念品商店，主要景点是全景兰卡威（Panorama Langkawi）的SkyCab缆车。

全景兰卡威 缆车

（Panorama Langkawi；见190页地图；☎04-959 4225；www.panoramalangkawi.com；Oriental Village，Burau Bay；SkyCab缆车票 成人/儿童 RM35/25；⏲9:30~19:00）全景兰卡威包括

Pulau Langkawi 兰卡威岛

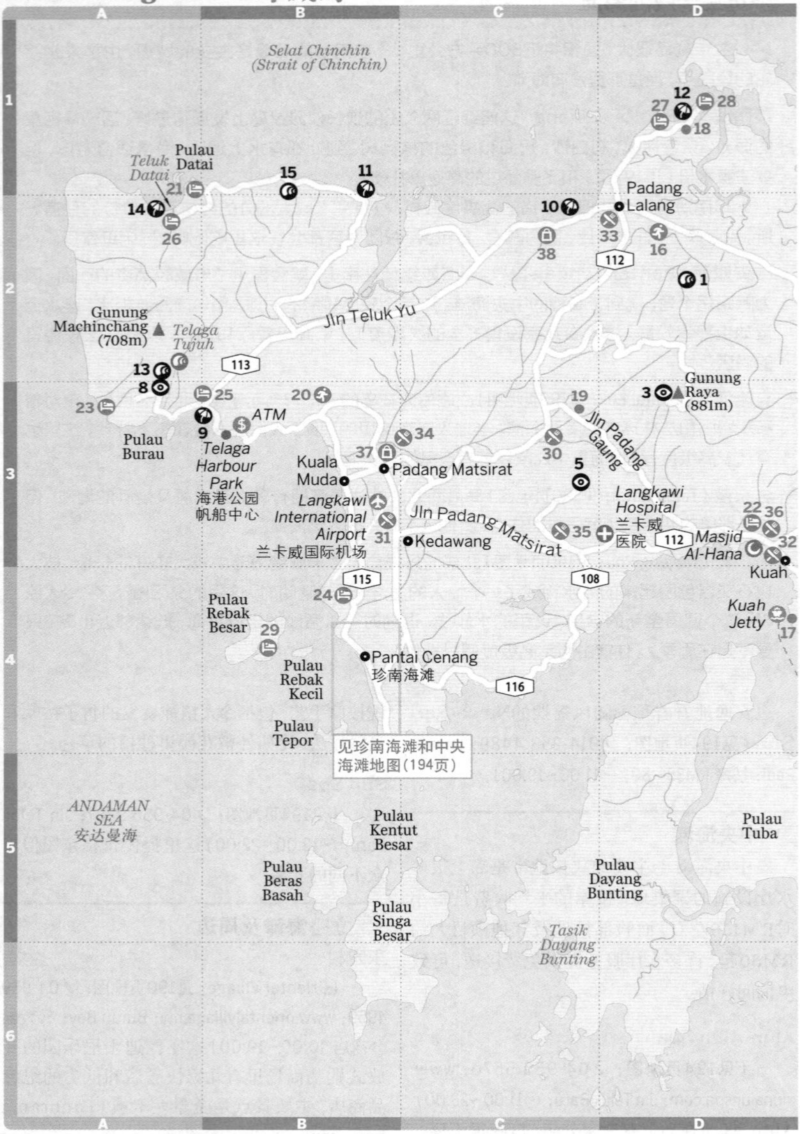

多得数不清的景点，各有单独门票（提供组合价格）。但真正的明星、该岛上最值得一游的景点是SkyCab缆车，游客可以乘坐20分钟的缆车直达海拔708米的玛金章峰（Gunung Machinchang）。沿路景色迷人，而到了峰顶，游客还可以走过天空之桥（SkyBridge）——一座位于100米高空上的吊桥。

这里的其他景点还包括F1赛车模拟器、带喷水的3D电影模拟器（6D Cinemotion）

和3D艺术馆(3D Art Museum),你可以在那里与著名景点和艺术品的壁画合影自拍。遇上周末或学校假期要早点儿去,避开长长的队伍。SkyCab每月会关闭维护一次。

七仙井　　瀑布

(Telaga Tujuh, Seven Wells; 见190页地图; Jln Telaga Tujuh)七仙井一连串的淡水岩池位于立咯海滩内陆一侧的瀑布顶端,是除了在海中嬉水之外的另一种寻求清爽的方式。想到达这里的话,从立咯海滩沿路而行,经过东方村(SkyCab的指示很清晰)直到尽头的停车场。从停车场平缓地攀登10分钟,穿过雨林(靠右行走)就能到达瀑布顶端的井口。

水池与山上清凉的涓涓细流相连,从水池边可以看见优美的岛景。周围的丛林里住着许多调皮而且多少有些吓人的猴子(别让它们看见食物)。

达泰湾及周边

骷髅海滩　　海滩

(Pantai Pasir Tengkorak; 见190页地图; Jln Datai)这片美丽僻静的公共海滩有柔软的白沙滩、清澈的海水、成荫的树木和丛林秘境,周末受到当地人喜爱。工作日期间,这里几乎是空荡荡的。停车场和海滩入口在161号公路的兰卡威鳄鱼场(Langkawi Crocodile Farm)和七仙井瀑布之间。注意:这里的卫生间没准儿不开放,而且这里没有购买水或食物的地方。

关于骷髅海滩的名称有几种说法,其中一种可怕的解释与附近会吞没过往船只的漩涡传说有关——那些船员的脑袋过后会被冲上海岸。

七仙井瀑布　　瀑布

(Temurun Waterfall; 见190页地图; Jln Datai)从通向达泰湾的主路出发,步行不远就能到。这里有岛上最高的瀑布,值得一看,只是要警惕偷食物的猴子。你朝东前行时,过了骷髅海滩1公里,通往瀑布的岔路就在左手边。

丹绒鲁及周边

喀斯特地质森林公园　　自然保护区

(Kilim Karst Geoforest Park; 见190页地图; 1~4小时团队游 船最多可乘坐8人 每小时 RM150起)若要乘船游览兰卡威东北岸的大片红树林及其令人惊叹的石灰岩层,一般都会从丹绒鲁附近的码头出发。团队游通常包括在

Pulau Langkawi 兰卡威岛

蝙蝠洞（Gua Kelawar；你猜对了，一群蝙蝠的栖息地）停留，在水上餐馆吃午餐，以及观鹰。

遗憾的是，为了吸引鹰群并取悦身背相机的顾客，很多团队游经营者会将鸡肉脂肪或其他食物扔在船后的水里。此举破坏了鸟类自然的觅食模式，损害了生态系统。Dev' s Adventure Tours（见196页）是一家提供船只和皮划艇旅行的机构，不包括喂鹰。

榴莲谷 瀑布

（Durian Perangin；见190页地图）穿过树林，在铺好的台阶上步行约10分钟就能抵达这里的水池，沿途有宝塔形状的阴凉座位区。水总是非常清凉，雨季即将结束的9月末至10月初是欣赏瀑布的最佳时节。瀑布距离112号公路2公里，就在温泉村（Air Hangat）以东。

黑沙海滩 海滩

（Pantai Pasir Hitam；见190页地图；Jln Teluk Yu）丹绒鲁以西是兰卡威有名但让人失望的“黑沙海滩”。严格来说，那里的沙其实并不黑，只不过沙子里矿物质的氧化使得海岸线呈现黑色。这里有儿童游乐场和小型的游客市场，但附近的吉打水泥厂却大煞风景。在绿色的植物之中，它仿佛是从地狱喷出烟柱。

温泉村 温泉

（Air Hangat；Ayer Hangat；见190页地图；☎04-959 1195；16 Jln Air Hangat；入口 RM3，双人间 每小时 RM200起；⏲9:00~19:00）这座感觉相当空旷而宽敞的“温泉村”坐落在丹绒鲁以南，凭借温泉出名。这里有多个水池可以泡脚，其中一些可以欣赏周边乡村的惬意景色，但要想完全浸泡在热水里，你需要预订一间私人房间。

岛上其他地方

首相博物馆
博物馆

(Galeria Perdana; 见190页地图; ☎04-959 1498; Jln Air Hangat; 成人/儿童 RM10/4; ⊙8:30~17:30)马来西亚前首相马哈蒂尔·穆罕默德(Mahathir Mohamad)出生在吉打,被认为是给予吉打免税地位而改变了兰卡威命运的人。他创建的这座博物馆展示了各国及地区首脑所赠的各种奇怪礼物(诸如一级方程式赛车、绘着马哈蒂尔肖像的花瓶)。这座优雅的展览馆有华丽的手绘天花板,完美展示了大量的收藏品,坐落于瓜埠以北12公里处。

拉雅山
山

(Gunung Raya; 见190页地图)沿着穿过丛林的一条蜿蜒曲折的道路,即可到达这座岛上最高的山峰(881米)。驾车登山可欣赏岛上优美的景色,在没有雾的情况下,在山上的瞭望台和小茶楼能看到泰国的领土。傍晚很有可能在道路附近发现漂亮的双角犀鸟。

玛苏莉城
圣陵

(Kota Mahsuri, Mahsuri's Fort; 见190页地图; ☎04-955 6055; Kampung Mawat; 成人/儿童 RM15/5; ⊙8:00~18:00)这是关于马来公主玛苏莉的故事,她被诬与人通奸,便以诅咒兰卡威作为报复。这处具有历史特色的建筑群包括玛苏莉的圣陵、一间重建的传统房屋、一座戏院、一座"立体模型博物馆"以及一些简单的餐馆,都是为了纪念她而建的。该景点位于瓜埠以西,离通往机场的公路只有短短几公里。

传说在被处死前,公主诅咒兰卡威王室往后的七代都将被厄运缠绕。这个故事大概发生在1819年。不久之后,暹罗入侵岛屿,而在大约160年后,即1987年(约七代之后),兰卡威迅速发展成为旅游景点。

Rumah Holistic
水疗

(见190页地图; ☎019-339 1831; www.rumahholistic.com; 按摩 RM120起; ⊙10:00~18:00)这处小型休养场所在按摩师的家中,隐藏在密林之中,只有一间最多可接待两人的护理室。虽然很难找到(老板Eric会开车或者派当地的出租车司机接你),但乡村森林的位置也是其魅力的一部分。这里的一日全面套餐包括太极、瑜伽和冥想,必须预订。

团队游

团队游产品可在瓜埠的码头以及珍南海滩沿岸众多旅行社中的任何一家预订,或者

传说中的兰卡威

"兰卡威"(Langkawi)这个名字是由古马来语中的"helang"(老鹰)和"kawi"(红棕色)结合而成的。根据马来古典文学记载,这座岛屿被视为印度教保护神毗湿奴(Vishnu)的坐骑,即神鸟迦楼罗(Garuda)的栖息地。关于这座岛屿的传说众多,但最为人津津乐道的是玛苏莉的故事,她被嫉妒她美貌的人诬指不贞。在被处死之前,她对这个岛屿发出了祸延七代的诅咒。她死后,身体流出的白色血液把兰卡威海滩上的沙子给染白了,仿佛证明了她的无辜。她的坟墓现今被称为玛苏莉城。

玛苏莉的诅咒遗留在Padang Matsirat的"烧米场"。村民曾经宁愿烧毁他们的稻田,也不让它们落入暹罗人之手。据说,直到今天,在不时降下的暴雨中还能发现这些谷粒的痕迹。

另一个传说和岛屿附近几个地方的命名有关。兰卡威岛最有势力的两大家族因为子女的婚事而大动干戈。打斗时,厨具都变成了武器,"汤汁"洒在瓜埠(Kuah,就是马来语"汤汁"的意思),并"渗入"Kisap(就是马来语"渗入"的意思)村;"打破的锅子"落在Belanga Perak(就是马来语"破锅"的意思),而一锅"热水"飞落的地点成了今天的温泉村(Air Hangat,在马来语里面念"air panas",恐怕你已经猜到了这就是"热水"的意思)。这对新人的父亲为了这场混乱付出了代价——两人成了岛上的两座主要山峰。有兴趣的游客可以到瓜埠的兰卡威传奇公园(见188页)了解更多岛上的传奇。

Pantai Cenang & Pantai Tengah
珍南海滩和中央海滩

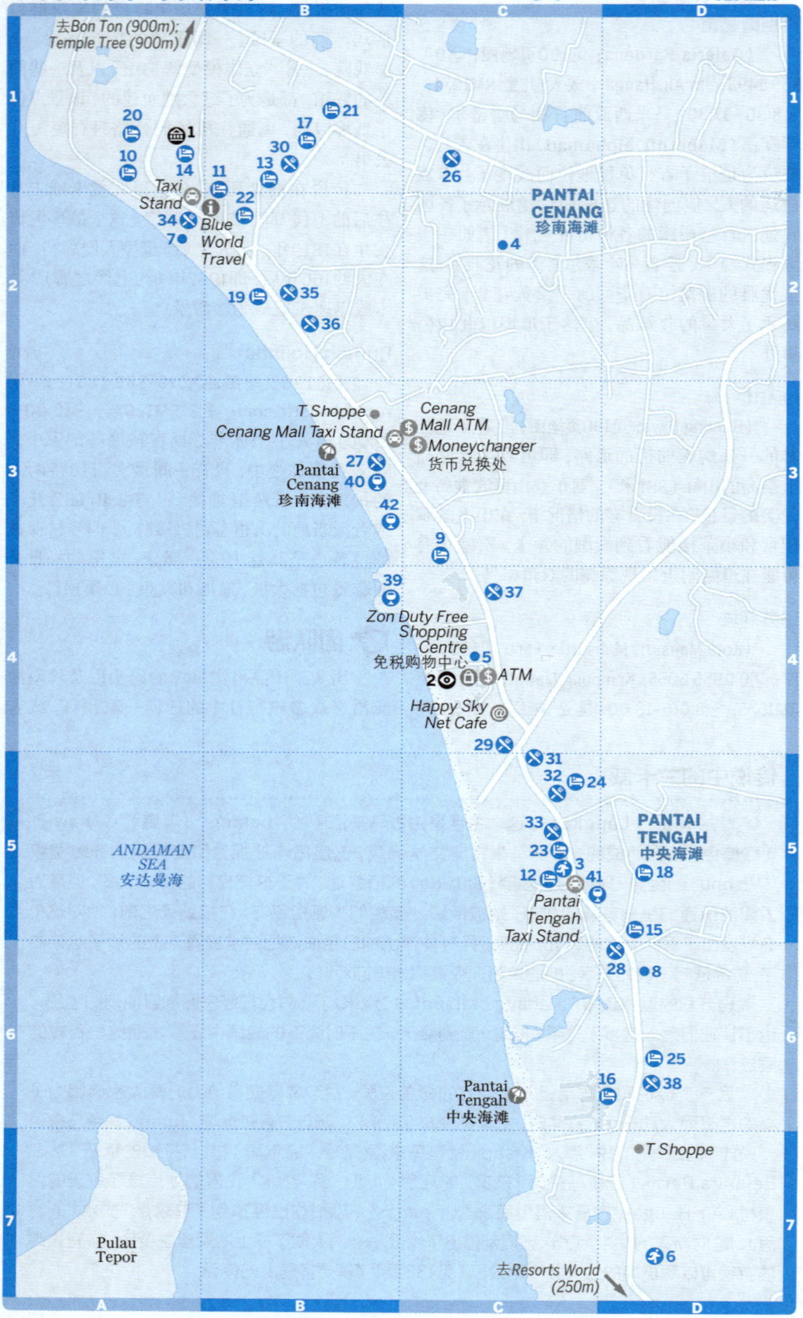

Pantai Cenang & Pantai Tengah 珍南海滩和中央海滩

景点
1 稻田公园 A1
2 海底世界 C4

活动、课程和团队游
3 Alun-Alun Spa C5
4 Crystal Yacht Holidays C2
5 Dev' s Adventure Tours C4
6 Ishan Spa D7
7 Mega Water Sports A2
Nawa Sari Spa （见1）
Sun Spa （见3）
8 Tropical Charters D6

住宿
Ambong Ambong （见6）
9 Cabin Resort C3
10 Casa del Mar A1
11 Cottage B1
12 Frangipani C5
13 Gecko Guesthouse B1
14 Gemalai Village A1
15 Green Village D5
16 Holiday Villa D6
17 Izz Room B1
18 La Pari-Pari D5
Langkapuri Inn （见9）
19 Malibest Resort B2
20 Meritus Pelangi Beach Resort & Spa A1
21 Rainbow Lodge B1
22 Sweet Inn B2
23 Tropical Resort C5
24 Villa Molek C5
25 Zackry Guest House D6

就餐
26 Bohor Tempoyak夜市 C1
27 Brasserie B3
28 Fat Mum D6
fatCUPID （见18）
29 Istanbul C4
30 Kasbah B1
31 La Chocolatine C5
32 Llawa C5
33 Melayu C5
34 Orkid Ria A2
35 Padang Pasir B2
36 Putumayo B2
37 Red Tomato C4
38 Troppo Co D6
Unkaizan （见6）

饮品和夜生活
39 Cliff B4
La Sal （见10）
40 Little Lylia' s Chill Out Cafe B3
41 Sunba Retro Bar C5
42 Yellow Café B3

通过大多数酒店订购。

游轮

兰卡威有好几家游轮经营机构，而几乎所有经营机构每日都提供晚餐游览、夕阳游览以及鸡尾酒游轮。

Blue Water Star Sailing 游轮

（见190页地图；☎04-966 4868；www.bluewaterstarsailing.com；晚餐巡游 RM450）这家经营机构每天15:00~20:00提供的晚餐游览以酒水众多而出名。游船由瓜埠的游艇俱乐部出发，费用不含接送服务。

Crystal Yacht Holidays 游轮

（见194页地图；☎04-955 6545；www.crystalyacht.com；Pantai Cenang；晚餐巡游RM280）这家经营机构的日落晚餐游览深受欢迎。游船从中央海滩以南Resorts World的码头出发，费用包括前往大部分酒店把游客载到码头。

Tropical Charters 游轮

（见194页地图；☎012-588 3274；www.tropicalcharters.com.my；Pantai Tengah；巡游RM260起）这家经营机构提供不同类型的游船游览。游船从中央海滩以南Resorts World附近的码头出发，费用包括前往大部分酒店把游客载到码头。

潜水和浮潜

兰卡威潜水和浮潜活动的主要集中地是**巴耶岛海洋公园**（Pulau Payar Marine Park）。这个海洋公园由碧蓝海面上翠绿宝石般的4座岛屿组成。多数潜水活动都把游客带到2公里长的巴耶岛（Pulau Payar），不过你应该没有机会看到岛上的内陆部分，因为所有的活动都集中在浮台以及马蹄形的海湾。

出发前最好先了解一下当天海水的水质，因为海水有时可能会变混浊。

East Marine 潜水

（见190页地图；☎04-966 3966；www.eastmarine.com.my；Royal Langkawi Yacht Club，Jln Pantai Dato Syed Omar，Kuah；浮潜/潜水RM300/320起）这应该是岛上最著名的潜水活动经营者。East Marine提供的服务包括：到巴耶岛海洋公园进行一日潜水或浮潜旅行，以及参与受专业潜水教练协会（PADI）认可的培训课程，费用RM1300起。

Langkawi Coral 浮潜

（☎04-966 7318；www.langkawicoral.com；浮潜/潜水 RM300/320起）到巴耶岛海洋公园的潜水和浮潜旅行，内容包括酒店至瓜埠码头出发地点的交通接送、一顿自助午餐及享受日光浴的时间。

跳岛游

这里最受欢迎的日间旅游活动，就是大部分旅游及潜水活动经营者主办的跳岛游，而且每人收费仅RM30。跳岛游的游览地点一般包括孕妇岛（Dayan Bunting island）上的孕妇湖（Dayang Bunting），这个很适合游泳的淡水湖周围环绕着石灰岩山与茂密的丛林。其他的游览地点包括湿米岛（Pulau Beras Basah）的原始海滩、海蚀柱和海蚀洞，还可以驻足观鹰。说到喀斯特地质森林公园的乘船游，很多经营者会用食物吸引老鹰，而这种行为破坏了它们的天然摄食习性。JungleWalla（见本页）提供的团队游不包括喂鹰。

自然和探险团队游

Dev's Adventure Tours 探险游

（见194页地图；☎019-494 9193；www.langkawi-nature.com；Lot 1556，Tanjung Mali，Pantai Cenang；团队游 RM120~220）这里提供的选择很多：骑单车、观鸟、红树林之旅和丛林步行，活动由见识丰富且热情的向导带领。在网上或打电话预订。提供从多数酒店出发的交通接送。

JungleWalla 探险游

（见190页地图；☎019-590 2300；www.junglewalla.com；1C，Lot 1392，Jln Tanjung Rhu；团队游 RM160~250）自从这家自然团队游公司于1994年创建以来，Irshad Mobarak就成为马来西亚多少有些名气的自然主义者。提供的观鸟旅行、丛林步行，以及红树林和跳岛之旅，全都侧重于观察野生动物。如果需要，还会提供多日线路。

Langkawi Canopy Adventures 探险游

（见190页地图；☎012-466 8027；www.langkawi.travel；Lubuk Semilang；团队游 RM80~220）这里的亮点是通过一连串绳降和飞索穿越雨林的"空中徒步"，十分惊心动魄。必须至少提前一天预约，你得自行安排出租车载你到活动地点，即兰卡威中央的Lubuk Semilang。

水上摩托

Mega Water Sports 水上运动

（见194页地图；☎012-200 2155；www.megawatersports.com；团队游 RM500~700）该公司的摩托艇导览游带领游客环绕紧邻兰卡威南岸的岛屿游览，好评如潮。难度不同，从适合家庭的初学者等级一直到要求人员拥有乘风破浪的经验皆有。团队游在珍南海滩的北端出发和结束。

节日和活动

兰卡威国际海事和航空展览 航空展

（Langkawi International Maritime & Aerospace Exhibition，LIMA；www.lima.com.my）这个展览称得上是全球最主要的航空展之一，每两年举办一届。3月举办期间酒店客满，价格飞涨。

住宿

尽管兰卡威有很多不错的住宿，但都不便宜。这里的豪华度假村是周边最好的，但中等价位（甚至一些高价位）的住宿总让人觉得缺了点儿什么，而廉价旅舍和客栈也比较少。

学校假期和旅游高峰期（大约11月至次年2月）会有特别多的人前往兰卡威，所以最好先预订住宿。其他日子一般是供过于求，而且价格可以协商。

考虑在哪里住宿之前，不妨参考我们对岛上海滩（见189页）的介绍。

瓜埠

Bayview Hotel
酒店 $$$

（见190页地图；☎04-966 1818；www.bayviewhotels.com；1 Jln Pandak Mayah；房间RM530~770，套 RM1200~1300，全含早餐；❄@📶🏊）这是家典型的高级连锁酒店。房间缺乏个性，但宽敞实用，较高楼层和户外游泳池区域能看到迷人的风景。

珍南海滩及周边

Sweet Inn
酒店 $

（见194页地图；☎04-955 8864；www.sweetinns.net；房间 RM80~100；P❄📶）这是珍南海滩比较干净明亮的经济型住宿场所之一，普通的房间能在热浪中保持凉爽。Wi-Fi的范围不超出前台，这个地方缺少氛围，但前往海滩很方便，这为其加了分。

Izz Room
客栈 $

（见194页地图；☎04-955 1397；www.izzroom.blogspot.com；房间 RM50~80；❄📶）家具不多的朴素住所分布在棕榈树遮阴的宜人砾石庭院内。最好的房间在前台对面色彩艳丽的区域，比较便宜的双人间有电风扇和公用卫生间。提供洗衣服务（每公斤RM4）。

Rainbow Lodge
酒店 $

（见194页地图；☎04-955 8103；www.rainbowlangkawi.com；铺 RM22，房间 RM50~90；❄@📶）这个友好的酒店就在海滩后面不远处，有适合交际的咖啡馆区域，可以俯瞰周边田野的景色。隔板和帘幕为宿舍床位增添了私密性，很受在泡吧间隙找寻便宜住处的背包客的欢迎。

Cottage
客栈 $

（见194页地图；☎019-426 8818；www.thecottagelangkawi.blogspot.com；No 8，Kampung Haji Saad，Jln Pantai Cenang；铺 RM25，房间RM60~150；❄📶）沿着珍南海滩北端稻田公园旁边的一条狭窄小巷前行，就能到达这家质朴的客栈。客栈在农场般的环境里提供简朴的住宿，还能看到随意溜达的鸡。

Gecko Guesthouse
客栈 $

（见194页地图；☎019 428 3801；rebeccafiott@hotmail.com；铺 RM20，房间 RM45~75；❄📶）这里有洋房、度假屋和相当肮脏的宿舍，披头散发的客人聚集在公共区域，吧台提供很好喝的巧克力奶昔。

> **ⓘ 水母警告**
>
> 兰卡威海岸附近有时会出现水母。虽然被水母蜇伤会很痛，但大多没什么危险。但是，也有罕见的报告称这里曾经出现过可能致命的箱水母。水母现身的时候，一些酒店会张贴警告标志。如果怀疑有水母，下水前在附近询问一番。如果被蜇，要保持静止，用海水清洗伤口。注意：不再建议用醋处理水母蜇伤，也应该避免用酒精或尿洗伤口。如果蜇伤严重或者出现呼吸困难，应立即寻求医疗救助。

Gemalai Village
酒店 $$

（见194页地图；☎04-955 3225；thegemalai@ladaeco.my；房间 含早餐 RM350~430；P❄📶）6座传统乡村小屋的组合建在稻田公园里稻田上方的木桩上。返璞归真的房间很舒适，设备齐全，卫生间部分露天。很棒的马来早餐会端到你的房间。

虽然名称“Gemalai”在马来语中指的是“拂过稻田的微风”，但浅眠者还是应该注意，小屋墙壁很薄，靠近马路，还有公鸡和水牛，可能住起来没那么安静。

Malibest Resort
酒店 $$

（见194页地图；☎04-955 8222；www.malibestresort.com；房间 RM150~260；❄📶）Malibest是个友好的地方，房间正好在珍南海滩最热闹的地段。住宿包括比较现代化的砖房以及当仁不让的王者——坐落在高木桩上的“树屋”（从陡峭的阶梯上去），可以将海景一览无余。

Cabin Resort
酒店 $$

（见194页地图；☎04-955 3189；www.thecabin.com.my；房间 RM160；❄📶）这里离海滩很近，拥有10栋可爱的洋房。客房感觉很舒适（有些小），家具缤纷多彩，因此比许多同价位的住宿更具特色。

当地知识

酒店经营者NARELLE MCMURTRIE

Narelle在兰卡威住了21年，是Bon Ton（见本页）和Temple Tree（见本页）的老板。以下是对她的采访问答。

兰卡威和东南亚其他的海滩地区有什么分别？这里发展缓慢，岛屿仍然非常闲适。人们经常回到兰卡威，就好像回家一样。它是一座真实的岛屿，生活方式随和，非常安全。

你最喜欢哪个海滩？孕妇岛上一处人迹稀少的海滩：美丽的小海湾海水清澈，有一片私家沙滩。

不错的就餐场所呢？午餐时间是品尝当地美食的最佳时间——我最喜欢的地方是Siti Fatimah（见202页）。那里以自助形式提供多达70种菜肴，一份饮品大约RM10。那里几乎所有顾客都是马来西亚人。

那不错的酒吧呢？Casa del Mar的La Sal（见203页）适合晚上喝一杯。

来到兰卡威一定要进行的活动是什么？租一辆车探索岛屿。

有什么办法能有意思地一窥兰卡威的当地生活？如果你刚好是在斋月结束时的开斋节来到这里，15:00左右你可以在岛上随处冒出来的临时摊位上品尝令人啧啧称奇的家常菜肴。

Langkapuri Inn 酒店 $$

（见194页地图；☎04-955 1202；info@langkapuri-inn.com；房间 含早餐 RM140~250；❄📶）这是海滩南端一组还不错的度假屋。价钱较贵的房型可欣赏海景，设计上有些个性。最便宜的房型实在应该尽快整修，避之则吉。

★ Bon Ton 精品酒店 $$$

（见190页地图；☎04-955 6787；www.bontonresort.com.my；别墅 含早餐 RM750~1265；❄📶🏊）Bon Ton连同邻近的Temple Tree，这两家精品酒店是我们在兰卡威岛甚至整个地区最喜欢的地方。Bon Ton拥有8座草坪、椰子和棕榈园中的马来传统高脚屋式别墅。每幢别墅都用黑木建成，凉风习习。由于它结合了天然材质与传统手工艺，所以让人觉得既高贵又简朴。

★ Temple Tree 精品酒店 $$$

（见190页地图；☎04-955 3937；www.templetree.com.my；房间 含早餐 RM670~1515；❄📶🏊）毗邻Bon Ton，姊妹酒店Temple Tree更上一层楼，处处可见搜罗自马来西亚各地的古董摆设。这里由雄伟的中式大宅、槟城的木制别墅、英殖民地风格的店屋以及其他经过修复的旧式建筑组合而成。

这两家别墅的共同点包括较高的品位、体贴的服务，以及……希望你不介意和猫分享你的度假村。

Casa del Mar 精品酒店 $$$

（见194页地图；☎04-955 2388；www.casadelmar-langkawi.com；房间 RM800~950，套 RM900~1770，全含早餐；❄@📶🏊）这家有些许西班牙风格的酒店位于珍南海滩较幽静的北端。客房的设计与摆设相当贴心，也包括了一些科技设备，还附小园子或阳台。这里有不同的套餐。旺季，34个房间提前几个月就被预订一空了。

Vivanta by Taj-Rebak Island 度假村 $$$

（见190页地图；☎04-966 5566；www.vivantabytaj.com/rebak-island-langkawi；Rebak Besar；房间 RM440~900，套 RM740~1900，全包早餐；❄@📶🏊）这座度假村坐落于靠近珍南海滩的小岛Rebak Besar上，拥有宽敞典雅的度假屋以及迷人的景致。这里的设备应有尽有，包括健身房、水疗和餐馆。乘坐快艇往返岛屿，房费包括机场接送。

岛上没有汽车，有的只是安静的海滩，这使其成为带孩子家庭的不错选择。

Meritus Pelangi Beach Resort & Spa 度假村 $$$

（见194页地图；☎04-952 8888；www.meritushotels.com；房间/套 含早餐 RM810/1880

起；❄@📶🏊）这是一家相当宽敞、适合一家人居住的度假村，设备齐全，包括适合孩子的活动、餐馆，以及一个看似永远不会冷场的泳池。最近的翻新让小木屋里传统马来风格的房间焕然一新，可以看到花园、游泳池或海滩景色。

中央海滩及周边

Zackry Guest House　客栈 $

（见194页地图；zackryghouse@gmail.com；房间 RM60~110；❄@📶）这家破败的家庭式住宿拥有家一样随意的、适合交际的氛围。客房简洁而干净，最近经过整修的公共空间包括有冰箱的小厨房，不过没有厨具。这里要求最少住两晚，不接受电话预订，而且只有约一半的客房是附浴室的。

★ La Pari-Pari　精品酒店 $$

（见194页地图；☎04-955 3010；www.laparipari.com；房间 含早餐 RM330起；P❄📶🏊）La Pari-Pari坐落在紧邻中央海滩的地带，风景如画，拥有闲适的氛围。12个一尘不染的房间略微有些太空时代的感觉，有巨大的卫生间。房间所在的白色小屋时髦别致，位于有躺椅的漂亮院子里，水池旁边就是海滩。

这里就是那种让客人们在游泳池边的酒吧兼餐馆fatCUPID（见194页地图；☎04-955 3010；hello@fatcupid.com.my；2273 Jln Teluk Baru；主菜 RM25~38；⏰周二至周日 9:00~22:30）里一边喝鸡尾酒，一边交换人生故事的地方。

Tropical Resort　酒店 $$

（见194页地图；☎04-955 4075；www.tropicalresortlangkawi.com；房间 含早餐 RM200~250；❄@📶🏊）位于一片安静的海滩旁边，沿一条沙径步行至海岸只需几分钟。酒店非常干净，经营良好。夜色来临之际，游泳池周围的柔和灯光营造出浪漫的场景。

Green Village　酒店 $$

（见194页地图；☎04-955 3117；www.greenvillagelangkawi.com；Jln Pantai Tengah；房间含早餐 RM140~220；❄@📶🏊）这里包括几栋相连接的低矮别墅，而中间是一个泳池和花园一般的院子。客房小，装饰过时，有的地方感觉相当破旧，但这里有自行车、树屋以及台球桌，是适合一家老小住宿的廉价选择。

★ Ambong Ambong　酒店 $$$

（见194页地图；☎04-955 8428；www.ambong-ambong.com；单间公寓/套 含早餐 RM720/980；❄📶🏊）酒店简约而又现代的建筑位于丛林山坡之上，彼此相得益彰。这旦有6间吸引人的单间公寓、3个大套房以及让人感觉巨大的双卧村舍，任你选择。每个房间都很时尚，宽敞通风，有可以俯瞰雨林和大海的阳台。陡峭的通道使得这里不适合需要乘坐轮椅的人和12岁以下的儿童。

Frangipani　度假村 $$$

（见194页地图；☎04-952 0000；www.frangipanilangkawi.com；房间 RM850~1200，套 RM1500~1800，全含早餐；❄@📶🏊）亲切的服务态度、致力于生态保护的诚恳努力，以及地处海滩的幽静部分，这些都是选择这个客房略嫌狭小的大型度假村的原因。

Villa Molek　酒店 $$$

（见194页地图；☎04-955 3605；www.villamolek.com；2863 Jln Teluk Baru；套 含早餐 RM700起；❄📶🏊）想找个清幽、家庭式住宿的话，可以考虑这里。12间上乘的公寓式套房，每间都包括客厅以及小厨房。客房被安置在距离海滩一路之隔的僻静小花园内，由于不接待18岁以下的孩子，吸引的主要是成年顾客。

Holiday Villa　度假村 $$$

（见194页地图；☎04-952 9999；www.holidayvillahotellangkawi.com；房间 RM540~590，套 RM1280~3630；❄@📶🏊）这座巨大的建筑充满了20世纪80年代的气息，而且包括了网球场、健身室、几家餐馆以及闪闪发亮的崭新无边游泳池。客房很通风，颜色鲜艳，还可以欣赏青翠的草地和银白的沙滩。

立咯海滩及周边

Berjaya Langkawi　度假村 $$$

（见190页地图；☎04-959 1888；www.berjayahotel.com；Karong Berkunci 200，Burau Bay；房间 RM750~860，套 RM1190~1740，全含早餐；❄@📶🏊）Berjaya在立咯海滩西端的

海岬，大概有424间客房，散布在一片广阔的区域内。住客往返接待处和各自的住处都有小巴接送。海滨套房最吸引人，但其他房间也能从窗外看到苍翠的雨林。在此住宿，附送雨林之旅。

Danna 酒店 $$$

（见190页地图；☎04-959 3288；www.thedanna.com；Telega Harbour Park, Pantai Kok；房间 RM1200~2700，套 RM4500~5000，全含早餐；❄@📶🏊）这家壮丽的豪华酒店用一些细节诠释了殖民时代主题，比如台球间、图书室和雪茄间，以及印式午餐和英国特色下午茶。房间很大，配备漂亮的家具和大理石地板，酒店的游泳池是兰卡威最大的。

达泰湾

Datai Langkawi 度假村 $$$

（见190页地图；☎04-950 0500；www.thedatai.com；Jln Teluk Datai；房间 RM1600~4500，套 RM3000~15,000，全含早餐；P❄@📶🏊）位于岛上西北端的Datai被原始雨林环绕，让人感觉既奔放又奢华。除了酒店主楼里的房间和套间之外，这里还有宽敞和现代化的雨林别墅或海滨别墅可供选择。

每个住处都通向小型城市般的服务设施（水疗馆、健身室以及瑜伽馆等），更别提这里拥有岛上最好的海滩。你会在此获得独特的奢华感受。

Andaman Langkawi 度假村 $$$

（见190页地图；☎04-959 1088；www.luxurycollection.com/andaman；Jln Teluk Datai；房间 RM800~1400，套 RM1500~3000，全含早餐；P❄@📶🏊）这座像是位于雨林之中的豪华木制马来风格建筑拥有五星级酒店的设备和餐饮处，以及迷人的半私家海滩。这里没有别墅或洋房，但是客房宽敞，而且拥有迷人的景色。

丹绒鲁

★ Tanjung Rhu Resort 度假村 $$$

（见190页地图；☎04-959 1033；www.tanjungrhu.com.my；房间 RM1550~2800，套 RM3000~3500，全含早餐；P❄@📶🏊）这家美丽的度假村拥有舒适宽敞的房间，以及可眺望丹绒鲁美丽的石灰岩景观及碧绿海水的阳台。这里的服务既周到又亲切，两个优雅的50米游泳池和潟湖游泳池是额外的吸引点。没有水上运动，2.5公里的私家海滩安详僻静。

它唯一的缺点就是远离兰卡威的许多景点、餐馆以及夜店，但寻求彻底放松的人或许会视其为优点。

四季酒店度假村 度假村 $$$

（Four Seasons Resort；见190页地图；☎04-950 8888；www.fourseasons.com/langkawi；房间 RM2900~3500，别墅 RM7000~25,000，全含早餐；P❄@📶🏊）这里充满青春气息（至少和其他四季酒店度假村相比）以及摩洛哥风格，是最独特和豪华的兰卡威别墅之一。度假村设备完善，服务无可挑剔。浴室大得能让你迷路，而我们非常喜爱它养护极佳的森林和半私家的海滩。

就餐

瓜埠周边

Wan Thai 泰国菜 $$

（见190页地图；☎04-966 1214；80 & 82 Persiaran Bunga Raya；主菜 RM12~55；⏲11:00~15:30和18:30~22:00）这家热闹的餐馆提供出色的泰国传统菜式，让人不由想起兰卡威在地理位置上更靠近泰国，而非马来西亚大陆。设计师不吝于在大餐厅里使用华丽光亮的地板。班兰叶鸡肉等热门菜肴很早就会卖光，所以建议预订。

Wonderland Food Store 中国菜 $$

（见190页地图；Lot 179-181, Pusat Perniagaan Kelana Mas, Kuah；主菜 RM10起；⏲周六至周四 18:00~23:00）在瓜埠外的几家中式海鲜餐馆中，Wonderland算是历史较悠久而且口碑最佳的。这里很随性、开放，而且食物便宜又好吃。

珍南海滩及周边

Padang Pasir 印度菜 $

（见194页地图；☎04-966 6786；Jln Pantai Cenang；主菜 RM11~16；⏲7:00至次日1:00）这家位置优越的食品摊在珍南主街上有露天座位，出售诱人的鸡肉、羊肉和刚出炉的馕，还

不要错过

兰卡威的流动夜市

在兰卡威寻找当地食物很难。幸好，喜爱马来食品的游客可到岛上不同地点的流动夜市（pasar malam）去看看。18:00~22:00，在以下地点可以找到价格便宜、可外带的小吃：

周一 Jalan Makam Mahsuri Lama（见190页地图），位于岛中央，离MARDI Agro Technology Park不远。

周二 Kedawang（见190页地图），就在机场以东。

周三和周六 瓜埠（见190页地图），在Masjid Al-Hana对面，是最大的夜市。

周四 Bohor Tempoyak（见194页地图），珍南海滩的北端。

周五 Padang Lalang（见190页地图），位于黑沙海滩附近的环岛。

周日 Padang Matsirat（见190页地图），机场以北的环岛附近。

有扁担饭（nasi kandar；咖喱饭）和烙饼。从7:00开始营业，出售早餐，直到凌晨1:00。在一天里的任何时候，这里都是歇脚补充体力的好地方。

Kasbah 各国风味 $$

（见194页地图；Pantai Cenang；主菜 RM7~23；⌚9:00~23:00）具有艺术气质的老板用再生材料修建并装饰了这座侧面敞开式的宽敞木建筑，在里面开设悠闲美妙的咖啡馆。雷鬼音乐、吊床、书籍和游戏吸引了一群开心的旅行者，菜单上还有不错的咖啡、早餐、沙拉和三明治，以及备受推荐的马来西亚日常特色菜。

Brasserie 地中海菜 $$

（见194页地图；☎04-955 1927；27A Jln Pantai Cenang；主菜 RM24~118；⌚周二至周日 正午至23:00）优雅的海滩餐馆兼酒吧在海风轻拂且树木成荫的户外就餐区域提供现代欧洲美食，还有海景和脚下的沙子。16:00~18:00是鸡尾酒"欢乐时光"。

Red Tomato 各国风味 $$

（见194页地图；☎04-955 4055；5 Casa Fina Ave, Pantai Cenang；主菜 RM20~40；⌚9:30~22:30）Red Tomato的经营者可以做出岛上最棒的比萨。这里还是一个受欢迎的早餐地点，早餐有按你要求制作的鸡蛋等，可搭配自制面包。

Nam 各国风味 $$$

（见190页地图；☎04-955 6787；Bon Ton Resort, Jln Kuala Muda；主菜 RM30~94；⌚11:00~23:00；✎）在Bon Ton（见198页）内，这家餐厅的融合饮食很多，有金瓜烤羊肉、薄荷沙拉配番茄果酱，以及9道菜肴的娘惹菜式。这里有许多蔬菜佳肴，而且到了晚上，森林加上天空中的点点繁星，营造出绝佳的气氛。高峰期（12月和次年1月）建议预订。

Putumayo 亚洲菜 $$$

（见194页地图；☎04-953 2233；Lot 1584, Pantai Cenang；主菜 RM10~100；⌚13:00~23:30）服务一流（侍者会为你将餐巾叠在膝上），而且有漂亮的户外庭院。菜肴包括亚洲各国口味，从马来西亚到泰国，再到中国，新鲜的鱼和海鲜（包括巴掌大小的虾）按照重量论价。

Orkid Ria 中国菜 $$$

（见194页地图；☎04-955 4128；Lot 1225, Jln Pantai Cenang；主菜 RM12起；⌚11:30~15:00和18:00~23:00）想在珍南海滩吃中式海鲜就要来这里，肥美的虾、鱼、螃蟹等都是在店里的鱼缸中直接打捞起来的。然而这里的价钱不便宜。

中央海滩及周边

Melayu 马来西亚菜 $

（见194页地图；☎04-955 4075；Jln Teluk Baru；主菜 RM5~10；⌚15:00~22:30）舒适的餐厅、宜人的户外座椅和高效的服务，我们都对它居然还能保持这样合理的价格而意外。这是夜晚品尝正宗且便宜的马来西亚美食的好地方，因为岛上多数本地餐馆提供自助午餐。不提供酒，但你可以自带，不收服务费。

Llawa 马来西亚菜 $$

（见194页地图；☎04-955 3608；Lot 2863 Jln Teluk Baru；主菜 RM26~75；⊙周五至周三15:00~23:00）这家"用餐休息室"给人的第一印象是灯光幽暗，宽大的椅子配着绚丽的垫子，可能很吸引顾客。而且幸运的是，这样的氛围与他们所提供的马来西亚美食相得益彰。我们推荐丰富奢华的牛肉仁当和烤大虾。菜单中还有特色的牛排以及其他一些中规中矩的菜式。

Istanbul 土耳其菜 $$

（见194页地图；☎04-955 2100；hungry_monkey@hotmail.com；Jln Pantai Tengah；主菜 RM22~60；⊙18:00至午夜；📶）Istanbul有舒适的餐厅，服务态度亲切，而且所售卖的食品不只是土耳其烤肉那么简单。我们非常喜欢这里蘸茄子酱的阿达纳羊肉，既能填饱肚子，又可口。若那还不能满足你的食欲，试试1米长的肉串，搭配米饭、面包、各种开胃菜拼盘、烤西红柿和辣椒（RM250）。

Troppo Co 各国风味 $$

（见194页地图；☎04-955 2602；Lot 1697 Kampung Tasek Anak, Jln Teluk Baru；三明治 RM18~30；⊙周三至周一 9:00~17:00；❄📶）这是一家有室外座位的咖啡厅，室内有空调，售卖的是地道的咖啡和水果冰沙，还有配搭丰富的早餐和使用自制面包制作的创意三明治。

La Chocolatine 法国菜 $$

（见194页地图；☎04-955 8891；3 Jln Teluk Baru；主菜 RM15~30；⊙9:00~21:00；❄）一级棒的法式甜点——法国牛角面包、蛋挞和巧克力泡芙，还有沙拉、三明治以及法式咸派。我们有提到咖啡、茶和真正的热巧克力吗？总之，这是一家设有空调的精致小吃店。

Fat Mum 中国菜 $$

（见194页地图；☎04-955 9882；Lot 62A Jln Teluk Baru；主菜 RM10~36；⊙周三至周一 9:00~22:00）让这里得名的老板就是令人愉快的存在，她能够烹制招牌传统中国家常菜，包括家常豆腐和特色燃面。

Unkaizan 日本菜 $$$

（见194页地图；☎04-955 4118；www.unkaizan.com；Jln Teluk Baru；主菜 RM30~100；⊙18:00~23:00，每月的第2个周三关门）在舒适的小屋和开放的露台上均有座位，售卖广获好评的日本料理。菜单上包括所有出名的日本菜，但别忘了询问今日特选食品，因为那常包括用进口自日本的海鲜烹制的菜品。建议订位。

立咯海滩及周边

Privilege 马来西亚菜 $$$

（见190页地图；☎04-956 1188；www.privilegerestaurant.com；B8, 1st fl, Perdana Quay；主菜 RM40~100；⊙周一至周六 正午至23:00）这家既亲密又带点儿爵士味的餐厅可以俯瞰湖港（Telaga Harbour）的美景。菜单上有各国风味和现代马来西亚菜肴，还有一些很棒的甜点，包括马六甲椰糖布丁和自制冰激凌。富有异国情调的冰激凌口味独特，有椰子、罗望子、盐渍肉豆蔻和马六甲椰糖等口味。

岛屿其他地方

★Siti Fatimah 马来西亚菜 $

（见190页地图；Jln Kampung Tok Senik, Kawasan Mata Air；主菜 RM5起；⊙周四至周二7:00~16:30）这里售卖的马来食品可能是兰卡威最出名的，而它也确实是实至名归。10:00左右过来，自助餐将摆出数十种浓郁的咖喱、烤鱼、蘸酱、小炒以及其他马来菜。这里的食物口味较重，价格不贵。它位于Jln Kampung Tok Senik，大部分出租车司机都知道。

饮品和夜生活

兰卡威的免税地位使其成为马来西亚最便宜的买酒地点。许多餐馆和酒店的酒价仅为马来西亚大陆的一半。珍南海滩一带有一些不错的海滩酒吧，包括日落时分沙滩上涌现出来的一些悠闲烛光和躺椅。与岛屿本身一样，这里的酒吧场所相当闲适，那些想要尽情狂欢的人或许会失望。

Little Lylia's Chill Out Cafe 酒吧

（见194页地图；Pantai Cenang；⊙正午至次日1:00）这家已经经营许久的酒吧给人一种老

朋友的感觉，而且营业至深夜。桌椅虽然看起来像是要散架似的，但亲切的服务和悠闲的气氛还是很吸引人。

Yellow Café 酒吧

（见194页地图；Pantai Cenang；⏲周三至周一 正午至次日1:00；📶）这里让人感觉轻松自在，豆袋椅摆在沙滩上，而且售卖一些进口啤酒。16:00~18:00光临的话，啤酒买一送一。

Cliff 酒吧

（见194页地图；www.theclifflangkawi.com；Pantai Cenang；⏲正午至23:00）Cliff位于珍南海滩和中央海滩的分界点，适合在落日时分来喝一杯鸡尾酒。这里的酒种类多，而且售卖欧洲风味到马来西亚风味的佳肴（主菜RM23~72）。

La Sal 餐馆、酒吧

（见194页地图；www.casadelmar-langkawi.com；Casa del Mar, Pantai Cenang）这家露天餐馆兼鸡尾酒酒吧售卖的饮料相当有创意。谁喜欢五香苹果和肉桂莫吉托？冬阴功马丁尼呢？一到傍晚，沙地上桌子和手电筒的照明让La Sal看起来颇具吸引力。

Charlie's Bar & Grill 酒吧

（见190页地图；www.langkawiyachtclub.com；Jln Pantai Dato Syed Omar, Langkawi Yacht Club, Kuah；⏲9:00至午夜）酒吧离码头大约500米，虽然在兰卡威游艇俱乐部（Langkawi Yacht Club）里面，但是服务亲切，不做作，而且既是酒吧也是餐馆（主菜RM22~60）。如今，这里已经翻新。

Sunba Retro Bar 酒吧

（见194页地图；www.sungroup-langkawi.com；Jln Teluk Baru；⏲19:00至深夜）这里有室内翻唱乐队表演，DJ打碟的音乐风格主要面向20世纪60年代、70年代和80年代的观众。酒吧还有一个储备丰富的吧台，刺激这里的派对直到深夜。

购物

免税购物使得兰卡威对马来西亚人颇具吸引力。他们蜂拥至此，购买厨具、箱子和巧克力。不过除非你打算选一套新的炖锅或盘子，否则不太可能被免税店打动。免税商店大多集中在瓜埠码头，以及靠近海底世界的珍南海滩南端。

Atma Alam Batik Art Village 手工艺品

（见190页地图；☎04-955 1227；www.atmaalam.com；Jln Padang Matsirat, Petronas加油站附近；⏲9:00~18:00）这个巨大的手工艺品场馆的商品主要是蜡染，游客可以花RM30自己彩绘并带回成品。Atma Alam位于Padang Matsirat内，距离机场不远，大部分出租车司机都很熟悉这一带。

Kompleks Kraf Langkawi 手工艺品

（Langkawi Craft Complex；见190页地图；☎04-959 1913；www.malaysiacraft.com.my；Jln Teluk Yu；⏲10:00~18:00）来到这个巨大的手工艺品中心能观赏到传统工艺品中的典范，购买任何你能想象的马来西亚产品或工艺品。中心位于岛屿北端，靠近黑沙海滩（Pantai Pasir Hitam），这里也有一些关于当地传说和婚礼的展览。

实用信息

上网

尽管大部分酒店和餐馆都提供Wi-Fi，但连接不稳定，尤其是在丛林较多的地区。网吧罕见，而且彼此之间相隔很远，其中的一家是**Happy Sky Net Cafe**（见194页地图；Jln Pantai Cenang；每小时RM5；⏲9:00~20:00）。

医疗服务

兰卡威医院（Langkawi Hospital；见190页地图；☎04-966 3333；Jln Bukit Teguh）医院就位于瓜埠以西，紧邻通往机场的112公路。

现金

岛上的银行都设在**瓜埠**（见190页地图）以及**海港公园帆船中心**（Telaga Harbour Park；见190页地图），但是机场、码头、**Cenang Mall**（见194页地图）以及**海底世界**（Underwater World；见194页地图）也都设有自动柜员机。珍南海滩也有几个**货币兑换处**（见194页地图）。

旅游信息

马来西亚旅游局（Tourism Malaysia；见190页地图；☎04-966 7789；Jln Persiaran Putra, Kuah；⏲9:00~17:00）在兰卡威有3个旅游局办事处，分别位于瓜埠码头渡轮站入口、瓜埠Jalan Persiaran

渡轮警告

7月至9月的雨季期间，你或许不会想考虑乘船到兰卡威，尤其是从槟城出发。每年的这段时间，海上行船通常相当颠簸，乘坐渡轮可能会严重晕船呕吐，过程其实挺让人害怕的。别说我们没提醒你。

Putra（清真寺旁边）和机场到达大厅（办公至22:00），这些办事处所提供的资料很齐全。

网站

网站www.naturallylangkawi.my有岛上的完整资料。岛屿的另一个资料库是www.langkawi-info.com。

旅行社

珍南海滩沿途和瓜埠码头分布着不少旅行社，可以组织普通的团队游，出售各种门票。

Blue World Travel（见194页地图；☎04-966 3637；www.theblueworldtravel.com.my；3 Kedai Jln Pantai；⊙9:00~23:00）一家有用的旅行社，在珍南海滩和瓜埠码头有办事处。

到达和离开

飞机

兰卡威国际机场（Langkawi International Airport；见190页地图；☎04-955 1311；www.langkawiairport.com）位于岛上西部的Padang Matsirat附近。你可以在此找到自动柜员机、货币兑换服务、汽车出租服务、旅行社和马来西亚旅游局办事处。大约有六七家航空公司提供往返兰卡威岛的航班。

亚洲航空公司（AirAsia；☎全国 600 85 8888；www.airasia.com）每天都有航班飞往吉隆坡、槟城以及新加坡，每周有4趟航班飞往古晋。

飞萤航空（Firefly；☎全国 03-7845 4543；www.firefly.com.my）每天都有航班飞往吉隆坡梳邦机场（Subang Airport）以及槟城。

马来西亚航空公司（Malaysia Airlines；☎全国 1300-883 000；www.malaysiaairlines.com）每天都有飞往吉隆坡的航班。

马印航空（Malindo Air；☎全国 03-7841 5388；www.malindoair.com）每天都有航班飞往吉隆坡。

胜安航空（Silk Air；☎全国 03-2618 6333；www.silkair.com）每周有3趟飞往新加坡的航班。

虎航（Tigerair；☎新加坡办事处 +65 3157 6434；www.tigerair.com）每天有3趟航班飞往新加坡。

船

所有客船都停靠在繁忙的瓜埠码头。包括**Langkawi Ferry Service**（简称LFS；☎04-966 9439；www.langkawi-ferry.com）在内的许多经营者选择联合经营开往下列地点的渡船，除了丽贝岛（Ko Lipe）由Tropical Charters（见195页）运营之外。

目的地	票价(成人/儿童)	行程	发船班次
玻璃市港口	RM18/13	1.25小时	每1.5小时1班，7:30~19:00
瓜拉吉打	RM23/17	1.75小时	每1.5小时1班，7:30~19:00
沙敦(泰国)	RM30/23	1.25小时	9:00、13:00和17:00
丽贝岛(泰国)	RM118/100	1.5小时	9:30和14:30
乔治市	RM60/45	2.75小时	10:30、14:30和17:15

当地交通

抵离机场/码头

从机场到一些地方的出租车车费是固定的，这些地点包括瓜埠码头（RM30）、珍南海滩或立咯海滩（RM20）、丹绒鲁（RM45）以及达泰湾（RM70）。从瓜埠码头到珍南海滩的车费是RM30。离开机场航站楼之前到柜台买张现金券，并用此券付车费给司机。

小汽车

在这里可以用很低的价格租到汽车，而你一抵达瓜埠码头，旅行社代理就会蜂拥而上。租车价格一般在一天RM70或以上，但可以讨价还价。

T Shoppe（见194页地图；☎04-955 5552；Pantai Cenang）提供汽车、摩托车租赁，还有飞机票和普通船游及浮潜旅行。它在中央海滩（见194页地图）和瓜埠也有分支机构。

摩托车和自行车

这里最方便的交通工具就是租一辆摩托车，每天大约RM35。你可以悠闲地在一天内完成环岛旅行（70公里）。道路很好走，在瓜埠外骑摩托车其实挺容易也挺自在的。岛上各处都可租到摩托车。许多地方也以一天RM15的价格出租自行车。

出租车

兰卡威岛没有公共交通，所以出租车是主要的交通工具，但车费较高，所以租车比较合算。机场、瓜埠码头、**珍南海滩**(见194页地图)、**Cenang Mall**(见194页地图)、**中央海滩**(见194页地图)，以及Frangipani酒店都设有出租车站。到所有目的地都有固定费用，站点有公示，出租车不用计价器。另外可以花RM120包4小时的出租车。

亚罗士打(Alor Setar)

人口：405,523

许多游客把吉打州的首府亚罗士打（也称Alor Star）当成通往兰卡威岛或马来西亚南部的出发地，但其实这里有足够让你游览一整天的景点。这是个非常有马来特色的城市，伊斯兰教义在这里根深蒂固，当地人也对当地皇族非常敬畏。

景点

马哈蒂尔诞生地 博物馆

(Mahathir's Birthplace, Rumah Kelahiran Mahathir; ☎04-772 2319; 18 Lg Kilang Ais; ⏲周二至周四、周六和周日 10:00~17:00，周五 10:00至正午和15:00~17:00) 免费 马哈蒂尔·穆罕默德（Mahathir Mohamad）是马来西亚第四任首相，也是任职时间最长的首相。这位前首相曾经是一位医生，于1925年在亚罗士打出生，是家中九个孩子之中的老幺。他童年的居所“马哈蒂尔诞生地”现在已被改造成一家值得一游的小型博物馆，陈列着家中物品、照片以及他骑过的旧自行车。除了让人了解马哈蒂尔的早年生活之外，博物馆也是马来西亚传统房屋的有趣范例。

亚罗士打塔 塔

(Menara Alor Setar, Alor Setar Tower; ☎04-720 2234; www.menaraalorstar.com.my; Lebuhraya Darul Aman; 成人/儿童 RM15/8; ⏲9:00至午夜）如果你觉得看了吉隆坡的双子塔还不够的话，这里还有马来西亚第二高的亚罗士打塔。它有165.5米高，是城中最高的建筑。你可搭乘电梯到观望台，欣赏亚罗士打和周围的美景。

州立博物馆 博物馆

(Muzium Negeri, Kedah State Museum; ☎04-733 1162; Lebuhraya Darul Aman; ⏲周六至周四 9:00~17:00，周五 9:00~12:30和14:30~17:00) 免费 州立博物馆位于中央广场以北2公里处。藏品相当枯燥，包括作为布秧谷考古发现背景的中国早期瓷器，还有吉打皇室和乡村生活的立体模型。从城镇中心过来的出租车费用为RM10。

罗塔南佛寺 佛教寺庙

(Wat Nikrodharam; Jln Stadium) 免费 虽然亚罗士打曾被泰国统治了多年时间，但它的佛教社群还是以华人为主。因此才会出现这座融合两种文化的佛教寺庙：既有典型的泰式建筑特色，又夹杂着中式佛教的佛像，因为它们对于捐赠建筑寺庙的华人很重要。佛寺坐落在Telok Wanjah和Jln Stadium之间，靠近环岛。

城市广场

城市广场（Town Square）的绿地前面有些令人印象深刻的建筑。

查希尔清真寺 清真寺

(Masjid Zahir; Jln Sultan Muhammad Jiwa; ⏲7:00~19:00）查希尔清真寺是吉打州的州立清真寺，也是马来西亚最古老、最漂亮的清真寺之一。它建于1912年，摩尔式的建筑风格使其不同于其他更现代化的马来西亚清真寺。这里也是1821年与暹罗人交战的吉打勇士的墓地所在。

大殿堂 历史建筑

(Balai Besar, Great Hall; Jln Sultan Muhammad Jiwa）这座开放式的建筑建于1896年，不对外开放，吉打州的苏丹至今仍在这里举行皇室和马来西亚联邦的庆典。高大的柱子支撑着维多利亚式的花边铸铁雕饰，也显示出其装饰风格受到了泰国的影响。

皇家博物馆 博物馆

(Muzium Diraja, Royal Museum; Padang Court, Jln Raya; ⏲周六至周四 9:00~17:00，周五 9:00~12:30和14:30~17:00) 免费 这些建筑由嘎吱嘎吱的木地板相连，曾经（1856年开始）是苏丹王以及其家族的皇宫，现在是一座博

Alor Setar 亚罗士打

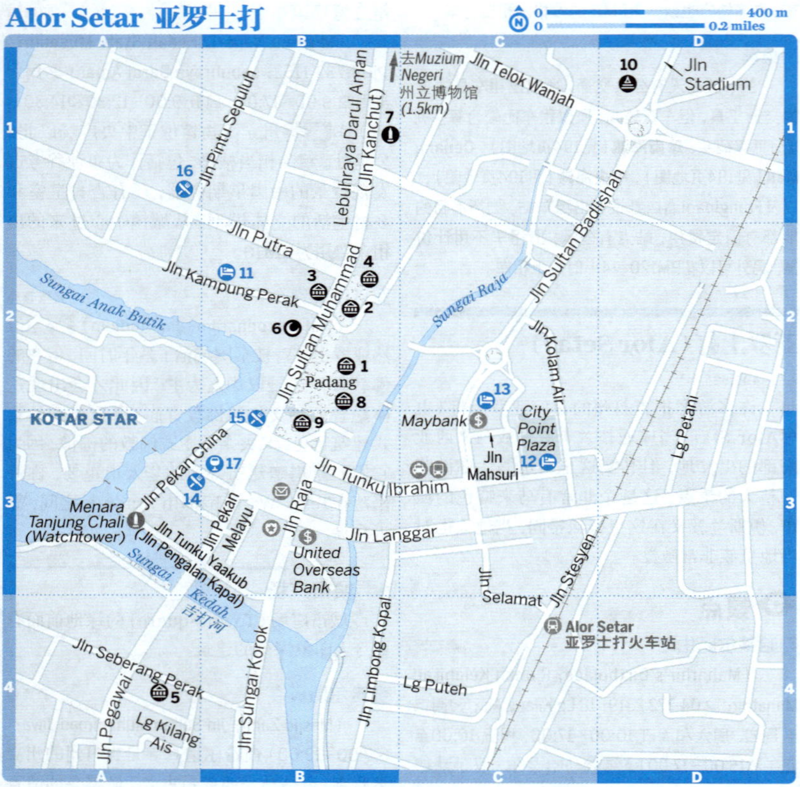

Alor Setar 亚罗士打

景点

1 大殿堂 B2
2 皇家乐队馆 B2
3 钟楼 B2
4 苏丹阿卜杜勒·哈利姆博物馆 B2
5 马哈蒂尔诞生地 A4
6 查希尔清真寺 B2
7 亚罗士打塔 B1
8 皇家博物馆 B2
9 州立艺术馆 B3
10 罗塔南佛寺 D1

住宿

11 Comfort Motel B2
12 Holiday Villa C3
13 New Regent C2

就餐

14 Caffe Diem A3
15 Muda Coffee Shop B3
16 Nasi Lemak Ong A1

饮品和夜生活

17 Terrace Forty Eight B3

物馆，展示的皇室用品记录了吉打第26任苏丹的五个孩子（两位王子和三位公主）在1904年大婚的历史性时刻——庆典持续了90天。

州立艺术馆 美术馆

（State Art Gallery; Jln Sultan Muhammad Jiwa; ⏲周六至周四 9:00~17:00，周五 9:00~12:30和14:30~17:00）这间画廊于1893年建造时本来是座法院。它典雅的建筑设计本身就值得人们前来欣赏，而画廊里的现代马来西亚艺术展品反而相形见绌，没那么吸引人。

皇家乐队馆
历史建筑

(Balai Nobat; Padang Court)建于1906年的皇家乐队馆非常引人注目，它是一座顶着洋葱形圆顶的八角形建筑。它储存了皇家乐器(nobat)，主要是敲击乐器，乐队里的鼓据说是马六甲苏丹于15世纪所赠的。这里不对外开放，乐器也只有在重要庆典(如皇室婚礼)上才会亮相。

苏丹阿卜杜勒·哈利姆博物馆
博物馆

(Galeri Sultan Abdul Halim; Jln Sultan Muhammad Jiwa; 成人/儿童 RM5/2; ⌚周六至周四 10:00~17:00)这座建于1922年的前高等法院，如今是为吉打州苏丹端古·阿卜杜勒·哈利姆(Abdul Halim Mu'adazam Shah)专设的博物馆。里面的展品包括照片和苏丹的详尽纪念品，从高尔夫帽子到劳斯莱斯，甚至是这位陛下的旧手机，应有尽有。

钟楼
历史建筑

(Clock Tower; Jln Sultan Muhammad Jiwa)这栋钟楼建于20世纪初，当时是为了让周围清真寺的宣礼员知道应该何时召集信徒到清真寺做祷告。

住宿

Comfort Motel
酒店 $

(☎04-734 4866; 2C Jln Kampung Perak; 房间 含公共卫生间 RM28~40; ❄)这是一家经济实惠的中式廉价酒店。它位于清真寺对面，是一座整修过的木屋。客房整洁，带电视和空调，但除此之外就没什么设施了，而且浴室是公用的。

Holiday Villa
酒店 $$

(☎04-734 9999; www.holidayvilla.com.my; 162 Jln Tunku Ibrahim; 房间 RM320，套 RM450~650，全含早餐; ❄@🛜🏊)这家City Point广场购物中心隔壁的酒店是全城最好的。它的客房宽敞，设计有品位，设施齐全，包括健身室、泳池和水疗设施等。网上费用是这里标价的一半。

New Regent
酒店 $$

(☎04-731 5000; regentnew@gmail.com; 1536 Jln Sultan Badlishah; 房间 RM165，套 RM270~320，全含早餐; ❄🛜)这家经营很久的酒店在最近翻新之后，大堂区域看起来现代而花哨。虽然房间不甚协调，但也干净，设施齐全。可能提供优惠促销价格。

就餐

★Muda Coffee Shop
中国菜 $

(Jln Pekan China; 主菜 RM3~20; ⌚14:30~23:00)事先说好，这里只适合敢于尝试不同食物的人：服务员不太会说英语，而这里出名的是蒸鱼头。不过这里的蒸鱼头真是太棒了，配上酱油炒面和啤酒，是我们在马来西亚吃过的最好吃的一餐。位于Jln Sultan Muhammad Jiwa的路口附近。

Nasi Lemak Ong
马来西亚菜 $

(☎012-498 3660; 24, ground fl, Jln Putra; 主菜 RM5~12; ⌚周四至周二 10:30~15:30; ❄)这个卖椰浆饭(椰浆蒸米饭，搭配江鱼仔、花生和咖喱菜)的地方由家庭经营，是受上班族喜爱的午餐地点，值得排队。从摆放在柜台里的种类繁多的菜肴中挑选米饭和配菜，包括蜂蜜或香辣鸡、咖喱羊肉、各种鱼以及素菜。

Caffe Diem
咖啡馆 $$

(☎04-730 9328; 6 Jln Penjara Lama; 主菜 RM14~16; ⌚正午至午夜; ❄🛜)亚罗士打版本的时尚咖啡馆是一个友好而奇特的地方，在漂亮的中式老屋里提供咖啡、三明治、意大利面、沙拉和自制蛋糕。

饮品和夜生活

Terrace Forty Eight
酒吧

(48 Jln Penjara Lama, Pekan Cina; ⌚17:00至次日2:00)相当浮华的酒吧，出乎意料的现代，有光亮的水泥墙壁、桶装吉尼斯黑啤及其他酒水，还有一份小吃菜单(RM16~48)。这里是深入亚罗士打派对圈子的地方。

到达和离开

飞机

苏丹阿卜杜勒·哈利姆机场(Sultan Abdul Halim Airport)位于城镇北部11公里处，靠近Lebuhraya收费公路。**亚洲航空公司**(☎全国 600 85 8888; www.airasia.com)、**飞萤航空**(☎全国 03-7845 4543; www.firefly.com.my)和**马来西亚航空公司**(☎全国 1300-883 000; www.

前往泰国：黑木山到合艾

前往边境 位于亚罗士打以北48公里处的黑木山（Bukit Kayu Hitam）边境是往返马来西亚和泰国的主要公路的关口，但这里没有出租车或长途汽车，所以要在这里过境，最实际的方法就是从马来西亚的其他地方搭直通泰国的长途汽车。

到达边境 马来西亚的关口每天6:00至午夜开放。所有的乘客必须下车接受海关和移民部（泰国和马来西亚）检查，然后再上车。

继续前行 关口没有当地交通工具，也就是说，穿越这处边境最可能的方式还是乘坐前往合艾（Hat Yai）的长途汽车。

malaysiaairlines.com）每天都有飞机飞往吉隆坡（吉隆坡国际机场和梳邦机场，RM107起，1小时）。

长途汽车

主要长途汽车总站**Shahab Perdana**在市中心以北4公里处。当地的长途汽车开往瓜拉吉打（RM3，1小时，7:00~22:00班次频繁），沿途经过市中心。Jln Tunku Ibrahim出租车站点旁边有一处**长途汽车停靠站**（Jln Langgar）。

从市中心开往Shahab Perdana的长途汽车费用为RM1.30，搭乘出租车需RM10。目的地包括：

目的地	票价	行程	发车班次
加央	RM6.30	1小时	每小时1班，6:45~20:30
瓜拉吉打	RM3	1小时	每小时1班，7:00~22:00
北海	RM10.80	1.5小时	每30分钟1班，10:00~20:45
怡保	RM29.40	4小时	发车频繁，9:30~21:00
哥打巴鲁	RM39.10	6小时	10:15和22:15
吉隆坡	RM43	7小时	每30分钟1班，9:30至午夜
马六甲	RM56.70	8小时	发车频繁，9:30~23:30
新加坡	RM80	12小时	21:00、21:45和22:00

火车

火车站（Jln Stesyen）位于市中心东南850米处。每天都有一班火车向北开往泰国合艾（RM9~48，3.5小时，7:56），还有一班开往曼谷（大约RM110，18.5小时，14:00）。每天有一班火车向南开往北海（RM8~26，2小时，11:09），一班开往吉隆坡（9.5小时，RM39~51，19:55）。

当地交通

Jln Tunku Ibrahim有个**出租车站**，去机场或从机场来此的出租车车费为RM30。可从这里步行至市中心。

亚罗士打周边（Around Alor Setar）

稻米博物馆 博物馆

（Muzium Padi, Paddy Museum; ☎04-735 1315; 紧邻Hwy K351; 成人/儿童 RM5/2; ⏲周六至周四 9:00~17:00，周五 9:00~12:30和14:30~17:00）稻米博物馆展出的都是吉打的主要作物：稻米。博物馆位于亚罗士打西北10公里处的稻田中，乘坐出租车来此的费用为RM25。建筑群具有明显的社会主义乌托邦之感，据说是模仿农夫用的麻袋。如果你真的很喜欢稻米，你会喜欢这个面面俱到的展览。

这里的主要展厅是顶楼的旋转展示台，可欣赏四周一望无际的稻田。这样的设计是为了配合附近的水晶山（Gunung Keriang），那是一座传说会转动的石灰岩山。

瓜拉吉打（Kuala Kedah）

这个忙碌小渔村距离亚罗士打11公里，是乘船前往兰卡威岛（成人/儿童 RM23/17）的出发点。7:00~19:00，开往岛屿的渡船几乎每小时都有一班。从亚罗士打开往瓜拉吉打的出租车费用为RM20；7:00~22:00，每小时都有一班长途汽车（1小时，RM3）。

瓜拉吉打城堡 要塞

（Kota Kuala Kedah; www.jmm.gov.my; Jln Marina Harbour; ⏲9:00~19:00）免费 这座1780年建成的要塞在瓜拉吉打镇对面、吉打河（Sungai Kedah）的远处河岸上，从渡船站乘出租车过来需要10分钟。城堡曾经是葡萄牙人在马六甲的基地，后来则是抵御暹罗人的马来独立运动的堡垒，直到最终于1821年被入侵者攻陷。维护良好的遗址内还有一座博物馆，介绍要塞和吉打州的历史背景。

你可以尝试寻找一尊叫“打滚犀牛”(Meriam Badak Berendam)的大炮，它被认为是堡垒的守护神。

玻璃市(PERLIS)

玻璃市是马来西亚最小的州，所以向来不受游客关注，一般只被当作通往泰国或兰卡威岛（经由玻璃市港口）的过境点。就连马来西亚人也都只把它看作是泰国边境上的大米生产地罢了。虽然这里没什么吸引游客的景点，但和当地人一起闲话家常，学学马来语（因为几乎没人说英语）也不错。再不然，面积不大却很美的玻璃市州立公园(Taman Neger Perlis; 见210页)也值得一看。

历史

玻璃市原本是吉打的一部分，但曾受泰国和亚齐王朝的统治。1821年，吉打被泰国攻占后，吉打州的苏丹曾尝试夺回领土，却一直都没成功。1842年，苏丹接受泰国的条件得已复位，但玻璃市则被划为泰国的属国并册立了自己的王公。

按照1909年的《英暹条约》(*Anglo-Siamese Treaty*)，泰国将玻璃市和吉打的主权转给英国，并在亚娄(Arau)设立了英国政府的办事处。第二次世界大战的日本占领时期，玻璃市被“交还”给泰国，战后再度处于英国的统治之下，直至它成为马来亚联盟的一部分，最后于1957年并入马来亚联邦。

加央(Kangar)

人口：48,898

位于亚罗士打西北45公里处的加央是玻璃市的首府，拥有一种小镇氛围。这个惬意的首府与该州大致相似，放松和闲聊是等车游客的不错选择，因为除此之外，这里也没有其他活动了。

景点

哥打稼秧博物馆 博物馆

(Muzium Kota Kayang; ☎04-977 0027; Al-Marhum Kayang; ⏲10:00~17:00) 免费 位于加央西南大约7公里处的这座博物馆虽然不大，却也不可小觑，里面陈列着反映当地历史的展品，包括新石器时期的工具、皇室的标记和陶器等。这里拥有一些珍贵的收藏品，而且设备出奇的现代化，附有英文解说。博物馆的附近有许多石灰岩山和洞穴，以及16世纪两位吉打苏丹的陵墓。从加央到这里需要乘坐出租车(RM12)。

食宿

车站附近零星分布着许多经济型餐馆和咖啡馆。

Hotel Ban Cheong 酒店 $

(☎04-976 1184; 79 Jln Kangar; 房间 RM40~65; ❄📶) 这座历史悠久的中式酒店位于市中心，拥有基本的单人间（带有风扇以及公共浴室）以及装有空调和专用设施的双人间。房间需要翻新，而且需要打扫一下，但对暂住一晚的游客来说，不失为一个经济实惠的选择。

Hotel Sri Garden 酒店 $$

(☎04-977 3188; www.hotelsrigarden.webs.com; 96 Persiaran Jubli Emas; 房间 含早餐 RM118~180; ❄📶) 标准的马来西亚中等价位客房，既干净又通风。

到达和离开

长途汽车

长途（快车）汽车站位于加央南边的Jalan Bukit Lagi。班次信息如下：

目的地	票价	行程	发车班次
亚罗士打	RM6	1小时	每小时1班，8:00~19:00
北海	RM15.10	3小时	每30分钟1班，7:30~19:15
怡保	RM34.90~37.30	6小时	9:00、14:30、15:15、20:00和21:15
哥打巴鲁	RM44~55	8小时	8:00、8:15、20:00和21:00
吉隆坡	RM47.10~50	8小时	每30分钟1班，7:15~23:30
马六甲	RM57.70~61	10小时	8:15、9:00、9:30、15:00、17:00、20:30、21:30和22:00
新加坡	RM83	12小时	19:30和20:30

前往泰国：巴丹勿刹到合艾

前往边境 每天有4班从加央到巴丹勿刹的长途汽车（RM4.20），在距离边境约500米的环岛旁一个没有标牌的车站停车。

到达边境 马来西亚的关口每天6:00~22:00开放。几乎没有人会在超过2公里的马泰边境之间步行。穿梭于两地之间的摩托车通常会以单程大约RM2的费用搭载游客。火车乘客在巴丹勿刹站办理海关和入境手续。

继续前行 到了泰国一侧，开往60公里之外的合艾的长途汽车班次频繁。10:30和18:40有连接巴丹勿刹和合艾（RM6~13，50分钟）的火车。

位于Jln Tun Abdul Razak购物中心和保龄球馆下方的当地长途汽车站有途经加基武吉（Kaki Bukit）开往巴丹勿刹（Padang Besar；RM4.20，1小时）的长途汽车，发车时间为8:45、11:45、14:45和17:45。长途汽车停车15分钟，然后从巴丹勿刹返回加央。加央当地汽车站还有开往亚罗士打（RM6.30，6:15~20:00，每2小时左右1班）的长途汽车。这里还有出租车候客站，可搭乘出租车到巴丹勿刹（RM36）、亚罗士打（RM50）和玻璃市州立公园（RM50）。

位于加央西南约10公里处的玻璃市港（Kuala Perlis）是前往兰卡威岛的出发点。从加央搭乘长途汽车（RM3）或出租车（RM16）到码头，就能搭乘约每小时一趟（7:00~19:00）的渡船前往兰卡威岛（成人/儿童 RM17/13）。从玻璃市港也可搭乘长途汽车到达马来西亚的各个地区，包括吉隆坡。

加央周边（Around Kangar）

暗窿 洞穴

（Gua Kelam, Cave of Darkness; Kaki Bukit; 成人/儿童 RM1/50sen; ⏲周日至周五 8:00~17:30，周六 至18:00）暗窿是采锡时期开凿出的一个370米长的洞穴，可沿着河流上方摇摇晃晃的通道进入。河流贯穿洞穴，在迷人的景观公园汇聚成一处热门的游泳地点，背景则是嶙峋的石灰岩丘陵。暗窿距离加基武吉1公里。加央至巴丹勿刹的长途汽车从巴丹勿刹这座只有一条街的小镇返回时，在暗窿入口附近拐了个U形弯。

玻璃市州立公园 公园

（Taman Negeri Perlis, Perlis State Park; ☎04-976 5966; Wang Kelian）玻璃市西北的小型州立公园沿泰国边境延伸36公里。它包括石灰岩丘陵那卡湾山脉（Nakawan Range）、马打亚逸森林保护区（Mata Ayer Forest Reserve）和王母森林保护区（Wang Mu Forest Reserve），但对游客而言，主要的吸引力还是庞大的洞穴体系。想要游览洞穴必须雇一名向导（RM50），可在公园游客中心安排。公园没有公共交通，在加央搭乘出租车的费用为RM50。

这是个偏僻荒凉的地方。蜿蜒的山路从加基武吉通向距离公园游客中心3公里的边境小村庄旺吉辇（Wang Kelian）。这里有非常质朴的住宿场所，可以通过游客中心预订，住宿类型有木屋（RM50）和宿舍床位（RM10）。这里没有餐馆，但员工可以为你准备食物。

这座公园拥有该国唯一的半落叶森林，野生动物数量和种类丰富，是短尾猴在马来西亚的唯一栖息地。在这里可以找到白掌长臂猿和种群丰富的鸟类。傍晚，随着天空被夕阳染成金色，森林居民们用逐渐高亢的鸣叫和沙沙作响的叶子显示自己的存在。

马六甲

☎06/人口：86万/面积：1652平方公里

包括 ➡

最佳餐饮

➡ Nancy's Kitchen（见224页）

➡ Pak Putra Restaurant（见224页）

➡ Kocik Kitchen（见225页）

➡ Selvam（见226页）

➡ Le QUE（见225页）

最佳住宿

➡ 45 Lekiu & The Stable（见223页）

➡ Hotel Puri（见222页）

➡ 大华酒店（见224页）

➡ Apa Kaba Home & Stay（见224页）

➡ Gingerflower（见222页）

为何去

数百年的辉煌征服和海上贸易早已成为遥远的记忆，但在过去的十年中，马六甲依靠厚重的历史积淀，成功跻身马来西亚最具魅力的旅游目的地。

早在吉隆坡还是一片泥泞沼泽、槟城还未被赋予“东方之珠”的美誉时，马六甲就已经成为东南亚地区最大的贸易港口之一。随着时间流逝，新加坡后来居上，然而塞翁失马，焉知非福，贸易活动的减少使马六甲的古老建筑未受到经济发展浪潮的影响，保存完好，其中许多非凡的建筑都得以留存至今。2008年，马六甲唐人街被联合国教科文组织列入世界遗产，从此这座城市成了马来西亚最热门的旅游目的地之一，随之迎来了蓬勃的发展。现代的马六甲再次大踏步迈上发展之路，游客纷沓而至，体验热闹非凡的周末夜市、参观历史悠久的博物馆、乘坐举世闻名的炫彩三轮车。该州的其他区域被森林、农田和海滩所覆盖，亚罗牙也和爱极乐等小镇周围都散布着众多适合亲子游的景点。

何时去

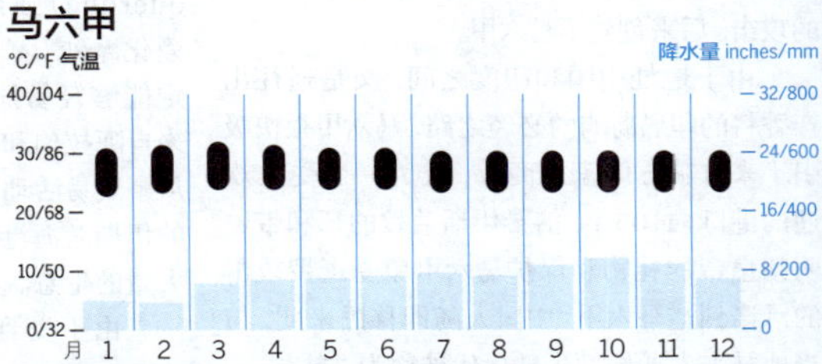

1月至2月 农历新年，热闹多彩，气候干热。

4月至7月 气候舒适，节日众多。

11月至12月 庆祝屠妖节与圣诞节，需提前预订住宿。

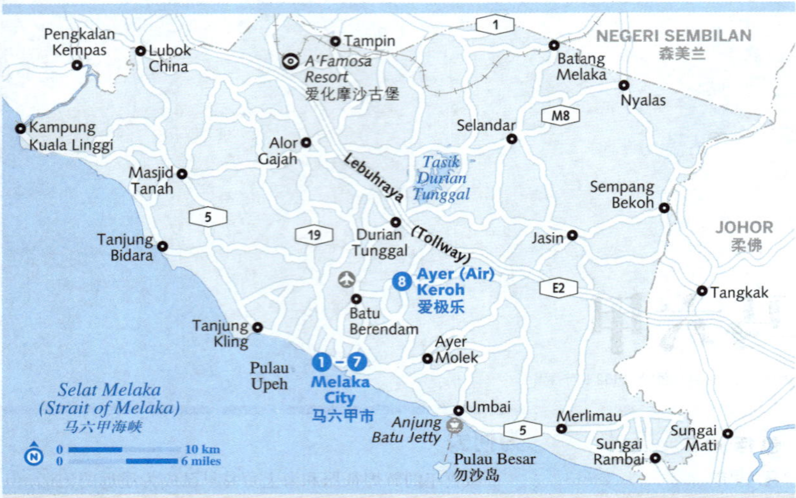

马六甲亮点

❶ 在**马六甲市**的**各色餐馆**（见224页）享用娘惹咖喱、葡式海鲜、印度蕉叶菜和香醇的咖啡。

❷ 参观**唐人街**（见217页）的画廊和手工艺品作坊，观看艺人现场工作。

❸ 在**文化街夜市**（见227页）感受五光十色的商品，享用美味的街头小吃。

❹ 挑一辆自己喜爱的彩色**三轮车**（见228页），在马六甲老城区转一转。

❺ 到**峇峇-娘惹文化博物馆**（见218页）怀旧。

❻ 在**甘榜奇蒂**（见220页）漫步，欣赏悦目的色彩和令人瞩目的庙宇。

❼ 在**马六甲海峡清真寺**（见220页）欣赏日落，这里有“水上清真寺”的美誉。

❽ 在**爱极乐**的**Taman Mini Malaysia**（见229页）欣赏各种传统建筑。

历史

现代的马六甲城邦，最早是信仰印度教的苏门答腊王子在14世纪创建的一个小渔村。根据传说，拜里迷苏剌（Parameswara）王子在此地梦到一只勇敢的鼷鹿避开了野狗的攻击，后来创建了马六甲。

由于地处中国和印度之间，又是通往出产香料的印尼岛屿的必经之路，马六甲很快吸引了来自东方国家的商人，成为一个受人欢迎的港口。1405年，信奉伊斯兰教的郑和带着明朝皇帝的礼物和保护马六甲免受暹罗攻击的承诺到达马六甲。中国人随即移民来此，与当地马来人通婚而生的后代被称为“峇峇”、“娘惹”、土生华人或海峡华人（在英国海峡殖民地出生的华人及其后裔）。到1414年拜里迷苏剌去世时，马六甲已经成为一个强大的贸易地区。15世纪中期该地区接受伊斯兰教之后，地位更加巩固。

1509年，葡萄牙人来到这里，想从香料生意及与中国的贸易中分一杯羹。1511年，阿方索·德·阿尔布克尔克（Alfonso de Albuquerque）强行占领马六甲，葡萄牙人建造了爱化摩沙（A' Famosa）要塞。虽然葡萄牙大炮能够轻易征服马六甲，但是他们无法强迫来自阿拉伯和印度的穆斯林商人继续在此地从事贸易活动，因此该地区其他港口，如爪哇的伊斯兰海港淡目（Demak），夺走了马六甲大量的生意。

由于受到邻居柔佛（Johor）和森美兰（Negeri Sembilan）统治者的进攻，以及来自苏门答腊伊斯兰势力的渗透，马六甲进一步衰落。1641年，在被围困达8个月之久后，马六甲沦为荷兰殖民地。在长达150年的荷兰统治时期，马六甲再次成为半岛的贸易中心，但荷兰倾注了更多的精力发展同是其殖民地的印度尼西亚。

1795年法国占领荷兰，英国（作为荷兰的盟友）临时行使对荷兰殖民地的管辖权。马六甲于1824年被永久性地割让给英国。

在这之后马六甲与槟城（Penang）、新加坡一并成为海峡殖民地，这三个英属殖民地成为后来英国人向半岛扩张的中心。然而，在英国的统治下，马六甲落后于其他海峡殖民地，其重要的贸易地位很快被迅速发展的新加坡所取代。虽然20世纪初期因橡胶产业而使经济略有好转，但马六甲随后又重新成为一潭安静的死水，耐心地等待旅游业的兴起为它再度掀起波澜。

马六甲市
（MELAKA CITY）

马六甲市是马来西亚最华丽的城市。富有艺术气息的本土画廊、深红色的殖民时期建筑以及花枝招展的三轮车，让这里洋溢着明快的色彩和热闹的氛围。

2008年，马六甲唐人街被联合国教科文组织列入世界遗产名单，从此马六甲旅游业的发展速度令人瞠目结舌。古老的商场和大厦经过重新装修，摇身变为画廊和酒店，其千姿百态的建筑风格——融合了土生华人、葡萄牙人、荷兰人和英国人的文化元素——都得以很好地保存下来。与此同时，餐饮业也发展迅猛，周末到此一游的旅行者都希望能品尝马六甲居民文化融合所造就的烹饪风格独特的菜肴。

城市的复兴无可避免地伴随着浓厚商业化气息的袭来，廉价的饰品摊和花样百出的T恤店与工匠珊瑚和古董店同样人气兴旺。与此同时，商业巨头与褪色的临街店铺比邻而立，给人以时光交错的感觉。但是唐人街的魅力依旧无可抵挡，其代表就是在这里生活的艺术家、烹饪高手以及五颜六色的三轮车。

如今，这座城市沿袭了数百年来所秉持的兼容并包文化传统。当地人很自豪地将唐人街的Jln Tokong Besi昵称为"和谐街"（Harmony Street），因为清真寺、华人寺庙和印度教神庙相隔咫尺却和谐共存。

在工作日选择一天来到马六甲（找一家热门的餐厅坐下来），很容易就感受到这座城市的古老魅力和安详宁静。当然，在周末来感受这里的热闹和欢乐也是不错的选择：在名扬四海的文化街夜市（Jonker Walk Night Market）听听音乐，逛逛店铺，品品街头小吃，不过同时也必须忍受人山人海和摩肩接踵。

景点

老城中心

马六甲老城中心聚集着引人注目的红色建筑以及众多博物馆。许多博物馆都比较小，专注于某一细分主题，但乏味的立体模型很难给人留下深刻印象。不妨先从成熟景点开始游览，如荷兰总督府和海事博物馆等。

荷兰总督府 历史建筑

（Stadthuys；☎06-282 6526；门票 外国人/当地人 RM10/5；⏲周六至周四 9:00~17:30，周五 9:00~12:15和14:45~17:30）马六甲最醒目的地标建筑，乘坐三轮车观光的游客最喜欢的景点就是这座荷兰总督府。这座壮丽的橙红色市政厅兼总督官邸的历史可追溯至1650年，据说它是东方最古老的荷兰建筑。它建于1641年，就在马六甲被荷兰占领不久，仿建自荷兰荷恩省弗里斯兰镇的老市政厅。如今这里已成为一座博物馆综合建筑，其中主体是历史和民族博物馆（History & Ethnography Museum）。门票包含所有博物馆的入场费。讲解员导览无须另外付费。

要想深入了解马六甲的过去和现在，你还可以参观**总督官邸**（Governor's House）、**民主政府博物馆**（Democratic Government Museum）、以马来西亚作家为主题的**文学博物馆**（Literature Museum）、**郑和美术馆**（Cheng Ho Gallery）以及**教育博物馆**（Education Museum）。

基督教堂 教堂

（Christ Church；☎06-284 8804；Jln Gereja；⏲9:00~17:00）**免费** 采用从荷兰泽南省（Zeeland）运来的粉色红砖于1753年修建而成，这个出现在很多照片里的教堂内部乏善可陈，除了地下室里有许多荷兰和亚美尼亚墓碑。顶上

Melaka City 马六甲市

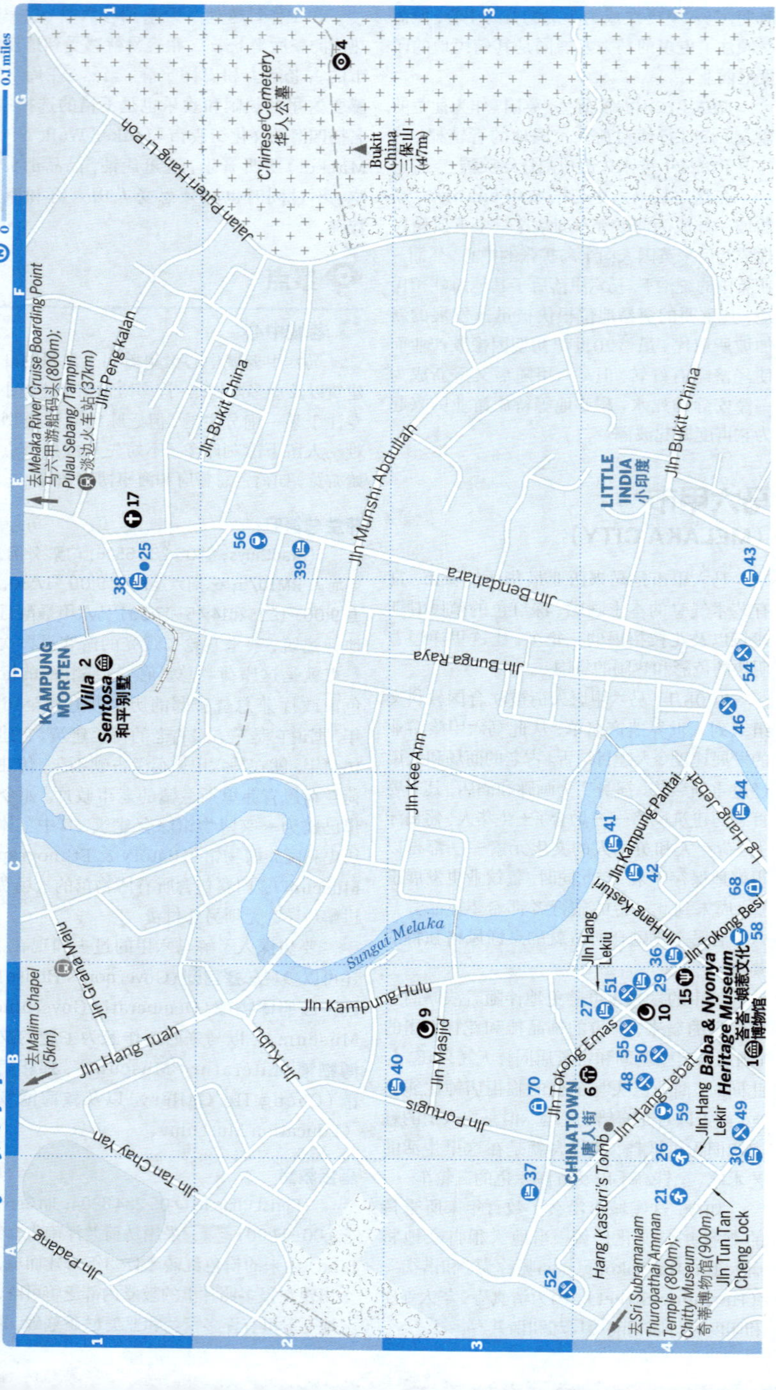

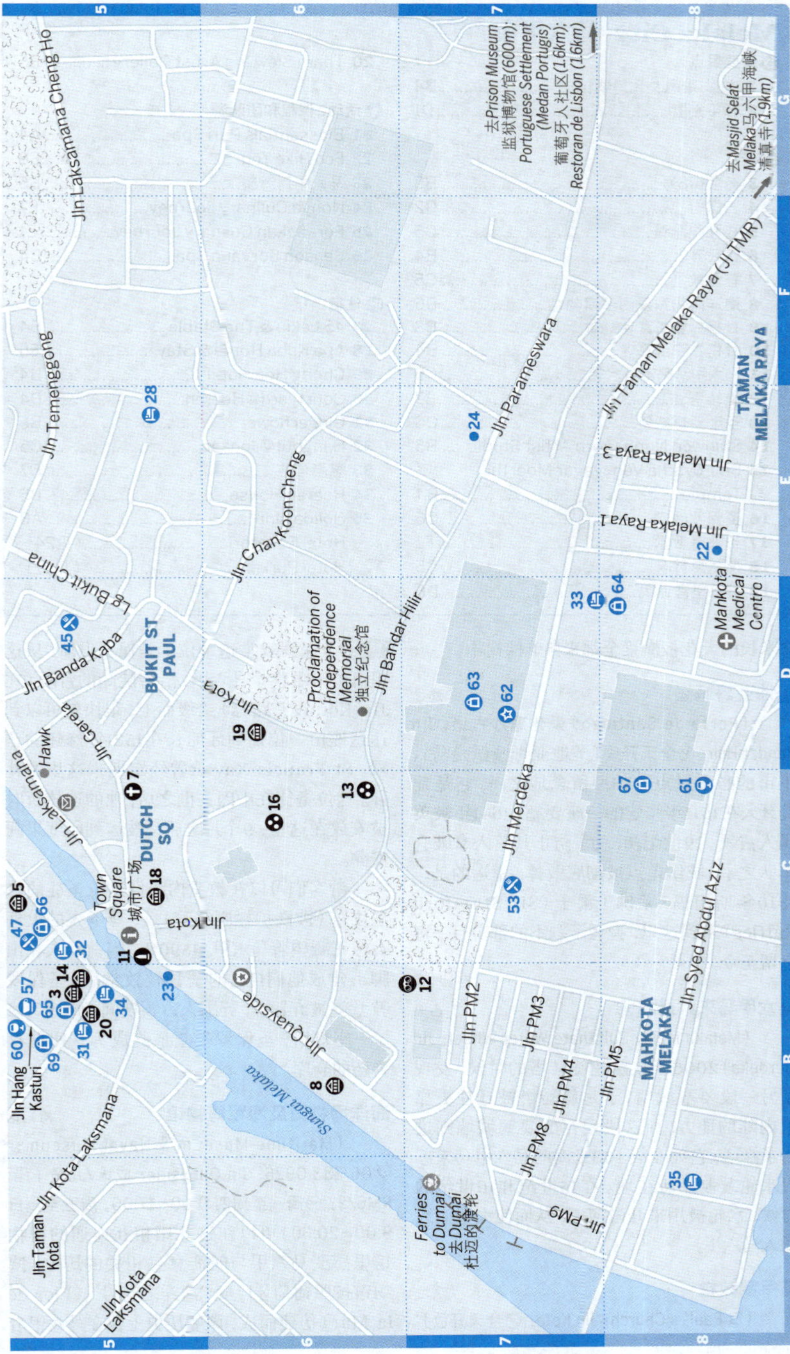
Jln Laksamana Cheng Ho
Jln Temenggong
Lg Bukit China
Jln Banda Kaba
Jln Gereja
Jln Laksamana
BUKIT ST PAUL
DUTCH SQ
Town Square 城市广场
Jln Kota
Jln Quayside
Sungai Melaka
Jln Hang Kasturi
Jln Kota Laksmana
Jln Taman Kota
Jln Kota Laksmana
Jln Chan Koon Cheng
Proclamation of Independence Memorial 独立纪念馆
Jln Bandar Hilir
Jln Parameswara
Jln Merdeka
Jln PM2
Jln PM3
Jln PM4
Jln PM5
Jln PM8
Jln PM9
MAHKOTA MELAKA
Jln Syed Abdul Aziz
Mahkota Medical Centre
Jln Melaka Raya 1
Jln Melaka Raya 3
Jln Taman Melaka Raya (Jl TMR)
TAMAN MELAKA RAYA
Ferries to Dumai 去Dumai杜迈的渡轮
去Prison Museum 监狱博物馆(600m); Portuguese Settlement (Medan Portugis) 葡萄牙人社区(1.6km); Restoran de Lisbon (1.6km)
去Masjid Selat Melaka马六甲海峡清真寺(1.9km)

Melaka City 马六甲市

重要景点
1 峇峇-娘惹文化博物馆 B4
2 和平别墅 D1

景点
3 荷兰街8号 B5
4 三保山 G2
5 郑和纪念馆 C5
6 青云亭 B4
7 基督教堂 C5
8 海洋博物馆及海军博物馆 B6
9 甘榜乌鲁清真寺 B3
10 甘榜吉宁清真寺 B4
11 马六甲马来苏丹水轮 C5
12 旋转塔 B7
13 圣地亚哥城堡 C6
14 Shihwen Naphaporn Artist Studio B5
15 Sri Poyatha Venayagar Moorthi Temple B4
16 圣保罗教堂 C6
17 圣彼得教堂 E1
18 荷兰总督府 C5
19 苏丹皇宫 D6
20 Tham Siew Inn Artist Gallery B5

活动、课程和团队游
21 Biossentials Puri Spa A4
22 Eco Bike Tour E8
23 马六甲河游船 B5
24 Nonya Culinary Journey E7
25 Peranakan Culinary Journey E1
26 Season Sorvana Spa B4

住宿
27 45 Lekiu & The Stable B4
28 Apa Kaba Home & Stay E5
29 Chong Hoe Hotel B4
30 Courtyard@Heeren B4
31 Gingerflower B5
32 Hangout@Jonker C5
33 惠腾酒店 D7
34 Heeren House B5
35 Holiday Inn A8
Hotel Equatorial （见24）
Hotel Puri （见21）

15米长的天花板横梁全都来自单棵树木。

圣地亚哥城堡 遗址

（Porta de Santiago，爱化摩沙古堡；Jln Bandar Hilir；⏲全天开放）圣地亚哥城堡是马六甲市的必看景点和拍照留念地之一。它是葡萄牙人在1511年修建的一座要塞，1641年被英国人占领。19世纪初，为了防止其落入拿破仑军队之手，城堡差点被彻底毁掉。幸运的是，1810年斯坦福·莱佛士爵士（Sir Stamford Raffles）来到这里，挽救了剩下的部分且一直存留至今。

马六甲马来苏丹水轮 古迹

（Melaka Malay Sultanate Water Wheel；Jln Merdeka）2006年在修建旋转塔的时候，发现了另一段要塞城墙。于是旋转塔被迁往更靠近内陆的地方，而这段残存的要塞城墙则进行了修缮，它如今成了13米高的马六甲马来苏丹水轮复制品所在地。在15世纪和16世纪的时候，水轮被用来开凿河道，从而使大量商人涌入马六甲。

圣保罗教堂 遗址

（St Paul's Church；Jln Kota；⏲全天开放）免费圣保罗教堂遗址位于圣保罗山顶，从这里可以俯瞰整个马六甲。沿着陡峭的台阶（在Jln Kota设有路标）拾级而上，很快就可以到达这座由一位葡萄牙船长在1521年修建的圣殿。St Francis Xavier曾经定期来这里做礼拜。这位圣徒在中国去世之后，他的遗体暂时被安放在这里，9个月之后又被运到印度果阿安葬。

游客们可以在教堂内瞻仰这位圣徒的古老坟墓（被铁护栏围绕着）。一尊圣人的大理石像正凝望着马六甲。1590年，当荷兰人在山脚下建成他们自己的基督教教堂后，圣保罗教堂就被弃置了。英国人占领期间，此地又修了一座灯塔，圣保罗教堂最终成为一座储存弹药的仓库。

海洋博物馆及海军博物馆 博物馆

（Maritime Museum & Naval Museum；☎06-283 0926；Jln Quayside；成人/儿童 门票RM6/2；⏲周一至周四 9:00~17:00，周五至周日 9:00~20:30）可以在这几座相互连通的博物馆里感受马六甲与航海息息相关的历史。博物馆按照葡萄牙巨舰“海洋之花号”（Flor de la Mar）仿建而成，该船历史上曾在马六甲沿海沉没。三个展馆（门票为三馆通票）中最引人瞩目的展品就在巨舰的内部，在甲板上摆拍和在舱内各层攀爬，其乐趣远远超过了观赏各种展品和模型。语音导览（RM3）加入了许多细节阐述以及海鸥的声音，让参观者更能沉浸其中。

博物馆可通往旁边的建筑（跟随路标），里面的展品包括当地的船只和各类航海仪表，其中的Kepala Burung（雕刻得如同羽翼丰满的鸟儿一般的船只）令人惊叹。在马路对面，**海军博物馆**（Naval Museum）设有海军制服展和信息展板，但最大的亮点是摆满船只和一架直升机的中庭。

旋转塔

观景台

（Menara Taming Sari；☎06-288 1100；www.menaratamingsari.com；Jln Merdeka；成人/儿童RM20/10；⏲10:00~22:00）马六甲的旋转观景台看上去像是主题公园里的游乐项目，只不过没有座椅安全带。幸运的是，这是一段休闲之旅，而且配有空调。UFO外形的观景舱位于这座80米高的旋转塔顶部，上下起伏间不断旋转，从而使游客能饱览马六甲的壮美风光。该项目还提供双筒望远镜。售票处在旁边的楼内。

苏丹皇宫

博物馆

（Sultanate Palace；Jln Kota；成人/儿童RM2/1；⏲周二至周日 9:00~18:00）这座木制宫殿仿制品的原型是苏丹Mansur Shah的皇宫，他曾于1456~1477年统治马六甲，如今这座仿制宫殿内设有一座露天文化博物馆。木结构皇宫复制品是根据《马来纪年》（*Sejarah Melayu,Malay Annals*；一部记载马来600年历史的编年体典籍）中描述的皇宫为蓝本仿制的，整座建筑没用到一颗钉子。

唐人街

唐人街是马六甲市的中心，也是最值得一逛的地方。**Jln Tun Tan Cheng Lock**从前被称为Heeren St，在20世纪初昙花一现的橡胶业繁荣时期，此地是有钱的土生华商的首选居住地。唐人街的中心街道**Jln Hang Jebat**从前被称为Jonker St（或Junk St Melaka），曾经以古董店而闻名，如今则聚集了许多出售服装和手工艺品的店铺和餐馆。每逢周五、周六和周日的晚上，这条街就变成了热闹的文化街夜市（见227页）。最后，**Jln**

无烟区

自2011年开始，马六甲唐人街被定为无烟区，虽然这不是严格执行的规定，但你会发现，唐人街的空气质量确实比其他地区好。

Tlkong Besi（也称Harmony St）的北部有一座清真寺和华人寺庙，以及几家值得信赖的中国店铺。

★峇峇-娘惹文化博物馆 博物馆

（Baba & Nyonya Heritage Museum；☎06-283 1273；http://babanyonyamuseum.com；48-50 Jln Tun Tan Cheng Lock；成人/儿童RM16/11；⏲周三至周一 10:00~13:00和14:00~17:00）进入这座传统的本土华人住宅，仿佛回到了过去，在这里你能了解当时的社会风俗——那时当有客人来访时，女人就得藏在别致的隔墙后面。这座迷人的博物馆坐落于唐人街一栋中式古宅内，该博物馆被装饰得像一座典型的19世纪峇峇-娘惹民宅。导游是博物馆的亮点，他们会以峇峇-娘惹特有的幽默感讲述过去的故事。需预约，或者算好导游讲解时间前来游览。每天最后一次导游讲解是闭馆前一个小时。

荷兰街8号 历史建筑

（8 Hereen Street；8 Jln Tun Tan Cheng Lock；⏲周二至周六 11:00~16:00）这座18世纪荷兰统治时期的住宅经过修复，成了保护项目的一个典范。这个项目被部分记录在设计精美的画册《来自街道上的声音》（*Voices from the Street*）中。在这座住宅中，你能买到这本书以及其他介绍马六甲历史的书籍。你也可以买一本《濒危贸易：马六甲活遗产徒步游》（*Endangered Trades: A Walking Tour of Malacca's Living Heritage*；RM5）宣传册和地图，作为市中心自助游的参考。免费进入，但是不妨捐一点钱。

青云亭 华人寺庙

（Cheng Hoon Teng Temple，Qing Yun Ting，Green Clouds Temple；25 Jln Tokong Emas；⏲7:00~19:00）**免费**马来西亚最古老的传统中国寺庙青云亭（建于1673年）现在仍然是马六甲佛教团体拜佛的中心。它以木雕工艺闻名，寺内供奉着大慈大悲观世音菩萨。

甘榜乌鲁清真寺 清真寺

（Masjid Kampung Hulu；Jln Masjid和Jln Kampung Hulu交叉路口）马来西亚最古老的仍在使用的清真寺，你绝对想不到它是荷兰人在1728年修建的。这座清真寺从整体上来说是一座爪哇建筑，有一个多层的屋顶，而不是标准的圆顶，当时，圆顶和尖塔还未流行。虽然这座清真寺并不对游客开放，但作为唐人街的标志，值得在外围游览一番。

甘榜吉宁清真寺 清真寺

（Masjid Kampung Kling；Jln Hang Lekiu）**免费**唐人街的这座清真寺历史可追溯至1748年。如今你看到的这座建筑重建于19世纪，融合了诸多流派风格。这座灰白色的清真寺有多重梅鲁式屋顶（重重叠叠的屋顶，类似于巴厘岛上的印度教建筑），这种样式的灵感来源于印度教神庙，尖顶瞭望塔呈现出摩尔式的苏门答腊早期清真寺风格；内部则采用英国和荷兰风格的瓷砖装饰。开放时间不定，穿着要庄重，女士需戴头巾。

由于青云亭、清真寺和印度教寺庙比邻而立，当地居民给这里取名“和谐街”。

Sri Poyatha Venayagar Moorthi Temple 印度教寺庙

（Jln Tokong Emas）**免费**这是马来西亚最早的印度教寺庙之一，建于1781年，土地是由虔诚宽容的荷兰人捐献的，寺内供奉着印度教神祇象头神（Venayagar）。

郑和纪念馆 博物馆

（Cheng Ho Cultural Museum；☎06-283 1135；www.chengho.org/museum；51 Lg Hang Jebat；成人/儿童 RM20/10；⏲9:00~18:00）这个规模很大的博物馆通过实景模型、航海用具和一只巨大的长颈鹿模型（费了九牛二虎之力带给明朝皇帝的礼物）来纪念明朝海军将领郑和。这位无畏的穆斯林航海家七下西洋的经历值得观众细细品味，只是这处多层博物馆的展品细节已略显陈旧。此外，博物馆古典中式风格的建筑本身也值得参观，里面摇曳的灯笼和珍珠浮雕图案都会让人产生穿越之感。

市中心北部

★和平别墅

历史建筑

（Villa Sentosa, Peaceful Villa；☎06-282 3988；Jln Kampung Morten；捐款后进入；⊙开放时间多变，在9:00~13:00和14:00~17:00）马来乡村Kampung Morten就在马六甲市中心附近，小桥怡人，浓荫蔽日，而其中最大的亮点就是这栋建于20世纪20年代的马来村居。该家族会派出一名成员带着游客（或者应当说是"客人"）在别墅里转转。展品多种多样，包括明朝瓷器、一部已有百年历史版本的《古兰经》。室内的豪华丝绒家具和特别陈设一定会让你抑制不住拍照的欲望。

三保山

墓地

（Bukit China；Jln Puteri Hang Li Poh）三保山不仅是中国境外最大的华人墓地，还是马六甲最好的慢跑场地。这里有超过12,500座墓穴，包括近20座穆斯林的坟墓，占据25公顷草坪。自英国殖民统治开始，各种势力就不断地想办法要征用该地来拓宽马路、填土或发展。幸好，青云亭获得了社区人民的支持，效阻挡了这些征用意图。

15世纪中期，为了加强两国之间的联系，马六甲苏丹娶明朝公主为妻。公主带来了一大批随行人员，其中包括500名手艺精湛的侍女。从那时起，该地区居民就以华人为主。三保山脚下有一座Poh San Teng Temple，建于1795年。寺的右侧有一口苏丹井（King's Well），是15世纪苏丹Mansor Shah修建的。

圣彼得教堂

教堂

（St Peter's Church；Jln Bendahara）免费 作为马来西亚至今仍在使用的最古老的天主教堂，圣彼得教堂建于1710年，建造者是早期葡萄牙移民的后裔。

监狱博物馆

博物馆

（Prison Museum；☎06-281 3548；prmuzium@prison.gov.my；Jln Parameswara和Jln Melati交叉路口；成人/儿童RM6/3；⊙周二至周日9:00~17:00）这座全新的国营博物馆的主题显得与众不同，讲述了马来西亚监狱的过往和现在。有意思的内容包括18世纪马来西亚监狱体系的确立、在英国统治时期如何形成，以及"声名显赫"的各个监狱，例如有马来西亚版"恶魔岛"之称的木蔻山（Pulau Jerjak）。关于各种肉刑和监号场景的互动式显示屏

不要错过

探访马六甲草根画廊

马六甲的多元文化交融传统吸引了诸多艺术家来到这里。唐人街云集了众多独立画廊和手工工坊。其中一些为严肃艺术品收藏家所青睐，水彩画和雕塑都颇受欢迎。其他地方则以设计独特的纪念品和T恤（价格更实惠）而见长。值得注意的是，店面标识的营业时间并不一定就是真正的营业时间。

Tham Siew Inn Artist Gallery（www.thamsiewinn.com；49 Jln Tun Tan Teng Lock；⊙10:00~18:00，周三休息）这家艺术画廊围着内部花园布置了许多以夕阳、街景和寺庙为主题的水彩画。

Shihwen Naphaporn Artist Studio（14 Jln Tuna Tan Cheng Lock；⊙10:00~18:00 周三休息）出生在马六甲的Chiang Shiwen作品以立体未来主义为主，而其泰国籍的太太Naphapone Phanwiset则善以鱼、水果和女性作为灵感，创作出富有美感的中性色调作品。

Red Handicrafts（Jln Hang Kasturi；⊙10:00~18:00，周三休息）Ray Tan先生擅长融合日式和中式设计，主题从前卫的花纹到古怪的卡通等。可以现场观看Tan先生将你最爱的图案手工印花到全棉的T恤上，还可以观看精致的剪纸艺术。

Hueman Studio（☎06-288 1795；9 Jln Tokong Emas；⊙10:30~18:00）这家工作室（礼品店）主打木板印花设计，主题包括占星术和书法等。此外还出售手绘红木首饰（RM16起）、水牛角吊坠（RM35起）等小纪念品。

让人胆战心惊，因此这里绝不适合带儿童来参观。

博物馆位于唐人街以东2.5公里处，搭乘出租车费用约为RM10。

甘榜奇蒂

马六甲还有一个小型的奇蒂社区，居民也称“海峡生印度人”，他们是印度商人和马来妇女的后代。早在15世纪，奇蒂人就来到了这里，他们的社区比华人与马来女子通婚后形成的本土华人社区出现得更早。

城内的这一区域被称为甘榜奇蒂（Kampung Chitty），它位于Jln Gajah Berang以西，唐人街西北大约1公里处。在Jln Gajah Berang和Jln Kampong Empat交叉路口的对面，有一个雕刻着大象图案的拱门。5月是最佳的旅游季节，因为每年5月，印度教徒都会庆祝Mariamman Festival（Pesta Datuk Charchar）。

奇蒂博物馆 博物馆

（Chitty Museum；☎06-281 1289；Jln Gajah Berang；成人/儿童 RM2/1；⏲周二至周日 9:00~13:00和14:00~17:00）这座小博物馆是社区群体努力的成果。馆内展示了从古典的珍多冰制造机到刺绣婚纱在内的诸多手工艺品。这里有非常棒的英语解说，讲解内容包括奇蒂语和各种仪式，此外还能看到当地致力于保护奇蒂文化传承的新闻片段。

Sri Subramaniam Thuropathai Amman Alayam 寺庙

（Jln Gajah Berang，Kampung Chitty；⏲周一至周五 6:30~21:00，周六和周日 7:30~12:00）免费在神庙的庭院中，一座宛如多层婚礼蛋糕的粉色大尖塔（shikhara）拔地而起。这里鲜为人知，游客罕至。如果你想要入内参观，脱鞋后可以先看看外面的太阳神和七匹马拉着的战车塑像，然后再去观赏内部的五彩珐琅装饰品。

> **值得一游**
>
> **水上清真寺**
>
> 这座坐落在马六甲海峡岸边的金色穹顶清真寺给人一种如梦似幻的感觉。清真寺建成于2006年，庄严的拱门上镶嵌着精美的彩色玻璃。当海水涨潮时，它宛如漂浮在水面上一样。**马六甲海峡清真寺**（Masjid Selat Melaka；⏲7:00~19:00）在清晨或黄昏时格外美丽。非穆斯林游客可以入内参观，但是必须着装得体，并且遵循部分场所的“脱鞋”规定。女士入内必须戴头巾或租一条围巾来遮住头发。
>
> 周边没有其他景点，出租车也很少出现在附近。如果你自己没有交通工具，可以和出租车司机商量包括等候时间在内的往返价格（单程RM15）。

小印度

从唐人街往东，在马六甲河对岸，就是马六甲平淡得出奇的小印度（Little India）。尽管它不及老城区或唐人街迷人，但这个忙碌的街区占据了Jln Bendahara和Jln Temenggong。在这里你能感受到印度元素，还能吃上蕉叶饭。

活动

唐人街有许多反射疗法按摩中心。半小时的足疗费用为RM20~25，但不妨多加点钱获得更舒服的体验。

Biossentials Puri Spa 水疗

（☎06-282 5588；www.hotelpuri.com/spa；Hotel Puri，118 Jln Tun Tan Cheng Lock；⏲按需而定）这是个隐藏在花园中的国际水准水疗馆。预约便可享受蒸气疗法、搓澡和脸部保养、牛奶浴等服务。香薰足疗（45分钟）起步价为RM65，石蜡浴和深层组织按摩费用约为RM145（1小时）。

Season Sorvana Spa 水疗

（☎06-286 8727；5 Jln Hang Lekir；⏲11:00~23:00）位于Jonker St附近，交通十分便利。这个按摩店非常超值，在足疗时可以舒服地小憩一下。半小时的按摩费用为RM23，1小时肩部和足部按摩费用为RM48。

课程

Nancy's Kitchen 烹饪课程

（☎06-283 6099；13 Jln KL 3/8，Taman Kota

Laksamana；每人 RM100）这家富有传奇色彩的娘惹餐馆（见224页）不仅提供美食，如有需要，它们也提供烹饪课程，需尽早预订。

Nonya Culinary Journey 烹饪课程

（☎Hotel Equatorial 06-282 8333；Hotel Equatorial，Jln Parameswara；每人 RM115）时长2小时的烹饪课程包括一顿丰盛的午餐，以及一张结业证书。你将学会烹饪三道娘惹菜，包括招牌菜娘惹鸡（ayam pong teh）或椰浆黄梨虾（udang lemak nenas），由大厨手把手亲自教授。需要预约。

Peranakan Culinary Journey 烹饪课程

（☎06-289 8000；www.majesticmalacca.com；Majestic Malacca Hotel，188 Jln Bunga Raya；每人 RM290）在优雅的娘惹式厨房里向大华酒店的主厨学习用娘惹食材烹制美食，并了解这些美食的历史背景。需要提前一周预订。

团队游

一些酒店也提供古迹旅游导览。大华酒店（见224页）提供非常优秀的团队游服务，时间为每天10:00（周三除外），非住客费用为RM150，需要预约。

马六甲自行车夜行 自行车团队游

（Malacca Night Cycling；☎016-668 8898；每人 RM35）在马六甲市骑车非常考验你的避让技能，然而夜幕降临后就不存在这样的问题了。团队骑游通常在20:30出发，时间为90分钟，如有需要还可以延长。最好提前一两天预约。

Eco Bike Tour 自行车团队游

（☎019-652 5029；www.melakaonbike.com；117 Jln Tiang Dua；每人 RM100）如果你想游览马六甲市周边的美景，那么就参加Alias历时3小时的自行车游吧（至少2人同游）。其路线穿过20公里的油棕榈和橡胶庄园以及城市周边怡人的村落社区。在预约时说明你的体能和身体健康状况。

马六甲河游船 乘船游

（Melaka River Cruise；www.melakariver cruise.com；成人/儿童 RM15/7；⏲9:00~23:30）马六甲河每天有历时40分钟的内河乘船之旅（最少8人），沿马六甲河（Melaka River）观光。游船从两个地点出发：海事博物馆附近的码头以及城北Jln Tun Mutahir和Jln Tun Sri Lanang交叉路口的“Spice Garden”。游船无法看到太多城市风景，但在马六甲水道上航行时，你会经过各种五颜六色的商店。

节日和活动

马六甲在所有主要的马来西亚节日期间都会举行庆祝活动，包括春节（中国农历新年）和大宝森节（Thaipusam）。旅游部门时不时还会设立新节庆，它们但很少成为年度活动。

复活节 宗教节日

（Easter；⏲3月或4月）耶稣受难日和复活节期间在圣彼得教堂外举行游行。

海神节 宗教节日

（Festa San Pedro；⏲6月底）为纪念葡萄牙渔业的守护神而设。圣彼得教堂举行的庆祝活动通常包括自带炊具、钓具和手工艺品的游行和狂欢活动。

圣胡安节 宗教节日

（Festa San Juan；⏲6月底）马六甲的欧亚（Eurasian）社区居民在葡萄牙人居住区点燃蜡烛庆祝。

端午节 文化节

（⏲6月或7月）这个中国节日以马六甲海峡举行的龙舟比赛为亮点，旨在纪念公元前3世纪投水身亡的诗人及政治家屈原。

圣克鲁兹节 宗教节日

（Festa Santa Cruz；⏲9月中旬）该节以马六甲和新加坡的天主教徒持蜡烛游行至位于马六甲市中心以北7公里处的礼拜堂为结尾。

住宿

如今，马六甲的住宿业用“你方唱罢我登场”来描述再恰当不过了，虽然老板和旅馆名称不断变化，但住宿质量却保持了较高的水准。

唐人街

如果你可以选择的话，最好住在唐人

街，因为它是马六甲的缩影，尽管外面可能有些拥挤和喧嚣。

Ringo's Foyer

客栈 $

（☎06-281 6393，016-668 8898；www.ringosfoyer.com；46A Jln Portugis；铺/标单/双/标三 含早餐 RM15/18/30/60；❄📶）这家充满欢乐的客栈提供自行车租赁、洗衣服务（RM8）和吉他，时不时还会有屋顶烧烤会。简而言之，这里有背包客所需要的一切。客栈远离唐人街中心地段的喧嚣，价钱便宜，陈设简单，胜在干净，到处都有让人忍俊不禁的提示标识。双人间价格周末要加RM5。

服务人员非常热情，老板很擅长营造轻松舒适的交友氛围。可咨询夜间自行车骑行项目。

Chong Hoe Hotel

酒店 $

（☎06-282 6102；chonghoehotel@yahoo.com；26 Jln Tukang Emas；标单/双/四 RM30/50/100；❄📶）这家陈设简单的客栈缺乏个性，但在唐人街核心区能找到这样私密的房间，其性价比还是相当有吸引力的。空调和Wi-Fi非常实用，但是房间隔音效果较差，甘榜吉宁清真寺的宣礼声可能会扰人清梦。

River One Residence

客栈 $

（☎06-281 0370；river1residence@gmail.com；60 & 62 Jln Kampung Pantai；标单/双 RM60/88；❄📶）虽然陈设简单，但友好的服务使这家客栈在竞争中脱颖而出。房间比较一般，有公共浴室和卫生间，而且也不怎么安静，但是愉快的氛围和河畔的位置使这里物有所值。公共厨房非常不错。

Jalan Jalan Guesthouse

客栈 $

（☎06-283 3937；8 Jln Tukang Emas；铺/标单/双 RM16/30/40；@📶）这家可爱的青年旅舍位于一座经过修复的老店铺里，外面刷着清凉的蓝色涂料。所有房间都配有电扇，使用一个公共卫生间，里面有一个安静的花园式庭院。与其他老宅一样，从隔壁传来的噪声会让你难以入睡。旅馆可提供单车租赁和洗衣服务。

Tidur Tidur

客栈 $

（☎014-928 3817；tidurtidurgh@yahoo.com；92 Lg Hang Jebat；工作日/周末 每人 RM15/20；📶）光看客栈名会有一种安然入梦的感觉（“tidur”意思是“睡眠”），但是你到这里真正能体验到融入当地的感觉，而且这家朴实的客栈位于喧嚣的河畔，前面就是一家T恤店。双床和四床的房间通风一般，但是物超所值。

Rooftop Guesthouse

青年旅舍 $

（☎012-327 7746，012-380 7211；rooftopguesthouse@yahoo.com；39 Jln Kampung Pantai；铺/标双/三 RM28/63/84；❄）这家青年旅舍陈设简单，但是拥有舒适的空调。有多人铺位和私密的标间可供选择，屋顶露台可以俯瞰不错的风景。需要至少连住两晚。

★ Hotel Puri

酒店 $$

（☎06-282 5588；www.hotelpuri.com；118 Jln Tun Tan Cheng Lock；双/标三/四/套 含早餐 RM164/269/327/408起；❄📶）Puri是唐人街上的珍贵建筑之一，位于一栋经过始建于1822年、后经过精心修复的中式大宅内。大堂内装饰着美丽的古藤和嵌入式的家具，通向奇妙的庭院花园，可以在花园里享用早餐。标准房间的墙壁粉刷成淡黄色，床上铺着清爽的床单，配有无线上网和百叶窗。设有现场水疗区。

★ Gingerflower

精品酒店 $$

（☎06-288 1331；www.gingerflowerboutiquehotel.com；13 Jln Tun Tan Cheng Lock；双 RM233~420；❄📶）房间较小，但恰到好处的装饰和一尘不染的卫生环境使这座经过修复的华人大宅成为极好的住宿地。出门走几步就到了Jonker St最热闹的地方，离Jln Tun Tan Cheng Lock附近的美术馆和博物馆也不远。

Jonker Boutique Hotel

酒店 $$

（☎06-282 5151；www.jonkerboutiquehotel.com；Jln Tokon；双/四 含早餐 RM198/318起；P❄📶）位于Jonker St和Jln Tokong Emas交叉路口，周末夜市就近在咫尺。如果你志在享用一顿完美的街头小吃，这里再合适不过，但如果你追求睡眠质量，请仔细考虑。较便宜的房间面积不大，但是打扫得很干净，装饰也给人以愉悦感。周末与假日收费会比平时

贵30%。大堂有无线网络。

Heeren House 客栈 $$

（☎06-281 4241；www.heerenhouse.com；1 Jln Tun Tan Cheng Lock；标单/双/四 含早餐 RM119/129/259起；❄📶）酒店的位置正在唐人街中心，紧邻水岸，周围有一众本地最好的餐厅和景点。古色古香的家具让人心中油然升起一股怀旧感，家庭旅馆的氛围和走心的早餐让住客们觉得宾至如归。由从前的仓库改建而成，6个房间通风良好，干净喜人，大部分房间能俯瞰河景，但并非所有房间都能收到大堂里的无线网络信号。

Courtyard@Heeren 精品酒店 $$

（☎06-281 0088；www.courtyardatheeren.com；91 Jln Tun Tan Cheng Lock；双 RM200~250，套 RM300~800；❄📶）每间客房的装饰风格都各不相同，多采用明亮的淡色装饰配上古董式的家具。一些房间还有彩绘玻璃及中式挂纱古床，但有些房间没有窗户。这里的客服也非常专业。

Hangout@Jonker 酒店 $$

（☎06-282 8318；www.hangouthotels.com；19-21 Jln Hang Jebat；标单/双/三/四 含早餐 RM90/140/180/200起；❄@📶）酒店位于一家青年旅舍和一家经济型酒店之间，让人感觉物超所值。虽然现代化装饰与古朴的古城风格有点格格不入，但房间非常干净，屋顶露台可以眺望马六甲市的天际线。陈设简单，但是设有信号良好的Wi-Fi和不错的洗衣服务，因此你就不会介意房间里没有小冰箱带来的不便了。

这是一家颇受欢迎的新加坡青年旅舍的第二家分店，周末与假日的收费会比平时贵20%。

★45 Lekiu & The Stable 公寓 $$$

（☎012-623 4459；www.45lekiu.com；45 Jln Hang Lekiu；周中/周末 RM1099/1299；❄📶🏊）45 Lekiu和The Stable都是复古翻新的老房子，分处两个不同的地点。45 Lekiu是较高档次的建筑，除了有舒适的四层楼环境，内部还巧妙地把旧墙与现代设计结合起来彻底重新装修了一番。**The Stable**则是一座小一点的双层建筑，其中包括旧式门扉、木地板、优美的旧式瓷砖及屋梁。两处公寓都设有厨房。其特色还包括长满九重葛的庭院，一个长形的浅池，以及可以在楼上的露台可以俯瞰马六甲旧屋的美景。

马六甲市中心及周边

位于马六甲购物商场中心区域，从这里到古城与唐人街，步行只需很短的时间。

惠腾酒店 酒店 $$

（Hatten Hotel；☎06-286 9696；www.hattenhotel.com；Hatten Square，Jln Merdeka；双 周内/周末 RM350/450起；P❄📶🏊）位于惠腾购物广场（Hatten Square）的这家酒店用大理石前台和天鹅绒沙发向住客展示了这里的品位。酒店设施齐备，房间奢华，其中许多可以俯瞰马六甲海峡。楼顶还有一个无边泳池。在线订房可以获得折扣房价，省下的钱可以用来在周围的商场里血拼一番。

Sterling 酒店 $$

（☎06-283 1188；www.thesterling.my；Jln Temenggong；双 RM285~750；P❄📶）这座雄伟酒店建筑的白色外墙极为显眼。虽然自我标榜为殖民时期风格，房间也都以英国风格的丘吉尔和布莱顿海滩等名字命名，但这座新开业的酒店给人留下的更多是商业化的气息而非历史氛围。除了所谓的英伦风，这里的房间很宽敞，浴室很整洁，屋顶餐厅拥有美丽的风景。

根据提前订房的时间和是否需要室内水疗浴，可获得不同的折扣。

Holiday Inn 酒店 $$

（☎06-285 9000；http://holidayinnmelaka.com；Jln Sayed Abdul Aziz；房间 RM234~475；P❄@📶🏊）这里依靠稳定的服务和舒适的住宿吸引了许多回头客。这家连锁酒店的宽敞房间不会让人失望（虽然魅力稍逊），员工服务也热情周到，早餐非常丰盛（RM22.50）。偶尔会有免费的穿梭巴士往返于酒店和Mahkota Parade以及Dutch Sq之间。

酒店与老城中心隔着一条繁忙的马路，徒步穿越有点困难。

Hotel Equatorial 酒店 $$$

（☎06-282 8333；http://melaka.equatorial.

com；Jln Parameswara；双 RM300~519，套 RM763~1653；P❄📶🏊）如果想要挥霍一番，这家豪华酒店绝对是上佳选择。这里有清新的空气、优雅装饰的房间、高品质的餐厅以及相互连通的多个泳池。网上订房可以享受折扣房价，因此尽量提前订。服务很好，标志也很清楚。

小印度到三保山

这一带比较不会碰到游客人潮，而地点也靠近旅游景点。

★Apa Kaba Home & Stay
客栈 $

（☎012-798 1232，06-283 8196；www.apakaba.hostel.com；28 Kg Banda Kaba；双 RM45~90，标三 RM60~129；❄📶）这是一座隐藏在闹市中的低调旅舍，坐落在一个由马六甲河环绕的马来村落里。房间陈设简单（部分装有空调），附有一个大花园可以乘凉，还能看到摇曳的芒果树和偶尔出来觅食的小鸡。这座1912年的建筑是马来风格和中式风格的混搭产物。

客栈老板是一位在此生活多年的居民，非常热情好客。他们很乐意分享完美鸡饭的秘诀，还会告诉你城里哪儿能找到最可口的珍多冰（cendol）。

Ramada Plaza Melaka Hotel
酒店 $$

（☎06-284 8888；www.ramadaplazamelaka.com；Jln Bendahara；双/套 含早餐 RM260~450起；P❄@📶🏊）这家中规中矩的连锁酒店设有宽敞和设施齐备的房间，透过巨大的窗户可以俯瞰马六甲市。酒店内有水疗、壁球室及各种餐厅。停车场每天收费RM5。

★大华酒店
酒店 $$$

（Majestic Malacca；☎06-289 8000；www.majesticmalacca.com；188 Jln Bunga Raya；房间 RM550~2000；❄@📶🏊）爪形浴缸、四柱床只不过是这家豪华现代酒店的部分设施。酒吧、阅览室和就餐区充满了怀旧气息（想想华丽的中式屏风和闪亮的柚木家具吧），小泳池和华丽的水疗区则洋溢着奢华的派头。

大华酒店与Kampung Morten咫尺之遥，步行5分钟可到达小印度。预订或在线订房都可以获得不错的折扣。

就餐

土生华人烹饪是当地最有名的美食，该菜肴又被称为“娘惹菜”，名字源自对土生华人妻子的称呼（她们通常也是家庭的大厨）。此外，这里也不乏葡式欧亚菜、印度菜、中国菜等。

唐人街

在周五至周日晚上，Jln Hang Jebat会摇身变成不容错过的文化街夜市（见227页）。

★Nancy's Kitchen
娘惹菜 $

（☎06-283 6099；eat@nancyskit.com；13 Jln KL 3/8，Taman Kota Laksamana；主菜 RM10；⏰11:00~17:00，周二休息）令人垂涎欲滴的美味佳肴使这家娘惹菜餐馆成为马六甲人气最旺的地方。当地食客非常喜欢在这家小餐馆用餐（尤其是周末），他们热衷于品尝这里的招牌菜，如桐树鸡（candlenut chicken）。节假日时，这家餐厅会营业至21:00。

如果你想学几手娘惹烹饪手艺，可以致电Nancy安排烹饪课程（见220页），她会亲自教学。

★Pak Putra Restaurant
巴基斯坦菜 $

（☎012-601 5876；Jln Kota Laksmana 4；主菜 RM8~10；⏰18:00至次日1:00，隔周的周一休息；🍷）诱人的鸡肉在烤架上静静旋转，当地人和旅行者在餐厅里大快朵颐。这里的选择可谓丰富多样，有香气四溢的素菜、海鲜和辛辣的咖喱菜（试试马萨拉鱼）。每张餐桌上永恒不变的主题是馕和刚刚出炉的新鲜鸡肉。分量十足，上菜很快。

Jonker 88
甜品 $

（88 Jln Hang Jebat；主菜 RM6；⏰周二至周四 11:00~22:00，周五和周六 至23:00，周日 至21:00）太美味了，超值的叻沙（laksa；辣味米粉汤）和精致的娘惹菜让这家当地餐厅极具吸引力。但是Jonker St这家人气很旺的食肆最吸引人的地方是名声在外的珍多冰。这是一种冷冻的甜品，由刨冰、椰汁、班兰叶条（padan noodles）、红豆和椰浆搭配而成，外观呈现出诱人的彩虹色调。这里拥有众多不同的搭配和口味，包括西米和榴莲（RM5起）。

Low Yong Mow

中国菜 $

(☎06-282 1235; Jln Tokong Emas; 点心RM1~8; ⏲5:30至正午,周二休息)Low Yong Mow是唐人街最大的早餐店,以美味的猪肉包子而闻名。高高的天花板上挂着风扇,在这里能够望见甘榜吉宁清真寺,浓缩了唐人街的各种魅力。若欲体会当地人吃早餐时喜欢阅读报纸及话家常的生活,最佳时间是早上7:00左右。11:00之后许多品种都基本沽清了,因此要尽早来。

Limau-Limau Cafe

西餐 $

(9 Jln Hang Lekui; 主菜 RM7起; ⏲9:00~17:00,周三休息; 📶🍃)有健康的格兰诺拉燕麦卷和造型丰满的三明治可供选择,再点上一杯火龙果或木瓜香蕉混合奶昔(RM9~13)。墙上挂满了各种艺术品,让这家店看上去明亮且富有艺术气息。

Poh Piah Lwee

娘惹菜 $

(14 Jln Kubu; 主菜 RM3起; ⏲9:00~17:00)Poh Piah Lwee是一个生意兴隆的餐室,专业的厨师提供美味的福建式薄饼(popiah;将生菜、豆芽、鸡蛋和辣椒酱卷在薄薄的面粉皮内)、近乎完美的啰喏(rojak;包含水果、蔬菜、虾膏、酸柑汁、糖和花生酱的蔬果沙拉)和令人叫绝的叻沙。

★ Kocik Kitchen

娘惹菜 $$

(☎016-929 6605; 100 Jln Tun Tan Cheng Lock; 主菜 RM20~30; ⏲周一、周二和周四 11:00~18:30,周五和周六 11:00~17:00和18:00~21:00,周日 11:00~19:30)这家不起眼的小店在马六甲娘惹菜行当却是大名鼎鼎。尝尝黄梨虾,看着鲜嫩的对虾和新鲜的菠萝块一起畅游在香味扑鼻的椰奶中。

Le QUE

娘惹菜、各国风味 $$

(☎012-601 5876; 21 Jln Tun Tan Cheng Lock; 主菜 RM15~30; ⏲周一至周四 13:00~23:00,周五 14:30~23:00,周六和周日 正午至23:00)这家清真餐厅不定时推出各种特色菜,例如娘惹风味的酸辣鱼(asam pedas),此外,还有国际风味的意大利面和牛排。热情友好的服务员能制作味道绝佳的水果和蔬菜汁(RM9),以及清热解渴的拉茶(teh tarik)。

Hoe Kee Chicken Rice Ball

中国菜 $$

(4 Jln Hang Jebat; 主菜 RM20; ⏲8 30~15:00,每个月的最后一个周三休息)经营当地的风味鸡米球。同时也是品尝海南鸡饭的好地方,不过不要指望有菜单或是像样的服务。排队时,你有大量的时间来决定是要四分之一只鸡(RM14)还是一整只鸡(RM40)。

马六甲市中心及周边

商场集中区的餐厅大都是中规中矩的连锁店,但是在Mahkota Parade西边有一处提供马来菜和中国菜的美食广场。而在市中心

非试不可的美食

鸡饭粒(Chicken rice ball):蒸鸡和搓成丸状的大饭团,通常附有一小碟热辣的调味汁。

亚参鱼(Assam fish):用辣椒、罗望子烹煮的淡水鱼料理。

叻沙(Laksa):采用椰奶和香茅制作的当地特色小吃。

薄饼(Popiah):薄薄的面粉皮包裹着萝卜、辣椒等蔬菜和虾仁、蒜等多种食材。

沙嗲朱律(Satay celup):沙嗲酱火锅,你可以把豆腐、虾和各种你想吃的食材一古脑儿地丢到这火辣辣的汤锅内烹煮。

魔鬼咖喱(Devil curry):融合了葡萄牙和马来风味的火辣鸡肉咖喱。

珍多冰(Cendol):放满了香草叶细条、糖浆、水果和椰奶的沙冰。

娘惹糕(Kuih Nonya):椰奶和糯米制成的甜品,色泽诱人,让人难以抵挡。

凤梨酥(Pineapple tarts):包有凤梨酱的酥饼。

东边，Medan Portugis（葡萄牙人聚集区）也有供应简单海鲜菜的大排档。

Restoran Nyonya Suan 娘惹菜 $

（☎06-286 4252；1336D Jln Merdeka；主菜RM12；⊙11:00~14:30和17:00~21:30）这家面积宽敞、气氛愉悦的餐厅供应热辣的娘惹特色菜，招牌菜肴包括酸辣海鲜和咖喱鸡肉。摇曳的灯笼和彩色玻璃镶板会使你对即将上桌的珍多冰满怀憧憬。

Restoran de Lisbon 葡萄牙菜 $$

（Medan Portugis；主菜 RM15~20；⊙午餐和晚餐，时间不定）大部分人到葡萄牙聚居区都是冲着这里的美食而来。在周五和周六晚上，可以在这家餐厅的户外餐桌上享用马来亚-葡萄牙菜肴。试试本地特色菜：香辣蟹（RM20）或欧亚氛围的魔鬼咖喱菜（RM10）。

小印度至三保山

在Jln Bunga Raya这条街上，有为数不少的本地中式传统咖啡馆，内有售卖经济实惠的鸡饭或鸭饭、面食及汤点。

★ Selvam 印度菜 $

（☎06-281 9223；3 Jln Temenggong；主菜RM6~9；⊙7:00~22:00；✎）这家著名的蕉叶饭餐馆物美价廉，服务热情高效。香喷喷的咖喱鸡肉饭分量十足，此外还提供各种素食。星期五下午的特价素菜值得期待。

Capitol Satay 马来西亚菜 $

（☎06-283 5508；41 Lg Bukit China；主菜RM8起；⊙17:00至午夜；✎）以马六甲风味沙嗲朱律而闻名，经常挤满了人，是全市最便宜的餐馆之一。不锈钢餐桌中央摆放着沸腾的涮锅，你可以把串着豆腐、香肠、鸡肉、大虾和青菜的串串香烫熟享用。

Shui Xian Vegetarian 中国菜 $

（43 Jln Hang Lekiu；主菜 RM5；⊙周一至周六 7:30~14:30；✎）在这座以虾或猪肉搭配素菜为特色的城市，素食者找到这里时都会喜出望外。这家经济实惠的饭店提供素食版的椰浆饭、叻沙乃至“鸡米球”。

文化街夜市精彩看点

功夫大师**Dr Ho Eng Hui**（Jln Hang Jebat；⊙周五和周六 18:30~21:00）的单指破椰表演曾经是文化街夜市最精彩的表演。如今，Dr Ho已经半退休，从而使“遭罪”椰子的数量也少了许多。不妨沿着文化街向北前行，有一座华人小庙（在Jln Hang Kasturi和Jln Hang Lekiu之间）经常在周末的晚上举办传统歌舞表演。经过Jln Hang Lekiu路口后，和其他游客一起在肌肉发达的Dr Gan Boon Leong塑像前拍张照片，他是马来西亚健身运动的奠基者。继续向北走到Jln Tokong Besi路口，文化街在这里画上句号。在周末夜市期间，卡拉OK爱好者会将小舞台围得水泄不通。

饮品和夜生活

不同于马来西亚的其他地区，马六甲有不少地方可以喝到冰啤酒。只要一到周末（周五、六、日）的晚上，马六甲唐人街的文化街夜市（靠近Jln Heng Lekir）就会封街——整条街的酒吧店主会把桌椅搬到街上来摆成夜市，在乐队与酒精的作祟下，这里一到夜晚就会变成一个小型的街道派对。

Geographér Cafe 酒吧

（☎06-281 6813；www.geographer.com.my；83 Jln Hang Jebat；⊙周三至周日 10:00至次日1:00；📶）有些人到这里来交朋友，有些人则冲着免费的Wi-Fi而来。无论如何，各种欧洲风格、爵士和流行经典音乐让旅行者格外愿意到这里来喝一杯。这家通风良好的咖啡馆兼酒吧满眼皆绿，让人感觉是繁忙的Jonker St上的一处世外桃源。周一晚上有现场爵士乐演出，周五和周六晚上则是父女组合的乐团表演（都是20:30开始）。

这里还供应可口的食物，但价格相比Jonker St上的其他食肆略显昂贵（主菜RM15），推荐热辣的甘榜炒饭。

Calanthe Art Cafe 咖啡馆

（13 States Coffee；☎06-292 2960；11 Jln Hang Kasturi；⊙10:00~23:00；📶）浓郁的柔佛还是经典的霹雳白咖啡？选一种马来西亚各

州最出名的咖啡，这家被称为"13 States"的店会将咖啡与冰块和果冻混合，制成别具风味的咖啡因饮料。同时，这里提供早餐（10:00~11:45）。

Me & Mrs Jones 酒馆

（☎016-234 4292；3 Jln Hang Kasturi；⊙周二至周日 19:00至午夜）这家舒适的酒馆朴实无华，但招人喜爱。每到周末，这里会有现场布鲁斯和摇滚音乐表演，已经退休的合伙人Tan先生会上台来演奏一番即兴摇滚爵士音乐。在这样的氛围里点一杯啤酒或是果汁，放松身心（这里的菜单简洁且一目了然）。

Cheng Ho Tea House 茶室

（Jln Tokong Besi；⊙10:00~17:00）Cheng Ho Tea House环境优雅，类似于中式寺庙中的花园。点一壶中国茶（RM15起），或是尝尝各种饭食和面条（约RM12）。

Ola Lavanderia Café 咖啡馆

（☎012-612 6665；Jln Tokong Besi；⊙周一至周六 10:00~18:00；📶）背包客的梦想之地，提供最重要的"旅行三宝"：洗衣、Wi-Fi和咖啡饮料。这家友善的唐人街咖啡馆提供各种咖啡（RM7.5）和牛角面包（RM5），在坐下来喝咖啡吃东西时，可以顺便洗衣服（每次RM4.8，熨衣服每件RM1）。

Mixx 夜店

（2nd fl，Mahkota Arcade，Jln Syed Abdul Aziz；门票 RM10；⊙周二至周六 22:00至深夜）这里是马六甲目前最受欢迎的夜店，主要分成两部分：Paradox，镭射激光特效加仓库风格的场馆，有国际水准的DJ为你狂播电子舞曲；Arris，花园区域有乐队演奏。虽说不比吉隆坡，但这里已是马六甲最潮的夜店了。周五与周六晚需购票入场，凭票附赠一杯饮料。

Bulldog Cafe 酒吧

（☎016-303 3970；145 Jln Bendahara；⊙周一至周六 11:30~14:00和18:00~23:00）每周五和周六21:30开始，现场音乐就让这座单色装饰的咖啡馆兼酒吧变得热闹无比。供应娘惹菜、中国菜和西餐。

购物

唐人街商店的经营范围可谓包罗万象，从古董和先锋艺术品到新奇的人字拖和钥匙链无所不有。值得购买的商品包括娘惹珠饰鞋和木底鞋、东南亚和印度服装、手工瓷砖和图章、小饰品、个性T恤和珠宝首饰。许多商店同时也是手工艺术工作室，可以看到画家或银匠在里面忙碌着。如果商品未标价格，一定要面带笑容狠狠砍价。

前往印尼：马六甲到杜迈

前往边境：每天10:00，马六甲都有快艇前往苏门答腊岛的杜迈（Dumai；单程/往返 RM110/170，1.75小时；儿童半价）。从大部分酒店和客栈都可以步行到码头，或者也可以搭乘出租车前往。在**Indomal Express**（☎06-281 6766，019-655 7055）和码头附近的购票处都可以买到船票。

到达边境：大多数国家的公民都可获得为期30天的签证（费用US$35）。

继续前行：杜迈位于苏门答腊岛的东海岸，旅客可以在武吉丁宜（Bukittinggi）搭乘10小时的长途汽车前往杜迈。

★文化街夜市 市场

（Jonker Walk Night Market；Jln Hang Jebat；⊙周五至周日 18:00~23:00）马六甲周末的购物狂潮让Jln Hang Jebat的店铺在卖纪念品的小贩、美食路边摊和偶然出现的算命先生的陪伴下开得更晚一些。文化街每到周末夜晚就会封街，变成夜市。如今夜市已日趋商业化，吸引了大量游客到访，使这里更成为享受多姿多彩的夜生活好去处。

★RazKashmir Crafts 饰品

（www.razkashmir.com；12 Jln Tokong Emas；⊙10:00~19:00）这家小精品店塞满了正宗的克什米尔手工艺品、珠宝和服装。不妨在架子上找找绣花的束腰外衣、搪瓷茶壶和引人注目的拉长石吊坠（labrodorite）。悠闲的店主在推销商品时会很乐意向你讲解商品的文化内涵。这家店就在Sri Poyatha神庙对面。

★Orangutan House 服装

（☎06-282 6872；www.absolutearts.com/charlescham；59 Lg Hang Jebat；⊙周四至周二

花哨的三轮车

未见其人，先闻其声，隔着老远就能听到嘟嘟笛声和嘻哈音乐交织在一起。突然之间，一列三轮车队出现在路上，车上绑着卡通图案的小彩灯。在马来西亚的其他地方，你绝对看不到这么花哨的三轮车。车夫们根据自己的喜好，用殖民建筑形状的纸板、迪士尼公主和圣诞树等物品装饰他们的爱车。当地人对这样的三轮车看法不一，有人认为它很好地沿袭了历史传统，另一些人则认为它歪曲了历史传统。但不乘坐三轮车就等于没有来过马六甲早已在游客中成为共识，当旅游团队集体雇用的三轮车结成一队在大街上驰骋时，人们都会露出开心的笑容。

10:00~18:00）即使在五彩缤纷的Lg Hang Jebat街上，这家黄色和粉色猩猩壁画下面的T恤商店也极为醒目。印花主题从华人十二生肖到前卫标语，花样繁多，甚至还有印在避孕套上方的"play safe"图案。

Wah Aik Shoemaker 娘惹鞋

（56 Jln Tokong Emas）传承自先祖一辈，Yeo家兄弟们将家族的娘惹串珠鞋的工艺发扬光大了，如今这已是马六甲手工最优秀的鞋店，每双串珠鞋RM300起，最不寻常的纪念品是那些小脚鞋（RM95起）。

这种鞋子起源于如今已经废止的妇女裹脚传统，即用终身的疼痛和畸形换取所谓的"三寸金莲"。

Joe's Design 珠宝

（☎06-281 2960；6 Jln Tun Tan Cheng Lock；⏲周三至周一 10:00~17:00）猫头鹰形状的饰品、彩虹花项链和美丽的铜丝创意制品使这家手工珠宝店显得格外可爱。

Dataran Pahlawan 商场

（☎06-281 2898；www.dataranpahlawan.com；Jln Merdeka；⏲10:00~22:00）马六甲最大的商场，有许多高档设计师店铺，西侧有一些餐馆，东边是一个有点儿古怪、接近地下风格的工艺品和纪念品市场。**Golden Screen Cinema**（☎06-281 0018；www.gsc.com.my；Dataran Pahlawan）在第五层。

Mahkota Parade Shopping Complex 商场

（☎06-282 6151；www.mahkotaparade.com.my；Lot B02，Jln Merdeka；⏲10:00~22:00）这是一个综合商场，你可在此购买所需要的一些生活用品，如书本、相机、药品以及电子产品等。

Hatten Square 商场

（Jln Merdeka）时尚购物中心，楼上是迷人的惠腾酒店（见223页）。

ℹ 实用信息

基本上多数酒店与旅舍都提供无线上网服务，而唐人街的一些咖啡馆则有电脑让客人上网，每小时收费大约RM3。

购物中心有许多自动柜员机，唐人街的自动柜员机数量较少，不过随处可见货币兑换处。

仁爱医院（Mahkota Medical Centre；☎06-281 3333，急救 06-285 2991；www.mahkotamedical.com；Jln Merdeka）私立医院，提供包括急救在内的完善医疗服务。

邮局（Jln Laksamana；⏲周一至周六 8:30~17:00）在Dutch Sq北边。

州旅游办事处（State Tourist Office；☎06-281 4803；www.melak.gov.my；Jln Kota；⏲9:00~14:00及15:00~18:00）位于从基督教堂斜穿过广场的对面。

旅游警察（☎06-282 2222，06-281 4803；Jln Kota；⏲全天）马六甲旅游警察部门设有24小时值班电话。

ℹ 到达和离开

马六甲距离吉隆坡144 公里，距离新山（柔佛巴鲁，Johor Bahru）220公里，距离波德申（Port Dickson）94公里。

飞机

马六甲国际机场（☎06-317 5860；Lapangan Terbang Batu Berendam）位于马六甲以北12公里。在本书作者调研时，**马印航空**（Malindo Air；☎03-7841 5388；www.malindoair.com）提供往返于马六甲和槟城（每天1班，票价RM99起）以及印度尼西亚北干巴鲁（Pekanbaru；每天1班，票价RM180起）的航班。

长途汽车

Melaka Sentral是马六甲最大的现代化长途汽车站，坐落在城北5公里处。游客可付RM2寄放行李。这里也有自动柜员机和餐馆。

搭乘出租车到市区需RM20~25，而搭17路公共汽车的费用则为RM1.40。

私营汽车公司的加入使得查询汽车班次变得格外困难；不过可以在www.expressbusmalaysia.com/coach-from-melaka查询热门线路情况。你也可以预先在马六甲市区的**Discovery Cafe**（☎012-683 5606, 06-292 5606; www.discovery-malacca.com; 3 Jln Bunga Raya）购买长途汽车票（对于需要周末出行或者赶飞机的游客是个好主意），根据票价附加一定金额的服务费。

目的地	票价	行程	发车班次
金马伦高原	RM37.50	5小时	每天1班（9:00）
怡保	RM35~41	5小时	每天1班（9:30）
新山（柔佛巴鲁）	RM20~24	3.5小时	每天10班
吉隆坡	RM10~17	2小时	每30分钟1班
吉隆坡国际机场	RM24~28	2小时	每小时1班
哥打巴鲁	RM51	10小时	每天1班（8:30）
丰盛港	RM28	4.5小时	每天3班
槟城	RM45~50	7小时	每天3班
新加坡	RM24~27	4.5小时	每天4班

小汽车

租车费用约为RM150/天，在这里驾驶，你需要耐心，因为很多是单行道。如要租车，可到城北的**Hawk**（☎06-283 7878; www.hawkrentacar.com.my; 52 Jln Cempaka 1; ⏲周一至周五 8:00~17:30，周六 8:00~13:00）。

出租车

在长途车站，跟随标志前往出租车预订服务台，以确保获得公平的车费。在本书撰写时，长途出租车的车费如下：新山RM250，丰盛港（Mersing）RM300，吉隆坡（KL）RM170，吉隆坡国际机场（Kuala Lumpur International Aiport）RM160。

火车

对前往马六甲的旅行者而言，即使是最近的火车站也并不方便到达，**淡边火车站**（Pulau Sebang/Tampin Station; ☎06-441 1034）位于马六甲北部38公里处。从这里出发乘坐火车可以抵达吉隆坡（RM17~29，2小时，每天3趟）、槟城（北海；RM42~85，7小时，每天1趟）、新山（RM25~46，6小时，每天1趟）和怡保（RM17~42，5~6小时，每天3趟）。乘出租车从马六甲到火车站的车费约RM60，你也可以乘坐公共汽车（RM5，1.5小时）前往，它们每隔30分钟从Melaka Sentral出发。

ℹ 当地交通

马六甲市很小，步行即可走遍全城，但如果你不怕当地的交通状况，也可在唐人街周边的旅舍以每小时大约RM3的价钱租用自行车代步。17路公共汽车对游客较为有用，它每隔15分钟从Melaka Sentral出发，途经Mahkota Parade大型商业中心开往市区的Taman Melaka Raya和Medan Portugis。可以在www.panoramamelaka.com.my/routes查询当地公交车线路信息。

坐三轮车游览马六甲市也是必要的体验，其价格为每小时RM40，或者市内单程路每段RM15，不过你得讲价。

前往城市周边任何目的地出租车收费均为RM15左右。

马六甲市周边（AROUND MELAKA CITY）

爱极乐（Ayer Keroh）

位于马六甲市东北方向约13公里处的Ayer Keroh（亦拼为Air Keroh）有几处适合亲子游的地方，平日里基本没有游客。其中的一些景点会让人感觉到浓重的人工雕凿痕迹，但这里毫无疑问是从马六甲市出发的最佳亲子一日游目的地。从马六甲汽车站乘坐19路公共汽车（RM2，车程30分钟）可以到达爱极乐，乘出租车的费用约为RM45。

景点

Taman Mini Malaysia & Mini ASEAN 文化中心

（☎06-234 9988；成人/儿童 RM24/15；

⏲9:00~18:00; P)这处露天博物馆展出了来自马来西亚13个州和东盟邻国的传统房屋。在现场的众多陈列中，游客们可以游览玻璃市(Perlis)的长顶棚捕鱼房，或是了解兰卡威(Langkawi)碾米设施的使用方法。这里更适合带孩子来游览，因为展品看起来有些不真实。但好在房屋装饰精美，而且有关于当地传统、食物和语言的解释。相比之下，这里的游乐场就没那么有意思了。

马六甲动物园 动物园

(Melaka Zoo; www.melakazoo.com; 成人/儿童 RM24/18; ⏲每天 9:00~18:00，夜间动物园周五和周六 20:00~23:00; P)马来西亚第二大动物园，有200多种动物在此生活，从老虎、狮子到性情温驯的水豚、猴子和鼠鹿等。动物园在动物保护方面做得非常出色，大部分围场很宽敞，但是鸟类和小动物的笼子仍显狭小。

周五和周六的夜游使游客们能看到喜欢在夜间活动的动物，然而游客们对这些活动中包含的野生动物观察和现场表演持有不同的看法。

Hutan Rekreasi Air Keroh 公园

(Air Keroh Recreational Forest) 免费 这处绿色空间是轻松漫步的好地方，它的一半是丛林，另一半则是铺设着小径的景观公园。

勿沙岛(Pulau Besar)

这座距离马六甲市东南沿海10公里的小岛，曾经是伊斯兰神秘主义者的修行地。如今，朝圣者仍会前来朝拜冥想洞穴以及著名伊斯兰导师的墓地。如果你打算到岛上的沙滩走走，我们建议稳重着装(在泳装外面套一件T恤)。

在这里修建马来西亚最大的独立油库设施的计划尚未开始，将这座小岛变成一个超级度假村和高尔夫球场的计划也还只是纸上谈兵。因此对旅游业而言，勿沙岛尚算宁静。这里有漂亮的海滩，但设施有限，许多海岸上都散布着可乐瓶和椰子壳。

景点

从勿沙岛码头左转，沿着海岸线前行即可到达遮阴蔽日的海滩。在旅游旺季，海滩上会有一些供应马来小吃的摊档，还有一个小型市集。附近有一些保存完好的墓地和神龛，包括在岛上推广自卫术的Tok Janggut之墓。

勿沙岛博物馆 博物馆

(Muzium Pulau Besar; 成人/儿童 RM5/2; ⏲9:00~17:00)这座小博物馆展示了岛上的文化、历史以及在伊斯兰宗教史上的意义，尤其是这里曾经是往返中国和欧洲的船员们的重要休息地。沿着铺设的道路从码头一路上山，然后左转即到。

到达和离开

可以将勿沙岛作为马六甲市一日游或半日游目的地来游览。从8:00开始，轮船(往返RM14，20分钟)每隔2~3小时由Anjung Batu码头发出(末班船于工作日19:00/周末21:00返回)。天气恶劣时，轮渡具体班次可咨询马六甲的**州旅游办事处**(见228页)。

要前往Anjun Batu码头，可在马六甲汽车站乘坐开往Merlimau方向的6路公交车，告诉司机在Anjung Batu码头下车(票价RM2.5)。从车站步行15分钟即可到达。从马六甲市中心搭乘出租车前往码头的费用约为RM40。

亚罗牙也(Alor Gajah)

乡村小镇亚罗牙也就在通往吉隆坡的公路旁，位于马六甲以北24公里处。这个风景如画的小镇的中心是绿色迷人的亚罗牙也广场(Alor Gajah Square)，尽管小镇有一排排色调清爽的骑楼和以Masjid Al-Rasyidin Daerah为代表的清真寺，但最吸引人的景点无疑是附近的爱化摩沙古堡度假村(A' Famosa Resort)及其水上公园。

许多马六甲往返吉隆坡的长途车都经停亚罗牙也，所以如果你打算换乘的话，可以在此停留。从亚罗牙也搭乘出租车到爱化摩沙的费用约为RM22。

活动

爱化摩沙古堡度假村 水上公园

(A' Famosa Resort; ☎06-552 0888; www.

afamosa.com）占地520公顷的爱化摩沙古堡度假村深受马来西亚和新加坡游客的欢迎。尽管整个地方差强人意，但占地8公顷的水世界（Water World；成人/儿童 RM48/36；⏲周一至周五 11:00~19:00，周六和周日 9:00~19:00）还是很有趣的。这里有两条7层楼高的高速滑梯、一条管状滑道，甚至还有一片人造海滩和冲浪池。这里还有一片娱乐区，设有各种体育娱乐设施，包括卡丁车和射箭，以及一座条件优越的27洞高尔夫球场（平时/周末 RM118/198）。仙境探险（Safari Wonderland；⏲9:00~17:00）设有骑大象和动物表演，喜欢动物的人肯定不愿看到这种场面。

从马六甲和吉隆坡前往度假村分别需要不到1小时和1.5小时。

柔佛

☎06、07/人口：330万/面积：19,984平方公里

包括 ➡

最佳户外探险活动

- Upeh Guling和Buaya Sangkut瀑布（见246页）
- 丁宜岛（见244页）
- Takah Berangin和Takah Pandan瀑布（见246页）
- 泗务岛（见243页）
- 金山（见241页）

最佳住宿

- Rimba Resort（见243页）
- 新山希斯尔酒店（见236页）
- Rawa Island Resort（见244页）
- Mirage Island Resort（见243页）
- Kampung Peta（见246页）

为何去

柔佛是马来西亚人口最多的州，也是一个经济实力不断发展的州。大多数旅游路线会跳过柔佛，但那些鬼使神差般来到这个马来西亚南大门地区的游客，会体验到这里风景如画的岛屿和野生丛林所带来的喜悦，领略真正的马来西亚文化和特质，而这些是无法在大型旅游热点地区轻易获得的。

柔佛最具吸引力的景点毫无疑问是迷人的白色沙滩群岛——柔佛群岛，在那里你会找到世界级的潜水点，尽享轻松时光，而且这里的游客比刁曼岛少得多。内陆的兴楼云冰国家公园拥有丰富的植物群和罕见的动物，可以体验惊险刺激的户外探险活动。兴楼云冰国家公园和使游客趋之若鹜的彭亨州塔曼奈加拉国家公园别无二致，但这里的环境更原始。

此外，新山也是柔佛州的一大亮点，这座平民化首府城市有一些值得一看的宗教场所和博物馆，这些都使得它和邻近的新加坡成为姐妹城市。

何时去

新山(柔佛巴鲁)

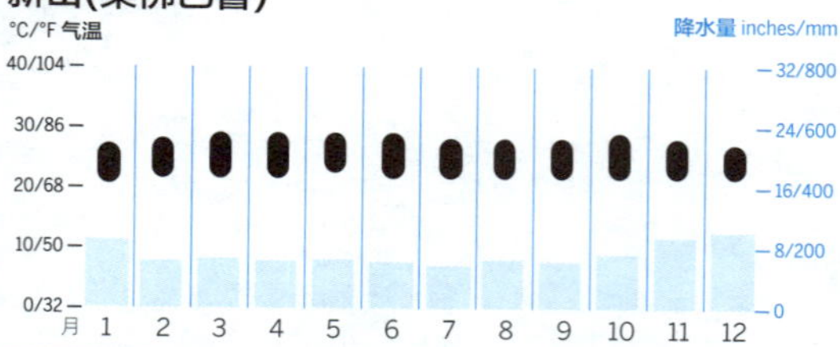

11月至次年2月 季风季节价格划算，但是雨水和昆虫也多，到拉瓦岛冲浪吧！

3月至5月 海水的能见度最高，适于潜水。

6月至7月 天气炎热，勿沙岛因“鲁滨孙漂流记”真人秀暂时关闭。

新山（柔佛巴鲁，Johor Bahru）

☎07/人口：1,371,000

多年来，柔佛州的首府新山（Johor Bahru，简称JB）一直被批评为一座肮脏、混乱的边境城市，如今它已经焕然一新，街道也经过了整修和绿化，正走在重塑形象的路上。

大多数旅行者选择略过这座马来西亚南部最大的城市，但对敢于逗留一个下午或者简单过一夜的人来说，这里有值得体验的博物馆、寺庙，以及清真寺、购物区和聚会区。此外，传统城区内还拥有诗意的街景、时尚的画廊和好玩的咖啡馆。如果这些都不是你喜欢的东西，那就去“精彩无限”的乐

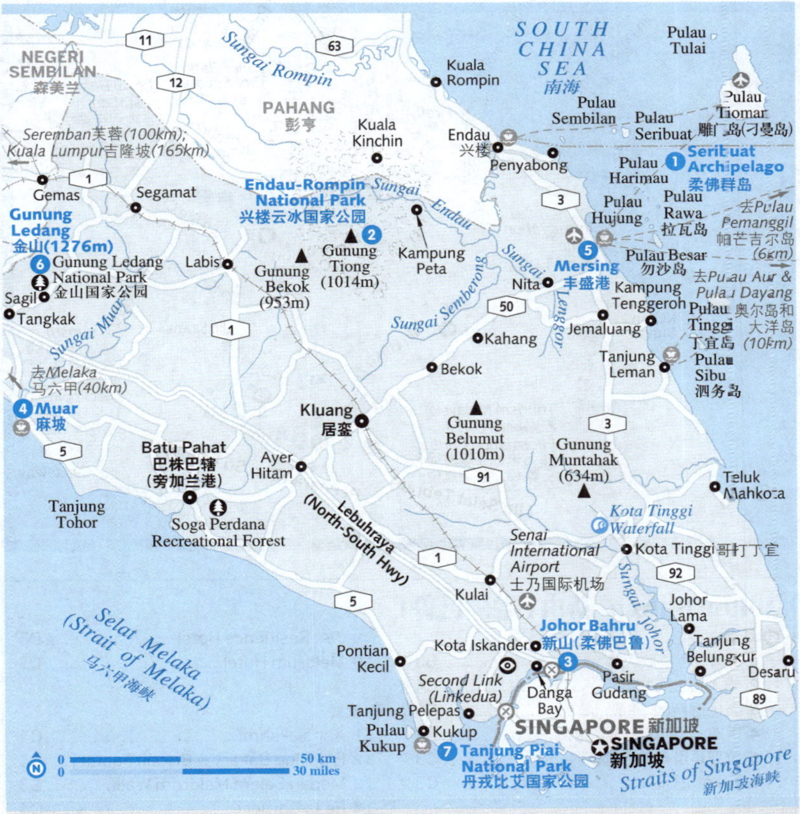

柔佛亮点

❶ 在**柔佛群岛**（见242页）尽情地享受游泳、潜水和漫步沙滩的乐趣。

❷ 徒步穿越茂密的丛林之后，在**兴楼云冰国家公园**（见245页）壮观的瀑布下凉快一番。

❸ 在**新山**（见本页）找寻殖民时期的街道、华丽的庙宇及清真寺。

❹ 在慵懒且古建筑林立的**麻坡**（见239页）走街串巷，品尝这里多汁的海鲜。

❺ 漫步于**丰盛港**（见239页）的街道与河边。

❻ 大汗淋漓地攀登柔佛最高峰**金山**（见241页）。

❼ 选择人迹罕至的道路，前往另类的公园和保护区，如**丹戎比艾国家公园**（见242页）。

Johor Bahru 新山(柔佛巴鲁)

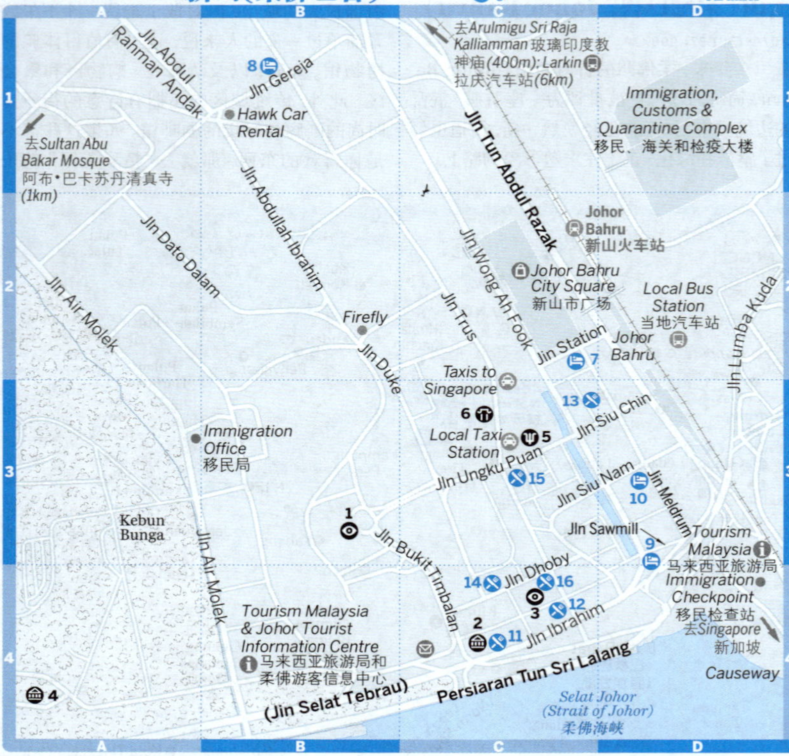

Johor Bahru 新山(柔佛巴鲁)

景点

1 苏丹易卜拉欣大楼 B3
2 华人历史文物馆 C4
3 文化遗产区 C4
4 阿布·巴卡皇家博物馆 A4
5 拉耶马里安曼兴都庙 C3
6 Tokong Cina C3

住宿

7 Citrus Hotel C2
8 希尔顿逸林酒店 B1
9 J.A. Residence Hotel D3
10 Meldrum Hotel D3

就餐

11 Annalakshmi C4
12 Hiap Joo Bakery & Biscuit Factory C4
13 Medan Selera Meldrum Walk C3
14 Reaz Corner C4
15 Restoran Nilla C3
16 Roost Juice & Bar C4

高乐园吧。

新山和新加坡之间由一条1038米长的堤道相连，往来十分便捷，很多人选择在新加坡上班，晚上回到新山住。

在今后的十年中，斯干达开发项目将使马来西亚南部发生根本性的变化，作为五个“经济区”之一的新山也将旧貌换新颜。斯干达开发项目开始于2006年，预计会在2025年完成。占地720公顷的Danga Bay距离堤道5公里，即将成为金融和商业中心，而其雄心勃勃的最终目标是建设成小滨海湾（Marina Bay，新加坡著名海滨景点）。目前，Danga

Bay只是一片杂乱无章的建筑工地，但许多人还记得，曾几何时新加坡也是如此。

景点

阿布·巴卡苏丹清真寺 清真寺

（Sultan Abu Bakar Mosque；Jln Gertak Merah）这是一座维多利亚式的清真寺，白墙蓝瓦融合了多个建筑流派的建筑风格。该寺建于1892~1900年，被奉为当地最宏伟的清真寺之一。可惜的是，非穆斯林不允许进入该寺。

玻璃印度教神庙 印度教寺庙

（Arulmigu Sri Raja Kalliamman，Glass Temple；22 Lorong 1；RM10；周一至周五 7:00至正午和18:00~22:00，周六和周日 7:00~22:00）免费跨过镜子走进这座由镜子、玻璃和金属建造而成的神奇寺庙，其拱形屋顶和墙壁的每一寸地方都被装饰一番。该寺庙供奉着被称为时间、变化、权力与毁灭女神的时母（Kali）。

文化遗产区（Heritage District） 建筑、景区

在Jln Ibrahim和Jln Ungku Puan之间的文化遗产区漫步，欣赏沿途古色古香、丰富多彩的店屋，逛逛售卖纱丽的店铺、传统的理发店、阿育吠陀按摩沙龙（Ayurvedic salon）、壮丽的寺庙、几个现代艺术画廊和老式的小吃店，是游览新山的一大亮点。

拉耶马里安曼兴都庙 印度教寺庙

（Sri Raja Mariamman Devasthanam；4 Jln Ungku Puan）免费这座美丽的庙宇有精美的雕刻和宗教的艺术品，以及色彩鲜艳的高大塔楼入口，它是新山印度教徒社群的重要活动中心。允许拍照，但是要尊重信徒。

阿布·巴卡皇家博物馆 博物馆

（Royal Abu Bakar Museum；07-223 0555；Jln Ibrahim；成人/儿童 RM21/9；周六至周四9:00~17:00）令人称奇的维多利亚式Istana Besar皇宫由亲英的阿布·巴卡苏丹建于1866年，曾是柔佛皇室家族的主要宫殿，1990年作为博物馆向公众开放，馆内展示了苏丹的无数珍宝。该馆是马来西亚同类博物馆中最值得参观的。环绕宫殿的53公顷园地景致优美，免费供人观赏游玩。

苏丹易卜拉欣大楼 建筑

（Bangunan Sultan Ibrahim；Bukit Timbalan，State Secretariat Bldg；周二至周六）令人过目难忘的苏丹易卜拉欣大楼坐落在壮观的新山皇家山上，是殖民时期的盛况、伊斯兰主题和本土设计的巨大混合产物。大楼竣工于1942年，在日本人准备攻击新加坡时这个城市地标被日本人当作堡垒。目前正计划将它改成一座博物馆，不过现在也不定期开放供游客参观。

华人历史文物馆 博物馆

（Chinese Heritage Museum；42 Jln Ibrahim；门票 RM5；周二至周日 8:30~17:00）精心陈列的展品记录了早期华人移民至马来西亚半岛的历史，这正是这座三层楼博物馆的精华所在。广东人将其木匠工艺引入此地，客家人进行中药交易，海南人开启了咖啡店风潮并一直流传至今。博物馆有清晰的英文引导标志。

Tokong Cina 华人寺庙

（Johor Ancient Temple；Jln Trus）免费这座华人寺庙建于1870年，主要是为敬奉玄天上帝。

住宿

Meldrum Hotel 酒店 $$

（07-227 8988；www.meldrumhotel.com；1 Jln Siu Nam；双 RM131~189，四 RM225~260；

值得一游

乐高乐园！

家中有小孩吧？东南亚首个**乐高乐园**（07-597 8888；www.legoland.com.my；Medini，Nusajaya；成人/儿童 门票RM207/165；10:00~18:00）于2012年落成，拥有超过70个游乐项目，还有一个水上公园，可以单独游览或作为一个参团项目。这里的游乐设施并非只是乐高积木堆成的静态模型，而是可以实际体验的。你可以爬行、使用绳索把自己吊上高塔、坐上飞龙造型的云霄飞车、用激光射击木乃伊等。乐园的中心是Miniland（小人国），有许多用乐高积木砌起的缩微地标，如双子塔和新加坡的鱼尾狮等。

危险和麻烦

虽然在新山旅游相对安全，但是游客应该提防摩托车抢包。另外，游客在任何城市中旅游时都要避免独自一人在黑暗的小巷中行走。如果你遇到麻烦，可拨打报警热线（☎07-225 6699）。

❄📶）所有房间都干净、宽敞、粉刷一新，屋内提供空调、电视、免费饮用水和水壶。你也可以选择入住附带免费Wi-Fi的高级套房，如果你不抽烟的话，要一间无烟房。选择后面的房间可避免街边的噪声。

新山希斯尔酒店 酒店 $$

（Thistle Johor Bahru；☎07-222 9234；www.thistle.com；Jln Sungai Chat；房间 RM350起；P❄@📶🏊）该酒店俯瞰着柔佛海峡，是长堤（Causeway）新山一侧地理位置最佳的酒店之一。除了上述所说的，酒店还设有大理石卫生间及一个漂亮的弯曲的游泳池，环境通风明亮。

酒店位于市中心附近大约4公里处，就在主干道Jln Lingkaran Dalam边上，靠近金海湾（Danga Bay），位置有些偏僻。

Citrus Hotel 酒店 $$

（☎07-222 2888；www.citrushoteljb.com；16 Jln Station；双 含早餐 RM159~189；❄📶）住房较小，但干净整洁，白墙搭配明亮的绿色和橙色。早餐可口，服务人员亲切友善，酒店紧邻新山City Square广场，地点方便。

J.A. Residence Hotel 酒店 $$

（☎07-221 3000；www.ja-residencehotel.com；18 Jln Wong Ah Fook；房间/标三 RM130/170，套 RM150~250；❄@📶）这座高层建筑地处市中心，房间舒适、现代化，物超所值，只是卫生间和走廊阴冷破旧。乳白色的涂料和锃亮的木地板彰显了它的品位，工作人员非常友善。最好选择高层的房间，可以俯瞰堤桥极美的风光。

希尔顿逸林酒店 商务酒店 $$$

（Hilton Double Tree；☎07-268 6868；www.doubletree3.hilton.com；12 Jln Ngee Heng；房间 RM400起；P❄@📶🏊）虽然缺乏城镇里小型精品酒店所拥有的私密性，但该酒店提供商务级别的舒适——量身定做房间。几家餐厅，一个13楼的游泳池和酒吧露台，使你可以将整个城市的美景一览无余。网上预订可节省一大笔费用，只是房间的照明系统复杂得让人一头雾水。

餐饮

在街头就能吃到全马来西亚最好的海鲜（如KSL City Mall周边区域）和当地的风味小吃，包括味浓的咖喱叻沙。想吃西餐的人可以前往希斯尔或希尔顿逸林酒店内的餐馆用餐。

Reaz Corner 印度菜 $

（Jln Duke；RM8~12.50）在这个干净的露天咖喱食所，黄色米饭配上香辣咖喱鸡绝对错不了。这里的姜茶不容错过且令人回味无穷。

Annalakshmi 印度菜 $

（☎07-227 7400；39 Jln Ibraham；凭捐赠获餐；⏲周一至周六 11:00~15:00；✎）这家地道的印度素食餐馆由Temple of Fine Arts的志愿者经营，本店的座右铭是"尽兴而食，随缘付费"。食客可在优雅的气氛里享用这里的套餐。

Hiap Joo Bakery & Biscuit Factory 面包房 $

（13 Jln Tan Hiok Nee；圆面包 RM2.50起；⏲周二至周六 7:00~17:30）这家烘焙厂已有超过80年的历史，创始人从其故乡中国海南带来了炭炉烘焙技术，以烘焙各种可口的面包、蛋糕和饼干闻名。

Restoran Nilla 印度菜 $

（Jln Ungku Puan与Jln Trus交叉路口；主菜 RM2起；⏲7:00~22:00；✎）这家很棒的南印度小餐馆提供最好吃的鸡肉。一定要尝试这里的"素鸡肉"，它的用料其实是豆腐，但非常可口。

Medan Selera Meldrum Walk 摊贩 $

（Medan Selera Meldrum；餐 RM3起；⏲晚餐时间）每天傍晚，这条小巷（与Jln Meldrum平行）里都会摆满小食摊，售卖各种小吃，从烤鱼(ikan bakar)到当地的咖喱味叻沙应有尽有。饱餐之余，可以来杯新鲜的甘蔗汁或中式龟苓膏解渴。这里的味道虽然算不上最佳，但也算不错。

Roost Juice & Bar 各国风味 **$$**

(Jln Dhoby; 主菜 RM8~28, 果汁 RM7.90起; ⏲周一至周六 正午至16:00, 每天 18:00至午夜)这是新山最新潮的酒吧，采用回收木材、酒瓶和其他材料营造出一个类似住家客厅的咖啡厅兼酒吧，感觉很时尚。食物也很美味，试试Hainanese面条、炸鱼薯条、羊排或娘惹鱼柳，配以鲜榨果汁或冰啤酒，风味绝佳。

The Zon 酒吧、俱乐部

(www.zon.com.my; Zon Ferry Terminal)用三个字来描述此处：免税酒。有大约十家酒吧和俱乐部林立于此。

购物

购物中心所在地有相当不错的美食广场，空调有点儿嘈杂，许多新加坡人到此购买物美价廉的商品。热门的购物中心包括**KSL City Mall**(www.kslcity.com.my; 33 Jln Seladang)、**Johor Premium Outlets**(www.premiumoutlets.com.my; Indahpura, Kulaijaya; ⏲10:00~22:00)、**Tebrau City Shopping Centre**和**Plaza Pelangi**(Jln Tebrau)。

实用信息

银行和自动柜员机在中心地带随处可见。Jln Wong Ah Fook有很多货币兑换商，汇率颇有竞争力。

移民局办事处(Immigration Office; ☎07-233 8400; www.imi.gov.my; Jln Setia Tropika, Kempas)可进行签证延期。

KPJ Johor Specialist Hospital(☎紧急 07-220 7505, 07-227 3000; www.kpjjohor.com; 39-B Jln Abdul Samad)一家非常卫生且设备先进的私人医院。

从新山到新加坡

你可从JB Sentral过关，然后穿过堤道前往新加坡。

到达边境：人、车分别通关。所有巴士和出租车都会在马来西亚出境口岸停车，你须持行李和车票下车，过了马来西亚海关后再次上车。乘车通过堤道，之后所有车辆将在新加坡入境口岸停车，你必须再一次带着行李通过海关，过关之后上车一路前行至奎因街(Queen Street)车站。边境处有**旅游信息处**(tourism information offices; CIQ Complex; ⏲周一至周六 9:00~17:00)和货币兑换点。

坐公交车：过了海关后，在新山中心(central JB)可乘坐巴士前往新加坡，车票可在上车后购买。新山的**拉庆汽车总站**(Larkin bus terminal; 城北5公里处)也有多趟长途汽车开往新加坡皇后街(Queen Street)公共汽车站。最方便的是乘坐Causeway Link(www.causewaylink.com.my)，从新山/新加坡出发的票价分别为RM3.40/S$3.30，6:30至午夜运营，10分钟一班。Trans Star Cross Border Coaches(www.regentstar.travel/crossborder)的大巴往返于CIQ和新加坡樟宜国际机场(Changi International Airport)，在3个航站楼均有停靠，从新山/新加坡出发的票价分别为RM10/S$9，5:00~23:00运营，每小时一班车。

有执照的出租车：从市中心Plaza Seni出租车站出发开往新加坡的乌节路(Orchard Road)或皇后街车站，车费约为RM60。在本地市区运行的出租车不可以过堤道。

坐火车：从新山中央车站(JB Sentral)出发前往新加坡兀兰(Woodlands)可乘坐**KTM Intercity火车**(RM3)，从新山分别于5:50、6:55、14:20和21:00发车。你可以穿过关卡后在新加坡兀兰转乘地铁。

在新加坡：在皇后街，你可以搭乘长途汽车、出租车或轻轨(MRT)到达市区任何地方。

马来西亚旅游局和柔佛游客信息中心（Tourism Malaysia & Johor Tourist Information Centre；☎07-223 4935；www.johortourism.com.my；3rd fl, Jotic Bldg, 2 Jln Air Molek；⊙周一至周六9:00~17:00）马来西亚旅游局在新山设的两个办事处中的一个，另外一个在通过新加坡海关后的CIQ Complex。

到达和离开

飞机

新山的**士乃国际机场**（Senai International Airport；☎07-599 4500；www.senaiairport.com）位于其西北32公里处。这里的往返机票比在新加坡的便宜得多。

亚洲航空公司（AirAsia；☎1300-889 933；www.airasia.com）有廉价航班飞往吉隆坡、槟城、古晋、亚庇（哥打基纳巴卢）、泗务和米里。

飞萤航空（Firefly；☎03-7845 4543；www.firefly.com.my）有航班飞往吉隆坡的梳邦（Subang）机场和哥打巴鲁。飞往吉隆坡的票价低至RM79。

马来西亚航空公司（Malaysia Airlines；☎1300-883 000；www.malaysiaairlines.com；mezzanine fl, Persada Johor International Convention Center, Jln Abdullah Ibrahim）航班飞往古晋和吉隆坡，方便继续前往其他目的地。

长途汽车

拉庆汽车总站（Larkin bus terminal；Jln Garuda）位于市中心以北约5公里处。

目的地	票价	行程
北海	RM62.60	9小时
马六甲	RM21	2.5小时
麻坡	RM17	2小时
吉隆坡	RM31	4小时
丰盛港	RM13	2小时
关丹	RM20	5小时
瓜拉登嘉楼	RM33	8小时

出租车

新山的长途出租车站在拉庆汽车总站内，位于城北5公里处。Jln Wong Ah Fook有一个出租车站，比较方便。

一些主要目的地及相关车费（4人同乘一辆）如下：

- 吉隆坡（RM460）
- Kukup（RM80）
- 马六甲（RM280）
- 丰盛港（RM160）
- 士乃机场（RM50）

火车

KTM Intercity（☎300-885862；www.ktmintercity.com.my；JB Sentral）每天有三班快车从CIQ里崭新的新山中央车站出发，开往吉隆坡（6:30、14:56和20:25），途经Tampin（开往马六甲）、芙蓉（Seremban）、吉隆坡中央车站（KL Sentral）、Tapah Rd（开往金马伦高原）、怡保、太平（Taiping）和北海。铁路线在Gemas分叉，因此

到印尼去：巴淡岛和民丹岛（廖内群岛）

船：每天有多趟船开往廖内群岛（Riau Islands）的巴淡岛（Batam；单程RM69，1.5小时）和民丹岛（Tanjung Pinangon Bintan；单程RM86，2.5小时）。渡轮从**Berjaya Ferry码头**（Zon Ferry；www.berjayawaterfront.com.my；88 Jln Ibrahim Sultan）出发，可从新山中心搭乘多路巴士到达码头。**Tuah Ferry Services**（www.ferrytuah.comoj.com；Terminal Antarabangsa Kukup）从新山西南的Kukup开往吉里汶岛（Karimun）的丹戎巴来（Tanjung Balai；一天3班；RM130）以及巴淡岛的Sekupang（一天2班，RM165）。从新山可搭乘巴士前往Kukup（RM7，1.5小时）和吉隆坡（RM26，3.5小时）。从新山搭乘出租车到Kukup约需RM80。

到达边境：在新山的Berjaya Ferry Terminal上船前，需支付RM10海港税并在护照上盖章方可离开马来西亚；从Kukup出境的海港税是RM25。

从廖内群岛另有渡轮开往印尼的苏门答腊。

你可以换乘“丛林火车”（开往塔曼奈加拉国家公园）前往而连突（Jerantut）、瓜拉立卑（Kuala Lipis）和哥打巴鲁（Kota Bharu）。本书作者调研期间，由于洪水，该线路部分路段停运。

当地交通

抵离士乃国际机场

士乃国际机场位于市区西北32公里处，往来于机场和市中心之间的定期客车（RM8，45分钟）从Kotaraya 2 Terminal的汽车站发车。

机场至新山打的费用为RM60，根据交通状况不同，车程30~45分钟。

公共汽车

本地公共汽车在市区周边有一些停靠站，Jln Wong Ah Fook前面的Public Bank站最方便。39路公共汽车从拉庆汽车总站开往新山市中心（RM1.80）。

小汽车

新山租车费用比新加坡低得多，但得先确认租车公司是否允许你开车进入新加坡。每天的租车费为RM177~233，含保险费和税费。士乃国际机场有许多公司提供租车服务。

Hawk Car Rental（☎07-224 2854；www.hawkrentacar.com.my；Puteri Pacific Hotel）

出租车

新山的出租车都装有计价器，法律规定司机必须打表。起步价为RM3，市内平均一趟车程费用为RM10。包车游览的话，每小时约RM35。

麻坡（Muar）

☎06

麻坡是个闲散的河边小镇，有马来西亚特有的慵懒气氛，这里在历史上曾经是一个重要的商业中心，但如今已归于平静。该地的大部分看点都在拥有精美的历史建筑和寺庙的唐人街中心。小镇处于马六甲和新山之间，由于并非主流旅游景点，因此游人稀少。

景点

Colonial District 景区

河边优雅的殖民区有几栋值得一看的建筑。在这里走走，找找海关大楼、法院、中学（建于1914年）及占米清真寺（Masjid Jamek），这座清真寺与新山的阿布·巴卡苏丹清真寺风格类似，属维多利亚式建筑。

食宿

麻坡以娘惹风味的鱼饼（otak-otak）和沙嗲早餐而闻名。在Jln Ali附近的Jln Haji Abu街上有许多小贩摊档。

Hotel Leewa 酒店 $

（☎06-952 1605；44 Jln Ali & 75 Jln Arab；双带/不带空调和浴室 RM50/65；P ❄ 👪）酒店业主很喜欢小孩，家庭式的酒店经常吸引旅客一家老小住宿。房间尽管有些许潮湿，但是都历史悠久，陈设简单干净。

Hotel Classic 商务酒店 $$

（☎06-953 3888；69 Jln Ali；房间 RM148~193，套 RM228~292；P 🚭 ❄ 📶）特大房配有卫星电视和柔软得就像超级面包的床垫。标准间和豪华间的区别只是房间的大小。

到达和离开

开往新山（RM17，2.5小时）和吉隆坡（RM18，2.5小时）的定时客车从位于河边的麻坡长途客车站发车。往来马六甲（RM6，1小时）和金山/Segamat（RM5，1小时）之间的客车从本地巴士车站乘车。出租车站在巴士车站的右边。

丰盛港（Mersing）

☎07

这个忙碌、紧凑的渔港具备一个旅行中转站所应有的一切：廉价的网吧、便宜的住宿、便利店、冷冻啤酒和一家药房。河上有许多色彩缤纷的渔船，虽然大多数人只是将丰盛港作为乘船前往刁曼岛的中转站，但这确实是一座悠闲的村庄，连空气都弥漫着令人心旷神怡的气息。花一个下午的时间尽情享受山顶清真寺的美景，徒步到附近的绿地或只是享受重返大陆的时光。

景点

Masjid Jamek Bandar Mersing 清真寺

（Jln Masjid）步行15分钟即可到达这座令人叹为观止的山顶清真寺，站在这栋蓝白色建筑旁可以一览南海、河流及村庄风光。夜晚

Mersing 丰盛港

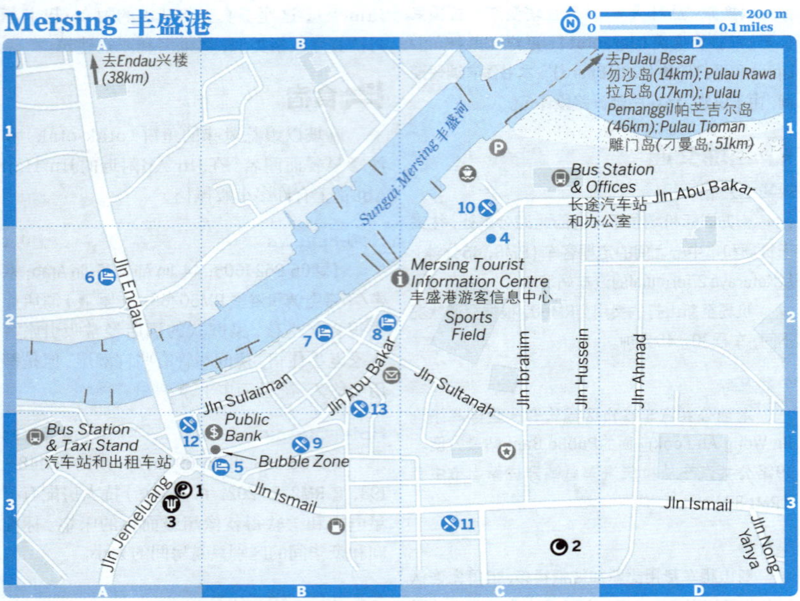

Mersing 丰盛港

◎ 景点

1 Hock Soon Temple A3
2 Masjid Jamek Bandar Mersing C3
3 Sri Subramaniam Temple A3

活动、课程和团队游

4 Pure Value Travel Agency C2

住宿

5 Hotel Embassy B3
6 Hotel Timotel A2
7 Riverside Hotel B2
8 Zeeadam Backpacker House B2

就餐

9 Loke Tien Yuen Restaurant B3
10 Port Café & Bistro C1
11 Restoran Al-Arif C3
12 海鲜摊 A3
13 Xiang Guo Bakery & Cake House B2

的祈祷者会被大音量的高保真音响召唤到这里来。

Hock Soon Temple 道观

免费 这座拥有百年历史的道观供奉着保人兴旺发达的神灵大伯公（Tua Pek Kong）。

Sri Subramaniam Temple 印度教寺庙

免费 在你等候渡船的间隙，可以去这座华丽的印度教寺庙逛一逛。

团队游

港口周围有几个地方能够预订前往柔佛群岛诸岛和刁曼岛的船票，并提供各种团队游套餐。在我们调研经过时，这里没有前往柔佛群岛的一日游项目。可以到渡轮码头附近咨询一下。

Pure Value Travel Agency 团队游

（☎07-799 6811; www.purevalue.com.my; Jln Abu Bakar）这家靠近渡船码头的小型旅行社提供前往兴楼云冰国家公园的一日游项目，费用为每人RM200（最少4人成团）。过夜行程费用为每人RM350起。

住宿

由于天气或潮汐原因，你可能得在丰盛港住上一两夜等渡轮。

尽量避免在春节或其他节假日时来丰盛港，那时中档酒店可能全部订满了。

Zeeadam Backpacker House
青年旅舍 $

（☎07-799 1280；ahmadzamani_77@yahoo.com；10-1 Atas Jln Abu Bakar；铺 RM20；@📶）城里唯一真正拥有宿舍床的背包客住所，这里只有两间宿舍，坚固的高低床使得一间屋子可睡6~8人。配有一台小电视，这栋两层楼的住所稍微有点儿冷，少了些魅力但物有所值。

Hotel Embassy
酒店 $

（☎07-799 3545；2 Jln Ismail；房间 RM55；❄📶）与城里的其他廉价旅馆相比，这是一个相当不错的住处，是海滨度假之后整理心情、重返现实的好地方。这里房间宽敞、明亮，配备有线电视、强劲的空调和卫生间。

Riverside Hotel
酒店 $

（☎07-798 2589；www.riversidehotel.com.my；74 Jln Sulaiman；房间 RM65~110；❄📶）如果想一览丰盛港河景，可以尝试入住这家物有所值的旅馆，这里的房间朴素干净，只是服务不尽如人意。房间稍微有点儿发霉，靠河的房间价格翻倍。

Hotel Timotel
酒店 $$

（☎07-799 5888；www.timotel.com.my；839 Jln Endau；房间 RM165；❄@📶）过桥即到，这家商务型酒店地理便利，但略显老旧。双人房宽敞又干净，家具齐全，有卫星电视。

就餐

河畔的巴士车站附近每晚都有**海鲜摊**。

Loke Tien Yuen Restaurant
中国菜 $

（55 Jln Abu Bakar；主菜 RM3.50~15；⏰午餐和晚餐；❄）丰盛港最早开业的一家中式餐馆，同时也是镇上最友善、最忙碌的一家餐馆，美味的虾和猪肉餐都值得期待。许多本地人都会点菜单上没有的招牌菜——清蒸鱼，记得也点一份来试试！

Restoran Al-Arif
印度菜 $

（44 Jln Ismail；主菜 约RM6；⏰早餐、午餐和晚餐；🖉）餐馆售卖印度飞饼（roti canai）、鸡蛋煎饼（roti telur）和炒饭（nasi goreng），并且提供价格超级便宜的素食菜单。

Xiang Guo Bakery & Cake House
面包房 $$

（Jln Abu Bakar；蛋糕 RM1起，比萨 RM22起；⏰早餐、午餐和晚餐；❄📶）这是一个很漂亮的面包房，屋内装有空调，可以在正餐（如比萨、马来炒面、米饭套餐等）后来一杯咖啡，外加一份提拉米苏（tiramisu）或重乳酪蛋糕。

Port Café & Bistro
国际风味 $$

（Jln Abu Bakar；主菜 RM10~30；⏰午餐和晚餐；📶）这个露天小酒吧兼餐馆就在码头上，出

值得一游

金山国家公园

根据传说，柔佛最高峰金山（Mt.Ophir；1276米）是神话中Puteri Gunung Ledang公主的居所，传说她至今仍在丛林山坡之间游荡。马来西亚和新加坡旅行团非常喜欢攀登金山，而外国游客较少。从国家公园办事处到山顶的往返旅行需耗时两天，路途颇具挑战性但很值得前往。如果你在金山国家公园（Gunung Ledang National Park），可以考虑前往**Puteri Waterfalls**，该瀑布的特点是底部有一个凉爽的浴池。

上山的路上有许多营地可以住宿，攀爬前或回来后可以使用该公园的**"住宿选择"**（accommodation options；☎07-266 1301；www.johorparks.blogspot.com；Jln Muar；帐篷 RM10，宿舍 RM25，度假屋 RM75起），或远几公里但更舒服的**Gunung Ledang Resort**（☎06-977 2888；www.ledang.com；Jln Segamat，销售处BT 28，Sagil，Tangkak；小木屋 RM50，标准/豪华双床间 RM150/250；❄📶🏊）。多数营地和住宿一般在周末都客满，你可以计划在工作日前往或者尽早预订。

公园门票RM3，在园内徒步每天加收RM23。向导费用为每日RM140。你可以乘坐巴士或火车到Segamat，然后乘坐到Segil的本地巴士（RM5，45分钟），在金山下车。

另辟蹊径

探索柔佛周边

柔佛州面积超过19,000平方公里，拥有棕榈种植园、热带丛林、山峰、城市、乡村、海洋、红树林和森林区域，可以体验丰富的野外探险活动。这里有很棒的活动可纳入旅行线路规划之内。该区的住宿和旅游基础设施有限，可以在附近大一点的村庄寻找民宿或者小旅馆投宿。

丹戎比艾国家公园（Tanjung Piai National Park）公园就在柔佛新山市中心以南90公里处，建立这个国家公园旨在保护鸟类和红树林湿地。这里的旅游业才刚刚发展，有一个小型游客中心、木板路和一个码头。

苏雅山休闲森林（Soga Perdana Recreational Forest）出了峇株巴辖（Batu Pahat）后，可游览这个颇受当地观鸟爱好者欢迎的小森林。

Sungai Bantang休闲森林从彼各（Bekok）进入，这个郁郁葱葱的森林以瀑布和水路闻名。森林里有一些营地。

哥打丁宜（Kota Tinggi）走出市区游览这个因皇家陵墓而闻名遐迩的村庄，观赏壮观的瀑布或陶醉在新鲜事物上。

奇地时尚，如比萨（RM24起）和烤鸡沙拉配香醋汁（RM12）等异国风味的菜肴都很好吃。

实用信息

Jln Ismail旁边有几家设有自动柜员机的银行。

丰盛港游客信息中心（Mersing Tourist Information Centre；Jln Abu Bakar；周一至周六 8:00~17:00）在前往码头的路上。可以获取一些有用信息、公共汽车时间表和宣传册。

Bubble Zone（Jln Abu Bakar；每桶 RM10/次；）自助洗衣服务。

到达和离开

多数长途汽车和长途出租车从桥边的车站出发，少数长途汽车则从靠近码头的长途汽车公司办公室附近出发。如果你提出要求，有些长途汽车会载你到达丰盛港时让你在码头下车。要乘前往珍拉丁（Cherating）的车必须先前往关丹。

目的地	票价	行程	发车班次
新山	RM13	2.5小时	每天2班
加亨	RM7	1小时	每天3班
吉隆坡	RM40	5.5小时	每天5班
瓜拉登嘉楼	RM34	9小时	每天2班
关丹	RM17	5小时	每天2班
马六甲	RM25	4小时	每天3班
新加坡	RM16	3小时	每天2班

出租车能够到达的目的地和车费（每车）如下：

- 新山（RM160）
- 关丹（RM220）
- 北干（Pekan；RM150）

本地公共汽车开往兴楼（Endau；RM5，45分钟）。想要乘船去泗务岛（Sibu Island）的游客，应先搭出租车到Tanjung Leman（RM70）。

柔佛群岛（Seribuat Archipelago）

07

柔佛群岛位于柔佛东海岸，是马来西亚诸岛中的明星。群岛共有64座岛屿，但多数人只知道刁曼岛（见249页）。实际上，这座群岛中面积最大的岛屿属于彭亨州。其他岛屿游人罕至，非常安静。

潜水爱好者在这里会看到漂亮的珊瑚，以及种类多得令人吃惊的海洋生物，从蝴蝶鱼、小丑鱼到梭鱼和砗磲，不一而足。11月至次年2月的季风期间，群岛周围的水域浪花滔天，因此渡轮难以准时发船，季风中期（11月和12月）尤其如此。

勿沙岛（Pulau Besar）

07

勿沙岛交通便利，是沙滩休闲的好地方。

洁白的沙滩簇拥着碧绿的海水，在风平浪静的时候，这里就是一个绝佳的天然游泳池。如果你厌倦了平淡，这里有小路通往其他更加隐蔽的海滩，还有大片茂密的丛林等你去探险。这里的珊瑚并不出色，岛上也没有经营潜水的公司，所以你只能在浅滩戏水，或沿着散布的礁石浮潜。

你可以乘坐度假村的往返船只前往勿沙岛进行一日游。虽然过去曾有公共船只来往，但我们调研时并没有见到，你可以到丰盛港码头询问是否有其他交通工具。

岛上的度假村都在西侧的海滩边，度假村都有餐馆，并提供往返丰盛港的船只，往返船票约RM110。

Mirage Island Resort 度假村 $$

（☎07-799 2334；www.mirageislandresort.com.my；房间 含交通费及三餐 每人 RM385~600）时髦A字形建筑内的房间比较便宜，而安装了百叶窗的大型木屋则价格较贵，所有的房间都散发出热带殖民地风格的魅力。员工既年轻又风趣，餐厅有一个酒吧和台球桌。

Aseania Resort 度假村 $$

（☎019-736 1277；www.pulaubesar.net；含早餐的度假屋 RM300起；❄ 🏊）房间宽敞、干净，室内摆放着深色的实木家具。服务热情周到，丛林游泳池四周有一个时尚的木质露台，若你在沙滩被晒惨了，这里是阴凉的休闲场所。

泗务岛 (Pulau Sibu)

☎07

除了刁曼岛之外，Pulau Sibu Besar、Pulau Sibu Kukus、Pulau Sibu Tengah、Pulau Tengah和Pulau Sibu Hujung也是群岛中受欢迎的旅游胜地，特别吸引旅居新加坡的外国人家庭。大泗务岛（Pulau Sibu Besar）上有许多住处，该岛长约7公里，宽约1公里，潜水和美丽的海滩是吸引游人的主要原因。

开往泗务岛的船不由丰盛港发船，而是从镇南约30公里处的Tanjung Leman开船，那里没有公共船只，所以你必须自己乘坐度假村的船只前往（船票包含在团队游套餐内）。

★ Rimba Resort 度假村 $$

（☎012-710 6855；www.resortmalaysia.com；Sibu Besar；度假屋 每人 RM220起）这里的海滩胜地氛围很悠闲，舒适的茅屋沿着沙滩排列，游客可以在海中游泳和浮潜。宽敞的住处具有现代风格，顶篷设有蚊帐，客厅里放置着靠垫，后面为半露天的浴室。

其他度假村的游客也经常被这里洁白的沙滩和舒服的帆布躺椅吸引来。度假村内有一家潜水中心和按摩室，提供优质的服务。

Sea Gypsy Village Resort 度假村 $$

（☎07-222 8642；www.siburesort.com；Sibu Besar；A字形小屋 RM180，度假屋 RM220，家庭式度假屋 两名成人和两名儿童 RM700）🍃这个度假村对带小孩的游客来说是最物有所值的选择。度假村全日备有特别的儿童餐，还有有趣的儿童俱乐部、小型游乐场，甚至巧妙地设计了蚯蚓堆肥系统，处理尿布的方式非常环保。海滩不适合游泳，但在海浪中嬉戏也很有意思。

像鲁滨孙那样生存

当你在白色沙滩上小口地品着鸡尾酒时，可能在这个天堂小岛上正有其他访客在找昆虫吃，并想方设法找一点儿水喝。这是因为柔佛群岛是“鲁滨孙漂流记”的拍摄地点，也是瑞典原创真人秀电视节目“幸存者”（Survivor）的录制地点。节目在1997年第一次播出，这里的设施现在提供给比利时、荷兰、丹麦和南非等国家的许多团体使用（为节目的不同版本）。

录制节目的营地在勿沙岛，许多较艰难的“幸存者”地点则在其他更小更偏远的岛屿上。“鲁滨孙漂流记”的拍摄团队在4月开始布景调试，正式录影在六七月进行。在这两个月里，勿沙岛的酒店不对外开放，但是你可以搭上拍摄团队的顺风船进入岛内进行一日游。详情可以到丰盛港码头的勿沙岛酒店办事处询问。

小木屋室内较暗，但床铺舒服，多数小屋配有阳台、浴室和风扇，靠近丛林的A字形小屋价格最便宜。度假村内还有潜水中心并且提供各种活动。

Batu Batu 度假村 **$$$**

(☎017-755 2813; www.batubatu.com.my; Pulau Tengah; 双 含早餐及交通接送 RM780起; ❄@📶≋) 这家高档的环保度假村有22座私人别墅散落在闪亮的珊瑚沙滩岛上。度假村还有一个海龟保护区并招募志愿者(只需支付住宿费)，出租各种船舶，有一个PADI潜水中心。

Sibu Island Resort 度假村 **$$$**

(☎07-799 5555; www.sibuislandresort.com.my; Pulau Sibu Tengah; 两人 含早餐 RM520起; ❄@≋) 在偏僻的Pulau Sibu Tengah岛上，这个相对豪华的度假村配备了现代化的设施，拥有很好的浮潜环境。这里有各种休闲度假设施，包括温泉区、潜水中心、网球场以及可供集团进行团队建设活动的绳索锻炼道。沙滩风景优美，但由于餐厅和房间均在室内(有空调)，不能享受海风。周末会有卡拉OK活动。

拉瓦岛 (Pulau Rawa)

☎07

沙滩上满布洁白晶莹细沙的小岛拉瓦岛距离丰盛港16公里，吸引了许多游客前来晒太阳、冲浪或浮潜。岛上的度假村都可为宾客安排船只、车辆接送。

拉瓦岛的两个度假村比邻而建，这里的沙滩是柔佛群岛中风景最优美的，晶莹的白沙接近大海时像糖霜一样慢慢地融入湛蓝的海中，梦幻极了！

Rawa Island Resort 度假村 **$$$**

(☎07-799 1204; www.rawaislandresort.com; 含食宿 每人 RM550~675; ❄@👪) 这是岛上的主要度假村，有些年头的屋舍分布在各个山坡上和海滨，但你不会一直待在室内。这是个活泼的家庭式游乐天堂，可以划船、玩蹦床。度假村内有一个餐馆、潜水中心，提供各种设施和活动项目。

Alang's Rawa Resort 度假村 **$$$**

(☎016-729 7383; www.alangsrawa.com; 两晚 包括食宿和船票，每人 RM680起) 一排排白色的小木屋，搭配天蓝色的百叶窗，此地是让人赖在沙滩上尽情放松、发呆的好去处。这里并无服务可言，但是，有了这道悠闲轻松的风景线，谁还在乎那些？这里有14个房间，包括小屋和A字形房屋。

> **值得一游**
>
> ### 丁宜岛
>
> 从远处看，位于Pulau Sibu Besar东北方向10公里处、被丛林覆盖的丁宜岛(Pulau Tinggi)景色迷人。它实际是座死火山(tinggi的意思是"高")，600米高的尖峰留下了优美的剪影。多数度假村提供环岛一日游，活动包括浮潜和徒步参观一座雄伟的瀑布。
>
> 岛上的居民主要住在三个村庄里：Kampung Tanjung Balang、Kampung Pasir Panjang和Kampung Sebirah Besar。岛上的主要住宿选择价格昂贵，但景色漂亮的**Tad Marine Resort**(☎012-908 9929; www.tadmarineresort.com; 含食宿 每人 RM315起) 值得推荐，它主要服务于新加坡的潜水爱好者。

奥尔岛、大洋岛和帕芒吉尔岛 (Pulau Aur, Pulau Dayang & Pulau Pemanggil)

☎07

这三个小岛远离本岛(4~6小时船程)，要在这里玩得尽兴至少需要几天的时间。周末和节假日时这里非常拥挤，度假村的船会载来一批又一批的新加坡潜水爱好者，所以不建议那时候来。

奥尔岛离本岛80公里，海水碧蓝清澈，附近有很可观的珊瑚礁和可探索的沉船。**Diver's Lodge**(www.friendlywaters.com.sg; 3天2夜潜水套餐 S$365起) 是许多潜水爱好者不错的选择，可通过新加坡潜水旅游公司进行预订，虽然这里没有太大的沙滩，但仍然极受欢迎。

大洋岛(Pulau Dayang)在奥尔岛海峡对面，住宿处有大约300个床位，**Dayang Blues Resort**(☎新加坡 65-6536 6532; www.dayangnow.com; S$400起) 位于Kampung

Pasir Putih，有一片美丽的海滩。

美丽的帕芒吉尔岛（Pulau Pemanggil）位于丰盛港以东45公里，岛上只有很少的居民。毋庸置疑，这里的水清澈透明，很吸引人。Lanting Resort（☎07-799 1939; www.lantingresort.com.my; 3天2夜 套餐 RM298）有各种平房、长屋和套房，并组织各种家庭经营的垂钓之旅。

兴楼云冰国家公园（Endau-Rompin National Park）

这里的森林可以追溯至2.6亿年前——就像与远古的回声对话。每当你听到"马来西亚丛林深处"一词，脑海里就会立刻涌现一个野生动物自由出入、大小瀑布遍布的原始森林的景象。位于柔佛-彭亨边界的兴楼云冰国家公园是半岛上仅次于塔曼奈加拉国家公园（Taman Negara）的马来西亚第二大国家公园，占地面积870平方公里。公园内供人行走的小路较少，难以探险（除非你具有贝爷那样的生存技能），但是映入眼帘的景色却大大可观。

公园内的低地森林是马来半岛上仅存的几片低地森林之一，并被确认保留着数种珍稀植物，例如具有独特伞形叶子的巨大伞榈和Livinstona endanensis——一种叶子为锯齿状圆形的棕榈。

公园也是马来西亚最后一块苏门答腊犀牛和老虎的乐土，这些动物只出没在公园杳无人迹的偏僻地区。当夕阳西下，在靠近Kampung Peta地区有时会看到象群出现。公园内可经常看到红色林鸫、黑色犀鸟和灰鹡鸰，除了鸟类，你还时常能听到从树梢上传来的猴子的叫声。

绝大多数的游客参加私营旅行社组织的观光团来到此地。你也可以带上自己的露营设备自助来此，费用会较低。第一站你可以先到位于丰盛港的柔佛国家公园管理局（Johor National Parks Corporation; johorparks.blogspot.com; Jln Sulaiman, Mersing; ⏲周一至周六 8:00~13:00和14:00~17:00），需要寻求帮助请联系公园办公室。

公园有两个主要入口处，比较大的一个从加亨（Kahang）进入Kampung Peta；另一个开发不足的入口在Selai，离彼各（Bekok）小镇约40分钟车程。两个区域之间并无小路连接，因此你必须选择其中一个作为你的出发点。还有一个较少人使用的入口在彭亨，离Kuala Rompin26公里，但这里不在柔佛国家公园管理局的管理范围内。

> **当地知识**
>
> **断齿鬼**
>
> 柔佛著名的断齿鬼（hantu jarang gigi）是一种高个儿、长毛、羞于面对镜头的两足动物，可能和大脚怪一样错过了正常的进化过程。数十年来，一直有报道说原住民发现了这种3米高、毛发棕色的动物以及异乎寻常的大脚印，但人们始终未能追踪到它。2005年，连续有报道说在哥打丁宜（Kota Tinggi）附近的丛林里发现了它的踪影，一些工人目睹了这个灵长类动物的整个家庭，因而引起了2006年的一番大规模搜索行动。搜索活动最终没有任何结果，迄今为止也没有其他报道。
>
> 所以，如果你看到一个类似雪人的生物在丛林中奔跑跳跃，那么你一定要准备好相机，而且不要轻举妄动。

向导

柔佛国家公园管理局一般要求你雇用一名向导带你游览公园。在位于Kampung Peta的公园总部或Selai的办公室可以雇用向导，每天RM60。这些向导多为住在附近村庄的原住民，他们从小在丛林里长大，对丛林比较熟悉。你还必须缴纳RM20作为森林的保护费用。

景点和活动

Kampung Peta入口

此处的公园办公室和住宿地紧邻一个迷人的原住民村庄，你可以和原住民一起玩玩当地的游戏（一般是智力游戏，准备动脑筋吧），也可以学习怎样设陷阱捕捉小动物。这里环境葱翠，离河边不远。如果进行徒步活动，首先你需要搭乘小船（RM140，可坐10个人）逆流而上，航程约半小时，之后再步行半

Endau-Rompin National Park
兴楼云冰国家公园

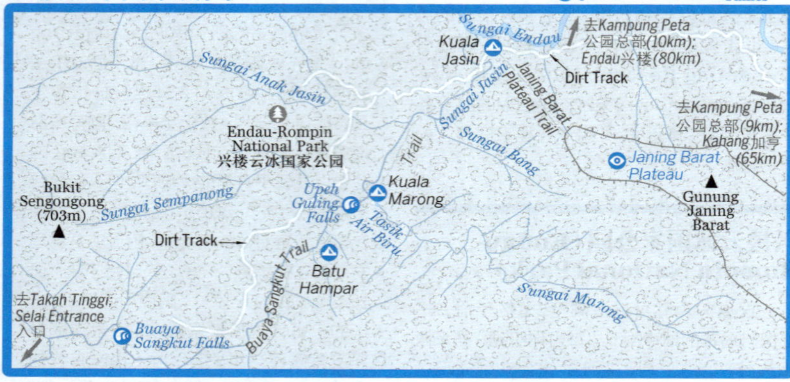

小时到达**Kuala Jasin营地**，从这里有小路进入森林。你可以联系**Endau-Rompin Peta Office**（☎07-888 2812；11 Jln Bawall，Kahang），安排从这个入口进入的住宿和活动。

Upeh Guling Falls 徒步

从Kuala Jasin营地出发，沿着Sungai Jasin河畔的小路徒步是探险的开始。一天的行程从进入原始森林开始，丛林中的道路尚算平坦，只是偶尔要穿越河流，目的地是到达这些多层的瀑布。游客可以坐在面对瀑布的石块上野餐而不受蚂蟥的干扰。

Batu Hampar 徒步

如果是两天的徒步行程，游客需继续步行40分钟到Batu Hampar营地，这里有很多扁平的大石。从营地到Buaya Sangkut瀑布顶端（垂直落差40米）需走上4公里山路，途经多座山头，非常具有挑战性。这里没有现成的道路，因此必须要有向导带领。

Tasik Air Biru 游泳

参加一日或两日徒步的游客在回程的时候多数会在这里停留，游个泳。这里有一个深水潭，离Kuala Jasin营地仅一小会儿的路程，潭水碧蓝清澈，令人精神为之一振。

Selai入口

比起Kampung Peta入口，Selai的设施很少，尤其要注意的是你必须自己携带食物。**Lubuk Tapah营地**在公园的西部，小路沿着Sungai Selai河延伸，可以徒步探索河流沿途的多个瀑布。要从这个入口进入公园，可联系**Endau-Rompin Selai Office**（☎07-922 2875；8 Jln Satrio 1，Bekok）安排住宿和活动。

从营地出发徒步约1.5小时，爬上一座陡峭的山就到了**Takah Berangin瀑布**，你可以从瀑布顶端飞落直下，跳入急流中进行全身按摩。从这里行走30分钟的路程，另有一道较小的**Takah Pandan瀑布**，那里水深约2米，水流较缓，你可以潜入慢慢享受。

从公园办公室的营地出发，你也可以沿着一条路况较好的小径步行约1.5小时，经过几座吊桥，到达高度较低但澎湃汹涌的**Takah Tinggi瀑布**。

食宿

若从Kampung Peta入口进入公园，可以到达Kuala Jasin营地，那里有状况良好、带有风扇的宿舍和平房（宿舍床位RM25，平房RM80~150）和简单的A形小屋。若从Selai进入公园，则在Lubuk Tapah营地有简单的度假屋（RM60起）。

你可以在指定的地点露营，每晚每人RM5。

Kampung Peta有一个餐厅，每日三餐供应丰富的马来餐点（RM37），如果你要徒步旅行，也可以为你打包食物。Selai没有餐厅，但有简单的烹调设备。

ℹ 到达和离开

除非你自己开四驱越野车前来，否则去兴楼云冰国家公园必须参加丰盛港的旅行团（尝试**Pure Value**，见240页）或直接与公园办公室联系。

前往Kampung Peta，你可以坐开往加亨的巴士，并要求在公园办公室前下车。你最好事先联系**Endau-Rompin Peta Office**（见246页）预订公园的四驱越野车（带司机；RM370），从这里出发行驶56公里，经过棕榈园进入Kampung Peta。

前往Selai，你可以乘火车到Kampung Bekok火车站。最好事先联系**Endau-Rompin Selai Office**（见246页）预订四驱越野车（RM120）。他们会将你从火车站载到营地，路途颠簸，车程约45分钟。

彭亨和刁曼岛

☎09/人口：145万/面积：36,137平方公里

包括 ➡

最佳就餐

- Restoran Ratha Raub（见298页）
- Ana Ikan Bakar Petai（见282页）
- Duyong Restaurant（见287页）
- ABCD Restaurant（见255页）

最佳住宿

- Swiss Cottage Resort（见253页）
- Rainbow Chalets（见256页）
- Mutiara Taman Negara Resort（见294页）
- Villa de Fedelia（见285页）
- Coconut Grove（见256页）

为何去

对很多游客来说，前往马来西亚半岛最大州彭亨的旅行从开始到结束都离不开充满魔力的刁曼岛（雕门岛）。令人欢欣的潜水、明亮的海滩、超棒的丛林徒步和生机勃勃的村庄，热带岛屿的诱惑让人无法抵御。

彭亨的另一大诱惑——塔曼奈加拉国家公园的原始丛林——位于该州北部。这里是野生动物的家园，一群群神出鬼没的野生动物在大片的原始雨林中咆哮、啁啾、吼叫（偶尔怒吼），能让人以自然需要的方式与自然直接接触：荒凉、无情、原始。

除了上述的主要玩法外，你还能在冲浪中心珍拉丁找到雷鬼海滩派对，在北干寻觅皇家荣光，在瓜拉立卑和珍妮湖周边度过丛林之夜。另外，这里的许多美食乐趣、殖民建筑和文化积淀也颇具吸引力。

何时去

兴楼

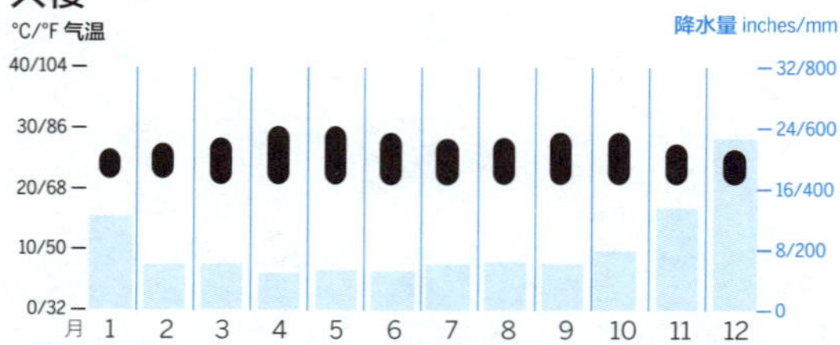

1月至4月 气候最热，雨量最少，人流最拥挤。

5月至12月 做好流汗的准备：温度徘徊在21~32℃，湿度超过82%。

11月至次年2月 雨季，一些地方不营业，珍拉丁可以冲浪，到处都提供折扣。

彭亨和刁曼岛亮点

❶ 在**刁曼岛**（见本页）跳村游、潜水、浮潜与丛林徒步。

❷ 忍受臭虫的叮咬和浑身潮湿泥泞，探索深邃、幽暗且危机四伏的**塔曼奈加拉国家公园**（见290页）。

❸ 离开游客线路，从瓜拉立卑到**肯浓森林公园**（见297页）探险。

❹ 到**北干**（见278页）欣赏王室建筑与迷人的乡村房屋，同时接受对游客颇感兴趣的当地人的注目礼。

❺ 享受**关丹**（见280页）令人啧啧称奇的美食，前往附近的海滩和自然区域一日游。

❻ 在自由自在的**珍拉丁**（见283页）冲浪、浮潜，去沙滩覆地的酒吧狂欢。

刁曼岛
（雕门岛，PULAU TIOMAN）

刁曼岛亦称雕门岛，它如同一条蹲坐的绿龙守卫着南海晶莹的海面，拥有可能出现在天堂里的一切。这里有层层叠叠的瀑布，艰苦的丛林徒步带你穿过常绿树冠下的橘子花，各种各样的闲适村庄展示挂毯文化及奇珍异宝。陆地之外则是同样迷人的海域，那些绿色、蓝色和淡黄绿色的海水召唤你泛舟、浮潜、潜水和扬帆。

长20公里、宽11公里的宽阔岛屿上，必有你理想的度假地点。尽管知名度不断增加，但刁曼岛原始的原野和友善真诚的乡村生活都得以保持完好。

Pulau Tioman 雕门岛(刁曼岛)

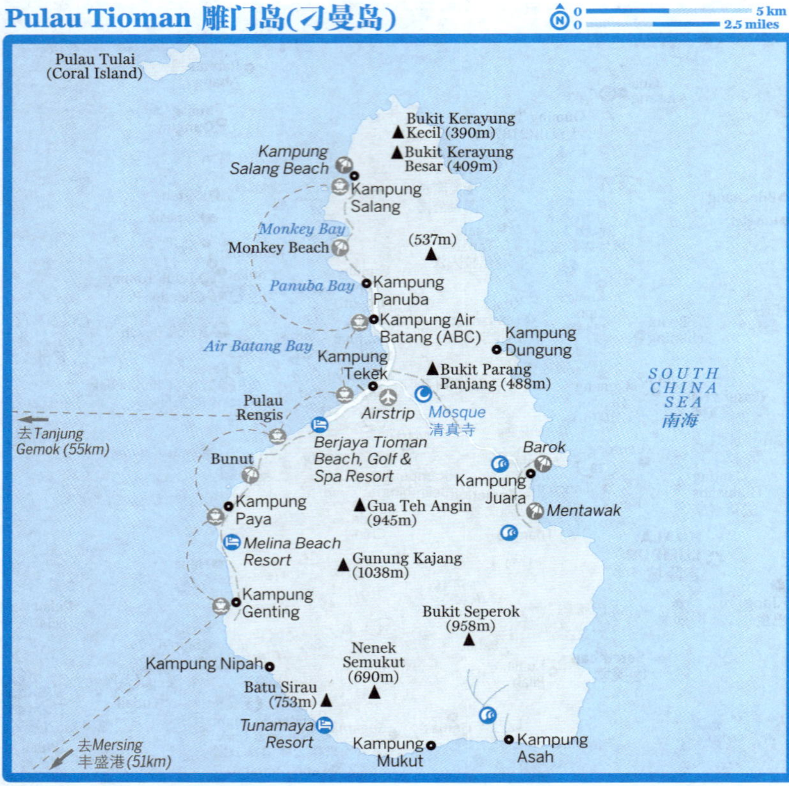

一条小路沿着岛的西岸延伸，从Berjaya Resort通往北端的德革（Tekek）。小路在此成为一段台阶小道，继而又变成一条小路，直至Air Batang（俗称ABC）。从德革有一条曲折的道路通往瓜拉海滩悠闲的东岸田园。对于步行者来说，丛林-公路-小径的组合连接莎兰（Salang）至云顶（Genting）的西海岸大部分地区。

德革是刁曼岛最大的村庄，也是该岛的行政中心和机场所在地，拥有岛上唯一的自动柜员机。由于刁曼岛的一切商品都是从大陆运过来的，价格会偏高（尤其是啤酒和烟），所以记得到达前预备好必需品。

景点和活动

水上活动

岛周边的海底世界是马来西亚最好且最易到达的潜水与浮潜地点，这里也是马来西亚少数几个容易观赏到海豚群的地方之一。

在岛屿西海岸离岩石堆不远处，有很好的浮潜区（特别是在ABC的北部），但最好的浮潜地点是在俗称珊瑚岛（Coral Island）的Pulau Tulai附近。浮潜设备很容易就可在岛上多处租到，面罩与通气管的日租金一般是RM15。浮潜之旅（包括乘船交通）的费用为RM40~100。

刁曼岛上有许多出色的潜水中心，开放水域潜水员（Open Water Diver，简称OWD）认证课程的价格竞争激烈。为期4天的专业潜水教练协会（Professional Association of Diving Instructors，简称PADI）开放水域潜水员课程收费RM1000~1200，而趣味潜水收费是RM115~130。探索潜水（初学者潜水，无须预认证，包括基础讲解）半日课程费用为

RM200~250。

如果你想在**单桨冲浪**上露上一手，德革的Swiss Cottage（见253页）出租冲浪板，2小时费用RM25。**岛屿乘船游**（Island Boat Tour）的往返旅程费用约为RM150。

海洋公园信息中心 博物馆

（Marine Park Information Center; Tekek; ⏲周一至周五 8:00~13:00和14:00~17:00，周六8:00~12:15和14:45~17:00; 👪）免费 这家中心有几部信息量丰富的电视节目、珊瑚展览，还有许多关于海洋动植物的信息。这里适合家庭和潜水者逗留。

B&J 潜水

（☎09-419 1218; www.divetioman.com; Air Batang, ABC）这家位于ABC的商店是PADI五星级潜水中心，有自己的游泳池和课程主管，提供DSAT Tec（技术深潜）和IANTD（闭气循环呼吸潜水资格）课程、高氧潜水组合及其他高端潜水选择，还有开放水域课程（RM1100）和趣味潜水（RM110）。

Tioman Dive Centre 潜水

（☎09-419 1228; www.tioman-dive-centre.com; Swiss Cottage Resort, Tekek）这个地方以负责任的潜水教学闻名。

Ray's Dive Adventures 潜水

（☎019-330 8062; http://raysdive.com; ABC）由当地夫妻雷伊（Ray）和克洛伊（Chloe）经营，雷伊提供费用为RM1200的4天开放水域PADI课程，并提供各种潜水配套设备。

徒步

除了各种水上娱乐活动，丛林覆盖的刁曼岛提供许多徒步项目，能让陆地活动爱好者尽兴。在此能看到的野生动物要比马来西亚大多数国家公园里的还多，其中包括黑色大松鼠、长尾猴，还有尾巴毛茸茸的豪猪。如果你特别幸运的话，还能在黎明或黄昏时分打着电筒看到濒危的熊狸。

虽然大多数徒步都可以自己轻松完成，但丛林导览游（通过酒店安排）能让你有组

选择你的乐园

在刁曼岛游览，最困难的问题估计就是纠结于去哪个海滩了。我们将几个主要选项列出来供你参考，逆时针由北向南：

莎兰（Salang） 刁曼岛村庄中最富背包客特色的选择。可到邻近的珊瑚岛浮潜，参加海滩聚会。

ABC（Air Batang） 比莎兰略高档，有很好的经济型餐馆和住宿地点。虽然海滩不怎么壮观，但引领你穿越城镇的狭窄小径会让你感受到天堂的失而复得。

德革（Tekek） 刁曼岛的商业中心，地处岛中央，到岛上其他地方都很方便，位于镇南端的海滩非常美。

巴耶村（Kampung Paya） 有两个价格适中的度假村，提供全包套餐。许多新加坡学生和要去海边浮潜的有组织团队游都喜欢到巴耶。

云顶（Genting） 海滩已有相当程度的发展，但周围的当地村庄仍保持着吸引人的乡村气氛。在这里可以碰到很多渔民。

尼巴（Nipah） 美丽、崎岖且偏僻，尼巴是那些想沉浸在刁曼岛最美丽海滩的人的佳选。尼巴的水域有晚上会发光的磷光海藻。

姆谷（Mukut） 这里的传统乡村或许是岛上最美丽的村落，海滩也非常棒。若你寻求的是传统马来西亚人的生活，在姆谷就能找到答案。

瓜拉（Juara） 这座东海岸村庄拥有刁曼岛最佳的冲浪海滩，且拥有足够的餐馆与住宿，值得一行。海滨别墅妙不可言。

织地浏览岛上奇特的动植物，半天的费用是RM100。如果是步行出发，下午4:30以后进入丛林要格外当心，因为在天黑的情况下很容易迷路。

从**德革到瓜拉**长达7公里的丛林徒步为你提供岛内诸多美景的绝妙体验，而美丽的瓜拉海滩更是对抵达终点的游客的额外奖励。虽然整个行程不会太辛苦，但部分路段很陡峭，而且在热带高温下徒步会格外费力。携带足够的水。要是迷路了，就跟随头顶的电线走。在德革主码头北约1公里处，你会找到丛林徒步的指示牌。你也可以随着新近铺好的道路步行到瓜拉海滩，不过这样的徒步路程较远而又差强人意。若从瓜拉海滩乘车返回，车费需RM70~90。

从海岸通往内陆的**ABC至莎兰小径**约3.5公里长，路程不长却更富挑战性。一路上没有清晰的标志，却能引领你到一些无人但很棒的海滩。在ABC海湾北端，登上Bamboo Hill Chalets，步行10分钟，经过海岬就到达Panuba Bay。

从Panuba Bay到**猴子海滩**（Monkey Beach）是大约40分钟的雨林徒步，猴子海滩的远端有条小径，从那里越过海岬就能到达Monkey Bay的白沙滩。从白沙滩到莎兰要爬过很长且陡峭的海岬。

从德革往南到**Berjaya Tioman**是条相对容易的徒步路线，耗时约30分钟，可选择走公路或在水位低时跨越海岬的岩石。从Berjaya Tioman，可穿过高尔夫球场，从通信塔前的小路通往荒弃的Bunut海滩。就在海滩的尽头，有条时隐时现的小路继续绕过海岬通往巴耶。从巴耶前往云顶的路很好走，沿途有住户可以问路。

从德革往北，可一路步行到莎兰。若回程不想步行，ABC或莎兰的大部分客栈均可安排船只返回。

另一个美丽但难行的徒步终点是在刁曼岛南端的姆谷，可从云顶乘船抵达。**阿沙瀑布**（Asah Waterfall）徒步之旅可带你来到一个令人吃惊的瀑布，那里还有一个光亮精致的天然泳池。

徒步安全须知

不要被刁曼岛闲散的气氛所麻痹，牢记自己仍身处野林之中。

- 携带足够的饮用水——许多单日徒步者都后悔出发时没带够饮料。
- 若是雨天，就考虑推迟你的徒步计划吧，特别是在雨季，几乎每条小路会变得泥泞不堪，甚至还可能难以前行。
- 哪怕只有微乎其微的可能性要在日落后继续徒步行进，也一定要带头灯。
- 告知他人你要去哪里及预计何时返回。
- 当心蛇——虽然不必吓得发疯，但刁曼岛有25种蛇，包括眼镜王蛇和网纹蟒。紧实的鞋子是明智的选择。

其他活动

Juara Turtle Project 志愿服务

（☎09-419 3244；www.juaraturtleproject.com；Juara；团队游 RM10，志愿服务 含早餐、午餐和铺，最少4晚 RM120；⊙10:00~17:00）位于瓜拉南端的这家公益旅游机构致力于保护逐渐减少的海龟，收集它们的蛋并将其转移至孵化处，志愿服务为在海滩上巡逻，防范偷猎者和捕食者，进行信息研讨，可以为志愿者提供简朴的宿舍。日常则提供包括海上皮划艇、徒步和烹饪课程在内的活动。

非志愿者可以游览设施，探访居住在此的海龟——乔（Joe），失明的它无法回归野外。可以了解更多关于该地区海龟的信息，它们2月至10月在此筑巢，6月至9月公开放归。

Tioman Volcanic Rock Climbing 攀岩

（☎012-956 1326；Juara）提供攀登课程（RM1000）、绳索垂降（RM80）和固定绳攀登（RM70~120）。

食宿

从北部的莎兰到南部的姆谷，所有能够提供住宿的村镇和沙滩都有从丰盛港（Mersing）发船的定期渡轮。若想前往瓜拉，可先乘渡轮至德革，然后搭乘出租车翻过山岭。

经济型的住宿主要包括小木屋（平房）和长屋风格的房间，一般有浴室、风扇和蚊帐。

刁曼岛最佳潜水地点

刁曼岛的背风侧有各式各样令人激动的潜水和浮潜地点，而东海岸的地点比较有限。多数潜水点的最深处是30米。

宁吉岛（Renggis Island）适合浮潜和潜水新手，这个地方紧邻Berjaya Resort码头，有黑鳍礁鲨、海龟和狮子鱼。

老虎礁（Tiger）和拉巴岛（Labas）前往拉巴岛附近，高阶的潜水者能在老虎礁遇见礁鱼、鳐鱼和成群的梭鱼和狗鱼。

珊瑚岛（Coral Island）来此寻找惊人柔软的珊瑚、礁鱼和偶尔出现的河豚。对浮潜者来说，这里是最佳半日乘船游地点。

"二战"沉船遗址 经验丰富的潜水员不会错过刁曼岛以北45海里处的"二战"战舰"反击号"（Repulse）和"威尔士亲王号"（Prince of Wales）的残骸。这两个地点的历史意义与海洋生物都丰富得惊人。它们的挑战性很高，比较适合那些经验丰富的潜水员——但无须开放水域之外的其他专业认证。

贵一些的房间设有空调和热水淋浴。多数旅馆有较大的家庭套房供那些带孩子的游客住宿。很多旅馆都有餐厅。

德革

所有的住宿都在美丽的南部海滩，而且很集中。

Babura Seaview Resort 平房 $

（☎017-715 4663；www.baburaseaviewresort.com；房间 带风扇 RM80，带空调 RM108~205；❄📶）这个家庭经营的度假村位于海滩一端，提供带风扇的长屋房间及可以选择的较新房间，还有带空调和热水卫生间的度假屋。唉，只有几个房间能看到海滩景色。

Cheers 酒店 $

（☎013-931 1425；标单/双 带共用卫生间 RM50/60，房间 RM120~200；📶）如果你不介意忽略海滩景色，这是德革可靠的经济型住宿选择，有德革最便宜的房间。花园漂亮，与水面近在咫尺。

Coral Reef Holidays 平房 $

（☎09-419 1868；铺 RM25，双 含早餐 RM45，房间 RM130~160；❄📶）Adik和Hasnizah漂亮的海滩长屋有面朝大海的房间，全都配备单独制作的石雕、架高的平台床、空调和彩色电视。这对夫妇还提供带空调和风扇的宿舍，经营一家出色的餐馆，提供西式和本地饮食。

★ **Swiss Cottage Resort** 精品酒店 $$

（☎09-419 1642；www.swiss-cottage-tioman.com；房间 带风扇 RM110~170，带空调和早餐 RM145~215；❄📶）这个度假村显然是由富有创意的人经营的。要抢先预订的是海景木屋，该木屋配有着凉爽的竹木内饰、色彩艳丽的彩绘墙以及舒适的家具。包括新装修的海滨别墅在内的其他住宿都在阴凉的后花园。这里一共只有15个房间，使其具有一种精品酒店的质感。

Tioman Cabana 酒店 $$

（☎013-717 6677；www.tiomancabana.com；房间 RM150~220；📶）虽然有点儿难找（就在Coral Reef Holidays旁边），这里有简朴漂亮的餐馆和海滩平房，面朝大海的优雅房间有现代的地毯和蚊帐。漂亮的露台简直与海浪只有几步之遥。

Delima 马来西亚菜 $

（主菜 RM7~10）Delima有两个地址——一处在德革码头旁边，另一处在公路前方Berjaya Resort旁边，这家友好的马来西亚小店提供有益健康的菜肴和水畔景色，里面的店员总是满面笑容。

Chinese Sarang Seafood 中国菜 $$

（☎013-706 6484；主菜 RM20；⏲午餐和晚餐）这里的铁板豆腐特别美味，还供应啤酒。

刁曼岛上的度假村

刁曼岛的度假村都有自己的专属海滩、游泳池、餐馆和私家码头。对于大多数度假村，最万无一失的方法就是通过旅行社预订（如果可以去附近的村庄，不要选择全包）。注意：在季风季节（11月至次年2月），许多度假村会提供非常优惠的价格（标价50%以上的折扣）。

Melina Beach Resort（☎09-419 7080；www.melinabeachresort.com；Genting；4~8人度假屋 含早餐 RM200~495）Melina位于偏远的海滩，有美丽巨石和白沙滩。每个住宿选择都很独特，巧妙地用木材、茅草、树脂玻璃营造出荒岛漂流的感觉，最有趣的是悬在海滩上方的树屋。

度假村有餐食供应，你也可以选择步行20分钟到云顶的餐馆用餐。店主还成功建立了一个海龟孵蛋所，那里有组织许多活动供游客消遣，海边还有酒吧和烧烤。这里悠闲的气氛吸引了许多家庭游客。

Panuba Inn Resort（☎09-419 1424；ABC；房间 每人 RM355起；❄）从ABC过来绕过海岬可达。这座宁静的度假村建在山上，鸟瞰海湾，有一个码头、一间餐馆和30所度假屋。所有客房都面朝大海，类型从简单带风扇的房型到带热水淋浴、空调和现代设施的度假屋，不一而足。

Berjaya Tioman Beach, Golf & Spa Resort（☎09-419 1000；www.berjayahotel.com/tioman；Berjaya；房间 RM200起；❄@📶🏊）可以从德革轻松到达，刁曼岛上最大的度假村。对那些既想节省费用又想体验度假村的人来说，这里是岛上的最佳地点。住宿类型从度假屋到套房，甚至别墅，更不必说出色的设施，如网球场、儿童乐园、娱乐室。

度假村有两个游泳池（其中一个有很棒的水滑梯）、两家餐馆和一家海滩酒吧。噢，对了，还有18洞的高尔夫球场。

Tunamaya Resort（☎07-798 8108；www.tunamayaresort.com；Genting；房间 每人 RM388起；❄📶🏊）由停泊岛（Perhentian）备受推崇的Tuna Bay Island Resort（见316页）的业主运营。度假村俯瞰白沙滩，提供各种上等设施，包括水疗中心、备有世界各国啤酒的酒吧。

Air Batang (ABC)

ABC的海滩通常以南端与北端为佳，但由于沙子在不断地移动，所以最佳沙滩也不断地在变化。海滨以岩石居多，而沙子则较少。

Mokhtar's Place 平房 $

（☎019-704 8299；www.mohktarplace.blogspot.com；标单/双 带风扇 RM50/60，四 带空调 RM220；❄📶）经济实惠，这组16间平房组成的旅店在镇南的海滩沿线，以小露台和蚊帐为特色。如果风势正好，夜里你能吹到凉爽的海风。

Johan's Resort 平房 $

（☎09-419 1359；铺/度假屋/家 RM20/40/100）一个友善亲切的地方，提供海量的信息。山坡上的两间4床位宿舍价格公道，度假屋则与海滩上其他廉价度假屋类似。

Sri Nelayan 平房 $

（☎019-732 6373；房间 RM50；📶）位于码头北方，家庭式经营，有4间干净、带风扇的度假屋面向修剪整齐的草坪。这家人也拥有一间小杂货店，并提供旅游安排服务。

My Friend's Place 平房 $

（☎09-419 1152；双/标三/四 RM40/50/75；📶）就在码头以南，这个地方比较繁华，适合社交。房间干净，比竞争对手便宜一点点。所有平房都面朝漂亮的花园。

Bamboo Hill Chalets 平房 $$

（☎09-419 1339；www.bamboohillchalets.

com；房间 RM90~140；@ ）这六间保存良好的木屋所处位置令人叹为观止——位于海滩北端的岩石上，瀑布与游泳池就在一旁，九重葛和鸣蝉环绕四周。这里几乎总是客满，所以要预订。

B&J Dive Resort 酒店 $$

（09-419 1218；www.divetioman.com；双 RM270~320，标三 RM320~370；@ ）这里无疑是ABC最高档的住宿场所。所有客房都有平板电视、空调、保险箱、咖啡机以及其他点睛之笔，不禁让人以为自己到了吉隆坡的三星级酒店。看不到海景有点令人丧气。

Nazri's Place 客栈 $$

（017-490 1384；www.nazrisplace.net；房间 含早餐 RM120~200；@ ）坐落在海滩的最南端，拥有ABC最好的沙滩，这个地方有干净且类型多样的房间。海景房比较便宜朴素，而高档房间近乎商务氛围，除了那个可以看到繁茂花园的宜人露台。

水上餐馆供应一流的海鲜烧烤。

Nazri's II 平房 $$

（09-419 1375；双 带风扇/空调 RM80/140；）与Nazri's Place相似，不过位于ABC的北端。在一个精心打理的花园内，房间沿山坡向上分布。

Tioman House 酒店 $$

（09-419 1021；tiomanhouse@yahoo.com；房间 RM50~150；）位于ABC北端，这个酒店的客房都被漆成令人感觉愉快的黄色，装潢现代。

★ABCD Restaurant 马来西亚菜 $$

（主菜 RM10~20；早餐、午餐和晚餐）餐馆在晚上经常挤满了前来享用ABCD烧烤特别料理（RM20）的游客，令人垂涎欲滴的菜品包括新鲜捕捉的鱼、虾或乌贼。口味保守的食客可选择鸡肉。这里有啤酒供应。

Sunset Corner 各国风味 $$

（比萨 RM16起；14:00至深夜）Sunset是去往向南阶梯前的最后一站，供应啤酒、烈酒、奶昔和比萨。大受欢迎的欢乐时光从17:00~19:00。

莎兰

莎兰（Salang）比岛上任何一个地方都更具派对气氛。码头南侧有宽阔、诱人的白沙滩，非常适合游泳。对许多人而言，莎兰最吸引人之处是找寻潜伏在流经村庄中心的漆黑河道中的巨型蜥蜴。

Ella's Place 平房 $

（09-419 5004；平房 RM60~120；）这个小巧可爱的家庭旅馆位于海滩安静的北部，有一块可供休闲放松的沙地。这里有10间干净的平房（部分有空调）和一间小咖啡馆。

Khalid's Place 平房 $

（09-419 5317；salangpusaka@yahoo.com；双 平房 带空调 RM80；）Khalid位于码头南侧，Salang Complex的后方，穿过Sungai Salang河比较衰败的区域。在从海滩返回的大草地上有47间干净的平房，配有空调、冰箱与热水淋浴。

Salang Indah Resort 度假村 $$

（09-419 5015；www.pulautioman.com.my/SalangIndahResort.php；房间 带风扇/空调 RM60/240，平房 RM140~170；@ ）度假村里一望无际的平房似乎始终在延伸。大部分房间的状况都不太好，但若多看几间，或许能找到一间满意的。最有趣的是如大力水手般的海上高脚屋。

瓜拉

瓜拉（Juara）海滩是一片独立的世界，也是岛上东海岸唯一可住宿的地方。它总是一副昏昏欲睡的样子，处于远离尘嚣的幸福中。这里有两片又长又宽的白沙滩，被一座小山丘和巨石所分隔。在海滩的北部（被称为Barok）可找到许多住处，而南部（被称为Mentawak）则游客罕至，但在10月中旬至次年2月期间却是全国最好的冲浪地点。

海龟在这两片海滩筑巢，柔佛苏丹把这一地区划为“绿色区域”。这意味着该地区将受到保护，不会有兴建大型度假村等过度开发。瓜拉海滩的所有住处都俯瞰着壮观的海滩，有些地方出租皮划艇（每小时RM15）、冲浪板（每小时RM20）、桨板（每小时RM35）

当地知识

学习制作染布！

马来西亚著名的蜡染艺术家苏哈迪·马哈迪（Suhadi Mahadi）的家在云顶，他的**Suzila Batik Arts & Crafts Centre**（☎013-751 4312；suzilabatik@gmail.com）就在码头的南边。苏哈迪使用传统原料来教授如何染布。课程费用为RM25~80。一匹简单的染布约需一两个小时来制作，而比较复杂的图案可能会耗掉整个下午。苏哈迪也售卖制好的染布（RM30~1200）。

及钓鱼竿（每小时RM15）。在德革乘坐出租车可以到这里（单程大约RM70）。

★ Rainbow Chalets 平房 $

（☎012-989 8572；rainbow.chalets@gmail.com；房间 带风扇/空调 RM60/100；❄📶）8间绚丽多彩的平房（3间带空调，5间带风扇）恭候你的到来。房间全都有用贝壳和珊瑚装饰的木门廊。海滩和眺望南海的景色壮丽无比。

Bushman 平房 $

（☎09-419 3109；matbushman@hotmail.com；房间 带风扇/空调 RM60/100；❄📶）上漆的5间木制平房有配备柳条家具的诱人露台，若能租到其中一间，就犹如中了瓜拉海滩的头彩——一定要预订！它就位于海滩北端的巨石与小河对面。

这里的小咖啡馆提供早午晚餐，是个非常慵懒的休闲好去处。

Mezani's Place 平房 $

（☎019-792 9640；房间 RM60；📶）位于海滩的南部，这些简单陈旧却干净的平房备有风扇、蚊帐，带浴室。

★ Coconut Grove 平房 $$

（☎010-766 4089；www.1511asia.com；双/四 含早餐 RM298/500）位于小镇最南侧的海龟保护区，这些精品海滩平房有缓慢转动的吊扇、茅草屋顶和可以看海的宜人阳台。硬木地板夹杂南海的风情，营造出典型的混搭风格。

Beach Shack 酒店 $$

（Beach Hut；☎012-696 1093；timstormsurf@yahoo.au；A字形房屋 RM60，房间 带风扇 RM100~120，带空调 RM150；❄📶）这个两层的地方有茅草屋顶，抢占一个楼上的房间，几栋经济型的A字形房屋刚好可以吹到海风。我们经过的时候，施工已经结束了，像这样友好的地方很难找到。

Mutiara Resort 平房 $$

（☎09-419 3161/76；http://juaramutiararesort.blogspot.co.uk；标单/双/四 度假屋 RM100/150/180；❄）就在码头以南，这个地方有很多选择，标准高。

Santai Bistro 马来西亚菜 $

（主菜 RM12~15；⏲09:00~23:00）在码头隔壁的这家酒吧兼餐馆播放的是经典摇滚乐，提供美食，比如参巴虾、冬阴功（辛辣的泰式海鲜汤）及蔬菜沙拉。这里有冰冻的啤酒和迷人的风景。

巴耶村

白沙滩短而宽，被两座度假村、几间餐馆和小吃店挤得水泄不通。这一带海底满是岩石，海水又浅，不适合游泳。

Paya Resort 度假村 $$

（☎07-799 1432；www.payabeach.com；房间 RM169，平房 RM229~449；❄📶🏊）宽敞的度假屋由百合池上的木桥连接。度假屋里还有整洁且备有空调的标准间，价格适中，外加餐馆、全套水疗休闲健身中心、潜水中心、休息室和各种活动。

Sri Paya Tioman Chalet 平房 $$

（www.tiomanchalet.com；房间 含全餐和活动 每人 RM280起；❄📶🏊）2010年开业，这个地方拥有装备空调的漂亮度假屋、潜水店及一家海滨餐馆。旅游套餐包括餐食与安排好的浮潜游。

云顶

云顶（Genting）主要迎合周末蜂拥而至的新加坡人与吉隆坡人，它周围的村庄给这里增添了些许真诚与地道（下接内容277页）

KEVIN MILLER/GETTY IMAGES ©

地区特色

马来西亚和邻近的新加坡、文莱共同组成了美食爱好者的梦想目的地——一个拥有各式各样菜系的多民族地区。几个世纪以来，正是穆斯林及欧洲、印度尼西亚、印度和中国的商人，以及登陆这片海岸的殖民者和劳工塑造了这种多元的饮食特色。

上图：亚参叻沙（一种加入虾酱和酸角肉汁的米粉）

1

种族的多样性塑造了多元的本地饮食文化，你会发现在就餐时间可以任性地选择吃什么。早餐喜欢吃中式点心，那么午餐来些印度多莎饼（dosa）如何？然后选择丰富的马来西亚咖喱菜肴当晚餐？全都可以。

如果该地区有一种菜式能称得上经久不衰，那无疑就是米粉。但即便是米粉，各地区、各海岸之间的也有区别。比如亚参叻沙和槟城的叻沙是在可口的宽扁米粉上浇上味道浓郁的香草肉汤；而在隔着南海的沙捞越，叻沙是一种早餐食品，人们起床就会来一份椰子味浓郁的香辣咖喱汤，里面是满满的米粉、煎蛋条、鸡肉和大虾。在槟城，福建虾面（Hokkien mee）是一种香辣汤面，搭配豆芽、猪肉和虾；但在马来西亚的其他地方，这是份厚厚的炒面，要加入猪肉、卷心菜和老抽。

各地区的米饭也大有不同。椰浆饭（nasi lemak）是马来西亚的非正式国菜，用椰汁和奶油蒸米饭，上面搭配江鱼仔（小小的沙丁鱼干或凤尾鱼干）、花生、黄瓜片、甜辣酱和半颗煮蛋（咖喱任选）；香蕉叶饭则是日常的印度饮食——米饭被放在香蕉叶上，搭配任选的咖喱。

槟城通常被视作该地区的美食中心。众所周知，吉隆坡居民会驾车4小时，只为了到槟城吃顿饭，饥饿的新加坡人则会在周末将酒店占满。除了具有地区特色的华人饮食、嘛嘛档（mamak，印度清真）、印度南部菜式和马来菜肴之外，这座岛屿还有源自中国移民与当地妇女联姻的土生华人或娘惹（Nonya）美食。创意美食是马六甲的主题，你可以在这座曾经的葡萄牙基地找到葡萄牙与当地的融合菜式（Cristang），比如一种浓烈的欧亚融合炖菜——魔鬼咖喱（debal）。

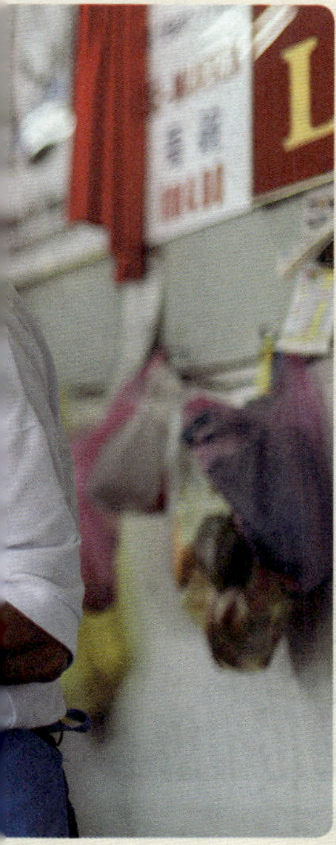

ANDREW TB TAN/GETTY IMAGES ©

BONCHAN/GETTY IMAGES ©

MIKHAELLA ISMAIL/GETTY IMAGES ©

1. 烹制亚参叻沙的厨师 2. 江鱼仔 3. 粿

如果这些有点令人不知所措的话，你可以前往马来半岛东岸——传统马来饮食的中心地带。由于受中国和印度移民的影响不大，吉兰丹州和登嘉楼州的饮食一直与该国的其他地区大为不同，依然坚定地保留了马来特色。在这个区域吃的时间足够长的话，没准儿你会长蛀牙——当地特别擅长制作各种各样的粿（kuih，马来甜食），甚至连咸味的菜肴也有明显的甜味。

在这个选择无限的地区，不可能存在饮食不适应的问题。这本是好事，但也有些让人苦恼——菜肴这么多，时间这么短。

1

SZEFEI/GETTY IMAGES ©

1. 海南鸡饭 2. 参巴辣虾酱
3. 炒扁担饭 4. 河粉

3

KELVIN WONG/SHUTTERSTOCK ©

槟城

槟城以土生华人或娘惹菜而闻名，这种菜式融合了中国和马来西亚（有时还有泰国）的食材和烹制技巧。其中的特色有沙拉米粉（kerabu beehoon），即在米粉上浇参巴酱和酸橙汁，点缀新鲜香草；还有乌打（otak otak），即香蕉叶蒸咖喱鱼肉泥。

这里还是扁担饭（nasi kandar）的发源地。扁担饭是一种用各种咖喱佐食的炒饭，这种嘛嘛档特色菜得名于曾经走街串巷的小贩悬挂米饭和咖喱锅的扁担（kandar）。

槟城的街头美食不得不尝。又宽又扁的河粉与虾、鸟蛤、鸡蛋和豆芽同炒，成为街头特色菜——炒粿条（char kway teow）。其他不可错过的菜肴包括两种叻沙：亚参叻沙（asam laksa；在酸辣鱼汤中加入圆米粉，放上菠萝片、黄瓜、薄荷叶和略带涩味的火炬姜花蕾）和椰浆叻沙（lemak laksa；搭配椰浆）。

吉打、玻璃市和霹雳

泰国菜的影响一直扩展到马来西亚西海岸的玻璃市州和吉打州，在这里，鱼露是和发酵虾酱（belacan）一样常见的调味品。可以在这里找找北方叻沙，这是种更清淡但依然香辣且鱼味浓郁的槟城风味亚参叻沙。

继续往南是怡保——霹雳州最具中国特色的首府，一座以美食著称的城镇。喜爱意面的人对怡保的米粉大为赞赏，据说它们不寻常的柔滑源于这座城镇的水质。而当地的海南鸡粉（搭配焯豆芽，用米粉代替米饭）和河粉（搭配鸡胸肉碎的米粉汤）则需要你自行评价。

1

SZEFEI/GETTY IMAGES ©

1. 蓝花饭 2. 斋月市场上出售的香辣烤鸡
3. 捞面 4. 银鲶鱼

3

GRACETHANG/GETTY IMAGES ©

马六甲

马六甲的特色有娘惹鸡（ayam pong teh，用豆瓣酱、老抽和糖制作的鸡）、咖喱鱼（ikan cili garam）、沙嗲朱律（satay celup；肉、海鲜和蔬菜串，放在桌上的花生酱锅里煮）和搭配饭团的海南鸡饭。

这里的欧亚融合菜经常被人忽视，由葡萄牙殖民者与本地人联姻形成的这种饮食文化，对新/土生华人、印度、马来西亚和欧洲的食材进行了有趣的融合。

柔佛和彭亨

柔佛州以两种美味的马来特色面条而自豪：万隆面（mee bandung），黄色的面条上有提神的番茄虾汁；还有捞面（mee rebus），同样的面条浇上一种浓稠的番薯甜咸汁。该州还有自己独特的叻沙，包括香辣鱼汤米粉，上面撒着切碎的新鲜香草。

彭亨的河流以银鲶鱼（ikan patin）著称，这是当地淡水鱼中的美味。

吉兰丹和登嘉楼

吉兰丹州的首府哥打巴鲁拥有马来西亚最漂亮的生鲜市场，还有许多地方可以品尝当地特色，比如香辣烤鸡（ayam percik，用辣椒酱腌制并烤制，浇上椰汁）和醒目的蓝花饭（nasi kerabu，被天然的豌豆干花染成蓝色的米饭）。

在登嘉楼州，小贩盛出一份份招牌红米饭——巴东饭（nasi dagang）。这种略带坚果味的谷物要搭配椰汁一起做，配着炸鸡和参巴酱一起吃。

1

WWJIE/GETTY IMAGES ©

1. 萝卜煎糕 **2.** 吉隆坡阿罗街（见79页）的街头小吃
3. 印度煎饼搭配马沙拉羊肉、鱼和咖喱 **4.** 巴东饭

3

LAURIE NOBLE/GETTY IMAGES ©

吉隆坡、雪兰莪和森美兰州

几乎能在吉隆坡找到所有马来西亚特色饮食，但与其他地方相比，在这里尤其容易见到两种菜肴：板面（pan mee；字面意思是"宽面"），厚实耐嚼的面条里加入老抽、猪肉片、江鱼仔和碎木耳；还有海鲜面（sang har mee），加入了料酒的肉汁里有大个儿的淡水虾，酥脆的面条裹着虾汨。

再往南的森美兰州，几百年前从印度尼西亚苏门答腊岛迁入的米南加保人的后代会烹制拿手的巴东饭（nasi padang，米饭搭配一排火辣的咖喱）、用淡味椰汁煮的蔬菜鱼汤（gulai）、汤和参巴酱。

JAMES BAIGRIE/GETTY IMAGES ©

亚庇的菲律宾烧烤市场（见346页）中的海鲜

马来西亚婆罗洲（沙捞越和沙巴）

沙捞越的高地人擅长用竹筒做菜，比如鸡肉菜肴“竹筒鸡”（ayam pansoh，一种特定场合才会做的菜肴，将以木薯叶裹住的鸡肉放在一段竹筒里，加水烹制）。

如果在亚庇，你可以考虑从南海的渔获里挥霍一顿。从城里的许多海鲜餐馆里选一家，自己在鱼缸里挑选，决定做法就下单。另外值得注意的海鲜特色是腌鱼肉（hinava，有时被称为umai，在沙捞越也能见到），它是将生鱼用酸橙汁、香草和辣椒进行简单调味。

文莱

如果文莱有国菜，那就是硕莪糊（ambuyat），一种将西米树髓磨成粉并加水制成的黏糊。硕莪糊可以用筷子或长叉子搅绕起来，通常要蘸着参巴辣虾酱和酸角甜酸汁（cacah）吃，搭配煮制或熏制的海鲜和沙拉。硕莪糊本身没有味道，赋予其生命力的是酱汁。虾和辣椒的混合酱最受欢迎，尽管理论上你可以蘸你喜欢的任何东西。

如果你被文莱人邀请去他们的家中，可能会受到鸡蛋糕（buahulu）配茶的款待。这种简单的甜点用鸡蛋、面粉和糖制成。鸡蛋糕饼干（Kuripit sagu）是一种类似饼干的鸡蛋糕，有淡淡的椰子味。

KONDORUK/GETTY IMAGES ©

自然物种宝库

马来西亚和文莱是成千上万物种的栖息地（还有越来越多的物种正在不断被发现），也是博物纪录片粉丝们梦想中的天堂。热带动植物种类丰富，使该地区成为生态多样性的宝库。无须深入丛林，即可见到无数的野生动物。

目录

上图：基纳巴卢山（见354页）

丛林生物

该地区郁郁葱葱的自然地貌——从潮湿的热带雨林到潮汐冲刷的红树林，也孕育了多样化的哺乳动物、鸟类、两栖动物、爬行动物和昆虫等，其中许多都是地球上独一无二的品种。虽然大片原始丛林正面临着日渐丧失的危险，但也有一小部分得以留存，保护区和公园成了它们最后的家园。

类人猿和猴

红毛猩猩是亚洲唯一的大型猿类，也是诸多旅行者最想看到的动物。据世界野生动物基金会（WWF）估计，在婆罗洲日益减少的森林里，生活着4.5万到6.9万只猩猩——这个数字在过去50年中减少了50%。在沙巴的西必洛猩猩保护中心、沙捞越的实蒙古野生动物中心都可以看到这种动物。

雄性长鼻猴是一种长相奇特的动物，有着下垂的鼻子和球状的腹部；雌性和年幼的猴子看上去略微顺眼一些，但古怪的“朝天鼻”也让人觉得别扭。美丽的叶猴则是银叶猴，皮毛长，有灰毫。猕猴则是身材敦实、脾气暴躁的猴子，在寺庙和自然保护区里时时刻刻想着从游客那里讨零食。如果你随身带有食物，一定要小心遇到“抢劫”，并避免被咬伤——这些都是野生动物，有可能带有狂犬病毒。

无尾而害羞的长臂猿生活在树上，依靠无花果等水果为食。它们喧闹的鸣响是马来西亚丛林中最独特的声音之一，能帮助他们确立领土范围并找到伴侣。

野生猫科动物

在马来西亚已发现了常见的黑豹和罕见的云豹，以及体型较小的野生猫科动物，包括专门吃鱼的海湾猫和体型比家猫略大且毛皮上长有斑点的山猫等。

马来虎的确切数量无从知晓，但世界野生动物基金会认为存世数量约为490只，其中大部分都生活在彭亨州、霹雳州、登嘉楼州和吉兰丹州的丛林里。

1. 母猩猩抱着自己的小宝宝 2. 幼年猕猴，巴哥国家公园（见438页） 3. 马来虎

2

KKSTEVEN/GETTY IMAGES ©

JAYSON PHOTOGRAPHY/GETTY IMAGES ©

1. 马来貘 2. 马来犀鸟
3. 侏儒象 4. 狐蝠

NIKKICHIANG/GETTY IMAGES ©

2

REBECCA YALE/GETTY IMAGES ©

大象、犀牛和貘

在婆罗洲东北部栖息着约2000头侏儒象，其中大部分都生活在基纳巴塘岸河附近的丛林里，过去18,000年旦它们一直在这座岛上安家。

如果你运气够好，可以在塔曼奈加拉国家公园中看到野生的亚洲象。据世界野生动物基金会估计，这种濒危动物在该地区的数量为38,000~51,000只。

令人遗憾的是，一家丹麦研究机构2015年公布的数据表明，曾经在沙巴和兴楼云冰国家公园的偏远地带发现的苏门答腊犀牛，如今在马来西亚野外已然灭绝。自2007年以来再无发现此类动物的报告。

同样面临栖息地丧失威胁的还有马来貘，这是一种长嘴、黑白皮毛的生物。在塔曼奈加拉国家公园内可以看到它们。

鸟类和蝙蝠

该地区有1000多种鸟。在马来西亚最容易辨识的是各种犀鸟，其中马来犀鸟最惊艳。其他吸引眼球的鸟还有色彩明亮的翠鸟、八色鸫和咬鹃，以及独特的卷尾燕等。

这里还有100多种蝙蝠，其中大部分都是体型较小、以虫为食的品种，它们生活在洞穴里、屋檐下以及树干中。狐蝠（果蝠）是食虫蝙蝠的远亲，拥有良好的视力，不用依靠超声波回声定位导航。

4

VISUALS UNLIMITED, INC./THOMAS MARENT/GETTY IMAGES ©

水生生物

在该地区的河流、湖泊和海洋里，你会发现令人难以置信的珊瑚、鱼类和水生生物。西巴丹、停泊岛、刁曼岛和沙巴东北海岸海岛和环礁附近的水下，是世界上最好的潜水目的地。

珊瑚王国

穿行在令人激动的珊瑚（海扇最长可达3公里）和海绵动物之间，潜水者经常能遇到闪烁着微光的鲹鱼群、隆头鹦嘴鱼和梭鱼，并且还会与绿海龟、海豚、蝠鲼和各种鲨鱼擦肩而过。

了解海龟

世界上的七种海龟中，有四种生活在马来西亚。玳瑁和绿海龟都在沙巴州的海龟岛国家公园里筑巢。这两种海龟，再加上榄蠵龟和巨大的棱皮龟，都穿梭于马来半岛东海岸的海水中。在这里的海滩上，你也许能看到正在向海水潮线上爬行的海龟，在埋藏产下的海龟蛋。

1. 箱鲀，西巴丹（见394页） **2.** 玳瑁海龟
3. 珊瑚礁，马布岛（见395页）

顶级潜水点

西巴丹岛 拥有传奇色彩的深墙潜水，经常能看到海龟、鲨鱼和大洋鱼类。

停泊岛 两座小岛都被珊瑚礁环绕，你甚至可以跋涉其间。

热浪岛 这里有珊瑚、绿海龟和玳瑁，以及五颜六色的热带鱼类。

刁曼岛（雕门岛） 为数不多能看到海豚的地方。

FOTOTRAV/GETTY IMAGES ©

1. 红颈鸟翼凤蝶 2. 鹿洞，巫鲁山国家公园（见479页）
3. 大王花 4. 彩虹蟾蜍

PATRICK GIJSBERS/GETTY IMAGES ©

自然奇观

在极具生物多样性的马来西亚和文莱，种类繁多的植物、形形色色的地质形态和大大小小的各种生物都堪称世界奇观。

大王花

它是一种没有根、茎、叶的寄生植物，这种奇特植物的直径最长可达1米。大王花仅仅开花三到五天，之后就会变成一圈黑色的黏液。在塔曼奈加拉国家公园、金马伦高原、皇家贝莱州立公园和马来西亚婆罗洲的各个公园都可以看到这种奇特的植物。

鹿洞

位于巫鲁山国家公园内，是世界上向公众开放的最大洞穴通道，长2公里，高174米。这里生活着两三百万只蝙蝠，它们分属12个种类。白天它们栖息在洞顶，黄昏时分如同黑云压城般地外出觅食。

彩虹蟾蜍

2011年，在被认为已经灭绝近90年后，人们在沙捞越西部的丛林里重新发现了这种生物。桑巴斯河蟾蜍（又名婆罗洲彩虹蟾蜍）有修长的四肢和卵石花纹的背部，上面有红、绿、黄和紫色肉赘。婆罗洲另一种稀有物种是猪笼草姬蛙，这是世界上体型最小的青蛙，身体比一颗豌豆还小。

红颈鸟翼凤蝶

马来西亚的国蝶于1855年由探险家和博物学家阿尔弗雷德·拉塞尔·华莱士（Alfred Russel Wallace）在婆罗洲发现。他用当时统治沙捞越的布鲁克王朝大公詹姆斯·布鲁克（James Brooke）的名字为这种美丽的黑色/虹彩绿色翅膀的蝴蝶命名。在马来半岛海拔800米以下以及温泉区域周边也可以找到这种蝴蝶。

雄鹰在红树林上空翱翔，兰卡威岛（凌家卫岛；见188页）

多元生态系统

茂密的热带丛林并非马来西亚唯一的自然地貌。不妨前往山区和海边，寻找不同种类的动植物。

红树林

这种非凡的海岸树种可以在盐度不断变化的海水中生长。不计其数的海洋生物都在红树林泥泞的根部寻找到适合自己生活的环境。红树林还有助于固定松软的沿海土壤，保护海岸免受海水和海啸侵蚀。在兰卡威岛（凌家卫岛）、巴哥国家公园、古晋湿地国家公园和文莱的淡布隆区都可以发现红树林的踪影。

基纳巴卢山

这座形成于900万年前的巨大的花岗岩圆顶山是马来西亚最高峰，也是植物的天堂。在海拔900米以上的地带生长的物种有超过半数都是该地区的特有物种，包括橡树、月桂、栗树以及茂密的杜鹃林。公园其他地方还生长着多种兰花和以昆虫为食的猪笼草。

巽他荒原森林

这些石楠灌木丛在伊班语中的意思是“稻米无法生长之地”，它们由低矮茂密的树丛构成。这里有世界上种类最多的猪笼草，这种植物能通过富含消化酶液体的壶形叶片诱捕并消化昆虫，在沙捞越的巴哥国家公园和沙巴的马廖盆地保护区随处可见。

（上接内容256页）的感觉。

Sun Beach Resort
度假村 $$

（☎07-799 4918; www.sunbeachresort.com.my; 房间 含早餐和午餐每人 RM295~545; ❄）Sun Beach拥有许多面朝大海的度假屋，从简单到豪华（有迷你吧和电视机）的各类海滨房间皆有，另外还有一家很棒的餐馆。主要经营3日或4日团队游套餐。

Golden Dish Cafe
中国菜 $

（菜肴 RM6起; ⏲10:00至午夜; ✎）这或许是刁曼岛唯一以自家种植的有机蔬菜做菜的地方。这里有许多地道的中华海鲜佳肴和具有治疗效果的饮料，如果不合你意，这里也提供啤酒（RM5）。

Riverside Cafe
马来西亚菜 $

（主菜 RM3.50起; ⏲早餐、午餐和晚餐）这家廉价的餐厅就在码头隔壁，供应汉堡、煎蛋卷，以及马来和泰式特肴，如乡村面条（kampung noodles）和冬阴功。

尼巴

这片诗意而偏僻的海滩很特别，一条黑沙带穿过长长的白沙滩。在南端的河口形成了一个深蓝色天然泳池，泳池的其中一边是一大片有排球场的平坦沙滩。这里适合休闲：在吊床上休息、浮潜或在丛林中徒步。

海滩上的两家旅馆都全年营业，并可以安排到云顶的渡轮站接送，单程RM30。

Bersatu Nipah Chalets
酒店 $

（☎07-797 0091; bersatunipah_tioman@yahoo.com; 房间 带风扇/空调 RM60/90; ❄）这家干净的海滨长屋服务一流（由和蔼可亲的Jalil与Amy提供），有优质的河畔餐馆，菜肴有新捕的鱼（按量计价）和炸鱿鱼。贾利勒也为房客提供免费的河轮游。

Nipah Beach Tioman
平房 $

（☎019-735 7853; 平房 RM70起）年轻、友善的Abbas经营着这家临水的高脚乡村平房。它紧邻海滩，海浪拍打阶梯的声音能催你入睡。

姆谷

位于刁曼岛南端的姆谷（Mukut）或许是岛上最美丽（也许是最偏僻）的村庄。这个僻静的海滩也许不如瓜拉的海滩壮观，但是传统屋子与鲜花小径衬托得市镇十分漂亮。

Mukut Coral Resort
平房 $

（☎07-799 2535, 07-799 2612; 房间/度假屋 RM25/88; ❄）地点极好，就在姆谷码头旁边，传统乡村式度假屋（全带空调和热水，有些还有电视）。还有一个海景餐馆供应中、西餐。

Mukut Harmony Resort
平房 $

（☎07-799 2275; 平房 RM50起）十余栋带风扇的平房位于码头旁边的草坪带上。

饮品和夜生活

A Peace Place
酒吧

（ABC）在Ray's Dive Centre对面，这个凉爽质朴的地方有优美的海景，有时还有现场音乐。

Hallo Cafe
酒吧

（ABC）在Nazri's II前面，这家小海滩酒吧的欢乐时光是17:00~19:00，3瓶啤酒RM12。

实用信息

刁曼岛唯一的自动柜员机就在德革机场对面，可以接受国际卡。它是出了名的经常供不应求，所以建议在丰盛港取钱。机场内有货币兑换处。

德革的Babura Seaview Resort北边不远处有个小邮政局。

岛上唯一的诊所是**Poliklinik Komuniti Tekek**（☎09-419 1880）。

到达和离开

飞机

德革有一座机场，如今SAS air刚刚开始运营从刁曼岛往返吉隆坡的航班，但机票很贵。

船

柔佛的丰盛港是通往刁曼岛的主要港口。**Island Connection Tours**（☎07-799 2535; 往返RM70）在丰盛港有个办事处，其他旅行社在码头以同样价格售票。航班从一早到傍晚开行，在云顶、巴耶、Berjaya Tioman、德革、ABC和莎兰依次停靠，回程按照相反顺序航行。决定好要在哪里下船后告诉检票员。由于渡轮在周末和假期很快就会满员，最

好提前购票(排队等候,否则可能错过位子)。

季风季节期间(11月至次年2月)发船时间不固定,季风强度不大的月份(1月和2月),航班会比较有规律。

Tanjung Gemok渡轮码头(往返 RM70)也有前往刁曼岛的渡轮,该码头位于丰盛港北35公里处,靠近兴楼(Endau)。若从北方来,这条航线比较方便。抵达前请提前致电确认有渡轮运行。

当地交通

从德革出发的正常船票如下:

- ABC/Panuba(RM25)
- 云顶(RM50)
- 尼巴(RM120)
- 姆谷(RM150)
- 巴耶海滩(Paya Beach; RM35)
- 莎兰(RM35)

有的海上出租船至少需搭乘两人。多数酒店能安排包船。包船船费大约是全天RM600,刁曼岛瓜拉海滩一侧的水域不太好走。

如果有时间,可在岛上步行探索。主要海滩的宾馆都有自行车(每小时/天 RM5/30)和轻型摩托车(每小时/天 RM15/40)出租,是前往瓜拉旅行的好选择。

从德革到瓜拉的出租车费用为RM70~90。

海岸地区(THE COAST)

兴楼(Endau)

兴楼没什么值得游览的景点,但有快艇从附近的Tanjung Gemok到刁曼岛。若在此滞留,可下榻于Tanjung Gemok的Hotel Seri Malaysia(☎09-413 2723; smrom@serimalaysia.com.my; 双 含早餐 RM150; ❄ ☒),从兴楼步行几分钟即达。

北干(Pekan)

作为彭亨苏丹国的所在,北干散发着皇家气息,风景与众不同:街道宽阔、干净,城市广场开阔、宽敞,辽阔、清新的草坪环绕着

珍妮湖(TASIK CHINI)

美丽的珍妮湖由满布植物的河道连接起来的12个湖泊组成。这里是彭亨的天然蓄洪区之一,然而环保主义者指出,几十年不受控制的采矿和伐木让该地区的环境日益受到威胁。这里有许多壮丽而又脆弱的景观供游客观赏,和马来西亚其他地方一样,许多人都希望发展生态旅游能促使政府保护它。

珍妮湖的岸边居住着雅贡人(Jakun)原住民部落,属Melayu Asli后裔。周围的丛林山丘是很少有人去徒步的地方,那里壮丽的瀑布和山洞中还隐藏着老虎和大象。当地人相信这湖是一条名为Naga Seri Gumum(有时也被称为"Loch Ness monster")的巨蛇的巢穴。游览这些湖的最佳时期是6月至9月,莲花盛开的季节。

珍妮湖给旅客提供两个优质的全包选择。Rajan Jones Guest House(☎017-913 5089; 房间 每人 含早餐和晚餐 RM35)在遍布鲜花的Kampung Gumum内,是进行绝佳丛林与湖泊探险之旅的大本营,该探险游以Rajan Jone命名。Rajan能说一口流利的英语,且与原住民很熟。他带领徒步游已有20多年,能组织多项活动,从丛林徒步到夜间徒步(RM30~100)。

另一个比较雅致的选择是景色非常壮丽的Lake Chini Resort(☎09-468 8088; tasikchiniresort@hotmail.com; 铺 含早餐 RM25,房间 含早餐 RM150起),这里有面湖的漂亮客房、一家餐馆和卡拉OK。10床位的整洁宿舍通常吸引着学生团前来。度假村的工作人员可以帮你安排全部活动。

前往珍妮湖最简单的方法就是让Lake Chini Resort或Rajan Jones安排车辆。比较复杂的方式是从关丹(RM7, 2小时)或北干(RM6, 1.5小时)搭乘长途汽车到Chini村。接下来的7.5公里搭乘私家车到Gunum村,花费大约RM20。你也可以从北干或关丹搭乘出租车直接前往,费用约为RM80。

Pekan 北干

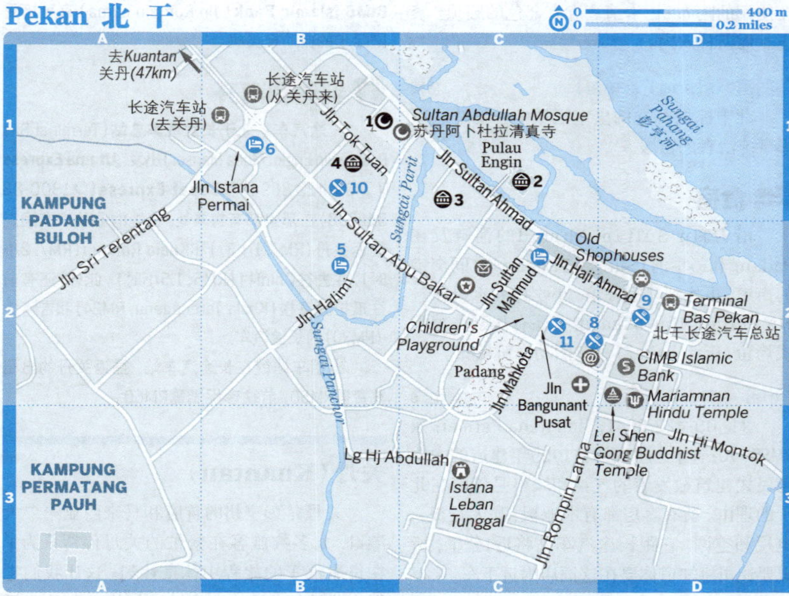

宏伟的建筑。沿着绿树成荫的河畔，有许多古老的中国店铺和美味的马来西亚街头美食，同时也少不了美丽的清真寺和一些非伊斯兰教的朝拜场所。

景点

阿布·巴卡苏丹博物馆 博物馆

（Museum Sultan Abu Bakar; Jln Sultan Ahmad; 门票 RM1; ⏲周二至周四、周六和周日 9:30~17:00，周五 9:00~12:15和14:45~17:00）这座博物馆坐落在一栋美妙的建筑内，是英国人于1929年建造的。展品以彭亨王室物品居多，其他展品有兵器、陶瓷（包括在刁曼岛发掘的中国瓷器和阿拉伯陶瓷）和彭亨野生动物的展品。

船舶博物馆 博物馆

（Galeri Pengangkutan Air; 门票 RM1; ⏲周二至周四、周六和周日 9:30~17:00，周五 9:00~12:15和14:45~17:00）这里展示传统的马来西亚船只。值得一看的是雕工精美、有神兽头像的船只。

老北干（Pekan Lama） 历史建筑

苏丹阿卜杜拉清真寺（Sultan Abdullah Mosque）后方矗立着这座木石结构的古老塔楼。

阿布·巴卡王宫（Istana Abu Bakar） 宫殿

宏伟的苏丹宫殿坐落在开阔的紫云英草地上。

阿布·巴卡清真寺 清真寺

（Abu Bakar Mosque; Jln Sultan Ahmad）尚

Pekan 北干

景点

1 阿布·巴卡清真寺 B1
2 船舶博物馆 C1
3 阿布·巴卡苏丹博物馆 C1
4 老北干 B1

住宿

5 Beach Shack Homestay B2
6 Chief's Rest House B1
7 Pekan Budget Hotel C2

就餐

8 小吃摊 C2
9 水果摊 D2
10 餐馆 B1
11 Umi Café C2

在使用的阿布·巴卡清真寺有金色的圆顶。禁止非穆斯林入内。

美丽宫（Istana Permai） 宫殿

北干棕榈林立的皇室区域中心就是这座彭亨统治者的宫殿。

食宿

沿着Jln Sultan Ahmad的河畔及在Padang和彭亨河（Sungai Pahang）之间交错的街道，可找到几家餐馆、小吃摊和水果摊。Jln Sultan Abu Bakar街上还有几家香辣泰式烤鱼（ikan bakar）和冬阴功海鲜餐馆。

Chief's Rest House 历史酒店 $

（☎09-422 6941；Jln Istana Permai；双 RM55~70；❄）这座大约在1929年建造的木质殖民式建筑散发着的气氛和风格是停留在北干的理由。所有客房都有木地板、高天花板、电视和空调。它距长途汽车站将近1公里，所以要让司机知道你要在这酒店附近下车。

Beach Shack Homestay 家庭寄宿 $

（☎09-419 3148；izanhussain2@yahoo.com；64 Jln Halimi；房间 RM50）这栋传统红砖屋子里的房间家具齐备，有风扇、舒适的床，还可到凉爽的庭院去休闲。这里给人宾至如归的感觉，你可以使用厨房和洗衣机。提前打电话，安排他们去长途汽车站接你。

Pekan Budget Hotel 酒店 $

（☎09-422 3727；40 Jln Haji Ahmad；房间 RM50；📶）虽然与城镇其他地方相比少了些个性，但这个经济型住宿选择有手术室般干净的房间和柔软的床铺，地段最靠近城镇中心。

Umi Café 中国菜 $

（22 Jln Bangunant Pusat；主菜 RM5~10；⏰7:30~21:00）餐厅在阴凉的广场对面，是镇里最通风、最舒适的用餐地点。中午时段供应自助中餐和马来餐，全天供应美味的咖喱包（肉包；RM1）。

实用信息

10 Net Cyber Café（Jln Sultan Abu Bakar；每小时 RM3；⏰10:00~19:00）上网。

CIMB Islamic Bank（Jln Rompin Lama）有可接受国际卡的自动柜员机。

到达和离开

长途汽车从**北干长途汽车总站**（Terminal Bas Pekan; Jln Engku Muda Mansor）出发。**Utama Express**（☎09-422 8694）和**Cepat Express**（☎1300-88 842538）在那里都有售票处。当地的公共汽车固定往返关丹（RM7，1小时）和Kuala Rompin（RM7，2小时），并去往Chini村（RM6，1.5小时）。此外，还有前往瓜拉登嘉楼（Kuala Terengganu，RM24）和吉隆坡（RM30）的长途汽车。

出租车站就在长途汽车站。往返关丹的出租车费需RM50，前往珍妮湖需RM60。

关丹（Kuantan）

关丹是彭亨州的首府和马来西亚第二大港口，大多数旅客在繁忙的关丹停留只为了在长途汽车的旅程中休息片刻。这让我们觉得有些遗憾，虽然这座城市与旅游业的联系并不紧密，但它仍有新奇的地方值得你探索一两天，甚至只是品味一下海岸线上最好的食肆。邻近尖不叻湾（Teluk Chempedak）的沙滩度假村将给你放眼见不到一个背包客的度假体验。

景点和活动

州立清真寺 清真寺

（Masjid Negeri, State Mosque；Jln Mahkota）东海岸最令人印象深刻的清真寺，庄严地坐落在广场（padang）上。到了晚上，它灯火通明的尖顶和塔楼与黑暗的天空形成对比，呈现出神奇的景象。

河上巡游 游船

（River Cruises；RM38）河上巡游长达90分钟，一天3次，从码头到关丹河（Sungai Kuantan）河口，途经鱼村和沼泽再回返市镇。

住宿

Classic Hotel 精品酒店 $

（☎09-516 4599；www.classhotelkuantan.com；7 Jln Besar；房间 含早餐 RM85~95；❄📶）所有客房（记得要间有河景的）宽敞且干净，

Kuantan 关丹

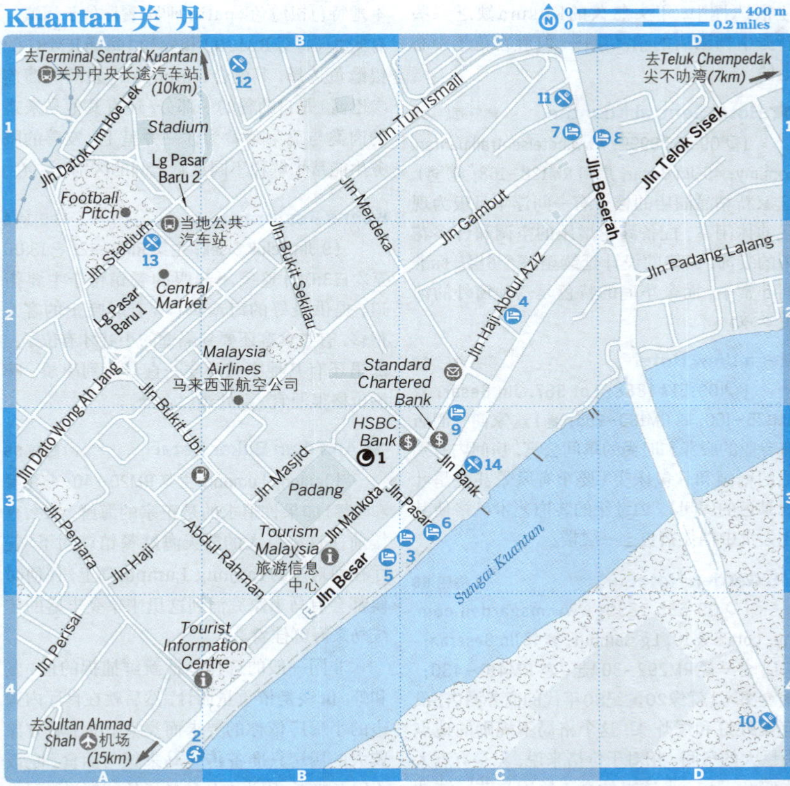

Kuantan 关丹

景点

1 州立清真寺 B3

活动、课程和团队游

2 河上巡游 A4

住宿

3 Classic Hotel C3
4 Hotel Kosma C2
5 Hotel Sentral Kuantan B3
6 Mega View Hotel C3
7 MS Garden Hotel C1
8 Signature Hotel D1
9 Tai Wah Hotel C3

就餐

Akob Patin House .... （见5）
10 Ana Ikan Bakar Petai D4
11 Berjaya Megamall C1
12 East Coast Mall B1
13 小吃摊 A2
14 Kohng Restoran C3

备有很大的浴室和现代设备。位置就在城市中央，丰盛的马来式早餐和体贴的员工使这里成为最佳的经济型住宿选择。

Tai Wah Hotel 酒店 $

（☎016-922 1377; 29 Jln Haji Abdul Aziz; 标单/双 带风扇 RM48/60，带空调 RM60/68; ❄📶）这家华人经营的酒店有简朴的双人间、单人间和三人间，带电视——物有所值，不过房间有些狭小，有烟熏味。

Hotel Kosma 酒店 $

（☎09-516 2214; 59 Jln Haji Abdul Aziz; 标单/双 RM55/70; ❄@📶）在比较好的经济型

住宿选择中，年头悠久的Kosma缺乏一些新派中档酒店的精品氛围，但胜在位于中心地段。

★ Hotel Sentral Kuantan 精品酒店 $$

(☎09-565 9999; www.hotelsentralkuantan.com.my; 45 Jln Besar; 房间 RM128~168; ❄📶)这家新精品酒店的楼下有一间浮华且极为现代的休闲室，配备涡轮增压的空调和许多花哨的装饰，镀铬的设计延续至整个6层。标准间非常小，而豪华间的特色是落地窗外的河道景致。

Mega View Hotel 商务酒店 $$

(☎09-517 1888; Lot 567, Jln Besar; 双 RM125~160, 四 RM180~255; ❄)这家商务酒店有专业的服务和时尚的单间公寓，房间内有别致的壁画和软包床头（要个有风景甚至是壮观景色的房间）。21世纪的装饰艺术风格使其比大批中档住宿更上一层楼。

MS Garden Hotel 酒店 $$

(☎09-555 5899; www.msgarden.com.my; Lots 5 & 10, Lg Gambut, 紧邻Jln Beserah; 房间 含早餐 RM292~304起, 套 RM410~430; ❄@📶🏊)就像20世纪80年代的商务酒店，没有霓虹灯和爆炸头，这个格局不规则的地点有巨大的房间。相对于价格来说，只是有点太昏暗和乏味。来这里的真正原因是花园游泳池，棒极了！

Signature Hotel 精品酒店 $$

(☎09-513 2919; signaturehotel2012@gmail.com; 41 Jln Beserah; 标单 RM88, 双 RM118~148; ❄@📶)这家酒店是中低档价位选择中的可靠新秀，可爱的大堂员工和炫酷现代的外观让人难忘。房间相当小，但特色是精品设计和现代镶边装饰。

✗ 餐饮

关丹最具特色的菜肴是银鲶鱼。Berjaya Megamall和East Coast Mall等购物商场内，从星巴克到马来式的美食广场应有尽有。位于长途汽车站的几个小吃摊供应特别可口的菜肴。

Akob Patin House 马来西亚菜 $

(Jln Besar; 主菜 RM7~15; ⏲午餐)想尝尝本地特色银鲶鱼(patin)吗？餐厅位于河滨，有野生（每条RM20）和养殖（每条RM8）的银鲶鱼选择，其配合tempoyak（发酵的榴莲参巴酱）是自助餐的一部分，还有其他马来式的肉类与蔬菜菜肴为你一并呈上。友善的服务生能帮忙解释不同菜肴之间的区别。

Kohng Restoran 中国菜 $

(9 Jln Teluk Sisek; 主菜 RM6~12; ⏲18:00至次日3:00)这家不起眼的餐馆位于主要街道，提供最好的海南鸡饭。有时晚上的客人很多，有些食客还要到隔壁的小巷才有位子，那里还有其他中式小吃一直营业到凌晨。啤酒价格很便宜，别处难以企及。

★ Ana Ikan Bakar Petai 海鲜 $$

(Tanjong Lumpur; 主菜 RM20~40; ⏲午餐和晚餐)如果你追求的是正宗的海鲜，那么直接前往这家巨大的露天海鲜餐馆就对了。餐厅在河对岸的Tanjong Lumpur岛上，任何时候都会有马来家庭涌到这里来享受丰盛的传统马来海鲜佳肴。

非同一般的选择包括新鲜捕捉的鱼、蟹和虾，价钱是依重量而计，然后就在食厅内旁边的小厨房依你的要求而烹煮。位于后方比较大的厨房只准备传统马来饭与面食。吃饭不用点啤酒，因为有各种各样的新鲜果汁可供你享用。

ℹ 实用信息

在恰如其名的Jln Bank及其附近区域，多家银行（许多还有24小时自动柜员机）集中于此。多数的旅馆有无线网络。Berjaya Megamall和East Coast Mall有几间网吧。

邮局(Jln Haji Abdul Aziz)

旅游信息中心(Tourist Information Centre; ☎09-516 1007; Jln Mahkota; ⏲周一至周五 8:00~17:00)有特别乐于助人的员工和各种有用的传单。

马来西亚旅游局(Tourism Malaysia; ☎09-517 7111; 601 Pejabat Nesi Pahang; ⏲周一至周四 8:00~13:00和14:00~17:00, 周五 8:00至正午和14:45~17:00)员工提供不了太多帮助，但这里有很多小册子，可以帮你找到方向。

到达和当地交通

飞机

马来西亚航空公司（Malaysia Airlines；☎1300-883 000；www.malaysiaairlines.com；Jln Gambut, ground fl, Wisma Persatuan Bolasepak Pahang）每天都有直飞吉隆坡的班机，还有许多转机选择。

飞萤航空（Firefly；☎03-7845 4543；www.firefly.com.my）每天有2趟班机往返吉隆坡的梳邦机场（Subang Airport），另外还有每周4次到新加坡的班机。机场距离市区15公里，出租车大约需RM20。

长途汽车

长途汽车都从距离市中心约20分钟车程（出租车 RM20）的**关丹长途汽车总站**（Terminal Sentral Kuantan；Jln Pintasan Kuantan）出发。在车站二楼有售票处、美食广场和行李寄存处（每件RM2）。

前往北干（RM5.30）、巴洛（Balok；RM3）、美塞拉（Beserah；RM3）和珍拉丁（Cherating；27路长途汽车；RM5）的当地公共汽车从中央市场附近出发。

目的地	票价	行程
北海	RM51	8.5小时
而连突	RM18	3.5小时
哥打巴鲁	RM31	6小时
瓜拉立卑	RM24	6小时
吉隆坡	RM24	4小时
瓜拉登嘉楼	RM17	4小时
马六甲	RM35	6小时
丰盛港	RM34	3小时
新加坡	RM30	6小时
淡马鲁	RM12	2小时

小汽车

Hawk（☎09-538 5055；www.hawkrentacar.com.my；Sultan Ahmad Shah Airport, Kuantan）

出租车

让你的酒店订一辆长途出租车或者就在关丹长途汽车总站前面搭一辆，大概费用（每辆车）如下：

- 珍拉丁（RM50~70）
- 而连突（RM200）
- 新山（RM350）
- 吉隆坡（RM280）
- 瓜拉登嘉楼（RM200）
- 丰盛港（RM200）
- 北干（RM60）

票价或有浮动，可以讲价。

尖不叻湾（Teluk Chempedak）

在关丹以东6公里处的海岸，海浪轻轻拍打着尖不叻湾的海滨，还有几条步行小路蜿蜒穿过公园丛林区。从11月至次年2月的浪头很适合冲浪。冲浪板可从Hyatt Regency隔壁的Gandom Club租用，每小时和每天的费用分别是RM50和RM100。

住宿

Pine Beach Hotel 酒店 $

（☎013-940 4458；标单/双 含早餐 RM50/60；❄📶）距离海滩约200米，刚过麦当劳就是这家普通而干净的酒店。较新的房间全都有空调、电视和热水淋浴。底层房间没有窗户。

Hyatt Regency Kuantan 度假村 $$

（☎09-518 1234；www.kuantan.regency.hyatt.com；房间 RM340起；❄@📶🏊）宽敞、豪华且微风习习，有通情达理的服务生、迷人的景色、完善的设施（包括两个游泳池、两间非常好的餐馆、3个网球场、壁球场、水疗中心、儿童游乐场所、水上运动中心）。

客房很豪华，还有丰富的活动可参与，包括沿着峭壁步行到Methodist Bay。

到达和离开

想到达尖不叻湾，在关丹Berjaya Megamall（见281页地图）前面乘坐200路长途汽车（RM2）。来往两座城镇的出租车费用为RM15。

珍拉丁（Cherating）

珍拉丁周围有一片长满椰子树的广阔白沙滩，镇内有许多宾馆和商店，那里四处游荡的猴子、巨蜥和猫比人还多。珍拉丁是许多冲

另辟蹊径

卧佛洞

查惹石洞（Gua Charas, Charas Caves, Charah Caves；门票 RM1）位于离关丹北部26公里处的石灰岩岩溶地貌中，四周皆是棕榈种植园。这里的山洞群因有位泰国僧人50年前曾到这里闭关而闻名。陡峭的阶梯通往庞大的卧佛洞（Sleeping Buddha Cave; Wofo Dong），里头设有小佛桌供奉观音菩萨、普贤菩萨及其他佛教神灵。主要的景点是洞穴后方的卧佛。

从关丹搭乘出租车大约要花费RM40，你也可以选择在关丹当地的公共汽车站搭乘前往林明河（Sungai Lembing）的500路公共汽车（RM3, 1小时），在经过"查惹石洞4公里"（Gua Chara 4km）的标志后在Panching村下车。你可以步行或要求当地人骑摩托车载你一程，花费是RM2。

继续前往林明河（Sungai Lembing），体验上上下下都与采矿有关的小型区域博物馆（RM2）。或者你也可以进山，到周边的矿井里进行一次幽闭之旅（RM15~30）。

浪爱好者和海滨休闲者的热门目的地。这里有很多海滩酒吧和彭亨海岸最好的夜生活。

景点和活动

蜡染制作（用当地染料染布）是珍拉丁的特色。Limbong Art（Main Rd）提供相关课程（RM30起），你可以在那儿制作自己的蜡染手帕或纱笼（sarong）。

水上运动

珍拉丁的海湾有漫长的沙洲，使其成为适合游泳的安静地点。6月和7月，小心水母。

10月下旬至次年3月底的季风季节，这里会涌起海浪，是马来西亚最好的几处冲浪地点。在城镇的一侧，浪头翻滚过海湾，海浪高达2米，可持续400米。租一辆车，在此处以北寻找更多地方。

珍拉丁海滩不太适合浮潜，但城镇各处都提供前往名称恰如其分的珊瑚岛（Coral Island）的半日浮潜游（RM60）。

你可以在Villa de Fedelia（见285页）和Payung Guesthouse（见285页）租皮划艇（海上或河上，每小时RM15~30），自行在周边巡游。

Kam's Surf Shack 水上运动

（Cherating Beach; ⌚8:00~22:00）这家冲浪商店出租所有能想象到的冲浪板，日落时分还兼做酒吧。出租风筝冲浪装备，费用RM100（仅限有经验的冲浪者），课程费用RM250。风帆冲浪装备出租RM60，一节课费用RM100；桨叶式冲浪板1小时/半天的费用为RM50/80。你还可以租一艘小帆船（1小时/半天 RM100/460）或冲浪板（RM40~80）。

Cherating Point Surf School 冲浪

（www.cheratingpoint.com; Matahari Holiday Huts）只在季风季节营业，这家冲浪棚屋提供1.5小时的冲浪课程（RM110~130），出租冲浪板（半/全天 RM40/70）。

野生动物观赏

市镇里有几个地方组织河上红树林团队游、萤火虫团队游、观看海龟（4月至9月）和自然徒步等活动。

海龟保护区 动物保护区

（Turtle Sanctuary; RM30; ⌚周二至周日9:00~17:00）海龟保护区就在Club Med隔壁，有几个水池养着海龟宝宝和正在康复的绿海龟。这个中心还能提供有关海龟产卵和孵化期的资料。

Hafiz's Cheratinq Activities 乘船游

（☎017-978 9256; www.cheratingbeachinfo.com.my; 团队游 RM30起）夜间沿红树林溯流而上的萤火虫乘船游是珍拉丁最出类拔萃的活动。当中最好的是由哈菲兹（Hafiz）带领的行程，他是萤火虫爱好者，还精于自创各种珍拉丁活动。团队游大约19:30出发。哈菲兹还提供河上钓鱼（RM500）和深海钓鱼（RM900）活动。

住宿

经济型住宿在季风季节（11月至次年1

Cherating 珍拉丁

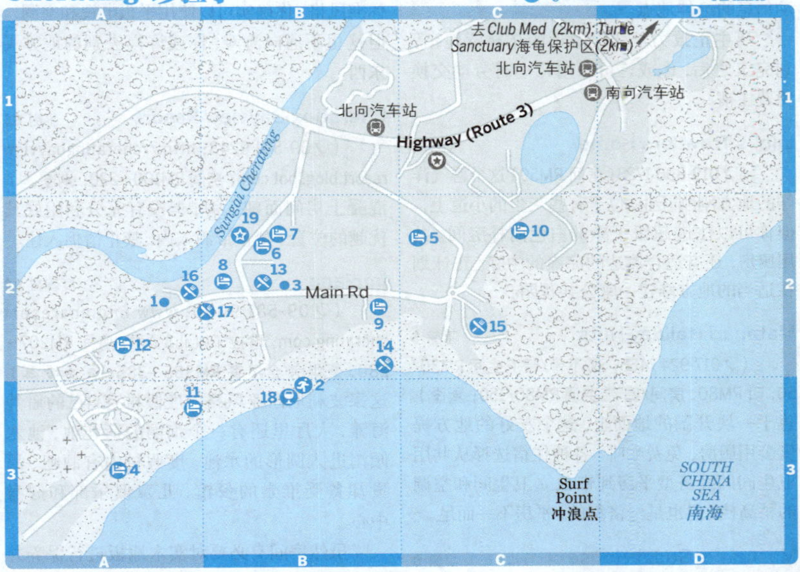

Cherating 珍拉丁

活动、课程和团队游

Cherating Point Surf School .... (见6)
1 Hafiz’s Cherating Activities A2
2 Kam’s Surf Shack B3
3 Limbong Art B2

住宿

4 Cherating Bayview Resort A3
5 Lilo’s Travelers Home C2
6 Matahari Holiday Huts B2
7 Maznah’s Guest House B2
8 Payung Guesthouse B2
9 Ranting Beach Resort B2
10 Residence Inn C2
11 Tanjung Inn A3
12 Villa de Fedelia A2

就餐

13 Cherating Cottage Café B2
14 Don’t Tell Mama B2
15 Duyong Restaurant C2
16 Matahari Restaurant A2
17 Nabill Café B2

饮品和夜生活

18 Cherating Beach Bar B3
Eco Bar .... (见14)

娱乐

19 Little Bali B2

月）挤满了冲浪客，中档的住宿全年周末时常客满，所以要预订。

★ Villa de Fedelia　　平房 $

（Tanjung Inn；☎09-581 9081；www.tanjunginn.com；房间 带风扇 RM70，带空调 RM170~400；❄@📶）强烈推荐！木制平房带有阳台，周围有令人眼花缭乱的荷花池，湖的四周长满了茂盛的青草和果树。所有平房都备热水淋浴，接待处还有一个非常棒的图书馆。真正吸引人的是适合家庭的氛围和院子。

Payung Guesthouse　　平房 $

（☎09-581 9658；双/四 RM60/120，双 带空调 RM80；❄📶）主街上这家友好的住宿场所背靠河流，河边是一排整齐的平房和精心布置的花园。平房都有蚊帐，这里是了解当地活动信息的绝佳地点。

店主正致力于建设附近的丛林营地，等到完工之后，你或许可以用几小时劳动交换免费住宿。

Lilo's Travelers Home 客栈 $

（☎019-996 1723；房间 RM50）这个喜气洋洋的地方刚刚开业，位于有些灰尘的小道上，但你可以住进超级干净的白色简朴房间。共用厨房，还有适合溜达的凉爽的中庭。正计划在适当的地方修建一座公共花园。

Matahari Holiday Huts 平房 $

（☎017-924 7465；双 不带/带卫生间 RM30/50，四 RM80，房间/四 带空调 RM80/150；❄📶）建于一块开阔的地面上，这个友好的地方提供公用厨房、免费咖啡。各种住宿选择从共用卫生间的经济型平房到带独立卫生间和空调的稍高档（但也是经济型的）平房不一而足。

Maznah's Guest House 平房 $

（☎09-581 9307；标单/双 带共用卫生间 RM30/35，房间 RM70，房间 带空调 RM120~150，全含早餐；❄📶）在这个相当荒芜的地方，活泼的孩子们愉快地在坚固的木制平房周围追逐打闹。店主会讲一点儿英语，早餐供应美味的椰浆饭（nasi lemak；椰浆蒸米饭，搭配煎江鱼仔、花生和咖喱菜）。几个新房间坐落在非常污浊的水池上方。

Tanjung Inn 平房 $$

（☎09-581 9081；www.tanjunginn.com；房间 RM200）由Villa de Fedelia（至少现在还共用一个大厅）的人员经营，这些斜屋顶的崭新度假屋线条简洁，打开门就是海滩。他们仍在整理景观，但我们对这个新地方满怀希望。

Ranting Beach Resort 平房 $$

（☎09-581 9068；双 带风扇 RM120，双 带空调 RM160~250；❄）位于海滩最繁华的地段，备有风扇的木制平房是这里最好的住宿。比较贵的小屋带有空调，还有一间4室的房子可睡10人，房费RM500。

Residence Inn 酒店 $$

（☎09-581 9333；ricresun@ric.my；房间 含早餐 RM240~320；❄📶🏊）围绕着一个美丽的游泳池，客房有点陈旧，具有刻板的商务标准风格。你确实可以使用平板电视和空调，但这里不通向海滩，你或许得去别的地方买东西。

Cherating Bayview Resort 平房 $$

（☎09-581 9248；http://cheratingbayviewresort.blogspot.com；房间 RM100~220；❄📶🏊）混凝土房间面朝大海，但没有充分利用好其优越的位置。禁止带酒入内，禁止情侣入住。

Impiana 度假村 $$

（☎09-581 9000；www.impianaresortcherating.com；珍拉丁以北3公里；房间 RM207~280，豪华房 含早餐 RM365~385；🅿❄📶🏊）这家波利尼西亚风格的度假村有自己的僻静海滩，大厅里还有一个绚丽的荷花池，池水倾泻进入圆形的水池。度假村内有酒吧、昂贵却备受推崇的餐馆、儿童俱乐部和健身中心。

虽然房间有必要对实木地板进行保养并借助优美的海滩景色稍微提升一下，但对不介意稍微远离一点珍拉丁酒吧和餐馆区域的度假村住客来说，这些房间值得信赖。

★ **Club Med** 度假村 $$$

（☎09-581 9133；www.clubmed.com.sg；全包套餐 RM550起；🅿❄📶🏊）这家度假村的设计像一座特别美丽的马来西亚乡村，有高脚木屋。设备齐全，拥有自己的海滩、完美无瑕的广阔草坪、汇聚各国风味的餐馆、夜总会、儿童俱乐部，附近还有海龟保护区和体育设施。位于城镇以北约2公里处。

就餐

城镇大多数客栈都有店内餐馆。

Cherating Cottage Café 咖啡馆 $

（主菜 RM5~9；⏰早餐、午餐和晚餐；📶）几乎总是最早营业的地方（8:00左右）。早餐很棒。

Don't Tell Mama 汉堡包 $

（Cherating Beach；汉堡包 RM5~10；⏰至深夜）🌿我们经过的时候，Don't Tell Mama正重新开张，搬迁至Eco Bar旁边。凭借完整的菜单和依旧提供的传奇汉堡包，它势必大受欢迎。去看看炫酷的水培花园装置吧。

Nabill Café 马来西亚菜 $

（主菜RM6~9；⏲晚餐）到当地人去的地方就餐是省钱之选。自己选择新鲜的海鲜，然后看着它在美味的参巴酱里烤熟。

Duyong Restaurant 马来西亚菜 $$

（主菜RM10~23；⏲午餐和晚餐；📶）Duyong位于海滩西端的木桩上，坐拥一望无际的海湾风景。海鲜的种类繁多，还有牛排、家禽和蔬菜可选，但最吸引人的莫过于这里的环境。尝尝冬阴功（泰式辛辣海鲜汤）。

Matahari Restaurant 马来西亚菜 $$

（主菜RM10~20；⏲早餐、午餐和晚餐）这家海鲜烧烤小店有冰凉的木桌和平静的气氛。

饮品和娱乐

★ Eco Bar 酒吧

（Rhana Pippin；Cherating Beach；⏲正午至次日4:00）🍃在这家超级友好的海滩酒吧占一张矮桌，体验沙子流进脚趾的感觉，看看活跃在珍拉丁夜生活圈子里的奇特当地人。

年轻的老板自己修建了这家酒吧，主要使用再利用的材料——他们懂得如何开派对。

Cherating Beach Bar 酒吧

（Cherating Beach；⏲15:00至深夜）这个海滨住宿选择有些偏离珍拉丁的嬉皮士精神。不过由于距离派对地点不远，日落之后人群也会喧闹起来，提供优质的鸡尾酒。

Little Bali 现场音乐

（Sungai Cherating）伴着现场音乐和洋溢的友情，在河上狂欢至深夜。

实用信息

珍拉丁没有银行和自动柜员机，所以一定要在关丹或北干多取些现金。

到达和离开

在关丹的当地公共汽车站乘搭标有“Kemaman”的长途汽车，并要求在老珍拉丁（Cherating Lama）下车（路旁有个标志写着“Pantai Cherating”）。每30分钟有一班车（RM5，1小时）。若从北方来，任何前往关丹的长途汽车都会在主路放下你。从关丹乘搭出租车花费是大约RM80。

从吉隆坡出发，最好乘坐直达长途汽车到达Kemaman，要求在老珍拉丁下车。

从珍拉丁到关丹，只要在高速公路（3号线）上的汽车站向前往关丹的长途汽车挥手示意就可以了。

从珍拉丁搭出租车，可联系**Cherating Taxi Service**（☎09-581 9355）叫车。乘坐出租车到关丹的花费是大约RM55，到塔曼奈加拉国家公园是大约RM280。乘坐出租车到城镇外的度假村，费用约为RM30。

内陆（THE INTERIOR）

淡马鲁（Temerloh）

淡马鲁位于浩大的彭亨河河畔，老镇拥有殖民时期的气息，还有色彩缤纷的周日市场。作为彭亨州中部的主要城市，它成了主要的交通中心。汽车站就在遍布商店与餐馆的新城（从老城步行几分钟即可到达）中央。火车站（目前尚未运营）位于12公里外的文德甲（Mentakab）——淡马鲁的卫星城，那里有繁忙的夜市。

淡马鲁是个不错的休闲之处，特别是在过了几天丛林生活后渴望有些现代事物的时候。廉价住宿有限，不过这里有一些中档住宿选择。

食宿

Green Park Hotel 酒店 $

（☎09-296 3333；www.greenpark.com.my；Jln Terkukur，紧邻Jln Merbah；房间RM88~125；❄📶）这座高大的酒店耸立在城中，提供干净漂亮的客房，内有热水淋浴和咖啡及茶冲泡设备。房间非常乏味，但偶尔有波利尼西亚版画增添情趣。

Rumah Rehat Temerloh 客栈 $$

（☎09-296 3218；Jln Hamzah；房间RM100~110；❄📶）位于小城绿树环绕的安静角落，这家酒店虽然陈旧，但干净友好。10个房间分布在两层。

E Station Cafe 日本菜 $

（Jln Pak Sako 1；RM6~21）认了吧，经过几

个星期的面汤（mee sup）与叻沙（椰浆咖喱面），你渴望吃些不同的东西。虽然这家日本餐馆不再提供寿司，但你还是可以品尝最受喜爱的各种日本美食。

到达和离开

你可以在**Terminal Bas Utama Temerloh**（Jln Sudirman）找到开往半岛各个地点的长途汽车。

目的地	票价	行程
而连突	RM6.20	1.5小时
瓜拉立卑	RM17	3小时
吉隆坡	RM11	3小时
关丹	RM12	2小时
马六甲	RM17	4小时
槟城	RM55	6小时

出租车从长途汽车站出发，大概费用如下：

- 而连突（RM60）
- 关丹（RM160）
- 吉隆坡（RM160）
- 文德甲（RM12）

淡马鲁周边（Around Temerloh）

景点

瓜拉甘达大象保护中心 野生动物保护区

（Kuala Gandah Elephant Conservation Centre；☎09-279 0391；www.wildlife.gov.my/index.php/en；Kuala Gandah，Lanchang；凭捐献入内；⊙10:00~15:15）这里是野生动物部（Department of Wildlife）和国家公园大象迁移队（National Parks' Elephant Relocation Team）的基地，他们帮助捕捉东南亚凶猛野象，将它们重新安置在半岛内其他比较合适的栖息地，如塔曼奈加拉国家公园。

10:30至正午，在讲解小径上观察大象（在电围栏后面）。13:00和13:30有讲解野象困境的视频（马来西亚半岛仅存不足1200头）。14:15是大象洗澡，然后在14:45~15:15被介绍给人们。中心里的大象多数是缅甸、印度和泰国的工作用大象。此处不提供大象骑乘。

从淡马鲁乘坐出租车往返的费用是RM120。你可以在这里玩一整天。

食宿

Buman Suri Biopurpose Resort 家庭寄宿 $

（☎013-377 3838；http://bumansuriresort.blogspot.com；双 RM68）家庭经营的住宿，位于路边简朴的乡村房屋内。

到达和离开

兰章（Lanchang）镇在文德甲以西，吉隆坡以东约150公里处。游览该地区的大多数人会在吉隆坡、而连突、珍拉丁及半岛其他旅游中心参加团队游（包括参观瓜拉甘达大象保护中心）。探索该地区最合算的方法是将其与跟随Han Travel（www.taman-negara.com）游览塔曼奈加拉国家公园后返回吉隆坡的行程合并在一起。

而连突（Jerantut）

这座小镇是通往塔曼奈加拉国家公园的门户，而大多数游客在进入丛林之前只会在此住一夜[又或许是为了在前往无酒品供应的瓜拉大汉（Kuala Tahan）之前，在Jln Diwangsa一家华人经营的售酒商店添购一番]。这座城镇还算怡人，值得消磨一个下午。

住宿

多数的酒店提供行李寄放服务，24小时营业，还可安排前往塔曼奈加拉国家公园的交通。7月和8月前后，酒店会非常忙碌。

Sakura Castle Inn 酒店 $

（☎09-266 5200；http://sakuracastleinn.blogspot.com；51-52 Jln Bomba；房间 RM55~75；❄📶）这是镇内最上乘的酒店，有干净舒服的房间，配备电视、热水和空调。这里的工作人员非常友好，乐于助人。

Town Inn Hotel 酒店 $

（☎09-266 6811；www.towninn-hotel.com；Jln Tahan，Lot 3748；双/标三/四 RM55/70/80；❄@📶）干净明亮的房间（有平板电视）比面向背包客的客栈档次提升了一大截。服务友善。

Wau Hotel 酒店 $

（☎09-260 2255；www.wauhotels.com；K1 Pusat Perniagaan Sungai Jan；房间 含早餐

Jerantut 而连突

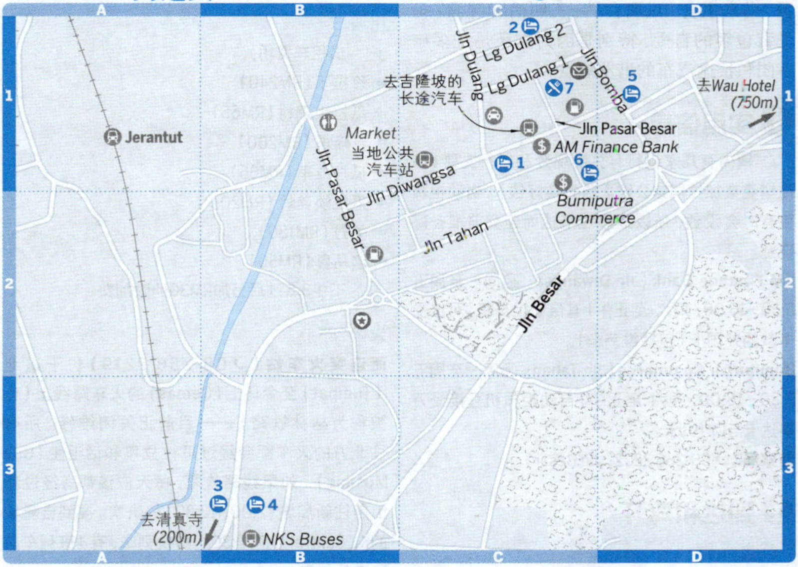

RM78~90; ❄📶)虽说具有小镇最好的房间，但实际上从市中心步行过来需要15分钟（或者乘出租车RM6），使其对没有交通工具的旅行者来说没那么有吸引力。这个地方非常新，有干净的房间，活泼的过道采用黄色、桃红色和红色装饰，豪华房有平板电视。

Greenleaf Guesthouse 酒店 $

（☎09-267 2131; www.greenleaf-tamannegara.com; 3 Jln Diwangsa; 铺/房间 RM10/30; ❄📶）安静的选择，有简朴干净的房间和宿舍，老板是一位温柔的女士，她家还在此经营旅行社。房间通风良好，但床可能会睡断你的腰。

Hotel Sri Emas 酒店 $

（☎09-266 4488; www.taman-negara-nks.com; 46 Jln Besar; 铺 RM8，房间 RM25~45，带公共卫生间 RM15~35; ❄@📶）带电扇的双人间非常小，共用热水卫生间，床垫虽然松松垮垮但很干净。较贵的单独房间大一些，配备卫生间和空调。Sri Emas的大厅也为街道对面有宿舍房间的**NKS Hostel**（21-22 Jln Besar; 双带/不带淋浴 含早餐 RM50/35）提供服务。提供行李寄存。

Jerantut 而连突

住宿

1 Greenleaf Guesthouse........C1
2 Hotel Chet Fatt........C1
3 Hotel Sri Emas........B3
4 NKS Hostel........B3
5 Sakura Castle Inn........D1
6 Town Inn Hotel........C1

就餐

7 小吃摊........C1
NKS Café........（见4）

Hotel Chet Fatt 酒店 $

（☎09-266 5805; 177 Jln Diwangsa; 铺/双带共用卫生间 RM10/40; @）如果深夜到达，可以从汽车站蹒跚过街，来到这个低档的酒店。房间无窗，不过床倒是比较软。

就餐

Jln Pasar Besar的小吃摊上有他们拿手的冬阴功汤，镇里多处都有平价的茶室（kedai kopi）供应中式和马来食品。

NKS Café 马来西亚菜、各国风味 $

（NKS Hostel, 21-22 Jln Besar; 主菜 RM10;

⏰7:30~21:00，淡季 至18:00）供应普通西式早餐、马来主食、豆腐食品、三明治和啤酒。备受背包客的喜爱，特别是因为它还是许多旅游团和长途汽车的出发地点。

ℹ 实用信息

镇内有几家银行可兑换现金和旅行支票（前往塔曼奈加拉国家公园之前先换好钱）。自动柜员机有时会没钱，所以最好在抵达而连突前准备好现金。

AM Finance Bank（Jln Diwangsa；⏰周一至周五9:30~16:00，周六 至正午）有自动柜员机，可接受多数的外国卡（包括维萨卡）。

Bumiputra Commerce（Jln Tahan；⏰周一至周五9:30~16:00，周六 至正午）自动柜员机可接受万事达卡与Cirrus卡。

警察局（☎09-266 2222；Jln Besar）

ℹ 到达和离开

长途汽车

长途汽车从靠近出租车站的售票处出发。

Perwira Ekspres（☎09-266 3919）和**SE Ekspres**（☎09-266 3188）在这里都有办事处。

本地公共汽车在同一条街上不远处的车站出发。

目的地	票价	行程
瓜拉立卑	RM5	1.5小时
吉隆坡	RM55	4小时
关丹	RM18	4小时
淡马鲁	RM6.60	1.5小时

NKS Hostel（21-22 Jln Besar；⏰7:30~21:00，淡季 至18:00）运营前往多个地方的小巴和长途汽车，包括可乘船前往塔曼奈加拉国家公园（RM15）、吉隆坡（RM40）、瓜拉勿述（Kuala Besut；RM90）和金马伦高原（Cameron Highlands；RM80）的淡美岭（Tembeling）码头。长途汽车从NKS Café出发。NKS也可以帮你安排从瓜拉淡美岭码头到塔曼奈加拉国家公园的河流之旅。若不想乘船，可乘坐瓜拉大汉直达塔曼奈加拉国家公园（RM15，8:00和有时13:00）的小巴。

公共汽车开往瓜拉淡美岭（Kuala Tembeling；RM2，45分钟）的码头，7:45~17:00每小时都有车发出。不过他们的时刻表不大可靠，也不完全与船只出发时间一致。

出租车

出租车费用：

- 珍拉丁（RM240）
- 瓜拉大汉村（RM65）
- 吉隆坡（RM200）
- 瓜拉立卑（RM65）
- 瓜拉淡美岭（RM20）
- 关丹（RM180）
- 淡马鲁（RM50）

下午3点过后另加RM30的附加费。

火车

而连突火车站（☎09-266 2219）位于道北（Tumpat）至金马士（Gemas）的火车路线上（也被称为丛林铁路）——目前正关闭维修。所有往北方的火车都会经过瓜拉立卑和话毛生（Gua Musang）。如果线路恢复，每天应该都有经过新山前往新加坡（2:00、12:30）的班次。要到吉隆坡的KL Sentral可搭12:30的特快列车，有4班列车前往瓜拉立卑。

欲知最新的列车时间表与票价可查询KTM（www.ktmb.com.my）。

塔曼奈加拉国家公园（Taman Negara）

塔曼奈加拉国家公园占地4343平方公里（从彭亨到吉兰丹和登嘉楼），坐落在一片阴暗、潮湿、深不可测的丛林中。在这盘根错节的密林中，拥有庞大根系的古树使周围的发光真菌、兰花、双色蕨甚至是巨大的大王花（世界上最大的花）都显得那么矮小。

植物群中隐藏着大象、老虎、豹子和犀牛，还有飞鼠等小小的奇观，遗憾的是这些动物均远离公园的步道，所以非常不容易见到。即使它们确实很近，你也不可能透过密林看到它们。你可能看见的动物多为蛇（犬齿林蛇、网纹蟒、瓦氏蝮蛇和红头环蛇）、蜥蜴、猴子、小鹿、许多鸟类和貘。几乎每个前往塔曼奈加拉国家公园的游客都会与蚂蟥、各种飞虫和爬行昆虫狭路相逢。

在塔曼奈加拉国家公园的时间越长，你就越能体会其中的奥妙。匆匆游玩毫无问题，

Taman Negara 塔曼奈加拉国家公园

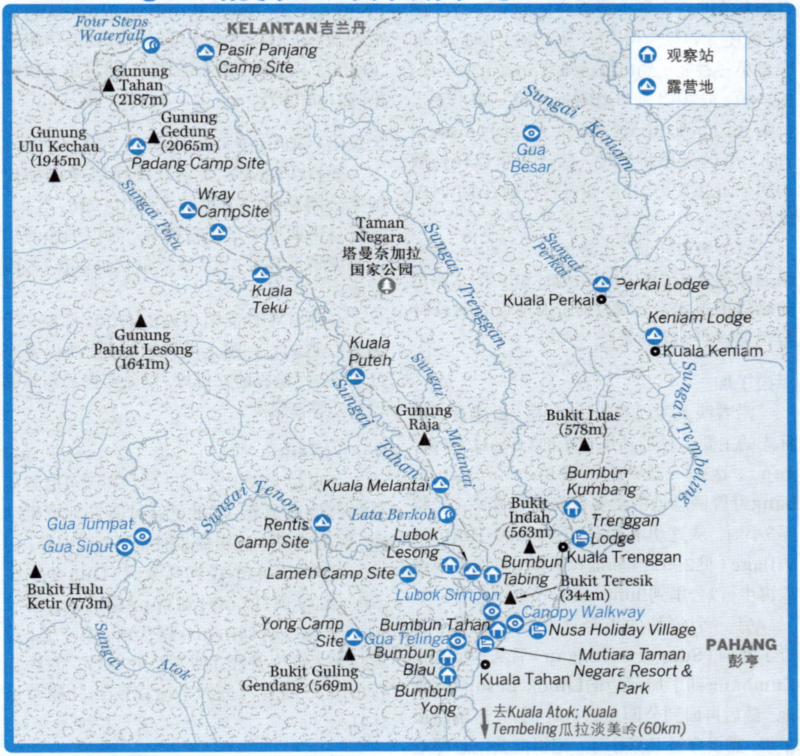

可这仅是蜻蜓点水。可以考虑安排隔夜徒步或乘长途船游览公园内的其中一条内河。无论是一个下午的徒步游或是连续多天的长途跋涉都需要许可证，可从旅游信息柜台（见295页）购得。

公园总部和私人经营的Mutiara Taman Negara Resort（见294页）就在国家公园边缘的瓜拉大汉。其他住宿处和餐馆在淡美岭河（Sungei Tembeling）对岸的瓜拉大汉村。全天都有水上出租往返河的两岸（单程RM1）。

活动

这里有各种各样的徒步可能性——从在树冠步道上1小时的休闲漫步到攀爬2187米的大汉山（Gunung Tahan）的9天艰辛徒步。你可以选择借力于水上船只或包括水上交通的团队游，以缩短徒步的时间。

公园总部周围的小路比较方便，但游客很多。相对而言，较少的游客会冒险到远离公园总部的地方，长时间徒步活动也少人问津。

从瓜拉大汉出发的徒步

公园总部周围的小径都有路标，并且还标注有步行时间，循迹而行很简单。其他路线的详情可向信息办公室查询。

树冠步道及周边 徒步

（Canopy Walkway & Around；成人/儿童RM5/3；⏲周六至周四 10:00~15:30，周五 9:00至正午）无疑是该地区最受欢迎的徒步，从公园总部东侧出发，沿着淡美岭河步行30分钟，到达树冠步道。步道就伟岸的巨树树冠之间，全程需40分钟左右。早点儿来，这里最适合观赏鸟类和野生动物。

树冠步道后面有一条小路通往特里色

山(Bukit Teresik; 344米),在此山顶可观赏森林全景。这条小径有些陡峭和湿滑的部分,但还算容易应付,上下大约需1小时。你可顺着小径往返,到Mutiara Taman Negara Resort,或在树冠步道附近的另一条小路步行前往Lubok Simpon——大汉河(Sungai Tahan)的天然游泳池。从这里可以轻松散步回公园总部。全程路线可轻松地在3小时内完成。

过了树冠步道,主要的小径分出一条岔路通往英达山(Bukit Indah; 563米),路虽陡峭但值得攀登,因为到了山顶可观赏森林与淡美岭河急流的景色。

瓜拉丁加 徒步

沿着淡美岭河有条长9公里、沿途有清晰标志的主要小径通往瓜拉丁加(Kuala Trenggan),这是一条许多前往Bumbun Kumbang野兽栖息地的游客会选择的路线。全程需5小时。从这里有船只往返Nusa Holiday Village(见295页)和瓜拉大汉村,或者也可以再步行2公里到Bumbun Kumbang。

另一个较长的小径通往丛林内陆,跨过丁加河(Sungai Trenggan)后从Bumbun Kumbang到丁加河边的Lubok Lesong露营地,最后再回到公园总部(6小时)。这条路很平坦,需要穿过几条小溪。记得向公园总部查询河的水位。

Lata Berkoh 徒步

公园总部北侧的这条一日徒步线路通往大汉山,但你可以轻松步行到Lata Berkoh,那里的大汉河有阶梯式的瀑布。小径会经过Lubok Simpon的泳池和Bumbun Tabing,距离瓜拉大汉1小时15分钟。

在抵达瀑布之前需过一条河,但水位高时会很危险。不要试图在水位高时过河,可召唤对岸的船夫载你过河。

瓜拉古念 徒步

从瓜拉丁加到瓜拉古念(Kuala Keniam)的小径是受欢迎的一日徒步线路。游客通常会乘船到瓜拉古念后再步行回返瓜拉丁加(6小时)。路途比较艰难,部分路段多坡,途中还要经过好几个石灰岩溶洞。

这条徒步路线可与瓜拉大汉至瓜拉丁加的任何一条小径合并成2日徒步游,可在Trenggan Lodge或Bumbun Kumbang住宿一晚。从瓜拉古念也可以步行到瓜拉佩凯(Kuala Perkai)的小屋住下,那将是一段轻松的2小时步行。

大汉山(Gunung Tahan) 徒步

爱冒险的旅客会攀登距离塔曼奈加拉国家公园总部55公里的大汉山(2187米),它是马来西亚半岛的最高峰。若以平稳的均匀速度攀登需要9天,虽然最快可以在7天内完成。

必须有导游带领(7天RM700,每多一天另加RM75)。一路上没有遮蔽处,所以要充分装备。尽量提前安排好,以免要在公园总部等几天筹备出发。

Rentis Tenor 徒步

从瓜拉大汉出发,步行大约3天可以到达公园的偏远角落,那里更有可能见到野生动物。强烈建议在这次徒步时雇用一名向导。

第一天:走小径到耳朵洞(Gua Telinga),继续前往7小时到Yong露营地。第二天:步行6小时到Rentis露营地。第三天,过大汉河(水位及腰)回到瓜拉大汉,大约步行6小时,或者可选择半途在Lameh露营地休息。

钓鱼

钓鱼爱好者会觉得这座国家公园就像天堂。河中的鱼类包括在印度被誉为mahseer的斗鱼,这种鱼在这里称为kelasa。

钓鱼爱好者喜欢去的河流包括大汉河,古念河(Sungai Keniam;瓜拉丁加的北方)及偏远的Sungai Sepia河。公园到处都有简单的小屋供钓鱼者住宿,可在公园总部预订。最佳垂钓时期是2月、3月、7月和8月。垂钓许可证需花费RM10,钓鱼竿可在河的对岸租用,一天RM20~30。你可以租一艘船游览3日,每船最多可搭乘3名游客和一名向导,费用约为RM1500。

水上巴士和乘船游

Mutiara Taman Negara Resort每天10:00和14:30有船只开往上流的瓜拉丁加。反方向的船只于11:15和15:15离开瓜拉丁加。

这些船只仅供房客使用，但面向公众开放的Mutiara Taman Negara码头有进入公园的乘船游。

目的地	票价	每日班次	首班
Bunbun Yong	RM5	3	8:30
树冠步道	RM15	2	10:15
耳朵洞	RM15	4	8:30
瓜拉淡美岭	RM30	1	9:00

团队游

在瓜拉大汉村，几乎每家酒店以及几家独立经营机构都提供各种各样的专题团队游。有的你自己也可以完成，其他的跟随向导和团体则更方便。

获取由野生动植物局颁发的许可证的向导，已完成了森林动植物和安全方面的课程。瓜拉大汉的旅行社通常提供的价格比公园总部旅游信息柜台（其导游有执照）的便宜，但要预先与向导交谈了解他们受过哪些训练。向导费是全天RM180（1个向导最多可以带领12个游客），另外如果要过夜，每晚要增加RM100的费用。

最佳团队游包括持续几小时的树冠和丛林徒步（RM35～50）、可以见到许多昆虫的夜间丛林之旅（RM25～45）、Lata Berkok徒步（RM200），以及乘坐摩托艇穿越一级（Class I）急流（RM40～80）。

许多旅行者会报名参加前往原住民定居点的团队游（RM45～80）。部落的长者会对他们的生活大概介绍一番，你可以在此学习如何使用长吹管来生火。虽然当地向导坚称这些团队游的收入将作为原住民的生活费，但大部分的团费其实还是被旅游公司收入囊中。在村里购买小手工艺品能帮助当地村民。

住宿

瓜拉大汉村位于公园总部和Mutiara Resort的对岸，聚集了塔曼奈加拉国家公园多数的住宿、餐馆和商店。从瓜拉大汉村往南和往北步行仅10分钟就有几个僻静之处，如果你想寻找更宁静一些的地方，值得去看看。

瓜拉大汉村

Mahseer Chalet 平房 $

（☎019-383 2633；mahseerchalet@gmail.com；铺 带风扇/空调 RM15/20，房间RM70～100；❄📶）这些丛林平房最棒的地方就是紧邻河边的位置。房间和平房有崭新的床单，多人间炎热且臭虫不少（确实，为了空调额外付RM5很值得）。猫咪在院子里溜达，这里的气氛又酷又友好。

Tembeling Riverview Lodge 度假屋 $

（☎09-266 6766；www.trvtamannegara.blogspot.com；铺/双/标三 RM10/50/60）于走道两旁，这里的客房带有风扇、冷水淋浴、蚊帐，还有一个不错的公用空间可以观赏河景。服务人员很友善，还有一家怡人的餐厅供应约翰面包（roti john；用当地面包制作的马来西亚三明治，内有肉、乳酪和蔬菜；RM6）。

Teresek View Motel 汽车旅馆 $

（☎09-266 9744；teresekviewmotel@gmail.com；房间 带风扇/空调 RM70/90；❄📶）你不会错过这栋难看的水泥建筑，因为它就位于瓜拉大汉村"中心"。房间有皮革床头板和顽皮的卡通绵羊床单，到处都是干净的粉色瓷砖，非常整洁。记得要求入住少数有风景的房间，19号房间是我们最喜欢的。

Yellow Guesthouse 客栈 $

（☎017-946 3357；myusofth@gmail.com；双/标三/四 RM80/100/120；❄@📶）翻过山顶（在学校后面），这家客栈包括单层房屋及更干净、状态胜过其他大多数建筑的双层建筑。所有房间都有热水淋浴和独立阳台。这里是个非常友好的地方。

Tahan Guesthouse 客栈 $

（☎017-970 2025；房间 RM50）距离"小村"足够远，但附近也足够方便，这个地方释放出非常好玩的气息，有壁画、颜色艳丽的房间和大花园。房间有点热，但配备蚊帐。地板上铺着塑料布（控制臭虫还是别的什么）。

Dakilih House 酒店 $

（☎010-919 3658；露营/双 RM5/15，房间RM50～80）从内到外都有佳节气氛与色彩鲜艳的装饰，酒店坐落在山丘上，距离信息中心几分钟路程，更可俯瞰河流。比较便宜的客房要共用浴室。这里还有一家可爱的小餐厅，供应早餐、午餐和烧烤，收费RM25~40。

Aki Chalet 平房 $

（铺/双/度假屋 RM13/60/90；❄）漂亮的平房和条件不错的宿舍围绕着枝繁叶茂的花园。服务员不会讲英语。

Han Rainforest Resort 酒店 $$

（☎09-266 7244；http://han-rainforestresort.com；小村以东1公里；铺 RM35，房间 含早餐 RM320~350；❄@📶）一条小溪流经这片"类似度假村"的建筑群。虽然建筑对于自然的有机流转没起什么作用，但的确有几间棱角分明的房间（然而也没什么特色）和一间开阔的餐厅。宿舍狭小得像地狱，但配备空调。

★Mutiara Taman Negara Resort 度假村 $$$

（☎吉隆坡 03-2782 2222；www.mutiarahotels.com；露营区 RM10，铺/度假屋/套/别墅 含早餐 RM100/450/650/1500；🚭❄📶）这家注重生态的度假村位于公园总部旁，位置便利，占据了河边一大片区域的房屋。这里有简单的宿舍房间，可住8人，配备空调。小别墅和"度假屋"里有耀眼的照明、质朴的屋顶和豪华的现代淋浴。另外还有令人愉快的草地露营区，自带厨房。

最好的一点是你身处公园之中——出了门就可以午后徒步。但如果你想穿过小村去吃晚餐（这里的食物虽然很好，但非常贵），需要支付RM1通行费。

> **ℹ 装备租赁和蚂蟥**
>
> 公园内到处都是蚂蟥（在瓜拉大汉村比较罕见）。穿适当的靴子与绑腿或用长袜子盖过裤管再喷上DEET（避蚊胺）会让你的徒步更愉快。
>
> 你可以在Mat Leon Village（见本页）租用露营、徒步和钓鱼服装与设备。每天的价格大约是：
>
> - 睡袋：RM10
> - 登山背囊：RM30
> - 帐篷：RM25
> - 钓鱼竿：RM30
> - 睡垫：RM8
> - 炉子：RM8
> - 靴子：RM8

瓜拉大汉村以南

几处位于瓜拉大汉村以南的宁静住所避开了小村的喧嚣，它们就在瓜拉大汉村至而连突主路的路旁。

Park Lodge 平房 $

（☎019-733 1661；平房 RM60）城镇以南500米的青山下方，环境宁静闲适。这里只有8个返璞归真的带风扇平房，使得这里成为受欢迎的休养处。

TRV Motel & Lodge 汽车旅馆 $$

（☎127-984 7043；www.trvtamannegara.blogspot.com；双 带空调 RM150，四 带风扇 RM100；❄）这里与Tembeling Riverview Lodge是同班人马经营的，提供比较高档的住宿，也离小村比较远。免费提供载送服务进出瓜拉大汉村。

Holiday View Inn 酒店 $$

（☎012-952 9069；www.viewinn.com.my；瓜拉大汉以南1公里；房间 RM140；❄）这家山坡酒店的房间层高较高，干净的房间内铺着瓷砖地板，有很多空调。在此你可以看到优美的风景，身处独特的乡村环境。但这里没有真正的公共区域，而且我们希望员工能别那么粗暴。

瓜拉大汉村以北

Mat Leon Village 平房 $

（☎013-998 9517；铺 带风扇 RM15，平房 带风扇 RM60~80，平房 带空调和早餐 RM180；❄）这个地方处于最佳森林位置，可以看到河流景色，有不错的餐馆和免费前往瓜拉大汉村码头的船只接送服务（7:00~9:45）。想要步行到达这里，过了Durian Chalet大约350米，到达森林边缘的指示牌处；沿着森林小径走200米，就能看见小溪远侧的平房。

Mat Leon Village在瓜拉大汉的河上有驳船，提供装备租赁和信息咨询服务。宿舍房间可住4人。

Nusa Holiday Village 酒店 $

（☎09-266 2369；www.tamannegara-nusaholiday.com.my；铺 RM15，房间 带风扇RM55~90，带空调 RM110；❄）从公园总部乘船溯河而上约15分钟即可到达，Nusa Holiday Village像极了"丛林露营地"。位置偏僻加上工作人员不懂得英语，要住在这里会很困难，除非是参加团队游。最值得一住的是双人茅屋。

瓜拉佩凯和瓜拉古念

Kuala Keniam Lodge（从瓜拉丁加乘船溯流而上约1小时）和瓜拉佩凯（过了瓜拉古念再步行约2小时）已正式关闭，不再提供住宿，但还是有人在那里露营。若选择在以上两处露营，要自备帐篷。

就餐

在瓜拉大汉村的岩岸有许多浮动驳船餐厅，售卖简单且便宜的面食与饭类，还有平淡无味的西餐。这些餐馆从早晨营业到深夜，不过大部分在14:00~16:00歇业休息。

Family Restaurant 马来西亚菜 $

（主菜 RM6~15）这家水上餐馆提供被称为葛拉布（kerabu）的菜肴，细碎的肉丁和蔬菜搭配清淡的柠檬香草汁，在当地的知名度超过被广泛认可的香蕉薄饼。这里也提供香蕉薄饼。

Mama Chop 马来西亚菜 $

（主菜 RM6~9；✎）Mama午餐时供应印度素餐，晚餐有非常美味的砂锅菜肴。它是最偏远的河上驳船。

Wan's Floating Restaurant 马来西亚菜 $

（主菜 RM7~10）你能在这里找到村里最好的河粉（kway teow）。一大碗鸡肉河粉会令你非常满足。

Mutiara Restaurant 各国风味 $$

（Mutiara Taman Negara Resort；RM20~40；⏲早餐、午餐和晚餐）供应沙拉、三明治/汉堡、比萨、当地菜肴，还有儿童菜单。早餐能填饱肚子。这里比一般标准豪华一点，也是这一带唯一供应啤酒的地方。

实用信息

医疗服务

Poliklinik Komuniti（社区诊所；⏲24小时）位于瓜拉大汉村的Agoh Chalets隔壁，在学校对面，能提供医疗服务。

我们最近经过的时候，马来西亚半岛丛林深处的登革热有所抬头。预防这种及其他由蚊子引发的疾病（比如疟疾），最好的措施就是避免被叮咬。穿着浅色的长袖衣服，涂抹DEET（避蚊胺）。携带登革热的蚊子通常会在6:00~9:00和18:00~21:00叮咬。公园的国际旅游诊所会推荐抗疟疾药。

警察

警察局（☎09-266 6721）距离Teresek View Mote 300米。

旅游信息

信息中心（Information Centre；⏲9:00~23:00）就在河边，瓜拉大汉公路的尽头，能提供关于交通和团队游的信息。不过信息中心是私营的，所以相对于介绍信息，他们更重视销售团队游。

旅游信息柜台（Tourist Information Counter；公园门票/拍照许可/垂钓/树冠步道 RM1/5/10/5；⏲周日至周四 8:00~20:00，周五 8:00至正午和15:00~22:00）进入公园前在此登记。柜台在Mutiara Taman Negara Resort接待处以北100米的建筑里，它还能提供关于公园信息与向导服务。10:00和16:00播放短视频，现场还有一处小水族馆。乘坐水上出租船（RM1）过河至此。

到达和离开

多数前往塔曼奈加拉国家公园的游客从而连突乘搭汽车到瓜拉淡美岭码头（Kuala Tembling Jetty），再从这里搭船只到瓜拉大汉村（公园的主要入口）。如今，很多人也会选择在而连突乘坐小巴前往塔曼奈加拉国家公园，然后再乘船返回。具有冒险精神的人可以步行到这里。

船

从瓜拉淡美岭（而连突以北18公里处）到瓜拉大汉的60公里船程是一段很美的旅程。虽然近期的洪水严重损坏了河边的树木，但是对很多游

客来说，那依然是旅行的一大亮点。前往公园的船程是3小时，回程则是2小时。

船只（单程 RM35）每天9:00和14:00出发（周五9:00和14:30）。旺季时会安排额外的船只，11月至次年2月的出发时间不规律。船只由NKS Hostel（见289页）及其他几家经营商经营。返程时，游船9:00和14:00从瓜拉大汉发船（周五14:30）。

你可以在瓜拉淡美岭码头找到旅游办事处和国家公园信息办公室（National Parks Information Office），可以在那儿买船票。

长途汽车

马来西亚其他几个旅游胜地有前往瓜拉大汉村的小巴线路。**Han Travel**（www.taman-negara.com）、**NKS**（☎03-2072 0336; www.tamannegara.nks.com）和**Banana Travel & Tours**（☎04-261 2171; bananapenang.com; Information Centre, Kampung Kuala Tahan）都提供数项私人服务，其中包括每日出发到吉隆坡的长途汽车（RM35）、长途汽车-船只组合（RM70）。另外还有前往槟城（RM120）、停泊岛（RM165含船票）和金马伦高原（RM195）的小巴，这些小巴可以让你在途中的任何地方下车。

步行

你可以在彭亨-吉兰丹边界途经Merapoh步行进出公园。Merapoh的小径连接着通往大汉山的小径，使徒步至大汉山需要额外多两天时间。必须有导游才能进入，导游可在Merapoh雇用。在哥打巴鲁的Zeck's Traveller's Inn，名誉好又受欢迎的导游**Zeck**可以安排从吉兰丹到公园的徒步游，肯定会带你探索一些鲜为人知的道路。

瓜拉立卑（Kuala Lipis）

繁忙的小镇瓜拉立卑位于Lipis河与Jelai河的汇合处，这个曾经的殖民时代中心依旧迷人，镇中遍布华人店屋。居民以华人或印度人为多，英语是他们的通用语言，所以要与当地人（他们也特别友好）聊天或问路都相对容易。

早在英国人于1887年来到这里之前，瓜拉立卑已是一个金矿中心，但它的兴旺时期是在1898成为彭亨州的首府后才开始的。这里雄伟的殖民时期建筑始建于那个时期，而1924年铁路的通车也促进了贸易活动的增长。1957年，彭亨州首府迁移至关丹，而瓜拉立卑逐渐衰落。比较不那么吸引人的"新城"在河的另一边，面对着老城。

瓜拉立卑以前往肯浓森林公园（Kenong Rimba State Park）的出发点最为出名，但它美丽的殖民时期建筑也吸引了不少游客。

景点

Lipis Centrepoint Complex后方有条小路，可供人愉快地散步。顺着路上山，跟随写着"Driving Range Lipis"的标志前行，不久你会经过位于右手边的行宫（Istana Hinggap）。继续往上走，直到路的岔口，任何一条分支路都会将你引导到一系列殖民时期的建筑所在，这些建筑有的正在被丛林吞没。

乘坐出租车在城镇各处观光费用为RM25，行程1小时。

地区办事处（District Offices） 历史建筑

褐红色与白色装饰着拱顶，高贵的地区办事处位于Jln Lipis之后，市中心南方的山丘上。

办事处俯瞰着高端大气的克利福德学校（Clifford School），这座堂皇的公共建筑始于1913年，曾经是一所英华学校。在日占时期，这学校被作为Kempetai（日本秘密警察）的总部。

彭亨俱乐部（Pahang Club） 历史建筑

克利福德学校隔壁有条路通往山丘上，Jln Lipis之后的黑白木制彭亨俱乐部。这是栋威严的别墅，带有宽阔的阳台。

夜市 市场

如果周五傍晚你在该镇，千万不要错过这里的夜市，就在汽车站旁的停车场内。夜市一直持续到次日正午前后。

活动

Kiara Holidays 探险游

（☎016-446 6630; www.kiaraholidays.com; 4th fl, Centrepoint Hotel, Jln Pekeliling）Kiara会规划前往该地区各地的团队游，包括白水漂流和Sungei Kesong河独木舟之旅（每人RM250）、进入肯浓森林公园徒步（每人

RM225）和越野车瀑布旅行（RM250）。

Flora Shade Adventures 探险游

（☎019-922 5361; cecawi@hotmail.com; Kompleks Alamanda）尝试跟随这家自然向导机构徒步进入附近的森林。在火车站对面。

特伦根森林公园 徒步

（Hutan Lipur Terenggun Park; ⏲7:00~18:00）公园离小镇约7公里，占地23公顷。想要下午游玩一番，可以招呼一辆出租车前往，那里的特色是一片小湖和几条徒步小径。

Empang Jaleh 游泳

沿一条小路可以到达瓜拉立卑以西14公里的这处湖泊和瀑布。你还可以从这里攀登2187米高的大汉山（见292页）。

食宿

横跨Jln Pekeliling的天桥北端两侧有许多繁忙而受欢迎的小吃摊。

Appu's Guesthouse 客栈 $

（☎09-312 3142，017-947 1520; jungleappu@hotmail.com; 63 Jln Besar, Hotel Lipis; 房间 带公共卫生间 RM20~40，四 带公共卫生间 RM60; ❄）Appu's的旅游信息和向导服务非常棒，房间是城镇里最便宜的，可以一住，虽然有的旅行者抱怨过门锁。

Centrepoint Hotel & Apartments 酒店 $

（☎09-312 2688; www.centrepointhotel.com.my; Jln Pekeliling, Lipis Centrep-oint; 经济型 标单/双 RM48/50，豪华型 双 RM108起; ❄📶）这幢相当诡异的高楼很适合拍摄恐怖片。经济型房间年代稍显久远，值得升级到主楼层的豪华型房间。

Hotel London 酒店 $

（☎09-312 1618; 82 Jln Besar; 房间 带风扇/空调 RM25/40; ❄）这个地方十足友好。房间像小牢房，但相对干净，不过柔软潮湿的床垫或许是个挑战。对面就是火车站。

D' Valley Inn 酒店 $

（☎09-312 5868; www.dvalleyhotel.wix.com/valleyhotel; 44 Jln Bukit Bius; 房间 RM56~68，套 RM98~128; ❄📶）D' Valley位于高耸的Centrepoint后面，四处相当粗糙，但平台上的风景值得一观。这家酒店很庞大，经常空空荡荡的。

Residence Rest House 历史酒店 $

（☎09-312 2788; 房间 RM60~150; ❄）这间又大又温馨的殖民时期宅邸坐落在山顶上，曾经是英国人的住所。宽敞的房间贴上了花卉壁纸，屋子还有大窗户和花园。餐厅只供应晚餐，到市镇的出租车需要RM7。

ℹ 实用信息

Appu's Guesthouse提供手绘的瓜拉立卑地图。Jln Besar街上有几家带有自动柜员机的银行，邮局在火车站的东边。

提防试图索贿的假警察。

ℹ 到达和离开

长途汽车站（☎09-312 5055）有汽车从新镇开往吉隆坡（RM13~16，4.5小时）、关丹（RM28，6小时）、淡马鲁（RM16，1小时）、劳勿（Raub; RM6.50，1.5小时）和话毛生（RM16，1.5小时）——从那里你可以乘长途汽车前往哥打巴鲁。

经历了2014年年底的洪水后，如今从金马士到道北的火车已经重新开始运行，并可至新加坡、吉隆坡、而连突和华卡峇鲁（Wakaf Baharu）。

出租车从汽车站出发，大概费用如下：

- 话毛生（RM140）
- 而连突（RM65）
- 吉隆坡（RM180）
- 瓜拉大汉（RM160）
- 关丹（RM300）
- 淡马鲁（RM140）

肯浓森林公园（Kenong-Rimba State Park）

肯浓森林公园与塔曼奈加拉国家公园边界接壤，是一片石灰岩山脚下的低地森林。可以参加从瓜拉立卑出发的3~4天的丛林徒步来探索这个占地120平方公里的森林公园。比起塔曼奈加拉国家公园，较少游客会到这里来。大型哺乳动物比较难见到，但可以看到猴子、野猪、松鼠、果子狸甚至是夜行的貘。这里也是观鸟的首选目的地。公园是巴迪族（Batek）人的家园，他们属于原住民。

游客必须从瓜拉立卑地区森林办公室（Kuala Lipis District Forest Office; ☎09-312 1273）申请许可证。公园门票每人RM50。进入公园也必须雇用导游，可在瓜拉立卑安排。瓜拉立卑Appu's Guesthouse的Appu可以带团，一人一天RM80，另加RM150（至少3人）往返Jeti Tanjung Kiara码头的船票。

团费包括食物和向导开销。这是个简单、直接的丛林体验，会有人为你准备好装备与餐食，在公园内露营。要凑足人数才开团——自从丛林火车停止服务，前来该地区的游客数量大幅度下降，有条件的话，最好自己组织一个团队。

你也可以通过瓜拉立卑的Kiara Holidays（见296页）预订类似的旅游团。

从Batu Sembilan也能够进入肯浓森林公园。你可以在此处租船（RM200）前往Jeti Tanjung Kiara码头。码头和瓜拉肯浓村（Kampung Kuala Kenong）隔河相望，不过现在的私营渡轮服务已非常有限。

劳勿（Raub）

"劳勿"在马来语中的意思是"挖掘"，这还挺形象的。因为在英属马来亚的衰退时期，该殖民城就是围绕一座金矿而建的。这是一个国际游客很少到来的美丽小镇，有着殖民时期的魅力与建筑，同时还有我们在彭亨最爱的一家餐馆。

劳勿的环境问题

劳勿的Bukit Koman金矿是环境争议的一大来源，而且马来西亚环保主义者与当地人曾举行过好几次大型抗议。参与的当地人声称他们直接受到"氰化浸出开采"过程里使用的氰化物的影响。当然，去观光的游客因为住在劳勿的时间很短所以不会受到氰化物的危害。

该地区另外两个主要产业（棕榈种植和木材开采）的负面影响也引起了人们的更多关注。装载着木材的卡车一直在城内吵闹地穿梭，而且曾经是劳勿外围的丛林现在已变成了棕榈种植园。

景点和活动

与邻近的瓜拉立卑一样，劳勿也有迷人的殖民时期建筑，郊外还有更传统的村庄。劳勿是探索附近Sungai Pasu Recreation Centre、伯苏急流（Jeram Besu Rapids）、福隆港（Fraser's Hill）和湖山瀑布（Bukit Telaga Waterfalls）的首选出发地。乘坐出租车前往附近景点预计花费RM150左右。

从城镇向北徒步（或搭乘出租车）4公里，可以前往不大的劳勿湖公园（Raub Lake Garden）进行一次下午野餐。小镇中有一些小型的印度教寺庙和华人寺庙，就坐落在通向瓜拉立卑的公路旁边的汽车总站以西1公里处。

住宿

可以考虑在小镇的郊区寻找民宿。

Hotel Seri Raub 酒店 $

（☎09-355 0888; Jln Dato Abdullah; 双/标三 RM85/145; ❄📶）房间舒适，只是有点普通。房间内配备大平板电视，笑容可掬的员工会说英语。对面就是汽车站。

Hotel Tai Tong 酒店 $

（☎09-356 1053; Jln Dato Abdullah; 房间带风扇/空调 RM40/45; ❄📶）在汽车站对面的几个经济型酒店中，这是比较好的一个（在汽车站以南100米处可以找到）。房间都有电视和热水淋浴，经理在美国上过大学。

Rest House Raub 历史酒店 $$

（☎09-355 9668; Jln Dato Abdullah; 双 RM150~200，套 RM250 含早餐; ❄📶）这家历史悠久的宾馆位于殖民时期的宅第中。要一间带露台的房间，下午可以眺望城镇。房间和卫生间全都非常宽敞舒适，使其成为你在城镇的最佳选择。位于汽车站以北100米处。

就餐

Sun Yen Cheong 咖啡馆 $

（Jln Tun Razak; 小吃 RM2~5; ⊙早餐和午餐）传统的马来华人风格咖啡店，每天早上都挤满了来客。

★Restoran Ratha Raub 印度菜、马来西亚菜 $$

（Jln Tun Razak; 主菜 RM20~40; ⊙午餐

和晚餐）别被自助托盘里面的鱼头吓到了，虽然上面的死鱼眼好似在盯着你看，但那只是摆设罢了。虽然菜单里有其他菜肴，但吸引顾客（有些甚至从吉隆坡而来）的是劳勿出了名的咖喱鱼头（Ratha's kari kepala ikan Raub）。

所有食物都是新鲜烹制的，盛在金属碗里的有辛辣咖喱、青辣椒、长豆、当地茄子，还有特制蓬松豆腐小吃，当然更少不了从中间劈开的大红鲷鱼头。鱼头上的颊肉细嫩无骨，尤为美味。这里也售卖调配好的盒装咖喱，方便在家烹煮。

Restoran Sentosa 中国菜 $$

（Jln Padang；主菜 RM10~30；⏲晚餐）专卖以不同的中式烹调手法制作的全鱼，其中以火锅和煎烤式最受欢迎。单是其建筑本身——百年历史的圆阁、彩色的玻璃窗以及漂亮的乡村风格门面——就值得一游。按磅要价，所以一顿饭可能很贵。餐厅在汽车站以西50米处。

ℹ 实用信息

旅游信息可以向Rest House Raub（见298页）的热心服务员索取。城里有几家银行（有些还售卖黄金），其中带有自动柜员机的**汇丰银行**（HSBC；Jln Tun Razak）可接收外国卡。

ℹ 到达和离开

劳勿的长途汽车站位于Jln Dato Abdullah。**Transnasional**（☎09-355 1342）和**MARA**（☎09-355 1622）等几家长途汽车公司每天有数趟长途汽车从劳勿往返于吉隆坡的Pekeliling Station车站（RM9.20，4小时）、关丹（RM21，4小时）和Bentong（RM4，1小时）。也有几辆长途汽车前往瓜拉立卑（RM6.25，1小时）。

出租车司机通常聚集在长途汽车站，提供载送服务到彭亨附近的任何地方。

东海岸岛屿、吉兰丹和登嘉楼

☎09

包括 ➡

最佳就餐

- 哥打巴鲁夜市（见307页）
- Four Seasons（见308页）
- World Cafe（见318页）
- Madame Bee's Kitchen（见328页）
- Restoran Golden Dragon（见328页）

最佳住宿

- Pasir Belanda Homestay（见312页）
- D'Lagoon Chalets（见319页）
- Alunan Boutique Resort（见319页）
- Terrapuri Heritage Village（见331页）
- Kapas Turtle Valley（见323页）

为何去

虽然马来西亚的东海岸风景秀丽，拥有许多迷人的海滩和极富乡土气息的乡村，然而真正使人们反复驻足的却是那一带富有魅力的近海群岛。“天堂”对于这些宝石一般的岛屿也只能是一个勉强的统称，但这个称呼也是当你站在停泊岛或者棉花岛上，近距离欣赏白色的沙滩和摇曳的棕榈树时，首先从脑海中跳出来的。在天蓝色的波浪下，浮潜者和潜水者会发现这个星球最美的珊瑚和海洋生物。

同时，一些慕文化之名而来的游客会发现，像哥打巴鲁和瓜拉登嘉楼（瓜拉丁加奴）这样的城市依然保持着独特的马来西亚氛围——那就是尽管这个国家一味地追求繁荣，但是这些城市仍然保持着未被污染的纯真。并且，自然爱好者们也会愿意花时间去探索吉兰丹内陆的主要组成部分——广阔肆意生长的茂密丛林。

何时去

瓜拉登嘉楼(瓜拉丁加奴)

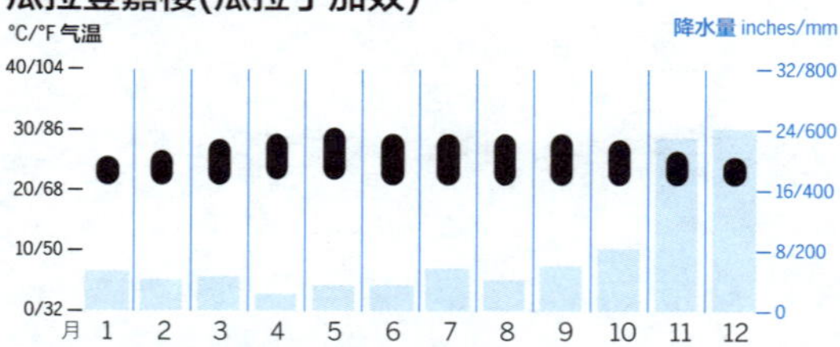

4月至5月 在高海拔山区避暑。

6月至8月 气候干燥，哥打巴鲁的节日使夏季成为最佳出游时间。

11月至次年2月 住宿选择不多，但是冒着季风和降雨而来的人会获得更多的优惠折扣。

吉兰丹(KELANTAN)

对于马来西亚东北端的这个州，旅客们总是匆匆而过，只把这里看作泰国和停泊岛(Pulau Perhentian)之间的通道。如果你没有留意这块土地，很遗憾，你将错过体验马来西亚的文化中心和东南亚的缓冲区，这是个融合了中国、印度、泰国、马来西亚等各国文化的独特交融区。

吉兰丹也是马来西亚最保守的地区之一，该州从1990年起一直处于马来西亚伊斯兰党(Islamic Party of Malaysia，简称PAS)的统治下。马来西亚伊斯兰党始终在力争采用伊斯兰教法(hudud，严格的伊斯兰法规)，但不断地被联邦政府依据宪法驳回。虽然政治环境保守，但对待来到他们州的游客，吉兰丹人还是很热情友好的。

哥打巴鲁(Kota Bharu)

人口: 491,000

哥打巴鲁是一个富有活力的中等城市，却像个小镇一样具有紧凑的城市结构和友好的民间氛围，以及一流的美食和分布合理的住宿场所。作为衔接泰国和停泊岛的完美中转站，哥打巴鲁是游览吉兰丹非常好的出发点。该州的村庄都在一日游的范围之内，而这里的手工艺品、菜式和文化特色更能凸显城市自身特点。

景点

哥打巴鲁的独立广场(Padang Merdeka)地区周边集中了一些卓越的博物馆(☎748 2266; www.muzium.kelantan.gov.my)。花费一天的时间，悠闲地探索它们，回去的时候你就会顺利成为马来西亚历史和文化方面的半个专家了。展览间隙，附近有不错的就餐和购物场所。如果你只有半天时间，应该优先前往佳哈皇宫(Istana Jahar)和皇家博物馆(Istana Batu)。

佳哈皇宫 博物馆

(Istana Jahar, Royal Ceremonies Museum; Jln Istana; 成人/儿童 RM3/1.50; ⌚周六至周三 8:30~16:45, 周四 至15:30)无论在展品还是结构方面，它都是哥打巴鲁最好的博物馆。其所在的巧克力色华美建筑的历史可以追溯到1887年，显然是这个城市最迷人的传统建筑之一。博物馆内部展示的主要是吉兰丹的风俗和手工艺品，从蜡染布上的精致图案，到成年割礼、新婚之夜和葬礼权利的隆重仪式都有详细的描述。

> **文化熏陶**
>
> 本地文化活动包括转陀螺(gasing uri)、席拉(silat; 一种马来武术)、放风筝、打鼓和皮影戏，定期在文化中心(Gelanggang Seni; Cultural Centre; ☎03-744 3124; Jln Mahmud)上演。这些活动特别适合小孩子，表演活动全都免费。在2月到9月的每周一、周三和周六举办，时段是15:30~17:30和21:00~23:00。欲知完整时刻表，请与旅游信息中心(见309页)联系。

皇家博物馆 博物馆

(Istana Batu, Royal Museum, Muzium Diraja; Jln Istana; 成人/儿童 RM4/2; ⌚周六至周三 8:30~16:45, 周四 至15:30)浅黄色的皇家博物馆建于1939年，该馆在捐赠给国家前一直是皇太子的宫殿。富丽堂皇的房间、皇家照片和皇室个人物品，散布在精美瓷器和印花棉布沙发间，还有末代苏丹收集的帽子藏品，均给人们提供了一次近距离观察皇室生活的机会。

第二次世界大战纪念博物馆 博物馆

(Bank Kerapu, WW II Memorial Museum; Jln Sultan; 成人/儿童 RM4/2; ⌚周六至周三 8:30~16:45, 周四 至15:30)博物馆建于1912年，前身为印度商贸银行(Mercantile Bank of India)，该建筑是殖民时代建筑中的瑰宝，也是吉兰丹修建的第一座石质建筑。在第二次世界大战期间，这里是可怕的日本秘密警察——宪兵队(Kempai Tai)的总司令部。今天，由于这里着重揭示日本侵略和占领马来西亚的罪行，以及"1948紧急条例"(1948 Emergency)，所以它也被称为"战争博物馆"。展品主要包括陈旧的照片、锈迹斑斑的枪支和其他军用装备。

伊斯兰博物馆 博物馆

(Muzium Islam, Islamic Museum; Jln Sultan;

东海岸岛屿、吉兰丹和登嘉楼亮点

1. 在**哥打巴鲁**（见307页）的街头摊位、市场和餐馆大快朵颐。
2. 在**哥打巴鲁**（见301页）精彩的博物馆了解马来文化和历史。
3. 探究**道北**（见310页）边界的泰国寺庙。
4. 在**停泊岛**（见312页）多变的海滩上享受阳光、沙滩和海水。
5. 参加夜间乘船游，游览灵异的红树林沼泽，在**帕纳里克萤火虫保护区**（见331页）感受“萤光”灿烂。
6. 在游客稀少的热带天堂**棉花岛**（见322页）浮潜和赶海。
7. 探索**瓜拉登嘉楼唐人街**（见324页）的遗产小巷和胡同。

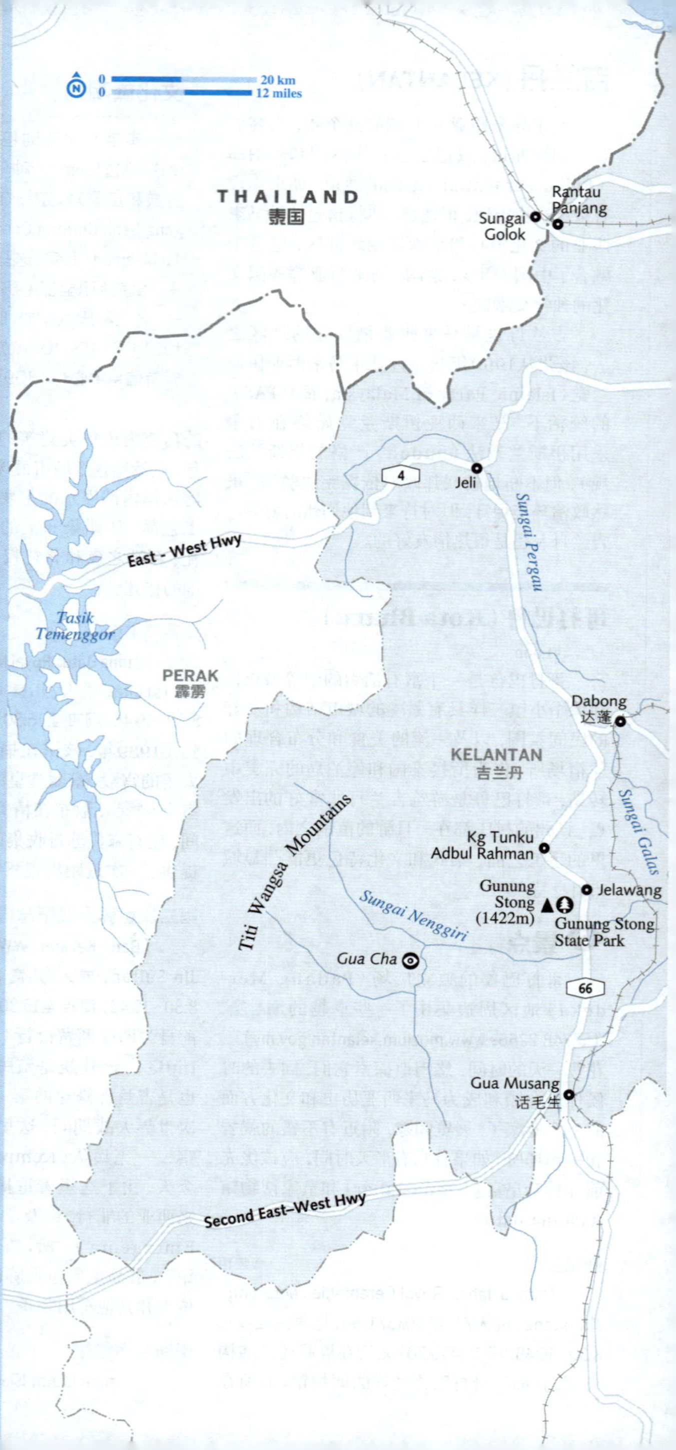

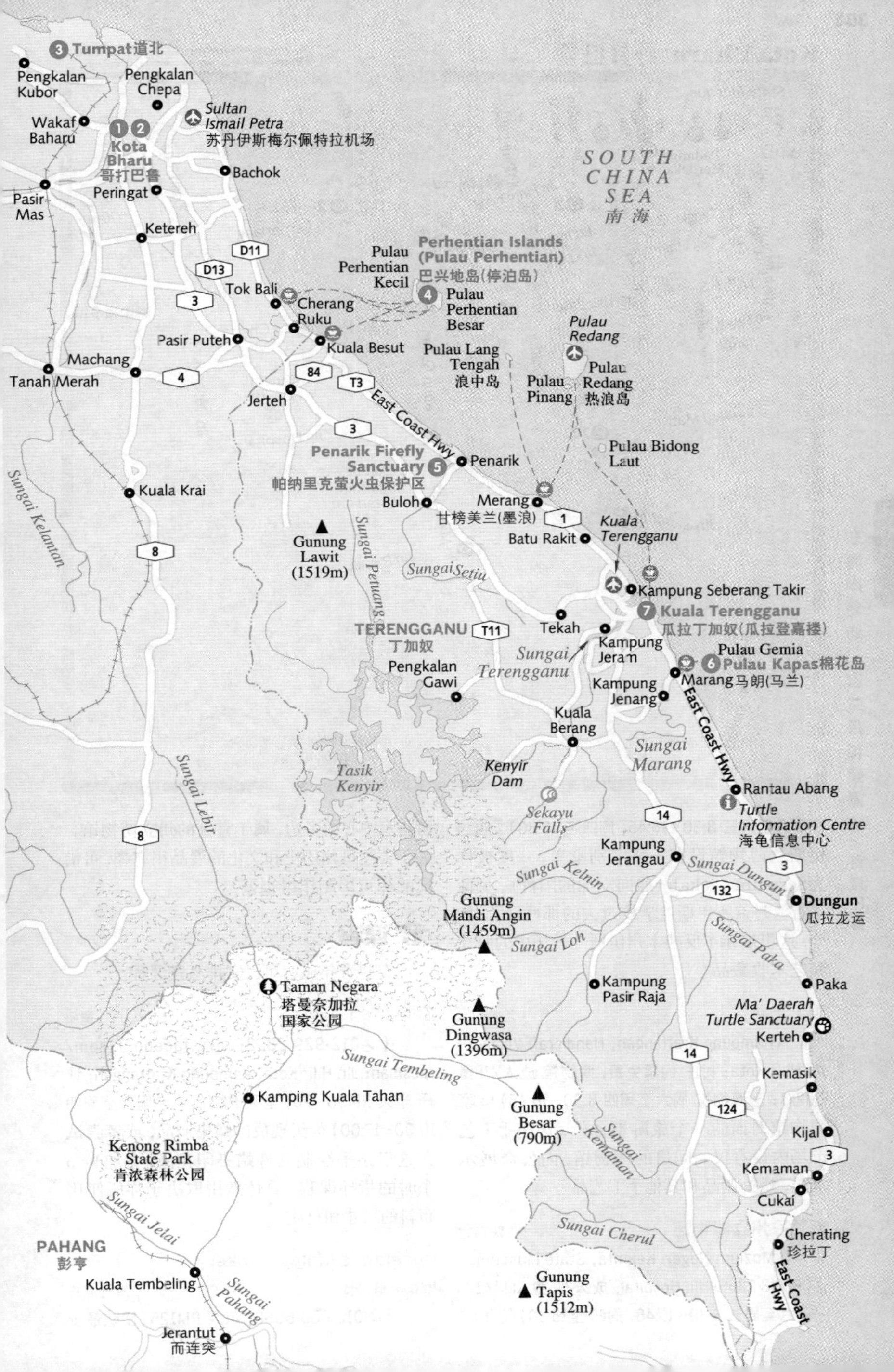

3 Tumpat道北
Pengkalan Kubor
Pengkalan Chepa
Sultan Ismail Petra
苏丹伊斯梅尔佩特拉机场
Wakaf Baharu
1 2 Kota Bharu
哥打巴鲁
Bachok
Pasir Mas
Peringat
Ketereh
D11
D13
3
Tok Bali
Cherang Ruku
Pasir Puteh
Kuala Besut
Machang
Tanah Merah
4
84
T3
Jerteh
3
East Coast Hwy
Pulau Perhentian Kecil
Perhentian Islands (Pulau Perhentian)
巴兴地岛(停泊岛)
4 Pulau Perhentian Besar
SOUTH CHINA SEA
南 海
Pulau Redang
Pulau Lang Tengah
浪中岛
Pulau Pinang
Pulau Redang
热浪岛
Pulau Bidong Laut
Penarik Firefly Sanctuary 5
帕纳里克萤火虫保护区
Penarik
Sungai Kelantan
Kuala Krai
Buloh
Merang
甘榜美兰(墨浪)
1
Batu Rakit
Kuala Terengganu
Gunung Lawit (1519m)
Sungai Petuang
Sungai Setiu
8
Kampung Seberang Takir
7 Kuala Terengganu
瓜拉丁加奴(瓜拉登嘉楼)
Tekah
TERENGGANU
丁加奴
T11
Sungai Terengganu
Kampung Jeram
Pulau Gemia
6 Pulau Kapas棉花岛
Marang马朗(马兰)
Pengkalan Gawi
Kampung Jenang
Kuala Berang
East Coast Hwy
Sungai Marang
Sungai Lebir
Tasik Kenyir
Kenyir Dam
Rantau Abang
Turtle Information Centre
海龟信息中心
Sekayu Falls
8
14
Kampung Jerangau
Sungai Dungun
3
Sungai Kelnin
132
Dungun
瓜拉龙运
Gunung Mandi Angin (1459m)
Sungai Loh
Sungai Paka
Taman Negara
塔曼奈加拉国家公园
Kampung Pasir Raja
Paka
Ma' Daerah Turtle Sanctuary
Kerteh
Gunung Dingwasa (1396m)
14
Sungai Tembeling
Kemasik
Kamping Kuala Tahan
Gunung Besar (790m)
124
Kenong Rimba State Park
肯浓森林公园
Sungai Kemaman
Kijal
3
Kemaman
Cukai
Sungai Jelai
Sungai Cherul
Cherating
珍拉丁
PAHANG
彭亨
Kuala Tembeling
Gunung Tapis (1512m)
Sungai Pahang
East Coast Hwy
Jerantut
而连突

Kota Bharu 哥打巴鲁

⊙周六至周三 8:30~16:45，周四 至15:30）**免费** 伊斯兰博物馆设在一座老别墅里，一度被称为Serambi Mekah（通向麦加的阳台），见证了吉兰丹首所伊斯兰学校过去的那些日子。如今，这里展示了反映本州伊斯兰教历史的照片和艺术收藏品。

手工艺村　　艺术中心

（Kampung Kraftangan，Handicraft Village；Jln Hilir Kota；村庄 门票免费，博物馆 成人/儿童 RM2/1；⊙博物馆 周六至周四 8:30~16:45）皇家博物馆对面的一个旅游事务处，这座手工艺市场内设有仅一间房的博物馆，向公众展示木雕、蜡染制品和其他手工艺品。

吉兰丹州立博物馆　　博物馆

（Muzium Negeri Kelanta，State Museum；☎09-748 2266；Jln Hospital；成人/儿童 RM4/2；⊙周六至周三 8:30~16:45，周四 至15:30）位于旅游信息中心的旁边，属于官方的州立博物馆。关于吉兰丹州历史和文化的展品很有趣，可惜配的标识牌制作得很差。

课程

有些青年旅舍可以安排烹饪课程。

Zecsman Design　　蜡染

（☎012-929 2822；www.facebook.com/zecsman；Jln Hilir Kota，Kampung Kraftangan；课程 半天 RM50~70，全天 RM150；⊙周六至周四 10:00~17:00）购买现成的蜡染制品，或者尝试在这里亲手绘制几件蜡染印花品，参加4~5小时的指导课程。具体费用取决于你所使用布料的尺寸和材质。

Roselan's Malay Cookery Workshop　　烹饪课程

（☎012-909 6068；每人 RM125，团队最少

Kota Bharu 哥打巴鲁

景点

1 第二次世界大战纪念博物馆 A1
2 鸟儿歌唱竞技场 C1
3 中央市场 B1
4 文化中心 B3
5 皇家博物馆 A1
6 佳哈皇宫 A1
7 手工艺村 B1
8 博物馆 A1
9 伊斯兰博物馆 A1
10 吉兰丹州立博物馆 B3

活动、课程和团队游

11 Roselan's Malay Cookery Workshop B3
Zecsman Design （见7）

住宿

12 Crystal Lodge A2
13 G Home Hotel A1
14 Grand Riverview Hotel A2
15 Hotel Perdana B3
16 KB Backpackers Lodge B2
17 My Place Guest House C1
18 Room @ Zishi B1
19 Zeck's Traveller's Inn C1

就餐

20 Four Seasons D2
21 KB Mall Food Court B4
Kedai Kopi White House （见6）
22 Medan Selera Kebun Sultan Food Court C1
23 Muhibah Aneka Cake House B1
24 Nasi Air Hideng Pok Sen Food Court B2
25 夜市 B1
26 Restoran Capital A1
27 Sri Devi Restaurant C2
28 West Lake Eating House C1

饮品和夜生活

29 Bike Station Cafe A1
30 Restoran Golden City C2

购物

31 Bazaar Buluh Kubu B1
32 街市 B1

2人）总是乐呵呵的Roselan经营着这家受欢迎的马来厨艺工作室。学生们会被邀请进入马来中产家庭（Roselan自己或其他当地人的家），学习烹制经典的马来菜肴。打电话联系Roselan或者去旅游信息中心找他，记得提前询问地址。

团队游

大部分青年旅舍和酒店为顾客提供团队游服务。现有团队游套餐包括两天三夜的话毛生（Gua Musang）附近原始森林探险游（RM280~350）、乘船游——沿当地河流进入沉睡的小渔村之旅，在小渔村里观赏孔明灯（RM65~85），还有短程城市团队游（RM30~40）。其他团队游套餐还包括2小时道北（Tumpat）寺庙之行（RM80）及手工艺品半日团队游（RM90~115）。哥打巴鲁的团队游行业最近增加了观赏萤火虫的夜晚河上之旅。

KB Backpackers Lodge的导游Pawi、Zeck's Traveller's Inn的Zeck，还有经营Roselan's Malay Cookery Workshop（见304页）的自由导游**Roselan**（☎017-933 7242）在导游界均为阅历丰富、口碑很好的导游。

节日和活动

哥打巴鲁人喜欢鸟鸣声，他们甚至通过广播将一栋废旧楼房里传出的鸟鸣声传遍整个城市。

每年8月左右，在苏丹穆罕默德四世体育馆（Sultan Muhumad Ⅳ Stadium）附近的首相运动场（Padang Perdana）都会举行**鸟儿歌唱比赛**，届时那些歌声优美的马来鸟儿都会在华丽的鸟笼里歌唱。多数周五和周六的早上，在**鸟儿歌唱竞技场**（Jln Sri Cemerlang）也有比赛，当地人把鸟笼放在长柱上，然后坐下聆听。他们常常邀请游客参观，偶尔还会让你提出一些业余见解。

壮观的**风筝节**（Pesta Wau）在6月举行，9月的**文化嘉年华**（Karnival Kebudayaan Kelantan）则有鼓乐、陀螺比赛。**苏丹生辰**庆典（3月/4月）包含了一周的文化活动。节日庆典时间不定，请在旅游信息中心获得具体情况吧。

住宿

城镇各处都有许多便宜的住宿场所。中高档酒店主要是为商务旅客而设。

Zeck's Traveller's Inn
家庭寄宿 $

（☎019-946 6655; zecktravelers@gmail.com; 7088-G Jln Sri Cemerlang; 铺/标单/双RM12/15/25起, 房间带空调RM45~70; ❄@📶）泽克（Zeck）和米丽娅姆·扎基（Miriam Zaki）的家位于市中心北面一个安静的小角落里，有个漂亮的小花园可供休憩，长期提供便餐、饮料。这家家庭旅馆是你在哥打巴鲁中心处体验马来西亚乡村生活的好地方。

这里信息丰富，便于安排行程，他们会很乐意给你的马来西亚之旅提供建议。另外，泽克也能安排你从鲜有障碍的吉兰丹入口处进入塔曼奈加拉国家公园（Taman Negara），还可以前往石山州立公园（Gunung Stong State Park）。

Room @ Zishi
客栈 $

（☎012-921 8103; theroom.zishi@hotmail.com; 67 Jln Pintu Pong; 房间/家 RM90/165起; ❄📶）这家经营有方的客栈以时髦的装饰为特色，位于哥打巴鲁中央市场对面。房间采用亚洲禅意的朴素装饰风格，楼下的共用区域包括一间设备齐全的厨房，铺有许多靠垫和绒毛地毯的休闲空间让人放松。门卡系统可以确保安全。注意，比较便宜的房间没有窗户。

KB Backpackers Lodge
青年旅舍 $

（☎019-944 5222, 09-748 8841; backpackerslodge2@yahoo.co.uk; 1872-D Jln Padang Garong; 铺/房间 RM15/35起; ❄@）老板Pawi知道的东西很多，宿舍和房间简朴而干净，屋顶有平台，可以安排本地的城市游。同时，Pawi也是一个狂热的骑行爱好者，会组织一些骑行之旅（公路或越野），还会把质量极好的自行车出租给房客。注意确定你找到的是正确的旅馆，因为路对面有些跟风的业者把自己的旅馆取名为相似的"KB Backpackers Inn"。

My Place Guest House
客栈 $

（☎013-9011 463; myplacekb@yahoo.com; 4340-R2 Jln Kebun Sultan; 标单/双 RM35/50; ❄📶）My Place Guest House是个热情友好的地方，从唐人街缓行不远即到。包括甲壳虫乐队和切·格瓦拉在内的复古海报突出了不拘一格的内部装饰，房间简朴而干净。有趣的共用空间使其成为结交马来西亚年轻旅行者的好地方，可以了解后续旅行地点当地的实际情况。

G Home Hotel
酒店 $

（☎09-747 2219; www.ghomehotel.my; Pelangi Mall; 标单/双 RM60/100起; ❄📶）刚刚开业，以河景为特色，G Home很可能是哥打巴鲁最绚丽多彩的酒店。房间以动人的浅黄绿色调装扮，卫生间贴的则是棕色和白色瓷砖。有的房间确实紧凑，但位置优越，附近有不错的餐馆。

Grand Riverview Hotel
酒店 $$

（☎09-743 9988; www.grh.com.my; 9 Jln Post Office Lama; 房间/套 RM270/1190起; ❄@📶🏊）这家大酒店矗立在河边，规格很高，价格合理，长期的"促销"比标价便宜幅度达到50%。后面的房间可看到漂亮的河景，且都配有豪华大床和可淋浴可坐浴的大浴室。

Min House Camp
家庭寄宿 $$

（☎013-922 5440; www.minkem.com; Lot 1287, Kg Pulau, Kubang Kerian; 小屋 每人 RM20起，公寓 RM110~180; ❄@📶）Min House Camp距离哥打巴鲁市中心大约6公里，将河畔位置，连同巨大的平台及各式住房融为一体，住宿类型从简朴小屋到房间和非常适合团体和家庭的公寓应有尽有。这里提供夜间萤火虫巡游、手工艺品工坊参观和参加传统游戏和运动的机会，重点在于让人体验地道的马来文化。

注意，这栋房屋很受马来西亚学校团体的欢迎。

Crystal Lodge
酒店 $$

（☎09-747 0888; www.crystallodge.com.my; 124 Jln Che Su; 标单/双 RM100/150起; ❄@📶）这家干净整洁、空气清新的酒店物有所值，房间舒适，并提供免费电影和报纸。屋顶上有个不错的餐厅，可看到很棒的河景。

Hotel Perdana　酒店 $$

（☎09-7458 888；www.hotelperdanakotabharu.com；Jln Mahmud；双 RM300起；❄📶🏊）摩尔风情的Hotel Perdana无疑是城里最花哨的住宿场所，大规模翻新后于2014年重新开业。金碧辉煌的大厅里挂满了五颜六色的马来西亚风筝（wau bulan），房间宽敞时髦。其他服务包括设施齐全的健身房、游泳池，还有5家悠闲的餐馆和咖啡馆。

餐饮

哥打巴鲁除了夜市（见本页）以外，传统马来食物的夜间选择有限。想吃晚餐，最好前往中餐馆和Jln Kebun Sultan一带的美食广场。

Restoran Capital　马来西亚菜 $

（Jln Post Office Lama；主菜 RM5起；⏰7:00~13:00）想吃到我们最爱的早餐，就得在9:00之前来此，因为在那之后美味的沙拉菜配饭（nasi kerabu；蓝米饭配椰肉、鱼和香料）通常都会卖光。果仁味的米饭融合了吉兰丹各种口味清淡的咖喱，另外可以选择添加鸡蛋和酥脆的饼干。这里也是享用冰镇咖啡或其他小吃的最佳场所，那些小吃来自挤在这块传统区域内的其他摊贩。

Sri Devi Restaurant　印度菜 $

（4213-F Jln Kebun Sultan；主菜 RM5起；⏰7:00~21:00；✍）这里受到当地人和游客的一致喜爱，是寻找地道香蕉叶咖喱和芒果奶昔的好地方。早晚时段，他们还提供绝妙的烤鸡（ayam percik）和极好的印度煎饼（roti canai；配咖喱的薄面饼）。

West Lake Eating House　中国菜 $

（Jln Kebun Sultan；主菜 RM5起；⏰10:00~20:00；✍）可不要被这里简单的装修蒙蔽了你的双眼，店里提供的部分菜品是整个马来西亚东部最好吃的中式菜肴。鱼糕炖豆腐、蒜汁烧茄子等秘制佳肴很受欢迎，还有一些常见菜品（味道一般），比如红烧排骨、烤鸭、清炒时蔬等。

Kedai Kopi White House　咖啡馆 $

（1329-L Jln Sultan Zainab；小吃 RM3起；⏰7:00~15:00）想寻找当地传统体验的话，可以在探访哥打巴鲁博物馆区的时候窜进这家老派的华人咖啡店，喝杯茶或咖啡。这里的气氛简直与几十年前一般无二，慵懒的早午餐包括松软的水煮蛋、酥脆的烤面包片和自制椰子酱（kaya），绝对应该考虑。别忘了淋点酱油。

Muhibah Aneka Cake House　咖啡馆 $

（Jln Pintu Pong；主菜 RM5起；⏰8:00~

哥打巴鲁的快餐

哥打巴鲁有一个极好的特点，你不用走进餐馆就能既便宜又好地进餐。

夜市（Jln Parit Dalam；主菜 RM4起；⏰17:00~21:00）想在城镇里找最物美价廉的马来食品，最热门的地点就是哥打巴鲁一到晚上就支起摊子的夜市。夜市上的特色菜包括印尼烤鸡（ayam percik，用竹签穿的酱渍鸡块）、沙拉菜配饭（nasi kerabu）、鱿鱼串和印度煎饼（murtabak；烤薄饼，里面的馅料从碎肉到香蕉无所不包）。你可以像当地人一样告诉店主"Suka pedas"（我想趁热吃）。

Nasi Air Hideng Pok Sen Food Court（Jln Padang Garong；主菜 RM4起；⏰8:00~17:00）里有好几家小吃摊供应马来特色菜，还有自助餐。

Medan Selera Kebun Sultan Food Court（Jln Kebun Sultan；主菜 RM4起；⏰正午至23:00）提供中国菜肴，例如瓦罐鸡饭和米线（kway teow）。他们还为你提供冰凉的啤酒，在这座很早就打烊的城镇里营业至很晚。

KB Mall Food Court（Jln Hamzah；主菜 RM4起；⏰正午至21:00）里有一个提供各国快餐（汉堡、炸鸡）的美食广场。商场在哥打巴鲁中心以南，位于Jln Hamzah和Jln Sultan Ibrahim的交叉路口处。

22:00）除了提供哥打巴鲁最好的冰镇卡布奇诺（在速溶咖啡大行其道的城中是件好东西）之外，这家可爱的面包房还提供美味的蛋糕、冰甜点，甚至甜甜圈。下午3点左右，来一份绿茶冰沙和巧克力腰果甜甜圈犒劳自己。

Four Seasons 中国菜 $$

（www.fourseasonsrestaurant.com.my；5670 Jln Sri Cemerlang；主菜 RM15起；⏲正午至14:30和18:00~22:00）许多当地人会在晚上来到这家餐厅品尝海鲜，比如砂锅虾、干墨鱼配芒果沙拉。这家的特色菜是炸软壳蟹，两人消费约为RM40（按重量计价）。

Restoran Golden City 小酒馆

（Jln Padang Garong；⏲周日至周五 16:00至午夜；📶）除了唐人街的餐馆和美食中心，在哥打巴鲁喝冰镇啤酒的唯一选择就是这家地段居中的小酒馆和运动酒吧结合体。食物一般，但16:00~21:00欢乐时光期间的冰镇虎牌（Tiger）啤酒大受欢迎。

Bike Station Cafe 咖啡馆

（Jln Sultan；⏲周四至周二 14:00至午夜）居高临下的河景、长长的冷热饮品酒水单、各种美味的当地小吃（RM3起），结识会说英语的当地年轻人的最佳机会，值得期待。你可以在楼下租自行车，探索哥打巴鲁河滨大道（1/2小时 RM20/25）。周末下午大概4:00以后，附近区域经常挤满当地的街头艺人。

🔒购物

哥打巴鲁是马来西亚手工艺品的中心，蜡染、金锦缎（kain songket；用金线织的传统手工织物）、银器，木刻和风筝制作车间以及店铺在城里随处可见。

欣赏手工艺品最好的去处之一是向北通往月光海滩（Pantai Cahaya Bulan，简称PCB）的路上，这里有大量的工坊延伸到海滩。从哥打巴鲁的KB Backpackers Lodge（见306页）租一辆自行车，或者在Zeck's Traveller's Inn（见306页）租一辆小型摩托车完成这次旅程。

中央市场 市场

（Central Market，Pasar Besar Siti Khadijah；Jln Hulu；⏲6:00~18:00）这是马来西亚最多彩、最有活力的市场之一。哥打巴鲁的中央市场在上午最热闹，下午早些时间通常就关门歇业了。市场楼下是生产部，而楼上则出售香料、黄铜器、蜡染以及其他物品，营业时间更长。一楼有各种食品摊位，是吃早餐或午餐的最佳地点。

Bazaar Buluh Kubu 手工艺品

（Jln Hulu；⏲周六至周四 8:00~18:00）在中央市场附近，这是购买蜡染等手工艺品、传统马来服饰和珠宝的理想去处。

前往泰国：兰斗班让到双溪歌乐

前往边境

兰斗班让（Rantau Panjang）与泰国边境接壤，29路长途汽车每小时准点从哥打巴鲁中央公共汽车站发车（RM4，1.5小时）。合乘出租车也从中央公共汽车站发车，每辆车费用约为RM40，车程45分钟。

此外，还可以从海岸边的彭加兰古堡（Pengkalan Kubor）出境，只不过这里的交通没那么方便，而且由于泰国南部分裂势力的暴力活动，由此出境可能会有些麻烦。使用该过境点之前，咨询旅游信息中心。在白天，巨大的汽车渡轮在此渡河（行人船票RM1），前往对岸泰国繁忙的榻拜（Tak Bai）。从哥打巴鲁的中央公共汽车站出发，乘坐27路或者43路长途汽车（RM2.40）可抵达此地。

到达边境

你可以从兰斗班让步行越过边境，抵达双溪歌乐（Sungai Kolok），在那儿安排继续前往曼谷的交通。开往曼谷的火车11:30和14:00发车，长途汽车8:00、11:30和15:30发车，每小时有一班小巴从双溪歌乐开往合艾。

街市

市场

（Street Market；Jln Parit Dalam；⊙18:00~22:00）这条街到了夜间就变成出售假冒名牌服装、仿制手表和盗版光盘的市场。

实用信息

汇丰银行（HSBC Bank；Jln Padang Garong；⊙周六至周三 10:00~15:00，周四 9:30~11:30）位于市中心，有自动柜员机。

马来亚银行（Maybank；Jln Pintu Pong；周六至周四 10:00~19:00）有自动柜员机。

Multimedia Internet（171 Jln Parit Dalam；每小时RM2.50）从汽车站步行没多远即可到达。

旅游信息中心（Tourist Information Centre；☎09-748 5534；www.tic-kelantan.gov.my；Jln Sultan Ibrahim；⊙周日至周三 8:00~17:00，周四至15:30，周五和周六 至13:30）提供关于家庭寄宿、团队游和交通的信息。

到达和离开

飞机

每天都有从哥打巴鲁的苏丹伊斯梅尔佩特拉机场（Sultan Ismail Petra Airport）飞往马来西亚各地的航班，比如吉隆坡。机场内有许多航空公司的办事处。

亚洲航空公司（☎09-746 1671；www.airasia.com）往返吉隆坡、亚庇（哥打基纳巴卢）、新山（Johor Bahru）和古晋（Kuching）。

飞萤航空（☎03-7845 4543；www.fireflyz.com.my）往返吉隆坡、槟城（Penang）和新山。

马印航空公司（☎7841 5388；www.malindoair.com）往返吉隆坡、马六甲（Melaka）、怡保（Ipoh）和槟城。

马来西亚航空公司（☎09-771 4703；www.malaysiaairlines.com）往返吉隆坡。

长途汽车

当地公共汽车和Transnasional快线长途汽车都从**中央公共汽车站**（central bus station；☎09-747 5971，09-747 4330；Jln Padang Garong）出发。其他快线长途汽车和长途汽车从哥打巴鲁乐购（Tesco）附近的**楞巴喜兰长途汽车站**（Lembah Sireh Bus Station）出发，从这座汽车站开往市中心的出租车费用约为RM15。

绝大部分地区公共汽车从中央公共汽车站出发，目的地包括华卡峇鲁（Wakaf Baharu；19路和27路长途汽车，RM1.60）、兰斗班让（Rantau Panjang；29路长途汽车，RM5）和道北（Tumpat；19路和43路长途汽车，RM3）。

想去停泊岛的话，6:00~18:30有长途汽车定时前往瓜拉勿述（Kuala Besut；639路长途汽车，RM6，大约2小时）。

从哥打巴鲁出发的长途汽车

目的地	票价	行程
亚罗士打	RM43	7小时
北海	RM42	7小时
话毛生	RM18	4小时
怡保	RM40	6小时
吉隆坡	RM49	8小时
瓜拉登嘉楼	RM19	3小时
关丹	RM31	6小时
卢穆特	RM49	7小时
马六甲	RM64	10小时
新加坡	RM98	12小时

小汽车

可从机场的**Hawk**（☎773 3824；www.hawkrentacar.com.my；Sultan Ismail Petra Airport）租车。

出租车

出租车站位于中央公共汽车站以南。避开黑车司机，他们会在城镇各处对你死缠烂打。乘坐正规出租车，既便宜又安全。

要赶早班火车的话，可以前一天晚上就让客栈安排前往华卡峇鲁的出租车。乘坐出租车前往可乘船到停泊岛的瓜拉勿述，费用约为RM45。

火车

最近的火车站在**华卡峇鲁**（☎09-719 6986），位于哥打巴鲁以西约10公里处，可乘坐当地19路或27路汽车到达。

经历了2014年12月的严重洪灾，如今南下的火车已经开始运行。下面的详细信息显示的是洪水前的时刻表，最新信息请与哥打巴鲁的**旅游信息中心**（见309页）核实，或者查询**马来西亚铁路公司**（Malaysian Railways）的网站www.ktmb.com.my。

每天1班前往吉隆坡（13小时）的快车18:45从

华卡沓鲁出发，中途停靠瓜拉立卑（Kuala Lipis）、而连突（Jerantut）和金马士（Gemas）。还有2趟当地火车，每天开往瓜拉立卑（13小时），几乎每站必停。此外，每天还有5列火车从这里开出，最远可达话毛生（5~6小时）。

从林铁路连接哥打巴鲁与通向石山州立公园的达蓬（Dabong）；想要了解关于这条铁路状况的详细信息，联系日拉望（Jelawang）的当地向导**Bukhari Bob Mat**，获知可选择的长途汽车线路。

当地交通

哥打巴鲁的苏丹伊斯梅尔佩特拉机场位于市中心以外9公里处。9路公共汽车（RM3，20分钟）每小时从汽车总站发车。出租车费用约为RM35。

市区街道上依然有三轮车，不过已不像以前那样无处不在了。价格可以商量，预计要花费RM5左右，而且只进行至多1公里的短途旅行。

哥打巴鲁周边（Around Kota Bharu）

月光海滩（Pantai Cahaya Bulan）

哥打巴鲁的主海滩曾被称为“爱情海滩”或者“热恋海滩”。为了与伊斯兰精神保持一致，现将其改为“月光海滩”，但许多人简称其为PCB。由于近年来的侵蚀，这里设置了水泥防波堤，但PCB的沙滩依然值得考虑去吃顿海鲜午餐，摆脱哥打巴鲁落满灰尘的街道一日。

通往月光海滩的道路特别漂亮，特别适合骑着自行车游览，在这条路上还有蜡染店和工坊。想要搭乘公共交通至此，可以在哥打巴鲁手工艺村后面乘坐10路车（RM1.60）。中央公共汽车站也有车至此。

道北的寺庙（Tumpat's Temples）

哥打巴鲁北部的道北地区是马来西亚多元文化的腹地，既不全是马来文化，也不都是泰国文化，而且还受到了中华文化的强烈冲击。佛教寺庙在这个地区随处可见，卫塞节（Wesak Day）是纪念佛祖诞生、成道和涅槃的节日，一般在4月或5月举行，届时是来此旅游的好时机。这个地区有几趟公共汽车。你也可以通过Zeck's Travellers' Inn或KB Backpackers Lodge安排团队游，或者租一辆小型摩托车或小汽车前往。

Wat Phothivihan被认为是东南亚最大的佛教寺庙之一。庙里最著名的是于1973年所建的一座40米长的卧佛。寺院的地面上设有一些小佛龛，还有斋堂和供虔诚信徒使用的休息处所。接受捐赠。乘坐从哥打巴鲁出发到Chabang Empat的19路或者27路公共汽车，在十字路口下车然后左转（东南方向），沿路走上3.5公里即可到达甘榜占姆（Kampung Jambu）和卧佛（约1小时）处。

在Chabang Empat，如果你在警察局前面的路灯右转（北方），大概1公里处可见到

Around Kota Bharu 哥打巴鲁周边

吉兰丹的野性之心

要想真正了解吉兰丹，你必须进入其原始且草木覆盖的南部丛林内陆，乘坐所谓的丛林铁路（Jungle Railway；"所谓"是因为这里一度繁茂的大片树木已经被砍伐运出，再腾出空地建棕榈园，提炼棕榈油）到达。不过丛林尚有遗存，马来西亚半岛的山脊仍然能激起人们进行热带边境探险的心情。

经过2014年洪水后，连接哥打巴鲁和达蓬的丛林铁路已经恢复。此外也可以选择经过Kuala Krai或Jeli的长途汽车。

美丽的森林小镇**达蓬**（Dabong）点缀着鲜花、树木和几座新旧不一的乡村房屋，是一个很好的探险基地，从道北（Tumpat）乘火车约3小时可到达这里。城镇里有餐馆、商店和客栈。最佳住宿场所是**Rose House**（☎019-9606 789；www.facebook.com/Rose.House.Dabong；Dabong；房间 RM60~100；❄），从火车站步行至此需要5分钟。预订时请联系Abang Din。

附近的村庄**日拉望**有新开的**Jlawe Lodging House**（☎019-979 1099；bobtg6084@gmail.com；Jelawang；房间 RM35~80；❄），从石山州立公园入口步行约10分钟即可到达。

在达蓬东南数公里处，露出来的石灰岩上有几个山洞。**Gua Ikan**是最容易进去的山洞，但最漂亮的是**阶梯石洞**（Stepping Stone Cave），长30米的窄道经过石灰岩壁通向隐藏的洞穴和**Kris Cave**。患有幽闭恐惧症的人不适合挑战后两个山洞。

距离达蓬15公里处便是**石山州立公园**（Gunung Stong State Park），因其海拔1422米的石山而得名。公园里有绝佳的散步、游泳和徒步机会。除了群山之外，它的明星景点还有瀑布，过了公园度假村再向上爬20分钟便可见到瀑布。然后再爬45分钟便可到达瀑布顶端和露营地，从这里可以展开距离稍远的游览，前往山顶和更高的瀑布。许多旅游公司将这段徒步行程分为3段。伴随着森林的湿气，山间的雾气会模糊周围的一切，但天气好的时候会让你觉得像是行走在云端，其间还不时伴随着下方丛林中传来的动物叫声。

可以通过哥打巴鲁组织的团队游探索该地区，也可以在达蓬火车站租一辆出租车只身前往。但是，想要游玩得尽兴，强烈建议你联系日拉望经验丰富且备受赞誉**Bukhari 'Bob' Mat**（☎019-979 1099；www.kelantanature.blogspot.com）。英语流利的Bob对该地区怀有无比热情，可带你进行山洞探险、徒步和漂流，还可以乘坐汽车内胎进行河上轮胎漂流。他还可以联系到Jlawe Lodging House，提供关于丛林铁路的最新信息。

Wat Kok Seraya，这里供着一座静立的女佛。该寺虽然是泰式佛教建筑，但女佛像却更像中国人，这可能是因为这里的佛教徒大多来自中国吧。朝道北地区方向继续向北前行4公里，你将看到**Wat Pikulthong**，该寺供奉着精心雕制的金身立佛。你可乘坐19路公共汽车，经过Chabang Empat后让司机停车让你下来即可。

Chabang Empat北面约4公里处，靠近Kampung Bukit Tanah村，便是**Wat Maisuwankiri**。纹饰精美的龙舟被浑水环绕，组成了"浮庙"。但更有意思的可能是前任住持的遗体展览，尽管该公共展览上的遗体有些恐怖。从哥打巴鲁的中央公共汽车站去彭加兰古堡（Pengkalan Kubor；大约30分钟）的公共汽车在庙外停车。

该地区另外值得一看的是**Wat Matchinmaram**，该寺供着一尊50米高的巨大坐佛（佛像更像中国人而非泰国人，但装饰着印度佛教中的达摩法轮），据说这是亚洲同类佛像中最大的一尊。该寺的对面是**Sala Pattivetaya**，那是一座泰式寺庙，殿中摆放着五颜六色的雕像。它们都位于道北以南约2公里处。

不要错过

PASIR BELANDA HOMESTAY

Pasir Belanda Homestay（☎09-747 7046；www.kampungstay.com；Jln PCB, Pantai Cahaya Bulan；双 RM175~210；❄☒）距离哥打巴鲁约4公里，很可能是吉兰丹最好的下榻处之一。3间大小不一的传统马来家庭住宅配备了清爽的床单，以及如咖啡机这样的轻奢物。在此可以探索附近海滩，或者只是在乡村风格的篷顶下看看星星。可以安排烹饪课程、蜡染和风筝装饰工坊，还有骑自行车和划皮划艇，而且这里还有一个可欣赏河景的壮观游泳池。

想到达这里的话，在哥打巴鲁手工艺村后面乘坐10路公共汽车（RM1.60）。中央公共汽车站也有到此的公共汽车，出租车费用约为RM15。提前通知的话，Pasir Belanda可以安排去哥打巴鲁（RM15）或苏丹伊斯梅尔佩特拉机场（Sultan Ismail Petra Airport；RM30）接人。

东海岸岛屿（EAST COAST ISLANDS）

停泊岛（Pulau Perhentian）

停泊岛（又称巴兴地岛）拥有清澈无比的碧蓝的海面、茂密的森林、肥沃的土地和洁白无比的沙滩。到了晚上，海滩上的篝火和粼粼波光在天鹅绒般的黑色幕布上闪烁发光，无数星星倒映其上。

这里有两座主要的岛屿，小停泊岛（Kecil）比较受年轻背包客追捧；大停泊岛

Pulau Perhentian 巴兴地岛(停泊岛)

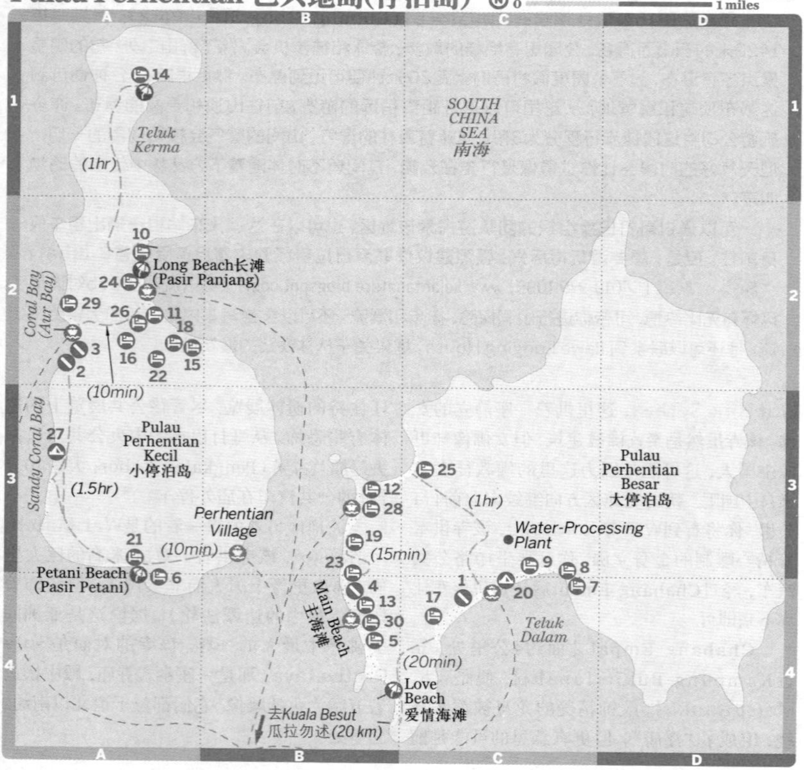

（Besar）住宿标准较高，环境更为休闲。两座岛之间的交通费用约为RM20。

在这里你将经常遇到海滩派对，而停泊岛的居民也早已沉浸在泰国风格派对的氛围之中。岛上的几家餐厅和酒吧售酒。

但是，即便是天堂也有麻烦事。停泊岛居民发现越来越难控制因旅游发展而造成的交通堵塞问题，另外你也常常会看到垃圾（特别是常见的塑料瓶）焚烧的场景，闻到垃圾焚烧的恶臭。幸好，志愿者组织构建的网络正与当地人一同积极面对这些挑战。

岛屿在雨季基本上会关闭（通常是11月中旬至次年2月中旬），但有一些酒店，特别是珊瑚湾的酒店依然营业，为那些比较能吃苦的游客服务。带上现金：岛上没有银行和自动柜员机。

活动

潜水和浮潜

凭借着相对较浅的水域、良好的能见度和基本平静的水流，停泊岛是浮潜或学习潜水的好地方。

这里有许多环绕海岛和无人岛的珊瑚礁。小停泊岛长滩（Long Beach）的北端附近，还有大停泊岛Coral View Island Resort前面的一片海域都有不错的浮潜地点。你也可以轻松游到大停泊岛Tuna Bay Island Resort前面的珊瑚礁。

岛上多数的客栈会组织浮潜旅游团，每人费用在RM40左右。浮潜的亮点包括大停泊岛主海滩北端的海龟角（Turtle Point）和该岛西南角的鲨鱼角（Shark Point）。

至于那些水肺潜水者，许多潜水中心的竞争导致价格很优惠。调研期间，PADI开放水域课程费用为RM800~1000。大多数经营者还组织前往浪中岛和热浪岛（Redang）的一日游。

Quiver Dive Team 潜水

（☎012-213 8885；www.quiver-perhentian.com）在小停泊岛的珊瑚湾（Coral Bay）经营。比较喜欢组织小型团队。

Turtle Bay Divers 潜水

（☎019-333 6647，019-913 6647；www.turtlebaydivers.com；Long Beach，Perhentian Kecil；体验潜水 RM200，开放水域课程 RM990；

Pulau Perhentian 巴兴地岛（停泊岛）

活动、课程和团队游

1 Alu Alu Divers C4
2 Angel Divers A2
Flora Bay Divers .... （见17）
Leisure Divers .... （见7）
Panorama Divers .... （见24）
Pro Diver's World .... （见12）
3 Quiver Dive Team A2
4 Seahorse B4
Turtle Bay Divers .... （见19）
Turtle Bay Divers .... （见14）

住宿

5 Abdul's Chalets B4
6 Alunan Boutique Resort A4
7 Arwana Perhentian Resort C4
Aur Bay Chalet .... （见2）
8 Bayu Dive Lodge C3
9 B' First Chalet C3
10 BuBu Resort A2
11 BuBu Villa A2
12 Coral View Island Resort B3
13 D' Ayumni House B4
14 D' Lagoon Chalets A1
15 D' Rock Garden Resort A2
16 Ewan's Place A2
17 Flora Bay Resort C4
18 Lemon Grass A2
19 Mama's Place B3
20 Mandalica Beach Resort C4
21 Mari Mari Beach Bar & Resort A3
Maya Guest House .... （见2）
22 Mohsin Chalet Bungalows A2
23 New Cocohut B3
24 Panorama Diver & Chalet A2
25 Perhentian Island Resort C3
26 Perhentian Tropicana Inn A2
27 RainForest Camping A3
28 Reef Chalets B3
Samudra Beach Chalet .... （见8）
29 Shari-la Island Resort A2
30 Tuna Bay Island Resort B4

就餐

Santai .... （见10）
World Cafe .... （见11）

在东海岸岛屿参加志愿活动

想要为马来西亚东海岸岛屿珍贵多样的海洋生物做点贡献吗？可以考虑报名参加停泊岛或浪中岛（Pulau Lang Tengah）的关注海洋志愿者项目。

蓝寺保护（Blue Temple Conservation; www.bluetemple.co.uk; Perhentian Kecil; 1/2周 RM2500/4500）将潜水和协助岛上海洋资源的可持续管理相结合。志愿活动包括清洁海滩和教导浮潜团体投喂鱼类为何会对海洋生态系统造成损害。费用包括全餐、交通和在小停泊岛蓝寺（Blue Temple）的时髦村舍住宿。多交RM400，可以参加PADI开放水域课程。

停泊岛海龟项目（Perhentian Turtle Project; www.perhentianturtleproject.com; Perhentian Besar; 1/2周 RM1400/2300）停泊岛海龟项目侧重于供养岛上的海龟。活动包括每天确认和编录海龟的浮潜之旅、夜间海滩巡视和教导当地人及游客。关于旅行者如何利用水下相机和Instagram参见其网站。志愿者项目包括餐饮和交通，以及在大停泊岛主海滩附近的住宿。

浪中岛海龟守护（Lang Tengah Turtle Watch; http://langtengahturtlewatch.org; Turtle Bay; 每周 US$240）浪中岛海龟守护致力于保护在岛上筑巢的海龟（多数是绿海龟）。需要志愿者协助完成的任务有海滩巡视、收集龟蛋和数据维护，参与该项目的收获就是你能现场观察到上岸产卵的海龟（4月至10月），这些海龟蛋将在大约100天后孵出小海龟。项目包括基本的住宿和餐饮。

☎）Turtle Bay的总部在长滩，其培训中心提供半天的体验潜水和3~4天的PADI课程。培训中心另有办事处设在大停泊岛的Mama's Place（见317页）。

Panorama Divers 潜水

（☎019-960 8630; www.panoramaperhentianisland.com; Long Beach, Perhentian Kecil; 5次潜水套餐 RM400起，开放水域课程 RM795起）提供潜水套餐和全套PADI课程，包住宿。

Seahorse 潜水

（☎019-984 1181; www.facebook.com/Seahorsedivecentre; Main Beach, Perhentian Besar; 体验潜水 RM150起）位于大停泊岛，培训中心提供体验水肺潜水课程和PADI认证课程。

Pro Diver's World 潜水

（☎09-691 1705; www.prodiversworld.com）靠近大停泊岛的Coral View Resort，潜水中心联合度假村提供特色住宿和潜水课程。如果适逢你的生日，有望获得优惠。

Leisure Divers 潜水

（☎019-980 5977; www.divingperhentian.com.my; 开放水域课程 RM990）提供水下相机租赁、潜水套餐和PADI认证课程。这里与大停泊岛的Arwana Resort相连。

Angel Divers 潜水

（☎019-923 8840; www.facebook.com/angeldiversperhentian）位于小停泊岛珊瑚湾的一栋红色小木屋内。

Alu Alu Divers 潜水

（☎09-691 1650; www.aluecludivers.com）有经验的国际团队经常提供指导。位于大停泊岛的Bayu Dive Lodge。

Flora Bay Divers 潜水

（☎09-691 1661; www.florabaydivers.com）位于大停泊岛的达兰湾（Teluk Dalam）。

徒步

两个岛屿上都有很多徒步活动。在小停泊岛上，连接长滩和珊瑚湾的是条舒适的丛林小路，这条已经铺设过路面的小路设有指示牌，步行大概15分钟（大约1公里），其间将穿过灌木丛生的林地。另一条长一点的小路（约45分钟，2.5公里）从珊瑚湾沿着海滨延伸至佩塔尼海滩（Petani Beach）。这是一条漂亮的树荫步行道，可以瞥见大海，留心巨蜥和当地的鸟儿。长滩和凯尔马湾（Teluk Kerma）之间的有一条更长、更崎岖的小路（约1小时，3公里）。

大停泊岛同样有一流的徒步选择，其中有一条长而陡峭的小路（约1小时，2.5公里），这是一条南北方向的狭窄通道，从Perhentian Island Resort附近一直到Fauna Beach Chalet的达兰湾。从爱情海滩到达兰湾（约800米，20分钟）的翻山徒步旅行相当陡峭和崎岖，虽然路程并不长。

有些小路被大雨冲毁了，因此只能凭常识判断路径。炎热和潮湿是停泊岛的常态，降水很多。晚上如果没有手电筒最好不要徒步旅行。

食宿

大停泊岛

主海滩

大停泊岛的主海滩（Main Beach）沿着该岛西海岸延伸到岛屿南端，中间不时被一些岩石海岬阻断。退潮时，你可以绕过它们在沙滩上走动，要不然就得搭乘水上出租车。可经由海滩北端的天桥到达被Perhentian Island Resort占用了的海滩。

Reef Chalets 平房 $$

（☎09-690 3669；www.facebook.com/The.Reef.Chalets；Main Beach；平房 RM120~350；❄📶）这个家庭经营的度假村提供12座美丽的平房，都坐落在海难上且环绕着一个热带丛林花园。花园的树木之间，不时有狐猴、猴子、鸟类和蝙蝠等各种动物出没。友好的老板出租独木舟和浮潜设备，而且可以帮助你进行规划。所有的平房都能欣赏到海景，有些只有风扇，而配备空调的度假屋价格会高很多。

Coral View Island Resort 度假村 $$

（☎09-697 4943；www.coralviewisland resort.com；Main Beach；房间/套 RM140/550起；❄📶）不停扩建的Coral View位于主海滩北端，位置优越。房间类型从带风扇的简单双床平房到相当时髦的海滨空调套间，一应俱全。

当地知识

本地人的声音：比吉特·韦伯

比吉特·韦伯（Birgit Weber）是Turtle Bay Divers的教练和经理助理，拥有25年以上的潜水经验。比吉特跟我们聊起了马来西亚各地的各种潜水点。

在停泊岛潜水有什么可以期待的？从海龟到黑尖礁鲨的一切，许多不同品种的黄貂鱼，还有鹦鹉鱼。只要它在石礁周围活动，你都能在停泊岛看到。

哪里是停泊岛周围最好的潜水点？Sugar Wreck是一艘巨大沉船的残骸，在其周围栖息的鱼类每年都在增多。其深度只有18米，因此那些已经参加过开放水域课程的潜水员可以潜到那里。Sugar Wreck距长滩仅20分钟航程。石峰（The Pinnacle）也非常棒！你可以在一个地方看到种类繁多的海洋生物。

最适合进阶潜水员的马来西亚潜水点在哪里？西巴丹岛（Sipadan Island），紧邻马来西亚婆罗洲的沙巴海岸。这是一个海洋岛，它不在大陆架上，所以能下潜很深。你会看到各种海龟和鲨鱼，此处海洋生物的种类远远超出你的想象。在这里潜水需要许可证，所以要预订。

哪里是初学者最适合的潜水点？绝对是停泊岛！这里的潜水区域都比较浅，而且水流也相对平缓。潜水点通常就在附近，这样花在船上的时间就比较少。有些潜水点你甚至可以游过去！

在刁曼岛（雕门岛）潜水怎么样？刁曼岛的很多潜水点跟停泊岛的一样，但潜水点距离海岸较远，这样你得多花些时间在船上。另外，刁曼岛距离新加坡和吉隆坡更近，所以这个岛更加商业化，人也更多。要是我的话，更愿意选择停泊岛。

寻找合适的海滩

面对如此众多的优质选择，你最大的困难将是如何选择最适合你的海滩。熟悉地形肯定对你有所帮助。一条狭窄的海峡将大停泊岛与小停泊岛分开，因此坐上一艘小船你就可以在两座岛间自由来往。

主海滩（大停泊岛）

拥有不错的住宿选择和一片长长的白色沙滩，绝对能和小停泊岛美丽的长滩相媲美，而且水面更为平静。信步走来，处处是带给你惊喜的美景，它是最能让你感受到家庭氛围的地方。

达兰湾（大停泊岛）

达兰湾是整个大岛的精华所在，成片的白色沙滩如玉带般环绕着整个岛屿，在这里可以找到各种档次的旅店，住宿条件极为优越。这里还有些不错的餐馆，在海湾的西部边缘有不少理想的浮潜乐园。

长滩（小停泊岛）

长滩有各色物美价廉的住宿和餐馆，从随处可见的海滩烧烤到World Cafe的出色菜式。这儿也拥有美丽的海滩，充满狂欢派对的气氛。虽然这使得长滩人气很旺，但有时也不免游客过多。这处美丽的海滩存在一些危险的离岸流，近年来有人在此溺亡。

珊瑚湾（小停泊岛）

从长滩到珊瑚湾步行即可到达，如果你既想体验长滩聚会氛围但又预算不够的话，住在珊瑚湾是不错的选择，这里能提供各种档次的住宿。珊瑚湾的岩石比沙滩更多。注意，最近的大肆建设已经影响了这边曾经宁静的圣地。

凯尔马湾（小停泊岛）

这里只有一个住宿选择，D' Lagoon Chalets（见319页）。说到安宁，这个小海湾当仁不让。这里有非常棒的浮潜水域，步行不远处还有若干个人烟相对稀少的海滩。但是要步行到最近的海滩（长滩）也得1小时，如果天黑了你还在外面玩得乐不思蜀，那么回家的选择可就不那么多了，且交通费昂贵得很（日落后，水上计程车的收费是白天的两倍）。

Coral View有商店和提供亚洲和各国风味菜肴的不错餐馆，北边还有一处宁静的海滩。

New Cocohut 平房 **$$**

（☎09-691 1811；www.perhentianislandcocohut.com；房间 RM280~360；❄📶）Cocohut有不错的房间选择，包括令人愉悦的海滨平房和可以在楼上阳台眺望美景的两层长屋。最便宜的房间在后面，距离发电机最近。Cocohut还管理另一家被称为Cozy Chalet的毗邻场所，那里的许多木房子沿附近山坡向下延伸。New Cocohut附带的餐馆很受欢迎。

Abdul's Chalets 平房 **$$**

（☎019-912 7303；www.abdulchalet.com；房间 R170~270；❄📶）曾经简陋的Abdul's始终在向更高的住宿水准提升，住宿选择从价格较低的园景平房到价格较高的海景家庭房应有尽有。餐饮区十分漂亮，提供刚捕获的新鲜鱼类、各种马来菜和其他各国风味菜肴，还有一家便利的小超市，可以购买零食和饮料。毗邻的海滩很安全，适合家庭。

Tuna Bay Island Resort 度假村 **$$**

（☎09-690 2902；www.tunabay.com.my；Main Beach；双/标三/家 RM290/370/580起；❄@📶）这组由来已久的别墅坐落在可爱的白色沙滩上，另有一些点缀在热带花园中，还有一些度假屋后面就是热带丛林。在紧邻海岸的鲜亮珊瑚礁处可以游泳，或者到供应长岛冰茶或卡布奇诺的鸡尾酒吧放松一番。想吃晚餐的话，Tuna Bay提供以大虾、鱿鱼、梭

鱼、鲷鱼等为特色的多道菜烧烤。

D' Ayumni House
平房 $$

(☎09-691 1680, 019-436 4463; http://d-ayumnihouse.blogspot.com; Main Beach; 铺RM55, 房间 RM140~180; ❄@📶) 在一片低矮、别致的柚木平房旁伫立着一幢相当漂亮的木屋。在大停泊岛，这里最受潜水员和经济型背包客的欢迎。店主李小姐消息灵通，还可以安排连续周游东南亚的行程。她还有一个小商店和一家带月台的咖啡馆。

Mama's Place
平房$$

(☎013-984 0232, 019-985 3359; www.mamaschalet.com.my; Main Beach; 平房RM80~170, 家 RM370; ❄📶) 这个错落排开的大型酒店有43间平房，都坐落在沙滩上。所有客房均舒适干净，空调海景房更贵一些。酒店有一家提供无酒精饮料的餐厅，供应当地菜肴。

Perhentian Island Resort
度假村 $$$

(☎691 1111; www.perhentianislandresort.net; Main Beach; 房间 RM320~530; ❄🏊📶) 提供品种多样的3天/2夜套餐，这项价格不菲的套餐或许能让你寻觅到这个岛上最美的海滩——漂亮的珊瑚环绕着一座美丽的半月海湾。这里有一片舒适的别墅群，一流的餐厅供应各国风味和马来菜。刚刚翻新过的花园别墅尤其舒适。

达兰湾

爱情海滩附近的第二码头后面有从一条容易被忽略的小路，沿着小路向东北方向越过小山就能到达达兰湾，这是一个拥有浅水滩的偏僻海湾。来这里，租条船比走路省事多了。

Samudra Beach Chalet
平房 $

(☎09-691 1677; www.samudrabeachchalet.com; Teluk Dalam; 房间 RM60~160; ❄📶) Samudra有传统的马来西亚A字形平房。房间里面稍暗，比较便宜的有风扇。带空调的家庭房有两张双人床，非常合算。

Mandalica Beach Resort
露营地 $

(☎019-983 7690; Teluk Dalam; 露营 每人RM25, 海滩小屋 RM40) 可爱的Halim一家生活在达兰湾沙滩旁边，提供有顶营地和简朴的海滩小屋。公共卫生间的设施简易而干净。露营地可以安排停泊岛所有地方的接送和钓鱼之旅，还出租水上装备。这里有一家咖啡馆，提供果汁、夜晚烤肉和令人赞叹的煎饼——Ida的香蕉巧克力煎饼值得你从小停泊岛专程来品尝一番。

B' First Chalet
平房 $

(☎013 9245946, 013 2955138; Teluk Dalam; 房间 RM60~120; ❄) Azman一家经营这家位于海滩东边的小型度假村和餐馆。带风扇的平房舒适，有两张床；带空调的平房有一张双人床和一张单人床。受欢迎的餐馆提供马来西亚饮食，每晚都有海鲜烧烤，还有一间凉爽的海滨小酒吧，音乐劲爆，提供鸡尾酒和冰镇啤酒。

Arwana Perhentian Resort
度假村 $$

(☎09-778 0888; www.arwanaperhentian.com.my; Teluk Dalam; 双 RM160~370, 家RM270~340; ❄📶🏊) 这家度假村规模庞大，占据着达兰湾的东侧，遗憾的是度假村的前方没有海滩。最便宜的"标"间有点破旧，但贵点的房间布置得相当不错(有些带阳台)。最近翻新过的独立海滨别墅最为舒适。设施包括一间桌球室、室外卡拉OK和潜水中心。

Flora Bay Resort
平房 $$

(☎09-691 1666; www.florabayresort.com; Teluk Dalam; 房间 RM70~210; ❄@📶) 名副其实的植物港湾(花很多!)有前面就是海滩的各种住宿选择，从带风扇的山景小屋到带空调的"豪华"海滩平房不一而足。Flora Bay的扩建建筑提供的住宿类型较少，主要是一模一样的平房，沿海滩稍微往前即是。这里有一家还能将就的餐馆，不过规模太大且没有人情味。

Bayu Dive Lodge
平房 $$

(☎09-691 1650; www.bayudivelodge.com; Teluk Dalam; 房间 RM95~290; ❄) 可以选择陈设时髦的深棕色平房，坐落在修建漂亮的中心庭院花园四周。所有房间都很舒适，比较贵的有空调和热水淋浴。遗憾的是，餐馆有时令人失望。经营良好的Alu Alu Divers(见314页)在此办公。

小停泊岛

长滩

Panorama Diver & Chalet 平房 $

(☎09-6911590; www.panoramaperhentianisland.com; Long Beach; 房间 RM40~180; ❄@)这座综合设施将住宿、餐厅和潜水商店(见314页)相结合,位于长滩后面不远的地方,万分舒适的度假屋使得这里备受潜水者和浮潜者的喜爱。这里既有带风扇的双人间,也有带空调的平房。家庭房有两张大号床、几乎全环绕的窗户和阳台。而让这里如此特别的原因在于它的潜水套餐,这使得潜水者们选择任何房间都能得到相当诱人的优惠方案(折扣高达40%)。

Panorama的餐厅特别出色,供应亚洲和各国风味,更不用提那些在东马来西亚声誉颇高的比萨。

Lemon Grass 平房 $

(☎019-981 8393; Long Beach; 平房 RM50起)位于长滩南端的这家旅舍让人颇感亲切,旅舍内有16个装有风扇的质朴小屋,共用浴室。在前台处的走廊上即可欣赏优美的景致,更有静谧的好地方可以坐下来凝视大海。所有的小屋都是同样的价格,所以,尽可能挑一间海景房吧。

D' Rock Garden Resort 平房 $$

(☎09-8922 2667, 013-928 9619; drockgarden@gmail.com; Long Beach; 双 RM130~300; ❄)延伸至长滩南端的陡峭台阶将带你前往岩石上这个令人眩晕的地方。比较便宜的房间有风扇,只有豪华间有热水淋浴。小屋(即便比较便宜的)位置绝佳,可以俯瞰漫长伸展的长滩。

D' Rock还有一家小餐馆,提供大众菜式和同样美丽的风景。

Mohsin Chalet Bungalows 平房 $$

(☎012-932 1929; www.facebook.com/mohsinchalet; Long Beach; 铺 RM35, 双 RM140~170; ❄)Mohsin的平房坐落在海滩南端的陡峭山坡上(经由World Cafe后面的小径,几分钟即可到达这里)。住宿条件相当标准,但餐馆氛围、风景和员工出乎寻常地友好——手中端着欢迎饮料迎接你——让这个地方非常值得待上几天。

BuBu Villa 别墅 $$$

(☎09-691 1333; www.buburesort.com; Long Beach; 别墅 RM820起; ❄📶)这些私人别墅是停泊岛上最高档的住宿选择。6个带空调的单元有专属露台、热水淋浴和舒适的大床。装饰时髦精致,提供水疗和瑜伽服务,烹制美味食物的World Cafe就在近旁。房费包括两人早餐,淡季有优惠。

BuBu Resort 度假村 $$$

(☎03-2142 6688; www.buburesort.com; Long Beach; 房间 RM490起; ❄📶)这个3层楼的高档住宿场所位于海湾北端,共有38个房间,可以俯瞰长滩和草棚(palapa; 侧边敞开的棚子,有用干棕榈叶制成的茅草屋顶)风格的宜人餐馆。所有房间都面朝海滩,提供大致相同的现代设备,包括空调、热水淋浴和全面覆盖的Wi-Fi。

Santai 咖啡馆 $$

(www.buburesort.com/santai-restaurant; BuBu Resort, Long Beach; 主菜 RM30~60; ⏲正午至22:30)与World Cafe的菜单类似,BuBu的Santai餐馆坐拥闲适的风景,在晚餐开始之前,你可以来这喝杯啤酒或鸡尾酒。汉堡和卷饼等菜肴比较清淡,欧洲和亚洲菜式则比较精致,包括羊排或烤虾。这里的夜间烧烤也很受欢迎。

World Cafe 咖啡馆 $$

(www.buburesort.com/the-world-cafe; BuBu Villa, Long Beach; 主菜 RM30起; ⏲7:30~22:30; 📶)岛上最佳的用餐地点就是这个四面并无遮拦的草棚餐馆,美妙的爵士乐随海风和海滩风景飘荡。鸡尾酒、鲜榨果汁、冰沙以及选择可观的啤酒均有提供,菜单的特色是美味的意大利面和沙拉。我们最喜欢的是熏三文鱼三明治,还有冰凉的椰汁。

每晚还有受欢迎的"当日渔获"烧烤。

佩塔尼海滩

Mari Mari Beach Bar & Resort 平房 $

(☎017-998 5462; Petani Beach; 房间 RM50~150)如果你想在停泊岛上找一个更偏

远的住处，这里就是最好的选择。Mari Mari完全使用再生和废弃材料修建，有真正的鲁滨孙漂流记氛围，简单的海滩小屋带共用卫生间，更私密的树屋有质朴的套间。附带的海滩酒吧和餐馆也在能悠闲的岛上生活里供人享用。

Alunan Boutique Resort 精品酒店 $$$

（☎016-448 8297；www.alunanresort.com；Petani Beach；房间/套 RM500/950起）"Alunan"的马来语意思为"波涛"，这座精品酒店绝对让停泊岛的住宿条件更上一层楼，其一连串楼阁沿遍布岩石和树林的山坡向下延伸至小巧的海湾，显得既时髦又有设计感。它位于佩塔尼海滩南岸比较偏远的位置，与岛上其他酒店相比更加宁静。除了宽敞时尚的两层套间之外，酒店内还有Bayu餐馆。

注意，如果你想前往附近的其他海滩寻找别的餐饮机会，要算上水上出租船的费用。

凯尔马湾

D' Lagoon Chalets 平房 $

（☎019-985 7089；www.dlagoon.my；Teluk Kerma；营地 RM15，铺 RM25，房间 RM70~210）凯尔马湾是一个与世隔绝的曼妙海湾，这里有精美的珊瑚礁，位置安宁静谧。住宿可选择内有宿舍床铺的长屋，也可选择简单的高脚平房和度蜜月的树屋。活动包括浮潜、鲨鱼和海龟观赏游，以及前往遥远海滩的丛林徒步。晚上，旅舍也会应顾客要求安排本地音乐演出。

旅舍还有一家餐厅，提供不错的各国和马来风味三餐。请一定告诉船长让你从这儿下船——否则从长滩的码头走到这里得花1个小时。

珊瑚湾

从长滩码头向西步行15分钟即可到达珊瑚湾。从珊瑚湾向南步行20分钟就是Sandy Coral Bay。

RainForest Camping 露营地 $

（www.facebcok.com/rainforestcamping.perhentianisland.malaysia；Sandy Coral Bay；露营 RM20）配备简洁竹桌的简易帐篷坐落在热带雨林之间的空地上。共用厕所和浴室很简陋，但这里真正吸引人的是完美的弧形专属海滩和附属咖啡馆的松弛氛围。沿海岸向北轻松步行15分钟，就能看到灯火阑珊的珊瑚湾。

Ewan's Place 木屋 $

（☎014-817 8303；Coral Bay；双 RM80）从珊瑚湾到长滩的小路上，坐落着整齐划一的组装小屋。房间里面干净且色彩丰富，有舒适的双人床、蚊帐和冷水淋浴。旅舍内的咖啡馆提供常见的亚洲和各国菜式。

Perhentian Tropicana Inn 平房 $

（☎09-6918 888；www.perhentiantropicana.com；Coral Bay；铺 RM20 房间 RM250~500；

天堂之门：瓜拉勿述

可怜的瓜拉勿述！它虽然是个漂亮的海滨城镇，但大多数游客只会在这里待上一两个小时。作为前往马来西亚最著名的天堂之岛——停泊岛的交通门户，这可能就是它的命运。

餐馆和咖啡店全都在码头（你可以在此租浮潜装备，前往岛上时使用）附近，城镇为数不多的酒店也零散分布在码头周边。最好的酒店是位于汽车站附近的**T' Lodge**（☎09-697 8777；Perkedaian MDB，Stesen Bas；房间 RM170），其特色是带独立卫生间的大房间。如果你打算继续向南旅行，在与海滩平行的路上有一家很有帮助的**Tourism Terengganu**（☎09-697 3166；www.tourism.terengganu.gov.my；Lot PT 85，Sebelah Syahbandar；⊙周日至周三8:00~17:00，周四至15:30，周五关闭）。向他们索要优质地图和小册子，用于计划旅行。

从哥打巴鲁乘出租车的费用约为RM45。从瓜拉登嘉楼乘坐长途汽车的费用是RM13，出租车费用约为RM80。从吉隆坡（RM50，9小时）发车的长途汽车每天两班。很多旅行社经营从马来西亚各个旅游热点地区开往瓜拉勿述的小巴服务。

❄📶）珊瑚湾和长滩之间的山坡上挤挤挨挨着40幢平房。比较便宜的房间有双人床，配备蚊帐和冷水淋浴，比较贵的房间很普通，但带有空调。名为Tivoli Backpackers的宿舍有8个床位和两个卫生间，窗户上有防虫的纱窗。持有维萨卡和万事达卡还可以在这里的管理人员处预支现金。

Aur Bay Chalet 客栈 $

（☎013-995 0817；Coral Bay；房间 RM50）在珊瑚湾码头的南面有一座长屋，房间小但很舒适，提供双人床、风扇、冷水淋浴和蚊帐。

Maya Guest House 客栈 $

（☎019-970 4426；Coral Bay；房间 RM60~80）距离珊瑚湾仅100米，有12个风扇房。客栈会组织附近区域的环保浮潜游，还设有一个不提供酒类的咖啡馆。

Shari-la Island Resort 度假村 $$

（☎09-691 1500；www.shari-la.com；房间 RM230~540；❄@📶）坐落在珊瑚湾北端的度假村延伸进入丛林，提供异常豪华的套餐组合。A字形平房配备宽敞的木平台，套房里有卫星电视和设备齐全的卫生间。多数别墅有太阳能热水淋浴，而且Shari-la还有自己的僻静海滩。这里是珊瑚湾为数不多24小时供电的地方之一。

内部餐馆提供马来、泰国等多国风味菜肴，也很不错。

ℹ 实用信息

进入停泊岛周围的海洋公园每人需缴纳RM5的环境保护费。通常要在瓜拉勿述码头的岗亭缴纳。

紧急情况

岛屿上的医疗设施是小停泊岛上非常简陋的村庄诊所。如果需要的话，潜水活动运营商和一些较大的度假村可以提供急救服务。

上网

在停泊岛的住宿场所和餐馆，Wi-Fi越来越普及，长滩和珊瑚湾的几个地点提供昂贵的上网服务，每小时RM20~24。

如果你打算使用自己的智能手机上网，Celcom在岛上的3G信号覆盖最好。

现金

停泊岛上既没有银行也没有自动柜员机。如果你的钱用完了，可以通过你的维萨卡或万事达卡在**Perhentian Tropicana Inn**（见319页）取现。

电话

所有主要海滩都有公用电话。度假村的移动电话号码可能随着季节变化而改变，有些度假村根本没有电话。瓜拉勿述的**Tourism Terengganu**有度假村的最新联系方式。

ℹ 到达和离开

每天有数趟快艇从瓜拉勿述到停泊岛（往返 成人/儿童 RM70/35；30~40分钟），时间从8:30~17:30。瓜拉勿述的旅行社出售船票。快艇可将你带到停泊岛的任何海滩。如果天气不好或者如果没有足够多的乘客，行程可能会延期或取消。

从岛屿返回的快艇每天3趟，时间大概是8:00、正午和16:00。在计划离开的前一天告知你所在客栈的老板你离开的时间，这样他们就可以安排接送。如果水流过急或者潮水偏低，你需要先乘坐小船离开海滩，然后登上前往大陆的客轮，该服务的价格为RM5左右。

ℹ 当地交通

海岛上虽然有一些小径，但是从一个海滩到另一海滩或从一个海岛去另一个海岛最容易的途径还是乘船。住宿场所的老板可以代为安排出租船。从一个海岛到另一个海岛，每船路费约为RM20，而在同一个岛上从一个海滩到另一个海滩的短途旅行路费通常约为RM15。夜间价格是白天的双倍。

浪中岛（Pulau Lang Tengah）

面积不大的浪中岛宁静怡人，大致位于热浪岛（Pulau Redang）和停泊岛的中间。这里只有3个度假村可选，与毗邻的两个名气较大的海岛相比，浪中岛比较安静，开发程度较低。潜水和浮潜旅程全是现成的。

海岛的3个度假村均分布在西海岸，彼此并不相连。度假村提供各式各样的成套服务，令人眼花缭乱。**D' Coconut Lagoon**

（☎03-4252 6686; www.dcoconutlagoon.com; 房间 RM280~740; ❄📶🏊）是岛上最好的住宿地点，有两个由一条森林小径分开的不同区域，各自均有专用海滩和游泳池。舒适的房间和别墅有冰箱、电视及其他现代化生活设备。我们更喜欢比较新的西翼（West Wing），尤其是西翼浪漫的私家小屋（每间都带专属花园）和时髦的海滩小酒吧。注意，这里的价格是每晚的价格，但还有各种套餐可供选择。岛上的其他度假村则侧重于包价团队游。

Nurul Boat Services（☎019-929 9587; www.boattoredang.com; Merang Jetty; 每人 RM80）每天有3班船从墨浪（Merang）的码头出发前往浪中岛，时间是8:00、10:00和15:00。返程船在9:00和正午离开浪中岛，11:00还有一班船从浪中岛开往热浪岛。

热浪岛（Pulau Redang）

热浪岛地处海洋公园之中，因此成了绝佳的潜水和浮潜地点。这里阳光明媚，丛林草木葱茏，海浪轻拍着海岸，令人流连忘返。遗憾的是，与参加包价团队游相比，独立旅行会遇到种种困难——可能更昂贵，而跟随旅行团又往往受到诸多限制，例如要听到达讲座，遵守为进餐、浮潜和"休闲"设定的时间。热浪岛颇受成群结队的马来西亚年轻人和度周末的新加坡人的欢迎。

热浪岛基本上从11月初开始闭岛，次年3月初重新开放。最佳旅游时间是3月中旬到9月底。进入海洋保护区需支付RM5的资源保护费，通常可以在墨浪乘船时支付。

食宿

热浪岛上的住宿需要提前安排。旅行社出售各个度假村的套餐，有几个度假村在瓜拉登嘉楼有办事处。除非另有说明，本节提供的所有套餐价格均为每人3天2夜的价格，以两人同住为基础，包括往返墨浪的船只接送、三餐和2次浮潜之旅。

促销套餐组合经常推出，请提前查看酒店网站。非旺季价格（通常是3月和10月）会有大幅度优惠。工作日（周日至周三）价格也比周末（周四至周六）便宜。

蝙蝠湾

蝙蝠湾（Teluk Kalong）比较私密的海滩在Pasir Panjang西南。

Wisana Village 平房 $$$

（☎012-629 7875; www.wisanaredang.com; Teluk Kalong Kecil; 标单/双 全食宿 每晚 RM345/490起; ❄📶）地处无人打扰的海滩，Wisana Village是热浪岛最诱人的住宿场所之一。住宿类型从舒适的房间到豪华的别墅，全都充满亚洲设计审美风格。与其他度假村相比，入住空间有限，只能接待36位客人。在别致的宾客休息室和可一览附近可仁哥岛（Pulau Kerengga）景色的咖啡馆，你将获得最大限度的放松。

提供可按照每晚计算的住宿。

Redang Kalong Resort 度假村 $$$

（☎03-7960 7163; www.redangkalong.com; 每人 RM430起; ❄）这个安静的度假村处于无人打扰的海湾棕榈树之间，海龟经常来此下蛋。标准间有3张双人床，海景房有2张。可以在网上预订各种潜水和浮潜套餐；潜水套餐不包住宿，每人RM710起，包括4次潜水。

达兰湾

达兰湾（Teluk Dalam）在岛屿的北部，附近的村庄有不错的当地餐馆。

Taraas Beach & Spa Resort 度假村 $$$

（☎09-221 3997; www.thetaaras.com; 每对夫妇 RM2600起; ❄@🏊）热浪岛最奢华的度假村之一，Taraas在惬意的景观花园中提供豪华的木制别墅，还有一片绝佳的私密海滩。这里还有个人护理服务，包括水疗和按摩。Asian All Day Dining和Beach Brasserie两家餐馆全天供餐，但套餐价格只包括早餐和晚餐（外加船只交通）。

Pasir Panjang

较小的度假村大部分建在海岛东海岸一侧美丽的白色沙滩上，这里被称为Pasir Panjang。

Coral Redang Island Resort 度假村 $$$

（☎09-630 7110; www.coralredang.com.

my；标单/双 每晚 RM380/450；❄📶🖃）靠近海滩北端，这家最近经过翻新的度假村有31个房间，还有附属的潜水中心，提供多种浮潜和潜水套餐，价格分别为RM630/900起。即使不住在这里，Matahari餐馆也值得考虑，或者在度假村的Chicak Bar喝一杯，两家均面向非住客。

Redang Bay Resort 度假村 $$$

（☎09-620 3200；www.redangbay.com.my；铺/双 每人 RM360/450起；❄📶🖃）这个处于沙滩南端的度假村较缺乏个性，由混凝土砖风格的住房和别墅组成。房间整齐干净，略显简朴。卡拉OK厅营业到深夜，周末有"海滩迪斯科"，所以别指望在这里安静地休息。

Redang Holiday Beach Villa 别墅 $$$

（☎09-624 5500；www.redangholiday.com；每人 RM400起；❄📶）这个怡人的地方位于海滩北端，一系列双层别墅巧妙地建在岩石上（S13和S14这两座小屋外的景致最美）。较大的别墅能睡8个人。

Redang Pelangi Resort 度假村 $$$

（☎09-624 2158；www.redangpelangi.com；每人 RM400起；❄📶）这是一座度假胜地风格的休闲度假村，里面的别墅相对简朴，有2张床和4张床两种选择。度假村有一个潜水中心、两三家商店和一个面朝海滩的酒吧。酒吧通常有现场音乐演出，大多数夜晚的欢乐时光票价都比较合理。

Pasir Panjang以南

Pasir Panjang正南方的海湾有一片美丽的白色沙滩。

Redang Reef Resort 度假村 $$$

（☎09-622 6181；www.redangreefresort.com.my；每人 RM430起；❄）这家经济型度假村位于海岬处，位置得天独厚，不过如果在涨潮时在外行走双脚会被弄湿。两层的木制小屋只有基本设施，但是颇受学生族欢迎。较好的小屋建在岩石上，位置更僻静，远眺海湾，景色如梦似幻。度假村还有一个小型私人海滩和一个潜水中心。

Laguna Redang Island Resort 度假村 $$$

（☎09-630 7888；www.lagunaredang.com.my；每人 RM630~1020；❄📶🖃）热浪岛上最大的度假村，拥有400间客房的一大片建筑群，俯瞰着这片海滩。Laguna Redang Island Resort有带阳台的豪华海景套房、两家餐馆、一家潜水中心，周五至周三有现场音乐演出。建筑是传统的马来风格，但绝对是大酒店的氛围。另外，美食广场从17:30开始经营。登录网站查找划算的潜水或浮潜套餐。

Redang Beach Resort 度假村 $$$

（☎09-623 8188；www.redang.com.my；标单/双 每人 RM690/450；❄@）一幢幢现代化的双层别墅组成了这个度假村，里面还有一个让人引以为豪的五星级PADI（国际专业潜水教练协会）潜水中心、几家商店和一个定期开放的海滩迪斯科，对于一个僻静的隐逸之所来说有些喧闹。度假村3天2晚的浮潜/潜水套餐含三餐、船只接送和各种活动。

到达和离开

来热浪岛的游客几乎全部购买了含船只接送的套餐。自由行的游客可以搭度假村的船（往返RM110），但是在旺季（4月至9月）仅包括住宿的服务很少见。

Nurul Boat Services（☎019-929 9587；www.boattoredang.com；Merang Jetty）有快艇从墨浪河边新扩建的码头出发。从这里开往热浪岛（30分钟，每人 RM55）的船每天4班，时间分别是8:00、9:30、13:00和15:00。返程船只9:00、11:00、13:00和16:00从热浪岛发船。热浪岛还有一班船在11:00前往浪中岛（每人 RM80）。

慢船（约1.5小时）从瓜拉登嘉楼市区的沙班达尔（Shahbandar）码头出发，但班次较少，而且通常必须要通过度假村来安排。在停泊岛参加潜水团游览热浪岛也是可行的方案。

棉花岛（Pulau Kapas）

与其他东海岸岛屿相比，美丽的棉花岛更容易到达，从大陆乘坐快艇只需15分钟。这是个值得前来小憩几日的地方，尽量工作日前来游览，因为到了节假日和长周末，参加一日游的游客蜂拥而至，岛上人满为患。虽然棉花岛看起来并不大，不过还有座更袖珍的宝石岛（Pulau Gemia；岛上有Gem Island Resort

& Spa）就坐落在其北海岸附近。棉花岛的所有住宿场所都集中在西海岸的3片不大的海滩上，可以步行或划独木舟去较安静的海滩。东海岸在季风季节（11月至次年3月）期间海浪太大，棉花岛基本上处于关闭状态。

活动

棉花岛是浮潜者的乐园，在岛北端较难到达的海滩和微小的宝石岛周围可以找到最美丽的珊瑚。最令人印象深刻的浮潜点最好乘船前往。宝石岛北面有一艘"二战"时期沉没的日本登陆艇，如今长满了珊瑚，这里是一个受欢迎的潜水点。多数度假村都可以安排浮潜和潜水行程。

Aqua-Sport Divers 潜水

（☎019-983 5879；www.aquasportdiver.com.my；浮潜 RM35，一次/两次潜水 含装备 RM110/180，开放水域课程 RM1100）棉花岛上唯一的潜水机构，提供日本沉船之旅、浮潜和为期4日的PADI开放水域课程。

食宿

虽然大部分来棉花岛的游客都是随无所不包的旅游团前来，但在工作日还是可以随兴而至，并能找到住宿之处。Jetty Cafe出售简单的主食，也供应一日三餐。

Captain' s Longhouse 客栈 $

（☎012-3770214；铺/房间 RM40/80）曾经被称为Lighthouse，这栋超级时尚的长屋坐落在海湾最南角。客人们可以欣赏满是艺术品的墙壁，享受以绚丽的蜡染毯为装饰的宿舍床位。这里还有适合社交的前门廊，里面有吊床、椅子，甚至一台走调的钢琴。四周绿树环绕，客栈相当质朴，但非常舒适。

Kapas Beach Chalet 平房 $

（铺 RM20，房间 RM50~80；📶）位于棉花岛最闲适的地点，这里提供的住宿类型从带外间（但是单独的）厕所的基本"背包客"房间到舒适的A字形小屋。得益于微风轻拂的海滨凉亭"The Big Chill"等时尚公共空间，这里的氛围适合交际，里面有吊床和许多垫子。舒缓的音乐伴在耳畔，大多数夜晚都有人弹奏吉他。不接受预订。

Ombak Kapas Resort 平房 $

（☎017-985 9600、019-951 4771；房间 RM80~130；❄）最近以Ombak Kapas Resort的身份重新开张，前身是Mak Cik Gemul Resort，有带风扇的简朴房间和带空调的平房、一家便利店，以及可以观赏海滩景色的优质餐馆。

Pak Ya Seaview Resort 平房 $

（☎019-960 3130；房间 RM90）Pak Ya就在码头以北，提供7东带风扇的迷人A字形平房，漂亮的门廊面朝大海。这里还出租皮划艇和浮潜装备，有一家小餐馆。

Kapas Turtle Valley 度假村 $$

（☎013-354 3650；www.kapasturtlevalley.com；平房 含早餐 RM190，最少两晚；⏲3月至10月中旬营业；📶）位于岛南端遍布岩石的一个角落，Kapas Turtle Valley如同被隐藏的珍宝。8幢平房全部饰以当地彩色蜡染，坐落在一片非常适合游泳、闲逛和浮潜的白色沙滩上方。度假村有一个极好的餐馆，菜单每天不断变化，有冰镇啤酒和优质咖啡。荷兰老板Peter和Sylvia非常热情。就餐费用另算，一般在RM30左右。

Qimi Private Bay 平房 $

（☎019-648 1714；www.facebook.com/QimiChalet；度假屋 RM250~350）自从我们上次到访之后就在扩建，Qimi现在也提供比较舒适的山坡平房，可以眺望绝美的海景，有微风拂拂的户外卫生间。这里还有更质朴和更便宜的平房，只是不在山坡上。此处有一家分外悠闲的家庭餐馆，以及在Qimi独享的海湾沙滩上浮潜、划皮划艇和赶海的机会。

Kapas Coral Beach 平房 $$

（☎09-6181 976；房间 RM220~235；❄）这个地方缺乏个性，但空调和热水淋浴可作弥补，位于码头以北。

Gem Island Resort & Spa 度假村 $$$

（☎09-688 2505；www.gemisland.com.my；Pulau Gemia；别墅 RM320~400，套 RM880；❄）这个度假村位于棉花岛以北800米处的宝石岛上，拥有通风的木制别墅、三两个小型私人海滩和一个绿海龟孵化场。近期翻新过的房

间尤其舒适。水疗中心提供常见的护理服务，并且有全包套餐可选。餐馆很漂亮，食物备受赞誉。

到达和离开

船上一旦凑齐4人，就从马兰（Marang）主码头出发，来回RM40。通常早晨八九点钟的时候有望启航。同样的船，只要客人需要会继续航行至宝石岛。

由于马兰接下来的交通很难确定，所以如果可能的话预订一辆出租车在游览完岛屿返回大陆时去接你。岛上的住宿场所和船务公司通常可以安排接送。

以下两家船务公司还可以预订岛上住宿，详见www.kapasisland.com。

MGH Boat Service（☎09-6183 166，016-922 5454；www.kapasisland.com）向6人以上的团体提供船费优惠。

Suria Link Boat Service（☎019-983 9454，09-618 3754；surialink@hotmail.com）马兰码头的老牌经营机构。

登嘉楼沿岸（COASTAL TERENGGANU）

由于有太多美得惊人的岛屿可供选择，许多游客仅仅把登嘉楼（丁加奴）沿岸地区视为前往天堂般岛屿的途经之地。然而在这些岛屿之间往来之际，如果游客能花些时间探索一下，就会发现沿岸地区有一些岛上恰恰缺乏的丰富文化、美食和风景。

瓜拉登嘉楼（Kuala Terengganu）

人口：396,433

瓜拉登嘉楼（又称瓜拉丁加奴）是马来西亚经济爆炸式增长的一个缩影：渔村钻探到石油，现代化随之而来。尽管有相当数量（当然是用石油带来的利润）外观枯燥乏味的新建摩天大楼，瓜拉登嘉楼仍然令人喜爱。这里有一条木板路、三两个不错的海滩，高楼大厦之间隐藏着几幢古老的乡村风格房屋。当然这里也少不了一条唐人街，它是马来西亚半岛东部最漂亮、最有趣的唐人街之一。瓜拉登嘉楼的当地菜肴着重选用海鲜原料，交通四通八达，在海岛与丛林间穿梭的游客值得花一两天时间在此驻足。

景点

★唐人街（Chinatown） 街区

以Jln Kampung Cina（又称Jln Bandar）为中心，瓜拉登嘉楼的唐人街地区景色如画，妙趣横生，尤以斑驳的建筑和褪色的小巷为特色。奇特的当地街头艺术逐渐出现在这片紧凑街区的小巷里，其他景点包括古屋和寺庙。在旅游信息办事处可以领取《唐人街遗产小径》（*Chinatown Heritage Trail*）。

沉寂的**乌龟巷**（Turtle Alley）值得一游，里面的马赛克图画讲述了瓜拉登嘉楼如今濒危的海龟的故事，此外纪念当地华人领袖的**记忆巷**（Pasar Payang，Memory Lane）也值得一观。伴随着咖啡馆和礼品店的开张，中产阶级社区逐渐取代了昨日的平民区，但沉寂的铁器店和传统中药店依然盛行。

和安宫 华人寺庙

（Ho Ann Kiong；Jln Kampung Cina；⏲7:30~19:00）免费 紧凑的和安宫就位于唐人街，装饰风格以红色和金色的绚丽色调为主，可追溯至1796年。

德信遗产馆 历史建筑

（Teck Soon Heritage House；Jln Kampung Cina；⏲周六至周四 10:30~15:00）免费 粉刷成3种堂皇的蓝色色调，唐人街的这座房屋最初属于德信贸易公司，如今是一座有趣的博物馆，以介绍土生华人在瓜拉登嘉楼的历史为主。

土生华人照片馆 美术馆

（Perakanan Photo Gallery；Jln Kampung Cina；⏲9:00~17:00）免费 唐人街的小巧展览，展示有趣的黑白照片，讲述瓜拉登嘉楼的历史。

中央市场 市场

（Central Market；Jln Kampung Cina和Jln Banggol交叉路口；成人/儿童 RM1/0.50）中央市场是个热闹的地方，可以尝尝奇特的小吃，水产区域上面一层有各种蜡染和金锦缎。被当地人称为Pasar Payang。

公主山 要塞

(Bukit Puteri; Princess Hill; 成人/儿童RM1/0.50; ⌚周六至周四 9:00~17:00,周五至15:00)从中央市场过马路,寻着一段陡峭的台阶即可到达公主山。公主山高200米,在山上可尽览市貌。山顶上有少量19世纪中叶建的要塞遗迹、一些大炮和一口钟。

玛兹雅宫 宫殿

(Istana Maziah; Jln Masjid Abidin)公主山东侧靠近中央市场处是苏丹的宫殿。该建筑按照殖民时期风格修建,但是多次修缮后呈现出一种方方正正的形态。除了举行一些仪式,其余时间不对公众开放。

再纳阿比丁清真寺 清真寺

(Zainal Abidin Mosque; Jln Masjid Abidin) 免费 闪闪发光的再纳阿比丁清真寺在市中心占据着最令人瞩目的位置。内部相对简朴,但阳光透过9座穹顶和精美的格子窗,让它显现出活力。着装得体的非穆斯林可以进入。

巴都布洛海滩(Pantai Batu Buruk) 海滩

巴都布洛海滩是城市海滩,颇受家庭欢迎,遗憾的是多有乱扔杂物者。由于有强风和裂流水域,这里算不上马来西亚最好的海滩,但仍不失为一个美丽的海滩。马路对面是**文化中心舞台**(Cultural Centre Stage),可以向旅游办事处了解是否有即将上演的节目。从城镇搭乘出租车至此的费用约为RM15,或者步行20分钟。周五的夜市(见328页)绝对值得你前去寻找旅行美食。

人鱼岛(Pulau Duyung) 海港、港口

可以从Seri Malaysia Hotel附近的码头花60sen乘**渡轮**到河口最大的岛——人鱼岛。人们在岛上用古老的方法和工具为当地和国际客户建造渔船,并且欢迎游客到访。渡轮偶尔也从中央市场后面出发,遗产巴士C-03路(Heritage Bus C-03)也经过这里。

团队游

受欢迎的团队游包括肯逸湖(Tasik Kenyir)一日游及去热浪岛的套餐游。跟随团队可减少个人费用。

Ping Anchorage 团队游

(☎09-626 2020; www.pinganchorage.com.my; 77A Jln Sultan Sulaiman)组织登嘉楼周边的许多团队游,包括前往肯逸湖和登嘉楼河(Sungai Terengganu)的一日游。后者包括人鱼岛、红树林和在小村庄耶然村(Kampung Jeram)停留,那里有奇异的果树和华人寺庙。Ping还组织前往帕纳里克的Terrapuri Heritage Village(见331页),可以安排前往岛屿的团队游。

Heritage One Stop Travel & Tours 团队游

(☎09-631 6468; Jln Sultan Sulaiman, T009, Blok Teratai, Taman Sri Kolam; ⌚9:00~17:00)提供前往岛屿、丛林和瓜拉登嘉楼周边的团队游。位于Jln Sultan Sulaiman一幢综合住宅群的底层。

住宿

Jen's Homestay 公寓 $

(☎019-957 8368; www.jenhomestay.weebly.com; Jln Kampung Tiong, 8-12 Pangsapuri Kampung Tiong; 标单/双 RM60/80起; ⊖❄📶)由两间有格调的卧室组成——选择"Paris"(巴黎)或"Pisa"(比萨)——还有一间共用休息室,这套出租公寓的亮点是河对岸直到海边的惊人美景。可以整租公寓或只租卧室。我们到访时,具有开拓精神的经营者正计划在上面增加一层住宿空间。

Awi's Yellow House 客栈 $

(☎017-984 0337; 房间 RM35, 平房 RM200)客栈的卖点是原汁原味的登嘉楼:木支柱的房屋、鱼酱的味道、盐和辣椒、没有空调,还有如湿吻般黏人的夜晚。客栈建在人鱼岛登嘉楼河河畔,如果不想住得简陋,就别来这里,但是如果想感受一下马来西亚的乡村生活,就一定要来。可住两人的房间很质朴,这里还有较新的河畔平房,适合家庭和团体。从渡轮码头或人鱼岛汽车站步行片刻即可到达Awi's,向当地人打听一下方向。

KT Chinatown Lodge 客栈 $

(☎09-6221 938, 013-9316 194; lawlorenz@gmail.com; 113 Jln Kampung Cina; 房间 RM90~110; ❄📶)这家两层的客栈就在唐人街中心(附近有筑巢的金丝燕),以简单却一尘不染的房间为特色,老板Lorenz热情友好。最便

Kuala Terengganu 瓜拉丁加奴(瓜拉登嘉楼)

Kuala Terengganu 瓜拉丁加奴（瓜拉登嘉楼）

重要景点

1 唐人街……C2

景点

2 公主山……C1
3 中央市场……C1
4 文化中心舞台……G4
5 和安宫……C2
6 玛兹雅宫……C1
7 巴都布洛海滩……F3
8 土生华人照片馆……B2
9 人鱼岛……A2
10 德信遗产馆……C2
11 再纳阿比丁清真寺……C2

活动、课程和团队游

12 Heritage One Stop Travel & Tours……D2
13 Ping Anchorage……D2

住宿

14 Awi' s Yellow House……A3
15 DJ Citpoint Hotel……C2
16 Hotel Grand Continental……E2
17 Hotel Mini Indah……E1
18 Hotel YT Midtown……D2
19 Jen' s Homestay……C2
20 KT Chinatown Lodge……B2
21 Seri Malaysia Hotel……B2
22 Uncle Homestay……D2

就餐

23 Chinatown Hawker Centre……C2
24 Madame Bee' s Kitchen……B2
25 MD Curry House……D1
26 Pantai Batu Buruk Night Market……G3
27 Pertama Steak & Sushi House……C3
28 Restoran Golden Dragon……B2
29 T Homemade Cafe……B2
30 Town City Food Court……B2
31 Uncle Ng Restaurant……D2

饮品和夜生活

32 Star Anise……C2
33 Vinum Exchange……B2

购物

34 Wanisma Craft & Trading……F2

宜的房间没窗户，但都有多频道的电视、专属套间和空调。唐人街的复古黑白照片让传统氛围更加浓重。

Uncle Homestay 客栈 $

（☎016-953 7671；77A Jln Tok Lam；房间RM50；❄📶）就在汽车站转角附近，在热情的Uncle Homestay，地段就是一切。房间平淡（而且没有窗户），但共用卫生间干净，维护良好，拥有色彩艳丽的地板和宽敞的共用区域。对真正节约的旅行者来说，它无疑是瓜拉登嘉楼的最佳住宿选择。

DJ Citipoint Hotel 商务酒店 $

（☎09-630 9909；www.citipointhotel.com；16 Pusat Niaga Paya Keladi，Jln Kampung Daik；房间/套 RM70/100起；❄📶）房间相对紧凑简单，但前台团队友好，位置就在距离唐人街景点和中央市场步行不远处。如果你刚游览完棉花岛或热浪岛返回，在这里住上一晚很不错。

Hotel Mini Indah 酒店 $

（☎09-622 9053；60 Jln Sultan Zainal Abidin；房间 RM50起；❄📶）Mini Indah虽然没有洋溢着鲜明的特色，不过简单明了且功能齐全，在离城市沙滩咫尺之处为你提供漂亮的房间。

Hotel YT Midtown 酒店 $$

（☎09-623 5288；ythotel@streamyx.my；30 Jln Tok Lam；房间 RM115~145；❄@📶）这是地处市中心的一家大型现代化酒店，房间雅致、物超所值，有基本的现代化生活设备，如电视机、小冰箱和热水壶。较高的楼层视野好，最近翻新过的豪华房间尤其舒适。楼下有一家不错的咖啡馆。

Seri Malaysia Hotel 酒店 $$

（☎09-623 6454；www.serimalaysia.com.my；1640 Jln Balik Bukit；房间 RM190；❄📶）属于一家分店遍布马来西亚半岛的当红连锁集团，这个可靠的地方提供标准、舒适和无处不在的便利设施。房间有点褪色和陈旧，但大厅和河畔露台餐馆很漂亮。几米开外就是唐人街。

Hotel Grand Continental 酒店 $$

（☎09-625 1888；www.grandcontinental-kt.

com; Jln Sultan Zainal Abidin; 双 RM180~220, 套 RM700~950;) 这座华丽的高层建筑有舒适的房间，有的可以欣赏绝佳的海滩风景。4层有游泳池，大厅内有餐馆。在位置方面，它恰好处于瓜拉登嘉楼和海滩附近。酒店确实早该翻新，但对过夜住宿来说，位置优越，依然合算。

餐饮

鱼在当地菜中扮演了重要角色，但是真正的当地特色菜是鱼条（kerepok；灰色，主料为炸鱼酱和西米混合，通常制成香肠状）。唐人街一些餐馆提供土生华人的当地改良菜式，包括登嘉楼辣味米粉，该米粉是马来传统米粉中的一种。

Chinatown Hawker Centre 摊贩 $

（紧邻Jln Kampung Cina; 7:00~23:00）唐人街户外摊贩中心分成中国菜和马来菜两个区，晚间是一片热闹的烹调和社交场景。在和安宫左转，闻着味道就能找到。这里还经常有小型的工艺品和农产品早市。

Town City Food Court 摊贩 $

（Jln Kampung Cina; 11:00~21:00）最受欢迎的马来、泰国和华人摊贩，提供瓜拉登嘉楼最好的冰镇啤酒选择。

T Homemade Cafe 中国菜、马来菜 $

（Jln Kampung Cina; 主菜 RM5起; 10:00~17:00）就在唐人街的龙拱（Dragon Arch）旁边，几家小吃摊合作经营。你可以尝尝中国菜和马来菜，还有砂锅和自制果汁。坐在褪色的Milo牌竹帘下，在继续探索唐人街之前补充体力。

MD Curry House 马来菜、印度菜 $

（Jln Kampung Dalam; 主菜 RM5起; 11:30~14:30和17:30~21:00）有时候，你刚好需要一份咖喱，而且你需要友好的当地人将其放在香蕉叶里端给你。MD在各方面都能让你如愿以偿。

Pantai Batu Buruk Night Market 市场 $

（主菜 RM3起; 15:00~19:00）每个周五的夜晚，炭烤的香味就会从巴都布洛海滩上飘过。

★ Madame Bee's Kitchen 中国菜 $$

（177 Jln Kampung Cina; 主菜 RM12~20; 周一至周二和周四至周日 9:30~17:00）位于唐人街中心一处有趣的历史建筑内，Madame Bee出色演绎了土生华人菜肴，并增加了登嘉楼的本地风格。厨师备受赞誉，其著名菜肴包括登嘉楼叻沙（用口味丰富的鱼汤制成）和爪哇面（酸甜味的黄色面条，满是酥脆的配菜，比如油条、中式甜甜圈和花生）。

Restoran Golden Dragon 中国菜 $$

（198 Jln Kampung Cina; 主菜 RM12起; 11:30~14:30和17:00~23:00）这家饭店似乎总是顾客盈门。供应的冰凉啤酒品牌繁多，还有全城最精美的中餐海鲜菜单。只要点蒸的海鲜和鱼类清单上的菜就准没错。参巴酱鱿鱼尤其让人欲罢不能。服务友好及时——虽然餐馆人气爆棚——使其成为瓜拉登嘉楼最好的餐馆之一。

Pertama Steak & Sushi House 日本菜 $$

（www.facebook.com/pertama808; 2A Jln Air Jernih; 主菜 RM12起; 正午至22:00）这个友好的地方就在城镇中心以南，特色是极好的日本饮食。生鱼片和寿司经过精心准备，超级新鲜，对当地相对较甜的马来饮食来说，一碗碗瓷实的米饭和面条就是可口的解药。大大的便当盒里什么都有一点，还有沙拉、意大利面和牛排，毫不费劲就能满足你品尝各国口味的欲望。

Uncle Ng Restaurant 中国菜 $

（50E Jln Tok Lam; 主菜 RM10~20; 11:30~14:30和17:30~23:30）这家餐馆由家庭经营，与汽车站近在咫尺，烹制上乘的中国菜。如果刚到城镇，你可以尝尝黄油皮皮虾配冰镇啤酒或清爽的西瓜汁。

Star Anise 咖啡

（www.facebook.com/staranisekt; 82 Jln Kampung Cina; 咖啡和蛋糕 RM8~15; 周一至周四和周六 10:00至午夜，周五 15:00至午夜; ）瓜拉登嘉楼最好的咖啡——包括许多种意式浓缩咖啡和卡布奇诺——是这家别致的国际化咖啡馆的明星。在这座相对保守的城镇里，它是真正的惊喜。占张前面的桌子，欣赏包括有

机蜂蜜在内的礼品和当地纪念品，或者退到后面的休闲室，一边享用蓝莓奶酪蛋糕一边闲聊。

Vinum Exchange
酒吧

（www.facebook.com/thevinumXchange；221 Jln Kampung Cina；⊙11:00~23:00）等分为咖啡馆、酒吧和葡萄酒吧，Vinum Exchange是唐人街逐渐中产阶级化的意外产物。内部装饰时髦，室外也有座椅，选择有意式浓缩咖啡、啤酒和苹果酒，食物种类从酒吧小吃一直到全餐应有尽有。酒只论瓶卖，但选择非常适合分享的小瓶也不错。

购物

瓜拉登嘉楼的蜡染和金锦缎特别物美价廉。还可以去河附近的中央市场（见324页）看看。

Kraftangan Malaysia
手工艺品

（☎09-622 6458；⊙周六至周四 9:00~17:00）这个批发商店在镇南约4.5公里处，出售优质金锦缎，售价高达每2.5平方米RM12,000。还有一个微型金锦缎文化遗产展览（Songket Heritage Exhibition），展示各式各样的设计品。从公共汽车站乘13路小巴可达。

Wanisma Craft & Trading
手工艺品

（☎09-622 3311；Jln Persinggahan；⊙9:30~18:30）可以在这家商店购买蜡染和当地铜制品，你还可以在这里见识工作中的工匠。出发之前，先与旅游信息办事处核实，因为附近的房地产开发或许会在某一时刻导致位置变更。

实用信息

Jln Sultan Ismail上有许多银行，大部分银行的24小时自动柜员机接受国际卡。

瓜拉登嘉楼医院（Hospital Kuala Terengganu；☎09-623 3333；Jln Sultan Mahmud）员工会说英语，医护标准优良。

旅游信息办事处（Tourist Information Office；☎09-622 1553；www.tourism.terengganu.gov.my；Jln Sultan Zainal Abidin；⊙周六至周四 9:00~17:00）员工乐于助人，提供不错的宣传册和地图。

马来西亚旅游局（Tourism Malaysia Office；☎09-630 9093；www.tourism.gov.my；Unit 11 Jln Kampung Daik；⊙周六至周三 9:00~17:00，周四 9:00~15:30）不错的地图和英文宣传册。

到达和离开

飞机

瓜拉登嘉楼机场内有许多航空公司的办事处。

亚洲航空公司（☎600 85 8888；www.airasia.com）往返吉隆坡。

马来西亚航空公司（☎09-662 6600；www.malaysiaairlines.com）往返吉隆坡。

飞萤航空（☎03-7845 4543；www.firefly.com.my）往返梳邦（吉隆坡）。

马印航空公司（☎03-7841 5388；www.malindoair.com）往返梳邦（吉隆坡）。

长途汽车

在本书作者写作期间，位于Jln Masjid Abidin的**汽车站**是当地公共汽车和快线长途汽车的终点站。关于沙班达尔（Shahbandar）码头附近的快线长途汽车站也已投入使用的议论已经出现，所以订票时，核实一下你的出发地点。车站的快线长途汽车公司有**Transnasional**（☎090 581 582；www.transnasional.com.my）、**MARA Liner**（☎1300 88 842538；www.maraliner.com.my）、**Sani Express**（☎3341 1201；www.saniexpress.com.my）和**SP Bumi**（☎623 7789；www.spbumi.com.my）。

从瓜拉登嘉楼出发的长途汽车

目的地	票价	行程
瓜拉龙运	RM10	2小时
新山	RM48	8小时
哥打巴鲁	RM17	3小时
瓜拉勿述（停泊岛）	RM13	2小时
吉隆坡	RM43	8小时
关丹	RM20	6小时
马六甲	RM48	8小时
墨浪（热浪岛）	RM5	1小时
槟城	RM51	9小时
兰道阿邦	RM7	1.5小时
新加坡	RM74	11小时

出租车

瓜拉登嘉楼的**出租车总站**在当地公共汽车站附近，但是出租车在市里随处可见。目的地包括马兰（RM30）、哥打巴鲁（RM110）、瓜拉勿述（RM80）、兰道阿邦（RM60）、墨浪（RM50）和肯逸湖（RM180）。

当地交通

当地公共汽车从市中心的**公共汽车总站**（main bus station; Jln Masjid Abidin）出发。

瓜拉登嘉楼的当地**遗产巴士**（每人 RM1.50）就像是专门为了方便游客游览历史建筑而设的，包括4条不同的线路。4条线路全都在沙班达尔码头起始和结束，也在当地的汽车站停车。时间安排不太有规律，但这些线路便于前往人鱼岛（C-03路）及博物馆和伊斯兰文化公园（C-02路）。

市内出租车起价RM5。也有少数两轮人力车在市区招揽生意。价格通常都有商议余地。机场位于市区以北约11公里处，出租车费用约为RM35。

瓜拉登嘉楼周边（Around Kuala Terengganu）

瓜拉登嘉楼是探索登嘉楼州的天然基地。该州的州立博物馆离市区很近，实加由瀑布（Sekayu Falls）和肯逸湖在其西南部。

景点

登嘉楼州立博物馆 博物馆

（Kompleks Muzium Negeri Terengganu, Terengganu State Museum; ☎09-622 1433; http://museum.terengganu.gov.my; 成人/儿童 RM15/10; ⏲周六至周四 9:00~17:00，周五 9:00至正午和15:00~18:00）博物馆由互相连通的建筑组成，位于瓜拉登嘉楼以西约6公里处，占地共26公顷。馆内展品从具有历史意义的爪夷文（Jawi; 传统马来文写就的铭文，主要记载伊斯兰教来到马来西亚的日期）到有些怪异的野生动物展览（其特色是多少有些乏味的动物标本）无所不包。位于庭院前部的传统风格房屋群颇有看头，值回了票价，缺点是英文标牌很少。可以从汽车总站乘坐遗产巴士C-02路（Heritage Bus C-02）来这里。出租车费用约RM10。

水上清真寺 清真寺

（Masjid Tengku Tengah Zaharah）**免费**登嘉楼州最著名的宗教建筑是“水上清真寺”，位于瓜拉登嘉楼东南约4.5公里处。不过它并不是真的建在水上，而是在一个人工岛上。这座白色的传统摩尔风格建筑物在强烈的日光下美丽而眩目，而日落时分则显得温暖而迷人。从瓜拉登嘉楼的汽车总站发出的13路公共汽车能带你到达这里（RM1.50）。

伊斯兰文化公园 游乐园

（Taman Tamadu Islam; ☎09-627 8888; www.tti.com.my; 成人/儿童 RM21/16; ⏲周一至周四 10:00~19:00，周五至周日 9:00~19:00）位于瓜拉登嘉楼以西2.5公里处的伊斯兰文化公园被形容为世界上第一个“伊斯兰文化公园”，里面基本上是世界各地著名伊斯兰地标的微缩景观模型，包括耶路撒冷的圆顶清真寺（Jerusalem's Dome of the Rock）和麦加圣寺（Mecca's Masjid al-Haram）。公园最精彩的部分是**水晶清真寺**（Crystal Mosque），人们普遍认为水晶清真寺是世界上最美丽的清真寺，其特点是外部由钢铁、玻璃和水晶制成，特别引人注目。遗产巴士C-02路从这里经过，乘出租车将花费约RM15。

河上巡游（成人/儿童 RM21/16）可以探索周边水道，用时约1小时，但能否经常发船取决于公园游客的数量。

瓜拉登嘉楼以北（North of Kuala Terengganu）

瓜拉登嘉楼北部的干线公路（3号路）离开海岸线向内陆延伸，经过日底（Jerteh）最终到达北部165公里外的哥打巴鲁。僻静的沿海支线公路（1号路）从瓜拉登嘉楼至瓜拉勿述，沿途皆是美丽的海岸线，是自行车爱好者骑行的热门路线。

墨浪（Merang）

可别把墨浪（又称甘榜美兰）跟马兰（Marang）搞混了，这个慵懒的小渔村是通往热浪岛的门户通道。在等候热浪岛方向渡轮到来前，你会发现这里的沙滩同样很迷人。

活生生的历史：比农岛

当越南战争结束时，数百万越南人民不愿接受新政权，于是选择了漂洋过海另谋生计。彼时，这些人被国际社会称为“船民”，这就是这个如今常见而又令人心酸的词语的出处。许多难民选择在马来西亚登陆，1978年，位于登嘉楼海岸线旁的比农岛（Bidong Island）设立了一个难民营。在随后的20年里，渺小的比农岛成为上万难民的临时住所及转移点，这里的庇护所用废弃材料建成，难民必须忍受卫生条件极差的生活环境。有一段时期，这个小岛上生活着4万名难民，是地球上人口密度最高的地方。这个难民营于1990年关闭，从那时起，比农岛恢复到最初的状态。有些团队会进行比农岛一日游（岛上没有住宿的地方）。另外，比农岛周围的珊瑚礁美丽异常，尤其吸引潜水者。

瓜拉登嘉楼的Ping Anchorage（见325页）可组织比农岛旅游项目。

Kembara Resort（☎09-653 1770；http://kembararesort.tripod.com；铺 RM15，房间 RM40~70；❄@）价格便宜，气氛友好，简单却很温馨的平房很受学生追捧。这里还组织各类活动，并提供公用厨房。沿村里主路上的标志即可到达。

可乘坐从瓜拉登嘉楼汽车总站开往墨浪的定点长途汽车（RM5）。从瓜拉登嘉楼乘坐出租车至此的费用约每辆RM50。从北边过来麻烦些，最简单的方法是尽量向南来到瓜拉登嘉楼，然后在从瓜拉登嘉楼往回坐。从哥打巴鲁乘坐出租车费用约为RM70。

帕纳里克（Penarik）

微风习习的海滩，低调寡言的农民和渔夫，帕纳里克村跟你所能想象的马来西亚沿海小村一样甜美可爱。但如果你想发现些特别有魔力的东西，那就得在这里消磨过一个白天，等到太阳落山后包条船沿着帕纳里克河向下游行驶，穿越**帕纳里克萤火虫保护区**（Penarik Firefly Sanctuary）。在那里，某些特定的夜晚里（天越黑越好）可以看到令人陶醉的奇景：数千只萤火虫几乎同时闪烁着荧光，萦绕在眼前。这种同时闪光的现象是该地区的特色，昆虫学家猜想这是一种交配行为。夜间游船之旅还会经过阴森、缥缈的红树林，这种感觉让人难以忘怀。

想找住的地方，**Terrapuri Heritage Village**（☎09-624 5020；www.terrapuri.com；别墅 RM600~1100；最少住2晚；📶❄）🍃是个不错的选择，其精心修整过的场院就像昔日苏丹生活的电影场景。酒店名的意思是“皇宫之地”，酒店其实是一个部分予以保留、部分进行翻修的博物馆和度假村。度假村煞费苦心地修建了29栋古董老宅（配备了各种现代化设施），并且布局同1850年左右的登嘉楼皇宫类似。

酒店所在地一侧与南海相连（可以看到令人惊叹的停泊岛、浪中岛及其他岛屿美景），另一侧则与Setiu湿地红树林相接。晚上，萤火虫的亮光映照在酒店游泳池中水面上。在夏季，游客还可以见到海龟在沙滩上产卵。Terrapuri提供各式传统美食，还有许多活动。

Terrapuri Heritage Village度假村提供各种各样的活动，包括进入当地村庄游览和乘船前往萤火虫保护区和偏远岛屿旅行。非住客可以通过Ping Anchorage（见325页）预订上述活动，后者还可以安排低价寄宿于帕纳里克的村民家中。Ping安排的萤火虫保护区游从瓜拉登嘉楼出发，每人费用RM130（取决于团队规模，最少两人），包括晚餐和交通。

乘坐从瓜拉登嘉楼到瓜拉勿述的长途汽车，可在村庄里的帕纳里克清真寺（Penarik mosque）下车，车费RM6。从另一个方向，乘坐从哥打巴鲁开往瓜拉登嘉楼的长途汽车，车费RM17。这两个城市都可以叫到出租车来此。

瓜拉登嘉楼以南（South of Kuala Terengganu）

马兰（Marang）

马兰（又称马朗）是去往棉花岛的渡轮

实加由瀑布

实加由瀑布（Sekayu Falls）位于瓜拉登嘉楼西南56公里处，是实加由公园（Sekayu Recreational Forest）的一部分。公园很大，在周五和节假日深受当地人欢迎。瀑布一直延伸到山坡，从入口前行15分钟可见到主瀑布，再走20分钟可见到更为漂亮的上瀑布。那里还有一个果园，种满了各式各样的当季热带水果。

最好通过Ping Anchorage（见325页）的旅行团游览瀑布，可以将瀑布与游览肯逸大坝（Kenyir Dam）相结合。每人费用为RM140~170（取决于团队规模，最少两人）。

始发点。要是你周日在镇上，可千万不能错过非凡的**市场**，15:00在码头边开市。镇中心有一些各国风味餐馆和几家普通的咖啡店，另外在码头附近你可以看到一些**小吃摊**（Jln Kampung Paya）。

城里最高档的过夜地点是明亮现代的连锁酒店**Hotel Seri Malaysia**（☎09-618 2889；www.serimalaysia.com.my；3964 Jln Kampung Paya；房间 RM190；❄📶🏊），位于镇中心以北的海岸边。需要现代设施的西方旅行者均会在其提供的房间里感到舒适。

有时可以示意拦停开往瓜拉登嘉楼（RM4）和瓜拉龙运/兰道阿邦（RM7/5）的长途汽车，但行驶在这些线路上的经常是快线长途汽车，不会在马兰停车。汽车总站在干线公路（3号公路，东海岸高速公路）的交通环岛附近，清真寺前方。

如果能确定从棉花岛出发的具体时间，提前安排出租车去马兰码头接你不失为一个好主意。还有一个办法就是在离开之前，让你在岛上的住宿机构为你预订一辆车。

想要行得更远，比如前往吉隆坡或珍拉丁，最直接的选择就是返回瓜拉登嘉楼，在那里搭乘快线长途汽车。

甘马昔（Kemasik）

点缀着棕榈树的甘马昔有着东海岸最纯净的海水。最近的下榻之处是海滩以南1公里，沿基惹（Kijal）方向超大的五星级酒店**Awana Kijal Golf, Beach & Spa Resort**（☎09-864 1188；www.awana.com.my；房间/套RM195/440起；❄@📶🏊），酒店设有普通高尔夫球场、网球场和水疗中心等。这里经常推出打折活动，特别针对网上预订的客户。乘坐从甘马万/朱盖（Kemaman/Cukai）到瓜拉龙运的当地公共汽车可以到达这里。如果你选择自驾，见到甘马昔海湾（Pantai Kemasik）标志，在3号路（东海岸高速公路）拐弯即到。

肯逸湖（Tasik Kenyir）

肯逸大坝建于1985年，淹没了约2600平方公里的原始森林，成为东南亚最大的人工湖，水面上长满了水草。现在，肯逸湖及其340座岛屿已成为登嘉楼最热门的内陆景点。

遗憾的是，新开的儿童水上乐园和用来刻意展示兰花和蝴蝶的特色岛屿削弱了该地区的异域魅力。未来的规划包括一座免税购物岛，还有接待一车车旅游团的新度假村和停车场。

考虑到公共交通不便以及一些景点仅接待团体游客的现实情况，独立旅行者游览该地区的最好方式就是在瓜拉登嘉楼参加团队游。或者是选择入住悠闲的Lake Kenyir Resort，与其他客人一同参加活动。

虽然该地区正被不断开发，但沿着壮观的湖泊蜿蜒而行仍然非常令人惬意，但建议独立旅行者避开喧闹的周末和节假日。

景点

瀑布和洞穴是肯逸湖的热门景点。其中，肯逸湖游玩的高潮之处就是乘船行至位于该湖最北端的**Sungai Petuang**。当水位升高时，沿河的上游行驶数公里便可进入秀色迷人的原始森林。

在瓜拉登嘉楼Ping Anchorage预订的团队游包括游览**拉瑟尔瀑布**（Lasir waterfall），其中有徒步深入丛林和享用午餐野餐的机会，还可以游览有趣的**香草岛**（Herb Island），那座小巧的岛上遍地都是药用植物。根据安排，团队游还包括**观鸟**和参观**肯逸大象村**（Kenyir Elephant Village）。在大象村壮观的高架步道上可以看到大象，那些大象都是在野外出现问题后被救援并安置在此的。

这里的垂钓项目也广受欢迎，湖中鱼类资源丰富，包括黑鱼、鲶鱼、鲤鱼、龙鱼和大鲈鱼。想在这里垂钓，需要钓鱼许可证（RM10），可在Lake Kenyir Resort办理。可以让Lake Kenyir Resort安排游览的其他景点包括**鲤鱼保护**区和湖泊南边附近的**美华洞**（Bewah cave）和**塔特洞**（Taat cave）。

湖泊的水位变化很大，在3月或者4月雨季结束时达到最高峰，然后慢慢回落直至11月下一轮雨季来临。当水位高时，水中的树木顶冠露出水面。当水位低时，这座湖泊就变为多条小溪，流经森林中的小山丘。涨水时风景更加漂亮，所以选择春末或者夏初过来。

住宿

Lake Kenyir Resort（☎09-666 8888; www.lakekenyir.com; 度假屋 RM500起; ❄📶🏊）是独立旅行者的唯一选择。这家安静的度假村有宽敞的度假屋，在阳台上可以远眺湖景或者雨林。餐厅提供马来菜和各国风味菜肴，游泳池拥有绝佳的临湖景观。度假村里还有网球场和健身房，并组织活动。我们到访的时候，度假屋正在改造，所以可以问问重新修缮的度假屋。

其他住宿场所只接待6人以上的团体。

实用信息

加威码头（Pengkalan Gawi）渡口附近有一个小型**旅游信息办事处**（☎09-626 7788; ⏲9:00~17:00）。他们提供地图和宣传册，但只为团体预订团队游和活动。

到达和离开

这里的主要入口是湖北岸的加威码头渡口。从瓜拉登嘉楼乘出租车过来费用约RM120，但抵达加威码头再安排船只很昂贵。最好在瓜拉登嘉楼的**Ping Anchorage**（见325页）预订好整套旅行套餐或一日游（每人RM220~260，取决于团队规模，最少两人）。探索肯逸湖偏远地区的另一种选择是乘坐船屋，但需要大概10个人合算，Ping Anchorage也可以安排船屋。

沙巴

人口：312万/面积：76,115平方公里

包括 ➡

最佳餐饮

- Kohinoor（见347页）
- Sim Sim Seafood Restaurant（见375页）
- Alu-Alu Cafe（见347页）
- 亚庇夜市（见347页）

最佳住宿

- Shangri-La's Tanjung Aru Resort & Spa（见345页）
- Mañana（见366页）
- Lupa Masa（见363页）
- Tampat Do Aman（见368页）
- Orou Sapulot（见409页）

为何去

居世界第三大岛屿（加里曼丹岛）一隅的沙巴虽然不大，却拥有令人眼花缭乱的自然资源：碧蓝海水簇拥着无人居住的荒岛，形态颜色各异的鱼群穿梭于珊瑚礁间；海拔4095米的基纳巴卢山直入云霄，堪称徒步爱好者的天堂；生活着眼镜猴、长臂猿、蟒蛇、云豹和大鳄鱼的丛林永远不会让人感觉乏味。沙巴约55%的面积都为森林覆盖，但马廖盆地和达努姆谷等保护区如今进出方便。

考虑到沙巴袖珍的面积，从一个景点去另一个景点不用费什么工夫。再加上这里曾是英国的殖民地，许多当地人都会说英语，因此特别适合旅游。无论是在亚庇（哥打基纳巴卢）采珍珠、在西必洛看小红毛猩猩学爬树、去婆罗洲最北端体验那里的沙滩，还是潜水或徒步，你都会收获一个异常丰富的假期。

何时去

哥打基纳巴卢(亚庇)

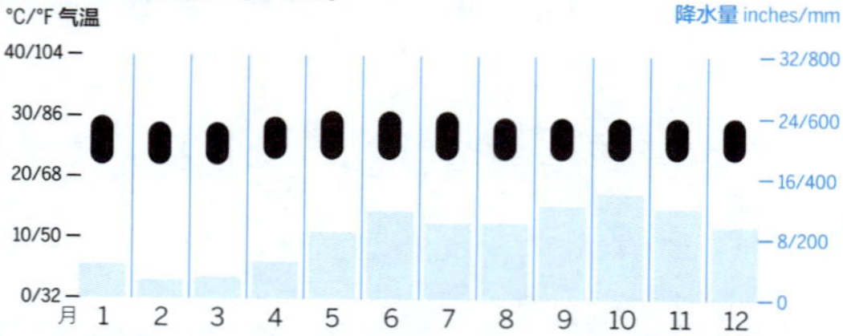

1月至4月 干爽宜人的季节，能够参与华人农历新年的庆祝活动。

3月至7月 水面平静，潜水的最佳季节。

6月至9月 炎热多雨（但也并非总是下雨）。

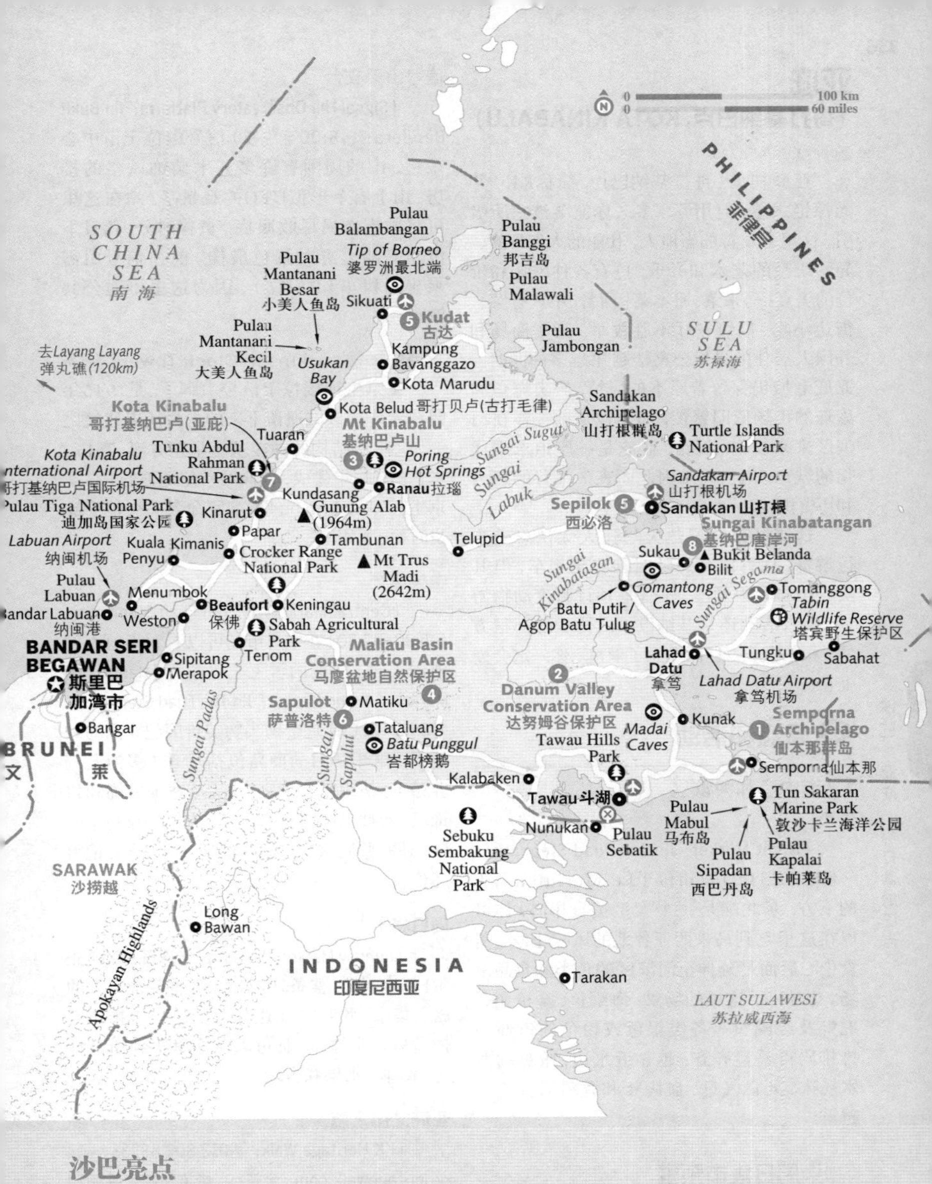

沙巴亮点

❶ 去**仙本那群岛**（见394页）五彩缤纷的珊瑚礁间与野生海龟和鲨鱼一起潜水。

❷ 探访潮湿的**达努姆谷保护区**（见388页），寻找眼镜猴、云豹和红毛猩猩的踪影。

❸ 沿着如月亮表面般崎岖的山路登上**基纳巴卢山**（见354页）山顶，观看蔚为壮观的婆罗洲日出。

❹ 在**马廖盆地保护区**（见404页）的原始雨林里呼吸清新空气。

❺ 在**西必洛**（见376页）看被解救的红毛猩猩和马来熊。

❻ 坐船沿河而下，穿过原始丛林，去**萨普洛特**（见408页）欣赏岩都榜鹅岩层。

❼ 参加**亚庇**（见336页）丰富多彩的艺术活动。

❽ 坐小锡皮船在**基纳巴唐岸河**（见382页）上与鳄鱼面对面。

亚庇
（哥打基纳巴卢，KOTA KINABALU）

☎088/人口：457,325

亚庇初见（哥打基纳巴卢，简称KK）并无惊艳之感，但用不了多久你就会被它所吸引。这里有友善的当地人、壮丽的火红日落、异彩纷呈的艺术和音乐，更有各种风味和价位的美食：马来菜、日本菜、西餐、中式粤菜、街边小吃、高级餐厅不胜枚举。豪华商场和外国人居住的昂贵公寓楼越建越多的同时，亚庇老城仍保留着原本的风情，售卖海鱼和珍珠的市场依旧繁忙，渔船像从前一样在河滨区来来往往。没错，亚庇是一座追求现代化的城市，但它并未因此而丧失往昔的魅力和历史积淀。

这座城市的湿热天气让人无法忍受步行游览，你肯定会想随时乘坐出租车，但其实城市布局很紧凑，不管是预订野生动物游览、潜水活动还是基纳巴卢山徒步游都很方便。相信我，一旦你熟悉了亚庇，你一定会爱上它。

景点和活动

市中心和河滨区

夜市
市场

（Night Market；Jln Tun Fuad Stephens；⏲傍晚至23:00）夜市位于Le Meridien酒店的下方，东北端是一个大型美食中心，你可以在这里吃到马来西亚各地的风味小吃。美食中心后面是延伸至河滨区的鱼类和食品市场。想象一下这里的场景：海鲷鱼、金枪鱼、虎虾及红鲷鱼等各类银色或粉色的鱼虾一排排码得整整齐齐；越靠近水边，呛鼻的海水气味、死亡气息、血腥味和香料的香气就越重。

> **周日集市预警**
>
> 逛亚庇的周日集市时，动物爱好者最好别去Jln Gaya和Beach St相交的区域，那里的高温以及被关在网笼里的厚毛小波斯猫和喘着气的小狗会让你感觉很不舒服。

信号山天文台
地标

（Signal Hill Observatory Platform；Jln Bukit Bendera；⏲8:00至午夜）信号山位于市中心东边，山的周围有许多艺术装饰风格的楼房，山上有个形似UFO的观景亭，站在这里可将城市布局尽收眼底。黄昏时分，落日下沉至岛屿上方时景色最佳。前往信号山需乘坐出租车（RM15），因为这里不通公共汽车。

艾京生钟楼（Atkinson Clock Tower）
地标

艾京生钟楼位于信号山脚下，是1945年盟军轰炸后该城遗留下来的少量历史建筑之一。这座木结构的钟楼基座呈正方形，高15.7米，于1905年建成，以该城首位地方官F.G.艾京生（FG Atkinson）的名字命名——他于28岁时死于疟疾。

中央市场
市场

（Central Market；Jln Tun Fuad Stephens；⏲5:30~17:30）在中央市场可以看看当地人如何做生意。附近的**手工艺品市场**（Handicraft Market，Filipino Market；Jln Tun Fuad Stephens；⏲8:00~21:00）是个购买物美价廉纪念品的好地点。琳琅满目的商品包括珍珠（多为人工养殖）、纺织品、贝壳工艺品、珠宝首饰和竹饰品，有些商品来自菲律宾，有些来自马来西亚，还有些则来自亚洲其他地区。一定要记得还价。

周日集市
市场

（Sunday Market；Jln Gaya；⏲周日 6:00至正午）每逢周日，整条Jln Gaya都将变成华人的露天集市。此时的街道热闹非凡，一个摊位紧挨着另一个摊位，你可以在这里买到蜡染纱笼、雨伞、水果和古玩。

亚庇文化之旅
步行游览

（KK Heritage Walk；☎012-802 8823；www.kkheritagewalk.com；含茶点、蜡染印花大手帕和小册子步行游览 RM200；⏲2.5小时，出发时间每天 9:00）你可向亚庇任何旅行社（只需向酒店前台询问）预订这个2.5小时的步行游览，探索殖民风情浓郁的亚庇及其隐秘的瑰宝。景点包括中药店、批发商店、kopitiam（咖啡店）及Jln Gaya（在英国人管治时期，这条

亚庇的艺术活动

亚庇拥有丰富多彩的节日和音乐会，你只需稍加留心便可。免费的《沙巴》月刊随处可得，这本印制精美的杂志上列有最近的活动，尽管如此，还是有必要去SPArKS［亚庇表演艺术协会（Society of Performing Arts Kota Kinabalu）；www.sparks.org.my］的网站上看看。SPArKS与美国大使馆合作，将许多世界著名演出带到亚庇的各大艺术场所，6月或7月会组织大受好评的爵士音乐节（Jazz Festival；详情请见http://kkjazzfest.com），6月至7月间还会举办亚庇艺术节（KK Arts Festival）。

别错过了新奇的露天集市Tamutamu，这里售卖艺术品和工艺品，同时也会集了艺术家、乐师和塔罗师等各色人群。集市举办的时间为每月第3个周日的10:00~17:00，在此期间还会展出Cracko Art Gallery（见349页）里的作品。具体情况可咨询Biru Biru（见346页）。

街称为Bond St）。导游会说英语、中文和马来语。

在游览最后还有一个有趣的寻宝游戏，引领旅行者去Jesselton Hotel。

市中心以外

亚庇最好的几个景点都位于市中心之外，虽然有点远，但值得去看看。

沙巴博物馆　博物馆

（Sabah Museum；Kompleks Muzium Sabah；☎088-253 199；www.museum.sabah.gov.my；Jln Muzium；门票 RM15；⏲周六至周四9:00~17:00；Ⓟ）沙巴博物馆位于市中心以南2公里处，进行过整修翻新，新添了一些标牌和文字说明。如果你想对沙巴各民族和生活环境有个大概了解，来这里就对了。馆内收藏有部落和历史工艺品，包括瓷器和一个鲸鱼骨架（位于大厅中央），还有一个仿造的石灰岩洞穴。文化遗产村（Heritage Village）里有传统的部落民居，如卡达山族（Kadazan）的竹屋和汉族的农舍，所有的这些都被精美地陈列在一片睡莲湖畔。

毗邻的科学和教育中心（Science & Education Centre）有一个石油工业展，介绍了从钻井到炼油处理的所有过程，让人大开眼界。沙巴美术馆（Sabah Art Gallery）经常有当地艺术家的作品展览。记得保留门票，凭票还可以参观伊斯兰文明博物馆（Museum of Islamic Civilisation）和山打根（Sandakan）的阿格尼斯·凯斯故居（Agnes Keith House）。

马里马里文化村　博物馆

（Mari Mari Cultural Villlage；☎088-260 501；www.traversetours.com/sabah/marimari-cultural-village；Jln Kiansom；成人/儿童RM160/130；⏲团队游10:00、14:00和18:00；Ⓟ）在这3小时的游览过程中，你将看到许多沙巴民族的民居——巴瑶族（Bajau）、伦达耶族（Lundayeh）、毛律族（Murut）、龙谷斯族（Rungus）和杜顺族（Dusun）——所有的房屋都由各民族所代表的部落后代建造而成。你将看到制作吹管、文身和生火的过程，并对每个部落的信仰有深入的了解，还能吃到他们烹饪的美食！虽然这里游客很多，但确实很好玩，特别适合家庭游客。

游览过程中还有机会欣赏一段简短的舞蹈表演。村子位于亚庇市中心以北，坐车需要20~30分钟。距离文化村400米处有座小瀑布——Kiansom Waterfall，可以开车过去，也可以直接走过去。瀑布周围很适合游泳，参观完马里马里文化村之后不妨来这里凉快一下。

蒙梭毕悦文化村　博物馆

（Monsopiad Cultural Village；☎088-774 337；www.monsopiad.com；Kg Kuai/Kandazon，Penampang；成人/儿童 RM75/免费；⏲9:00~17:00；Ⓟ）蒙梭毕悦文化村得名于一位传奇勇士和猎人头目。头骨屋（House of Skulls）是文化村内的亮点，里头除了有蒙梭毕悦的战利品——敌人的骷髅头，还有描绘当地古老宗教仪式的工艺品，在这种仪式存在的年代，

Kota Kinabalu 哥打基纳巴卢(亚庇)

祭司(bobolian)是村里最重要的人物。村子距离亚庇16公里，想要独自前往的话，可以先在市中心坐13路公共汽车到Donggongon(RM1.50)，然后转乘小客车去文化村(RM1)。坐出租车从市区直接过来需要RM40。

亚庇湿地中心

鸟类保护区

(Kota Kinabalu Wetland Centre; ☎088-246 955; www.sabahwetlands.org; Jln Bukit Bendera Upper, Likas District; 门票 RM15; ⌚周

Kota Kinabalu 哥打基纳巴卢（亚庇）

景点

1 艾京生钟楼 A3
2 中央市场 C3
3 夜市 B3
4 信号山天文台 D2
5 周日集市 A2

活动、课程和团队游

6 Adventure Alternative Borneo A2
7 Borneo Adventure A6
8 Borneo Divers B1
9 Borneo Nature Tours B6
10 Downbelow Marine & Wildlife Adventures A6
11 GogoSabah A1
12 River Junkie A1
Riverbug/Traverse Tours （见14）
Scuba Junkie （见11）
13 Sticky Rice Travel A3
14 Sutera Harbour A1

住宿

15 Borneo Backpackers B2
16 Borneo Gaya Lodge B2
17 Bunibon B2
Celyn City Hotel （见26）
18 Grandis Hotel D1
19 Hotel Eden 54 B1
20 Hotel Sixty3 B1
21 Hyatt Regency Kota Kinabalu C2
22 Imperial Boutec Hotel B4
23 Jesselton Hotel B2
24 Kinabalu Backpackers B2
25 Kinabalu Daya A2
26 Klagan Hotel B4
Le Hotel （见26）
27 Le Méridien Kota Kinabalu B3
28 Lucy's Homestay B2
29 Pod's Backpackers B4
30 Rainforest Lodge A2
31 Seasons Street Lodge A3
32 Sky Hotel B6
33 Summer Lodge A3

就餐

7-11 （见36）
34 Alu-Alu Cafe D1
Biru Biru （见15）
35 Centre Point Basement Food Court B4
36 Chili Vanilla A2
37 El Centro A2
38 Grazie D1
39 Kedai Kopi Fatt Kee A2
40 Kohinoor B4
41 Milimewa Superstore A2
Nagisa （见21）
42 夜市 B3
43 October Cafe B2
44 Print Cafe B2
45 Tong Hing Supermarket B1
46 Wisma Merdeka Food Court A1
47 佑记茶室 B2

饮品和夜生活

48 Bed B4
49 Black World A2
El Centro （见37）
Hunter's （见25）
Shamrock （见40）
Shenanigan's （见40）
50 Upperstar C2

娱乐

Suria Sabah （见38）

购物

51 Borneo Shop A1
52 Borneo Trading Post B3
53 Cracko Art Gallery B2
54 手工艺品市场 B3
55 Natural History Publications A1
56 Oceanus Waterfront Mall B4
57 Suria Sabah购物中心 D1

实用信息

澳大利亚领事馆 （见20）
58 英国名誉领事 B2
59 汇丰银行 B1
60 印度尼西亚领事馆 B6
61 马来亚银行 A1
62 渣打银行 B1

二至周日 8:30~18:00; P）沿1.4公里长的木板路穿过这片24公顷的红树林沼泽地，有机会看到招潮蟹、红树林螃蟹、泥龙虾、弹涂鱼、小蜥蜴、海龟、水巨蜥和红树林蛞蝓等动物（遗憾的是，你也会看到塑料瓶）。对许多人而言，这里最吸引人的是能看到一群群使人惊叹的候鸟。在市政厅或Wawasan Plaza前的公共汽车站搭乘开往Likas的公共汽车，在

Likas Sq下车即可到达。从市区坐出租车过来需要大约RM15。

伊斯兰文明博物馆 博物馆

（Museum of Islamic Civilisation；☎088-538 234；门票 RM15；⊙周六至周四 9:00~17:00；P）这里由6间介绍伊斯兰文化和马来西亚历史的陈列馆组成，5根圆顶柱子代表着伊斯兰教的“五功”。虽然博物馆看起来有点陈旧，但也不失为一个打发下午时间的去处。

博物馆位于市区以南2公里处，可以乘坐沿Jln Tunku Abdul Rahman行驶的公共汽车（RM1）过来，在到达博物馆之前下车，之后是一段不长但陡峭的上坡路。乘坐出租车需要RM10~15。

13路公共汽车也途经此博物馆，公共汽车经过Queen Elizabeth Hospital，停在Jln Muzium附近（可以借助Sacred Heart Church教堂定位）。

普陀寺 佛教寺庙

（Puh Toh Tze Buddhist Temple；Mile/Batu 5.5，亚庇以北20分钟车程的位置；⊙8:00~17:00）免费爬上石梯，首先看到的是位于两侧的10座中国神像，然后才是主殿里供奉的观世音菩萨。寺内还有一座中国风格的卧佛像。寺庙坐落在主干道北侧岔路以西的一座小山丘上，你可以坐公共汽车到Jln Tuaran下车，或者选择更方便的出租车，往返车费不会超过RM36。

紫瑞阁德教会 宗教遗迹

（Che Sui Khor Moral Uplifting Society；Jln Tuaran）免费教会位于亚庇的东北方，坐车过来大约4分钟，里面有一座橙绿相间的11层宝塔。该教会信奉伊斯兰教、道教、佛教和基督教的教义。你可在Wawasan Plaza的汽车站乘坐沿Jln Tuaran向北行驶的公共汽车（RM3）。回去时，只需站在寺庙外的主道上等小型公共汽车或班车。坐出租车往返大约RM30。

市立清真寺 清真寺

（City Mosque；紧邻Jln Tun Fuad Stephens）这座经典风格的清真寺无论是环境还是设计都比州立清真寺（State Mosque）更胜一筹。它于2000年竣工，可容纳12,000名礼拜者。非穆斯林可以在非祷告时间进去参观，但里面并没有太多值得一看的。清真寺位于市中心以北5公里处，从Wawasan Plaza乘坐开往UMS的5A路公共汽车即可到达（RM1.5）。记得告诉售票员你要在过了Tanjung Lipat环岛之后的市立清真寺下车。

清真寺参观免费，但你需要花钱租长袍才能入内。

州立清真寺 清真寺

（State Mosque；Jln Tunku Abdul Rahman）沙巴的州立清真寺是当代马来伊斯兰建筑的典范：清一色的现代主义风格外立面，几何结构造型。该清真寺位于市中心的南部，途经Kampung Air吊脚屋村庄，距离沙巴博物馆不远。在抵离机场的路上，你能看见清真寺高耸的宣礼塔和圆顶。非穆斯林游客也可以入内参观，但必须穿着得体。

Tanjung Aru 海滩

这片漂亮的海滩从Shangri-La's Tanjung Aru Resort一直向南延伸到机场。这里是属于当地人的海滩，许多人会在这野餐和约会。海滩上有很多小吃摊，大多数在天黑后开始收摊。我们不建议在这里游泳，因为虽然海水看起来很美，一些当地人也告诉你没问题，但据说海水已被亚庇和附近水上村庄排放的垃圾污染了。

富境花庄 农场

（Orchid De Villa；☎088-380 611；www.orchid-de-villa.com.my；Jln Kiansom；⊙8:00~17:00；P）如果你对植物着迷，一定要来这里看看。农场位于去Penampang的公路边，距离亚庇市中心20公里。农场专门种植罕见的婆罗洲兰花、杂交兰花、仙人掌和药用植物，是这个地区所有五星级酒店的鲜花供应商。最新数据显示这里共有300种不同类型的兰花。

洛高宜野生动物园 动物园

（Lok Kawi Wildlife Park；☎088-765 710，088-765 793；Jln Penampang；成人/儿童 RM25/10；⊙9:30~17:30，最晚入园时间 16:30；P）动物园距离市区1小时车程（20公里），如果你没法看到自然状态下的沙巴动物，那么这里是个不错的替代选择。但是，我们得事先提醒你：老虎和马来熊在这里的活动场地都很狭小，而且基本上就是空荡荡的一块地；猩猩则被训练为游客剥椰子壳。园内有眼镜猴、长鼻猴、矮象和马来犀鸟，提供一列观光小火车供游客乘坐（RM2）。

记得带上足够的饮用水、帽子和食物（动物园内没有商店，但外面有一家）。酒店可以帮你预订一辆出租车，往返的车费大约为RM130，包括等候的时间。你也可以乘坐20A路小型公共汽车过来这里（RM2）。自驾的话，则需经Papar-Penampang公路或Putatan-Papar公路前往。

团队游

亚庇有许多旅游公司，足以满足游客的各种需求和预算。直接前往Wisma Sabah，位于Jln Haji Saman的这栋办公楼内有许多旅行社。

★Sticky Rice Travel 探险游

（☎088-251 654; www.stickyricetravel.com; 3rd fl, 58 Jln Pantai; ⏲9:00~18:00）《国家地理》杂志推荐这里的原因是：活动组织井井有条、团队游项目新颖独特、导游知识丰富。这家机构经营负责任的、基于社区的旅游项目，参加者可以在探险的同时了解当地文化和一些新奇事物。工作人员会根据你的兴趣、体力和预算为你设计一套游玩方案，时间一般为4天或几个星期。

★Adventure Alternative Borneo 探险游

（☎019-802 0549; www.aaborneo.com; 1st fl, 97 Jln Gaya; ⏲9:00~18:00）这家英国机构与沙巴旅游局合作紧密，经营基纳巴卢山附近的Lupa Masa雨林露营团队游。"可持续的负责任旅行"是其核心理念。如果你想要欣赏偏远地区的自然风光，不妨参加这里的萨普洛特（Sapulot）团队游。

★Borneo Divers 潜水

（☎088-222 226; www.borneodivers.net; 9th fl, Menara Jubili, 53 Jln Gaya; ⏲9:00~18:00）一家一流的潜水机构，享有"沙巴最早的潜水经营商"的盛誉，拥有专业级的潜水指导员——他们尤其擅长教授PADI（专业潜水教练协会）课程。机构位于马布岛（Mabul），可以带你去沙巴的任何海域潜水。这里的设备、安全性和服务态度都令人非常满意。

★Scuba Junkie 潜水

（☎088-255 816; www.scuba-junkie.com; Ground fl, lot G7, Wisma Sabah, Jln Haji Saman; ⏲9:00~18:00）Scuba Junkie同样位于马布岛上，是一家在保护生态环境上表现出色的潜水机构。他们会把部分收入用于海龟孵化处和海龟康复中心，以及雇用一名鲨鱼保护者和一名环境保护人士。这里很受欧美年轻人的欢迎。气氛活跃，指导员也很友善，和Borneo Divers一起是马布岛最大的亮点。

River Junkie 漂流

（☎088-255 816, 017-601 2145; www.riverjunkie.com; Ground fl, lot G7, Wisma Sabah, Jln Haji Saman）River Junkie是潜水经营商Scuba Junkie的附属机构，经营河流漂流，在旅行者中的口碑非常好。他们经营的亚庇周边一日游（价格从每人RM200到RM400不等，包含交通费）包括了从乘船看长鼻猴到白水漂流（期间经过马里马里文化村等地）等各种活动。一般要求至少提前24小时预订。

Equator Adventure Tours 文化游

（☎013-889 9535, 088-766 351; www.facebook.com/equatortours; ⏲9:00~18:00）Equator提供的Hajah Halimah Traditional烹饪课程（RM175）让你有机会在品尝马来西亚菜肴的同时了解其烹饪的全过程。早上9:00，Equator会派车来酒店接你去湿漉漉的市场挑选食材，然后开始教你如何制作两道令人难以忘怀的佳肴。课程结束的时间为12:30，价格包含交通费。

亚庇的方位指南

亚庇的市中心位于滨水区和东部低地丛林山丘之间，放眼皆是密集如网的钢筋水泥建筑。其结构紧凑，适于步行（天气不太潮湿时），容易寻找方向。大多数餐馆、集市、住宿、旅游办事处和旅行社都聚集在这里。城市两端都设有交通总站。

GogoSabah

团队游

(☎012-838 5566; www.gogosabah.com; Lot G4, ground fl, Wisma Sabah, Jln Haji Saman; ⏲周一至周六 9:00~18:00) Gogo提供汽车和摩托车租赁，包括小汽车(每天 RM120)和应付烂泥路的各种型号越野摩托(150cc; 每天RM80)。

Bike Borneo

自行车游

(☎088-484 734; www.bikeborneo.com; City Mall, Jln Lintas, Kota Kinabalu; 1日团队游RM245起; ⏲9:00~18:00) Bike Borneo的经营者是Fieldskills Adventures，他们提供的山地自行车活动主要在斗亚兰(Tuaran)以外的地方进行。团队游套餐有：经过三座摇摆桥的1日郊外骑行游，以及穿越基纳巴卢山山脚的4日骑行探险活动。每项活动的人数不超过6人。他们的自行车保养得很好，导游也很有经验。City Mall在市中心以东6公里的地方。

Riverbug/Traverse Tours

探险游

(☎088-260 511, 088-260 501; www.riverbug.asia/sabah; Lot 227, 2nd fl, Wisma Sabah, Jln Tun Fuad Stephens; ⏲9:00~18:00) 一家服务优质且目光长远的旅行社，致力于推行可持续旅游项目。经营多种沙巴团队游，如从保佛(Beaufort)沿巴达斯河(Sungai Padas)而下的白水漂流。

这个漂流一日游的起点在亚庇，5:20先坐火车去保佛(3小时)，然后坐皮艇在巴达斯河泥浆色的河面上漂上9公里，期间会经过7处间断的3级或4级湍流。Riverbug会在18:00送你回市区。虽然累成狗，但是开心就好啊！

> **沙巴环路**
>
> 有一条弧形柏油路从亚庇通往斗湖(Tawau)，途经基纳巴卢山、西必洛(Sepilok)、山打根、拿笃(Lahad-Datu)和仙本那(Semporna; 前往西巴丹的关口)。通过这条岛屿的北部环线从亚庇前往斗湖很方便，随着最近萨普洛特至斗湖之间公路的完工，走南侧环线也变得很方便(从斗湖回亚庇)。这条公路在2015年铺上了柏油，正好经过原本交通不便的马廖盆地，游客现在可以坐车到公园大门口，省却了不少时间。

Fieldskills Adventures

探险游

(☎088-484 734; http://fieldskills.com.my; City Mall, Jln Lintas; ⏲9:00~18:00) 如果你热爱户外和探险活动，就来这里吧。Fieldskills Adventures能带你到沙巴各地骑行、攀岩、徒步和潜水。City Mall在市中心以东6公里的地方。

Borneo Adventure

探险游

(☎088-486 800; www.borneoadventure.com; block E-27-3A, Signature Office, KK Times Sq; ⏲9:00~18:00) 这家总部设在沙捞越的旅行社屡获殊荣，工作人员非常专业，所策划的旅游和活动套餐很有创意，而且他们是真的对当地居民和环境承担责任。如果你想去马廖盆地(Maliau Basin)可以找他们。

Borneo Authentic

乘船游

(☎088-773 066; www.borneo-authentic.com; Lot 3, 1st fl, Putatan Point, Jln JKR) 一家服务热情的旅行社，组织各种团队游，包括克利雅斯河(Sungai Klias)一日游、多种潜水和骑行团队游。机构位于市中心以南大约11公里处的必打丹(Putatan)。

Downbelow Marine & Wildlife Adventures

潜水

(☎012-866 1935; www.divedownbelow.com; Lot 67 & 68, 5th fl, KK Times Sq Block; ⏲9:00~18:00) 这家组织潜水游的旅行社口碑极佳，它在市里设有办事处，并在加雅岛(Pulau Gaya)上开设了一个PADI中心，提供婆罗洲各地的旅游套餐。

Borneo Eco Tours

团队游

(☎088-438 300; www.borneoecotours.com; Pusat Perindustrian Kolombong Jaya, Mile 5.5 Jln Kolombong; ⏲9:00~18:00) 这家机构的旅游路线覆盖了马来西亚婆罗洲、达努姆谷(Danum Valley)、基纳巴卢山、克罗克岭(Crocker Range)和马廖盆地，同时在Camp Lemaing(基纳巴卢山附近)运营一个新的

社区项目。机构位于市中心东北方向大约6公里处。

Borneo Nature Tours 自然游

（☎088-267 637; www.borneonaturetours.com; Block D, lot 10, Kompleks Sadong Jaya, Ikan Juara 4; ⏰9:00~18:00）Borneo Nature Tours同时经营达努姆谷的Borneo Rainforest Lodge度假屋和马廖盆地的团队游。它的店面在一条河道附近的路口处。

Sutera Harbour 徒步

（Sutera Sanctuary Lodges; ☎088-308914/5; www.suteraharbour.com; Ground fl, lot G15, Wisma Sabah, Jln Haji Saman; ⏰9:00~18:00）Sutera在沙巴组织许多旅游活动，在基纳巴卢国家公园（见354页）内还提供独家住宿。如果打算攀爬基纳巴卢山但没有预订床位，可把这里当作第一站。

Borneo Dream 潜水

（☎088-244 064; www.borneodream.com; F-G-1 Plaza Tanjung Aru, Jln Mat Salleh）这家机构位于加雅岛的Gaya Island Resort度假村（见354页），光听名字就已让人浮想联翩。你既可以简单地体验下潜水，也可以参加PADI课程，实现成为一名开放水域潜水者的愿望。机构位于城市东南边，靠近机场的T2航站楼。

住宿

沙巴背包客旅馆协会（Sabah Backpacker Operators Association; www.sabahbackpackers.com）旨在帮助那些在该地区“穷游”的游客。通过他们的网站可以查询到住宿和团队游方面的优惠信息。亚庇新增的住宿类型以高档酒店和背包客客栈为主，中档级别的相对较少，但淡季时许多地方都有优惠。

★ Pod's Backpackers 青年旅舍 $

（☎088-287 113; admin-kk@podsbackpacker.com; 1st fl, Api-Api Centre, Jln Centre Point; 铺/标单/双 RM35/60/80; ❄📶）Pod's受到背包客的喜爱不是没有原因的。旅舍很干净，有6间客房（3间双人间，3间多人间），墙壁刷成清新的黄绿色，禅式装饰风格简洁大方。这里可以提供旅游信息和组织短途游，有免费的Wi-Fi和锁柜，但我们最中意的还是它轻松随意的气氛——一种如家般的舒适感。

★ Borneo Backpackers 青年旅舍 $

（☎088-234 009; www.borneobackpackers.com; 24 Lg Dewan; 铺/标单/双 含早餐 RM37/60/80起; ❄📶）这里是亚庇最棒的青旅，房屋色调为蓝绿色，装修得十分时尚，里面有越南会安的灯笼和一些艺术品，铺有木地板，楼下是一家供应亚洲创意料理的咖啡馆。多人宿舍和房间都极为干净，旅舍的墙壁用模板印上了艺术图案，有一个阳台兼阅览室，风扇一直在头顶上“呼呼”地转。这里还是Sticky Rice Travel（见341页）的总部。

Borneo Gaya Lodge 青年旅舍 $

（☎088-242 477; www.borneogayalodge.com; 1st fl, 78 Jln Gaya; 铺 含早餐 RM25起，双/四 带卫生间 RM85/119; ❄@📶）整个旅舍都开放冷气，有一个舒适的公共休闲室。环境安静且干净，工作人员服务热情，可以帮你预订团队游并提供一些旅游信息。

Lucy's Homestay 青年旅舍 $

（Backpacker's Lodge; ☎088-261 495; http://borneohostel.wiz.com/lucyshomestay; Lot 25, Lg Dewan, Australia Pl; 铺/标单/双 含早餐 RM28/58/68; 📶）挂有亮色壁饰的墙壁、图书交换处（有许多旅游类的书）以及养着植物的阳台——这里就是Lucy's。旅舍里铺有素雅的木地板，有一个引以为豪的厨房。房间和多人宿舍里只有风扇，且都不带私人卫生间。这里环境清幽，听不到一丁点噪音。记得去看看旅舍后面那棵高大的百年菩提树。

Seasons Street Lodge 青年旅舍 $

（☎088-253 867; seasonsstreet123@gmail.com; 123 Jln Gaya; 铺/标单/双/家 含早餐 RM40/50/75/130; ❄@📶）这是一间新开的旅舍，前台放着震耳的原声音乐，工作人员在那儿忙前忙后。旅舍的墙壁上有五颜六色的画，大厅里有许多坐的地方。Seasons Street有一间电视房、布置简朴的多人宿舍和有模板艺术品装饰的房间，提供免费锁柜，浴室很干净。

Bunibon 青年旅舍 $

（☎088-210 801; www.bunibonlodge.com;

Lot 21, Lg Dewan; 铺 RM30, 房间 不带/带卫生间 70/85; ❄📶)这家旅舍的双人间和宿舍都很宽敞，此外还有一个极佳的厨房和休闲室（里面有电视机和大量DVD）。工作人员可以帮你预订沙巴周边的短途游。虽然旅舍的装饰风格很普通，但整个室内都有冷气供应。

Kinabalu Backpackers 青年旅舍 $

（☎088-253 385; www.kinabalubackpackers.com; Lot 4, Lg Dewan; 铺/标单/双 RM25/55/68起; ❄📶)尽管这家旅舍给人感觉平淡乏味，但总体还算干净且凉快，在你找到更好选择之前，不妨先在这里住下。旅舍可以帮你安排之后的旅行和团队游。

Summer Lodge 青年旅舍 $

（☎088-244 499; www.summerlodge.com.my; Lot 120, Jln Gaya; 铺/双 RM35/65; ❄📶)与新开业的背包客旅舍相比，Summer Lodge显得有点老旧且不那么招人喜欢。尽管如此，这里还是具有价格便宜、地处中心以及出门就是酒吧街Beach St等优势。

★ Hotel Sixty3 酒店 $$

（☎088-212 663; www.hotelsixty3.com; Jln Gaya 63; 房间/家 RM276/452起; ❄@📶)这家酒店有100间房，房间地板富有光泽，墙壁上挂着黑白照片。深色的木家具、柔和的射灯、平板电视和保险柜，这些硬件都十分具有国际酒店的范儿。如果要用一个词概括这里的话，那就是“时尚”。

Klagan Hotel 酒店 $$

（☎088-488 908; www.theklagan.com; Block D, Warisan Sq, Jln Tun Fuad Stephens; 房间/家 RM313/470; ❄📶)房间里铺着厚地毯，墙壁刷成了橘红色。淋浴、大床和漂亮的家具一应俱全，此外还有舒适的工作椅、书桌、平板电视和射灯。大堂里有一间咖啡馆/面包店，但最吸引人的是位于11层的餐厅，餐厅视野开阔，可以远眺大海和岛屿。酒店的自助早餐极为美味，非住客每人收费RM30。

Hotel Eden 54 精品酒店 $$

（☎088-266 054; www.eden54.com; 54 Jln Gaya; 双/家 RM139/239; ❄📶)这家精品酒店位于信号山脚下，装修时尚的房间、巧克力色的窗帘、压着玻璃的书桌、当代风格的床和酒红色（或孔雀绿）的墙壁无一不散发着精致的气息。酒店里飘着香味，让人感觉仿佛身处香水工厂。休息室后面有一个公共厨房。对新背包客、情侣甚至一个家庭而言，这里都是理想的选择。避免没有窗户的房间。

Jesselton Hotel 酒店 $$

（☎088-223 333; www.jesseltonhotel.com; 69 Jln Gaya; 房间 RM215~239; ❄📶)充满沧桑感的灰泥外墙也许会让你觉得酒店已辉煌不再，但其实里面依旧延续着奢华：厚地毯、龙谷斯族人制作的床尾垫、大理石铺就的浴室和双色调墙壁。大堂服务热情而周到，餐厅明亮且通风。作为亚庇历史最悠久的酒店，Jesselton无须刻意打造任何特色，因为它本身就是一种特色。

Sky Hotel 酒店 $$

（☎154-876 1941; www.skyhotelkk.com; Lg Kemajuan Karamunsing; 房间/家 RM208/418起; P⊖❄@📶🏊)如果你是结伴而行的话，入住这栋现代高楼会很划算。酒店地处市中心附近的商业区，套房宽敞凉快，配备现代家具、自助设施、平板电视和大号床。可以看见城市风光，更赞的是这里还有一个屋顶游泳池。酒店提供可口的素食自助早餐，有新鲜水果、酸奶、麦片和鸡蛋等食物可选。

Le Hotel 酒店 $$

（☎088-319 696; www.lehotel.com.my; Block B, 3rd fl, Warisan Sq, Jln Tun Fuad Stephens; 房间 RM120~158, 家 RM195; ❄📶)走上3楼，就来到了这家色彩丰富的小酒店。工作人员态度友好，但这里的房间显然更适合霍比特人。尽管如此，房间还是装修得十分显档次。可以让前台帮你安排一间海景房。

Kinabalu Daya 酒店 $$

（☎088-240 000; www.kkdayahotel.com; Lot 3-4, block 9, Jln Pantai; 房间/套 含早餐 RM146/320起; ❄📶)尽管这家中档酒店不太可能获得设计大奖，但舒适、干净且品位高雅的房间已足为它赢得口碑。房间内有冰箱、平板电视、书桌和现代浴室。双人间的空间比较狭窄。

Rainforest Lodge 酒店 $$

(☎088-258 228; www.rainforestlodgekk.com; Jln Pantai; 铺/标单/双/套 RM40/115/135/165起; ❄@📶)位于热闹的"Beach Street"建筑里，Rainforest靠近亚庇数个最佳夜生活地点。客房设计清新别致，融合了现代和沙巴部落风格，许多客房都有凉爽的阳台，可欣赏楼下Beach St熙来攘往的人群。注意：晚上会相当吵闹。

Imperial Boutec Hotel 酒店 $$

(☎088-525 969; 7th fl, Warisan Sq; 房间 RM175~220; 🚭❄📶)这家酒店近百间大小不一的客房，房间内铺有复合地板，提供平板电视、当代风格的家具和现代浴室。整间酒店以橙色为主色调。由于这里位于Warisan Sq的第7层，因此感觉有点与外界隔绝且过于安静，但房间本身非常不错。

Celyn City Hotel 酒店 $$

(☎088-448 787; www.celyns.com; Lot 21, Warisan Sq; 房间 RM150~180起; ❄📶)酒店位于一座购物中心内，有72间房，房间内有当代风格的家具、保险柜和平板电视。墙壁和地毯都非常干净。整间酒店也许在装修上缺乏特色，但便利的中心位置无疑为它弥补了这一缺憾。

★ Shangri-La' s Tanjung Aru Resort & Spa 度假村 $$$

(STAR; ☎088-327 888; www.shangri-la.com/kotakinabalu/tanjungaruresort; Tanjung Aru; 房间 RM550起; P❄📶🏊)酒店位于市中心以南3公里的Tanjung Aru地区，可以说是整个沙巴最好的酒店。房间豪华时尚，配有宽敞的浴室、无比舒适的大床和能看见海景的阳台。花园修剪整齐、鲜花盛开。酒店有温泉浴池和早餐吧，还提供进行多种水上运动的设备和场所。这是一个让人无法挑剔的地方，放松身心的不二之选。

★ Grandis Hotel 酒店 $$$

(☎088-522 888; www.hotelgrandis.com; Grandis Hotels & Resorts, Suria Sabah Shopping Mall 1, Jln Tun Fuad Stephens; 房间 RM368~498起; 🚭❄@📶🏊)隶属于Suriah Sabah Shopping购物中心的这家四星级酒店在保持干净和时尚上一直做得不错。标准间很宽敞，而家庭房大得足以让人在里面打保龄球。房间按最新潮的风格布置，可以看见海景，有浴缸、现代设施、射灯和平板电视。屋顶的Sky Bar是这里的另一亮点，可以欣赏到极佳的风景，还有一个游泳池。

Hyatt Regency Kota Kinabalu 酒店 $$$

(☎088-221 234; www.kinabalu.regency.hyatt.com; Jln Datuk Saleh Sulong; 房间 RM560起; P❄📶🏊)建于1967年的Hyatt从外面来看已显陈旧，但是采用大理石建造的酒店内部却依然富丽堂皇：高高的天花板，深色木材的装饰，大堂里有一个开放式餐厅和休息室。房间宽敞时尚、光线柔和，配备了所有的现代设施，如平板电视、淋浴、高档床上用品。如果你是在旺季以外的时间入住，记得主动要求酒店给予优惠价格。

Le Méridien Kota Kinabalu 酒店 $$$

(☎088-322 222; www.lemeridienkotakinabalu.com; Jln Tun Fuad Stephens; 房间 RM450~500起; P❄📶🏊)酒店最近用沉静的深色木材和柔和的蓝紫渐变灯光重新装饰了大堂。房间里有小冰箱、平板电视和有线电视，装饰风格跟常见酒店并无二致。也就是说，在本书作者调研期间，这里的房间已到了需要进行翻新的状态，因此不妨留意下。淡季时价格有优惠。

就餐

亚庇是婆罗洲为数不多的能够提供多种就餐选择的城市之一，你再也不用顿顿都以米粉充饥了。除了随处可见的华人茶室（kedai kopi）和马来清真餐馆，你还可在市中心周围找到许多有趣的就餐场所。

市中心

★ Print Cafe 咖啡馆 $

(☎013-880 2486; 12 Lg Dewan; 主菜 RM12; ⏲8:30~22:30)咖啡馆位于Lg Dewan一条背包客云集的街道上，环境优雅且凉爽，适合休息、看书和玩抽积木。供应香醇的咖啡、木瓜和橙子奶昔，各种口味的蛋糕、松饼和比萨。推荐泡沫丰富的卡布奇诺咖啡。

Biru Biru 创意菜 $

（24 Lg Dewan；主菜 RM9~13；⏲9:00至深夜）这家蓝色的餐馆位于Borneo Backpackers青年旅舍，主营亚洲的创意菜肴，如用酸橙和姜烹饪的鱼和大份的玉米卷饼，每隔段时间就会推出新的菜品。推荐这里的Lihing米酒（也叫"火箭燃料"）。餐馆的墙壁上挂着阳伞和自行车，热情的经理Jules会让你很快就喜欢上这个地方。

October Cafe 咖啡馆 $

（☎016-810 1274；Lg Dewan；百吉饼 RM5；⏲11:00~22:00）因为October，背包客聚集的Lg Dewan又增添了一份魅力。它的室内采用木材装饰，楼上有一个阳台。供应咖啡、花茶、法式面包、果汁、蛋糕和百吉饼。

佑记茶室 中国菜 $

（Ya Kee Bah Kut Teh；☎088-221192；74 Jln Gaya；主菜 RM8起；⏲16:00~23:00）这家餐馆位于老城中心，室内空间稍显拥挤，但餐馆在室外人行道上也摆放了桌椅，生意十分兴隆。柜台上，面条在沸水中翻腾着，酱汁排骨呈现诱人光泽。这里有你能想到的所有猪肉菜式：叉烧、药膳炖盅、肥腻的排骨……虽然餐馆很热且狭窄，但食物味道确实一级棒。

El Centro 各国风味 $

（☎019-893 5499；www.elcentro.my；32 Jln Haji Saman；主菜 RM15；⏲周二至周日 11:00至午夜；📶）El Centro把墙刷成蓝绿色和橙红色，给人一种时尚且充满活力的感觉；服务人员态度特别友善。这里供应各式马来西亚菜和墨西哥菜，有土豆卷饼、比萨、口利左香肠卷（chorizo wraps）、鸡肉汉堡和牛肉汉堡等美食可供选择，甚至还有香肠和土豆泥。有时候会有现场音乐演出。

Kedai Kopi Fatt Kee 中国菜 $

（28 Jln Bakau；主菜 RM8起；⏲周一至周六 正午至22:00）Ang's Hotel隔壁的这家粤菜馆总是食客盈门。推荐糖醋虾和牡蛎汁炙鸡翅。

Wisma Merdeka Food Court 美食广场 $

（Wisma Merdeka，Jln Haji Saman；主菜 RM5起；⏲9:00~17:00）想品尝便宜又美味的食

餐食：亚庇风格

亚庇的多元文化带来了与马来西亚其他地方不同的饮食习惯。以下是亚庇的4种主要食物：

树仔菜（Sayur Manis）该菜又名"沙巴素食"，这个在中式餐厅常见的嫩绿色蕨类值得品尝，油炸后蘸大蒜或者虾酱吃最美味。树仔菜是一种四季都生长的植物，可以长到3米高。全年都可采摘，因此往往很新鲜。有胆量的食客或许愿意尝试当地的其他土特产，例如：tarap——一种外表长着硬毛的水果，或sukun——一种用来炸油条的甜味块茎植物。

菲律宾烧烤 位于亚庇夜市（见347页）北端、物美价廉的菲律宾烧烤市场（Filipino Barbecue Market）是品尝海鲜烧烤的最佳去处。占一个座位，想吃什么就点什么。服务员把点单交给厨师后，会给你一个杯子（盛饮料）、一个小盆（洗手）和一个放调料的碟子（自己调配辣椒酱、酱油、盐和新鲜柠檬汁）。没有餐具！开始动手大吃新鲜无比的海产品吧。只花RM15就能撑坏肚子。

Hinava 五颜六色的hinava或许是最受人们喜爱的当地开胃菜。它是用鲜鱼加上新鲜柠檬汁、小辣椒、葱段和姜末腌制而成的。浓烈的酱料味很好地掩盖鱼肉的腥味。要想吃hinava，Tanjung Aru附近的美食广场Grace Point是最好的选择。"本地风味"摊位有售，每碟约RM2（分量很少，恰好适合浅尝）。

印度煎饼（Roti Canai）随处可见的印度煎饼是一种用长柄带脚小平底锅煎炸而成的薄饼，全天都可以在任何一家印度穆斯林咖啡店（kedai kopi）买到。看起来很简单，但要想把它做得好吃则需要很多技巧。厨师要长时间小心地摔打面团，才能让它变得薄而均匀。通常跟酱汁（一般是木豆咖喱）或鸡肉/鱼肉咖喱同食。

不要错过

亚庇的摊贩中心和美食广场

如同所有东南亚城市，你可在街头小吃摊和小贩摊找到亚庇最美味的食物。你完全无须担心卫生问题，但如果仍有顾虑，你可以光顾那些人比较多（特别是家庭常光顾）的摊位。

夜市（Jln Tun Fuad Stephens；沙嗲串 RM1，鱼/虾每100克 RM4/15起；⏲17:00~23:00）有烤鱿鱼等各种现烤海鲜，物美价廉而且十分有意思。

Centre Point Basement Food Court（地下室，Centre Point Shopping Mall，Jln Raya Pantai Baru；主菜 RM3起；⏲9:00~21:30；✎）你可能需要走上一段路才能来到位于Centre Point商场地下层的美食广场，这里有各种各样的小吃，包括马来、中国、印度等风味小吃，还有专营饮品和甜品的摊位。

Grace Point（Jln Pantai Sembulan；主菜 RM2~8；⏲11:00~15:00）乘坐15路公共汽车可来到这个位于Tanjung Aru附近的亚庇美食台柱，品尝当地小吃。与市中心烟熏火燎的小吃摊相比，这里干净多了——亚庇人笑言这里的公厕是婆罗洲最整洁的（事实真的如此！）。直奔沙巴小吃摊（在右侧尽头、面对一排柜台），尝尝hinava（鲜鱼加上新鲜柠檬汁、小辣椒、葱段和姜末腌制而成的美食）。

物，就来Wisma Merdeka商场的顶楼吧。这里有许多小吃，大部分是亚洲风味的街边美食，其中又以中式饺子尤为美味。人们一般来这里吃早餐和午餐。

★Alu-Alu Cafe 海鲜 $$

（Jesselton Point；主菜 RM15~30起；⏲10:30~14:30和18:30~22:00；❄）🍃这家餐馆从外面看来平平无奇，但菜肴的味道却能让人立马对这里心生好感。同样值得称道的是，他们使用的是可持续食材——这里不做鱼翅羹。Alu-Alu的过人之处在于：他们将中式海鲜的概念提高到了新的层次，推出了面包屑裹乳酪鱼块和辣子炖鱼块等菜肴。

★Kohinoor 印度菜 $$

（☎088-235 160；Lot 4，Waterfront Esplanade；主菜 RM17~30；⏲11:30~14:30和17:30~23:00；❄✎）来这家用丝绸装饰的海滨餐馆品尝北印度美食吧，这里有鸡肉咖喱马萨拉、印度鲜虾炒饭（prawn biryani）和羊肉咖喱（lambrogan josh）等经典菜肴。一边闻着从陶土灶台飘来的袭人香气，一边吃着香甜松软的印度烤饼，同时享受优质的传统服务。你一定会想再来的。

Grazie 意大利菜 $$

（☎019-821 6936；3-36，3rd fl，Suria Sabah Shopping Mall；主菜 RM20起；⏲周一至周日 正午至22:00；❄）砖墙搭配马赛克地板让这间意大利餐馆显得十分时尚。供应的食物有意式菠菜饺子、意式肉酱面、意式海鲜烩饭、薄脆恰到好处的比萨和入口即融的意式奶酪布丁。

Chili Vanilla 创意菜 $$

（35 Jln Haji Sama；主菜 RM20~30；⏲周一至周六 10:00~22:30，周日 17:00~22:30；❄📶）这家咖啡馆舒适而雅致，经营者是一位匈牙利厨师。由于地处市中心，因此特别受到旅行者的喜爱。供应各国风味的食物，包括匈牙利红烩牛肉、辣鸭肉玉米粉饼、摩洛哥炖羊肉和美味汉堡。店内装修精致高雅，环境整洁且安静。

Nagisa 日本菜 $$$

（☎088-221234；Hyatt Regency，Jln Datuk Salleh Sulong；主菜 RM40~220；⏲正午至22:00；❄✎）Nagisa是一间豪华餐厅，供应加州手卷（California temaki）、凤尾卷（ebi tempura maki）、油炸食物（agemeon）和面条等日式料理。餐厅位于Hyatt Regency酒店内。

自炊

这里有很多地方可以买到野餐和徒步需要的食物，如市中心的**Milimewa Super-**

store (Jln Haji Saman; ⌚9:30~21:30) 和 Tong Hing Supermarket (Jln Gaya); 7-11 (Jln Haji Saman; ⌚24小时) 通宵营业，非常方便。

Tanjung Aru

傍晚时分，可以前往城南位于机场附近的Tanjung Aru，一边在海边吃小吃，一边欣赏美丽的日落。这里有三处海滩：第一片海滩有几家餐馆，第二片海滩聚集了许多香味扑鼻的当地小吃摊，而第三片海滩则是野餐的好去处，因为沙滩旁没有任何设施。乘坐出租车前往Tanjung Aru的费用是RM20，你也可以在Wawasan Plaza乘坐16路、16A路公共汽车或2路城市公共汽车（RM2）前往。

饮品和夜生活

汇集了最火热娱乐场所的Waterfront Esplanade和KK Times Sq周围有许多卡拉OK和大型夜总会，而位于市中心的Beach St步行街也聚集了许多热闹的餐馆和酒吧。

★El Centro

酒吧

(32 Jln Haji Saman; ⌚17:00至午夜，周一歇业) 久居此地的外国人和旅行者都很喜欢这里，因为El Centro不仅服务周到，食物也好吃，还很容易结识其他旅行者。店内播放着时尚的背景音乐，气氛轻松悠闲，但禁止吸烟。酒吧不定时举行问答游戏、化装舞会和现场音乐演出。

Bed

夜店

(☎088-251 901; Waterfront Esplanade; 周五和周六的入场费 含饮品 RM20，啤酒 RM21起; ⌚20:00至次日2:00，周五和周六 至次日3:00) 亚庇最大的夜店。震耳欲聋的流行乐声中，菲律宾音乐人旋转起舞、青少年大声尖叫，每晚都有DJ驻场。虽然拥挤嘈杂，但如果你想要派对一样的感觉，来这里就对了。乐队演出晚上9点开始。

Shenanigan's

酒吧

(☎088-221 234; Hyatt Regency Hotel, Jln Datuk Salleh Sulong; ⌚周一至周五 17:00至次日1:00，周六 至次日2:00) Shani's是这间酒吧的昵称，虽然酒水价格有些高，但仍然拥有一大批忠实的常客。酒吧位于Hyatt下方的街道边，有啤酒花园和桌球台，还有来自菲律宾的乐队演出。欢乐时光（每天 17:00~21:00）过来可以为你省下不少银子。

Shamrock

酒吧

(☎088-249 829; 6 Anjung Samudra, Waterfront Esplanade; ⌚周日至周四 正午至次日1:00，周五和周六 至次日2:00) 一家充满了浓郁爱尔兰风情的酒吧，室内使用了木镶板进行装饰。除了摇滚音乐和桶装吉尼斯黑啤酒，这里还有一个面朝大海的露台。每到黄昏，西沉的夕阳将天空染红，景色之美，令人沉醉。

Hunter's

酒吧

(☎016-825 7085; Kinabalu Daya Hotel, Jln Pantai; ⌚11:00至次日2:00) Hunter's是当地导游和外籍人士喜欢光顾的俱乐部，这里有卡拉OK、播放体育节目的等离子电视，还有位于市中心的户外座椅。

Upperstar

酒吧

(Jln Datuk Salleh Sulong; 主菜 RM10~25; ⌚正午至23:00) 李小龙的照片、乐器等各种物品装饰起了这间酒吧，阳台上微风习习，坐下来欣赏日落再合适不过。如果你饿了，这里还有烤肉、炸鱼和薯条供你填饱肚子。

Black World

酒吧、卡拉OK

(Jln Pantai; ⌚24小时) 我们知道，这里是亚庇市中心唯一营业至次日2:00的娱乐场所。不过，你要做好心理准备，这里可找到便宜的冰镇啤酒，听到震耳欲聋的卡拉OK音乐和舞曲，但也会看到庸俗的男客和轻浮的女客，还有最不堪入目的厕所。

☆娱乐

Suria Sabah

电影院

(Suria Sabah Shopping Mall, Jln Haji Saman) 在Suria Sabah商场内有一个大型影城，播映所有好莱坞的热门电影，英语原音并带字幕。

购物

一线品牌纷纷入驻亚庇的各大商场，这座城市正迅速成为购物者的天堂。最新开张营业的Oceanus Waterfront Mall里有许多设计师品牌店、西式咖啡馆和餐馆。

★ Cracko Art Gallery 艺术品

（www.facebook.com/crackoart；Jln Bakau和Jln Gaya交叉路口；⏲正午至20:00）这个工作室在3楼（街边有一块写有Cracko的招牌），由亚庇的一群天赋异禀的艺术家创建，里面有抽象和形象艺术作品、耀眼的珠宝首饰，以及从漫画人物到时装模特等各类雕像。这些艺术作品均为原创并且制作精美，在这里逛上1个小时一定会让你收获颇丰。

别错过了Lost At Sea，这是一间有品位的文身店，出众的设计来自于塔克·乔（Taco Joe）和他的文身师同事。

Oceanus Waterfront Mall 购物中心

（Jln Tun Fuad Stephens；⏲10:00~22:00；📶🚻）市中心新开的一家商场，你可以在里面找到所有的欧美一线品牌，包括太阳镜店、连锁咖啡馆、美妆护肤品和时尚衣物等。

Natural History Publications 书籍

（☎088-240 781；www.nhpborneo.com；9th fl，Wisma Merdeka Mall，Jln Haji Saman；⏲周一至周六 9:00~20:00）这里有全马来西亚最齐全的图书和画册，涵盖内容包括沙巴的文化、种族、传统和野生动植物，而且价格比别的地方要便宜许多。

Borneo Trading Post 工艺品

（☎088-232 655；Lot 16，Waterfront Esplanade，Jln Tun Fuad Stephens）售卖高档的部落工艺品和纪念品。

Borneo Shop 书籍

（☎088-241 050；Shop 26，ground fl，Wisma Merdeka Phase 2，Jln Haji Saman；⏲周一至周日 10:00~20:00）出售图书、礼品、版画和明信片。有许多关于婆罗洲野生动植物的书。

ℹ 实用信息

几乎所有青年旅舍或酒店都提供免费的亚庇市中心地图和沙巴地图。

紧急情况

救护车（☎088-218 166，999）

火警（☎994）

警察局（☎088-253 555，999；Jln Dewan，靠近Australia Pl）

上网

本章所列的大部分住宿场所都提供Wi-Fi。

Borneo Net（Jln Haji Saman 每小时 RM4；⏲9:00至午夜）有20台电脑，网速很快，音乐声震耳欲聋。

Net Access（Lot 44，Jln Pantai；每小时 RM5；⏲9:00至午夜）有多台电脑，比亚庇其他上网场所安静。为自带笔记本电脑的客人提供局域网连接服务。

移民局

移民局（Immigration office；☎088-488 700；Kompleks Persekutuan Pentadbiran Kerajaan，Jln UMS；⏲周一至周五 7:00~13:00和14:00~17:30）位于市区以北9公里的一栋办公大楼内，靠近马来西亚沙巴大学（Universiti Malaysia Sabah，简称UMS）。周末也办公，但只办理马来西亚护照的相关事宜。

医疗服务

Permai Polyclinics（☎088-232 100；www.permaipolyclinics.com；4 Jln Pantai；就诊工作日RM60，周六和周日 RM80；⏲门诊 8:00~18:00，急诊 24小时）一流的私立诊所。

沙巴医疗中心（Sabah Medical Centre；☎088-211 333；www.sabahmedicalcentre.com；Lg Bersatu，紧邻Jln Damai）位于市中心东南6公里处，是一家优质的私人医院。

现金

亚庇中心处处可见24小时自动柜员机。

汇丰银行（HSBC；☎088-212 622；56 Jln Gaya；⏲周一至周四 9:00~16:30，周五至16:00）

渣打银行（Standard Chartered Bank；☎088-298 111；20 Jln Haji Saman；⏲周一至周五 9:15~15:45）

邮政

邮政总局（Main Post Office；Jln Tun Razak；⏲周一至周六 8:00~17:00）可以兑换西联（Western Union）支票和汇票。

旅游信息

沙巴公园（Sabah Parks；☎088-486 430，088-523 500；www.sabahparks.org.my；1st-5th fl，lot 45 & 46，block H，Signature Office KK Times Sq；⏲周一至周四 8:00~13:00和14:00~16:30，周五

亚庇出发的主要目的地及票价

下列公共汽车和小面包车的交通信息由沙巴旅游局提供，仅供参考。天气的变化可能导致发车时间更改，价格会有所浮动，交通部门也可能改变发车地点。

目的地	行程	票价	车站	班次
保佛	2小时	RM15	Padang Merdeka	7:00~17:00（多班）
建宁欧	2.5小时	RM25	Padang Merdeka	7:00~17:00（每天8班）
哥打贝卢	1小时	RM10	Padang Merdeka	7:00~17:00（多班）
瓜拉彭尤	2小时	RM20	Segama Bridge	8:00~11:00（每小时1班）
古达	3小时	RM22	Padang Merdeka	7:00~16:00（多班）
拿笃	8小时	RM55	Inanam	7:00, 8:30, 9:00, 20:00
老越（沙捞越）	4小时	RM25	Padang Merdeka	8:00
基纳巴卢国家公园	2小时	RM15~20	Inanam和Padang Merdeka	7:00~20:00（多班）
拉瑙	2小时	RM20	Padang Merdeka	7:00~17:00
山打根	6小时	RM45	Inanam	7:00~14:00（多班）和20:00
仙本那	9小时	RM75	Inanam	7:30、8:30、14:00、19:30
斗湖	9小时	RM80	Inanam	7:30、8:00、10:00、12:30、16:00和20:00
丹南	3.5小时	RM25	Padang Merdeka	8:00、正午、14:00和16:00

8:00~11:30和14:00~16:30，周六 8:00~12:50）提供大量有关沙巴州立公园的信息。

沙巴旅游局（Sabah Tourism Board；☎088-212 121；www.sabahtourism.com；51 Jln Gaya；⏰周一至周五 8:00~17:00，周六、周日和节假日 9:00~16:00）位于一座历史悠久的邮局大楼内，有各种各样的宣传册和地图，工作人员服务热情，会根据你的需求给予建议——他们并不会只想说服你参团！网站上有包括住宿和景点在内的实用信息，同样值得一看。总的来说，这是一个安排有序的机构。

马来西亚旅游局（Tourism Malaysia；☎088-248 698；www.tourism.gov.my；Ground fl, Api-Api Centre, Jln Pasar Baru；⏰周一至周四 8:00~16:30，周五 8:00至正午和13:30~16:30）这里对游客来说用处不大，但它能提供一些介绍马来半岛景点的宣传册。

ℹ 到达和离开

飞机

马来西亚航空公司（Malaysia Airlines；☎1300-883 000；www.malaysiaairlines.com）和**亚洲航空公司**（AirAsia；www.airasia.com；ground fl, Wisma Sabah, Jln Haji Saman；⏰周一至周五 8:30~17:30，周六 至15:00）往返亚庇的国际航班覆盖以下城市：斯里巴加湾市、深圳、雅加达、马尼拉、新加坡和台北。与亚庇通航班的马来西亚国内城市有：马来半岛的新山（Johor Bahru，柔佛巴鲁）、吉隆坡（Kuala Lumpur）和槟城（Penang），以及婆罗洲的古晋（Kuching）、纳闽港（Labuan）、老越、米里（Miri）、古达、山打根、拿笃及斗湖。**捷星航空公司**（Jetstar；www.jetstar.com）和**老虎航空公司**（Tiger Airways；www.tigerairways.com）有飞往新加坡的航班。

船

所有从亚庇渡轮码头出发的乘客都必须支付RM3.80/1.90（成人/儿童）的码头费。从亚庇前往纳闽岛的客轮每天两班，8:00和13:30出发（成人头等舱/经济舱RM41/36，儿童头等舱/经济舱RM28/23），到达纳闽岛后会继续前往文莱和东古·阿卜杜勒·拉赫曼国家公园（Tunku Abdul Rahman National Park）。所有渡轮都从位于**Suria Sabah购物中心**（Suria Sabah shopping mall；Jln Haji Saman）北侧的Jesselton Point出发。

长途汽车和小面包车

亚庇有许多不同的车站，车站里有许多开往城外目的地的车辆，还有前往文莱的长途汽车。

一般来说，往东开的长途汽车和面包车从Inanam（Utara汽车站，Utara Terminal；城市以北9公里处）出发，往北和南出发到西海岸的长途汽车和小面包车从Padang Merdeka（Merdeka Field）长途汽车站（也称Wawasan或"老长途汽车站"；位于城区南端）出发。如果不想花费RM20乘坐出租车，从Padang Merdeka出发的当地长途汽车（RM1.80）会将游客送往Inanam。让你下榻的酒店给长途汽车站打电话预订座位。一般能预订当天的车票，但周末可能不如平时那么容易订到。无论如何，最好提前致电咨询，因为有时暴雨引发洪水，长途汽车和小面包车会停运。

出租车

合乘出租车从Padang Merdeka长途汽车站发车。每天有好几辆合乘出租车往返于亚庇和拉瑙（Ranau），途经进入基纳巴卢国家公园办事处的道路入口。前往拉瑙或基纳巴卢国家公园的车费是RM30，你也可花费RM120租一辆出租车（租一辆正规城市出租车的费用约为RM250）。

当地交通

抵离机场

国际机场位于亚庇以南7公里的Tanjung Aru，坐出租车过去需要25~40分钟。注意：亚庇国际机场（Kota Kinabalu International Airport，简称KKIA）的两个航站楼之间并不相连，如果你走错了航站楼又遇上交通高峰期，那么得花些时间才能到另一个航站楼。多数航空公司的航班从T1航站楼起飞，但现在也有越来越多的航班从T2航站楼起飞，包括亚洲航空公司。

机场巴士（成人/儿童 RM5/3）在Padang Merdeka长途汽车站乘坐，每天7:30~20:15发车，每小时1班，先到达T2航站楼，再是T1航站楼。公交运营时间为每天6:00~19:00。

从机场开往市区的出租车使用一种代金券（RM30），可在航站楼一层的出租车柜台购买这种代金券。从市中心前往机场的费用不应超过RM40。

小汽车

各大汽车租赁公司在KKIA一层均设有柜台，在城里也有多个分公司。手动挡小汽车日租金为RM120~140，大部分租车公司也提供配有司机的小汽车。

Borneo Express（☎016-886 0793，山打根016-886 0789；http://borneocar.com/；Lot 1-L01 C4, Kota Kinabalu Airport）

Extra Rent A Car（☎088-218 160，088-251 529；www.e-erac-online.com；2nd fl, Beverly Hotel, Jln Kemajuan）

不要错过

乘坐婆罗洲火车

早在19世纪末，殖民者就已经乘坐**North Borneo Railway**游览沙巴西海岸，但最终火车因年久失修而被废弃。最近，火车得到了修复，里面的设计保留了天然的木制装饰，而外观也保留了原来的绿色和奶黄色。火车还有个黄铜徽章，图案是只握着火车车轮的老虎。

虽然这算不上世界不可错过的火车旅行（没错，它甚至还有点儿俗气），但对家庭游客而言，这趟旅程仍不失为一种乐趣。火车在9:30离开亚庇，于11:45到达Papar，途经山区和稻田，还会让游客在几个停靠站下车参观一个华人寺庙和Papar生鲜市场。返回亚庇时（12:20~13:40）提供一份殖民风情的午餐，包括黄瓜三明治和烤肉串。

铁路由Sutera Harbour（见343页）运营，成人/儿童票价为RM318/159。火车每周三和周六从Tanjung Aru火车站发车。我们必须提醒一句，这列老火车偶尔会在途中出故障，此时乘客就得自己坐出租车返回亚庇。想了解更多信息或预订车票，可联系Sutera Harbour（www.suteraharbour.com/north-borneo-railway）。

Kinabalu Heritage Tours & Car Rental（☎088-318 311; www.travelborneotours.com; Block F, Tanjung Aru Plaza）

小面包车

小面包车有好几个停靠站，包括Padang Merdeka长途汽车站、Wawasan Plaza以及Milimewa Superstore（Jln Haji Saman和Beach St交叉路口附近）外面的停车场。这些小面包车会在城里边走边拉客。可以乘坐小面包车前往机场或KK Times Square，但在城区的话由于景点大多步行即可到达，因此你没有必要乘坐小面包车。坐小面包车的话，去往城里大部分景点的车费为RM4~6。

出租车

在市区内乘坐出租车，单程至少要RM15（即便路程很短！）。所有公共汽车站、购物商场及城里各处都可看到出租车的踪影。Milimewa Supermarket的外面及城市公园（City Park）西南200米处都设有出租车站。

亚庇周边（AROUND KOTA KINABALU）

东古·阿卜杜勒·拉赫曼国家公园（Tunku Abdul Rahman National Park）

曼奴干岛（Pulau Manukan）、加雅岛（Pulau Gaya）、沙比岛（Pulau Sapi）、马穆迪岛（Pulau Mamutik）和苏禄岛（Pulau Sulug）五座岛屿，让亚庇的日落更为迷人。这五座岛屿和其间礁石、蔚蓝海域组成的**东古·阿卜杜勒·拉赫曼国家公园**（成人/儿童RM10/6）占地面积只有49平方公里（其中三分之二是海水）。从亚庇出发只需短短的船程，每个小岛都相当迷人，但为了适应不断增加的游客量（特别是大量的中国游客），海滩开始挤满了烧烤摊和餐馆。周末相当拥挤，但平日在这里还是可以远离喧嚣。住宿一般很昂贵，但大多数游客都只是一日游，此外这里也可以露营。

公园的海域里已知鱼类多达364种，来这里潜水（尤其是加雅岛和沙比岛周围）就有机会看见蓝色环纹的章鱼、黑尾礁鲨和身形变化多端的乌贼。如果你是11月至次年2月来这里，还有机会看见鲸鲨。Borneo Dream（见343页）和Downbelow（见342页）在加雅岛开设有PADI开放水域潜水课程。

到达和离开

前往公园的船从亚庇的Jesselton Point渡轮码头［当地人和出租车司机简称为"码头"（The Jetty）］出发，运营时间为每天8:30~16:15，客满即走，从这些岛屿返回亚庇的最后一班船大约在17:00。通常每30分钟一班，但在游客不多的日子里，可能每小时一班。到柜台询问下一班船的出发时间，选定目的地，买票上船，然后等船满员后开动。Sutera Harbour也有开往诸岛的船，对居住在Tanjung Aru附近（或想前往加雅岛）的游客而言这个码头更为方便。往返马穆迪岛、曼奴干岛和沙比岛的船费约为RM23。你也可以购买双/三岛联票（RM33/43）。

包船往返任意一座岛屿的费用为RM250，但可以讨价还价。尽量直接跟船夫讲价，不要跟周围游荡的票贩子讲价，而且要等到返回码头之后再付钱。

乘坐所有渡轮都要另交RM7.20的码头费和RM10的海洋公园门票，在购买船票时一起支付（包船时这两笔费用应已包含在内）。

曼奴干岛（Pulau Manukan）

曼奴干岛形似儒艮，尽管它没有像沙比岛那样的漂亮海滩，但岛屿周围的海域有远多于其他地方的珊瑚礁和因之而来的大量海洋生物，很受浮潜和潜水爱好者的喜爱。曼奴干岛是群岛中的第二大岛，面积20公顷，岛上植被浓密。南海岸和东海岸有一片迷人的海滩，近海处有珊瑚礁；有一条绕岛而行的步行道和多条纵横交错的土路。走完所有的小径所需时间不会超过两小时，对普通人来说还是比较容易的。站在海边，就能看见一群群热带鱼在水中游来游去。你一下船就会看到一家商店，这里出租浮潜工具（RM15）、海滩垫（RM5）和滑水板（RM10）。

由Sutera Sanctuary Lodges管理的**Manukan Island Resort**（☎017-833 5022; www.suterasanctuarylodges.com; 房间 RM800起; ❄ 📶）是岛上的唯一住宿地，里面有餐馆、游泳池和网球场，以及20座用深色木材

水巨蜥

如果你到沙比岛上的烧烤台边缘四周看看，可能会发现一排将烧烤区和部分丛林隔开的栅栏，而在栅栏四周可见嘶嘶作响的大型灰绿色水巨蜥，当地人也称为biawak。这些水巨蜥是全球最大的爬行动物之一，雄性长达1.5~2米，有时甚至长达3米，重量则介于19~50公斤。在蜥蜴家族中，唯有科莫多巨蜥的体形比它们大。

这些小型"哥斯拉"遍布马来西亚各地，但在沙比岛上，它们是丛林之王，也是水中之王。看着这些笨重的野兽如何进入水中，然后立即变身水恐龙般的优雅海怪（的确，人们信水恐龙是巨蜥的祖先），这将是非常令人惊叹的体验。

警告：不要给它们投喂食物或靠近自拍，这些爬行动物的唾液有毒（会导致皮肤肿胀和大量流血），它们的爪子也无比锋利。

修建的别墅。所有别墅都能远眺南海，设计以典雅的巴厘岛风格为主。

马穆迪岛（Pulau Mamutik）

长度仅300米的马穆迪岛是该海域最小的岛屿。它的东海岸有一片200米长的优质沙滩，但是要小心这里的珊瑚礁，它们如剃刀般锋利，很容易割伤你的脚。海浪强劲时海水的能见度通常很低，但在风平浪静的日子里却是浮潜的胜地。马穆迪岛还有一个优点，那就是来这里一日游的游客比较少，因此如果你在工作日前来，就能享受到令人愉悦的宁静。

岛上没有度假村，但可以露营（每个帐篷RM40）——记得带上驱蚊剂。岛上有一个兼提供饭菜和出租浮潜装备的小商店，里面有烧烤架、凉亭、礼品店和公共卫生间。返回亚庇的最后一班船17:00出发。

沙比岛（Pulau Sapi）

小巧的沙比岛与加雅岛隔海相望，相距仅200米。这里的海滩吸引了大批游客，周末时更是人满为患。海滩上有救生员巡逻，游泳区也做了清楚的标记。从船上探头望向水中，你会看到成群结队的鱼儿在碧蓝的海水中快速游动。这里有许多事情可以做，例如逛逛海滩上的酒吧、搜寻巨蜥的身影（被关在主入口旁边的栅栏内；不要喂它们食物）等。

从海滩回来后，去Borneo Sea Walking（☎016-801 1161；www.borneoseawalking.com；Sapi dock；30分钟水中行走 成人/儿童 RM300/190；⏲8:30~15:00）参加浮潜，体验下降5米后被小丑鱼包围的感觉。你会戴上最先进的面具，船上的工作人员通过导管将氧气输送到你口中。这种浮潜非常安全，深受孩子们的喜欢。附近的Seasport（沙比岛码头；脚蹼、面具和呼吸管每天 RM15；⏲8:00~16:00）出租浮潜装备。主海滩附近的海域是主要的浮潜地，但水面上漂浮的塑料垃圾会让你的体验大打折扣。

沙比岛和加雅岛之间有滑索道。Coral Flyer（☎011-2984 2023；www.coralflyer.com；Sapi Dock；成人/儿童 RM64/30；⏲10:00~15:30）长250米，时速最高可达每小时60公里。更棒的是，这里有两条索道，因此你可以和朋友比赛看谁滑得更快。提供双人滑索装备，勇敢的小孩子可以由父母带着玩。索道的起点在加雅岛，因此如果你是在沙比岛，需要先坐免费的船只过来。

你也可以去岛上的森林里走走，环岛一周需要大约45分钟。岛上有更衣室、卫生间、烧烤区和小吃摊，同时也有设施齐全的露营地（每个帐篷 RM40），但大部分供给品得靠自己带进来。

加雅岛（Pulau Gaya）

加雅岛面积约为15平方公里，海拔300米，是亚庇沿海岛群中最大也是最高的。它还是距离亚庇最近的岛屿，为原始热带雨林所覆盖。东边的海湾有热闹的水上村庄，这里的居民来自菲律宾（合法和非法移民都有），他们生活在浅水区狭窄的吊脚楼里。村里有清真寺、学校和小商店，也都建在吊脚楼上。亚庇的居民会警告你不要去那些水上村庄，因为那里常发生偷窃和其他犯罪活动。最近，由于沙巴警察局在岛上设立了分局，犯罪活动已大幅减少。

3家高档度假村是岛上仅有的住宿选择。

住宿

Bunga Raya Island Resort 度假村 $$$

（☎088-380 390；http://bungarayaresort.com；别墅 RM1200起；❄📶🏊）度假村环境优雅，整洁宽敞的别墅里有卫星电视、保险柜、iPod基座和Bose音响等现代设备。从瀑布池可俯瞰海滩，树屋通过一条独立的步行道进入，里面有按摩浴池、休息室和专属的天然泳池。这里和Gayana Eco Resort同属于一个集团。

Gaya Island Resort 度假村 $$$

（☎18 939 1100；www.gayaislandresort.com；别墅 RM800起；❄📶🏊）度假村内有100栋左右的别墅，有的位于茂密的丛林中，面朝清新静谧的红树林，有的面朝蓝绿色的大海。这里可以钓鱼、浮潜、潜水、划皮划艇、练习瑜伽、乘船看日落，还可以去疗养中心里舒缓身心。你还有一个选择：去40米长的泳池里游泳。

Gayana Eco Resort 度假村 $$$

（☎088-380 390；www.gayana-eco-resort.com；别墅 RM800起；❄📶🏊）🍃52栋配有现代设施的迷人别墅，加上岛屿风格的时尚设计，共同营造了奢华的Gayana。从Bakau Villa可以俯瞰盘根错节的红树林，简明风格的Palm Villa边有石阶通往东古·阿卜杜勒·拉赫曼国家公园内的受保护水域。

如果你住在这里，记得去看看他们的海洋生态研究中心（Marine Ecology Research Centre，简称MERC），里面生活着不同种类的海洋生物，这个中心在繁育巨型蛤蜊上做得非常成功。同样不要错过的还有新开张的Alu Alu Seafood餐馆，它与亚庇那家著名的餐馆同属一家，用的鱼来自他们自己的有机渔场。

苏禄岛（Pulau Sulug）

苏禄岛的面积8.1公顷，形如漫画中的对白框，是游客最少的一个岛屿，这或许是因为该岛距离亚庇最远。这座岛屿只有一处海滩，位于东海岸附近。可惜该岛周围的水域并不适合浮潜，而且经常有垃圾被冲上岸又没得到及时清理。如果想要远离人群到一个安静的地方，苏禄岛是一个相当好的选择，但你必须包船前往，因为一般的渡轮不在这里停靠。如果你想找一个清静点儿的海滩，但又不想支付包船的费用（至少RM300），最好还是直奔曼奴干岛，走向海滩，逃开人群吧。

沙巴西北部（NORTHWESTERNSABAH）

沙巴北部将丰富的地理和文化特色浓缩，为婆罗洲增添了迷人的魅力。海洋？这里有数公里长的沙滩，有蓝天也有暴风雨，还有隐秘的潜水地点。居民？这里有卡达山-杜顺人、龙古斯人、农夫、猎人、造船者和深海渔民。当然，此地还有不能错过的巅峰——基纳巴卢山。作为该岛的焦点，它吸引了许多徒步爱好者，同时也流传着不少民间传说和神话传说。世代以来，沙巴人都为这座山深深吸引；当你也被它迷住时，千万不要惊讶。

基纳巴卢山和基纳巴卢国家公园（Mt Kinabalu & Kinabalu National Park）

对马来西亚人来说，家喻户晓的基纳巴卢山绝不仅只是这座全球第三大岛屿的最高峰。它不仅景色迷人，而且无所不在。除了在沙巴州旗上可以看到它，在现实生活中那云雾缭绕的身影也总是会映入你的眼帘。只有当你给予这座山峰所有的注意力时，你才会发现这个本区域最大的旅游景点真的非常特别。

就山峰高度而言，与喜马拉雅群山等世界各大高山相比较，4095米高的基纳巴卢山或许没那么高不可攀，但要登上这座马来西亚第一个联合国世界遗产也绝非易事。你必须先走一段很长很陡峭的主路，经过高山丛林和坑坑洼洼，途中还必须摸索前进。如果你没有攀登山峰的意愿，基纳巴卢山的山脚也有值得一游的景点，包括许多自然步道。

其实，登山最大的负担不是体能挑战，而是费用。基纳巴卢国家公园内的东西都很贵，与亚庇相比较，瓶装水的价格要高出4倍或5

Mt Kinabalu Summit Trail
基纳巴卢山顶峰小径

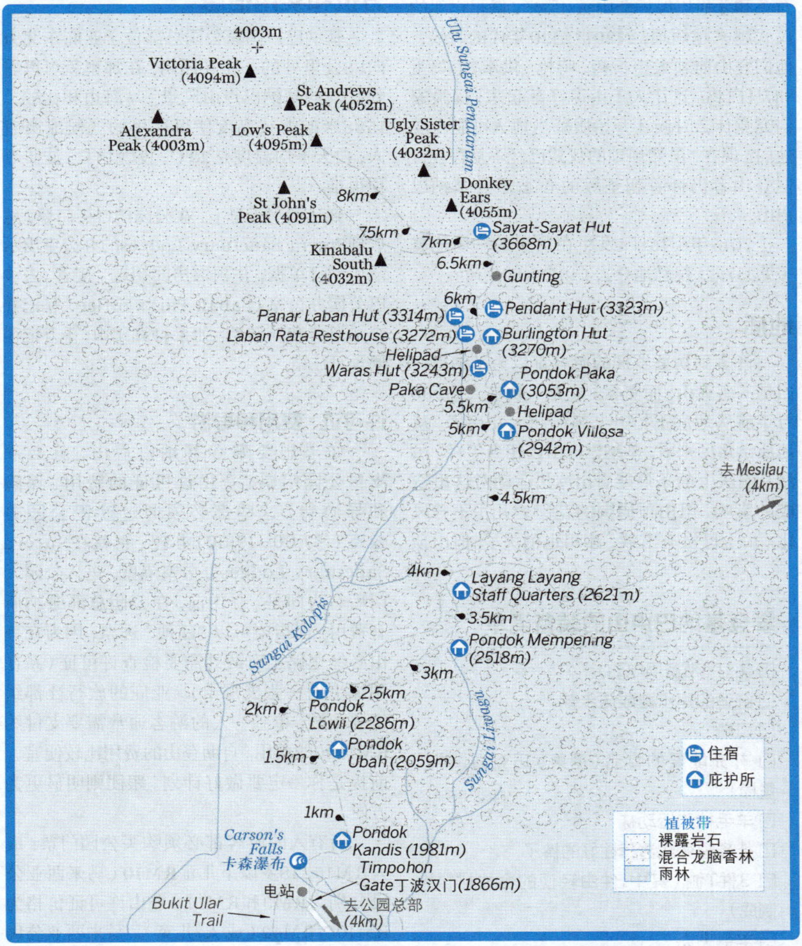

倍，而Sutera Sanctuary Lodges是园内唯一的住宿选择。你不得不决定是否接受这些花销，因为它们是攀登山峰的必要开支。

令人惊讶的是，基纳巴卢山还在不断长高，研究人员发现它每年增高约5毫米。在晴朗的日子里，你在山顶就能看到整个菲律宾的景色；但是，早上山上总是云雾笼罩。

历史

虽然人们普遍认为当地部落的原住民在很多年前就已经登上基纳巴卢山，但根据官方记录，第一个登上该山的是驻纳闽岛的英国殖民地行政官休·劳爵士（Sir Hugh Low），他在1851年成功登顶。直至今日，基纳巴卢山的最高峰仍以此人的名字命名，因此这座婆罗洲的最高峰也被人戏称为“低峰”（Low's Peak）。

过去，攀登基纳巴卢山的难处不在于攀爬，而是山脚下的丛林很难穿越。另外，寻找愿意帮忙的当地挑夫也很麻烦——陪同劳爵士上山的部落原住民相信亡魂生活在山顶。因此，他必须按照当地习俗，带上一大篮子的石英和牙齿以保护登山队。后来，祭祀亡魂的仪式越来越烦琐，到20世纪20年代的时候，他们登山前须大声祈祷、鸣枪、供奉7个鸡蛋和7只白鸡。这让人不由得好奇起来，探险家们究竟什么时候才开始质疑当地人可能在耍他们？现在，虽然烦琐的仪式已经不复存在，但登山者仍怀着朝圣般的心态攀登基纳巴卢山。

2015年6月5日，发生在这里的一场地震（见357页）残忍地夺去了18个人的生命。

地质

许多到访婆罗洲的游客都以为基纳巴卢山是一座火山，而实际上它是一块在大约900万年前从地底下抬升上来的超大花岗岩。从地质学角度来看，基纳巴卢山还相当年轻。虽然从石头上的条痕能看出冰川运动对这里造成的影响，但山顶周围的花岗岩几乎不曾风化。山上已没有雪线，冰川也消失了，但山顶附近的岩石堆有时还是会结冰。

攀登基纳巴卢山的装备清单

- ☐ 头灯（带备用电池）
- ☐ 舒适的跑步鞋或徒步鞋
- ☐ 口哨
- ☐ 补充能量的食品（糖果、巧克力、能量棒）
- ☐ 羊毛袜和运动袜
- ☐ 徒步短裤或透气性好的裤子
- ☐ 3件T恤（其中1件由轻便的合成材料制成）
- ☐ 羊毛夹克
- ☐ 轻便外套、雨披或雨衣
- ☐ 羊毛帽和羊毛手套
- ☐ 手巾
- ☐ 水壶
- ☐ 防晒霜和太阳镜
- ☐ 驱虫剂
- ☐ 重量轻但能量高的零食
- ☐ 照相机
- ☐ 现金
- ☐ 睡觉时用的耳塞

方位和实用信息

基纳巴卢国家公园总部位于亚庇东北方向88公里处的一个花园内，在那里就可以看到壮观的基纳巴卢山风景。与海边相比较，1588米的海拔高度使得这里的气候凉爽宜人，白天平均温度是20℃，夜晚13℃。徒步登顶很难。

到达的当天早上，在公园门口买门票，然后到Sutera Sanctuary Lodges的办公室出示酒店预订单据，并领取房间钥匙。接着，去沙巴公园办公室（Sabah Parks office）登记并交注册费和导游费。如果打算爬山，千万记得要预订住宿。

许可证、费用和导游

如果想要攀登基纳巴卢山，就必须支付公园门票、登山许可证的费用、保险和导游费。这些都必须通过**沙巴公园办公室**（⏲7:00~19:00）办理。它就在Sutera Sanctuary Lodges办公室隔壁，进入公园大门后右边即是。登山前，在公园总部缴纳所有费用，别指望可以“随便”逃票，因为在登山必经之路上有两处需要检查许可证（系在颈绳上的一张夹层卡）。亚庇的旅行社都组织登山游，单独一人的游客通常需要支付约RM1400的费用。自助登山的费用比较便宜，前提是你一定要做好计划。跟团则明显更为方便。

所有入园游客都必须购买公园门票：成人RM15，18岁以下儿童RM10（马来西亚公民分别为RM3和RM1）。登山许可证价格为RM106/RM42（成人/儿童），马来西亚公民分别为RM31.80/RM12.70。登山保险费统一为每人RM7。5人以内的团体请导游带队徒步的费用为RM203。沿马西劳山径（Mesilau trail）登山需另外支付RM18（小团）或RM28（大团）的导游费。

导游将在出发时分配好。如果提出要求，公园的工作人员会尽量将散客组团，以便分摊导游费。情侣或夫妇俩可雇一位私人导游。导游大多是来自附近村庄的卡达山人（Kadazan），其中大多数都已经登顶好几百次了。尽量要求会说英语的导游一起随

那天，地动山摇

2015年6月5日7:15，一场里氏6级的地震袭击了基纳巴卢山。地震发生前，阳光明媚，天空湛蓝，山里到处都是徒步者。巨石伴随着大片山体滑坡跌落下来，甚至著名的"猴耳"岩层之一也被折断。这是马来西亚自1976年以来最严重的一次地震，整个过程持续了30秒，夺走了18个人的生命，其中许多都是来自新加坡的学生。有137个人被困在山中，但随后被成功营救。地震当晚又发生了3次大的有感余震，截至6月23日，共感觉到90次余震，亚庇也有震感。

这座已有1500万年历史的高山得名于卡达山-杜顺人部落的习语"Aki Nabalu"，意为"逝者灵魂的安息之处"。卡达山-杜顺人视其为一座圣庙，并认为是5月30日10名西方游客的粗野行为（据称他们在山上赤身裸体、随意撒尿以及辱骂向导，其中两个人甚至在上山途中发生性行为）触怒了"Aki"（基纳巴卢山的保护者），才引发的这场地震。

2015年9月，丁波汉至拉班拉塔的路径重新向登山者开放，一切如旧。拉班拉塔至山顶的路径于12月1日重新开放。在作者调研期间，马西劳路径处于关闭状态，何时开放尚待通知。每天允许进山的登山者人数从193人降到了135人。

行——他或她（通常是男性）沿途会指给你看一些有趣的植物。上山的路径很明显，导游通常走在队伍的最后，因此他们的角色不是开路先锋官，而是安全监督员。

这些费用并不包括在拉班拉塔（Laban-Rata）的食宿费；床位加食物的价格至少是RM669，独立房间加食物的价格至少是RM1349。住宿加上前往公园的公共汽车或出租车费，两天一夜的登山游将花费大约RM900。徒步至山顶的一日游已取消。

其他可能的费用还包括：从公园办事处前往丁波汉门（Timpohon Gate）的专线车费（RM33，单程）或出租车费（RM18，每人，4人团）、登山证（RM10）和挑夫（登顶每趟RM80，至拉班拉塔RM65）。挑夫最多承受10公斤的行李。

如发生紧急状况需要乘坐直升机离开山区，费用为RM6000。

装备和衣物

登顶不需要什么特别的装备，但我们强烈建议在黎明前登顶的游客戴头灯，因为两只手都要用来抓住登山绳。带上足够的衣物，山顶的气温很低，何况还有狂风和不时的暴雨。别忘了带上水壶，沿路可以补充未经过滤（但可饮用）的饮用水。基纳巴卢国家公园里的温度平均为15~24℃。丁波汉［即顶峰栈道（Summit trail）］的温度为6~14℃，有时可降至2℃。

登顶

以下时间表是假设你打算用两天一夜的时间来登山而制定的。9:00左右——参加铁索攀岩（via ferrata；见358页）的人最迟8:45——到公园总部买公园门票，找到导游后开始登山（4~6小时）。当天晚上住在拉班拉塔（3272米），第二天凌晨约2:30出发，正好能赶上恢宏壮丽的日出。

体力不好的人最好不要攀登基纳巴卢山，因为路况很差，而且一直都是上坡路。沿途还会遭遇许多阻碍，如滑溜溜的石头、浓雾、寒风和慢吞吞的徒步者。Mountain Torq（见358页）这样形容登基纳巴卢山：将5天的徒步行程压缩成38小时的暴走。

上山的路有两条，即丁波汉山径（Timpohon Trail）和马西劳山径（Mesilau Trail）。如果你是第一次攀登基纳巴卢山，我们建议你选择丁波汉山径，因为这条路比较短，也相对容易走（只是相对而已！），而且从公园总部过来也更方便（步行1小时或坐公园专线）。如果你参加Mountain Torq的铁索攀岩，就必须走丁波汉山径，这样才能赶在16:00前到达拉班拉塔听安全讲解。马西劳山径则让第二次登山的人（或强健的登山者）有机会欣赏公园内的自然景观。这条路径长8公里，登山者比较少，因此更可能看到独特的动

铁索攀岩

Mountain Torq（☎088-268 126; www.mountaintorq.com; Low's Peak Circuit RM870, Walk the Torq RM650）所创建的复杂梯级导轨系统，极大地改变了基纳巴卢的登山体验。铁索攀岩（via ferrata在意大利文中即"铁路"）这种另类风格的登山方式在过去一个世纪盛行于欧洲，近来才开始席卷亚洲。事实上，Moutain Torq是亚洲首个铁索攀岩轨道系统，而根据吉尼斯世界纪录，这是全球最高的"铁路"。

以传统方式攀登基纳巴卢山后，攀岩径道者使用横木、托盘和缆绳沿着山区的花岗岩峭壁返回拉班拉塔休息营地。要到达Mountain Torq的明星景点**Low's Peak Circuit**（需满17岁），必须在岩壁上攀爬4~5小时。这条路线从3766米处开始，途经好几个障碍后才连接到Walk the Torq路径，继续最后一段路程。犹如钢丝的走道和摇摇晃晃的木板会让你觉得设计者是虐待狂，但也正因此非常刺激，你可以在挑战极限的同时又不会让自己身陷险境。不想心脏从胸口蹦出的游客可尝试**Walk the Torq**（需满10岁）路线。这趟2~3小时的行程让你感受铁索攀岩道的初级体验，观赏迷人的山区景观，而且没那么多惊险时刻。无论你选择哪一条路径，肯定都会认为这些惊险的垂直下降挑战真的是异常刺激。

在作者调研期间，由于山顶路径在地震后改了线路，因此公园正在修建一条新的铁索攀岩道代替Walk the Torq。想要了解更多信息可访问www.mountaintorq.com。

植物。

在登顶的路上，每隔500米就有一个显示路程的指示牌。每隔一段距离还有供休息的茅棚（pondok），里头有简陋的厕所和装有未经过滤（但可饮用）饮用水的水缸。徒步所需时间为保守估计，如果你走得比这快也不必惊讶。当然，走得慢些也无须沮丧——每个人登山所寻求的东西本就不一样。

丁波汉门至Layang Layang

"我怎么已经流了这么多汗？"

丁波汉门（Timpohon Gate; 1866米）是登山的正式起点，从这里到山顶有8.72公里。丁波汉门前700米处有个户外洗手间，大门口有个便利店，可以买些补充体力的小吃和饮料。

经过一小段貌似下坡路的路段之后，小径变得陡峭起来，穿过茂密的雨林，蜿蜒通往山顶。山路起点附近有个迷人的**卡森瀑布**（Carson's Falls）。清晨，清脆的鸟鸣和淘气的松鼠让丛林充满生机。丁波汉门和Layang Layang之间，每隔15~35分钟的路程就有一个茅棚，一路上共有5个。到达Layang Layang（2621米）休息站大约需要3小时。小径在**洛氏茅棚**（Pondok Lowii, 2286米）附近转向视野开阔的山脊，山谷和山峰风光一览无遗。

Layang Layang至帕卡茅棚

这段路对有些人来说是最难走的——特别是在4.5公里处。到了这里，虽然已经完成了一部分路程，但前面的路还很长——茂密丛林内的小路仿佛永无尽头。帕卡茅棚（Pondok Paka, 3053米）是这条路上的第7个茅棚，距离起点5.5公里，从Layang Layang过来需要花大约1小时45分钟。

帕卡茅棚至拉班拉塔

这里到了"我就不能花钱请别人帮我爬完山吗？"的阶段。气喘吁吁地走过这段茂林后，徒步者开始感觉距离山顶不远了，力气也会恢复过来。小路走到尽头，你将到达你在山上的"甜蜜的家"——拉班拉塔（Laban Rata; 3272米）。仔细看下标明位置的细长路标——这是一个直升机的螺旋桨，当年建造休息站时，曾用这架直升机吊运建筑材料。这段路程需要大约45分钟。

拉班拉塔至Sayat-Sayat Hut

凌晨2点时，闹钟响了起来。是在做梦吗？并不是。为了赶在日出前到达山顶，你必须在这个时间出发完成剩下的路程。

大多数人在凌晨2:45左右出发，就算你体能格外好，动身时间也最好不要晚于这个时间（别忘了带上手电）。到达Sayat-Sayat Hut（3668米）需要走上1小时，途中要翻过陡峭的Panar Laban岩壁，也会遇到许多徒步者。这里植被不多，头顶稀疏的枝叶多少对大风有一点阻挡作用。这段路是整个登山路上最困难的路段之一，尤其是在又黑又冷的黎明前。注意：在某些特别陡峭的路段，你必须拽着绳子爬上去（手套很重要）。

Sayat-Sayat Hut至山顶

经过Sayat-Sayat之后，徒步者的队伍会逐渐拉开距离，体格强健的人继续往前，其他人则停下脚步开始喝水。虽然周围的景色很美，但登顶的最后一段路最陡峭、最艰难。

刚一过Sayat-Sayat，山顶就似乎近在咫尺。虽然只有大约1公里，但根据各人体力不同，完成这1公里的路需要1~3小时。在登上婆罗洲之巅前，沿途甚至能看到手脚并用的登山者。

山顶

这个时刻千金难买。别忘了，山顶任何位置都能看到日出。5:45~6:20，随着太阳慢慢升起，山顶很快变得温暖如初，困意突然来袭。登顶时的兴奋已化为遥远的回忆，现在才想起来还得走下山。

考虑一下和Mountain Torq一起从全球最高的攀岩径道返回拉班拉塔。

回到山下

大约在7:30离开山顶，而从拉班拉塔出发的时间不应晚于12点30分。从拉班拉塔去往山下的丁波汉门需要3~4小时（沿马西劳山径下山所需的时间更长）。天气说变就变，虽然不大可能会迷路，但即使不下雨，花岗岩也很滑。在暴雨中下山就如同步行过河。速度慢的人会在第二天发现腿部更疼，步调快些会减轻双腿接触台阶时持续的痛苦。如果你参加了十分刺激的攀岩径道，下山时必定疲倦至极，等到跌跌撞撞返回丁波汉门时已经快日落了（18:00~18:30）。

完成登顶的人可以花RM10购买一级登顶证书，到达拉班拉塔的人可以获得二级证书。公园办事处有售。

在山脚周边徒步

公园总部周围有几条路标清楚的小径值得你花一天时间转转。如果时间充裕，最好上山之前去转转——下山后累得没人愿意再多走一步。小径多种多样，景点不胜枚举。

山脚的小径错综复杂，因此要想悠闲地穿越美丽的森林，你得花上一天、甚至数天的时间。**里瓦谷山径**（Liwagu Trail，6公里）沿途分布着有趣的植物和各种鸟类，幸运的话，你还能看到行踪飘忽不定的哺乳动物。该小径沿里瓦谷河蜿蜒向前。注意：下雨时，小径很滑，而且有大量的蚂蟥。

基纳巴卢山的动植物

基纳巴卢山上的植物种类丰富，这里不仅被列为联合国教科文组织世界遗产，而且还被指定为植物多样性中心（Centre of Plant Diversity）。不同的生态环境有利于各种植物的生长，生长在海拔900米高度以上的植物中，有超过半数以上的植物是该地区所特有的植物种类。

美丽的兰花、杜鹃和猪笼草娇艳欲滴，公园总部周围龙脑香林（雨林）遮天蔽日，藤蔓、蕨类和兰花在树冠吊桥上盘旋缠绕，而真菌类植物则在地面不断地生长。900~1800米高度之间生长着橡树、桂树和栗子树，海拔更高的地方则生长着茂密的杜鹃花。高于拉班拉塔的斜坡上常年刮风，因此这里植物稀少，灌木丛在sayat-sayat比较常见。最高的山坡上基本没有植物。

公园总部周围的野鹿和猴子不如从前那么多，但你会见到不少松鼠，包括俊俏的大赤鼯鼠和山地松鼠，有时人们还能看到正在垃圾箱搜寻食物的树鼩。常见的鸟类包括婆罗洲树鹊、扇尾鸽、鹎、太阳鸟和笑鸫，而仅在高纬度才能看到的鸟类包括基纳巴卢鸣禽——如黑眼画眉和山雀。其他野生动物包括各种颜色的蝴蝶和绿色的天蚕蛾。

Kinabalu National Park Headquarters & Trails
基纳巴卢国家公园总部和登山小径

Kinabalu National Park Headquarters & Trails
基纳巴卢国家公园总部和登山小径

景点

1 山间花园 B4

住宿

2 Grace Hostel B4
3 Hill Lodge A4
4 Liwagu Suites A4
5 Nepenthes Villa A4
6 Peak Lodge B4
7 Rock Hostel B4

就餐

Liwagu Restaurant .... （见4）
8 Restoran Kinabalu Balsam B5

每天11:00有**导览游**（每人RM5），从沙巴公园办公室出发，持续2~3小时。知识渊博的导游介绍沿路出现的各种花朵、植物、鸟类和昆虫。如果你从亚庇出发得足够早，有可能赶得上这个活动。

游客中心后面的**山间花园**（Mountain Garden；门票 RM5；⌚9:00~13:00和14:30~16:00）里也有许多人工栽种的山中常见植物。导游带领的团队游每天9:00、正午和15:00出发，费用为RM5。

住宿

拉班拉塔（山上）

基纳巴卢山不允许露营，因此登山最困难的部分就是安排住宿。要想登顶，最好在山上的拉班拉塔（3272米）住一晚。切记，一定要提前预订，而且越早越好。要想在天气晴朗的时候登顶，就必须在破晓之前赶到，而要保证在那之前赶到，只能在拉班拉塔过夜。

这里的住宿场所几乎都属于亚庇的**Sutera Sanctuary Lodges**（☎088-287 887；http://suterasanctuarylodges.com.my；Lot G15, ground fl, Wisma Sabah；铺/标双 含3餐和床上用品 RM669/1349，铺 无暖气 含3餐 RM587），但床位有限。许多游客经常抱怨在山上预订木屋总是令人失望——他们声称预订系统毫无章法，效率太差，木屋里经常人满为患，或被告知已满员，但实际上并非如此。可以上网（但必须至少预订两晚）、亲自到门店或电话预订。我们的经验是，如果你还没有预订住宿，最好是到亚庇的Sutera的办公室预订。

最常见的住宿选择是Laban Rata Resthouse内有暖气的多人间（提供床上用品），每人RM669。如果想要拥有私人空间，也可花费RM1349订个标准双人间。房费含三餐。Laban Rata Resthouse旁边有不供应暖气的旅舍，房费每人RM587（含3餐）。

Pendant Hut是在拉班拉塔的另一个住宿选择，其管理者是**Mountain Torq**（☎088-268 126；www.mountaintorq.com；suite 1-3/4, Level 2 Menara MAA, 6 Lg Api Api 1, Kota Kinabalu；房间 含铁索攀岩 RM850~4000）。住在Pendant Hut的客人三餐中有两餐会到Sutera的自助餐厅就餐，并被要求参加（或至少交钱）铁索攀岩。Pendant Hut略为简陋（没有暖气，但登山者可以睡在超级暖和的睡袋内）。然而，这里有夏令营般的活跃气氛，而Laban Rata Resthouse冷清得就像是喜马拉雅山上的孤儿院。

公园总部（山脚）

下列住宿选择立于山脚，都由**Sutera Sanctuary Lodges**（☎088-243 629；www.suterasanctuarylodges.com；lot G15 Wisma Sabah, Jln Haji Saman；⌚周一至周六 8:30~16:30，周日至12:30）经营。与公园外的住宿相比价格要高很多。

Grace Hostel 青年旅舍 $

（铺 含早餐 RM250）干净、舒适，有20张床位，还有火炉和制作饮料的地方。

Rock Hostel 青年旅舍 $$

（铺/双 含早餐 RM250/700）房间虽小但干净，床上铺有色彩亮丽的床罩。多人间的环境也很好。

Hill Lodge 小屋 $$$

（度假屋 含早餐 RM550）半独立式度假屋，适合无法忍受青旅喧闹的游客。度假屋干净舒适，配有独立浴室。

Liwagu Suites 酒店 $$$

（套 含早餐 RM700）Liwagu内共有4间酒店风格的套间。理论上能住4人，但最适合夫妇或情侣居住，因为卧室和客厅都只有一个。

Nepenthes Villa 酒店$$$

（度假屋 含早餐 RM1100）这是一栋两层楼的楼房，套房彼此相连，既有点像酒店客房，又有点像私人度假屋。套房内有两间卧室（一个配有两张小床，一个配有一张大床），在阳台上能看到群山的一部分。

Peak Lodge 套间 $$$

（度假屋 含早餐 RM930）半独立式的套间内有两间卧室（一个配有双层床，一个配有两张小床）、客厅和壁炉，在阳台上可看到美丽的景色。

就餐

拉班拉塔（山上）

拉班拉塔的Laban Rata Resthouse内有间自助餐厅，根据登山时间提供简单的饭菜和自助餐。拉班拉塔的住宿费里大多已经包含了三餐（晚餐、早餐和午餐）。如果自带食物（比如花RM1买热水泡面），可以尝试要求降低房价。注意：背着沉重的食物前往拉班拉塔可不轻松。你也可以只是过来吃饭——晚餐RM45。就餐区的一个小柜台出售软饮、巧克力、止痛片和明信片等商品。

公园总部（山脚）

Balsam内还有一个商品齐全的小商店，出售罐头食品、压缩食品、巧克力、啤酒、烈酒、香烟、T恤、面包、鸡蛋和人造黄油。

Restoran Kinabalu Balsam 自助餐厅 $

（菜肴 RM5~15；⏲6:00~22:00，周末 至23:00）公园有两个餐厅，这个食堂风格的餐厅就在公园总部楼下，价格比较便宜，也更受欢迎。餐厅供应地道的马来西亚美食，也供应中国菜和西餐，价钱公道。

Liwagu Restaurant 自助餐厅 $$

（菜肴 RM10~30；⏲6:00~22:00，周末 至23:00）位于游客中心内，菜肴种类很多，包括面食、米饭、海鲜和“美式早餐”。

到达和离开

强烈建议登山者在9:00之前到达公园总部，换言之，如果你从亚庇出发，7:00之前就得动身，或者干脆提前一天在山下过夜。

长途汽车

快速长途汽车（RM30）从亚庇的Utara汽车站出发，每天7:00~10:00逢整点发车，另外，12:30、14:00和15:00也各有1班。反方向的快速巴士也在同一时间发车。或者你可以去亚庇的Padang Merdeka长途汽车总站乘坐开往拉瑙的小面包车（RM25），要司机在基纳巴卢国家公园门外停下车。小面包车是客满发车，从清晨一直营运到14:00。我们推荐旅行者选择7:00的那班，时长2小时。

从亚庇往返拉瑙（及山打根）的快速巴士和小面包车途经公园岔路口，从那里到公园入口有100米处的上坡路。如果长途汽车还有空座位，可以前往山打根（RM40）。

吉普车

你可在公园大门外和其他游客合租一辆吉普车，满员后就可前往亚庇（RM200）和山打根（RM500）；每辆吉普车可容纳5名乘客，但游客也可以包车。

出租车

合乘出租车从亚庇的Inanam和Padang-Merdeka长途汽车站发车（RM200）。

基纳巴卢山周边（Around Mt Kinabalu）

基纳巴卢国家公园是婆罗洲最高峰所在地，且拥有岛上保护得最好的几片森林。大多数旅客都直奔山顶和公园总部，但公园周边的有些地方同样值得探访。

景点和活动

昆达山战争纪念园 纪念园

（Kundasang War Memorial；Kota Kinabalu–Ranau Hwy；门票 RM10；⏲8:00~17:00）纪念园位于亚庇-拉瑙干线公路（KK-Ranau Hwy）边、Mesilau Nature Resort附近的路口处，纪念在“山打根死亡行军”（Sandakan Death Marches；见374页）中死去的澳大利亚和英国囚犯。虽然沙巴的其他纪念地似乎已被人遗忘，但昆达山战争纪念园却呈现令人动容的状态。纪念园内有4个以大理石亭子隔开的花园，典型的英式风格。

澳新军团纪念园（Anzac Garden）内有亡者的全部名单。纪念园后面有个瞭望点，在这里能看到基纳巴卢山的美丽景色。

该纪念园位于基纳巴卢国家公园总部以东10公里处的昆达山。当你看到路两边的小摊时，就表示你已经到了昆达山。左转，朝Mesilau Nature Resort方向走。纪念园就在岔路口150米远的右手边。在公路上就能看到旗子和石堡形状的建筑。

拉瑙夜市 市场

（Ranau Night Market；central Ranau；⏲周六）每个星期六晚上，这里就摆满了来自沙巴各地的食物和农产品，当地人都会过来逛街

买东西；黄昏时的夜市最上相。

沙巴茶园 茶园

（Sabah Tea Garden；☎088-440 882；www. facebook.com/sabahtea；KM17, Jln Ranau-Sandakan；门票免费，导览游 RM12，含午餐 RM34，2天1夜套餐 RM190起；⊙8:00~16:00）这片美丽的茶园位于拉瑙附近的山中。可联系茶园安排参观茶园、附近的雨林和河谷。选择两天一夜的旅游套餐的话，可以选择住在舒适的度假屋、传统长屋或营地帐篷里。这里还提供包含小鱼足部按摩的团队游（RM110）。

Mesilau Nature Resort 徒步

（☎088-871 519；Kudasang，Ranau；成人/儿童 RM15/10，导览自然游 RM10；⊙9:00~16:00）这个度假村建在海拔近2000米的茂密丛林中，是汽车能到达的最高点，从基纳巴卢山公园坐车过来只要30分钟。这里有许多步行小道，也是攀登基纳巴卢山的另外一个起点。这条路比主道更难走，同时人也没公园总部的那么多，因此受到徒步者的青睐。

Tagal Sungai Moroli 按摩

（☎088-878 044；Kampung Luanti，Ranau；全身按摩 RM25；⊙9:00~17:00）完成攀登基纳巴卢山的壮举后，来Tagal Sungai Moroli让鱼儿帮你放松身心。"tagal"在当地卡达山-杜顺语中是"不捕鱼"的意思，因为河里的鱼（当地人称为"ikan pelian"）不能捕捞，是专门用来给人按摩的。

村民们称这些小鱼已被他们训练成只会轻轻咬掉角质层（你也可以要求它们咬多一点儿），为双脚消除疲劳。Kampung Luanti位于拉瑙以东，坐车过来半小时（24.5公里）。

波令温泉 温泉

（Poring Hot Springs；Poring，Ranau；成人/儿童 含基纳巴卢国家公园 RM15/10；⊙入口大门7:00~17:00，公园 至20:00，蝴蝶园和雨林吊桥周一不开放）波令温泉是"二战"时期的日军为婆罗洲做的少有的贡献之一，现在这里已经成为当地人周末休闲的好去处。温泉位于一个维护良好的森林公园内，这里有各种各样的自然小径，老少皆宜。热腾腾的硫黄水涌入温泉池和浴盆，有的看起来有些简陋。记得带上毛巾和泳衣。

从费用方面考虑，这里的亮点远不只温泉：离地面40米的树冠吊桥（Canopy Walkway；门票 RM15；⊙9:00~16:00）由多条悬挂在树上的走道组成，站在上面可以看到不一样的森林景色。如果想观赏鸟类或其他野生动物，就要早点来。此外，这里还有一座热带花园（⊙9:00~16:00）、蝴蝶农场（成人/儿童 RM4/2；⊙周二至周日 9:00~16:00）和兰花园（成人/儿童 RM10/5；⊙9:00~16:00）。大王花也生长在这一区域，运气不错的话可以一睹芳容。游客中心和沿路都有指路的路标。

这一片区域属于基纳巴卢国家公园，位于拉瑙以东，距离公园总部43公里。

食宿

上山前不妨在基纳巴卢山下住上一晚，山下有各种档次的住宿场所，且全都有自己的餐厅。

马西劳山径和波令温泉的住宿均由Sutera Sancutary Lodges管理。基纳巴卢山脚还有许多民居提供住宿，其中大多位于公园总部和昆达山（Kundasang；公园入口东侧）间的公路边。昆达山有两家民宿：Walai Tokou（☎019-860 2270，088-888 166；koch_homestay@yahoo.com；Ranau；套餐 RM240起）和Mesilou Atamis（☎013-886 2474，019-580 2474；www.facebook.com/ Mesilou-Atamis-Homestay；2天1夜套餐 RM350起；P）。

Mountain Guest House 客栈 $

（☎016-837 4040，088-888 632；KM53，Jln Tinompok，紧邻Kinabalu Park，Ranau；铺/标单/双/四 含早餐 RM30/60/70/80起）客栈建在（或者说是悬挂在）高低不平的山边，看上去摇摇欲坠，但里面很干净，服务也很周到。从公园入口走过来需5分钟。房间布置简单，有一些家具和整洁的浴室。房费里包含早餐，晚餐时间提供素食（RM8）。经营客栈的Anna是一个可爱的姑娘。

★ Lupa Masa 生态露营地 $$

（☎016-806 8194，012-845 1987；http://lupamasa.com；Poring；每人 含3餐 帐篷/木屋 RM90/250）露营地位于森林之中，旁边有两条清澈见底的河流，以及由此形成的瀑布和

天然水池。尽管听上去不错，但这里并不适合所有人——这里不通电、没有Wi-Fi，虫子和蚂蟥却是不请自来。帐篷里的高台上有床垫，新建的木屋面朝奔腾的河流。

如果你来得是时候，还会看到盛开的大王花。房费包含三餐（多为素食）。这里还能帮你预订之后的行程，并经营山地骑行游、一日或两日丛林游、漂流、探访隐藏岩洞等活动。Lupa Masa会将部分收入捐给当地社区。从波令温泉步行过来45分钟，坐车10分钟。

Wind Paradise 蒙古包 $$

（☎088-714 563，012-820 3360；http://windparadise2011.blogspot.com/；Jln Mesilau，Cinta Mata，Kundasang；铺/标三 RM170/200，4人蒙古包 RM300；Ⓟ）这里位于昆达山的上方，拥有无敌山谷美景。蒙古包和度假屋建在漂亮的草坪上，有一个舒适的休闲室。蒙古包内有床铺，通风透气，舒服得能让人一觉睡到天亮。提供烧烤器具，需自备食物。

D' Villa Rina Ria Lodge 度假屋 $$

（☎088-889 282，011-601 6936；www.dvillalodge.com.my；KM53，Jln Tinompok，紧邻基纳巴卢国家公园，Ranau；铺/双/四 RM30/120/220；@Wi-Fi）这里离基纳巴卢国家公园入口很近，开放式的餐厅十分吸引旅行者，房间带有阳台且能看到雄伟的山谷风景。毫不夸张地说，这里是一个很棒的一站式商店，你能买到从电池到巧克力、从袜子到雨披的所有物品。房间的墙壁粉刷成黄色，提供舒适的被褥和热水淋浴。

Poring Hot Springs Resort 度假村 $$

（Poring Hot Springs，Ranau；⏲铺/房间 US$35/42）这家酒店位于基纳巴卢山山脚，提供多人间、单间等不同房型的住处。房间里铺有漆木地板，有单独的客厅、大床、时尚浴室、独立阳台和卫星电视。此处靠近森林里的水池和公园的其他区域。

Mesilau Nature Resort 度假村 $$

（☎088-871 519；Pekan Ranau，Ranau；3床木屋 RM1285）度假村坐落在海拔近2000米的茂密丛林中，这使得它具有一种静谧安宁的氛围。有多人间和双人间可供选择，房间虽简单但很漂亮，里面有书桌和颜色亮丽的被褥（你会对此感到高兴的——晚上气温会降低）；木屋里有3张床。餐厅在露台上，供应自助式晚餐和早餐。

J Residence 别墅 $$$

（☎012-869 6969；www.jresidence.com；房间/标三 RM88/99，别墅 RM480）这片高雅的住处建在山边，距离基纳巴卢国家公园的入口仅300米，周围的松树散发出清新芳香，让人感觉宁静。8间客房均铺有木地板，带有阳台、浴室以及雅致的床上用品，窗外的风景十分壮丽。注意，本书所列为工作日价格，周末的价格应在这个基础上再加40%。

Nikgold Garden 别墅 $$$

（☎088-888 112；www.facebook.com/

不要错过

香格里拉的红毛猩猩

Shangri La Rasa Ria Resort（见365页）是香格里拉酒店集团下的一家度假村，位于斗亚兰附近，这里有一片作为临时野生动物保护区的**避难所**，由度假村经营和管理。这里每天都有各种活动，例如观鸟或进行夜间徒步（保护区内有果子狸和懒猴），从树冠吊桥上寻找红毛猩猩的踪影。说实话，这里的红毛猩猩和西必洛（见376页）的一样可爱，而且还不那么拥挤。同时，你所支付的费用仍用于支援生态保护组织。上述活动有不同价格，取决于你是否是酒店住客。

想要了解更多信息可访问www.shangri-la.com/kotakinabalu/rasariaresort/sports-recreation/nature/nature-reserve-activities或拨打电话☎088-797 888。

每天10:00有2小时的时间可以观看红毛猩猩。5~12岁的儿童可以帮助公园管理员给红毛猩猩喂食。

NikgoldGarden; Jln Tinompok, 紧邻基纳巴卢山国家公园, Ranau; 房间/家 RM98/400; P 🛜)这里位于基纳巴卢山边的一个蔬菜园对面, 采用深色木材建造的新楼颇具瑞士木屋的味道, 10间极简主义风格的客房面朝东, 因此可以在房里欣赏日出。木屋则要大得多, 有两间卧室、休闲室、平板电视、DVD播放器和阳台。这里在去昆达山的路上, 从公园入口坐车过来5分钟。

ℹ 到达和当地交通

7:00~20:00, 往返亚庇的公共汽车会停靠基纳巴卢公园总部门口和拉瑙(RM15~20, 2小时)。从拉瑙一个蓝色屋顶候客处开出的小面包车去往附近的景点(公园总部和波令温泉等), 车费RM5。国家公园运营的面包车往返总部和波令温泉之间, 车费RM25, 离开公园总部的时间为正午。

西北海岸(Northwest Coast)

沙巴州的西北海岸人烟罕至, A1路公共汽车从亚庇向北开往古达(Kudat)和婆罗洲最北端(Tip of Borneo), 途经海岬、稻田和隐秘的海滩。这里很适合自驾或骑摩托车——公路相当平坦, 而公共交通一般仅在主道上运营。

斗亚兰 (Tuaran)

距离亚庇33公里的斗亚兰是个繁华的小镇。除了林荫大道, 此地还有令人瞩目的**Ling Sang Pagoda**, 这座9层楼高的宝塔上绘有栩栩如生的守护神。没有必要在这个小镇停留, 除非那天刚好是集市日(斗亚兰这个名字很有可能来源于马来文"tarawan", 意即"销售", 反映了它曾经是一个贸易站)。不过, 小镇周边倒是有一些不错的景点。你会看到指向**孟卡邦水上村庄**(Mengkabong Water Village)的路标, 这是一个在河口的巴瑶族(Bajau)吊脚屋村庄, 但发展和污染已让这里的魅力大减。

👁 景点

倒反屋和3D奇观博物馆 现代建筑

(Rumah Terbalik & the 3D Wonders Museum, The Upside Down House; ☎088-260 263; www.upsidedownhouse.com.my; Kg Telibong, Batu 21, Jln Telibong Tamparuli; 倒反屋 成人/儿童 RM19/5, 3D奇观博物馆 RM35/15, 套票 RM48/19; ⏲8:00~22:00; P 👪)沙巴难得一见的"古怪"景点……走进倒反屋: 一间现代风格、品位高雅的房间, 但等等……它是倒着的! 天花板上甚至还有家具和停放在车库里的汽车。这里还有一个同样古怪的3D奇观博物馆, 画有海龟和猩猩的墙上有孔洞, 你可以把头伸进去玩玩。

🛏 食宿

由于斗亚兰距离亚庇(有许多住宿选择)很近, 所以不必住在斗亚兰。然而, 若你因为某种原因必须在这里过夜, 可以住在**Orchid Hotel**(☎088-793 789, 012-820 8894; 4 Jln Teo Teck Ong; 房间 RM40~100起; ❄)。房价虽然偏高, 但只住一晚也无妨。附近的**Tai Fatt**(Jln Teo Teck Ong; 餐 RM4; ⏲7:00~22:00)是斗亚兰最好的茶室餐厅(kedai kopi), 招牌菜是炒面, 里面有蔬菜、猪肉、汁、鸡蛋、小麦面条, 是的, 你没看错, 还有猪肉。

Shangri La Rasa Ria Resort 度假村 $$$

(☎088-792 888; www.shangri-la.com; PantaiDalit; 房间 含早餐 RM730起; P ❄ @ 🛜 🏊)度假村距离亚庇机场北45分钟车程, 拥有一片细致的桃色沙丘和专属的18洞高尔夫球场, 除此以外还有高雅的餐厅、游泳池(以及一个带滑道的儿童游泳池)和水疗中心。虽然度假村会让你感觉身在天堂, 但它最大的亮点其实是它的自然保护区(见364页)。

ℹ 到达和离开

所有开往北方的公共汽车都会经过斗亚兰, 而且有小面包车经常定期往返亚庇(RM5~10, 30分钟)。开往孟卡邦的小面包车班次没那么密集, 费用为RM2。斗亚兰和哥打贝卢(Kota Belud)之间有小面包车往返(约RM15, 30分钟)。

哥打贝卢 (Kota Belud)

将哥打贝卢从你的"必去名单"中移除并

不会留下太多遗憾，但如果你想去Mañana海滩、美人鱼岛或古达，这个热闹的小镇是一个不错的中途停留站。除了山上的金色清真寺和在街上悠闲徐行的牛群，熙熙攘攘的周日集市（tamu）也绝对会让你一次次按下快门。

每年10月，哥打贝卢会举行著名的**大集市**（Tamu Besar）——沙巴规模最大的集市。其中最值得一看的场景是：来自附近村庄的巴瑶马夫盛装打扮，骑在穿刺绣盔甲、披五彩绸缎的骏马上列队穿过集市。

想购买部落手工艺品和传统服装的游客可能会在这里看到中意的东西，但这些商品都是兜售给游客的便宜货。有些讽刺意味的是，逛这个露天集市的最佳方法不是购物，而是充分体验它欢乐、喧嚣的气氛，尝尝小吃摊的美食，像老奶奶逛跳蚤市场那样东看看西瞧瞧。

活动

Big Fin Divers 潜水

（☎014-679 3679；www.bigfindivers.com；Mañana Borneo Resort，Kota Belud；2次潜水RM250，4日PADI开放水域潜水课程 RM990）这家新开的机构提供PADI课程和潜水活动，潜水地点位于“珊瑚三角”内的一片暗礁；这片暗礁大得惊人，它的水域图至今还没有绘制完成。Mayne Point有圆形的花岗岩巨石，Ella's Garden有大量的珊瑚和鱿鱼、乌贼、饺口鲨、豹纹鲨、魔鬼鱼、梭鱼，如果你是4月至6月来这里，还能看到鲸鲨。

潜水点就在附近，其中一个是“二战”时期日本的一艘沉船，因此你不会浪费时间在路上。天气晴朗时，从海底浮出水面时就能清楚地看到远处的基纳巴卢山。这个机构位于Mañana。

食宿

游客大多从亚庇来哥打贝卢并当日返回，因为即使这样也有充足的时间逛集市。哥打贝卢没有特别好的住宿，也不是美食天堂，不过你还是能在周日集市发现一些美味小吃。

TD Lodge 酒店 $

（☎013-880 3833；block D，lot D20-D24，Kompleks Alapbana；房间 RM82~92，家 RM106）来这栋苏联风格的平顶楼房住上一晚还是挺不错的：房间里有电视、浴室、咖啡机、书桌和干净的床上用品，地上铺有复合地板，墙壁用亮色涂料粉刷过。毫无疑问是镇中心最干净的住宿地。

★**Mañana** 客栈 $$

（☎014-679 3679，014-679 2679；www.mananaborneo.com；木屋/别墅/家庭别墅 RM120/180/350起）想象自己身处隐蔽的海滩，与世界各地的旅行者聊天到深夜——这里就是由Yan和Nani经营的Mañana。从木屋能看到海蓝色的海湾。你还可以学习瑜伽、单桨冲浪、冲浪，或参加Big Fin Divers组织的潜水。餐

沙巴 西北海岸

迷之海滩

有一处海滩成了目前旅行者间聊天的热门话题，据说那里有细腻柔软的沙滩、茂密的丛林、火红的日落以及生活着鲸鲨和蝠鲼的碧蓝大海。每隔一段时间就有不畏艰难的旅行者跋山涉水、穿过丛林来到这里，而且他们完全清楚唯一的住宿地已被预订一空。好了，就不卖关子了，我们说的是**Mañana Beach**，只此一次，有这么一个地方，全凭一片海滩就得到了至高称赞。

从**Pituru Laut村**坐船（用不着跋山涉水过来！）来此只需要10分钟。踏上这片土地后，你会感觉好像回到了过去那种单纯的生活中：孩子们在沙滩上高兴地玩耍，冲浪的人在海上激起层层浪花，附近的客栈传来音乐，潜水归来的人一脸的开心。

目前可以提供住宿的地方只有Mañana。这里的条件也许比较简朴，但气氛轻松随意，加上附近未经探索的珊瑚礁、适合冲浪的海域和如天堂般美丽的景色，难怪旅行者会说：“这里就像是20年前的泰国……”，有几位好莱坞明星正在考虑在这里买地。

厅供应热食和冷餐，这里还新开了个酒吧。总而言之，这里与众不同。

Mañana给人感觉像是位于岛上，因为你得从Kampung Pituru Laut坐船过来。无论何时前来，请一定要预订。从亚庇过来的话，可以让客栈帮你推荐一位值得信赖的出租车司机。如果遇上客满（这种情况极有可能发生），可以先租顶帐篷住下。

到达和离开

小面包车和合乘出租车聚集在老市场（Pasar Besar）门口，大部分都开往亚庇（RM10，2小时）或古达（RM20，2小时），运营时间为7:00~17:00。要前往基纳巴卢国家公园，可乘坐开往亚庇的小巴，然后在大约半程处的Tamparuli下车（RM10，30分钟）。每天14:00前有数班小面包车从Tamparuli开往拉瑙，它们全都会经过公园入口（RM10，1小时）。直接去拉瑙的车费为RM20（1小时多一点）。

古达（Kudat）

棕褐色的吊脚楼、海湾里的渔船和慢悠悠的热带生活节奏——这里就是古达，一个如世界尽头般的梦幻小城，只需待上一两天，你就会爱上它。不管你信不信，安静慵懒的古达在19世纪后期曾是重要的贸易站点和婆罗洲的首府。你也许会注意到这里有些街道上的中文名字，这是因为当年有许多华人在英国政府的要求下迁来古达经营椰子园。如今，这些华人的后代仍然与巴瑶人、龙古斯人和菲律宾人一起生活在古达。

主广场旁的华人寺庙 免费 值得一看，还可以去古达集市（Tamu Kudat；⏲周二和周三6:00~14:00）逛逛，那里堆满了热带水果、干鱼和可食用海藻等食物。然而，真正让你想一探究竟的还是这个婆罗洲最北端的城镇。夕阳西下，被如血残阳染红的天空之下，是绵延数里的细沙海滩和钴蓝色的大海，海面上偶尔会有几条渔船，当地的女子打着伞从沙滩上静静走过。

如果想要自驾游览古达，可以通过New Way Car Rental & Souvenir Centre（☎088-625 868；40 Jln Lo Thien Chok）租车。工作人员还可以帮你预订邦吉岛（Pulau Banggi；见370页）的住宿。

食宿

Ria Hotel 酒店 $$

（☎088-622 794；http://riahotel.blogspot.com；3 Jln Marudu；房间 RM135~146，家 RM315；❄@）Ria位于小镇中心，房间里有书桌、舒适的床、干净的床上用品、电视和浴室，但它真正吸引人的地方是楼下的咖啡馆，供应油酥点心、三明治、蛋糕和美味的咖啡。

Kudat Golf Marina Resort 酒店 $$

（☎088-611 211；www.kudatgolfmarinaresort.com；紧邻Jln Urus Setia；房间 RM166~186；P❄≋）酒店位于一个小船坞的对面，香蕉黄色调的大堂里放有按摩椅，工作人员服务周到。房间里有浴室、家具和电视。早餐为自助餐，供应各种做法的鸡蛋。酒店最棒的地方就是有一个露天游泳池。

到达和离开

长途汽车站位于古达西边的KudatFlaza，离RiaHotel很近。公共汽车开往亚庇（RM25，3小时，每天2班）、哥打贝卢（RM15，1.5小时，每天2班）和山打根（RM60，每天1班）等地。小面包车和吉普车也从这里出发，坐面包车去亚庇的车费大约RM50（客满即走）。

古达周边（Around Kudat）

古达周边有许多隐秘的山洞、海滩和徒步山径，但几乎都在偏僻或没有路标的地方。你会发现向Tampat Do Aman或Tip of Borneo Resort的工作人员了解信息很有必要。古达以南44公里的Kampung Bavanggazo有龙古斯人的长屋（Bavanggazo Rungus Longhouses/Maranjak Longhouse；☎088-612 846，088-621 673；每人每晚 RM70起），被沙巴旅游局极力推荐，但在我们调研期间却发现这里给人一种疏于打理的感觉。

婆罗洲最北端（Tip of Borneo）

距离古达约40公里有一片宽阔的海湾，它的末端就是沙巴最北端的海角，这里被叫作Tanjung Simpang Mengayu，又称为“婆罗洲最北端”。16世纪麦哲伦（Magellan）在其著名的环球航程中曾在这里登陆，并逗留了42天。这个惊涛拍岸、悬崖耸立的地方曾是一个荒凉原始的海角，但如今已成为热门的旅游景点，该地的地标是一个巨型纪念碑。有个告示牌警告游客切勿爬到下面的岩石（陆地的真正末端）上，因为汹涌的潮水很可能让人有去无回。

这里不通公共交通，因此你必须从古达坐出租车（大约RM90，含等候时间）或自驾过来。海角周边地区也叫作"婆罗洲最北端"，这里有许多条件不错的住宿地、潜水点和冲浪点。此地8处海滩中有3处尤为出众，它们分别是：最北端的Tip of Borneo Beach，又被称为Kosuhui Beach，海滩上有餐馆、潜水商店，可以租到冲浪板；然后是Hibiscus Beach Resort的私属海滩；最后是Bavang Jamal Beach，那里有几个吃点心、喝饮料的地方。

景点和活动

古达龟类保护协会 野生动物保护区

（Kudat Turtle Conservation Society；☎013-839 7860；www.ktcs-borneo.org；Lupa Masa Bavang Jamal Homestay，Kampung Bavang Jamal；保护费 RM15）古达龟类保护协会设立在Lupa Masa Bavang Jamal Homestay内，管理者名叫Roland。这里刚建了个教育中心，你可以协助工作人员去当地海滩守夜，保护绿龟蛋和玳瑁龟蛋。他们的网站上有长期志愿者的招聘详情。

从古达过来的话，可以致电Driver Peter ☎019-802 0084预订车，车费大约为RM50。

婆罗洲潜水中心 水上运动

（Borneo Dive Centre；☎016-830 0454；www.tipofborneoresort.com；Tip of Borneo Resort；垂钓 每船 RM400，浮潜 RM40，2次潜水 RM300，冲浪板租金 RM80；⏲9:00~19:00）这个潜水机构设立在Tip of Borneo Resort，墙上绘有时尚的壁画，出租冲浪板、风帆冲浪装备、钓鱼器具和潜水装备。这里还出租皮划艇和自行车。

住宿

★Lupa Masa Bavang Jamal Homestay 民宿 $

（☎019-802 0549；http://lupamasa.com；Kampung Bavang Jamal；房间 含早餐 RM45；Ⓟ）🍃这个长屋的设计灵感来自龙古斯族的房屋，里面通风透气，灯光明亮。独立房间十分简朴，没有现代设施，只有蚊帐、床垫和公用卫生间。Bavang Jamal Beach上的La Playa Beachfront Bar就在这附近。古达龟类保护协会设立在这里；还可以从这里去邦吉岛参加浮潜两日游（RM280）。

★Tampat Do Aman 家庭寄宿 $$

（☎013-880 8395；http://tampatdoaman.com；房间 RM43起，木屋/家庭木屋 RM160/220；📶）🍃这间龙古斯族风格的长屋住着非常舒服，屋外是交错的步行道，深蓝色的木屋外有木槿花园。屋主Howard和他的龙古斯族妻子将收入用于当地的有益项目，如建学校和自然保护区。这里有一个博物馆兼野生动物保护区，提供的食物也非常美味可口。另一间长屋目前正在建造中。推荐给各位旅行者。

你可以去徒步、浮潜或骑自行车，Howard能够替你安排各种活动。

乘风破浪

受西南季风和东北季风影响，沙巴西海岸波涛汹涌，这里由此成为一个新兴的冲浪胜地——11月至次年1月为最佳时间。最佳冲浪点在婆罗洲最北端，那里不仅仅有白沙海滩和碧蓝海水，天气合适的时候，海面上还会涌起清澈的左手浪和右手浪及完美的卷浪，浪高从2英尺到9英尺不等。另外，这里没有急躁拥挤的人群；你可以很容易租到冲浪板，专心享受这里的海浪。

想要学习冲浪课程的话，可以联系Deep Borneo Adventures（☎088-231 233；www.deepborneo.com；Lot 3.2，2nd fl，Grace Sq，Lg Grace Square 1，Jln Pantai，Sembulan，Kota Kinabalu；私教冲浪课 RM180），上课地点在波浪较小的Tanjung Aru或古达。Tip of Borneo Resort提供冲浪板出租。

Tip of Borneo Resort 度假村 $$

（Tommy's Place；☎088-493 468，013-811 2315；http://tipofborneoresort.com/；房间RM180~230，别墅 RM280；❄📶）🍃度假村里有服务周到的咖啡馆、潜水和风帆冲浪中心，并在野生动物保护方面做了许多工作，住在这里你不会觉得无聊。最近又新建了一排薄荷绿的三人间，房间带阳台和浴室。山上的别墅视野宽阔，有大床、平板电视和网线。另有一间餐厅正在建设当中。

★ **Hibiscus Beach Retreat** 别墅 $$$

（☎019-895 0704；www.hibiscusbeachretreat.com；两人别墅 RM525~625）Hibiscus Beach Retreat建在一座小山上，脚下的沙滩有1.5公里长，青绿色的海浪轻轻拍打着海岸。茅草顶的别墅里有一间卧室，提供风扇和自助生活设施，当代装饰风格搭配高档家具。屋外有日光晒台和躺椅。早餐吃完新鲜水果后就跳进碧蓝大海中浮潜，尽兴而归后悠然地守候色彩迷人的日落。住在这里真是一种享受！

Hibiscus Villa Borneo 别墅 $$$

（☎019-895 0704；www.hibiscusvillaborneo.com；每晚 US$900~1100；❄📶🏊）超大的游泳池、深色木地板、柔和的照明和精心挑选的家具让这里从众多住宿地中脱颖而出。如果不是每天的客房打扫服务，你会以为自己身处天堂。每栋别墅里有3间卧室，特别适合追求私人空间和清静的家庭。

餐饮

The Secret Place Cafe 马来西亚菜 $

（Bavang Jamal Beach；主菜 RM9；⏰10:00~21:00）这是一间家庭经营的餐馆，位于Bavang Jamal Beach，他家的炒饭、鲜鱼、鸡翅和烧烤很受欢迎。所有食物都是烧烤口味。餐馆里有吊床供人休息，你也可以点一杯饮料，坐下来欣赏海景。这里甚至还出租帐篷（RM25）。餐馆在主道边挂了一块木招牌，注意观察。

Tip Top Restaurant 各国风味 $$

（☎013-880 8395；www.tampatdoaman.com/tiptop-menu；Kosuhui Beach；主菜 RM17；⏰8:00~20:00）这里距离海滩仅几米，供应汉堡包、箭鱼排、咖喱、糖醋鸡肉、早餐、胡萝卜蛋糕和鲜榨果汁等一系列美食。室内和室外都有就餐的桌椅。经营者名叫Tampat Do Aman。

★ **La Playa Beachfront Bar** 酒吧

（Bavang Jamal Beach的南端；主菜 RM10）酒吧就在古达龟类保护协会的旁边，里面挂着灯笼，有露天平台，是沙巴气氛最怡人、位置最佳的酒吧之一。这里有躺椅、坐垫和吊床，选个自己喜欢的地方坐下，点上一杯新鲜椰子汁或鸡尾酒，加一份木炭烤出来的比萨，就着美食和随风鼓动的经幡，欣赏天边霞光万道的落日。简直完美。

周六的早上，当地人会来这里售卖手工珠链和新鲜水果。

离岛（Offshore Islands）

沙巴西北部的真正亮点在外海。最著名的是美人鱼岛（Pulau Mantanani），它位于哥打贝卢西北方向约40公里处，实际由两座热带岛屿组成。

美人鱼岛（Pulau Mantanani）

3公里长的**大美人鱼岛**（Pulau Mantanani Besar）和**小美人鱼岛**（Pulau Mantanani Kecil）是位于沙巴海岸西北方向25公里处的两座岛屿（哥打贝卢西北方向约40公里），由多片雪白的沙滩组成，周围环绕着美丽的珊瑚礁。这里不时能看到儒艮和难得一见的角鸮。岛上生活着1000多名巴瑶人，他们最近频繁出现在新闻中，反对度假村大量买地开发，因为这意味着政府很可能会将他们强制迁往他地。

Riverbug经营的**Mari Mari Backpackers Lodge**（☎088-260 501；www.riverbug.asia；铺 RM442，标双 每人 RM552）是岛上的住宿地之一，拥有位于白沙滩的吊脚屋和多人间。虽然很多人都会参加这里的潜水和浮潜，但你也可以什么都不做，就简单地放松身心。如果你人在亚庇，酒店会派车接你到哥打贝卢，然后从那里坐快船（费用已含）来岛，第二天18:30再把你送回哥打贝卢。多人间的铺位价格为RM442，标双间的价格为每人RM552。酒店还有自己的潜水中心，并提供PADI课程。

想要入住更高级的酒店的话，Bembaran Dive Lodge（☎088-728 702；www.bembarandivelodge.com；两天一晚 套餐含3次潜水 RM575；❄）是个不错的选择，这里有更大更舒适的木屋、私属海滩和咖啡馆。他们也有一间潜水学校，提供进修课程、开放水域课程和浮潜。

岛上的Wi-Fi信号不太好，也没几家商店，但你正好可借此机会从喧嚣的生活中抽身出来。晚上可以划皮划艇和夜潜，白天可以观鸟，黄昏时还可乘船欣赏日落。

邦吉岛（Pulau Banggi）

如果你想逃离游人如织的地方，就来邦吉岛吧，这里位于古达东北方向约40公里，苏禄海和南海的交界处。邦吉人是沙巴人口最少的原住民民族，他们的房屋构造奇特，在当地很有名。邦吉人有自己的语言，与婆罗洲的方言明显不同。沙滩、热带树木和清澈的海水共同构成了这个如明信片般美丽的小岛，事实上，它也是马来西亚最大的离岛。

邦吉岛拥有一流的潜水地，因为它就位于“珊瑚三角洲”（Coral Triangle）——地球上海洋生物种类最为丰富的地区之一。但是请注意，由于这里靠近巴拉巴克海峡走廊（Balabic Straight Corridor），水流湍急，因此除非你是放流潜水者且拥有丰富经验，否则最好不要冒险。你有机会看到鲸鲨、海龟和海豚，海底还有海扇、鹿角珊瑚和气泡珊瑚等各种珊瑚，以及在边上游来游去的蝙蝠鱼、小丑鱼、鱿鱼和海鳝。岛屿周边的红树林和海草还会吸引来儒艮，注意发现它们的身影。

岛上有家风格朴实的Bonggi Resort（☎088-671 572，019-587 8078；Waterfront，Karakit；房间 带风扇/空调 RM65/80，小屋RM85；❄），可以为游客安排乘船游和其他活动。小屋内有厨房和两张单人床——一定不要错过这里的树屋。周末时度假村经常被预订一空，因此最好尽早预订。邦吉岛上有一片小丛林，可向工作人员咨询去那里的路径。

古达和邦吉岛主要居民区之间有一班Kudat Express（☎088-328 118；单程头等座/经济座 RM8/15）营运的渡轮。渡轮每天13:00从古达的码头（壳牌加油站附近）出发，反向的渡轮每天7:15左右离开邦吉岛。

沙巴东部（EASTERN SABAH）

沙巴东部几乎聚集了婆罗洲其余地区所有的美好事物。这里就像是一个浓缩版的婆罗洲，你可以来这里参加探险活动、观看野生动物、探索海底世界或享受单纯的快乐。让我们随便列出一些当地的自然奇观：西必洛的大猩猩，拉卜湾（Labuk Bay）大腹便便的塌鼻长鼻猴，基纳巴唐岸河（Sungai Kinabatangan）影影绰绰的藤蔓隧道和在泥路上大摇大摆爬行的鳄鱼，达努姆谷和塔宾（Tabin）的侏儒象及勾勒天际线的树冠，仙本那群岛（Semporna Archipelago）的海底崖壁及其周围五彩缤纷的热带海洋生物，马廖盆地与人类文明一样历史悠久的原始森林。

这些是否激发了你的游兴？最近开通的航班让来这片海滨地区旅行变得轻松简单，东南海岸的斗湖和西边的亚庇之间还新修了一条柏油马路，进入马廖盆地腹地不再是一件令人头痛的事。

山打根（Sandakan）

☎089/人口：392,288

蓝绿色的山打根海湾上，华人渔夫在撒网捕鱼，海天交际处矗立着几座小岛。看着眼前的场景，你很难相信这里曾会集了各色外国人：德国商人、荷兰和中国种植园主、阿拉伯和印度商人以及珍珠采集人。可惜的是，第二次世界大战期间，英国人为断绝日本人的入侵将这里夷为了平地。大战过后，山打根木材生意快速发展，大量来自世界各地的进口木材从婆罗洲被运往这里。这种情况持续一段时间后，山打根一跃成为当时全世界人均百万富翁最多的地区。今天的山打根依靠棕榈油产业再次繁荣起来，战后匆匆赶建、风格单调乏味的建筑也经过了现代化的整修——特别是海滨区和Four Point酒店。

Sandakan 山打根

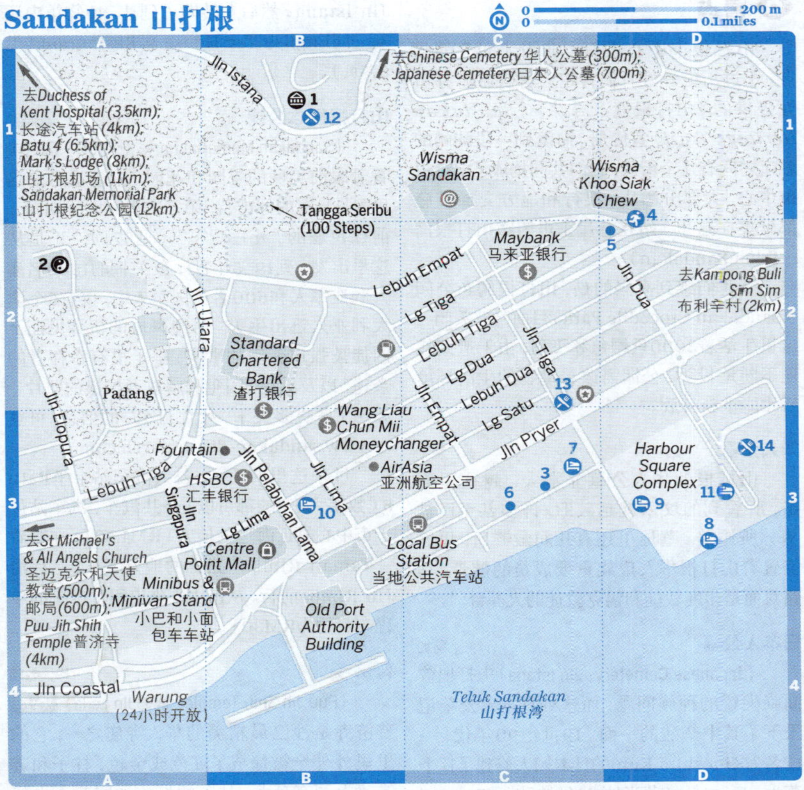

Sandakan 山打根

◎景点

1 阿格尼斯·凯斯故居 B1
2 三圣宫 A2

活动、课程和团队游

3 Myne Travel C3
4 Ocean Quest D1
5 Sepilok Tropical Wildlife Adventure ... D2
6 SI Tours C3

住宿

7 Borneo Sandakan Backpackers C3
8 Four Points by Sheraton Sandakan ... D3
9 Ibis Styles Sandakan Waterfont D3
10 Nak Hotel B3
11 Sea View Sandakan D3

就餐

12 English Tea House & Restaurant B1
13 Habeeb Restaurant C2
14 山打根中央市场 D3

饮品和夜生活

Balin Roof Garden .... （见10）

让人颇为费解的是，山打根以西2.5公里的地方正在修建一座全新的市中心，预计几年后完工。

山打根是沙巴的第二大城市，也是前往基纳巴唐岸河和西必洛的门户，这里遍布宗教遗迹、墓地和殖民时期建筑。你会找到很多可以游览的地方，而且大部分都相隔不远，坐一会儿出租车就能到。

景点

山打根市中心没有"非看不可"的景点。不过历史爱好者们肯定会喜欢旅游办事处提供的《山打根遗产寻踪》(*Sandakan Heritage Trail*)宣传册。海滨到一段陡峭的悬崖之间有几个街区，它们共同构成了山打根市中心，大部分酒店、银行和地方交通设施都聚集在这里。站在悬崖上可俯瞰山打根湾(Teluk Sandakan)。

令我们感到高兴的是，山打根鳄鱼公园(Sandakan Crocodile Park)目前已被关闭。这里生活着3000只鳄鱼和飞鸟，由于遭到接连不断地投诉，公园需改善动物的生活环境后才能重新开放。

华人公墓

墓地

山打根的华人公墓非常大。越往里面走，所看到的坟墓就越破旧，许多甚至已被丛林所遮盖。墓地里还有几间藏骸所，里面安置着山打根华人望族重要成员的骸骨。马路对面是印度教徒和锡克教徒的火葬台。

日本人公墓

墓地

(Japanese Cemetery; Jln Istana)山打根曾面临尖锐的种族问题，而这处日本人公墓记录下了其中辛酸的一面。19世纪90年代，一位名为Kinoshita Kuni的日本妇人修建了这个墓地，Kuni是经营当地"8号妓院"(Brothel 8)的妈妈桑。这里曾经埋葬着数百名妓女，如今只剩下小小的一块地。1989年，墓地为在"二战"中阵亡的日本士兵立了一块纪念碑。过来这里的话，先从Tangga Seribu(100 Steps，意为"百阶")走到Jln Residensi Dr，然后右转，沿途有路标。

阿格尼斯·凯斯故居

博物馆

(Agnes Keith House; ☎089-221 140; www.museum.sabah.gov.my; Jln Istana; 门票 RM15; ⏲9:00~17:00)这座两层木制别墅之前是英国殖民者的住宅，如今被改建成了博物馆。20世纪30年代，美国作家爱诺斯·凯斯(Agnes Keith)在山打根生活，并将她在这里的经历写成了几本书，包括著名的《风下之乡》(*Land Below the Wind*)。这座别墅记录了山打根殖民时期的辉煌。

要过来这里的话，沿Tangga Seribu走到Jln Istana，然后左转即可到达。博物馆内还有一间English Tea House & Restaurant(见375页)。

山打根纪念公园

古迹

(Sandakan Memorial Park; ⏲9:00~17:00)看着眼前美丽的果园和花园，你很难想象这里曾是日军的俘虏营，第二次世界大战期间，前往拉瑙的"死亡行军"(见374页)正是从这里出发。到1945年7月，被关押的1800名澳大利亚军人和600名英国军人中，仅有6个澳大利亚人逃出生天。锈迹斑斑的机器见证了囚徒被强迫劳动的事实，亭子里有幸存者的亲述，以及狱吏、囚犯和解放者拍摄的照片。如想了解更多关于"死亡行军"的信息，可登录www.sandakan-deathmarch.com。

过来这里的话，在公共汽车站乘坐Batu 8(数字大于8的都可以)公共汽车，汽车站位于市中心靠近海边的地方(RM1.50)，在写着"Taman Rimba"路标的地方下车，然后沿Jln Rimba前行。从市中心坐出租车过来的单程车费约为RM30。

普济寺

华人寺庙

(Puu Jih Shih Temple; 紧邻Jln Leila) **免费** 普济寺是沙巴最精美的华人寺庙之一，它的里里外外全被涂成了红色或金色，柱子和装饰梁上画有盘龙，挂着的灯笼如同萤火虫般照亮地面。寺庙位于市中心以西4公里处。坐公共汽车到Tanah Merah，下车后问路便可找到这里。坐出租车过来的单程车费不会超过RM10，但如果出租车司机告诉你往返车费为RM25(包含等候时间)的话，也别感到意外。

圣迈克尔和天使教堂

教堂

(St Michael's & All Angels Church; 紧邻Jln Puncak; 门票 RM10) **免费** 这座漂亮的石砌教堂坐落在一处山坡上，仿佛是从英格兰本土某个郡直接空运到这里的一样，看起来像是殖民时期的遗迹和基督教信仰纪念碑。据说教堂在建造过程中，曾让囚犯拖着巨石穿过婆罗洲的丛林。教堂在第二次世界大战中侥幸躲过一难。注意观察这里的彩色玻璃窗，它们是澳大利亚人为纪念"二战"结束60周年所捐。

虽然正式地来说，教堂紧挨着的路名为Jln Puncak，但许多人都叫它“教堂路”（Church Rd）。

三圣宫

道观

（Sam Sing Kung；Jln Padang）免费 三圣宫（也可读成“Sam Sing Gong”）的历史可追溯到1887年，是山打根历史最悠久的建筑。道观小巧而不失精美，是供奉中国传统道教诸神的建筑典范。

布利辛村（Kampong Buli Sim Sim）

村庄

这座传统的吊脚屋村庄位于市中心以东约3公里处，是山打根居民最早的居住地。在游览这些吊脚木屋时，村民们可能会朝着你咧嘴笑，他们看你就像你看这座水上村庄一样觉得奇特。不要不经允许就给村民拍照。你可以坐出租车来这里，车费不超过RM20。

团队游

你可以自助游览山打根的许多景点，但如果你想要入住基纳巴唐岸河边的度假屋的话，就必须提前预订，最好是在山打根或亚庇就订好。山打根也有许多旅行社，提供探访西必洛和哥曼东洞穴等团队游。山打根和西必洛的酒店以及亚庇章节所列的许多旅行社也都提供团队游的预订服务。

Sabah Holidays

自然游

（☎089-225 718；www.sabahholidays.com；Ground fl, Sandakan Airport；⏲9:00~18:00）出租汽车和小面包车，也可安排团队游及哥打贝卢、达努姆谷、马廖盆地和西必洛的住宿。

Sepilok Tropical Wildlife Adventure

自然游

（☎089-271 077；www.stwadventure.com；13 Jln Tiga；⏲9:00~18:00）这个中档价位的旅行社与基纳巴唐岸河的Sepilok Jungle Resort和Bilit Adventure Lodge有业务联系。

SI Tours

自然游

（☎089-213 502；www.sitoursborneo.com；lot 59, block HS-5, Sandakan Harbour Sq Phase 2；⏲9:00~18:00）这家旅行社提供全方位的服务项目，它同时经营Abai Jungle Lodge和Kinabatangan River Lodge，并提供山打根群岛的两日观海龟团队游。

Myne Travel

自然游

（☎089-216 093；www.myne.com.my；57 Harbour Sq；⏲8:00~17:00，周日歇业）Myne提供基纳巴唐岸河的乘船游、游览海龟岛（Turtle Island；RM880，含导游、船票、正餐和1晚住宿）及丹绒阿鲁（Tanjung Arung）的“萤火虫和红树林”乘船游。

住宿

如果你来山打根只是为了看红毛猩猩，那么最好住在西必洛。山打根有数家高级酒店，也有一些便宜且服务友好的青年旅舍。

★Borneo Sandakan Backpackers

青年旅舍 $

（☎089-215 754；www.borneosandakan.com；1st fl, 54 Harbour Sq；铺/标单/双 RM30/55/70；）这家新开的青年旅舍极为干净，墙壁颜色是温暖的橘红，前厅的工作人员服务热情，每间房里都装有空调以及平板电视和X-box！此外还提供干净的床单、锁柜和不错的早餐。这里有6个单间和2个大小适中的多人间。旅舍的氛围很棒，工作人员同时也是具备从业资格的导游，能够提供许多实用信息和各种团队游。

Sea View Sandakan

青年旅舍 $

（☎089-221 221；1st fl, lot 126, Jln Dua, Harbour Sq 14；铺 RM25，双 带风扇 不带卫生间/带卫生间和空调 RM66/84，含早餐；）从这家青旅你看不到任何海景，房间也有点不透气且需要粉刷。尽管如此，这里的氛围很不错，3楼有间名为Lemongrass的咖啡馆，里面画有很酷的壁画，窗户上常常结了一层水汽。你可以在这里吃到南瓜咖喱（pumpkincurry）。

★Four Points by Sheraton Sandakan

酒店 $$

（☎089-244 888；www.fourpointssandakan.com；Harbour Sq, Jln Pryer；房间 含早餐 RM240起；）这家新开的豪华酒店散发着国际时尚气息：大堂如宫殿般华丽，外面是美丽的海湾；房间就更让人喜欢了，有柔和的

山打根"死亡行军"

山打根是"二战"期间日军的战俘营所在地，1944年9月，这里分别关押了1800名来自澳大利亚和600名来自英国的士兵。鲜为人知的是，在这里牺牲的澳军人数甚至要多于修建臭名昭著的缅甸铁路（Burma Railway）而死的人数。

战争初期，食物供应尚算充足，条件还堪忍受，死亡率为每个月3人左右。然而，随着盟军的逐步逼近，看守战俘的日军意识到他们已经没有足够的人手来阻止战俘越狱。于是，他们决定用减少食物份额的方法来降低战俘的体力。随着疾病的蔓延，死亡率开始攀升。

狱方还决定将俘虏遣往内陆——沿着一条当地人开辟出来的小路（原本是为了方便和日本侵略军打游击的），在森林里穿越250公里前往拉瑙，途经之处环境恶劣，根本不适宜人类生存。1945年1月28日，470名犯人上路，只有313人走到了拉瑙。第二次行军，570人从山打根出发，只有118人到达目的地。第三次行军有537人，至此全部俘虏转移完毕。

行军时的条件很差：许多人没有鞋子，食物也少得可怜，一些俘虏跌落山崖。日军残酷地杀死了那些不能再继续行走的俘虏。到达拉瑙后，幸存下来的囚犯必须背着20公斤一袋的大米，翻山越岭到40公里以外的Paginatan。疾病、饥饿和劳累夺走了许多人的生命，到1945年7月末，拉瑙已经没有活着的俘虏了。2400名俘虏中，仅有6名澳大利亚人得以幸存——他们在拉瑙或在行军途中逃跑了。

讽刺的是，战后人们才得知，1945年年初曾有过一个解救俘虏的计划，但有情报显示当时山打根战俘营已经没有囚犯了。

环境光、羽绒枕、厚实的床垫、平板电视、书桌和小冰箱。酒店里的Eatery Restaurant无疑有着整个沙巴最棒的自助早餐，Best Brew Bar不仅环境奢华，鸡尾酒也十分不凡。等一下……这里还有一个巨大的露天游泳池！

Nak Hotel

酒店 $$

（☎089-272 988；www.nakhotel.com；Jln Pelabuhan Lama；标单/双/家 含早餐 RM88/138/218起；❄📶）我们喜欢这里风格奇特的大堂：血红色的墙壁、中式灯笼、巨大的鸟笼和东方花瓶。房间虽小但很时尚，墙壁刷成铁灰色，复古的装饰风格映衬着品位高雅的配套卧室。酒店做得最好的是屋顶的咖啡馆Balin——这是山打根最棒的咖啡馆，即使你不住这儿，也一定要过来小酌一杯。酒店提供的早餐为薄煎饼和鸡蛋。酒店的正门造型为黑色的苏联风格。

Mark' s Lodge

酒店 $$

（☎089-210 055；www.markslodge.com；Lot 1-7, block36, Bandar Indah；房间 含早餐 RM146~178；❄📶）酒店距离市中心仅8公里，显得安静且凉爽，房间里有艺术装饰风格的书桌、平板电视（可看一些电影频道）、柔和的照明和明亮的浴室。木板建造的餐馆兼酒吧也很不错。从这里坐出租车去市里RM20。

Ibis Styles Sandakan Waterfont

酒店 $$

（☎089-240 888；www.ibisstyles.com；Harbour Sq；房间 RM158~173，家 RM208；❄📶）用"现代、冰爽、一尘不染"来形容这间法国连锁酒店恰如其分。酒店位于海边，橙色调的房间宽敞干净，有国际标准的浴室、雪白的床上用品、平板电视和现代家具。早上坐在阳台上，面朝广阔的苏禄海享用早餐，简直太惬意了。

就餐

想要品尝地道的马来菜，就去海边的Harbour Square Complex，那里周边到处是便宜又美味的餐馆，其中很多都是马来西亚茶室（kedai kopi），主菜的价格一般不会超过RM6；所有餐馆都从上午9点营业到晚上9点。**Habeeb Restaurant**（Jln Tiga；⏲7:00~15:00）以便宜的咖喱菜出名，它其实是一家印度清真食品连锁店。因此如果你在市区看到其他分店，都可以考虑光顾。

山打根中央市场

摊贩 $

（Sandakan Central Market；Jln Dua；主菜

RM1~8; ⌚7:00~15:00)虽然位于一个看起来像多层停车场的地方,但这里是吃便宜菜和小吃的最佳地点。楼上有清真小吃摊、中国小吃摊、马来小吃摊、印尼小吃摊和菲律宾小吃摊。这些小吃摊的营业时间不统一,但大多数在15:00就收摊了。

Sim Sim Seafood Restaurant 海鲜 $

(森森海鲜食店; Sim Sim 8; 菜肴 RM5; ⌚8:00~14:00)这家"餐馆"位于市中心以东3公里的吊脚屋村庄Kampong Buli Sim Sim内。它其实更像是个码头边的渔场,每天都有海鲜送来,然后马上被做成菜肴呈上桌。用手示意自己想吃的菜后,找一把红色塑料椅子坐下。让出租车司机带你到"Sim Sim Bridge 8"(他们很清楚你要去哪里)。

English Tea House & Restaurant 英国菜 $$

(☎089-222 544; www.englishteahouse.org; Jln Istana; 主菜 RM15.50~55, 鸡尾酒 RM16.80~20; ⌚10:00~23:00)柱子支撑的度假屋经过了粉刷,天花板上悬挂着木质叶片的风扇,屋外是修剪整齐的槌球草坪,巨大的芒果树下摆放着柳条椅——这里比格雷厄姆·格林(Graham Greene)的小说更"英国"。午餐时间,点上炸鱼薯条、牛津炖菜和一壶茶,边吃边欣赏窗外风景优美的海湾。

想象下穿成哈罗盖特(Harrogat)茶女一样的服务员和三层托盘上的司康饼。可惜的是,由于这里经常因为人多而忙不过来,拖拉的服务态度会让绅士也忍不住发脾气。

饮品和夜生活

Bandar Indah,俗称Mile 4或Batu 4,这里的两层楼店屋纵横交错,有餐馆、酒吧、卡拉OK厅和夜总会,许多当地人和外国人都流连于此。晚上这里热闹非凡,山打根市区与之对比之下显得死气沉沉。酒吧一般在凌晨1点或2点左右打烊,音乐表演场所还要晚一点。坐出租车去Bandar Indah的费用约为RM20。

★Balin Roof Garden 酒吧

(Balin; ☎089-272 988; www.nakhotel.com; 18th fl, Nak Hotel, Jln Pelabuhan Lama; 主菜 RM20, 鸡尾酒 RM20~25; ⌚7:30至次日1:00, 欢乐时光 14:00~20:00; 📶)Nak Hotel顶楼的一间低调的时尚餐厅兼酒吧,布置有复古的气泡灯泡、20世纪70年代风格的柳条秋千椅和软绵绵的沙发。室内室外都可就餐,可以去有遮篷的廊道或露天屋顶。供应比萨、新西兰卤羊肉、蔬菜汉堡、各种果汁和足以惹得同行妒忌的上等鸡尾酒。酷炫!

实用信息

上网

Cyber Café(3rd fl, Wisma Sandakan, Lebuh Empat; 每小时 RM3; ⌚9:00~21:00)

医疗服务

Duchessof Kent Hospital(☎089-248 600; http://hdok.moh.gov.my; Batu 2/Mile 2, Jln Utara; ⌚8:00~20:00)该地区最好的私立医疗机构。

现金

马来亚银行(Maybank; LebuhTiga)除了可以办理所有业务的柜台和自动柜员机,还有一个设在路边的外币兑换窗口,可兑换现金和旅行支票,每天9:00~17:00营业。

Wang Liau Chun Mii Moneychanger(23 Lebuh Tiga; ⌚8:30~16:30)只兑换现金。

邮局

邮政总局(☎089-210594; Jln Leila; ⌚周一至周五 8:30~18:00, 周六 至12:30)

到达和离开

飞机

马来西亚航空公司(Malaysia Airlines; www.malaysiaairlines.com)/**马航飞翼航空**(MASwings; ☎1300-883 000; www.maswings.com)的来往航班有:亚庇和吉隆坡每天7班(RM248);斗湖每天2班(RM192),古达每周2班(RM117)。**亚洲航空公司**(AirAsia; ☎089-222 737; www.airasia.com; 1st & 2nd fl, Sandakan Airport)每天有来往吉隆坡和亚庇的直达航班。

长途汽车

山打根的长途汽车站位于市区以北4公里处的Batu 2.5,开往亚庇、拿笃、仙本那和斗湖的长

沙巴 山打根

途汽车和小巴从这里的一个大型停车场出发。大多数前往亚庇的快线长途汽车（RM43，6小时）7:00~14:00运营，20:00左右还有一班车。所有开往亚庇的长途汽车都经过通往基纳巴卢国家公园总部的岔路口。

7:00~8:00，有多班开往拿笃（Lahad Datu；RM20，2.5小时）及斗湖（RM43，5.5小时）的长途汽车。8:00还有一班开往仙本那（RM40，5.5小时）的长途汽车。如果没赶上这班车，可以先去拿笃，那里有许多小面包车开往仙本那。

开往拉瑙（RM30，4小时）和拿笃（有些车还继续开往斗湖）的小面包车早上也从Batu2.5发车。开往Sukau（RM15）的小面包车从Centre Point Mall的后面发车。

当地交通

抵离机场

机场距离市中心约11公里。Batu 7机场大巴（RM1.80）停在距离航站楼约500米的主道边。从机场到市中心的出租车收费RM35，反向收费约为RM35。

公共汽车和小面包车

6:00~18:00，公共汽车沿主道Jln Utara往北开，根据距离市区的远近，这条路又叫Batu 8。车费为RM2~5。

当地小面包车在Centre Point Mall的后面候客，车费RM2起。小面包车开往市区以西约7公里的港口区。

去长途汽车站的话，在滨水区的车站乘坐当地公共汽车（RM1.50），车程约20分钟。这趟公共汽车还会从汽车站开回市中心，客满即走。

小汽车

Borneo Express[☎016-886 0789；http://borneocar.com/；Lot GL 08（A），ground fl，Terminal Building，Sandakan Airport]是一家总部在亚庇的公司，在山打根机场设立了办事处；你的另一个选择是**Sandakan Car Rental**（☎019-823 7050，016-815 0029；http://sandakancarrental.com；Bandar Maju Batu 1，Jln Utara）。

出租车

在市区内搭乘出租车的费用约RM15；去Bandar Indah约RM20，去西必洛RM50。从长途汽车站去市区（或反方向）的出租车费为RM20。

西必洛（Sepilok）

西必洛作为红毛猩猩的自然栖息地而世界闻名，在新建了幼年红毛猩猩户外饲养场和附近的马来熊保护中心后，这里变得更有意思了。此外还新开了一间时尚的餐馆兼咖啡馆。

西必洛运作得如此之好，主要得益于其井井有条的组织和为行动不便人士设计修建的道路，还有一个原因是，这里的景点分布很紧凑，除了拉卜湾长鼻猴保护区，去其他的景点步行就可到达。丛林里还有一些漂亮的住宿地。

景点和活动

西必洛猩猩保护中心

动物收容所

（Sepilok Orangutan Rehabilitation Centre；

前往菲律宾：山打根到三宝颜

前往边境 Standard Marine（☎089-216 996）的渡轮来往于山打根和菲律宾棉兰老岛（Mindanao）的三宝颜（经济舱/客舱 RM280/320）。渡轮在每周一22:00从山打根港口出发，第二天20:00到达（22小时）。因为和乐岛（Jolo）发生暴乱，现在没有渡轮去那里。

到达边境 三宝颜（Zamboanga）的社会秩序混乱，时常发生抢劫外国游客、激进分子暴动等恶劣事件，因此西方国家的大使馆不建议旅行者来此地旅行或从此地经过。出发前要先查清楚当地的情况。我们从旅行者口中得到的信息是，入境时不需要出示下一行程的车票；然而菲律宾政府给出的答复却正好相反，因此最好事先买好票。

另一条路线 未来预计会开通一条从古达到菲律宾巴拉望岛（Palawan Island）的客船航线。

简称SORC；☎089-531 189，紧急089-531 180；sorc64@gmail.com；Jln Sepilok；成人/儿童RM30/15，拍照许可费 RM10；⏲售票处 周六至周四 9:00至正午和14:00~16:00，周五 9:00~11:00和14:00~16:00）这个世界著名的保护中心位于山打根以西约25公里处的卡比利-西必洛森林保护区（Kabili-Sepilok Forest Reserve），占地40平方公里，接收失去了母亲或受伤的红毛猩猩，并帮助它们重返自然。目前保护区内生活着60~80只红毛猩猩。最近开放的**户外饲养场**是一大亮点，从喂食平台走过去仅两分钟。工作人员在饲养场里教这些小家伙建窝，这是它们在大自然生存的必备技能。

惹人喜欢的红毛猩猩一般是6~9岁，你可以在阴凉的饲养场观赏区坐下，看它们在树上荡来荡去；有时它们会碰到一起，以一种搞笑的姿势从树上摔下来；有时还会故意跑到地面上来惹驯养员生气。过来游玩的话，尽量选在早上喂食之前，因为它们吃了东西后就只会懒洋洋地躺着。

➡ 喂食平台（Platform Feeding）

10:00和15:00是喂食时间，每次30~50分钟。游客接待中心内贴有喂食时间表。门票有效期为一天，但你可在一天内观看两次。你永远也不会忘记这样的场景：树枝开始晃动，悬挂着的绳子摇个不停，一团橙色的身影从树林中穿过。

另外需要注意的是，只有2~4只红毛猩猩每次都会出来吃食。大个头的雄性红毛猩猩几乎从不露面。为了能拍到更精彩的照片或让你的孩子看得更尽兴，最好提前20分钟到这里。还有一点，团队游的游客一般是早上过来观看喂食，因此如果你不想被人群打扰，下午过来会比较好。特别提醒，不要携带任何驱虫剂进入保护中心，因为对猿猴和其他野生动物来说，驱虫剂是剧毒物质。可在进入前喷好驱虫剂，并记得多涂点防晒霜。

➡ 自然教育中心（Nature Education Centre）

每天播放6次（9:00、10:30、11:00、正午、14:10和15:30）关于西必洛猩猩保护中心工作的电影，片长20分钟，值得一看。就在这里的礼堂接待处对面。

Sepilok 西必洛

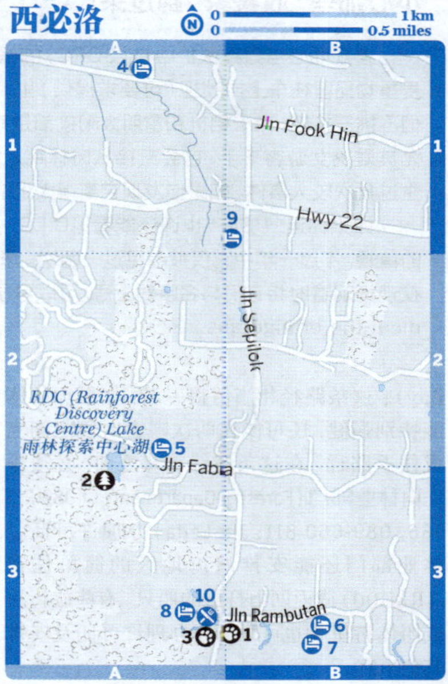

Sepilok 西必洛

景点

1	婆罗洲马来熊保护中心	B3
2	雨林探索中心	A3
3	西必洛猩猩保护中心	A3

住宿

4	Paganakan Dii Tropical Retreat	A1
5	Sepilok B&B	A2
6	Sepilok Forest Edge Resort	B3
7	Sepilok Jungle Resort	B3
8	Sepilok Nature Resort	A3
9	Uncle Tan Guesthouse	B1

就餐

10	Lindung Gallery Cafe	A3

➡ 步行小径

如果你想进一步探索这个保护中心，有数条步行小径伸往森林深处。想沿着小径徒步旅行，必须事先在游客接待中心登记。小径长度从250米至4公里不等，不同小径在一年中开放的时间也不同。各酒店都可安排有导游带领的夜间徒步活动。还有一条10公里长的小径穿过红树林通往西必洛湾（Sepilok

小心那些“收藏家”跑过来!

参观西必洛猩猩保护中心(SORC)的旅行者请注意:在进入喂食区之前,最好将你的贵重物品留在车上或锁柜(可要求提供)里。因为这里有几只猩猩出了名的爱收藏东西,它们不挑三拣四,莱卡相机和雷朋太阳镜都是其目标。有只猩猩(长着一张特征鲜明的黑脸)尤其爱挑女游客下手,它会直接从树林跳入观赏区。这只猩猩还会爬到游客身上,而且发生过几次咬人事件。如果你发现它离得太近的话,请示意工作人员。

如果你运气够好,也许还能看见C.I.D——这只体形庞大的雄性红毛猩猩是这片丛林的首领,不过一年中它仅被看见过一两次。想要了解更多关于这些红毛猩猩的信息,以便能在现场观看时将它们与名字对上号,可以登录www.orangutan-appeal.org.uk/about-us/meet-the-orangutans。

Bay);这条路径相当值得一游,如果你的体能特别强健,还可能在两次喂食时段之间完成往返路程。在这条路线徒步之前,必须预先向**林业部门**(Forestry Department; ☎089-213 966, 089-660 811; Jln Leila)办理许可证。林业部门还能安排海湾地区的简单住宿(RM100)或返回山打根的船只。有些旅行社或团体游机构也可以帮你办理许可证及安排其他事宜。

婆罗洲马来熊保护中心 动物收容所

(Borneo Sun Bear Conservation Centre,简称BSBCC; ☎089-534 491; www.bsbcc.org.my; Jln Sepilok; 成人/12岁以下儿童 RM30/免费; ⌚9:00~16:00)🍃这些可爱的小家伙被解救后被送来沙巴,在婆罗洲马来熊保护中心开始它们新的生活。这个中心于2014年开放,就算是行动不便人士也能自如参观。中心内有一个用玻璃隔开的观赏高台,游客可以在这儿一睹爬到树上的马来熊。如果想看得更清楚些,还可以使用望远镜。这里还有一个礼品商店,出售T恤和玩具,此外还有一间播放教育视频的休息室。

马来熊又名太阳熊,得名于其颈部的一圈黄色毛发,这种形似罗夏克墨迹(Rorschach)的毛发颜色并不全都相同,有的是奶油白,有的是橙色,有的介于两者之间。马来熊最多可长到150厘米和60公斤,与“帕丁顿熊(Paddington)”差不多大小,是世界上最小的熊之一。该熊主要出没于东南亚,在印度东部、中国南部、缅甸、老挝、越南和婆罗洲都有它们的身影,它们通常在海拔2700米的地方活动。马来熊擅长爬树,长长的爪子能帮它们爬到很高的树上找蜂蜜吃。爬树的过程中,它们的爪子会在树干上留下一道道坑,这为犀鸟和其他鸟类提供了安全的住所。由于白蚁是马来熊的主食之一,因此它们还能控制白蚁的数量,从而避免让森林遭受毁灭性破坏。

在亚洲,人们捕杀马来熊作为食物和中药材。在一些国家,这些可怜的野兽被关进狭小的笼子里,人们将导管插入它们的身体,从胆囊里抽取胆汁。谢天谢地的是,沙巴的马来熊没有遭此厄运,但它们仍因栖息地的消失而面临灭绝威胁。送到保护中心的马来熊首先要接受健康检查,因为被人作为宠物饲养的马来熊有可能染上某些疾病,之后才会进入训练场。马来熊在放归自然前要学习爬树、建窝和觅食。令人痛心的是,在我们调研期间,一头母熊被雷电击中,从树上很高的位置掉了下来,因受到重创而不幸丧命。

付RM100,你就有机会从30头马来熊里领养一头。如果你想在这里做志愿饲养员,一个月的费用为RM7060,两星期的费用为RM4150,含住宿和三餐。如果想了解更多信息,可以联系保护中心创办人Mr Wong Siew Te☎016-555 1256。

雨林探索中心 自然保护区

(Rainforest Discovery Centre,简称RDC; ☎089-533 780; www.forest.sabah.gov.my/rdc; 成人/儿童 RM15/7; ⌚售票处 8:00~17:00,公园 至20:00)雨林探索中心距离猩猩保护中心1.5公里远,提供详尽而令人着迷的热带动植物知识。展厅里有各种小孩子也看得懂的展示品,展厅外是一座植物园,里面种植着热带植物样本，保护区内还有一条1公里长的湖滨步行道和8座通过空中走廊连接的冠盖塔，你可以借此体验从高空俯瞰树顶的感觉；这是保护区内最有意思的地方。

你可以租脚踩船（RM5）去入口附近的湖上划船；或参加夜间徒步，运气好的话，你会看到眼镜猴和山猫等夜行动物。

最好在8:00或16:00来这里，因为中午天气炎热，动物都在避暑打盹。游览步行道和冠盖塔大约需要1.5小时。如果你想打发猩猩保护中心第二次喂食前的等待时间，不妨来这里看看。

拉卜湾长鼻猴保护区 动物收容所

（Labuk Bay Proboscis Monkey Sanctuary; ☎089-672 133; www.proboscis.cc; 门票 成人/儿童 RM60/30，拍照/摄像许可费 RM10/20; ⏲8:00~18:00）这片私人的长鼻猴保护区由当地的一个棕榈园园主创办，许多当地人带着无糖烤饼过来喂食。喂食的时间和地点为：9:30和14:30在平台A，11:30和16:30在平台B（距离平台A一公里）。在占地6平方公里的保护区内，生活着大约300只野生猴子。长鼻猴会被引导至主观景平台，以方便游客拍照。如果你想看的是动物的自然生活状态的话，这可能会让你产生反感情绪。同时也留心看看猴群里有没有漂亮的银叶猴。

长鼻猴只在婆罗洲被发现过。如果凑近点瞧，你肯定会发现自己在某个酒吧里看到过它们。长鼻猴因其长鼻子而得名，它们有一个圆滚滚的肚子和一张红脸蛋，雄性长鼻猴还会经常展露出它们的性器官。欧洲人来到这里后，马来人给长鼻猴起了一个外号——monyet belanda（荷兰猴）。

保护区外的棕榈园边上有一家名叫Nipah Lodge的旅舍，提供食物和住宿。住宿相当舒适，设计简单、通风的度假屋以热带的方式欢迎住客。游客也可以探索通往周边丛林的红树林路径，和导游一起进行夜间徒步活动，以及受邀前往附近的村庄学校教授基本英语课程。

除非自驾，否则散客要前来这里会有些困难，因为拉卜湾（Teluk Labuk）距离主路大约15公里，必须经过一条颠簸的小路才能到达。如果在这里住宿，Nipah Lodge将安排接送，要不然西必洛的住宿场所也可为你安排交通，费用约RM120。此外，你可在SORC的停车场乘坐小面包车及出租车；想要前往拉卜湾的游客应能和其他游客合乘出租车或面包车去观看长鼻猴的喂食活动，费用约RM150（往返拉卜湾及西必洛的住宿）。

食宿

如果你是为了看大猩猩而来到山打根，

“婆罗洲野人”及如何帮助他们

“orangutang”一词的字面意思是“野人”或“森林里的人”，这个词也反映出了当地人对这种姜黄色皮毛大型猩猩的敬畏。按照传统，这种猩猩不会像雨林里的其他动物那样受到捕猎。事实上，婆罗洲土著曾经像供奉敌对部落的人头那样膜拜红毛猩猩头骨。红毛猩猩是在非洲地区以外的唯一发现的巨猿物种，其成年个体不仅毛茸茸，而且伸展开来的手臂长2.25米，体重可达144公斤。占主导地位的雄猿也有独特的宽直颊垫，以巩固它们的地位。据说，猩猩曾经可以从婆罗洲一端的树上摇荡至婆罗洲的另一端，而双脚无须着地。可惜的是，由于狩猎活动猖獗，栖息地又遭破坏，它们已无法这么做了。根据估计，现在野外存活的猩猩的数量只有5万至6万只。

如果你希望参与西必洛猩猩保护中心的工作，可联络总部位于英国的Sepilok Orangutan Appeal UK（www.orangutan-appeal.org.uk）。该组织的猩猩认养计划特别受访客欢迎：每年只需UK£30，你就可以认养一只猩猩，并定时获通知其进展，可上网查询详情。如果你真的很喜欢这个地方，西必洛的海外义工计划是马来西亚最受欢迎的志愿者项目之一。你可通过Travellers Worldwide（www.travellersworldwide.com）申请。截至最近，8个星期的义工套餐包括住宿、三餐和一系列游览活动，费用为UK£3345。

那就得给自己找个靠近它们的住宿地。这里的住宿场所一般比山打根的更具特色。许多住宿散布在Jln Sepilok，距离保护中心约2.5公里。

Sepilok B&B

青年旅舍 $

（☎089-534 050，019-833 0901；www.sepilokbednbreakfast.com.my；Jln Fabia；铺带风扇/空调 RM35/45，双带风扇 RM68，双带空调RM108~188）这家旅舍位于雨林探索中心对面，像其他青旅一样，这里聚集了各国的背包客。多人间环境简朴但干净，单间的墙壁用白色涂料粉刷过，有彩色窗帘和干净的床上用品。Pitta Lodge内有自助家居设施，适合家庭入住，但房间里只装了风扇。3月至4月雨水较少，露营的体验更好。

★Paganakan Dii Tropical Retreat

精品酒店 $$

（☎089-532 005；www.paganakandii.com；铺/标单/双 RM35/60/155，2/4人别墅 RM175/236；❄📶）这个地方很受想要亲近大自然的家庭欢迎，随处都可见吊床，砖木结构的别墅里有阳台、精美的家具、木地板和淋浴间。一定要住看得见湖山的房间。这里还有8间装修简单的标准房间，但都不带独立卫生间。房费包含去西必洛的交通费。非常完美的一家酒店。

Sepilok Nature Resort

度假村 $$

（☎089-674 999，089-673 999；http://sepilok.com；房间 RM265起；❄@）这家酒店大量采用木材作为建筑材料，给人的感觉像是一间舒适无比的书房。试想一下：在观赏性池塘边，高大的橡胶树下有一栋两层楼高的度假屋，休闲室里的灯光营造出柔和舒适的气氛。木屋很宽敞，有装修豪华的卫生间、大床和独立阳台。餐厅Pan-Asian的菜肴美味可口，晚上还可以坐在枝形吊灯下用餐。真是太浪漫了。

Uncle Tan Guesthouse

客栈 $$

（☎016-824 4749；www.uncletan.com；Jln Batu 14；铺 RM51，双不带/带卫生间 RM106/116；❄@📶）Uncle Tan是沙巴最早营业的背包客客栈/探险旅行组织之一。多人间为箱式结构，单间的地板铺有漆布，墙壁上没有任何挂饰，但都非常干净。这里就像是个夏令营，老板可以帮你安排去基纳巴唐岸河等地的旅行（RM265）。

Sepilok Forest Edge Resort

度假村 $$

（☎089-533 190，013-869 5069；www.sepilokforestedgeresort.com；Jln Rambutan；铺/双 RM48/100，木屋 RM265；❄📶🏊）这处迷人的住宿地位于一片修剪整齐的草坪中，周围种满了植物和鲜花。喜欢殖民时期建筑的游客会爱上这里的木屋——里面有打磨过的木地板、精挑细选的艺术品以及带锻铁椅子的独立阳台。这里还有位于长屋里的多人间和双人间，以及一个热带游泳池/浴池。从猩猩保护中心走到这里大概需要15分钟。

Sepilok Jungle Resort

度假村 $$

（☎089-533 031；www.sepilokjungleresort.com；Jln Rambutan；铺 RM37，房间 RM120~190；P❄@📶🏊）房间最近进行过翻新，现在墙壁和被子上的颜色比极乐鸟的羽毛还要丰富多彩。房间地板铺有瓷砖，里面有书桌、卫生间、电视和风扇（或空调）。观赏性池塘上建有木板道，吸引来许多鸟儿。工作人员服务热情。

长鼻猴

长鼻猴是一种好奇心很重的动物。雄性首领坐拥后宫佳丽三千，而其他雄性长鼻猴都只能打单身，它们会通过展示勃起的生殖器和爬树技能来取悦雌性长鼻猴。这是它们日常生活中的一种乐趣，但通常都会无功而返。对鼻子相对较圆的雌性长鼻猴来说，雄性长鼻猴的鼻子越大越歪斜就越有魅力。专横霸道的猕猴是长鼻猴的死对头，鳄鱼也视长鼻猴为最美味的食物。长鼻猴被猕猴追赶时会逃到森林河流支流的另一边，发出很重的落地声，飞快地从一棵树荡去另一棵树。大自然仁慈地赋予了长鼻猴蹼掌，这大大提高了它们的存活率。受饮食习惯影响，长鼻猴往往患有严重的肠胃胀气，这个特征让这种原本就长相滑稽的动物变得更可爱。野外的长鼻猴群中个体的数量可多达80只。

Lindung Gallery Cafe 各国风味 $$

（Jln Sepilok；主菜 RM16~24；⊙10:00~22:00）这家新开业的餐馆位于马来熊保护中心附近的一座小山上，太空船造型的设计让它从众多餐馆中脱颖而出：钢制椽子支撑的天花板，暗黄色的水泥地板、锡制椅子和室内裸墙。值得庆幸的是，食物的味道跟装饰效果一样的好，主要有火腿蛋松饼、汉堡、窑烤比萨和炸鱼薯条，同时提供鸡尾酒和鲜榨果汁等饮品。

ℹ 实用信息

西必洛位于山打根23公里外的"Batu 14"。公路和猩猩保护中心之间的街道两旁有各种档次的住宿场所。

最好在山打根准备好现金，连接山打根和西必洛的公路上有个加油站，这里有一台自动柜员机。错过了这台的话，要到山打根机场才能取到现金。高档酒店可兑换货币，但会收取高昂的手续费。

ℹ 到达和离开

长途汽车

从山打根市中心出发的14路长途汽车（RM3）每小时1班。如果从亚庇出发，可以乘坐开往山打根的长途汽车，然后要司机在"Batu 14"让你下车。虽然离山打根还有23公里远，但你从亚庇来还是需要购买全票。

出租车

如果直接从山打根出发，出租车费用不会超过RM45（从机场或市中心出发）。如果你还想坐同一辆出租车回山打根，往返车费就得要RM100。被称作"出租车海盗"的司机在Batu 14候客。前往西必洛的车费为每人RM3。如果预订，过夜的游客可要求住宿地接送。你也可以步行前往猩猩保护中心，只需走2.5公里就可到达。

面包车

一般来说，清晨在西必洛看完喂食活动后，如果计划在下午前往基纳巴唐岸河的话，可乘坐基纳巴唐岸各客运公司的合乘小面包车。

山打根群岛（Sandakan Archipelago）

虽然大家都知道仙本那群岛，但似乎没有人对山打根港口附近的山打根群岛感兴趣。难道大家都不喜欢苏禄海外像兰花发芽般的绿色岛屿、环海岩壁或战俘的故事？

山打根群岛由里巴兰岛（Libaran）和柏哈拉岛（Berhala）等众多大岛组成，而西灵岸岛（Selingan）、巴昆岸格吉岛（Bakungan Kecil）和古里珊岛（Gulisan）又组成了海龟岛国家公园（Turtle Island National Park）。三座岛屿都有海龟孵化中心，但只有西灵岸岛允许参观。

之前的游客会像看马戏一样伸长脖子围观玳瑁龟妈妈或绿海龟妈妈上岸产卵，但根据最近去海龟岛国家公园的反馈，公园现在更多考虑的是这些爬行动物的需要。因此，公园不仅对入园人数做出限制，还针对接近海龟的距离制定了更为严格的规则。如果你来参观，请不要为了拍一张照片而将闪光灯对准正在产卵的海龟。小海龟经过50天的人工孵化出来后，不许任何游客碰触它们——不管它们看起来多么萌。你可能需要等候一段时间才能看到海龟妈妈爬上岸，但它们一定会上来，时间一般是在晚上。门票含**西灵岸岛**上条件简朴的住宿（带空调）、船费和正餐。9:30从山打根码头（Sandakan Jetty）坐船去西灵岸岛（船程1小时），第二天早上返回山打根。

想过来参观的话，可通过**Ocean Quest**（☎089-212 711；cquest1996@gmail.com；Jln Buli Sim-Sim；山打根来此的船费、西灵岸岛上的住宿和晚餐 RM800，拍照许可费 RM10，门票 RM60）或SI Tours（见373页）预订，两家机构都位于山打根。

朗卡央岛（Pulau Lankayan）

朗卡央岛不是一般的风景迷人，它美得简直可作为电脑屏保的图片。这里海水异常清澈，海滩也非常干净。加上茂密的森林，以及摇曳的棕榈树……唉，难怪这么多情侣喜欢到这里来度蜜月，入住经常（但不一定）提供潜水活动的**Lankayan Island Resort**（☎088-238 113，089-673 999；http://lankayan-island.com/；Batu 6；房间 潜水/不潜水 RM3350/2728），这也是岛上唯一的住宿场所。森林和海岸相接的海滩上散布着好几间客房，配有流光四溢的床单和深色热带硬木的装设。房

值得一游

柏哈拉岛

柏哈拉岛是山打根群岛众多岛屿中的一座，这座可人的热带小岛游客稀少，显得非常宁静，堪称难得一见的典范。砂岩峭壁从苏禄海中冒起，周边是宁静可爱的沙滩。氛围如此慵懒，除了一些非常大的石头，柏哈拉岛有的只是附近安静的渔民家庭、成群的候鸟（10月及11月的数量最多）以及……嗯，没有别的了。

不过，这里很酷炫的是，攀岩者将这里的岩层分级为F5a~F6b，即结合了缓斜岩壁和垂直崖壁的级别。亚庇的Fieldskills Adventures（见342页）提供2天1夜攀岩套餐，每人RM500。

在殖民时期，柏哈拉岛是麻风病患的聚集地。“二战”时期，日军则将这个岛屿用作平民拘禁中心及战俘营。美国作家阿格尼斯·牛顿·凯斯（Agnes Newton Keith）曾被关押在岛上好一阵子，而一群澳大利亚战俘成功地乘船逃离小岛，前往菲律宾的塔威塔威（Tawi Tawi）。

费含从山打根前往度假村的交通费。

基纳巴唐岸河（Sungai Kinabatangan）

基纳巴唐岸河是沙巴最长的河流：混浊的河水蜿蜒流向婆罗洲内陆，河流长度达560公里。两岸的森林里生活着野生动物，由于棕榈树种植园为了扩张不断侵占原始雨林，这些动物不得不逃来这里。沿河建有度假屋和越来越多的民宿——当地的猴子经常会跑来这些民宿嬉闹一番。

沿河还有数十艘锡皮船，游客可以坐在船上近距离观看野生动物。这里是沙巴唯一一个聚集了10种灵长类动物的地区：红毛猩猩、婆罗洲长臂猿、长尾猕猴、短尾猕猴、3种叶猴、邦加眼镜猴、懒猴和长鼻猴。除此以外还有8种犀鸟、侏儒象、鳄鱼和野猪，如果运气够好的话，还能看见云豹。

景点和活动

哥曼东洞穴 洞穴

（Gomantong Caves；☎089-230 189；www.sabah.gov.my/jhl；Gomantong Hill, Lower Kinabatangan；成人/儿童 RM30/15，拍照/摄像许可费 RM30/50；⏰8:00至正午和14:00~16:30，闭洞时段同样适用）想象一下山间有这么一个大裂缝：教堂式的内室里洒满了斑驳的光影，蟑螂和蝎子满地跑——这就是哥曼东洞穴。是的，由于到处都是蝙蝠粪便，里面的气味相当恶心，但是这些洞穴确实特别壮观。洞穴周边的树林为许多野生动物提供了隐蔽场所，许多旅行者都在这里看到了红毛猩猩。最方便进入的洞穴是Simud Hitam（黑洞）。鸟粪和蟑螂大军的上方有一个架高的平台，在这个平台上沿逆时钟方向走。

从公园办公室出发，沿山势往上步行45分钟后可到达Simud Putih（白洞），洞里有大量珍贵的白燕窝。两条路径都很陡，而且都要辛苦地攀登一段山路。

基纳巴唐岸的团队游套餐大多包括哥曼东洞穴的行程，但你也可以自驾车前往该洞穴。到这里的岔路口位于连接Sukau和主路的道路一侧，而且路标相当明确。往返于山打根和Sukau（RM20）的小面包车在这个交界处会让你下车，但你必须步行5公里才能到达公园办公室。

由于金丝燕的数量日渐减少，洞穴在有些时段会关闭，去之前记得先查清楚。

Bukit Belanda 山丘

Bukit Belanda，又名荷兰山（Dutch Hill），是位于Bilit村庄后一座420米高的山丘。这里的土地属于Bilit村民，虽然他们面对伐木公司的压力，但仍坚持不让木材业进军山丘，而是宁愿让它继续成为野生动物的天堂。清晨，赶在气温升高前爬上山顶，欣赏基纳巴唐岸河的美丽景色，幸运的话，还可看到当地的野生动物。

山上并没有正式的基础设施，你只需向住宿场所的工作人员或Bilit村民询问，就可找到上山路的起点。因此只要你的体力跟得上，就尽管迈出你的脚步吧。

棺材石岩山 洞穴

（Batu Tulug；☎089-565 145；http://museum.sabah.gov.my；Batu Putih村上方；成人/儿童 RM5/3；⊙9:00~17:00，周五关闭）这座山丘埋葬着当地华人和Orang Sungai（河民）的祖先。由于基纳巴唐岸经常会洪水泛滥，因此就有了把死者遗体埋葬在洞穴中的传统。沉重的木制棺材和矛、刀、锣、铃及中国古玩一起埋葬在棺材石岩山的洞穴中，这座小山由此成为沙巴最重要的考古遗址之一。这里设有一个提供解释说明的信息中心。

木梯从山脚盘旋而上，直至40米高处的山上。棺材石岩山有两个主要洞穴，但如果爬楼梯到顶端，你将看到周围丛林及基纳巴唐岸河迷人的景色。

要前往山丘的最简单方法，就是在基纳巴唐岸旅游套餐中加入参观洞穴的行程。如果自驾车，就注意前往Batuh Putih的岔路口路标，或者在往返山打根和拿笃的路上注意Muzium Batu Tulug的路标。这座村庄位于Sukau Junction以南，距离山打根约1.5小时，距离拿笃45分钟。在GPS的坐标为N5024.935°、E117056.548°。

基纳巴唐岸猩猩保护项目 研究中心

（Kinabatangan the Orangutan Conservation Project，简称KOCP；☎088-413 293；www.hutan.org.my；Sukau）保护营位于Sukau村，与法国的一家NGO组织建立了合作关系，致力于研究及保护红毛猩猩。该组织建立了环保教育项目，倡导还地造林，并在Sukau-Bilit地区有一个大象保护项目。这里不对普通游客开放，但你若想追寻野生红毛猩猩的踪迹，工作人员会很乐意帮你找一名向导。具体请联系伊莎贝尔博士（Dr Isabel）。

活动

Wildlife River Cruises

乘游轮游览基纳巴唐岸河是一次难忘的经历。在黄昏或清晨，游客有机会通过双筒望远镜看到正在造窝的红毛猩猩、好管闲事的长鼻猴、享受温暖阳光的巨蜥及好动的长尾猴。这里有这么多动物的原因说起来令人沮丧：不断扩张的棕榈种植园迫使当地野生动物迁徙到河滨，否则它们根本无处可住。当地制定了一条名为“绿带”（Green Belt）的法则，意在确保河岸边有一片安全的树林过道供动物经过，但贪婪的农民为了占有更多土地，经常会无视这条法则的存在。动物们的生活空间因此被进一步压缩。

这里全年都可看到三五成群穿越棕榈种植园的哺乳动物。五颜六色的鸟类也是另一迷人之处：观鸟者能在环绕基纳巴唐岸的丛林里看到婆罗洲所有的8种犀鸟和色彩鲜艳的翠鸟，如果幸运，甚至可能看到黑颈鹳和古怪的东方蛇鹈。当地雨季（一般在10月至次年3月底）刚好和北半球鸟类迁徙时间重合，因此在这段时间里，鸟类数量和种类更多。雨季虽然对鸟类有益，但对人类生活却造成了不便。长久以来，这里备受洪水泛滥的困扰，情况严重时，有好几个住宿场所可能歇业。

燕窝生意

哥曼东洞穴是沙巴最出名的燕窝产地，这些备受推崇的燕窝常用来制作传统中餐：燕窝汤。晒干的燕子唾液加入汤中后会慢慢溶解成凝胶状。

适合炖汤的燕窝有黑白两种，白燕窝的价值更高，而哥曼东洞穴里出产大量的白燕窝。1公斤白燕窝的售价可高达US$4000，因此虽然危机四伏，但采燕窝仍是当地一个备受欢迎的行业。

在过去几年里，由于燕子数量下降（贪财的当地人在新生燕子还未成长就摘取燕窝），当局开始限制游客人数。如今，洞穴以4个月为一个周期的形式开放，最初的目的是关闭洞穴并劝阻人们摘取燕窝。在计划行程前，最好先四处打听，很多时候洞穴禁止或限制游客人数。当局严厉实施4个月周期的限流措施，以鼓励可持续性的燕窝事业。

在这里看到动物的概率在很大程度上取决于你的运气和导游的经验。黄昏时向导会带你寻找长鼻猴和鳄鱼。晚上的河上巡游更加惊心动魄，夜空像是一个布满黄色灯泡的安静剧院，又像是珠宝店里闪闪发亮的展示布。你会在屋里签一份弃权声明（因为待会儿会被鳄鱼吃掉……开个玩笑！），然后进入一片漆黑的基纳巴唐岸河。你的生命安全和能否看到野生动物取决于开船的向导，他会一边驾驶船只，一边用手电筒扫射树林。你有可能看到睁着眼睛睡觉的鹳嘴翠鸟、在河里的侏儒象、盘在树上的巨蟒、灵猫、像幽灵般挂在树枝上的白鹭、东倒西歪的鱼鸮、扁头猫以及狡猾地跟在船后只露出两只红色眼睛的鳄鱼。

河上团队游的费用应该包含在住宿费里。如果你喜欢独自探索，可考虑参加当地的民宿计划，他们能帮你和船主取得联系。你也可尝试在Sukau租用小船，所有村民都直接或间接与旅游业有联系，一定会有人能帮你找到一位船长。另一个选择是：在Sukau村庄入门处前有个黄色的告示牌，上面写着“有船出租”（Di sini ada boat servis），每天都有不同的船员在这里候客。无论你如何找到船只及选择导游，河上巡游两小时的最低费用为RM100，但一艘船可容纳6人，这意味着你可以和朋友分担费用。

徒步

根据住宿位置的不同，有些公司会组织不同的丛林短途徒步（1~3小时）。在基纳巴唐岸最好玩的活动之一，就是夜间徒步活动。在晚上探索漆黑的浓密丛林，就是有令人感到兴奋的神奇魅力。头灯应该用手拎着，而不是戴在头上，因为被灯光吸引而来的蝙蝠可能会撞击头灯。

食宿

你必须提前预订河边度假屋。在基纳巴唐岸旅游业的行话中，“三天两夜”的行程包括：第一天下午到达，黄昏时巡游一次；第二天乘船两次（或结合乘船与徒步）；第三天早餐后一次日出巡游。预订旅游套餐时，可询问往返接送的费用——这一般须额外付费。

Sukau

Sukau坐落在巨石悬崖对面的河边，美得像是从中国山水画中变出来的一样。

Sukau Greenview B&B 民宿 $

（☎089-565 266, 013-869 6922; www.sukaugreenview.net; 铺/房间 RM45/60, 3天2夜套餐 含早餐和3次2小时的乘船游 每人 RM499）这栋酸橙绿色的木屋由当地人经营，有条件还过得去的多人间和简朴的房间。这里有一个面朝河流的咖啡馆。旅舍同时经营特别的观大象游，清晨和晚上还有观鳄鱼游（价格都是RM250）。

★ **Sukau Rainforest Lodge** 度假屋 $$$

（☎088-438 300; www.sukau.com; 3天2夜套餐 RM1688; ⊖❄📶）🍃这里被《国家地理》杂志评为“世界最佳30间度假屋”之一，是基纳巴唐岸河边最高档的住宿地。错层式的房间里铺有木地板和水磨石地板，有淋浴间、休闲室和蚊帐。这里有一间高级餐厅和一个游泳池，还聘请了一名自然学家为客人讲授野生动物知识并带领他们进行夜间徒步。氛围十分浪漫。

Rainforest Lodge参与植树计划，旨在重塑已退化的河流森林，并率先在河上巡游活动使用安静的电动马达。别错过旅馆后面蜿蜒穿过雨林的440米木板栈道。

Kinabatangan Riverside Lodge 度假屋 $$$

（☎089-213 502; www.sitours.com; 2天1夜套餐含游览西必洛的马来熊保护中心和猩猩保育中心US$510起; ❄📶）来这里的豪华度假屋好好地睡一觉吧。度假屋提供洁白的床单，配有抛光木地板的客房设计简约，而且都连接到穿越丛林的走道。旅馆后面有条天然小径及可爱的用餐区，那里有许多绒毛玩具猴子、人造植物和传统乐器。旅馆由SI Tours经营，收取美元。

Bilit

Bilit是座拥有许多民宿的友好村庄。河滨度假屋位于基纳巴唐岸河的两旁，有船只往返两岸的度假屋。如果自驾车，Bilit的对面有个可以停车的小院子，那户人家的屋主每天收取RM20的停车费用。小小的香蕉园常常会引来侏儒象。

★ Myne Resort 度假村 $$

(☎089-216 093; www.myne.com.my; 长屋/度假屋 RM250/280; ❄📶) Myne坐落在河流的转弯处，有露天接待处、游戏室和用救生圈装饰的餐厅，装饰风格让人感觉仿佛身处一艘旧木船上。度假屋内有桃红色的长帘、朝河的阳台、锃亮的木地板、舒适的床具、梳妆台、平板电脑和有线电视。夜间乘船游收费RM75，接送服务费RM100。

Nature Lodge Kinabatangan 度假屋 $$

(☎088-230 534, 013-863 6263; www.naturelodgekinabatangan.com; 3天2夜套餐 铺/度假屋 RM402/583) 这个丛林住宿位于Bilit附近，分为两个部分：Civet Wing为多人间风格的木屋，Agamid Wing为有着高天花板和木地板的标双度假屋。这里提供的活动很精彩：3天2夜的套餐包括4次乘船游、1次有导游带领的徒步和三餐，非常实惠。

Proboscis Lodge Bukit Melapi 度假屋 $$

(☎088-240 584; www.sdclodges.com; 2天1夜双人套餐 每人 RM350, 河上巡游 RM95; ❄) 度假屋所在的岬角曾见证第二次世界大战期间河民（Orang Sungai）与日本人的战斗。周围的土地上生长着许多水果树，喜爱甜食的大象常常被吸引过来。这里有一间游戏室兼休闲室；房间宽敞，带朝向河流的阳台，有线电视、卫生间、书桌和舒适的大床一应俱全。留心犀鸟。工作人员的态度特别好。

2天1夜的套餐包含三餐、一次河上巡游和Lapit码头的接送服务。

Kinabatangan Jungle Camp 度假屋 $$

(☎013-540 5333, 019-843 5017, 089-533 190; www.kinabatanganjunglecamp.com; 2天1夜套餐 RM550) 这家注重环保的度假屋将消费群锁定为观鸟爱好者和自然爱好者。设施多为简单实用类型，重在提供观看野生动物的体验，而不是打造舒适的住宿，因此这里只有风扇房，没有空调房。套餐包括三餐、两次游船、导游及往返接送。业主也在西必洛经营Labuk B&B，购买基纳巴唐岸—西必洛综合旅游套餐的游客中，每5人中就有4人会入住那里。

Borneo Nature Lodge 度假屋 $$$

(☎088-230 534; www.naturelodgekinabatangan.com; Kampung Bilit, Kinabatangan District; 3天2夜 含3次乘船 RM1057) 🍃 在这间注重环保的度假屋里等候你的是热情的工作人员和舒适时尚的房间。食物味道尤为可口，还有露天的休闲室，可以看书或看DVD（如果你敢这么做的话）。这里的向导特别专业，了解关于基纳巴唐岸河的一切。留心好奇心重的猕猴——记得关窗户！

Last Frontier Resort 度假村 $$$

(☎016-676 5922; www.thelastfrontierresort.com; 3天2夜套餐 RM600; ❄@📶) 度假村建在山上，过来这里必须登上一段长且陡的台阶，也许这里叫Last Breath Resort会更合适。只建议体力好的人挑战这段路，但是，一旦爬上来，你收获的将是优美的漫滩风景和与世隔绝般的宁静。房间装修得很精致，墙面刷成了巧克力色，搭配着深色的木床和红色的床上用品。这里还有一间名为Money Cup Café的咖啡馆，供应博洛尼亚风味意大利面、鸡肉咖喱和薄煎饼。

房费包含两次河上巡游和一次徒步。接车/接机服务需另付RM40。538级台阶的底部有间商店，这无疑是个好消息，因为这样你便可只带少量必需品过来。

Bilit Rainforest Lodge 度假屋 $$$

(☎088-448 409; http://bilitrainforestlodge.com; 2天1夜套餐 含3餐和1次夜间河上巡游 RM420; ❄📶) 这里有24间房，房里铺有染色木地板，提供带吊床的阳台、大衣橱和卫生间。服务热情，空间宽敞，但与同行相比并无亮点。位于中央的房屋里有一间晚上营业的酒吧。额外的河上巡游每人收费RM120。

Bilit Adventure Lodge 度假屋 $$$

(☎089-271 077; www.stwadventure.com; 2天1夜套餐 RM665起，带空调 RM740; ❄) 这间舒适的度假屋建于10年前，有16间空调房和8间风扇房。临河咖啡馆和挂着五颜六色被单的竹屋为这里增添了不少魅力。风扇房相比之下要逊色些。度假屋周边10英亩都是荒野，晚上灯光调得很低，这样才不会吓跑野生动物。

不要错过

基纳巴唐岸河的民宿

Sukau、Bilit及其他村庄的民宿如雨后春笋般纷纷设立，让游客有机会和当地的河民同住，同时也直接刺激了当地经济。注意：我们提供的是当地民宿计划协调人的联系方法，他们会安排你入住民居。

Abai村的村民喜欢招待宾客，和宾客聊天——你要做好受邀参加村内排球赛的心理准备。这里的民宿由亚庇的Adventure Alternative Borneo（见341页）安排，他们与村民保持直接联系。2晚套餐的价格为RM870，包括三餐、有向导带领的村庄和丛林游览、1天1夜的乘船游、从山打根过来的船费和房费。

在**Sukau，Bali Kito Homestay**（☎013-869 9026，089-568 472；http://sukauhomestay.com；3天2夜套餐 4人 RM650，1夜含2餐 RM50）可安排你入住不同民居，若支付额外费用，还可为你安排文化活动、钓鱼、下田、徒步、野生动物巡游及其他活动。如果你未预订就直接来到村庄，也可享有RM30的优惠价（每餐费用RM10）。4人的3天2夜套餐，包括三餐、4次河上巡游、往返山打根的接送服务以及参观哥曼东洞穴，费用每人RM650。可以为小团安排不同的套餐。

Bilit的民宿采取轮流分配的制度，这样才能保证9户人家都能有收入。我们住的这家有床垫，地板干净（只有蹲厕）。你可以直接过来或者去有"Homestay Malaysia"招牌的官方办公室，还可以打电话给**Mr Janggai**（☎013-891 2078；www.bilithomestay.wordpress.com；Bilit），他是**Bilit Homestay**的协调员。3天2夜套餐包括河上巡游和徒步，每人收费RM840。

Batu Puti（棺材石岩山洞穴毗邻的村庄）附近的**Miso Walai Homestay**（☎089-551 070，019-582 5214，012-889 5379；www.mescot.org；房间 RM70）是该地区最早、经营得最好的社区生态旅游项目，与KOPEL为合作关系。KOPEL是由当地人管理和经营的一个村庄合作社。我们已经收到来自旅行者的极佳反馈，他们通过这个志愿者项目在那里生活和工作了一段时间。会有人教你怎样做饭、参与村里的体育活动和农田耕作。其地理位置良好，位于Sukau和Bilit等热门旅游景区外，因此看到野生动物的机会也较大。

入住民宿时，至关重要的是要表现得像在别人家做客。你会比较没有隐私，还可能需要帮忙做家务、煮饭和打扫等（取决于提供民宿的家庭）。男女游客都应衣着端庄，情侣或夫妻应避免公开亲热，因为当地人会介意。英语的普及度可能不是太高。这是个不一样的体验，备受许多游客喜爱，但也肯定不适合所有人。我们强烈建议，如果你不曾尝试过民宿，应该试试看。

提供当地人教授的烹饪课，收费RM30。

上游区

★Tungog Rainforest Eco Camp 度假屋 $

（☎089-551 070，019-582 5214；www.mescot.org；每晚含3餐 RM95，河上巡游 RM45）这处生态露营地位于基纳巴唐岸河边，面朝一个美丽的U形湖泊。这里跟豪华搭不上边——只有一些木棚屋，里面有床垫、芳香的床单和枕头、蚊帐和公用卫生间。它的迷人之处在于亲近大自然，可以通过种树为环境保护做出自己的贡献。考虑到方圆数公里内再没有其他露营地，看到野生动物的概率很大。

坐车到山打根和拿笃之间的路上，让司机在基纳巴唐岸河的桥边停车，在这里下车后坐船去营地。营地由KOPEL Ltd的办事处管理，办事处就在基纳巴唐岸河的桥下。记得预订。

Uncle Tan's Jungle Camp 度假屋 $$

（☎089-535 784，016-824 4749；www.uncletan.com；2天1夜套餐 RM350起，3天2夜套餐RM450起）Uncle Tan是基纳巴唐岸最早的导

游及环境保护者之一，而这间度假屋里延续着他的传奇。就像网站上说的那样，这里并不是类似希尔顿酒店那样的豪华住宿地。虽然条件简朴，但工作人员非常热情，向导也拥有丰富的知识经验，整个旅舍充满着温馨的气息。因为地处偏僻，所以看到野生动物的概率很大。

Abai Jungle Lodge 度假屋 $$$

（☎089-213 502，013-883 5841；www.sitoursborneo.com；2天1夜套餐 含参观西必洛的马来熊保护中心和猩猩保育中心 US$510起）Abai Jungle Lodge从河流再生林的上游浮现，距离Sukau37公里，由SI Tours（见373页）管理。尽管这里条件简朴，舒适的房间里只有风扇，食物也乏善可陈，但有机会看见各种野生动物。据反馈，Abai的向导会想尽办法寻找你想要看的野生动物踪影。

到达和离开

住宿套餐通常包含往返接送，但自行前往可以省钱。可在任何落客点与旅行社安排交通或乘坐当地的小面包车。不要乘坐Birantihanti公共汽车，因为凡是有人要上下车，他们就随时停车，因此交通时间会倍增。

长途汽车和小面包车

从亚庇乘坐前往斗湖或拿笃方向的长途汽车，请汽车司机让你在“Sukau Junction”下车，这个前往Sukau的岔路口也称为“Meeting Point”。如果你乘坐的是前往山打根方向的长途汽车，确保汽车司机记得在斗湖—山打根交界处停车，那里称为“Batu 32”或“Checkpoint”（有时候也称为“Sandakan Mile 32”）。

从西必洛或山打根出发到“Batu 32”，车费约RM20；如果乘坐山打根—斗湖方向的长途汽车到“Meeting Point”下车，车费约RM35。

提前安排好你在西必洛的住宿，这样便可以让住宿的地方派车来下车地点接你，否则就只能乘坐收费特别贵的出租车。

从拿笃前往“Meeting Point”的小面包车费用为RM25。购买车票时，记得提醒售票员你要在哪里下车，以免多支付车费。

小汽车

如果自驾车，要谨记Sukau Junction（前往Sukau的岔路口）路旁的壳牌加油站是到达河边之前的最后一个加油站。通往Sukau的公路相当平整，但通往Bilit的最后几公里路非常颠簸。你可以驾驶非四驱车前往Bilit，但必须小心驾驶，尤其是在雨天。

拿笃（Lahad Datu）

人口：105,620

这座海滨小城只有鱼市、干货市场和一些被日光晒得发黄的建筑，没有什么值得一看的地方。打算去塔宾野生动物公园（Tabin WildlifePark）和达努姆谷的旅行者如果事先没有预订，到达拿笃后应去相应的办事处，然后在这里住一晚，第二天早上再前往丛林。如果你已经预订好，可以乘坐早班飞机到这里，然后等候来自以下两个机构其中之一的导游来接你：**Borneo Nature Tours**（☎089-880 207；www.borneonaturetours.com；Lot 20，block 3，Fajar Centre），即Borneo Rainforest Lodge（简称BRL）的经营者；**Danum Valley Field Centre**（☎089-881 092，088-326 300；rmilzah@gmail.com；Block 3，Fajar Centre）。这两家机构都在城里的上区（即Taman Fajar或Fajar Centre）设有办事处，而且店面就挨在一起。

达努姆谷的两个住宿地在价格和豪华程度上有很大的区别。Borneo Rainforest Lodge是高档舒适的度假村，而Field Centre的特点是简朴、快捷和可靠。Field Centre在回复询问住宿的电邮或电话时会比较慢。现在他们能为非科研人员提供充足的单间和多人间，但最好还是提前几天预订。团体游客需要预订得更早一些。你也可以亲自前往，然后礼貌地咨询住宿安排。

Tabin Wildlife Holidays（见391页）提供位于拿笃另一边次级森林保护区的住宿服务，他们在机场的航站楼里设有办事处，服务又快又好。

住宿

Full Wah 酒店 $

（☎089-884 100；Jln Anggerik；标单/双RM45/65起；❄）如果你的旅行经费有限，那Full Wah就是个不错的选择。房间虽说普通

得不能再普通，但很干净、没有霉菌。

★ **Bike & Tours B&B** 客栈 $$

（☎017-864 2016，017-293 6376；www.bikeandtours.com；Lot 62，Taman Hap Heng，Batu 1 1/4，Jln Segama；标单/双 带公共卫生间含早餐 RM160/184，双 私人带卫生间 RM230；❄📶🏊）这家客栈由一对瑞士和马来西亚夫妇经营，凭借自行车郊游和高品质住宿赢得旅行者的喜爱。这里有5间房，房间内铺有复合地板，提供干净的床上用品。花园里有一个游泳池，提供美味早餐和免费的接车/接机服务。

B&T的本质是让人对周围环境有察觉心；不要着急，骑上自行车去尝试了解下周围的当地人和环境。值得推荐。

Bay Hotel 酒店 $$

（☎089-882 801；Block O，lot 1 & 2，7b Jln Panji；标单 RM95，双 RM105~118）瑞士风格装饰的整洁房间内有平板电视、卫生间和空调。楼下是一家怡人的咖啡馆，供应西餐。这里是城里目前为数不多的优质酒店之一。

Hotel De Leon 酒店 $$

（☎089-881 222；www.hoteldeleon.com.my；Darvel Bay Commercial Centre；标单/双 RM148/178起；❄📶）面朝大海的Leon是拿笃最豪华的酒店，大堂设计成巴洛克风格，有一间餐厅，房间干净且带空调。非常适合玩累了后需要美美睡上一觉的游客。所有房间都提供免费Wi-Fi。

就餐

在出发去达努姆谷之前，先来Fajar Centre的便利店买些零食作为贮备。

Kak Tini Restaurant 马来西亚菜 $

（Jln Bunga Raya和Jln Teratai交叉路口；主菜 RM3.50；⏲24小时）这家24小时营业的餐厅在汽车站附近，餐厅墙面为薄荷绿色，自助餐很受旅行者的欢迎，有炸鸡、汤、鲜鱼和面条等食物。

MultiBake 面包房 $

（Fajar Centre；蛋糕 RM1.80起；⏲8:00~22:00；📶）这家马来西亚特许经营的糕点店位于Fajar Centre（提供免费Wi-Fi）。

Dovist 中国菜 $

（主菜 RM5起；⏲9:00~22:00）位于达努姆谷预订办事处附近，是吃中式海鲜的理想餐馆。

ℹ 到达和离开

飞机

马航飞翼航空（MASwings；☎1800-883000，马来西亚境外 03-7843 3000；www.maswings.com）目前每天有5班飞机从亚庇飞往拿笃。机场在Fajar Centre附近地势较高的城区里。如果前往达努姆谷之前不打算在这里浪费时间，可以乘坐当天的首班飞机（7:25从亚庇起飞）。

长途汽车

位于上区的达努姆谷预订办事处后面有一个壳牌加油站（Fajar Centre），亚庇—斗湖路线的快线长途汽车会停靠在这里。其他长途汽车和小面包车从下城区Tabin Lodge附近的一个空停车场出发，开往山打根（RM25，2.5小时）、Sukau（RM25，2小时）、仙本那（RM22~25，2小时）和斗湖（RM20，2.5小时）的车辆班次频繁。包车和四轮驱动车在旁边的停车场候客，但日落之后很难找到司机。

达努姆谷保护区（Danum Valley Conservation Area）

达努姆谷（也称丹浓谷）保护区占据着沙巴中部440平方公里的土地，山谷像是一道道铺满了苔藓的暗色涟漪般铺展开来，置身此处仿佛进入了儿童故事书。在龙脑香林中，各种有毛和有鳞的动物多得惊人：红毛猩猩、眼镜猴、水鹿、婆罗洲长须野猪、鼯鼠、眼镜王蛇、长鼻猴、红叶猴、长臂猿和侏儒象等。这片地区还以中型猫科动物出没而著名，有人在夜间曾看见过皮毛上有漂亮纹路的云豹，此外这里也生存着不少扁头猫、云猫、豹猫和像卡通形象的婆罗洲金猫。塞加马河（Sungai Segama）滋润着这片密不透风的森林，70米高的树冠和1093米高的达努姆山为它提供荫蔽。达努姆谷拥有世界上最复杂的生态系统，科研人员每个星期都能在这片土地上发现新的植物种类。在这儿，吵醒你的会是长

臂猿发出的动听呼啸声和蝉的吱吱嗡嗡声，而蟋蟀发出的窸窣声和疼痛的小腿（届时你肯定已经走了很远的路，它们会催促你去床上躺着）则提醒你要去睡觉了。

这片原始森林目前由半官方组织Yayasan Sabah（沙巴基金会；www.ysnet.org.my）负责管理，该组织旨在保护和善用沙巴的森林资源。据说，无论什么时候，达努姆谷内都有100多名科研人员在做研究。这里已经增添了不少房间，最多能容纳135人，更多的旅行者也因此有机会体验这罕有的快乐经历。欲了解达努姆谷正在进行的研究，可浏览South East Asia Rainforest Research的网站（www.searrp.org）。

达努姆谷里有两处住宿地：Borneo Rainforest Lodge（见390页；简称BRL）和Danum Valley Field Centre（见390页）。你必须在到达前在其中一个地方预订好住宿——不要直接过来。达努姆谷是一片丛林，也许有人能在夜间驾车或白天步行游览时看见各种动物，但有人却几乎什么都没看到，体验好坏全靠个人运气。

景点和活动

Borneo Rainforest Lodge及Danum Valley Field Centre都组织与丛林相关的各种活动。只有BRL提供正规导游，Field Centre则只有护林员。如果你是通过旅行社预订的话，会给你分配一名经过培训且会说英语的向导。

看世界苏醒

凌晨5:30，外面还是一片漆黑，在这么一个时间点起床可不好玩。此时的丛林安静得就像是一片墓地，冰冷的空气让人不禁瑟瑟发抖。然而，当你坐车穿过森林，爬上一座高高的木质瞭望塔，等待太阳从天边升起时，就会觉得一切都很值得了。随着蝉发出第一声鸣叫，长臂猿的呼啸声也穿过水雾缭绕的丛林到达你的耳边。此时的你会感觉自己像是一个享有特权的偷窥者，目睹了神圣而又原始的一幕。接着，太阳从遥远的森林上方露出一点脸，天空随之开始从深红转向橙红，接着又转向橙色和朱红。这一刻，千金难买。温馨提示：清晨的山谷非常冷，记得带上一件套衫！

达努姆谷生存必备品

我们强烈建议你带上防蚂蟥长袜（尤其是雨天）、补充能量的甜食、驱虫剂、消肿膏药和电池持久的手电筒，如果你还想观赏飞行的犀鸟，记得带上望远镜。运动鞋足够应付干燥的环境，但在湿滑的路面上，登山靴能帮助你走得更稳——虽然它们要重得多。

山谷徒步

BRL和Danum Valley Field Centre的主要活动就是沿着那50多公里长、设有路标的小径徒步。一个队伍平均有6~8人，每个人的体力都不相同；如果你的队友个个体力非凡导致你跟不上的话，不要担心，你可以让向导放慢速度。根据队伍的具体情况，你们可以在一天内将16公里分为几段走完，也可以将其分成一段长的和一段短的徒步旅程（不包括夜间徒步）。请记住你现在是在丛林里，地面上的树根和倒下的树会给你的行走带来不少阻碍，因此不要过于勉强自己，这种行为毫无必要。

BRL提供的向导训练有素，能够为你指出许多你自行观察不会发现的事物。以棺材崖小径（Coffincliff Trail）开始你的探索之旅是个不错的选择，这样便于设定你的方向。攀行3公里后可到达一处悬崖，在此可看到一些卡达山-杜顺人的棺木（虽然出处不详）。再往前走约100米是一个可俯瞰迷人全景的瞭望台，之后你可以往回走或绕道，途经风景如画的精灵瀑布（Fairy Falls）和蟒蛇瀑布（Serpent Falls）去山峰的背面。这两个瀑布都是15米高，你可以在水潭里玩水。

达努姆小径（Danum Trail）、大象小径（Elephant Trail）和塞加马小径（Segama Trails）都经过达努姆谷，而且大多坡度平缓，可以边走边欣赏野生动植物。这些小径均可在1~2小时之内走完。犀鸟小径（Hornbill Trail）和东小径（East Trail）会经过几个小山丘，但仍相当容易徒步，也适合观赏野生动植物。最后，如果你只打算在饭后呼吸一下新鲜空气，可以在住处附近的自然小径（Nature

Trail）散步，这条木板路很短，小路的尽头就是布满蚂蟥的森林。

Field Centre周边有许多迷人的小径，如果你不是科研人员，就必须有护林员陪同（须知：向导比护林员更有用，因为护林员并没有接受与游客接触的相关培训）。徒步约2小时可来到Tembaling Falls，这是一个很酷炫的热带伊甸园。如欲前往更美丽的Sungai Purut瀑布，则须徒步4小时，而且路径也比较难走。不过，当你看到附近山区倾泻而下的20米高瀑布流入7层水池的美景，就会觉得这一路的跋涉是值得的。你很有可能会在清晨爬上Field Centre背后那座40米高的观景塔，放眼望去雾气像面纱一样笼罩在树冠上。通过一个摇摇晃晃的楼梯可以到达山顶平台，楼梯有网笼罩着，但看上去起不了什么保护作用。爬楼梯时手要抓紧，不要往下望；如果你成功到达山顶，就能看到像绿色丝绒一般的广阔丛林。

Field Centre也有夜间徒步活动，路程相对较短，但是有机会看到在树枝间跳来跳去的变色龙、鼓着大眼睛的眼镜猴、各种类型的蛇和好奇打量着你的水鹿。

观鸟

世界各国的观鸟者都会来达努姆谷观看雨林的各种鸟类，包括稀有的大眼斑雉、凤冠火背鹇、蓝头鸫、婆罗洲伯劳和数种犀鸟。如果你真的想观鸟，最好住在Borneo Rainforest Lodge。这里的树冠吊桥是观鸟的理想地点，而且有些向导的鸟类知识格外丰富。通往BRL的路也非常适合观鸟，说实在的，你甚至可在房间的露台看到这些鸟类。

树冠吊桥

或许你已经有所了解，在热带雨林里，必须要站在树冠吊桥（Canopy Walkway）上才看得到景观，这对恐高的人来说是一个噩耗。BRL的树冠吊桥长107米，离地27米，让我们这些凡人犹如凌驾空中。摇摇晃晃的吊桥穿越一片森林，两边分别是波罗格和娑罗双树林。观鸟者通常在凌晨来到这里，希望能看到一些他们以前未曾见过的物种。即使你对观鸟没兴趣，也可以早早起床去树冠吊桥上欣赏日出——蒙蒙的雾气反而会带给你奇妙的观感。这座吊桥位于园内的公路上，从住处到这里只需步行10分钟。你必须是BRL的住客，才能进入这条公路。

夜间驾车

夜间驾车是观看谷内“夜行”动物的最佳方式。做好准备吧，你很有可能见到一两种鼯鼠、黑鹿、灵猫、豪猪甚至豹猫。幸运的话还可能见到大象和懒猴。

夜间驾车活动从BRL和Field Centre出发，大多数夜晚都可组织。最好的项目是延展的夜间驾车活动——大约20:30出发，次日1:00或2:00返回。最好带上一件轻便的防水夹克、双筒望远镜和强力手电。晚上的山谷同样很冷，因此记得带上一件外套。

食宿

Danum Valley Field Centre 度假屋 $$

（简称DVFC；☎088-326 300，088-881 688；rmilzah@gmail.com；招待所食宿 RM180起，露营 RM30；❄）这里是科研人员的工作站，也欢迎野生动物爱好者的到来。住宿分为4种：多人间、招待所、贵宾房和露营。我们推荐招待所——房间简单干净，有吊扇和两张单人床，位置在食堂旁边。这里是徒步的起点，如果你住在多人间里，你得频繁往返两地。

多人间有冷水淋浴，提供毛巾，房间好似兵营。其距离餐厅约7分钟步行路程，男女分开住宿。如果想要露营，可以将睡袋（无须营帐）铺在走道上，但建议你喷洒防虫剂！

中心内没有受过专业训练的向导，直接过来的话给你带路的只有护林员，但如果你有通过旅行社预订，他们就会提供一名向导给你。我们推荐这家旅行社——Sticky Rice Travel（见341页）。游客在自助餐馆风格的食堂就餐（供应素食）。露营地附近有一条清澈的浅河，适合游泳。

Borneo Rainforest Lodge 度假村 $$$

（简称BRL；☎089-880 207，088-267 637；www.borneonaturetours.com；双 标准/豪华 3天2

晚套餐 每人 RM3296/3190）Borneo Rainforest Lodge位于达努姆河（Danum River）边，是一个结合了探险和奢华享受的度假村，适合像电影里的印第安纳·琼斯（Indiana Jones）一样敢于冒险的人，同时还得有宽裕的荷包。这里有31栋度假屋，屋内的独立阳台上有面朝丛林的热水浴缸，只要你付得起房费，这些度假屋绝对不会让你失望。

度假村环境高雅，而且最近还进行过装修，有关于野生动物和环境保护的解说和幻灯片演示，还建有架空的木质走道和气氛浪漫的露天平台。

到达和离开

达努姆谷只限获得许可的私人车辆进入。Borneo Rainforest Lodge的住客9:00从其位于拿笃的办事处出发，大约在午饭时间到达。如果你不想在拿笃过夜，可以乘坐7:25从亚庇出发的马航飞翼航空航班。

住Danum Valley Field Centre的游客必须乘坐开往丛林的面包车：这样的车每天有两班，发车地点为其位于拿笃的办事处，时间为周一、周三和周五的15:30。单程车票每人约为RM100。从Field Centre返回拿笃的面包车在8:30发车。

塔宾野生动物保护区（Tabin Wildlife Reserve）

保护区距离拿笃大概1个小时的车程，占地1205平方公里，主要由低地龙脑香科植物和红树林构成。塔宾基本上都是次生林，但野生动物的生活和游客完全不受此影响。大象及长臂猿、红叶猴和猕猴等灵长类动物是这里的明星，还有很多大猩猩。实际上，西必洛猩猩保护中心内获救的红毛猩猩都送来这里让它们回归自然，因此你极可能在野外看到它们。此外，这里鸟类种类丰富，有记录的鸟类多达260种，包括马来犀鸟和盔犀鸟等8种犀鸟。

保护区内有许多泥浆火山和盐碱地，动物和鸟儿会来这些地方补充矿物质，你可以从观景塔上欣赏它们并拍照。令人悲伤的是，婆罗洲已经很难看到苏门答腊犀牛的踪影了。保护区及区内的Tabin Wildlife Resort都由**Tabin Wildlife Holidays**（☎088-267 266；www.tabinwildlife.com.my；Lahad Datu airport terminal；2天1夜套餐 含3餐 RM1450起）负责管理。度假村由许多高级度假屋造成。小小提醒一句：度假屋很吸引人，但价格过高。度假村门口有5条小径通往丛林，如果对能喷出水汽的泥坑和涂抹淤泥改善肤色感兴趣，可以尝试走下大象小径（Elephant Trail；800米）。长臂猿小径（Gibbon Trail；2.8公里）通往美丽的瀑布Lipa Waterfall。

可以租车（必须是四轮驱动车）前往塔宾，但大多数游客会让Tabin Wildlife安排接送。Tabin Wildlife的办事处现在设在拿笃的航站楼，从机场驾车2.5小时就能到达保护区。保护区有好几个入口，最方便的是Ladan Tungju和Ladang Premai交界处附近的入口。

仙本那（Semporna）

人口：62,640

仙本那给人的第一印象并无惊艳之处，除了城里的清真寺，其余时间你不会有想要拍照的冲动。这里有一个生鲜市场和一些漂亮的吊脚屋海上酒店。但旅行者来这里的潜水机构了解完信息后便会离开。所有的潜水服务提供商都在同一条街上，非常方便。他们三言两语就能打动你，让你对仙本那群岛上的一切充满向往，而且你只需坐一会儿船就能到那里。许多潜水机构都在马布岛（Mabul island）的度假村里设有潜水中心。如果你在亚庇就已经订好了潜水和住宿，旅行社会派车去机场接你，然后将你直接送往仙本那的港口，接着坐船去往最终目的地，因此没有必要在城里过夜。

当然，仙本那也还是有一些条件不错的住宿地、一两间值得一去的餐馆、几间商店和酒吧。因此如果你必须在这里住一晚的话，也能过得很舒服。

景点和活动

水肺潜水是仙本那的经济支柱，安排此类行程的潜水公司随处可见。这里是非常热门的潜水地点，因此最好货比三家，然后预订潜水套餐。因为西巴丹每天仅限120人潜水，这意味着，如果你报的团人数较多的话，

Semporna 仙本那
200 m
0.1 miles
Semporna Seafront 仙本那海滨
Jln Simunul
Jln Hospital
清真寺
Maybank 马来亚银行
Bus & Minivan Terminal 公共汽车和小面包车站
去Tawau斗湖 (104 km)

Semporna 仙本那

活动、课程和团队游

1 Big John Scuba E2
2 Billabong Scuba D3
3 Blue Sea Divers D3
4 Scuba Junkie D3
5 Seahorse Sipadan D3
6 Seaventures D3
7 Sipadan Scuba D3
8 Uncle Chang's D3

住宿

9 Borneo Global Sipadan BackPackers F3
10 Dragon Inn E2
11 Holiday Dive Inn D3
12 Scuba Junkie Dive Lodge D3
13 Seafest Hotel G3
14 Sipadan Inn D3

就餐

15 Anjung Lepa G3
16 Diver's Bar D3
17 Fat Mother D2
18 Mabul Steak House D3

不可能所有人都能在第二天顺利潜水；如果队伍只有两人或你单独一个人，那么隔天就能潜水的概率要大得多。

住宿

★ Scuba Junkie Dive Lodge
青年旅舍 $

（☎089-785 372；www.scuba-junkie.com/accommodations；Block B 36，458 Semporna seafront；铺 潜水/不潜水 RM25/50，房间 不带卫生间 潜水/不潜水 RM75/150，房间 带卫生间 潜水/不潜水RM95/190；❄🛜）布满海洋生物的黄色墙壁、干净的卫生间和各种类型的空调房让人一眼就选中这家青旅。旅舍就在Scuba Junkie办事处的正对面，隔壁是Diver's Bar，去仙本那群岛前不妨先来这里吃个早餐。

Borneo Global Sipadan BackPackers
青年旅舍 $

（☎089-785 088；www.bgbsipadan.com；Jln Causeway；铺/标三/家 含早餐 RM27/99/130；❄@🛜）这里有9间房，分为多人间、三人间和带卫生间的家庭房。墙面干净，室内很凉快，有一个供休闲用的大厅。旅舍还经营为期3天PADI开放水域课程，收费RM920。老板Max是个精力充沛的人。

Sipadan Inn
酒店 $

（☎089-781 766；www.sipadaninn-hotel.com；Block D，lot 19-24，Semporna seafront；双/家 RM110/170起；❄@🛜）酒店里十分凉快，有简单但整洁的房间。房门为木头墙面，提供整洁的床上用品、床尾垫、咖啡机和极为干净的卫生间。工作人员服务热情友好。

Holiday Dive Inn
酒店 $$

（☎089-919 128；www.holidaydiveinn.com；Lot A5-A7，Semporna seafront；房间 RM86~96，家 RM168；❄🛜）这是一家新开的酒店，墙面五颜六色，房间非常干净，有干净的卫生间和电视，有些房间带阳台。性价比很高，与附近的Sipadan Scuba属同一家公司。屋顶还有个休闲室。

Seafest Hotel
酒店 $$

（☎089-782 333；www.seafesthotel.com；Jln Kastam；房间/家 RM135/250；❄）这家白色的豪华酒店位于"Semporna seafront"街区的远端，如果你有个旅伴的话，住这里很划算。国际装饰风格的房间设备齐全，有书桌和卫生间。海边有一家商店和鱼餐厅，还有一个露天游泳池。至于说气氛怎么样？我能说我参加过的某些葬礼都比这里要热闹吗？

Dragon Inn
酒店 $

（Rumah Rehat Naga；☎089-781 088；www.dragoninnfloating.com.my；1 Jln Kastam，Semporna Ocean Tourism Centre；铺 RM45，房间含早餐 RM122起，家 RM170~190；❄@）Dragon Inn是建在碧蓝海面上的吊脚屋，通过木板走道连接在一起。到达酒店后，首先跳入你眼帘的就是大堂外面的那座巨型石斑鱼标本。房间简单但铺有木地板，有电视和卫生间。这里还有一间有遮篷的咖啡馆，可以坐在这儿静静地打量港口熙熙攘攘的人群。

就餐

"Semporna seafront"有各种kedai kopi（茶室），而Seafest Hotel大厦内的餐馆则提供中国菜。如果想吃当地风味的食物，可以品尝仙本那最出名的两种食物：nasi lemak

（椰浆饭）或korchung（粽子）。

★ Fat Mother

中国菜 $

（Semporna seafront；主菜 RM15；⏲17:00~22:00）Mother凭借其热情的服务和丰富的海鲜菜品赢得了极高的评价。你将从玻璃缸中挑选自己晚餐的食材。餐馆甚至还能烹饪你自己捕捉的鱼。供应石斑鱼配芒果酱、鱼肉粥、咸蛋配鱿鱼、马来咖喱菜和面条，并提供免费的中式茶水和甜瓜。

Anjung Lepa

海鲜 $

（Jln Kastam；主菜 RM15；⏲17:00~22:00）这家小餐馆位于Seafest酒店旁边，是个吃鲜鱼和马来西亚菜的好地方。鱿鱼、虾子、螃蟹……所有源自海里的美味这里都有。

Diver's Bar

各国风味 $$

（Semporna seafront；主菜 RM18~32；⏲7:00~9:00和13:00至午夜）这家餐馆位于Scuba Junkie Dive Lodge隔壁、Scuba Junkie办事处的对面，有户外空间，室内则采用赤陶装饰。很多潜水者都爱来这里，水果搭配冷鸡蛋（RM10）的早餐十分平淡，但午餐和晚餐很棒，因为有新西兰牛肉和薯条、希腊风味沙拉和各种意大利面。

Mabul Steak House

牛排 $$

（☎089-781 785；Semporna seafront；主菜 RM15~20起；⏲正午至23:00）这家露天餐馆拥有轻松随意的气氛和名目繁多的菜肴。除了牛排，他们还会烹制石斑鱼、鹦哥鱼、胭脂鱼、龙虾、鱿鱼等海鲜及牛排、羊排、煎蛋和解暑佳品"加冰果汁"。

ℹ 实用信息

如果自己驾车前往仙本那，就别到公共汽车和小面包车的落客区，直接开往清真寺高塔的方向，这是前往海滨的方向。沿着网状的钢筋水泥建筑中的街道前进，直到你来到"Semporna seafront"，这个地区的潜水用品商店密集，竞争激烈。

减压舱（Decompression Chamber；☎089-783 100，012-483 9572；www.navy.mil.my；Pangkalan TLDM，Semporna）仙本那西南方向14公里处的海军基地有一个减压舱。

马来亚银行（Maybank；☎089-784 852；Jln Jakarullah；⏲9:15~16:30）很可能会要排队，但队伍不会太长。偶尔有乞丐，尤其是在傍晚时分。

ℹ 到达和离开

飞机

从亚庇和吉隆坡飞往斗湖的航班在离小镇约28公里处的斗湖机场降落。从斗湖机场前往仙本那的私人出租车费用为RM100，如果礼貌地向司机提出要求，斗湖—仙本那线路的公共汽车（RM20）可在机场让你下车。不在机场停靠的公共汽车会让你在"Mile 28"下车，你必须步行数公里前往航站楼。记住，潜水后的24小时内乘坐飞机，可能导致严重的健康问题，甚至死亡。

长途汽车

Milimewa超市周围的"长途汽车站"距离清真寺若隐若现的尖塔不远。所有长途汽车都从清晨至16:00运行（亚庇例外），满员就发车。

亚庇（RM75，9小时）7:00或19:00左右出发。

拿笃（RM30，2.5小时）

山打根（RM45，5.5小时）

斗湖（RM25，1.5小时）

仙本那群岛（Semporna Archipelago）

仙本那群岛是巴瑶人的家园，这些拥有古铜色肤色的"海上吉卜赛人"以海为生，五颜六色的船只是他们的交通工具，植被茂密的荒岛是他们的住所——尽情地发挥你的想象力吧。即使是对于愤世嫉俗的神人，仙本那群岛的碧海蓝天也能让其安静下来。然而，人们却不是为了这些而来，吸引他们的是这里的海底世界，因为仙本那群岛首先是个潜水胜地，并在全球最佳潜水地的榜单中长期占有一席之位。

活动

仙本那在当地语言里意为"完美的"，但在光彩夺目的群岛中却只有一个岛屿配得上这个名号，它就是西巴丹岛（Siapadan）。这座距离东南海岸36公里的小岛诠释了什么叫完美：碧蓝色的海浪拍击着如砂糖般细腻的沙滩，茂盛的森林里生长着棕榈树和寄生无花果树。西巴丹岛位于突出水面的岩石上，世界著名的潜水家雅克·库斯托（Jacques Cousteau）称这里为"一件纯净无瑕的艺术品"。任何时候你都能看见鱼儿排成队游来游去，生活在岛屿附近的有礁鲨、鹦哥鱼、蝙蝠鱼、狮子鱼、小丑鱼、章鱼和像迪斯科灯一样颜色变幻多端的乌贼。从海洋远处而来的鱼类有双髻鲨和鲸鲨，蝠鲼和鹞鲼也会时不时造访。我们这还没到珊瑚礁呢——鹿角珊瑚、黑珊瑚、鞭珊瑚、桶状海绵和海扇珊瑚像是被颜料浸泡过一样，呈现五彩斑斓的色彩。

岛屿周边有大约十多个划定的潜水点，最有名的是**梭鱼点**（Barracuda Point），这里可看到金梭鱼和黑尾梭鱼汇合形成坚不可摧的鱼城。礁鲨似乎被这里的强力水流吸引，常常前来和潜水者打招呼。聚集在**南点**（South Point）的主要是大型深海鱼，如双髻鲨、长尾鲨、蝠鲼和隆头鹦哥鱼。这里的洋流同样非常强劲。岛屿的西部绚丽多彩的崖壁深入海底2000米，令人极为赞叹。在晴朗的午后，潜入海洋中将能看到这片崖壁最美的一面。

虽然在众多潜水地点中西巴丹一枝独秀，但敦沙卡兰海洋公园（Tun Sakaran Marine Park）内的其他珊瑚礁仍值得探索。**马布岛**（Mabul或Pulau Mabul）周边的微观潜水世界闻名，任何时候你都能看见蓝圈章鱼、短尾鱿鱼、拳击蟹、红毛猩猩蟹和天竺鲷。事实上，"漫潜"这个说法正是源自这里。**卡帕莱岛**（Kapalai）、**马达京岛**（Mataking）和**军舰岛**（Sibuan）等海域也值得一游。

事先没有预订的话，不太可能在到达仙本那的第二天就找到愿意带你去西巴丹的旅行社，因为你首先得在马布岛进行一次熟悉环境的潜水。如果你是在7月、8月或圣诞节期间这样的旺季过来，而又没有预订，你很有可能要等上一段时间。想去西巴丹潜水的团体游客需要提前数周预订。

政府规定每天只发放120张（包括潜水者、浮潜者和一日游游客）前往西巴丹的许可证（RM40），加上奇怪的规则和繁文缛节，如必须具有一定的性别比列等，导致申请许可证的过程令人感到烦躁。每家潜水公司会根据其规模和需求量而获得预先确定的许可证数量。他们也各有"送"许可证的独特方式：有些公司以抽奖方式决定哪些潜水者可获得许可证，有些则要求潜水者先到马布岛及卡帕莱岛潜水1天（或2天），然后再带他们到西巴丹潜水1天。除非你是在过去6个月内曾潜过水的潜水者，否则无论你选择哪家潜水公司，他们都可能要求你先进行一个非西巴丹的潜水预习活动。西巴丹的许可证是1日许可证（不是以潜水次数计算的），因此确保你的套餐中至少有3次潜水活动。

1天3次潜水活动的套餐费用为RM250~500（有些业者的收费包含公园门票，但有的则没有，因此一定要问清楚），租赁设备（全套）每天RM50~60。大多数潜水中心也出租潜水相机（每天约RM100）和潜水电脑（每天约RM80）。马布岛和卡帕莱岛的高档度假村都提供全套旅游套餐（包括租赁设备的费用）。

虽然该地区的大部分潜水活动属于"趣味潜水"，但你也可以考取开放水域（Open Water）证书，这里所提供的高级课程非常受欢迎。西巴丹比较适合拥有高级开放水域证

在仙本那浮潜

许多非潜水者会犹豫是否要去仙本那——答案是当然得去！如果你跟团，或情侣/夫妇间有人潜水，而另一人不潜水，那仙本那诸岛会非常好玩，潜水和浮潜旅程的时间都已安排好，所有团员会在同一时间回到住宿场所，因此你不会觉得被孤立。如果你是散客，又只想浮潜，那也很好。这里虽然没有世界级的浮潜体验，但也是一个值得一去的浮潜地点。与马来西亚其他地区相比较收费有点贵——浮潜旅程费用约RM150，而且你必须将相对昂贵的食宿费及来岛费用考虑在内。但是，你更有机会在一片热带群岛中看到魟鱼、海龟及各类海洋生物。所以说，还有什么好抱怨的呢？

书（水流会比较急，温跃层也比较大）的潜水者，但只要拥有开放水域证书，应该也不成问题（他们只不过无法像高级潜水者潜得那么深）。3天开放水域课程的费用至少RM975。高级开放水域课程（2天）的费用相同，而考取潜水长证书则需大约RM2800和4周时间。

有好几家潜水公司位于各自的度假村内，其他的则是散布在仙本那和亚庇的商店及办公室。请注意，我们是根据店名的首字母排序，而不是根据我们的偏好。

Big John Scuba 潜水

（BJ Scuba；☎089-785 399；www.bigjohnscuba.com；Jln Kastam；3次潜水一日游 RM280，浮潜一日游 RM150~180）微距摄影和漫潜是这里的主营活动。在Dragon Inn（见393页）设有办事处。

Billabong Scuba 潜水

（☎089-781 866；www.billabongscuba.com；Lot 28，block E，Semporna seafront）可以安排入住马布岛上的一间摇摇晃晃的"民宿"。我们没夸张，房子真的是摇摇晃晃的。

Blue Sea Divers 潜水

（☎089-781 322；www.blueseadivers-sabah.com；Semporna seafront）仙本那价格较低的机构，经营1日游潜水。

★Borneo Divers 潜水

（☎088-222 226；www.borneodivers.net；9th fl，Menara Jubili，53 Jln Gaya，Kota Kinabalu）最早营业、同时也是最好的潜水机构之一，拥有严格的安全标准、高品质装备、优秀的PADI教练和潜水专家。办事处位于亚庇，同时在马布岛上经营度假村。值得推荐。

★Scuba Junkie 潜水

（☎089-785 372；www.scuba-junkie.com；Lot 36，block B，Semporna seafront；马布岛4天3晚 含每天3次卡帕莱岛和马布岛潜水以及4次西巴丹潜水 每人 RM2385，浮潜1日游 含午餐 RM120；⊙9:00~18:00）马布岛上在环境保护方面表现最为积极主动的潜水机构，这里聘请了两名全职环境专家，并将部分收入用于建设海龟孵化和康复中心以及"鲨鱼周"项目。优秀的潜水专家和Mabul Beach Resort（见398页）舒适的非套餐类住宿也让这里广受西方游客的喜爱。

Scuba Jeff 潜水

（☎017-869 0218，019-585 5125；www.scubajeffsipadan.com；Mabul Island）Jeff是个友善的当地人，在马布岛上的当地渔村经营组织探险活动的生意。这里的住宿极为简朴。

Seahorse Sipadan 潜水

（☎089-782 289，012-279 7657；www.seahorse-sipadanscuba.org；1st fl，lot 1，Semporna seafront；3天2夜套餐 含每天3次潜水、住宿、装备和船费 RM690）由背包客客栈发展而来的一间潜水机构，在仙本那海滨新开了一个位于底层的办事处，同时在马布岛上经营一家客栈。2017年是Seahorse营业的第5年。

Seaventures 潜水

（☎017-811 6023，088-251 669；www.seaventuresdive.com；Lot 28，block E，Semporna

不要错过

彩船节

彩船节（Regatta Lepa）是当地巴瑶人的年度盛大节庆，每年4月中旬举行。按照传统风俗，巴瑶人每年只踏足婆罗洲大陆一次，其余时间都生活在小岛上或船上。如今，巴瑶人会更频繁地到仙本那及其他小镇购买日用品，但他们仍庆祝年度登陆的古老节庆，而它的标志就是这些regatta lepa（一种传统的单桅帆船）。对游客来说，这个节日的亮点是巴瑶人之间相互竞争的船只装饰比赛。原本已色彩缤纷的船只会挂满彩带、旗帜（tapi）、彩旗、礼仪伞（象征在海上遮风挡雨）以及sambulayang。这些装饰得漂漂亮亮的船只会在巴瑶人的部落中穿梭展示。在整个节庆活动中，小提琴、钹和鼓声不断，还有捉鸭子和船上拔河比赛等"海上运动"。节庆日期一般在4月中旬，想要了解更多信息，可访问www.sabahtourism.com/events/regatta-lepa-semporna-0。

seafront；4天3夜套餐 含10次潜水，其中3次在西巴丹 含3餐以及来岛屿、去机场的交通 RM2730）这个机构位于马布岛附近蓝橙色的海上平台上，口碑很不错。在仙本那以及亚庇的Wisma Sabah设有办事处。

Sipadan Scuba 潜水

（☎089-784 788，089-781 788，012-813 1688，089-919 128；www.sipadanscuba.com；Lot 28，block E，Semporna seafront；3天2夜套餐 含潜水、住宿、交通和装备 RM919）20年的经验和国际工作人员团队让Sipadan Scuba值得信赖和推荐。你可以在这里学习PADI开放水域课程，价格为RM760。

Sipadan Water Village 潜水

（☎089-751 777，089-950 023，010-932 5783，089-784 227；www.swvresort.com）与马布岛上的同名度假村属同一家公司。

SMART 潜水

（☎088-486389；www.sipadan-mabul.com.my）在马布岛上的Sipadan-Mabul Resort和Mabul Water Bungalow都设有潜水中心。在亚庇也设有办事处。

Uncle Chang's 潜水

（Borneo Jungle River Island Tours；☎089-781 002，017-897 0002；www.ucsipadan.com；36 Semporna seafront）提供马达京岛的浮潜1日游（RM170），同时经营西巴丹岛潜水活动和马布岛上的一间旅舍。

食宿

从华丽的别墅到人员复杂的简陋宿舍，敦沙卡兰海洋公园里有各式各样的住宿选择，能够满足不同预算游客的需要。其中大部分住宿场所集中在马布岛（距离西巴丹最近的岛屿），现在的马布岛因此变得人满为患。西巴丹岛不准游客留宿。注意：8月和9月的价格会上涨，非潜水者和潜水者所支付的价格也有所不同。

下列地点几乎都会让你紧跟着每日3~5餐及约3次潜水（或浮潜）的时间表。费用含三餐，虽然茶和咖啡一般是免费的，但饮料必须额外付账。高档度假村有自己的酒吧和餐馆，如果你住在廉价酒店而又想去其中玩耍，那么就要看门卫的心情了。心情好的话你或许能入内吃吃喝喝，但必须付费。记住这里在晚上6点后仍然会实施宵禁，不能在海滩逗留。

潜水者和浮潜者也可以选择在仙本那镇住宿，这意味着你可以节省一些费用，但代价则是没法欣赏绚丽的日落。至关重要的是，从仙本那镇前往潜水点，至少需30分钟。

下列住宿选择都可安排潜水之旅，包括证书课程及前往西巴丹岛潜水。

辛加马塔

Singamata Reef Resort（☎089-784 828；www.singamata.com；3天2夜 含潜水和交通 RM1000~1200；❄）辛加马塔根本不是一座岛屿，而是一座建在沙洲上的水上村庄，距离仙本那大约30分钟船程。这里设有漂亮的吊脚屋和甲板，专属水池里养了许多巨鱼（你可以在里面浮潜）。如果你想泡在水里，只需踏出房门即可（令人懊恼的是，仙本那的垃圾有时会漂浮到附近）。客房设施简单，但很漂亮也很通风。在这里可能会产生一种与世隔绝的孤独感，但如果你想要远离喧嚣，辛加马塔是个很好的选择。

马布岛

马布岛是巴瑶人的家园，岛上还有一座马来人村庄（这里有廉价的旅馆）。这里有长长的沙滩和许多度假村，其中一些度假村是建在海上的吊脚屋之上。这座岛屿是个休闲的好去处，可以参加浮潜活动、欣赏火红的日落，或是享受荒岛美景和舒适的度假村。然而，马布岛真正吸引人的地方是：这里是去往附近潜水点的出发地。想要感受下热闹的气氛，可以去Mabul Beach Resort（见398页）里Scuba Junkie的酒吧。

绕岛散步十分有意思，你会经过一处巴瑶人的墓地，注意观察他们撒有盐粒的木雕墓碑。途中可能会遇到三蜥，注意避让。度假村的后方是发电机和工作人员营房式的宿舍。村里的小店铺售卖糖果、薯片、香烟和其他小杂物。在拍摄当地人时请注意他们的情绪——某些跟团的游客会毫无顾忌地将"长枪短炮"对着当地人，并且表现得好像在参观一个"人类动物园"，我们感觉这些行为已经开始让岛民们不耐烦起来。

Sipadan Dive Centre 家庭寄宿 $

（SDC；☎088-240 584，012-821 8288；www.sdclodges.com；铺/房间 RM150/190，3次潜水 RM280；❄）这些五颜六色的简朴小屋带有卫生间和空调，碧蓝色的墙壁下是干净的床上用品和木地板，此外这里还有一间潜水机构。与其他廉价住宿地相比，这里因为有一个庭院而不那么拥挤，这些让这间民宿从同类中脱颖而出。工作人员服务态度友好，晚上会烹饪烧烤食物。

Uncle Chang's 客栈 $

（☎089-781 002，089-786 988，017-895 002；www.ucsipadan.com；铺 RM75，双 带/不带空调和卫生间 RM150/110；❄）在这个到处是吊脚屋的马来村庄里，Chang's看上去简陋不堪，如果要找一个人物形象比喻它，那他一定是个皮肤粗糙的老水手。想想看这样的场景：剥落的香蕉黄色墙面、破旧的公共甲板（偶尔有爵士乐演奏）和愉快活跃的气氛。这里还有一间著名的潜水学校，每天分配到的西巴丹岛的潜水许可证有7张。

Seahorse Sipadan Scuba Lodge 客栈 $

（☎Semporna 089-782 289；www.seahorsesipadanscuba.com；铺/双 RM70/100起）地板上补丁似的漆布、黄色的墙壁和露天甲板平台显示了这间客栈的"年纪"。客栈内摆放着一些漂亮的小玩意，如桌子上的海螺等。这里也有一间值得信赖的潜水机构。

Scuba Jeff 度假屋 $

（☎017-869 0218，019-585 5125；www.scubajeffsipadan.com；房间 带公共卫生间 RM80；📶）Jeff有一道深红色的围墙，只有带风扇的木屋，走廊比米诺陶洛斯的迷宫还要黑。不过这里有一家便宜的潜水中心，在露天甲板上还可以看到纯净无瑕的大海。房间条件简朴，别想着在房间里抽烟——天花板上装有烟雾报警器！尽管如此，这里还是深受独自旅行者的喜爱。

Summer Friends Homestay 家庭寄宿 $

（☎013-557 1668；www.summerfriendshomestay.com；Malayan village；房间 RM50）如果岛上其他地方客满或者你只是在等其他地方的房空出来，那么来这栋芥末黄色的木屋里住一晚也无妨。这里很便宜，也不会过于吵闹，有吊床和公共卫生间。只有风扇房。

★Scuba Junkie Mabul Beach Resort 度假村 $$

（☎089-785 372；www.scuba-junkie.com；铺 RM175，双 带风扇 RM245~310，双 带空调 RM320~380；❄📶）这里由一对美国夫妇在经营，颇受预算有限但又想体验奢华住宿的各国年轻人欢迎。房间非常干净，有门廊、卫生间、打磨过的木地板和精致的装饰。多人间通风透气，空间宽敞。位于度假村中间的亭子是餐厅兼酒吧。房费包含自助式正餐。

这里还有关于Scuba Junkie在仙本那群岛开创的众多海洋生态运动的展览。潜水者（不包括浮潜者）通过Scuba Junkie订房可享受25%的优惠。

Billabong Scuba Backpackers 客栈 $$

（☎089-781 866；www.billabongscuba.com；Mabul；房间 带风扇/空调 RM90/120，度假屋 带风扇/空调 RM140~240，3次在西巴丹的潜水 RM700）这里既有陈旧的单间和多人间、褪色的度假屋，也有全新装修的度假屋。屋内铺有木地板，墙壁刷有暗红色的涂料。所有房屋都建在海边，可以看到美丽的大海。客栈的甲板上还有一个公共区域。Billabong的潜水机构每天仅会被分配7张西巴丹岛潜水许可证，因此记得预订。

★Borneo Divers Mabul Resort 度假村 $$$

（☎088-222 226；www.borneodivers.net；3天2夜 含交通、食物和潜水 每人 潜水/不潜水 RM1800/1400；❄@📶）屋里铺有木地板，装修得十分精致，屋外是鲜花盛开的草坪和游泳池。这里还养了一条巨蜥。餐厅特别棒，休闲室宽敞且舒适，工作人员总是彬彬有礼。餐厅里提供Wi-Fi，但速度有点慢。这里的客人以年纪偏大的家庭为主。

度假村经营着岛上最棒的潜水中心，Borneo Divers早在1989年就聘请法国海洋学者库斯托（Cousteau）当教练。

Mabul Water Bungalow 度假村 $$$

（☎088-486389；www.mabulwaterbun

穿黑色制服的警察——尚不明朗的安全局势

如果你住在马布岛，就不可能不注意到海滩上有穿着黑色制服的武装警察在巡逻，而且18:00后就会实施宵禁，你必须返回自己的度假村。完成第一次潜水到达西巴丹后，你肯定也会充满疑惑——当你潜水时，数十名马来西亚军人持枪站在海边，他们就驻扎在这里的一间小屋里。不要害怕，这些军人是来保护你安全的，他们充当的是震慑者的角色。目前看来这种安排非常见效。

让我们来按事件年份看看为什么他们的存在是如此重要。

2000年 2000年4月，臭名昭著的阿布·沙耶夫组织（Abu Sayyaf group）在西巴丹绑架了21人。

2013年 235名菲律宾武装军人坐船抵达拿笃，声称他们此行的目的是维护菲律宾东沙巴的争议领土。拿笃由此爆发了僵持不下的武装冲突。

2013年 两名中国台湾游客在Sipadan Pom Pom Resort自己的房间被袭击，Sipadan Pom Pom Resort是靠近东沙巴海岸的一家度假村。男游客惨遭杀害，他的妻子被绑架。

2014年 一名中国游客和一名Singamata Reef Resort的菲律宾雇员在仙本那被劫持；一名马来西亚鱼类饲养员和他的菲律宾雇员被武装人员从他们位于沙巴的农场劫走。

2014年 一队武装人员带着火箭发射器乘坐快艇抵达马布岛。在与其交火的过程中，一名警察被当街杀死。这些武装人员在劫持了一名警察作人质后逃离了马布岛，他们被认为来自菲律宾的和乐岛。

Esscom［东沙巴安全指挥部（Eastern Sabah Security Command）；创建于2013年，管辖面积达1400平方公里，覆盖从古达到斗湖的沙巴东海岸］称有14起为获取赎金进行的绑架案，作案人员来自菲律宾南部，其中4起发生在沙巴东海岸。

这些案件听起来似乎都差不多。但现在的仙本那群岛是否安全了呢？许多国家的大使馆都会建议本国旅行者谨慎前往此地，但是在过去一年中，每天都有120人毫发无损地体验了世界上最棒的潜水点。这些岛屿被部署警力后，劫匪们不得不将目光移向别处。国际社会最近发布的一份评估报告也表明，仙本那群岛目前局势安全。虽然宵禁仍未撤销，但只要你选择过来，就会发现比起奇妙的海底宝藏，潜在的风险算不了什么。

galows.com；3天2夜潜水套餐每人 潜水/不潜水RM3838/2339起；❄📶）这些精致的吊脚屋被设计成巴厘岛风格：尖形屋顶、漂亮的室内装饰和有棕榈树遮挡的门廊，屋子下面，碧蓝色的海浪轻轻拍击着木桩。说这里建在海面上一点也没言过其实，酒店考虑得很周到——住客可以坐高尔夫球车沿木道进来，省却步行之劳。这里还有一间不错的餐厅。

Seaventures Dive Resort　度假村 $$$

（☎088-261 669；www.seaventuresdive.com；4天3夜潜水套餐两人同行 每人 RM2730起；❄）这里靠近马布岛，原本是一个巴拿马建造的石油钻塔上的居住平台，外面刷了橙色和极地蓝的涂料。这里的房间很舒适，潜水中心和餐厅也都特别棒。对不想被吵闹的家庭游客打扰，只想一心探索海底世界的人来说，这里堪称完美。度假村位于自己的房礁上，这片水域特别适合初学潜水的游客。

Sipadan-Mabul Resort　度假村 $$$

（SMART；☎088-486 389；www.sipadan-mabul.com.my；7天6夜潜水套餐每人 潜水/不潜水RM4819/3643起；❄📶🏊）这里有一间用彩色小灯装饰的餐厅，里面铺有锃亮的木地板，并有一个储备充足的商店。度假村内有棕榈树，路灯发出星星点点的亮光，别墅的装修得十分高雅，有独立阳台和干净的床上用品。独栋别墅每晚的价格要贵上RM112，但它们的面积更大，并且有冰箱、独立露天淋浴间和长沙发。

Sipadan Water Village Resort 度假村 $$$

（☎089-751 777；www.swvresort.com；4天3夜套餐 潜水/不潜水 US$1215/835；❄@）度假村整体设计成U形，餐厅位于中央，与建在碧蓝海面上的吊脚屋通过木道相连。房间干净漂亮，有独立卫生间，能看到纯净无瑕的西里伯斯海（Celebes Sea）。听着海浪轻柔的拍击声安然入睡吧。

卡帕莱岛

卡帕莱岛（Kapalai）坐落在利吉丹礁（Ligitan Reefs）的沙堤上，是世界上最棒的微观潜水地之一，任何时候你都能在这里看见蓝圈章鱼、短尾鱿鱼、天竺鲷和红毛猩猩蟹。虽然卡帕莱通常被视为岛屿，但它其实更像是一个浅浅的大沙洲。岛上的**Kapalai Resort**（☎088-316011/3；http://sipadan-kapalai.com/；4天3夜套餐 RM2790起；❄@）是一个豪华水上村庄，主要使用木材作为建筑材料，房间装修得高档漂亮。跟热闹的马布岛不同，这里非常安静，你可以躺在沙质细腻的沙洲上晒晒日光浴，不潜水的时候可以在附近浮潜。

马达京岛

马达京岛（Mataking）实质上也是一片沙洲——两片绿原环绕着一小片白色沙滩。**Mataking Island Resort**（☎089-786 045，089-770 022；www.mataking.com；2天1夜套餐 潜水/不潜水 RM1415/1235起；❄@）是岛上的唯一住宿地。度假村里有许多深色的木屋，屋内提供轻薄的床单，是一个无可挑剔的豪华度假胜地。岛屿的附近有一些美丽的潜水点——人工珊瑚礁和沉船成了大量海洋生物的天堂，还在一个沉船遗址处创造性地建了一个"海底邮局"。马达京岛的东岸有一片百米深的礁石坡，很适合在此近距离观看海洋生物和远洋鱼类，这其中定期前来的"访客"包括珍鲹、鹞鲼、梭鱼、豆丁海马和鼠衔鱼。

邦邦岛

梨形的邦邦岛（Pom Pom）位于敦沙卡兰海洋公园深处，距离仙本那1小时船程，蔚蓝的海水、白色的沙滩和刺柏树是它最大的特征。对想要潜水和享受沙滩的人来说，这座岛屿比马布岛更具吸引力。岛上只有两间酒店，因此游客也要少得多。事实上，许多人来此是为了举办婚礼或是将其作为探索海底世界的第二选择。也就是说，这里的潜水体验非常棒。

邦邦岛上有两个提供住宿的地方：**Sipadan Pom Pom Island Resort**（☎089-781 918；www.pompomisland.com；3天2夜套餐 RM1500~1800；❄@）有各种类型且风格高雅的房间，如花园度假屋和海上吊脚屋，还可以看到生活在附近的海龟。这里有一间值得信赖的潜水学校。最近刚开业的**Celebes Beach Resort**（☎089-782 828，017-867 2232；www.celebescuba.com；2天1夜 潜水/不潜水 RM730/610）有禅式极简风格的海景度假屋。这家度假村也有提供PADI课程的潜水学校，以及3艘带客人去群岛最佳潜水点的船只。

罗奇礁

Roach Reefs Resort（☎089-779 332；www.roachreefsresort.com；2天1夜套餐 潜水/不潜水 每人 US$185/148；❄@）附近有两艘沉入海底的钢制驳船和一片建在婆罗洲大陆架边缘的人造礁石。水上度假屋里的房间粉刷成薄荷白色，非常干净，铺有漆木地板，带独立卫生间和海景阳台，给人浪漫温馨的感觉。不仅如此，这里还有舒适的竹子酒吧、亚洲风味餐厅和潜水学校。周边的水域特别丰饶，黎明时常常可见一群群隆头鹦哥鱼，一年中有4个月还能看见鲸鲨。这里也有一个清洁站。记住，与仙本那的船正好相反，这里的船只都来自斗湖。

ℹ 实用信息

就地理位置而言，仙本那诸岛大致可分为两部分：北部诸岛（作为敦沙卡兰海洋公园而受到保护，2004年的地名词典收录了这个地名）和南部诸岛。两个部分都有理想的潜水地点。西巴丹岛、马布岛和卡帕莱岛属于南部诸岛，而马达京岛和军舰岛属于北部诸岛。如果你住在仙本那，就可以分别两个部分潜水，但大多数人只去西巴丹岛及其周边。

前往群岛之前，带齐必需品（防晒霜、驱蚊剂等）。高档度假村内设有小型便利店，但价格不菲。这里没有自动柜员机，但在所有的高档度假村

里都可以使用信用卡（维萨卡和万事达卡）。马布岛的村镇清真寺附近有个小警察局，渔村里还有个出售基本食品的小商店和小药房。只能通过无线上网，大多数高档度假村都提供无线上网服务，但信号不太稳定。

最近的减压舱（见394页）在仙本那海军基地（Semporna Naval Base）。

到达和当地交通

除了罗奇礁外，所有前往海洋公园的交通工具都从仙本那出发。你预订的旅馆可安排去仙本那或斗湖机场接你（有时房费已包含接送费用，有时则须另外付费——问清楚！），通常是在早上出发。这意味着，如果你在下午到达仙本那，你就必须在城镇里住宿一晚。

斗湖（Tawau）

089/人口：306,460

斗湖是沙巴的第三大城市，尽管倚靠西里伯斯海，距离仙本那群岛也很近，这里却并不以风光见称。但别急着下结论，这座可怜的城市所目睹的冲突比经历过生死浩劫的军人还要多。1944年，为了赶走入侵的日本军队，英国人轰炸了斗湖。如今这里的许多建筑都是战后急匆匆修建的，因此没有什么可看之处。但不要因此而失望，虽然没有优美的风光，但这里民风淳朴，还有散发着浓烈香味和复古气息的繁华集市，足以弥补缺憾。

斗湖位于马来西亚沙巴与印度尼西亚加里曼丹的交界处，是外国游客唯一可以办理签证进入印度尼西亚的地方。

景点

斗湖森林保护区 自然保护区

（Bukit Gemok Forest Reserve；成人/儿童RM5/1；8:00~17:00）这片保护区距离斗湖市中心10公里，适合一日游，森林里生活着许多吵闹的猴子，吸引了许多徒步爱好者和旅游团。徒步大约1小时后可以来到**Titian Selara树冠吊桥**，吊桥长231米，站在上方可观赏斗湖及其周边乡村风景。沿途有7个小屋供游客休息放松。注意找找看葫芦科植物Alsomitra macrocarpa飞在空中的巨大种子，它们常常可以在森林里飞出好几百米。

乘坐出租车前往公园的费用为RM35，确保司机会在外面等你或愿意回头来接你，因为这里几乎没有公共交通工具。

住宿

在斗湖住宿的话，应主要考虑中等价位的旅馆。Jalan Bunga和Jalan Haji Karim聚集了许多高性价比的住宿地。大多数廉价住宿地的住宿环境都相当糟糕。

Kingston Executive Hotel 酒店 $

（089-702 288；4581-4590 Jln Haji Karim；双RM80；）推开Kingston的烟色玻璃门，展现在你眼前的是充满艺术感的大厅和鼓着眼睛盯着你的鱼。房间很干净，有玻璃台面的桌子、电视、咖啡机和宽敞的卫生间。但谁能告诉我走廊里的那些壁炉是干吗用的？

Monaco Hotel 酒店 $

（089-769 911/2/3；Jln Haji Karim；房间RM63起；）Monaco不是那种明星们会来住的酒店。虽然它的大厅设计得很糟糕，但房间还算不错。墙面有点脏，但空间宽敞且带独立卫生间，还有沙发、桌子、电视和台灯。建议住在背街一边的房间，不然会被噪音打扰。去机场的车费为RM40。

Hotel Soon Yee 酒店 $

（089-772 447；1362 Jln Stephen Tan；房间 RM35~40；）酒店位于中央市场（这里让人联想到《丁丁历险记》）里的一条老街上，沿一节青绿色的楼梯走上楼便到了。Soon Yee的房间价格便宜但舒适怡人，有五颜六色的被单、苏联风格的卫生间。老板是一名为人友善的男性，这里特别吸引独立旅行者。

Promenade Hotel 酒店 $$

（089-982 888；www.promenade.com.my/tawau/index.php；Eastern Plaza，Jln Kuhara，Mile 1；房间 含早餐 RM233；）这栋高楼是城里最高档的酒店。房间的墙面为深色，有淋浴间、柔和的灯光、舒适的大床和极佳的视野，可以收看有线电视频道。酒店有一间早餐自助餐厅兼面包房。大厅里提供Wi-Fi。

Shervinton Executive Hotel 酒店 $$

（089-770 000；www.shervintonhotel.

Tawau 斗湖

Tawau 斗湖

住宿

1 Hotel Soon Yee B2
2 Kingston Executive Hotel D1
3 Monaco Hotel C1
4 Shervinton Executive Hotel C2

就餐

Restoran Azura .... （见6）
5 Restoran Azura B2
6 Sabindo Hawker Centre D2

购物

7 Servay Department Store B2

com; Jln Bunga; 房间/家 RM188/428起; ❄📶）这是一家能让人彻底放松身心的酒店，大厅的装饰风格让人感觉这里更适合开演奏会（想想看用彩色小灯装饰的镜面桌子）。房间里香气袭人，有铜质浴缸、花洒、柔和的床头灯和平板电视。酒店内还有健身房、面包房、沙龙和水疗中心。有了这里，还去什么拉斯维加斯？

就餐

当地人喜欢去老中央市场（Old Central Market; Jln Klinik）对面的Belmont Marco Polo酒店吃自助午餐，因为只需RM18（周末RM33）就能吃到各种美味。Jln Bunga路边也有便宜的茶室，营业时间大多是7:00~22:00。

喜欢自炊的食客应到老中央市场对面的**Servay Department Store**（Jln Musantara; ⏲10:00~22:00）逛一逛，这里的货品琳琅满目，包括野餐食品和真真假假的DVD。

★Restoran Azura 印度菜 $

（☎012-863 9934; Jln Dunlop; 主菜 RM7; ⏲8:00~21:00）这家南印度菜餐馆的墙面刷成白色，室内干净且凉快，服务热情周到，食物味道正宗，吸引了许多当地人。从各种口味的咖喱和柔软的薄饼（roti canai）中选出你的最爱吧。Restoran Azura在Sabindo Hawker Centre也开有一家分店。

Sabindo Hawker Centre 摊贩 $

（Jln Waterfront; 菜肴 RM5起; ⏲11:00~22:00）位于斗湖滨水区的Sabindo有许多售卖新鲜街头美食的摊位，就如在亚洲其他地区一样，这里提供着最美味的食物。售价不一，有非常便宜的汤摊，也有比较昂贵的华人海鲜商场。找把塑料椅子坐下，点上你爱吃的海鲜，然后看着它慢慢被烤熟吧。

实用信息

银行

汇丰银行（HSBC；Jln Perbandaran）

马来亚银行（Maybank；☎089-762 333；Jln Dunlop）

上网

City Internet Zone（☎089-760 016；37 Kompleks Fajar，Jln Perbandaran；每小时 RM2~3；⊙9:00至午夜）

医疗服务

斗湖医院（Tawau Hospital；☎089-773 533；Peti Surat 80；⊙24小时）

旅游信息

马廖盆地保护区办事处（Maliau Basin Conservation Area Authority；☎089-759 214；maliaubasin@gmail.com；2nd fl，UMNO Bldg；Jln Dunlop）提供马廖盆地相关信息，并帮助游客安排前往该处的行程。

到达和离开

飞机

马来西亚航空公司（☎089-761 293；www.malaysiaairlines.com.my；Jln Haji Sahabudin；⊙9:00~18:00）和**亚洲航空公司**（☎089-761 946；www.airasia.com；1st fl，Tawau Airport Building，Jln Apas-Balung；⊙9:00~18:00）每天都有飞往亚庇和吉隆坡的直达航班。**马航飞翼航空**（☎1300-883 000；www.maswings.com.my）每天有两班飞往山打根的航班，下午那班还会继续飞往亚庇。

长途汽车

亚庇 每天前往亚庇（RM60，9小时）的快线长途汽车从Sabindo地区后面一个尘土飞扬的停车场出发。发车时间为8:00和20:00（中间时段没有班次）。

山打根 客车从Sabindo Sq出发（RM43，5小时，7:00~14:00），该建筑位于去往亚庇汽车站（KK terminus）斜对面、紫色的Yassin Curry House招牌后面。前往仙本那（RM25，2小时）和拿笃（RM20，3小时）的小面包车也在此候客。

当地交通

斗湖机场位于斗湖至仙本那和山打根的主路旁，距离斗湖市28公里。从机场开往斗湖市中心当地汽车站的班车每天6班（RM10）。出租车收费RM45。

斗湖山公园（Tawau Hills Park）

这片小小的保护区周围都是农田和房

斗湖美食

由于斗湖靠近印度尼西亚，加上这里的居民有很多印尼人、菲律宾人、巴瑶人和客家人，该小镇有许多特色美食。下列美食几乎可在斗湖的任何一家茶室及Sabindo Hawker Centre找到：

Mee jawa 爪哇风格的面条，以亚洲无所不在的面汤为基础。黄色的汤面配有豆芽、花生、豆腐、鱼丸，偶尔还有大虾和红薯（相当有趣），以及大蒜、青葱、辣椒和虾膏。

Gado gado 简单美味的印尼特色菜肴：蔬菜沙拉配搭虾饼及花生酱。虽然有标准食谱，但gado的特别之处也在于每位厨师和小贩都有自己的独家秘方。

Nasi kuning 以椰奶和黄姜烹煮的米饭，因此英文译名为"黄饭"。在斗湖，配有炸鱼的黄饭一般包裹在香蕉叶里，在特殊的场合吃。

Soto Makassar 对了！Soto（也拼写成"coto"，读音为"cho-tor"）makassar是一种源自于印度尼西亚苏拉威西岛（Sulawesi）南部的牛肉汤。由大量牛血、约40种香料、牛心、牛肝、牛肚和牛脑熬制而成的深色肉汤非常浓郁。如果你的肠胃不好，就别去管这些食材，相信我们就可以了。这道菜肴真的非常美味，犹如加入了东南亚所有美妙药草和香料的牛肉汤。

前往印度尼西亚：斗湖到打拉根

前往边境 外国游客若想从加里曼丹入境印度尼西亚，就必须到斗湖办理签证。驻当地的**印度尼西亚领事馆**（☎089-772 052, 089-752 969; Jln Sinn Onn, Wisma Fuji; ⏲周一至周五 8:00至正午和13:00/14:00~16:00，印尼和马来西亚公共假日闭馆）的办事效率很高，许多游客在1小时内就能办妥签证。领事馆位于Jln Sinn Onn的Wisma Ruji。叫一辆出租车（RM15），让司机在领事馆前停车。

办理签证的时间为周一至周五 9:30~14:00。你必须出示去程证明或信用卡，领事馆工作人员会复印一份存档。60天的旅游签证收费RM170，必须提交两张护照照片。由于受到渡轮发船时间的限制，一般在出发前往印度尼西亚之前必须至少在城里住一晚，你也必须多带一些现金到领事馆，因为其附近没有自动柜员机。

Tawindo Express和Indomaya Express有渡轮前往打拉根（Tarakan; 3~4小时; RM140; 周一、周三和周五 11:30，周二、周四和周六 10:30）和Nunukan（1小时; RM65; 每天 10:00和15:00，周日歇业）。我们建议你在发船时间前至少60分钟前往码头买票，否则时间会有点紧张。前往渡轮码头的出租车费为RM10。马航飞翼航空从斗湖飞往打拉根（RM135）的航班每周有5班。

到达边境 可乘坐打拉根的蓝色小面包车在城内活动，车费为Rp3000；前往机场的费用约Rp20,000。

继续前行 渡轮公司Pelni（www.pelni.co.id）有船去巴厘巴板（Balikpapan），以及苏拉威西岛的港口城市托利托利（Toli-Toli）、巴里巴里（Pare-Pare）和望加锡（Makassar）。

屋，公园内草木丛生的山峰似乎是从周围的平原中突然拔地而起一般，十分引人注目。**公园**（门票RM10）于1979年修建，旨在保护区内居民赖以生存的水源而建立，但在公园建立之前，许多与人类住所相距较近的雨林已经被砍光了。只有Magdalena山（1310米）的悬崖峭壁上残存了一些雨林。

如果觉得探索马廖盆地或达努姆谷过于费力，斗湖山公园是一个相当适合的替代地。这里的森林可能没有那么壮观，但仍是令人印象深刻的浓密森林，而各条小径的难度也不高。天气晴朗的时候，斗湖山公园的顶峰十分壮观。

第一条长2.5公里的小路沿着斗湖河（Sungai Tawau；当我们在小路上徒步时，林中的鸟儿就像在迪士尼电影中那般吵闹）通往**Bukit Gelas Falls**，当这里没有成群的学生和游客时，风景是相当迷人的。另一条长3.2公里的小路则通往11个**温泉**，说实话，这里的温泉和你在波令看到的没有什么不同；不过，当地人相信这里的ubat kulit（皮肤药效）泉水具有药性。如果这些景点都无法吸引你，那就选择通往南侧**Bombalai Hill**（530米）的小路吧，这条小路只需步行30分钟，沿途的景色也相当迷人。来此地的另一个理由是为了一睹**世界上最高的热带树**（88米）。沿始于主门的那条900米小径前行，沿途你可能会看见猕猴、红叶猴、白叶猴、巨松鼠、灵猫和各种犀鸟，但你最有可能先遇到的却是另一种动物——蚂蟥。如果是下雨天，一定得穿上防蚂蟥的袜子！

斗湖山公园（Tawau Hills Park; Taman Bukit Tawau; ☎089-918827, 089-768 719, 019-800 9607; 露营/铺/度假屋 RM5/20/200）提供住宿，平日价格较低。无论是宿舍还是度假屋都一心只想赚你的钱，除非你无法忍受在其他地方住宿，否则实在没有理由留在这里。如果你想露营，必须自备所有装备。

斗湖山位于斗湖西北28公里处。乘坐出租车的费用约为RM40。

马廖盆地保护区（Maliau Basin Conservation Area）

这片原始森林保持着千年前的原貌。保护区四面环山，与世隔绝，不愧是“沙巴被遗忘的世界”，相当特别。站在高耸而茂盛的龙脑科树下，不禁让人在脑海里构想出当年腕龙的模样。

这个碗状凹陷的热带森林宽25公里，一直被世人所忽略，直到一名飞行员于1947年差点在这里失事。由沙巴基金会管理的马廖盆地，是体验婆罗洲古老热带雨林的最佳地点。更重要的是，这里是全球一流的生物多样性保护区，物种之丰富令人难以置信。前往马廖盆地的路很难走，因为你总会遇到拖着木材缓慢行走的伐木队伍。

令人感到意外的是，根据记载人类首次进入该盆地竟然是在20世纪80年代初（但原住民在那之前应该进入过）。直到最近，这个保护区才对一定数量的探险者开放。

2014年，随着亚庇至斗湖的公路建成，前往马廖盆地变得方便多了（开车5小时），这条公路从马廖盆地的入口处经过。保护区里的道路也在逐步改善中，但还是只能开四轮驱动车。

活动

徒步

徒步穿越马廖盆地无疑是婆罗洲之旅中最令人难忘的一段经历，但也很有可能是最困难的！不见边际的古老森林令人称奇，而且由于这里比达努姆谷更偏僻，所以野生动植物受到了更好的保护。已被记录下来的哺乳动物种类多达80种，并且这个数字还在增加，包括云豹、苏门答腊犀牛、马来熊、侏儒象、婆罗洲长臂猿、红叶猴、灰叶猴和白臀野牛。尽管如此，由于这是在丛林中，因此还是没那么容易看到野生动物。你可能除了婆罗洲最古老的树木外，什么动物也看不见，但这也还是不错的。

盆地内有数条徒步路径，既有Agathis Camp周围很短的天然小径；也有需要跋涉多日，经Strike Ridge Camp直达盆地边缘的长途步道。大多数游客会选择参加3天2夜的环线徒步，穿过被我们称为“马廖圈”（Maliau Loop）的南部区域。这条路线沿途经过多姿多彩的雨林和盆地内的4座瀑布：Takob Falls、Giluk Falls、马廖瀑布（Maliau Falls）和人参瀑布（Ginseng Falls）。如果体力不佳，请不要贸然参加徒步。Sticky Rice Travel（见341页）是这里众多旅行社中的其中一家，经营探险活动，他们会要求你购买包含直升机援救条款的旅行保险。

旅行社提供护林员、向导和负责背食物的挑夫。你需要自备背包、照相机、防蚂蟥长袜、徒步服装和晚上穿的干燥衣物。你还应该带上驱蚊剂、泳衣、电池持久的手电筒、防晒霜、雨披、睡袋、毛巾和补充能量的甜食。

树冠吊桥一直延伸至盆地研究中心，在长长的吊桥上穿越未经开发的雨林是一次相当刺激的体验。

住宿

这里的住宿按条件分为不同级别：高级酒店（VIP/豪华/标准 RM1300/520/390）、价格适中的招待所（RM286~325），多人间（RM91）和须自备帐篷的露营地（RM39）。说实话，与蚂蟥奋战了一天之后，任何一间房都胜似天堂。

有两种方式可前往该盆地：找一家值得信赖的旅行社或自己独立过来。在经营马廖盆地徒步的旅行社中，我们推荐Sticky Rice Travel（见341页）、Borneo Adventure（见342页）和Borneo Nature Tours（见343页），它们都提供4天3晚的全包套餐，价格约为RM3700。5天4晚的套餐则为RM4650，这个价格为2~3人同行的单人收费（若能组成10~15人的团，每人的费用可降至RM3696）。

实用信息

马廖盆地位于沙巴中部的南端，斗湖至建宁欧（Keningau）伐木公路正北，属于沙巴基金会森林管理区。这片沙巴东南部呈长条状的森林由沙巴基金会管理。沙巴基金会（www.ysnet.org.my）是一个半官方组织，旨在发展和保护沙巴的自然资源。

马廖盆地保护区的入口在斗湖至建宁欧公路路边。从大门到马廖盆地研究中心（Maliau Basin Studies Centre）要走25公里颠簸的道路，这里主要是科研人员的聚集处。约20公里之外的Agathis Camp则是大多数来此游客的营地。

到达和离开

可以自驾，也可以从斗湖或亚庇坐汽车过

独自前往马廖盆地

如果你想独自去马廖盆地，最好先在斗湖联系马廖盆地保护区办事处（☎089-759 214; maliaubasin@gmail.com; 2nd fl, UMNO Building, Jln Dunlop）。你可能得亲自到那里一趟，因为那不是专和游客打交道的旅游机构。

要进入园区，你必须支付管理费（RM50）、车辆通行费（每辆车RM5）和徒步许可费（RM150）。如果过夜，还需支付管理费（RM50）。如果你打算徒步，一定要雇向导，费用为每天RM150。带早午晚餐进露营地须交RM195。徒步时也可安排餐食，但这需要雇用挑夫（RM100，每名挑夫最多负重12公斤，超出重量后的前5公斤收费RM40），早餐/午餐/晚餐的价格为RM390。如果你想要自己做饭，就得自己带上食材并租用这里的器具，每天RM50。夜间游览收费RM160，夜间徒步游览收费RM40（时长大概1小时）。

如果你没有购买旅游套餐，我们建议你先去斗湖的办事处做好行程计划。由于通了新公路，现在从盆地开车去办事处只需2.5小时。

来。如果通过旅行社预订，他们会为你安排交通。从亚庇开车过来大概需要6个小时，从斗湖过来2.5小时。

小巴

偶尔会有小巴将伐木工人送往营地，但这并不是定时服务，因此并不可靠。

面包车

如果已经在斗湖的马廖盆地保护区办事处预先安排好，该办事处可能会安排一辆小面包车送你前往公园入口，费用为RM650。在公园里，护林员可安排面包车将你送回斗湖或建宁欧（比较靠近亚庇），费用相近。

沙巴西南部 (SOUTH WESTERN SABAH)

克罗克岭（Crocker Range）是沙巴西南部的脊梁，它把低地势的海岸与东部的野林分隔开来。海岸线上淡黄色的海滩从亚庇一直延伸至边境，中间经过保佛区混浊的河流。在沙巴西南部不远的海面上，蒂加岛（Pulau Tiga）及纳闽岛（Pulau Labuan）因拍摄真人秀节目《幸存者》(*Survivor*)而名声大噪。纳闽岛是该区域的石油工业中心，还设有前往沙捞越和文莱的渡轮中转站。

内陆（The Interior）

沙巴内陆有该州最原始的地区，要探索这一大片在很大程度上未经开发的腹地，就必须经过沙巴的西南部。

克罗克岭占据了沙巴西南部内陆的大部分领土。它南起丹南（Tenom）附近，北至基纳巴卢山，成了该州内陆的天然屏障，也成为亚庇至实必丹（Sipitang）的一道风景线。一旦翻过克罗克岭，就是Sungai Pegalan河流域茂密的绿色山谷（Pegalan Valley）。该河南起建宁欧、北至拉瑙，而Pegalan Valley的核心是淡汶安（Tambunan），其周边有几个不太出名的景点。

克罗克岭国家公园 (Crocker Range National Park)

克罗克岭的大部分地区都被划进克罗克岭国家公园内。前往该景区的主要途径是通过Salt Trail（Salt Trails; ☎088-553 500; http://www.sabahparks.org.my/index.php/salt-trail-crp）徒步而至，该路线的4条路径，曾经是山区的传统商贸路线。最短的路径可在半天内完成，最长的Inobong-Terian-Buayan-Kionop—Tikolod小径则需时3天（如果你体格强健！）。在撰写此书时，Salt Trails的旅游基础设施仍非常不足，但这对那些不想跟随沙巴传统徒步路径的自助游徒步者而言反而更加刺激。你必须与克罗克岭国家公园取得联系以安排导游。

即使你不徒步，克罗克岭和Pegalan Valley仍可成为租赁车辆者探索沙巴野外的极佳短途旅游路线。当你行驶在亚庇和淡汶安之间的山岭，你可看到南海和特鲁斯马迪山

（Mt Trus Madi）的美丽景色。

淡汶安 (Tambunan)

淡汶安位于克罗克岭苍翠的群山中，是一个以农业为主的山窝小镇，距离亚庇约81公里。这里是游客入山后见到的第一座村庄。19世纪末，抗击英军的民间英雄Mat Salleh曾经在此地建立根据地，可惜此人晚节不保，后来居然跟英军签订了休战协议。人民怒火万丈，他被迫逃到淡汶安平原，最后被杀死。

景点

淡汶安大王花保护区 自然保护区

（Tambunan Rafflesia Reserve；☎088-898 500；门票 RM5；⏲8:00~15:00）淡汶安大王花保护区位于克罗克岭顶峰附近，仅挨着距离淡汶安20公里的主路，专为保护这种世界上最大的花朵而建。护林员可以带领你进入森林保护区，费用为每日RM100。如乘坐前往建宁欧方向的公共汽车，可要求司机让你在这里下车，但如果要返回淡汶安就必须在公路上搭顺风车。从淡汶安乘坐往返出租车的费用约RM120，包括等候时间。

大王花是一种寄生植物，开花之前隐藏在雨林枝蔓的茎干之中，绽放之后有点像《异形奇花》（*Little Shop of Horrors*）中的魔鬼植物。它会散发新近死亡动物的腐臭味，以此来吸引食肉蝇帮它传粉。其球状大花直径可达1米。仅在婆罗洲和苏门答腊就发现了大约12种大王花，其中一些大王花是沙巴地区所特有的品种。但是由于此花花期很短，因此很难预言何时能看到。

住宿

Tambunan Village Resort Centre 度假村 $$

（TVRC；☎087-774 076；http://tvrc.tripod.com；24 Jln TVRC；房间和度假屋 RM118~248；❄）这里也叫婆罗洲遗产中心（Borneo Heritage Centre），位于淡汶安2公里外的一片美丽湖泊旁。度假村提供乘船和徒步活动，有一间漂亮的咖啡馆以及各种类型的房间，其中既有简朴的房间，又有设备齐全、适合家庭入住的度假屋。工作人员可以帮你安排去特鲁斯马迪山的游览行程。

如果你从亚庇自驾车来此，这家旅馆就在主路壳牌加油站的正南方向。

到达和离开

小面包车定点往返淡汶安和亚庇（RM10，1.5小时）、拉瑙（RM15，2小时）、建宁欧（RM10，1小时）及丹南（RM20，2小时）。亚庇到丹南的快线长途汽车也途经这里，但你必须提前和司机打好招呼。小面包车的候客处位于淡汶安镇中心。前往亚庇的小面包车会经过大王花保护区，但司机一般会收取前往亚庇的全价票。

特鲁斯马迪山 (Mt Trus Madi)

迷人的特鲁斯马迪山在淡汶安东南方向约20公里处，它是沙巴的第二高峰（2642米），也是马来西亚最适合观赏日出的地点之一。你可以在这里开展登山活动，但这里比基纳巴卢山还难爬，而且行程安排也很麻烦。自助徒步者必须配备精良的装备，并自带上山所需的物品。乘坐四轮驱动车（RM500）可以上到约1500米的地方，从那里再花5~7个小时方可登顶。前往山顶的小径长4.9公里，但途中你得翻越三个山头！

住宿的地方有两个：位于大本营的**Mirad-Irad Riverside露营地**（RM20）和位于山腰上的**SFD New Rest House**（RM100）。我们强烈建议你在出发前雇一名向导（RM100），或者至少也要去**林业部门**（Forestry Department；Jabatan Perhutanan；☎089-660 811，087-774 691）拿几份地图并了解相关注意事项。要携带冬装，因为山顶很冷。此外，还要做好心理准备，迎接你的将是一条漫长的泥泞路。

登山可以全凭自己搞定，但交由旅行社安排则要简单多了。总部设在亚庇的**Tropical Mountain Holidays**（☎013-549 2730，013-545 7643；www.tropicalmountainholidaysmalaysia.com）专营攀登特鲁斯马迪山的行程。2天1夜的登山套餐含亚庇的接送服务，每人US$380，费用与你自己雇用导游和自驾车差不多。

建宁欧 (Keningau)

如果你喜欢田园风光，那么你可能会对

建宁欧不屑一顾。这个繁忙的小镇略有都市风范，大多数游客来此地只是为了乘车、用自动柜员机取钱或购买必需品。位于镇中央鲜艳的华人寺庙Taipaek-gung和每周四举行的大型tamu（集市）可以算得上是此地为数不多的几个景点。

可以在Hotel Juta（☎087-337 888；www.sabah.com.my/juta；Lg Milimewa 2；标准/高级房间 RM175/275；❄）住宿，它位于繁忙的镇中心，交通便利，旁边有银行和商店。西方商务风格的客房很舒适，院子里还有个餐馆。其他较廉价的住宿包括Crown Hotel（☎087-338 555；Lg Milimewa；标准/高级 双 RM40起）。

每天有8班快线长途汽车抵离亚庇（RM15，2小时），4班抵离丹南（RM10，1小时）。上述长途汽车都在壳牌加油站对面主路上的Bumiputra快线车站停靠。小面包车和合乘出租车从镇上多个地点出发，快线车站正北方向也有停靠站，满员发车，抵离亚庇（RM50，2小时）、拉瑙（RM30，3小时）和丹南（RM12，1小时）。

丹南 (Tenom)

丹南与1915年的反英暴动密切相关，其主路旁边的纪念碑就是为了纪念在著名毛律族（Murut）首领Ontoros Antonom带领下奋起反抗英军的丹南人民。大多数人在去往附近的沙巴农业公园（Sabah Agricultural Park）时会途经丹南。

如果由于某种原因而必须在丹南过夜，可以入住Orchid Hotel（☎087-737 600；Jln Tun Mustapha；标单/双 RM40/80；❄）。客房干净整齐，物有所值。镇里有比较廉价的酒店，但都有点发霉。

小面包车从Hotel Sri Perdana酒店门口的padang（广场）发车。目的地包括建宁欧（RM10，1小时）和亚庇（RM45，根据停靠次数需2~4小时）。也有车辆定点开往淡汶安（RM20，2小时）。出租车都在广场西侧的停车场。

沙巴农业公园 (Sabah Agricultural Park)

宽广的沙巴农业公园（Sabah Agricultural Park；Taman Pertanian Sabah；☎087-737 952；www.sabah.net.my/agripark；成人/儿童 RM25/10；⏲周二至周日 9:00~16:30）是园艺爱好者的天堂。其位于丹南东北约15公里处，由农业部管理，占地6平方公里左右。公园起初是一个兰花中心，扩建后成为兼作旅游景点和露营地（RM10）的研究机构。园内种有球兰等各种罕见的植物，同时科研人员也在这里研究农业新科技、农业地质学和农作物栽培。

这里有许多花圃和天然小径，还有座小型动物园让你与一些农场动物和鹿近距离接触。骑自行车游览是个好主意，但这里出租的自行车都生锈了。如果你前往时已有新的自行车，租赁费为RM3。园内的免费"火车"（实际上更像公共汽车）环绕公园一圈，历时1.5小时。发车地点在接待处门外，9:30~15:30每小时1班。如果你真的爱上了这个公园，可以入住园内的简易旅舍（铺RM25），有时候学校也会组团来此留宿占据许多铺位。

要前往该公园，可乘坐从丹南开往Lagud Seberang的小面包车（RM5）。整个上午都有车，但下午晚些时候就没了。告诉司机你要去Taman Pertanian，公园入口距离主路约1公里。从丹南乘出租车来此，费用约RM90。

萨普洛特和岩都榜鹅 (Sapulot & Batu Punggul)

距离加里曼丹边境不远的岩都榜鹅是一片被丛林覆盖、遍布洞穴的石灰石岩地，它高出萨普洛特河（Sungai Sapulot）近200米，甚至可能比马廖盆地更为偏僻。这里是毛律人生活区的腹地，曾经被他们看作部族圣地之一。一般认为岩都榜鹅和毗邻的Batu Tinahas遗留有逐步变为化石的古代长屋。岩都榜鹅上游的风景或许是沙巴最美丽的，四周都是浓密森林和刀片般的石灰岩，幸运的话还会遇上晃来晃去的红毛猩猩。到这里的道路很难走，而且花费高昂，但这里的确是一个风景美丽地方，而且游人罕至，你或许还有机会跟丛林中的毛律人交个朋友。

此地基本不可能自行前往，因为那里完全没有旅游基础设施，也几乎不说英语，即使是最独立的游客都乐于通过Orou Sapulot预订套餐。

★ **Orou Sapulot** 文化游

(☎016-311 0056; www.orousapulot.com; 3天2夜套餐 4人团队 每人 RM1122) Orou（毛律语意即"太阳"）2~3天的探险行程包括：毛律人的长屋民宿Romol Eco Village、一个有地下河的洞穴系统Pungiton Caves，以及风景优美的河边生态露营地。最后，攀登沓都榜鹅，然后漂流至与加里曼丹接壤的边界。

Orou是沙巴州最具创新的生态旅游项目之一，同时也是该州形式最为丰富、性价比最高的旅行机构之一。它的创建人Silas Gunting是当地毛律人的后代。Orou聘请当地毛律人工作，鼓励他们的家族保留土地用于生态旅游，而不是卖给棕榈油和木材公司。Orou为沙巴的内陆社会提供可持续性收入。

以上价格是包含上述所有活动所计算出的大略费用。队伍越大分摊下来的费用就越低，如果你是独自旅行的话，可以在预订时咨询是否可以加入其他人的团队。Orou Sapulot在亚庇的代理商是Adventure Alternative Borneo（见341页）。

保佛区（Beaufort Division）

这个盾牌形状的半岛位于沙巴西南海岸，泥泞的平原上有交错的河流和金色的沙丘。如果来不及去基纳巴唐岸河，赶时间的游客可以考虑参加克利雅斯（Klias；见410页）或加拉马（Garama；见410页）的野生动物巡游。没错，基纳巴唐岸河当然更理想，但这里同样有许多长鼻猴，何况这里距离亚庇很近，可以参加一日游。你可向任何一家亚庇旅行社预订前往保佛、韦斯顿（Weston）及克利雅斯河（Sungai Klias）和加拉马河（Sungai Garama）的套餐。

保佛（Beaufort）

保佛原来是一个出产木材的小镇，随着棕榈油种植业的快速发展，这里出现了许多种植园。安静的保佛不仅是从沙巴到沙捞越之间一个供旅客歇脚的地方，也是通往湍急的巴达斯河（Sungai Padas）以及猴群出没的克利雅斯和加拉马地区的门户。巴达斯河将保佛分成两部分：名副其实的老城（建筑都破破烂烂的）和新城（现代化的临街商铺都建在挤得密不透风的吊脚楼上面）。在第二次世界大战期间，日军和澳军曾在保佛发生过一次小规模冲突。

景点和活动

纪念碑 纪念碑

（Memorial Stone; Jln Tugu）这里有个纪念二等兵Thomas Leslie Starcevich的小小纪念碑，他是一位"二战"时期的澳大利亚老兵。在1945年，Starcevich独自一人捣毁日军的机枪阵地，并因此获得了英国军队的最高荣誉——维多利亚十字勋章（Victoria Cross）。纪念碑位于一座筑堤的底部，由棕色指示牌和一个拱门标明。

漂流

白水漂流爱好者可以联系Riverbug（见342页），Riverbug是该地区首屈一指的旅行社，还能提供包含彩蛋射击活动的套餐！

与此同时，Scuba Junkie的附属漂流机构——River Junkie（见341页）也备受旅行者推崇。所有套餐都包括面包车接送，一般需提前24小时预约。喜欢宁静水面的游客可前往Sungai Kiulu（向前述旅行社预订），该河流靠近基纳巴卢山，水面宁静，非常受家庭游客欢迎。

食宿

没必要在保佛过夜，但如果你必须要在这儿过一晚，可以去**River Park Hotel**（☎087-223 333; Beaufort Jaya; 房间 RM130~160起; P ❄）。如果你在城里吃饭，一定要尝尝有名的保佛柚子（足球大小的柑橘科水果），以及当地的保佛面，二者都是当地著名美食。

到达和离开

长途汽车

快线长途汽车从位于Jln Masjid南端的老火车站附近发车，售票亭就在火车站对面。开往亚庇（RM15，1.5小时）的长途汽车出发时间分别为9:00、13:00、14:15和17:00。开往实必丹（RM25，1.5小时）的长途汽车出发时间分别为9:10、10:30、13:45和18:20。亚庇至老越的快线长途汽车大约在15:00途经保佛，从保佛到老越的票价为RM30，需要1.75小时。

小面包车

小面包车从位于Jln Masjid北端清真寺对面的车站发车。开往亚庇的小面包车班次频繁（RM20，2小时），但开往实必丹（RM30，1.5小时）、老越（RM40，1.75小时）和瓜拉彭尤（Kuala Penyu；RM15，1小时，14:30分之前有车）的车辆班次较少。中午前有多班小面包车开往孟努卜（Menumbok；RM15，1小时），那里有开往纳闽（Labuan）的车。

出租车

出租车停在位于Jln Masjid南端的老火车站外。包车价格如下：亚庇RM120，瓜拉彭尤RM100，实必丹RM100，孟努卜RM100，老越RM120。

瓜拉彭尤（Kuala Penyu）

小小的瓜拉彭尤位于半岛北端，是前往蒂加岛的必经之地——当然从亚庇乘坐新船参加《幸存者》节目的人除外。从保佛开往瓜拉彭尤（RM15）的小面包车整个上午发车，但午后返回的车辆不多，因此你最好安排出租车或搭乘当地人的顺风车回来。抵离孟努卜的小面包车每车RM90。

椰壳（Tempurung）

位于南海水域的**Tempurung Seaside Lodge**（☎088-773 066；www.borneotempurung.com；2天1夜套餐每人 RM150起，最少2人）十分安静，堪称世外桃源。主要的度假屋原本是个私人度假屋，但朋友们的劝说让房子的主人觉得，如果不跟别人分享这里的美好景色，简直就是犯罪。客房包括平房和茅草苫顶的度假屋。套餐价包括美味的三餐，单住另外计价。

Borneo Express（☎亚庇012-830 7722，林梦085-211 384，米里012-823 7722）运营从亚庇（从Wawasan汽车站出发）开来的长途汽车，发车时间分别为每天的6:45、10:00和12:30。跟司机说，你要在有写着"瓜拉彭尤"（Kuala Penyu）字样的大路牌交界处下车。车辆将左转（南）直奔孟努卜而去，而右转（北）才是瓜拉彭尤方向。如果提前预订住宿，旅舍可安排面包车前来这里接你（太远了，步行无法到达）。返回亚庇的长途汽车分别在9:30和15:30经过那个交界处。如果自驾车可以在交界处右转，寻找左侧通往瓜拉彭尤的公路岔路口。我们建议你给旅馆致电问路。从保佛包出租车费用约为RM55。

克利雅斯（Klias）

茶褐色的**克利雅斯河**（Sungai Klias）看起来很像奔腾的基纳巴唐岸河，在此短暂停留的游客有机会与丛林中淘气的灵长类动物共度一晚。数家旅行社组织两小时的河上巡游，我们推荐Borneo Authentic（见342页），它是该地区的第一家旅行社。旅程含一顿丰盛的自助晚餐和观赏萤火虫（它们仿佛圣诞树上闪烁的灯泡）的夜间短途徒步。河上巡游在黄昏（约17:00）开始，因为届时暑气渐消，动物们从睡梦中醒来，开始觅食。

克利雅斯没有住处，但Borneo Authentic可以帮助你预订附近Tempurung Seaside Lodge的客房。游客可以自行前往保佛西侧20公里处的私人码头，但大部分参加1日游的游客会选择在当天返回亚庇（因为跟大家合租汽车，所以能减少费用）。

加拉马（Garama）

加拉马河（Sungai Garama）比克利雅斯河窄，但也是从亚庇出发的1日乘船游的热门目的地。看到萤火虫的机会相对渺茫，但灵长类动物一点不比克利雅斯少。成群的长鼻猴和长尾猴在附近的冲积平原上出没，游客们都拿着相机照个不停。

与克利雅斯一样，这里的团队游也是约17:00开始（从亚庇出发的时间是14:00）。在河上度过一两个小时之后，游客们便边吃自助晚餐边交流观后感，然后返回亚庇。目前有数家旅行社提供加拉马河团队游服务，最好的一家是Traverse Tours的分店**Only in Borneo**（☎088-260 506；www.oibtours.com；团队游套餐 RM190）。该公司在加拉马河沿岸备有各种保养完好的设施，可以为过夜的客人提供干净的宿舍或双人房。

理论上可以自驾车前往加拉马，但错综复杂的小路没有路标，让人眼花缭乱又心烦意乱。如果你真的要自驾车，我们建议你一大清早就从亚庇出发。

韦斯顿（Weston）

小村韦斯顿除了有一座金色穹顶的清真寺外，就只剩下周边几栋破旧的小房子。它是前往宁静、杂草丛生湿地的跳板，“二战”时期这里曾被狂轰滥炸得面目全非。不过，近年来经过保护，长鼻猴的数量有所增加，隐居在高耸的聂帕棕榈树和蜘蛛网状的红树林中。随着潮起潮落，大片丛林也跟着时隐时现。猴子、巨蜥、水獭和泥鳅不时在水面上掠过。夕阳西下，飞狐（即大型蝙蝠）也会在黑暗中活动。

景点

Weston Wetland（☎088-485 103，013-881 3233，016-813 4300；www.westonwetlandpark.com）组织各种套餐团队游，包括1日河上巡游。该公司也经营位于沼泽边缘的长屋旅馆（2天1夜全包套餐RM250）。宿舍设备很朴实，但这里的萤火虫数量很壮观。注意：Weston Wetland的工作人员坚持游客必须提前预订。

当你到达后，可请住处工作人员带你到**Che Hwa Schoolhouse**，这是婆罗洲最古老的木制校舍，展现了中国古代建筑的风格。

孟努卜（Menumbok）

在小镇孟努卜，你可以到麻拉（Muara）的Serasa渡轮码头乘坐汽车渡轮前往纳闽岛（成人/车 RM30/80，9:30~15:30每小时1班），码头位于斯里巴加湾市（文莱）东北25公里处。

从保佛包出租车来此需要RM70，从瓜拉彭尤乘坐小面包车每辆车需要RM50。孟努卜和亚庇之间有直达长途汽车（RM15）。

蒂加岛国家公园（Pulau Tiga National Park）

蒂加岛的名字意即“三岛”，因为这座林木茂盛的小岛是19世纪90年代末一次火山喷发后形成的岛屿之一。100多年后的2001年，作为热门电视节目《幸存者》的拍摄地，这里一时名声大噪，因此现在更多时候被称为“幸存岛”（Survivor Island）。电视迷们常跑来一探究竟，但剧中的“部落委员会”（Tribal Council）却被一场暴风雨摧毁了，废墟在成为毒蛇窝之后也被清理得一干二净。不过无论你到这里来是出于什么目的，这里毕竟有让人放松的海滩、适宜徒步的森林，岛中央还有个清凉的水潭。

景点和活动

Pulau Kalampunian Damit因海蛇出名，许多海蛇都会来此交配（每天最多的时候能有150条），因此这里又被称作**蛇岛**（Snake Island）。奇怪的是，附近的蒂加岛上却从来没有蛇。Pulau Tiga Resort组织前往蛇岛的乘船游（每人RM50），如另支付RM30，沿途还可安排浮潜。你也可以在该岛进行潜水活动，每次RM100。如果没有潜水经验，也可以花RM200玩玩趣味潜水。

食宿

Sabah Parks 露营地 $

（☎088-211 881；www.sabahparks.org.my；房间 RM75起）Sabah Parks为岛上低预算的游客提供简陋的住宿（即木屋）。它就在Pulau Tiga Resort隔壁，距离当年的“部落委员会”（可惜的是，这里沿途不再有火炬）只有10米之遥。Sabah Parks设施有限，没有餐厅，但有一处烹饪区。通过沙巴公园（见349页）设在亚庇的办事处预订。

Pulau Tiga Resort 度假村 $$

（☎088-240 584；www.pulau-tiga.com；2天1夜套餐 从瓜拉彭尤出发 RM305~360，从亚庇出发 RM455~510；❄）这里本是为《幸存者》第一季剧组所建的住宿地，有多人间风格的“长屋”房间（每间房3张床）和独立小屋，小屋里有双人大床和空调。度假村面朝大海，可以欣赏到无与伦比的日落。如果你想去Pagong Tribe居住的海滩（名为Pagong-Pagong Beach）上走走，可以带上一份这里提供的地图。

到达和离开

从瓜拉彭尤前往蒂加岛坐船（往返船票

RM80）需要20分钟，船只在10:00和15:00发船。大多数前往蒂加岛的游客都是参加团体游而来，费用里包含交通费。你可以直奔瓜拉彭尤，询问能否赶上当天开往蒂加岛的船只（我们不建议这么做，因为船票优先卖给已预订度假村的游客）。如需前往Sabah Parks的住宿，可以尝试搭Pulau Tiga Resort 的船——这比包船（至少RM600）便宜多了。

纳闽岛（Pulau Labuan）

☎087/人口：86,910

如果你想知道机场免税商店和热带岛屿结合后会是什么样子，不妨去下纳闽岛。有些人称纳闽岛为沙巴的“拉斯维加斯”，因为这里的商品都免税，同时还能提供适合全家同乐的活动，我们还挺赞同的。对了，由于纳闽岛由吉隆坡直接管辖，这里所有东西都是免税的。你在沙巴和沙捞越所消费的烟酒，很多都是从纳闽岛非法走私过去的。由于金融管制放松，纳闽岛吸引了一些大客户来此开设离岸银行账户，因此你可留意看看周围是否会出现戴墨镜提着公事包的男子，但我们建议你不要把相机镜头对准他们。

1846年，文莱苏丹将纳闽岛割让给英国。此后的115年中，除了第二次世界大战期间日军登陆后曾占据该岛3年外，该岛的主权一直属于英国。具有重要意义的是：当“二战”结束时，驻北婆罗洲的日军曾在纳闽岛正式投降，造成山打根“死亡行军”的日军军官也是在此岛上受审的。

纳闽港（Bandar Labuan）是岛上最大的城镇，同时也是连接亚庇和文莱的渡轮码头。

景点和活动

纳闽港

纳闽岛上的住宅区没什么特色，但有几个还算凑合的景点。

纳闽博物馆 博物馆

（Labuan Museum；☎087-414 135；364 Jln Dewan；⏲9:00~17:00）免费这个位于Jln Dewan的博物馆简单地介绍了该岛的历史和文化，从殖民地时期、“二战”时期直至纳闽成为一个独立联邦属地。最有趣的是各种不同民族的展品，包括传统中国茶道的立体图片展示（但喝茶的人看起来长得像西方人）。

纳闽海洋博物馆 博物馆

（Labuan Marine Museum；☎087-425 927，087-414 462；Jln Tanjung Purun；⏲9:00~18:00）免费海洋博物馆在城中心东侧的纳闽国际海洋运动中心（Labuan International Sea Sports Complex）内。这个小博物馆收藏了种类齐全的贝壳类标本，也为游客展示出该地区的海洋生物。上楼看看12.8米长的印度长须鲸骨架。但真正的亮点（同时也是最吸引孩子的部分）却是前台对面的“可触摸水池”（touch pool）。这里是我们平生所见唯一一个可轻抚鲨鱼的动物园（别怕：这些小鲨鱼还不到1米长）。

纳闽岛周边

“二战”纪念园/纳闽战争公墓（WWII Memorial/ Labuan War Cemetery） 墓地

“二战”纪念园的大片草坪上竖立着一排排墓碑，纪念“二战”期间阵亡的约4000名盟军士兵，其中大多是澳大利亚人和英国人。公墓在位于城东约2公里处、Jln OKK Abdullah旁边的高尔夫球场附近。

纳闽飞禽公园 野生动物保护区

（Labuan Bird Park；☎087-463 544；成人/儿童/5岁以下儿童 RM3/1/免费；⏲10:00~17:00，周五关闭）这个美丽的飞禽公园内的3个拱顶鸟舍和一片长条形雨林，为各种动物提供了栖息场所。鸟儿虽看起来有点闷，但很健康。公园位于岛北端的Jln Tanjung Kubong。

烟囱（Chimney） 地标

据说是从前采矿站的一部分，它是马来西亚历史上遗留下来的唯一烟囱，站在烟囱上可以俯瞰海滨美景。位于岛东北端，可乘坐小巴或出租车前往。

纳闽海洋公园（Labuan Marine Park） 公园

位于纳闽西南方向的Pulau Kuraman、Pulau Rusukan Kecil和Pulau Rusukan Besar均无人居住，现在它们已受到保护。沙滩原始而天然，但炸鱼活动破坏了很多珊瑚礁。你可以在纳闽国际海洋运动中心的码头

Bandar Labuan 纳闽港

租船前往海洋公园游玩。6人包船1天的价格约为RM600。

如果你想在该岛潜水，可去Borneo Star Dives了解详情。

住宿

Labuan Homestay Programme 家庭寄宿 $

(☎013-854 0217, 016-824 6193, 087-422 622; 1/2天 含食宿 RM70/150) 服务素质佳，安排游客入住岛上Patau Patau 2、Kampong Sungai Labu及Kampong Bukit Kuda的民居，让游客与友善的村民交流。如果你想靠近纳闽港，就要求入住Patau Patau 2的民居，这里是个迷人的海湾吊脚屋村庄。对此家庭寄宿项目感兴趣的话，记得提前几天预订。

★ Tiara Labuan 酒店 $$

(☎087-414 300; www.tiaralabuan.com; Jln Tanjung Batu; 房间 含早餐 RM250起; ❄📶) 这家纳闽岛上最受欢迎的酒店位于Tanjung Batu。除了修剪整齐的花园和钴蓝色的露天游泳池，这里还有一间亚洲创意菜餐厅兼开放厨房。木板装饰的房间空间宽敞，有床尾垫和雪白的床上用品，以及干净的卫生间和柔和的灯光。

Bandar Labuan 纳闽港

景点
1 纳闽海洋博物馆 D2
2 纳闽博物馆 C2

活动、课程和团队游
Borneo Star Dives ...... (见1)

住宿
3 Billion Waterfront Hotel D3
4 Grand Dorsett Labuan A2
5 Mariner Hotel D2

就餐
6 Choice Restaurant B2
7 Port View Restaurant A1
8 Restoran Selera Farizah A1
9 The Chillout Cafe C3

Billion Waterfront Hotel 酒店 $$

(☎087-418 111; leslbn@tm.net.my; 1 Jln Wawasan; 房间 含早餐 RM350起; ❄📺) 这家商务酒店背靠着一个热闹的码头，有露天酒吧。国际风格的房间空间宽敞，提供舒适的大床、台灯、人造木地板和现代卫生间。早餐既有西餐也有马来菜。

Mariner Hotel 酒店 $$

（☎087-418 822；mhlabuan@streamyx.com；U0468 Jln Tanjung Purun；标单/双 RM120/140；❄@📶）Mariner的房间很宽敞，铺有复合地板，墙上有迷幻风格的壁画，有冰箱和干净的卫生间。有些房间散发着些许烟味。早餐非常棒。

Grand Dorsett Labuan 酒店 $$$

（☎087-422 000；www.granddorsett.com/labuan；462 Jln Merdeka；房间 RM405起；❄@📶🏊）岛上最豪华的酒店之一，大厅为大理石材质并建有装饰柱。有露天游泳池。铺有地毯的房间中墙面和卫生间都很干净，服务也很热情。自助式早餐供应新鲜水果和糕点，非常美味。

就餐

★ The Chillout Cafe 各国风味 $

（www.thechilloutco.com；unit 2-6, level 2, Labuan Times Sq；主菜 RM15；⏲10:00~22:00）这里是西马来西亚同名餐馆的分店，舒适、干净、凉快、漂亮，适合一边饮咖啡一边看书，当然还可以同时享用蛋糕、意大利面、三明治、西式早餐和果汁。

潜水

纳闽岛以**沉船潜水**闻名，海岸外有超过4次严重沉船事件（“二战”2次，20世纪80年代2次）。这里唯一的潜水公司是**Borneo Star Dives**（☎087-429278；stardivers2005@yahoo.com；Labuan International Sea Sports Complex, Jln Tanjung Purun；潜水套餐 RM438起），可以安排到多个岛屿潜水，也能带你到全部4个沉船地点。注意，只有“Cement Wreck”适合新手潜水员；要到“Blue Water Wreck”（我们认为是让人印象最深刻的地点）潜水的话，必须拥有高级开放水域证书，而到“American“和“Australian”沉船地点潜水，也比较适合参加过沉船潜水课程并获得认证的沉船潜水员。

Restoran Selera Farizah 马来西亚菜 $

（Lg Bunga Tanjung；餐 RM3起；⏲8:00~22:00）如果你偏好清真茶室（kedai kopi），那么你应该来这里坐坐。供应烤肉、咖喱和什锦饭（nasi campur；咖喱肉、鱼和蔬菜，配米饭），电视会播放职业摔跤赛的视频。

Choice Restaurant 印度菜 $$

（☎087-418 086；104 Jln OKK Awang Besar；菜肴 RM3~10；⏲8:00~22:00）Choice Restaurant毫不忸怩地宣称“我们是最棒的”。备受欢迎的正宗印度菜，以及前来品尝煎饼、咖喱鱼头和参巴酱的印度食客都说明了该餐馆名不虚传。

Port View Restaurant 海鲜 $$

（☎087-422 999；Jln Merdeka；菜肴 RM15~30；⏲午餐和晚餐）作为来自亚庇的中式海鲜连锁店，这家海滨餐馆内有空调，户外座位则可俯瞰繁忙纳闽港的美景，但服务人员的态度不是很热情。

Tiara Seafood Restaurant 海鲜 $$

（seafoodrest@tiaralabuan.com；Tiara Labuan Hotel, Jln Tanjung Batu；主菜 RM20；⏲10:30~14:30和18:00~22:00）这家餐厅位于Tiara Labuan Hotel内，大量采用玻璃作为装饰材料，凭借其新鲜的海鲜赢得了大家的好评。扇贝、大虾、椒盐鱿鱼、大蒜蒸龙虾（经过冷冻）或是冰的芒果西米布丁，这里总有你爱吃的。服务高效，能看到部分海景。

实用信息

货币

Bertam Mass Money Changer（Jln Bunga Raya）兑换现金和旅行支票。位于渡轮码头附近。

汇丰银行（HSBC；☎087-422 610；189 Jln Merdeka）

旅游信息

旅游信息中心（☎087-423 445；www.labuantourism.com.my；Jln Dewan和Jln Berjaya交叉路口；⏲周一至周五 8:00~17:00，周六 9:00~15:00）马来西亚旅游局办事处。

Harrisons Travel（☎087-408 096；www.harrisonstravel.com.my；1 Jln Merdeka）方便可靠的旅行社。

到达和离开

飞机

马来西亚航空公司（☎1300-883000；www.malaysiaairlines.com.my）有抵离亚庇（45分钟）和吉隆坡（2.5小时）的航班，通常机票会被石油勘探人员预订一空。**亚洲航空公司**（☎087-480 401；www.airasia.com）目前只飞往吉隆坡。

船

亚庇 从亚庇开往纳闽的客轮（头等舱/经济舱RM48/35，3.25小时）周一至周六 8:00和13:30发船（周日15:00发船）。纳闽至亚庇的客轮则在周一至周六 8:00和13:00发船，周日在10:00和15:00发船。

沙捞越 每天有快艇开往沙捞越的林梦（2小时，RM31）和老越（2.25小时，RM34）。

当地交通

小巴

纳闽小巴交通网四通八达，覆盖6个区域。小巴定时从位于Jln Tun Mustapha的停车场发车。车头上清楚标明了车次，车票价格从短途的50sen至长途到达岛上顶端的RM2.50之间不等。日落后车次较少。

出租车

出租车数量众多，都在当地渡轮码头停留。短途起步价RM15，大多数目的地的收费约RM20。

前往文莱：纳闽岛到斯里巴加湾市

前往边境 渡轮从纳闽港出发，前往文莱的麻拉（RM35，1.25小时），出发时间为9:00、13:30、15:30和15:00。

到达边境 大部分游客可免费办理文莱签证，但持澳大利亚护照者必须支付签证费。

继续前行 到达Serasa渡轮码头后坐37路或39路公共汽车到斯里巴加湾市市中心，车费B$2（1小时）。坐出租车的话需要大约B$30。

沙捞越

面积：124,450平方公里

包括 ➡

最佳餐饮

- Dyak（见431页）
- Top Spot Food Court（见431页）
- Summit Café（见476页）
- Bla Bla Bla（见432页）
- 春园茶室（见430页）

最佳住宿

- Batik Boutique Hotel（见428页）
- Dillenia Guesthouse（见473页）
- Threehouse B&B（见428页）
- Nanga Shanti（见443页）

为何去

沙捞越是通往婆罗洲自然奇观的门户，这里的文化财富也随处可见。游客可以从这座岛屿最发达和充满活力的城市——古晋出发，深入原始雨林，一日之内就可以遇见红毛猩猩、长鼻猴、鳄鱼和世界上体积最大的花——大王花。而到了入夜时分，游客还可以在古晋河畔悠闲轻松地品尝美酒和佳肴。喜欢探险的游客可以在素有“婆罗洲亚马孙河”之称的拉让河上搭乘“飞行棺船”沿河一路东行，在凉爽的柯拉比高原周边的长屋之间徒步，或前往巫鲁山国家公园，在壮观的蝙蝠洞和发生过非凡地质变化的岩洞内冒险。无论走到哪里，你都会感受到当地人的热情、友善和幽默，这也正好解释了为什么在文化最多元化的马来西亚，人们的日常生活会给人留下轻松快乐的印象。

何时去

古晋

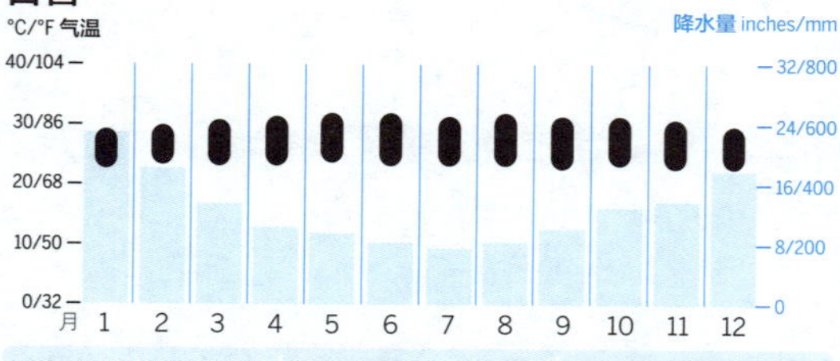

7月 本土乐队和国际艺术家将齐聚古晋的雨林世界音乐节。

7月至9月 旅游高峰期，所以要提早预订航班和徒步行程。

10月至次年1月 海上风大浪大，出海困难，甚至完全停止海运。

历史

在经历了一个世纪的白人王公统治和四年的日军占领后，沙捞越于1946年成为英国直辖殖民地。在威斯敏斯特法案的敦促下，该地区最终于1963年与马来半岛、沙巴和新加坡共同组成马来西亚联邦（新加坡于两年后退出该联邦）。与此同时，邻近的印度尼西亚正处于左翼总统苏加诺（Scekarno）的统治之下，与马来西亚爆发了史称“马印冲突”（Konfrontasi；1962~1966年）的军事冲突，印尼对外宣称拥有整个婆罗洲（包括沙捞越）的主权。这次冲突致使英国、澳大利亚和新西兰组织了数万人的军队，驻扎在沙捞越与印尼间的边境线上以确保该地区的安全稳定。

2014年，阿德南·萨特姆（Adenan Satem）被任命为沙捞越首席部长，标志着阿卜杜勒·泰益·马哈茂德（Abdul Taib Mahmud）长达13年的任期结束。泰益经常受到贪污的指控，个人财富预计达到150亿美元。目前泰益仍是现任沙捞越州元首。尽管如此，新的首席部长还是给沙捞越人带来了一定程度的乐观期望，他们满怀希望地谈论着新的时代。至于阿德南，他曾表示自己将保护该州的森林不再受到棕榈油种植园的进一步破坏，并要与非法砍伐和木材腐败行为做斗争。

古晋（KUCHING）

☎082/人口：60万

作为婆罗洲中最发达的城市，古晋是各种文化、工艺品和美食交会的万花筒。这里的街道繁华无比，有的现代感十足，有的充满殖民时期的遗风，即便是漫无目的地闲逛，也能收获颇丰。华人寺庙装潢富丽，巨龙翻腾其间，寺外毗连着白人王公统治时期的各式家庭店铺。从贩卖数种亚洲美食的摊位出发，仅需步行5分钟便可到达南印度清真寺，而风景秀丽的河滨公园更是吸引了不少家庭来此散步、享受小吃。

古晋另一大特色就是拥有大量的一日游行程，可在附近的十余个顶级自然保护区尽情游玩。

景点

这座城市本身就是最大的名胜。给自己留下充足的时间在城中漫步，在木匠街（Jln Carpenter，老唐人街）、印度街（Jln India）、浮罗岸街（Jln Padungan，新唐人街）和滨水步道（Waterfront Promenade）等迷人的城市景观中尽享舒适惬意。

滨水步道

沙捞越河南岸已经被规划成一条滨水步道，设有步行街、草地、树木和小吃摊。这里随时都是散步的绝佳之处，尤其在太阳西沉时分，河边习习清风，更让人沉醉。到了晚上，河岸沿线有万千灯火点缀，梦幻般的灯光多彩而缤纷，成群的情侣漫步于此，无数的家庭在这里享用各式小吃，河上摆渡船（tambang；一种小型客船）挂满明亮的灯笼，缓缓而行。因为下游的堰坝，这里的水位保持恒定不变。

华人历史博物馆 博物馆

（Chinese History Museum；Main Bazaar和Jln Wayang交叉路口；⏲周一至周五 9:00~16:45，周六、周日和节假日 10:00~16:00）**免费** 设在具有百年历史的中式法院大楼之中，华人历史博物馆详细介绍了1830年定居于沙捞越的九个华人社区各自拥有的方言、饮食特色和寺庙。令人久久回味的展品亮点包括瓷器、乐器、历史照片及令人生畏的舞龙、舞狮服装。博物馆的入口位于该大楼的河岸侧。

方塔（Square Tower） 历史建筑

始建于1879年的方塔毗连玛格丽特要塞（Fort Margherita），曾经用于守卫河流，抵御强盗。在过去的一个世纪里，方塔的结构里始终留存有沙捞越布鲁克（Brooke）时期的印记，曾作为监狱、食堂和舞厅使用。

老法院大楼 历史建筑

（Old Court House Complex；Jln Tun Abang Haji Openg和Jln Barrack之间）老法院大楼始建于19世纪后期，曾作为该城的行政中心。在作者调研期间，这片有柱廊的通风建筑群正面临重建。

老法院大楼外面的正前方，穿过方塔前面的街道，矗立着缅怀沙捞越曾经的白人王公查尔斯·布鲁克（Charles Brooke）的**布鲁克纪念堂**（Brooke Memorial），该纪念堂于1924年建成。

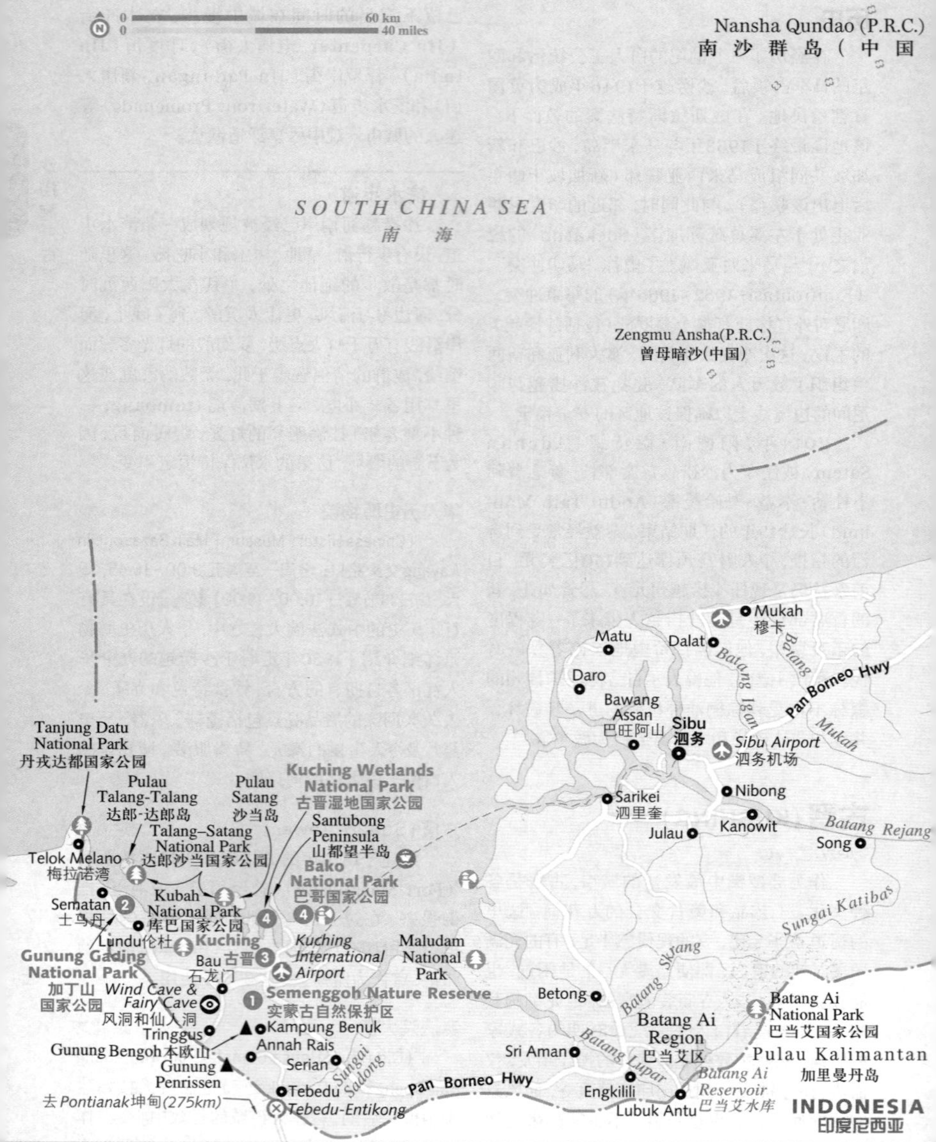

沙捞越亮点

❶ 在**实蒙古自然保护区**（见444页）一睹半野生的红毛猩猩在树冠上摇摆晃悠。

❷ 在**加丁山国家公园**（见451页）欣赏世界上体积最硕大的大王花。

❸ 在**古晋**（见417页）的滨水步道尽情漫步。

❹ 前往**巴哥国家公园**（见438页）或**古晋湿地国家公园**（见444页），探寻濒临绝种的长鼻猴。

❺ 深入婆罗洲的腹地，“婆罗

洲的亚马孙”**拉让河**（见460页）两岸生长着浓密丛林。

6 前往**柯拉比高原**（见485页），体验长屋生活，感受柯拉比人的好客之道。

7 **巫鲁山国家公园**（见479页）是婆罗洲最佳自然公园，攀登至其最高峰，或者前往洞穴探险。

8 深入**尼亚国家公园**（见469页）的阴森地穴，看成群的蝙蝠结队从钟乳石间飞出。

Kuching 古晋

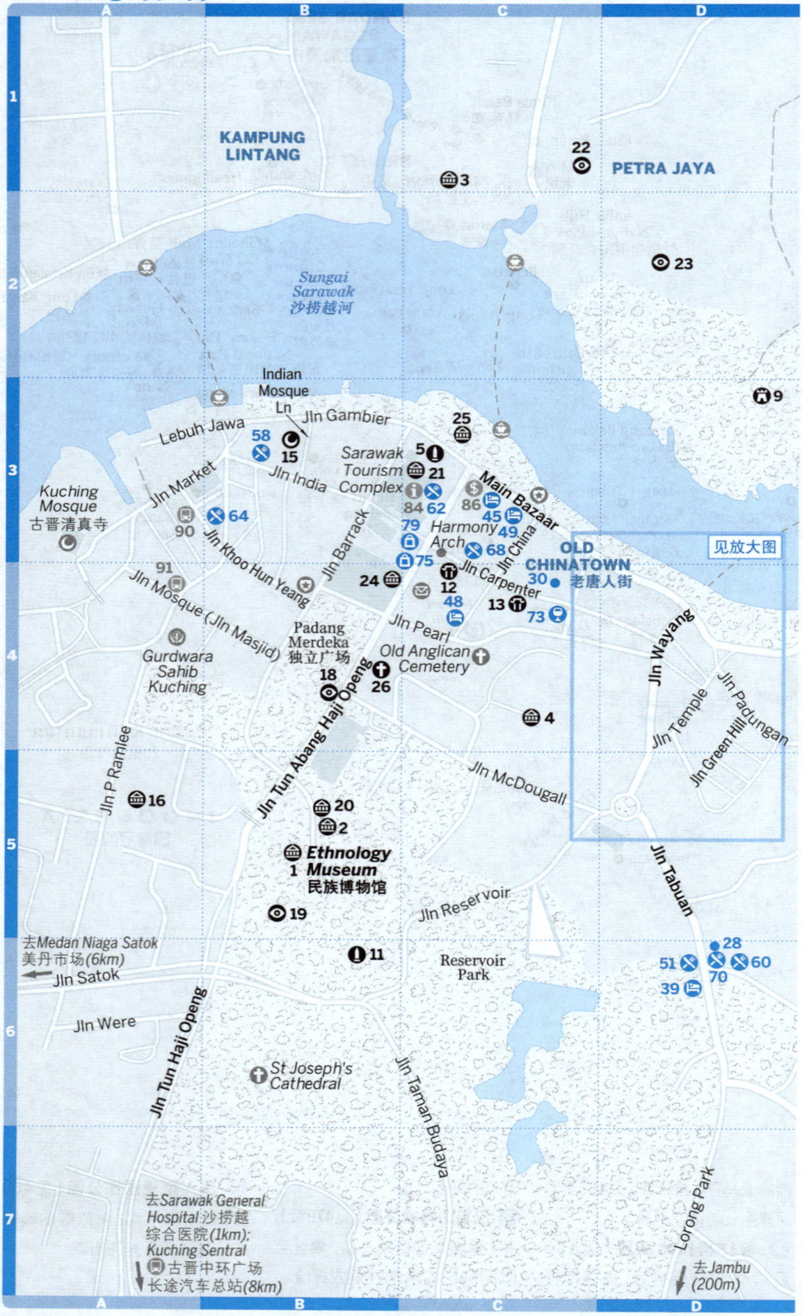
KAMPUNG LINTANG
PETRA JAYA
Sungai Sarawak 沙捞越河
Indian Mosque Ln
Jln Gambier
Lebuh Jawa
Jln Market
Jln India
Sarawak Tourism Complex
Main Bazaar
Kuching Mosque 古晋清真寺
Jln Khoo Hun Yeang
Jln Barrack
Harmony Arch
Jln China
OLD CHINATOWN 老唐人街
见放大图
Jln Carpenter
Jln Mosque (Jln Masjid)
Padang Merdeka 独立广场
Jln Pearl
Old Anglican Cemetery
Gurdwara Sahib Kuching
Jln Wayang
Jln Temple
Jln Padungan
Jln Green Hill
Jln Tun Abang Haji Openg
Jln P Ramlee
Jln McDougall
Ethnology Museum 民族博物馆
Jln Tabuan
Jln Reservoir
Reservoir Park
去Medan Niaga Satok 美丹市场(6km)
Jln Satok
Jln Were
Jln Tun Haji Openg
St Joseph's Cathedral
Jln Taman Budaya
Lorong Park
去Sarawak General Hospital 沙捞越综合医院(1km); Kuching Sentral 古晋中环广场长途汽车总站(8km)
去Jambu (200m)

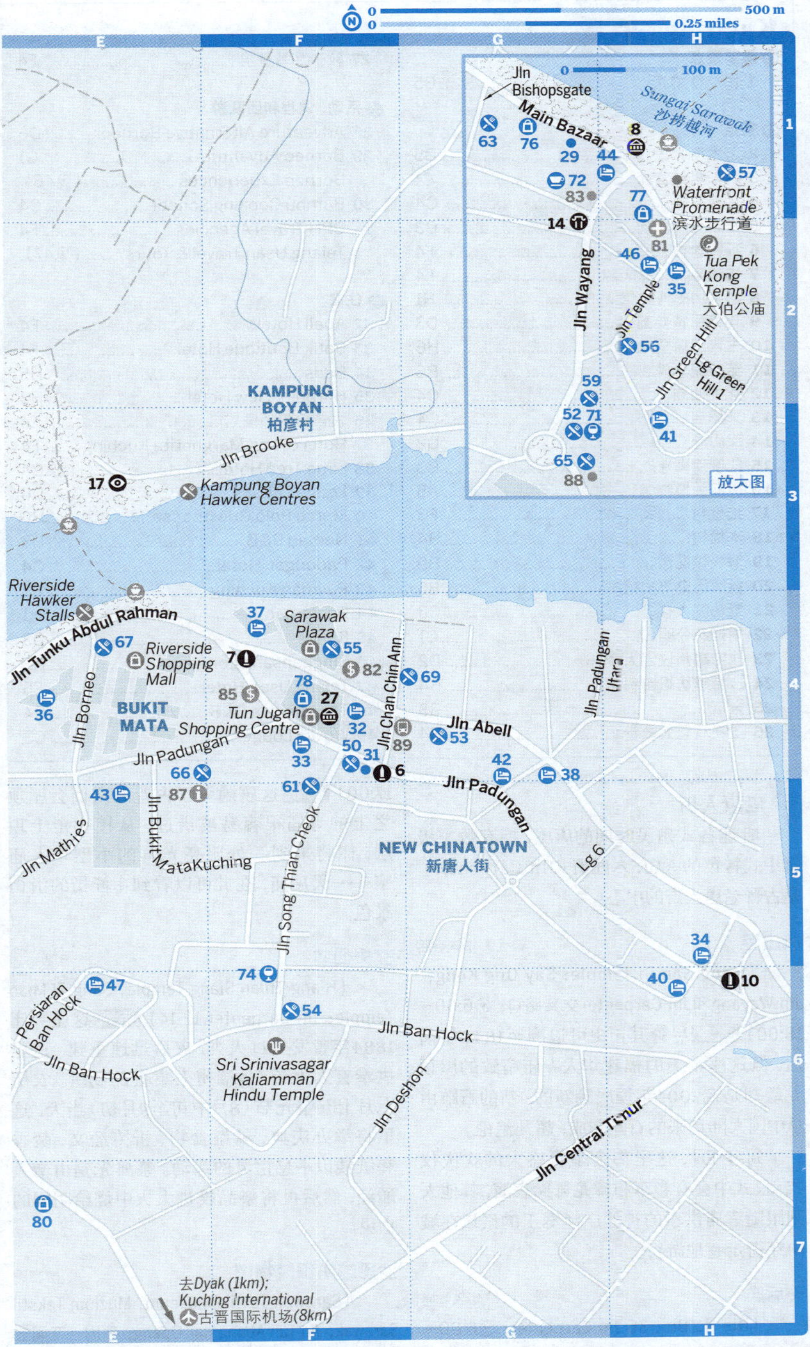
0 500 m
0 0.25 miles
E
F
G
H
1
2
3
4
5
6
7
0 100 m
Jln Bishopsgate
Main Bazaar
Sungai Sarawak 沙捞越河
Waterfront Promenade 滨水步行道
Tua Pek Kong Temple 大伯公庙
Jln Wayang
Jln Temple
Jln Green Hill
Lg Green Hill 1
放大图
63
76
29
8
44
57
72
83
77
14
81
46
35
56
59
52
71
41
65
88
KAMPUNG BOYAN 柏彦村
Jln Brooke
17
Kampung Boyan Hawker Centres
Riverside Hawker Stalls
Jln Tunku Abdul Rahman
37
Sarawak Plaza
55
82
67
Riverside Shopping Mall
7
69
Jln Chan Chin Ann
85
78
27
Tun Jugah Shopping Centre
32
36
Jln Borneo
BUKIT MATA
Jln Abell
89
53
Jln Padungan Utara
Jln Padungan
33
50
31
6
42
38
66
87
43
61
Jln Padungan
Jln Bukit MataKuching
Jln Mathies
Jln Song Thian Cheok
NEW CHINATOWN 新唐人街
Lg 6
34
40
10
74
47
54
Persiaran Ban Hock
Jln Ban Hock
Jln Ban Hock
Sri Srinivasagar Kaliamman Hindu Temple
Jln Deshon
Jln Central Timur
80
去Dyak (1km); Kuching International 古晋国际机场(8km)

Kuching 古晋

重要景点

1 民族博物馆……B5

景点

2 艺术博物馆……B5
3 阿斯塔纳宫……C1
4 主教旧居……C4
5 布鲁克纪念堂……C3
6 猫纪念柱……F4
7 猫喷泉……F4
8 华人历史博物馆……H1
9 玛格丽特要塞……D3
10 古晋巨猫塑像……H6
11 英雄纪念碑……B6
12 玄夫仙庙……C4
13 天后庙……C4
14 凤山寺……G2
15 印度清真寺……B3
16 伊斯兰博物馆……A5
17 柏彦村……E3
18 木棉树……B4
19 博物馆花园……B5
20 自然历史博物馆……B5
21 老法院大楼……C3
22 胡姬花公园……C1
23 沙捞越州议会大楼……D2
24 沙捞越纺织博物馆……B4
25 方塔……C3
26 圣托马斯大教堂……B4
27 敦朱加基金会……F4

活动、课程和团队游

28 Adventure Alternative Borneo……D6
29 Borneo Adventure……G1
Borneo Experiences……（见46）
30 Bumbu Cooking School……C4
31 CPH Travel Agencies……F4
Telang Usan Travel & Tours……（见47）

住宿

32 Abell Hotel……F4
33 Batik Boutique Hotel……F4
34 Beds……H5
35 Harbour View Hotel……H2
36 古晋希尔顿酒店……E4
37 Hotel Grand Margherita Kuching……F4
38 Lime Tree Hotel……G4
39 Lodge 121……D6
40 Marco Polo Guesthouse……H6
41 Nomad B&B……H3
42 Padungan Hotel……G4
43 Pullman Kuching……E5
44 Radioman……H1
45 Ranee……C3
46 Singgahsana Lodge……H2
47 Telang Usan Hotel……E6
48 Threehouse B&B……C4
49 Wo Jia Lodge……C3

老唐人街

毗连各式殖民时期的店屋，拥有数家极富中式特色的寺庙，木匠街（Jln Carpenter）是古晋老唐人街的中心。

凤山寺 华人寺庙

（Hong San Si Temple; Say Ong Kong; Jln Wayang和Jln Carpenter交叉路口；⌚6:00~18:00）**免费**尽管其历史可追溯至1840年前后，但这座精美的福建华人寺庙精致的屋顶龙雕却是在2004年彻底翻新的。新的石雕由从中国大陆请来的石匠完成，超凡绝伦。

每年4月，这里都会举行盛大的欢庆仪式，仪式中会有彩车和舞龙舞狮表演，其他人则跟随寺庙供奉的神仙广泽尊王的祭坛在城中穿街走巷地游行。

天后庙 华人寺庙

（Hin Ho Bio; 36 Jln Carpenter; ⌚6:00~17:00）**免费**这座隐藏于古晋海南商会屋顶之上的寺庙很容易被错过。从楼梯走上顶层，你将来到一处明亮光鲜的小型华人庙宇——天后庙，在此可以看到木匠街的沿街景色。

玄夫仙庙 华人寺庙

（Hiang Thian Siang Temple, Sang Ti Miao Temple; Jln Carpenter 12-14）**免费**这座寺庙1884年曾发生过火灾，灾后迅速重建。这里供奉玄天上帝，是潮州人集会的场所。农历七月十五**中元节**（8月中旬至9月初）当天，这里将举办庆典，献祭食物、祈祷经文、焚香和纸钱以平息亡灵的躁动。祭典先是由僧人诵经，然后再将祭品投进大火中烧给阴间的亡灵。

沙捞越纺织博物馆 博物馆

（Sarawak Textile Museum, Muzium Tekstil Sarawak; Jln Tun Abang Haji Openg; ⌚周一至周五

就餐

50 21 Bistro........F4
51 Aroma Café........D6
52 Bla Bla Bla........G3
53 春泉茶室........G4
54 春园茶室........F6
55 Everrise Supermarket........F4
56 青山角........H2
57 James Brooke Bistro & Cafe........H1
58 Jubilee Restaurant........B3
59 Junk........G2
60 Lok Lok........D6
61 Lyn' s Thandoori Restaurant........F5
62 Magna Carta........C3
63 Maria Kek Lapis........G1
64 Open-Air Market........B3
65 Ting & Ting........G3
66 Top Spot Food Court........E4
67 Tribal Stove........E4
68 Yang Choon Tai Hawker Centre........C3
69 众善缘素食馆........G4
70 Zinc........D6

饮品和夜生活

71 Barber........G3
72 Black Bean Coffee & Tea Company........G1
73 Drunken Monkey........C4
Lamin........(见47)
74 Monkee Bar........F6
Ruai........(见60)

购物

Fabriko........(见76)
75 Juliana Native Handwork........C3
76 主要集市........G1
Mohamed Yahia & Sons........(见55)
77 Nelson' s Gallery........H1
78 Popular Book Co........F4
79 Sarawak Craft Council........C3
80 Tanoti........E7
UD Siburan Jaya........(见76)

实用信息

81 Klinik Chan........H2
82 马来亚银行........F4
Mohamed Yahia & Sons........(见55)
83 My Express Laundry Service........G1
84 国家公园预订办事处........C3
85 渣打银行........F4
86 新加坡大华银行........C3
87 游客信息中心........E5

交通指南

88 An Hui Motor........G3
89 亚客........F4
90 去巴哥国家公园的长途汽车........A3
91 绍嘉纳公共汽车站........A4

9:00~16:45，周六、周日和节假日 10:00~16:00）免费 这家博物馆位于一处1909年建成、具有殖民时期巴洛克风格的建筑物里，向公众展示一些非常珍贵的传统沙捞越织物展品，其中就包括马来西亚金锦缎（songket；绣上金丝的衣服）。另外，还有伊班人（Iban）、比达友人（Bidayuh）、本南人（Penan）和其他达雅克（Dayak）族群制作的各式帽子、席垫、腰带、编织物、珠串、银制品、树皮制品、手镯脚镯和仪式头饰。通过实景模型将乌鲁人、马来人、华人和印度人婚礼中裁缝强大的手艺再现在我们的面前，展示板详细介绍了材料的选用和工艺技巧。

印度街区

印度步行街是古晋曾经主要进口织物、铜制品和家居品的购物区，基本上是木匠街的西部外延部分，一直以来都是条生机勃勃的商业街。东区的商店多半由华人开办，而西区的商店则多半是具有泰米尔纳德邦血统的印度穆斯林开办的。这旦是在古晋寻找便宜纺织品的好地方。

印度清真寺

清真寺

（Indian Mosque; Indian Mosque Lane; ⊙6:00~20:30，除了礼拜时间）免费 穿过印度街Nos37和39A之间岔口或河滨甘密街（Jln Gambier, Nos24和25A之间——出售气味浓烈香料的商店）岔口，直行便到狭小的**印度清真寺小巷**（Indian Mosque Lane, Lg Sempit），通过这里，你会发现一番别有洞天的景象。大概半边街都有满了房屋和商店，其中有古晋最古老的清真寺，其铁木结构端庄素雅，于1863年由泰米尔纳德邦的穆斯林商人出资建成。

清真寺因其简洁而闻名于外，这就是古晋商业区中的一处静怡之地。经常有人坐在清真寺外边凝思。如果你想进入内部，须得到许可，或许有人会带你四处看看。如果你是女性，还会给你一件长披风和头巾穿戴。

独立广场以南

该地区的博物馆群就在独立广场（Padang Merdeka）以南，存放着一流的文化艺术品，是所有喜欢婆罗洲民族和习俗的游客不应错过的地方。在本书作者调研期间，一座新的5层博物馆正在修建，位于Jln Tun Abang Haji Openg西侧，将于2020年完工。这座新的现代建筑将把考古、民族、动物和历史展品汇聚在一个屋檐下，还有最新型的互动式展览。

★民族博物馆 博物馆

（Ethnology Museum；www.museum.sarawak.gov.my；Jln Tun Abang Haji Openg；⏲周一至周五 9:00~16:45，周六、周日和节假日 10:00~16:00）免费 位于Jln Tun Abang Haji Openg东侧小山山顶之上，民族博物馆（老楼）门前有两门殖民时期大炮镇守——突出展示着婆罗洲不可思议的丰富原住民文化。楼上的绝妙展览包括全尺寸的伊班长屋、面具和长矛，楼下则是老派的自然历史博物馆。

1891年，查尔斯·布鲁克建立了这座博物馆，将其作为展示本土手工艺品和野生动物标本的地方，其中很多展品是由博物学家拉赛尔·华莱士（Russell Wallace）在19世纪50年代收集的。王公的法国助手设计了这座建筑，主要模仿的是诺曼底的市政厅。

楼上展厅以当地艺术家绘制的卡扬族（Kayan）和肯雅族（Kenyah）壁画为装饰，成为展览的背景。展品包括竹篮、乐器和比达友人制作的驱魔门画，还有各种文字信息详细说明当地的原住民传统，如图腾和臭名昭著的帕朗（palang）阴茎穿环习俗。

楼下的自然历史展馆内陈列着令古晋几代儿童惊恐不已、至今难以忘记的毛团，这个毛团可不是一般的毛团，而是从食人鳄鱼腹中取出的，展品旁的铭牌有如下说明：“毛团上连有人类牙板。”如果这还不够恐怖，那么“在胃中找到的这块表”（当然是鳄鱼的胃啦）绝对能震到你。如果这都吓不倒你，看来只有你的智能手机变成未来的某件展品才可以了。

博物馆花园 花园

（Museum Garden；Jln Tun Abang Haji Openg；⏲周一至周五 9:00~16:45，周六、周日和节假日 10:00~16:00）风景如画的博物馆花园从山丘一直向南外延，把鲜花和喷泉组合起来，风景延伸到**英雄纪念碑**（Heroes' Monument）白金色的柱子周围，这座纪念碑是为保卫沙捞越的牺牲者所建。

艺术博物馆 博物馆

（Art Museum；www.museum.sarawak.gov.my；Jln Tun Abang Haji Openg；⏲周一至周五 9:00~16:45，周六、周日和节假日 10:00~16:00）免费 这座博物馆以使用本土传统技艺和部件创作的雕像和绘画为特色，灵感源自婆罗洲的动物、植物和自然风光。如今，翻新后的博物馆增加了从文莱伊斯兰时期到布鲁克统治时期的沙捞越璀璨历史和史前考古陈列品［曾经保存在如今永久关闭的阿卜杜勒·拉扎克（Dewan Tun Abdul Razak）展览馆］，其中包括从尼亚洞穴（Niah Caves）挖掘出的重大发现和中国瓷器。

自然历史博物馆 博物馆

（Natural History Museum；www.museum.sarawak.gov.my；Jln Tun Abang Haji Openg）免费 这座建筑建于1908年，采用博物学家华莱士命名的蝴蝶做装饰，目前除了被用于保存动物和考古样本（包括在尼亚发掘出的物品），还被用作办公室。这里不面向普通公众开放，但研究者和学生可以申请参观藏品。

伊斯兰博物馆 博物馆

（Islamic Museum；Jln P Ramlee；⏲周一至周五 9:00~16:45，周六、周日和节假日 10:00~16:00）免费 这座博物馆中的展品充分地介绍了马来穆斯林文化和其与西方穆斯林腹地的深远联系。展品涵盖了婆罗洲的建筑、乐器和木刻到阿拉伯书法和帮助阿拉伯海员远赴东方的星盘。

新唐人街

这条街道依靠20世纪20年代橡胶大开发时期获得的资金铺设而成，现在已经成为古晋最具生命力的商业街，从Jln Tunku Abdul Rahman到古晋巨猫塑像，沿浮罗岸街

（新唐人街）延伸1.5公里。整条街道林立着各色华人商店和面馆，以及数量越来越多的咖啡馆、酒吧和餐馆。室内游乐场更是给雨天漫步的游客提供了绝佳场所。

敦朱加基金会 博物馆

（Tun Jugah Foundation；☎082-239672；www.tunjugahfoundation.org.my；4th fl, Tun Jugah Tower, 18 Jln Tunku Abdul Rahman；⏲周一至周五 9:00至正午和13:00~16:30）**免费**这家慈善基金会的纺织展览馆和博物馆致力于推广和保护伊班文化，拥有非常出色的伊班扎染（ikat）和刺绣（sungkit）编织品、珠饰品展出。这里还有伊班女人现场使用手织机织造传统纺织品。

河北岸

想去古晋沙捞越河的北岸，须到滨水步道沿岸的渡口搭乘渡轮（tambang；50sen）。

柏彦村（Kampung Boyan） 景区

这是马来西亚旧时的村庄，祥和而安静，村中的房子涂装得五颜六色，欢快无比，簇拥在花的海洋里。与仅靠一叶小舟相连的古晋喧闹市区相比，这里简直就是世外桃源。该村的河滨区设有两个带顶棚的摊贩中心和一些马来西亚风味餐馆。

玛格丽特要塞 堡垒

（Fort Margherita；Kampung Boyan；⏲9:00~16:30）由查尔斯·布鲁克于1879年建立，以他的妻子玛格丽特王妃的名字命名，这座山顶要塞长久以来保护着古晋免受海盗的突然袭击。由于要塞的威慑力远播海外，以至于驻扎在山顶的军队连一炮都没有开过。从柏彦村到要塞，须按照路标再向小山上走500米。

受到英国文艺复兴时期的城堡启发，玛格丽特要塞全身涂成白色，成功地融合了欧洲中世纪风情和热带地域特色。在本书作者调研期间，这里正计划增设新的展览，内容从布鲁克家族到几乎空空荡荡的要塞历史。

阿斯塔纳宫 历史建筑

（Astana；Jln Taman Budaya；⏲不向公众开放）阿斯塔纳宫（Astana，当地词语“皇宫”之意）由查尔斯·布鲁克于1869年建造，Astana这几个巨大的白色字母工工整整地竖立在宫中，这里一直都是沙捞越州元首的官邸。站在河的南岸（市中心）就可以拥有上佳的视野，所以没有必要搭乘摆渡船渡河观看。

沙捞越州议会大楼 知名建筑

（Sarawak State Assembly, Dewan Undangan Negeri；North Bank of Sungai Sarawak, Petra Jaya）这座标志性建筑于2009年竣工，沙捞越州议会在此办公，壮观的建筑结构上顶一个高高的金色尖顶，有人说很象雨伞（payung），也有人说像美拉瑙族的遮阳帽（terendak）。从JlnBishopsgate和滨水步道观看这座建筑（不对公众开放）的视野最佳。

古晋其他地方

圣托马斯大教堂 教堂

（St Thomas' s Cathedral；www.stthomascathedralkuching.org；Jln Tun Abang Haji Openg；⏲周一至周六 8:30~18:00，周日 至19:00）**免费**古晋圣公会大教堂（1954年）中的**木棉树**巨大而古老，正对着**独立广场**。这座教堂拥有20世纪中叶的外观，而内部的红色穹顶光芒四射，明亮异常。只能通过Jln McDougall（以1848年抵达古晋的第一位圣公会主教的名字命名）进入。

山顶，帕里斯中心（Parish Centre）另一侧矗立着**主教旧居**。作为古晋最古老的建筑，这个房子于1849年由德国造船工建造，建筑结构出奇地牢固。

古晋北部市政厅 知名建筑

（Kuching North City Hall, DBKU；Jln Semariang, Bukit Siol）古晋北部市政厅（以其马来语的缩写DBKU而为人所知）建在市中心北部8公里处的一座山头上，属于地标性工程，于1993年落成。有人说，这个建筑物的外形很像UFO。另外它还是当地的政务大楼，底层是猫博物馆。

在绍嘉纳（Saujana）公共汽车站（见437页）乘坐K15路公共汽车可以到达这里。如果自驾车前往山都望半岛（Santubong Peninsula），路过时可以下车欣赏片刻。

兰花公园 花园

（Orchid Garden；Jln Astana Lot；⏲周二至

周日 9:30~18:00）免费 诺玛（Normah）兰花是沙捞越州的州花，它只不过是这些宁静花园和温室苗圃里生长的82个品种中的一种。婆罗洲其他需要留意的兰花有“女士拖鞋”，从它们捕获昆虫的明显花囊就能辨认出来。

从市中心至此最方便的方式是乘坐摆渡船过河，到达北岸的Pengakalan Sapi（沙捞越州议会大楼旁边），然后步行上山。

美丹市场 市场

（Medan Niaga Satok，Satok Weekend Market；Jln Matang Jaya；⌚5:30~19:30）古晋最大、最热闹的市场如今搬到了宽敞的新地址，就在市中心以西9公里处。虽然每天都营业，但压轴的却是规模较大的周末市场，每周六中午时分开放，有大批农民在此摆摊，其中部分来自长屋地区，出售自家产水果、蔬菜、鱼和香料。乘坐K7路公共汽车至此。

市场到处都是成捆的香蕉、芒果、荔枝和奇怪的丛林水果，空气中却弥漫着一起出售的新鲜香菜、黄姜、草药和丛林蕨菜散发的强烈气味。如果你闻到甜得刺鼻且令人作呕的气味，恭喜你，那就是榴莲。这里商户都很友善，很乐意跟人畅谈自己的商品，一般这些商品都分成一堆一堆的，每堆按照RM1或RM2的价格出售。

活动

Bumbu Cooking School 烹饪课程

（☎019-879 1050；http://bumbucookingclass.weebly.com；57 Jln Carpenter；每人 RM150；⌚9:00~13:00和14:30~19:00）经营者Joseph在一座比达友村落中长大，向人传授取自雨林的新鲜有机食物的烹饪秘籍。在市场里，你将学会如何辨别高品质的丛林蕨菜。回到厨房里，你可以自己编织班兰（pandan）叶篮子，用来盛放这种爽口佳肴、主菜和甜点。一班最多招收10人。

作为烹饪学校入口的小商店就像一间迷你的博物馆，摆满了约瑟夫收集来的物品：吹管、藤篮（一只被设计用作童车）、碾米机，以及来自伊班和乌鲁长屋的礼仪毯子和面具。

Hash House Harriers 跑步

（☎Robin Kho 012-887 1420；www.kuchingcityhash.com）古晋多个Hash House Harriers分会每周举办6场1~2小时的草地和山谷（及穿越密林）跑步。

古晋“喵星人”

在马来语中，“古晋”的意思是“猫”（拼写“kucing”）。虽然这只是个巧合，但这座城市已经充分挖掘了这种同音现象的全部价值。他们为沙捞越的首府贴上了“猫城”的标签，竖立起许多花里胡哨到不可思议的猫雕塑，以此美化城市的景观。

猫喷泉（Cat Fountain；Jln Tunku Abdul Rahman）一群多彩的猫在过往的车辆之间摆出姿态，扬扬自得。

猫纪念柱（Cat Column；Jln Padungan和Jln Chan Chin Ann交叉路口）位于环岛，猫纪念柱以底座周边的4只猫和顶端附近的4朵大王花为特色——后者就在以猫为装饰的古晋南部市政盾牌后面。

古晋巨猫塑像（Great Cat of Kuching；Jln Padungan）2.5米高的白色猫咪有蓝色的眼睛和金属丝胡须，踞于浮罗岸街（新唐人街）东端的交通岛，就在中式牌坊外边。

猫博物馆（Cat Museum；www.dbku.sarawak.gov.my；Jln Semariang，Bukit Siol；拍照/摄像许可费RM4/5；⌚9:00~17:00）这座博物馆是对城市名称的致敬，坐落在市中心以北8公里处。博物馆最具特色的就是数百尊有趣又惊奇的猫雕塑，有的雕塑有母牛那么大，有的则很小，还有关于“马来社会的猫”和“华人艺术的猫”的翔实展示。等你到达“邮票中的猫”和“电影里的猫”（电影中，邦德的反派对手菲尔德有一只标志性的猫）展览时，你可能会觉得一切都变得有点傻。乘坐K15路公共汽车到这里。

团队游

Borneo Adventure 团队游

(☎082-245 175; www.borneoadventure.com; 55 Main Bazaar) 婆罗洲高档团队游的标杆，这家备受赞誉的公司是有益于沙捞越原住民合作项目的领导者。杰出的向导很出名。

Adventure Alternative Borneo 探险游

(☎082-248000, 019-892 9627; www.aaborneo.com; Lot 37, Jln Tabuan) 提供符合伦理和可持续性的旅行，将"文化、自然和探险"相结合。可以帮助你设计整合前往偏远地区的独立旅行线路，包括上巴兰(Upper Baram)的本南族村庄。

Borneo Experiences 团队游

(☎082-429239; www.borneoexperiences.com; ground fl, No 1 Jln Temple; ⏲周一至周六 10:00~19:00，周日也可能营业) 前往Singgahsana Lodge(见428页)的旅行社。目的地包括比达友人偏远的"云间村庄"和巴当艾(Batang Ai)地区的伊班长屋(两晚RM1370)。另外提供自行车游。口碑极佳。

Borneoàla Carte 团队游

(☎082-236857; www.borneoalacarte.com) 古晋本地旅行社，主要针对法语客户，能够提供新颖且其他旅行社无法满足的原住民部落订制游。Amélie是这家旅行社经理，因其价位合理以及与当地部落公平分享收入的做法而闻名。

One Wayang Tours 自行车游

(☎082-238801; www.paradesaborneo.com; 1 Leboh Wayang) 专营自行车游，提供城市游(RM108)和越野山地车骑行(RM188)。

Rainforest Kayaking 团队游

(Borneo Trek & Kayak Adventure; ☎082-240571, 013-804 8338; www.rainforestkayaking.com) 专营河上之旅，可以与前往实蒙古自然保护区(Semenggoh Nature Reserve)的旅行相结合。

Telang Usan Travel & Tours 团队游

(☎082-236945; www.telangusan.com; Telang Usan Hotel, Persiaran Ban Hock) 总部设在Telang Usan Hotel的一家资深机构，备受好评。

节日和活动

春节 新年

(⏲1月下旬或2月上旬) 主要庆典在浮罗岸街(新唐人街)沿线。

雨林世界音乐节 音乐节

(Rainforest World Music Festival; www.rwmf.net; 1天/3天通行证 成人 RM340/130，儿童 RM160/60; ⏲7月或8月) 为期3天的集会是世界上最大的音乐节之一，在沙捞越文化村(Sarawak Cultural Village)举办。各国艺术家通常会表演一种自己本国的传统音乐，下午在长屋举办非正式的研讨会。夜晚，主舞台将上演主要演出。要预订住所。

古晋美食集市 美食节

(Kuching Food Fair; Kuching City South Council, Jln Padungan; ⏲7月至8月 17:00~23:00，为期1个月) 浩浩荡荡的美食盛会，数百家摊位出售各种各样的餐饮小吃，从蒙古烤肉到越南春卷和炸冰激凌。地点在古晋城南委员会[Kuching City South Council; 蓝色的圆锥顶建筑，就在浮罗岸街(新唐人街)以东，环岛的另外一侧]前面的公园内。

中秋节 集市

(⏲9月或10月初) 木匠街当天热闹非凡，有音乐表演，还有小吃摊。除了贩卖中国美食和佳酿外，当然少不了月饼。

住宿

古晋既有国际标准的高层套房，也有从中式店屋改装而成、充满霉味的无窗隔间。木匠街(老唐人街)及其附近有很多客栈，是游客互相结交的好地方。古晋东端高楼林立的Jln Tunku Abdul Rahman地区及其附近拥有各式高端场所。而价位低廉的华人酒店则多集中在浮罗岸街(新唐人街)的周边区域，以及L字形绿山大街(Jln Green Hill)内侧的小巷(lorong)中。

大部分低于RM50的客栈的客房都只有公用浴室，房费一般还包括一份类似面包夹香肠这样的简易早餐。客栈的房费会在7月或

6月至9月有所上升。

★ Threehouse B&B 客栈 $

（☎082-423499；www.threehousebnb.com；51 Jln China；铺 含早餐 RM20，双 带卫生间 RM60~65；📶）这家客栈位于木匠街（老唐人街）的黄金地段，非常卫生，适合家庭游客住宿，热情周到，具备一家客栈所有该有的条件。店里共有9间客房，分别位于3层，均为鲜红色调，木地板嘎嘎吱吱。便利的设施包括摆放着电视、DVD、书籍和洗衣机的公共休息室以及一间厨房。

★ Singgahsana Lodge 客栈 $

（☎082-429277；www.singgahsana.com；1 Jln Temple；铺/双 含早餐 RM31/RM112~132；❄@📶）这里确立了背包客投宿的古晋标准，是一家超受欢迎的客栈。客栈内外采用沙捞越工艺品进行装潢，位置无与伦比，有令人非常放松的大厅和适合社交的屋顶酒吧。宿舍有10张床位和储物柜。

Radioman 青年旅舍 $

（☎082-248816；1 Jln Wayang；铺 含早餐 RM25，双 不带浴室 RM70；❄📶）地处中心，这家自封的"历史青年旅舍"占据了一栋曾经被用作修理无线电的百年店屋。建筑依然保留了原先的天花板、地板和陡峭刁钻的楼梯，另外，经过全面设计，墙上的唱片、丛林植物和庭院花园都是这里优美的点睛之笔。

新老板接手后利用所有遗留的无线电设备装点了旅舍，留意用钳子制作的灯罩和被改造成桌子的大型扬声器。

Marco Polo Guesthouse 客栈 $

（☎082-246679，Samuel Tan 019-888 8505；www.marcopolo.net.tf；1st fl，236 Jln Padungan；铺 含早餐RM27，双 不带浴室 RM56~60；❄📶）一处经营良好的舒适居所，有微风习习的阳台和惬意的室内起居室。新鲜水果、油炸香蕉馅饼和松饼的早餐是颇受欢迎的额外福利。只有几个房间有窗户。老板Sam乐于提供旅行建议，有时还会带顾客去市场。客栈在距离水边步行约15分钟的地方。

Nomad B&B 客栈 $

（☎082-237831，016-856 3855；www.borneobnb.com；1st fl，3 Jln Green Hill；铺 含早餐 RM20，标单/双 带风扇但不带浴室 RM50/60，双 带空调 RM70~75；❄@📶）这个由伊班人经营的悠闲民宿有热闹的背包客氛围——客人经常在休闲区与友好的管理人员消磨时间。早餐时间灵活，适合起床晚的人，这里还有客人可使用的厨房。17间房间中的10间有窗户（其他房间使用排气扇通风）。宿舍房间有8个床位。

Lodge 121 客栈 $

（☎082-428121；www.lodge121.com；Lot 121，1st fl，Jln Tabuan；铺/标单/双/标三 不带浴室 含早餐 RM30/59/79/99；❄📶）从前的商业空间被改造成为时髦低调的客栈，使用了大量抛光混凝土。铺着地毯、有10张床位的宿舍位于阁楼，床垫在地板上。所有房间共用面积略小的卫生间。

Beds 客栈 $

（☎082-424229；www.bedsguesthouse.com；229 Jln Padungan；铺 RM20，标单/双 不带浴室 RM40/55；❄@📶）得益于大厅里的舒适长沙发、可以烹饪的厨房和12间一尘不染的房间（其中9间有窗户），这家客栈吸引了一些忠实拥趸者。宿舍房间有6张大号的金属上下床。位于浮罗岸街（新唐人街），距离主要集市（Main Bazaar）约15分钟步程。

Wo Jia Lodge 客栈 $

（☎082-251776；www.wojialodge.com；17 Main Bazaar；铺/标单/双/标三 带空调 含早餐 RM20/47/59/110，标单/双 带风扇 RM40/50；❄@📶）适合安眠的友好地点，位于中心地段。18间整洁的房间（5间有窗户，其他的有通向走廊的通风扇）里只有床，别无他物。客人们可以使用这里的小厨房。宿舍房间和楼下的地下室潮湿发霉，最好避开。

位于一栋古老的中式店屋内，大厅里依然保留着原先的硬木地板。

★ Batik Boutique Hotel 精品酒店 $$

（☎082-422845；www.batikboutiquehotel.com；38 Jln Padungan；双 含早餐 RM280；❄📶）优越的位置、有品位的设计和非常友好的员工使其成为最佳中档住宿选择。旋转的蜡染设计从酒店外立面一直延伸至大厅和15间宽

敞的房间里，每个房间都有独特的色调。有的房间有可以俯瞰庭院的阳台。

Lime Tree Hotel 酒店 $$

（☎082-414600；www.limetreehotel.com.my；Lot 317, JlnAbell；双 含早餐 RM170~250；❄@📶）些许石灰绿，加上一个枕头、一块香皂以及优美的大堂咖啡厅——这些都与这家经营成功的类精品酒店的客房十分搭配。55间客房干净卫生，布置极简，非常超值。促销房费比这里列出的还要低。屋顶酒吧可以看见河滨景致，欢乐时光从17:00持续至20:00。

Hotel Grand Margherita Kuching 酒店 $$

（☎082-423111；www.grandmargherita.com；Jln Tunku Abdul Rahman；双 含早餐 RM275；❄@📶🏊）位于一处高级河滨地产上，这里的大厅现代而明亮，288间客房非常舒适，酒店设施包括健身中心、河景游泳池和一个水疗中心。

Padungan Hotel 酒店 $$

（☎082-257766；www.padunganhotel.com；115 Jln Padungan；双 RM100~115）舒适现代的酒店位于一幢得到有效重新设计的商业建筑（被粉刷成不容易错过的橙色）内，提供物有所值的房间，位置便利。

Telang Usan Hotel 酒店 $$

（☎082-415588；www.telangusan.com；Persiaran Ban Hock；双 含早餐 RM130~150）以热情著称的酒店，闪亮的瓷砖走廊与老派氛围相互呼应。房间里有老式家具，略显守旧，不过公共区域装饰着鲜艳的肯雅人和卡扬人图案。

Lamin（见433页）是酒店的长屋风格酒吧。

Harbour View Hotel 酒店 $$

（☎082-274666, 082-274600；www.harbourview.com.my；Jln Temple；标单/双/家 RM130/155/200；❄@📶）如果你想享受现代科技带来的舒适体验，那么这座拥有243间客房的大厦可谓古晋城中的不二选择，酒店客人可以以合理的价格享受一流设施。早餐每人RM20。尽量入住一间可观河景的房间。

Pullman Kuching 酒店 $$

（☎082-222888；www.pullmankuching.com；1A Jln Mathies, Bukit Mata；双 RM318~360；❄@📶🏊）23层高的Pullman矗立在山坡上，鹤立鸡群于邻里之间。巨大的白色大厅富丽堂皇，海蓝色、棕色、白色和绿色的房间色调柔和，但相对而言显得有些小。侧重于商务旅行者。不太繁忙的时候有促销房价。

Abell Hotel 酒店 $$

（☎082-239449；www.abellhotel.com；22 Jln Tunku Abdul Rahman/Jln Abell；标单 RM145，双 RM205~295；❄@📶）这家无烟酒店提供80间客房，装修时尚但不奢华，比较便宜的客房只有通风竖井保持室内通风。店名跟店外街道的名字一样，发英语"able"的读音。

★ Ranee 精品酒店 $$$

（☎082-258833；www.theranee.com；6 & 7 Main Bazaar；双 含早餐 RM300~585；❄📶）这座河畔酒店位于一栋火灾后彻底重建的古老店屋内，有一种城市度假村的感觉。24间房间各具特色，富有设计格调（不寻常的条纹墙壁或地球仪似的灯具）。铺有硬木地板的房间层高很高，带有采用间接照明的巨大时髦卫生间。

古晋希尔顿酒店 酒店 $$$

（Hilton Kuching Hotel；☎082-233888；www.hilton.com；Jln Tunku Abdul Rahman和Jln Borneo交叉路口；双 RM405~485，套 RM755~790；❄@📶🏊）古晋的希尔顿酒店提供宽敞的国际标准房间，色调采用奶油色、米色和栗色，设施是你在这种档次的酒店中可以预见的。多数房间可以看到城市美景，最适合眺望老唐人街的河流和屋顶景色。房费不定，或许比这里列出的要低。

就餐

在古晋，可以品尝到东马来西亚所有的沙捞越特色料理。在摊贩中心里，你能从各色华人和马来西亚特色小吃摊上挑选美食，而浮罗岸街（新唐人街）的面馆是全城最好的。至于哪儿的叻沙是全市最好的，这可是个敏感问题，一定会在古晋人中间掀起激烈的辩论。获得明确答案的唯一办法就是你自己全

都尝一遍。

★春园茶室 马来西亚菜 $

（Choon Hui；34 Jln Ban Hock；叻沙 RM5~7；⊙周二至周日 7:00~11:00）这家老派的咖啡店因其全城最美味的叻沙获得了我们的支持，而且我们也不孤单——这个地方人山人海，尤其是在周末。这里还有出售美妙润饼卷（popia）的摊位，这种春卷用花生、水萝卜和胡萝卜制成，价格为RM3。

Open-Air Market 摊贩 $

（Tower Market；Jln Khoo Hun Yeang；主菜 RM3~6.50；⊙多数摊位 6:00~16:00，中式海鲜 15:00至次日4:00）可以找到物美价廉的菜肴，包括叻沙、中式牛肉面（mee sapi）、红哥罗面（red kolo mee；加入猪肉和一种甜味烧烤汁的面条）、番茄炒粿条（一种炒米粉）和刨冰甜点（到17号摊位点"ABC"）。侧面对着河流的华人海鲜摊位下午营业。

如果适合你口味的话，从清晨直到下午3点左右，这里还有出售鱼头和鸭丝粥的摊位。

市场（严格地说，并非露天）被一条路分隔为两部分，所在地点过去是消防站，黄色的塔楼曾经被用作火警瞭望塔。

Yang Choon Tai Hawker Centre 中国菜 $

（23 Jln Carpenter；主菜 RM3.50~8；⊙4:00至午夜）潮州华人社区成员经营的6个食品摊，提供各种各样的本地小吃，包括猪肉米粥（3:00~9:00）、哥罗面（kolo mee；速煮鸡蛋面；6:00~14:00）和超级鱼汤（15:00~22:00），最受欢迎的摊位是猪肉沙嗲（14:00）。

Aroma Café 达雅克菜 $

（☎082-417163；Jln Tabuan；主菜 RM10~16，自助餐每盘 RM5~6；⊙周一至周六 7:00~22:30，自助餐 10:00~14:00）品尝当地本土特色的好地方，比如竹筒鸡（ayam pansuh；RM10）、油炸木薯叶（RM6）和乌迈（umai；沙捞越风格的寿司；RM10）。午餐自助餐物有所值。

众善缘素食馆 素食 $

（Zhun San Yen Vegetarian Food Centre；Lot 165，Jln Chan Chin Ann；主菜 RM4.30~5.50；⊙周一至周五 8:00~16:30，周六 9:00~16:00；✎）没有荤菜的中式咖喱自助午餐，按重量计价，每100克RM1.90。供应时间是11:00~14:00。自助餐结束后，你可以根据菜单点菜，比如老姜鸡（用大豆制品代替肉类烹制）。

Lok Lok 马来西亚菜 $

（7D Jln Ban Hock；主菜 RM5；⊙18:00至次日3:00）这家极其受欢迎的夜宵小吃店专营串串（lok lok；比如鱼、虾、墨鱼或豆腐；每串RM1.50~2），或煮或炸，搭配甜酱、甜酸酱、峇拉煎（belacan；虾味酱）或沙嗲酱汁食用。提供啰喏（rojak；素菜拌浓稠虾酱）和咖喱鸡等传统主菜。非常适合吃夜宵。

春泉茶室 摊贩 $

（Chong Choon Cafe；Lot 121，Section 3，Jln Abell；主菜 RM5~6；⊙7:00~11:00，周二歇业）你绝对想不到这里的野餐桌是靠头顶飞速旋转

千层糕——彩色夹层蛋糕

古晋各阶层的人民都非常喜欢为各种节日增添一抹色彩，所以在包括开斋节（Hari Raya）在内的各种节日期间，在城镇各处看见（尤其是主要集市沿街和滨水步行道）卖千层糕（一种多层蛋糕）的小吃摊蜂拥而出就没什么值得惊奇的了。

千层糕使用白面、鸡蛋、大量黄油或人造奶油，再加上如甜瓜、蓝莓或当地常吃的班兰叶等调味料制作而成。因为千层糕每次只能做一层，所以须一层一层地制作——最多可达30层甚至更多。另外，每层需要五六分钟进行烘焙，所以一个千层糕从开始制作到出炉总共需要五个小时。

为了满足马来人的需求，千层糕有超过40种口味。在**Maria Kek Lapis**（☎012-886 3337；4 Jln Bishopgate；加黄油 RM15，加人造奶油 RM20；⊙8:00~17:00），全年都能吃到这些口味的千层糕。促销的时候有免费品尝的活动。室温下蛋糕能保鲜一两个星期，放在冰箱里能保鲜长达一个月之久。

的风扇来降温的，但这家铺着瓷砖的低调咖啡馆提供数种古晋最好的沙捞越叻沙。

Jubilee Restaurant 印度菜 $

（49 Jln India；主菜 RM5~11；⏲6:30~17:30）从1974年至今，这家店一直位于古晋中心的印度穆斯林区。清真特色包括印度香饭（nasi biryani；米饭搭配鸡肉、牛肉或羊肉；RM9~11）和印度煎饼（roti canai；鸡蛋和/或奶酪薄饼；RM1~2.50）。厨师来自印度马德拉斯（Madras）。

青山角 马来西亚菜 $

（Green Hill Corner；Jln Temple和Jln Green Hill交叉路口；餐 RM3~6；⏲周一至周六 7:00~22:30，周日 7:00至正午）这6家受当地人欢迎的摊位烹制有粥、叻沙、鸡肉饭和面条，向后可以看到美禄（Milo）赞助的绿色遮阳篷。

★ Dyak 达雅克菜 $$

（☎082-234068；Jln Mendu和Jln Simpang Tiga；主菜 RM25~35；⏲正午至23:00，最晚订餐时间 20:30；✎）这家高雅的餐馆第一次把达雅克人的家庭厨艺作为真正的料理搬到餐桌上。受过经典西式厨艺培训的厨师利用传统的菜谱——其中很多是伊班料理（少数柯拉比人、卡扬人或比达友人料理）——和新鲜的有机丛林农产品制作出你从未品尝过的、令人垂涎的美味佳肴。坐落在老唐人街东南2公里处。

餐厅里摆满了不同寻常的本土手工艺品，这里的菜单则敦促食客四处走走观赏它们。素食菜品可以根据要求不用猪油加工，员工非常乐意向人解释每种菜品的来历。在Dyak（这家餐馆使用的是该词语在殖民地时代的拼法）吃一顿不可错过。

★ Top Spot Food Court 海鲜 $$

（Jln Padungan；每公斤鱼 RM30~70，素菜 RM8~12；⏲正午至23:00）这是当地人长久以来最为热衷的就餐场所，露台上霓虹灯闪耀，海鲜餐桌大多吱吱作响。让人难以置信的是，这个场景竟发生在这家混凝土停车场的屋顶上，美食城的标志是一个巨大的背光龙虾招牌。这里的烤白鲳鱼特别好吃。Ling Loong Seafood和Bukit Mata Seafood Centre尤其棒。

> **好运叻沙**
>
> 婆罗洲运气最好的游客，都会以一碗沙捞越叻沙（Sarawak laksa）拉开一天的序幕。沙捞越叻沙是一种味道浓烈的汤面，里面有椰汁、香茅草、酸罗望子和麻辣参巴峇拉煎（sambal belacan，干虾酱），上面则要滴上新鲜的现榨酸橙汁。lazat（马来语“可口”的意思）到难以想象。

★ Tribal Stove 达雅克菜 $$

（☎082-234873；10 Jln Borneo；主菜 RM15~20；⏲周一至周六 11:30~22:30；📶✎）这家悠闲餐馆提供的柯拉比美味，或多或少地体现了巴里奥（Bario）“高原之都”的氛围，并将其带到了古晋市中心。特色美食包括干辣椒野姜牛肉片（labo senutuq）、河鱼片（ab'eng）和菠萝咖喱。晚上，热门菜肴有时很早就会卖光。食物不放味精。

Junk 意大利菜 $$

（☎082-259450；80 Jln Wayang；主菜 RM28~68；⏲18:00~22:45，酒吧至次日2:00，周二歇业；📶）被古玩塞得满满当当的这家餐厅（3间）和酒吧（2间）综合体位于3座20世纪20年代的店屋内，是认识他人并展示自己的时髦地点。幸运的是，它可不是徒有其表：这里的食物非常棒。意大利面及其他主食费用为RM32~68，比萨RM28~48。分量很大。

21 Bistro 创意菜 $$

（64 Jln Padungan；主菜 RM10~48；⏲周一至周六 16:00至次日2:00或更晚，餐饮至23:00）这家独具一格的餐馆兼酒吧提供不错的西方、亚洲和创意菜肴，比如意大利面、烤肉和鱼（鲷鱼是其特色）。但即使是现场乐队演出也无法为紧张的就餐者注入太多欢乐，缓解气氛。

James Brooke Bistro & Cafe 西餐 $$

（☎082-412120；Waterfront Promenade，Jln Temple对面；主菜 RM10~39；⏲10:30~22:30，饮料仅提供至午夜）由于美味的菜式和漂亮的河景，始终口碑良好。提供沙捞越叻沙（RM12）等传统当地菜肴和口味独特的狂野婆罗洲叻沙(RM12)创意菜肴,价格非常公道。俄式牛柳丝(RM25)也有众多支持者。

Jambu 地中海菜 $$

(☎082-235292; www.jamburestaurant.com; 32 Jln Crookshank; 主菜RM28~55; ⏲周二至周四和周日 17:30~22:30, 周五和周六 至23:30)这里曾是殖民时期举办盛大聚会的地方(从通往酒吧通道上的照片可见一斑),属于20世纪20年代的豪宅,柚木地板、高架吊顶,提供地中海饮食和餐前小吃。平台上有彩色灯笼和台球桌,环境浪漫。餐厅直到最后一名食客离开后才打烊。位于市中心以南1.5公里处。

Magna Carta 意大利菜 $$

(Courthouse, Jln Tun Abang Haji Openg; 主菜 RM10~28; ⏲周二至周日 10:30~23:00)如果想怀旧,回到布鲁克时期,这里有美妙的院景阳台,也有中世纪英格兰结合19世纪土生华人装饰风格的餐厅。推荐菜品有意大利面、脆皮比萨(RM18)、自制面包和鲜榨橙汁。

Lyn's Thandoori Restaurant 印度菜 $$

(☎019-889 7471; Lot 267, Jln Song Thian Cheok; 主菜 RM16~34; ⏲周一至周六 10:00~22:00, 周日 18:00~22:00; 📶✍)自从1994年开始,这家店就一直固守在北印度区。其菜单超级丰富,特色菜有泥炉鸡、可口的羊肉、鱼肉和素食菜品(素食菜品接近50种,包括22种印度奶酪),所有菜品都使用上乘原料烹饪而成。

★Bla Bla Bla 创意菜 $$$

(☎082-233944; 27 Jln Tabuan; 主菜 RM22~90; ⏲18:00~23:30, 周二歇业)Bla Bla Bla是一家新颖而且时尚的餐厅,提供一流的中华创意菜肴。正如店内既有鱼塘又有巴厘岛佛像的装潢一样,其菜谱上既有传统菜品也有独创菜肴。特色菜包括丛林蕨菜沙拉、芒果鸭(美味)、鸵鸟肉、鹿肉以及班兰鸡。每道菜都分量十足,适合多人共享。

Zinc 地中海菜 $$$

(☎082-243304; 38 Jln Tabuan; 主菜 RM50~140; ⏲18:00~22:45)古晋的富人都为最近开业的Zinc及其精选欧洲菜肴感到高兴,因为这里有西班牙伊比利亚火腿、法国奶酪和婆罗洲其他地方都没有的高级葡萄酒。自然,最好的进口食材价格不菲,但除非准备挥霍一回,你也不会来Zinc。这里经常有现场音乐,周四有爵士乐队演出。

自炊

Ting & Ting 超市 $

(30A Jln Tabuan; ⏲9:00~21:00, 周日和节假日歇业)这里有各种精选的红酒、巧克力、化妆品和尿布。

Everrise Supermarket 超市 $

(Jln Tunku Abdul Rahman; ⏲9:30~21:30)位于Sarawak Plaza购物中心的下层。

🍷 饮品和夜生活

在Jln Carpenter和Jln Tabuan一带可以找到酒吧。

Ruai 酒吧

(7F Jln Ban Hock; ⏲18:00至次日2:30)这是一家伊班老板经营的酒吧,环境舒适惬意,超级好客。屋内挂满了旧时相片和乌鲁人的艺术品(奇怪的是,还有些墨西哥草帽夹杂其间),这里犹如城市中带游廊的伊班长屋,为洞穴探险、徒步和跑步迷提供了交流的场所。酒吧有不错的当地米酒(tuak)可供选择。大概21:00开始营业。

Barber 酒吧

(☎016-658 1052; Jln Wayang; ⏲17:00~23:00, 周五和周六 至次日1:30, 周二歇业)这间理发店经过了成功改造,设计师利用原先的瓷砖地板、镜子,甚至古老的吹风机,为古晋的时尚圈营造了一个得体的流连场所。提供的菜单包括汉堡和美式食品(主菜RM16~24),还有不错的甜点(RM16)可以选择。周日、周一和周三,3瓶啤酒RM45。

Monkee Bar 酒吧

(www.monkeebars.com; Jln Song Thian Cheok; 啤酒 RM6.50~12, 烈酒和调制酒 RM13; ⏲15:00至次日2:00)Monkee Bar的一半盈利都会捐献给在玛唐野生动物保护中心(见447页)运营的"红毛猩猩计划"(Orangutan Project),它是一家保护野生动物的非政府

组织。如果“为保护而喝”的概念对你没吸引力，价格或许有：Monkee Bar有一些城里最便宜的饮品。这个小店烟雾缭绕，店里有当地的年轻人群和在清洁网箱之余享受休息时光的志愿者。

Drunken Monkey
酒吧

（☎082-242 048; 68 Jln Carpenter; ⏲14:00至次日2:00）虽然名字“年轻”，但这家酒吧吸引的是成年的本地人和游客。饮品单包括桶装吉尼斯黑啤（每品脱 RM19）、各种进口葡萄酒和整整一页的威士忌。可以选择坐在有风扇的室外小巷座位或者有空调的室内餐桌。欢乐时光持续至20:00，价格优惠幅度不大。

Black Bean Coffee & Tea Company
咖啡馆

（Jln Carpenter; 饮品 RM3~4.80; ⏲周一至周六 9:00~18:00; 📶）店面不大，但是店内供应的新鲜咖啡粉散发出诱人香气，足可攻占每个人的嗅觉神经，经许多人品鉴，在古晋的这家咖啡最地道。每天的特色烘焙包括Arabica、Liberica和Robusta咖啡，皆产自爪哇、苏门答腊，当然还有沙捞越。此外，这里还提供来自中国台湾的乌龙茶和绿茶。店内不供应无咖啡因咖啡，只有三张桌子。

Lamin
酒吧

（Persiaran Ban Hock; ⏲周一至周四 14:00~22:00，周五和周六 正午至23:00）这家质朴的长屋风格酒吧提供各种美味的自制加酒冰激凌，包括椰花酒（tuak）和葡萄干、红葡萄酒和芒果，以及吉尼斯黑啤（RM13）。

购物

如果你喜欢收集传统的婆罗洲艺术品和工艺品，那么你来对地方了——古晋是收藏家和文化爱好者在这座岛屿购物的最佳落脚点。虽然不会有太多折扣，但是不要畏惧砍价——这里商品众多，质量跟价钱有直接关系。这里有太多让人存疑的“古”物，所以一定要多花时间货比三家，搞清楚这里什么价格能买到什么东西。

古晋大部分的商店每逢周日便关门歇业。

Juliana Native Handwork
手工艺品

（☎082-230144; ground fl, Sarawak Textile Museum, Jln Tun Abang Haji Openg; ⏲9:00~16:30）除了女店主自己的比达友珠饰制品——其中大多一直在新加坡的展览上展示，Juliana还出售本南族艺术家制作的优质藤席（RM490）和伊班的传统多彩手织布（pua kumba）。她出售的那块50厘米长的精致饰珠桌旗（RM680）耗时3个月才完成。

主要集市
手工艺品

（Main Bazaar; ⏲部分店铺周日歇业）面向滨水步行道的成排店屋中有很多手工艺品商店，有的装修得像个美术馆，而有的则像放血甩卖的杂货店，而另一些（尤其沿着主要集市的西侧）则堆满了媚俗的苗形工艺品。

很多来自加里曼丹（Kalimantan）高原的手工制品值得一看（哪怕不买），这些商品包括手工编织的纺织品和篮子、面具、鼓、铜锣、雕像（高达2米）、串珠头饰、剑、矛、漆盾和文莱大炮。大部分店铺的工作人员都乐意讲解每种物品的来源和使用方法。

UD Siburan Jaya
食品

（66 Main Bazaar; ⏲周一至周六 8:30~21:00，周日 9:30~17:00）销售很多沙捞越特产，如辣椒（黑色辣椒和白色辣椒）、叻沙酱、参巴酱、巴里奥大米，甚至还有米酒（tuak）。

Fabriko
服装

（56 Main Bazaar; ⏲周一至周六 9:00~17:00）这是一家小型精品店，精选各种按照传统及现代设计风格制作的乌鲁人织物和布料，包括丝裙和男士蜡染衬衫，均产自沙捞越。

Nelson's Gallery
艺术

（54 Main Bazaar; ⏲9:00~17:00）在楼上，艺术家Narong Daun耐心地在丝绸上创作生动的丛林主题蜡染绘画。

Sarawak Craft Council
手工艺品

（sarawakhandicraft.com.my; Old Courthouse; Jln Tun Abang Haji Openg; ⏲周一至周五 8:30~16:30）由一个非营利性组织经营，这家商店里精选马来西亚、比达友人、伊班人和乌鲁人的手工艺品——看看完全用树皮制成的牛仔帽和锥形的美拉瑙人帽子（terendak）。

Tanoti
手工艺品

（☎082-239277；www.tanoticrafts.com；Tanoti House, 56 Jln Tabuan；⏰8:00~17:30，节假日歇业）只有Tanoti的妇女才会编织独特的沙捞越式金锦缎，该金锦缎采用的是一种特殊的绣布方法。欢迎游客参观作坊，见识编织，但需要提前打电话安排。展示商店里有少量作品出售。

妇女按订单生产，编织传统男式纱笼（sampin）和装饰作品，每件价格为RM10,000~15,000。

Popular Book Co
书籍

（Level 3, Tun Jugah Shopping Centre, 18 Jln Tunku Abdul Rahman；⏰10:00~21:30）宽敞现代的书店，有各种英文书籍，包括当地作家的作品和旅行指南。

Mohamed Yahia & Sons
书籍

（☎082-416928；地下层，Sarawak Plaza, Jln Tunku Abdul Rahman；⏰10:00~21:00）专卖关于婆罗洲的英文书籍，包括四卷的《伊班研究之百科全书》（*Encyclopaedia of Iban Studies*）。此外，这里还销售沙捞越州地图和旅行指南。

ℹ 实用信息

古晋城内有印度尼西亚和文莱领事馆，以及澳大利亚和英国的名誉领事。

危险和麻烦

当地有时会发生摩托车抢包事件。走在人流稀少的路段（如Jln Reservoir和Jln Tabuan）需要倍加小心，天黑之后尤其要小心。

8月和9月，古晋及周边地区会经常出现雾霾。它看起来是浓雾，实际上主要是由印度尼西亚的森林山火导致的烟雾颗粒。官方将雾霾的原因归结于刀耕火种的传统农业方式，但一些人怀疑是由于棕榈油种植园烧林开荒导致的。

2015年，古晋的空气质量指数被认为达到了“不健康”的水平。这样的空气状况让哮喘患者面临危险，也会造成其他人的轻微症状（眼睛刺痛，喉咙疼痛）。

除了健康方面的考虑之外，雾霾严重的时候，还会影响到能见度，导致观光和游览国家公园无法尽兴，甚至毫无意义。然而，景点还是会照常开放。雾霾通常几天后会消除，取决于天气情况。

紧急情况

警察，救护车和消防（☎999）

洗衣

多数酒店洗衣服务昂贵，按件收费，而一些客栈提供的洗衣服务，每批衣物清洗标价为RM5~10，其中包括熨烫服务。

My Express Laundry Service（Jln Wayang；10公斤冷水/温水/热水 RM5/6/7，烘干每25分钟 RM5；⏰24小时）便利的自助洗衣服务。

医疗服务

古晋部分医疗机构达到一流水平且价钱合理，所以这里开始时兴“医疗旅游”，尤其吸引印度尼西亚的游客。对于小病，客栈和酒店会为你推荐一个愿意出诊的全科医生。

Klinik Chan（☎082-240 307；98 Main Bazaar；⏰周一至周五 8:00至正午和14:00~17:00，周六、周日和节假日 9:00至正午）位于中心地段，非常方便。小病诊断费RM35起。

Normah Medical Specialist Centre（☎082-44005，急诊082-311999；www.normah.com.my；937 Jln Tun Abdul Rahman, Petra Jaya；⏰急诊24小时，门诊周一至周五 8:30~16:30，周六 至13:00）被公认为古晋最好的私人医院。院内配备24小时值守的救护车。医院位于沙捞越河的北部，陆路距市中心约6公里。7:00~17:00，从绍嘉纳公共汽车站（见437页）发车的1路公共汽车到达这里。

沙捞越综合医院（Sarawak General Hospital, Hospital Umum Sarawak；☎082-276 666；http://hus.moh.gov.my/v3；Jln Hospital；⏰24小时）古晋的大型公立医院，设施现代，价钱特别公道，只不过总是人满为患。Jln Tun Abang Haji Openg沿线，位于市中心南部约2公里处。可乘坐K6路、K8路或K18路公共汽车抵达医院。

林地医疗中心（Timberland Medical Centre；☎082-234466，急救082-234991；www.timberlandmedical.com；JlnRock, Mile 2½；⏰急诊 24小时）这是家私人医院，院内员工非常称职。院内配备24小时值守的救护车。沿Jln Tun Abang Haji Openg前行，然后沿着Jln Rock行驶即可到达，位于

市中心南部约5公里。

现金

古晋的银行和自动柜员机大都位于Jln Tunku Abdul Rahman。如果你需要兑换现金或旅行支票，货币兑换商给的优惠比银行多，而后者往往不热衷处理现金业务和US$100的大钞。

马来亚银行（Maybank；Jln Tunku Abdul Rahman；⏲周一至周四 9:15~16:30，周五 至16:00）配有自动柜员机。位于肯德基旁的街角上。

Mohamed Yahia & Sons（地下层，Sarawak Plaza，Jln Tunku Abdul Rahman；⏲10:00~21:00）免手续费，汇率高，接受超过30种货币（包括100美元大钞），以及美元、欧元、澳元和英镑旅游支票。位于书店内。

渣打银行（Standard Chartered Bank；Jln Padungan；⏲周一至周五 9:15~15:45）有一台24小时自动柜员机。

新加坡大华银行（United Overseas Bank；2 Main Bazaar；⏲周一至周五 9:30~16:30）在Jln Tun Abang Haji Obeng的街角附近有一台24小时自动柜员机。

警察局

中央警察局（Central Police Station，Balai Polis Sentral；☎082-244444；2 Jln Khoo Hun Yeang；⏲24小时）位于一栋1931年建成的蓝白色大楼内。

旅游警察局（Tourist Police；☎082-250522；Waterfront Promenade；⏲8:00至午夜）多数警察都能讲英语。警察室位于主要集市96号大街对面。

邮局

邮政总局（Main Post Office；Jln Tun Abang Haji Openg；⏲周一至周五 8:00~16:30，周六 8:00至正午）一座引人注目的柱廊建筑，建于1931年。

旅游信息

国家公园预订办事处（National Park Booking Office；☎082-248088；www.sarawakforestry.com；Jln Tun Abang Haji Openg，Sarawak Tourism Complex；⏲周一至周五 8:00~17:00，节假日关闭）经销沙捞越各大国家公园的宣传册，并提供最新的大王花观赏信息。不仅可以电话咨询，现场更有专人耐心答疑解惑。可以通过柜台、电话和登录http://ebooking.com.my预订巴哥国家公园、加丁山国家公园和库巴国家公园及玛唐野生动物中心的住宿。

签证处（Visa Department；Bahagia Visa；☎082-245661；www.imi.gov.my；2nd fl，Bangunan Sultan Iskandar，Komplek Pejabat Persekutuan，Jln Tun Razak和Jln Simpang Tiga交叉路口；⏲周一至周四 8:00~17:00，周五 8:00~11:45和14:15~17:00）位于市中心南部约3公里的一栋17层联邦办公大楼内（沿Jln Tabuan前来）。城市公交线（City Public Link）K8路或K11路公共汽车到达这里，每半小时左右1趟。从市中心叫出租车前往这里花费RM15。

游客信息中心（Visitors Information Centre；☎082-410942，082-410944；www.sarawaktourism.com；UTC Sarawak，Jln Padungan；⏲周一至周五 8:00~17:00，节假日关闭）如今从具有历史感的老法院大楼搬迁至Jln Padungan上UTC建筑内的临时新地点，老法院大楼在此期间面临重建。

中心员工乐于助人、消息灵通，提供大量信息手册和大量实用信息（如公交时刻表）。

> **前往印尼：古晋到坤甸**
>
> **前往边境** 许多长途汽车公司经营往返于古晋中环广场长途汽车总站（Kuching Sentral bus terminal；以及沙捞越沿岸的其他地点）和坤甸（Fontianak）的西加里曼丹城市之间的交通线路（经济座RM60，头等座RM80，主新路/旧路7/10小时）。
>
> **到达边境** 64个国家的旅行者可以在Tedebu（马来西亚）和恩蒂贡（Entikong；印度尼西亚）的陆路口岸获得为期一个月的印度尼西亚落地签，这个口岸是马来西亚沙捞越和印度尼西亚加里曼丹间的唯一官方口岸。
>
> **继续前行** 坤甸与印度尼西亚的其他部分相连，并通过如巴达维亚航空（Batavia Air；www.batavia-air.com）等航空公司与新加坡相连。

ℹ 到达和离开

越来越多的沙捞越人拥有自己的汽车，因此公交线路——尤其是古晋市区内的短程线路，趋于停滞状态。由于复杂的政治原因，一些线路已经被毫无规范、管理混乱的小巴"占据"，以致收发车时间不固定、缺少固定站点，对游客基本无用。

去往沙捞越西部自然保护区的唯一途径就是租车或参团旅游。客车可及的景点有巴哥国家公园、实蒙古自然保护区、库巴国家公园、玛唐野生动物中心，以及交通不太方便的风洞（Wind Cave）和仙人洞（Fairy Cave）。

飞机

古晋国际机场（Kuching International Airport; www.kuchingairportonline.com）位于城市中心南部11公里处，有直飞新加坡、新山（Johor Bahru，又称柔佛巴鲁，新加坡长堤对面的马来西亚城市）、吉隆坡、槟城（Penang）、亚庇（哥打基纳巴卢，Kota Kinabalu，KK）、斯里巴加湾市（Bandar Seri Begawan，BSB）和坤甸（Pontianak）的航班。

马航飞翼航空（MASwings，马来西亚航空公司的子公司），是马来西亚婆罗洲自有国内航空公司。飞往沙捞越14个目的地的航班连接着其位于米里（Miri）和古晋的枢纽机场，目的地包括低地城市泗务（Sibu）、民都鲁（Bintulu）、林梦（Limbang）和老越（Lawas），还有高原地区，如巫鲁山国家公园（Gunung Mulu National Park）、巴里奥（Bario）和峇加拉兰（Ba Kelalan）。

这座机场有三个出发大厅：去沙捞越州内选择"Domestic Departures"，去马来西亚其他地方选择"Domestic Departures (Outside Sarawak)"，国际航班选择"International Departures"。

位于航站楼内，行李装运转盘和通关口旁有一个**游客信息中心**（arrival level; ⌚周一至周五8:00~17:00）。

在**联昌银行柜台**（CIMB Bank counter; 到达区; ⌚7:30~19:30）可兑换外币，但汇率不划算。麦当劳前面有一台**自动柜员机**。至于票务问题，可到**马来西亚航空公司**和**马航飞翼航空办事处**了解详情（出发区; ⌚5:00~20:00）。

船

Ekspress Bahagia（☎016-889 3013，016-800 5891，古晋082-412 246，泗务084-319228）每天都有从快线码头（Express Wharf）发往泗务的快线渡轮，码头位于古晋城中心以东约6公里处。古晋发船时间是8:30，米里发船时间是11:30（RM45，5小时）。出发前，最好提前一天订票。城里打车到码头需花费RM35。

长途汽车

6:00~18:00，每半小时左右都有城市公交线（如K9路）和沙捞越运输公司（STC；如3A路、4B路、6路和2路）运营的公共汽车行驶在城中心的古晋绍嘉纳公共汽车站（见437页）和地区快线公共汽车总站（Regional Express Bus Terminal）之间。绍嘉纳的售票窗口能够告诉你下一次发车时间。从市中心乘坐出租车的费用为RM28~30。

古晋中环广场

这是一座大型的**汽车站/购物中心一体广场**（Jln Penrissen和Jln Airport交叉路口），运营古晋大多数中程和所有长途线路。位于市中心以南约10公里，它同时被称为"Six-and-a-Half-Mile Bus Station"（6英里半公共汽车站）。站内设施包括发车电子板和提供Wi-Fi信号的咖啡馆。在公司柜台前订票，然后在2号或3号柜台前付费（标有"Cashier/Boarding Pass"）。上车前，须在检票台前向工作人员出示车票。

前往沙捞越中部

6:30~22:30，有十几个不同的公司发车，沿着沙捞越北海岸前往米里（RM80，14.5小时），每小时至少1班，中途分别停靠泗务（RM50，7.5小时）、民都鲁（RM70，11.5小时）、巴都尼亚路口（Batu Niah Junction; 尼亚国家公园停靠站）和兰卑尔山国家公园（Lambir Hills National Park）。亚客（Bus Asia）客运公司每天9个班次，第一班7:30发车，最后一班22:00发车。与其竞争对手不同，该公司有一间**市区办事处**（☎082-411111; Jln Abell和Jln Chan Chin Ann交叉路口; ⌚6:00~22:00），并且周一至周六还有开往古晋中环广场的班车。**亚洲之星**（Asia Star; ☎082-456999）等客运公司营运的豪华"VIP巴士"横向仅有3个座位（共有28个座位），部分巴士还配有厕所，但仅仅比普通长途客车贵RM10~20。要想去文莱、林梦或沙巴，你需要在米里转车。

前往沙捞越西部

前往实蒙古野生动物中心（Semenggoh Wildlife Centre）、巴哥国家公园、库巴国家公园和玛唐野生动物保护中心的长途汽车全都在城镇或绍嘉纳公共汽车站附近停靠，去往伦乐（Lundu）方向（包括风洞和仙人洞）的长途汽车由古晋中环广场发车。

出租车

对于一些目的地，除了参团外，唯一的交通方式就是租用一辆酒店或客栈的出租车，或通过**古晋城市广播出租车公司**（Kuching City RadioTaxi；见438页）等租用出租车。租用一辆红黄相间的出租车，一天8小时的费用为RM300~350，具体价钱部分因距离而定，黑车价钱能低点儿。如果你希望司机到达目的地后再带你返回，每等待1小时须支付约RM20。

古晋发出的单程出租车费用表（夜间费用将高出50%）：

目的地	价格
安娜莱斯长屋	RM90起
巴哥集市（巴哥国家公园）	RM55
快线码头（泗务方向渡轮）	RM35
仙人洞	RM70~80（包括风洞和3小时等待时间，RM150~200）
库巴国家公园	RM60
玛唐野生动物中心	RM60
山都望半岛度假村	RM60
沙捞越文化村	RM60
实蒙古自然保护区	RM60~70（往返包括1小时等待时间，RM120）
风洞	RM40

当地交通

步行几乎可以遍访古晋城中的全部景点，而出租车或公共汽车只有前往机场、古晋中环广场（长途汽车总站）、泗务方向的快线码头和猫博物馆才需要乘坐。

抵离机场

红黄色出租车到古晋市区的固定价格为RM30，含行李；较大的高级出租车（teksi eksekutiv）车身为蓝色，车费为RM35。航站楼内，租车柜台旁有乘车券销售。

船

被称作tambang的通过弓形木船（尾挂引擎驱动）横穿古晋沙捞越河，接送旅客到滨水步行道各码头，目的地有柏彦村（去玛格丽特要塞）和阿斯塔纳宫等。沙捞越最便宜的船费是50sen（22:00至次日6:00较多），船上随付。如果你抵达码头时tambang正好离岸，不要急，通常等一会儿就会有下一班船过来。

公共汽车

绍嘉纳公共汽车站（Saujana Bus Station；Jln Masjid和Jln P Ramlee交叉口）营运本地和短途游线路。位于城中心联通Jln Market和古晋清真寺的断头路上。绍嘉纳公共汽车站有三家公司。

城市公交线（City Public Link；☎082-239 178）有一个固有售票口，并张贴公交时刻表。字母K开头的线路为市内公共汽车，于6:00或7:00至17:30左右运营。K3路和K10路公共汽车每小时有多班开往古晋中环广场（长途汽车站）的公共汽车。

沙捞越运输公司（Sarawak Transport Company，简称STC；☎082-233579）售票窗口设在海运集装箱内。2路和3A路公共汽车每小时有三班车开往古晋中环广场。发往古晋沙捞越综合医院和石龙门（Bau）的2路公共汽车与**石龙门运输公司**（Bau Transport Company）共同运营。

自行车

在木匠街（老唐人街）上的83、88和96号有简易自行车店。**Borneo Experiences**（见427页）对外出租自行车，每天租用费用为RM50。

小汽车

没有太多游客在沙捞越租车旅游。原因如下：路牌不大，即使最好的路线图也仅是无用的1:900,000比例；如果在异地还车会导致高昂的费用。这就是说，如果有辆自己的车的话，出行会非常方便。

开车前，一定要仔细检查你所租赁的汽车。租赁的汽车不仅要车况良好，而且还应配备所有必要的安全设备（如安全带）。某些租车公司车况堪忧。

有一半的租车公司在古晋机场抵达厅设有办公台：

Ami Car Rental（☎082-427221，082-579679；www.amicarrental.com）

Golden System（☎016-388 3359；www.gocar.com.my）我们收到了一些对这家租车公司的好评。

Hertz（☎082-450740；www.hertz.com）凭借其国际形象而享有盛誉。

Hornbill Tours & Car Rental（☎082-457948；hornbill.car.rental@gmail.com；counter 4，古晋机场到达大厅）费用每天RM80起。

摩托车

假如你会骑摩托车，那么租一辆来骑着游览古晋区域内的景点就再好不过了。但你的雨具一定要合格耐用，而且有时还要靠不甚清晰的路标来认路。

An Hui Motor（☎016-886 3328，082-240508；29 Jln Tabuan；⏲周一至周六 8:00~18:00，周日 8:00~10:30）一家摩托车修理厂，和Vespa外形差不多的铃木RG（110cc）或RGV（120cc）摩托车每天的租金是RM40，125cc小型摩托车（含头盔）每天租金为RM40，押金为RM100。保险仅针对摩托车，而非驾驶员，且在古晋80公里半径内有效。如果前往士马丹、伦乐或安娜莱斯，须提前了解保险细则。

出租车

古晋现有两种出租车：一种为传统的红黄色出租车，另一种则是空间更大、更为舒适、价格更高的高级出租车，它的车身为蓝色。

大街上可以叫到出租车，在出租车站也停候有出租车（市中心有几个，如在大型酒店里）。提供24小时电话预订的出租车公司如下：

ABC Radio Call Service（☎016-861 1611，082-611611）

Kuching City Radio Taxi（☎082-348898，082-480000）

T&T Radio Call Taxi（☎082-343343，016-888 2255）

所有古晋的出租车——除了往返于机场的固定价出租车（RM30），都按照计价器收费。乱收费现象很少，所以鲜有不愉快的乘坐出租车经历。起步价为RM10，超出3公里（或受限于城市交通，缓慢行驶超过9分钟）后每公里或每3分钟为RM1.2。电话订车须额外支付RM2。午夜至次日6:00，车费上涨50%。

古晋市区单程车费为：

- 猫博物馆（古晋北部）：RM30
- 印度尼西亚领事馆：RM25~30
- 古晋中环广场（长途汽车总站）：RM30
- 签证处：RM15

沙捞越西部（WESTERN SARAWAK）

沙捞越西部拥有让人眼花缭乱的自然景观和原住民文化，包括许多可进入的长屋、沙滩和雨林。此外，游客也有机会见识到这里特有的居民（包括长鼻猴和红毛猩猩）。

巴哥国家公园（Bako National Park）

巴哥国家公园位于南海之滨的锯齿形半岛上，是沙捞越历史最悠久的**国家公园**（☎巴哥汽车总站082-370434；www.sarawakforestry.com；RM20；⏲公园办公室 8:00~17:00）。公园位于古晋市区东北方向，距市区仅有37公里，却给人一种恍如隔世的感觉。这是沙捞越观看原始栖息地雨林动物的最佳地点之一。

占地27平方公里的半岛海岸由许多隐藏在神秘海湾之中的迷人小海滩组成，海湾里点缀着久经风蚀的峭壁、长满树木的陡岸和秀美的红树林沼泽。公园内部溪流和瀑布遍布，拥有一系列独特的生态系统，其中就包括经典的低地雨林（混合龙脑香林）生态系统和石南林生态系统（kerangas）。徒步路径横穿形成半岛基础的砂岩高原，与一些主海滩相连，所有这些海滩均可从公园总部乘船抵达。

巴哥国家公园因其令人难以置信的生物多样性而闻名，这里拥有几乎全部的婆罗洲动植种类，从陆生兰花、猪笼草到长尾猴和长须野猪不一而足。这里的"明星"莫过于长鼻猴，这也是婆罗洲近距离观赏这些当地特色动物的最佳观赏点之一。

从古晋出发前往巴哥的一日游行程并不匆忙，但是，如果太赶就没意思了——我们建议到达后入住一晚或两晚，这样才能真正体会到此地的野性之美。乘坐公共交通到达巴哥很容易。

景点和活动

解说中心 博物馆

（Interpretation Centre；Bako National Park HQ；⏲7:30~17:00）利用传统方式介绍公园内七种不同生态系统，揭示忘忧草（猪笼草）和

Around Kuching 古晋周边

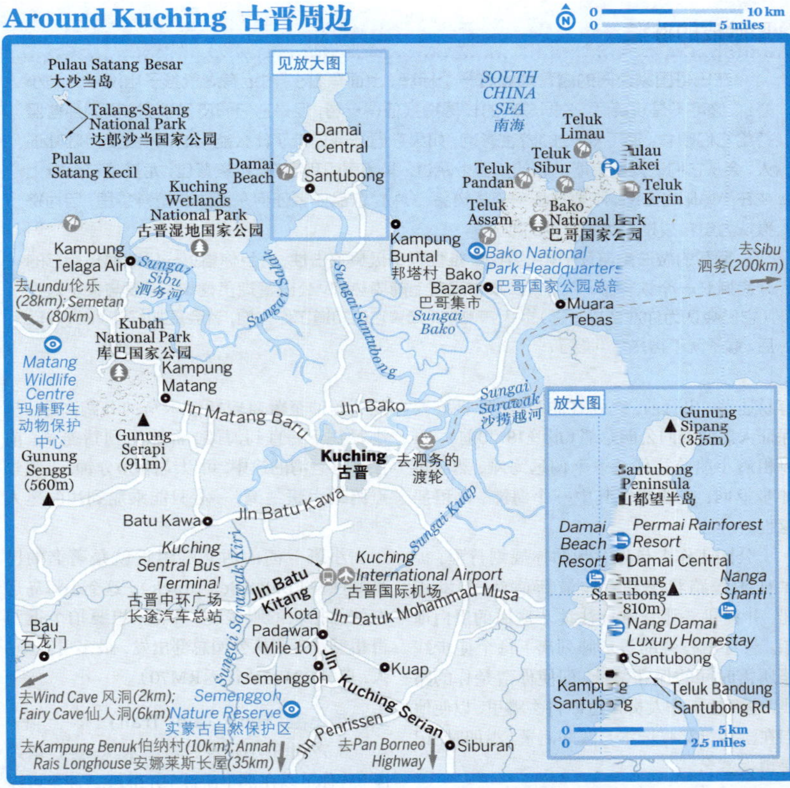

蚂蚁之间的共生关系。

观赏野生动物

科学家估计，巴哥有37种哺乳动物，包括银叶猴、棕榈松鼠和鼷鹿、麝猫和鼯猴等夜行性动物；24种爬行动物，包括长达1米以上的水巨蜥；以及约190种鸟类，其中一些是候鸟。

日出之后和日落之前很容易发现丛林动物，要想观赏最精彩的野生动物，必须留下过夜。令人惊讶的是，公园总部的周围就是一个特别好的观赏地点，这里能看到各种动物，包括红褐色的长鼻猴，其大腹便便的肚子充满益生菌，帮助它们从不易消化的植物中汲取营养。在看见它们光亮的皮毛前，你就能听见它们折断树枝的声音，或雄性猴子咀嚼嫩叶时松垂鼻子上下抽动的声音。

长鼻猴对人类既怕又爱，它们通常活动于：公园游客小屋上方的树枝上、码头和公园总部之间的红树林木板栈道附近、公园总部附近的阿萨姆湾（Teluk Assam）海滩树林里和巴库海湾小径（Teluk Paku Trail）周围，长鼻猴喜欢在峭壁上的树丛中和沿着德利马海湾小路（Teluk Delima Trail）搜寻食物。

红树林下方的泥潭中生长着各种独特生物，包括寄居蟹、招潮蟹和弹涂鱼（一种经常在红树林下方潮区淤泥中跳跃的鱼）。

婆罗洲长须野猪是引人注目的动物，经常带着小猪在自助餐厅和小屋附近转悠，很容易见到。

丛林徒步

巴哥的17条小径适合各种身体状况和意志力的人选择，从短程漫步路线到前往半岛一端的艰苦徒步线路等，选择众多。因为徒步线路均有色标，并清楚地涂有色带，所以不

厚脸皮的猕猴

在巴哥国家公园的露营地竖着一个标牌，上面写着："附近有淘气猴子出没——请小心！"这可不是玩笑话，公园总部的长尾猕猴值得一看，但是它们调皮又狡猾。受到那些坚持给它们喂食（请不要！）的游客影响，如果它们怀疑你带了什么能吃的，就会变得咄咄逼人，会从它们认为所有能抢到的东西上跳过。紧闭房门和窗户，拉紧背包，尤其是在海滩上或在小屋阳台上时。不要把任何值钱物品、食物、饮品或者任何东西放在塑料袋里，因为猕猴认为塑料袋是人类装零食的地方。

明智的做法是与猴子和平相处。雄性猴子极具攻击性，一旦你看见一只猕猴正用它的牙齿撕开一个饮料罐，你应该庆幸你没有上前凑热闹。公园管理员建议，不要与猴子对视（它们会认为你准备攻击它）或大声嘶叫（如果它们知道了你害怕，就会更加好斗）。天黑以后，猴子就不再是个问题了。

容易迷路。出行前，规划好徒步线路，最好要保证天黑前返回公园总部（最晚18:00前）。可以租艘小船前往任意一个偏远海滩，然后再徒步返回；或徒步至其中一个海滩，再租船返程。

公园工作人员乐意帮助你规划行程，提供徒步线路状况和潮汐最新信息，帮助租船，并提供一张详细标注徒步区域的黑白地图。教育中心旁的告示牌列出了每个徒步线路所需时间的保守估计。即使你清楚你的路线，也要让工作人员知道你将去哪里，以便他们在游客行踪登记本上做好记录。返回时，记得再次签名。

带足水源、遮阳帽和防晒霜，因为异翅香木（婆罗洲极具特色的植被带）林偌大的面积中鲜有遮阴避凉之地。对强烈日光敏感的游客须考虑穿件轻便的长袖衬衫和长裤。出行前，带上驱虫剂也是个不错的主意。

林堂小径（Lintang Trail） 徒步

如果你只能在巴哥待一天，那就尝试早起，到林堂小径进行一次徒步游（5.8公里，往返3.5~4小时）。这条徒步线路横穿一片绿地，途经砂岩峭壁，直到异翅香木林。站在林间，你会拥有极佳的视野并能看见许多猪笼草（在徒步线路东北侧生长得尤为茂盛）。

小班兰湾小径（Teluk Pandan Kecil Trail） 徒步

小班兰湾绚丽的沙滩四周是壮观的砂岩地层，这段通向小班兰湾的2.6公里小径是最热门的徒步小径之一。这条小径翻越森林，然后延伸至覆盖着矮灌木丛的开阔高原。从小径往下一直到海滩，都能见到猪笼草。前往小班兰湾的途中，可以绕路30分钟，去观景点俯瞰**大班兰湾**，一处只能乘船到达的迷人沙滩。

小班兰湾的西北端附近就是著名的巴哥海蚀柱（Bako Sea Stack），这个小海岛远看就像抬头的眼镜蛇。不过，想要拍个近照得租艘小船（从公园总部出发，最多可乘坐5人，单程RM35或往返RM70）。

塔约湾小径（Teluk Tajor Trail） 徒步

3.5公里的小径穿越矮灌木丛，经过塔约瀑布（你可以在那里游泳）并继续延伸至可以露营的塔约海滩。

乘船游 乘船游

（前往巴库湾最多可乘坐5人的船 单程/往返 RM18/36，前往小班兰湾 RM35/70，前往塔约湾 RM105/210）乘船前往或从公园的某处海滩乘船返回是徒步时避免走回头路的好办法。公园总部的**巴哥船舶交通**（Koperasi Warisan Pelancongan Bako Berhad；☎011-2513 2711，011-2509 5070；⏲7:30~16:00）柜台可以安排，船夫有时也会经过比较热门的海滩，寻找想要搭船返回的疲惫徒步者。

乘船是观赏紧邻巴哥海岸的奇特砂岩海蚀柱的最佳方式，也是近到足以拍照的唯一方式。留心水面上时而可见的海蛇。

夜间徒步 观赏野生动物

（Night Walk；每人 RM10；⏲20:00）想要观赏蜘蛛、萤火虫、蝉、青蛙、海葵、猫头鹰等夜行动物，最好的方式就是跟随受训过的公园管理员进行夜间徒步，从而发现那些城里人很容易错过的动物。1.5~2小时的夜晚步行不应错过。随身带上手电筒。

游泳

在巴哥，将汗流浃背的雨林跋涉与在南海里洗个令人清爽的海水浴相结合曾经很受欢迎。然而，自从最近有人在沙滩上见到一条大型湾鳄以后，公园的工作人员便不再作此推荐了。虽然下海尚未完全被禁止，但要面临"风险自负"的警告。工作人员会建议你待在浅水处。别想在河流附近随处游泳了，那里基本上是鳄鱼的领地。喷驱蚊剂以预防海滩上的白蛉。

阿萨姆湾海滩（Teluk Assam Beach） 海滩

有人在公园总部附近的海滩冒险下水，但海水浑浊。你可以望见（西边）远处山都望（Santubong）半岛的荒凉东岸。

团队游

公园总部没有足够的长期工作员工去陪同每位单独游客，所以，如果你想雇个**有执照的向导**（☎Sabariman 019-469 2570；riman1978@gmail.com；Bako Bazaar；每个团队每小时/天 RM35/120），须到巴哥集市（Bako Bazaar）的客船站咨询详情。公园有非常严格的规定，只允许持证导游进入（无证导游和其带队的旅游团不允许进入）。

住宿

巴哥的住宿肯定不会奢华，但这里的住宿地尽管简朴却经营良好且设施齐全。需要交纳RM10钥匙押金。公园接待处免费提供不带锁的寄存服务。

公园园内住宿通常呈饱和状态（尤其在5月至9月），所以最好提前订房。一些旅行社会提前预订几家宾馆的房间，并且在旅游套餐未被售出和被单个游客取消掉的情况下提前一个星期再放出。所以，宾馆在入住的一周之前，甚至最后一刻出现空房也很常见。

Forest Lodge Type 5 小屋 $

（☎古晋的公园预订办事处082-248088；ebooking.com.my；房间 RM100；❄）"Type 5"的住宿要么是有两个房间的度假木屋（每间有3张单人床），要么就在比较新的阶梯状混凝土建筑内（每间有4张单人床）。所有房间都自带卫生间和空调。

Forest Hostel 青年旅舍 $

（☎古晋的公园预订办事处082-248088；ebooking.com.my；铺 RM15，四 RM40）这栋木制的古老旅舍建筑已经磨损且有凹痕，但完全耐用。房间里有4张排成一排的单层床、冰箱和安装在墙上的风扇。自带毛巾。

Forest Lodge Type 6 小屋 $

（☎古晋的公园预订办事处082-248088；ebooking.com.my；双 RM50，两室小屋 RM75）每个田园风格的双床客房都铺有木地板，带有独立浴室、冰箱和风扇。

露营 露营地 $

（每人RM5）为了避免成为猴子的劫掠对象，公园总部用围栏圈出一块露宿区，18:00后可以搭设帐篷，清晨必须拆除。你也可以把帐篷搭设到距离公园总部1.5公里的塔约海滩。

就餐

园内住宿不允许自炊。最近的食品店位于巴哥集市上。

Kerangas Café 自助餐馆 $

（Canteen；餐 RM8~10；⌚7:30~22:30）自助餐厅，具有防猕猴的设计，供应丰富可口的饭食，如炒饭、鸡肉、鱼肉、蛋糕、新鲜水果和袋装零食。11:30~14:00和18:30~20:00供应自助餐。

到达和离开

乘坐公共交通工具前往公园很容易。首先，搭乘古晋始发至巴哥集市的长途汽车（每小时1班），然后跳上一艘开往阿萨姆湾码头（Teluk Assam jetty）的汽艇，最后再沿着木板栈道走400米就可到达公园总部。

古晋旅行社的团队游收费约为每人RM300，包括乘船游。

船

在总站和公园总部有柜台的Koperasi Warisan Pelancongan Bako Berhad可以安排从巴哥总站

（Bako Terminal；位于巴哥集市）到巴哥公园总部的船只交通。从巴哥集市的总站到公园的20分钟船程，每人费用RM20。5月至9月，船只通常在8:00~16:00每隔1小时发船（在柜台询问当天的时刻表）。船只从巴哥国家公园返程的最晚时间是16:00。

退潮时，船很难靠近阿萨姆湾码头，所以你只能涉水上岸。船夫可能坚持下午早些时候回程，以防下午的退潮，但是人们都知道大胆的驾驶员甚至可以在最低潮的时候把船开回巴哥集市。

11月下旬至次年2月或3月，海上经常风大浪急，班船旅程可能不太频繁。

长途汽车

1路公共汽车（RM3.5）从古晋Jln Khoo Hun Yeang 6号发出，街道对面是露天市场小吃摊。7:00~17:00，古晋始发的公共汽车每小时1班，巴哥集市始发的长途汽车6:00~17:30（一般来说）每小时1班。如果错过最后一班车，可以到村落里问问有没有开往古晋的小巴或私家车（RM55）。

在古晋市区内，1路长途汽车也接载在沿河滨的站点候车的乘客，挥手即停。这些站点包括布鲁克纪念堂（Brooke Memorial）对面甘密街（Jln Gambier）上的候客处、华人博物馆（Chinese Museum）旁主要集市15号大街对面的候客处、Jln Tunku Abdul Rahman街7-11便利店（Riverside Suites内）旁的候客处以及Lime Tree Hotel西北一个街区，联合银行（Alliance Bank）前Jln Abell的候客处。

出租车

从古晋到巴哥集市（45分钟）出租车的费用是RM55。

山都望半岛（Santubong Peninsula）

像东边8公里远的巴哥国家公园一样，山都望半岛［也叫达麦（Damai）］是一处10公里长的半岛，好像一根插入南海的手指。此地有几处不错的沙滩，是沙捞越纵情享乐、无须奔波的最佳海滩度假基地。2007年，半岛的丛林腹地被划为国家公园。

景点和活动

沙捞越文化村 博物馆

（Sarawak Cultural Village，简称SCV；☎082-846411；www.scv.com.my；Damai Central；成人/儿童 RM90/30；⏲9:00~16:45）这座充满生机的博物馆位于七个传统住宅之间：三栋长屋、一座本南人木屋、一排马来人排屋和一片华人农舍。这听起来很奇怪，但是，沙捞越文化村因其维持当地文化和传统的鲜活而深受当地人的重视。

每天两次（11:30和16:00）文化表演，展示传统音乐和舞蹈。活泼的马拉诺人入场时展现的是转圈的妇女和咔嗒咔嗒的竹竿，而乌鲁舞蹈的表现形式则包括气球和吹管猎人。

这些住房由代表各族群部落的成员入住办公。但是，这里的标牌制作得很差，所以你如果不向展示工艺品的“当地人”询问，很难发现各族群在建筑、饮食、着装和音乐上存在的差异。在本南人的木屋里，你可以试试原住民用的吹箭筒，而马来人住宅则提供顶级纺纱体验。

可以提前联系沙捞越文化村预约工作坊活动，体验手工艺品制作（如制作珠饰）、音乐创作和舞蹈表演。如果你打算结婚，可以选择在这里按照丰富多彩的伊班、比达友、乌鲁或马来族仪式与心爱之人喜结良缘。

古晋的酒店和旅行社有这方面的旅游套餐（每人RM220），但是自己乘坐班车去那里也不是什么难事。沙捞越文化村位于达麦路口（Damai junction）。

Permai Rainforest Resort 海滩

（☎082-846490；www.permairainforest.com；Damai Beach；成人/儿童 RM5/3；⏲7:00~19:00）这一大片平房白天住宿价钱很划算。除了这片配有更衣设施并保护安全的细沙海滩外，这里有各种休闲和探险活动，其中包括高空绳缆课程（每人RM60）、接近垂直的攀岩墙（RM48）、海上皮划艇（每3小时RM80）和塔上观鸟（RM45）。

达麦中央海滩（Damai Central Beach） 海滩

一处可以免费进入的海滩，有很多吃饭的地方，坐落在沙捞越文化村停车场对面。沙滩设施有沙滩淋浴及储物柜。

丛林漫步（Jungle Walks） 徒步

几条徒步线路通向于半岛丛林的深处。

一条带有红色路标的徒步线路直通高耸云天的山都望山(Gunung Santubong; 810米)。这是一条极具挑战的线路，山路的最后一段非常陡峭，铺有石阶和绳梯。爬山约需3小时，下山需要2个小时。在通向达麦中央海滩路上的公主山(Bukit Puteri)上可以找到这条小径。

另一条带有蓝色路标的徒步线路经过一处美丽的瀑布，属于简单易行的环山线路(3公里，2小时)。

团队游

山都望半岛的东海岸和西海岸都生活着种类繁多的野生动物，在此常能见到的物种包括濒临灭绝的短吻海豚、蜻蜓、长鼻猴、滨江鳄鱼和各种鸟类。

半岛上的度假村和位于古晋的客栈和旅行社，均能为游客安排此类行程。

住宿

BB Bunkers 青年旅舍 $

(☎082-846835; www.bbbunkers.com; Damai Central; 铺 RM53; ❄📶)位于达麦中央海滩数米开外，这家时髦的青年旅舍有半岛唯一的宿舍床位。类似飞机库的工业风格空间被帘子分隔开来，为1~3张床的房间，或是双人床乃至超大号床营造出舒适的空间。这里可以安全储物。

Nanga Shanti 家庭寄宿 $$

(☎011-2517 7108; www.nangashanti.weebly.com; Santubong Peninsula; 双/帐篷 含早餐 RM120/170; ⏲4月至9月)🍃这个奇特的海滨住处位于山都望半岛未开发的荒凉东岸，只能乘船(往返RM40)或徒步2小时到达。住宿地点是有4个房间的木制长屋或豪华帐篷。太阳能板提供24小时供电，水则来自(经过过滤)山间小溪。4月至9月，这里经营家庭寄宿。

从邦塔村(Kampung Buntal)乘船30分钟可以到达，Nanga Shanti确实给人偏远的感觉。经营者是一对法国夫妇，他们自行修建了这间民宿，并尽可能使用再生材料。从设计细节上就能明显看出他们为建设投入的时间和精力，比如餐厅的聂帕榈叶屋顶和一些使用玻璃瓶堆成的墙壁。活动包括步行或划皮划艇到附近的海滩。午餐和晚餐费用为RM10~45。最少要住两晚。

Village House 客栈 $$

(☎016-860 9389, 082-846166; www.villagehouse.com.my; Lot 634, 紧邻Jalan Pantai Puteri, Kampung Santubong; 铺/双 含早餐 RM102/278~552; ❄🏊)藏身于山都望安静的马来村庄，住所拥有宁静放松的气息。有铁木地板和四柱床的房间分布在华丽的游泳池周边，另一端是鸡蛋花树。备货充足的酒吧和包含当地菜肴的菜单(主菜 RM14~60)让人没有离开这里的理由。

Nanga Damai Luxury Homestay 家庭寄宿 $$

(☎019-887 1017; www.nangadamai.com; Jln Sultan Tengah, Kampung Santubong; 双 含早餐 RM120~170; ❄@🏊)可瞥见丛林野生动物的漂亮花园、友好的宠物狗、好客的老板、8米长的豆荚形状游泳池和明亮舒适的房间(总共有6间)，使其很容易就能实现最少住两晚的要求。另外，还能在微风轻拂的阳台上享用美味的早餐。不适合14岁以下的儿童。古晋至山都望的往返班船经过这里。

Permai Rainforest Resort 别墅 $$

(☎082-846490, 082-846487; www.permairainforest.com; Damai Beach; 6床小屋 含早餐带风扇/空调 RM320/340, 树屋 RM310, 露营 每人不含早餐RM15; @📶)这栋别墅建筑周围长满植物，位于靠近海滩的山脚下。除了招待付费的宾客外，同时还要免费招待猕猴和银叶猴。住宿标准从简单装修、充满乡土气息的小木屋到配有空调、离地架高6米的木制别墅。该度假村组织丰富的户外活动。周日至周四房价会有所下降。

Damai Beach Resort 度假村 $$$

(☎082-846999; www.damaibeachresort.com; Teluk Bandung, Kampung Santubong; 双 含早餐 RM487起, 套 RM1044起; ❄@📶🏊)度假村拥有252间客房，活动丰富，设施齐备，让人有种生活在邮轮上的感觉(从好的方面看)。活动包括划船游、海上皮划艇，甚至还有由阿诺德·帕尔默(Arnold Palmer)设计的18洞

高尔夫球场（www.damaigolf.com）。这家酒店虽然有时在一些方面低于四星级的期望，但对想寻找便利海滩地段和不错游泳池的家庭来说，是个适当的选择。

就餐

美食广场 摊贩 $

（Food Court；Damai Central；主菜 RM5~8；⏲8:00~22:00）便利的美食广场，有10个摊位，出售面条、炒饭和冷饮，还有一家非常棒的印度煎饼摊（RM2.50~4）。

林福安海鲜 海鲜 $$

（Lim Hock Ann Seafood；Kampung Buntal；主菜 RM8~20，每公斤鱼 RM46~74；⏲11:00~14:00和17:00~22:00，周一午餐时间歇业）一个外形不规则的露天大排档，地上铺有嵌木地板，上面是镀锌雨罩，位于达麦中央海滩东南11公里（半岛基地东海岸上）处的渔村邦塔村中。这是一家传统的华人海鲜餐厅，当地新鲜捕捞的活鱼超级美味。

到达和离开

小巴

古晋和山都望半岛通过绍嘉纳公共汽车站始发的慢速K15路公共汽车连接，经营这项业务的是Damai Shuttle客运公司。

Damai Shuttle（☎082-846999；单程成人/儿童 RM12/6）9:00~18:15有小巴从古晋Grand Margherita Hotel发车前往达麦海滩和沙捞越文化村，每天6班。最后一班返回古晋的小巴于17:15从沙捞越文化村发车。

出租车

从古晋坐出租车到达麦中央海滩花费RM60（从机场叫车，花费约为RM70）。

古晋湿地国家公园（Kuching Wetlands National Park）

正如你所想的那样，只有乘船才能来到占地66平方公里的古晋湿地国家公园，观赏其中的壮美红树林。位于古晋西北约15公里处（直线距离），这座公园并没有办公室，仅有几个低洼小岛和盐水道，水道两旁生长着抗盐碱树木，这些树为长鼻猴、银叶猴和萤火虫（水位线以上）提供了食物和避难所。水中还生活着湾鳄和名叫弹涂鱼的两栖鱼类（水位线附近），水下则生活着品种繁多的鱼虾（水位线以下）。不远处的开阔水域是观看沙捞越短吻海豚的最佳地点之一。

早上（约9:00）是看海豚的最佳时间，而下午晚些时候，当长鼻猴从一棵树跳到另一棵树寻找最嫩、最鲜甜的嫩叶时，乘坐游船的游客将看见红褐色皮毛动物潜伏于水面。落日余晖映在水面创造出特别奇幻的景象——尤其在你的导游给你指向一棵"萤火虫树"（api-apitree，周围闪耀着无数绿光），一种超然的浪漫感油然而生。天黑之后，拿个手电筒，齐眼的高度你通常会看见动物眼睛的反光，如果运气不错的话，还可以看到鳄鱼。

团队游

CPH Travel Agencies 乘船游

（☎古晋 082-243708；www.cphtravel.com.my；70 Jln Padungan；⏲办事处周一至周五 8:30~17:00，周六 8:30至正午）每天8:30发出一艘红树林和短吻海豚观赏游船（每人RM140），每天16:30发出一艘野生动物观赏游船（RM165）。旅游套餐包括往返你所住酒店的交通接送。客船通常从Sarawak Boat Club发船。

实蒙古自然保护区（Semenggoh Nature Reserve）

作为全球观看半野生红毛猩猩的最好地点之一，从古晋出发半天就可以游遍实蒙古野生动物中心（Semenggoh Wildlife-Centre；☎082-618325；www.sarawakforestry.com；Jln Puncak Borneo；成人 RM10；⏲8:00~11:00和14:00~16:00，投喂 9:00和15:00）。在这里，你将有幸见到生活在天然雨林栖息地并在树林间攀爬跳跃的红毛猩猩。可以结合安娜莱斯长屋或伯纳村一起游览。

坐落在6.8平方公里的实蒙古自然保护区内，野生动物中心里生活着25只猩猩：其中11只是从非法猎捕或遗孤中解救出来的，剩下14只是它们的孩子，有些还只是整天躺在妈妈怀里、嗷嗷待哺的猩猩宝宝。4只树栖猩猩完全处于野生状态（也就是说，它们要自己寻

找食物)，但是其他的红毛猩猩则经常(确实如此)跳到公园总部里，进食香蕉、椰子、鸡蛋以及它们根本不熟知的药物。没有人能保证世界上最大的树栖猩猩会在此出现，即使在森林里果实充裕的时节，这样的机会也很难得。

公园总部几百米远的雨林处有一个喂食区，长达一个小时的喂食活动从9:00开始，10:00结束，第二轮从15:00开始，16:00结束。在喂食看起来要结束的时候，公园管理员有时会试着驱散观看的游客(尤其是旅行团，他们的导游总是急着要回古晋)，但是红毛猩猩通常会在这时出现在公园总部，所以如果一切都很平静，就不要急于踏上回程。

为了安全起见，游客会被要求站在离猩猩至少5米远的位置上——这种动物喜怒无常，并且被建议握紧自己的背包、水瓶和相机，因为我们都知道，猩猩会为了找吃的到处抢东西。为了避免招惹甚至惹怒它们，不要拿任何像枪的东西(比如手杖或相机支架)瞄准它们，不要尖叫或做出突然的动作，拍照的时候也不要开闪光灯。

护林员会密切观察，并将统治实蒙古的雄性猩猩Ritchie靠近的消息用无线电汇报传达过来。Ritchie双颊凸起，很容易被认出来。如果它决定过来一会儿，在它到来时必须准备好食物，免得惹它发怒。

实蒙古自然保护区有两条穿过原始雨林的小路，它们分别是：马辛小径(Masing Trail；主要小径；红色小径标记；30分钟)，连接公园总部和公路；布鲁克泳池小径(Brooke's Pool Trail；黄色和红色小径标记)，从公园总部延伸出的两公里环路，但它们一般情况下均不会面向公众开放，以限制猩猩与人类接触。

到达和离开

两家公共汽车公司提供从古晋绍嘉纳公共汽车站到公园大门的稳定公共交通服务，公园大门位于公园总部山下1.3公里处(RM3，45分钟)。

城市公交线(见437页)K6路公共汽车(RM3)从古晋发车的时间分别是7:15、10:15和13:00，从实蒙古发车的时间分别是8:45、11:15、14:15和16:15。

沙捞越运输公司(见437页)6路公共汽车(RM3)从古晋发车的时间分别是6:45和12:15，返回古晋的长途汽车分别在10:00和15:45路过实蒙古。

从古晋出发，单程出租车费用是RM60~70。往返费用是RM120，含1小时等待时间。

古晋的客栈和旅行社可以组织团队游。

伯纳村(Kampung Benuk)

开满鲜花，非常安静，这就是吸引了大量游客的比达友人村庄(Bidayuh village；成人RM6)，村中最大的声音也不过是公鸡打鸣。即便是村庄的体验游览也能让人心情愉快好几个小时，但奇怪的是，这里的游客相对过去减少了许多。

传统的32门长屋(Lg 5)中间有一个空间巨大的公共区，尽管大部分村民选择住在更具吸引力的现代房屋里，仍有少量家庭继续生活在长屋中。进入仪式大厅(barok)你会看到十几个人的头骨，白色的头骨略带绿色，悬挂在房椽上。

住宿

KurakuraHomestay 家庭寄宿 $$

(☎012-892 0051；www.kurakura.asia；Kampung Semadang；每人 含3餐2晚 RM275；❄)这家民宿的老板是挪威出生的Lars，他的老婆是在比达友出生的Liza。在Liza祖父的宅地上，他们建起了这家木房，开始经营丛林家庭寄宿至今。饮食取材于自家种植的蔬菜、水果和香草，可能提供的活动包括徒步和划皮划艇。从Kampung Semadang出发，乘船需要大约30分钟。房费含往返古晋的交通费用。

安娜莱斯村(Kampung Annah Rais)

虽然这所比达友长屋村庄在旅游徒步线路上已存在了几十年，但它仍然是一处好地方，让你感受什么是长屋、长屋生活是什么样的。

安娜莱斯(Annah Rais；成人/学生 RM8/4)现有的500位居民跟我们现代人一样热衷现代生活带来的诸多方便——他们喜欢用手机和3G上网，但是他们却做出了明智的决策，即保存他们的传统建筑和传统社会社交方式。他们还决定，通过留守本地以吸引现代游客

挣钱，这一举措最终使很多年轻人选择留在当地。

景点

长屋阳台 住宅

（Longhouse Veranda；Annah Rais longhouse）一旦你支付了门票，你就可以毫无限制地探索安娜莱斯的三个长屋（Kupo Saba、Kupo Terekan和河对岸的Kupo Sijo）。

比达友长屋最重要的特点就是有顶棚的公共长阳台（awah），地面铺有竹子地板，这个区域用来进行社交和庆祝活动。沿着阳台的一边有一长排房门，每扇门通往各自家庭的房间（bilik）。与公共长阳台平行的是露天阳台（tanju）。

头屋 房屋

（Headhouse；Annah Rais longhouse）鉴于伊班人每个家庭的房间外都按照传统悬挂猎获的头颅，比达友人就把他们的猎获的头颅聚在族群的集会大厅（panggah或baruk）上。目前，安娜莱斯的居民几乎全是圣公会教徒（加里曼丹的比达友人主要是天主教徒），人们已不再相信这些头颅可以保卫村落，但是约十几个烟雾熏黑的人类头骨仍然在头屋内占有显著位置，悬挂在18世纪荷兰大炮的上方。

住宿

安娜莱斯是一片开满花草的放松之地。这里有一半的家庭利用三个长屋中的一个或在相邻房子中经营家庭寄宿，配备公共浴室。经族群和有趣的比达友董事会一致同意，标准住宿费是每人RM200，包括住宿和美味的比达友膳食。另外可以安排套餐活动，包括徒步游、漂流、捕鱼、（模仿）投矢枪捕猎、泡温泉和舞蹈表演等活动。

Akam Ganja 家庭寄宿 $$

（☎010-984 3821；winniejagig@gmail.com；每人含餐 RM200）退休森林警察Akam和其身为英文教师的妻子Winnie在他们位于河岸的舒适独立房屋里热情地经营着家庭寄宿。

到达和离开

安娜莱斯位于古晋以南约40公里处，出租车从古晋出发的单程费用是RM90。

古晋客栈和旅行社均提供时长4小时的安娜莱斯团队游（每人RM100起）。

库巴国家公园（Kubah National Park）

居于婆罗洲中森林最为茂盛的几处濒危栖息地之间，这片混合龙脑香林占据了占地22平方公里的国家公园（☎082-845033；www.sarawakforestry.com；门票含玛唐野生动物中心RM20；⏲8:00~17:00）的前端和中部位置，完全超越了此处的主题“棕榈树和蛙类家园”。整个沙捞越共有已知棕榈树213种，科学家们发现这里就惊人地占了98种。另外，整个婆罗洲有超过190种青蛙和蟾蜍，他们在这里就已经确定了61种。2012年，研究人员发现了一种全新的青蛙品种，并将其添加到一个青蛙名录中，这个名录包括名称恰如其分的（但是形状古怪）角蛙和得益于脚趾间蹼的作用而自由穿梭树林的黑蹼树蛙。这片森林同时也是种类繁多的胡姬花的家园。

库巴的小径有不错的树荫，所以这里是躲避阳光骚扰的理想地。当你徒步前进热得挥汗如雨的时候，可以走到清澈的瀑布下乘凉去燥。

景点和活动

雨林小径（Rainforest Trails） 徒步

在支付了门票以后，你会接到一份手工着色的公园地图，上面列出了5条相互交叉的小径。地图标记清晰详细，根本都不用雇用导游。公园里设立了五六个避雨亭——多留意这些避雨亭，以便在大雨滂沱的时候你知道到哪里避雨。

塞朗小径（Selang Trail；40~60分钟；小径标记颜色是黄色），与主小径（Main Trail；小径标记颜色是白色）相连，与亚育小径（Rayu Trail）相通，沿途会路过塞朗观景台（SelangViewpoint）。你能看见近海的沙当岛（PulauSatang）海龟保护区。

混凝土铺就的巅峰之路（Summit Road；非官方准许禁止交通工具通行）的另一个称呼是涉拉比山巅之路（Gunung Serapi Summit Trail），从公园东南端的公园总部—

直向上铺至库巴最高山**涉拉比山**（911米）的山巅之上。涉拉比山上面建有电视通信塔，徒步向上攀爬需要3.5小时，下山的时间稍微能短点儿。向上攀登的时候，留意一下身边的混交树木和植物（包括猪笼草和蕨类植物）随着海拔的升高而发生的变化。山巅通常都是笼罩在薄雾之中，但是接近峰顶的地方有一个观景平台。雾散山清以后，从印度尼西亚边境（向西北）的丹戎达都国家公园（Tanjung Datu National Park）到山都望山和古晋（向东）的所有山前景致立刻变得非常壮美。

瀑布小径（Waterfall Trail；从公园总部出发单程1.5小时或3公里；始于巅峰之路的小径标记颜色是蓝色）穿过一片野生榴莲树林和铁木树林，这种无比耐用、价值很高且濒临灭绝的热带硬木是长屋建筑中的传统材料。正如你所期望的一样，这条小径的尽头是一个瀑布和天然游泳池。有些游客同时将塞朗小径和瀑布小径结合在一起进行环山游，用时4～6小时。

亚育小径（Rayu Trail；3.8公里或3.5小时）通向玛唐野生动物中心。在库巴到玛唐方向的小径上步行，大部分是下坡路。

蛙池（Frog Pond）
野生动物保护区

这片人工池塘海拔约300米，从公园总部步行半小时便可到达，池塘里面培育了无数青蛙品种。这些敏感的两栖动物夜间表现特别活跃（平时整天躲在树洞里），尤其在下大雨的时候。不过，它们非凡的合唱将在夜幕降临前1个小时左右开始。

库巴一条有标记的小路被命名为“蛙池暮色”（Duskat the Frog Pond），最近在“寻找世界上最美声音”比赛中被选为获胜者。

棕榈园（Palm Garden）
花园

在靠近公园总部且位于主要小径旁的这座挂有铭牌的花园里，你能找到公园内生长的98种棕榈树。

住宿

库巴是一处上好的放松休闲之地。虽然即使周末通常也会有空位，但预订总不失为一个好主意。节假日和学校假期期间，住宿经常客满。

Forest Hostel
青年旅舍 $

（☎082-248088；ebooking.com.my；铺RM15）一家舒适温馨的青年旅舍，有3个小房间，每间有4张床。这里用风扇降温。

Forest Lodge Type 5
小屋 $

（☎082-248088；ebooking.com.my；10床位小屋 RM150）这些吸引人的小屋有起居室，内有长沙发、椅子和餐桌，3间卧室共有10张床，用风扇降温。

Forest Lodge Type 4
小屋 $$

（☎082-248088；ebooking.com.my；6床位小屋 RM225；❄）全实木两层小屋，配有一个阳台、一间客厅、一间双人客房和一间四人客房。

就餐

所有的住宿选择都有设备齐全的厨房，其中包括冰箱、面包机和炉盘，但是这里没有可以购买食物的地方，所以自备所有需要的东西。

到达和离开

库巴国家公园位于古晋西北25公里处。从古晋搭乘出租车到这里的费用是RM60。

K21路公共汽车从古晋绍嘉纳公共汽车站发车，分别在公园总部400米外的主路Politeknik站点和库巴家庭公园（Kubah Family Park；RM3.50；1小时）停靠。从古晋发车的时间分别是8:00、11:00、14:00和17:00，从主路（在通往古晋的岔路对面）返回古晋的发车时间是6:00、9:30、12:30和15:30（最好15:00到，这班长途汽车有时会早发车）。

玛唐野生动物保护中心（Matang Wildlife Centre）

位于库巴国家公园的西端，**玛唐野生动物保护中心**（☎082-374869；www.sarawakforestry.com；门票含库巴国家公园 RM20；⊙8:00~17:00，动物护理小径 8:30~15:30）在调养被解救出来的雨林动物（尤其是红毛猩猩）上获得了显著的成功。高度敬业的工作人员在预算有限的情况下竭力改善这里的自然生活条件，但是不可否认，该中心看起来确实像一片开辟在丛林之中的寒酸动物园。由于

该中心扮演的特别角色，你在这里可以看到沙捞越其他地方无法看见的濒危动物。

景点和活动

解说中心

博物馆

（Interpretation Centre；周一至周四8:00～13:00和14:00～17:00，周五 8:00～11:30和14:00～17:00）免费对野生动物中心及其“居民”做了非常详尽的介绍。这里大多数的展板介绍的都是关于猩猩康复的信息。位于总部大楼的内部。

小径

徒步

（Trails；动物护笼小径 8:30～15:30）动物护笼小径（Animal Enclosure Trail）引领游客穿过丛林，途经里面的动物护笼。如果还有充足时间的话，公园管理员乐意带游客四处看看。15分钟的特别小径（Special Trail）环线上可以见到猪笼草。

上坡3.8公里（3小时）到达库巴国家公园（见446页）的亚育小径如今处于开通状态，起点在公园住宿地点附近。

志愿服务

志愿者服务

（Leo Biddle 013-845 6531；projectorangutan.com；2周 含食物和住宿 US$2000）欲了解义工事宜，请联系Orangutan Project了解详情，义工活动没有什么特别之处，只是进行体力劳动而已。为了这些动物，志愿者不得与猩猩保持任何联系，因为一旦猩猩接近人类（除了极少经过训练的工作人员外）就会依赖人类，进而丧失野生康复的能力。义工活动将安排2周或4周时间。

食宿

玛唐的住宿选择简单朴素。虽然这里通常不会缺少住宿的地方，但最好还是提前订好，以便让员工知道你要来，确保准备好房间。公园内没有购买食物的地方，所以请自备所需物品。园内住宿场所禁止自炊，但可以应要求提供电水壶，外边有烧烤坑（但没有炊具）。

在玛唐获救的动物

玛唐野生动物保护中心的动物部分是孤儿，部分则是从非法捕猎者手中营救下来的，还有一些是公众捐献出来的。除非需要作为呈堂证供，所有动物都会被尽快释放到大自然里。隔离检疫期间，工作人员会研究动物行为，评估它们是否适合被放归。有的动物，尤其是那些一直被作为宠物饲养的动物缺少野外生存的必要技能，放走它们无疑是给它们定了死罪，它们很有可能要挨饿，而且会因为对人类没有畏惧感而闯入村落，惹上麻烦。

作为世界上体形最大的雄性红毛猩猩之一，Aman是玛唐所有“明星”动物中的一员。它因其庞大的面颊而闻名，可是真正让它声名鹊起的是它因为成为猩猩家族中唯一进行过白内障手术的猩猩而登上了2007年的新闻头条。尽管这个手术不能恢复它因咬电线而失去的舌头，也不能找回它被对手猩猩之王咬掉的食指，但是却结束了它10年的黑暗世界，重见光明。

被认为康复合格的猩猩（就是说，没有表现出反常行为）会被看护者送入森林，并接受觅食、筑巢和提高攀爬技巧的训练。有时，一些半野生的猩猩会和它们在一起。11只半野生猩猩过去也是中心的居民，如今生活在附近森林，它们会过来参与筑巢。

玛唐野生动物保护中心生活着三只麝猫，其中两只是雌性麝猫，因为年纪太大而无法被放生。这种非同寻常的树栖食肉动物可以保存一个受精卵几个月甚至几年之久，只要食物不够充足，就会一直延迟怀孕（这就是所谓的胚胎滞育）。

其他生活在这里的动物包括10只从盗猎者手中解救出来的马来熊，它们可算是世界上最幸福的马来熊了。被带到这里的时候，这些动物都处于惊恐状态，它们都接受了独一无二的康复训练教程。此外，在停车场就能听到3只长臂猿的叫声。

中心里许多关在笼中的动物都是9:00～10:00喂食。8:00～11:00和14:00～16:00通常是红毛猩猩的生存技能训练课程。

Forest Hostel

青年旅舍 $

(☎古晋预订办事处082-248088，玛唐野生动物保护中心 082-374869；ebooking.com.my；铺/房间 RM15/40）长屋风格的Forest Hostel使用风扇降温，有附属浴室。房间里有上下铺或双人床，可住4人。

Forest Hut

露营地

(☎古晋预订办事处082-248088，玛唐野生动物保护中心082-374869；ebooking.com.my；每人 RM10）丛林里的野外避雨场所。这里无须带帐篷，只需寝具和蚊帐。

Type 5 Forest Lodge

小屋 $$

(☎古晋预订办事处082-242088，玛唐野生动物保护中心082-374869；ebooking.com.my；房间/小屋 RM100/150；❄）这里有两栋小屋，每栋都有可住8人的房间（每间房间有两张双人床）、附带浴室和空调。

ℹ 到达和离开

玛唐位于古晋西北约33公里处。通过新路，行8公里可达库巴国家公园总部。

从古晋乘坐出租车单程花费为RM60。

石龙门及周边（Bau & Around）

位于古晋西南26公里的石龙门作为曾经的采金重镇，是通往两个有趣洞穴系统和部分比达友村落的必经之路。

ℹ 到达和离开

石龙门位于古晋西南43公里处。2路公共汽车（6:20~18:00，每20分钟1班）连接这座城镇与古晋的绍嘉纳公共汽车站（RM5，1.5小时）。

从古晋乘坐出租车至此的费用约为RM70。

风洞自然保护区（Wind Cave Nature Reserve）

风洞（Wind Cave，Gua Angin；☎082-765472；成人/儿童 RM5/2；⏲8:30~16:30）位于石龙门西南5公里处，内有错综复杂的地下河网络。无光的木板栈道呈8字形在洞穴中排布，允许你在三处主要的通道上漫步（总长560米），头顶布满了蝙蝠（以水果和昆虫为食），在洞穴里发出"吱吱"的声音。1月和2月，如果水位太高，洞穴或许会关闭。

> **身在山中看群山**
>
> 沙捞越有许多石灰岩山，上面布满像奶酪一样的小孔。虽然你可以在风洞、仙人洞、尼亚国家公园和巫鲁山国家公园的大型洞穴里的木板栈道上闲庭信步，但是要想不走寻常路，你就需要一位经验丰富的向导，比如经营Kuching Caving（☎012-886 2347；www.kuchingcaving.com；每人 RM320起）的英国人James。对于467个洞穴入口位置，他几乎比任何人都清楚。在古晋附近2小时车程距离内，最长的一座洞穴有11公里长。如果想体验全天式探洞游，每人的起步价是RM320（最少4人）。

在公园总部附近——距洞穴入口300米的地方，你可以跳进清凉的沙捞越河卡南支流（Sungai Sarawak Kanan）里游泳。

园内可以租借手电筒或头灯（RM3），如果你的手电筒电力不足，可以要求更换一个新的。保护区内尽管设有饮水站，却没有地方售卖食物。

ℹ 到达和离开

石龙门到风洞岔路口（步行1公里到风洞），可乘坐BTC发出的3A路公共汽车前往。发车时间是9:00、11:00和15:00。

从古晋乘坐出租车单程花费为RM70，往返花费为RM150~200，其中包括前往仙人洞的交通和3小时等待时间。

从古晋参团游览这两个洞穴的费用约为每人RM150。

仙人洞（Fairy Cave）

位于石龙门西南9公里的仙人洞（Gua Pari Pari；成人/儿童 RM5/2；⏲8:30~16:00）有足球场那么大，高度跟宽度一样。它是一处非凡的岩洞，位于悬崖一侧的入口距地面30米高，需要登台阶才能进入洞穴。洞外，树木生在角度刁钻的岩石面上。洞内，布满青苔的奇妙岩层结构上生长着四处寻找生机的蕨类植物，使岩洞倍添奇幻色彩。

根据英国技术等级系统的测试，仙人洞旁边的部分峭壁攀爬难度系数为6a~7a，深受古晋攀岩团体成员的喜欢。沿岩洞入口通道背面300米远的纯白峭壁上有三条简易徒步线路，还有约15条带有岩石栓的攀岩徒步线路。离岩洞最近的叫老虎壁（Tiger Wall），旁边的徒步线路包括兰花壁（Orchid Wall）和蝙蝠侠壁（Batman Wall）。想获取更多攀岩活动的信息，请联系Outdoor Treks（☎012-888 6460；www.bikcloud.com；全天 导览登山 1/2/4人团队 每人 RM300/220/180）。

到达和离开

石龙门到仙人洞岔路口（步行1.5公里或30分钟到仙人洞），可乘坐BTC的3路公共汽车前往，发车时间8:40、10:30、11:40和15:00。

从古晋出发，坐出租车到仙人洞单程费用为RM70~80，往返费用为RM150~200，包括前往风洞的交通和3小时等待时间。从古晋参团到这两个岩洞的费用约每人RM150。

西里京 (Serikin)

西里京周末夜市 市场

（Serikin Weekend Market, Pasar Serikin; Kampung Serikin；⏲周六 6:00~16:00，周日 6:00~15:00）加里曼丹的小贩骑摩托车翻山越岭来到这个野蛮生长的周末市场出售水果、电子产品、手工艺品、藤条家具和服装，市场占据了西里京这座原本安静的边境城镇的大半地方。没有边境或海关岗亭意味着这里有自由流动的印度尼西亚产品，古晋人经常开车来这里淘便宜货。西里京位于石龙门东南20公里处，从古晋乘坐出租车到这里大约需要RM80。

本欧山 (Gunung Bengoh)

石龙门内陆地区主要居住的是比达友人。不像他们在本欧（Bungo）山脉东部的远亲（那是一片靠近Padawan和安娜莱斯的区域），石龙门的比达友人从来没在长屋中生活过。生活在这里的比达友人说着种种截然不同的方言。

古晋的旅行社可以安排游客从石龙门一侧或Padawan一侧进入本欧山（966米）附近的山谷，其中包括前往具有神话色彩的迷之谷（Hidden Valley；又名遗失的世界）进行徒步游。古晋的Borneo Experiences（见427页）也组织徒步游，前往偏远而古朴的Semban比达友长屋社区，看看那里尚有的几位老年妇女带着黄铜脚镯载歌载舞。3天2晚的旅行含交通、饮食和导游，每人的费用为RM780。

伦乐 (Lundu)

从古晋向西行约55公里即是杂草丛生的渔村伦乐，这座宜人的小镇是通往加丁山国家公园（Gunung Gading National Park）的门户。

镇北外的公路不仅连接加丁山国家公园，同时还连接两处古晋人周末和假日常去的海滩。伦乐以北11公里的Pantai Pandan被椰子树和棕榈树环绕其间，充满了浪漫的气息，是沙捞越州中最棒的海滩之一（除了那些白蛉），海滩坡度平缓，非常适合孩子们在上面玩耍嬉戏。有几家海滨木屋售卖零食和饮品。这里可以户外露宿。位于伦乐北面8公里的Pantai Siar拥有许多主打国内市场的小型度假村。

住宿

Lundu Gading Hotel 酒店 $

（☎082-735199；174 Lundu Bazaar；双 RM60；❄）或许并非是沙捞越最时尚的酒店，但却是伦乐唯一的旅馆，10间拥有蓝色瓷砖地板和大窗户的房间提供充裕的住处。坐落在拉昔胡申银行（RHB Bank）的街道斜对面。

Pandan Beach Campground 露营地 $

（☎082-735043，013-820 5888；Pantai Pandan；每顶帐篷 RM20，小屋带风扇 RM60，带空调 RM150）这处简易露营地位于漂亮的小沙湾旁边，有淋浴和厕所，还有煤气罐和可以做饭的烧烤区。小屋住宿破旧，定价过高。

这座小村庄没太多可吃的选择，只有一家美食广场（华夫饼干RM2.90；⏲周一至周五 8:00~18:00，周六和周日 10:00~19:00）出售方便面、袋装零食和华夫饼干，所以要自带食物。

★Retreat 度假村 $$

（☎082-453027；www.sbeu.org.my；

Pantai Siar；小屋 含早餐 周日至周五 RM158起，周六 RM248起；❄📶🏊）由沙捞越银行工会（Sarawak Bank Employees Union）经营，是一处通过海滩度假改善职工生活的理想场所。度假村场地宽敞，草香四溢，非常适合家庭游客。院内拥有38间舒适客房，其中包括21间小屋，很多游客都留下了热心评语。游泳池白天使用费用是成人RM15，儿童RM5，海滩本身可以免费进入。距离伦乐8公里。

就餐

Pusat Penjaja Gading Lundu　摊贩 $

（Lundu Hawker Centre；Jln Stunggang Malayu Baru；主菜 RM4~6；⏲7:00~17:00）果蔬市场上方是一家摊贩中心，有26家华人和马来食品摊位。4号和5号摊位的马来自助餐包括美味新鲜的螃蟹和其他本地海鲜。

Happy Seafood Centre　海鲜 $$

（☎014-691 8577；Jln Blacksmith；主菜 RM5~15；⏲周二至周日 7:30~21:00）伦乐位于斯塔明河（Sungai Stamin）河岸，距大海仅几公里，因此可以吃到美味新鲜的海鱼和河鱼。这家轻松随意的小吃店是尝鱼的好地方，还有当地的丛林蔬菜，比如蕨菜（midin）。这里还提供鸡肉和猪肉。位于汽车站对面。

到达和离开

沙捞越运输公司（见437页）运营EP7路长途汽车，连接古晋中环广场长途汽车站和伦乐（RM12，1.5小时）。古晋发车时间为7:30、10:00、13:30和16:00。伦乐发车时间为7:30、10:30、13:30和16:30。

在伦乐长途汽车站附近，可以叫到私家车带你去加丁山国家公园（每人RM5）或者士马丹。

加丁山国家公园（Gunung Gading National Park）

作为观赏世界知名、体形最大的花朵——沙捞越大王花最好的地方，加丁山国家公园（☎082-735144；www.sarawakforestry.com；成人 RM20；⏲8:00~17:00）是从古晋出发的最佳一日游目的地。这里的原始雨林遍布四座高山：加丁山、伦乐山、柏里吉山（Perigi）和塞布洛山（Sebuloh），山上的徒步小径标志清晰，非常适合白天徒步游。这座公园的低地混合龙脑香林有让人难以置信的生物多样性，如此讲是因为整个公园长满了龙脑香，其树木各个部位都是特别有价值的木材，如果滥砍滥伐会造成灾难性后果。

在占地41公里的加丁山里，真正的明星是大王花，一种在沙捞越特有的花。大王花的直径最大达到75厘米，几乎全年都能开花，但是具体开花时间无法预知，所以能否一览芳容全凭运气。了解大王花是否绽放（一年只有25次）和开花周期有多长（从没有超过5天）等问题需要联系公园，或者致电古晋的国家公园预订办事处（见435页）详询。

景点和活动

林中路径标记清晰，陡峭的路径通常从茂密的丛林中穿过。公园指示牌都会标出单程的徒步时间。除了有公园管理员指示外，一定要按照设定路线前进，以免踩坏脚下的大王花幼芽。

不要指望在这里能看见许多动物，因为这里生活的多是夜行动物，它们明智地生活在公园的上游位置，与附近的村落保持安全距离。

因为园中徒步项目必须在一天之内完成（只允许在公园总部露宿），所以你应该早一天到达公园，确保第二天可以早点出发。动身前在公园总部登记。

解说中心　博物馆

（Interpretation Centre；Gunung Gading National Park HQ；⏲8:00~17:00）免费 精心陈列的展览提供了关于大王花的详细信息，这种寄生植物有卷心菜大小的花蕾和直径长达75厘米的花朵。中心还强调了这种濒危物种面临的危险及针对它的保护工作。

大王花环路小径　步行

（Rafflesia Loop Trail；最多10人一组，每小时RM30）起始于公园总部下坡50米的位置，这条620米长的木板步道从一片大王花生长特别活跃的森林穿过。如果花碰巧靠近小径，可以独自前去，但因为许多花开的地方远离徒步线路，想看开花的大王花，需要有公园管理员或向导陪同。

花开期间，通常带领团队的那位当地兼职（有执照的）向导可能会在公园等候。如若不在，办公室可以给她打电话。

环形线路（Circular Route） 徒步

如果想看南海，你们可以选择一条综合**观光小径**（Viewpoint Trail；跟随树上红黄条纹路标）、**林堂小径**（Lintang Trail；红色条纹路标）和**保护区小径**（Reservoir Trail；水泥阶梯）的环路进行徒步旅行。

加丁山（Gunung Gading） 徒步

在加丁山（906米）上徒步往返用时为7~8小时，但是不要指望途中能看到全景风光——因为小径上布满了郁郁葱葱的树林，所以你看见的主要是雨林的树冠底部。只要到达山顶马印冲突时期英军清理丛林扎营的地方，景色必能让你不虚此行。

在**Batu Berkubu**（往返10~12小时；红蓝路标），你可以看见同时期的一处马来西亚共产党藏身之所。

瀑布 游泳

有三处可爱的小瀑布就位于**主小径**（Main Trail；红白路标）附近。你可以在**1号瀑布**、**7号瀑布**（距公园总部1.5公里）和位于大王花环路小径起始点的**深水潭**尽情畅游，山泉清澈洁净。

食宿

每逢周末、学校假期和大王花花开之时，食宿最紧张。但即使在比较平淡的时段，公园员工也更喜欢预订。

公园里没有食品，所以要自带。另一种就餐选择是驾车或漫步约2.5公里到伦乐。

Hostel 青年旅舍 $

（☎古晋预订办事处 082-248088，公园总部 082-735 144；ebooking.com.my；Gunung Gading National Park HQ；铺/房间 不带浴室 RM15/40）这家青年旅舍有4个带风扇的房间，每间都有4张床（上下床）。这里有配备厨具的厨房，还有用于做饭的烧烤炉。

Camping 露营地 $

（☎古晋预订办事处082-248088，公园总部082-735 144；www.sarawakforestry.com；Gunung Gading National Park HQ；每人 RM5）营地有厕所和淋浴区，还有烧烤炉。

Forest Lodges 小屋 $$

（☎古晋预订办事处082-248088，公园总部 082-735144；ebooking.com.my；Gunung Gading National Park HQ；房间/小屋 RM100/150；❄）每栋有三间卧室的小屋都有一间带空调和双人床的主卧室，其他两个房间则带单人床和风扇。这里有配备厨具的厨房和就餐区域。

到达和离开

加丁山国家公园位于古晋西北85公里处。有四辆公共汽车每天往返于古晋中环广场长途汽车站和伦乐，到达伦乐后，你要么向北步行2.5公里到公园，要么叫黑车（每人约RM5）。

从古晋参团旅游费用为每人RM350，含午餐（至少2人）。团体可以考虑租一辆出租车，费用为RM250~300，包括等待时间。

士马丹（Sematan）

士马丹是座安静的渔镇，处于沙捞越的西部边陲，是沙捞越首席部长阿德南·萨特姆的故乡。经过此地的旅行者大多是为了前往可乘船到达的丹戎达都国家公园。这里与印度尼西亚接壤，那些茂林丛生的大山位于印尼境内的加里曼丹，可以从毕阿越（Biawak）出境。

景点和活动

沿着海滨建有一个南北走向的绿地**长廊**，从**码头**上远远望去，河口、河口沙坝和至蓝至清的南海立刻映入眼帘。士马丹码头到士马丹河河口对面的一小窄条土地叫作**普古湾**（Teluk Pugu），这里鲜有人迹，可以通过乘船（往返RM30）接近。

在河滨对面一排商铺的最北端，找一找名叫TeckHunt（滨水商店最西边那一家）的商店，这可是一家百年老店。老店的房子使用铁木建造，仍然使用木百叶窗而不是普通窗户。

士马丹岛浅沙滩上的沙子干净，上面生长着一排排椰树，一直沿着西北海岸延伸。这里有许多家度假村，每到周末就被古晋人入住一空。

住宿

Sematan Hotel 酒店 $

（☎011-2025 1078；162 Sematan Bazaar；双 RM50；❄）4间朴素的房间铺有瓷砖，装修很简单。设有浴室，但是没有热水。位于河滨向内陆走150米处。

就餐

Sam Chai Seafood 海鲜 $

（☎013-803 4892；Sematan waterfront；主菜 RM3~6；⏲7:00~19:00）简朴的海滨咖啡店，提供美味的海鲜面配鲜虾（RM6）。

到达和离开

士马丹位于古晋西北107公里、伦乐西北25公里处，距离丹戎达都30公里（海路）。

长途汽车往返于古晋中环长途汽车站与伦乐，9:30、11:30、15:00和17:30从伦乐开往士马丹（RM4）。

非官方的出租车从伦乐长途汽车站出发，单程费用约RM30。

丹戎达都国家公园（Tanjung Datu National Park）

国家公园（☎卫星电话 仅限紧急情况 87077673978；www.sarawakforestry.com；成人 RM20）面积14平方公里，占据沙捞越西北边陲一角的偏远而崎岖半岛，是一处珍稀的混合龙脑香雨林。走在丛林小径上静得可以听见自己的脚步声，不远处还能看见清澈的大海、未经开发的珊瑚礁和纯洁白沙滩，有时还会看见濒危的海龟（绿海龟和榄蠵龟）在上面产卵。很少有游客舍得花精力和金钱到达这里，但是一旦来到此地，多是带着恋恋不舍踏上回家的归程。

活动

公园小径（Park Trails） 步行

公园里有4条小径，其中包括依靠小船和士马丹相连，始于马来梅拉诺湾（Teluk Melano）渔村的**梅拉诺湾小径**（Teluk Melano Trail；路途艰难，长3.7公里）；直通542米高的**梅拉诺山**（Gunung Melano；2公里，1小时），尽收印尼和马来西亚沿岸美景的山巅路线**铁木小径**（Belian Trail；2公里）。

想要探寻这里生活的夜行动物，你可以独自或在公园管理员陪同下进行**夜间徒步**。

浮潜 浮潜

部分地区允许进行浮潜（但不能进行水肺潜水），具体信息需要在公园总部详查。自备设备。请不要触摸容易被破坏的珊瑚，不过要自带水鞋，以防万一（水中珊瑚很锋利）。

食宿

欲了解梅拉诺湾的**家庭寄宿**情况，请到古晋国家公园预订办事处（见435页）详询或到士马丹码头向当地人打听，这些民宿需从公园总部走3.5小时的坡路方可到达。

公园内没有食物，所以上船之前在士马丹购买你的全部所需。炊具可租赁，每天RM11，自炊用气费用为RM6。

Guest Rooms 小屋 $

（☎古晋预订办事处 082-248088；双 不带浴室 RM42）4间简朴的房间，每间有两张单人床，共用卫生间和厨房。

Shelters 木屋 $

（☎古晋预订办事处 082-248 088；每人 RM5）这些侧面敞开式的小屋再简朴不过，但位置几乎就在海滩上，坐拥无敌海景，使得在这里住上一夜相当特别。公园可以提供寝具和蚊帐（RM16）。

到达和离开

只有坐船（1~1.5小时）才能达到士马丹西北约30公里处的丹戎达都国家公园或者附近的梅拉诺湾村。如果气候和海浪允许，当地人通常（当然不是每天这样做）会一大早从梅拉诺湾村出发，挤进一艘驶向士马丹的汽艇，然后再在下午早些时候（14:00或15:00左右）返回梅拉诺湾。如果你想要跟他们为伴，每人单程需要支付RM30~40。一般而言，每年的2月或3月至10月，海况较好。10月至次年2月，汹涌的海浪导致丹戎达都几乎难以到达。

从士马丹步行前往梅拉诺湾（到达这里的另外一种方式）需要花费1天时间。

想租一辆最多可乘坐7人的摩托艇，在士马丹码头问问。如果想了解关于前往公园或梅拉诺湾（单程RM450~500）旅行的信息，联系**Mr Minhat**（☎013-567 9593）。

达郎沙当国家公园（Talang-Satang National Park）

沙捞越的第一个海洋公园（www.sarawakforestry.com），1999年主要为了保护四种濒危海龟物种而设立，公园范围包括海岸线和四座海岛周围的水域：这四个岛分别是山都望半岛以西16公里的大小沙当岛（Pulau Satang），还有西北45公里处，位于士马丹海滩正北8公里的大小达郎-达郎岛（Pulau Talang-Talang）。

每4年或5年，雌龟（主要是绿海龟，但偶尔也有玳瑁、丽龟和棱皮龟）会从很远的地方迁徙至此（有时达几千公里），到它们被孵化出来的同一个沙滩上下蛋。每20只在沙捞越上岸下蛋的海龟中有19只会将蛋产在达郎沙当国家公园19.4平方公里海滩上。一只雌性海龟一般可以存活100余年，一生能下1万个海龟蛋，但只有千分之一的蛋能够活到成年。为了提高龟蛋的孵化成功率，每逢海龟产蛋期（主要在6月和7月，8月较少，4月、5月和9月极少），公园员工每天晚上都会在海滩上巡视，要么把龟蛋转移到全程监控的孵化场，要么安排人力原地驻守监控。

这里允许浮潜和潜水，但必须在指定位置上进行，潜水人员必须由一位合格导游陪同左右。

沙当岛（Pulau Satang）

虽然国家公园的保护区受沙捞越林业局管理，但是群岛本身归属于特拉加艾益（Telaga Air）的一个家族，租期为999年，由末代白人王公查尔斯·瓦伊那·布鲁克（Charles Vyner Brooke）特许，租约将于2945年到期。约有近100名该家族的堂兄弟掌握群岛的所有权，但是日复一日的管理工作却交由一位生活在特拉加艾益、相对于旅游者而言对自然保护和研究更感兴趣的退休会计师阿布·哈桑·乔哈里（Abol Hassan Johari）打理。他的家族对龟蛋保留惯有权利，龟蛋“卖”给州政府，所得款项全部捐给孤儿院。

作为两个海岛中最大的一个，大沙当岛（Pulau Satang Besar）占地面积为1平方公里，位于特拉加艾益西北14公里处，是唯一部分面向游客开放的岛屿。允许团体登岛，但核心保护区（该岛最高点半径2公里内的区域）禁止游泳。

岛屿拥有细沙滩和使用发电机发电的简易宿舍住宿。过夜的游客有时能看见工作人员把脆弱的龟蛋从海滩上转移到一个孵化场里，并且有可能目睹幼龟被放回大自然的过程。CPH Travel（☎古晋 082-243 708；www.cphtravel.com.my；Damai Puri Resort & Spa）提供岛上一日游（RM255）和过夜住宿（RM695）。

达郎-达郎岛（Pulau Talang-Talang）

大小两座达郎-达郎岛可以从士马丹登岛，不对普通民众开放。游客只能在沙捞越林业局的专门安排下，进入大达郎岛、小达郎岛、小沙当岛或阿拉-巴农野生动物保护区（Ara-Banun Wildlife Sanctuary）方圆2.8公里范围内。一般来说，只有真正的调研者、学生、保护组织和海龟义工项目（Sea Turtle Volunteer Programme；4天3夜 RM2624起；⏲6月至9月）的志愿者才能获得这种许可。

参加该项目的自费志愿者可以在大达郎-达郎岛上生活，帮助海龟保护站工作人员巡视海滩，把龟蛋转移到孵化场里，甚至释放孵化破壳的海龟。欲知详情，请联系古晋国家公园预订办事处（见435页）；通过Borneo Adventure（见427页）这种古晋本地旅行社预订。

ℹ 到达和离开

前去沙当岛的最简单的方法就是预订古晋本地旅行社组织的旅行团。古晋的旅行社可以组织一日游包车，每人RM400。客船通常从库巴国家公园东北10公里（直线距离）的沿海村庄特拉加艾益出发。

巴当艾地区（Batang Ai Region）

在古晋向任何人询问哪里能找到古朴的

长屋——那些鲜受现代生活影响的长屋，回答几乎总是相同的：巴当艾，上面的许多定居点只能通过乘船才能靠近。

除了长屋之外，巴当艾是沙捞越最有机会见识真正的野生红毛猩猩，或者至少是它们巢穴的最佳地点。不保证一定能见到，但它们也不罕见，最近就有旅行者报告称在他们的营地附近见到了一群红毛猩猩，共有6只。

这处偏远的地区位于古晋东南约250公里处（陆路4.5小时），如果没有导游陪同，实际上是无法游览的。但是如果你真的对伊班文化感兴趣，在这里所付出的金钱和努力将会得到丰厚回报。可以在古晋预订前往巴当艾地区的旅行，通过旅行社或者联系兼职向导。Borneo Adventure（见427页）提供从Menyang Tais长屋至Nanga Sumpa的徒步行程，用时4天3夜，费用RM1590，好评如潮。

景点

巴当艾国家公园 国家公园

（Batang Ai National Park；☎古晋的国家公园预订办事处082-248 088；www.sarawakforestry.com；RM20）巴当艾国家公园的龙脑香雨林有婆罗洲中部密度最大的野生红毛猩猩种群，同时也是长臂猿、叶猴和犀鸟的栖息地。依赖伊班社区合作社在管理方面的帮助，公园有各种森林小径（类型从轻松的1.8公里步行到艰辛的8.2公里徒步），但你必须跟随向导。到达公园的唯一方式是在巴当艾码头乘船（2小时），这里没有食物和住宿。

占地240平方公里的公园是一大片相互衔接的雨林保护区的一部分，其中包括巴当艾保护区（24平方公里）和沙捞越的Lanjak Entimau野生动物保护区（1688平方公里），还有边境对面加里曼丹的保护区。

到达和离开

古晋的希尔顿酒店每天有一辆班车8:00发车前往巴当艾码头（RM145，4小时）。自从几乎所有长屋和住宿场所只能乘船到达之后，你需要安排船只去码头接你。

从古晋到巴当艾，乘坐出租车费用约为RM400。

沙捞越中部（CENTRAL SARAWAK）

沙捞越中部的范围起于拉让河（Batang Rejang）末端的泗务，向上延伸至加帛（Kapit）和美拉牙（Belaga），而后再沿东北海岸线至民都鲁和米里。这片地区提供了一些不错的沿河旅游线路，并以漂亮的国家公园和便捷的现代城市生活而远近闻名。

泗务（Sibu）

☎084/人口：255,000

作为通往拉让河的门户，泗务（亦被称为诗巫）自从詹姆士·布鲁克时期便因与沙捞越内陆进行贸易往来而变得富足起来。如今，尽管这座“天鹅城”不如古晋那么有魅力，但这里仍是乘船往返狂野内陆途中驻足休息一两天的好地方。

地处外海上游60公里处的泗务是沙捞越华人气息最浓的城市。三分之二的当地居民可追根溯源至中国，他们其中的许多是20世纪早期从福建移民的后裔。这座城市曾在1889年和1928年先后遭受大火的破坏。泗务今天的大部分财富可以追溯至20世纪30年代初开始的木材贸易。

景点

漫步城市中心可以很好地感觉到泗务快速跳动的商业脉搏。顺便去旅游办事处领取一份关于泗务古迹小径（Sibu Heritage Trail）的手册。

这里极具建筑特色的建筑包括老雷克斯影院（Rex Cinema；Jln Ramin）和游客信息中心附近Jln Tukang Besi沿线的老式店屋，

> **天鹅**
>
> 前往古晋的游客不会错过那座城市的猫咪主题，但古晋并不是沙捞越唯一拥有吉祥物的城市。米里采用了海马，而泗务的吉祥物是天鹅。天鹅在中国古代象征好运和财富，是预示社区生活和谐、安宁和友好的吉兆。在城镇各处漫步时，留意这些雕像。

Sibu 泗务

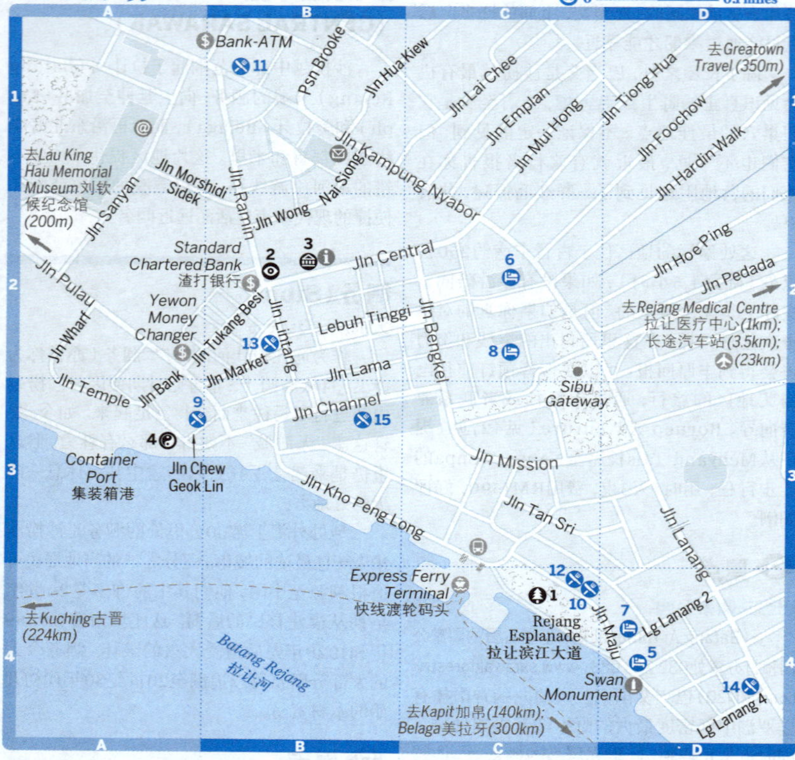

这些地方的装饰艺术与店屋的功能需求相得益彰。

大伯公庙

华人寺庙

（Tua Pek Kong Temple；Jln Temple；⌚6:30~20:00）**免费**位于色彩艳丽的河边，这座普通的木结构道观最早可追溯至1871年。1897年重建，但在1942年盟军轰炸的战火里严重损毁。

登上始建于1987年的7层**观音塔**，可以看到一览无余的城镇美景以及浑浊的拉让河。最美时刻发生在落日时分，眼前成群的金丝燕在塔楼附近鸣叫盘旋。记得在底层服务台索要钥匙。

从宝塔上可以看见在寺庙外抛锚的“水上超市”，人们用船将物资运送至上游长屋。

泗务历史遗产中心

博物馆

（Sibu Heritage Centre；Jln Central；⌚9:00~17:00，周一和公共假日关闭）**免费**位于一座始建于1960年气势恢宏的市政大楼里，这座优秀的博物馆展现了沙捞越和泗务迷人的历史。展板上贴满了很多动人的照片，带着人们一览各个中国方言群体和其他族群的生活、沙捞越的共产党起义事件（1965~1990年）、泗务的基督教（包括卫理公会教）的传统，甚至还有1963年当地反对派反对沙捞越并入马来西亚事件。

不要错过那张20世纪40年代的牙医照片——仅仅看看就很痛苦了。

拉让滨江大道

公园

（Rejang Esplanade；Jln Maju）泗务22个社区公园之一，很大一部分公园受华人宗教协会的资助。走在这片秀丽的河滨绿化带上，游客可以看见混浊宽阔的河，以及各式各色的渔船、拖船、装载木材的驳船和有“飞行棺

Sibu 泗务

景点

住宿

就餐

饮品和夜生活

购物

材”之称的快船穿梭其间。

刘钦候纪念馆

博物馆

（Lau King Howe Memorial Museum；Jln Pulau；周二至周日 9:00~17:00）仅仅一瞥这座相当奇异的医学博物馆的展览品，你就应该庆幸不需要使用20世纪早期的钻头、锯条、不锈钢夹钳或一种叫作“泌尿道牵引器”的残忍小器具治疗身体上的疾病。另一个亮点是：当地护士制服进化史展品展示，部分游客会觉得这里的展品很变态。

巴旺阿山长屋村（Bawang Assan Longhouse Village）

村庄

作为一座位于泗务下游1小时船程距离的伊班人村落（陆路仅需40分钟），巴旺阿山有9座“混血”长屋（这些长屋融合了传统成分的和21世纪的现代元素）。如果不想通过泗务本地旅游公司游览，就去了解**巴旺阿山家庭寄宿计划**（014-582 8105；www.ibanlonghousestay.blogspot.com；每人 含3餐 RM110），找Marcathy Gindau详询旅游信息。

团队游

Greatown Travel

团队游

（084-211243，084-219243；www.greatown.com；No 6，1st fl，Lg Chew Siik Hiong 1A）一家备受赞誉的旅行社，提供游览巴旺阿山和泗里奎（Sarikei）周边的长屋游，还有前往穆卡（Mukah）附近的“美拉瑙族腹地（Melanauheartland）”的旅行。工作人员乐于根据你的兴趣和预算设计线路。办公地点位于沿Jln Pedada城中心东北方向约1公里的地方。

Great Holiday Travel

团队游

（084-348196，012-890 8035；www.ghtborneo.com；No 23，1st fl，Pusat Pedada，Jln Pedada；周一至周五 8:00~17:00，周六 8:00~13:00）位于长途汽车站附近，该旅行社能够组织为期半天的泗务漫步游、参观巴旺阿山长屋（半日游 RM120，过夜住宿 RM290）以及加帛地区两日游，通常包括在Rumah Jandok的过夜住宿。价格合理。

节日

婆罗洲文化节

表演艺术

（Borneo Cultural Festival；7月）持续一周的美食、音乐和舞蹈节，展示了沙捞越中部的华人、伊班人、比达友人、乌鲁人和马来-美拉瑙人的文化和传统。

住宿

泗务有几十家酒店，所以这里不缺床位。有的廉价酒店（每间客房收费不到RM35）住宿条件很差，并且兼营情色场所。

★Li Hua Hotel

酒店 $

（084-324000；www.lihua.com.my；Jln Maju和Jln Teo Chong Loh交叉路口；标单/双/套 RM50/65/150；aiW）泗务最有价值的酒店，铺有瓷砖的68间客房分布在9层楼中，无可挑剔。那里的员工敬业、亲切。如果你乘船前往或离开泗务，住在这里尤为方便。浅眠者应该避开位于Jln Teo Chong Loh的卡拉OK吧上方的房间，那里的音乐会喧嚷至深夜。

River Park Hotel

酒店 $$

（传真 084-316688；51-53 Jln Maju；双

RM55~75; ❄📶）该酒店位于一处便利的河滨位置上，经营良好，拥有30间客房。最便宜的房间没有窗户。

Premier Hotel 酒店 $$

（☎084-323222; www.premierh.com.my; Jln Kampung Nyabor; 标单/双 含早餐 RM209/242起; ❄📶）这家受欢迎的中档酒店提供189间漂亮宽敞的房间，位于市中心，地段优越。

Tanahmas Hotel 酒店 $$

（☎084-333188; www.tanahmas.com.my; 紧邻Jln Kampung Nyabor; 双 RM200起; ❄@📶🏊）位于中心地段，明亮的大房间同样舒适。设施包括小型健身中心和露天游泳池。

就餐

泗务以福州菜著称，例如这座城市的招牌菜——干拌面（kampuamee; 细细的面条浸泡在猪油中，搭配烤猪肉或肉馅）。此外还有光饼（kompia; 裹着猪肉的小芝麻饼）。

★泗务中央市场 摊贩 $

（Sibu Central Market, Pasar Sentral Sibu; Jln Channel; 主菜 RM3~5; ⏲小吃摊 3:00至午夜）马来西亚最大的果蔬市场，设有1000多个摊位。楼上有华人、马来人和伊班人经营的小吃摊，售卖当地特色美食，包括麦片粥（可在清晨和夜晚买到）、干拌面和光饼。大多数面摊在正午左右不营业。

夜市 市场、摊贩 $

（Night Market, Pasar Malam; Jln Market; ⏲17:00~23:00或午夜）中餐摊位（供应猪肉饭和蒸包等）位于大排档区西端。而马来摊位（供应一流的沙嗲和烤鸡肉）设在东北方向。上面同样有一些伊班人摊位在经营。

Kopitiam 咖啡馆 $

（Jln Maju; 主菜 RM3.30~6; ⏲6:00~16:00）Jln Maju有几家老式的传统咖啡店。清晨，当地人聚在一起食用福州特色菜、读中文报纸和闲聊——一幕典型的沙捞越市井景象。

Doughnut & Churro Stand 摊贩 $

（27 Jln Maju; 甜甜圈 40sen, 油条 RM1; ⏲6:00~19:00）一家街头摊位，出售新鲜出炉的甜甜圈和油条，非常适合在乘船之旅前享用。

★Payung Café 马来西亚菜 $$

（☎016-890 6061; 20F Jln Lanang; 主菜 RM8~19; ⏲周一至周日 11:00~15:00和18:00~23:00）一家装饰精美的咖啡馆，食客们在此尽情享用健康的本地食物（不用重复使用的油，非油炸，不加味精），比如香辣乌打（otak-otak）烤鱼（RM13）、美味新鲜的香草沙拉（RM8）和火山形状的大分量巫鲁冰激凌（Mulu icecream）。

如同公园的半露天餐厅墙壁上装饰着精美壁画（由富有艺术才华的老板绘制），整个地方被彩灯和油纸伞（马来西亚语中雨伞是"payung"）点亮。我们对这个地方唯一的不满是席琳·狄翁（Celine Dion）的背景音乐。

Café Café 创意菜 $$

（☎084-328101; 8 Jln Chew Geok Lin; 主菜 RM18~44，午餐套餐 RM12.90~19.90; ⏲周二至周日 正午至16:00和18:00~23:00）Café Café提供不错的创意菜，包括娘惹风味鸡、每日特色菜和创意甜点，比如咸焦糖苹果片奶酪蛋糕和里斯牌花生酱黄油巧克力奶酪蛋糕（RM10.90）。装饰风格融合巴厘、中式和西方元素，是一处精致的城市就餐地点。

Islamic Nyonya Kafé 土生华人菜 $$

（141 Jln Kampung Nyabor; 主菜 RM10~30; ⏲周二至周日 8:00~23:00，周日 16:00~23:00; 📶🖉）这里的菜单极其宽泛，亮点有香辣美味的娘惹菜肴，包括咖喱鸡（kari ayam）和咖喱羊肉（kari kambing）。

New Capital Restaurant 中国菜 $$

（☎084-326066; 46 Jln Kampung Nyabor; 主菜 RM10~40; ⏲11:00~14:00和17:00~21:00）一家有品位的老派中餐馆。福州特色菜包括海参汤（RM10）和白鲳鱼（RM70~80）。

饮品和夜生活

Queen 酒吧

（12 Jln Chew Geok Lin; 啤酒 RM10起，鸡尾酒 RM22~38; ⏲周二至周日 18:00至次日0:30）酒吧装饰得像一间维多利亚时期的起居室，室内灯光昏暗，以豪华沙发和加有黑色和深红色天鹅绒厚软垫的高背椅为特色。欢乐时光价格持续至22:00。遗憾的是，现场音乐环节如今被卡拉OK设备替代。

购物

Sibu Heritage Handicrafts 手工艺品

（☎084-333 353；ground fl, Sibu Heritage Centre, Jln Central；⏲8:00~18:00）这家很棒的小店被卡扬人和伊班人的珠子、本南藤篮，以及美林老人（Melinau）和卡扬人的手工艺品塞得满满当当，难以走动。橱窗里伊丽莎白女王及其家族的老照片后面，隐藏着一间杂乱的宝库。在这里待的时间越长，你的发现可能就越多。

实用信息

Terazone IT Centre（Level 4, Wisma Sanyan, 1 Jln Sanyan；每小时 RM3；⏲10:00~21:45）可以上网。

邮政总局（Main Post Office；☎084-337700；Jln Kampung Nyabor；⏲周一至周五 8:00~16:30，周六 至12:30）泗务的邮政总局。

拉让医疗中心（Rejang Medical Centre；☎084-323333；www.rejang.com.my；29 Jln Pedada；⏲急诊 24小时）提供24小时急诊服务，包括一辆急救车。位于市中心东北方向4公里左右。

泗务综合医院（Sibu General Hospital；☎084-343333；hsibu.moh.gov.my；Jln Ulu Oya, Km 5½）位于城中心东面8公里处，靠近机场。

游客信息中心（Visitors Information Centre；☎084-340980；www.sarawaktourism.com；Sublot 3a & 3b, Sibu Heritage Centre, Jln Central；⏲周一至周五 8:00~17:00，公共假日歇业）值得一去的地方。这里有一群极具亲和力、消息灵通的员工（可咨询Jessie），有大量地图、公共汽车和渡轮时刻表，以及沙捞越周边景区旅行手册对外提供。

Yewon Money Changer（8 Jln Tukang Besi；⏲周一至周六 9:30~17:00，周日 14:00~16:00）现金兑换。红底金字的牌匾就是它的标志。

到达和离开

飞机

马航飞翼航空（☎084-307888，ext 2；www.maswings.com.my；Sibu Airport, Jln Durin；⏲6:00~20:30）有飞往民都鲁（每天2班）、古晋（每天5班）、米里（每天4班）和亚庇（每天2班）的航班。

马来西亚航空公司（☎084-307799；www.malaysiaairlines.com；Sibu airport, Jln Durin）每天有两趟飞至吉隆坡的航班。

亚洲航空公司（☎084-307808；www.airasia.com）有飞往古晋和吉隆坡的航班。

船

所有船只都从**快线渡轮码头**（Express Ferry Terminal, Terminal Penumpang Sibu；Jln Kho Peng Long；☏）发船。一定要提前15分钟上船，据称客船会提早出发。

去加帛和美拉牙

“飞行棺材”快船5:45~14:30每小时1班，顺着拉让河向加帛（RM25~35，140公里，3小时）航行。10:45出发的船只有上层甲板，上面没有空调，有半开放式的座位。如果柏拉固急流（Pelagus Rapids）的水位允许的话，可直达加帛上游155公里处的美拉牙（RM55，11小时），5:45开船，每天发1班船。

去古晋

除了坐飞机，从泗务到古晋最快的途径是水路。**Ekspress Bahagia**（☎016-800 5891，古晋082-429242，泗务084-319228；⏲从泗务出发11:30，从古晋出发8:30）每日运营往返于古晋快线码头（Express Wharf）的快线渡轮（RM55，5小时），中途路过一处废弃锯木厂和堆放生锈汽船的苍凉之地。提前一天订票是个不错的主意。

长途汽车

泗务的**长途汽车站**（Jln Pahlawan）位于城中心东北约3.5公里处，沿Jln Pedada前往。这里有多家公司经营发往古晋（RM50~60，7~8小时，7:00至次日4:00定点发车）、米里（RM50，6.5小时，6:00至次日3:30一般每小时1班）和民都鲁（RM30，3.25小时，从6:00至次日3:30一般每小时1班）的长途汽车业务。

当地交通

抵离机场

泗务机场位于市中心以东23公里处。乘坐出租车到达机场需花费RM35。

从短途公共汽车站发车，去Sibu Jaya方向的Panduan Hemat公共汽车途经机场交叉路口（RM3，6:00~18:00，每1小时或2小时1班），从机场交叉路口到航站楼需步行5分钟。

公共汽车

可在位于快线渡轮码头前方的**当地公共汽车站**（local bus station）乘坐21路Lanang公共汽车（RM2，15分钟，6:30~17:15，每小时1班或2班），到达长途汽车站。

出租车

全天24小时可预订**出租车**（☎084-313658，084-315440，084-320773）。从市中心乘坐出租车至长途汽车站需花费RM15。

拉让河（Batang Rejang）

有“婆罗洲亚马孙河”之称的拉让河全长640公里，河水湍急而混浊，沿江直上，是东南亚最棒的江河游之一。快线渡轮在激流中急速前行，驾驶员巧妙地避开了那些翻滚河水中若隐若现的黑石礁。尽管这片区域已不再是马来西亚独立以前的丛林荒野，但是它仍然散发着河流上游深处（ulu-ulu）的边陲生活气息，特别是在只有水路方能接近的城镇和长屋尤为浓郁。

想要一瞥伐木和棕榈油产业对该地区造成的影响，那就在谷歌地球上搜索一番吧。

当地交通

目前，除了水路，似乎没有其他可以靠近拉让河周边地区的交通方法。在本书作者调研期间，从加帛到卡诺维特（Kanowit；已经连接至沙捞越的公路网）的一条新公路已部分竣工。看起来，便捷的交通很快就会改变婆罗洲的这片地区。

只有在水位足够高的时候，客船才能在加帛和美拉牙之间危险的柏拉固急流处行驶，现在则主要取决于巴贡水坝（Bakun Dam）放水量有多少。

有6家公司在泗务经营快线河船业务，河船因其外形而非不安全纪录获得“飞行棺材”的称号，行驶在混浊的拉让河上，船顶危险地捆扎着货物和行李。如果你想要坐在上面远眺（我们这里不推荐），那可要抓紧了！客舱空调开得很低，室内温度都可以穿棉袄了。

泗务到加帛方向（140公里，2.5~3小时）的河船5:45~14:30每小时发1次船。从加帛开往泗务的河船6:40~15:15发船。上船时经常得从狭窄而且没有扶手的外部舷梯攀越上去。

如果柏拉固急流（距离加帛上游32公里）处的水位足够高，一艘77座的**快船**（☎013-806 1333）可在一天内直抵位于加帛上游155公里的美拉牙，并会在沿岸各处的长屋前停靠。若要前往上游地区，泗务（RM85，11小时）于5:45发船，加帛（RM55，4.5小时）于9:30发船。前往下游地区，河船在7:30左右从美拉牙发船。当水位过低时，通往美拉牙的唯一方式便是从民都鲁出发的陆路线路。

> **驾驭急流**
>
> 当拉让河的水位太低，无法乘船从加帛溯流而上旅行的时候，总部设在美拉牙的Daniel Levoh（见464页）可以安排用他们的小船去Punan Bah长屋接你。该长屋大概就在加帛和美拉牙的中间，是到达大船无法通过的柏拉固急流（Pelagus Rapids）前的最后一站。他可以带你去看看长屋，然后继续向上游行驶至美拉牙，途中吃一顿午餐（最多4人RM500）。这趟旅程也可以反向进行，从美拉牙到加帛。

加帛（Kapit）

人口：14,000

作为拉让河上游的主要定居点，加帛自白人王公时期就是一个繁华的贸易场所和运输中心。可以通过陆路或水路参观附近的一些长屋，但如果没找到一个好的当地导游，选择的空间就很有限。

读过雷德蒙·奥汉龙（Redmond O'Hanlon）的《深入婆罗洲腹地》（*Into the Heart of Borneo*）的粉丝们也许还记得，加帛就是作者探险的起点。

景点

西尔维亚堡垒 博物馆

（Fort Sylvia；Jln Kubu；⏲10:00至正午和14:00~17:00，周一和公共假日歇业）堡垒由查尔斯·布鲁克于1880年建造，用于控制拉让河的

Kapit 加帛

上游势力。为了纪念布鲁克的妻子——西尔维亚王妃(Ranee Sylvia)，这座使用铁木制作的木制堡垒在1925年被重新命名。

内部展览精彩地介绍了拉让河上原住民族群的传统生活方式，其中还包括了殖民时期引人追忆的照片。1924年，之前交战的伊班人、卡扬人和肯雅人举行了具有历史意义的调停仪式，这里也展示了仪式上颁发的和平罐。

博物馆还专门划出一处空间，介绍多明戈·"明戈"·德·罗萨里奥(Domingo 'Mingo' de Rozario)的故事；他是詹姆斯·布鲁克的葡萄牙裔马六甲管家的儿子，被同时代的人形容为拥有"壮硕的身材、亲切的黑面庞，完全不顾个人危险的乐天派"。身负让加帛摆脱国王统治的任务，罗萨里奥被派到那里。他成为拉让河上游的人种学权威，在一系列富有趣味的信件和报告中描述了该地区的生活。

江岸口(Waterfront)
港口

加帛江岸口停泊着渡轮、游艇、大艇和浮坞，都站满了人群。搬运工人搬运非常沉重、庞大的货物，我们曾看到搬运工人背着15箱鸡蛋摇摇晃晃地从陡峭的码头爬上来。

生鲜市场
市场

(Pasar Teresang; ⏲5:30~18:00)在江岸口卸下的一些货物就放在这个色彩丰富的有篷市场内销售。这是一个喧嚣的基层贸易市场，里面有大量生长在丛林里的新奇食物以及手工艺品。乌鲁人则在这里售卖油炸食品和蒸包。

Kapit 加帛

景点

1 西尔维亚堡垒 D1
2 生鲜市场 B1
3 江岸口 C1

住宿

4 Hiap Chiong Hotel A1
5 New Rejang Inn C1

就餐

6 Famous Bakery C1
Gelanggang Kenyalang .... (见9)
7 夜市 C2
8 Soon Kit Café C1

购物

9 Sula Perengka Kapit B2

团队游

长屋游

许多长屋非常现代化，还有的长屋由陆路(水路较慢，而且价格比小巴昂贵)连接，常见于加帛上游9公里处，拉让河与巴厘河(Batang Baleh)和巴里河支流Sungai Sut交汇处的沿岸。后两条河流沿岸的长屋要比拉让河上的长屋更加古朴传统。

找一个好导游至关重要。鉴于加帛缺少持证向导，而沙捞越有很多无证向导非常能干且阅历丰富，我们建议你多跟其他游客和

参观长屋

很多生活在拉让河盆地的当地居民——伊班人和乌鲁部落的成员，如肯雅人、卡扬人和本南人，仍然长期居住于长屋之中。然而大多数人并不像游客们预想的那样传统，拜访一个族群是体会沙捞越当地原住民生活的最好办法。

基于地理因素，加帛和美拉牙应该是探访拉让河上游和其支流长屋的最佳出发地点。遗憾的是，旅行者可能会面临两个问题。

首先，如果没有受到当地人的邀约或导游带领，参观长屋会变得很复杂，因为好客的传统习俗正被更为"现代化"（也就是，商业化）的观念所替代。但这不仅仅与商业主义有关，不速之客可能会无意冒犯——比如，丧事期间进入长屋。这种情况下，酋长可能会要求罚款付钱。

其次，在加帛找向导带你前往非常困难，而且即使找得到，这位向导也可能要价过高，并（或）提供不达标的服务。例如，把游客扔在长屋然后一走了之，不管不问，直到返程的时候才回来接人，而游客不知道跟当地人如何交流，变得无所事事。

如果行程灵活而有机会在这个地区待上一段时间，足够幸运的话你可能会被当地人邀请进他们的长屋。不然的话，最好的选择就是通过泗务的旅行社（见457页）安排。

酒店老板交流，了解哪些经营者值得推荐，哪些最好避开。最安全的方式是让泗务的老牌经营机构（见457页）安排团队游。

长屋自由行

加帛周边的几个部落经常接待旅游散客，一日游需RM10～40，或者如果你想留宿的话，每个人需RM50～100，包括餐饮。村长也许会希望游客付点小费，如果你计划过夜，应该带一份礼物。记住，在长屋里或许没什么事可做，尤其是附近没有人会说英语。

你需要考虑参观的长屋包括：

Rumah Bundong 这片地区鲜有的传统伊班长屋之一。位于加帛河（Sungai Kapit）上，距离加帛45分钟车程（10公里）。

Rumah Jandok 在加帛的拉让河下游支流Sungai Yong上有一座传统长屋，村庄里有不少会说英语的人。可以通过陆路花1小时到达这座长屋，游览费用RM40，外加付给酋长RM10，拍照头骨需要RM15。

想要安排陆路交通，在生鲜市场（位于Jln Teo Chow Beng）外询问小汽车和客货车司机。或者，你可以尝试在加帛城镇广场（Kapit Town Sq; Jln Teo Chow Beng和Jln Chua Leong Kee的拐角处）和生鲜市场（位于Jln Teo Chow Beng）附近与当地人合乘小面包车。

如果你想去参观由水路连接的长屋，去西尔维亚堡垒对面的**Jeti RC Kubu**（Jln Kubu）码头，跟人讨价，包租一艘大艇。这些船也许会很昂贵——想象一下当船逆流而上时，船外侧马达需要消耗多少燃料吧。

节日和活动

加帛巴厘河漂流游（Baleh-Kapit Raft Safari） 水上运动

这是一场为期两天的刺激比赛，它重温了伊班人和乌鲁人乘筏顺流而下，把丛林产物带到加帛的过程。经常在4月举行。可以去加帛的**居民办事处**（Resident's Office; ☎084-796 230; www.kapitro.sarawak.gov.my; 9th fl, Kompleks Kerajaan Negeri Bahagian Kapit, Jln Bleteh; ⏰周一至周四 8:00～13:00和14:00～17:00，周五 8:00～11:45和14:15～17:00）或泗务的游客信息中心（见459页）咨询详情。

住宿

New Rejang Inn 酒店 $$

（☎084-796600, 084-796700; 104 Jln Teo Chow Beng; 双 RM78; ❄📶）一家颇受欢迎的，并且经营良好的酒店。拥有15间一尘不染的大号客房，配有舒适的床垫、热水、电视、电话和小型冰箱，是该镇中最具推荐价值的一家酒店。

Hiap Chiong Hotel
酒店 $$

（☎084-796 314；33 Jln Temenggong Jugah；双 RM50；📶）该酒店的15间房虽然家具过时，但是干净整洁，并且配备平板电视。

餐饮

Soon Kit Café
中国菜 $$

（13 Jln Tan Sit Liong；主菜 RM5~6；⊙5:00~18:00）一间老式的传统咖啡店，早上提供叻沙（RM5）和出色的鸡肉饭（RM5.50）。

Gelanggang Kenyalang
摊贩$$

（紧邻Jln Penghulu Nyanggau；主菜RM3.50起；⊙6:00~17:00）这个室内美食广场汇聚了马来西亚和华人餐饮摊位，是享用叻沙或印度煎饼早餐的好地方。

夜市
市场$$

（Night Market，Taman Selera Empurau；主菜RM2.50~5起；⊙17:00~23:00或午夜）美味的沙嗲和烤鸡肉是这家有餐桌的夜市亮点。位于加帛城镇广场上一个街区。

Famous Bakery
面包房 $$

（22 Jln Teo Chow Beng；甜点 RM1~3.50；⊙5:30~18:00）新鲜出炉的中式和西式糕点、蛋糕、小号比萨和其他方便携带的一日游野炊食物。

购物

Sula Perengka Kapit
手工艺品

（紧邻Jln Penghulu Nyanggau；⊙周一至周六 8:00~16:00，周日 8:00至正午）这是一家由伊班人经营的小型手工艺品商店（21号商铺），位于Gelanggang Kenyalang美食广场的楼上。

实用信息

加帛医院（Kapit Hospital；☎084-796333；Jln Hospital；⊙24小时）有3辆救护车和6名医生。

King Cyber Sky（Jln Penghulu Gerinang，1st fl，Public Cafe上方；每小时 RM3；⊙10:00~23:00）网吧。

到达和离开

船

泗务方向的快船（RM25~35，2.5~3小时，每小时发船1~2次）在**加帛客运总站**（Kapit Passenger Terminal；Jln Panglima Balang；📶）于6:40~15:15开船，客运站上面还有一间漂亮的游廊咖啡馆，可眺望河景。

如果水位允许的话（致电美拉牙的**Daniel Levoh**咨询详情，见464页），每天只有1班快船发往上游的美拉牙（RM55，4.5小时），大约于9:30左右在**加帛城镇广场码头**（Kapit Town Square jetty；Kapit Town Sq）发船，码头在加帛客运总站下游2个街区处。请9:15之前上船。

巴厘河上每天发出一班快船，行驶最远至Rumah Penghulu Jampi伊班长屋。加帛发船时间是10:00左右，Rumah Penghulu Jampi发船时间是12:30。

面包车

与外界隔绝的加帛周边地区仅靠一片小型公路网络把该城和许多长屋连接起来。不断地往返

拉让河上游旅行通行证

理论上，前往下列地点都需要一张有效期两周的免费通行证：

- 从柏拉固急流（距离加帛上游32公里）沿拉让河溯流而上的地点。
- 巴厘河沿岸，该河在加帛上游9公里处流入拉让河。

事实上，我们从来没有听说过任何人被检查过通行证，并且整个安排看起来似乎是一个官僚主义的遗留问题，该问题起始于政府试图限制国外激进分子接近乌鲁部落，因为该部落正遭受滥采滥伐和具有争议的巴贡水坝的双重威胁。如果你从民都鲁出发陆路旅行去美拉牙，即使从理论上讲也不需要通行证。

（没什么必要的）通行证由加帛的居民办事处签发。该机构位于镇中心西面2公里的一座9层楼大厦内。可在生鲜市场东南角乘坐面包车（RM2）到达那里。事情办完以后，你可以求助于大厅的保安帮忙拦车（不是出租车的话也是要付费给司机的）。

于这些小路的面包车集中停靠在加帛城镇广场。

美拉牙(Belaga)

人口：2500

当你结束了拉让河漫长的航行进入美拉牙时，你也许会觉得自己已经深入了婆罗洲腹地，而实际上，你距离海岸仅仅大约100公里远（直线距离）。在这里，除了嗅到边界气息外没什么出奇的地方。但是河流附近是不少乌鲁部落（主要是卡扬人和肯雅人）长屋的所在地。

景点

想要感受当地居民生活的节奏，你可以到华人居多的**镇中心**，在两层高、结构紧凑的店屋之间漫步。或者也可以在位于主要集市（Main Bazaar）和拉让河之间的**公园**闲逛，公园管理整齐，同时还有篮球场和网球场。沿着河滨，一座木桥延伸至美拉牙的马来人聚居区**Kampung Melayu Belaga**，那里的木制房子都建在桩柱上。城镇靠发电机实现24小时供电，美拉牙还没有接入巴贡水坝电网。

活动

游客们来到美拉牙的主要原因是想沿着丛林小河，探寻丛林中的长屋和隐蔽瀑布。可以参观的目的地包括以下所列：

Dong Daah 卡扬族长屋，位于美拉牙上游10分钟船程处。

Lirong Amo 卡扬族长屋，距离美拉牙30分钟步程。

Long Liten 大型的Kejaman古长屋，位于去往上游的徒步线路上。

Long Segaham 位于上游某条路上的Kejaman长屋。

Sekapan Panjang 传统的全木制Sekapan长屋，从美拉牙乘船向下游行驶30分钟。

Sihan 本南人聚居区，距离拉让河的另一岸步行需2小时。

在你想跟长屋酋长分享tuak（一种酒精饮料）之前，你需要先找到一名导游。好的游览计划应该包括乘船、森林徒步、瀑布游泳、夜间徒步以及烹饪和采摘水果之类的活动。

Daniel Levoh 向导

（☎086-461198，013-848 6351；daniellevoh@hotmail.com；Jln Teh Ah Kiong）作为一名卡扬族的前任校长，Daniel富有亲和力且阅历丰富。可行的短途旅行包括步行至锡汉（Sihan；河对岸一处本南族定居区）和在瀑布驻留（没有向导也可以，船只费用RM20，还要为参观长屋带礼物；Daniel会提前打电话）。另外可以安排美拉牙和民都鲁附近的私人交通。

Hamdani 团队游

（☎019-886 5770）从前做过向导的Hamdini或许可以帮忙安排参观长屋。

节日

美拉牙雨林挑战 体育节

（Belaga Rainforest Challenge；⏲双数年的7月或8月）为期5天的节日包含17公里的丛林划船比赛，以及传统的音乐舞蹈表演。

住宿

美拉牙的住宿大多环境破旧，价格便宜。

Daniel Levoh's Guesthouse 客栈 $$

（☎013-848 6351，086-461198；daniellevoh@hotmail.com；Jln Teh Ah Kiong；铺 RM20，双 不带浴室 RM40；📶）共有4间简易客房，均在二楼，紧邻一处饰以传统卡扬壁画的开放式大阳台。老板Daniel Levoh很乐于与人分享长屋生活的故事。客栈位于主要集市后身两个街区处。

Belaga B&B 酒店 $

（☎013-842 9760；freeland205@gmail.com；Main Bazaar；铺/双 带风扇 RM25/15，双 带空调 RM35；❄）有7间基本客房，其中的一些配有空调，共用浴室设施。别让店名给骗了：房费不包括早餐。老板Hasbee曾经是长屋向导，如今还经营楼下一家同名咖啡馆。他会乐于帮忙安排参观长屋。

就餐

这里有几家普通的咖啡馆，提供中餐和

马来美食，位于主要集市一带。

夜市

摊贩 $

（Night Market；Main Bazaar后方；主菜RM4.50~12；⌚15:30~22:00）室外美食广场，有6家出售卡扬、肯雅和马来饮食的摊位。找找Robina的摊位，那里出售美味的老姜鸡（RM6）。

Crystal Cafe

马来西亚菜 $

（Jln Temenggong Matu；主菜 RM3.50~8；⌚7:00~19:00）由伊班-肯雅家庭经营，Crystal Cafe是享用简餐的好地方，包括印度炒面（mee goreng；RM3.50）、沙捞越叻沙（RM4.30）、椰浆鸡米饭（nasi lemak ayam；RM5.50）和参巴炸鸡饭（nasi ayam penyet；RM8）。

实用信息

城镇里唯一的自动柜员机经常出故障，多带现金。诊所仅有一名医生。一些旅店有Wi-Fi。

到达和离开

当快船运营时，参观美拉牙而不经原路返回也是可以的。顺着一个方向在拉让河上航行，然后选择伐木路顺着另一个方向折回民都鲁。

船

如果柏拉固急流处的水位足够高的话，你可以在大约7:30的时候乘坐快船去加帛（RM55，4.5小时）。如果发现船开了，给Daniel Levoh打电话。当水位过低的时候，离开美拉牙的唯一方法就是乘坐去民都鲁方向的四轮驱动车。

陆路

一条崎岖（雨天路面极其湿滑）的伐木路连接了美拉牙和民都鲁（160公里）。部分道路连接巴贡水坝，其中有125公里是铺装道路。

大多数时候，丰田陆地巡洋舰越野车担负着美拉牙和民都鲁（每人RM50~60，全车RM400，4小时）之间的交通任务，大约每天7:30从美拉牙出发，下午早些时候（正午至14:00）从民都鲁出发。在美拉牙，去往民都鲁的车都大约在7:00集中在Belaga B&B前。可以给Daniel Levoh打电话预订从民都鲁出发的车。

如果你从米里或巴都尼亚路口（Batu Niah Junction）来，或正向那个方向前行（即东北方向），你可以在内陆（老）公路上的Simpang Bakun（巴贡路口）上下车，该地位于民都鲁东北53公里，米里西南159公里。

美拉牙上游（Upriver from Belaga）

在美拉牙上游40公里处，拉让河分出几条支流，其中包括几乎包围整个加里曼丹边境的壮观河流Batang Balui。具有争议的巴贡水坝发电站就在这个交叉路口的下方，为当地居民创造一处捕鱼的场所；周三和周六上午，他们会到大坝上卖鱼。美拉牙本地的导游可以安排参观该地区长屋。双溪阿刹（Sungai Asap）的15座长屋是新建的——为了安置由于修建大坝泄洪而无家可归的社区——但依然保持传统样式。

这座大坝与美拉牙之间有40公里的路程（2小时）。

民都鲁（Bintulu）

☎086/人口：190,000

50年以前，民都鲁还是一座仅有5000人的小渔村。如今，得益于这里的近海天然气田，它成为繁荣的工业城镇和沙捞越液化天然气和化肥的重要生产中心。

民都鲁大致位于泗务和米里的中间，距离两地均约200公里，大多数旅行者都是因为计划前往西米拉遥国家公园（Similajau National Park）或通过陆路旅行往返美拉牙而在此停留。

景点

大伯公庙

华人寺庙

（Tua Pek Kong；Main Bazaar；⌚7:00~18:00）免费 这是座传统的华人寺庙，给相对单调的市中心增添了一抹绚丽色彩。寺庙背后铺设过的地方传来的公鸡打鸣声打破了静谧，你会看见被拴住以免打架的斗鸡。

节日

婆罗洲国际风筝节

体育节

（Borneo International Kite Festival；www.borneokite.com；⌚9月）每年一度的盛事，通常在9月举行，持续4~5天，吸引了世界上最好的风筝高手来到民都鲁，在婆罗洲风筝运动大赛

Bintulu 民都鲁

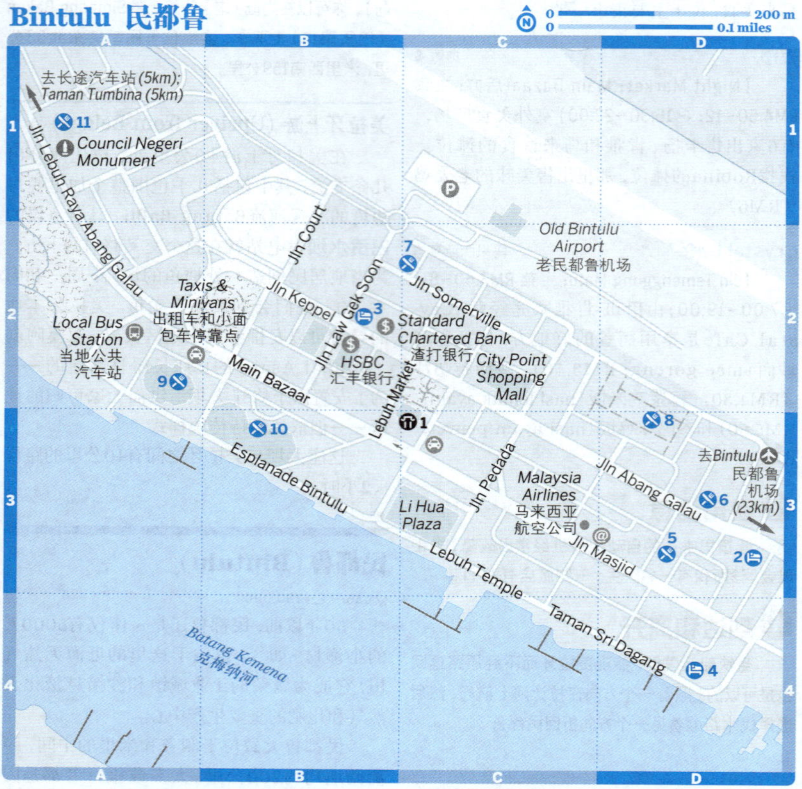

Bintulu 民都鲁

景点

1 大伯公庙..........C3

住宿

2 Kemena Plaza Hotel..........D3
3 Kintown Inn..........B2
4 Riverfront Inn..........D4

就餐

5 Ban Kee Café..........D3
6 Chef..........D3
7 Famous Mama..........C2
8 夜市..........D3
9 Pasar Tamu..........A2
10 Pasar Utama..........B3
11 Popular Corner Food Centre..........A1

(Borneo Sports Kite Championship)上一争高低。节日活动还有放风筝表演和研讨会。

住宿

除了部分酒店位于偏僻的位置，大部分酒店都集中在Jln Keppel及其南部延伸的Jln Abang Galau和平行的Jln Masjid附近。

Kintown Inn 酒店 $

(☎086-333666; 93 Jln Keppel; 标单/双RM80/86.25; ❄📶)铺着地毯的房间虽然小且霉味很大，但对不在乎墙皮稍显斑驳的节俭人士来说，是个适当的住宿选择。

Riverfront Inn 酒店 $$

(☎086-333111; riverfrontinn@hotmail.com; 256 Taman Sri Dagang; 标单/双 RM81/104起; ❄📶)这里是商务人士和休闲游客的最爱，Riverfront Inn外观低调，但是富有格调。尽量预订一间豪华河景房(RM120)，窗外就是正宗的婆罗洲。

Kemena Plaza Hotel 酒店 $$

(☎086-335111; www.kemenahotelgroup.com; 116 Jln Abang Galau; 双/套 含早餐 RM170/290; ❄📶🏊)最近的翻新令这家酒店的162间客房焕然一新，中性色调的房间宽敞，有木地板和小卫生间。较高楼层的房间可俯瞰河流。此处的亮点是屋顶游泳池和阳光平台，可以看到城镇和河流以及远处大海的壮观景色。

餐饮

Famous Mama 嘛嘛档、清真 $

(10 Jln Somerville; 主菜 RM5~10; ✎)著名的Mama烹制嘛嘛档（印度-马来清真）菜式，是迅速吃一顿便宜扁担饭（米饭搭配不同的咖喱配菜）和印度煎饼的热门餐厅。

Popular Corner Food Centre 摊贩 $

(50 BDA Shahida Commercial Centre, Jln Abang Galau; 主菜 RM7~12; ⏲6:00~17:00)如果你曾经想要尝尝新鲜的田鸡粥（RM12），就应该来这个地方。不那么想冒险的食客可以在8家出售点心和新鲜海鲜的摊位里选择一家。

夜市 马来西亚菜 $

(Night Market, Pasar Malam; 紧邻Jln Abang Galau; 主菜 RM2~5; ⏲16:00~22:00)这里是品尝小吃、新鲜蔬果和马来美食的好去处，比如沙嗲和椰浆饭。

Pasar Utama 摊贩 $

(New Market; Main Bazaar; 主菜 RM3~5; ⏲7:00~16:00)这座蓝色的果蔬市场楼上挤满了马来和华人小吃摊。Pasar Utama和隔壁的**Pasar Tamu**(Bintulu Market, Main Bazaar; ⏲7:00~18:00)生鲜市场的圆锥形屋顶代表马拉诺部落的传统帽子——斗笠。

Chef 面包房 $

(☎086-312964; 97JlnAbangGalau; 蛋糕 RM1起; ⏲8:30~21:00)烘焙结合中式元素的食品，包括香甜可口的面包卷、三明治、糕点和异常好吃的比利时巧克力蛋糕，是野餐的理想食物。

Ban Kee Café 海鲜 $$

(紧邻Jln Abang Galau; 主菜 RM6~15; ⏲6:30~23:00)极具氛围的中式海鲜专营店，座位在半露天的室外庭院内，出售鲜鱼和海产（每公斤RM40~80）。早餐有面条和叻沙。

实用信息

飞卫上网中心(Fi Wee Internet Centre; 1st fl, 133 Jln Masjid; 每小时 RM2; ⏲9:00至次日1:00)受游戏玩家欢迎。

到达和离开

想乘坐丰田陆地巡洋舰越野车从民都鲁到美拉牙（每人RM50, 4小时）的话，那就给Daniel Levoh（见464页）打电话。一般在下午早些时候（正午至14:00）发车，有几段路很崎岖。

飞机

亚洲航空公司(www.airasia.com)和**马来西亚航空公司**(☎086-331349; www.malaysiaairlines.com)有直飞古晋和吉隆坡的航班。**马航飞翼航空**(☎086-331349; www.maswings.com.my; Bintulu airport; ⏲7:00~19:00)可以带你去亚庇、米里、泗务和古晋。

长途汽车

长途汽车站位于镇中心（又名民都鲁镇）东北5公里处的MedanJaya，出租车费RM20。十几家公司几乎每小时都有长途汽车出发，前往下列站点：

➡ **古晋**(RM70, 11小时)途经泗务(RM25, 4小时)，6:00至午夜。

➡ **米里**(RM25, 4小时)途经尼亚路口(RM15, 2.75小时)，该线路从6:00一直经营到21:30。

当地交通

机场陆路距离镇中心23公里，没有往返于机场的公共交通工具。出租车费RM35。

西米拉遥国家公园(Similajau National Park)

西米拉遥国家公园(☎米里办公室 085-434184, 公园办公室 086-489003; www.sarawakforestry.com; Kuala Likau 成人/儿童 RM20/7; ⏲公园办公室 周六至周四 8:00~13:00和14:00~

17:00，周五 8:00~11:45和14:15~17:00）位于民都鲁东北30公里，交通便利，是一个景色秀丽的小型公园，有金色的沙滩、良好的散步小路和简单的住所。公园沿着南海海岸延伸30公里，其90平方公里的范围内拥有多种沿海自然栖息地，例如红树林、异翅香木林和混合龙脑香林（经典的低地热带雨林）。这里有四种海豚，包括短吻海豚，它们有时会跳出海面。绿海龟时而慢悠悠地爬上岸，在2号海龟沙滩（Turtle Beach Ⅱ）和金色沙滩（Golden Beach）上产卵。公园还是长臂猿、长尾猴、麂鹿、鹿和野猪的栖息地。

民都鲁人在周末和公共假日成群前往西米拉遥（尤其是其海滩）度假，但公园在平日里却很有一种荒芜的美感。

景点和活动

西米拉遥海滩 海滩

（Similajau Beach; Similajau National Park）位于西米拉遥公园总部的沙滩遍布木麻黄树，那里到处都是浮木，但很干净，是个放松的好去处。如果湾鳄（都是大家伙）和水母不会让你却步的话，这里还是游泳的热门地点。如果真的下了水，一定要远离河口。

徒步小径 徒步

（☎086-489003; Similajau National Park）西米拉遥漂亮的森林小径很适合徒步，标志清晰，所以无须向导，尽管每小时RM30（**夜间徒步**每小时 RM40）就可以雇一位（提前打电话）向导。出发前，记得在公园总部登记并领取简易而实用的小径地图。带上大量饮用水。

坡度平缓的**主小径**（沿海小径）与海岸线保持平行，以跨越里考河（Sungai Likau）的吊桥为起点，最终在**金色沙滩**（10公里，单程4小时）结束。小径经过海岬、小海湾，以及**1号海龟沙滩**（6.5公里，2.5小时）和**2号海龟沙滩**（7公里，3小时）。如果你想要顺着海岸往回一睹民都鲁和它的天然气厂房，去**观景台**（距离公园总部1.3公里，40分钟）吧。

跨越吊桥后，向右岔出一条1.7公里长的**环路小径**（Circular Trail），穿过美丽的河口红树林和混合龙脑香林。

> **当心鳄鱼！**
>
> 西米拉遥的水道是鳄鱼的主要栖息地，所以不要在河流或河口附近游泳或涉水，在河岸附近步行时也要小心，尤其是早晚时段。
>
> 由于有危险的暗流，海龟沙滩和金色沙滩禁止游泳。

Boat Trips 乘船游

（☎086-489003, 019-861 0998; www.sarawakforestry.com; Similajau National Park; 最多可乘坐5人的船只 开往1号海龟沙滩单程/往返 RM195/245，开往金色沙滩单程/往返 RM235/300; ⊙办公室 8:00~17:00）为了避免徒步时走回头路，可以乘坐公园船只到达某处海滩，然后步行返回。船只可容纳5名乘客，可以租用单程或往返。白天较晚的时候，海上常常会起风浪，所以最好在8:00前出发。

选择包括前往岩岛**巴都曼迪**（Batu Mandi; RM160）的往返旅程，或者在岛上停留30分钟，然后继续前往**金色沙滩**，从那里徒步返回（RM445）。另外可以安排**夜间河上巡游**（RM160），见识一下鳄鱼（在办公时间内预订）。

住宿

西米拉遥乡间住宿距离海滩仅100米之遥，周末客房经常住满。

Cabins 小屋 $

（☎086-489003, 019-861 0998; www.sarawakforestry.com; Similajau National Park; 房间 RM100，2个房间的小屋 RM150; ❄）6栋朴素但舒适的小屋全都有两个房间：一间带空调的卧室和一间带风扇的起居室，每间房都有一张双人床和一张单人床（每栋小屋可住6人）。

Hostel 青年旅舍 $

（☎086-489003, 019-861 0998; www.sarawakforestry.com; Similajau National Park; 铺 RM15）每个房间有四张床（3号房是铺位）和一台壁扇，1号、2号房带浴室。

Campground 露营地 $

（☎086-489003, 019-861 0998; www.

sarawakforestry.com; Similajau National Park; 每人RM5)只允许在公园总部旁边露宿。配有淋浴间。

Rest House 小屋 $$

(☎086-489003, 019-861 0998; www.sarawakforestry.com; Similajau National Park; 2个房间的小屋 RM300; ❄)公园内最豪华的住宿场所，是设备齐全并带空调的"VIP"小屋。小屋自带起居室和阳台。

就餐

公园小屋和青年旅舍禁止做饭，但这里有指定的烧烤地点。

Cafeteria 自助餐馆 $

(主菜RM5~13; ⏲7:30~20:30; ✎)供应简单的米饭和面条菜肴，并有餐盒午餐。

到达和离开

西米拉遥国家公园总部位于民都鲁东北约30公里，距离通往米里的滨海大道9公里。

从民都鲁(没有公共交通工具)租一辆出租车过来，单程费用为RM55。

如果需要返回民都鲁，你可以跟当地司机预先约定接送时间或者给公园总部员工打电话，请他们帮你叫一辆出租车。

尼亚国家公园 (Niah National Park)

尼亚国家公园(☎085-737450, 085-737454; www.sarawakforestry.com; 门票 RM20; ⏲公园办公室 8:00~17:00)占地31平方公里，其数量巨大的石灰岩溶洞是婆罗洲最著名以及最有震撼力的自然景观之一。世界上最大的溶洞之一——巨洞(Great Cave)就位于公园的中心处。

因为加里曼丹岛在很久以前曾与东南亚大陆相连，尼亚的洞穴对研究古代婆罗洲人的生活有突破性的作用。在1958年，由汤姆·哈里森(Tom Harrisson)领导的考古学家发现了有4万年历史的晚期智人(Homo sapiens)头骨，是东南亚迄今发现最古老的智人遗迹。

岩画和一些像独木舟形状的小型棺材[死亡之舟(deathships)]意味着在最近的历史里，这里曾是墓地。在尼亚发现的一些文物目前保存在古晋，其他的(少量文物)陈列于该公园的博物馆。

尼亚的洞穴里有数目惊人的蝙蝠，并且这些洞穴也是金丝燕重要的筑巢地点，其中某些种类的金丝燕所筑的燕窝是燕窝汤的重要成分。本南人是燕窝传统意义上的监护人和采集者，而伊班人对洞穴的其他物品、蝙蝠和禽类粪便具有采收权利，那些粪便是非常珍贵的肥料(猜猜谁是第一个拾粪的人，猜中无奖)。在收割季节(8月至次年3月)，可以在楔于洞顶处的高大竹制建筑物上看见燕窝采集夫。

虽然景点具备一定的历史意义，但对游客来说，尼亚并不过于迎合游客。可以不带向导参观洞穴，工作日期间，可能整个洞穴只有你一个人。去过(或正要去)巫鲁山国家公园的旅行者或许对尼亚不甚感兴趣，但如果是对人类史前时代着迷的游客来说，这里便不容错过。

景点和活动

尼亚考古博物馆 博物馆

(Niah Archaeology Museum; 汽艇 每人RM1, 17:30~19:30 RM1.50; ⏲周二至周五 9:00~16:45, 周六和周日 10:00~16:00)这座博物馆跟公园总部隔河相望，在尼亚地质学、生态学和史前考古学方面进行了内容翔实的展示，展品包括一具至少有1200年历史的原始葬仪用独木舟，还有一副形似金丝燕燕窝的彩洞(Painted Cave)的复制品和一个具有4万年历史的"Deep Skull"复制品。

想要出发去该博物馆，可以乘坐汽艇横穿尼亚河。你可以在博物馆租手电筒(RM5)。无论你想在洞穴走多长距离，手电筒都必不可少。

巨洞(Great Cave) 洞穴

一条凸起的木板栈道延伸3.1公里(往返3.5~4小时)，穿过古老的沼泽雨林，直至巨洞的洞口。巨洞是一个巨大的溶洞，大概2公里长、250米宽、60米高。在内部，小道围绕着一个巨大的中心支柱分开，但是两条支路终点交会在同一个地方，所以如果你坚持沿着

木板栈道走的话，是不太可能迷路的。楼梯和扶手经常沾满污垢，很湿滑。

岩层时而壮观，时而令人生畏。你也许会发现你正在经历如儒勒·凡尔纳（Jules Verne）的《地心游记》（*Journey to the Centre of the Earth*）一样的情景。当太阳照射那些高处的洞孔时，洞穴内充满了仿佛来自其他世界的神奇光束。当你走在被称为月亮洞（Gan Kira）的黑暗通道上时，可以试着关掉手电筒来享受纯粹的黑暗体验。

彩洞（Painted Cave） 洞穴

经过月亮洞之后，到达彩洞之前，你要进入森林，走上木板路的另一段。彩洞以其古画著称，这些古画由红色铁矿粉绘制而成，其描绘了丛林动物、人物形象和被船送往来世的亡者灵魂的场景。在洞穴后方30米长的狭路沿途，红色的赤铁矿图形很难辨认，因为其中很多已经褪色，仅剩下模糊不清的残痕。

返回时，原路折返，沿着左侧台阶，靠近巨洞的环形线路。

BukitKasut 步行

这条行程为45分钟的小径，部分是穿过淡水沼泽森林的木板栈道。这条小路通向**Bukit Kasut**（205米）的山巅。雨季时路面湿滑泥泞。

食宿

可在公园总部（亲自或通过电话）或通过任意一个**国家公园预订办事处**（☎古晋 082-248088，米里 085-434184）预订公园自营住宿场所的房间。旅馆和客房通常会在华人和马来西亚的公共假日爆满。公园的住宿场所禁止做饭，不过青年旅舍是个例外，你可以烧水泡方便面。

巴都尼亚（Batu Niah）镇距离公园总部4公里（如果步行为3公里），镇上倒有几个配备基础设施的酒店。

Hostel 青年旅舍 $

（Niah National Park HQ；房间 RM40，租毛巾 RM6）每间基本青年旅舍客房拥有最多可容纳4个人的空间。

Rumah Patrick Libau Homestay 家庭寄宿 $

（☎Asan 014-596 2757；Niah National Park；每人 含餐 RM70；📶）传统的Rumah Patrick Libau伊班长屋有100扇门，居住了大约400人，经营着一个非正式的家庭寄宿项目。住宿虽然简朴，但长屋有Wi-Fi和24小时供电。从通向洞穴的主小径顺着路标拐弯，即可到达这里。村民们经常坐在路口卖冷饮和纪念品。

Campground 露营地 $

（Niah National Park HQ；每人RM5）公园总部附近允许露营。

Forest Lodges 小屋 $$

（Niah National Park HQ；带风扇 四 RM100，带空调双/四 RM250/150）公园有6间质朴的小屋，内有两个房间，附带浴室，每个房间最多

尼亚的蝙蝠和金丝燕

进入巨洞，你听到的高声尖叫齐鸣并非蝙蝠的声音，而是定居在尼亚的金丝燕。继续往里走，你才会察觉到蝙蝠的嘎嘎声。大约47万只蝙蝠和400万只金丝燕曾以尼亚为栖息的家园。虽然目前的数据还不得而知，但现在岩壁栖居的蝙蝠不似从前堆叠得那么厚，而且燕窝的产量也减少了。

某些种类的金丝燕会在洞壁上筑巢。最常见的是白腹金丝燕，它用植被来筑巢，所以这种燕窝不适于制作燕窝粥。显而易见，能筑造可以食用燕窝（这些唾液分泌物构成的东西被很多人视作美味佳肴）的金丝燕越来越少，而且只能在溶洞最远的角落看见它们。一些蝙蝠也栖居在洞穴内，但和在巫鲁山国家公园一样，不会紧密地栖居在一起。

观赏洞穴内飞行生物的最佳时机是黄昏时分（17:30~18:45），那时金丝燕群集体回巢，蝙蝠盘旋而出捕夜食，被称为“转换时段”。如果你决定多停留一会，请告知公园总部登记处的员工，并且确保要么19:30前返回船上，要么与船夫商量晚一些来接你。

可住4人。两个后建的空调单元更贵，每个单元都有两间带双人床的房间。

到达和离开

尼亚国家公园位于米里西南约115公里、民都鲁东北122公里处可以从这两个城市中的一个出发进行公园一日游。

公园总部位于米里至民都鲁内陆（老）公路上的巴都尼亚路口北面15公里处，这个路口是这条公路上重要的交通枢纽。但是，想通过公共交通前往公园就有点棘手。

所有连接米里普奕长途汽车总站（Pujut Bus Terminal）和民都鲁、泗务及古晋的长途汽车都在巴都尼亚路口停靠，但是，唯一能从交叉路口前往公园的方式却是叫一辆黑车。价格应该是RM30（4人一组为RM40），但是，你必须在路口四处寻摸才能找到一辆车。比较容易找到车的地方是：位于魏氏花园美食广场（Ngu's Garden Food Court）一角的Shen Yang Trading贸易公司前面的长凳。国家公园的工作人员（公园下班后，就找公园保安人员）可以帮助你叫一辆车把你带到路口。

从巴都尼亚路口发车，发往米里的长途汽车（RM12，1.75小时）营运时间是8:00至次日1:00，发往民都鲁的长途汽车（RM16，2小时）营运时间是8:00~22:30。其他可到达目的地包括泗务（RM40，5~6小时）和古晋（RM80，12小时）。代表不同长途汽车公司的候车亭可以在巴都尼亚美食广场中心（Batu Niah Food Court Centre）公路对面大楼的两端找到。

从米里出发，乘坐出租车到尼亚单程花费为RM150，往返为RM240，含等待时间。

租一整天小汽车或摩托车也值得考虑。米里的小汽车和摩托车租赁机构见479页。

兰卑尔山国家公园（Lambir Hills National Park）

69平方公里的**兰卑尔山国家公园**（☎085-4716 09；www.sarawakforestry.com；Jln Miri-Bintulu；RM20；⏲8:00~17:00，最晚入园时间16:00）涵盖了数十个丛林瀑布和众多可以畅游的游泳池，还有很多穿过混合龙脑香林和异翅香木树林的超棒徒步线路。作为当地人最喜爱的公园和科研工作的重要基地，兰卑尔山会让你远离城市喧嚣，尽享一日游或过夜游的惬意。

公园内很多低矮的砂岩山上遍布种类非常繁多的动植物，甚至可能就像沙捞越林业局的刊物记载的那样——“地球上植物多样性程度最高的地方”。52公顷的研究区（不对游客开放）已经发现了1200种树木，让人十分惊奇。这里的动物群包括云豹、赤麂、穿山甲、眼镜猴、5种麝猫、10种蝙蝠和50种其他哺乳动物，虽然你不太可能在公园总部周围看见大部分这些动物。兰卑尔山也是237种鸟类的家园，其中8种属犀鸟科，种类多到让人难以置信，此外还有24种蛙——更多种类也在继续发现。

活动

兰卑尔山有色标的小径相互连通，从4条主路线上分支开来，分别通向14个目的地。公园总部大楼的公园管理员可以为你提供地图，并且很乐于给人建议。请在17:00之前回到公园总部——除非你打算在公园里**夜间徒步**，也就是说无论如何你都需要配合公园的员工工作。最多5个人雇用1名导游（可选），每小时需RM30。

从公园总部出发，**主小径**顺着Sungai Liam而行，经过两座迷人的瀑布后到达25米高的**洛塔克瀑布**（Latak Waterfall；1公里，单程15~20分钟），那里有一片野餐区、更衣间和一个适合游泳的清凉沙滩游泳池。周末和假日的时候会很拥挤。

你可能会喜欢上通向**骷髅瀑布**（Tengkorong Waterfall）的小路，沉浸在万籁俱寂的美妙之中。瀑布距离公园总部6公里（单程），徒步前进会很吃力。

潘楚山（Bukit Pantu）山顶距离公园总部有3.6公里（单程）步程，景色美不胜收，是一日游的好选择。

另一条更有挑战性的陡峭小径直通**兰卑尔山**（465米；到公园总部单程7公里）山巅，那里也可以看到迷人的风景。留心海拔上升时植被的变化，包括野兰花。

食宿

Camping 露营 $

（☎085-471 609；Jln Miri-Bintulu；每人

RM5)公园总部附近允许露营。

Cabins 小屋 $

(☎085-471609; Jln Miri-Bintulu; 1/2床 房间 带风扇 RM50/75, 带空调 RM100/150)相当舒适的小屋，屋内有两个房间。老度假屋是木结构，而4个新建的为混凝土结构。风扇房有两张床，而空调房有三张床。不提供单独的宿舍床位。周末和学校假期时，小屋有时会被订满。

如果你在14:00(入住时间)之前到达，背包可以寄放在营地办公室里。

Canteen 自助餐馆 $

(Jln Miri-Bintulu; 主菜 RM4~6; ⌚8:00~17:00或更晚)公园的食堂供应简单的米饭和面条菜肴。如果你在公园住宿而且愿意在食堂吃晚餐，需要提前告知工作人员。可能提早关门。

到达和离开

公园总部位于通往民都鲁的内陆(老)公路上，距离米里32公里。所有连接米里普奕长途汽车总站和民都鲁、泗务及古晋的长途汽车都途经这里(米里至此需RM10)——跟司机打招呼即可下车。主路与通向公园岔路的交叉口有汽车站，可以在那儿拦停一辆至米里的长途汽车。

从米里叫出租车的单程费用是RM40(往返RM80~120，含2小时等待时间)。

米里(Miri)

☎085/人口: 300,500

米里，沙捞越第二大城市，是一座繁荣的石油城镇，喧嚣而现代。此处真是"富得流油"，所以云集了各种美食，宽阔的大街被路灯照得明晃晃。这里有太多的可去之处，即使遇到雨天也不会感到无聊。城市中亲切的客栈是结交其他游客的好去处。大约40%的米里人为达雅克人(主要为伊班人)，30%为华人，18%为马来人。

米里是一个重要的交通枢纽，所以如果你打算往返于文莱、沙巴、柯拉比高原或者巫鲁山、尼亚或兰卑尔山这些国家公园，你将有机会经过这里。

景点

米里的历史遗迹并不多，它曾经在"二战"期间被严重破坏。但是它并不是无魅力可言，漫步市中心可以很好地感受到当地生活的节奏。不少都街道很值得去走一走，这些街道包括(从北到南)Jln North Yu Seng、Jln South Yu Seng、Jln Maju和Jln High Street。

米里扇形公园 公园

(Miri City Fan; Jln Kipas; ⌚24小时)一座迷人的开放式景观公园，有中国和马来风格的花园和水池，是散步和慢跑的热门地点。综合设施还包括图书馆、室内体育场和奥运场馆规格的公共游泳池(RM1)。

石油博物馆 博物馆

(Petroleum Museum; Bukit Tenaga; ⌚周二至周五 9:00~16:45，周六和周日 10:00~16:00) 免费 石油博物馆坐落在**加拿大山**(Canada Hill)上，位于市区东南方向2公里处的低脊处，是马来西亚第一口油井的所在地。该井名为**Grand Old Lady**，于1910年被钻探，那座陈旧的铁架塔就矗立在博物馆外面。博物馆采用互动式展览，其中一些专为儿童设计，对其赢利的石油产业进行了很好的诠释，米里(和马来西亚联邦政府)也因此而变得富裕。

这座山本身就是市民喜好的健身场所，很值得在日落时分来到这里，远望城市对面的南海。

青统周末夜市 市场

(Saberkas Weekend Market; Jln Miri Pujut; ⌚周四至周六 16:00~23:00，周日 8:00至正午)沙捞越最丰富而又亲切的市场之一。小贩非常乐意解释关于摊上摆放的产品，其产品包括热带水果、蔬菜、烧烤鸡肉、沙嗲和手工艺品。市场位于城中心东北约3公里处，在米里最新开业的Saberkas Commercial Centre外边。乘坐出租车到这里的费用为RM15(没有公共汽车)。

三清殿 道观

(San Ching Tian Temple; Jln Krokop 9; ⌚8:00~18:00) 免费 这里是东南亚最大的道观之一，建于2000年。坐落于宁静的庭院内，

院子里挂着抚慰人心的风铃，道观设计多采用源于中国的精致龙形浮雕和三清尊神的威严雕像。道观位于Krokop的郊外街区，在米里城镇中心东北3公里处。乘坐出租车至此的费用为RM18。

大伯公庙 华人寺庙

（Tua Pek Kong Temple；Jln Bendahara；⏲8:00~18:00）免费 米里最古老的华人寺庙，修建于1913年，是个观赏河上船只往来的好地方。在持续一周的春节期间，包括Jln China在内的整个地区几乎都被热闹的街头集市占据，到处都是红灯笼和金箔。

活动

尽管米里水域更为出名的是石油钻孔，而不是潜水，但是米里-泗务海洋国家公园（Miri-Sibuti Coral Reef Marine Park）有好几个不错的水肺潜水点（水深7~30米），包括下面充斥鱼类、旁边排列各种拖网渔船的陈旧石油平台和货轮残骸。3月至9月海水能见度最佳。

虽然邻近重工业之地，但这里的珊瑚状态良好，水质未受污染。能见度高的时候，你或许能见到巨大的墨鱼、鲸鲨和刺鳐。

Coco Dive 潜水

（☎085-417053；www.cocodive.com.my；Lot 2117 Block 9，Jln Miri Pujut；2次潜水 RM320，3次潜水 RM370）备受赞誉的潜水公司，有大量潜水套餐和PADI认证课程项目。友好专业的员工和可靠的装备好评如潮。

团队游

Planet Borneo Tours 团队游

（☎085-414300，085-415582；www.planetborneotours.com；Lot 273，1st fl Brighton Centre，Jln Temenggong Datuk Oyong Lawai）总部在米里的老牌旅行社，提供沙捞越东北部及更远地方的各种团队游和活动。比较长的线路包括从峇加拉兰途经穆鲁德山（Gunung Murud）到达巴里奥的高原徒步（RM2567起）和在上巴兰参观偏远的肯雅族长屋（4天，RM5880）。

Borneo Tropical Adventure 徒步

（☎085-419337；www.borneotropicaladventures.com；Lot 906，Shop 12，ground fl，Soon Hup Tower，Jln Merbau；⏲9:00~18:00）总部在米里的老牌公司，提供的套餐包括起点在巫鲁山国家公园的猎头者小径（Headhunters Trail；5天，RM1750起），还有长屋参观和婆罗洲多日深度游。

Borneo Trekkers 徒步

（☎012-872 9159；www.borneotrekkers.blogspot.com）向导Willie Kajan专营沿猎头者小径前往巫鲁的徒步，出发前或结束后可以在林梦的长屋住一夜。另外可以安排柯拉比高原徒步。

节日

婆罗洲爵士音乐节 音乐节

（Borneo Jazz；www.jazzborneo.com；Parkcity Everly Hotel，Jln Temenggong Datuk Oyong Lawai；1日通票成人/儿童 RM70/30，2日通票 成人/儿童 RM130/50；⏲5月的第2个周末）户外爵士音乐节，举办两晚，特色是不拘一格的各国音乐达人同台竞技。这里列出的价格是现场销售价格，提前在网上购票会有大幅度优惠。

住宿

米里的背包客客栈在沙捞越数一数二。但如果你的预算紧张，就要仔细挑选床铺——在石油钻井工人聚集的低廉小旅舍中（Jln South Yu Seng或该路以东），许多客房内部非常恐怖，没有窗户，还弥漫着霉味。并且，米里的色情业务也多在城市的阴暗角落里开展。

★ **Dillenia Guesthouse** 客栈 $

（☎085-434204；www.sites.google.com/site/dilleniaguesthouse；1st fl，846 Jln Sida；铺/标单/双/家 含早餐 不带浴室 RM30/50/80/110；❄@✈）这家有11间客房的青年旅舍超级受欢迎，旅舍内摆放了许多不错的小装饰物，比如公共浴室放的植物，很符合这家青旅的口号“异乡的家”。房间之中，漂亮的绣花床罩与墙壁相互映衬。店主李夫人乐于助人，是当地旅游的“万事通”，能给游客提供旅行信息和建议，甚至还出售防蚂蟥袜子（RM20）。

Miri 米里

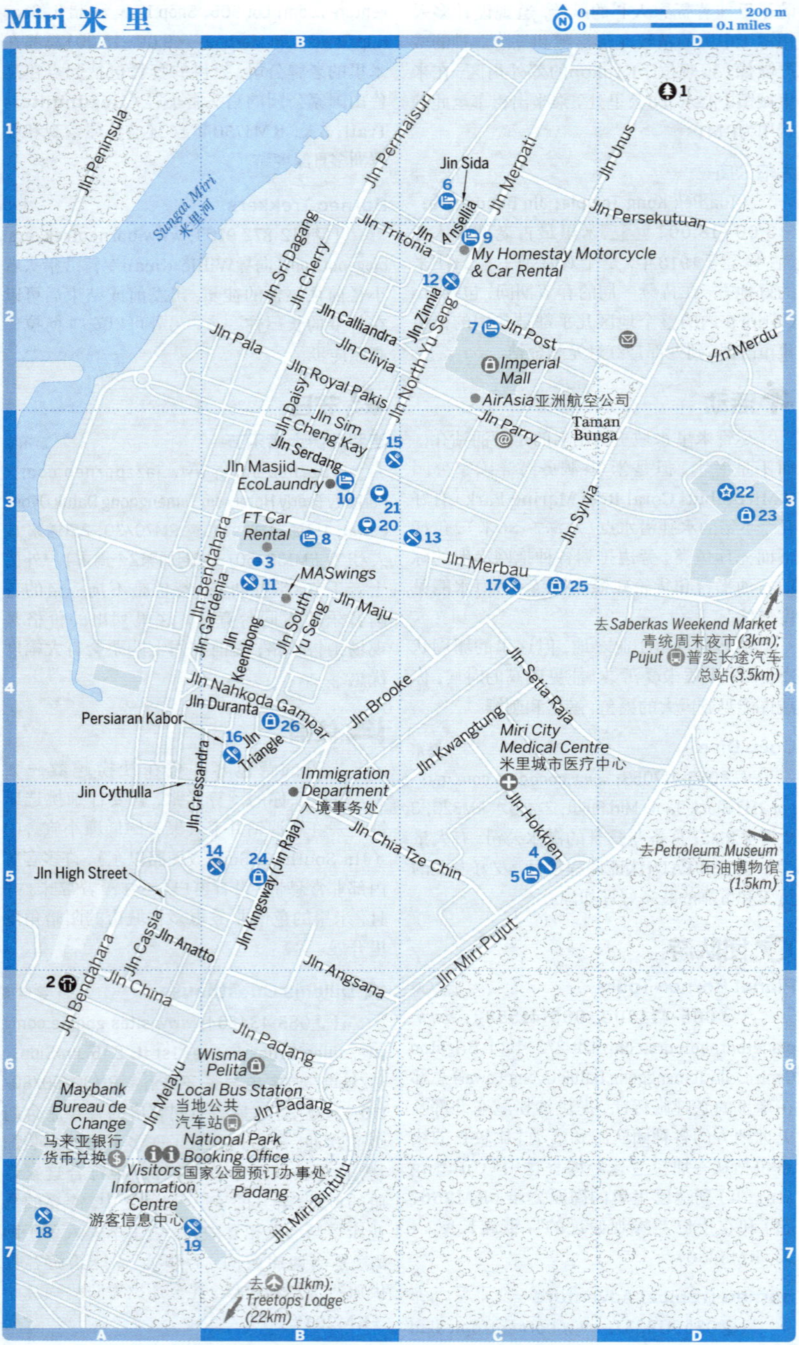
0 200 m
0 0.1 miles
A
B
C
D
1
2
3
4
5
6
7
Jln Peninsula
Sungai Miri 米里河
Jln Permaisuri
Jln Sida
Jln Merpati
Jln Unus
Jln Persekutuan
Jln Tritonia
Jln Ansellia
My Homestay Motorcycle & Car Rental
Jln Sri Dagang
Jln Cherry
Jln Calliandra
Jln Zinnia
Jln North Yu Seng
Jln Post
Jln Merdu
Jln Pala
Jln Clivia
Imperial Mall
Jln Royal Pakis
AirAsia亚洲航空公司
Jln Daisy
Jln Sim Cheng Kay
Jln Parry
Taman Bunga
Jln Serdang
Jln Masjid
EcoLaundry
FT Car Rental
Jln Sylvia
Jln Bendahara
Jln Merbau
Jln Gardenia
MASwings
Jln Maju
Jln Keembong
Jln South Yu Seng
去Saberkas Weekend Market 青统周末夜市(3km); Pujut 普奕长途汽车总站(3.5km)
Jln Nahkoda Gampar
Jln Duranta
Jln Brooke
Jln Setia Raja
Persiarian Kabor
Jln Triangle
Jln Kwangtung
Miri City Medical Centre 米里城市医疗中心
Jln Cythulla
Jln Cressandra
Immigration Department 入境事务处
Jln Hokkien
Jln Chia Tze Chin
Jln Kingsway (Jln Raja)
去Petroleum Museum 石油博物馆 (1.5km)
Jln High Street
Jln Cassia
Jln Anatto
Jln Miri Pujut
Jln Bendahara
Jln China
Jln Angsana
Jln Padang
Wisma Pelita
Jln Melayu
Maybank Bureau de Change 马来亚银行货币兑换
Local Bus Station 当地公共汽车站
Jln Padang
National Park Booking Office 国家公园预订办事处
Visitors Information Centre 游客信息中心
Padang
Jln Miri Bintulu
去 (11km); Treetops Lodge (22km)
1
2
3
4
5
6
7
8
9
10
11
12
13
14
15
16
17
18
19
20
21
22
23
24
25
26

Miri 米里

景点

1 米里扇形公园 D1
2 大伯公庙 A6

活动、课程和团队游

3 Borneo Tropical Adventure B3
4 Coco Dive C5
Megalanes East Bowling Alley ......(见23)

住宿

5 Coco House C5
6 Dillenia Guesthouse C1
7 Imperial Hotel C2
8 Mega Hotel B3
9 My Homestay C2
10 Next Room Guesthouse B3

就餐

11 Khan' s Islamic Restaurant B3
12 Madli' s Restaurant C2
13 明财海鲜 C3
14 米里中央市场 B5
15 Muara Restoran B3
16 Persiaran Kabor B4
17 Rainforest Cafe C3
18 Summit Café A7
19 Tamu Muhibbah A7

饮品和夜生活

20 Ming Cafe B3
21 Soho Bar & Bistro B3

娱乐

22 Golden Screen Cinema Bintang Megamall D3

购物

23 Bintang Plaza D3
24 Miri Central Superstore B5
25 Miri Handicraft Centre C3
Popular Book Store ......(见23)
26 Sin Liang Supermarket B4

Coco House
客栈 $

(☎085-417051; www.cocodive.com.my; Lot 2117, Block 9, Jln Miri Pujut; 铺/标单/双 含早餐 RM35/55/80; ❄@📶)Coco House有明亮现代的宿舍，内有类似豆荚的上下床，还有小却实用的单独房间，色彩缤纷。一尘不染的卫生间有花洒喷头，舒适的公共区有书籍、棋牌游戏、DVD和用于加热食物的微波炉。据说，屋顶平台上将会设置烧烤架。

My Homestay
客栈 $

(☎085-429091; staymyhomestay.blogspot.com; Lot 1091, Jln Merpati; 铺 含早餐 RM35, 双 RM55~120; ❄@📶)氛围友好，位置优越，有可以俯瞰喧嚣街道的宽敞阳台。多数房间尽管干净绚丽，却没有窗户，有点闷热。周末的价格略高。

Next Room Guesthouse
客栈 $

(☎085-411422, 085-322090; 1st & 2nd fl, Lot 637, Jln North Yu Seng; 铺 含早餐 RM28, 双 不带浴室 RM55~85, 双 带浴室 RM85~95; ❄@📶)位于米里餐饮集中的街区里，这是家舒适如家的客栈，里面有13间客房、一间小厨房和一个DVD播放区，屋顶还有一片宽敞的日光浴场。宿舍房间比较拥挤，放有8张或12张床。如果你睡眠浅，就请注意：街对面夜总会播放的音乐非常吵闹，直至次日凌晨2:00才能停息。

TreeTops Lodge
度假屋 $$

(☎019-865 6240; www.treetops-borneo.com; Lot 210, Kampung Siwa Jaya; 双 带空调 RM129~159, 带风扇和不带浴室 RM99; ❄📶🏊)这座柔美的度假屋四周是热带果树，由迈克(Mike；一位退役的英国飞行员)及其沙捞越妻子埃丝特(Esther)经营，8个房间(其中4个在简朴的木制长屋内)坐落在一座漂亮平静的花园里。位于米里西南15公里的小村庄里，在通向民都鲁的沿海公路边。乘出租车从米里至此的费用为RM60。

除了步行至附近的海滩(2公里以外)或放松之外，这里没什么可做的。自己没有交通工具的话，附近的景点很难到达，但度假屋出租汽车(每天RM100)。清淡的午餐(RM12)和简单的晚餐(RM24)在俯临花园的质朴木棚里供应。带上驱虫剂。

Imperial Hotel
酒店 $$

(☎085-431133; www.imperialhotel.com.my; Jln Post; 双 含早餐 RM260~560, 套 RM680~4000; ❄📶🏊)市中心23层楼的豪华

酒店，有266间客房，配有商务和健身中心、一间桑拿浴室和一个游泳池。

Mega Hotel 酒店 $$

（☎085-432432；www.megahotel.com.my；Lot 907 Jln Merbau；双 RM330~380，套 RM700~4700；❄@📶🏊）不要仅关注到这家酒店俗气的大堂，酒店有16层楼，共239间客房，虽然装潢有点老套，但是舒适宽敞。酒店设施包括一家健身中心（7楼）和一个可远眺海景、带按摩浴缸的30米长游泳池（4楼）。促销价会在当前列出的价格基础上大幅度优惠。

就餐

★ Summit Café 达雅克菜 $

（☎019-885 3920；Lot 1245，Centre Point Commercial Centre，Jln Melayu；餐 RM8~15；⏲周一至周六 7:00~16:00；✎）如果你从未品尝过柯拉比人的美食，那么这里将为你的味蕾打开一个全新的世界。排队等候挑选柜台上摆放的色泽丰富的"丛林美食"，包括炸林叶（dure）、木薯叶粉和野猪肉（labo senutuk）。最好在11:30前就餐，一旦食物售罄，这里就关门。

老板兼厨师Sally Bungan Bat只用巴里奥盐和本国产的高原大米。

Khan's Islamic Restaurant 印度菜 $

（☎012-878 9640；229 Jln Maju；主菜 RM6~12；⏲6:30~21:00；✎）这家简朴的餐厅是米里最好的北印度餐馆之一，提供令人垂涎欲滴的泥炉烤鸡（RM12）、馕和芒果奶昔（RM4），还有各种咖喱和素食菜肴。

Madli's Restaurant 马来西亚菜 $

（☎085-426615；www.madli.net；Lot 1088，ground fl，Block 9，Jln Merpati；主菜 RM6~18.50；⏲周日至周四 8:00至午夜，周五和周六 8:00至次日1:00；❄）老牌家族生意，刚开始是20世纪70年代的沙嗲摊位，米里1995年开张的3家餐馆中的第一家。除了令人欲罢不能的美味鸡肉和羊肉沙嗲（每串 RM1）之外，菜单还包括马来西亚菜肴，比如椰浆饭和乡村炒饭。正午之前，提供印度煎饼和西式早餐。

Muara Restoran 印度尼西亚菜 $

（☎016-882 7370；Jln North Yu Seng；主菜 RM5~15；⏲11:00至次日4:00）穿着亮黄色工装裤的印尼外来务工石油工人喜欢在这家彩板顶饭店点lalapan（豆腐、豆豉、肉、类似菠菜的蔬菜、生黄瓜和米饭拌辛辣参巴沓拉煎）。非常适合吃夜宵。

米里中央市场 摊贩 $

（Miri Central Market，Pasar Pusat Miri；Jln Brooke；主菜 RM2~6；⏲24小时，多数摊位 4:00至正午）华人美食摊铺出售咖喱鸡、粥、普通的米饭和面条菜肴，6号摊位（3:30~10:00营业）尤其受欢迎。20号摊位提供素食。

Persiaran Kabor 中国菜 $

（Jln Duranta和Jln Cythulla之间；主菜 RM3~4.50；⏲6:00~18:00）10:00左右来到这家独具氛围的有顶庭院（被当地人称作"老人街"），里面挤满了喝咖啡、读报纸和下棋（华人象棋协会就在其中一间店面）的老一辈。周围的咖啡店出售普通的米饭和面条菜肴。

Tamu Muhibbah 市场 $

（Jln Padang；⏲2:00~18:00或19:00）华人、马来人、伊班人和乌鲁人的摊位售卖各种果蔬，部分果蔬直接从丛林运来。

Rainforest Cafe 中国菜 $$

（☎085-426967；49 Jln Brooke；主菜 RM10~30；⏲10:30~14:00和17:00~23:00）这家微风轻拂的露天小餐馆专门经营中式菜肴，经常挤满一同在宴席上尽情吃喝的家庭。特色菜有雨林炖豆腐、酥脆烤鸡和菲律宾风味猪腿。

明财海鲜 海鲜 $$

（Meng Chai Seafood；☎085-413648；11A Jln Merbau；餐 RM25起；⏲16:00至午夜）有眼光的当地人聚集在这家位于两栋低调毗邻建筑内的一流小餐馆。这里没有菜单——自己挑选冰块上排列的鱼，决定做法，再点些配菜，比如米饭或蕨菜。海水箱里养着活的蛤蜊和虾。鱼的价格按照重量计算。

饮品

Ming Cafe 酒吧

（☎085-422797；www.mingcafe.com.my；Jln North Yu Seng和Jln Merbau交叉路口；⏲10:00

至次日2:00）这家始终忙忙碌碌的街角酒吧存储了16种进口瓶装啤酒，其中6种是桶装啤酒，包括吉尼斯黑啤酒。厚实的菜单还列出了澳大利亚和新西兰葡萄酒，还有好几页的鸡尾酒清单。鲜榨果汁和奶昔费用为RM5~12。另外，提供的食物种类从中式、马来和印度菜肴到比萨和汉堡包（RM5~30）一应俱全。

这里自然吸引着来自国内外的酒徒和食客。

Soho Bar & Bistro
酒吧

（☎016-414 8883；Jln North Yu Seng；⏰16:00至次日2:00，欢乐时光 16:00~21:00）体育风格的宽敞酒吧，有木餐桌旁边的室外座椅和播放足球的大屏幕。欢乐时光提供包括虎牌（Tiger）或喜力（Heineken）啤酒售酒柱（1塔 RM99，2塔 RM180）。另外提供餐食和酒吧小吃，比如鸡翅、玉米片和装在马丁尼酒杯里的店内特色"苏豪虾鸡尾酒（Sohoshrimp cocktail）"。

购物

Miri Handicraft Centre
手工艺品

（Jln Brooke和Jln Merbau交叉路口；⏰9:00~18:00）这里有13个城市零售商铺对外售卖由伊班族、柯拉比族、肯雅族、卡扬族、郎巴旺族（Lun Bawang）、华人和马来人工匠制作的多彩箱包、竹筐、布裙和纺织物等。7号商铺有巴里奥柯拉比人制作的精美珠饰品。有的摊位周日关闭。

Popular Book Store
书籍

（2nd fl，Bintang Plaza，Jln Miri Pujut；⏰10:00~22:00）规模很大的书店，有丰富的英文书籍以及英文和中文版的Lonely Planet系列书籍。

Bintang Plaza
商场

（Jln Miri Pujut；⏰10:00~22:00）一座现代、多层、空调开放的商场，三楼全是经营电脑和相机的店铺。雨天可以在Megalanes East Bowling Alley（3rd fl，Bintang Plaza；每局 RM5.90~7.90，鞋 RM3；⏰9:00~23:45）打保龄球和去电影院（gsc.com.my；4th fl，Bintang Plaza；成人 RM7.50~11.50，儿童 RM6.50）看电影。

Sin Liang Supermarket
食品和饮品

（Jln Duranta；⏰8:30~21:00）零食、化妆品和澳大利亚葡萄酒储备充足，是为前往巫鲁或柯拉比高原徒步挑选物资的好地方。

Miri Central Superstore
鞋

（998 Jln Raja；⏰8:00~18:00）出售橡胶"村鞋"（kampong shoes；RM7.50），非常适合丛林徒步。

实用信息

想获取好的建议和了解当地历史概况，可以登录米里的非官方网站www.miriresortcity.com进行浏览。

机场和市中心随处可见自动柜员机。

在深入内陆巫鲁山国家公园或柯拉比高原前，最好准备些急救用品。

上网

Sky Garden Cyber Cafe（☎085-418331；1285 1st fl，14B Jln Parry；每小时 RM3；⏰周日至周四 9:30至正午，周五和周六 9:00至次日2:00）有许多电脑、咖啡和小吃。

洗衣

EcoLaundry（☎085-414266；638 Jln North Yu Seng；每公斤RM6；⏰周一至周六 7:00~18:00，周日 至17:00）市区内免费收取和交付。

医疗服务

哥伦比亚亚洲医院（Colombia Asia Hospital；☎085-437 755；www.columbiaasia.com；Lot 1035-1039 Jln Bulan Sabit；⏰24小时）私立医院，拥有35张病床，配备一个24小时事故应急病房和一辆24小时值守救护车。医院位于市中心东北4公里处。

米里城市医疗中心（Miri City Medical Centre；☎085-426 622；916-920 Jln Hokkien；⏰急诊 24小时）提供救护车服务，有24小时值班的急诊部门和各种私人门诊。位于市中心。

邮局

邮政总局（Main Post Office；☎085-433423；Jln Post；⏰周一至周五 8:00~16:30，周六 至12:30）

旅游信息

国家公园预订办事处（National Park Booking Office；☎085-434184；www.sarawakforestry.

com; 452 Jln Melayu; ⏲周一至周五 8:00~17:00)设在游客信息中心内部。提供沙捞越各处国家公园的详细信息，并可以预订尼亚国家公园、兰卑尔山国家公园和西米拉遥国家公园(但是不包括巫鲁山国家公园)的床铺和客房。

游客信息中心(Visitors Information Centre; ☎085-434181; www.sarawaktourism.com; 452 Jln Melayu; ⏲周一至周五 8:00~17:00，周六、周日和公共假日 9:00~15:00)工作人员乐于助人，可以为游客提供城市地图、住宿信息和持证导游信息表。游客信息中心坐落在一座小公园内。

签证

入境事务处(Immigration Department, Jabatan Imigresen; ☎085-442 112; www.imi.gov.my; 2nd fl, Yulan Plaza, Jln Kingsway和Jln Brooke交叉路口; ⏲周一至周四 7:30~17:30，周五 8:00~12:15和14:45~17:30)办理签证延期。

到达和离开

米里位于民都鲁东北212公里、文莱边境西南36公里处。

飞机

米里的**机场**(www.miriairport.com; Jln Airport)在市区以南10公里处。

这里有马航飞翼航空“乡村航班”的单独登记区，包括飞往巴里奥的航班。如果你将要乘坐双水獭飞机(Twin Otter plane)，会被要求带着随身行李一同称重。

亚洲航空公司(☎600 85 8888; www.airasia.com; Lot 946, Jln Parry; ⏲周一至周五 8:30~17:30，周六 至13:00)有飞往古晋、吉隆坡、新加坡、亚庇、槟城和新山的航班。

马来西亚航空公司(☎085-414 155; www.malaysiaairlines.com; Lot No 10635 Airport Commercial Centre, Jln Airport)每天都有飞往吉隆坡的航班。机场有办事处。

马航飞翼航空(☎085-423 500; www.maswings.com.my; ground fl, airport terminal; ⏲6:00~21:00)有飞往沙捞越州境内巫鲁(前往巫鲁山国家公园)、古晋、民都鲁、泗务、老越、马鲁帝(Marudi)和林梦的航班，还有飞往沙巴亚庇的航班。它还有飞往沙捞越偏远乡村巴里奥、峇加拉兰、隆亚甲(Long Akah)、隆八加(Long Banga)、隆勒朗(Long Lellang)、穆卡(Mukah)和伦塞里旦(Long Seridan)的航班。

长途汽车和面包车

长途汽车使用城中心东北约4公里的普奕长途汽车总站(Pujut Bus Terminal)。

古晋方向的长途汽车(RM60~90，12~14小时，7:15~20:30发车)大约每小时发1班，在米里至民都鲁内陆(老)公路上行驶，停靠站分别设在兰卑尔山国家公园、巴都尼亚路口(通往尼亚国家公园的入口处; RM10~12，1.5小时)、民都鲁(RM20~27，3.5小时)和泗务(RM40~50，7~8小时)。经营这条线路的公司竞争激烈，所以上车前最好货比三家。选乘空间宽敞，横向

前往文莱：米里到斯里巴加湾市

前往边境 PHLS Express(☎文莱 +673 277 1668，米里085-438301)是唯一一家被许可经营从米里普奕长途汽车总站至文莱客运业务的公司。该公司在8:15和15:45发车前往斯里巴加湾市(RM50)，途经白拉奕(Kuala Belait; RM38)和诗里亚(Seria; RM38)。售票处在Bintang Jaya对面。在斯里巴加湾市和米里之间旅行的另一个选择是傅先生(Mr Fu)和阿波父子团队经营的私人接送(每人 RM70，3小时)，可以给傅先生打电话☎013-833 2231。

到达边境 过境手续办理效率很高，文莱签证对多数国家公民免费，就是办理时会影响长途汽车的行进速度。如果你最后选择陆路前往沙巴，那么就要确保你的护照有足够的剩余页接受额外10个新章(戳)。

继续前行 文莱的Serasa渡轮码头距离斯里巴加湾市东北20公里，依靠渡轮与纳闽岛相连，从纳闽岛可乘船去沙巴的亚庇。斯里巴加湾市每天有几班长途汽车开往沙捞越的林梦地区及沙巴的目的地。

只有三个座位的“VIP长途汽车”会有跟坐飞机头等舱一样的感觉，运营公司包括**BintangJaya**（☎古晋 082-531133，米里 085-432178；www.bintangjayaexpress.com）和**米里运输公司**（Miri Transport Company，MTC；☎古晋 082-531161，米里 085-434161；www.mtcmiri.com）。

Bintang Jaya同样提供东北方向的客车，目的地有林梦（RM45，4小时）、老越（RM75，6小时）和亚庇（RM90，10小时）。长途汽车于8:30从米里发车，7:30从亚庇发车。**Borneo Express**7:45提供相同目的地公交服务，并于7:45从亚庇发车。乘坐这两家公司的长途汽车，是不允许在文莱下车的。

当地交通

抵离机场

乘坐出租车从机场到市中心（15分钟，城市交通拥挤需用时25分钟）的费用为RM25，出租车券（kuponteksi）可在行李认领区外侧（汽车租赁柜台旁）**出租车办公处**购买。如果你从市里坐车去机场，费用为RM22。机场没有公共交通。

公共汽车

米里当地的公共交通由以下三家公司经营：米里城市公共汽车（Miri City Bus）、米里运输公司（MTC）和米里白拉奕运输公司（Miri Belait Transport）。游客信息中心旁边就是**当地公共汽车站**（Jln Padang），站内张贴有汽车时刻表。车费RM1起，大部分线路都在7:00~18:00前后运营。

20路和33A路公共汽车连接当地公共汽车站和普奕长途汽车总站（RM1.6~2.6，每小时1班，最晚运营至18:30）。

小汽车

米里大部分的客栈乐意帮助游客组织发往兰卑尔山国家公园（往返RM85）和尼亚国家公园（往返RM240）等地的私人交通。

FT Car Rental（☎085-438415；www.ftcarrental.com；3rd fl，Soon Hup Tower，Jln Maju）在米里机场也设有柜台。

Golden System Car Rental（☎085-613359，012-874 1200；www.gocar.com.my；counter 3，ground fl，Miri airport）每天RM100或每周RM500起价。

Hertz（☎085-614740；www.hertz.com；arrivals hall，Miri airport；⏲周一至周六 8:00~17:00）出租各种车辆。

Kong Teck Car Rental（☎085-617767；www.kongteck.com.my；arrivals concourse，Miri airport）每天RM120或每周RM600起价。

My Homestay Motorcycle & Car Rental（☎085-429091；staymyhomestay@gmail.com；Jln Merpati）提供小汽车和摩托车租赁。

出租车

市中心分布着出租车候客站。市区短程打车费用为RM12，从市中心到普奕长途汽车总站费用为RM20。**米里出租车协会**（Miri Taxi Association；☎085-432277；⏲24小时）运营的出租车可以24小时电话订车。

沙捞越东北部（NORTHEASTERN SARAWAK）

巫鲁山国家公园（Gunung Mulu National Park）

巫鲁山（也称姆鲁山）国家公园又称巫鲁山世界遗产区（Gunung Mulu World Heritage Area；☎085-792300；www.mulupark.com；5日通票 成人/儿童 RM30/10；⏲总部办公室 8:00~17:00），是东南亚最为壮观而又令人兴奋的自然景观之一。在2005年，它毫无争议地被联合国教科文组织宣布为世界自然遗产。

世界上很少有国家公园能将如此多的自然奇观集中在这么小的地方。这里集中了令人难以置信的洞穴、尖峰石阵等超脱尘世的地质奇观及茂盛古老的热带雨林（公园拥有17个不同的植被带），它称得上是真正的世界奇观。

在这片529平方公里的神奇公园中间屹立着两座高峰：巫鲁山（2376米）和阿比山（Gunung Api，1710米）。两山之间是崎岖的喀斯特山体，水晶般透明的河水穿行于深陷的峡谷间，各种迷人的野生动物栖息在这片独特土地上。巫鲁山最著名的远足之地就是尖峰石阵，它犹如一片锋利的石灰岩森林。而被称为猎头者小径（Headhunters' Trail）的小路沿着古代部落战争的遗迹一直通到山下的林梦。

一些洞穴游览（尤其是最难的几个）和徒步旅行（尤其是距离最远的几个）或许需要预订。

景点和活动

公园的工作人员在你登记后会提供一份餐垫大小的公园地图，可用于安排每天的活动。通常情况下，总部人员对你的旅游活动计划是非常有帮助的，并且他们乐于为你提供一些特殊的需求和帮助，比如一些适合家庭的活动。

你可以在公园的网站和公园总部领取的宣传册里了解全部的团队游活动及活动的详细内容。

巫鲁探索中心 博物馆

（Gunung Mulu National Park HQ；⌚8:00~18:00）**免费** 提供巫鲁山国家公园"生物多样性热点"和其特殊地质的详细介绍。位于公园总部，在公园办公室和Café Mulu之间。

无须导游的活动

游客在没有正规导游的陪同下是不允许进入洞穴的，但是只要通知公园办公室（当办公室关门时，路对面的公园保安室里的人也可以），你就可以进行一些无须陪同的丛林漫步。小径标志清晰，相互连通，所以，使用公园地图可以轻易将小径串联起来，走出自己的线路。

Paku Valley Loop 步行

8公里长的环线穿越美林老河（Melinau River）旁边的森林，通向可以游泳的巴库瀑布（Paku Waterfall；3公里）。轻松行进的话，需要步行5~6小时。

Botanical Heritage Trail 步行

这条1.5公里的木板路环线有浅显易懂的信息板，内容是关于小径蜿蜒穿过森林时路边诸多迷人植物简介。

TreeTopTower 观鸟

免费 基本上是30米高的鸟类聚集地。

向导、预订和费用

对巫鲁山世界遗产区（Gunung Mulu World Heritage Area；☎085-792300；www.mulupark.com；5天 RM30）几乎所有的洞穴、漫步和徒步旅行来说，游客必须有获沙捞越林业局（Sarawak Forestry）许可的向导陪同，这些向导通常由公园或者探险游旅行社（比如古晋、米里或林梦的那些旅行社）指派。通过公园预订团队游和活动比较便宜，但经常被抢订一空；从旅行社预订的费用一般要高很多，但是也提供了餐饮等额外的服务，并且如果是预订的话可以有更大的灵活性。

如果你钟情于洞穴探险或者尖峰石阵徒步旅行或者巫鲁山攀峰，则必须通过电话或电子邮件（enquiries@mulupark.com）预订。如果你7月至9月来游玩的话，电话或电子邮件预订将更加重要，因为那时一些路线几个月前就会被预订一空，并且如果你的行程安排得过于紧密的话，预订就显得至关重要。因此，请在远足或洞穴探险时间确定后再买机票。

最后一刻才决定去巫鲁旅行也不是说不可能。公园或许可以重新指派向导来适应你的需要，所以取得联系很有必要。而且，如果你能在公园待上一周左右（这通常意味着由于公园内住处供不应求而须居住在公园外的简易旅行者宿舍），徒步旅行和洞穴探险有时会有空缺可加入。

公园内负责徒步旅行和洞穴探险的向导训练有素并且英语流利，但只有15名左右。有的旅行者会雇用不属于旅游机构的兼职向导，他们通常来自附近村庄。这些向导未经沙捞越林业局的许可（未持证不允许在园区从事导游工作），自身的知识储备和英语水平参差不齐，有的非常优秀，有的勉勉强强。此外，他们缺少安全训练和装备（比如公园给持证向导配备的双向对讲机），最重要的是他们不大可能提供合适的保险，如果必须要求直升机撤离时，这点就会变得非常重要。

洞穴探险要求必须至少有4名参与者（包括向导），以便如果有人受伤，一个人可以留下来陪同，另外两人可以一起离开洞穴寻求帮助。

洞穴探险和徒步旅行的公园价格直接按人均计算（至少3个人）。

观赏我们的长羽毛朋友的最佳时间是清晨（5:00~9:00）或者下午晚些时候以及傍晚时光（16:00~20:00）。你需要留出时间去公园总部或者16:30以后去公园保安室（从公园办公室穿过木板栈道）取钥匙（押金RM50）。它位于离公园总部大约500米的地方。

需导游的森林漫步

Garden of Eden Valley Walk 步行

（每人 RM140；⏲9:30~17:00）这个令人难忘的日间徒步带你穿过2公里长的鹿洞（deer cave），前往一处仙境般的封闭山谷。虽然要在蝙蝠粪上面步行一段路程，攀越湿滑的岩石，涉水经过溪流（最好穿胶鞋，凉鞋不适合），但当你慢慢进入石灰岩环绕的苍翠繁茂森林时便不虚此行。

一条丛林小径通向非常适合游泳的瀑布和岩池。由于进出这座伊甸园的唯一路径要经过鹿洞，所以你需要原路穿过山洞返回蝙蝠观景台，在那儿结束步行，顺便还赶得上观看蝙蝠在黄昏时大批离巢。

价格包括午餐盒饭和下午茶。

夜间徒步 步行

（Night Walk；每人 RM20；⏲19:00或19:30，下雨取消）花1.5~2小时步行穿过河流冲积而成的森林，你可能看到的动物（向导给你指出它们的位置之后）包括仅仅1厘米长的树蛙、巨型蜘蛛、酷似藤蔓的藤蛇以及竹节虫（圆虫），这种神奇小生灵最长可达30厘米，看起来就像组合在一起的铅笔或牙签。

如果你将手电筒（记得带上一个）举到齐平眼睛的高度并照亮树叶，蜘蛛等生物的眼睛会反射出电筒的亮光。不要携带驱虫剂或者冒险驱赶你看到的昆虫。蚊子并不那么可怕。

如果你出发前在Wild Mulu Café订了餐，你可以在回来的时候取走（保证在21:30前赶回）。公园外的餐馆关门会更晚一些。

你可以在20:00以后随意选择夜行路线，无须导游陪同，但一定要通知公园办公室，如果办公室下班了可以通知公园保安亭里的工作人员。在17:00~20:00，你可以自行漫步那些导游团未涉及的夜行路线。

Mulu Canopy Skywalk 步行

（每人 RM42.40；⏲7:00，8:30，10:00，10:30，13:00和14:00）巫鲁480米长的空中走廊连接着一连串的巨大树木，路标清晰，令人难忘，是东南亚最佳的空中走廊之一。某些特定的时间段，这个项目时常早早就被预订一空，所以一旦航班确定请你马上预订。

爬上雨林的树冠是观赏热带雨林全景的唯一方法，因为大多数动植物都在树顶而不是地面上完成它们的日常活动，地面上的阳光被雨林遮掩得只剩不到2%的日照量。你的向导能帮你指出四周森林的细微差别，包括仍被附近本南族居民采集使用的传统草药。

洞穴游览

巫鲁的“洞穴游览”（公园给无须专业培训和设备即可游览的洞穴起的名字）是这里最受欢迎的项目，原因很简单：它非常原生态且引人入胜。

鹿洞和朗洞 洞穴

（Deer Cave & Lang Cave；每人 RM30；⏲14:00和14:30）穿过雨林步行3公里后，你就来到了这两座相邻着的洞穴。鹿洞——超过2公里长，174米高，是世界上向公众开放的最大洞穴通道。朗洞的规模没有那么宏大，但内部有奇形怪状的钟乳石和石笋。一定要待到傍晚看看“蝙蝠离巢”。

鹿洞是两三百万只蝙蝠（比世界上任何一个单独洞穴都多）的栖息地，这些蝙蝠有12种种类，依附在洞穴顶部，黑压压的一大片，等待着黑夜降临后的盘旋。每天16:00~18:00（除非下雨），数百万只蝙蝠离洞，盘旋转动的“乌云”有点象动画片里的一大群蜜蜂。从公园的蝙蝠瞭望台（洞穴外的圆形场地）上看去，景象令人惊叹。蝙蝠的螺旋形轨迹是为了防御栖息在四周悬崖上捕食的老鹰。

据说鹿洞里的蝙蝠每晚要吞食掉30吨蚊子，不过我们不知道是谁用何种方法计算出来的。如果下雨，蝙蝠通常待在洞穴里，因为回声定位（它们觅食的方式）不是很擅长定位雨中的飞虫。

可以在19:00前后返回公园总部。带上手电筒，步行回来的路上有用。

风洞和清水洞 洞穴

(Wind Cave & Clearwater Cave；每人 含船票 RM65；⊙8:45和9:15)乘坐长船沿丛林河流蜿蜒而下直抵洞穴也不失为美好一天的开始。风洞得名于微风吹拂其间，它有几个分洞，大教堂般的国王洞(King's Chamber)遍布如梦似幻的石笋和石柱。从国王洞汗流浃背地攀登200级台阶，即可到达清水洞和那里的地下河。洞穴本身就十分庞大，目前探索过的通道已超过200公里。

游览过这些洞穴后，你可以在铺满沙子的清爽水潭中游个泳。

团队游还包括在河边的本南族村庄巴都文甘(Batu Bungan)稍作停歇，这项活动由政府发起，旨在结束他们游牧的生活方式。当地人会卖给你一些小饰品和手工艺品。

风洞和清水洞团队游大约需要4小时，给下午游览另一处洞穴留点儿时间。

兰岗洞 洞穴

(Langang Cave；每人 含船票 RM65；⊙14:00)参加公园的Fast Lane团队游可以游览兰岗洞，洞穴中的钟乳石和石笋奇观已得到了无数赞美之词。注意蓝色赛车蛇(Racer Snakes)和"月奶石"(moonmilk)，以及被科学家称为纤状方解石的纤维状矿石结构。该矿石由细菌分解方解石形成，它的主要成分是石灰岩。不要碰它，因为它相当易碎。

到这个洞穴需要步行1公里到达洞穴入口，然后乘船20分钟。整个团队游持续3小时。

洞穴探险

需要专业装备和一定探洞经验的洞穴徒步线路被称为"洞穴探险"。有7种半天和全天旅游套餐，一般很早就被人申请一空，所以最好预订。成员限制在8人以下。暴雨会导致洞穴洪水泛滥而停止活动。

探洞路线分为初级、中级和高级，导游根据游客之前的探洞经验来决定其适合哪个等级的洞穴探险。如果你之前没有洞穴探险的经验，在进行高级路线前，你将被要求参加中级路线。参加中级和高级路线的最小年龄分别是12岁和16岁。费用包含一个头盔和一个头灯。记得带一双高帮鞋、急救箱和一套你不介意弄脏的衣服。

记住洞穴探险并不适合所有人，别在半路才发现你自己有幽闭恐惧症、怕黑或者只是不喜欢在充满各种恶心且不知名的小爬虫的泥巴上滑倒。

沙捞越洞室 洞穴探险

(Sarawak Chamber；每人RM280；⊙6:30)这条高阶线路要求非常高——徒步3小时才能到达好运(Good Luck)洞穴的入口，从那儿涉水过河800米才能到达洞穴。在洞穴内部活动有时需要使用固定绳索。整条线路往返用时10~15小时。

这个让人难以置信的洞穴于1981年被发现，700米长，400米宽，70米高，被称为世界最大的封闭空间。别指望看得很远，普通光源在这片空灵的黑幕中根本不起作用。

Clearwater Connection 洞穴探险

(每人 RM200)这个4.8公里、4~8小时的高阶探洞行程开始于风洞，然后进入巨大的清水洞系统。这里有一些攀岩项目，还包括1.5公里的水路。

Racer Cave 洞穴探险

(每人 RM160)中阶探洞活动，有要求一点儿上肢力量的绳索辅助环节，还有一定量的攀登。该洞因主要以蝙蝠为食的无毒洞穴蛇而得名。2~4小时的观赏时间。

徒步和攀岩

在婆罗洲，巫鲁为你提供最好且最容易实现的**丛林徒步旅行**。这里的森林状态极佳，为各类人群提供合适的路线。

这里会遇到大雨和各种蚂蟥，湿滑的环境和强烈的体力活动要求你携带大量饮用水。可要求导游过夜陪同。请提前预订。

请带急救箱和手电筒。

尖峰石阵 徒步

(Pinnacles；每人 RM400；⊙周二至周四和周五至周日)尖峰石阵是由一块块石头尖顶组成的，这些从阿比山林木丛生的侧翼穿出巨石可高达45米。需要坐船才能到达那里，在5号营地(见484页)过夜后还要爬2.4公里的上坡路。与前面的内容相比，下山简单得像坐出租车一样。当你跌跌撞撞地返回营地时，在凉爽清澈的河水里游个泳真是相当惬意。

带上寝具（很多人发现睡袋内胆或纱笼围裙就够用了）和一双在尖锐湿滑的石头上有足够抓地力的鞋子。如果通过公园预订团队游，你还需要携带足够吃6顿的食物。最好在米里购买物资，因为公园商店只出售选择有限的方便面和罐头。你可以在公园咖啡馆购买盒装午餐，也可以在5号营地买炒饭（RM10），但别对味道抱什么指望。

第一天，前往5号营地的途中，你可以在风洞和清水洞停留，费用RM30（如果你不想看洞穴，而团队里的其他人想看，你得等着他们）。从下船地点沿一条不费力的小径（不过要防范蚂蟥）徒步8公里，可以到达5号营地。

由于两个晚上都要住在5号营地，第二天你只需要背上背包攀登尖峰石阵。一定要带很多水（至少两升），分装在两个瓶子里（一瓶可以留在往上走的半路，下来的途中再拿），还有零食和口服补盐液。如果下大雨，向导可能会认为有必要取消攀登，这种情况下会退还你RM80。

从小径开端一直到尖峰石阵全都遍布岩石而陡峭。许多攀登路段需要四肢着地，而且岩石尖锐。最后400米路段有几处艰难的攀登处需要使用梯子——不比钻入岩石的金属支架强多少，要求具有镇定的心态和良好的平衡感才能避免掉在下面的尖刺上。只能从最顶端看见尖峰石阵本身。考虑到湿度，攀登一定会带给你深刻的体验，多数人会感觉不虚此行。小径将穿过宜人的丛林，如果你敢在小径上抬头欣赏风景的话，就能看到下方美丽的山谷景色。

第三天，可以继续沿猎头者小径前行，而不是返回总部。

巫鲁山登顶 徒步

（Gunung Mulu Summit；每人 RM500，最少3人）登顶巫鲁的最高峰（2376米）。一个满意而归的攀岩者称这趟行程真让人“筋疲力尽”，山顶附近的“摇摇欲坠”成为婆罗洲冒险的经典。如果你身体健康并且想尝试挑战，那么这段3天4夜的24公里艰苦跋涉就非常适合你。必须至少提前1个月预订。

穿着合脚的登山鞋，带着睡袋（4号营地是很冷的哦，经常下降至15℃以下）、床褥（除非你不介意睡在木板上）、雨具以及足够4天吃的食物。沿途的营地可提供基本的炊具，包括煤气炉。如果你担心途中避难所收集的雨水不干净的话，就带些净水药剂吧。

接近山顶的大部分时间都将在云中漫步，穿上羊毛外套来阻挡阴冷和潮湿。最近，一些登山者宣称他们在3号营地遭到老鼠的骚扰，而4号营地的松鼠则对他们的面条打起了主意。陡峭湿滑的小径穿越石灰岩和砂岩森林，途中可以见到的动物有长臂猿和野猪，甚至（可能有）马来熊。

3:00离开4号营地，才来得及登顶观看壮观的日出。

猎头者小径（Headhunters' Trail） 徒步

猎头者小径对你的体力要求不高，从5号营地继续朝林梦方向延伸11公里，是进出巫鲁的陆地路线，可以替代乘坐飞机。公园确实不提供这条小径的导览游，但有几个私营的团队游走这条路线，（理论上）还可以不带向导。

这是巫鲁到林梦的后路，用时两天一夜。虽然大部人选择从公园开始，但是两个方向都行得通。攀登尖峰石阵（见482页）之后，第三天可以（不带向导）沿猎头者小径徒步，而不是返回公园总部。

猎头者小径从5号营地继续穿越森林，通向特力肯河口（Kuala Terikan），你需要在那儿乘船前往与林梦有公路连接的梅达密（Medamit）。如果你打算不带向导完成这段旅程，必须提前安排好公路和河上交通——Borneo Touch Ecotour（见493页）可以在任何方向安排船只和面包车，费用约为RM500。如果你从林梦出发，记得联系公园，预订5号营地的住处。

这条路线因卡扬人的战斗队而得名，他们从Baram地区到美林老峡谷（Melinau Gorge），经常沿着美林老河（Sungai Melinau）逆流而上，然后乘坐独木舟在Sungai Terikan登陆袭击林梦人。新的公路意味着小径不再常用，使其更有可能沿途遇见野生动物。

住宿

住宿选择广泛，丰俭由人。公园总部不再允许露营，但是你可以在公园外的一些客栈（与总部一桥之隔）周围搭个帐篷。若是发现公园内的住宿客满，别慌，在公园门外的非正式家庭寄宿总会有某种形式的床位。

国家公园以内

公园总部坐落于半野外丛林间的上佳之地，提供24小时电力供应和可直接饮用的自来水。所有的私人房间都设有浴室。在本书作者调研期间，12个长屋风格的新房间正在修建，应该可以从某种程度上缓解住宿短缺的情况。

提前48小时取消预订无须罚金，这就是为什么有时很晚了仍可以订到房间，在最后时刻打电话查询有时很有效。

Hostel 青年旅舍 $

（铺 含早餐 RM52）20张床位全都在一个干净宽敞的宿舍式房间内，天花板上有风扇。

Garden Bungalows 平房 $$

（标单/双/标三 含早餐 RM253/294/341；❄）有8个宽敞单元，公园最豪华的住宿场所，明亮现代，各自带独立阳台。

Cabins 小屋 $$

（四 含早餐 RM387；❄）两座小屋，各有两间带四张单人床的房间和一个巨大的客厅。每间小屋最少住四人（RM387），最多住8人（RM648），5人、6人和7人的价格介于二者之间。

Longhouse Rooms 客栈 $

（标单/双/标三/四 含早餐 RM209/247/277/313；❄）两栋木建筑内各有8个房间，其中4个房间如今看起来开始有点又暗又脏。1号长屋的房间有一张双人床和两张单人床，2号长屋每个房间都有4张单人床。

5号营地 木屋 $$

（Camp 5；每人 含乘船 RM190）简朴的木制"森林旅舍"或大木屋被划分为4间有炕和垫子的宿舍，还有厨房（有用于做饭和烧饮用水的天然气）和带淋浴的卫生间。最多住50人，要在公园办公室预订。多数人都认为这里很暖和，不需要睡袋（纱笼就可以）。

如果前往尖峰石阵或猎头者小径，无论是否通过公园或旅行社预订，你都要在5号营地住上一晚。

国家公园以外

这里有几个不属于公园的经济型住宿，与公园总部只有一桥之隔，它们分别在美林老河的河岸。如果你不介意只有基础设施的住所的话，就不需要预订，可以直接飞过来，不用担心没客房。

Mulu River Lodge 青年旅舍 $

（Edward Nyipa Homestay；☎012-852 7471；铺/双/四 含早餐 RM35/70/140）有30张床，大部分是大床，在走廊末端的房间里配备干净的淋浴间和厕所。供电时间为17:00～23:30。即使不是唯一，这里也是公园外少数几家拥有污水处理系统的客栈之一。距离公园总部5分钟的路程，从入口处过桥即到。

D' Cave Homestay 家庭寄宿 $

（☎Dina 012-872 9752；beckhamjunior40@yahoo.com；铺 含早餐 RM30，双 带/不带浴室 RM120/RM80）一个相当破败但友好的地方，亚麻油地毡配错了图案，床被塞进小房间，还有简易的室外卫生间。老板Dina会制作自助午餐（RM15）和晚餐（RM18），提供茶和咖啡，还有可以灌进水瓶的凉开水。坐落在机场和通向公园的转弯处之间——从两个地方步行过来大约都需要10分钟。

Mulu Backpackers 客栈 $

（☎Helen 012-871 2947，Peter 013-846 7250；mulubackpackers@gmail.com；铺 含早餐 RM35）Mulu Backpackers就坐落在刚过机场的地方，占据了河边景色如画的地段，从公园步行至此需要15分钟。这里宜人的室外就餐区有顶篷，可以欣赏河景，供电时间从18:00至次日6:00。此处谷仓一般的大空间里摆放了17张床，还有一些随意放置的隔离墙板。

AA Homestay 家庭寄宿 $

（☎Albert 017-858 5241，Irene 017-805 3270；marygracealbert@gmail.com；双 RM60）这里的4间房间位于家庭房屋附近的木制外

屋内，附带浴室和纱窗。18:00~22:30（提出要求，可以更晚）供电。距离公园入口约200米。

Mulu Marriott Resort & Spa 度假村 $$$

（☎085-792388；www.marriott.com；双/套含早餐 RM640/850起；❄📶🏊）距离公园总部3公里，这个101个房间的大型木制综合建筑经过了彻底翻新，显得既时尚又与四周的丛林很搭。房间配备了你对五星级度假村能够预期的所有设施，有可以俯瞰森林或河流的阳台。

经过一天大汗淋漓的洞穴探险和徒步之后，巴厘岛风格的游泳池最为吸引人。度假村还有自己的码头，可以进行途经公园总部和直接前往洞穴的河上之旅（通过酒店预订的人数比通过公园团队游预订的要多）。只有酒吧区域有不太稳定的Wi-Fi信号。

就餐

少数小商店可供选择的食品种类非常有限，比如方便面。大多数食品是空运过来的，这在一定程度上解释了为什么价格明显高于岸边（一大瓶水就要RM6）。

除了1、3、4和5号营地外，公园内的住处是不允许做饭的。

Café Mulu 各国风味$$

（主菜 RM12.50~16；⏲7:30~20:30）这家不错的咖啡馆提供出色的早餐和种类多样的菜单，有几种西式菜肴、印度咖喱和当地菜品，包括巫鲁叻沙和沙捞越寿司（umai）。啤酒RM12。员工们乐意为你准备盒装午餐。

Good Luck Cave' fe Mulu 马来西亚菜 $

（主菜 RM8~10；⏲11:30~15:00和17:00至午夜，21:15厨房关闭）Good Luck Cave' fe Mulu就位于公园大门外，比公园咖啡馆的营业时间还长。如果你夜间徒步回来得晚，它是个吃晚餐的好选择。提供普通的面条和炒饭。啤酒价格RM8。

实用信息

公园对于超过RM100的款项接受维萨卡和万事达卡付款。工作人员处也可以取款，RM100~300收取2%手续费（每天交易一次），但机器不稳定，所以尽量带够支付所有费用的现金（巫鲁没有自动柜员机）。

公园总部的店铺和咖啡馆区域有速度奇慢且不稳定的Wi-Fi（每天RM5）。

Batu Bungan村庄附近的诊所目前有一名医生，并且有一间药房。

到达和离开

除非你从猎头者小径徒步进入，否则到达巫鲁的唯一方式就是乘坐马航飞翼航空的飞机。

飞机

马航飞翼航空（☎085-206900；www.maswings.com.my；ground fl，Mulu airport；⏲8:30~17:00）的68座ATR72-500型涡轮螺旋桨飞机飞往米里（每天10:10和14:35）、古晋（周一、周三、周四和周六 13:15，周二、周五和周日 15:20）和亚庇（周一、周三、周四和周六 14:35，经停米里；周二和周五 11:25；周日 13:00）。

当地交通

公园总部步行1.5公里可至机场。**Melinau Transportation**（☎012-852 6065，012-871 1372）以及其他公司有面包车来往于机场和公园总部相邻的宾馆间，接送进港航班的旅客，每人RM5。

你可以雇用当地的长船进行短途旅行，例如前往政府出资建立的龙伊曼（Long Iman）本南长屋村（往返每人RM75，最少3人），行程40分钟。

柯拉比高原（Kelabit Highlands）

柯拉比（读作“keh-lah-bit”）高原坐落在沙捞越东北角，是人数大约只有6500人的乌鲁族群柯拉比人的家园，其山地雨林夹在巫鲁山国家公园和印度尼西亚的东加里曼丹之间。

来到这里的主要活动除了享受干净、凉爽的空气外，就是在长屋之间的山间小径徒步旅行。不幸的是，伐木道路表面上是“选择性”的砍伐，但实际上已将雨林逐渐破坏，部分高原原始森林已经倒在电锯之下。

巴里奥（Bario）

人口：1100

作为高原的“首府”，巴里奥下辖十几座

不要错过

巴里奥的神秘巨石

巴里奥周边的丛林深处隐藏着许多神秘的巨石。最近，人类学家莫妮卡·亚诺夫斯基（Monica Janowski）领导的培养雨林项目（Cultured Rainforest Project; www.culturedrainforest.com）将这些遗址作为调研的一部分，研究该地区的人们如何与雨林相互影响。

柯拉比人相信，设立地标是为了宣示权力，而这些遗址则被视为精神象征。标志物包括用河床上的数千块石头垒起的大石堆（perupan），这些石堆被认为是那些没有继承人的富裕男女修建的，目的是埋葬他们的财产，避免为了遗产而爆发争斗。

帕乌莫巨石群（Pa' Umor Megaliths）从巴里奥步行1.5小时到达帕乌莫，再走15分钟就到了**纳里特巨石**（Batu Narit）的所在地——阿鲁·比利特农场（Arur Bilit Farm）。石雕令人印象深刻，特点是图案中间有一个四肢伸展的人。

走过小河上的伐木桥，即可到达**伊帕克巨石**（Batu Ipak）。根据传说，一位名叫乌派·塞梅雷（Upai Semering）的愤怒战士拔出弯刀（parang）将巨石一劈为二，形成了这块石头的形状。

这条环形线路需要用时四五个小时——如果向导擅长讲故事，可能还会更长一些。

帕伦甘巨石群（Pa' Lungan Megaliths）从巴里奥到帕伦甘的小径无须向导。大概中途就可以见到**阿勒特巨石**（Batu Arit），这块巨石的特色是雕刻着鸟和有心形面孔的类人图案。

帕伦甘的**里东巨石**（Batu Ritung）是一张2米的石桌（可能是墓地遗址，不过没人能确定）。帕伦甘附近还有**石堆**，这种垒在一起的大石堆埋葬着没有继承人的逝者的贵重物品。

如果还有时间，你可以考虑在被很多人认为出产巴里奥最好大米的帕伦甘待上一两天。

"村庄"。每个村都有自己的教堂，绵延分布在美丽的山谷间，许多村庄都致力于种植当地著名的水稻。这里吸引人的地方在于山地气候（山谷海拔1500米），虽然与外界相对独立（仅有的通道是飞机和曲折的越野车小径），但最重要的是热情好客的柯拉比人会迅速赢得你的心。很多旅行者不知不觉地就会在巴里奥多停留了几天，几周，甚至是几年。为你自己好，在这里多停留一段时间吧。

在马印冲突之前，巴里奥只有一个小长屋，但1963年边境附近的长屋居民被印尼军队发现，他们为了安全迁移到此并定居下来。

除少数地方由小水电站和光伏电池（一个大型太阳能发电场正在计划中）供电外，巴里奥使用私人发电机组供电，只有在晚上才有电。很难想象高度社会化的巴里奥人曾一度根本没有手机，直到2009年这些地区的人才知道手机。

景点和活动

即便你不是一个骨灰级徒步旅行者，巴里奥周边地区仍提供了大量的丛林探险的机会。附近的森林是一个可以找到猪笼草、蝴蝶，甚至犀鸟的美妙地方。当然，这里也会有虎蚂蟥。大多数客栈都乐意提供野餐。

巴里奥·阿萨勒长屋 房屋

（Bario Asal Longhouse; 门票 RM5）这家全木制、拥有22个房间的长屋有着传统柯拉比族的布局。在厨房（dapur; 走廊尽头）每个家庭都有灶台，而家庭单元另一边是"塔瓦"（tawa; 宽阔的走廊），基本上是用于举办婚礼、葬礼和庆祝活动，超过100米的封闭礼堂中装饰着历史悠久的家庭照片。

几个上了年纪的居民仍然带着厚黄铜耳环，这使得他们的耳垂几乎垂到肩膀上。如果你想跟他们合影，最好先跟他们聊聊天（他们可能会和你喝上几杯），然后你再问他们是否愿意被拍照。之后，你可能要给他们小费。

得益于政府资助的水电项目，巴里奥阿萨勒24小时供电（在旱季只有晚上供电），但起初这座微型水电项目在1999年通电后仅仅运作了45分钟（现已被设计安装在一条更大的河上工作）。

汤姆·哈里森纪念碑（Tom Harrisson Monument）

纪念碑

这座形似萨佩（sapé；传统弦乐器）的不锈钢纪念碑是为了纪念1945年3月空降到巴里奥的英国和澳大利亚军队而建立的。这只由汤姆·哈里森少校指挥的军队目标是争取当地人的帮助抗击日军，结果大获全胜。雕塑对面就是机场向西的第一座桥。

战后，哈里森定居婆罗洲，1947~1966年间担任沙捞越博物馆馆长。在这段时间里，他和妻子芭芭拉开始发掘尼亚洞穴，进而发现了一枚有4万年历史的人类头骨。要了解这位富有争议人物的更多生活故事，请看《最恼人的生魂》（*The Most Offending Soul Alive*），该书是朱迪思·M.海曼（Judith M Heimann）撰写的人物传记。

丛林蓝梦美术馆

艺术馆

（Junglebluesdream Art Gallery；www.junglebluesdream.weebly.com；Ulung Palang Longhouse；⏲9:00~18:00）艺术家斯蒂芬·巴亚（Stephen Baya）创作的画作有许多传统柯拉比图案元素。2013年4月，描述柯拉比族传说故事“Tuked Rini”的彩色图文书成为英国剑桥考古学和人类学博物馆的主要推介展品。

Kayaking

划皮划艇

（✆短信 019-807 1640；roachas@hotmail.com；每条皮划艇 RM60，向导和交通 RM200）典型的一日游，包括上午划充气皮划艇溯流而上，午餐在河边沙滩上烧烤，下午顺流而下轻松返回。起点靠近帕乌穆尔（Pa Umur）村，费用包括前往那里的交通。另外可以安排在吊床或帐篷过夜的露营游。预订更受欢迎。

祷告山（Prayer Mountain）

徒步

从巴里奥阿萨勒长屋出发，途经一段陡峭湿滑的上坡路（2小时）可达祷告山的顶峰。小路修建于1973年，路旁多为猪笼草丛，向远处望去可以看到巴里奥谷和Arur Dalan（本南人与柯拉比人混居）村庄的迷人景色，以及三座破损的风车。向上三分之二路程的地方坐落着相当质朴的教堂。

节日和活动

巴里奥美食节

美食节

（Bario Food Festival，Pesta Nukenen Bario；www.facebook.com/pages/bariofoodfestival；⏲7月或8月）游客涌入巴里奥，参加这个为期3天，庆祝柯拉比传统粮食种植和烹饪技巧的美食节。美味佳肴包括被称为柯拉唐（kela-tang）的丰富奶油小吃、田螺、野生菠菜、芦笋和姜，还有许多巴里奥菠萝。

住宿

巴里奥的各色村庄拥有多达19家客栈，在那里你会碰见讲英语的当地人和享用美味的柯拉比美食（住宿费几乎总是包括餐费）。一些最让人放松的场所都在城外（最多到5公里）。空调在巴里奥是没有必要的，但热水——唉，没有热水，相信总有一天会有的。几乎所有的房间都共用浴室设施。如果你的预算很紧张，打听一下哪里可以打地铺。

无须预订——这里的房间比飞机上的座位还多，并且客栈主人会到机场接你。

巴里奥

Libal Paradise

客栈 $

（✆019-807 1640；双 RM60）🍃四周是青翠的果树园，你可以自己摘菠萝。这家可持续运营的农场提供住宿，两栋整洁的小木屋

巴里奥盐

除了菠萝和大米之外，巴里奥当地另一种著名原料是盐，产于从帕乌莫（Pa' Umor）步行不到一小时即可到达的**盐渍地**。富含矿物质的盐水被倒入大桶中，经过熊熊炉火的烘烤后会析出高碘盐，该盐与当地鹿肉和野猪肉等特色食材搭配得相当完美。这种传统的生产技术已开始消亡，但在巴里奥，你仍然可以购买到古法制得的盐——找找20厘米长的香肠形状叶子（RM17~20）。

各自在绿意盎然中占据了闲适恬静的位置。由Rose及其加拿大丈夫Stu经营。从机场航站楼沿着与跑道平行的公路向东步行即可到达。餐费每天RM45。

Junglebluesdream 客栈 $

(☎019-884 9892; www.junglebluesdream.weebly.com; Ulung Palang Longhouse, Bario; 每人 含餐 RM90)为巴里奥当地的艺术家兼前导游斯蒂芬·巴亚以及他友善的丹麦妻子Tine所有，这个超级温馨的小屋（和艺术画廊）有4间壁画装饰的客房，高品质的床和被子、关于当地文化和野生动物的图书室，以及美味的柯拉比食物。客人可以欣赏斯蒂芬非凡的手绘城镇和徒步旅行地图。

Nancy & Harriss 客栈 $

(Hill View Lodge; ☎019-858 5850; nancyharriss@yahoo.com; 每人 含餐 RM70)这个杂乱的地方有7间客房、一个可爱的阳台和一间配有图书馆的休息室，铺设的地板讨人喜爱。位于主路以南沿着一条泥土路前行250米的地方。价格包括机场接送服务。

巴里奥阿萨勒长屋 家庭寄宿 $

(Bario Asal Longhouse; ☎Julian 011-2508 1114; visitbario@gmail.com; 每人 含餐 RM80; 📶)这座传统长屋内有各种家庭寄宿，包括Sinah Rang Lemulun6间房间的客栈。住在有22个家庭的巴里奥阿萨勒长屋是体验长屋生活的好方式。从机场到这里的交通费用是RM30。

De Plateau Lodge 家庭寄宿 $$

(☎019-855 9458; deplateau@gmail.com; 每人 含餐 RM100)坐落在城镇中心以东约2公里处（在交叉路口向左转），这栋两层木屋有8间房间（包括6间三人间）和一间温馨的起居室。房东Douglas过去是向导，他的儿子是英超利物浦队（Liverpool FC）的狂热粉丝。房费包括去机场接人的费用。

Ngimat Ayu' sHouse 客栈 $$

(☎013-840 6187; engimat_scott@yahoo.com; 每人 含餐 RM100)这个两层的宽敞住宅有5间舒适的房间，放眼就能一览稻田景色。位于黄色公共图书馆向东200米的一个斜坡上。房费包括机场接送交通。

Labang Longhouse Guesthouse 客栈 $$

(☎019-815 5453; lucysrb@yahoo.com; 每人 含餐 RM110)这座长屋风格的客栈有15个房间，可以看到山谷景色，有微风阵阵的阳台，到处都是引人回忆的照片，老板David乐于与你分享每张照片背后的故事。房费包括机场交通。

帕伦甘

Batu Ritung Lodge 客栈 $

(☎019-805 2119; baturitunglodge.blogspot.my; Pa' Lungan; 每人 含餐 RM90)Saupang和Nabu是这座两层度假木屋的热情主人。度假屋建在水池上的木桩上，可以看到壮丽的山景和远处的稻田。空间宽敞，适合人数较多的团队。饭菜取材于新鲜的丛林食材。

Mado Homestay 家庭寄宿 $

(☎019-854 9700; 每人 含餐 RM70)这处家庭住宅是徒步后放松的宁静地点。主人Mado是一位向导，晚餐后喜欢坐在厨房的炉火边讲述游客迷失在丛林里的故事，警告那些想要独自徒步的人。

就餐

大多数客栈包食宿——几乎都是美味的当地美食，但巴里奥也有一些低调的小餐馆。涂黄漆的**巴里奥市场**（Pasar Bario）是小镇的商业中心，内有两三家**咖啡馆**（主菜RM6; ⏲7:00至大约22:00，周日上午歇业）主要销售普通的炒面和米饭，但如果你特别要求，有时会有柯拉比族食物。

饮品

在巴里奥寻找啤酒可是有点挑战。这里

大米和菠萝

巴里奥享誉整个马来西亚的有两样名物：巴里奥大米，它的颗粒比低地品种更小，味道更芳香；甜掉牙的菠萝（巴里奥卖RM2.5），它没有褶皱，因而不像海岸附近的近亲品种那么酸。离开柯拉比高原，1公斤的巴里奥大米价格是RM18，而巴里奥菠萝通常是买不到的。

是福音派城镇——你可能在听到萨佩（传统弦乐器）声音的同时也能听到基督教的乡村音乐，大多数机构不提供酒精饮料，但也有些地方会偷偷售卖。

Y2K 酒吧

（⊙8:00至次日1:00）当地男子在此畅饮啤酒（RM4~6）和打台球。晚上有卡拉OK。

Keludai 酒吧

（主菜RM4；⊙正午至次日1:00）全木制酒吧供应啤酒（RM4）和方便面，有卫星电视和台球桌。

购物

Sinah Rang Lemulun 手工艺品

（Bario Asal Longhouse；⊙每天）Sinah在长屋的公共阳台（dapur）上销售可爱的柯拉比人珠饰，均为本地制造。这是一个购买卡博（kabo'；根据珠子的成色，RM50~100）的好地方，卡博是一种戴在柯拉比族男人脖子上的珠饰吊坠，形似小啤酒桶。

Y2K 食品、饮料

（⊙8:00至次日1:00）西方风格老式杂货店，出售从SIM卡到ZAM-ZAM发油等各种商品。

实用信息

上网

巴里奥电信中心（Bario Telecentre；www.unimas.my/ebario；Gatuman Bario；每小时 RM4；⊙9:30~11:30和14:00~16:00，星期六下午和星期日歇业）太阳能供电网络接入。

医疗服务

巴里奥诊疗所（Klinik Kesihatan Bario；☎085-786404，非急诊时间 013-837 1996；Airport Rd交叉路口；⊙周一至周四 8:00~13:00和14:00~17:00，周五 8:00~11:45和14:15~17:00，急诊24小时）巴里奥先进、生态环保且符合可持续发展的农村医疗诊所，由太阳能供电，有一位医生、两名护理人员、一间药房（小药店）和随时待命的直升机。

现金

在本书作者调研期间，柯拉比高原的所有地方都还没有银行、自动柜员机和信用卡设备（虽然据说要在巴里奥安装一台自动柜员机），所以要带上许多小面额的钞票，用于住宿、就餐和雇向导，外加万一耽搁一段时间的额外开销。商业仅限于几家简易商店，其中一些在黄色的商业中心——巴里奥市场。

电话

马来西亚移动通信运营商Celcom在此的信号覆盖最好（机场和巴里奥部分地区有Maxis的信号，无法使用Digi）。机场有免费Wi-Fi。

参考网站

The Bario Experience（www.barioexperience.com）登载关于巴里奥的最新信息。

到达和当地交通

飞机

巴里奥机场（Bario airport；☎Joanna 013-835 9009；📶）每天有两班往来于米里的航班，由马航飞翼航空（www.maswings.com.my）的双水獭飞机值飞。天气不好时（特别是风大时），航班可能延误或取消。对于航班更新信息，或者如果你有问题不能飞离巴里奥，请打电话给机场的工作人员，他们的态度很友好。

双水獭飞机有严格的重量限制，托运行李只允许10公斤，随身行李5公斤，乘客办理登机手续时需要和随身行李一同称重。

虽然机场距离南部店屋大概30分钟步行的路程，但你通常都能搭到车。因为你会发现，巴里奥人视到米里这条航线如自己的私人航线，他们喜欢去有Wi-Fi的航站楼闲逛、与上下飞机的朋友闲聊或者查看电子邮件。

小汽车

巴里奥至米里间的公路只能允许越野车通行（每人RM150），行程通常需要至少12小时，有时还会更长，这取决于天气和崎岖的伐木路以及老木桥的状况。当路况不佳时汽车通常需要结伴而行，因为当一辆车陷住了，另一辆可以推或者用绞盘把它拉出来。

在巴里奥可以包四轮驱动车，费用为RM250或RM300一天，包括司机和汽油。客栈可以安排此事。

自行车

Bike Rental（☎015-905 671，013-514 0399；

b333solutions_adventures@yahoo.com；每天RM30起）出租山地车，还有推荐自行车线路的免费地图。

柯拉比高原徒步旅行

作为沙捞越与印尼远东边境接壤的高原，这里气候温和，给你提供了婆罗洲最佳的丛林徒步旅行之地。在此徒步旅行将穿过农业为主的村庄和崎岖的山峰，带你探索肯雅人、本南人和柯拉比人的偏远定居地。大多数小径穿过各种各样的原始森林和次生林，以及越来越多的采伐区。从巴里奥开始的徒步旅行可以从简单的过夜，到游览附近的长屋，再到为期一周的艰苦跋涉，越过边境进入加里曼丹的荒野。

虽然高原肯定比婆罗洲沿海地区凉爽，但是在这里徒步旅行仍然很困难，多日的长途跋涉意味着你必须要拥有强壮的体魄。你会遇到蚂蟥，许多小径从字面上的意思看就是与蚂蟥一同爬行。携带额外的手机和相机电池，路上不太可能有地方充电。

该地区有这么多的小径，足够在最出名的线路之外制订路线和创意计划。

巴里奥到峇加拉兰（BARIO TO BA KELALAN）

从巴里奥到峇加拉兰的长途跋涉（3~4天）将带你领略多种地貌，包括稻田和原始雨林，部分路段靠印尼边界。这段旅程是一次对柯拉比高原的掠影。

第一天，从巴里奥轻松步行至帕伦甘。如果你找了一位从帕伦甘带你出发的向导，可以独自完成第一天的路程。首先沿着一条空旷的小径步行1小时，然后继续沿两座村庄之间曾经的唯一线路穿越丛林。由于新的伐木路连通了巴里奥与帕伦甘，这条丛林小径用途较少，不再像过去那么清晰，但小径上配备了方位指示，线路也足够简单。

从这里到峇加拉兰有两条可选的线路。第一条要在Long Rebpun的丛林住所住一晚上——你的向导会找来可食用的丛林蘑

导游雇用指南

除了极少数例外，只有聘请当地导游才能探索柯拉比高原。幸运的是，这非常容易。任何巴里奥客栈都可以在他们了解并且依赖的导游带领下，组织各种短途旅行和长途跋涉。从事长途跋涉的最佳导游住在帕伦甘，从巴里奥很容易走过去。如果你与巴里奥或米里的其他旅客结伴游玩，导游的花费可以均摊。

虽然导游数量增长缓慢，但是你刚到巴里奥或者到了有段时间再安排导游一般是没有问题的，特别是你不介意在巴里奥多待一两天的话。如果你有急事，或你的旅行恰逢7月和8月的旅游黄金月，可以考虑通过电子邮件或电话让你的客栈提前安排。

不论巴里奥一日游还是更长的旅行，导游费用是每天RM120。有些行程包括水路（如果水位足够高强烈推荐）或搭乘四轮驱动车旅行——当然，这明显增加了成本。挑夫的价格是每天RM100。

乡下长屋的价格为每晚RM70~80，包括三餐（你可以不要午餐，这样可以节省RM10或15RM）。虽然礼物不是强制性的，但是生活在偏远地区长屋的人还是很希望得到礼物的，与他们一起喝完茶或咖啡后，你应支付RM10。

如果你要在森林里露营，每晚支付约RM120。此外，你可能会被要求带些食物，这是为你和你的导游在长屋逗留时准备的。在巴里奥买不到丛林露营设备（例如睡袋、吊床、蚊帐和床垫），所以你最好自己带上，虽然巴里奥阿萨勒长屋提供出租服务。

如果你的徒步旅行是单程的（例如巴里奥到峇加拉兰），你需要雇一名挑夫，并支付挑夫和向导回程的费用（在这种情况下，从峇加拉兰到巴里奥要经过两天长途跋涉）。这是为了让向导不用独自在森林里待上一晚。

沙捞越的详细地形图很难弄到。根据一种阴谋论的解释，这是因为当地政府发现如果没有正确的地图，社会活动者就很难争取本地的土地使用权。

菇和蕨菜做晚餐——然后次日继续前往峇加拉兰（途经加里曼丹）。另外一条线路要经过Long Pa Diit的丛林住所和卡律亚角（Tanjung Karya）的加里曼丹村庄（可以在那儿的家庭寄宿住一晚）。

为了避免走回头路，你可以从巴里奥步行至峇加拉兰，然后乘飞机或四轮驱动车到海岸线。请记住，你必须支付导游返回巴里奥这两天的费用。两个方向都可以徒步，但比起峇加拉兰，在巴里奥或帕伦甘找向导要容易得多。

巴杜拉威山（BATU LAWI）

如果你坐在从米里飞往巴里奥飞机的左侧，你可能会瞥见巴杜拉威山的两座石灰岩尖峰，高的那座直刺2040米的高空。"二战"期间，它们曾被用来作为跳伞地标。

两座尖峰中较高的那座被称为"雄峰"（malepeak），仅适合专业登山者。低一些的"雌峰"（femalepeak）同样让人惊叹不已，没有专业技能的游客也可攀登。这是一趟4天或5天的艰难往返行程，从巴里奥出发。第二天的行程会经过受到了伐木影响的地区。只有极少数的导游有足够的经验应付巴杜拉威山。

穆鲁德山（GUNUNG MURUD）

这座沙捞越最高的山峰（2423米）就坐落在598平方公里的布隆道勿国家公园（Pulong Tau National Park）内，似乎在期待人们的攀登，但很少有旅行者真正尝试。从1985年开始，该地区的福音派基督徒每年都会上山朝圣，举办祈祷会。

穆鲁德山与峇加拉兰和巴里奥间的小路相连。从比较常用的出发点巴里奥出发，一般往返需要6天或7天。你也可以从巴里奥步行出发，经由穆鲁德山到峇加拉兰（单程5天），但是当你接近峇加拉兰时，你就不得不沿着一条令人沮丧的伐木路行进。

一条崎岖的伐木路连接着穆鲁德山脚和老越的低地小镇（5~8小时的四轮驱动车车程）。

这是为真正强者准备的探险：Planet Borneo Tours（见473页）提供从峇加拉兰途经穆鲁德山到巴里奥的7天徒步（每人RM2567起）。

> **进入印度尼西亚**
>
> 得益于印度尼西亚和马来西亚外交部之间的协议，高原居民和游客可以在从峇加拉兰徒步至巴里奥的途中进入印度尼西亚的加里曼丹（反之亦然），但你必须携带护照（不会盖戳）并说清楚计划。峇加拉兰外边的出入境检查站不是正式的过境点，在你抵达时，不会发放签证。如果你想继续进入印度尼西亚旅行，需要提前获得签证。
>
> 马来西亚货币在加里曼丹的偏远地区很受欢迎，美元反而不受欢迎。

峇加拉兰（Ba Kelalan）

峇加拉兰以大米、有机蔬菜和苹果闻名，该地区的郎巴旺（Lun Bawang）是从巴里奥出发徒步的热门目的地。

村庄建在迷人谷地的山坡上，当稻田浸满水时，镜子般的表面倒映出四周的群山，壮观无比。这里是一处虔诚的宗教社区，长满草的大运动场担负着城镇广场的作用，其尽头是婆罗洲福音宣道会（Borneo Evangelical Mission）教堂，主日礼拜活动会持续大半天。对这么小的城镇来说，教堂似乎大得过分，但里面时常挤满来峇加拉兰的礼拜者。这些礼拜者通常都是来攀登附近穆鲁德山（2423米）的，该山也被一些人称作祈祷山。

峇加拉兰还是沙捞越最佳观鸟地点之一，观鸟迷会来到这里观察红鹃鸠、栗鸮和阔嘴鸭等鸟类。

食宿

Apple Lodge 客栈 $

（☎085-435736, 013-286 5656；双 RM60~120；❄）我们到访时，这家老牌客栈看起来有点破旧，但无论如何，也是一个热情舒适的住宿场所。老板是塔加路族的帕兰（Paran），曾经是福音派牧师，如今已是80多岁高龄。他还是峇加拉兰第一位负责种植苹果的人，开创了该镇一年一度的苹果节。

住所的墙壁上按照年代贴满介绍历届苹果节成功的报纸，不过遗憾的是，这个节日已经有几年没举办了。

与本南人一同徒步

直到现在，本南人都还是以游牧（几乎只会打猎和采集）为生的本地族群。在当今的马来西亚，该族群与其他族群相比发展境况并不理想。独立之后，沙捞越州政府经常将雨林土地出售给伐木公司，支付最低补偿甚至不补偿，就将本南族及其他本土族群驱逐出去。**本南和平公园**（Penan Peace Park）是由社区经营的非官方自然保护区，包括上巴兰（Upper Baram）偏远地区的18个村庄，以确立本南人的土地产权为目标。

以社区为基地且能够持续运营的**Borneo Penan Adventure**（www.borneopenanadventure.org）是一家非营利的旅游先驱，为勇敢的徒步者提供游览本南和平公园地区上巴兰的偏远本南村庄隆克戎（Long Kerong）、隆斯皮根（Long Spigen）和隆赛特（Long Sait）的珍贵机会。从**隆勒朗**（Long Lellang）、**隆八加**（Long Banga）和**隆亚甲**（Long Akah）的高原机场（**马航飞翼航空**从米里出发的航班；见478页）步行、渡河或乘坐四轮驱动车，可以到达村庄。线路灵活（最少3晚），价格相应有所区别；通常的费用包括向导（每天 RM100）、挑夫（每天 RM75）、租船（单程 RM100 ~250）、丛林露营租吊床（每天 RM25）或家庭寄宿（每人 RM65）。

最近返回的旅行者建议参加乘船游，并额外带上食物（比如补充能量的食品）。每人还要交纳RM50社区费。

Juliasang Homestay
家庭寄宿 $

（www.homestayborneo.com；含餐 每人 RM70）位于村庄长满草的主广场上，教堂对面的一栋大宅邸。仅在18:00~23:00供电。

Ponook Santai Café
马来西亚菜 $

（主菜 RM4.50~7；⏲19:00至午夜）在机场对面（在从航站楼建筑延伸过来的跑道另一端），这家放松的咖啡馆以鸡肉饭为特色菜。这里吸引人的主要因素之一似乎是大平板电视，我们到访时正以最大的音量播放探索频道的纪录片。

到达和离开

从峇加拉兰到巴里奥的唯一方式是步行。125公里的崎岖伐木路将峇加拉兰与老越（乘坐四轮驱动车 每人 RM70~80，7小时，每天）连接。

从峇加拉兰到加里曼丹的隆巴万（Long Bawan）可以搭乘摩托车。

马航飞翼航空（www.maswings.com.my）的双水獭飞机一周三次从巴里奥飞往老越和米里。

林梦地区（Limbang Division）

形如蟹爪的林梦地区将文莱分成两半。这些地区旅游业不发达，但文莱人偏爱往来于边境以购买廉价的商品，包括从免税岛纳闽岛走私来的便宜啤酒。

自从1890年查尔斯·布鲁克将该地区从文莱苏丹手中抢走后，文莱一直宣称拥有此处主权。

林梦（Limbang）

内河港口林梦（读作“lim-bahng”）虽然繁华，但是有些东西却保持一成不变，当你游览过巫鲁山国家公园的猎头者小径后可能会在这里发现迷失的自我。

景点

林梦的老城，从河边的Jln Wong Tsap En（前身是主要集市）向内陆及沿河岸向南延伸。

林梦地区博物馆
博物馆

（Limbang Regional Museum；www.museum.sarawak.gov.my；Jln Kubu；⏲周二至周五 9:00~16:30，周六和周日 10:00~16:30）这座小型博物馆的特色是很好地展示了林梦地区的考古、文化和工艺品，包括被乌鲁部落视作地位和财富象征的中国瓷罐。博物馆坐落在查尔斯·布鲁克时代的要塞中，要塞始建于1897年，并于1991年（火灾后）重建。博物馆位于距市中心以南约1公里的河岸上。

林梦突袭纪念碑 纪念碑

（Limbang Raid Memorial；Jln Wong Tsap En）为了纪念在1962年12月12日的林梦突袭事件中遇害的沙捞越警队的4名成员和英国42皇家海军陆战队的5名成员。这次事件中，他们从前印尼北加里曼丹反政府武装手中重新夺回小镇。纪念馆位于市中心以南400米处，在从警察局穿过马路的河岸上。

团队游

林梦周边能进行的活动包括在林派克湿地（Limpaki Wetlands）划独木舟，在那里经常可以看到长鼻猴。城外39公里的马瑞塔泥泉（Maritam Mud Spring）有自营水疗。

Borneo Touch Ecotour 徒步

（☎013-844 3861；www.walk2mulu.com；1st fl，2061 Rickett Commercial Bldg）由精力充沛的林先生经营，这家本地公司强烈推荐沿猎头者小径（见483页）或从巫鲁山国家公园出发的徒步旅行（3天2夜，包括尖峰石阵：2人团队每人RM1150，3人团队 每人RM900，4人团队 每人RM780）。

可以提供林梦的基本住宿（每人RM30），安排行李空运（RM70），让你无须携带行李徒步。建议提前订好。

前往林派克湿地的半日游包括交通和划2小时的独木舟，每人费用RM60。

Chua Eng Hin 徒步

（☎019-814 5355；chaulimbang@gmail.com）对林梦周边未知地区充满好奇、满怀热情的当地知名机构，专营登山团队游，但也乐于提供关于其他当地景点的建议和活动，比如在林派克湿地划皮划艇。

住宿

Metro Hotel 酒店 $

（☎085-211133；Lot 781-782，Jln Bangkita；标单/双 RM50/60；❄📶）略微破旧的老派酒店，提供价格合理的经济型住宿。位于中心地段。

Purnama Hotel 酒店 $$

（☎085-216700；www.purnamalimbang.com；JlnBuangsio；标单/双 含早餐 RM115/125~175；❄📶）坐落在林梦的第一高楼（12层）里，这家平淡的酒店用彩虹色调装饰阳台，拥有218间宽敞而同时挑战你审美观的客房，视野宽阔但浴室很小。

就餐

Diyana Cafe 印度尼西亚菜 $

（☎019-486 3342；Jlr Wong Tsap Eng；主菜RM5~15；⏲周一至周日 6:00~23:30）嘈杂的小地方，有沿街餐桌。伴着河景尽享美味的印度尼西亚菜肴，包括菜饭（nasi lalapan；米饭、蔬菜和豆腐搭配香辣的参巴酱）。

Chinese Night Market 摊贩 $

（Jln Bangkita；主菜 RM2.50~7；⏲14:00~22:00）10家出售美味快餐的摊位，比如哥罗面（RM5）和馄饨面（RM5），还有鲜榨果汁（RM4）。位于城镇足球场旁边迷人的有顶商业街上。

Bangunan Tamu Limbang 摊贩 $

（Jln Wong Tsap En；主菜 RM3.50~6；⏲6:30~17:30）位于林梦的生鲜市场，你可以在楼上的摊贩中心品尝城镇特色菜肴——林梦啰喏（Limbang rojak），这是一种拌浓稠虾酱的素菜。

Pusat Penjaja Medan Bangkita 市场 $

（Jln Bangkita；⏲6:00~17:00）米沙鄢人（Bisaya）、郎巴旺人和伊班摊主在这里贩卖丛林食用品，包括香肠形状的峇加拉兰盐和十几种旱稻。较大的每周集市（tamu）从周四开到周五正午。

Pasar Malam 市场 $

（Night Market；Jlr Wong Tsap En；主菜RM3.50~7；⏲18:00~23:00）夜晚，河岸摊贩中心是个享用便宜美味的好地方，提供常见的马来食品，比如沙嗲鸡、炒饭和面条。

实用信息

林梦有一些受理国际业务的自动柜员机。

Sun City Cybercafe（Jln Bangkita，1st fl，每小时RM2.50；⏲8:30至午夜）网吧。这里是游戏玩家的

天堂，位于Jln Bangkita和Jln Tarap交叉路口。

到达和当地交通

飞机

林梦的小机场位于市中心以南7公里处。乘坐出租车进入城镇的费用是RM20。由于等候航班的出租车非常少，所以司机可能会要求拼车（但还是会收你全价）。

马航飞翼航空（☎085-211086；www.maswings.com.my；Limbang Airport，Jln Rangau；⏲6:30~17:50）每天有3趟飞往米里的航班。

船

快线渡轮从林梦的离境登记大厅到纳闽岛（Pulau Labuan；RM30，2小时，每天8:00），由**Royal Limbang**（☎013-882 3736）运营。码头售票。13:30驶离纳闽岛。可以通过短信预订。

长途汽车

Borneo Express每天14:30有车前往米里的普奕长途汽车总站（RM40，4小时）。**Hock Chuong Hin Cafe**（Jln Bangkita）出售车票。**Bintang Jaya**（☎016-859 4532）每天13:45也有一班开往米里（RM40）的车，12:30有开往老越（RM30）和亚庇（RM50）的车。你可以在与Hock Chuong Hin Cafe两门之隔的咖啡店购买Bintang Jaya的车票。

开往米里的无牌照7座面包车一个座位RM50，从Jln Wayang东面距离河边两个街区又小又老的汽车站发车。

唯一一家能够让你在文莱下车的公司是**Jesselton Express**（PHLS；☎文莱+673-719-3835，+673-717-7755，+673-718-3838，亚庇 016-836 0009，林梦 016-855 0222，085-212990），每天14:30都有长途汽车到斯里巴加湾市（RM20），9:30分别有到邦阿（Bangar）、老越（RM30，2小时）和亚庇（RM50）的车。**Wan Wan Cafe & Restaurant**（Jln Bangkita）出售车票。斯里巴加湾市每天8:00有出发前往林梦的长途汽车。

出租车和小巴

滨水的**Stesen Teksi**（☎085-213781；Jln Wong Tsap En；⏲5:00~18:00或更晚）到处可见小巴和红黄相间的出租车。如果你想去斯里巴加湾市，可先到Kuala Lurah路口，单程费用为RM60。从Kuala Lurah路口发往斯里巴加湾市的公共汽车一直运营至17:30。如果你想从斯里巴加湾市回来，有出租车在Kuala Lurah路口马来西亚一侧等待。

文莱

人口：42万/面积：5765平方公里

包括 ➡

最佳餐饮

- Tamu Selera（见505页）
- Pondok Sari Wangi（见506页）
- Thiam Hock Restaurant（见506页）

最佳住宿

- Ulu-Ulu Resort（见515页）
- Brunei Hotel（见504页）
- 苏布林生态庄园（见514页）

为何去

一旦深入了解这个表面看起来秩序井然且戒律严明的伊斯兰国家，你就会看到文莱人民的热情与其野性的自然环境。

这个安静的达鲁萨兰（darussalam，阿拉伯语意为“安宁之地”）拥有东南亚最大的油田，石油带来的收益使得文莱的雨林得以保留，未被开垦成棕榈种植园。古老的绿色植被随处可见，在郁郁葱葱的乌鲁淡布隆国家公园中植被尤其丰富。

首都斯里巴加湾市的市民将他们的热情投入到了美食和购物中（因为禁酒）。在这里，宏伟的清真寺与迷人的水上村庄相得益彰，而附近的红树林则是长鼻猴和鳄鱼的栖息之处。

这个宁静的（甚至有点悄无声息的）国家实现了一种特殊的局面：一个戒律严明的宗教国家的人在虔诚的信仰和金钱中找到了快乐。你不妨亲身前往，一探究竟。

何时去

斯里巴加湾市

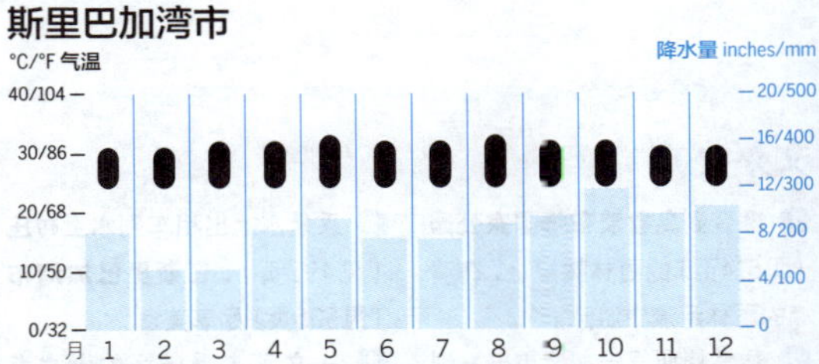

10月至12月 全年最多雨、最凉爽的月份。

1月至5月 2月和3月是最干燥的月份。2月23日是国庆节。

6月至8月 气候炎热。举国庆祝现任苏丹的生日（7月15日）。

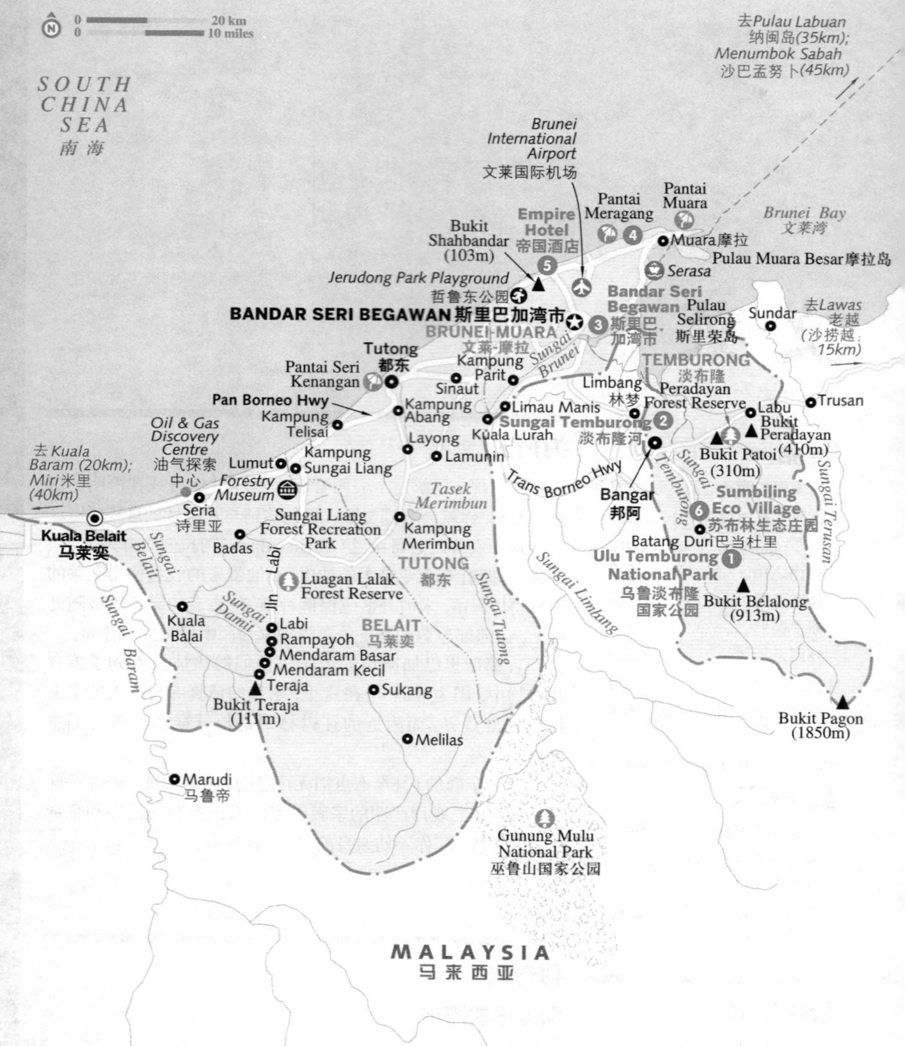

文莱亮点

❶ 攀登到**乌鲁淡布隆国家公园**（见514页）的雨林树冠上，在清凉的雨林河流中游泳。

❷ 乘坐从斯里巴加湾市出发到邦阿的**快艇**（见509页），在红树林夹道的水路上飞驰。

❸ 乘坐水上出租车到**水上村庄**（见497页），在**斯里巴加湾市**（见505页）尽享美食。

❹ 在文莱未受破坏的**潜水点**（见501页）探索珊瑚礁和沉船残骸。

❺ 尽享**帝国酒店和乡村俱乐部**（见502页）的奢华，并在水池中感受清凉。

❻ 在淡布隆区**苏布林生态庄园**（见514页）葱郁的田园风光中放松身心。

斯里巴加湾市（BANDAR SERI BEGAWAN）

人口：241,000

因石油收入而兴起的城市往往十分浮华，但这里例外，除了一座通常不得进入的宫殿、几栋大型清真寺和一家酒店的婚礼蛋糕之外，斯里巴加湾市可以说是一个颇为质朴的地方。城市里的生活主要围绕着商场和饭店展开。斯里巴加湾市拥有几座博物馆以及世界最大的水上村庄，一丝复古的格调显示出文莱人对闲逸与怀旧的热爱。

斯里巴加湾市中心位于文莱河（Sungai Brunei）北岸——文莱湾（Brunei Bay）上游12公里处。这样的地理位置有利于抵御海上攻击和暴风雨、海啸的袭击。日军占领期间，城市中心（直到1970年还被称为文莱镇）在盟军轰炸中遭到严重损毁。

景点

整个斯里巴加湾市中心都可步行或坐船轻松抵达，包括奥玛尔·阿里·赛福鼎清真寺（Omar Ali Saifuddien Mosque）。但如果你要到市区的东部、北部及西部的景点观光，除非你不介意顶着酷热的阳光在街上走几个小时，否则你最好乘坐公交车或出租车。

斯里巴加湾市中心

水上村庄（Kampong Ayer） 水上村庄

文莱水上村庄现有人口约3万，由42个密布在文莱河两岸的高脚屋村落组成。一个世纪之前，有一半的文莱人居住在这里。直至今日，还是有许多人更偏爱水上村庄的生活方式，而不愿去干燥的陆地生活。文莱水上村庄有自己的学校、清真寺、警察局及消防队。要过河去对岸，只需站在水上出租车能够停靠的地方，招手拦下（车费为B$1）。

水上村庄起码已经存在了千年之久，是当今世界规模最大的高脚屋村落。1521年，威尼斯学者安东尼奥·皮加费塔（Antonio Pigafetta）游历过水上村庄，并称之为“东方威尼斯”，这不免有点儿言过其实。这里漆成绿色、蓝色、粉色和黄色的木屋已被烈日晒得褪了色。水上村庄原本不是为了迎合游客，因此这里虽说算不上邋遢，但在没有扶手甚至木板也脱落了的栈道之下，垃圾如厚毯般覆盖着退潮后的滩涂。

> **周五营业时间**
>
> 所有的政府活动和商业活动——包括餐馆、咖啡馆、博物馆、商店甚至是公园——在周五正午至14:00的祈祷时间都被明令停止。

一些地方建起了漂亮的新房子，这些坚固的建筑看起来更能抵御季风暴雨的袭击，众所周知，这些季风暴雨使得村里脆弱的木建筑不堪一击。

如果向水上村庄对岸的主干道望去，你会看见许多豪华轿车成排停在路旁，其中许多都属于水上村庄的居民。与此同时，水上村庄也居住着大量处于文莱社会底层的无证移民。

北岸（与市中心同侧）的村落原本占地更广，不过很多因为改善奥玛尔·阿里·赛福鼎清真寺周边滨水区的计划而被填为平地。要到达这些水上村庄，沿着从亚牙森购物中心（Yayasan Complex；该购物中心所在地前身也是一个水村）出发、向西延伸的木栈道（与河流平行）行走即可。

水上村庄文化旅游馆 画廊

（Kampong Ayer Cultural & Tourism Gallery; South Bank; Kampong Ayer; ⌚周六至周四9:00~17:00，周五 9:00~11:30和14:30~17:00）**免费**是参观水上村庄的最佳起点，它就在强戈河（Sungai Kianggeh；一条位于市中心最东边的河流）对岸，能够帮助你了解文莱石油开发前的文化。该馆于2009年开放，这座位于河边的建筑群集中展现了水上村庄居民的历史、生活方式以及手工艺。这里有一座方形的玻璃外墙的**观光塔**，可俯瞰四周风光。

奥玛尔·阿里·赛福鼎清真寺 清真寺

（Omar Ali Saifuddien Mosque; Jln Stoney; ⌚内部参观 周六至周三 8:30至正午，13:30~15:00和16:30~17:30；周四至周五关闭；外部参观 每天8:00~20:30开放，祈祷时间除外）**免费**于1958年修建完成，以文莱28世苏丹麦贾德·奥玛尔·阿里·赛福鼎（即现任苏丹的先

Bandar Seri Begawan 斯里巴加湾市

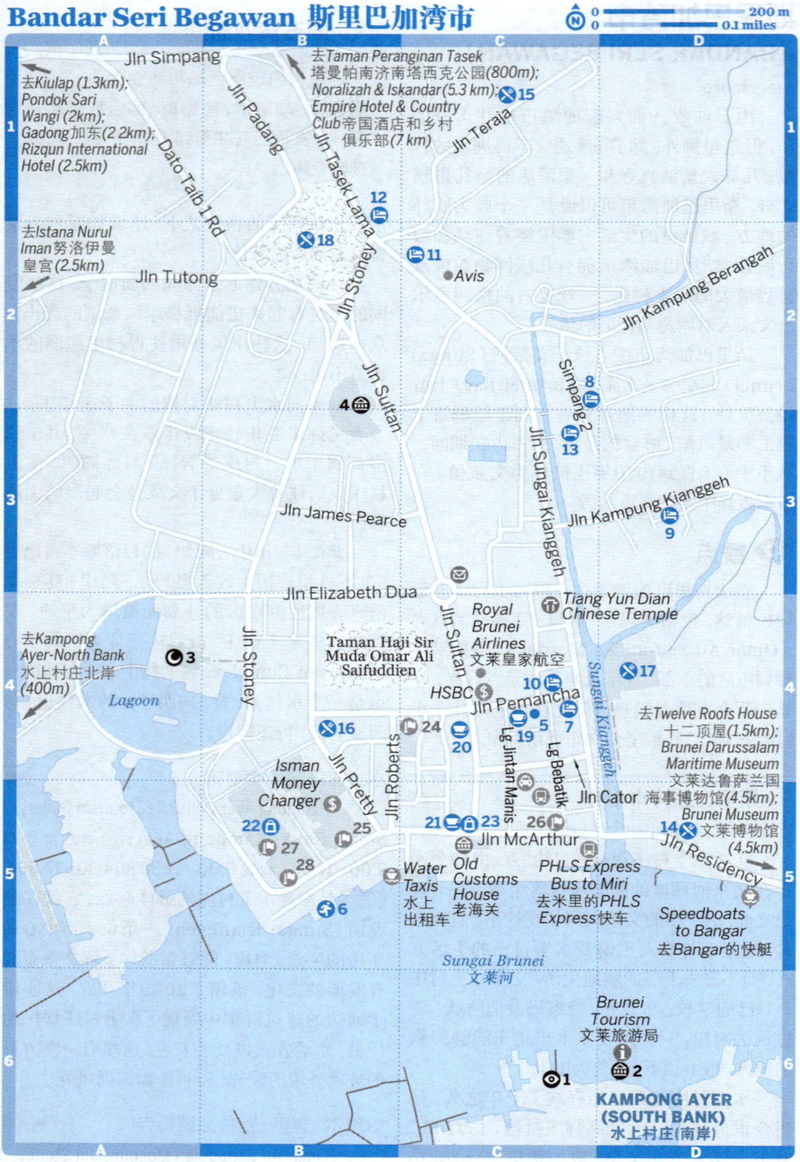

父）命名的清真寺四周围绕着人工湖，映射出其倒影。在文莱，清真寺的内部装饰相当奢华。地板和墙壁铺的是顶级的意大利大理石，枝形吊灯是在英国手工制作而成，华丽的地毯则是从沙特阿拉伯空运而来。清真寺穹顶由350万块玻璃面砖镀上金片镶成。

高达52米的宣礼塔使得清真寺成为斯里巴加湾市中心最高的建筑，没有任何其他建筑能够超越它，附近的文莱伊斯兰银行大厦（Islamic Bank of Brunei）就是由于

Bandar Seri Begawan 斯里巴加湾市

景点
1 水上村庄 C6
2 水上村庄文化旅游馆 D6
3 奥玛尔·阿里·赛福鼎清真寺 A4
4 皇家御用品博物馆 B2

活动、课程和团队游
Borneo Guide .... (见10)
5 Freme Travel Services C4
6 水上出租船 B5

住宿
7 Brunei Hotel C4
8 Capital Residence Suites C2
9 Jubilee Hotel D3
10 KH Soon Resthouse C4
11 Radisson Hotel C2
12 Terrace Hotel B1
13 Youth Hostel C3

就餐
14 Gerai Makan Jalan Residency D5
15 Lim Ah Siaw C1
16 Seri Damai Restaurant B4
17 Tamu Kianggeh D4
18 Tamu Selera B2

饮品和夜生活
19 Another C4
20 De Royalle Café C4
21 Piccolo Café C5

购物
22 Hua Ho Department Store B5
23 Paul & Elizabeth Book Services C5

信息
24 澳大利亚使馆 C4
25 英国使馆 B5
26 加拿大使馆 C5
27 法国使馆 B5
28 德国使馆 B5
Paul & Elizabeth Cyber Cafe .... (见23)

高度超过了清真寺而被苏丹下令将顶部拆除。人工湖中的观赏石舫是16世纪皇家游船（mahligai）的仿制品，《古兰经》诵读比赛曾在此举行。

每当夜幕降临，清真寺就会成为斯里巴加湾市城市生活的中心。人们前来祷告，然后去进餐或购物，这就是文莱生活的缩影。

皇家御用品博物馆

博物馆

（Royal Regalia Museum；Jln Sultan；周日至周四 9:00~17:00，周五 9:00~11:30和14:30~17:00，周六 9:45~17:00，最迟进场时间16:30）**免费**如果要面见文莱苏丹并送他一份礼物的话，你必然会感到困惑：对于这样一位应有尽有的人，该送什么呢？在这家有趣的博物馆里，你可以看到各国元首是如何解决这个难题的（提示：黄金和珠宝准不会错）。苏丹的家庭照和说明文字很好地概述了他的一生，而他本人的肖像则以各种各样的形式（包括全息图片）呈现出来。

同时展出的还有苏丹在1992年进行25周年纪念游行的御用战车（跟着战车的是身着传统服装的无头模特，旨在象征当天在场的人），其中第二辆战车用于1968年的加冕仪式。

斯里巴加湾市中心东部

文莱博物馆

博物馆

（Brunei Museum；Jln Kota Batu；周六至周四 9:00~17:00，周五 9:00~11:30和14:30~17:00，最迟进场时间是闭馆前30分钟；P；39）**免费**文莱国家博物馆里面的伊斯兰艺术长廊展示了自16世纪西班牙和葡萄牙殖民者到达文莱后，文莱在东南亚历史中所扮演的角色，除此之外，文莱博物馆还有一个自然历史画廊。如果你想消磨一个小时的时间，这里不失为一个绝佳去处。文莱博物馆就在斯里巴加湾市中心以东4.5公里处的海岸公路旁。在本书作者调研期间，博物馆正在进行封闭式翻修。

该博物馆最古老的藏品是来自伊朗和中亚的陶器以及来自埃及和叙利亚的吹制玻璃艺术品，其历史可以上溯到9世纪和10世纪，还有带插图的古兰经手稿、火柴盒大小的微型古兰经以及黄金首饰。不要错过文莱的著名的礼炮（bedil）收藏品，其中一些礼炮的炮身呈龙头形。曾几何时，文莱帝国的财富和力量的源泉并非石油，而是这种青铜铸造的武器。

斋月期间的规定

文莱是一个绝对意义上的宗教国家，穆斯林占人口的绝大部分，因此非常重视斋月。2014年推出的新法中，第一部分就是对于斋月的规定，斋月期间，白天在公共场合饮食、吸烟都是违法的。白天，咖啡馆和餐馆仅提供外卖（把食物和饮品带回到酒店食用）。

如果你在这个伊斯兰国家一年中最神圣的月份到此游玩，穿着得体很有必要：男女衣服均应遮盖肩膀，衣服长度要到膝盖以下。博物馆早早就会闭馆（周六至周四 15:00，周五 12:00），其他工商企业也可能缩短营业时间。整个斋月，清真寺不对非穆斯林游客开放。

文莱达鲁萨兰国海事博物馆 博物馆

（Brunei Darussalam Maritime Museum；Muzium Maritim；Simpang 482，Jln Kota Batu；周六至周四 9:30~16:30，周五 9:00至正午；P；39）免费一栋闪亮的大楼，外观像一艘船，既时尚，建筑比例又刚好。这家有趣的博物馆建筑群在2015年开放，位于市中心以东4.5公里处（搭乘39路公共汽车可到达）的哥打峇都（Kota Batu）。该博物馆中展示了1997年被潜水员发现的一艘遇难船上的一部分手工艺品，数量超过13,000件。这艘遇难船据说是在16世纪末或17世纪初从中国启航，在到达文莱时遭遇暴风雨袭击遇难的。

这个不错的海难长廊展示的物品包括来自中国、越南和泰国的陶瓷和玻璃器皿，这些物品本来是要运到文莱以交换当地香料、藤制品、西米和樟脑等产品的。

马来科技博物馆 博物馆

（Malay Technology Museum，Muzium Teknologi Melayu；Jln Kota Batu；周日至周四 9:00~17:00，周五 9:00~11:30和14:30~17:00，周六 9:45~17:00，最迟进场时间是闭馆前30分钟）免费与其误导性的名称相反，该博物馆关注重点并不在于现代科技，而在于文莱人的传统生活方式和实践。博物馆展示了马来水村过去的生活方式（包括高脚屋、船舶制造、渔业技术及手工艺），还有一栋毛律人（Murut，又称郎巴旺人）的颇具魅力的长屋。39路公共汽车沿途经过Jln Kota Batu，从Jln Kota Batu沿山下走5分钟的路程就可到达博物馆。

十二顶屋 博物馆

（Twelve Roofs House；Bubungan Dua Belas；224 4545；Jln Residency；周一至周四 9:00~16:30，周五 14:30~16:30，周六 9:00~11:30）免费一度是旧时英国殖民时期高级专员的府邸，号称是苏丹帝国现存最古老的建筑。现为纪念文莱与英国之间长久的“特殊关系”的博物馆。这里的老照片记录了文莱百年前的景象。这个博物馆位于市中心东南方向1.5公里处，建于山顶，俯瞰着河流。2015年年中我们来访时，博物馆在闭馆进行大规模的修建工程（当时这座建筑已濒临坍塌）。

斯里巴加湾市北部及西部

哈桑纳尔博尔基亚清真寺 清真寺

（Jame' Asr Hassanil Bolkiah Mosque；Sultan Hassanal Bolkiah Hwy，Kampung Kiarong；周一至周三和周六 8:00至正午，14:00~15:00和17:00~18:00，周日 10:45至正午，14:00~15:00和17:00~18:00，周四和周五关闭；P）免费此清真寺兴建于1992年，是为了庆祝现任苏丹登基25周年而建。作为文莱最大的清真寺，它与4座水磨石砖砌的宣礼塔一同俯瞰着四周。当你从市中心出发往加东区（Gadong）方向前行大概3公里时，绝对会看到这座清真寺。乘坐1路公共汽车可到达此处。

这是一座让人过目难忘的建筑：因为现任苏丹是其王朝的第29任统治者，所以整个建筑群由29个圆拱金顶作为装饰。每当夜幕降临，清真寺被照亮的时候，看上去宛如一团熊熊燃烧的金色火焰。

清真寺的内部装饰比起其奢华的外观有过之而无不及。仅是其规模之宏大就已经举世瞩目了，更不必说那礼拜堂中铺展一地的数不清的手工地毯了。

要注意清真寺私人入口处的电动扶梯。

努洛伊曼皇宫 宫殿

（Istana Nurul Iman；Jln Tutong）努洛伊曼皇宫（信仰之光宫）是苏丹的正式官邸，在全球各类居所中都是首屈一指的——它是凡尔赛宫的4倍之大。

努洛伊曼皇宫只在斋月末为期3天的开斋节（见本页）期间向公众开放。在其余的362天，最好的游览方式是乘坐水上出租车。

该宫殿由菲律宾建筑师林多·娄克辛（Leandro Locsin）设计，融合了马来西亚（拱形屋顶）及伊斯兰（拱门和圆屋顶）风格的元素，规模之大堪比一个占地20万平方米的机场航站楼。无论是从远处看还是华灯初上时，这座皇宫都很迷人。该宫殿位于市中心西南3公里处。

塔曼帕南济南塔西克公园

公园

（Taman Peranginan Tasek; Tasek Recreational Park; Jln Tasek Lama; ⌚周日至周四 6:00~18:00，周五 6:00~11:00和14:00~18:00; Ⓟ）如果要给你提个醒，那就是应该游览这座远离斯里巴加湾市空调开放的商场的城市公园。它坐落于婆罗洲丛林中，你可以听到四周的嗡嗡作响声、鸟鸣声和热带雨林里沙沙作响的声音。有清晰的路标的小路通向瀑布、野餐区和一座可将城市风景和蔓延的绿色植物一览无余的小山顶上的塔（menara）。可在较为粗糙的丛林小径上散步（穿上合适的鞋）。该公园位于市中心以北2公里处。

麻拉

麻拉海滩

海滩

（Peranginan Pantai Muara; Muara Beach Recreational Park; Jln Pantai Muara; ⌚6:00~18:00; Ⓟ）麻拉海滩休闲公园是著名的周末度假景点。海滩风景优美，且正如婆罗洲的其他海滩一样，有许多随潮水而来的浮木和其他废物。这里有野餐桌及儿童游乐场，工作日很安静。海滩上立有一块牌匾，是为纪念邻近的澳大利亚军队于1945年6月10日两栖登陆麻拉海滩。

麻拉海滩在距离斯里巴加湾市中心27公里处，就在麻拉镇不远处。乘坐38路公交车前往Jln Pelempong，从Jln Pelempong再走上500米即可到达。

活动

潜水

尽管潜水仍属于相对较新的活动，但文莱新兴潜水点的优势在于这里有一些不错的潜水运营商，潜水点也不会太拥挤。

这里有一些有趣的沉船残骸（有些可以追溯到“二战”时期）和大量未受损的珊瑚礁，包括大部分未勘探过的区域。大多数沉船残骸和所有珊瑚礁潜水点都有五颜六色的软硬珊瑚，比如大得令人吃惊的海扇和宽大的桌珊瑚。你很可能看到的海洋生物包括墨鱼、章鱼、海鳗、刺鲀、大型的河豚，有时还会看到一两条海蛇。

最佳的潜水时间是3月到10月；5月到7月中旬的潜水环境通常是最好的。

苏丹宫殿内部

如果与皇室人员握手是你所期待的事，而且在斋月要结束后的开斋节你正好身处文莱，那么一定要到努洛伊曼皇宫（Istana Nurul Iman; 见500页）拜访苏丹。努洛伊曼皇宫拥有1788个房间，是文莱苏丹的主要住所。沿袭当地用开放式房间接待客人的传统，在这期间客人将被迎接到房间里并提供咖喱、干果和蛋糕自助餐，开斋节这三天苏丹在早上和下午会议期间会向公众开放宫殿。公众不需要邀请函，仅需前往排队（早排队意味着等待时间更短）。文莱民众会穿上他们最好的衣服，有的会穿上专门为这个场合制作的图案鲜艳的服装，所以记得穿着要得体漂亮。

在免费宴会中高举着餐盘，咖喱餐品任君选择，亦可自由往来于多个蛋糕桌，全程含等待时间用时约一小时。从这开始，男女分开坐。宴会提供座位，并循环播放开斋节流行歌曲供民众消遣。你会经过华丽的宴会厅，然后被接待员引导前去和苏丹（如果你是男性）或王后（如果你是女性）握手，客人在单独的房间里被接见。每位客人还会收到一份礼物。

如果你觉得与苏丹或王后见面的时间太短暂了，那么要记住，他们在开斋节期间每天要接待大约4万人。

值得一游

哲鲁东：杰弗里亲王的游乐场

在20世纪90年代的大部分时间里，文莱苏丹的弟弟及当时的财政部长杰弗里亲王因奢侈而闻名于世——无论是在其私人支出还是公共支出方面。他的公共支出体现在哲鲁东旁边的一个地区，该地区被拉斯维加斯式的珠宝所包围，其中一条环岛线路甚至装饰着一个巨大的钻石戒指仿制品。

成排的豪宅中坐落着**哲鲁东公园马球俱乐部**（Jerudong Park Polo club；苏丹本人是马球运动的狂热爱好者）和**哲鲁东公园医疗中心**（Jerudong Park Medical Centre；见508页）。

回望黄金时代，惠特尼·休斯顿和迈克尔·杰克逊等人在一个音乐厅举办免费表演，迈克尔·杰克逊在1996年庆祝苏丹50岁生日。但在1997年，聚会停了下来，当时杰弗里亲王（被称为花花公子）被文莱政府控告挪用数十亿美元政府资金。经过长期的争论，包括一系列的法庭诉讼，杰弗里亲王现在似乎已经被信徒们重新接纳。

杰弗里亲王遗留的公共建筑没有什么能超过**哲鲁东公园游乐场**（Jerudong Park Playground；www.jerudongpark.com.bn；Jerudong；成人/儿童 B$20/10；⏲周三 16:00~23:00，周五 15:00~23:30，周六和周日 10:30~23:30，周一、周二及周四关闭；👪）。哲鲁东公园经年失修，于2014年重新开放后，设有全新的儿童游乐设施。这里非常适合带孩子去玩，尽管最近翻修后的公园继续给人以未充分利用的感觉，而且还相当空旷。在20世纪90年代鼎盛时期，这个10亿文莱元打造的景点曾是文莱的骄傲，也是东南亚唯一的大型现代游乐场。当时的文莱青少年可以在这里找到美好的回忆——所有人免费使用游乐设施，其中包括一个巨大的过山车。尽管新的景点可能与黄金时期的设施不相匹配，但这个地方仍然能够唤起人们的怀旧之情。

帝国酒店和乡村俱乐部（Empire Hotel & Country Club；见504页）由杰弗里亲王授权，耗资11亿美元建造而成，值得一游，但只能直瞪瞪地注视洞穴状的玻璃中庭和大厅里耗资50万美元用黄金和巴卡拉水晶打造而成的灯具。花上B$25就可以使用海岸游泳池，酒店有8家餐厅，其中包括备受好评的**Pantai**（☎241 8888；Beachfront，level 1；自助餐 成人/儿童 B$48/24；⏲周五至周三 18:30~22:00）。该度假村甚至还有自己的三屏**电影院**（☎261 0001；www.timescineplex.com；成人 B$4~8，儿童 B$3~8；⏲23:00至次日2:00）。

哲鲁东位于斯里巴加湾市西北20公里处，如果没有私人交通工具，前往很麻烦，不过从市中心发出的57路公共汽车可以带你到帝国酒店。

Poni Divers 潜水

（☎223 3655；www.ponidivers.com；Seri Qlap Mall，Unit L3/12，Kiulap；2次趣味潜水 B$150；⏲9:00~17:00）是文莱最大的潜水中心，提供种类齐全的PADI（Professional Association of Diving Instructors；专业潜水教练协会）认证课程，有休闲潜水以及丰富多样的水上运动如滑水和划香蕉船等。由Serasa海滩运营，在斯里巴加湾市有售票处。也可以参加旅游套餐，套餐包含机场接送和潜水中心的民宿。

标准的趣味潜水行程包括一天三次潜水（含午餐，费用为B$180），浅礁潜水与更深的沉船点潜水相结合，沉船点潜水其潜水地点的选择要取决于水底状况和潜水经验。高级的PADI开放水域潜水课程费用为B$570，预订多个课程可以享受折扣。

Oceanic Quest Company 潜水

（☎277 1190；www.oceanicquest.com；No 6，Simpang 46，Jln Perusahaan，Kampong Serasa）一家备受好评的公司，提供PADI认证课程（B$500）和到附近暗礁及沉船残骸点的潜水活动（每次潜水费用为B$40起）。该公司还提供机场接送服务（返回费用为B$60）。住宿地点在麻拉潜水中心的宾馆（每人每晚B$60，含餐）。

游艇

水上出租船
乘船游

（每小时 B$30~40）游览斯里巴加湾市水村以及苏丹宫殿努洛伊曼皇宫（Istana Nurul Iman；见500页）的最好方式是乘坐水上出租船，在水边就可以乘坐，只要付上B$30~40（你可能需要和司机讨价还价，至少你知道，文莱司机总不能抱怨油价太贵吧）。找船并不是件难事，还没等你看见船夫，他就已经注意到你了。

参观过皇宫后院之后，船夫可以带你去河流上游的红树林去观赏长鼻猴。最好的游览时间是在傍晚，因为猴子们喜欢在日落时分出来活动。

团队游

当地许多旅行社可组织斯里巴加湾市的观光旅游以及文莱其他自然景点的旅游，其中包括乌鲁淡布隆国家公园（Ulu Temburong National Park；见514页）以及距城区45分钟船程的斯里荣岛（Pulau Selirong；见512页）红树林观光。有些旅行社还提供夜游项目，让你能在夜间观赏到长鼻猴、鳄鱼以及萤火虫。

★Borneo Guide
团队游

（☎718 7138，242 6923；www.borneoguide.com；Unit 204，Kiaw Lian Building，Jln Pemancha；⏲周一至周四 9:00~17:00，周五 9:00至正午和14:00~17:00，周六和周日 9:00~13:00）提供优质的服务、低廉的价格，有文莱及婆罗洲的各种旅游套餐。从斯里巴加湾市到乌鲁淡布隆国家公园一日游，每人需B$135。还提供乌鲁淡布隆国家公园的两日游项目，住宿安排在公园外面的苏布林生态庄园（见514页；两天一夜费用为B$185起）。该旅行社为游客提供各种实用的旅行信息。

Sunshine Borneo Tours
团队游

（☎244 6812；www.bruneiborneo.com；No. 2 Simpang 146，Jln Kiarong；⏲周一至周四和周六 8:00~17:00，周五 8:00至正午和14:00~17:00）提供一系列游览文莱及婆罗洲的团队游套餐，包括观鸟、河上巡游、水村团队游和城市夜游。游览乌鲁淡布隆国家公园的一日游费用为B$163起，两日一夜游费用为B$330起，在Ulu Resort（见515页）过夜。办事处位于城市中心以西3公里处。

Intrepid Tours
团队游

（☎222 1685，222 1686；www.bruneibay.net/intrepidtours；Unit G4，ground fl，Bangunan Sungai Akar Central）提供一系列一日游及多日游套餐，包括前往乌鲁淡布隆国家公园的团队游（一日游费用为每人B$100~200）及黎明时分参观斯里荣岛（4小时的团队游，费用为每人B$67~110）的团队游；后者含日出时分横渡文莱湾及在木板路上观赏野生动物的精华游项目。

Freme Travel Services
团队游

（☎223 4277；www.freme.com；4th fl，office 403B，Wisma Jaya，Jln Pemancha）一家小公司，但可以提供许多选择，好像是与文莱最大的旅行社之一有合作。在乌鲁淡布隆国家公园附近也有自己的旅馆。

住宿

实惠的选择寥寥无几，但高档宾馆的网络预订常常有折扣。

Youth Hostel
青年旅舍 $

（Pusat Belia；☎222 2900，887 3066；Jln Sungai Kianggeh；铺 B$10；❄📶🏊）颇受背包客欢迎，不过夫妻不能同住。男女分开住，5间男士宿舍和4间女士宿舍中配有实用的家具和差强人意的卫生间，位于青年中心建筑群（Youth Centre complex）最南端，在旋转楼梯后面。前台接待的工作时间是周一到周四及周六的7:30~16:30，但在此期间工作人员可能有时会休息。

如果办公室是锁着的，在周围闲逛几圈（最终）就会有人找到你。这里可能会挤满政府方面的来宾和学校团体，因此要提前打电话确认是否有房。隔壁的游泳池票价为B$1。

KH Soon Resthouse
客栈 $

（☎222 2052；http://khsoon-resthouse.tripod.com；2nd fl，140 Jln Pemancha；铺 B$25，标单/双 B$40/50，不带浴室 B$35/40；❄）这是一家朴实无华的旅舍，由商业建筑改造而成，铺了红色水泥地板，房间价格低廉，空间宽敞，装修简朴，位于中心地段。接待楼层的房

当地知识

AMBUYAT——黏黏的，滑滑的

记得幼儿园小朋友吃的那种手工面糊吗？文莱不成文的国菜ambuyat，吃起来就是这种感觉。这是一种胶状的黏粥，由西米树的树髓磨成的粉末与水混合制成，配以当地特制的各种美味酱汁一起食用。

吃ambuyat时，店家会为你提供一双特制的叫作chandas的筷子，两根筷子上方是连在一起的（千万不要将筷子分开），这样是为了便于卷起黏稠的面糊。卷起一口面糊，将其浸入酱汁。当你的ambuyat蘸满了酱汁后，将这团滴着汁的、颤颤巍巍的半透明胶状物放进嘴里一口吞下去——不要咀嚼，就让它顺着你的咽喉滑下去。

间共用浴室（只有蹲厕），但可能比楼上的房间更好一些，因为楼上的房间的私人设施凌乱地放置在低于楼底高度的隔层后面，而且电线看起来有些问题。

★ Brunei Hotel 酒店 $$

（☎224 4828；www.thebruneihotel.com；95 Jln Pemancha；房间/套 含早餐 B$140~175/B$240~320；❄@📶）一家别致而且说得上是有点儿时尚的旅馆，有清晰的线条、单色的图标和几何的图案，因此呈现出一种超现代的风格，这在文莱是很难想象的。楼下的Choices Cafe供应精致的自选早餐。

★ Capital Residence Suites 酒店 $$

（☎222 0067；www.capitalresidencesuites.com；Simpang 2, Kampong Berangan；双/套 含早餐 B$80/ B$180~280；❄📶）这家尽管装饰相当简朴但物有所值的旅馆备受推崇，因其员工友善、勤快，9:00~21:00还为斯里巴加湾市四周前往海滩和较远处旅游景点的客户提供免费穿梭班车服务。这些宽敞的套间像配有沙发、厨房和洗衣机的小公寓。标间虽然配有舒适的家具，但稍显拥挤。

Terrace Hotel 酒店 $$

（☎224 3555, 224 3554；www.terracebrunei.com；Jln Tasek Lama；双 含早餐 B$85~100；❄📶🏊）这是一个典型的旅游酒店，84间客房都显得有点儿过时（建于20世纪80年代），但很干净，并配备大理石浴室。有一个漂亮的小游泳池。该酒店位于海滨以北800米处，临近Tamu Selera摊贩中心。

Jubilee Hotel 酒店 $$

（☎222 8070；www.jubileehotelbrunei.com；Jln Kampung Kianggeh；双/套 含早餐 B$95/120起；❄📶）这家酒店的房间并不那么豪华，但舒适干净，它们或许会令你想起亲戚家鲜有人住的客房。"超级间"还带有小厨房。价格包含机场接送服务，城市短程观光游以及远郊往返旅游。

帝国酒店和乡村俱乐部 度假村 $$$

（Empire Hotel & Country Club；☎241 8888；www.theempirehotel.com；Lebuhraya Muara-Tutong, Jerudong；双 B$400~600，套 B$1000~16,600，别墅 B$2200~3500；❄@📶🏊；🚌57）这家度假村无论从其规模还是奢华程度来说，都是王宫级别的。这座拥有522个房间的豪华酒店是杰弗里亲王建来接待皇室贵宾用的，而后迅速转型为一家高档度假村（见502页）。即使是最便宜的房间也可以遥控操作屋内的一切，还有手工地毯、镀金的插座以及铺有大理石的巨大卫生间。网络预订提供的折扣比起门市报价便宜，可省下一大笔钱。

Radisson Hotel 酒店 $$$

（☎224 4272；www.radisson.com/brunei；Jln Tasek Lama；双/套 B$170/350；❄@📶🏊）Radisson连锁酒店坐落在城中心的边缘，以国际化标准为旗号。光芒四射的大堂和商务间充分显示了其舒适和富丽。酒店设施包括1个游泳池、1个健身中心、1个水疗中心和两家餐厅。每天有3班免费的摆渡车驶往加东区及市中心。

Rizqun International Hotel 酒店 $$$

（☎242 3000；www.rizquninternational.com；Abdul Razak Complex；双 含早餐 B$320起；❄📶🏊）Rizqun虽然旁边是一家大卖场，但比预想的可精致完善多了，拥有所有商务酒店

级别的设施，其中包括1个健身房和1个相当不错的户外游泳池。华丽的大厅是纯文莱式风格（大理石、木材和彩色玻璃），7楼的休息室可将哈桑纳尔博尔基亚清真寺一览无余。

就餐

在市中心，海滨沿线以及Jln Sultan（Jln Pemancha以南），饭店随处可见。在大型购物中心，包括加东区以外的，也到处可见美食广场。找一个看起来生意很好的地方大快朵颐吧！

★ Tamu Selera 摊贩 $

（Jln Tasek Lama和Jln Stoney交叉路口；主菜 B$2~6；⏲17:00至午夜）这个老式的摊贩中心位于绿树成荫的公园，晚餐非常可口，你可以在五彩的防雨布和吊扇下尽享便宜的马来菜和印尼菜。菜肴包括沙嗲肉串、炸鸡块、海鲜、米饭、面条和冰镇饮料。摊贩中心位于海滨以北1公里处。

Pasar Malam Gadong 夜市 $

（Gadong Night Market；Jln Pasar Gadong；⏲16:00~22:00；🚍1）由于其地道的文莱风味小吃和菜肴，这里成为文莱最受欢迎和喜爱的夜市。可惜的是，这里提供的是面向汽车司机的即取式餐饮服务，所以几乎没有地方坐。该夜市位于市中心西北方向3公里处，公共汽车可通往此处，但19:00后返回城区的唯一方式就只有出租车了（22:00前车费为B$15，过后为B$20）。

Noralizah & Iskandar 印度菜 $

（☎867 5781；15 ground fl, Kompleks Awang Hj Ibrahim, Jln Berak；主菜 B$3~7；⏲7:00~20:00；✎）这家繁忙的小店供应的食物均为各式印度饼类，从抛饼到美味的油煎饼（paratha）无所不有，有的塞满羊肉碎和洋葱被称为印度煎饼（murtabak），有的则填入香蕉并撒上一层糖粉当作早餐。吃的时候可以蘸着店里准备好的热乎乎的咖喱食用。这家饭店临近机场。

Gerai Makan Jalan Residency 摊贩 $

（Jalan Residency Food Stalls；Jln Residency；主菜 B$2~5；⏲16:00至午夜）在水上村庄对岸的河岸沿线，有许多的食品摊位都出售沙嗲肉串（B$1可买4串鸡肉串或3串羊肉串），还有各种各样的印度炒面（mee goreng）、马来炒饭（nasi goreng）和汤，比如面条汤（soto）。

当地知识

THANIS LIM——美食作家

文莱美食作家及厨师Thanis Lim住在斯里巴加湾市，为www.thanislm.com网站撰写关于文莱的美食之地的文章。

描述当地人对食物的态度 在文莱，社会生活围绕着食物和外出就餐而运转。这里典型的夜晚是和朋友相聚一起在餐馆或咖啡馆里享受美食和咖啡，或者去夜市逛逛。Tamu Selera（见本页）是我最喜欢的餐馆之一。大约在19:00过去，点一份ayam penyet（印尼参巴酱炸鸡）。

游客该尝试当地哪些美食？ ambuyat，一种胶状的糊，由西米粉与热水混合制成，配以辣酱汁调味食用。ambuyat流行于20世纪40年代日本占领时期，当时没有足够的大米供给食用。ambuyat做得最好吃的地方是Aminah Arif。那里提供的ambuyat配以当地特色菜，如belutak，一种用牛杂和当地香料制成的香肠。

饮品？ 拉茶（Teh tarik）——将茶和炼乳从高处倒入杯子。文莱曾经有地下酒吧提供酒饮，但现在都已关闭。在Kuala Lurah边境对面的马来西亚一边，有美食广场售卖鸡翅和便宜的啤酒，颇受文莱的非穆斯林欢迎。从斯里巴加湾市出发车程30分钟。务必要在22:00边境关闭之前回到文莱这边。

其他建议？ 文莱人非常友善且热情好客，因此可以试着通过社交媒体接触当地人。你的新朋友可能会很乐意带你四处看看。

营业时间取决于摊贩的心情。

Tamu Kianggeh 摊贩 $

（Kianggeh market; Jln Sungai Kianggeh; 主菜 B$1起; ⏲5:00~17:00）这里出售文莱最便宜的饭菜，包括炸鸡饭（nasi katok: 白米饭配一块炸鸡或咖喱鸡，还有参巴酱; B$1）和椰浆饭（nasi lemak; 椰浆米饭配鸡肉、鸡蛋、黄瓜片; B$1）。这个市场有些喧闹而杂乱，这在文莱难得一见，让人觉得耳目一新。

★ Pondok Sari Wangi 印尼菜 $$

（☎244 5403; Block A, No 12-13, Abdul Razak Complex, Jln Gadong; 主菜 B$5~18; ⏲10:00~22:00; ❄）坐落于加东区，这是一家深受青睐的斯里巴加湾市名店。供应各式令人眼花缭乱、欲罢不能的五光十色的美味菜肴，如腌制的鸡块、咖喱味浓烈的炸鱼、带有甜味的快炒本地蔬菜和绿叶菜，还有令人垂涎欲滴的浇了一层厚厚的花生酱的沙嗲烤肉以及独具特色的炖得恰到好处的牛肋骨。

Seri Damai Restaurant 巴基斯坦菜 $$

（☎222 5397; ground fl, 144A Jln Pemancha; 主菜 B$6~18; ⏲9:00~22:00; ❄🖉）这家友善、家族式经营的巴基斯坦饭馆全部为绿色装饰（婚礼风格的椅子套和大量的绸缎），有城镇里最好的印度香饭、咖喱、印度烤饼和印度酸奶。还有多种素食、肉类和海鲜。价格为B$6的套餐实在是物超所值。

Lim Ah Siaw 中国菜 $$

（☎222 3963; Jln Teraja; 主菜 B$8~10; ⏲6:30~22:00）虽然距离主干道走只有10分钟的步行路程，但Lim Ah Siaw猪肉市场和饭馆的丛林位置使之成为最有地下气质的地方。尽管位置稍微偏远——但它肯定是文莱最没有清真气息的餐馆。餐馆供应焖猪肘、猪肚、猪肉饺子，这儿可真是小猪崽们的地狱啊！

受欢迎的菜肴包括排骨煮哥罗面（kolo mee; 用猪油烹煮的面条; B$8~10）。

Aminah Arif 文莱菜 $$

（☎223 6198; Unit 2-3, Block B, Rahman Bldg, Simpang 88, Kiulap; 主菜 B$4~28; ⏲7:00~22:00; ❄🖉）Aminah Arif是ambuyat（一种传统文莱食品，浓稠的淀粉糊）的同义词，是文莱的国菜。如果你想要品尝一大碗浓稠的白色黏粥，这里确实是个好去处（一份两人套餐的价格为B$22）。这里也供应消食的冰镇青柠檬汁（kasturi ping; B$1.5）。城里有5家Aminah Arif的分店，这一家设在Kiulap，位于海滨西北3公里处，是处在核心地带的分店。

Kimchi 韩国菜 $$

（☎222 2233; Unit 19, Block B, Regent Sq, Kiulap; 主菜 B$4.95~30; ⏲周六至周四 11:00~22:30, 周日 14:00~22:30; ❄）韩国餐馆在斯里巴加湾市无处不在，位于市中心西部Regent Sq的Kimchi餐馆是城镇里最好的一家。闻名遐迩的泡菜（kimchi: 腌制白菜）味道浓郁而辛辣，年糕被浇上滚烫、浓稠的调味汁，美味的鸡翅也值得一试……鸡翅在哪里都是好的选择。韩式烤肉（bulgogi; 腌制烤牛肉）是对食欲的最彻底的放纵。

Thiam Hock Restauranty 中国菜 $$$

（☎244 1679; 5 Yong Siong Hai Bldg, Gadong; 主菜 B$10~30起; ⏲8:30~22:00; ❄）这家老牌中餐馆因其咖喱鱼头而闻名（一些就餐者可能会觉得菜单上放大的照片中鱼头死死盯着他们，龇牙咧嘴的，有点令人感到不快）。挑战性低一点的菜肴还有美味的奶油虾。Thiam Hock位于加东商场后面街区的河边上。

🍷 饮品

双份特浓咖啡或许是你在文莱能找到的最烈的饮料了，因为在文莱禁止出售酒以及公开饮酒。当地人喜欢软饮料娘惹红豆冰（air batu campur），通常称为ABC，由冰、绿色小面条、仙草、珍珠西米及红豆混合制成。

De Royalle Café 咖啡馆

（38 Jln Sultan; ⏲24小时; 📶）这家24小时营业的咖啡馆由室内一个小厅（豹纹扶手椅子）加上室外路边的几张桌子组成，提供英文报纸，供应国际菜（主菜B$5.9~15.90）以及现煮的咖啡，是与朋友轻松约会的绝佳去处。

Another 咖啡馆

（☎222 3012; G8 ground fl Wisma Jaya,

Jln Pemancha；⏲周一至周六 7:30~18:30；📶）波纹状的金属墙壁，抛光混凝土地板以及木柜台，为这家小小的城市咖啡馆增添了工业感。咖啡爱好者（甚至挑剔的咖啡客户）都会对这里供应的白咖啡品质感到十二分满意，这里还供应诱人的糕点、蛋糕（布朗尼蛋糕和荷兰苹果派）以及三明治（B$5~7.50）。

Piccolo Café 咖啡馆

（☎224 1558；Lot 11，Jln McArthur；三明治 B$3.50~6.90；⏲周一至周三 7:30~23:00，周四至周六 7:30至次日1:00，周日 9:30~23:00；📶）这家咖啡馆供应薰衣草拿铁咖啡（一种虽然不那么可口却别具一格的饮品）和更为传统的咖啡、茶、冰沙、各式三明治、卷饼以及甜点，包括一种非常美味的海盐巧克力馅饼（B$4.80）。

☆ 娱乐

当地人经常去加东区过夜生活，所谓夜生活，在文莱只不过是晚餐，最多再来场电影（电影审查极为严格，甚至连接吻镜头都要被剪掉）。基于加东区当地人的热情，你可能会认为加东区是个非常热闹的夜生活区，或者至少是精致餐馆的聚集之地。然而，两者皆非，这里只有带空调的购物中心和商业街。

购物

购物在文莱是一项全民活动。当地人一边在购物中心找寻最受欢迎的商品，一边叹息自己的国家太小，没有像新加坡那么多的选择。

Arts & Handicrafts Training Centre 手工艺品

（☎224 0676；Jln Residency；⏲周六至周四 8:00~17:00，周五 8:00~11:30和14:00~17:00）中心出售银器、木雕、装饰性的黄铜大炮（B$500起）以及礼仪用剑（大约B$500），这些物品都是由中心的学生和毕业生制作，同样的东西比沙捞越（Sarawak）和加里曼丹（Kalimantan）要贵。所以看看就好了。不过，不妨看看琼撒拉（jong sarat：用金丝银丝手工织成的布）。该中心建于河上，位于强戈河以东600米处。

The Mall 购物中心

（Gadong；⏲10:00~22:00）当然，这个深受吹捧的商场颇为整洁（天花板的文莱皇家航空飞机壁画摸起来非常有趣），但随着空调开放的商场越来越多，这里也就不再显得特别：一批门可罗雀的品牌折扣店，一家实用超市、一个美食广场和一个拥有8个屏幕的**影城**（☎242 2455；www.themallcineplex.com；3rd fl，成人 B$4~10，儿童 B$3~6；⏲11:00至午夜），这是文莱最受欢迎的电影院！

Paul & Elizabeth Book Services 书籍

（1st fl，62 Jln McArthur；⏲8:30~20:30）这里有一些关于文莱的书籍、一张整个文莱苏丹国的街道地图和少量英文平装书。这里还有一家网吧。

Hua Ho Department Store 百货店

（Yayasan Complex，Jln McArthur；⏲10:00~22:00）一栋四层楼高的百货商场，在地下一层有一家不错的超市。

ℹ 实用信息

紧急情况

救护车（☎991）

消防队（☎995）

警察局（☎993）

> **前往沙巴：斯里巴加湾市到亚庇**
>
> **前往边境** 每天8:00，**Jesselton Express**（☎016-830 0722，0060 88 751722；www.sipitangexpress.com.my）开往亚庇（哥打基纳巴卢，Kota Kinabalu；B$45，8~9小时），途经林梦、邦阿、老越及沙巴各个城镇。
>
> **到达边境** 如果你从陆路过境前往沙巴州，那么务必准备好护照，因为你会经过8道关卡。只要你的护照有效那么就不用担心。这段行程比较乏味 不那么刺激。
>
> **继续前行** 前往亚庇的长途汽车会在中途靠近旅馆和餐馆的主干道放你下车。

上网

Paul & Elizabeth Cyber Cafe（1st fl, 61 Jln McArthur；每小时 B$1.8；⏲8:30~20:30）老式网吧，网速不错，但播放的音乐很烂。

媒体

《婆罗洲游历指南》（*Borneo Insider's Guide*；www.borneoinsidersguide.com）留意这个免费的杂志，每年出版4期。

医疗服务

哲鲁东公园医疗中心（Jerudong Park Medical Centre；☎261 1433；www.jpmc.com.bn；Tutong-Muara Hwy；⏲24小时）私人医疗机构；可提供高标准的护理。位于斯里巴加湾市中心西北约27公里处。

里帕斯医院（Ripas Hospital；☎224 2424；www.moh.gov.bn；Jln Putera Al-Muhtadee Billah；⏲24小时）文莱最主要的医院，医疗设备齐全，拥有现代化的设施。医院位于市中心以西约2公里处［要穿过爱丁堡桥（Edinburgh Bridge）］。

现金

银行和国际通用的自动柜员机在城市中心随处可见，特别是Jln McArthur和Jln Sultan沿线。机场有自动柜员机。

汇丰银行（HSBC；Jln Sultan和Jln Pemancha交叉路口；⏲周一至周五 8:45~16:00，周六 至11:30）设有一个24小时自动柜员机。但是你必须有汇丰银行账户才能兑换旅行支票。

伊斯曼货币兑换（Isman Money Change；Shop G14, ground fl, Block B, Yayasan Complex, Jln Pretty；⏲10:00~20:00）可以兑换现金。就在亚牙森购物中心的中央天井附近。

邮局

邮政总局（Main Post Office；Jln Sultan和Jln Elizabeth Dua交叉路口；⏲周一至周四和周六 8:00~16:30，周五 8:00~11:00和14:00~16:00）邮票展厅（Stamp Gallery）展示一些有历史意义的首日封和放大了的殖民时代邮票。

旅游信息

文莱旅游局（Brunei Tourism；☎220 0874；www.bruneitourism.travel；Kampong Ayer Cultural & Tourism Gallery；⏲周一至周四和周六 9:00~12:15和13:30~16:30，周五 9:00~11:30和14:00~16:30）免费提供地图、宣传册及关于文莱的信息咨询服务。其网站有大量的有用信息。

ℹ 到达和离开

飞机

文莱国际机场（Brunei International Airport；☎233 1747；www.civil-aviation.gov.bn）最近正在翻新，包括新的入境大厅和离境大厅，极大地改善了苏丹小型国际机场的面貌。入境大厅有一台自动柜员机和一个旅游信息咨询台（文莱国际机场到达大厅底层；⏲9:00~17:00）。

亚洲航空公司（Air Asia；www.airasia.com）每日有两班航机飞往吉隆坡。

宿务太平洋航空（Cebu Pacific；www.cebupacificair.com）每周一、周三、周五、周六和周日有航机从斯里巴加湾市飞往马尼拉。

文莱皇家航空（Royal Brunei Airlines；☎222 5931；

前往沙巴：斯里巴加湾市到纳闽港

前往边境 打算去沙巴的话，走水路是最省心的办法。可以避免陆路过境的周折和拖延——众所周知，Kuala Lurah口岸可能会导致长时间的延误。**PKL Jaya Sendirian**（☎277 1771；www.pkljaya.com；1st fl, Unit 7, Block A, Muara Centre, Jln Muara）公司运营每日汽车渡轮，从位于斯里巴加湾市东北25公里处的麻拉（Muara）的Serasa渡轮码头前往马来西亚的纳闽岛（Pulan Labuan；1.5小时），9:00从麻拉出发（成人/儿童/汽车 B$17/10/58），16:00从纳闽岛返回（成人/儿童/汽车 RM38/18/120）。至少在发船前1小时到达比较好。如果乘坐公共交通工具前往渡轮码头，可以先乘坐38路公共汽车前往麻拉城区，然后从麻拉城区出发，乘坐33路公共汽车（至少1小时车程）即可到达。

到达边境 大多数前往马来西亚的旅行者都会取得30或60天的落地签证。

继续前行 从纳闽港到亚庇（3小时），每日均有两班船通行。

www.flyroyalbrunei.com; RBA Plaza, Jln Sultan; ⏲周一至周四和周六 8:00~16:00，周五 8:00至正午和14:00~16:00）从斯里巴加湾市起飞的直达航班目的地包括曼谷、亚庇、吉隆坡、墨尔本和新加坡。

新加坡航空公司（Singapore Airlines; www.singaporeair.com）每周有五班航机从斯里巴加湾市飞往新加坡。

淡布隆区

尽管一座连接麻拉和淡布隆的顶尖水准的大桥正在建设之中，但是目前去邦阿最快的方式是乘快艇（B$7，45分钟，每小时1班，从6:00到最迟16:30，星期日会晚一些）。**码头**（Jln Residency）位于强戈河以东约200米处。

长途汽车和面包车

斯里巴加湾市那充满令人窒息的尾气味道的**长途汽车总站**（Jln Cator）位于距离海滨以北两个街区的一栋多层停车场的第一层。许多国内长途汽车线路都是从此出发，包括通往麻拉和Kuala Lurah的线路，但不到沙巴和沙捞越。每个泊位上都有编号，旁边有标志牌，显示该车的路线。

这里不再设有开往都东、白拉奕和诗里亚的长途汽车。前往米里的**PHLS Express**快线长途汽车分别在7:00和13:00从斯里巴加湾市海滨区（靠近强戈河）发车，途经都东（B$5）、诗里亚（B$6）和白拉奕（B$6）时稍作停留。

当地交通

抵离机场

机场位于斯里巴加湾市中心以北约8公里处，可乘坐23路、36路及38路公交车往返机场到市中心以及位于Jln Cator的公交总站，最晚的班车都在约17:30发车。乘出租车去往或离开机场需要B$25，要在出租汽车服务台结账。一些酒店会提供接机服务。

公共汽车

文莱有限的公交系统由多个公司分别管理，所以非常不准时且状况很混乱，至少对外地人来讲是这样的，所以搭乘公交到各处是件很费力的事。公共汽车（B$1）日常运行时间为6:30~18:00；在此之后，搭出租车或步行将成为你唯一的选择。因此如果你打算到城区外游玩，需要乘公交回来，最好提前问一下司机他们何时返回、末班车几点。

寻找公共汽车站是一件很有挑战的事情——有些站点会以黑白条纹的立柱或遮阳篷作为标记，有些会在地面涂上黄色三角形，有些站点则没有明显的符号。幸运的是，每一辆可乘坐20或40人的公共汽车上，都有醒目的数字编号。

公共汽车站没有咨询办公室和售票处，墙上的示意图对当地人来讲还有些作用，但是对外地人来讲就如同密码一样。在去汽车站之前最好先向你所在的酒店咨询一下交通情况。

汽车

文莱的汽油价格是东南亚最低的——汽油是每升B$0.53，一升柴油只要B$0.31。一瓶水价格为B$1，汽油比水更便宜。但如果你驾驶的汽车（例如租车）是马来西亚牌照，并且非文莱本地居民，加油时你会被带到一个特制的油泵那里，付更高的油价（这是为了防止走私）。

租车是一个探索文莱腹地的好方法。起价约为每天B$85。如果汽车驶入沙捞越，可能会被收取额外费用。大多数代理机构都会把车送到你的酒店，当你用完车时再将车开走。如果需要安排司机，每天加收B$100。文莱的主要道路状况良好，但一些偏僻的小路只有四轮驱动车才能行驶。

Avis（☎222 7100; www.avis.com; Raddison Hotel, Jln Tasek Lama 2203 ⏲周一至周四 8:00至正午和13:30~17:00，周五 8:00至正午和14:00~17:00，周六 8:00至正午和13:30~16:00，周日 9:00至正午和13:30~15:00）还有一个办事处在机场（☎233 3298; 机场; ⏲8:30~17:30）。

Hertz（☎机场 872 6000; www.hertz.com; airport arrival hall; ⏲8:00~17:00）国际汽车租赁公司在文莱机场设有一个柜台。

出租车

如果你能找到车的话，搭乘出租车是一种探访斯里巴加湾市的便捷方式。这里没有统一的出租车调度体系，拦下一辆出租车相当困难，或者说几乎不可能。酒店可提供司机的手机号码。大多数的出租车是黄色的车顶，只有少数在机场服务的出租车是全白的。

斯里巴加湾市市内唯一的**出租车车站**（Jln Cator）位于距离海滨以北两个街区的Jln Cator的长途汽车总站。

有一些出租车按里程计费，但多数司机会与你商定价格。22:00后费用会上涨50%，每等1

前往沙捞越：斯里巴加湾市到米里

前往边境 PHLS Express（☎277 1668）每天有两班车往返斯里巴加湾市和米里（从斯里巴加湾市出发要B$20，从米里出发要RM50，3.5小时）。该车在7:00和13:00从斯里巴加湾市的滨水区发车，8:15和15:35从米里普奕长途汽车总站发车。可直接上车购买车票。从斯里巴加湾市到米里的另一个选择是乘坐一辆由父子档（傅先生和阿波）经营的"私人专车"（可能要与其他游客一起乘车，每人B$25或RM70，3小时）。预订车辆请致电傅先生☎013-833 2231（马来西亚手机号码）或☎878 2521（文莱手机号码）。通常在13:00或14:00从斯里巴加湾市出发；每天9:00或10:00从米里出发，有时可能会早一些。

到达边境 大多数前往马来西亚的旅行者都会取得30天或60天的落地签证。

继续前行 在米里普奕长途汽车总站下车，该地距市中心4公里，可乘出租车前往。

小时收费B$30～35。举例来说，白天从市中心出发到以下地区的出租车费用大致为：文莱博物馆（B$25）、加东区（B$15）、机场（B$25）、Serasa渡轮码头（B$40）、帝国酒店和乡村俱乐部（B$35）、哲鲁东公园游乐场（B$35）。22:00之后出租车加价。

水上出租车

如果你的目的地邻河，水上出租车——也就是载人出入水上村庄的小汽艇——是出行的绝佳方式。你可以在包括威尼斯风格的强戈河沿岸在内的汽艇能停靠的任何地方搭上一艘水上出租车。直线渡河每人只需B$1，斜线渡河付费要多一些。

都东区和白拉奕区 (TUTONG & BELAIT DISTRICTS)

大多数游客在去往沙捞越的米里途中，只会匆匆穿过斯里巴加湾市西部的都东区和白拉奕区，但这里还是有几个值得驻足的景点的。斯里巴加湾市与白拉奕、诗里亚和都东这些地区之间的公交车络绎不绝，但要想真正观赏到美景，最好还是跟团走或者租一辆车。

都东（Tutong）

人口：20,000

文莱中部的主要城镇都东，大约位于诗里亚和斯里巴加湾市中间。这座看似不起眼的城镇整齐干净。有两样东西在文莱赫赫有名：猪笼草和沙滩。当地人能用该地区6种猪笼草烧制出各式各样的菜品。都东附近有雪一样白的沙滩，文莱人能以此取景来冒充雪景（文莱人到处寻找乐子）。在潘婆罗洲公路（Pan Borneo Hwy）边上就能看见成片的白色的沙滩（pasir putih）。

景点

Pantai Seri Kenangan 海滩

（Pantai Tutong; Jln Kuala Tutong）坐落在一小片土地上，毗邻南海及都东河（Sungai Tutong）。这个木麻黄树林立的海滩可能是文莱最美好的海滩。只是这里的白蛉是个问题，如果你打算在此观赏日落，就一定要带上驱虫剂。海滩在Jln Kuala Tutong，位于都东城以西2公里处。

到达和离开

往来斯里巴加湾市和诗里亚、白拉奕及米里的PHLS Express快线长途汽车中途会在都东停留。西向开往诗里亚、白拉奕及米里的班车发车时间为8:00和14:00。东向开往斯里巴加湾市的班车发车时间为10:45和18:15（提前15分钟到达，因为这里所列只是大概的发车时间，而且公共汽车过时不候）。

拉比之路（Jalan Labi）

进入白拉奕区几公里后（从都东和斯里巴加湾市方向过来），有一条伸向内陆（南）

的支路通往拉比并穿过它，中途穿越一片原始森林。现在完全铺砌好的马路延伸至配备有现代化生活设施和停车位的伊班人长屋。

景点

林业博物馆 博物馆

（Forestry Museum；Simpang 50，Jln Labi；⏲8:00~12:15和13:30~16:30，周五和周日闭馆）免费林业博物馆位于Simpang 50的岔路口向下（面向拉比方向的右边）。这个简朴的小地方为游客讲述了有关当地森林的严谨而全面的信息。这里有发掘于该区的超过50种树木标本和当地的野生动物标本，这些展览品向人们细说了该地区伐木和保护的历史。可惜，这里可能是你在婆罗洲最可能看到云豹的地方了。

Luagan Lalak Recreation Park 公园

（Jln Labi）如果你渴求和平与宁静，这里就能如你所愿：木板道延伸至冲积河地，一片片绿色植被星罗棋布，如同群岛散落在镜子般的水上。这个美丽的地方非常适合野餐、观鸟或冥想。

从主干道沿着Jln Labi一直往下走，这个公园就在到达拉比前的20公里处（找一下标志这段距离的指示牌）。没有公共交通可到达这里。

拉比长屋（Labi Longhouse） 房屋

拉比长屋是一个小型伊班人聚居区，位于在海岸公路南面大约40公里处，有四个长屋：Rampayoh、Mendaram Besar、Mendaram Kecil以及最后一个位于小路最尾端的Teraja。

如果不带向导参观长屋，你能看到多少取决于是否有一位会说英语的人带你四处看看。这样的话，一个团队游的费用为每人B$2。Mendaram Besar也有一个非正式的**民宿计划**（☎Hensona 323 3019；Jln Labi；每人 含餐B$55）。

这些长屋是现代与传统的融合体：你会看到妇女在编织篮子，尽管现在篮子更可能是用塑料制成而不是用藤条编织而成的，长屋还24小时供电。在外面的果树和鸡鸣中，村落一片空地上的汽车熠熠生辉。

诗里亚（Seria）

人口：34,000

位于都东和白拉奕之间的海岸线上的诗里亚，人口密度很低，是文莱壳牌石油公司重要陆上石油装置的基地。

景点

油气探索中心 博物馆

（Oil & Gas Discovery Centre；☎337 7200；www.ogdcbrunei.com；紧邻Jln Tengah；成人/青少年/儿童 B$5/2/1；⏲周一至周四和周六 8:30~17:00，周日 9:30~18:00）将石油工业"寓教于乐"，主要面向年轻的科学爱好者和壳牌员工。博物馆位于诗里亚市中心西北约700米处。

十亿桶原油纪念碑（Billionth Barrel Monument） 纪念碑

这个纪念碑建于1991年，是为了纪念（你已经猜到了）在诗里亚地区生产的第十亿桶原油而建的。朝海面望去，一座座石油钻塔点缀在海平面上，为苏丹的第二十亿桶原油努力着。纪念碑立在诗里亚城前面的海滩上。

住宿

Roomz Hotel 酒店 $$$

（☎322 3223；www.rocmz.com.bn；标单/双含早餐 B$150/160；❄📶）这家新开的高档酒店用木地板、阳台与海景巧妙布置房间。很容易就能找到：它是城里最高的建筑，位于汽车站北面的街区。

到达和离开

有多趟西南方向开往白拉奕（B$1）的紫色小巴。PHLS Express快线长途汽车开往米里（B$15）的班车分别在9:00和14:00途经白拉奕，开往斯里巴加湾市（B$6）的班车分别在9:45和17:15途经都东（提前15分钟到达车站，因为这里所列的只是大概时间，并且长途车过时不候）。

白拉奕（Kuala Belait）

人口：35,500

紧邻沙捞越边界的白拉奕是一个富有现代气息的日益壮大的企业（文莱壳牌石油公司）之城，单层郊区别墅散布，和如蚂蚱般

（也像一直在点头的驴）的抽油机点缀其间。虽然这里海滩也不错，但是大多数游客只是往返于米里，无心欣赏这里的风景。

留意位于城镇东部宏伟的**茶壶环岛**，当然这也是最醒目的标志之一。四个茶壶分别代表了文莱的四个区。

食宿

餐厅主要分布在市中心的Jln McKerron沿线和向东两个街区的Jln Pretty（白拉奕的主要商业街）。

Hotel Sentosa 酒店 $$

（☎333 1345；www.bruneisentosahotel.com；92-93 Jln McKerron；双 B$108；❄@📶）位于公交车站向南一个街区。这是一家地处城中心的酒店，房间整洁干净，经营良好。

实用信息

位于公交站斜对面的**汇丰银行**（HSBC Bank；Jln McKerron和Jln Dato Shahbandar交叉路口）内有国际货币自动柜员机。

到达和离开

紫色小巴有颇多班次发往诗里亚（B$1）。PHLS Express快线长途汽车开往米里（B$15）的班车分别在9:30和14:30途经白拉奕，开往斯里巴加湾市（B$6）的班车分别在9:15和16:45途经都东（提前15分钟前往汽车站，因为这里所列的只是大概时间，并且长途车过时不候）。

淡布隆区（TEMBURONG DISTRICT）

这一小片奇特的飞地（飞地就是与国家主要部分完全不接壤的领土，下次酒吧夜话时你可以用这个考考人）比槟城（Penang）稍微大些，恰巧拥有婆罗洲雨林带中保存最好的原始雨林区之一。这里最吸引人的就是乌鲁淡布隆国家公园（Ulu Temburong National Park），只能乘坐长船进出。

目前，至少可以这样说，从斯里巴加湾市到该地区首府邦阿的过程就是一段令人愉悦的快艇之旅。快艇呼啸着驶过文莱河，拍打着穿过长满聂帕榈的水道，之后倾斜着船身迂回地穿越红树林进入淡布隆河（Sungai Temburong）河口。在调研之时，一座30公里长的淡布隆大桥已经在修建中，该桥会连接文莱麻拉区和淡布隆区。这座大桥在2020年3月17日终告开通，届时可能将终止这里的快艇服务。

淡布隆大桥会如何影响这片荒蛮、遥远的区域还是个未知数。去谷歌地球（Google Earth）看看淡布隆区的轮廓，很容易就能看到：文莱的边界也是马来西亚的伐木公路——不规则的伤痕侵蚀了地表，荒弃的山坡最终止于一片如地毯般平滑的、了无痕迹的、未被开发的雨林。事实上，直到不久前，几乎整个婆罗洲都还是这样的。

斯里荣岛（Pulau Selirong）

斯里荣岛休闲公园（Pulau Selirong Recreational Park） 红树林

在淡布隆区的北端坐落着这25平方公里的红树林岛屿，人们只能乘船前往（从斯里巴加湾市出发，车程45分钟）。Intrepid Tours（见503页）提供带向导的半日游项目，根据组团人数的不同，价格为每人B$80~100。2公里长的高架人行道穿过红树林这片长鼻猴和飞狐猴的原始栖息地——如果够幸运的话，你也许能看到一只飞狐猴从树上滑下来。斯里荣岛也被称作蚊子岛，因此要记得携带防蚊剂。

有时候水位太高会导致无法乘船前往该岛。与旅行社确认当时的水位情况。

邦阿及周边（Bangar & Around）

小小的邦阿坐落在淡布隆河岸，是通往淡布隆区的一扇门，也是这个区的行政中心。如果你能赶上早些时段的快艇，可以从斯里巴加湾市到邦阿一日游。但是如果你在这里过夜并且进一步探索这个地区的话，除了悠闲的步调，你会发现更多的东西。这里有保存完好的热带雨林。

景点

帕图瓦山休闲公园 公园

（Bukit Patoi Recreational Park；Taman

Rekreasi Bukit Patoi）在Peradayan森林保护区（Peradayan Forest Reserve）里，可以徒步2公里（单程）前往帕图瓦山（Bukit Patoi，310米）。标志清晰的步行道穿过原始丛林，从公园进口处的野餐桌和卫生间区开始，位于邦阿东南大约15公里处（往老越方向）。从邦阿前往这里，可以在码头四周叫一辆非正规出租车（往返约B$30）。记得携带足够的饮用水。

到达最高处后，尽情享受风景，然后往回走下来。理论上还可以继续行进，前往Bukit Peradayan（410米），但是该线路修得非常简陋。

如果你想探索文莱的热带雨林而又不想要更高的负重和费用，Peradayan森林保护区是一个不错的选择，可轻松完成从斯里巴加湾市出发的一日游。

住宿

Lukat Intan Guesthouse 客栈 $

（☎864 3766, 522 1078; Bangar; 双 含早餐 B$50; P ❄）这家客栈由一对和善的夫妇经营，房间整齐，服务人性化。老板还愿意免费开车送住客去邦阿码头。可打电话咨询旅馆所在位置。

Rumah Persinggahan Kerajaan Daerah Temburong 客栈 $

（☎522 1239; Jln Batang Duri, Bangar; 标单/双/标三/四 B$25/30/40/50，4人度假屋B$80; ❄ 📶）围绕着长满青草的L形庭院而建的这家旅馆是由政府经营的，员工态度友好，乐于助人。有6间宽敞但略显老旧的房间，生锈的浴缸和不太热的热水则可能会让很多人觉得不太满意。客栈位于市中心以西约200米处，穿过清真寺就到了。

Youth Hostel 青年旅舍 $

（Pusat Belia; ☎522 1694; Jln Bangar Puni-Ujong, Bangar; 铺 B$10; ⏲工作人员 7:30~16:30, 周五和周六歇业; ❄）这家快捷旅馆坐落在一栋橙黄色的大楼内，从邦阿渡轮码头穿过马路和大约100米的下坡即可到达。房间男女分开住，每个房间有6个床位（铺位），干净并配有空调。办公室就在楼上。

就餐

邦阿渡轮码头以西的一排商店的后面有一个果蔬市场，楼上是美食广场（1st fl, Kompleks Utami Bumiputera; 主菜 B$1~3; ⏲6:00~20:00或7:00~20:00，周五正午至14:00歇业）。

沿着河边，在市场附近可以找到还算正宗的马来餐馆和中餐馆。

实用信息

3 in 1 Services（Shop A1-3, 1st fl, Kompleks Utami Bumiputera; 每小时 B$1; ⏲8:00~17:30，周日歇业）紧挨着市场的大楼一楼就能上网（从摊贩中心走过街天桥过来）。

文莱银行（Bank Islam Brunei Darussalam; ⏲周一至周四 8:45~15:45，周五 8:45~11:00和14:30~16:00，周六 8:45~11:15）市里唯一的一家银行，其自动柜员机只接受带cirrus标志的外国信用卡（维萨卡不可用）。非账户持有人不能兑换货币。银行位于桥北150米的河边。

Chop Hock Guan Minimarket（⏲8:00~20:00）邦阿渡轮码头以西的第一排商店那边可以把令吉兑换成文莱元。

Jayamuhibah Shopping Mart 邦阿渡轮码头以西的第二排商店内可买到一些非处方药（淡布隆区没有靠谱的药房）。

到达和离开

船

到目前为止，往返斯里巴加湾市最便捷的方式是乘坐快艇（B$7，45分钟，每小时1班，6:00~16:30）。邦阿的渡轮码头Terminal Perahu Dan Penumpang在红桥南面的河西岸。

轮船根据时间表出发，或者是满员发船，两种情况先满足哪一个都会发船。当你去售票处买票时，要先弄清楚下一班船是哪个公司的再买票，然后把你的名字加入旅客名单。

长途汽车

Jesselton（☎719 3335, 717 7755，斯里巴加湾市 718 3838）公司经营的长途汽车每天下午早些时段发车去林梦和斯里巴加湾市，其中去亚庇（B$25）和老越（B$10）的长途汽车大约在10:00穿过小镇。长途车站在Jln Labu，走过河西边的桥即可到达。

出租车

邦阿没有正规出租车，但通常在渡轮码头前面多问问就可以找到车，不算太难。司机可能不太会说英语。出租车可能会去的地方有马来西亚林梦（约B$40）和Peradayan森林保护区［帕图瓦山（Bukit Patoi）；往返大约B$30］。

出租车不会越过边境在马来西亚境内等候，因此要确认好你乘坐的车可以抵达林梦。

巴当杜里（Batang Duri）

位于邦阿南部12公里，巴当杜里是乘坐长船前往乌鲁淡布隆国家公园的起点。一路向南依次穿过马来人定居区、毛律（郎巴旺）族村落，最终到达几栋半现代的伊班族长屋。

住宿

★苏布林生态庄园 小屋 $$

（Sumbiling Eco Village; ☎242 6923, 718 7138; www.borneoguide.com/ecovillage; Kampong Sumbiling Lama, Jln Batang Duri; 每人 含早餐和晚餐 B$85）如果你想寻找一个文莱风格、配备基本设施、氛围轻松的丛林客栈的话，那么请来此处，它会带你进入彻底放松的世界，如入禅境。这家坐落在美丽河边的环保型乡村帐篷客栈提供伊班风味特色美食和配有床、蚊帐及风扇的竹棚屋或帐篷住所。

当你没有懒洋洋地躺卧在吊床上时，可参与大量的户外活动（要预订），包括去附近的乌鲁淡布隆国家公园观光、在河边过夜、夜间徒步以及森林徒步行。

这家客栈由与当地社区协作的Borneo Guide（见503页）经营。沿着巴当杜里往下游走几分钟即达。价格包含了从邦阿码头来这里的路费。

乌鲁淡布隆国家公园（Ulu Temburong National Park）

奇怪的是，在文莱这样一个国土面积不大、管制严明的国家，仍有相当一部分未经开发的原始地带，其中就包括独具魅力的乌鲁淡布隆国家森林公园。该公园坐落在一个几乎覆盖整个淡布隆南部的、面积达500平方公里的原始热带雨林的中心地带。它是如此深不可测，公园只有约1平方公里的地方面向游客开放，并且只有跟着旅游团队才能进入。为了保护这里的生态环境，其他地区的人除了科学家（世界各地的科学家蜂拥而来）以外一律禁止入内。公园提供的活动包括林荫散步、短程的雨林漫步，以及在清凉的淡布隆河中游泳。

乌鲁淡布隆的森林里生活着各种生物，其中包括400种蝴蝶，但脊椎动物数量不多。观赏雨林及河岸的鸟类和其他动物的最佳时间是日出和日落时分，但很有可能你只能听到犀鸟和婆罗洲长臂猿的叫声，却看不到它们。

活动

Longboat Trip 乘船游

乌鲁淡布隆国家公园的一大特色是到达那里的唯一途径就是乘坐temuai（浅水伊班长船）。从巴当杜里出发的上游航程即便是对于经验丰富的摆渡人，都很有挑战。他们需要各种各样的技能来穿过急流，就像洄游的鲑鱼那样：要躲开潜伏在水中的卵石和木头，避开低垂交错的藤蔓，并在最恰当的时候取出水中的船外马达。

整个航程时长25~45分钟，这取决于当前的河水状况。如果遇到下雨的天气，水位可能会迅速暴涨到2米，但是如果水位太低导致长舟搁浅，可能就得下去推船（记得穿上防水鞋）。

Aluminium Walkway 树顶吊桥

该公园的主要景点是一个精致的铝吊桥，通过拉线固定，使你来到离地60米以上的丛林顶部。如果你能克服在高处的眩晕感，附近丘陵和山谷的美景足以令你屏息赞叹。壳牌公司的利用石油钻机脚手架技术建造的铁塔在风中轻轻晃动。

在原始森林里，因为光照有限，只有少数的植物能够在地面存活。但在雨林顶部，形形色色的生物蓬勃生长。遗憾的是，此地没有设立解说标牌，但一个称职的导游会讲解顶层生态系统的重要性，并指出共同寄生在同一棵树上的种类繁多的有机体：比如兰花、雀巢

蕨及其他真菌；蚂蚁和其他各种昆虫；两栖动物和蛇，以及种类众多的鸟类。

这条通往丛林顶端的小道始于Belalong河与淡布隆河交汇处，路途不长但陡峭且费力。如果你在Ulu-Ulu Resort留宿的话，可以在日出的时候去丛林中的树顶吊桥上散步，在这时可以看到周围的许多鸟类和动物。

河流和瀑布

游泳

这里有包括几条河流和瀑布在内的天然水系供你尽情畅游，净化身心。导游会为你指出最佳的游泳地点。

在小瀑布里，你只要站在水里，2~4厘米长的小鱼就会游过来轻咬你的脚，为你做一个痒痒的足疗，吃掉你脚趾缝隙里的死皮。从公园总部出发沿河向下游走500米即可到达这里。导游会帮你找到那条河流，你只需要溯流而上走几百米。

住宿

★ Ulu Ulu Resort

度假屋 **$$$**

（☎244 1791；www.uluuluresort.com；Ulu Temburong National Park；每人 标间/高级间/豪华间 B$275/360/395；❄）这座公园里唯一的住处是一座高档的沿河建造的木屋，完全由硬木建成，一些房间依照20世纪20年代马来木屋的风格建造。标准间为宿舍风格，配有共用卫生间。价格包含了从斯里巴加湾市来这里的路费、餐费和活动费用。

度假村会在4:30提供叫醒服务，让客人起床前往树顶吊桥观赏日出，这会是令人难以忘怀的经历。

在马来语中，ulu（如在Ulu Temburong中）意为“上游的”，ulu ulu的本意是“与世隔绝的地方”。这座公园原始和不规则的山路使得有游客无法进行不带导游的徒步活动，因此活动仅限于休闲自由的划独木舟、河里游泳以及带导游的夜间徒步。

到达和离开

总而言之，参观公园的唯一方式就是跟团；斯里巴加湾市的几个旅行社（见503页）可以组团并提供导游。

文莱生存指南

出行指南

签证

美国、欧盟、瑞士及挪威游客逗留90天免签证，新西兰、新加坡和马来西亚游客逗留30天免签证，日本和加拿大游客逗留14天免签证。澳大利亚人可申请以下落地签：过境逗留72小时（B$5）、30天单程（B$20）或多次入境（B$30）。以色列游客禁止进入文莱。

目前，中国内地旅行者可以在**文莱驻华大使馆**（☎010-6532 9773，6532 9776；beijing.china@mfa.gov.bn；北京市朝阳区亮马桥北街1号；⏲办理签证 周一至周五 9:30~11:30和13:30~16:30，领取签证 周一至周五 9:30~11:30）和**驻香港领事馆**（☎00852 2522 3795；香港中西区金钟道89号力宝中心2座24楼5-7室；⏲办理签证 周一至周五 9:30~12:00，领取签证 周一至周五 14:30~15:30）办理签证。文莱对持因私普通护照的中国公民开放普通旅游签证、落地签及过境签（72小时）。旅游签证和落地签时间为14天，过境签为72小时（3天）。签证费：旅游签证100元，落地签B$20，过境签B$5。你还可以在文莱驻亚庇领事馆等驻第三国使领馆申请个人旅行签证，通常需要3个工作日，请计划好自己的行程。

旅游签证申请材料（无文莱邀请人）：申请表，一张两寸照片；护照原件以及复印件；文莱酒店订单；往返机票订单；存款证明原件，3万元以上并冻结6个月；100元签证费。

旅游签证申请材料（有文莱邀请人）：申请表，一张两寸照片；护照原件以及复印件；文莱邀请人出具的邀请函；文莱邀请人的身份证或者护照复印件；往返机票订单；100元签证费。

落地签证：申请人可持文莱当地旅行社或文莱邀请方在文莱移民局申请并签发的落地签证批文，在文莱机场办理落地签，签证费由移民局收取。

过境落地签证：第三国有效签证，入境文莱前和离境文莱后不能是同一个国家；出入境文莱的机票；若在文莱过夜，提供文莱酒店订单；尽可能提供航空公司的担保信；过境签证费，以机场移民局收取费用为准。

现金

文莱元（B$）。在文莱，花旗银行和汇丰银行

的自动柜员机可用银联卡取款和查询余额。

另外，在文莱和新加坡，文莱元和新加坡元在事实上可以等值通用，尽管新加坡的商户可能并不喜欢收取文莱元。

使领馆

中国驻文莱大使馆[☎24小时领事保护求助电话：+673-8960711（手机）；http://bn.china-embassy.org；No.1, Simpang 462, Kampong Sungai Hanching, JalanMuara, Bandar Seri Begawan, BC2115, Brunei Darussalam]

旅游信息

文莱旅游（www.bruneitourism.travel）是一个非常有用的网站，其信息包含交通、营业时间、住宿地点、旅行社以及其他信息。

紧急情况

救护车 ☎991

报警 ☎993

火警 ☎995

搜救电话 ☎998

电话号码查询 ☎113

节假日

文莱的公共假期与马来西亚基本相同。文莱独有的公共假期包括文莱国庆节（2月23日）、皇家文莱武装部队日（5月31日）及苏丹诞辰日（7月15日）。

住宿价格范围

$ 低于B$60

$$ B$60~150

$$$ 高于B$150

就餐价格范围

$ 低于B$6

$$ B$6~16

$$$ 高于B$16

文化及法律事宜

2014年5月，文莱在伊斯兰教法的基础之上开始逐步采用新刑法。犯罪在开始阶段会受到罚款、监禁或两者兼而有之。后续阶段将受到更严重的处罚，包括体罚和死刑。由于法律适用于非穆斯林，因此务必要遵纪守法。

毒品和酒类

文莱禁止售酒和公开饮酒。非穆斯林可以进口两瓶葡萄酒或烈酒以及12罐啤酒用于私人饮用，但必须要申报海关。保留好报关单以防检查。在文莱贩毒将被处以死刑。

同性恋旅行者

同性恋行为在文莱属违法，会被判处监禁。

吸烟

文莱严厉的禁烟法规不仅严禁在商店和商场内吸烟，室外市场和大排档周边也严禁吞云吐雾。烟草进口没有免税额，带入这个国家的每一根香烟都要支付关税。

女性旅行者

在文莱要谨慎着装——你当然不必非得盖住头发，但穿着背心到处走肯定是不适当的。穿着能遮盖到肩膀和膝盖的宽松衣服是最恰当的，尤其是在参观官方或宗教建筑的时候。

了解马来西亚

今日马来西亚

国家悲剧和政治风波使马来西亚近年来波澜不断。民航飞机接连失事，沙巴州发生地震，总理纳吉布·拉扎克面临腐败指控，国内经济发展滞缓。邻国文莱仍然没有进行选举，但是颁布了伊斯兰教法。

最佳读物：小说

《夜雾花园》（*The Garden of Evening Mists*，陈德黄，2012年）这部多线索叙事的小说讲述了从“二战”到“紧急状态”时期的马来亚的人与事。

《马来西亚故事》（*Malaysian Tales*，ed Daphne Lee，2011年）由当代作家重新讲述的本土寓言、童话、神话和传说。

《国魔》（*Devil of a State*，Anthony Burgess，1961年）小说以虚构的Dunia伊斯兰王国为背景，由Burgess根据自己20世纪50年代在文莱的经历写成。

最佳电影

《爸妈不在家》（*Ilo Ilo*，陈哲义，2013年）2013年戛纳电影节获奖作品，讲述了顽皮捣蛋的小孩与菲佣之间的感人故事。

《野蛮的骄傲》（*Bunoham*，Dain Said，2012年）一部扣人心弦的惊悚片，讲述了一个逃亡的自由搏击选手与吉兰丹海边陷入麻烦的家庭的故事。

《我爱单眼皮》（*Sepet*，Yasmin Ahmad，2005年）讲述了华人男孩和马来女孩之间跨越种族和文化的爱情故事。

飞机失事和地震

2015年7月在印度洋留尼汪岛发现的飞机残骸碎片，为确定失联18个月的马来西亚航空公司MH370航班的最终命运提供了确凿的证据。MH370航班及机上239位乘客在最后时刻发生了什么仍是未解之谜，而飞机剩余残骸目前仍未找到。

2014年7月17日，马来西亚航空公司MH17航班在乌克兰顿涅茨克地区坠毁。此次失事共造成298人丧生，飞机散落的碎片已经全部被找到。荷兰安全委员会对于此次坠机的官方调查报告于2015年10月发布，已确认该航班是被一枚地对空导弹击落的。

2015年6月5日，沙巴州发生的一场地震在基纳巴卢山夺去了18条生命。毫无疑问，这场里氏6.0级地震是由地理原因引发的，但当地民众仍然认为是六天前西方游客在登顶时的不敬举动触怒了山神才引发了灾难。

惹火上身的纳吉布

2015年7月，已经因对美元汇率创17年新低和推行不受欢迎的销售税而引火烧身的马来西亚总理纳吉布·拉扎克（Najib Razak），又面临着新的危机。《华尔街日报》和其他媒体报道称，纳吉布涉及1MBD国家投资基金的腐败丑闻。马来西亚政府计划依靠该基金将吉隆坡打造为全球金融中心，然而如今该基金债台高筑，同时其中有7亿美元被转入了纳吉布的个人银行账户。

当然，纳吉布宣称账户中的这笔资金来自中东地区匿名支持者的政治捐赠。然而，公众舆论仍高度怀疑他的说法——尤其是这位总理随后将公开质疑此事的副总理和曾对事件进行调查的司法部长解职。相关调查随后被终止，政府还封锁了密集报道1MDB丑闻的“沙捞越报告”（Sarawak Report；www.sarawakreport.org）在线访问。

马来西亚反对党自乱阵脚？

2015年8月底，当净选盟（干净与公平选举联盟，Bersih）运动组织在吉隆坡和马来西亚其他大城市组织集会时，政治局势似乎一触即发。净选盟（意思是“干净”）由84个非政府组织组成，呼吁在马来西亚实行自由和公正选举。这次集会的主要目的是要求现任总理纳吉布辞职。前总理穆罕默德·马哈蒂尔（Mohammad Mahathir）也走上吉隆坡街头，加入成千上万的“黄衫军”（净选盟支持者都身着黄衫）之中。

集会显得很平静，没有任何对抗，稍后在9月16日马来西亚国庆日举行的规模较小的“红衫军”（政府支持者）集会时也是如此。在净选盟的支持者中，华人占绝大多数，而站在执政党一边的主要是马来人，这也使人们担忧未来示威集会可能升级成类似1969年动摇马来西亚民族凝聚力的种族冲突。

与此同时，反对党联盟也自乱阵脚，导致了2015年6月的分裂，当时民主行动党（DAP）宣布退出人民联盟（PR）。此前该联盟由民主行动党、人民公正党（PKR）和伊斯兰党（PAS）共同组成。2015年9月，人民公正党、民主行动党和国家诚信党（Amanah，部分脱离伊斯兰党的人士组成的伊斯兰社会党），组建了新的希望联盟（PH）。希望联盟为下次大选推出的总理候选人是人民公正党前领导人安瓦尔·易卜拉欣（Anwar Ibrahim）。然而，他2014年因为鸡奸罪被判处5年监禁，到2018年才获释——安瓦尔及其支持者都声称该罪名为政治陷害。

在2018年5月10日的马来西亚大选中，92岁高龄的马哈蒂尔又回来了，他重新当选总理，赢得了组阁机会。而只过了不到两个月，马来西亚当局正式逮捕了前总理纳吉布，他面临包括刑事失信、贪污和洗黑钱在内的七项指控。而仅仅不到两年后，2020年2月24日，马哈蒂尔向国王递交辞呈，前副总理、土著团结党总裁穆希丁（Muhyiddin）出人意料地脱颖而出，在3月1日就任新总理。

伊斯兰势力的崛起

导致人民联盟瓦解的原因之一是伊斯兰党主张严厉的伊斯兰式惩罚，如笞刑和断肢等。这样的“hudud”（根据伊斯兰教戒律采取的惩罚）在伊斯兰党掌控的吉兰丹州已经通过，但在全国层面依然被视为非法而

人口：
3260万/42万（马来西亚/文莱）

GDP：3653亿美元（2019）/
136亿美元（2018）

失业率：3.4%/9.25%

如果马来西亚有100人

50 个是马来人
22 个是华人
12 个原住民
7 个是印度人
9 个是其他民族

人均GDP（2018年）

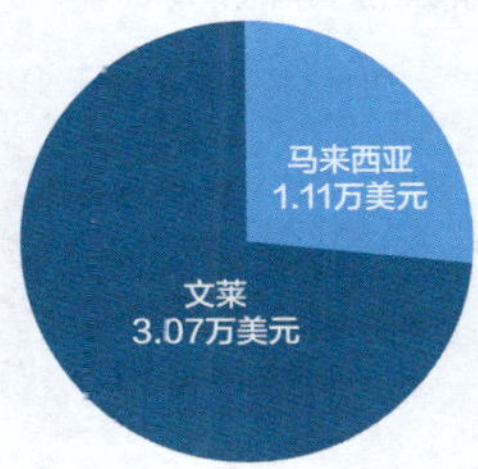

森林覆盖率（2019年）

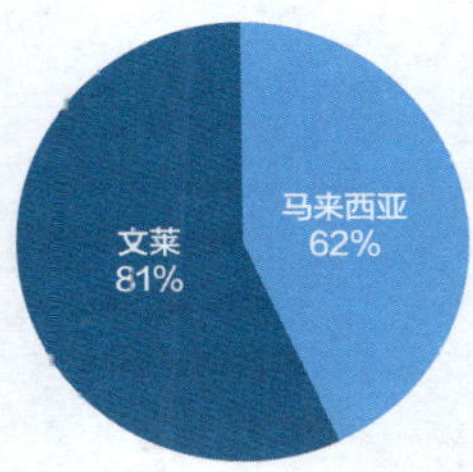

未曾实施。但是，这种向更为激进的伊斯兰国家发展的趋势，仍然令许多非穆斯林马来西亚人深感不安。

在文莱，严苛的伊斯兰教法从2014年4月开始分阶段实施。它主要适用于穆斯林，但非穆斯林可能也会因公开场合饮酒、通奸和同性恋行为而面临指控。关于星期五做礼拜和斋月禁食的规定也更加严格，从而对游客出行造成影响。

文莱经济因石油而兴，因此当前社会面临的最重要问题就是当资源耗尽后，人们将以何为生。根据当前的速度，文莱的石油储量仅能维持20年开采。虽然实行经济多样化的后备计划仍未正式出台，但连接文莱穆阿拉港（Muara）与淡布隆（Temburong）的大桥正在建造中，它的建成将有利于推进旅游业的发展。这座大桥长达30公里，于2020年3月17日开通，也成了文莱的新地标。

最佳读物：非小说

Malaysia at Random（ed Editions Didier Millet Publishing，2010年）各种数据和奇闻逸事的大杂烩。

Malaysia Bagus!: Travels From My Homeland（Sharon Cheah，2012年）汇集了马来西亚和新加坡旅途中的各种故事。

最佳音乐

Angin Kencang（Noh Salleh）由本土男乐手打造的独立吉他乐EP，旋律优美，被评为2014年最热门的本地音乐作品之一。

Nocturnal（Yuna；www.yunamusic.com）马来西亚年轻的“hijabsters”中的海报女郎，用心吟唱出与热辣外表相匹配的音乐。

礼节

走访清真寺 务必将头、胳膊和腿遮好。

用餐 如果徒手就餐，请用右手。

稳重 请勿当众拥抱或亲吻。

历史

我们今日所熟悉的马来西亚和文莱分别成立于1963年和1984年。这一地区的历史当然要上溯到更加久远的年代，不过由于缺乏考古学方面的证据和早期文字记录，确切年份一直未有定论。但是，16世纪崛起的马六甲苏丹王朝的历史，得到了当地人和贸易伙伴的详细记录，这个王朝后来成为马来半岛和婆罗洲的统治者。

尼格利陀人和早期居民

1991年，在马来西亚发现了一副11,000年前的"霹雳人"（Perak Man）骨架，其基因与现居马来西亚北部山区雨林中的原住民塞芒人（Semang）的祖先尼格利陀人（Negrito）相似。尼格利陀人和来自泰国南部的马来西亚第一批移民塞诺人（Senoi）相互融合，在这之后的公元前1500年至公元前500年间，今日马来人的祖先也陆续从印度尼西亚群岛通过海路迁移至此。

到了2世纪，马来亚（Malaya）的盛名已远播欧洲。希腊地理学家托勒密（Ptolemy）称其为"黄金半岛"（Aurea Chersonesus），前来寻找贵金属、锡和芳香木材的印度商人也称这片土地为"黄金地"（Savarnadvipa）。

在沙捞越的尼亚洞（Niah Caves）曾发现了一个4万年前的人类头骨，是这个地区最早的人类生活历史证据，当时的婆罗洲仍与东南亚大陆连接在一起。

早期的贸易和王国

早在2世纪，印度教和佛教就被来访的印度人引入了马来半岛，成为这里历史最悠久的正式宗教，半岛上第一个有记载的印度教王国——狼牙修（Langkasuka，梵文即"金碧辉煌的土地"）——也在此时形成。

7~13世纪，室利佛逝帝国（Srivijaya）对这一地区进行统治。这个位于苏门答腊南部的佛教帝国控制了整个马六甲海峡、爪哇岛及婆罗洲南部，

大事年表

150年

托勒密的著作《地理学》证明欧洲人知道马来半岛的存在。这极有可能是因为罗马人在与印度和中国进行贸易远征时经过该地区。

200年

最早的印度教马来王国之一狼牙修国，建立在今吉打州附近的半岛地区。它以各种形式一直存在到15世纪。

600年

兴起于苏门答腊南部（极有可能是在今巨港附近）、信奉佛教的室利佛逝帝国占领了马来亚、新加坡、印度尼西亚和婆罗洲，统治时间长达6个世纪。

并通过与印度和中国的贸易变得极其富裕。在室利佛逝的保护下，位于马来半岛西北的布彰谷（Bujang Valley）兴起了一个重要的马来贸易国。随后，泰国南部的立蛔王国（kingdom of Ligor）和爪哇岛的印度教满者伯夷帝国（Hindu Majapahit Empire）的势力不断壮大，终于在14世纪将室利佛逝消灭。

马六甲王国

人们认为“Malay”（Melayu）这个词源自古泰米尔语的“malia”，意思是“山丘”。其他马来词语，如“bahasa”（语言）、“raja”（统治者）和“jaya”（成功）则是梵文，在2世纪由印度人引入该地区。

马来国家的历史确切地说是始于14世纪末。当时，从苏门答腊南部一个小国叛逃的印度教王子兼海盗拜里迷苏剌（Parameswara）在1401年前后辗转到此地的一个小渔村，这个小渔村就是后来的马六甲。身为一名海员，拜里迷苏剌一看到马六甲就意识到这是个天然良港，随即向明朝皇帝进贡，用慷慨的商品交易换取他们的保护以防御泰国人。于是，华人来到了马来西亚。

马六甲正好位于印度和中国中间，无论是载满胡椒和布料的印度商船，或是载满瓷器和丝绸的中国帆船，都会在这个主要的中转站停泊，交换当地金属和香料。来此抢占商机的本地船只和传统马来风格小船（perahu）也使这里的商业更加繁荣。马六甲苏丹很快就统治了这个马来西亚历史上最伟大的王国。

葡萄牙殖民地时期

由Barbara Andaya和Leonard Andaya合著的《马来亚的历史》（*A History of Malaya*），精辟地探讨了马来西亚历史中“马来人特色”（Malayness）的演变，以及该国独立后在建设一个多种族国家时所面对的挑战。

15世纪，欧洲市场对香料的需求变得难以满足，因为香料只能通过复杂的贸易路线辗转途经印度和阿拉伯才能运抵欧洲。后来，葡萄牙人决定去掉这些中间商，直接奔向货源地马六甲。1509年，葡萄牙人抵达马来亚海岸，并得到当地苏丹的热烈欢迎，但他们的关系很快恶化。1511年，葡萄牙人包围攻陷马六甲，把苏丹及其部队逼退至柔佛（Johor）。

为了保护新战果，葡萄牙人修建了坚固的圣地亚哥城堡[爱化摩沙城堡（A' Famosa fortress）]，但在长达130年的统治中，他们与当地苏丹的冲突不断。与印度穆斯林商人相比，葡萄牙人对马来文化的贡献不大。虽然马六甲仍保有一种葡萄牙方言“Kristang”，但无论是推广基督教还是葡萄牙语，葡萄牙人都没有取得很大的成效。

荷兰殖民地时期

荷兰人竭力与葡萄牙人争取香料贸易的控制权，于是和柔佛苏丹结成

1402年

印度教王子兼海盗拜里迷苏刺（1344~1414年）建立了一个巨大的贸易港及马六甲苏丹国。7年后，他娶了一位穆斯林公主，并采用了波斯称号：伊斯坎德尔·沙阿（Iskandar Shah）。

1446年

一支来自暹罗（今泰国）的海军袭击了马六甲，被击退后于1456年卷土重来，但仍以失败告终。此类袭击使马六甲的统治者决心进一步发展与中国的关系。

1485年

文莱苏丹博尔基亚（Bolkiah）控制了广袤的领土，南至今天沙捞越的古晋，北至菲律宾群岛。

1509年

葡萄牙商人乘船来到马六甲。虽然他们一开始受到热烈欢迎，但后来马六甲苏丹在印度穆斯林顾问的建议下，袭击了葡萄牙船只，抓获了19名俘虏。

钦定伊斯兰教为国教

在当地统治者钦定伊斯兰教为国教之前，马来半岛的人民主要是佛教徒和印度教徒，这一时期长达1000年。一般人们认为伊斯兰教是由印度穆斯林商人带入马来西亚的；根据《吉打纪年》（*Kedah Annals*）记载，印度教统治者Phra Ong Mahawangsa在1136年改信伊斯兰教，并成立了马来半岛上最古老的苏丹国——吉打苏丹国。

文莱的首任苏丹穆罕默德·沙阿（Muhammad Shah）在1363年娶了一位来自柔佛-淡马锡的公主后，改信伊斯兰教。于1424~1444年在位的马六甲统治者穆罕默德·沙阿大公（Maharaja Mohammed Shah）也改信伊斯兰教。他的儿子穆兹阿法·沙阿（Mudzaffar Shah）获得了苏丹的头衔，并钦定伊斯兰教为国教。凭借其全球贸易联系，马六甲成为伊斯兰教和马来语传播的区域枢纽。

联盟，试图将葡萄牙人赶出马六甲。1641年，荷兰人和柔佛士兵、水手组成的联合部队围攻马六甲，从葡萄牙人手中夺回这个城市。作为合作的回报，荷兰人免除柔佛王国的大多数关税，并取消其贸易限制。虽然对马六甲的统治长达150年，但荷兰从未真正认识到这座城市的潜力。繁重的赋税迫使商人们寻求其他港口，荷兰人更重视巴达维亚（Batavia，即现在的雅加达），将其作为这一地区的总部。

东印度公司

由于英属东印度公司的商船频繁往返于印度和中国之间，需要在这条海上贸易路线上建立一个中转站，因此英国人对这一地区产生了兴趣。1786年，他们在槟城建立了第一个基地。

与此同时，欧洲大陆发生的事件也巩固了英国在马来半岛上的利益。拿破仑在1795年占领荷兰，英国担心法国势力渗入这一地区，于是接管了荷属爪哇和马六甲。1818年拿破仑战败，英国将这两个殖民地归还荷兰，但撤走前将爱化摩沙城堡毁得面目全非。

彼时爪哇的副总督是英国人斯坦福·莱佛士（Stamford Raffles），他很快就说服东印度公司，在马来半岛南部设立一个据点对印度—中国的海上贸易路线至关重要。1819年，他在新加坡登陆并与柔佛苏丹达成贸易协议，苏丹将这个岛屿永久割让给英国以换取一大笔现金。

1824年，英国和荷兰签署了《英荷条约》（*Anglo-Dutch Treaty*），将这个地区划分为两块不同的势力范围。现为印度尼西亚的地区归荷兰统

《马来纪年》（*Sejarah Melayu*）是一部记载了马六甲苏丹王朝建国和马来民族600年历史的文学作品，据说是由柔佛州皇家法院首席部长Tun Sri Lanang在17世纪早期编写而成的。

1511年

葡萄牙人征服马六甲后，苏丹及其大臣逃走，在半岛上建立了两个新的苏丹国：北方的霹雳和南方的柔佛。

1629年

马六甲的葡萄牙人和柔佛苏丹成功地合力击退苏门答腊岛亚齐苏丹伊斯坎德尔·穆达（Iskandar Muda）的海上进攻。当时，穆达已占领了吉打。

1641年

在柔佛苏丹的帮助下，经过几个月的围困，荷兰人从葡萄牙人手中夺取了马六甲。马六甲作为主要贸易港口的地位开始衰落。

1786年

弗朗西斯·莱特船长（Francis Light）与吉打苏丹进行了一项交易，在大部分地区无人居住的槟城岛上建立定居地。自由贸易政策使这个岛的经济日渐繁荣。

治；槟城、马六甲、天定（Dinding）和新加坡则归英国管理，这些地区很快就合并建立成了“海峡殖民地”（Straits Settlements）。

婆罗洲的发展

英国在《英荷条约》中并没有规定婆罗洲归英国所有，当时英属东印度公司一心想巩固其在马来半岛的势力，而不是进一步扩大地理版图。这给英国冒险家詹姆士·布鲁克（James Brooke）提供了一个发财的机会。1841年，布鲁克帮助总督平定了一次叛乱后，被封为沙捞越王公，并将首府设在古晋渔村。

白人王公的统治集团中包括部落首领，他们禁止欧洲的大公司破坏当地丛林以建造大规模的橡胶园，并欢迎华人移民。

仰仗着强大的海军力量和高超的谈判技巧，布鲁克不断蚕食文莱苏丹的领土，并最终消灭了横行于此的海盗，平息了激烈的部落争端，为这片土地带来安宁。在1941年日本人入侵之前，“白人王公”布鲁克的家族一直统治着沙捞越。

同时，曾经拥有婆罗洲所有岛屿及今天菲律宾大部分岛屿的强大文莱帝国不断没落。1865年，美国驻文莱领事说服病中的苏丹将现在的沙巴所在地租借给他，以收取年租。后来，沙巴的控制权最终落入英国人艾尔弗雷德·登特（Alfred Dent）手中。1881年，在英国政府的支持下，登特成立了英国北婆罗洲公司（British North Borneo Company）来管理这个新的殖民地。为了使剩余的文莱领土不再被瓜分，英国政府在1888年接受了苏丹的请求，宣布文莱成为英国保护国。

英属马来亚

英国在马来半岛推行的政策是“要贸易而非领土”，但随着森美兰、雪兰莪、彭亨和霹雳等马来半岛苏丹国之间内战频发，贸易被迫中断，这一政策面临着挑战。1874年，英国开始介入这一地区的政治，在霹雳委任第一个殖民地州长。1896年，霹雳、雪兰莪、森美兰和彭亨合并成为马来联邦（Federated Malay States），每个州都由一位英国常驻代表管理。

后来，英国向泰国买下吉兰丹、丁加奴、玻璃市和吉打，以作为建设泰国南部铁路的条件，此举让当地苏丹深感不满。虽然丁加奴的苏丹在1919年之前一直大力抗拒，但最终“马来属邦”（Unfederated Malay States）都被迫接受了英国“顾问”的介入。直至今日，位于马来半岛东北部的各州，依然是宗教激进组织活动的中心地带。

1790年

吉打苏丹从英国人手中夺回槟城岛的尝试失败，被迫以每年6000西班牙银币的代价，把该岛割让给英属东印度公司。

1819年

斯坦福·莱佛士在柔佛王位继承者之争中支持兄长，因此获得在新加坡岛建立贸易基地的“独家”权力。

1823年

柔佛苏丹将新加坡完全割让给英国。一年后，荷兰和英国瓜分了柔佛苏丹曾经统治的广袤地区，使之最终分裂为马来亚和印度尼西亚。

1826年

英属东印度公司用苏门答腊的明古连交换了荷兰辖下的马六甲，将马六甲、槟城和新加坡合并建立为海峡殖民地。

建立多元文化的国家

尽管英国官方政策是马来亚属于马来人，但殖民统治很快就改变了这个国家的人种构成。他们大量引进中国和印度的移民工人，因为这些移民有相同的经济目的，而且不像当地马来人那样对殖民地政府有那么多的民族主义情绪。

他们鼓励华人做矿工，印度人割胶和修建铁路，锡兰人在公共服务部门当文员，而锡克教徒则充实警力。

虽然英国统治者鼓励"出身较高贵"的马来人加入一些独立的政府部门，但绝大多数马来人还是日益不满，认为在自己的国家被边缘化了。1931年的人口普查显示，华人数量为170万，而马来人只有160万。马来西亚的经济发生了根本性的变化，但自由移民政策带来的影响持续至今。

在第二次世界大战前夕，各州的马来人都在争取独立。

第二次世界大战时期

1941年12月，就在轰炸珍珠港数小时之前，日军在马来亚东北海岸强行登陆。几个月内，日军就占领了整个半岛和新加坡。防御能力薄弱的婆罗洲沦陷得更快。

日本陆军中将山下奉文成为新加坡的新总督，他将欧洲人遣送到臭名昭彰的樟宜监狱（Changi Prison），所有大声疾呼反对日本侵华战争的华人共产主义者和知识分子成了日军暴行的对象。在一周之内，成千上万民众被处死。在婆罗洲，由华人发起的早期抵抗运动也被残酷地镇压了。

日军在马来亚的收获有限。英国人在撤离之前将多数锡矿设备破坏，而日本人对橡胶园不感兴趣。马来亚人民抗日军（Malayan People's Anti-Japanese Army，简称MPAJA）由留在这里的英军剩余兵力和刚刚成立的马来亚共产党中的华人组成，在整个战争期间以丛林为根据地展开了抗日游击战。

F Spencer Chapman的《中立的丛林》（*The Jungle is Neutral*）讲述了日军占领马来亚和新加坡时期，在马来西亚丛林里开展游击战的英军士兵故事。

1945年，新加坡境内的日军向英国投降。虽然盟军取得了最后的胜利，但日军如此轻松地攻占了马来亚和新加坡，仍使英国人蒙羞，而他们也很清楚，对这一地区的控制已时日无多了。

马来亚联邦

1946年，英国游说各国苏丹组建马来亚联盟（Malayan Union），即将

1839 年

英国冒险家詹姆士·布鲁克在沙捞越登陆，帮助文莱苏丹镇压了一场当地叛乱。苏丹为表示感谢，在两年后任命他为沙捞越第一任白人王公。

1874 年

英国和霹雳苏丹国苏丹签署《邦咯条约》（*Pankor Treaty*）后，开始逐步控制马来半岛。詹姆斯·伯奇爵士（Sir James Birch）被任命为首任英国常驻霹雳代表。

1888 年

由于大片土地已经落入英国手中，文莱苏丹只好签署条约，同意文莱成为英国保护国，并在1906 年设立了英国常驻代表。

1896 年

霹雳、雪兰莪、森美兰和彭亨合并成立马来联邦，各位苏丹将政治权力交给英国常驻代表，但苏丹仍负责处理与马来传统和伊斯兰教相关的事务。

紧急状态

正当马来人为马来亚联邦的成立而欢喜不已时，华人感到自己被出卖了，尤其是他们在抗日战争时做出的巨大贡献并没有得到肯定。许多人转而支持承诺建立平等和公正社会的马来西亚共产党（Malayan Communist Party，简称马共）。1948年，马共占据了丛林，展开了长达12年的反英游击战。尽管这场抗战与19世纪的马来亚内战齐名，但英国人出于保险理赔条款的考虑，称之为“紧急状态”。

紧急状态主要影响郊区的居民，因为村民和种植园主一再成为反抗军的目标。1951年，英国高级专员Henry Gurney爵士在前往福隆港的路上遇刺身亡，其继任者杰拉尔德·坦普尔将军（General Sir Gerald Templer）主张“赢得民心”。于是，生活在农村的近50万华人被迫被重新安置在受保护的新村（kampung baru），游击队活动地区以外的一切限制都被取消，当局也争取到丛林深处的原住民（Orang Asli）的支持，协助警方寻找游击队的踪迹。

1960年，虽然仍有零星的战斗，但当局宣布紧急状态结束。直到1989年，双方才签署了正式的投降协议。

马来半岛所有国家并入一个中央政权，所有居民不分种族，都享有公民身份。在此过程中，苏丹的权力将被削减，不再拥有君主权力，而是只领取薪水的“顾问”，马来人享有特权的体制也将被废止，最终的主权过渡给英国国王。

对这一贸然举动，通常逆来顺受的马来民众远不如诸位苏丹那样持积极态度。全国各地纷纷举行声势浩大的抗议集会，马来半岛第一个政党——马来民族统一机构（又称巫统，United Malays National Organisation，简称UMNO）成立了，并导致马来亚联盟解散。而马来亚联邦（Federation of Malaya）在1948年宣布成立，恢复了苏丹的君主地位和马来人的特权。

独立和马来西亚

马来西亚脱离英国统治争取独立的运动由巫统领导，它与马来亚华人公会（Malayan Chinese Association，简称马华公会，MCA）及马来亚印度人国大党（Malayan Indian Congress，简称国大党，MIC）组建了战略联盟，这个联盟党（Alliance Party）由东姑阿都拉曼（Tunku Abdul Rahman）领导，在1955年的选举中取得了压倒性胜利，而马来半岛也在

1909 年	1941 年	1942 年	1944 年
英国与泰国国王达成交易，得到吉兰丹、丁加奴、玻璃市和吉打的控制权。坚持抵抗的柔佛直到1914 年才向英国常驻代表屈服，“马来属邦”得以全面成立。	日军在马来亚东北海岸登陆。不到一个月就占领了吉隆坡，又在一个月后兵临新加坡城下。	2月，英国蒙受了一场耻辱性的惨败，将新加坡拱手让给日本。侵略者将新加坡改名为“昭南岛”（Syonan，即“南方之光”）。	Z特种部队在沙捞越的Kelabit高地伞降，并成功赢得当地人的支持。在澳大利亚突击队的带领下，这支以吹管为装备的队伍数次战胜日军。

1957年8月31日宣布独立（Merdeka）。不过，沙捞越、沙巴（当时的北婆罗洲）和文莱依然处在英国统治下。

1961年，东姑阿都拉曼建议合并新加坡、马来亚、沙巴、沙捞越和文莱，英国在次年同意了这项建议。不过，文莱在最后关头拒绝合并，因为文莱苏丹斯里穆达奥马尔·阿里·赛夫迪恩三世（Sultan Sri Muda Omar Ali Saifuddien Ⅲ）不愿意与马来半岛分享其丰富油田的收入。也有人认为，反对合并建议的其实是壳牌石油公司（Shell Oil）。

1963年7月，现代马来西亚成立伊始就面临外交危机。菲律宾与其断绝外交关系，声称沙巴是其领土的一部分（直至今日，菲律宾仍坚持此说法），而印度尼西亚则声称享有整个婆罗洲的主权，并入侵沙巴和沙捞越的部分地区。1966年，印度尼西亚才正式放弃享有整个婆罗洲主权的宣称。

新加坡和马来西亚的合并关系从一开始就前景不妙。无论是在新加坡还是马来西亚，华人的人数都要比马来人多，而新加坡的新任统治者李光耀反对延长新加坡马来人的宪法特权。1964年，新加坡发生种族暴动；1965年8月，东姑阿都拉曼被迫将新加坡排除出马来西亚联邦。

Noel Barber的《走狗的战争》（*The War of the Running Dogs*）是一部描写马来西亚12年紧急状态的经典著作。马来西亚共产党员用“走狗”来形容效忠英国的敌对方。

紧张的种族关系

贫穷的马来人对马来西亚华人取得的经济成功日益不满，而华人则对马来人获得的政治特权心生愤懑。当马来人主导的政府试图压制马来语以外的所有语言，并实施忽略华人和印度人的历史、语言及文化的全民教育政策时，事情也发展到了白热化的地步。

在1969年的大选中，联盟党首次在国会失去了三分之二的多数优势，由民主行动党（Democratic Action Party，简称DAP）和人民运动党（Gerakan）在吉隆坡组织的庆祝游行演变成一场大规模暴乱，马来暴徒乘机掠夺华人商店，有数百名华人在此期间丧命。

暴乱的残忍程度令人震惊，马来西亚政府认为，只有改变种族间财富不均的现状才能实现种族和谐。因此，当局出台了扶持社会经济的“新经济政策”（New Economic Policy，简称NEP）。同时，联盟党也邀请反对党共同执政，从内部开展工作，这一扩编的联盟被命名为国民阵线（Barisan Nasional，简称国阵）。

Sabri Zain制作了一个名为“马来纪年：马来半岛的历史”（Sejarah Melayu: A History of the Malay Peninsula; www.sabrizain.org/malaya）的网站。该网站内容丰富，包含了大量历史信息，以及一个有近500本书和学术论文的电子图书馆。

马哈蒂尔执政时期

1981年，前巫统成员马哈蒂尔·穆罕默德（Mahathir Mohamad）成为

1946年

马来民族统一机构（又称巫统）于3月1日成立，标志着马来民族主义的兴起以及人民对摆脱英国统治争取政治独立的渴望。

1951年

英国驻马来亚高级专员Henry Gurney爵士在前往福隆港的路上被马共反抗人士刺杀身亡。马共中许多温和的华人党员并不赞成这一激进的行为。

1953年

马来民族统一机构、马来亚华人公会和马来亚印度人国大党联合成立了联盟党。两年后，该党赢得了第一届全国选举。

1957年

8月31日，马来亚宣布独立。东姑阿都拉曼成为第一任总理，9位苏丹同意轮流出任马来西亚最高元首。

原住民特权

1971年出台的“新经济政策”的目标是，在20年内马来西亚企业财富的30%必须由马来人或原住民（bumiputra或Orang Asli，意即“土地的王子”）持有。马来人开始享有很大的特权，并掌握军队、警察、公共服务部门和政府的绝对控制权。后来在教育、奖学金、股份交易、企业管理，甚至拥有进口汽车方面，也都出现了种族掌握特权的情况。

到了1990年，原住民的企业资本占有率上升至19%，但仍比原定的30%目标少了11%。总体贫困率显著下降，马来人中出现新兴的中产阶级，而马来极端分子的民族主义暴力行为也减少了。不过，马来人任人唯亲及对印度人和华人的歧视仍不断加剧。尽管更多的马来人受到了更高的教育，这并未能转换成就业成果：2010年未就业的毕业生中，有70%是原住民。

政府仍然将扶持原住民的行动作为整体政策的一部分，其目标是在2020年将原住民的企业资本占有率最低提升至30%。然而，尽管该政策已经推行了40多年，但改善沙巴和沙捞越少数民族以及马来半岛原住民的生活依然任重而道远，因为这些原住民在贫富程度、就业情况、教育水平和医疗保健方面仍然远远落后。

Graham Saunder撰写的《文莱的历史》（*History of Brunei*，第二版）记录了文莱从建国到2001年的历史事件，是唯一详细研究这个小国建国历程的学术论文。

马来西亚的总理。其执政期间该国经济蓬勃发展，从依赖橡胶等原料出口转型成为倚重工业及制造业。政府对垄断的企业实施了私有化，鼓励钢铁制造业（失败了）和马来西亚国产汽车制造业（成功了，但重度保护）等重工业的发展。马来西亚也成功争取到了跨国公司前来投资，出口制造业开始主导贸易数据。

不过，马哈蒂尔执政期间，主流媒体几乎成了政府的喉舌，备受各方批评。苏丹们失去了对立法的最终决定权，而一度以司法独立为荣的司法系统也不得不对政府唯命是从，臭名昭著的安瓦尔·易卜拉欣（Anwar Ibrahim）案件就是很好的证明。为让反对党领袖和社会活动家闭嘴，马哈蒂尔还纵容滥用“国内安全法令”（Internal Security Act，简称内安法，ISA）。其中最著名的是1987年的“茅草行动”（Operation Lalang），当时有106人被捕，数家报纸的出版资格被吊销。

经济和政治危机

经过了10年年均近10%的持续经济增长后，1997年的亚洲金融风暴使马来西亚受到了严重的打击。马哈蒂尔将这场危机全部归咎于西方世界，指责西方投机者故意破坏发展中国家的经济以达到中饱私囊的无耻目的。

1963年

7月，英属婆罗洲领土沙巴和沙捞越与新加坡和马来亚共同组成马来西亚联邦——此举引起了印度尼西亚和菲律宾的抗议。

1965年

8月，由于拒绝延长新加坡马来人的宪法特权和随后引发的骚乱，新加坡被排除出马来西亚。李光耀成为新加坡第一任总理。

1967年

文莱苏丹斯里穆达奥马尔·阿里·赛夫迪恩三世自愿让位于长子、今天的苏丹哈桑纳尔·博尔基亚（Hassanal Bolkiah）。博尔基亚是一脉相承的文莱王室的第29任苏丹。

1969年

马来西亚大选后，3月13日吉隆坡发生种族暴乱并导致数百人丧生。政府随后实施了有利于马来人的“新经济政策”。

他将马来西亚货币令吉与美元挂钩，为一些与其关系密切的公司提供财政援助，迫使银行合并，使外国投资者很难从马来西亚证券交易所抽回资金。事实证明，与东南亚许多其他国家相比，马来西亚此后经济恢复的速度要快得多，这使马哈蒂尔的声誉得到进一步的提高。

当时原本是马哈蒂尔接班人的副总理安瓦尔，在如何应对经济危机方面与马哈蒂尔产生了分歧。两人彻底闹翻，1998年9月安瓦尔不仅被撤职，其后不久还被指控贪污和鸡奸。许多马来西亚民众认为安瓦尔是无辜的，走上街头响应支持他的“改革行动”（reformasi）。示威游行被严厉镇压，而安瓦尔在经过被普遍视为不公平的审讯后，被判入狱15年。国际社会纷纷表示支持安瓦尔，大赦国际（Amnesty International）则声称他是政治犯。

在第二年的大选中，国阵遭受重创，在马来农村地区损失尤为惨重。赢家则是支持安瓦尔的伊斯兰党（PartiIslamse-Malaysia，简称PAS），以及安瓦尔的妻子旺·阿兹莎（Wan Azizah）所领导的新政党人民公正党（Keadilan）。

《革命48》（*Revolusi 48*；http://revolusi48.blogspot.co.uk）是导演Fahmi Reza继《独立前的10年》（*10 Tahun Sebelum Merdeka*）之后的又一力作，这部纪录片记述了几乎被人遗忘的反英国殖民统治的武装革命事件。

困境中的国阵

2003年，马哈蒂尔的接班人阿都拉·巴达维（Abdullah Badawi）宣誓就职。在隔年的大选中，他领导的国阵获得了压倒性胜利。与脾气暴躁的前任总理截然不同，虔诚的穆斯林巴达维以温和、寻求共识的态度立刻赢得了选民支持。他成立了一个皇家委员会调查警察部队中的贪污情况，还叫停了几个本该成为马哈蒂尔时代标志的巨额耗资项目，其中包括跨过柔佛海峡连接新加坡的新桥。

安瓦尔在2004年出狱后，于2008年8月重返政坛，在补选中赢得了妻子让出的席位。但是他在6月再次面临鸡奸罪名的指控并于7月因该罪名被捕。

在2008年3月的大选中，巫统及其国阵联盟政党在国会中失去了三分之二的多数优势。由安瓦尔领导的反对党派人民联盟（Pakatan Rakyat，简称PR）不仅囊括了222个国会议席中的82个议席，还在马来西亚13个州中赢得了4个州的政权，其中包括经济重地雪兰莪和槟城。不过，随着一些议员在复杂的政治游戏中倒戈，人民联盟最终失去了霹雳州的政权。

2008年4月，巴达维让位给温文尔雅的副总理纳吉布·宾·敦·阿都拉·拉扎克（一般称他为纳吉布·拉扎克）。他是马来西亚独立后第二任

文莱与前殖民地政府英国的关系依然密切：英国法官在文莱高等法院和上诉法院坐镇，英军廓尔喀部队长期驻扎在文莱最大的石油基地诗里亚（Seria）。

1974年

新联盟国民阵线于1973年成立，在敦·阿都拉·拉扎克的领导下，以压倒优势赢得了此次马来西亚大选。

1981年

马哈蒂尔·穆罕默德成为马来西亚总理，推行“罢买英国货”和“向东方学习”的政策，鼓励国家效仿日本、韩国以及中国台湾地区。

1984年

苏丹哈桑纳尔·博尔基亚在不太情愿的情况下，带领文莱从英国统治下获得了完全独立。随后文莱转变成为严格的伊斯兰教国家，并于1991年引入了完整的伊斯兰法律。

1998年

安瓦尔·易卜拉欣与马哈蒂尔总理在应对亚洲金融危机和整治政府腐败的问题上意见相左，结果遭到撤职并被捕，受到审判和监禁。

马来西亚前副总理安瓦尔在1998年被解除职务后，随即开始改革运动，Amir Muhammad于2009年拍摄纪录片《马来西亚之神》（*Malaysian Gods*）以纪念这起事件10周年。

总理阿都拉·拉扎克（Abdul Razak）的儿子，也是拉扎克继承人胡先·翁（Hussein Onn）的外甥。

改善国际关系

自从马来西亚在1965年将新加坡排除出马来亚联邦，导致李光耀在电视荧幕上落泪后，两国的关系就犹如斗气的手足。比较年轻的新加坡没有什么天然资源，凭借人民的努力，排除重重困难，快速成功地实现了工业化，从籍籍无名中脱颖而出，得到世界各国的钦佩。新柔长堤对面的大哥马来西亚表现也不逊色，同样实现了令人印象深刻的经济转型，但其成就建立在比较丰富的资源基础上，从石油和天然气赚取的利润尤其丰厚。

20世纪90年代，两国之间的紧张关系达到白热化地步。马来西亚总理马哈蒂尔和新加坡内阁资政李光耀隔岸相互发表侮辱性言论。马哈蒂尔指责新加坡人是那种在“电梯里小便”的人，李光耀则称马来西亚新山（柔佛巴鲁）以“枪击、抢劫和劫车”等事件而声名狼藉。

然而，两国近期的关系似乎有所改善。随着新加坡研发出替代水源，相持许久的水源供应争议变得毫无意义（根据1962年的协议，马来西亚每天要为新加坡供应2.5亿加仑的原水）。2011年的土地交换协议也结束了新加坡境内马来西亚铁路的长期争议，预示着两国之间的关系取得突破。

2009年，马来西亚和文莱之间的关系也有所改善。两国签署了一项协议，结束了长达20年的林梦（Limbang）边境领土争议问题和近海石油及天然气勘探站主权的纠纷。现在，马来西亚国家石油公司与文莱合作发展这些勘探站。

2014年，马来西亚政府2250亿令吉（630亿美元）的税收收入中，有30%与石油有关，其中包括来自国家油气公司Petronas的290亿令吉。

2013年大选至今

2013年5月5日第13次大选开始前几个月，马来西亚反对党、政治评论家和公众都呼吁改进马来西亚选举制度中存在的缺陷和不公。不平衡的选区规模、缺乏媒体宣传渠道、可能存在地区歧视都是选举中存在的问题。在吉隆坡，有成千上万人走上街头游行，呼吁进行公正自由的选举。

选举最后的结果是国民阵线（BN）在国会中失去了7个议席，但仍是最大的赢家，因此得以组建政府，纳吉布·拉扎克重返总理岗位。反对党组建的人民联盟（PR）赢得了大多数选票，但在马来西亚实行简单多数票当选的选举制度下，未能在选举中获胜。然而，人民阵线在环绕吉隆坡的

2003年

早在前一年就宣布辞职的马哈蒂尔卸任总理职务，由阿都拉·巴达维继任。不过，马哈蒂尔仍然直言不讳地评论国家政策。

2004年

国民阵线在议会下议院选举中赢得219席中的199席，几个月后，安瓦尔·易卜拉欣也洗脱鸡奸罪名并获释。

2007年

马来西亚庆祝独立50周年，但在11月的两次反政府集会中，上万群众走上吉隆坡街头抗议。

2008年

在3月的大选中，国民阵线虽再度获得执政地位，但受到反对党人民联盟的沉重打击。8月，安瓦尔·易卜拉欣经过补选重新进入国会，成为人民联盟的领袖。

雪兰莪州获胜并组建政府，这是该联盟自2008年选举在该州胜出后的又一次胜利。

据报道，5月8日有12万民众在城市边缘的体育场集会抗议选举结果。但是，"马来西亚之春"（散播希望和变革的消息）未能出现。种族分裂的言辞甚嚣尘上（纳吉布指称选民中的"华人海啸"是导致联盟竞选失利的重要原因），但各方人士都呼吁民族和谐，以巩固"一个马来西亚"（1Malaysia）政策的目标（见536页）。

Amir Muhammad的《马来西亚政治人物的荒诞言论（卷1和卷2）》（*Malaysian Politicians Say the Darndest Things Vols 1 & 2*），汇集了过去30年当地政治人物令人瞠目结舌的言论，读起来非常过瘾。

天空之殇

2014年3月8日午夜刚过，马来西亚航空公司MH370航班从吉隆坡国际机场飞往北京。几十分钟后，在南海上空某处，这架载有239名乘客的飞机与空中交通管制中心失去联系。在接下来的18个月里，这架飞机踪迹全无，直到最后机翼残骸碎片被冲到留尼汪岛。截至本书出版时，人们在印度洋南部的密集搜索并未获得更多线索，MH370航班失联原因仍然是一个未解之谜。

就在人们对MH370航班失事感到毫无头绪之际，2014年7月17日，马来西亚航空公司的另一架航班因为完全不同的原因登上了全球媒体头条。MH17航班成为乌克兰亲俄部队与政府军在顿涅茨克地区冲突的牺牲品。究竟是谁发射导弹击落这架客机并导致298人罹难尚未有定论，双方都指责对方应对此负责。

虽然MH17事件使马航获得国际社会的广泛同情，但人们对马航的质疑声也从未消失，因为当局原本可以在MH370消失后的几小时甚至几天内采取更多行动。人们对马来西亚航空公司的信心一落千丈，导致其不得不实施国有化，并裁减了6000个工作岗位。2015年，马航首席执行官Christoph Mueller宣布该公司"在技术层面上已经破产"。

2009年

4月，纳吉布·拉扎克接替阿都拉·巴达维出任总理。他推广"一个马来西亚"的理念，以在国内不同民族之间建立尊重与信任。

2011年

沙捞越举行选举，国民阵线重新执掌州政府，但得票率减少了；上万民众在吉隆坡举行集会，呼吁进行更公正的选举。

2014年

马来西亚航空业遭受双重打击，继3月MH370航班失事后，MH17航班于7月在乌克兰被击落。

2016年

3月，马来西亚政府推出中国游客赴马免签证及电子签证政策。该政策目前将延续至2018年底。

民族、文化及政治

马来西亚人和文莱人拥有很强的国家认同感。马来人、华人、印度人、土生华人及其他混血居民和土著居民——包括马来半岛和婆罗洲的原住民——聚居一处。种族的多样与和谐被视为该地区的优势所在，但是这些文化多元的国家并非理想的民族熔炉。宗教冲突和民族矛盾是生活的常态，在马来西亚尤甚。

民族

马来人

据说，马来西亚政治人物在竞选期间，会寻求传统精神治疗师bomoh的帮助，以制定竞选策略、提供远见卓识，或者在重大事件发生前赶走厉鬼和坏天气。

所有马来人一出生就是穆斯林，必须遵循伊斯兰教，但许多马来人也坚守着老一辈的精神信仰和阿达特（adat，马来西亚习俗法）。源自印度教时期的阿达特非常重视社群内部的集体责任及和谐。几乎可以肯定的是，这是马来西亚各民族之间维系和谐关系的一个重要元素。

这种公社式的甘榜（kampung，意即村庄）精神的持久魅力绝不容忽视，许多城市马来人尽管在家里过着富裕的西式生活，但仍对这种精神充满了向往。原则上，村民的地位是平等的，但仍会根据财产及更丰富的经验或宗教知识任命一位村长。传统上，村庄的创建者会被选为村长（penghulu或ketua kampung），通常其家人也会成为村长。村长通常都是"哈吉"（haji），也就是曾赴麦加朝觐的穆斯林。

身为伊斯兰教知识的守护者和带领教徒做礼拜的领导者，伊斯兰教的宗教领袖伊玛目（imam）在社会中的地位非常重要。不过，即使是受过教育的城市马来人，在做出任何足以改变人生的重大决定之前，也会时不时地向pawang（拥有关于农事与大自然超体验知识的巫师）或bomoh（拥有草药知识和通灵降伏能力的精神治疗师）征求意见。

华人

从出生（生辰八字必须丝毫不差地记录下来，以备算命之用）到死亡（也有许多礼仪和仪式），华人社群的日常生活大都受到习俗的约束。

在马来西亚和文莱，华人是仅次于马来人的第二大族群。按照方言群划分，华人移民主要由说闽南话、客家话、广东话和吴方言的人构成。他们大部分都笃信佛教，也有人信仰儒教或道教，少数人信仰基督教。

在15世纪初开始抵达该区域的华人，主要来自中国南方的福建省，他们后来与马来人结合，逐渐形成土生华人社群，人口达到华人总数的一半左右，并发展出属于自己的独特混合文化。在此之后，从广东省和海南省到此定居的移民则保留了家乡的文化，包括方言。

不过，该区域所有的华人都很重视教育。自从政府试图在20世纪60年代逐步淘汰以中文授课的中学，并在20世纪70年代初推出有利于马来人的政策后，教育成为马来西亚华人社群中的一个敏感议题。由于华人在马来西亚国内受教育的机会受限，导致许多家庭必须加倍努力工作以支付高昂学费，让孩子进入国内私立学校或海外学府。

马来人只有名字，没有固定的姓氏，孩子的姓氏就是父亲的名字。因此，马来西亚人会在你的名字前加上先生或小姐的称呼；因为如果加在你的姓氏前，就相当于称呼你的父亲。

印度人

如同中国移民，该区域的印度移民来自印度次大陆的多个地区，并根据各自的宗教（主要是印度教、伊斯兰教、锡克教和基督教）而拥有不同的文化。早期的印度移民大多是泰米尔人（Tamil），来自印度南方谨遵印度传统文化的泰米尔纳德邦（Tamil Nadu）。在这之后，印度北方的印度穆斯林和锡克教徒也相继迁入。不同的宗教背景决定了许多马来西亚印度家庭的日常生活习惯和习俗，不过所有印度教徒及该区域大多数印度人都会庆祝屠妖节（Deepavali）。

在马来西亚和新加坡社会，有一小群受英式教育的印度精英一直发挥着重要作用，此外还有杰出的印度商人阶层。不过，两国的大多数印度人（由英国引进的契约劳工的后代）仍属于贫穷的工人阶层。有数量较少的印度人生活在文莱。

土生华人

“Peranakan”在马来语中的意思是“混血儿”，土生华人（Peranakans）正是如此。他们是16世纪起开始移居新加坡、马六甲和槟城的华人娶马来妇女为妻所生的后代。

土生华人的文化和语言可以说是大杂烩，混合了华人和马来人的传统。在取名和宗教信仰方面，他们继承了父亲的华人传统，但在习俗、语言和衣着方面，则保留了母亲的马来传统。他们也被称为海峡土生华人或海峡华人，以区别那些后来的华人移民。

马来西亚节庆

探寻丰富多彩的地区文化的最佳方式，莫过于参加当地的节庆活动了。英国人Keith Hockton在这里度过了自己的童年，如今生活在槟城。我们在乔治市见到了他，听他讲述了马来西亚的节庆活动。

马来西亚节庆有什么特别有趣的地方？我在2010年重回马来西亚并开始研究这里的节日。这里每年都有许多马来本土节日，但由于整个国家正在走向伊斯兰化，因此这些节庆都很低调。我希望在这些节庆完全消失前记录下它们的精彩片段。

调研中有什么让你意外的发现？我向许多当地人询问常见节庆的源头，但几乎没有人能给我权威的答案，每个人都有不同的看法。为了开展研究，我走遍了马来半岛，还去了沙巴和沙捞越并住在长屋中——这是一段迷人的发现之旅。马来人天性活泼，喜欢热闹，但只有在甘榜住一阵子并加入他们的节庆活动中才会发现这一点。

你最喜欢的节庆有哪些？肉孜节（Hari Raya Aidilfitri），也就是开斋节，到处都是一派欢乐的景象。农历七月的中元节，街上到处点着纸灯笼，人们焚香并燃放烟火，气氛十分欢快。还有与佛教有关的泼水节（songkran），这也是世界上规模最大的打水仗。在印度教的胡里节（festival of Holi）期间，人们向彼此身上撒上明艳的红色粉末。大宝森节（Thaipusam；见540页）是另一个印度教节日，为摄影爱好者提供了绝佳的摄影机会，当然有洁癖者最好敬而远之！了解这些不同节庆背景和习俗的好办法就是参考纪录片《马来西亚节庆》（*Festivals of Malaysia*，2015年）。

土生华人还有一种称呼，即峇峇-娘惹，在其语言中，峇峇（baba）指的是男性，娘惹（nongya）是女性。娘惹菜就是指土生华人的特色菜。

土生华人一般是富有的商人，有雄厚的经济实力支持他们对豪华家具、珠宝和锦缎的迷恋。他们将居住的洋房漆上鲜艳的颜色，外墙还装饰着色彩华丽的图案瓷砖。在室内摆设方面，土生华人喜欢雕刻精美的镶嵌家具。

土生华人对衣着也很讲究。妇女们脚踏精美的绣花镶珠拖鞋（kasot manek），身穿被称为卡巴雅（kebaya）的上衣和纱笼（sarong），别着工艺精美的金或银胸针（kerasong）。男人们在19世纪开始穿西方服饰，以反映他们的富有以及与英国人的联系，而奢华的传统服饰则在重要的场合穿着，如高度程式化及遵循阿达特复杂仪式的婚礼。

土生华人方言是一种马来方言，但掺杂了许多闽南语词汇，就连当地马来人都很难听得懂。此外，土生华人方言还包括英语和法语的词汇和短语，有时还使用一种将音节倒转过来说的古老马来语。

原住民

在早期贸易时代，统称为原住民（Orang Asli）的马来西亚土著起着非常重要的作用，他们教导殖民地统治者关于森林产品的知识，并带领勘探者前往锡和贵金属矿层。在20世纪50年代的紧急状态期间，他们也成为政府平叛部队的侦察员和向导。

尽管如此，原住民在马来西亚始终被边缘化。根据马来西亚政府在2004年12月公布的数据，马来西亚半岛的原住民人数不足15万人；相对于全国8.5%的贫困人口，80%原住民的生活水准在贫困线以下。这些原住民一般分为三个群体：尼格利陀人（Negrito）、Senoi人和原始马来人（Proto-Malays）。还可进一步细分成18个部落，其中最小的部落是只有87人的Orang Kanak。这些部落的语言各异，多达数十种。虽然政府积极尝试让原住民改信伊斯兰教，但他们大多数信仰万物有灵论。

自1939年起，政府就开始设立专门的部门来负责和管理原住民事务，最新的机构是2011年设立的原住民发展部（Orang Asli Development Department，简称JAKOA；www.jakoa.gov.my）。该部门的主要目标是保护原住民及其生活方式不受外部势力的破坏，确保其能获得教育、医疗和社会经济发展所需的足够设施和协助。

在过去，原住民的土地权通常不被认可，因此当采伐业、农业和基础设施建设需要征用土地时，他们的索赔一般被视为非法。2010~2012年，马来西亚人权委员会（SUHAKAM；www.suhakam.org.my）在全国范围内开展了一次"原住民土地权益"调查，并提供了许多建议。随后，政府成立了国家工作组，对报告进行研究并认可了其中大部分建议。2015年，作为回应，政府内阁批准成立了原住民土地权利内阁委员会，同意执行报告中的所有建议，但否决了设立原住民委员会的要求。

达雅克人和婆罗洲人

"Dayak"一词最早于1840年被殖民当局使用，在一些当地语言中指河流上游或内陆，在另一些语言中的意思是人类。并非所有的婆罗洲土著部落都自称为达雅克人，但这个名称还是能有效地将一个拥有许多相似之处（不止外来人这样认为）的族群区分出来。

沙捞越人

达雅克人占沙捞越人口的48%，其文化和生活方式或许在沙捞越是最容易观察和体验到的。

大约29%的沙捞越人是伊班人（Iban），他们在5~8个世纪前开始从印度尼西亚西加里曼丹的卡普阿斯河（Kapuas River）迁移到这里。因其历史上的海盗名声，伊班人也被称为海达雅克人（Sea Dayaks）。不过在传统生活中，他们以种植稻米为生，并居住在长屋里。拒绝放弃猎人头的习俗令该部落更加让人生畏。

比达友人（Bidayuh，占人口总数的8%）主要聚居在古晋南部和西南部的山区，他们中大多数人的祖先起源于现在的西加里曼丹地区。目前仍居住在长屋里的比达友人为数不多，而且邻近村庄所说的方言可能也有所不同。

其他高地社群如柯拉比人（Kelabit）、卡扬人（Kayan）和肯雅人（Kenyah），即除了比达友人、伊班人和沿海居住的马兰诺人（Melenau）外的其他部落，通常都被归纳为"住在上游的人"（Orang Ulu，Upriver People）。此外，还有居住在沙捞越北部、原本以狩猎采集为生的游牧民族沛南人（Penan）。

在马六甲生活着约3.7万克里斯坦人，他们中大部分都是葡萄牙-马来混血儿，另外一部分则因为数代的种族融合而具有其他血统。

沙巴人

沙巴州的30多个土著民族都并不是特别热衷于达雅克人的称号。该州最大的族群是卡达山-杜顺人（Kadazan-Dusun），占了人口的18%。卡达山人和杜顺人主要是罗马天主教徒，他们拥有共同的语言，风俗习惯也相似。前者原本主要居住在沙巴州西部沿海地区及河流三角洲，后者则居住在内陆高原。

毛律人（Murut，占人口的3.2%）原本居住在加里曼丹和文莱边境的西南部山区，以种植高山稻和利用长矛及吹管狩猎为生。他们曾经是文莱苏丹的士兵，也是沙巴州最后放弃猎头习俗的族群。

伊班人和比达友人等一些达雅克社群非常平等，但卡扬人和其他社群的社会阶层就细分为贵族（maren）、权贵（hipuy）、平民（panyin）和奴隶（dipen）。不过，现在界限也没那么清楚了。

文莱人

文莱的非马来人土著主要是伊班人和柯拉比人，人数不足全国人口的10%。

长屋生活

达雅克人生活最鲜明的特点之一，就是他们居住的长屋（rumah batang或rumah panjai）。基本上，整个村庄就居住在一个看似无尽头的屋檐下。长屋的形状和风格各异，但全都以结实的柱子支在潮湿的丛林地面之上，而且大多位于或靠近河岸。

有篷的露台是长屋的重要特色，伊班人称之为ruai，比达友人称之为awah，柯拉比人称之为dapur（其他族群也有不同的叫法）。居民利用这个公共空间社交、从事经济活动、煮饭和用餐，以及举行社区庆祝活动。

露台一面为墙，长度甚至能达到250米，这面墙上依次开有许多门，每扇门都通往不同家庭的居所（bilik），他们就在里面睡觉和存储物品。如果你问长屋有多大，一般得到的答案是，它有多少扇门，即有多少户家庭。

和我们一样，达雅克人也喜欢现代化的便利，因此居住在古老长屋里的居民也使用现代化的便利设施，导致长屋呈现出一种混搭风格，可以看到传统板条竹地板配瓦楞铁、油毡、卫星天线，门前还有停车场。

大多数年轻的达雅克人都离开了长屋，到城市寻求更好的教育和工作机会，但几乎所有人都与家人保持密切的联系，会回来参与重要的家庭和社区庆祝活动。

《年轻人和马来亚》(*Young and Malay*, 2015年, Ooi Kee Beng和Wan Hamidi Hamid编)是讲述在马来西亚多元文化环境里成长的文章合集。

多元文化

1969年的种族骚乱使马来西亚马来人和华人之间的不信任达到了顶峰。但此后，政府成功地建立了一个更具包容性的多元文化社会。虽然人们对各自的民族仍保持着很强的忠诚度，并且政府采用"一个马来西亚"政策（www.1malaysia.com.my）推行的"马来西亚人"这一身份也未真正得到实践，但它已被广泛讨论并受到推崇。

政府扶持马来人（bumiputra）的政策（见528页）提高了他们在经济中的参与程度，但受益者主要限于少数上层人士。这一政策有助于缓解马来人对华人在经济领域占有的优势所产生的畏惧和憎恨，却以马来西亚华人或印度人在政策上遭到歧视为代价。事实是，不同的社群共同存在，但不互相融合，异族之间通婚的情况很罕见，不同民族的受教育程度和政治倾向也大为不同。

至于文莱，其不大的国土面积（以及强大的经济实力）需要让全体国民（30%是非穆斯林）在这个受伊斯兰法律体系约束的国家里寻求共同目标并和谐相处。

马来亚大学在2011年开展的一项调查显示，马来西亚有93%的穆斯林妇女都经受了割礼。根据世界卫生组织开展的女性生殖器切割调查，这种行为在马来西亚并非违法，但是公立医院不得提供这种手术。

马来西亚和文莱的女性

在前伊斯兰教时代，马来西亚妇女的社会影响很大。这里不乏女性领袖，在马来西亚森美兰州的苏门答腊米南加保人的后裔中，还有一个母系社会。伊斯兰教传入后，该区域的女性地位被削弱了。尽管如此，女性并没有被与世隔绝或像中东妇女般从头到脚遮得严严实实。与其他许多伊斯兰社会的女性相比，今日马来西亚的马来妇女仍享有较多的自由。

走遍整个地区后，你会发现女性活跃于社会各个层面：政界、商界、学术界及家庭。但是，马来西亚修改过的伊斯兰法律，让男性穆斯林能更轻易地娶多名妻子、离婚及分得妻子的财产（文莱也有相似的法律，苏丹有两个妻子）。在马来西亚，15岁以上的女性有40%曾遭受过家庭暴力的侵害。虽然《反家庭暴力法》为受害妇女提供了法律保护，但并未认定婚内强奸是一种罪行。

在文莱，戴头巾（tudong）的妇女比马来西亚的多。许多女性都有工作，甚至还出现了几位女性政治家。自2002年开始，如果孩子的父亲不是文莱人，文莱妇女可将自己的国籍合法地传给她们的孩子。

政治系统

马来西亚

马来西亚联邦由13个州和3个联邦直辖区（吉隆坡、纳闽岛和布城）组成。每个州都有各自的议会和以首席部长（马来语称为"Menteri Besar"）为首的政府。其中，9个州的统治者（苏丹）是世袭的，其余的4个州和3个联邦直辖区的地方长官都是委任的。按照规定，9名世袭苏丹会按照特定的顺序轮流担任最高元首（Yang di-Pertuan Agong），这既是国家元首，也是伊斯兰教的领袖，每5年轮换一次。目前马来西亚的最高元首是2016年12月上任的吉兰丹州苏丹穆罕默德五世（Muhammad V）。

马来西亚的现任总理是纳吉布·拉扎克（Najib Razak），领导由马来民族统一机构（又称巫统）和另外13个政党组成的国民阵线。主要反对党包括民主行动党（DAP）、由目前仍在服刑的安瓦尔·易卜拉欣领导的人民

语言大杂烩

英语是这里的通用语言，不过语言学家会很有兴趣研究这里的其他多种语言。马来西亚和文莱的官方语言是马来语。但是在马来西亚的市井生活中，旅行者也许会在语言方面感到极其不适。实际上你不会说“马来西亚语”，它其实是马来语。

这里的语言交织着泰米尔语、闽南语、粤语、普通话、印度语和土著语，在马六甲甚至还有从16世纪葡萄牙语演变而来的克里斯坦语。所有马来西亚人都会说马来语，并且至少能再熟练掌握两门语言。如果你坚持说英语，你也需要适应当地特色的英语——马来西亚式英语（Manglish），其中夹杂了许多普通话、粤语和泰米尔词汇和短语。许多词都是为了表示强调，并没有实际的意思，这会让旅行者感到分外迷惑。如果使用不当，马来西亚式英语可能会显得非常无礼，因此需要仔细听辨，最好能向当地人寻求建议。

公正党（PKR）和伊斯兰党（PAS）。国会由70人的上议院（26人由13个州议会选举产生，其余44人由最高元首根据总理的推荐任命）和222人的下议院（每个选区选举一位）组成。国会和州议会每5年举行一次大选。

从20世纪60年代延续下来的反民主后遗症，就是缺乏地方政府选举。自1964年起，吉隆坡、乔治市和马六甲的市议员都由政府委任。除非国民阵线失去国会中的多数席位，否则目前的政治体制不会有任何改变。

婆罗洲的土著由几十个不同的部落构成，有100多种语言和方言。

文莱

虽然文莱在国际上归类为君主立宪制国家，但该国自认是马来伊斯兰君主制国家（Melayu Islam Beraja，简称MIB），并在许多方面属于君主专制国家。自1967年起，哈桑纳尔·博尔基亚苏丹（Sultan Hassanal Bolkiah）就出任国家元首，内阁、枢密院和继承委员会都是由他委任的。文莱还有一个由33名成员组成的立法院，这些成员也由苏丹任命，苏丹本人也是立法院成员。在2004年，文莱曾提议通过选举再产生15名议员，但这些选举始终没有得到落实。

宗教

尽管伊斯兰教是这一地区的主要宗教，公民仍享有信仰自由，但巴哈伊信仰（Baha' i）在文莱被禁，而你也不太可能会遇到犹太教徒。印度教在这一地区的历史要远比伊斯兰教更为悠久，而各种华人信仰也具有很强的影响力。新加坡的基督教徒比较多，而基督教在马来半岛一直都不是非常普及。马来西亚婆罗洲许多原住民已改信基督教，但坚持万物有灵论传统的人也不在少数。

伊斯兰教

Sisters in Islam（www.sistersinislam.org.my）是由马来西亚穆斯林妇女经营、面向全国穆斯林妇女的网站，她们旨在帮助那些因伊斯兰教保守教义解释而遭受欺压的妇女。

伊斯兰教很可能是在14世纪由南印度商人传入该地区的。马来西亚沿海贸易港口的人民平静地接受了伊斯兰教，它并没有破坏已经存在的宗教信仰，反而还从中吸收了部分元素。信奉伊斯兰教的苏丹国取代了印度教王国，但印度教国王的概念被保留了下来。同时，虽然伊斯兰教法律占了主导地位，但印度教传统阿达特仍继续生效。

马来仪式和信仰仍保留了前伊斯兰传统，但大多数马来人都是虔诚的穆斯林，如果有所怀疑，那将是对他们很大的冒犯。随着宗教激进主义的兴起，越来越多的人呼吁引进伊斯兰律法和净化伊斯兰信仰。虽然马来西亚政府也热衷于弘扬伊斯兰理想，但同时也提防宗教极端主义的倾向。

主要信仰和准则

玻璃市前宗教领袖Dr MohdAsri Zainul Abidin撰写的《马来西亚的伊斯兰教：感知与事实》（*Islam in Malaysia: Perceptions & Facts*）收录了马来西亚伊斯兰教相关课题的文章。

绝大多数马来西亚穆斯林是逊尼派，但所有穆斯林都信仰伊斯兰教的五功。五功的第一个是念功（即对信仰的宣言），“万物非主，唯有安拉；穆罕默德是真主的使者”。第二个是拜功，理想情况是每天礼拜5次，宣礼员会按时在每个清真寺的宣礼塔上召唤信徒祈祷。第三个是课功，一般采取慈善捐款的形式。第四个是斋功，包括在斋月禁食。最后一个是朝功，所有穆斯林都希望一生至少到麦加朝觐一次。

伊斯兰饮食律法禁止酒精、猪肉和所有含猪肉的产品。穆斯林能够用餐的餐馆都会清楚地标有清真（halal）标签，这比简单注明“没有供应猪肉”要严格规范多了。

马来西亚并没有出现激进的伊斯兰运动，但宗教保守主义有日益增长的趋势。对外国旅客而言，最明显的莫过于这里举国上下对礼节的重视，报纸上会有关于女性端庄形象的论战，警方也可能前往饮酒的俱乐部和酒吧等“不道德”的公共场所临检，看看有没有跑去喝酒的穆斯林。

华人信仰

一般当地华人的信仰是佛教、儒家思想和道教的混合体。佛教关注死

伊斯兰教节日

斋月是伊斯兰节日的高潮，穆斯林在日出到日落期间必须禁食。斋月定在伊斯兰历法的第9个月，并根据月亮的出现时间持续29天或30天。穆斯林相信死者的灵魂会在斋月开始前15天的**"回魂夜"**（Nisfu Night）回家。在斋月期间的"吉庆夜"（Laylatul Qadr），穆斯林会欢庆先知穆罕默德获得启示，《古兰经》降临人间。

开斋节（Hari Raya Puasa，也称为Hari Raya Aidilfitri）标志着斋月的结束，随之而来的是两天的欢庆盛宴。开斋节是伊斯兰历法的重大节日，因此可能难以找到住处，特别是在沿海地区。依据伊斯兰历的计算方法，斋月和其他伊斯兰节日每年都会比前一年早11天开始。

本地区庆祝的其他主要伊斯兰节日包括**古尔邦节**（Hari Raya Haji，又称哈芝节或宰牲节），该节日一般为期2天（2017年和2018年都在9月），标志着麦加的朝圣活动圆满完成，也纪念先知易卜拉欣（《圣经》中的亚伯拉罕）自愿牺牲自己的儿子。许多商店、办公室和旅游景点都会歇业，当地人以大量的蛋糕和糖果来庆祝这个节日。

按公历计算，**伊斯兰新年**（Awal Muharram）在2017年和2018年的9月。

后的问题，儒家思想解决生活中政治和道德层面的问题，道教则是倡导人要和宇宙万物和谐共处。不过，如果仅以三种信仰来解释华人的传统宗教生活，未免过于简单了。首先，华人信仰万物有灵论，相信石头、树木、河流和溪水本身都存在神灵。其次，无论是真实或虚构的古人，都被当作神一样崇拜。在此基础上，才是我们通常所说的道教、大乘佛教和儒家思想。

在日常生活中，大部分华人对佛教、儒家思想和道教中高深的哲理和禁欲主义并不感兴趣，而是通过这些信仰追求世俗的成功、慰藉死者和灵魂，并预测未来。在华人的信仰中，混有西方人所谓的"迷信"元素，例如去寺庙求签算命。另外，华人信仰多神，除了佛陀、老子和孔子之外，不同领域和地方还有不同的神仙。

最受欢迎的华人神灵和地方神仙包括大慈大悲的观世音菩萨、象征神武和财富的关帝以及具有先驱精神的大伯公。其中，大伯公是只在中国境外才有的地方神。

印度教

至少在1500年之前，印度教就传入了这一地区，并对这里的文化传统产生影响，如皮影戏及婚礼习俗。不过，直到近百年间，随着印度契约劳工和移民的流入，印度教才又重新大规模兴起。

印度教有三个基本要素：敬神（puja）、火葬及种姓制度的各种规范。尽管种姓制度在印度仍然根深蒂固，但在马来西亚并不受重视，这主要是因为来此的印度劳工多数都出身于印度底层社会。

印度教有很多神灵，但那无所不在的主神通常有三个化身：创造之神梵天（Brahma）、守护神毗湿奴（Vishnu）及破坏或重建之神湿婆（Shiva）。这三位神都有4条手臂，梵天更是有4个头颅，象征着他无所不在。

万物有灵论

马来西亚原住民的万物有灵论信仰和原住民的族群数量一样多。虽然没有严格的教义体系或成文的信念，但万物有灵论者相信：自然界的万物被各种神灵主宰，要通过一系列复杂的仪式来安抚这些神灵。

祖先崇拜也是信奉万物有灵论社会的一个共性，死者的灵魂被视为今生和来世两个世界沟通的媒介。如今在沙捞越部分地区仍然可看到隆重的阿达特源自该地区的印度教时期（甚至更早），是非常重视集体而非个人责任并注意保持和谐的习惯法。

葬礼。在柯拉比高原（Kelabit Highlands），仍能见到长屋周围丛林中树立巨石墓碑和摆放殡葬物品的遗迹。不过，它们大多数已无人打理，很快就被长势迅猛的丛林所吞噬。

在马来西亚婆罗洲，达雅克人的万物有灵论信仰被统称为Kaharingan。他们使用雕刻、图腾、文身及其他物品（包括早期猎头而来的头骨）来驱除邪灵、召唤善灵，以及安抚可能被打扰的灵魂。村庄和长屋入口处的图腾则是灵魂的标志。

宗教问题

宗教自由？

伊斯兰教是马来西亚的国教，在各个层面上对国家的文化和社会生活发挥作用。例如，政府机构和银行会在周五的午餐时间休息两个小时，让穆斯林参加周五的礼拜。

达雅克人的万物有灵论认为犀鸟是法力高强的神灵——这种鸟在舞蹈和仪式中都备受尊崇，羽毛也非常珍贵。

政府在审查公开场合演出或上映的电影时，也会考虑伊斯兰教的敏感度。2013年，官方禁止美国流行歌星Kesha举办一场演唱会，因为担心可能会对文化宗教带来负面影响。

伊斯兰教律法（Syariah）受到州政府的保护，也是伊斯兰法庭的基石。自1988年以来，世俗法庭就无法推翻伊斯兰法庭做出的判决。这对想要改变宗教信仰的穆斯林，以及无法就孩子信奉什么宗教达成一致而离异的穆斯林夫妻不利。结果，想要改变信仰或成为无宗教信仰者的人，很少会正式公开自己的决定。

在理论上，除了国教逊尼派伊斯兰教，文莱宪法也允许国民信奉其他宗教。不过，根据“自由之家”（www.freedomhouse.org）的调查报告，文莱禁止非穆斯林传教，也极力劝阻国民信奉其他派别的伊斯兰教。基督教受到严厉审查。穆斯林和非穆斯林之间不得通婚。若得到宗教事务部的批

大宝森节

在马来西亚和新加坡，最隆重的印度教节日就要数大宝森节（Thaipusam）了，全身插满铁钉和钩子的信徒会在街上举行狂热的游行。大宝森节源于印度泰米尔纳德邦，但如今在印度已被禁止。这个节日每年在印度教历法的Thai月（1月或2月）举行。最盛大的庆祝地点是吉隆坡外的黑风洞（Batu Caves；见100页）。

节日的焦点在于虔诚的信徒以近乎自残的方式进行忏悔和还愿。许多信徒用铁钩将祭神的牛奶罐（paal kudam）挂在身上。更令人瞠目结舌的还有用长钉钉成的大铁笼（vel kavadi），上面装饰着孔雀羽毛、神像和鲜花，背负者将长钉插入身体，抬着铁笼游行。一些忏悔者还将铁钩、铁钎及三角叉插入舌头和脸颊。

为了参加庆典，信徒必须从1个月前开始准备，包括祈祷、斋戒、禁欲或睡硬地板。虽然信徒们的行为令人触目惊心，但他们会处于一种恍惚的状态，因此不会感觉疼痛。之后，人们以柠檬汁和圣灰来处理伤口，以防留下疤痕。至于赤脚走过火焰的项目，只有真正虔诚的信徒才会尝试。据说，在每年的大宝森节，准备不足的信徒往往因皮肤裂伤或激烈活动而崩溃，让医生忙得不可开交。

槟城的寺庙Nattukotai Chettiar和山顶瀑布（Waterfall Hilltop），以及新山（柔佛巴鲁）的寺庙Sri Thandayuthabani也会举行大宝森节庆典。怡保吸引了大量信徒，游行队伍从Buntong的寺庙Sri Mariamar一路游行到Gunung Cheroh的寺庙Sri Subramaniar。

准，穆斯林可以改变宗教信仰，但实际上这几乎是不可能的。

宗教间关系

近年来，禁止基督徒在马来语中以“安拉”来表示上帝的新法律出台，导致马来西亚穆斯林和基督徒之间的关系蒙上阴影。2013年，代表马来西亚90%教堂的基督教联合会（CFM）抗议上诉法院关于支持该禁令的决定，表示该决议忽视了基督徒（例如马来西亚婆罗洲和马来半岛的原住民）的马来语权力。

非官方的证据显示，过去各宗教社群会参与彼此的社区庆祝活动（开斋节、农历新年等），但这些在过去轻而易举的融合活动现在已经越来越少，尤其是年轻一代。

与马来半岛相比，宗教关系在沙巴和沙捞越没那么紧张，但基督徒和华人（这两组人群在某个程度上有所重叠）及温和派穆斯林经常对这里（尤其是沙巴）受到的来自全国各地的伊斯兰影响表示关注。

反犹太主义

新加坡是这个地区唯一有犹太人社区的国家。槟城曾有的犹太人社区足以支持一个犹太教堂（已在1976年关闭），乔治市自1805年以来就有个犹太人公墓。在马来西亚其他地区和文莱，几乎不见犹太人的踪影。

可悲的是，与批评以色列挂钩的反犹太主义，是马来西亚和文莱的特点之一。在该地区的书局，不难找到如《犹太贤士议定书》（*The Protocols of the Elders of Zion*）等反犹太主义的出版物。马来西亚前总理马哈蒂尔是最有名的公开表态的反犹太主义者：2003年，他在伊斯兰领袖会议上演讲时，称美国是犹太统治者的工具；他也曾因为纽约爱乐乐团的演奏曲目收录了一名犹太作曲家的作品，而取消他们计划在马来西亚的演出。

2014年，总部在美国的反诽谤同盟（ADL）调查发现，马来西亚每三个成人中就有两个对犹太人有歧视，这在该地区显得极为突出。

若没有得到马来西亚内政部的允许，以色列护照持有人不得入境，能区分以色列人和犹太人的当地穆斯林也屈指可数。

艺术和媒体

虽然马来西亚和文莱的人民极具创意（尤其是马来西亚），但遗憾的是这两个国家的艺术文化鲜为人知。皮影戏（wayang kulit）和玛蓉舞剧（mak yong）等传统艺术形式保留至今，与当代艺术、戏剧和电影交相辉映。马来西亚本土建筑特色鲜明，而现代建筑则大胆而富有原创性。此外，这个地区也正在涌现出一批引起世界瞩目的作家和视觉艺术家。

艺术

文学

马来西亚在艺术方面投入的公共资金少之又少，这和新加坡形成了鲜明的对比。

20世纪初，W.萨默塞特·毛姆（W Somerset Maugham）、约瑟夫·康拉德（Joseph Conrad）和诺埃尔·科沃德（Noel Coward）等著名作家都曾从这一地区获得灵感。安东尼·伯吉斯（Anthony Burgess）在20世纪50年代创作的作品《马来人三部曲》（*The Malayan Trilogy*）中，描述了最具代表性的殖民地移民经历。20世纪60年代末，保罗·索鲁（Paul Theroux）在新加坡居住，而他的小说《圣徒杰克》（*Saint Jack*）和超短篇小说集《领事的妻子》（*The Consul's Wife*）就是以新加坡和马来西亚为背景创作的。

在过去的数十年中，本土新生作家势力不断壮大，其中包括以《和谐丝庄》（*The Harmony Silk Factory*）赢得2005年惠特布赖德文学奖最佳小说新人奖（Whitbread First Novel Award）的欧大旭（Tash Aw; www.tash-aw.com），他2013年的新作《五星亿万富翁》（*Five Star Billionaire*）讲述了四个马来西亚侨民在当代上海的生活。陈德黄的处女座《雨之礼物》（*The Gift of Rain*）讲述了"二战"前的槟城，曾获布克奖（Man Booker Prize）提名，他随后的作品《夜雾花园》（*The Garden of Evening Mists*）在2012年赢得了亚洲布克文学奖，该书带领读者回到20世纪50年代紧急状态期间的金马伦高地。Preeta Samarasan（http://preetasamarasan.com）的小说《晚上即是一天》（*Evening is the Whole Day*）则叙述了一个印度移民家庭在20世纪80年代初期住在怡保郊区的生活。

漫画家兼艺术家Lat是马来西亚的名人。他的诙谐画作出现在《新海峡时报》（*New Straits Times*）、广告和《甘榜男孩》（*Kampung Boy*）等书中。

建筑

马来西亚凭借着吉隆坡双子塔（Petronas Towers）这座标志性建筑在当代建筑界占有一席之地。由希查斯·卡斯图里（Hijjas Kasturi）设计的朝圣基金局大厦（Tabung Haji）和马来西亚银行总部大楼（Menara Maybank）等令人瞩目的摩天大楼，均是从当地文化和环境中汲取灵感的城市建筑。

马来民族传统的木屋色彩艳丽，比例适中，很适合这个地区炎热、潮湿的环境。建在支柱上的高脚木屋有高高的尖屋顶，非常有利于通风。另外，使用大扇窗户，减少屋内的隔断，以及在墙上安装格子状护栅，都有助于促进空气流通。传统马来民族住宅的布局反映了穆斯林的敏感性，男女都有各自的活动空间，主人会根据客人的性别在不同的区域待客。

虽然这种传统住宅越来越少，但还没有完全消失。在马来西亚半岛，尤其是位于东海岸的吉兰丹州和丁加奴州的甘榜（kampung，意即村庄），就能看到许多这样的高脚屋。由于受到泰国和柬埔寨的影响，那里的房屋屋顶一般铺有瓦片。

在马六甲，马来民族的房屋前有一道独特的贴砖楼梯一直通往前面的阳台，在Kampung Morten就能看见这种房屋。

虽然石油给文莱带来了巨额财富，但其首都斯里巴加湾市的建筑却朴实低调，看不到丝毫的浮华，市里最高的建筑是赛福鼎清真寺（Omar Ali Saifuddien Mosque）。富丽堂皇的努洛伊曼苏丹皇宫位于首都外围3公里处，鲁东则有令人惊叹的帝国酒店（Empire Hotel）。

在森美兰看到的米南加保式房屋，屋顶弯曲呈牛角状，是最特别的甘榜住宅。这种设计源于苏门答腊岛。

戏剧和舞蹈

马来传统舞蹈包括源自泰国的menora，这是一种全部由男性表演者戴着奇特面具表演的舞蹈。与之类似的mak yong，表演者则全部为女性。在靠近泰国边境的吉兰丹州一些寺庙举行的佛教节日Puja Ketek上，经常会有此类表演。Rodat是丁加奴州的一种舞蹈，joget则是一种源自葡萄牙的欢乐舞蹈，经常在马来人婚礼上由专业舞者表演，该舞蹈在马六甲被称为chakunchak。

Silat又称ber-silat，是一种马来武术，起源于15世纪的马六甲。如今，它是一项高度精练和程式化的活动，更像是舞蹈，而不是自卫术。

皮影戏

在马来西亚半岛东岸的哥打巴鲁（Kota Bharu）和瓜拉登嘉楼（Kuala Terengganu），皮影戏较为常见。它与爪哇的皮影戏类似，呈现的是印度史诗《罗摩衍那》（*Ramayana*）中的故事。皮影戏通常在婚礼或收割后表演，一般长达数小时，对表演者和观众来说都需要极大的耐心。

据信，马来西亚的皮影戏大师（dalang）只有不到十人。非政府组织Pusaka正在致力于保护马来西亚传统艺术，其中就包括皮影戏。该组织通过向公众提供免费表演、训练新生代艺术家来确保皮影戏的传承。门票自愿捐款，通常都是有悠久传统的优秀作品，偶尔也会出现一些新作。

音乐

传统与古典音乐

马来西亚主要的传统乐器是鼓（gendang），但也使用其他打击乐器，如锣和各种以贝壳、椰子壳及竹子等材料制成的部落乐器。印度尼西亚式

中国戏曲

在马来西亚，哇扬戏（wayang）源自中国的粤剧。表演融合了念白、音乐、歌曲和舞蹈，虽然可能听不懂他们在唱什么，但华丽的戏服和震撼人心的音乐也不容错过。舞台和道具十分简洁，重要的是演员的动作，即使门外汉也能大致弄明白相关情节。

表演可以持续一整个晚上。虽然动作一板一眼，音乐听起来也格格不入，但还是值得一看。吉隆坡的唐人街以及马六甲和槟城在重要节日中都会有免费的街头表演，例如春节（1月/2月）、中元节（8月/9月）和九皇神节（9月/10月）。

传统工艺

这个地区的工艺品饱含质朴之美，并融入了传统的设计思想。

蜡染（Batik） 利用蜡绘制或印刷图案后进行染色的布料，可制成服装、家居用品，或仅仅作为装饰品。马来西亚各地都可看到当地产的蜡染，但吉兰丹州和登嘉楼州才是真正的峇迪（蜡染）之乡。

篮筐和编织 伊班（Iban）、卡扬（Kayan）、肯雅（Kenyah）和沛南（Penan）都是篮筐的重要产地。藤条、竹子、沼泽尼帕草和班兰棕榈叶都是编织篮筐的材料。人们还用相似的编织技法制作睡席、坐垫和屏障的材料。虽然每个民族都有自己独特的编织方法，但经过千百年的贸易和交流之后，这些方法都融合在一起。

金锦缎（Kain Songket） 这类材料中混有金线和银线的手工织布，是吉兰丹州和丁加奴州的特产。只有在最重要的节日和场合，人们才穿着由这种漂亮面料制成的衣服。你也可以买下几块织布作为装饰品。

风筝和玩偶 吉兰丹州的月亮风筝（wau bulan）是一种用纸和竹子制作而成的传统新月形风筝，最大的甚至可以达到长、宽各3米。丁加奴州制作的则是猫形风筝（wau kucing）。皮影戏中的平面人偶以印度史诗中的人物为原型，用水牛皮制作而成。

金属制品 吉兰丹州的银器工匠非常有名，他们的方法各异，擅长金银丝工艺和凸纹制作。凸纹制作是用锤子从反面捶打银器以形成凸线图案。在瓜拉丁加奴，黄铜制作也是一种传统的手工技艺。一提起锡（一种锡合金）器皿，人们马上会联想到雪兰莪州，那里有皇家雪兰莪锡工厂（Royal Selangor Pewter Factory）和其他锡制造厂。

木雕 Hma' Meri原住民部落生活在靠近雪兰莪州海岸的加里岛（Pualu Carey），以精致的木雕手艺著称。在马来西亚婆罗洲，肯雅人和卡扬人也是技艺娴熟的木雕工匠，制作打猎用的护身符和被称为parang ilang的漂亮木制刀柄。

该地区最著名的西方古典音乐表演团体为马来西亚爱乐乐团（http://mpo.com.my），该乐团拥有世界一流的音乐演奏家。

的铜锣管弦乐队甘美兰（gamelan，由鼓、锣和木琴组成的传统乐队），经常会在庆典活动上表演。马来乐队nobat则使用打击乐器和管乐器演奏正式的宫廷音乐。

这一地区的音乐也受到中国和伊斯兰国家的影响，产生了如dongdang sayang（具中国特色的浪漫歌曲）和hadrah（伊斯兰圣歌，有时伴有舞蹈和音乐）一类的音乐形式。以吉隆坡为活动基地的大马乐团（Dama Orchestra; www.damaorchestra.com）结合了现代和传统中国乐器，演奏的曲目展现了马来西亚在20世纪20年代和30年代的情怀。

流行音乐

除了马来西亚家喻户晓的女歌星茜蒂诺哈丽莎（Siti Nurhaliza）之外，歌手季小薇（Zee Avi）签约美国的Bushfire唱片（Bushfire Records）并推出同名处女作，此外新生代创作型歌手Yuna也签约了一家美国唱片公司。Najwa新推出的EP《极光》（*Aurora*）大受好评，饶舌歌手Arabyrd以及复古吉他乐手Noh Salleh也都值得关注。

2008年出道的本土原创乐队Kyoto Protocol继推出多首单曲和EP后，最终于2015年发行了首张完整专辑*Catch These Men*。如果想了解其他本地乐团和歌手动态，可登录The Wkn的网站（http://the-wknd.com）。

电影

马来西亚电影业的鼎盛时期是20世纪50年代，即流行歌手比·南利（P Ramlee）在大银幕上独领风骚之时。这位马来西亚全民偶像不仅演出了66部电影，录制了300首歌曲，还是一个成功的电影导演。他的导演处女作《三轮车夫》（*Penarik Becha*，1955年）是马来西亚的经典电影。

继南利之后，雅斯敏·阿末（Yasmin Ahamad）被认为是最重要的马来西亚电影制作人。她所执导的影片《我爱单眼皮》（*Sepet*，2005年）讲述了一个华人男孩和马来女孩的爱情故事，由于影片触及该国的种族和语言障碍等敏感话题，引起许多虔诚的马来人不满。雅斯敏·阿末随后执导的电影《焦虑》（*Gubra*，2006年）对妓女怀有同情之心，再次引发了不小的争议。后来她执导的*Mukshin*（2007年）和《恋恋茉莉香》（*Talentime*，2009年）则没有引起太大的轰动，这两部电影中前者讲述了发生在马来村庄的爱情故事，而后者则关于校际戏剧表演竞赛。雅斯敏·阿末在2009年中风病逝，《恋恋茉莉香》因此成为她的遗世之作。

蔡明亮画面美丽但节奏缓慢的跨种族爱情电影《黑眼圈》（*I Don't Want to Sleep Alone*，2006年）全程在吉隆坡拍摄。Dain Said在2012年执导的动作片《野蛮的骄傲》（*Bunohan*）在全球各大电影节都获得了好评，并取得了马来西亚电影罕见的海外发行权。2016年12月，他的新片《灵异摄影师》（*Interchange*）上映，这是一部以吉隆坡为背景的超自然惊悚片。

设于斯里巴加湾市的文莱艺术论坛致力于推动国际艺术交流，并展示本地当代艺术家的作品（大部分是画家），其中包括Zakaria Bin Omar、Haji Padzil Haji Ahmad和Teck Kwang Swee等人的作品。

视觉艺术

1963年，壳牌公司为庆祝马来西亚建国，委托侯赛因·埃纳斯（Hoessein Enas）绘制了系列作品。如今其中一些画作仍在吉隆坡的国家视觉艺术馆展出。此外擅长描绘silat（一种马来西亚武术）的Amron Omar也有许多作品在此展出。

Jalaini Abu Hassan（"Jai"）、黄海昌（Wong Hoy Cheong）、山水画画家黄鹏辉（Wong Perng Fey）和多媒体艺术家Yee I-Lan都是马来西亚非常著名的当代艺术家。马来西亚雕塑家Abdul Multhalib Musa的作品曾多次得奖，还为2008年北京奥运会创作了好几件作品。

志愿者运营的Gerai OA（www.facebook.com/geraioa）致力于销售和推广马来西亚少数民族原创手工艺品，他们的Facebook页面列出了吉隆坡的手工艺品市场以及如何前往该市场。

媒体

马来西亚和文莱在新闻自由方面都乏善可陈。根据记者无国界组织2014年发布的报告，这两个国家的新闻自由度在全球179个国家中分别排名第145和117位。以上两国都设有严厉的出版法，当局经常用法庭压制批评声音，并迫使记者进行自我审查。

在马来西亚，《镇压叛乱法》（*Sedition Act*）被用来限制人们的言论自由。2015年，马来西亚警察逮捕了边缘媒体集团（The Edge Media Group）出版人兼Malaysian Insider新闻门户网站首席执行官及三名编辑人员，理由是该网站发布了数篇建议在吉兰丹州推行hudud（伊斯兰戒律惩罚措施）的文章。马来西亚还封锁了新闻网站沙捞越报告（Sarawak Report）的互联网接入，同时终止了*Edge*报纸的发行，原因是它们持续追踪报道政府的1MBD投资基金丑闻。

在马来西亚媒体界，社交媒体正日益发挥作用，当地报章经常引用博主的言论，并报道博客圈所引发关注的议题。许多人都会在线阅读那些无法出现在报纸上的新闻。

艺术网站

马来西亚艺术（*www.arts.com.my*）

马来西亚设计档案馆（*www.malaysiadesignarchive.org*）

精彩文莱（*www.bruneions.com*）

环境

许多游客前往马来西亚和文莱是为了亲身体验这里令人叫绝的自然环境。然而，这两个国家与世界上其他国家一样，正试图在经济发展和环境保护之间寻求平衡。当地可持续发展议程上的重要议题包括马来西亚棕榈种植业引发的森林砍伐、濒危动植物保护、清理被污染的河道，以及通过创新能源效率项目削减碳排放等诸多问题。

地形地貌

马来半岛（面积132,090平方公里）大部分地区被茂密的丛林所覆盖，尤其是在山区和人口稀少的北部，尽管那里已有许多棕榈和橡胶种植园。半岛西边是广袤肥沃的平原，一直延伸入海；东部则是高度骤降的山脉，绵延的沙滩勾勒出海岸线的轮廓。马来西亚婆罗洲丛林茂密，有许多大型河流水系，尤其是在沙捞越。沙巴州的基纳巴卢山海拔4095米，是马来西亚最高的山峰。

文莱（5765平方公里）首都为斯里巴加湾市，位于红树林包围的文莱河河口，眺望着文莱湾和被分隔在东部的淡布隆，后者是人烟稀少的地区，有大量未被破坏的雨林。文莱的原始森林覆盖率维持在75%左右。

网络资源

马来西亚自然盟友（*Sahabat Alam Malaysia*，简称SAM；*www.foemalaysia.org*）

人猿基金会（*Orangutan Foun-dation; www.orangutan.org.uk*）

马来西亚老虎保护联盟（*Malaysian Conversation Alliance for Tigers*，简称*MYCAT; http://malayantiger.net*）

采伐森林

根据世界自然基金会（WWF）马来西亚分支机构的调查显示，马来西亚的森林覆盖率略低于60%。但是马来西亚自然协会和其他组织指出，关键在于马来西亚政府如何定义“森林覆盖率”。目前，根据政府的定义，橡胶园也被纳入统计数据。而事实上，许多州的原始森林被砍伐，开辟为橡胶种植园。

虽然政府提供的数据与环境保护组织的数据有出入，但马来半岛多达80%的原始雨林很可能已经被砍伐。诸如《国家林业法》（*National Forestry Policy*）等政府主导措施的推行使森林砍伐面积减至每年900平方公里，速度比原来减缓了1/3。政府的目标是森林采伐每年减少10%，但许多批评人士认为这不足以改善情况。他们警告：如果照此下去，马来西亚的原始森林将以惊人的速度消失。

环保组织如TREES（http://trees.org.my）也正在为保护雪兰莪东侧的雨林和集水区努力。2010年这里有近9.3万公顷的高地被列为雪兰莪州立公园（Selangor State Park），是继塔曼奈加拉国家公园（Taman Negara）与皇家贝莱州立公园（Royal Belum State Park）之后，马来半岛的第三大森林保护区。可上网查询更多资料：http://selangorstatepark.blogspot.com。

在沙捞越和沙巴，古老的雨林正面临着严峻的威胁。作为保护之举，国家公园与保护区的数量有所增加，规模也得以扩大，如：马廖盆地保护区（Maliau Basin Conservation Area）和布隆道勿国家公园（Pulong Tau National Park）。2005年，马来西亚、文莱和印度尼西亚加入了The Heart of Borneo Project（www.heartofborneo.org）保护计划。该计划旨在通过保护沙巴、沙捞越、文莱和加里曼丹境内24,000平方公里相互连接的森林地区，让子孙后代能拥有婆罗洲岛屿生物的多样性，并确保原住民文化的传承。

与富有争议的前任部长泰益·马哈茂德（Taib Mahmud）不同，现任沙捞越首席部长阿德南·萨特姆（Adenan Satem）发誓要保护剩余的雨林，打击与乱砍滥伐有关的腐败活动，他号召非政府组织在这些方面给予政府帮助。与此同时，过往伐木带来的负面影响已然显现出来，当地每到雨季都会饱受非同寻常的长期洪水之苦。

如果想要进一步了解政府在森林管理方面的相关讯息，可登录马来半岛林业部门（forestry department of Peninsular Malaysia；www.forestry.gov.my）、沙捞越林业部门（www.forestry.sarawak.gov.my）和沙巴林业部门（www.forest.sabah.gov.my）的相关网站。此外，威廉·W.毕维斯（William W Bevis）的获奖作品《婆罗洲的采伐：为沙捞越的森林抗争》（*Borneo Log: The Struggle for Sarawak's Forests*）对沙捞越森林采伐带给环境与人类的冲击做出了令人深思的概述，卢卡斯·施特劳曼（Lukas Straumann）2014年出版的作品《金钱采伐：亚洲木材黑帮之路》（*Money Logging: On the Trail of the Asian Timber Mafia*）讲述了沙捞越前任首席部长泰益对该州雨林造成的巨大破坏。

沙捞越生物多样性中心（www.sbc.org.my）正在对本州生物多样性的潜在商业应用进行调查研究。如果能在这些森林中找到治愈癌症或艾滋病的药方，就能获得数百万美元的收益。

棕榈种植园

棕榈树原产于西非，于19世纪70年代被引入马来西亚。马来西亚第一座棕榈种植园建于1917年，如今棕榈树可能已成为马来西亚最常见的树木。据马来西亚棕榈油委员会（Malaysian Palm Oil Council；www.mpoc.org.my）称，马来西亚是世界上最主要的棕榈油生产国，占全球产量的

野生动物走私

根据马来西亚《野生动物保护法》，对于盗猎、走私动物和其他野生动物相关犯罪将处以多达10万令吉的罚款和长期监禁的处罚。尽管如此，野生动物活体和器官走私在该地区依然屡禁不止。2010年7月的一次搜查被盗汽车行动中，警方在吉隆坡一个仓库内发现了一个"迷你动物园"，起获多达20种受保护的野生动物，其中包括一对珍稀的天堂鸟，价值高达100万令吉。

马来西亚最臭名昭著的动物走私犯Alvin Wong曾被判5年监禁，但仅仅服刑17个月便被释放。他在布莱恩·克里斯蒂（Bryan Christy）的《蜥蜴之王》（*The Lizard King*）中被描述为"野生动物走私界的巴勃罗·埃斯科巴（哥伦比亚大毒枭）"。2013年，Al Jeezera在其拍摄的纪录片中指控他重操旧业。

被走私的绝不仅仅是活体动物。马来西亚被视为非法象牙贸易的中转站，象牙从这里流向亚洲其他国家。2015年8月，官方在吉隆坡查抄了一家被指称从事老虎和其他野生动物器官买卖的公司。

云豹计划（The Clouded Leopard Project; http://cloudedleopard.org）已经资助马来西亚婆罗洲的数个云豹保护项目，这些美丽的动物比马来虎还要珍稀。

40%。棕榈叶下面长着成串的橙色果实，从这些果实中萃取出的棕榈油主要作为食用油，同时也能提炼为生物柴油以替代化石燃料。

就总的产出效益而言，取代森林砍伐基地或本土丛林的大规模棕榈种植园会造成严重的环境危害。联合国环境署在2007年曾指出，油棕种植是马来西亚雨林被破坏的主要原因。种植中使用的污染性杀虫剂和肥料也削弱了这种作物的生态性，地力衰退为单一作物长期用地，使当地的植物种类减少了90%。大量除草剂与杀虫剂渗入河流，作物耗水可能造成地下水位下降，使周边的沼泽森林干涸（并在此过程中排放出大量温室气体）。种植园使野生动物栖息地变得支离破碎，大型哺乳动物更是首当其冲。

棕榈油行动团体（The Palm Oil Action Group; www.palmoilaction.org.au）是一个澳大利亚的施压集团，致力于提高人们对棕榈油问题的关注，并寻求棕榈油替代产品的解决方案。Roundtable on Sustainable Palm Oil（www.rspo.org）试图从各种角度探讨这一问题，同时尝试发展和实施全球标准。Proforest（www.proforest.net）与Wild Asia（www.wildasia.org）合作，帮助种植者了解和采用负责任的生产方式。

穿山甲受到马来西亚法令保护，但它仍然是不法集团走私出境最多的动物之一。据说穿山甲的鳞甲具有药效，每公斤的售价高达RM800。

碳排放和空气质量

在2014年联合国气候峰会上，马来西亚总理纳吉布表示马来西亚正致力于实现到2020年将碳排放降低40%的目标，这是该国政府于2009年做出的一项承诺。马来西亚的人均碳排放量虽然只有新加坡的一半，但已是泰国的两倍，比印度尼西亚或越南高出四倍。

为实现该目标，联邦政府将绿色工艺纳入能源与水利部职能范畴之内，并颁布了国家绿色科技政策。马六甲正在打造一个智能电网，以期在2020年成为马来西亚首个零排放城市。The Carbon Trust（www.carbontrust.com）也与雪兰莪州八打灵再也市当局合作，帮助制定为期五年的碳排放削减策略。

与此同时，该区域空气质量多年来持续受到印尼农田和种植园烧荒活

珍妮湖的困境

珍妮湖（Tasik Chini）是彭亨河流域的一部分，集水区面积45平方公里，是马来西亚唯一的联合国教科文组织生物圈保护区。就在10年前，珍妮湖还是旅游热点，大多数旅客都是为了一睹覆盖近乎整个湖面的荷花而来。如今，珍妮湖这个淡水沼泽遭受了严重污染，湖水污浊，荷花也已濒临绝迹。

湖水污染问题源自20世纪80年代中期，彼时州政府批准在湖畔实施土地发展计划，而联邦政府为了便于游船的航行在珍妮河的尽头建立了一道水堰，使情势更加严峻。尽管珍妮湖畔6个村庄的原住民抗议不断，政府还是一意孤行。

水堰致使水位至少提高了2米，淹没了生长在岸边的上千树木和藤蔓，危及最适合在浅水里生长的荷花。原本河水已经遭到地面排污径流的污染（污染源为距离河畔仅50米的露天开采铁矿），再加上河中腐烂植物释放的甲烷和硫化氢，污染情况变得更加严重。

随着情况不断恶化，透明国际马来西亚分部（Transparency International-Malaysia，简称TI-M）与世界自然基金会马来西亚分部（WWF-Malaysia）、马来西亚自然协会等多家环保机构共同发起拯救珍妮湖运动（www.timalaysia-forestwatch.org.my/tchini）。

负责任的旅行

- 购买当地产品，但请不要购买任何濒危物种的相关产品。如发现相关情况请拨打马来西亚专设的24小时野生动植物犯罪举报热线（☎019-356 4194）进行举报。
- 参观自然景点，聘用当地徒步导游，并支持和生态旅游相关的活动。这么做能将资金直接回馈到当地人手中，同时也证明了当地保护区有可持续发展的经济价值（相对于纯粹的生态价值而言）。
- 登录**Forest Watch**网站（www.timalaysia-forestwatch.org.my），报名成为森林义务监控者，这是一项由透明国际马来西亚分部发起的环保计划。
- 查询**Ecotourism & Conservation Society Malaysia**（http://ecomy.org）和**Wild Asia's**网站（www.wildasia.org）可了解资助和推广的各个项目，以获知更多在这个区域中负责任旅游的相关资讯。
- 查询如**国际自然基金会马来西亚分部**（WWF Malaysia; www.wwf.org.my）和**马来西亚自然协会**（Malaysian Nature Society; www.mns.org.my）等环保组织的网站，以了解和支持当地环保运动。

动产生的烟霾影响，而这些烧荒活动主要是为了来年能够更好地耕种。在马来西亚的局部地区，每年3月和雨季（9月、10月）前的那段时期烟霾情况最为严重，2015年该时间段的烟霾污染情况达到历史峰值。

水坝工程

水力发电被奉为无碳排放能源，但这些大规模发展项目通常给环境带来严重的负面影响。此外，水坝项目还会造成原住民被迫迁徙、移民后陷入生活困境或无法维持与传承其文化传统的尴尬局面，位于沙捞越沛南上游60公里处的Murum大坝及颇具争议的沙捞越巴贡水坝（Bakun Dam）就是这样的例子。

2010年10月，207米高的巴贡水坝开始蓄水，水库最终将淹没与新加坡面积一样大的690平方公里原始森林。根据马来西亚政府的计划，这个"全球第二高的混凝土面板堆石坝"将提供2400兆瓦的无碳排放清洁能源——相当于沙捞越当前峰值电量需求的2.5倍。

在吉兰丹州，约四分之三的海岸受到侵蚀，有些海岸线一年之内竟然后退了10米。

然而马来西亚和国际观察人士声称，整个巴贡水坝计划充斥着腐败交易，那些与当地政治家有商业往来的生意人将从中牟取暴利。此外，为建设水坝而进行的生物清理活动将涉及原始森林砍伐。

河流

在清理污染河流方面，槟城与马六甲都取得了一定的成效。流过乔治市中心的槟城河（Sungai Pinang）曾经污浊不堪，在河水污染级别中属于第Ⅴ级。该级别表示，任何生命都无法在河水中生存，而接触河水同样具有危险。实施河流清理计划后，2010年河水污染级别已降至第Ⅲ级。2015年，10只印度水獭多次在河中现身，这表明鱼类已重返该河。这项计划的远期目标是使河流水质达到第Ⅰ级。

沙捞越报告（www.sarawakreort.org）和兄弟组织沙捞越自由之声（https://radiofreesarawak.org）一直关注马来西亚的森林砍伐和水坝修造影响等问题。

根据马来西亚自然协会的介绍，马六甲河（Sungei Melaka）的重生也可视为河流治理的典范。这条流经马六甲的河流曾经淤渣沉积，2005年马从2001年开始，金马伦高原区域环境意识组织（Regional Environmental Awareness Cameron Highlands，简称REACH；www.reach.org.my）就致力于环境保护、修复和维护工作，希望在不破坏自然环境的前提下，实现农业和旅游业的可持续发展。

六甲斥资1亿令吉开始清理河流，该项计划还包括了在河岸上建设步道与草坪。一种特为清除水面浮油设计的船只在河流上把垃圾捞起，并将其压缩制成巩固河岸的材料。接下来的工作是美化河岸、整治污水系统和污水坑，并设计蓄水池以阻止浮渣、油质与垃圾流入河水之中。该计划已取得成功，从2013年开始了进一步清理整治工作，目标是美化河畔地带并持续改善水体质量。

如今，人们关注的焦点已转向吉隆坡与巴生谷。“Kuala Lumpur”（吉隆坡）的字面意思是“泥泞的河口”，而流经吉隆坡的河水颜色呈浓咖啡色，可谓名副其实。2010年，雪兰莪州政府在清理了巴生附近长达21公里的巴生河（Sungei Klang）后，展开更大规模的生命之河（River of Life）重建计划，重点在于清理河流上游流域的污染问题。2011年，政府斥资30亿令吉为提升水质做出努力。目前该河水质污染级别分属第Ⅲ级和不适合与身体接触的第Ⅳ级，政府的目标是在2020年把水质提升到适合与身体接触与休闲用途的第Ⅱb级。

生存指南

出行指南

想了解文莱的更多信息，可参考文莱（见515页）的出行指南章节。

签证

马来西亚个人旅游签证自签发日起有效期90天，停留期30天，单次入境。申请时须提交材料，请参考马来西亚旅游局网站www.tourismmalaysia.cn。

2016年3月1日，马来西亚电子签证启动仪式暨新闻发布会在京举行。马来西亚旅游文化部长拿督斯理穆罕默德·纳兹里·阿卜杜尔·阿及兹（Dato' Seri Mohamed Nazri Abdul Aziz）出席并主持发布会，宣布马来西亚将对中国大陆公民同时推出电子签证与免签政策。

电子签证只针对从签证签发之日起，到马来西亚旅游或走亲访友且停留天数不超过30天的游客，以及自签证签发日起3个月内，单次入境马来西亚的游客。申请人会在工作日的48小时内收到签证批准的邮件回复。游客只需要登录马来西亚电子签证的官方网站（www.windowmalaysia.my），提交相关材料后，缴纳签证费80元、手续费200元，而后自行打印电子签证即可。

马来西亚政府还宣布，将在2017年3月1日到2018年12月31日，对停留少于15天的中国游客实行免签证入境政策（ENTRI计划）。同样在该网站上申请，手续费为160元。但ENTRI计划只适用于从中国大陆或新加坡转机进入马来西亚的游客，从香港、澳门、台湾地区直飞或转机均无法入境。

由于马来西亚对大陆游客的签证政策时常变化，出行前最好在www.windowmalaysia.my上确认。

马来西亚大使馆签证中心（☎010-6591 3437，6591 3492；北京市朝阳区麦子店街37号北京盛福大厦110室；⏲递交材料 周一至周五 9:00~12:00；领取签证 周一至周五 9:00~12:00）

马来西亚驻上海总领事馆签证处（☎021-6212 1700；上海市长宁区黄金城道682号2楼；⏲递交材料 周一至周五 9:00~12:00，领取签证 周一至周五 14:00~17:00）

马来西亚驻广州总领事馆签证处（☎020-8739 5660，3877 0766，3877 0763转222；广东省广州市天河北路233号中信广场1915-1918室；⏲递交材料 周一至周五 9:00~12:00，领取签证 周一至周五 16:30~17:00）

马来西亚驻昆明总领事馆签证处（☎0871-3165888转 6241/6242；云南省昆明市东风东路29号樱花酒店401-405；⏲递交材料 周一至周五 9:00~12:00，领取签证 周一至周五 14:30~17:00）

游客必须确保在入境时，护照的有效期至少6个月。关于签证的完整、详细的规定，请登录网址www.kln.gov.my查询。

可以到马来西亚的移民厅申请签证延期，有可能获得总共3个月的有效期。这个简单的程序可在马来西亚的主要城市受理。注意，电子签证和电子免签计划均无法延期。

过境签

造访马来西亚可通过过境签的形式进行签证，过境签简称TWOV（Transit Without Visa），只有在停留时间不超过120小时的情况下方可向马来西亚移民局申请。持有中国大陆护照的旅行者须满足以下条件：

- 持有已确认的前往第三国（地区）的机票，且起飞时间在120小时以内。

- 出境航班起飞地须为入境口岸，例如在吉隆坡KLIA入境后从KLIA出境，不允许从槟城机场出境。
- 护照有效期不少于6个月。
- 必须出示打印的住宿确认单和机票原件，如果仅仅出示预订号码，可能被拒签。
- 持有目的地国家（地区）的有效入境签证，但实际过程中签证官一般只会检查护照有效期和前往第三国（地区）的机票。
- 证明本人持有在马来西亚停留期间的足够费用。实际签证过程中，这一项不被严格要求。

规划马来西亚过境签时请注意

过境签仅限于经由吉隆坡国际机场（KLIA Ⅰ、KLIA Ⅱ）、槟城机场（Bayan Lepas）、新山士乃机场（Senai）、亚庇机场（Kota Kinabalu）、古晋机场（Kuching）、国际邮轮停靠的港口过境马来西亚的旅行者申请；旅行者从泰国、新加坡陆路过境马来西亚时无法申请过境签；此外，搭乘飞机或国际邮轮进入马来西亚，再通过陆路进入泰国和新加坡的旅行者也无法申请过境签。

根据中国边检规定，24小时以内的转机才算是过境转机。但由于近年来赴马来西亚个人旅行的游客日益增多，北京、上海、广州等大城市基本都放宽了对过境签的要求，只要续航时间在72小时内，一般都予以放行。从马来西亚转飞机回国，则可以按照120小时来申请过境签。

续航机票目的地不能是出发地，例如行程为巴厘岛—亚庇—巴厘岛，在亚庇是无法申请到过境签的。

在马来西亚申请过境签入境时，签证官不会按照小时来计算120小时，而是按照自然日的天数计算，其中抵达和离境各算一天（24小时），因此如果航班抵达较晚，可以考虑过当天午夜0点之后再去申请过境签入境。

如果是以马来西亚为第二旅游目的地，例如中国—马来西亚—金边—马来西亚—中国，如果决定回程期间在马来西亚进行超过120小时的旅行，而且预先申请了单次个人旅行签证，那么在前往金边的旅途中申请过境签可能面临拒签。因此建议出发前申请好多次赴马签证。

许多中国旅行者选择从国内出发经吉隆坡前往可以落地签的巴厘岛，这种情况一般不存在问题。但如果旅行者持有的是从未使用过的中国护照（俗称“白本”），那么转机时间一定要控制在72小时内，否则中国边检人员可能会拒绝放行。这种情况下建议预先申请印尼签证，而且可以免去在巴厘岛机场的排队之苦。

沙巴和沙捞越保持着由州政府管辖的入境管理体系。游客在以下情况下必须办理入境手续：

- 从马来半岛或属于联邦区的纳闽岛（Pulau Labuan）进入沙巴或沙捞越；
- 由沙巴或沙捞越离开，前往马来半岛或纳闽岛；
- 在沙巴和沙捞越之间往返。

当你从马来西亚的其他地区进入沙巴或沙捞越，你可逗留的时日是原来的签证所剩余的有效期。在沙捞越，如果想要延长你的签证有效期，最简单的方法就是由Tebedu-Entikong的陆路过境到文莱或印度尼西亚，然后返回。

保险

出发前最好购买旅游保险。须仔细阅读保单的细节，检查赔付条款是否涵盖探洞、潜水或徒步等较具危险性的活动所造成的伤害，以及确保赔款数额足以支付你的损失。你可以选择直接由保险公司支付医药费，而非须由你先垫付再索赔的保险。如果需要在事后向保险公司索赔，你必须确保自己保留所有单据。查看赔付条款是否涵盖救护车或在紧急情况下乘坐飞机回国的费用。如果你打算在偏远地区徒步，直升机疏散服务也该纳入赔付条款之中。

美亚保险推出的“万国游踪”和“乐悠游”险种包含24小时全球紧急医疗救援，也承保潜水等户外运动项目。在Lonely Planet网站（www.longlyplanet.com/travel-insurance）可以购买全球旅行保险。你可以随时在线购买、延期或理赔，即使你已经在路上了。

现金

自动柜员机和信用卡

马来西亚90%的自动柜员机有银联标志，可以使用银联卡提取当地货币。提供银联自动柜员机取款的银行包括本地MEPS网络中的七家银行：马来亚银行（Maybank）、丰隆银行（Hong Leong

Bank）、大众银行（Public Bank）、RHB银行、联昌银行（CIMB）、人民银行（Bank Rakyat）、艾丰银行（Affin Bank），以及渣打、汇丰和花旗等三家外资银行。

截至本书出版时，持有华夏银行、成都银行、南粤银行借记卡的旅行者在境外有银联标志的自动柜员机上取款都可免除国内银行收费，自动柜员机所属的国外银行可能会收取一定金额的服务费，详情请致电发卡行咨询。此外，马来西亚绝大多数的自动柜员机单次提款最多只能提30张纸币，而银行都比较习惯在自动柜员机中放置面额50令吉的纸币，旅行者可根据自身需求提前计划好提款金额。另外，马来西亚的自动柜员机大多是先退卡、再吐钞。

万事达卡和维萨卡是广为接受的信用卡。你可用信用卡密码在自动柜员机提取现金，或用信用卡到马来亚银行（马来西亚最大的银行）、汇丰银行和渣打银行等柜台预借现金。许多银行也与Cirrus（最常见）、Maestro和Plus等国际银行联网，允许在海外的持卡人从储蓄账户中提款。

如果你不清楚你的卡在马来西亚是否能使用，可以询问国内的银行和马来西亚银行是否有互惠合作关系。

以下是信用卡公司在马来西亚的联络电话和网址：

美国运通（American Express；03-2031 7888，1800 88 9559；https://network.americanexpress.com/my/en/homepage）

大莱卡（Diners Card；☎03-2730 3388；www.diners.com.my）

万事达卡（Master Card；☎1800 804 594；www.mastercard.com/sea）

维萨卡（Visa；☎1800 802 997；www.visa-asia.com）

货币

马来西亚令吉（ringgit或RM）为十进位制。流通中的硬币面值分别为1sen（分）、5sen、10sen、20sen和50sen，纸币面值分别为RM1、RM5、RM10、RM20、RM50和RM100。

马来西亚人有时称令吉为“元”。请确认人们说的是“美元”还是“马来西亚元”（令吉）。

前往城市以外的地区时，一定要携带足够数额的小面值纸币，以防人们无法找换面值大于RM10的纸币。

税及退税

2015年起，马来西亚开始对大部分货物和服务征收6%的商品及销售税（GST）。虽然在部分情况下可以豁免（通常是新鲜和基本食品），但你会发现从付餐费到购买纪念品都有税的影子。如果一些地方的营业收入较低或者决定将商品销售税加入常规价格中，就不会在账单上显示——如果不确定，可以提前询问。

如果在任意政府认可的商店消费RM300（约合人民币466元）以上，国际旅行者购买的出境商品中部分类目可以退还销售税，详细操作步骤可浏览http://gst.customs.gov.my。

旅行支票和现金

该地区的银行工作效率很高，货币兑换处也很多。兑换现金或旅行支票时，银行通常收取手续费（每笔交易收费约RM10，每张支票的兑换手续费

实用信息

电源 使用英国制式的三相平板插头，连接稳定电源（220~240伏特，50赫兹）。

报纸 英语报纸包括*New Straits Times*（www.nst.com.my）、*Star*（www.thestar.com.my）和*Malay Mail*（www.themalaymailonline.com）。在婆罗洲，可以找到*Borneo Post*（www.theborneopost.com）、*New Sarawak Tribune*（www.newsarawaktribune.com）以及*New Sabah Times*（www.newsabahtimes.com.my）。

广播 Traxx FM（http://traxxfm.rtm.gov.my；90.3FM）、HITZ FM（www.hitz.fm；92.9FM）和MIX FM（www.mix.fm；94.5FM）播放流行音乐，BFM（www.bfm.my；89.9FM）和Fly FM（www.flyfm.com.my；95.8FM）播放新闻。

电视 可以收看马来西亚的两个政府频道（TV1和TV2）、四个商业电视台（TV3、NTTV7、8TV和TV9）和一档卫星频道节目。

度量衡 公制。

可能稍低)。货币兑换处虽然不收手续费,但各处的汇率会有较大差距。与银行相比,在货币兑换处兑换现金会比较划算,而且也比较快捷。远离游客较多的旅游区,货币兑换处的汇率就会比较低,而且大多不提供旅行支票的兑换服务。

整个地区都接受主要类型的旅行支票,兑换主要货币的现金也很方便,不过与世界上其他国家一样,美元在这里有一定的优势。

电源

240V/50Hz

使领馆

可登录www.kln.gov.my查询驻国外的马来西亚使领馆的网址和资料。下列的外国驻马来西亚大使馆均设于吉隆坡,办公时间通常为周一至周五 8:00~12:30和13:30~16:30。

中国(☎24小时紧急求助电话006-012-372 0197; my.chineseembassy.org; 229, JALANAMPANG, 50450 Kuala Lumpur, Malaysia)

文莱(☎03-2161 2800; www.mofat.gov.bn; 19-01, 19th fl, Menara Tan & Tan, Jln Tun Razak)

新加坡(☎03-2161 6277; www.mfa.gov.sg/content/mfa/overseasmission/kuala_lumpur.html; 209 Jln Tun Razak)

除吉隆坡外的中国领事馆:

中国驻古晋总领事馆(☎006-082-24 0344, 23 8344; kuching.chineseconsulate.org; Lot 276, Block 10, Jalan Ong Tiang Swee, 93200 Kuching, Sarawak, Malaysia)

海关条例

下列物品可免税带入马来西亚:

- 1升酒。
- 225克烟草(200支香烟或50支雪茄)。
- 价值不超过RM200的纪念品和礼物,如果来自纳闽岛或兰卡威岛,则限定价值为RM500。

携带照相机、袖珍收音机、香水、化妆品和手表都不用缴税。禁止携带的物品有武器(包括仿制品)、烟火、色情和带有宗教歧视或做出不负责任指摘的书刊以及毒品。在马来西亚,携带毒品入境将被判处死刑。

进出马来西亚的游客只可携带相当于1万美元的令吉纸币或其他外币。

旅游信息

马来西亚旅游局(www.tourism.gov.my)有不错的海外办事处网站,为出发前的旅行筹划提供有用的信息。不幸的是,其国内办事处没什么作用,经常不能提供目的地和交通等方面的详细信息。不过,各办事处储备了一些相当好的小册子和很实用的《马来西亚地图》。

马来西亚境内有许多州立旅游促进组织,通常提供特定地区的详细信息,其中包括:

沙巴旅游局(Sabah Tourism; www.sabahtourism.com)

彭亨旅游局(Pahang Tourism; www.pahangtourism.org.my)

霹雳州旅游局(Perak Tourism; www.peraktourism.com)

沙捞越旅游局(Sarawak Tourism; http://sarawaktourism.com)

槟城旅游局(Tourism Penang; www.visitpenang.gov.my)

雪兰莪旅游局(Tourism Selangor; www.tourismselangor.my)

登嘉楼旅游局(Tourism Terengganu; http://tourism.terengganu.gov.my)

> **就餐价格范围**
>
> 以下的价格范围指的是两道菜的套餐,外加一杯饮料:
>
> **$** 低于RM15
>
> **$$** RM15~60
>
> **$$$** 超过RM60

营业时间

银行 周一至周五 10:00~15:00,周六9:30~11:30

酒吧和夜店 17:00至次日5:00

咖啡馆 8:00~22:00

餐馆 正午至14:30和18:00~22:30

商店 9:30~19:00，大型商场10:00~22:00

节假日

全国节假日包括各种世俗节日或宗教节日（每年的确切日期不同）。例如春节（1月/2月）、印度教节日屠妖节（10月/11月）、佛教节日卫塞节（4月/5月）和伊斯兰节日哈芝节、开斋节、Mawlid al-Nabi和Awal Muharram（伊斯兰新年）等，节日的确切日期见25页。

每年的节假日包括以下节日：

元旦 1月1日

联邦领土日 2月1日（仅吉隆坡和布城）

耶稣受难日 3月或4月（仅沙捞越和沙巴）

劳动节 5月1日

最高元首（国王）诞辰 6月的第一个周六

槟城总督诞辰 7月的第二个周六（仅槟城）

马来西亚国庆日 8月31日

马来西亚日 9月16日

圣诞节 12月25日

学校假期

马来西亚的学校一年放五次假。各州的学校放假日期不同，但基本都在1月（一周）、3月（两周）、5月（三周）、8月（一周）和10月（四周）。

住宿

马来西亚的住宿既有破旧简陋的廉价住所，又有豪华的五星级度假村。除旅游高峰期（1月/2月的春节等重大节庆）以外，都提供大幅优惠，可向酒店查询特价房。

许多高级酒店的优惠价相等于中档住宿的房价。所有酒店客房都收取6%的政府税（但是经济型和诸多中档住宿直接将其纳入房价中）。几乎所有高级酒店都会收取10%的服务费，在房价上会用++标出。广泛接受信用卡付款，但一些经济型旅馆只接受现金。

警告：在马来西亚的酒店里，臭虫很常见（见570页），经济型住宿的臭虫问题尤为严重。

露营

马来西亚许多国家公园都有正式的营地，如果游客进入丛林腹地，也可以在非指定的位置露营。一些少人问津的海滩也是露营的理想场所，而在马来西亚岛屿一些杳无人迹的海湾也可以露营。春秋两季用的营帐附带蚊帐最为理想，用适合夏季的睡袋没问题，但最好选择轻薄一些的睡袋，因为即使是晚上，天气也很暖和。

计算节假日具体日期

伊斯兰假期遵循伊斯兰历法，华人和印度教节日则使用阴历。伊斯兰节日每年都比前一年早约11天，印度教和华人节日的日期不定，但每年大致都在同一个公历月内。

住宿价格范围

下列价格是指附带浴室的双人间：

$ 低于RM100

$$ RM100~400

$$$ 超过RM400

家庭寄宿

离开快节奏的喧闹城市，寄宿在一个马来西亚家庭里，将给你带来全新的独特体验。你可联系**马来西亚旅游局**（Tourism Malaysia; www.tourismmalaysia.gov.my）和各州旅游机构，询问一些偏僻乡村（当地人称为kampung，即甘榜）的当地家庭寄宿信息。还可以在**Go2Homestay.com**（www.go2homestay.com）上寻找有用信息。

青年旅舍和客栈

在海滨胜地和主要旅游城市，有许多廉价青年旅舍和客栈。一般都设有通铺床位，房间简陋（墙壁薄，有些没有窗户），只有公用浴室。这是最廉价的住宿选择，也是和其他旅行者交流的最佳场所。为了和其他业者竞争、吸引旅行者，一些旅舍为顾客提供免费Wi-Fi、茶水、咖啡、自行车和交通服务等。根据位置，通常一个通铺床位的费用为RM10~50，而配有空调的酒店式房间收费是RM20~100。

酒店

按当地说法，高级酒店中的标准客房常被称为“高级客房”。大多数酒店设有空间更大、视野更好、价格更高的“豪华客房”或“俱乐部客房”，一般还含早餐或免费上网。有些酒店还设有套房。

价格较低的是由华人经营的老酒店，通常只提供含一张床、桌椅和洗漱池的简单房间。淋浴室和厕所可能为公用，设在楼道里。有时为了省钱，夫妇可以要求入住"单人房"，因为在中式酒店中，"单人房"的概念指的是"有一张双人床的房间"，而"双人房"指的是"有两张床的房间"。别以为单人房会很局促，其实中式酒店的客房是相当宽敞的。

这种酒店的主要缺点是有时可能会很吵。它们通常位于主街道上，而最廉价的客房通常墙壁很薄，甚至够不到天花板，虽利于通风，却缺乏隐私，不得安宁。

长屋

整村人住在看起来了无止境的长屋屋檐下(见535页)，这是马来西亚婆罗洲原住民达雅克人的一大生活特色。现代长屋将旧有的形式和功能强大的设施相结合，如瓦楞铁屋檐和卫星天线接收器都出现了。根据达雅克人的传统，如果有人突然出现在长屋中，主人都必须欢迎他并提供住宿，但现在原住民是不欢迎不速之客的。为了避免出现限制入内这种境况，最好还是雇一个了解当地文化的向导，或者使用旅行社的服务，让他们为你介绍，并安排参观事宜。

招待所

一些古老的、由英国人建造的招待所仍在营业。它们建于殖民时代，当年是短期居留的英国官员的住处。如今，许多旅舍仍属政府所有，但由私人经营。一些已经翻修成现代化的中档度假村，另一些还保留着殖民风格的装饰。招待所的平均房价为RM60~150，而且房间通常有空调和附带的洗手间。

在线预订住宿

欲知更多Lonely Planet作者对住宿的评价，请登录http://lonelyplanet.com/ hotels/。这个网站有客观的评论，同时推荐最好的住宿，并提供网上预订服务。

地图

Periplus(http://periplus publishinggroup.com)出版马来西亚、马来半岛和吉隆坡地图。马来西亚旅游局提供的免费《马来西亚地图》上有实用的距离图示、国家简介和各大主要城市的插页地图。

如果想要获取精确的农村地区地图，可联系**National Survey & Mapping Department**(Ibu Pejabat Ukur & Pemetaan Malaysia; ☎03-2617 0800; www.jupem.gov.my; Jln Semarak, Kuala Lumpur; ⏰周一至周四 7:45~12:30和14:00~16:45，周五 7:45至正午和14:00~16:45)。

邮局

Pos Malaysia Berhad(☎1300 300 300; www.pos.com.my)旗下的邮政系统营运效率很高，邮局周一至周六8:00~17:00运营，每月的第一个周六以及节假日休息。

寄往任何国家的航空邮件和明信片均收取50sen邮费。重量低于20克的信件寄往亚洲国家收费为RM1.2~1.4(其中，至文莱、新加坡、柬埔寨、印度尼西亚、老挝、缅甸、菲律宾、泰国和越南的邮费为RM1.2)，寄往其他国家邮费为RM2(至澳大利亚、新西兰的邮费为RM1.4)。邮包每公斤邮费为RM20~60，视邮包寄往的目的地而定。

各大城市的主要邮局都有包装材料和文具出售。

电话

固网电信服务由国营的**马来西亚电信公司**(Telekom Malaysia，简称TM; www.tm.com.my)垄断。

传真

大城市的马来西亚电信公司办事处和主要邮局提供传真服务。如果找不到上述场所，可到旅行社或大型酒店试试。

国际长途电话

拨打长途电话最简单便宜的方法是购买当地SIM卡，然后安装在自己的手机上使用。并非所有当地的公用付费电话都能拨打国际长途，你可以到马来西亚电信公司办事处请接线生转接国际长途。购买国际预付费电话卡(便利店皆有售)可节省固话费用。

当地国内电话

马来西亚的国内电话前2分钟收费8sen。可用硬币或在马来西亚电信公司办事处和便利店购买的预付费电话卡拨打公用付费电话。一些公用付费电话可接受国际信用卡。你能在便利店和售卖手机的柜台购买多种打折的电话卡。

手机

如果开通了国际漫游，你的手机会自动转入当地运营商的网络。如果没有，可以在抵达后购买当地电信公司的预付费SIM卡（须凭护照）。本地电话和文字短信的费用约为36sen。马来西亚有三大移动通信运营商，话费和套餐相似：

Celcom（www.celcom.com.my）如果你要在沙巴和沙捞越的偏远地区旅行，最好选择这家公司。

Digi（www.digi.com.my）

Maxis（www.maxis.com.my）

从国外打回中国，前面加0086，去掉国内区号前的0。

Digi拨打中国座机RM0.18/分钟，手机RM0.43/分钟，发短信RM0.2/条；Maxis拨打中国座机RM0.2/分钟，手机RM0.5/分钟；Tunetalk拨打中国座机RM0.15/分钟，手机RM0.25/分钟，短信RM0.2/条。

上网

在马来西亚，到处都可以找到Wi-Fi连接热点（通常都是免费的）。如今网吧正在日益减少，但如果你没有随身携带智能设备，确实还能找到为数不多的网吧。只有在半岛和马来西亚婆罗洲最偏远的地方或者丛林里，才会无法上网。

时间

马来西亚比格林尼治时间早8小时，和中国没有时差。

厕所

虽然一些地方的厕所仍然是亚洲式蹲厕，但大部分已经是西式的坐厕。公共场所的厕所通常不提供卫生纸，你会发现一条连接水龙头的水管，可让你用于净身。在一些设备较简陋的地方，则是一个水龙头下接着一桶水。如果你对用水净身的方式感到很不习惯，需要随身带着卫生纸。

旅行安全

危险动物

马来西亚时有狂犬症的病例报告，所以如果被动物咬伤，应该严肃对待。在丛林和红树林中，可能会面临以下动物或虫类的伤害：蚂蟥（引人反感但无害）、蛇（有些带剧毒）、猕猴（有些喜欢抢夺人们的背包）、猩猩（有时会带有侵略性）以及泥泞河口中的咸水鳄（如果被其拖入水中可致命）。

偷窃和暴力

在马来西亚，偷窃和暴力行为并不常见，与印度尼西亚和泰国相比，马来西亚是很安全的。但是，你还是得看好自己的物品，尤其是旅游证件，护照、旅游支票等应该一直随身携带。

抢劫案确有发生，在吉隆坡和槟城尤其需要注意。入夜后，在一些城市角落也发生过伤人案。飞车党专门针对女性下手，抢夺她们的手提包。在兰卡威岛和停泊岛，要留意当地那些不怀好意的“海滩男孩”。

信用卡诈骗在马来西亚日益普遍，你最好只在可靠的地方使用信用卡，并保护好你的信用卡密码。

应该携带一把牢固的小锁，尤其是如果你打算住在马来西亚海滩的一些便宜旅舍，这些旅舍用的锁通常是很不牢固的。

法律事务

无论何时何地和当地警察打交道，你都应该保持恭敬的态度。你很有可能因一起罪案（马来西亚有些大城市专设旅游警察局处理这类案件）或交通事故而需要报警。警察可能会忽视一些轻微的不端行为，就别太在意了。

旅行建议

了解最新旅行建议，可查阅下列网站：

中国（cs.mfa.gov.cn/）

澳大利亚（www.smartraveller.gov.au）

加拿大（www.voyage.gc.ca）

新西兰（www.safetravel.govt.nz）

英国（www.gov.uk/foreign-travel-advice）

美国（http://travel.state.gov/content/travel/eng.html）

携带毒品会被判处死刑。在马来西亚，有相当数量的外国人被判处死刑，当中一些仅携带了非常少量的海洛因就被处死。即使仅拥有微量毒品，也会被判处长期监禁以及鞭刑。所以千万别携带毒品。

带孩子旅行

带孩子游览马来西亚通常是轻松愉快的。大多数时候，父母们无须过于担心，但还是必须遵守一些基本准则，如定期洗手，以避免可能出现的卫生问题。马来西亚有狂犬病病例，所以父母应该特别警告孩子不要跟动物玩耍。

Lonely Planet的《带孩子旅行》包含了许多实用的建议，例如一路上如何照顾孩子、旅行时应该携带哪些物品，书中也提及在发展中国家旅行时应该特别注意的事项。www.travelwithyourkids.com也提供有用的基本信息和忠告。

大部分景点和交通服务都为儿童提供优惠。一些海滨度假村特别推出家庭小屋，但房价较低的酒店一般不提供儿童床。公共交通舒适而且相当有秩序。由于大部分地区不设人行道，而且街边石太高，使用婴儿车并不方便。

随处都可买到婴儿配方奶粉、婴儿食品和尿布（纸尿片）。但是前往较偏远的目的地和小岛之前，最好储备足量的上述物品。

残障旅行者

对行动不便的人而言，马来西亚可能是个噩梦。大部分城市的街道上没有人行道，街边路缘较高，到处是建筑工地，十字路口很少且距离很远。不过也有好的一面：出租车收费低廉，而且马来西亚航空公司和马来西亚铁路系统（KTM）对行动不便的旅行者提供五折优惠。

在出发前，先和你国内的扶助组织联系（如果有的话，最好能和专门负责旅行的职员谈谈）。

同性恋旅行者

马来西亚作为伊斯兰国家，对同性恋的包容程度和其邻国相差甚远。任何年龄的男子与同性发生性行为都是违法的。此外，伊斯兰律法（仅适用于穆斯林）禁止鸡奸和异装癖。对同性恋者的严厉指控在当地非常罕见。

鉴于此，同性恋、双性恋及变性旅行者应当避免做出引人注目的举动。保守的马来西亚人不太能接受人们在公共场合的亲热表现。同性之间牵手的举止颇为常见，通常并不意味着同性恋关系。但是公然出双入对的同性恋者这么做会引人侧目。不过一般人也不会激烈抨击这种行为。

在吉隆坡，其实存在着相当活跃的同性恋、双性恋及变性者活动。可查询www.utopia-asia.com或www.fridae.com，这两个网站都有关于亚洲各国同性恋、双性恋及变性者活动的报道。

PT Foundation（www.ptfmalaysia.org/v2）是一个自发组成的非营利性组织，为边缘化人群提供艾滋病和性方面的教育，并对这个群体给予关爱和支持。

女性旅行者

在马来西亚旅行时，减少麻烦的关键在于入乡随俗。这意味着穿着得体，态度恭敬，在伊斯兰氛围浓厚的地区尤其是如此，例如马来半岛东北部各州。参观清真寺时，戴着头巾，双腿以纱笼覆盖（许多清真寺都在门外租借头巾与纱笼）。在海滩上，大多数马来西亚妇女穿着T恤和短裤游泳，所以“无上装裸泳”想都别想。

要有警觉性，对待过于友善的陌生人——无论男女——都要格外谨慎。入夜后，不要独自走在城镇僻静或混乱的地方，而应该乘坐出租车。

摄影

马来西亚人对游客为他们照相通常不会反感，但是在给人们照相和在清真寺或寺庙拍照以前应先征得许可，这是一种礼貌的表现。由Lonely Planet出版的旅行摄影师Richard I' Anson的作品*Travel Photography: A Guide to Taking Better Pictures*一书中有许多摄影技巧，有助于你拍到更好的照片。

志愿者服务

该地区有许多志愿者服务机构，但是要注意有些所谓的“志愿者主义”已经成为一种产业，并非所有组织都能实践曾经许下的愿景和理念。如果要从事与儿童有关的志愿服务，专业人士建议最少服务3个月。

Lonely Planet并不保证

未与我们直接开展工作的机构的真实性，因此向任何人承诺从事志愿者工作前，一定要开展深入彻底的调研。

All Women's Action Society Malaysia（www.awam.org.my）旨在改善马来西亚女性的生活，提倡建设公平、民主和公正的社会，男女相互尊重、平等相待。

Ecoteer（www.ecoteerresponsibletravel.com）提供各种志愿者服务，包括猩猩保护项目等。

Eden Handicap Service Centre（www.edenhandicap.org）由基督教组织运作，为槟城残障人士提供关怀与协助，举办各种需要志愿者参与的活动。

The Great Projects（www.thegreatprojects.com）该组织安排志愿者前往沙捞越玛唐野生动物保护中心和其他野生动物保护区开展志愿者服务。

Lang Tengah Turtle Watch（http://langtengahturtlewatch.org; Turtle Bay; 每周 US$240）帮助保护在这座半岛东海岸下蛋的海龟。

LASSie（www.langkawilassie.org.my）喜欢猫狗的人可到兰卡威岛动物保护及保育基金会（Langkawi Animal Shelter & Sanctuary Foundation）服务。

Malaysian Nature Society（www.mns.org.my）通过网站或电话联系他们，看看如何为保护马来西亚的自然环境尽一份力。

Miso Walai Homestay Program（www.misowalaihomestay.com）让旅行者参与当地湿地恢复计划。

PAWS（www.paws.org.my）梳邦机场附近的动物庇护所，距离吉隆坡市中心约30分钟车程。

Regional Environmental Awareness Cameron Highlands（www.reach.org.my）参与金马伦高原的森林重建和循环再生项目。

西必洛猩猩保护中心（Sepilok Orangutan Rehabilitation Centre; 见376页）为动物爱好者提供体系完善的志愿工作计划。

Wild Asia（www.wildasia.org）提供各种志愿工作的机会，通常与该地区的环境保护和可持续发展的旅游业相关。

交通指南

想了解文莱的更多信息，可参考文莱（见515页）的出行指南章节。

到达和离开

进入马来西亚

必须具备：有效期至少6个月的护照、前往马来西亚的机票，以及停留间所需的足够现金（不过海关一般不会要求你出示）。

机票、火车票和团队游可通过www.lonelyplanet.com/bookings在线预订。

飞机

机场和航空公司

吉隆坡国际机场（Kuala Lumpur International Airport）位于吉隆坡南部75公里处，是大量国际航班进出马来西亚的主要门户。该机场有两座航站楼，其中KLIA II主要停靠廉价航空公司的航班（KLIA II是亚洲航空公司的航站楼）。亚洲和澳大利亚的部分城市开设了飞往槟城、古晋、亚庇和其他城市的直航航线。

除亚洲航空、马来西亚航空、新加坡航空、虎航、捷星航空、胜安航空等公司外，中国所设往返马来西亚、新加坡直飞航线的航空公司有中国国际航空、南方航空、厦门航空、东方航空、海南航空、深圳航空、港龙航空和国泰航空。具体航线可通过各航空公司网站或致电航空公司查询。文莱航空公司开通有上海至斯里巴加湾市的直飞航线，每周一、三、五执飞。

中国南方航空（☎4006 695539；www.csair.com）

港龙航空（☎4008 886 628；www.dragonair.com）

国泰航空（☎4008 886 628；www.cathaypacific.com）

厦门航空（☎95557；www.xiamenair.com）

中国东方航空（☎95530；www.ceair.com）

韩亚航空（☎010-8460 9561-9564；www.flyasiana.com）

大韩航空（☎4006588888；www.koreanair.com）

厦门航空（☎95577；www.xiamenair.com.cn）

海南航空（☎950718；www.hnair.com）

机票

在购买机票时，你应该比较飞往马来西亚和新加坡的价格。你可以从新加坡经陆路到达马来西亚半岛的任何地方，

> **气候变化和旅行**
>
> 任何使用碳基燃料的交通工具都会产生二氧化碳，这是人为导致气候变化的主要原因。空中旅行耗费的燃料以每公里人均计算或许比汽车少，但其行驶的距离却远很多。飞机在高空所排放的气体（包括二氧化碳）和颗粒同样对气候变化造成影响。许多网站提供"碳排量计算器"，以便人们估算个人旅行所产生的碳排量，并鼓励人们参与减缓全球变暖的旅行计划，以抵消个人旅行对环境所造成的影响。Lonely Planet会抵消其所有员工和作者旅行所产生的碳排放影响。

所需时间均不超过一天，而且新加坡也有直飞马来西亚婆罗洲和文莱的航班。在吉隆坡和新加坡都可以买到下一程的机票。

陆路

文莱

可由沙捞越进入文莱。

印度尼西亚

加里曼丹（Kalimantan）的坤甸（Pontianak）和沙捞越的古晋与米里，以及沙巴的亚庇之间有数班快车。快车经过Tebedu-Entikong边境站。

新加坡

大部分交通工具都会使用连接新山（柔佛巴鲁）和新加坡的新柔堤道。从马来西亚出发的火车和长途汽车直接进入新加坡，以兀兰（Woodlands）为终点站，不少长途汽车也会继续前往市中心的黄金坊（Golden Mile Complex），购票时可问清楚。或者你可乘长途汽车到新山，再转搭出租车或长途汽车从新山进入新加坡。

由马来西亚铁路系统（Keretapi Tanah Melayu，简称KTM）运营的穿梭火车（RM5/S$5，5分钟）在兀兰检查站和新山车站之间往返，每天7班。

Express Bus Travel Guide（www.singaporemalaysiabus.com）提供新加坡、马来西亚和泰国之间快车的详细信息，是一个不错的网站。

新加坡西部的Tuas和新山的Geylang Patah之间也有一条堤道，被称为第二通道（Second Link），有些前往马六甲和沿西岸行驶的长途汽车使用这一条通道；通过新加坡境内的边检站可能会耗时颇久。如果自驾车，第二通道的通行费比主要堤道要高很多。

泰国

长途汽车和小汽车

你可以通过巴丹勿刹（Padang Besar）、黑木山（Bukit Kayu Hitam）、兰斗班让（Rantau Panjang，泰国一侧称为Sungai Golok）和彭加兰古堡（Pengkalan Kubor）这四个边境口岸经陆路进入泰国。

火车

进入泰国的铁路是经由北海（Butterworth）—亚罗士打（Alor Setar）—合艾（Hat Yai）的线路，该线路在巴丹勿刹过境至泰国。你可乘坐由北海至曼谷的国际快车，由吉隆坡和新加坡出发的火车准时与该线相连。

由北海至合艾、曼谷的二等车厢上铺/下铺价格分别为RM35/39和RM104/112，从亚罗士打每天有一班北上的火车前往合艾（票价RM9~48），还有一班前往曼谷（上铺/下铺票价RM97/105）。

每日也有一班车由吉隆坡（在Senandung Langkawi）直达合艾（座票/上铺/下铺RM44/54/60）。

合艾有多班火车和长途汽车开往泰国其他地方。

豪华的**Eastern & Oriental Express**（www.belmond.com/eastern-and-oriental-express）也有连接新加坡和曼谷的快车，中途经停吉隆坡和北海（可由北海前往槟城）。

海路

文莱

文莱和纳闽岛（Pulau Labuan）之间有船只通行，可乘船由纳闽岛前往沙巴。所有国际船只由斯里巴加湾市东北25公里处的麻拉（Muara）发船。在这里可办理海关手续。

印度尼西亚

印度尼西亚和马来西亚之间的主要轮渡线路如下：

- 苏门答腊的Bengkalis至马六甲
- 巴淡岛（Pulau Batam）至新山（柔佛巴鲁）
- 苏门答腊的杜迈（Dumai）至马六甲

> **可持续的旅行**
>
> 只要不赶时间，你完全可以减少从欧洲和亚洲大部分地区前往马来半岛的碳排放。浏览**Man in Seat 61**（www.seat61.com/malaysia.htm）了解如何在三四周的时间里采用火车和汽车相结合的方式从伦敦前往吉隆坡。
>
> 在抵达该地区后，不妨考虑在当地家庭寄宿，雇当地徒步向导，并在购买纪念品时支持当地传统手工艺。在本书中我们列出了各种可持续发展的选择（用🌿标出）。

- 苏门答腊的棉兰（Medan）至槟城
- 苏门答腊的北干巴鲁（Pekanbaru）至马六甲
- 民丹岛（Tanjung Pinang Bintan）的Tanjung Pinang至新山（柔佛巴鲁）
- 苏门答腊的Tanjung Balai至巴生港（Pelabuhan Klang）和Kukup
- 加里曼丹的Tarakan至斗湖（Tawau）

菲律宾

渡轮连接山打根（Sandakan）和菲律宾明达瑙岛（Mindanao）上的三宝颜（Zamboanga），每周一趟。

新加坡

新加坡有多班定时渡轮开往马来西亚。当地人喜欢乘坐游轮旅行。

泰国

有渡轮从兰卡威岛的瓜埠（Kuah）开往位于泰国海岸的沙敦（Satun）。从11月至次年5月中旬，还有船只开往丽贝岛（Ko Lipe）。通关时必须确保护照已盖上出入境印章。

当地交通

飞机

马来西亚的航线

马来西亚有两家主要的国内航线运营商：**马来西亚航空公司**（Malaysia Airlines，简称MAS；☎1300-883 000，马来西亚之外拨打 03-7843 3000；www.malaysiaairlines.com）和**亚洲航空公司**（AirAsia；☎600 85 8888；www.airasia.com）。

马来西亚航空公司的子公司**飞萤航空**（Firefly；☎03-7845 4543；www.fireflyz.com.my）有从吉隆坡（梳邦机场）飞往怡保、新山、Kerteh、哥打巴鲁、瓜拉登嘉楼、兰卡威和槟城的航线，也有从槟城至兰卡威、关丹至哥打巴鲁、怡保至新山、新山至哥打巴鲁的航班。

马印航空（Malindo Air；☎03-7841 5388；www.malindoair.com）开通了马来西亚城镇之间的诸多航线。

在马来西亚婆罗洲，马来西亚航空公司的子公司**马航飞翼航空**（MASwings；☎1300-88 3000；www.maswings.com.my）有飞往沙捞越和沙巴及连接两地的航班，米里是主要的航空中心。这些航班受天气影响严重，特别是只有19个座位的Twin Otters小型客机。在雨季（沙捞越和沙巴东北岸10月至次年3月，沙巴西岸5月至11月），像沙捞越的巴里奥（Bario）这样的地方可能一连数日都与外界交通隔绝，所以如果你的时间并不充裕，不要在雨季前往这些地方。学校放假期间这些航班的机票一般会销售一空。在其他时段，在飞行的前几天预购机票应该不成问题，但尽量提前买票总是好的。

折扣

所有航空公司都在网上提供优惠特价票，一般而言，你越早预购机票，所获的优惠就越多。马来西亚航空公司提供各种国内优惠票（折扣基本为25%~50%），包括为家庭和三人以上的团体提供优惠票，订票时可以询问。学生也能享有优惠，但仅限于马来西亚各大高校的学生。

自行车

越来越多的人选择骑自行车游览马来西亚及其周边国家。那里主要的道路铺设完好，但二级公路路况较差。大多数地区的路况适合骑行，但要在路面未经铺设的小径上行驶，最好骑山地车。

可以在各大主要城市买到优质的自行车和配件，但10变速（或更高）的自行车和零件在当地很难找到，最好自行携带。大部分国际航班可以托运自行车，可与航空公司联系以确定额外费用和托运细节。

实用网站包括：

Kuala Lumpur Mountain Bike Hash（http://klmbh.org）提供每月由吉隆坡出发的自行车活动的详细信息。

Bicycle Touring Malaysia（www.bicycletouringmalaysia.com）在霹雳州提供团队游套餐的Dave及其子Suresh经营的网站，提供这个地区各种自行车活动的大量信息。

Malaysia Cycling Events & Blogs（www.malaysiacycling.blogspot.co.uk）提供马来西亚全国各地自行车商店的各种资讯。

Cycling Kuala Lumpur（http://cyclingkl.blogspot.co.uk）了解吉隆坡市内和周边骑行资讯的好地方。

船

马来西亚半岛和马来西亚婆罗洲之间没有海路交通服务，只有马来半岛和沿岸小岛之间以及沙捞越和沙巴境内河流沿线的船只和渡轮。要注意的是，有些渡轮公司对安全规则的管理相当松懈，而当地监管部门也几乎不存在。如果船只看起来已经超载或不安全，坚决不要上船。别人才不管你的死活呢。

长途汽车

在马来西亚乘坐长途汽车旅行通常既经济又舒服，可以直接向运营商预订座位，或者通过www.easybook.com等网站预订。有些司机不负责任地开快车，因此导致频繁发生且往往致命的事故。

Konsortium Transnasional Berhad（www.ktb.com.my）是马来西亚最大的长途汽车公司，旗下有**Transnasional**（☎1300-888 582；www.transnasional.com.my）、**Nice**（☎013-220 7867；www.nice-coaches.com.my；Ⓢ Kuala Lumper）、**Plusliner**（☎013-220 7867；www.plusliner.com.my）和**Cityliner**（☎03-4047 7878；www.cityliner.com.my）等品牌。车速通常比其他竞争者慢一些，但车辆还是发生过几起严重事故。有些私营长途汽车公司提供较长的国内线路，例如**Aeroline**（www.aeroline.com.my）和**Supernice**（www.supernice.com.my）。国内长途线路方面竞争激烈。主要线路上的长途汽车很多，你通常直接上车就能找到座位。

主要线路上的大多数私营长途汽车装有空调（车厢里总是很冷，最好带一件外套）。

稍大的城镇内可能有几个长途汽车站，一般而言，本地/地区客车从一处出发，而长途汽车则从另一处出发。以吉隆坡为例，开往不同目的地的车从不同车站出发。

乘坐长途汽车前往较偏僻的景点也相当便捷。全国各地的小城镇和村庄都有长途汽车服务，通常是不装空调、吱嘎作响的老爷车。但是，长途汽车上没有明显标志，有时候你必须询问当地人才能找到你要搭乘的车。乘坐这些长途汽车的费用非常低，而且还能让你好好体验农村生活。大多数城镇不设长途汽车售票处，上车后向售票员买票即可。

小汽车和摩托车

与大多数亚洲国家相比，在马来西亚开车简直太棒了。该国在公路建设方面投下巨资，公路的质量很高。大部分地区都有新车租赁服务，汽油也很便宜（每升RM1.95）。

但也并非全是好事。在城市里，由于交通拥挤（吉隆坡最为严重），加上复杂的单向行驶道路系统，开车经历不啻为一场噩梦。马来西亚司机不太遵守交通规则。他们或许不像其他东南亚国家的司机那么鲁莽，但他们还是相当“勇于冒险”的。比如，几乎没有人遵守高速公路限速110公里/小时的规定，追尾现象也十分普遍。

南北大道（Lebuhraya）是长达966公里的6车道高速公路，从北部泰国边境至南部新山，纵贯整个马来半岛。由于该高速公路收取的过路费相当高，而且金额根据距离而定，因此车辆较少，而普通公路的交通总是比较拥堵。

自驾

自驾车进入马来西亚不是不可能，但是考虑到麻烦的手续和高昂的费用，还不如到当地租车。

驾照

租车时必须带上有效的国际驾照。当地租车公司通常不要求你出示国际驾驶许可证（International Driving Permit，你所在国家驾驶执照及可驾车型的翻译件），但是最好带着。大多数租车公司要求租车者年龄为23~65岁，而且必须具有至少一年的驾驶经验。

租车

大型租车公司包括**Avis**（www.avis.com.my）、**Hertz**（www.simedarbycarrental.com）、**Mayflower**（www.mayflowercarrental.com.my）和**Orix**（www.orixcarrentals.com.my），还有其他一些较小的租车公司，包括仅设在某一个城市的当地公司。

Proton是马来西亚组装的三菱品牌汽车。在马来西亚最便宜、最受欢迎的1.3升排量的Proton Saga，不限里程，每天/周的租费为RM190/1320，费用含保险和事故赔偿。

你能在小公司或在大公

司推出特惠时享受很好的价格。租车时间越长，租金就越划算。向大公司租车的好处是：它们在全国各地都有租车处，如果车子出问题，可以随时得到帮助，而且可以在某一个城市租车后，在另一个城市还车。

租车最好的地方是吉隆坡，槟城也不错。沙巴和沙捞越的租车公司比较少，租金比较高，或许路况不好是原因之一吧。异地还车可能会产生额外费用。

保险

租车时，租车公司会提供保险，但你要记得检查保险的涵盖范围，特别是在遇到事故之后，更应该了解关于如何理赔的条款。你可以自行购买额外保险或以更高的价格提升保险涵盖范围，以降低免赔数额。

交通规则

- 车子属右舵，靠道路的左侧行驶。
- 在高速公路行驶限速每小时110公里，到了乡村小道上限速每小时50公里。
- 必须系上安全带。
- 要特别留神冲出路面的动物、到处乱走的行人和数量庞大的摩托车手。
- 与这个地区其他国家的司机相比，马来西亚的司机显得理智多了。但还是有好些危险驾驶的司机。最大的问题是司机随意转换车道，而且常常不使用转向灯，有时用了也含糊不清。通常，在超过一辆速度比你慢的车时可以按一下喇叭，这样也有助于提醒车内打瞌睡的司机注意你的存在。

搭便车

搭便车不是绝对安全的，我们不推荐你这么做。决定搭便车的旅行者必须了解自己所承担的风险虽小，但确实存在。选择搭便车的人，如果是两人一起，而且告知其他人自己的去向，则相对安全。

虽然如此，马来西亚一直享有搭便车很安全的美誉，这说法基本上也没错。但由于长途汽车的车票便宜，大部分游客觉得没有搭便车的必要。注意：高速路上禁止搭便车。

当地交通工具

各大城市都有出租车服务，而且大多数出租车有计价器，但不要指望所有司机都会用它们。

在乔治市和马六甲，如果不乘出租车，也可选择人力三轮车。坐人力车沿老城区曲折狭窄的街道游览再方便不过了。

主要的城市都有非常便宜、便捷的客车服务，不过要搞清楚哪一辆才是开往你目的地的客车，还蛮考验功力的。吉隆坡还有通勤列车、轻轨列车（LRT）和单轨列车。

在马来西亚的婆罗洲，一旦出了城，你基本上就只能靠自己了，不是步行就是选择搭便车。如果你进入森林中，除了漫长的徒步之外，就只能搭船或飞机了。

长途出租车

马来西亚越来越富裕，拥有车辆的人也越来越多，所以长途出租车正变得越来越少。但是，几乎所有城镇都能见到名为teksi的长途出租车停靠站。

出租车最多可由四位乘客拼车。只要坐满四个人，马上就出发了。你也可以独自包一辆出租车，价格是单人车资的四倍。清晨是找人拼车的最佳时机。不过你也可以提前一天到出租车站问问。车费通常是长途汽车票价的两倍。

如果你想前往偏僻的目的地，或者按小时包车，你可能就得和司机讲价了。在马来半岛，车费约每公里50sen。在沙捞越，根据计价器的价格是：前3公里RM10，超出部分每公里RM1.20。

出租车司机开车的速度通常太快了。虽然发生迎面撞击的概率没有想象中那么大，但心理紧张时还是闭上眼睛为妙。你可以要求司机慢一点儿，但他可能不会给你好脸色看。

火车

马来西亚铁路系统（☎1300 885 862；www.ktmb.com.my）是马来西亚的国家铁路公司。该公司提供既舒适又经济的现代化火车服务，不过基本线路只有两条，而且大部分地区的车速很慢。

一条线路由新加坡出发，沿西海岸往北行驶，经由吉隆坡、北海进入泰国；另一条支线由Gemas分道，经由瓜拉立卑（Kuala Lipis）向东北角前进，通往吉兰丹的哥打巴鲁附近，这条线路常被称为“丛林铁路”，而正确的名称应该是“东海岸线”。

沙巴的**北婆罗洲铁路**(North Borneo Railway; www.suteraharbour.com/north-borneo-railway)是一条窄轨铁路，穿过巴达斯河(Sungai Padas)峡谷，连接丹南(Tenom)和保佛(Beaufort)，每逢周三和周六推出4小时的游客团。

服务和席位级别

主要有两种类型的火车：快车和当地慢车。快车有空调，分豪华(头等)、高级(二等)和经济(三等)车厢，具体根据服务和卧铺车厢情况而定。当地慢车通常只有经济车厢，但有些有软座。

快车只在主要火车站停靠，主要行驶于东海岸沿线的当地慢车每站都停，连丛林里的站都停，以便让乘客带着行李上下车。因此，当地慢车行驶的时间是快车的两倍，而且通常不准点。但是如果你不赶时间，又是短途的话，乘慢车旅行也是一种有趣的经历。

火车时刻表每年都会调整几次，因此应查询KTM网站预订和购买车票。

健康指南

出发前

- 购买旅游健康保险。
- 把药物放在标志清晰的原包装里携带。
- 携带一封由你的医生签名并附日期的信件，里面描述你的治疗状况与服用药物，包括药物的通用名。
- 如果你的心脏有问题，带上一份行前刚做的心电图的复印件。
- 如果必须定期服用药物，请携带双倍剂量，并分开装，以防遗失或被盗。

推荐接种的疫苗

只有在进入东南亚之前的6天内到过属于黄热病流行区的国家（例如非洲和南美洲的一些地区），才需要黄热病疫苗的接种证明。一般情况下，世界卫生组织建议到该区域的旅客接种如下疫苗：

成人白喉和破伤风 如果10年内没有接种过，建议单次加强接种。

甲肝 在一年有效期内几乎能起到百分百的保护作用。12个月后再加强接种，将至少再有20年的免疫保护。

乙肝 目前旅客接种乙肝疫苗已是惯例，6个月内应完成3次疫苗接种。也有和甲肝疫苗相结合的快速乙肝疫苗接种程序。

麻疹、流行性腮腺炎、风疹 除非已患过这些疾病，否则需要接种两个剂量的MMR。许多年轻人需要一次加强接种。

小儿麻痹 近年来该区域没有小儿麻痹的病例报告。成人只需一次加强接种即可终身免疫。

伤寒 除非你的行程不足一周且仅是在发达城市旅行，否则建议你接种伤寒疫苗。一次疫苗接种可提供概率约为70%的保护，免疫保护持续两三年。也可服用相关药片，但由于副作用比疫苗接种要大，所以一般推荐疫苗接种。

水痘 如果你没有患过水痘，应和你的医生讨论是否应该接种疫苗。

网络资源

疾病预防控制中心（Centres for Disease Control and Prevention，简称CDC；www.cdc.gov）在这里了解所有目的地的医疗条件，获取最新的旅行建议。

世界卫生组织（www.who.int/ith）有各国"旅行和健康"网站链接。

在马来西亚和文莱

医疗服务及费用

在马来西亚的主要城市，医疗服务的水平良好，大多数疾病能在吉隆坡获得妥善治疗。

文莱的医疗服务总体上是达标的。由于当地没有设立医学院，所以整个医疗体系都由外国专家和在外国受训归来的当地人运作。严重或复杂的病例在新加坡会获得更好的治疗，但文莱具有足以医治一般疾病的基础医药设施和稳定病情的医药处理程序。

健康建议

在出发前，可以前往政府的旅行健康网站查阅相关信息：

北京国际旅行卫生保健中心（www.bithc.org.cn/）

上海国际旅行卫生保健中心（www.sithc.com/）

传染性疾病

旅行者容易感染的疾病有以下几种：

登革热 在各大城市变得越来越普遍。伊蚊是登革热的传播病源，出没不分昼夜，因此任何时候都应该采取驱蚊措施。登革热的症状包括发高烧、严重头疼、全身酸痛、皮疹和腹泻。至今仍无特效疗法，只能多加休息，并服用扑热息痛。不可服用阿司匹林，否则会增加大出血的可能性。

甲肝 这种由食物和水传播的疾病会感染肝脏，引起黄疸（皮肤、巩膜出现发黄症状）、恶心和昏睡。所有前往该区域的旅客都应该接种甲肝疫苗。

乙肝 乙肝病毒通过体液传播，包括性接触。而乙肝是唯一可通过接种疫苗预防的性传染疾病。

戊肝 由受感染的食物和水传播，症状类似甲肝，却远不及甲肝普遍。对孕妇而言是严重病症，可导致母亲与胎儿死亡。目前尚无疫苗，仅能在饮食方面严格遵从安全卫生准则。

HIV 无保护的性行为是主要传播途径。

流感 年龄高于65岁的人或心脏病、糖尿病等慢性疾病的患者，一旦感染流感可能非常严重。建议以上人士接种流感疫苗。流感没有具体有效的治疗方式，病人仅能多休息并服用扑热息痛，以待病情好转。

疟疾 在该区域并不常见，因免疫药物有副作用，所以不推荐旅行者服用。但在农村地区，可能有染病的风险。疟疾可致命，出发前，请向医生咨询有关的预防建议、药物与剂量。

狂犬病 感染这种疾病若不治疗，可能致命，经由带有病源的动物（最普遍的是野狗和猴子）舔咬而传播。如果行前接种了疫苗，被咬后的处理程序就会大大简化。若被动物咬伤，应用肥皂与清水轻柔地清洗伤口，并涂上碘酊等消毒剂。如果事先没有接种疫苗，你必须尽快注射狂犬病免疫球蛋白。

伤寒 经食物和水传播的严重病菌感染。症状包括：缓慢进展的高烧、头痛、干咳和腹痛。建议所有在马来西亚旅行超过一周的游客接种疫苗。疫苗接种并不能使人获得百分之百的免疫保护，你还是必须注意饮食卫生。

饮用水

- 不要喝自来水，除非你已确认喝自来水是安全的（马来西亚和文莱的许多地区都有现代化自来水净化厂）。
- 瓶装水一般可安全饮用，购买时请确认瓶口是密封的。
- 如果食物摊的卫生情况不佳，不要喝加冰块的饮料。
- 不要喝非鲜榨或加水稀释的果汁。
- 把水煮沸是净化水最有效的方法。
- 最佳的化学净水剂是碘，但孕妇与患伤寒的病人不应该饮用。
- 过滤器可过滤病毒。确保过滤器有一层化学屏障，比如碘，并且滤孔直径小于4微米。

旅途腹泻

到目前为止，腹泻是该区域旅行者最常感染的疾病，一般由细菌引起。治疗的方法是多喝水，服用口服补液盐等，如Gastrolyte。氟哌酸、环丙沙星或阿奇霉素等抗生素能迅速杀菌。

洛哌丁胺仅有止泻功能，不能治本。但在长途车程中能派上用场。如果所服用的抗生素没有发挥效用，应尽快求医。

阿米巴痢疾在该区域相对普遍，症状包括恶心、胃胀、嗳气、疲劳和间歇性腹泻。可服用替硝唑或灭滴灵。

环境引发的疾病和不适

空气污染

如你患有严重的呼吸道疾病，在前往任何重度污染的城市之前，请和医生谈谈。若因污染而感到不适，那么离开城市几天，呼吸呼吸新鲜空气。可查询**马来西亚空气污染指数网站**（Air Polutant Index of Malaysia；http://apims.doe.gov.my/v2）了解该地区当前的空气污染情况。

潜水和冲浪

如计划潜水或冲浪，请寻求专门咨询，并在药箱中放入治疗珊瑚割伤和热带耳部感染的药物。在出国前，请检查身体，确保你适合参与潜水活动。马来半岛的关丹、卢穆特以及婆罗洲的纳闽岛都设有供氧舱。

蚂蟥

在该区域的丛林中行走时，你不一定会遇上这些黏糊糊的吸血鬼。然而，当小路的两旁枝繁叶茂，而且雨不停地下时，你就得当心了，你体内的血液很可能成为它们的午餐。

当地的蚂蟥体积很小，小得甚至可以钻入密实的袜子里。然而，一旦接触你的皮肤，蚂蟥的体积很快就不那么小了。它们会一直叮咬你，直到吸足血，体形极度膨胀为止。

常见的蚂蟥有两种：褐色蚂蟥和虎蚂蟥。根据乳色和黑色条纹可辨识虎蚂蟥，但通常在肉眼识别它们之前，你已经先感觉到它们的存在了。不像褐色蚂蟥的无痛吮吸，虎蚂蟥的叮咬有一点儿刺痛。褐色蚂蟥在森林的地面上等待，伺机爬进靴子或裤子里；虎蚂蟥则潜藏在小树的枝叶上，倾向于侵袭脖子至腰部之间的任何小孔。因此记得把你的衣服掖好。

蚂蟥是无害的，但叮咬处可能因感染而发炎。预防胜于治疗，但对如何预防最为有效，说法不一。在双腿、鞋子和袜子上喷洒驱虫剂只能起短暂的作用。据说将烟草放入鞋袜中也有效——这一点柯拉比族猎人深信不疑。然而，最好还是花一点儿钱，买一双防蚂蟥的袜子。这是一种封住脚和靴底、在膝盖下系紧的长筒鞋罩。

除去蚂蟥的安全有效方法包括：从侧面用手指将它们弹落（揪住蚂蟥的尾巴用力往外拉可能使它叮得更深），或在它们身上撒盐；碘酒或当地药品虎标万金油和斧标驱风油都有驱走蚂蟥的功效。或者乖乖屈从于命运，不情愿地捐点儿血。饱食一餐之后，它们最终将舍你而去。

高温

旅行者可能需要两个星期来适应该区域炎热而潮湿的气候。踝关节和双脚肿胀，以及由于大量出汗而致的肌肉痉挛都是常见的。预防措施是避免脱水和减少高温下剧烈运动。

脱水是造成中暑的主要因素。脱水症状包括感觉虚弱、头痛、烦躁、恶心呕吐、皮肤出汗、脉搏快且弱，体温正常或轻度升高。必须将患者带离炎热环境，用湿冷的毛巾敷在皮肤上，让患者平卧，垫高下肢，并将1/4茶匙的食盐溶解于1升水中，让患者饮用。

中暑是一种严重的急症。中暑时突然出现的症状包括虚弱乏力、恶心、体温超过41℃、眩晕、意识混乱、失去协调能力、痉挛，最后虚脱和失去知觉。必须立刻寻求医疗援助，并将患者带离炎热环境，去除其衣物，用湿毛巾或冰块敷在身体上，特别是腹股沟和腋下。

在热带，痱子是一种常见的皮疹，因汗液滞于皮下而导致。离开高热环境，在有空调的地方待几小时，再洗个冷水澡，就能治愈。乳霜和药膏会阻塞毛孔，应避免使用。

蚊虫叮咬

虱子 最常寄居于头部和阴部。主要通过和携带虱子的人亲密接触而传播。使用含苄氯菊酯的抗虱洗发液多次清洗，可去除虱子。

蜱虫 在农村行走后感染。如果你被蜱虫叮咬，叮咬处及周围起皮疹或出现发烧、肌肉疼痛等症状，应该就医。多西环素可预防蜱虫所致的疾病。

蚂蟥 出现在潮湿的雨林地带。不传染任何疾病，但蚂蟥的叮咬通常导致事后瘙痒数周，叮咬处也容易因感染而发炎。在叮咬处涂抹碘基消毒剂可预防感染。

蜜蜂和黄蜂 若对蜜蜂或黄蜂的叮蜇会产生过敏现象，应携带肾上腺素注射液，以备紧急治疗之用。

水母 大多数不危险。若被水母蜇伤，把醋倒在伤口处，以中和其毒素。若情况恶化，服用止痛药，并立刻就医。

皮肤问题

真菌性皮炎在马来西亚、新加坡与文莱等潮湿国家是常见的。有两种真菌性皮炎常影响热带区域的旅行者。第一种常出现在腹股沟、腋下、脚趾间等潮湿而不太透气的部位。开始时是一块红斑，慢慢地会扩散至其他部位，通常感觉瘙痒。治疗方法包括保持皮肤干燥、避免摩擦和使用抗真菌乳霜，如克霉唑或特比奈芬。另一种常见的真菌性皮炎是花斑癣。这种真菌会引起淡色小斑，在背、胸、肩部最常见。若出现症状，请咨询医生。

割伤和擦伤在潮湿气候中容易受感染。对任何割伤和擦伤都要谨慎处理以防感染。一旦受伤，应立刻以净水清洗伤口，并涂抹消毒剂。若出现感染迹象（疼痛加重和伤口变红），应及时就医。潜水员和冲浪者更应该特别留意被珊瑚割伤的部位。

蛇

应假定所有蛇都是有毒的，千万不要试图捕捉它。在蛇可能出没的地区行走时，应穿靴子和长裤。被蛇咬伤的急救措施包括使用弹性绷带稳固地缠绕被咬的肢体，由被咬部位向上往胸部方向缠绕。绷带不应缠得太紧，以免阻碍血液循环。手指或脚趾应能自由活动，以便观察血液循环的情况。用夹板固定受伤的肢体，把伤者运往医疗机构。不要使用止血带或试图把毒液吸出来。大多数毒蛇的抗蛇毒血清都能在医疗机构中找到。

皮肤晒伤

即使是阴天，也可能造成皮肤晒伤。应该使用强力的防晒霜（SPF30或以上），确保在游泳后重涂防晒霜。在户外应戴着宽边帽子和墨镜。避免在每天最热的时段（10:00~14:00）躺在太阳底下。若皮肤已被晒伤，在复原以前，不要待在太阳下。采用冷敷的方式，并服用止痛药以减少不适。每日两次敷用1%的氢化可的松乳膏也很有效。

带孩子旅行

带孩子旅行之前，你应该考虑一些具体的事宜：

- 许多在西方国家已经消失的儿童疾病，如今还存在于东南亚的一些地区。因此必须为孩子进行切合当地情况的常规疫苗注射。旅行保健门诊能够提供具体的疫苗注射指导。由于儿童更容易被动物咬伤，如前往村庄旅行或行程超过一个月，应慎重考虑注射狂犬病疫苗。
- 儿童比较容易感染由蚊虫传播的严重疾病，如疟疾、流行性乙型脑炎和登革热。特别是感染疟疾时情况较为严重，能迅速导致死亡。若要带孩子前往存在疟疾感染风险的地区，你必须慎重考虑。可穿戴以苄氯菊酯浸泡过的衣服，并使用含10%~20%避蚊胺的驱蚊剂。
- 腹泻可迅速造成脱水。你应该特别留意孩子是否喝了足够的水。阿奇霉素是治疗儿童腹泻的最佳抗生素。
- 儿童的病情可能迅速恶化，因此，如果你心有疑虑，应该搞清楚良好医疗机构的所在地，并与对方取得联系，最好还是听取医生的建议。

岂容臭虫猖狂

臭虫在家具与墙壁的间隙中滋生，夜间成群结队移至你的床褥饮你的血。在该区域旅行时，这是必须正视的问题。虽然臭虫无处不在，但在住客流动量高的背包客旅舍中遇上这种惨痛经历的概率更高。即使客房看起来很干净，仍然有可能存在臭虫。请采用以下自我保护措施：

- 向工作人员询问，该旅馆采用哪些防治臭虫的方法。臭虫问题相当普遍，信誉佳的旅馆应有防治臭虫的措施。
- 不要把行李放置在地面上，不要让臭虫有机会爬上行李，这是臭虫扩散到各处的主要途径之一。
- 仔细检查房间，观察是否有臭虫存在的迹象。要特别留意清洁员工没有打扫的地方，是否有半透明的浅棕色外壳或罂粟籽似的粪便。

如果你被臭虫咬了：

- 使用抗组胺药物止痒。
- 彻底清洗你的行李和所有衣物，然后把衣物密封在塑料袋里，以便进一步处理。
- 一定要向旅馆的管理人员反映这个问题，如果他们不理睬，或者拒绝采取行动，请向当地旅游局投诉。

女性健康

➡ 在东南亚的城市地区，卫生用品的供应不成问题。生育控制用品的选择却可能很有限，请携带足量自己适用的避孕用品。

➡ 高温、潮湿和抗生素可能引起霉菌感染。抗霉菌软膏和阴道栓剂，如克霉唑，可治疗此病；另一个经过实践检验的替换方法是服用一片氟康唑。

➡ 脱水或长途乘车没有如厕可能导致尿道感染，因此应携带适用的抗生素。

孕妇

➡ 了解你所到之处附近良好医疗机构的地址，确保你在这些医疗机构能够继续进行常规检查。避免前往交通服务与医疗设施不完备的村庄。

➡ 一定要确保旅行保险涵盖早产及所有和怀孕相关的病症。

➡ 疟疾对孕妇而言是高危疾病。世界卫生组织建议孕妇不要前往那些有可能感染抗氯喹疟疾的地区。任何有效的抗疟疾药物对妊娠都不是绝对安全的。

➡ 腹泻可迅速导致脱水，可能导致孕妇的胎盘血流供应不足。许多治疗腹泻的药物都不适宜在妊娠期使用。阿奇霉素被认为是安全的。

传统医学和民间医学

在整个亚洲，人们广泛应用传统医学。传统医学和民间医学有很大的区别。民间医学采用的手法一般使人产生怀疑，可能引发潜在的并发症，应避免使用；相比之下，传统的治疗方法，如传统中医学，则广受尊重，而且中医学也越来越受到西方医生的采纳。

所有亚洲传统医学都认为存在着一种重要的生命力量，使之阻塞或失衡是引发疾病的原因。草药、按摩和针灸等治疗方法会使这种重要的力量得到恢复或保持平衡。这些治疗方法最适用于慢性病，如慢性疲劳、关节炎、肠易激综合征，以及一些慢性皮肤病。但应避免使用传统医学治疗严重的急性传染病，比如疟疾。

要注意，“自然”并非总是意味着“安全”。中药与西药之间可能存在着交互作用。如果你决定采用中西医结合的治疗方法，必须让两个医生都知道对方开了哪些药。

语言

马来西亚官方语言为马来西亚语（简称马来语，马来语中称为Bahasa Melayu），在马来西亚和文莱的不同地区，口音和词汇会有些许差异。它并非该区域的唯一语言。不同籍贯的华人以各种方言交谈，但普通话（在当地普遍称为“华语”）的使用相当普遍。马来西亚的印度人使用泰米尔语、马拉雅拉姆语和其他语言。

如果你会说英语，就能在马来半岛轻易地与当地人沟通，在马来西亚婆罗洲（沙巴与沙捞越）和文莱，情况也类似。在婆罗洲，英语一般是各族的第二语言，不同背景的人，如华人和马来人，以英语作为相互沟通的语言。

马来语和英语相同字母的发音近乎一致，“c”是个例外，其发音如“chair”里的“ch”。几乎每一音节都读重音，但较好的读法是稍微强调词语的倒数第二个音节。

马来语中的人称代词“你”根据对方的年龄、性别与身份有所区分。但是较为常用的“Kamu”是适用于各种人的通称。

基本用语

你好。	*Helo.*
再见，（即将离开的人使用）	*Selamat tinggal.*
再见。（留在原地的人使用）	*Selamat jalan.*
你好吗？	*Apa kabar?*
我很好。	*Kabar baik.*
打扰一下。	*Maaf.*
对不起。	*Maaf.*
是/不是。	*Ya./Tidak.*
请。	*Silakan.*
谢谢。	*Terima kasih.*
别客气。	*Sama-sama.*
你叫什么名字？	*Siapa nama kamu?*
我的名字是……	*Nama saya ...*
你会说英语吗？	*Adakah anda berbahasa Inggeris?*
我不明白。	*Saya tidak faham.*

住宿

有空房吗？	*Ada bilik kosong?*
一晚/一人多少钱？	*Berapa harga satu malam/orang?*
含早餐吗？	*Makan pagi termasukkah?*
露营地	*tempat perkhemahan*
客栈	*rumah tetamu*
酒店	*hotel*
青年旅舍	*asrama belia*
单人间	*bilik untuk seorang*
有双人床的房间	*bilik untuk dua orang*
有两张床的房间	*bilik yang ada dua katil*
空调	*pendingin udara*
浴室	*bilik air*
蚊香	*obat nyamuk*
窗户	*tingkap*

方向

……在哪里？	*Di mana...?*
地址是什么？	*Apa alamatnya?*

请帮我写下来？	*Tolong tuliskan alamat itu?*
请（在地图上）指出？	*Tolong tunjukkan (di peta)?*
左转/右转	*Belok kiri/Belok kanan.*
直走	*Jalan terus.*
在拐角处	*di simpang*
在交通灯那里	*di tempat lampu isyarat*
在后面	*di belakang*
（离）……远	*jauh (dari)*
在前面	*di depan*
在附近	*dekat (dengan)*
对面	*berhadapan dengan*

饮食

（二人）餐桌	*Meja untuk (dua) orang.*
这道菜肴中有哪些食材？	*Ada apa dalam masakan itu?*
请结账。	*Tolong bawa bil.*

我不吃……	*Saya tak suka makan...*
鸡肉	*ayam*
鱼肉	*ikan*
（红）肉	*daging (merah)*
坚果	*kacang*

关键词

瓶	*botol*
早餐	*sarapan pagi*
冷	*sejuk*
杯	*cawan*
晚餐	*makan malam*
食物	*makanan*
叉	*garfu*
玻璃杯	*gelas*
热	*panas*
刀	*pisau*
午餐	*makan tengahari*
市场	*pasar*

关键句式

要说简单的马来语，可选择以下句式，并用不同词语替换：

（下一班车）几点钟（出发）？
Jamberapa (bisyangberikutnya)?

（终点站）在哪里？
Di mana (stasiun)?

我在找（酒店）。
Saya cari (hotel).

你是否有（当地地图）？
Ada (peta daerah)?

有（电梯）吗？
Ada (lift)?

能否让我（进来）？
Boleh saya (masuk)?

我需要（签证）吗？
Saya harus pakai (visa)?

请给我（一份菜单）。
Saya minta (daftar makanan).

我想要（租一辆车）。
Saya mau (sewa mobil).

请帮帮忙。
Bisa Anda (bantu) saya?

菜单	*menu*
碟	*pinggan*
餐馆	*restoran*
辣	*pedas*
勺子	*sedu*
素食者	*sayuran saja*
与/同	*dengan*
没有	*tanpa*

肉类和海鲜

牛肉	*daging lembu*
鸡肉	*ayam*
螃蟹	*ketam*
鱼肉	*ikan*
羊肉	*anak biri-biri*
贝类	*kepah*
猪肉	*babi*
虾	*udang*

蔬果

苹果	*epal*
香蕉	*pisang*
胡萝卜	*lobak*
黄瓜	*timun*
波萝蜜	*nangka*
芒果	*mangga*
橙	*jeruk oren*
花生	*kacang*
杨桃	*belimbing*
西红柿	*tomato*
西瓜	*tembikai*

其他

面包	*roti*
奶酪	*keju*
鸡蛋	*telur*
冰	*ais*
米饭	*nasi*
盐	*garam*
糖	*gula*

饮料

啤酒	*bir*
瓶装水	*air botol*
柑橘汁	*air limau*
咖啡	*kopi*
牛奶	*susu*
茶	*teh*
水	*air*
葡萄酒	*wain*

紧急救助

救命!	*Tolong!*
停!	*Berhenti!*
我迷路了。	*Saya sesat.*
走开!	*Pergi!*
有事故。	*Ada kemalangan.*
请医生!	*Panggil doktor!*
报警!	*Panggil polis!*
我生病了。	*Saya sakit.*
这里痛。	*Sini sakit.*
我对(坚果)过敏。	*Saya alergik kepada (kacang).*

购物和服务

我想买……	*Saya nak beli...*
我只是随意看看。	*Saya nak tengok saja.*
我能看这个吗?	*Boleh saya tengok barang itu?*
这个多少钱?	*Berapa harganya?*
太贵了。	*Mahalnya.*
价格能低点儿吗?	*Boleh kurang?*
账单有误。	*Bil ini salah.*
自动柜员机	*ATM ('a-te-em')*
信用卡	*kad kredit*
网吧	*cyber cafe*
邮局	*pejabat pos*
公用电话	*telpon awam*
旅游局	*pejabat pelancong*

时间和日期

几点了?	*Pukul berapa?*
(7)点了。	*Pukul (tujuh).*
(1)点半了。	*Pukul (satu) setengah.*
上午	*pagi*
下午	*tengahari*
晚上	*petang*
昨天	*semalam*
今天	*hari ini*
明天	*esok*
周一	*hari Isnin*
周二	*hari Selasa*
周三	*hari Rabu*
周四	*hari Kamis*
周五	*hari Jumaat*
周六	*hari Sabtu*

周日	*hari Minggu*
1月	*Januari*
2月	*Februari*
3月	*Mac*
4月	*April*
5月	*Mei*
6月	*Jun*
7月	*Julai*
8月	*Ogos*
9月	*September*
10月	*Oktober*
11月	*November*
12月	*Disember*

交通

……几点出发？	*Pukul berapa... berangkat?*
船	*kapal*
长途汽车	*bas*
飞机	*kapal terbang*
火车	*kereta api*
我打算去……	*Saya nak ke...*
会在……停车吗？	*Berhenti di...?*
会延误多长时间？	*Berapa lambatnya?*
我想在……下车	*Saya nak turun di...*
请启用计价表。	*Tolong pakai meter.*
请在这里停车。	*Tolong berhenti di sini.*
我想买张……票。	*Saya nak tiket...*
头等舱	*kelas pertama*
二等舱	*kelas kedual*
单程	*sehala*
往返	*pergi balik*
首班	*pertama*
末班	*terakhir*
下一班	*berikutnya*
长途汽车站	*stesen bas*
车站	*perhentian bas*
取消	*dibatalkan*

数字

1	*satu*
2	*dua*
3	*tiga*
4	*empat*
5	*lima*
6	*enam*
7	*tujuh*
8	*lapan*
9	*sembilan*
10	*sepuluh*
11	*sebelas*
12	*dua belas*
20	*dua puluh*
21	*dua puluh satu*
22	*dua puluh dua*
30	*tiga puluh*
40	*empat puluh*
50	*lima puluh*
60	*enam puluh*
70	*tujuh puluh*
80	*lapan puluh*
90	*sembilan puluh*
100	*seratus*
1000	*seribu*
2000	*duaribu*

延误	*lambat*
月台	*landasan*
售票处	*pejabat tiket*
售票窗口	*tempat/kaunter tikit*
时间表	*jadual waktu*
火车站	*stesen keretapi*
我想租一辆……	*Saya nak menyewa...*
自行车	*basikal*
汽车	*kereta*
吉普车	*jip*
摩托车	*motosikal*
柴油	*disel*
头盔	*topi keledar*
含铅汽油	*petrol plumbum*

符号

Buka	开
Dilarang	禁止
Keluar	出口
Lelaki	男士
Masuk	入口
Perempuan	女士
Tandas	厕所
Tutup	关闭

无铅汽油	*tanpa plumbum*
汽油	*petrol*
（给汽车）加油	*pam*
这条路是通往……的吗？	*Ini jalan ke...?*
加油站在哪里？	*Stesen minyak di mana?*
我的车能在这里停？（多久）	*（Beberapa lama） Boleh saya letak kereta di sini?*
我需要修车工。	*Kami memerlukan mekanik.*
汽车在……坏了。	*Kereta saya telah rosak di...*
轮胎没气了。	*Tayarnya kempis.*
汽油用完了。	*Minyak sudah habis*
我遇到事故了。	*Saya terlibat dalam kemalangan.*

术语表

adat——马来传统法律

adat temenggong——根据印度律法修改的马来传统法律，苏丹的习俗和仪式遵循此法

air——水

air terjun——瀑布

alor——沟，漕，河流的主要渠道

ampang——坝

ang pow——作为布施、付款或礼物的红包

APEC——亚太经合组织

arak——马来本地酒

arrack——见arak

Asean——东南亚国家联盟

atap——由棕榈叶铺成的屋顶

Baba-Nonya——峇峇娘惹，移居至海峡定居点（即马六甲、新加坡和槟城）的中国移民的后裔，与马来人通婚，并接受马来习俗；也被称为土生华人，有时拼作Nyonya

Bahasa Malaysia——马来语，亦称Bahasa Melayu

bandar——海港；城镇

Bangsawan——马来戏剧

batang——茎；树干；支流

batik——蜡染，用染料使布料呈现彩色图案的技术

batu——石头；岩石；里程碑

belukar——次生林

bendahara——首席部长

bendang——灌溉地

bomoh——巫医

British Resident——殖民时期英国首席代表

bukit——小山

bumboat——摩托舢板

bumiputra——字面意思为“土地之子”，指马来原住民

bunga raya——木槿花（马来西亚国花）

dadah——毒品

dato’，datuk——拿督，字面意思为“祖父”，通常指有特殊贡献者的头衔

dipterocarp——龙脑香树，马来西亚原产树种，果实有双翼。

dusun——小镇；果园；果树林

genting——山隘

godown——河边仓库

gua——洞

gunung——山脉

hilir——河的下游

hutan——丛林；森林

imam——伊玛目，传播伊斯兰教教义并带领教徒祷告的人

istana——王宫

jalan——路

kain songket——金锦缎，织有金线的马来传统手工布料

kampung——村庄，亦称“甘榜”；也拼为kampong

kangkar——华人村庄

karst——喀斯特，石灰岩地区的典型地貌，包括地下河流和溶洞等特征

kedai kopi——咖啡店

kerangas——婆罗洲特有的植被带，常覆盖于砂岩上，包括猪笼草和其他稀有植物

khalwat——字面意思为“非常亲密”，即两性之间在公共场合举止亲密，对未婚的穆斯林而言，这是一种禁忌

kongsi——华人宗乡会馆，也被称为“兄弟会”“天地会”，是同一籍贯的华人来此初期聚集的地方

kopitiam——咖啡店

kota——城堡；城市

kramat——马来神庙

KTM——马来西亚铁路系统（Keretapi Tanah Melayu）的简称

kuala——河口；支流汇入江河的地方

laksamana——海军将领

langur——叶猴，生活在树上的小型猴子

laut——海

lebuh——街

Lebuhraya——高速公路；通常指连接新山（柔佛巴鲁）和马泰边境的黑木山的南北大道

lorong——窄街；小巷

LRT——轻轨（吉隆坡）

lubuk——深池

macaque——泛指各种小型猴子

mandi——洗澡；东南亚的洗脸盆

masjid——清真寺

MCP——马来亚共产党（Malayan Communist Party）

Melayu Islam Beraja——简称MIB，文莱全民思想体系

merdeka——独立

muara——河口

muezzin——宣礼员，在清真寺呼唤信徒来祷告的人

negara——国家

negeri——州/邦

nonya——见Baba-Nonya

orang asing——外国人

Orang Asli——字面意思为"原住民"；指马来西亚原住民

Orang Laut——字面意思为"住在海边的人"；海边的吉卜赛人

Orang Ulu——指"住在上游的人"

padang——草地；田野；也指城市广场

pantai——海滩

PAP——人民行动党（People's Action Party）

parang——丛林长刀

PAS——马来西亚伊斯兰教党（Parti Islam se-Malaysia）

pasar——市场

pasar malam——夜市

Pejabat Residen——行政办公处

pekan——市集；城镇

pelabuhan——港口

pencak silat——作为一种表演形式的马来武术

penghulu——首领或村长

pengkalan——码头

Peranakan——字面意思为"混血儿"；指峇峇娘惹或土生华人

pua kumbu——精美的传统织物

pulau——岛屿

puteri——公主

raja——王子；统治者

rakyat——平民

rantau——笔直的海岸线

rattan——编藤器用的枝条

rimba——丛林

rotan——鞭刑使用的藤条

roti——面包

sampan——小船

samsu——马来酒

sarong——纱笼，适合各种场合穿的马来服装，通常缝成筒状，男女老少皆可穿

seberang——道路的另一侧；河对岸

selat——海峡

semenanjung——半岛

silat——见pencak silat

simpang——十字路口；交叉路口

songkok——马来男子的传统帽子

Straits Chinese——见Baba-Nonya

sungai——河流

syariah——伊斯兰法律

tambang——河上渡船；船费

tamu——每周一次的市集

tanah——陆地

tanjung——海岬

tasik——湖

teluk——海湾；有时拼为telok

temenggong——马来行政官

towkang——中国帆船

tuai rumah——长屋首领（沙捞越）

tuak——当地米酒（马来西亚婆罗洲）

tunku——王子

ujung——海角

UMNO——马来民族统一机构（United Malays National Organisation），简称巫统

warung——小吃店

wayang——中国戏剧

wayang kulit——皮影戏剧院

wisma——办公楼或购物中心

yang di-pertuan agong——马来西亚州长或"国王"

yang di-pertuan besar——森美兰州州长

yang di-pertuan muda——储君

yang di-pertuan negeri——州长

幕后

说出你的想法

我们很重视旅行者的反馈——你的评价将鼓励我们前行，把书做得更好。我们同样热爱旅行的团队会认真阅读你的来信，无论表扬还是批评都非常欢迎。虽然很难一一回复，但我们保证将你的反馈信息及时交到相关作者手中，使下一版更完美。我们也会在下一版特别鸣谢来信读者。

请把你的想法发送到**china@lonelyplanet.com.au**，谢谢！

请注意：我们可能会将你的意见编辑、复制并整合到Lonely Planet的系列产品中，例如旅行指南、网站和数字产品。如果不希望书中出现自己的意见或不希望提及你的名字，请提前告知。请访问lonelyplanet.com/privacy了解我们的隐私政策。

声明

气候图表数据引用自Peel MC,Finlayson BL & McMahon TA（2007）“Updated World Map of the Köppen-Geiger Climate Classification”，*Hydrology and Earth System Sciences*，11，1633–44。

封面图片：哥打巴鲁的食品市场，Peter Adams/AWL©。

本书部分地图由中国地图出版社提供，审图号GS（2017）603号。

关于本书

这是Lonely Planet《马来西亚》的第13版，本书的作者为伊莎贝尔·阿尔比斯顿、布雷特·阿特金森、格雷格·本奇维克、奥斯汀·布什、安妮塔·伊莎斯卡、罗伯特·斯科特·凯利、西蒙·里奇蒙德和理查德·沃特斯。

本书为中文第四版，由以下人员制作完成：

项目负责 关媛媛

项目执行 丁立松

翻译统筹 肖斌斌 王玫珺

翻　　译 邹云 李娟 郭翔 姚月星

内容策划 熊毅（本土化内容） 周伯源 沐昀

视觉设计 李小棠 陈斌

协调调度 高原

责任编辑 马珊 叶思婧

编　　辑 普黎洋

地图编辑 马珊

制　　图 刘红艳

终　　审 朱萌

流　　程 孙经纬

排　　版 北京梧桐影电脑科技有限公司

感谢周喻、兰珊、洪良为本书提供的帮助。

索引

000 地图页码
000 图片页码

J

K

L

M

N

O

P

000 地图页码
000 图片页码

地图图例

景点

- 海滩
- 鸟类保护区
- 佛教场所
- 城堡
- 基督教场所
- 孔庙
- 印度教场所
- 伊斯兰教场所
- 耆那教场所
- 犹太教场所
- 温泉
- 神道教场所
- 锡克教场所
- 道教场所
- 纪念碑
- 博物馆/美术馆/历史建筑
- 历史遗址
- 酒庄/葡萄园
- 动物园
- 其他景点

活动、课程和团队游

- 人体冲浪
- 潜水/浮潜
- 潜水
- 皮划艇
- 滑雪
- 冲浪
- 游泳/游泳池
- 徒步
- 帆板
- 其他活动

住宿

- 住宿场所
- 露营地

就餐

- 餐馆

饮品

- 酒吧
- 咖啡馆

娱乐

- 娱乐场所

购物

- 购物场所

实用信息

- 银行
- 使领馆
- 医院/医疗机构
- 网吧
- 警察局
- 邮局
- 电话
- 公厕
- 旅游信息
- 其他信息

地理

- 棚屋/栖身所
- 灯塔
- 瞭望台
- 山峰/火山
- 绿洲
- 公园
- 关隘
- 野餐区
- 瀑布

人口

- 首都、首府
- 一级行政中心
- 城市/大型城镇
- 镇/村

交通

- 机场
- 过境处
- 公共汽车
- 缆车/索道
- 自行车路线
- 轮渡
- 地铁
- 单轨铁路
- 停车场
- 加油站
- 出租车
- 铁路/火车站
- 有轨电车
- 其他交通方式

路线

- 收费公路
- 高速公路
- 一级公路
- 二级公路
- 三级公路
- 小路
- 未封闭道路
- 广场
- 台阶
- 隧道
- 步行天桥
- 步行游览路
- 步行游览支路
- 小路

境界

- 国界
- 一级政区界
- 未定国界
- 地区界
- 军事分界线
- 海洋公园
- 悬崖
- 墙

水文

- 河流、小溪
- 间歇河
- 沼泽/红树林
- 暗礁
- 运河
- 水域
- 干/盐/间歇湖
- 冰川
- 珊瑚礁

地区特征

- 海滩/沙漠
- 基督教墓地
- 其他墓地
- 公园/森林
- 运动场
- 一般景点(建筑物)
- 重要景点(建筑物)

注：并非所有图例都在此显示。

我们的故事

一辆破旧的老汽车，一点点钱，一份冒险的感觉——1972年，当托尼（Tony Wheeler）和莫琳（Maureen Wheeler）夫妇踏上那趟决定他们人生的旅程时，这就是全部的行头。他们穿越欧亚大陆，历时数月到达澳大利亚。旅途结束时，风尘仆仆的两人灵机一闪，在厨房的餐桌上制作完成了他们的第一本旅行指南——《便宜走亚洲》（*Across Asia on the Cheap*）。仅仅一周时间，销量就达到了1500本。Lonely Planet 从此诞生。

现在，Lonely Planet在都柏林、富兰克林、伦敦、墨尔本、奥克兰、北京和德里都设有公司，有超过600名员工和作者。在中国，Lonely Planet被称为"孤独星球"。我们恪守托尼的信条："一本好的旅行指南应该做好三件事：有用、有意义和有趣。"

我们的作者

伊莎贝尔·阿尔比斯顿（Isabel Albiston）

兰卡威、吉打和玻璃市、沙捞越、文莱 伊莎贝尔曾搭乘火车从新加坡旅行至尼泊尔，从陆路游览完整个半岛后，她第一次来到马来西亚，然后慢慢爱上了在热带雨林徒步时，在律动的竹桥间跳着希米舞的感觉。对叻沙的念念不忘让伊莎贝尔重回这里，现在她十分确定沙捞越的肉汤在整个马来西亚都是当仁不让的冠军。伊莎贝尔是一名记者，为英国《每日电讯报》等报纸杂志写稿。

关于伊莎贝尔的更多信息，
请访问https://auth.lonelyplanet.com/profiles/IsabelAlbiston

布雷特·阿特金森（Brett Atkinson）

东海岸岛屿、吉兰丹和登嘉楼 布雷特曾在马来西亚西部旅居，这是他第一次探索马来西亚东海岸。东海岸有很多特色：从停泊岛到棉花岛的跳岛游、哥打巴鲁的街边小吃和夜市、极具魅力的瓜拉登嘉楼里精巧的中国城。布雷特的常驻地是奥克兰和新西兰，他曾作为旅行指南和美食指南作者到过50多个国家。关于他近期的作品和旅行，请访问www.brett-atkinson.net。

关于布雷特的更多信息，
请访问https://auth.lonelyplanet.com/profiles/BrettAtkinson

格雷格·本奇维克（Greg Benchwick）

柔佛、彭亨和曼岛 在过去的20年中，格雷格一直在记述或远或近的旅行经历。他已经为Lonely Planet撰写了12本旅游指南，是可持续旅游方面的专家。在这本书中，他穿越塔曼奈加拉国家公园的丛林，沉醉在珍拉丁的酒吧，迷失于曼岛这颗珍宝。

关于格雷格的更多信息，
请访问https://auth.lonelyplanet.com/profiles/gregbenchwick

奥斯汀·布什（Austin Bush）

槟城 1999年，奥斯汀凭着语言学奖学金来到泰国，之后就一直留在东南亚。这是他第二次参与《马来西亚》旅行指南的编写工作，这可是Lonely Planet项目中拥有最佳美食的地区。奥斯汀是俄勒冈州人，他是一名自由撰稿人兼摄影师，他的焦点通常是美食。可登录www.austinbushphotography.com浏览他的作品。奥斯汀还为本书撰写了和当地人吃喝以及地区特色等章节。

关于奥斯汀的更多信息，
请访问https://auth.lonelyplanet.com/profiles/osten_th

安妮塔·伊莎斯卡（Anita Isalska）

马六甲、霹雳 安妮塔是自由旅行撰稿人、编辑和广告文字撰稿人。之前曾是Lonely Planet的数字编辑。当她放弃办公室的工作去品尝街边小吃、徘徊在海边旅游胜地时，没有人感到吃惊。安妮塔曾在马来西亚遍布蚂蟥的沙巴州徒步旅行去品尝怡保的红豆刨冰。马六甲和霹雳是她最喜爱的两个地方。安妮塔为很多国际出版社写稿，内容涉及旅行、探险、美食和文化等方面。可以访问www.anitaisalska.com了解她的更多作品。

关于安妮塔的更多信息，
请访问https://auth.lonelyplanet.com/profiles/anitatravels

罗伯特·斯科特·凯利（Robert Scott Kelly）

雪兰莪和森美兰 罗伯特在2013年成为吉隆坡的常驻居民，为了更新本书，他需要深入探索居住地的周边州府，他十分喜爱这个机会。森美兰州的巨石和班泰村的传统木屋是他的最爱。罗伯特是一位自由作家、摄影师、纪录片制作人，也是播客新手。他参与了多本Lonely Planet图书的编写工作，包括《吉隆坡》《西藏》《台湾》《中国》和《阿拉斯加》。可以访问www.robertscottkelly.com浏览他的最新作品。

关于罗伯特的更多信息，
请访问https://auth.lonelyplanet.com/profiles/RobertScottKelly

西蒙·里奇蒙德（Simon Richmond）

吉隆坡 20世纪90年代初，西蒙开始在这个地区旅行。如今这个地区已经改变了许多，但马来西亚和新加坡仍是他最喜欢的旅行目的地。最吸引他的是多种文化的交融、当地的景物、各种探险活动，以及至关重要的一点——美食。这位获奖的旅行作家兼摄影师是第5次参与编写这本旅行指南。此外，他也是Lonely Planet《吉隆坡、马六甲和槟城》旅行指南的作者，他还参与了其他许多旅行指南的出版工作。如果想要了解更多西蒙的旅行，请登录www.simonrichmond.com，或在Twitter和Instagram上关注@simonrichmond。西蒙也参与了本书计划你的行程、了解马来西亚和生存指南的大部分撰写工作。

关于西蒙的更多信息，
请访问https://auth.lonelyplanet.com/profiles/simonrichmond

理查德·沃特斯（Richard Waters）

沙巴 理查德是一位获奖记者，为《每日电讯报》《独立报》《星期日泰晤士报》《星期日泰晤士报旅行杂志》和*Elle and National Geographic Traveller*等报刊撰写旅行文章。他和家人生活在英国的科茨沃尔德，不在旅途中时，他喜欢去冲浪和潜水。探索沙巴州的美景绝对是一件快事，他最喜欢的时刻就是在西巴丹观鲸以及在达努姆谷保护区的丛林中看日落。他也为Sanlam Bank开了博客，记录幸福的家庭生活和探险经历，名为“灵魂按摩师”，可登录www.sanlam.co.uk/Media/Blogs/Soul-Tonic.asp查看。

马来西亚

中文第四版

书名原文：*Malaysia, Singapore & Brunei*
（13th edition，Aug 2016）

本中文版由中国地图出版社出版

图书在版编目（CIP）数据

马来西亚 / 澳大利亚 Lonely Planet 公司编；邹云等译. -- 北京：中国地图出版社，2017.4（2020.4 重印）
书名原文：Malaysia; Singapore & Brunei
ISBN 978-7-5031-9857-1

Ⅰ.①马… Ⅱ.①澳… ②邹… Ⅲ.①马来西亚－概况 Ⅳ.①K933.8

中国版本图书馆 CIP 数据核字（2017）第 069433 号

出版发行	中国地图出版社
社　　址	北京市白纸坊西街 3 号
邮政编码	100054
网　　址	www.sinomaps.com
印　　刷	北京华联印刷有限公司
经　　销	新华书店
成品规格	197mm × 128mm
印　　张	18.5
字　　数	1006 千字
版　　次	2017 年 4 月第 1 版
印　　次	2020 年 4 月北京第 3 次印刷
定　　价	86.00 元
书　　号	ISBN 978-7-5031-9857-1
审 图 号	GS（2017）603 号
图　　字	01-2017-1017

如有印装质量问题，请与我社发行部（010-83543956）联系